happened. He had just pressed a
of the passage opened. Letting o
                              old rag
mats, and the aged prole who
out a grey, seamed face and sto
                          depicted
watching Winston malignantly.
                              of a man
nced at last.
                              hair, a
 e features.

currents is cut off at the main.
                    trying   Even
currents to be cut off during
    at present electrical power
in military style, and slammed t
                          economy drive
ether the   he evidently
 seven   Winston, who
 the   who had cut-off

 ave his right ankle, went slowly,
                  of a rift
                      the lift shaft,
 part of the economy drive i

有生之年一定要读的 1001本书

（第9版）

[英] 彼得·伯克赛尔◎主编

江唐 顾海东 王博 张维军◎译

中信出版集团｜北京

图书在版编目（CIP）数据

有生之年一定要读的1001本书 /（英）彼得·伯克赛尔主编；江唐等译 . -- 北京：中信出版社，2024.10（2024.11重印）
书名原文：1001 BOOKS YOU MUST READ BEFORE YOU DIE
ISBN 978-7-5217-6647-9

I. ①有… II. ①彼… ②江… III. ①推荐书目-世界 IV. ① Z835

中国国家版本馆 CIP 数据核字（2024）第 107157 号

1001 Books You Must Read Before You Die
© 2006, 2008, 2009, 2010, 2011, 2012, 2016, 2018, 2021 Quarto Publishing plc
Simplified Chinese translation copyright © 2024 by CITIC Press Corporation
Published by arrangement through YoYoYo iDearBook Company
ALL RIGHTS RESERVED
本书仅限中国大陆地区发行销售

有生之年一定要读的 1001 本书
著者：　［英］彼得·伯克赛尔
译者：　江唐　顾海东　王博　张维军
出版发行：中信出版集团股份有限公司
　　　　　（北京市朝阳区东三环北路 27 号嘉铭中心　邮编　100020）
承印者：　北京利丰雅高长城印刷有限公司

开本：787mm×1092mm 1/16　　印张：63　　字数：960 千字
版次：2024 年 10 月第 1 版　　　　印次：2024 年 11 月第 2 次印刷
京权图字：01-2024-1906　　　　　 书号：ISBN 978-7-5217-6647-9
定价：298.00 元

版权所有·侵权必究
如有印刷、装订问题，本公司负责调换。
服务热线：400-600-8099
投稿邮箱：author@citicpub.com

目录

初版序	5
国际版序	7
引言	9
作品索引	12
19世纪前	21
19世纪	83
20世纪	235
21世纪	887
拾遗篇	955
中国篇	983
作家索引	996
撰稿人简介	1005
致谢	1007
图片来源	1008

初版序

彼得·阿克罗伊德

"生命如此短暂，掌握技艺却要如此长久。"乔叟的沉思对于书籍阅读和写作也同样适用。对许多人来说，阅读仍然是最高级的乐趣。许多人回忆过往，认为人生到达的第一个里程碑就是学会阅读，童年的巨大快乐也来自阅读，只是这种乐趣后来逐渐被学校的强制教育吞噬，阅读变成了痛苦的职责，而不再是单纯的快乐。但是，不知何故，阅读小说的快乐仍然保留了下来。它是无声的欢乐，是孤独或沉迷的产物，是白日梦和思考的守护者，是欲望勃发的情人，是冒险和变革的煽动者。阅读真的可以改变生活。

阅读也可以塑造生活。有一些年轻人被书中的经历深深震撼，之后自己成为作家，查尔斯·狄更斯就是一个杰出的例子。他在阅读童话和冒险故事时受到启发，开始写自己的小说（本书至少提到了其中十本）。骑士精神的故事启发了许多中世纪的骑士。本书中提到的最古老的书籍之一《伊索寓言》是上千种不同叙事的根基和源泉。书籍在无休止的交叉授粉过程中创造了其他书籍，有时很难知道一卷的灵感在哪里结束，另一卷的来源又从哪里开始。

阅读的守护神无疑是塞维利亚的圣伊西多尔，他认为人的精神成长完全来自阅读。阅读也是拓展想象力的媒介。在屏幕时代，阅读的优点竟变得更加明显。20世纪末，"书已死""文学没有未来"的说法一度非常流行。这些可悲（确实悲伤）的论调最终被证明言之过早。书店前所未有地蓬勃发展，网络书店成功影响了全球人文素养并且带动了识字率的提高。

从广为人知的简·奥斯丁和乔治·奥威尔，到相对被忽视的温德汉姆·刘易斯和伊迪丝·华顿，这份书单（按作品出版时间排序，古代作品则根据创作时间排序）既囊括了知名作品，又包括了相对不那么知名的作品。有一种观念认为应该"无所不读"，但确实有某些作品已经超越了一般的时代潮流，代表了接近人类永恒价值的东西，比如巴尔扎克的《幻灭》、艾米莉·勃朗特的《呼啸山庄》和托妮·莫里森的《宠儿》。

还有某些作品是时代或历史时期的象征，如威廉·贝克福特的《哈里发沉沦记》和约翰·伯格的《G.》，还有佐拉·尼尔·赫斯顿的《他们眼望上苍》和阿兰·帕顿的《哭吧，亲爱的祖国》。另外还有一些实验作品，如威廉·巴勒斯的那些作品，以及现在称得上是"主流"的安东尼·特罗洛普、E. M. 福斯特、伊莎贝尔·阿连德和 J. D. 塞林格的作品等。当然，还有代表着某个领域最高成就的作品，其中包括马塞尔·普鲁斯特的《追忆似水年华》和约翰·班扬的《天路历程》。这份清单中列出的所有书都值得你关注，从钦努阿·阿契贝的作品到斯特凡·茨威格的作品，它们都在邀请你来享受阅读的乐趣。

就我自己而言，虚构类写作有一种无尽的惊喜。当我撰写历史作品或传记时，当然是在用手头的材料进行创作，而在写小说时，这些词语会揭示出我之前并没想到过的主题或意义。文字，与其说是"产物"倒不如说是"源头"。或许这正说明了，阅读是创新和力量的源泉。

国际版序

彼得·伯克赛尔

《有生之年一定要读的1001本书》的初版赢得了热烈的反响。2006年3月出版以来,这本书引发了广泛的讨论和热议:阅读意味着什么?阅读的目的何在?哪些书该读,哪些书不该读?倘若需要某种证据,证明小说并未消亡,依然是当代文化中兴旺繁荣、不可或缺的组成部分,那么《有生之年一定要读的1001本书》的出版所引发的反响,已经提供了这样的证据。媒体与网络对这本书进行的公开讨论,世界各地读者给我寄来的私人邮件和这本书获得的反响证明,人们对小说抱有深挚而投入的喜爱之情。这令我备受鼓舞,大为感动。

当然,公众反响并非万口一辞,而是各有不同。尽管我收到的许多邮件对这份书单赞赏有加,但读者对本书最为常见的反应,是有赞有弹。大致说来,读者会有以下四种反应:他们会愉快接受某些他们珍爱的书被选入了书单;他们会对我谈起他们闻所未闻,而本书鼓励他们读读看的那些小说;他们相信某些书不配入选,他们会质问入选理由何在;他们想要知道,他们认为理应入选的某些书为何会被排除在外。尽管程度有别,但每位读者难免都会有这四种反应。对这份书单理应如何,每位读者都各有主张。我意识到,这份书单里漏掉一本书跟收入一本书一样,都能促使读者将它重读一遍,因为读者看重自己的优劣判断和鉴赏能力,其与这本书所暗示的褒贬评判不无出入。对我来说,读者的这份投入以及随之而来的争鸣,正是本书最令人振奋的价值和最重大的贡献所在。

随着这一国际版(第2版)的推出,争鸣只会变得越发激烈。在初版提出的问题之外,新版又增添了一些重大难题。其中最迫切的问题,也许要数这些疑问:国别与经典地位之间有何关系?这样一种书推出"国际"版,意味着什么?捷克读者,或者西班牙和德国读者对本书的观感,与英美读者的观感有何区别?大批的著作、重要的典籍,是在特定国别的背景下产生的,还是在某种程度上超越了国界,不再受其形成背景的制约?努力做到兼顾各不相同的所有国别背景,意味着什么?有可能制作出一份书单,同时打动土耳其、希腊、塞尔维亚和克罗地亚的读者吗?

我认为,哪怕我有1001页,而不是仅有两页的篇幅来写这篇序,也不见得能把这些问题回答好。但我希望这个新版本能做到:拓宽争鸣的范围,传播开来,贴近更加广泛、更加多元的读者群。与回答国别、阅读与经典地位有何关系这些争论不休的问题相比，我倒更希望对国际化的新一代读者来说，本书能为解决这些问题注入活力。就像对《有生之年一定要读的1001本书》的初版一样，我希望这场争鸣能在这样的前提下开展：兼容并包的阅读热情，对小说之功效的喜爱。就像初版一样，本书的诸位撰稿人感兴趣的，并不是制作一份独一无二的书单，而是一份能就我们有生之年应该读哪些书，达成一项跨国界、跨文化的共识的书单。在本书从初版演变到国际版的过程中，迫于无奈，我们只好将某些书忍痛割爱；倒不是说，突然之间，在有生之年不读J. M. 库切的《伊丽莎白·科斯特洛》或约翰·班扬的《天路历程》，也可以安心瞑目了。同样，本书收罗进来的那些非英语作品——比如乌韦·约翰逊的《周年纪念日》、费尔南多·德·罗哈斯的《塞莱斯蒂娜》——没有被筛选下去，是因为在"国际化"背景下，其重要性要比那些被取代的作品更胜一筹。相反，我希望本书能就此——在众多国家语境中的阅读——激发更多的争鸣，从而将初版的成果发扬光大，而不仅仅充当一份权威的书单。最重要的是，我希望人们会满怀热情地说，他们不同意本书所做的选择。对哪些作品是世界小说宝库的组成部分，人们抱有分歧；对哪些作品还在继续界定着我们，人们进行着慎重而坚决的讨论。小说的未来将会从这些分歧和讨论中显现出来。

引言

彼得·伯克赛尔

在死亡、讲故事和"1001"这个数字之间，存在着古老的联系。《一千零一夜》问世以来，这个数字就有了一种神话般的、致命的回响。在《一千零一夜》中讲故事的山鲁佐德，在阿拉伯的1001个夜晚，给有可能将她杀头的国王讲故事，以此延缓她的死亡。每天晚上，国王都想把她杀掉，但山鲁佐德讲的那些饶有趣味的故事片段，使国王不得不让她多活一天。这样，他就可以从她那里再得到一个夜晚，从她那无穷无尽、无拘无束的虚构中再获得一份慰藉。山鲁佐德讲故事的这种绵延无尽、教人欲罢不能的特质，仍在为"1001"这个数字赋予某种数学的崇高，某种无穷和无限的品性。但与此同时，这个数字也维持着山鲁佐德在困境中的那股致命紧迫感。在暗示无穷无尽的同时，这个数字也道出了精确性，道出了局促而紧迫的短暂性。山鲁佐德所讲的那些故事，如今仍然常被人译为《一千零一夜》，这个译名用"1001"这个数字来强调无穷与有限、众多与唯一之间那份让人心神不宁的相似。在一千零一夜的漫长时光里，山鲁佐德总是只有一夜可活；夜色渐消之际，死神常伴左右，为每一个消逝的夜晚赋予了大限将至的鲜明感，为充满活力、不断衍生的整部作品赋予了确切无疑的"末事"的滋味。

在编辑《有生之年一定要读的1001本书》的书目时，我发现自己深深陷入了这种山鲁佐德式的悖论。本书所列小说的故事，是一桩桩既漫长又芜杂的事件，充满令人意外的转折和未必可能发生的枝节。要用1001本书来编织这个多重的故事，看起来，从一开始就是一项艰巨的、无穷无尽的任务。当然，要在已知范围内，将必读小说悉数收录，将不读也罢的小说统统剔除，这样的终极书单永远也不可能制订出来，正如山鲁佐德的故事尚未结束，也永远不会结束一样。但与此同时，这个数字给我带来的约束既冷酷又局促。鉴于主题是如此宽泛，1001毕竟只是个小数目。这里收录的每一本书都要捍卫自己狭小的"泊位"，每一个条目都被注入了某种浓缩的能源，它们就像生死攸关一般，竭力争取自己的位置。每一部长篇小说都是您在有生之年非读不可的作品。尽管死亡是一幅远景，但它总在不断逼近，总是蜷伏在每个瞬间的阴影之中。在您的有生之年非读不可，这听起来就像是一个不必急于一时的目标，但您还是得抓紧开始才行。

宽广与拘束的矛盾，在这本书的通篇都能体会得到。本书充分体现了小说的多样性和创造力，内容包括从古（伊索、奥维德、卡利通）到今（马丁·艾米斯、唐·德里罗和米歇尔·维勒贝克）的作品。但与此同时，小说作为一种完备的实体，永远都不会被我们彻底把握，它拒绝被充分归类，其整体总是大于部分之和。诚然，有人也许会辩解说，作为稳定、可供辨别的对象的小说，其实并不存在。对于小说这种形式是何时出现的，读者和批评家们未能达成一致；长篇小说与短篇小说、中篇小说、散文诗、自传、证词、新闻报道、寓言、神话或传说之间，并无明确的界限。对于如何区分无聊小说和文学杰作，人们当然莫衷一是。确切地说，小说作为一种形式、一部作品，是我们只能短暂地、片段化地把握的一种富有灵感的观念；这种令散文体小说成为可能的观念，本身就是小说的组成部分。

　　这样说来，收录在此的这份书单，既无意充当崭新的标准，也不曾自诩要界定何为小说，或是将小说论说透彻。确切地说，这是一份处于求全与偏好这对矛盾之间的书单。为这份书单注入活力的，是小说的精神，是对小说之所是和小说之功效的喜爱。尽管如此，这份书单并不希望也不打算把握小说、总结小说，或者作出什么结论来。鉴于散文体小说的形式是如此丰富多样，它们存在于许多不同的语言之中，又跨越了那么多个国家和世纪，像这样的书单难免挂一漏万，它遗漏在外的那些书将会也应该会永远给它留下印迹，将它塑造成形并予以解构。这本书没有捍卫自己的边界，排斥那些没有收录的作品，而是把自己当作小说的一张快照，当作讲述小说史的众多说法之一。这本书的条目是由一百余位撰稿人编写的——这些撰稿人可以说是读书界的代表，其中有评论家、学者、小说家、诗人、文艺记者——这份书单的形成，在很大程度上，是以这个多元化的读者群体对小说当今面貌的言说为根据的。同样，这本书也反映出当代读者共通的优劣判断，对小说来历的某种理解，以及对阅读的特殊热情。但它在这样做的时候，是以对千差万别和无穷无尽的小说可能性的热爱为宗旨，而不是以区分优劣、去芜存菁的意愿为宗旨。它讲述了1001件事，语气却是迫切急促的，部分原因在于，它知道它还有许多事未曾提及，还有许多其他小说有待阅读，在面对讲故事无穷无尽的可能性时，再长的故事都显得太过短促。

　　在本书中，这种长与短、求全与偏好的结合，也许在每个条目的层面体现得最明显不过。只用三五百字——每个条目的字数差不多就是这些——来评说长篇小说这样复杂的庞然大物，显然有些疯狂。哪怕是篇幅短小的散文作品，比如夏洛特·珀金斯·吉尔曼的《黄色墙纸》，也无法浓缩到三五百字的篇幅以内，更何况是多萝西·理查森的《人生历程》、塞缪尔·理查森的《克拉丽莎》或马塞尔·普鲁斯特的《追忆似水年华》这些上千页的长篇小说呢？面对如此怪物，三五百字能有何作为呢？在进行这一项目之初，这个问题让我有些懊恼。但随着本书的付梓，我感到，每个条目的短小精悍正是本书的最大优点。这些条目要做的，既不是对每一本书进行全面周到的评论，也不是要让我们体会到原作的滋味，甚至也不是仅仅提供一份刻板的情节梗概。每个条目要做的，是以临终忏悔般的紧迫，反映出每一本小说的引人瞩目之处何在，每一本小说非读不可的原因何在。我想不出还有什么别的形式，能更加有效，或者以更加刺激的强度，传达这种衷求之意。一位撰稿人在跟我讨论这些条目希望实现何种目标时用了一个词，我觉得正好可以拿来形容这本书。他说，每个条目可以看作一个"微小事件"，一场麻雀虽小但五脏俱全的阅读体验，读者可以从中以小见大。

在过去几个月里，我要感谢的人有很多。从事这一项目是一桩非比寻常的乐事，主要是因为参与其中的每个人，都流露出了不可思议的热情和善意。我首先要感谢所有撰稿人。对编写此书的请求，所有撰稿人马上便慨然应允，令我大为感动，他们的工作成果质量之高，想象力之丰富，令我难以置信。这确实是为爱和友情而付出的辛劳，所以谢谢你们。还有许多人，他们为本书的制作供过稿，但他们没有被列为撰稿人。玛丽亚·洛雷（Maria Lauret）未能在书中出现，但我要感谢她的帮助。我还要怀着爱与悲伤，缅怀保罗·罗斯（Paul Roth）。就这份书单应该取什么名字，我曾在无数张餐桌旁与人做过无数次讨论，感谢向我提出建议的每个人。尤其要感谢阿利斯代尔·戴维斯（Alistair Davies）、诺曼·万斯（Norman Vance）、罗斯·盖纳（Rose Gaynor），我在加的夫和伦敦，还有在美国和土耳其的家人，以及乔丹全家。深深感谢利兹·怀斯（Liz Wyse），她的聪明才智和镇定自若及幽默感，将最困难的时刻都变成了乐趣。珍妮·道特（Jenny Doubt）以非凡、从容的专家水准和富有想象力的鉴别眼光，对本书做了出版前的全面审读。目睹她处理这样繁重的项目在最后阶段带来的多重压力，让我佩服得五体投地。美术指导特里斯坦·德·兰西（Tristan de Lancey）和图片查找员玛丽亚·吉布斯（Maria Gibbs）的工作简直不可思议。还要感谢出版社的每一位工作人员，尤其是简·兰恩（Jane Laing）和茱蒂丝·摩尔（Judith More）。像往常一样，我要把爱和感谢献给伯克赛尔·乔丹一家；献给汉娜，她自这个项目之初就是核心成员；还要献给爱娃和劳丽，对她们来说，阅读是一件刚刚开始、富于变化的乐事。

主编这本书让我了解到有关小说的许多知识。它还让我了解到，对书籍的热爱是多么富有感染力，书籍给我们带来了多少兴奋、友谊和欢乐。我希望，我们在制作这本书时感受到的兴奋、收获的喜爱和友谊，也能传达给阅读这本书的您。

作品索引

1Q84 978
2001：太空漫游 616
2666 915
G. 649
G.H.受难曲 587
O娘的故事 491
V. 582
W或童年回忆 674
Z 604

A

阿尔贝塔与雅各布 318
阿尔比派 980
阿尔伯特·安杰洛 981
阿尔卡里亚之旅 447
阿尔塔莫诺夫大家的事业 307
阿尔特米奥·克罗斯之死 572
阿卡迪亚 821
阿里斯夫人去巴黎 981
阿伦的杖杆 980
阿马罗神父的罪恶 180
阿米莉亚 980
阿姆斯特丹 982
阿斯特拉德妮 728
埃里汪奇游记 174
埃利娜·维尔 206
埃塞俄比亚传奇 980
癌症楼 619
矮子当道 806
艾比C 465
艾凡赫 94
艾菲·布里斯特 220
艾格妮丝·格雷 980
艾丽斯自传 362
爱达或爱欲 623
爱的劳作 854
爱的历史 969
爱的世界 981
爱盖尔之星 232
爱孩子的男人 416
爱丽丝镜中奇遇记 170
爱丽丝漫游奇境 156
爱玛 90
爱弥儿（论教育） 57
爱情笔记 843
爱情与阴影 772
爱无可忍 961
爱药 752
爱与黑暗的故事 909
爱在寒冬 456
安东·莱泽尔 70
安静的美国人 500
安娜·卡列尼娜 185
安妮·约翰 761
暗盒 113
肮脏哈瓦那三部曲 879
傲慢与偏见 88
奥勃洛莫夫 144
奥多芙的神秘 76
奥夫特丁根 84
奥吉·马奇历险记 981
奥兰多 334
奥蒙德 980
奥斯卡·瓦奥短暂而奇妙的一生 925
奥斯卡与露辛达 786
奥斯特利茨 899
奥特兰多城堡 58

B

八十天环游地球 177
八月是一个邪恶的月份 981
巴比特 292
巴登夏日 714
巴拉巴 466
巴黎的房子 981
巴黎风情四重奏 980
巴黎圣母院 102
巴伦特雷少爷 980
巴塞尔的钟声 372
巴赛特的最后纪事 161
巴士售票员海因斯 748
巴斯克维尔的猎犬 241
巴托比症候群 888
白痴 165
白虎 928
白鲸 130
白鹿原 988
白内障 642
白日悠光 709
白色旱季 703
白牙 891
白衣女人 144
白噪音 752
百年孤独 607
班纳姐妹 980
半轮黄日 970
伴随时光之曲而舞 673
包法利夫人 141
宝石接驳点 804
保护网下 981
报应 938
豹 531
暴力夺取 981
暴行展览 981
悲惨世界 150
悲伤的气息 713
北非情人 817
北回归线 368
贝妲的婚姻 980
贝雪莱斯和西吉斯蒙达历险记 36
背德者 244
被淹没与被拯救的 763
笨蛋联盟 710
鼻子 107
比利·巴思格特 982
比利时的哀愁 736
比零还少 981
彼得堡的大师 982
鄙视 490
毕业生 580
碧眼姑娘 569
边城 984
边陲鬼屋 258
编码宝典 982
变形记 980
别了，柏林 407
别离开我 982
别名格雷斯 859
别让我走 982
宾虚 186
并非笑料 608
波特诺伊的怨诉 627
玻璃蜂 513
玻璃球游戏 423
玻璃钥匙 980
伯格的女儿 700
柏林谍影 577
柏林，亚历山大广场 338
捕蜂器 744
不可接触的贱民 377
不满 982
不能承受的生命之轻 750
不幸的旅行者 34
布贝的未婚妻 550
布登勃洛克一家 240
布拉斯·库巴斯死后的回忆 189
布赖顿硬糖 397
布朗谢和玛丽之书 914
布罗迪小姐的青春 556
布瓦尔和佩库歇 190

C

猜火车 982
财产微薄的姑娘们 576
灿烂的石楠花 982
草房子 991
草原上的李耳王 170
插电酷爱迷药会 609
查士丁 513
查泰莱夫人的情人 333
查无此女 967
长恨歌 990
长眠不醒 404
长日将尽 796
长袜子皮皮 428
忏悔录 69
潮骚 496
尘埃落定 992
沉默 594
沉默的时代 564
沉默先生 230
沉睡的人 981
沉重的翅膀 715
诚惶诚恐 885
城邦暴力团 992
城堡 318
城市与狗 573

痴儿西木传 37
持枪的盲人 631
耻 880
赤红的心 982
冲突 981
重生 812
宠儿 773
除非 982
厨房 782
处女地 980
穿破裤子的慈善家 269
传奇（大卫·盖梅尔）751
传奇（张爱玲）985
船讯 842
春潮 173
春日 490
纯真年代 286
刺猬的优雅 919
从莫斯科到佩图什基 633
村子 981

D
达洛维夫人 313
鞑靼人沙漠 412
大阿卡那第17号牌 433
大地的成长 282
大地之上 855
大海，大海 694
大海深处 450
大河两岸 589
大河湾 702
大教堂 611
大街 286
大师 912
大师和玛格丽特 600
大卫·科波菲尔 129
大仲马俱乐部 822
代价 930
戴蕾斯·拉甘 163
丹尼尔·德龙达 980
但以理之书 646
当代英雄 113
当你老去 229
刀锋 427
刀与骨 676
到灯塔去 323

道连·格雷的画像 211
德伯家的苔丝 212
德拉库拉 222
德里纳河上的桥 432
德语课 614
等待黑暗，等待光明 832
等待野蛮人 714
狄博士的房屋 982
抵达之谜 770
抵抗白昼 921
地下世界 870
地下室手记 154
地心游记 158
地狱 260
第二十二条军规 553
第三场婚礼 574
第三个警察 602
第三人 981
第五项业务 635
第一圈 621
第一座花园 789
蒂凡尼的早餐 532
典型 812
殿堂 982
靛蓝 823
吊死鬼的森林 295
跌落的鸟 981
冬 952
动物农庄 430
毒木圣经 873
独地 272
独立的人们 378
对不起，我在找陌生人 981
队列之末 330
多愁善感的男人 62
多情客游记 62

E
恶心 400
厄舍府的崩塌 111
轭下 205
鳄鱼街 365
恩德比先生的内在 575
儿童弥撒 980
儿子与情人 269

二手时间 948

F
发条橙 567
发现天堂 830
法官和他的刽子手 480
法国中尉的女人 628
法昆多 119
法兰西组曲 911
法老 225
烦人的爱 853
繁花 995
反抗的忧郁 795
反抗者 468
反美阴谋 982
方托马斯 266
防守的艺术 941
仿生人会梦见电子羊吗？616
放我下去 920
飞越疯人院 568
非常寂纳 982
非洲黑奴自传 75
非洲印象 265
菲利帕·拉蒂诺维奇归来 353
菲尼亚斯·芬 166
废都 989
费尔迪杜凯 390
费利西娅的旅程 845
芬妮·希尔 52
芬尼根的守灵夜 411
芬奇–孔蒂尼花园 573
愤怒 982
愤怒的葡萄 409
丰饶之海 640
风格练习 444
疯狂山脉 381
蜂巢 475
佛兰德斯的狮子 110
弗兰肯斯坦 93
弗兰妮与祖伊 559
弗洛斯河上的磨坊 147
浮生如梦 982
浮士德博士 445
浮世画家 765

浮现 648
福 981
福尔摩斯探案集 217
福尔赛世家 255
福尔图娜塔和哈辛塔 980
福谷传奇 980
福楼拜的鹦鹉 738
父与子 149
副领事 599
傅科摆 790

G
咖喱香肠的诞生 832
该隐 975
改正 671
盖普眼中的世界 981
甘蔗 980
钢琴教师 730
钢铁风暴 285
港口 663
高老头 107
高卢的阿玛迪斯 29
高原世家 439
高中暴行录 740
告别玛丽亚 451
鸽翼 244
鸽子 772
歌门鬼城 462
格拉莫拉玛 982
格里姆斯 981
格里沙中士 322
格列佛游记 45
各得其所 595
给樱桃以性别 799
公羊的节日 894
公众的怒火 981
狗年月 574
孤独 254
孤独的伦敦人 509
孤独的迷宫 464
孤注一掷 375
古船 988
古斯特少尉 237
故事的终结 854
故园风雨后 434
关于H.哈特尔的一切 449

冠军早餐 981
罐头厂街 981
光辉灿烂的道路 781
广阔的腹地：条条小路 503
广漠的世界 417
归来 439
规则 810
跪下你的双膝 864
锅匠，裁缝，士兵，间谍 981
裹尸布 982
过度的爱 42
过境 428
过客 343

H

哈德良回忆录 475
哈德良七世 249
哈克贝利·费恩历险记 197
哈里发沉沦记 71
哈里耶特·福利恩的生与死 295
哈瑞特·休姆 980
哈扎尔辞典 749
孩子们的书 977
海 918
海边的卡夫卡 964
海浪 349
海姆素岛居民 202
汉弗莱·克林克历险记 63
好兵 277
好兵帅克历险记 316
好一场瓜分！ 838
和谐的天堂 888
河岸 994
赫布多米洛斯 980
赫索格 583
鹤遗失的语言 768
黑暗的心 243
黑暗如埋葬我朋友的坟墓 981
黑孩子 489
黑犬 982

黑色大丽花 779
黑山之上 720
黑水 982
黑王子 981
黑匣子 776
红唇 633
红房间 186
红高粱家族 784
红楼梦 74
红酋罗伯 91
红王妃 982
红与黑 100
红字 129
虹 275
洪堡的礼物 667
侯爵府纪事 201
呼兰河传 985
呼啸山庄 126
胡里乌斯的世界 637
狐 980
蝴蝶梦 399
花腔 993
花园，灰烬 590
花园中的处女 696
滑稽的圆舞 980
化身博士 201
欢乐 205
欢乐之家 251
还乡 980
环行伦敦 982
幻灭 114
幻象 981
幻影书 982
荒凉山庄 136
荒野侦探 871
荒原狼 326
皇家赌场 483
黄色墙纸 980
惶然录 729
恍惚的人 650
晃来晃去的人 426
灰烬与钻石 447
回到故乡的陌生人 982
回到乌赫斯特海斯特 587
回来吧，卡里加利博士 981

回忆巴比伦 833
昏头先生 982
婚变 939
活动变人形 987
活下去的理由 753
活着（亨利·格林） 341
活着（余华） 989
火的记忆 766
火山下 441
火线 279
霍比特人 391
霍华德庄园 265
霍克斯默 756
霍乱时期的爱情 762

J

饥饿 207
基本粒子 878
基地 471
基督不到的地方 433
基督的最后诱惑 503
基督山伯爵 121
基督传 289
激情 981
吉姆 238
吉姆爷 980
嫉妒 522
继承失落的人 923
寂寞芳心小姐 364
寂寞之井 330
加百列的礼物 982
加沙的盲人 387
佳媛 481
家事 982
家庭与世界 282
家园 927
嘉莉妹妹 237
尖锐的玻璃 529
艰难时世 980
简·爱 122
简·萨默斯日记 981
见证人 735
郊区佛陀 803
教父 624
教授之屋 306
教养院男孩 524

接班人 966
接触 758
街谈巷议 962
杰克·迈格斯 960
结伴游乐 981
姐妹 848
金臂人 454
金钵记 980
金翅雀 942
金驴记 27
金钱：绝命书 737
金色笔记 562
金银岛 190
禁地 354
警报的原因 398
纠正 901
揪芽打仔 534
九点半钟的台球 534
就好像我并不在场 882
就说是睡着了 365
就像生活 802
局外人 420
橘子不是唯一的水果 981
巨大的房间 296
巨人传 31
惧恨拉斯维加斯 645
聚会 924
诀窍在于保持呼吸 794
觉醒 230
绝对的开启者 543
爵士乐 982
君主的美人 619

K

卡拉马佐夫兄弟 980
卡米拉 79
卡斯特桥市长 980
卡瓦利与克雷的神奇冒险 982
凯莱布·威廉斯传奇 74
凯勒阿斯和卡利罗亚 980
看不见的城市 651
看不见的人 478
看得见风景的房间 261
科莱利上尉的曼陀铃 846
可卡因传奇 981

可卡因之夜 982
可怕的孩子 337
克拉丽莎 48
克莱采奏鸣曲 210
克莱芙王妃 38
克兰福镇 135
克里斯汀的一生 298
克里希纳普之围 657
克罗蒂娜的家 292
克罗姆·耶娄 288
空降城 982
空盼 436
哭吧，亲爱的祖国 450
酷儿 981
狂热者 662
困境 981
括号 390

L

垃圾教授 252
拉布拉瓦 732
拉德茨基进行曲 353
拉格泰姆时代 663
拉克伦特堡 84
拉摩的侄儿 85
拉特纳星 981
兰纳克：人生四部曲 716
蓝登传 980
朗读者 856
浪漫主义者 982
劳儿之劫 584
老恶魔 766
老妇人的故事 258
老人与海 477
老实人 54
乐观者的女儿 651
冷漠的人 340
冷血 592
里丁的托马斯 34
里卡尔多·雷耶斯离世那年 747
里契蒙城堡 980
里斯本围城史 794
里屋 696
理性边缘 403
理智与情感 86

历代大师 981
廉价的幸福 436
恋爱中的女人 285
恋情的终结 466
两个男孩在游泳 982
了不起的盖茨比 310
了了 905
烈焰焚币 865
林地居民 980
灵魂漫长而黑暗的茶点时间 958
零点女人 667
另一个世界 982
令人难以宽慰的农庄 354
流浪者梅尔默斯 94
流沙 328
卢布林的魔术师 548
卢济塔尼亚人之歌 32
鲁滨孙漂流记 41
路的尽头 981
露西·高特的故事 982
孪生姐妹 839
伦敦场地 797
伦敦羔羊 982
罗杰疑案 315
罗克珊娜 980
罗生门 279
萝西与苹果酒 536
螺丝在拧紧 980
裸体午餐 540
洛丽塔 504
骆驼祥子 388
绿帽子 305
绿人 981
绿衣亨利 138

M

马蒂努斯·斯克里布勒鲁斯回忆录 47
马丁·菲耶罗 185
马丁·瞿述伟 980
马丁·伊登 980
马顿斯教授的起程 740
马尔多罗之歌 166
马尔特手记 262
马耳他黑鹰 345

马格斯·哈弗拉尔 147
马克洛尔的奇遇与厄运 831
马拉沃利亚一家 188
马来狂人 299
马龙之死 473
马尼拉绳 518
马桥词典 991
马提加里 767
马戏团之夜 741
玛尔戈王后 980
玛戈和天使们 868
玛丽·巴顿 980
玛丽玛丽 268
玛丽亚娜和她的情人 981
迈克尔·K的生活和时代 731
麦田里的守望者 470
曼哈顿中转站 980
曼斯菲尔德庄园 90
漫长的告别 488
慢人 982
盲刺客 982
盲人的天堂 788
盲人寓言 761
茫茫黑夜漫游 352
猫的摇篮 580
猫眼 981
猫与鼠 555
毛二世 982
没有个性的人 359
没有归属的男人 904
没有人给他写信的上校 560
玫瑰的名字 709
梅达格胡同 446
梅森与迪克逊 982
梅西埃与卡米耶 981
梅西的世界 224
美 982
美国 321
美国精神病 813
美国佬 944
美国牧歌 982
美国人的成长 314
美国三部曲 395

美国锈 931
美丽的空屋 981
美丽的塞登曼太太 763
美丽曲线 916
美丽新世界 357
美与善 981
门在楼梯口 932
萌芽 198
梦之安魂曲 692
迷宫 562
迷惘 374
米德尔马契 172
米德威奇布谷鸟 520
米拉·布来金里治 620
米歇尔·科尔哈斯 86
秘密间谍 256
缅甸岁月 980—981
民主 746
名利场 125
名利场大火 777
名士风流 494
名誉领事 653
名字 981
明智的孩子 982
命运的内核 981
命运的傻瓜 981
命运交叉的城堡 657
摩尔·弗兰德斯 42
摩尔人的最后叹息 982
摩天楼 981
魔鬼附身 301
魔鬼与普里姆小姐 893
魔戒 507
魔山 304
魔杖 631
魔沼 120
末世之家 982
莫菲 394
莫罗博士的岛 221
莫洛伊 468
莫妮卡 348
莫普切利之虎 236
默文·卡拉 852
母亲 257
母乳 968
木桶的故事 980

作品索引 | 15

牧神雕像 980
幕间 981

N
呐喊 984
娜嘉 326
娜娜 187
奶酪 360
男孩，别哭 974
男女，路人 718
男人的一半是女人 753
男向导的奇遇 530
南方的海 707
南方与北方 138
南回归线 981
内地 800
内陆深处 682
能干的法贝尔 519
尼古拉斯·尼克尔贝 980
鲵鱼之乱 382
你好，忧愁 494
你明天的面容 965
你往何处去 221
你需要的一切 982
你以为你是谁？ 692
逆流 194
年轻人 751
鸟鸣 841
牛顿书信 981
纽约三部曲 774
农家少年回忆录 561
诺里斯先生换火车 377
诺桑觉寺 980
诺斯特罗莫 251
女儿 808
女房客 126
女孩和女人们的生活 647
女孩是半成品 947
女吉诃德 54
女士及众生相 643
女主人 647

O
欧巴巴夸克 800
欧也妮·葛朗台 106
偶然的音乐 805

P
帕尔马修道院 110
帕里耶特 281
帕梅拉 46
帕维尔的信 882
怕飞 658
拍卖第四十九批 596
派蒂格鲁小姐的大日子 403
佩比塔·希梅尼斯 180
佩雷拉的证词 849
喷火器 946
劈云 982
皮埃尔与让 204
皮克尔传 53
皮囊之下 890
骗子比利 543
漂泊手记 858
漂浮的歌剧 510
飘 384
漂亮朋友 195
平原 993
苹果酒屋的规则 760
破碎的四月 713
葡萄园 982
普宁 516
普通士兵 497

Q
七个尖角顶的宅第 132
七月的人民 719
桤木王 981
奇迹之篷 632
奇鸟行状录 851
骑士蒂朗 28
棋王 987
启蒙之旅 981
弃儿汤姆·琼斯的历史 50
恰似水于巧克力 793
千只鹤 481
前夜 980
强盗新娘 982
乔基 981
乔瓦尼的房间 510
亲合力 85

亲密 982
青春 982
青春的证明 361
轻舔丝绒 962
轻喜剧 863
情感教育 167
情迷维纳斯 690
情人 746
情色度假村 902
秋天四重奏 683
求生男孩 499
去吧，摩西 981
去丹吉尔的夜船 954
权力问题 658
权力与荣耀 414
全能侦探社 783
劝导 980
缺席者 980
裙钗间 806
群 911
群岛 982
群魔 175
群鸟 522

R
燃烧的原野 500
让叶兰继续飘扬 383
人虫变 864
人的境遇 360
人间食粮 226
人间王国 455
人类的末日 980
人类灵魂工程师 683
人们都叫我动物 982
人生历程 605
人生拼图版 694
人兽 208
人鼠之间 393
人树 501
人体艺术家 982
人性的枷锁 276
人性的污秽 890
人猿泰山 271
认可 499
日光 982
日瓦戈医生 515

如此苍白的心 982
如果在冬夜，一个旅人 699
如意郎君 837
乳房 981
若非此时，何时？ 728

S
萨巴斯剧院 982
萨拉米斯的士兵 898
塞拉斯叔叔 155
塞莱斯蒂娜 28
塞西莉亚 980
三便士小说 981
三个火枪手 119
三个女人 980
三国演义 25
三尖树时代 473
三十九级台阶 275
三体 994
三月冷花 893
三只忧伤的老虎 586
丧失了名誉的卡塔琳娜·勃罗姆 661
丧钟九鸣 374
丧钟为谁而鸣 414
色彩 982
瑟斯比奇谷 982
森林里 982
僧侣 78
杀人广告 364
杀手圣母 851
杀死一只知更鸟 546
沙岸风云 471
沙岸之谜 246
傻瓜的金子 706
山泉：泉水玛侬 579
闪灵 689
善良的人 982
上帝的木屑 551
上帝的人猿 346
上帝之城 982
上来透口气 981
上升的一切必将汇合 591
少年Pi的奇幻漂流 900
少年维特的烦恼 64

蛇结 358
社工 632
射雕英雄传 986
绅士偏爱金发女郎 956
深沉的河流 531
深河 838
深夜小狗神秘事件 982
深夜新闻 853
神的孩子全跳舞 982
神箭 585
神经漫游者 742
神经症 785
神奇的O 981
审判 309
生活如同一家旅店 814
生者与死者 418
圣埃维塔 857
圣安东的诱惑 980
圣诞神曲 733
圣诞颂歌 980
失明 319
失窃的信 980
失去一切的人 660
失踪的孩子 950
施蒂勒 497
十点零四分 949
十三号女士 908
十三座钟 463
十字火焰 872
什卡斯塔 981
时间机器 220
时间箭 982
时间里的痴人 933
时间中的孩子 981
时时刻刻 876
食蓼之虫 329
史迈利的人马 706
使节 245
使女的故事 755
士兵的归来 283
士兵的重负 801
世界大战 229
世界末日之战 716
是 981
是如何 981
收藏家 981

收割者 419
首领们 981
守门员面对罚点球时的焦虑 981
守望者 764
受害者 981
瘦子 350
淑女的眼泪 72
赎罪 897
鼠疫 444
衰竭 764
衰落与瓦解 329
双城记 980
双鸟渡 411
双生 982
水孩子 152
水浒传 25
水泥地 981
水泥花园 697
水手比利·巴德 980
水獭塔卡 323
水仙花 818
水之乡 732
水中的面孔 560
顺从的父亲 982
顺流而下 982
顺其自然 635
说谎者雅各布 627
丝绸 863
思考的芦苇 386
斯普特尼克恋人 982
斯泰希林 231
斯通家史 835
死魂灵 114
死空气 982
死人的生活 982
死神与苦行僧 594
死刑判决 451
死婴 981
死于罗马 496
死于威尼斯 268
送信人 489
苏格兰人的书 980
宿命论者雅克和他的主人 79
宿醉广场 981

岁月 981
岁月的泡沫 446
所罗门王的宝藏 199
所罗门之歌 684
索多玛120天 70
索拉里斯星 554

T

他们 957
他们可能会面对朝阳 982
他们眼望上苍 392
她 980
她脚下的土地 982
塔尔 284
台北人 986
苔依丝 209
太白山脉 769
太阳帝国 748
太阳照常升起 321
泰式斯诞生 438
贪得无厌 348
探险家沃斯 521
汤姆叔叔的小屋 132
唐璜死后 981
堂吉诃德 35
特拉夫尼克纪事 435
提尔 953
体内杀手 981
天才雷普利 506
天秤星座 981—982
天根 509
天空之蓝 519
天路历程 980
天使不敢涉足的地方 980
天使，望故乡 344
天堂主题公园 982
天下骏马 826
天涯海角 770
天涯追爱 981
铁皮鼓 539
铁蹄 980
庭长夫人 194
通向蜘蛛巢的小径 440
同名人 907
同谋 982
铜管乐队演奏的花园 457

童年的许诺 544
童年典范 675
图拉耶夫事件 457
屠场 256
屠夫男孩 820
土地 623
土生子 412
土星之环 982
兔子富了 718
兔子归来 642
兔子，跑吧 545
托诺-邦盖 980
拖网 981

W

瓦尔登湖 137
瓦特 981
外行们 981
完美伴侣 559
玩笑 981
万灵 773
万灵节 877
万有引力之虹 652
亡父 671
王奴奥鲁诺克 39
王子出游记 56
危险的关系 69
威克菲牧师传 58
威拉德和他的保龄球奖杯 668
威廉·麦斯特的学习时代 76
微暗的火 564
微物之神 866
为时已晚 847
违抗 449
维吉尔之死 437
维莱特 980
维罗妮卡决定去死 874
维农少年 906
维特根斯坦的情妇 788
维特根斯坦的侄子 725
维沃先生与古柯大佬 982
伟大的猩猩 982
伟大的印度小说 795
伪币制造者 310

为爱复仇 981
为欧文·米尼祈祷 792
味似丁香、色如肉桂的加
　布里埃拉 526
温室 486
我爱过的 908
我的奋斗4：在黑暗中舞
　蹈 937
我的赫苏斯，直到不再见
　你为止 634
我，机器人 458
我们 302
我们的祖先 981
我们共同的朋友 980
我们街区的孩子们 603
我们，她的列兵 345
我想黛西 341
我知道笼中鸟为何歌唱
　639
乌克兰拖拉机简史 982
乌鸦公路 823
乌有乡消息 214
巫术师 599
无法称呼的人 981
无法企及 982
无歌的撤退 335
无尽的玩笑 860
无可慰藉 852
无面杀手 811
无名的裘德 219
无命运的人生 670
无所谓 845
无条件投降博物馆 884
无限近似于透明的蓝 682
无知 982
无罪者 465
五号屠场 630
午间女人 972
午夜检查员 801
午夜之子 981
务虚笔记 990
物：六十年代纪事 592
雾都孤儿 109

X

西蒙和橡树 760

西西里谈话 419
西线无战事 339
西游记 32
希腊人左巴 438
悉达多 296
瞎猫头鹰 391
夏伯阳与空虚 860
夏洛克行动 982
夏日将现 387
夏日书 649
夏天 980
陷坑与钟摆 117
献给格奥尔格·黑尼希的
　歌 769
乡村姑娘 550
相爱 430
香水 757
香烟 785
享乐主义者马利乌斯 195
向北方 350
向苍天呼吁 482
向着更糟去呀 981
项狄传 61
象棋的故事 422
像爱丽丝的小镇 461
消散 844
消失 622
消失点 982
消失了的足迹 486
小补救 982
小岛 982
小妇人 165
小孩与鹰 613
小酒店 183
小癞子 31
小毛驴与我 271
小人物日记 218
小王子 424
小阳春 142
小约翰 199
校园秘史 828
笑忘录 704
邪恶的肉身 980
写在身体上 822
谢利 980
谢谢你，吉夫斯 366

心 272
辛德勒名单 723
新爱洛伊丝 57
新寒士街 214
新加坡掌控 693
新世界 305
新夏娃的激情 981
信任者和瘫痪者 501
信息 982
星辰时刻 684
星期六 982
幸福 952
幸运的吉姆 485
雄猫穆尔的生活观暨乐队
　指挥克赖斯勒的传记
　片段 95
修道院 980
修道院纪事 729
修女 81
羞耻 981
秀拉 981
虚构集 981
许佩里翁或希腊的隐士
　81
喧哗与骚动 980
眩晕 808
学生托乐思的迷惘 254
学校教育 982
噱头！ 791
雪 903
雪中第六感 815
血色花瓣 981
血色子午线 757
血腥的收获 980
寻欢作乐 980
寻找可能之舞 840

Y

押沙龙，押沙龙！ 382
雅各的房间 980
亚当·贝德 143
亚历山德里诺的命运 734
淹没的世界 981
严密监视的列车 589
炎炎日正午 455
沿着第二大街 536

眼睛的故事 335
羊孩贾尔斯 597
野草在歌唱 459
野港 981
野孩子 981
野性的呼唤 246
叶甫盖尼·奥涅金 105
叶屋 982
夜访吸血鬼 679
夜林 378
夜幕降临前 814
夜色温柔 367
夜与日 980
一封如此长的信 700
一个孤独漫步者的遐想
　67
一个男孩自己的故事 957
一个青年艺术家的画像
　280
一个人，不是任何人，又
　是千万人 315
一个神经症患者的回忆录
　248
一个无用人的生涯 97
一个小小的建议 46
一个作家的午后 780
一九八四 452
一九七七 982
一句顶一万句 995
一颗慈善的心 224
一抔尘土 981
一千零一夜 22
一生 192
一天逝去 361
一位爱尔兰海军陆战队军
　官的经历 232
一位女士的画像 187
伊凡·杰尼索维奇的一天
　570
伊凡·伊里奇之死 193
伊芙琳娜 66
伊丽莎白·科斯特洛 982
伊索寓言 980
伊坦·弗洛美 266
伊娃·特拉特 611
仪式 711

移居北方的时节 634
移民 982
以鹰之名 951
艺伎回忆录 865
异端 878
异乡异客 561
因爱痴狂 980
阴影线 809
阴影线：一部自白 980
银河系搭车客指南 699
隐身人 980
隐者 976
瘾君子 484
印度之行 302
英格兰造就了我 981
英国病人 825
鹰之巢 398
蝇王 492
拥有快乐的秘诀 826
永别了，武器 343
永恒之王 523
永远是陌生人 956
幽暗之地 662
幽灵路 958
幽灵之家 720
尤弗伊斯：才智之剖析 980
尤利西斯 291
尤斯塔·贝林的萨迦 213
邮差总按两次铃 371
游手好闲 518
游戏玩家 982
游泳池更衣室 787
有理性的动物 608
有你我不怕 895
有钱人和没钱人 981
有时一个伟大的念头 586
幼虫：仲夏夜的嘈杂声 741
诱拐 980
与世长辞 981
羽蛇 980
雨的回忆录 818
雨王亨德森 981
遇见哥德巴赫猜想 827
遇见野兔的那一年 664

园会 980
原始城市 981
圆环 943
源氏物语 24
远大前程 148
远航 980
远离尘嚣 178
远山淡影 725
约婚夫妇 99
约瑟夫·安德鲁斯 48
约瑟和他的兄弟们 424
月宫 799
月亮宝石 163
月亮与篝火 461
月色闪烁 980
云图 910

Z

杂乱无章的附件 982
在底层的人们 281
在地图结束的地方 982
在绝望之巅 371
在流亡中诞生 980
在路上 516
在模糊不清的镜子中 175
在那儿 212
在撒旦的阳光下 316
在石头上用餐 982
在网下 491
在西瓜糖里 613
在遥远的礁岛链上 208
再见，吾爱 981
早安，午夜 410
藻海无边 602
造船厂 551
责备 676
泽诺的意识 301
窄门 261
占卜者 660
占有 982
战地快讯 686
战争 686
战争与和平 168
丈量世界 917
着魔的流浪人 177
折叠的星星 982

折翼天使 834
这个世界土崩瓦解了 529
这是不是个人 443
真正的夏洛特 980
征服新西班牙信史 37
证词 982
证明的标志 598
织工马南 149
蜘蛛女之吻 680
只爱陌生人 981
指挥官 664
指匠 982
致幻的福柯 862
智血 476
窒息 982
中场休息 549
中性 982
终结的感觉 940
钟 524
钟形罩 575
众生之路 249
周六晚与周日晨 527
周年纪念日 636
竹取物语 24
烛烬 422
祝你好运，有钱先生 981
抓住时机 981
庄园 605
装可怜 981
装了磨砂玻璃窗的房子 715
撞车 654
追寻克林索尔 883
追忆克里斯塔·T. 615
追忆似水年华 325
坠落的人 970
紫颜色 726
自我的三重镜 827
自由 934
自由国度 648
自责 981
字谜游戏 767
总督 219
纵横交错的世界 979
走出非洲 388
族长的秋天 674

祖鲁人沙卡 314
祖先的声音 762
最后的九月 980
最后的莫西干人 99
最后的世界 789
最蓝的眼睛 640
罪人忏悔录 96
罪与罚 161
左撇子女人 680
坐拥世界 833

Il faut vous fuir, M[e]
[je] Sens bien. J'aurois dû [b]
attendre ; ou plustôt, il [f]
voir jamais. Mais que [je]
n'y prendre aujourdui [les]
promis de l'amitié : Soy[ez]
[et] conseillez-moi.

Vous Savez que je n[e]
[d]ans vôtre maison que [par]
[ordre] de Madame vôtre mér[e]
[j']avois cultivé quelques t[alents]
[e]lle a cru qu'ils ne Ser[oient]

19世纪前

让-雅克·卢梭《新爱洛伊丝》(1760) 手稿

一千零一夜 ألف لَيْلَة وَلَيْلَة

佚名

首次出版：约850年
内容来源：波斯故事集《一千个故事》
原著语言：阿拉伯语
英译书名：The Thousand and One Nights

　　众所周知的《一千零一夜》是叙事史上最富有感染力、最能引起共鸣的虚构作品。在一千零一个夜晚，山鲁佐德向国王山鲁亚尔讲述的那些故事中，有些广为人知，比如《辛巴达》《阿拉丁》《阿里巴巴和四十大盗》等。这些故事具有超乎寻常的传世魅力。不过，尽管《一千零一夜》的故事广为人知，其最重要的价值也许在于叙事这一概念从这些故事当中脱胎形成。

　　在《一千零一夜》中，叙事、性爱与死亡之间，形成了一种潜在的、具有衍生性的关联——从那以后，这种关联就一直是散文虚构作品的源泉。国王山鲁亚尔有这样一种不良习惯：他每晚都要奸污并处决一名处女。《一千零一夜》开篇写道，山鲁佐德设法成了国王的下一个加害对象。为免遭被杀的厄运，山鲁佐德给国王讲起了故事；她的计划奏效了，这些故事是那样撩人，那样令人着迷、愉悦和兴奋，每到拂晓，国王都不忍心将她杀掉。每个夜晚结束之际，故事都没有讲完。每天晚上，国王都允许她多活一夜，好让自己听到故事的结局。但山鲁佐德为了活命而编出来的故事，是没有结局的故事，这些故事永远都不会迎来高潮。确切地说，这些故事里蕴含着无法餍足的欲望、一种显而易见的无穷无尽，让我们气喘吁吁地读个不停，急于读到更多，就像国王山鲁亚尔气喘吁吁地聆听一样。这些故事的香艳、异国情调、紧张感，都源自这种欲望，源自这种在高潮之际和生死存亡关头的无尽颤抖。**PB**

▲ 《一千零一夜》1908年版的装帧，在风格上把握住了东方故事令西方读者为之倾倒的异国情调。

▲ 1910年，里姆斯基-科萨科夫创作的《山鲁佐德》由俄罗斯芭蕾舞团在巴黎演出。莱昂·巴克斯特为该剧设计了服装。

竹取物语 竹取物語

佚名

首次出版：10世纪
原著语言：日语
英译书名：The Tale of the Bamboo Cutter

《源氏物语》中曾提到《竹取物语》，将它称作"所有爱情故事的先驱之作"。它也是留存于世的日本虚构作品中最古老的一部。这部作品究竟创作于何时，有各种各样的说法，但人们相信，它是在9世纪末或10世纪初问世的。1998年，由日本最优秀的现代小说家之一川端康成执笔的现代重述版（译注：川端康成曾将该故事译成现代日语，这里指1998年讲谈社推出的该书日英对照版）揭开了面纱。

这个故事的主人公是辉夜姬，一位美貌出众的公主，她还是婴儿时，被一位伐竹翁捡到。她的美貌迷住了日本的男人，监护人伐竹翁为了让她成亲，为她挑选了五名求婚者。冷淡的辉夜姬不愿嫁人，给这些求婚者布置了无法完成的任务。狡诈的求婚者们利用自己的金钱、权势，试图让公主相信自己已经完成了任务。一位皇子让一队工匠日夜赶工，给公主做了一根金枝；另一位皇子派人去中国，找来一件不会着火的袍子。

每次事情失败，都会引出一条谚语。有一场不幸被称作"愚蠢的李子"，是因为大纳言没能给公主取来龙头上的玉，结果眼睛变成了形似李子的石头。宫田雅之为川端康成版本所配的插图十分美妙，哪怕只是欣赏插图，这本书也值得一读。**OR**

源氏物语 源氏物語

紫式部（紫式部）

作者生平：约973年生于日本，约1014年卒
首次出版：11世纪
原著语言：日语
英译书名：The Tale of Genji

《源氏物语》是日本最早的散文体虚构作品，如今依然被人广为阅读和欣赏。这部作品至少有一部分出自紫式部的手笔，她是京都皇宫里的一位女官。这部作品结构松散，围绕着皇子"英俊风雅的源氏"的爱情生活展开。这个年轻人在情感和性爱方面经历了复杂的起起落落，其对象包括慈母般的藤壶和他收养的孩子紫之上，后来紫之上成了他的毕生至爱。因为贸然生出一场韵事，对政治后果有欠考虑，源氏被迫流亡。此后，他回到宫中，重享荣华富贵。后来，紫之上辞世，悲痛的源氏退隐寺中。源氏退隐后，这本书在看似突兀地戛然而止之前，用更加晦暗的笔触刻画了继任的一代。这部作品是未能完成，还是故意不给出结局，人们对此看法不一。

《源氏物语》给遥远的异国世界——那是中世纪日本经过美化的、优雅的宫廷生活——打开了一扇窗，其经久不衰的魅力在很大程度上概源于此。小说发挥了魔力，在紫式部的世界与现实世界之间的历史、文化和语言的鸿沟上，架起了一座桥梁。不少内容在翻译过程中流失，但现代读者会在遥远的故事背景里，沉醉于那些熟悉的情感之中。当人物的反应和态度出乎意料、令人惊奇时，读者又会因此大为着迷。**RegG**

三国演义

罗贯中

作者生平：约1330年生于中国，约1400年卒
首次出版：14世纪
原著语言：汉语
英译书名：Romance of the Three Kingdoms

　　《三国演义》是中国古典文学四大名著之一。这部关于汉朝末年的史诗巨作跨越了中国百年历史，它秉承古老的叙事传统，将历史和传说融为一体。这部作品被认为是出自14世纪学者罗贯中的手笔，他把许多存世的资料和故事整合成了一部连贯的、引人入胜的巨著。

　　故事开篇写道，张角率众起义，意欲推翻汉朝，结尾则是汉朝灭亡，晋朝建立。许多情节发生在相互竞争的魏、蜀、吴三国之间，人物纷纭复杂，不朽的传奇英雄为了主宰中国，彼此征战。《三国演义》具有令人着迷的情节、杰出的英雄人物和反派角色，以及复杂的计谋和壮观的战争场面，是一部文学杰作，堪称中国的《伊利亚特》。这本书被译成了多种语言，包括日语、韩语、法语、英语、西班牙语和俄语，如今仍然是东亚最受欢迎的著作之一，以其传统智慧、奇妙的故事和对战略的洞见而备受珍视。正如韩国谚语所说："读过《三国演义》，就可以谈论人生了。" **JK**

水浒传

施耐庵

作者生平：约1296年生于中国，约1370年卒
首次出版：1370年
原著语言：汉语
英译书名：The Water Margin

　　这部小说大致是根据12世纪初宋江及其同伴的事迹写成的。在付梓之前，其文本经过了数个世纪的专业演绎、编辑、扩充和校勘。这部作品有多个不同版本，现存的最早版本包含一百二十回，可以上溯至16世纪初。这一点不仅解释了这部作品的文本为何前后不一，也使得确切追查作者身份和成书时间变得毫无可能。

　　小说第一部分用各不相同的细节，描述了一百零八位英雄好汉聚集到一起的过程，他们上了水泊梁山，奉宋江为头领。出于忠义之心，他们团结到一起，当时的皇帝正被贪官污吏所惑。这些朝廷眼中的不法之徒严格奉行侠义的礼法：劫富济贫，对结拜兄弟无比忠诚。在小说的后半部分，他们获得大赦，协助镇压农民起义，在这一过程中，大多殒命沙场。

　　尽管以今天的标准来看，极端的暴力和厌女行为频频出现，但这部小说通过丰富多彩的人物形象和生动鲜明的语言，俘获了读者的心。**FG**

金驴记 Metamorphoses

阿普列乌斯（Lucius Apuleius）

作者生平：约123年生于马都拉（现阿尔及利亚），170年卒
首次出版：1469年，C. Sweynheim & A. Pannartz
其他书名：The Golden Ass

公元2世纪成书的《变形记》更为人们所熟知的名字是《金驴记》，这是唯一一部完整存世的拉丁文长篇小说。其风格就像当时的职业说书一样，语言活泼，百无禁忌，富有讽刺意味。但归根结底，这是一则道德训诫故事。

《金驴记》讲述了鲁齐乌斯荒诞离奇的遭遇。他是一个年轻的罗马贵族，醉心于魔法，意外变成了一头驴。凭借这副新外表，他目睹并体验了奴隶和穷困自由人的悲惨，他们就像鲁齐乌斯一样，任由富有的主子蹂躏，处境比牲口好不了多少。

本书是唯一一部直接探索底层社会状况，并从古希腊–古罗马时代传于后世的文学作品。尽管主题颇为严肃，但叙事的腔调却是猥亵露骨的。鲁齐乌斯总是跟强盗和阉人祭司待在一起，他目睹了妇人通奸，还曾被拉去与一位美女交合。这也是一部研究那个时代宗教信仰的作品。在本书的最后几章，鲁齐乌斯又被伊希斯女神重新变成了人。接下来，鲁齐乌斯加入了伊希斯和奥西里斯的神秘异教，将毕生奉献给了他们。至此，这部小说之前的那种粗俗的幽默，变成了既富有感染力又优美的散文。《金驴记》是结构松散的流浪汉小说这一文类的先驱之作，后来伏尔泰、笛福等人继承了这一传统。这部作品将魔法、闹剧、宗教和神话饶有趣味地共冶一炉，成为一本引人入胜的读物。**LE**

▲ 阿普列乌斯在处理性爱这一主题时，直言不讳、令人捧腹，毫无宗教的罪恶感或浪漫情怀。

◀ 1923年出版的《金驴记》插图由让·德·博谢尔绘制，展现一个女人被人用燃烧的木柴侵犯的场景。

骑士蒂朗 Tirant lo Blanc

霍安诺特·马托雷尔（Joanot Martorell）
马蒂·朱安·德·加尔巴（Martí Joan de Galba）

马托雷尔生平：1413年生于西班牙，1468年卒
加尔巴生平：生年不详，1490年卒
首次出版：1490年，Nicolou Spindeler（巴伦西亚）
原著语言：加泰罗尼亚语

    塞万提斯写道，这部骑士小说是"乐趣的宝库和愉悦的矿藏"。霍安诺特·马托雷尔成功地将自己当骑士的真实经历与文学资源（如拉蒙·尤伊、薄伽丘和但丁的作品）结合在一起，在不脱离生活实际的前提下，让整部作品充满了丰富的想象力。因此，《骑士蒂朗》是对骑士精神的辩护，是从文学角度，对那些偏向幻想、颂扬骑士精神的虚构作品所做的纠正。写实的战事和爱情占据主导地位，而少女变成了龙之类的幻想情节则篇幅较短。

    蒂朗本人是按照传奇骑士的形象塑造出来的，但他的胜利是他运用谋略、智慧和毅力取得的，而不是靠超乎常人的品质取得。所以他会掉下马背，会精疲力竭，会因为负伤而痛苦。他走的是真实的地理路线，先后行经英国、法国、西西里、罗得岛和君士坦丁堡，书里提到的军事战役也有历史记录可以查证，比如15世纪的罗得岛包围战和君士坦丁堡攻克战。

    如今，这部小说因为对许多情节有着幽默顽皮的情色描写，依然不失新鲜感。例如，有这样一个情节，女仆普拉尔黛玛维达安排蒂朗躲在他心爱的卡梅西娜的床上，这样他就可以尽情地爱抚她了。普拉尔黛玛维达把脑袋伸到他们两人中间，这样一来，公主就以为躺在身旁的还是自己的女仆呢。**DRM**

塞莱斯蒂娜 La Celestina

费尔南多·德·罗哈斯（Fernando de Rojas）

作者生平：约1465年生于西班牙，1541年卒
首次出版：1499年，Fadrique de Basilea（布尔戈斯）
原著语言：西班牙语

    这本书最早的版本名为《卡利斯托和梅利韦娅的喜剧或悲喜剧》，书名中的两个人物是一对年轻的恋人。但很快，书名更改为《塞莱斯蒂娜》，这是书中的老巫婆的名字，她给了梅利韦娅一剂魔药，让她爱上了卡利斯托。除此以外，原作还留下了其他谜团。犹太裔学者费尔南多·德·罗哈斯声称，他是在续写一部没有完成的佚名之作。这一说法似乎所言非虚。的确，这股神秘感加深了读者对这部作品的深刻印象，人们满怀热情地朗读这部作品，将它视为共同的财富。

    这部作品有着戏剧化的编排，适合大声朗诵（在公共场合和私密场所均可），但不适合演出。它被公认是一部人本主义喜剧，但其坦率直白、无拘无束的对白，对众多人物的心理洞察，以及富于变化的人物口吻（有富有学识之人的、世故老练之人的，还有粗鄙不堪之辈的），意味着这部杰作给后来问世的小说形式带来的影响，远远胜过戏剧。尽管它以一部道德训诫作品自居，讲述的是不正当的爱情及其惩罚后果，以及魔法和野心的邪恶，但这本书披露的对人性的痛苦省察，常常带有浓厚的虚无主义色彩。塞万提斯细心研读过这部作品后，用其著名对句加以概括，即便该对句的最后音节遗失了，也依旧精准："一书彰显神圣之真理，隐含人性之丰富。"**JCM**

高卢的阿玛迪斯 Amadís de Gaula

加尔西·罗德里格斯·德·蒙塔尔沃（Garci Rodríguez de Montalvo）

作者生平：约1450年生于西班牙，1505年卒
首次出版：1508年，Jorge Coci（萨拉戈萨）
原著语言：西班牙语

《高卢的阿玛迪斯》是一部古朴的小说，一本宣扬骑士精神的书，讲述一个浪漫故事。这部西班牙作品对于亚瑟王传说中的游侠冒险经历的形成，发挥了极为重要而独到的促进作用。有证据表明，这个故事是从14世纪中叶开始流传的。1470年到1492年，罗德里格斯·德·蒙塔尔沃对三本书中的冒险故事进行了删改与重写，为其所著的新传奇《艾斯普兰迪安的英雄事迹》拓展了发挥空间，该书讲述的是阿玛迪斯和奥丽娅娜之子的故事。

种种事件（如骑士的授衔仪式），种种预言，以及魔法的设定方面，可以明显看出《高卢的阿玛迪斯》给亚瑟王传说带来的影响。例如，在卡斯蒂利亚作品中，可以找到与梅林和摩根对应的人物——不可捉摸的乌尔甘达和魔法师阿卡劳斯。在骑士文学中，推动情节发展的驱动力是爱情与婚姻。虽然对《高卢的阿玛迪斯》影响最大的是骑士历险记，包括莱奥尼斯的特里斯坦和"湖上骑士"兰斯洛特的历险，但是《高卢的阿玛迪斯》并不涉及吟游诗人常用的主题——不为礼法所容的、对已婚妇人的爱。阿玛迪斯爱恋的奥丽娅娜是布列塔尼国王的女儿，而非其妻子。阿玛迪斯的故事在《艾斯普兰迪安的英雄事迹》中得以延续，其中蕴含的道德教诲成分，让这部作品显得近似于论著《王公学校》。蒙塔尔沃的这部作品是基督教化的骑士法则，它在国王信奉天主教的西班牙，将老掉牙的亚瑟王传奇式的民间故事变得令人信服。**MAN**

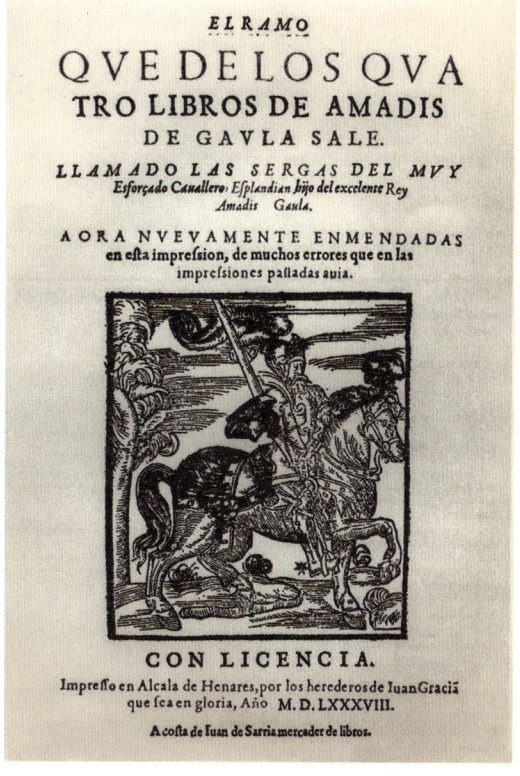

他将盾牌挡在身前，手持利剑，向狮子冲了过去，国王加林特尔的大吼并未将他吓倒。

▲ 在1588年版《高卢的阿玛迪斯》的扉页上，这位多情的英雄整装待发，去寻觅骑士的冒险活动。

小癞子
La vida de Lazarillo de Tormes

佚名

首次出版：1554年，Alcalá de Henares（西班牙）
完整书名：*La vida de Lazarillo de Tormes y de sus fortunas y adversidades*
原著语言：西班牙语

　　这部作品是何人所作？这一点也许永远也弄不清。很长一段时间，有迹象表明作者是一位名为迭戈·乌尔塔多·德·门多萨（Diego Hurtado de Mendoza）的贵族；近年来，人们认为，作者是阿方索·德·巴尔德斯（Alfonso de Valdés），一位学养深厚、具有伊拉斯谟倾向的皇室官员。没有人认为这个故事的作者就是主人公本人。这个故事的主人公是个与黑奴一起生活的落魄女人的儿子，这个孩子先后充当了盲人的领路人、几位主子的仆人，最后，在一位大神父的影响下，他当上了托莱多城的街头宣告员。但这本小书用实实在在的口吻让我们相信，全书的内容就是拉撒路写给一位匿名之人（"大人"）的信，他在信中解释了，唤起这位匿名者深切关注的"处境"究竟是怎么回事。

　　作者所写的全部内容，早已是民间传说的素材，或者来源于反教权故事；但无拘无束的叙事口吻，以及将诸多事件合并到一场人生体验里这一技巧，是前所未有的。这部作品是流浪汉小说的开山之作，但其意义远不止于此，它还是全世界现代小说中人本主义精神的先声。**JCM**

巨人传
La vie de Gargantua et de Pantagruel

弗朗索瓦·拉伯雷（François Rabelais）

作者生平：约1494年生于法国，1553年卒
首次出版：1532—1564年，F. Juste（里昂）
完整书名：*Grands annales tresueritables des gestes merveilleux du grand Gargantua et Pantagruel*

　　《巨人传》出版时，署的是笔名阿尔柯弗里巴斯·那西埃（Alcofribas Nasier），这一笔名是将作者名字中字母的次序打乱，重新编排而成的。《巨人传》凭借修辞的活力、语言的诙谐和渊博的智慧的狂欢式融合，创立了一种全新的作品类型。在创作一部放纵感官的喜剧及笑谈大吃大喝、纵欲无度的过程中，拉伯雷在很大程度上也预言了小说从《堂吉诃德》（见本书第35页）到《尤利西斯》（见本书第291页）的历史发展轨迹。也许他最为非凡之处，正是这样一种放纵不羁。他把狂欢作乐的俚俗唯物论，与深邃的、怀疑论式的人文智慧结合到了一起。

　　小说本身讲述了巨人高康大和儿子庞大固埃的故事。第一部详细讲述了庞大固埃和他的愈懒伙伴巴汝奇的童年逸事。第二部追溯了庞大固埃的父系家谱，同时讽刺了经院哲学和旧式教育方法。第三部主要通过庞大固埃的壮举和言谈，讽刺了知识性的学识。在第四部中，庞大固埃和巴汝奇前往灯笼国，寻求神瓶的谕示，部分场景讽刺了宗教的过分之处。在第五部，也是最艰涩的一部中，他们抵达了供奉神瓶的圣殿，在那里，他们遵从了这一神谕——"喝吧"！故事情节勉强达到了流浪汉小说的水准，但在叙述之中却饱含着欢乐。**DM**

◀ 在这部流浪汉小说的启发下，戈雅绘制了一幅画作，画中，怪模怪样的盲人正在检查拉撒路的嘴巴。

卢济塔尼亚人之歌
Os Lusíadas

路易斯·瓦斯·德·卡蒙斯（Luís Vaz de Camões）

作者生平：约1524年生于葡萄牙，1580年卒
首次出版：1572年，Antonio Gõçaluez（里斯本）
原著语言：葡萄牙语
英译书名：The Lusiad

葡萄牙人的民族史诗《卢济塔尼亚人之歌》的中心情节线索，是达·伽马在1498年开辟葡萄牙与印度之间海上航道的航海故事。作者身处文艺复兴时代，醉心于拉丁文和希腊文经典，他用大量史实和传说、巨人和仙子的故事、奥林匹斯山上诸神的争吵，丰富了这个作品的内容。但《卢济塔尼亚人之歌》是以作者对世事的艰辛体验为基础的。卡蒙斯年轻时，曾在摩洛哥与摩尔人的作战中失去了一只眼睛，他曾用十七年的时间，在印度和东亚的葡萄牙殖民点游历。

倘若说《卢济塔尼亚人之歌》容易阅读，无疑是不实之词，但大量的诗句流露出一股小说的想象力。这种想象力让人相信，经过加工，史实可以比浪漫史诗更具戏剧性。达·伽马是一位极其悲观的主人公，他足智多谋，心思细腻，因运气欠佳而容易犯错。作为那个时代的人，卡蒙斯认为前往印度的航行给野蛮人带去了文明，他还鼓励国王发起十字军东征，摧毁伊斯兰文明。但作者并不愚蠢，他看透了人们假传教之名犯下的可怕恶行，看透了帝国酿成的腐败，看透了英勇征服的假象。英国批评家莫里斯·鲍勒（Maurice Bowra）称《卢济塔尼亚人之歌》是"以其庄严和普遍性为现代世界代言的第一部史诗"。**RegG**

西游记

吴承恩

作者生平：约1500年生于中国，约1582年卒
首次出版：1592年，未署名
原著语言：汉语
英译书名：Monkey: A Journey to the West

Monkey: A Journey to the West是备受喜爱的中国神魔小说《西游记》的英文节译版，此书作者是明朝学者、诗人吴承恩。《西游记》是在传统民间故事的基础上，以中国广为流传的宗教、神话和哲学——尤其是儒释道三教——为背景写成的，它被列为中国古典文学四大名著之一。

这部小说是根据中国著名僧人玄奘法师的生平写成的，他曾在唐代远赴天竺，求取梵文佛经。三名弟子——孙悟空、猪八戒和沙和尚陪伴玄奘同行，他们帮助僧人降妖伏魔，终于将佛经带回了中国的国都。孙悟空寻求长生不老、启迪教化、赎罪和精神重生的过程，反映出了许多传统价值。

这本书别具一格地融合了历险记、喜剧、诗歌和精神方面的洞见，有着多层次的内涵，人们认为它既象征着寻求启迪的精神历程，也是对古今如一、低能而荒谬的官僚主义的讽刺。**JK**

▶ 顽皮机灵的猴子是天界诸神的烦恼之源，而在前往天竺的旅途中，他又是最得力的同伴。

不幸的旅行者 Unfortunate Traveller

托马斯·纳什（Thomas Nashe）

作者生平：1567年生于英国，1601年卒
首次印刷：1594年，T. Scarlet为C. Burby印刷
完整书名：The Unfortunate Traveller; or, The Life of Jacke Wilton

《不幸的旅行者》或许是伊丽莎白时代最卓越的中篇小说之一。托马斯·纳什讲述了亨利八世的法国军队里一名缺乏道德感的新兵杰克·威尔顿令人不安的复杂故事。威尔顿经历了一系列危险，他先是溜进了军队宴会承办官的货栈，此人是个苹果酒贩子。他让此人相信，国王视其为敌军的探子，从中捞了不少免费的酒喝。最后他们到国王面前对质，事情穿帮，威尔顿挨了一顿鞭子（但我们知道，在现实世界里，他会遭到更严厉的惩罚）。后来威尔顿在欧洲四处游历，目睹了再洗礼派教徒在明斯特市建立的乌托邦的破灭，然后他去了意大利，目睹了更加惊人的残忍恶行——尤其是对两名罪犯扎多克和卡特伍尔夫的处决。威尔顿被自己目睹的事情吓得不轻，于是回到英国，发誓今后要留在本乡，哪里也不去了。

《不幸的旅行者》在滑稽与令人不安间交替，但每一段描写都会被富有感染力的讽刺所削弱，所以我们一直无法确定，这场旅行是富有教益的，还是毫无意义的。纳什的描写，尤其是对暴力的描写，既令人印象深刻，又使人感到不安，尤其是这一段：垂死的扎多克的手指甲"被掀起了一半，然后用尖刺……从底下顶住，就像裁缝铺的窗户在节日里半开着一样"。**AH**

里丁的托马斯 Thomas of Reading

托马斯·德洛尼（Thomas Deloney）

作者生平：约1543年生于英国，约1600年卒
首次出版：约1600年
完整书名：Pleasant Historic of Thomas of Reading; or, The Sixe Worthie Yeomen of the West

---

在内容的多样性上，《里丁的托马斯》堪与乔叟的《坎特伯雷故事集》相提并论。这部作品融合了各种各样的元素：趣闻逸事、市井智慧、狂欢作乐、通奸、谋杀、旅行、注定无望的爱情、皇室兄弟的对抗，还有一名窃贼巧妙地逃避了惩罚。这部作品粗略地讲述了英国西南部六名布商的命运，德洛尼把他们的喜剧经历与玛格丽特的悲惨故事编织在一起。玛格丽特是位贵族女性，她在父亲失势后与一位布商的妻子一起工作，后来她爱上了国王的兄弟。

表面看来，《里丁的托马斯》是一部单纯的逸闻趣事辑录，但同时，它也是一部委婉的社会批判之作。它赞扬了那些布商，对比他们社会地位更高的人表示了鄙夷。这些品行高尚、为人慷慨的布商组成了一个关系紧密的群体，但贵族们却无法达到这一理想境界。当贵族朋友对玛格丽特避而不见时，她意识到，"中等阶层的人是最好的"，她在布商群体中找到了快乐。后来，她答应与国王的兄弟私奔，重新回到了会将恋人毁掉的贵族阶层。

尽管人们提到《里丁的托马斯》时，往往把它当作一部小说，但实际上它是一部难以归类的作品，因为它缺乏类型的一致性，并不是以一个核心事件或人物为中心的。不过正是由于其叙事背离了我们熟悉的文学模式，让它如今显得历久弥新。《里丁的托马斯》写于四个多世纪之前，但它对个人价值的颂扬却是现代式的。**FH**

堂吉诃德 El ingenioso hidalgo Don Quixote de la Mancha

米盖尔·德·塞万提斯·萨阿维德拉（Miguel de Cervantes Saavedra）

作者生平：1547年生于西班牙，1616年卒
首次出版：1605—1615年，Juan de la Cuesta
原著语言：西班牙语
英译书名：*Don Quixote*

堂吉诃德读了太多骑士小说，读得着了魔，于是要出门效法古代的骑士。他先是给自己弄了一身盔甲（厚纸板做的）和一匹战马（老迈的驽马），然后给自己挣得了爵士的封号。他把酒馆当作城堡，走了进去，看到风尘女子，却把她们当成出身高贵的贵妇人。他用文绉绉的言语向她们和贼兮兮的酒馆老板致辞，结果他们都听不懂。他试图通过彻夜看护甲胄，获得骑士的封号。册封骑士身份的神圣仪式荒唐地转换成了与之形似的临时措施，这不禁令人想起当时欧洲正在上演的、类似的"去神圣化"戏码。

书中暗含的叙述主题是知情的读者，而非人物或情节。塞万提斯通过在这本书中虚构出读者，从而虚构出一部小说。书中的阅读活动始于前言中的向"闲逸的"读者致辞，之后以暗含的方式，遍及第一部的前前后后，譬如堂吉诃德的朋友们想要焚毁他的书籍，阻止他继续阅读，医治好他的疯癫。在书中，我们会遇到读书人和各种各样的阅读场景。1615年，塞万提斯发表了该书的第二部。在这一部里，堂吉诃德不再是读书人，而是成了被人阅读的书中人物，因为他遇到的许多人已经读过第一部，从而掌握了他的基本情况。正是这种百读不厌、常读常新，让读者继续沉迷其中。**JP**

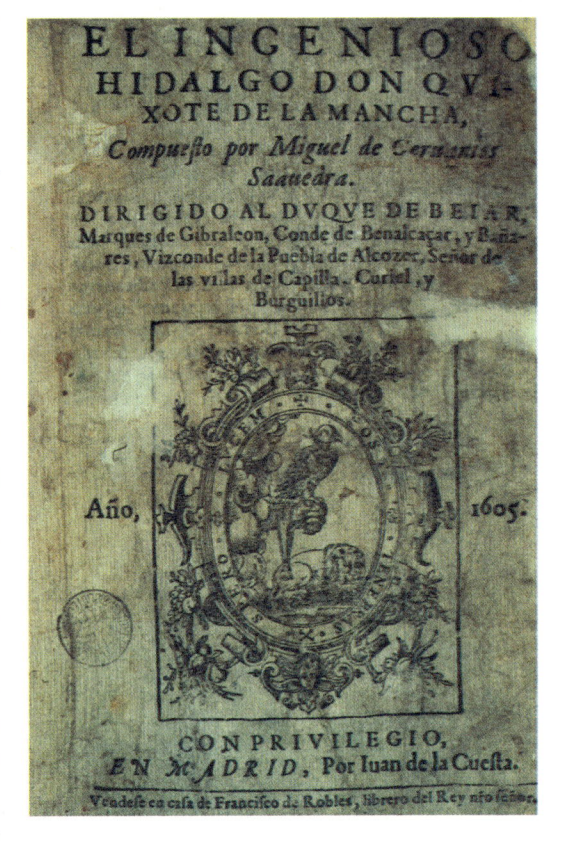

并非所有美貌都会激发爱情；有一种美只能悦目，但并不能捕捉到爱意。

▲ 《堂吉诃德》的第一部于1605年在马德里出版，留存至今的只剩下不到二十本。

19世纪前 | 35

贝雪莱斯和西吉斯蒙达历险记
Los trabajos de Persiles y Sigismunda, historia septentrional

米盖尔·德·塞万提斯·萨阿维德拉（Miguel de Cervantes Saavedra）

作者生平：1547年生于西班牙，1616年卒
首次出版：1617年
原著语言：西班牙语
英译书名：The Travels of Persiles and Sigismunda

当塞万提斯为这部小说写下感情深挚的献词时，他已经做完临终仪式，命不久矣。他在世时未能看到此书出版。这是一部拜占庭小说。拜占庭小说是一种矫饰的、带有道德训诫意味的文学类型，风行于16世纪下半叶。塞万提斯相信，自己可以凭借这部作品，赢得《堂吉诃德》（见本书第35页）这样的游戏之作无法获得的文学荣耀。

小说讲述了图勒王子贝雪莱斯与心爱的芬兰公主西吉斯蒙达前往罗马的旅行经历。这是一趟漫长而曲折的旅程。在罗马，教皇祝福了他们的爱情，为他们主持了婚礼。这对主人公扮作同胞兄妹，化名为佩里安德尔和奥里斯特拉，穿过冰封的北欧荒原，克服种种挫折（分离、诱拐和海难）后继续上路，行经葡萄牙、西班牙、法国，途中又遭遇了许多险阻，最终来到意大利。意大利的首都罗马象征着教会的唯一与至高无上。在这里，主角们展现出了完美的道德品质：正直、贞洁、坚忍、纯洁。

塞万提斯将这部"北国故事"写成了一种全新的小说。他在这趟通向救赎的人性之旅中，将阴谋诡计与道德榜样、历险与教诲融合在一起。他还尝试在作品中嵌入人生寓言：人生是善与恶、机缘运数与自由意志的结合。**DRM**

这场人生中的种种欲望不计其数，彼此相连，仿佛一根无穷无尽的链条。这根链条有时直通天堂，有时直堕地狱。

▲ 这幅画像由豪雷吉–阿吉拉尔绘于1600年。在塞万提斯的人生经历中，他曾遭受肢体伤残和奴役。

征服新西班牙信史
Verdadera historia de la conquista de Nueva España

贝尔纳尔·迪亚斯·德尔·卡斯蒂略
(Bernal Díaz del Castillo)

作者生平：1495年生于西班牙，1584年卒于危地马拉
首次出版：1632年
原著语言：西班牙语
英译书名：The Conquest of New Spain

成书于16世纪的诸多历史著作，皆以发现与征服美洲为题，以"全面""自然"或"合乎道德"为标榜。贝尔纳尔·迪亚斯撰写的这部历史著作，凭借原书名中的"信史"二字出乎其类，拔乎其萃。也就是说，书中所录之事都是作者"看到和经历过的"。作者意识到，自己身为士兵，容易遭到学识渊博、受过修辞学和华丽文体训练的史家的非议。于是，他开宗明义地点明，自己所说的"亲身经历"的标准是什么，这一标准可能会日益受到推崇。他不看重官方历史记录中拥护帝国主义的、偏重意识形态的写法，他看重的是切身的经历。

有些人将这部作品视为西班牙语美洲文学的第一部小说。凭借过人的记忆力，作者在三十年后写下这部作品，重现了发现阿兹特克帝国和征服墨西哥的那段时期。作者以卓越的叙事技巧为作品注入了生气，注重细节，并不把嘲讽排除在外。此外，他的行文雄辩有力，对其他史家就相同事件的不准确描述提出强烈的质疑，他没有像别的史家那样肉麻地赞颂英雄科尔特斯，而是为那些陪他出生入死、甘愿牺牲性命的士兵仗义执言。**DMG**

痴儿西木传
Der abenteuerliche Simplicissimus

汉斯·封·格里美尔斯豪森
(Hans von Grimmelshausen)

作者生平：1622年生于德国，1676年卒
作者笔名：German Schleifheim von Sulsfort
首次出版：1668年
英译书名：The Adventurous Simplicissimus

与塞万提斯的《堂吉诃德》不同（不妨拿这本迷人的小说同它作一番比较，见本书第35页），《痴儿西木传》如今依然是流浪汉小说中的一件相对而言不甚起眼的珍宝。的确，人们很难说得清，这部描绘近四百年前欧洲被战火毁坏之惨状的作品，为何没有被人"选中"，改编成一部好莱坞大片或百老汇音乐剧。

也许它是第一部出自德国本土的长篇小说，它讲述了一个半自传性的故事。一个农家男孩卷入了"三十年战争"（1618—1648），无法无天的士兵让德国乡村陷入荒芜。人口因战乱、谋杀、饥馑和火灾而锐减。格里美尔斯豪森被交战的黑森和克罗地亚部队抓获时，还是个孩子。借少年叙述者之口，他完整地描述了自己的家人和其他不幸的农民被四处劫掠的雇佣兵俘虏和折磨的经过。这个孩子无法理解发生在他周围的极端暴力、强奸、抢掠的残酷场面，但他用一种迷人的、粗俗的机智，描绘出了他目睹的一切。

西木的不幸遭遇随着结构松散的篇章展开，让人看得入神。他对战争的描述格外扣人心弦，如同战地记者发回的报道。另外，（在着重提及巫术、占卜和预言时）他偶尔会贸然遁入富有历史趣味的幻想和哲思。**JHa**

19世纪前 | 37

克莱芙王妃 La Princesse de Clèves

拉法耶特夫人（Comtesse de La Fayette）
原名：玛丽–马德莱娜·皮奥什·德·拉韦尔涅（Marie-Madelaine Pioche de Lavergne）

作者生平：1634年生于法国，1693年卒
首次出版：1678年，C. Barbin（巴黎）
原著语言：法语
英译书名：The Princess of Clèves

这个意味深长的故事讲述了一段先是炽热燃烧，继而遭到抑制，最后无疾而终的禁恋，它发生在法国国王亨利二世统治末期（1558年前后）的宫廷之中。书名中的年轻女主人公加入了上流社会，其间，达官贵人与美妇人之间的偷情是唯一的重要活动。尽管介绍王妃加入这一人群的正是王妃的母亲，但她为了保护王妃不被这群人带坏，同意她早早地嫁给克莱芙亲王，王妃对他怀有敬重之心，然而却没有热忱的爱意。后来她深深爱上了德·内穆尔亲王——宫廷最炙手可热的男人，后者回报了她的情意。他们的爱情始终不曾开花结果，不是遭遇意外，就是受到命运的捉弄。在一系列包含着亲昵和背叛的不光彩场景中，这份情感既得到了鼓舞，又受到了抵制。拉法耶特夫人本人所属的上流社会将这些看作伤风败俗的文字，不光是因为他们觉得这些场景不合情理，还因为这些场景显然有意要惊世骇俗。

在其中一个场景中，内穆尔虽然意识到王妃正在看着自己，可还是偷走了她的一幅画像，这幅画像原本属于她的丈夫。内穆尔观察着王妃的反应，注意到她丝毫没有要干预的意思。在另一个场景中，王妃向丈夫坦白，她爱上了另一个男人，而她所说的那个男人正在一旁偷看着。在第三个场景中，内穆尔来到王妃的乡间住处，看到她痴望着自己的画像，而这又被尾随而来的王妃的丈夫的仆人看在了眼里。各种各样的场景在王妃心里引起了无法抵御和消除的情感波动，也让读者置身于引人入胜的故事场景和复杂的情感纠葛之中。**JP**

德·内穆尔亲王是天地间的杰作。

● 拉法耶特夫人建立了对人物情感、心理描写细腻入微这一法国现代文学传统。

38 | 19世纪前

王奴奥鲁诺克 Oroonoko; or, The Royal Slave

阿芙拉·贝恩（Aphra Behn）

《王奴奥鲁诺克》原版书名的文字顺序暗示了叙事的方向：以西非柯拉曼廷国的虚幻浪漫为开端，到主人公沦为奴隶，再到发生在苏里南的故事。贝恩本人很可能在17世纪60年代亲眼看见过那些事件。按章节标题中的年代顺序排列的活动，也表明了贝恩的作品对小说史而言，具有何种重要意义，对现代读者而言，具有何种趣味。

奥鲁诺克是一位高贵的勇士，也是一位王孙，他与国王都爱上了美丽的伊梦茵达。伊梦茵达是奥鲁诺克的恋人，因为始终无法获得她的爱慕，国王非常嫉妒。为了报复这对恋人的坚持，国王将伊梦茵达卖为奴隶，奥鲁诺克遭到了背叛，也沦为了奴隶。这对恋人在苏里南重逢，在那里他们更名为克莱梅妮和凯撒。凯撒急于获得自由，他说服奴隶们起义，反抗折磨他们的人；起义失败，奴隶们被俘，凯撒差点被鞭打致死。克莱梅妮已经有了身孕，他们担心孩子将来也会成为奴隶，于是约定杀死对方，然后自尽。尽管与凯撒原先设想的方式有所不同，故事最终仍以悲剧收场。

贝恩所写的短小却极具张力的故事，为作为叙事者的她设计了一个特别的角色，她不光是她所说的"真实历史"中诸多事件的"见证人"，还是故事中的一个人物。只不过作为女人，她无法解救奥鲁诺克，让他脱离沉沦其中的"黑暗世界"。其结果，便是形成了这样一种十分感人而又有些别扭的整体不确定性：富有异国情调的浪漫故事，融入了对奴隶贸易，对在苏里南的原住民加勒比印第安人与英国农场主、奴隶和荷兰人之间关系的尖锐描写。在这本书里，历史意识、读者意识和作者意识融合到了一起。**JP**

作者生平：1640年生于英国，1689年卒
首次出版：1688年，W. Canning（伦敦）
原著语言：英语

他的天性中没有丝毫的粗鄙……

▲ 阿芙拉·贝恩很可能是英国第一位职业女作家，她也是商人的妻子和欠债人收容所的一位住客。

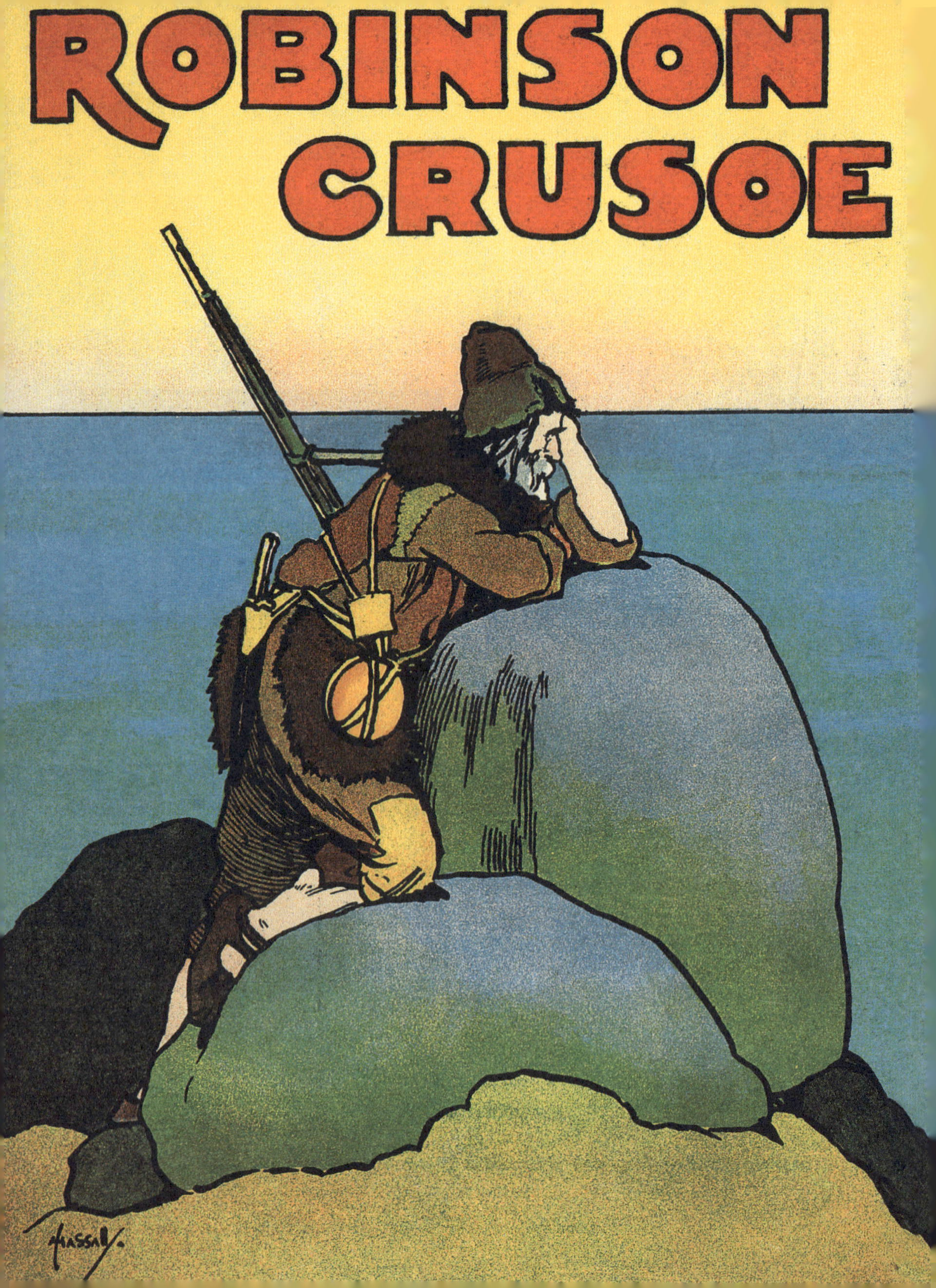
ROBINSON
CRUSOE

鲁滨孙漂流记 The Life and Strange Surprising Adventures of Robinson Crusoe of York, Mariner

丹尼尔·笛福（Daniel Defoe）

作者生平：1660年生于英国，1731年卒
首次出版：1719年，W. Taylor（伦敦）
原著语言：英语

　　《鲁滨孙漂流记》被誉为英国第一部真正意义上的小说。发表以来，它就长久萦绕在文学评论界的视野之中，一次又一次地改头换面，重新出现：《瑞士鲁滨孙漂流记》、路易斯·布努埃尔1954年的影片《鲁滨孙漂流记》、罗伯特·泽米吉斯2000年的影片《荒岛余生》、J. M. 库切的小说《福》，都脱胎于这部小说。这部小说带给读者的是一种基本的、令人着迷的情节设定。遭遇海难、流落荒岛的鲁滨孙感受着持久而强烈的孤独，失去了赖以为生的工具，只得赤裸裸地面对有关存在的诸多重要问题，比如他与上帝的关系、与自然界的关系，以及与文明世界的关系。在无边的沉寂之中，就连语言也开始遗弃他了。他试着写日记，用这一方式同文明社会中的那个自我保持联系。但随着时间的推移，他在遭受海难之初抢救出来的少量墨水也要用尽了。他用水将墨水稀释，以便用得久一些。但他的字迹越来越淡，以致无法辨认。鲁滨孙的日记变成了一片空白，就像空无一物的地平线一样。

　　遭遇彻底的孤独并未让鲁滨孙发疯、沉默或绝望。确切地说，鲁滨孙从这种不得已的孤独中，发现了一种新的书写方式和自觉意识。在利用手头物品制造新工具时，他开始给自己讲述自己的生活和周围的世界。鲁滨孙给这个即将迎来启蒙运动的世界留下的，正是他所锻造的这种新的叙事形式。时至今日，我们仍在使用这样的叙事形式，向我们自己讲述我们的生活。**PB**

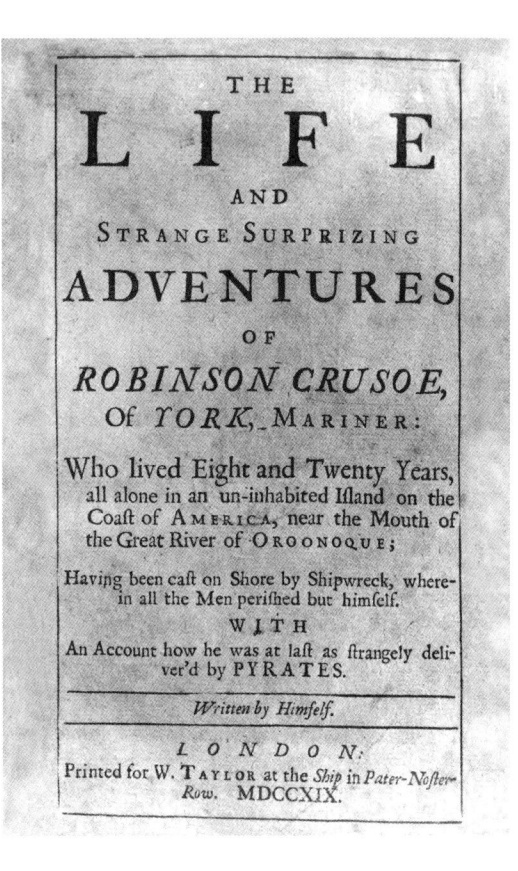

◢ 这部小说的第一版是作为水手回忆录出版的，没有提及作者的真实姓名。

◢ 约翰·哈索尔为1908年版的《鲁滨孙漂流记》设计了这一封面，其设计主要是为了吸引孩子。

过度的爱 Love in Excess

伊莉莎·海伍德（Eliza Haywood）

作者生平：1693年生于英国，1756年卒
首次出版：1719年，W. Chetwood（伦敦）
原著语言：英语
完整书名：Love in Excess; or, The Fatal Enquiry

　　伊莉莎·海伍德的这个篇幅长达三卷的故事讲述了德尔蒙特伯爵的经历。他先是找到了风流快活、实现性爱满足的种种危险手段，后来又失去了它们。德尔蒙特半是敢闯敢干的英雄人物，半是风流不羁的浪子，他与别人沆瀣一气，陷入了一连串不光彩的男女关系。德尔蒙特对可爱的梅丽奥拉的爱始终值得怀疑，当两人的关系不再受到阿洛维萨之类野心勃勃的女人的直接威胁时，德尔蒙特又卷入了复杂的三角恋爱，间接威胁到这段关系。本应在情人之间私下流转的信件，不断被人截获。这些情人或悲或喜，上演了一幕幕闹剧。不过正如书名所暗示的，德尔蒙特等人不久便意识到了节制的重要性，情欲一旦过度放纵，后果将不堪设想。他改变了从前对婚姻寄予的贪婪妄念，开始深思熟虑地重视起伴侣的爱意。最终，这位主人公还是将节制、忠贞和矜持作为了自己择偶的标准。

　　《过度的爱》与《鲁滨孙漂流记》（见本书第41页）一样，也是18世纪最受欢迎的小说之一。海伍德对欲望和性爱激情毫不隐讳的处理手法，为她在阿芙拉·贝恩、德拉瑞维尔·曼丽（Delarivier Manley）等人开创的女性情色小说传统中，赢得了一席之地。**DT**

摩尔·弗兰德斯 Moll Flanders

丹尼尔·笛福（Daniel Defoe）

作者生平：1660年生于英国，1731年卒
首次出版：1722年，W. Chetwood（伦敦）
完整书名：The Fortunes and Misfortunes of the Famous Moll Flanders

　　比笛福最著名的作品《鲁滨孙漂流记》（见本书第41页）晚三年问世的《摩尔·弗兰德斯》是现代小说的先驱之作。这部作品是用第一人称叙述的摩尔·弗兰德斯的传记。摩尔命途多舛，她曾与吉卜赛人一起流浪，先后结过五次婚，有乱伦和卖淫的经历，她还在伦敦做过十二年臭名昭著的窃贼。在她最终被捕时，一位牧师帮助她逃过了死刑，鼓励她改过自新。她与当时的丈夫被流放到弗吉尼亚，此后她赎回了自由之身，作为农场主安顿下来，靠农场的收入积攒了财富。年老后，她回到英国，决心为自己以前的行为忏悔，在忏悔中度过余生。

　　笛福给我们描绘了一幅令人难忘的英国下层社会丑态图。作为一名熟练的骗财女子、犯罪同伙和死里逃生的人，摩尔为了摆脱穷困，施展出了令人惊讶的本领。这部小说的感染力源于摩尔个性中的活力和吸引力，抓住了读者的想象力和同情心。这部小说的感染力，还源于这个故事对道德的欣然颠覆：看起来，有时做了坏事，非但不会受到惩罚，反而可以活得放荡不羁；不但可以逍遥法外，还能过上富裕的生活。**JSD**

> 笛福是一位多产的新闻记者，出版过五百多种作品，除了长篇小说，还有大量对犯罪、经济、政治和灵异事件等的报道。

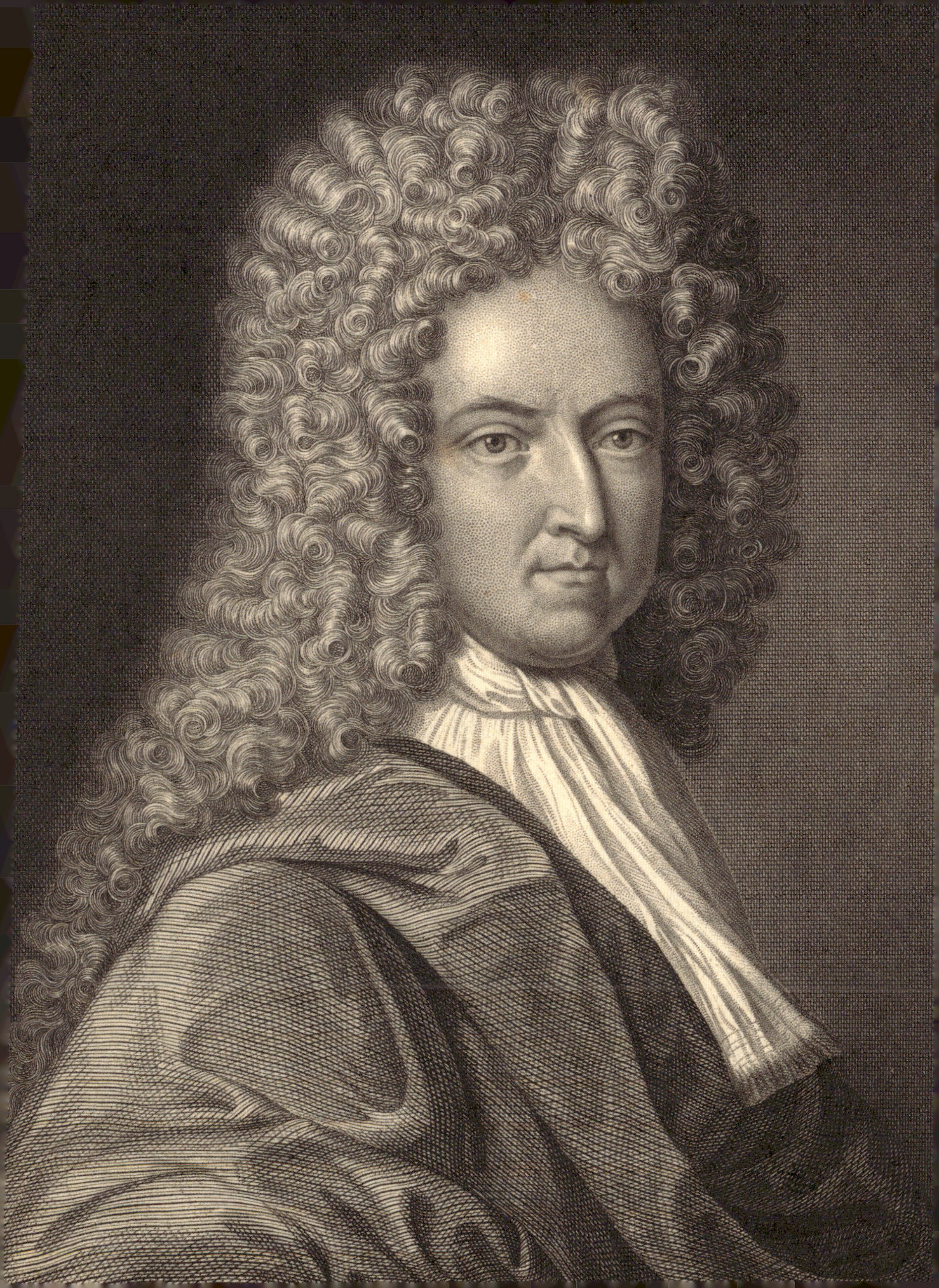

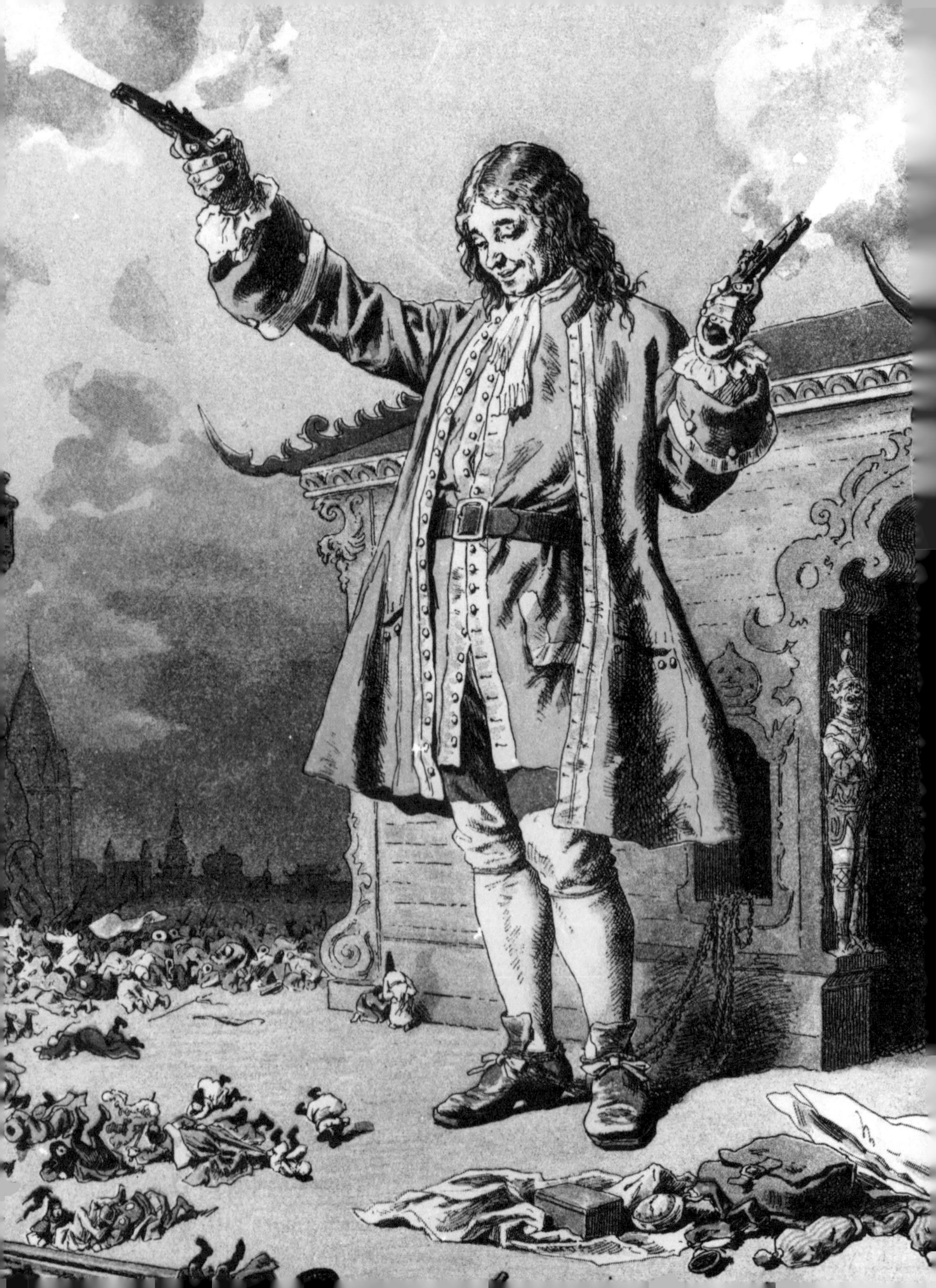

格列佛游记 Travels Into Several Remote Nations of the World, Lemuel Gulliver

乔纳森·斯威夫特（Jonathan Swift）

关于《格列佛游记》，每个人或多或少都知道一点儿。经由不同的解读和改写，它曾先后被改编成儿童故事、政治讽刺文学、游记、动画电影和英国广播公司的电视剧。虽然斯威夫特的这部长盛不衰的作品曾被人删节、添枝加叶、争论和改编，但它仍然是被人们广泛接受的英语文学作品中的经典之作。

这个故事讲述了勒末尔·格列佛在未知国度的冒险经历。他稀里糊涂地度过了青春岁月，在小人国利立浦特和大人国布罗卜丁奈格照过哈哈镜之后，来到了更加神秘的勒皮他飞岛、巴尔尼巴比、格勒大锥、拉格奈格和日本，随后来到至关重要的地方——慧骃和耶胡。斯威夫特将这些地点巧妙地嵌入了18世纪地图（在该书第一版中收录了地图）的空白位置，还遵循了当时游记的写作习惯。因为笔触精确，给人以亦幻亦真之感。我们的唯一向导就是格列佛，他对英国人和英国文化的优越性抱有坚定的信念，而这些信念随着他在旅途中见识到的各色人等，缓慢而不可避免地归于瓦解——这些异国人士有的体形微小，有的体形庞大，有的步入了歧途，有的野蛮，还有的只受理性指引。这些人对格列佛有着不同的评价和看法，这就迫使读者对自己的设想不断地提出疑问。时至今日，或许这部讽刺作品已经丧失了最直接的政治影响力，但它的"尾巴"还是能蜇疼我们。斯威夫特将故事的高潮限定在讲英语的单一民族的国家内，这一点强化了讽刺的效果。格列佛宁肯亲近马，也不愿意与自己的同类为伍，这一生动的描绘将会永远留在读者心中——显然，此处的首要讽刺对象并非格列佛，而是我们。**MD**

作者生平：1667年生于爱尔兰，1745年卒
首次出版：1726年，B. Motte（伦敦）
原著语言：英语

▲ 由斯威夫特的《格列佛游记》的这一页手稿可以看出，作者思路清晰、笔法流畅、训练有素。

● 格列佛知道自己地位优越，他喜欢展示一下英国人的火力，吓唬小人国里的那些小人儿。

一个小小的建议 A Modest Proposal

乔纳森·斯威夫特（Jonathan Swift）

作者生平：1667年生于爱尔兰，1745年卒
作者笔名：Isaac Bickerstaff
首次出版：1729年，S. Harding（都柏林）
原著语言：英语

《一个小小的建议》全名是《一个使爱尔兰之贫家儿女不致成为父母及国家的负担，反而有益于社会的小小建议》（A Modest Proposal for Preventing the Children of Poor People from Being a Burden to Their Parents, Or the Country, and for Making Them Beneficial to the Public）。书名的确很长，但斯威夫特写的这本宣传小册子简明扼要、言语辛辣，达到了讽刺作品的极致。它是在作者回都柏林，赴任圣帕特里克教堂主教之后写的。这部作品用同样的分量，表达了他对英国在爱尔兰的政策、对爱尔兰人之恭顺的不以为意。作为一名多产的作家、政论家和智者，斯威夫特很擅长将愤慨转化成冷冰冰的讽刺。

书中提出的绝非一个"小小的""温和的"建议，这个建议是让有钱人把爱尔兰人的孩子吃掉，给爱尔兰人的国家与家庭减轻负担。对穷困农家来说，儿女可以充当优质的牲畜。斯威夫特建议，把小孩们拿来"炖、烤、焙、煮"，"既营养又卫生"，而不那么可口的大孩子可以留作繁殖之用。斯威夫特的建议有以下"好处"：减少"天主教教徒"数量，为农民提供紧缺资金，提高国家收入，促进餐饮业发展。斯威夫特还讽刺了信奉新教的英国地主的麻木不仁，比起劳工的状况，他们更在乎商业利益。尽管斯威夫特的作品以其政见的复杂难解而著称，但这本令人记忆深刻的小册子，最能体现他的反讽艺术。**DH**

帕梅拉 Pamela: or, Virtue Rewarded

塞缪尔·理查森（Samuel Richardson）

作者生平：1689年生于英国，1761年卒
首次出版：1742年，C. Rivington（伦敦）
原著语言：英语

《帕梅拉》引发的公众争论之激烈，前所未有。这部小说由十五岁的帕梅拉·安德鲁斯撰写的书信构成。帕梅拉是富有的B夫人家的美貌女仆，她拒绝了B先生日益激烈的勾引意图，最后B先生被她的贞洁所感化，娶她为妻。但《帕梅拉》并没有以女主人公的婚礼宣告结束，而是继续讲述了她努力扮演新角色，赢得B先生的同侪承认的经过。

《帕梅拉》这部小说讲述的是权力的滥用和正确的抵御方式。尽管帕梅拉坚称，她用来抵御权力的方式只有"美德"，但其实她能言善辩，言辞犀利——这一点将她对上层社会的反抗，变成了带有政治和道德色彩的举动。理查森以一位做用人的乡下姑娘为主人公，他对上层社会的批判是有局限性的。毕竟帕梅拉获得的"报偿"，就是跻身于他们的阶层之中。帕梅拉本人也认为，B先生的罪行不光是荒淫无度所致，跟他未能当上她的"主子"这一理想角色也不无关系。

《帕梅拉》被一些人誉为贞洁指南，却被另一些人斥为聊作掩饰的色情书籍。《帕梅拉》问世后，出现了大量戏仿之作（其中最著名的要数菲尔丁的《莎梅拉》[Shamela]），这些仿作主张：帕梅拉是利用自己的性魅力换取个人利益；理查森在这部小说里的道德说教企图，被具有挑逗性的主题玷污了。让《帕梅拉》如此令人着迷的，正是这样的暧昧性，这一点对当代读者和理查森的同时代人来说，并无二致。**RH**

马蒂努斯·斯克里布勒鲁斯回忆录 Memoirs of the Extraordinary Life, Works, and Discoveries of Martinus Scriblerus

涂鸦社（Scriblerus Club）

涂鸦社成员：蒲柏（Alexander Pope）、斯威夫特（Jonathan Swift）、盖伊（John Gay）、阿布斯诺（John Arbuthnot）、帕奈尔（Thomas Parnell）、圣约翰（Henry St John）

最终由蒲柏定稿的《马蒂努斯·斯克里布勒鲁斯回忆录》，用短短的十七章文字讲述了一连串的故事。这本书源于1713年的一个写作计划，在涂鸦社的一个非正式会议上，这个写作计划得以不断完善。涂鸦社成员们的聚会地点是阿布斯诺博士位于圣詹姆士宫里的寄宿屋。斯威夫特离开伦敦后，涂鸦社开始走向分裂，至1714年女王驾崩时彻底解散。但这一写作计划仍然通过信件往来继续进行，那时邮政服务刚刚设立不久，他们及早享用了这项服务。

《马蒂努斯·斯克里布勒鲁斯回忆录》借鉴了欧洲讽刺文学的丰厚宝藏：从早期的贺拉斯和卢西恩的古典作品，到后期的拉伯雷、伊拉斯谟、塞万提斯等作家的经典著作。"博学的化身"马蒂努斯·斯克里布勒鲁斯拥有"足够的智能，贸然涉猎了每一种艺术和科学"。涂鸦社成员们对现代世界进行了抨击，把现代世界说成是自我吹嘘、假充高雅、腐化堕落、坑蒙拐骗的横行之地。他们在对印刷文化大行其道的现代写作提出批评时，将古人的伟大、热情、尊严、理性和遵循常理，与现代人肆无忌惮、唯利是图的做法进行了对比。

这本书采用了多种叙事策略，既有直接叙事，也有戏谑的分析和阐释。涂鸦社成员们的一些作品本身就与这本"回忆录"有关，如蒲柏的《愚人志》、斯威夫特的《格列佛游记》（见本书第45页）和盖伊的《乞丐的歌剧》。本书在后世也并非没有传承，约翰·肯尼迪·图尔的《笨蛋联盟》（1980，见本书第710页）就是一例。**AR**

诸位神灵啊！消除时空的隔阂吧，让两位恋人获得幸福吧。

▲ 1729年的一份匿名印刷品将蒲柏描绘成了一只头戴教皇三重冕的猴子，下面还用他本人写的讽刺诗来讽刺他。

约瑟夫·安德鲁斯 Joseph Andrews
亨利·菲尔丁（Henry Fielding）

作者生平：1707年生于英国，1754年卒
首次出版：1742年，A. Millar（伦敦）
完整书名：The History of the Adventures of Joseph Andrews, and of His Friend Mr. Abraham Adam

亨利·菲尔丁针对理查森那部红极一时的《帕梅拉》（见本书第46页）撰写过一部篇幅不长的讽刺作品《莎梅拉》。这部《约瑟夫·安德鲁斯》起初是被当作《莎梅拉》的"续作"来写的，但它很快胜过原作，展现出菲尔丁在小说创作才能和技法方面取得的富有独创性的进展，揭示出他对真正的美德源于善良天性这一问题所给予的道德关注。

菲尔丁对典型的性别角色作了富有喜剧性的颠倒——约瑟夫（帕梅拉的兄弟，布比家的用人）义正词严地拒绝了布比夫人的求欢。这倒不是因为约瑟夫缺乏男子汉的活力（作为菲尔丁的主人公，这一点是不可想象的），而是因为他忠实地爱着美丽的范妮·古德威尔。遭到拒绝的女主人将他解雇之后，约瑟夫与教区牧师亚伯拉罕·亚当斯经历了一系列流浪汉小说式的奇遇。亚当斯牧师作为小说中最具活力的人物，甚至令约瑟夫都相形见绌。亚当斯的美德与他的天真相辅相成。他的美德令他和同伴不断卷入种种麻烦之中，这些麻烦事对他的善良天性构成了考验。纳博科夫等人注意到了《约瑟夫·安德鲁斯》的残酷性，菲尔丁似乎愿意把品行高洁的男女主人公置于不利的境地。但牧师和约瑟夫的愚行和怪异之举，因他们的勇气、忠诚和仁慈而得到了维护——这一点显然借鉴了《堂吉诃德》（见本书第35页）的喜剧性道德观。菲尔丁娴熟地运用传统的传奇手法，带来了一个皆大欢喜的结局，他向读者使了个眼色，对这个结局的虚假性直言不讳。**RH**

克拉丽莎 Clarissa
塞缪尔·理查森（Samuel Richardson）

作者生平：1689年生于英国，1761年卒
首次出版：1749年，Samuel Richardson（伦敦）
原著语言：英语
完整书名：Clarissa: or, The History of a Young Lady

理查森的这部雄心勃勃、讲述女主人公被人引诱的悲剧作品，是通过几百封信件精心描摹出来的。写信人有克拉丽莎·哈洛，她的知心女友安娜·豪，富有魅力但却残忍奸诈的勾引者拉夫莱斯，还有亲朋好友等一干配角。在阅读这些信件时，我们发现，这些人物各自的性格慢慢地吸引了我们。在接二连三的信件中，意义逐渐积累起来，不过信件的顺序自有其生动有力的结构和张力，这种结构与张力贯穿了整部小说。我们不但从中见识了拉夫莱斯可怕的操纵手段，还见识了他含沙射影的本领，这些都源于他那卑劣的性格。以类似的方式，克拉丽莎成功地宣告了她那始终如一的自我品格，至死保持贞洁，但这也离不开她自欺欺人的能力——用文字来度量她看到的那些人的行为与心意之间的距离。亨利·詹姆斯也许就是从《克拉丽莎》中找到了在自己的散文作品中布设悬念的方式。

就像马塞尔·普鲁斯特的《追忆似水年华》（1913—1927，见本书第325页）一样，《克拉丽莎》的浩大篇幅意味着，对于这部小说，人们谈得多，读得少。但对于那些准备用它来消磨时间的读者来说，《克拉丽莎》会带来无尽的快意。
DT

▶ 恶人扬扬得意：自鸣得意的拉夫莱斯害死了贞洁的克拉丽莎。法国浪漫派画家爱德华·杜比夫绘制。

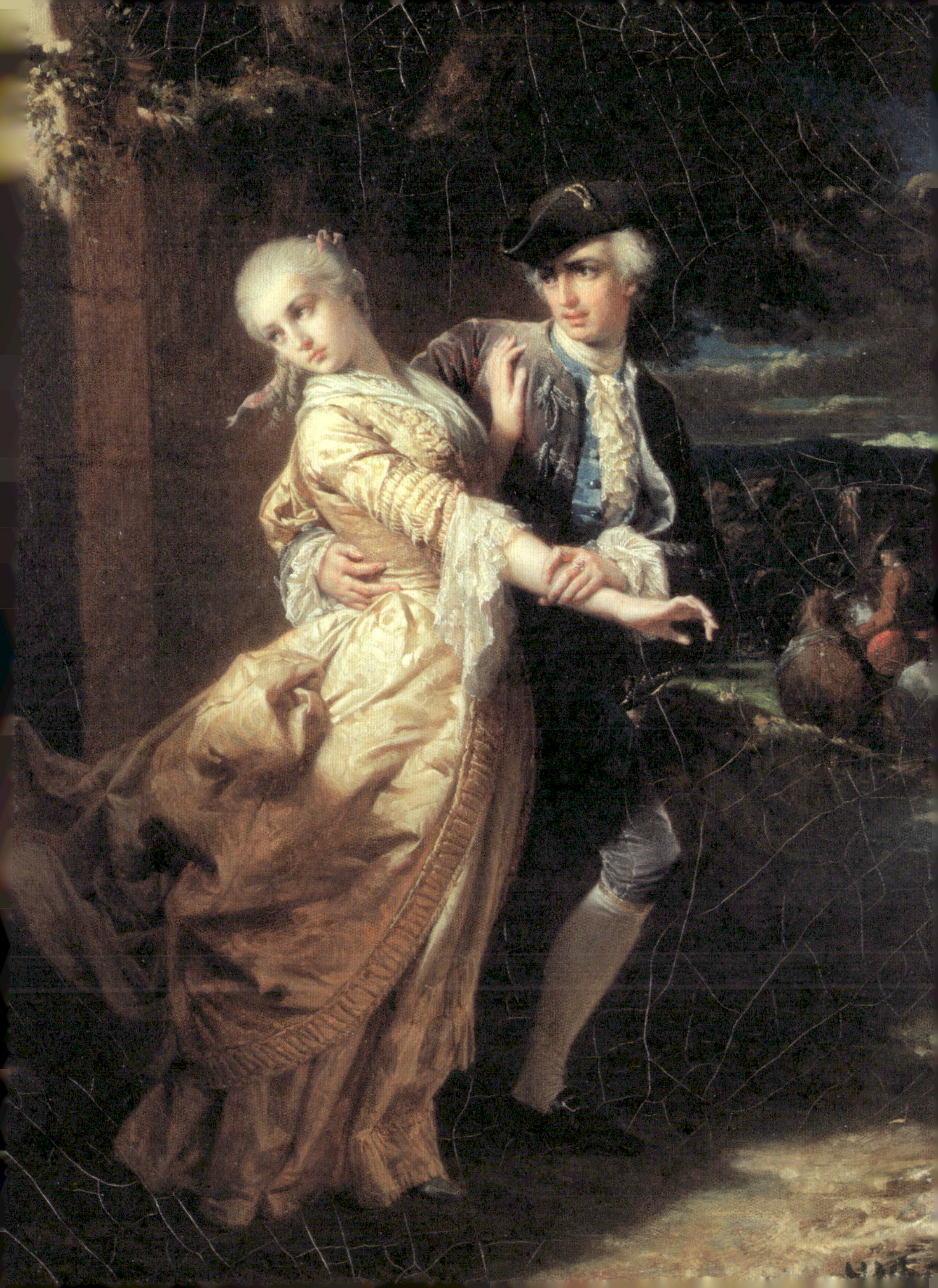

弃儿汤姆·琼斯的历史 The History of Tom Jones, a Foundling

亨利·菲尔丁（Henry Fielding）

作者生平：1707年生于英国，1754年卒
首次出版：1749年，A. Millar（伦敦）
原著语言：英语

《弃儿汤姆·琼斯的历史》是一部充满喜剧色彩的流浪汉小说。在这部小说里，我们不断关注着迷人的主人公的漫游和人生起伏。汤姆是个私生子，长大成人后陷入了爱情，又被不公道地逐出了继父的家门，在英国四处流浪。热心而冲动的汤姆总是卷入争斗、误解和伤风败俗的活动，但最后他还是得救了，没有被送上绞刑架。他与爱人索菲亚幸福地重逢，而他的敌人则承受了各不相同的耻辱。

这部小说不但卷帙浩繁、内容复杂，还很伟大。菲尔丁的笔力令人想起狄更斯功力最深厚的时候。（据说狄更斯曾说："我一直在充当汤姆·琼斯。"）菲尔丁的描写，有时热情，有时欢快，有时用嘲弄地模仿英雄风格的妙语，有时用含讥带讽的轻蔑之词，描绘了18世纪英国下至乡村穷人、上至富裕贵族多姿多彩的生活。就像他的朋友威廉·贺加斯的画作一样，菲尔丁的描写流露出一位道德家的敏锐观察。他充分意识到，基督教的准则之间存在着冲突。基督教本应规范社会行为，遏制人世间自私、愚蠢、邪恶的力量，然而在社会上，好人寥寥无几，而且有太多的诱惑在处心积虑地等待着他们。但菲尔丁就像一位喜欢讽刺而不乏善意的神明一般，他指引着这对理应获得好报的有情人经历了世间的腐朽堕落，最终获得了他们的幸福。

菲尔丁将乔叟奉为榜样，喜欢荒唐的纠葛和充满性爱的喜剧：他笔下的男主角可不是雏儿。菲尔丁是一位卓越的实验家（他影响了斯特恩）。《弃儿汤姆·琼斯的历史》具有惊人的后现代性：叙述者有意地反复打断故事情节，跟读者探讨这部作品的进展，还敦促批评家们"少管闲事"。**CW**

▲ 1749年面世的《弃儿汤姆·琼斯的历史》第一版的扉页上，写有拉丁文谚语："他见过人间的各种风俗。"

▲ 1780年迈克尔·安杰洛·鲁克绘制的插图捕捉到了菲尔丁的讽刺中所蕴含的温和的喜剧神韵。

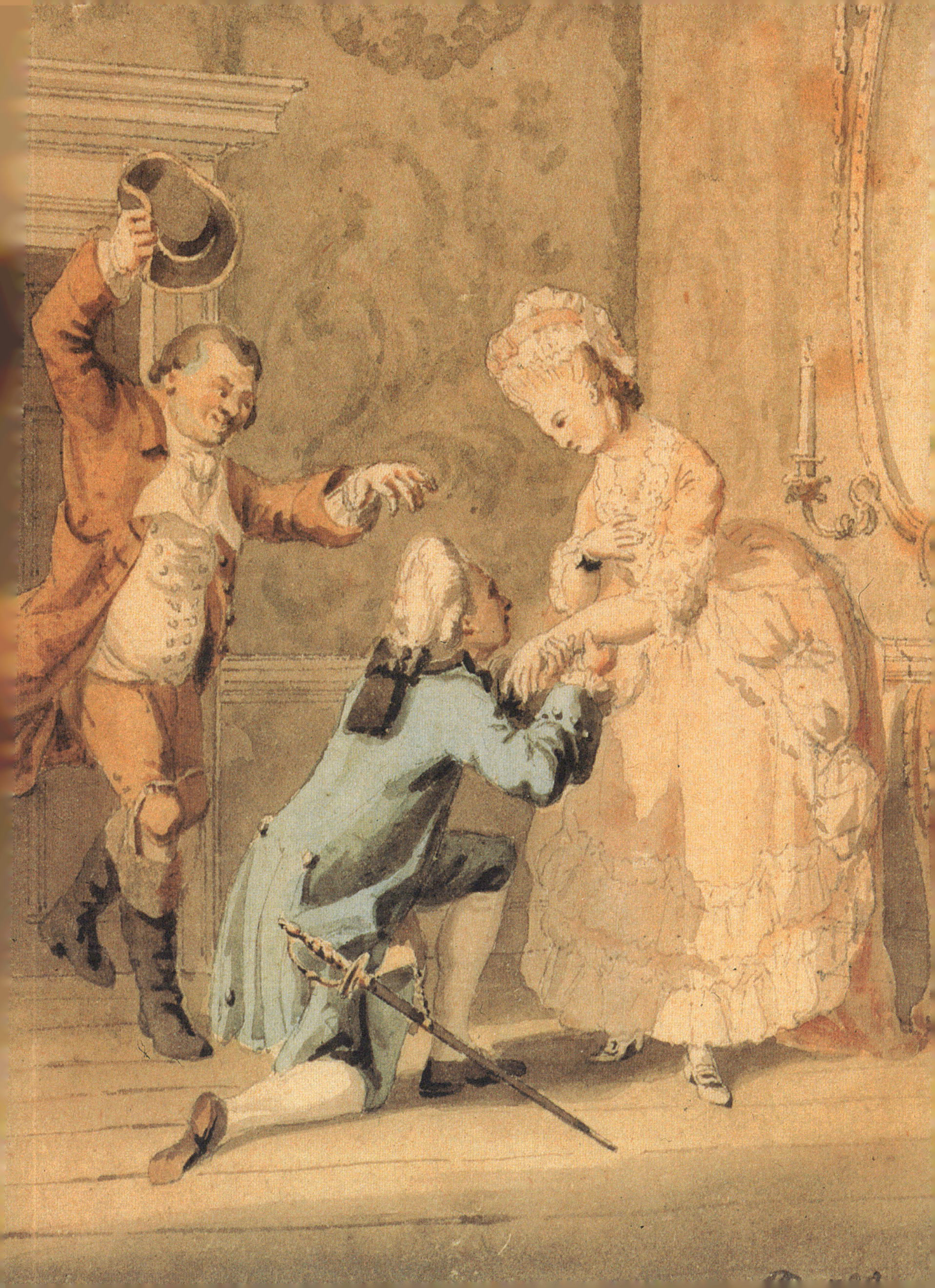

芬妮·希尔 Fanny Hill

约翰·克莱兰（John Cleland）

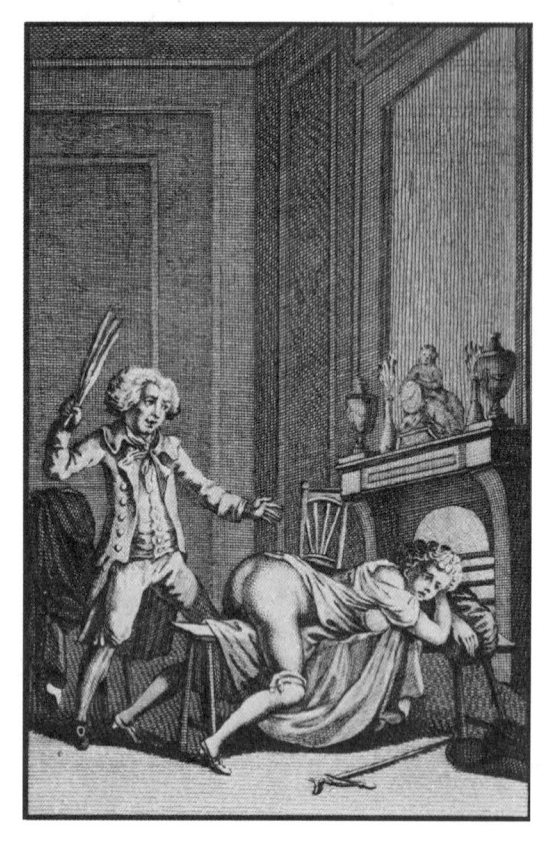

作者生平：1709年生于英国，1789年卒
首次出版：1749年，G. Fenton（伦敦）
原著语言：英语
初版书名：Memoirs of a Woman of Pleasure

本书无疑是名气最大的英文情色小说。它出版于1749年（实际成书时间也许要略早一些），以18世纪伦敦的真实情况为叙事背景，从而使约翰·克莱兰的这部作品与同时代作家理查森、菲尔丁、斯末莱特的作品紧紧联系到了一起。

在作品的开头，芬妮·希尔是个十五岁的漂亮农家姑娘。在失去"纯真"之后，她学会利用自己的美色，在这个世界上生存和发展。在精心创作这部富有争议、尽管被禁却依然大受欢迎的作品时，克莱兰在很大程度上，借鉴了法国情色小说的风格和当时的"荡妇自传"这一类型的作品。这类作品倾向于刻画荡妇的生涯，对放纵情欲的悲惨后果加以警示。显然，克莱兰无意惩罚芬妮的放荡，小说的结局是她幸福地嫁了人。

意识到许多情色读物有千篇一律的弊病，克莱兰没有使用"粗鲁"或俚俗的字眼描述性行为或身体器官，而是用似乎无穷无尽的素材，编造出许多令人眼花缭乱的暗喻和明喻。尽管他原原本本地描写了男欢女爱的生理愉悦，但芬妮的性爱趣味却保守得惊人——尽管她能享受各式各样的异性性行为，但她对自己与同性的欢爱感到抵触，还多次表达了对男性同性行为的嫌恶。

历经两个世纪之久的道德谴责之后，克莱兰的这部名作如今已然是小说发展史上的一部重要作品。但它仍然会让读者产生分歧，有人觉得它那富有活力的性爱描写让人感到无拘无束，有人则把它看成是让男性获得满足的一种媒介。**RH**

真实！赤裸裸的真实……

▲ 像克莱兰一样，《芬妮·希尔》的插画师有意将色情场景描绘得既让人兴奋，又让人觉得好笑。

皮克尔传 The Adventures of Peregrine Pickle

斯末莱特（Tobias Smollett）

作者生平：1721年生于英国，1771年卒
首次出版：1751年（1758年修订），T. Smollett（伦敦）
原著语言：英语

本书是斯末莱特的第二部长篇小说，写的是自负的佩里格林·皮克尔的壮举。尽管松散的结构和插话式的叙事与《蓝登传》不无相似，但《皮克尔传》并非旧瓶装新酒。皮克尔是一位容易做错事的主人公，全知的第三人称叙述者经常语带嘲讽地强调这一点。皮克尔的父亲是个还算成功的商人，子嗣不多。因为生母不喜欢皮克尔，远房伯父收养了他，这位伯父的壮举给小说的前半部分带来了不少笑料。皮克尔受了不错的教育，这一点使他变得越发妄自尊大。他前往欧洲学习、游历，经历了不少风流韵事。回到伦敦之后，他企图巴结上流社会和政界人士。他渴望娶一名女继承人，以此跻身达官贵人的行列。但皮克尔空有抱负，却被自己不济事的不良品行拖了后腿，也败光了钱财。最终，在弗里特河畔的欠债人监狱里，皮克尔改过自新，他娶了艾米莉亚为妻，过上了乡绅的生活，远离上流社会的种种恶行。

尽管这部作品的幽默看似低俗，但斯末莱特的讽刺不乏严肃用意，比如揭露了法国法官的专横霸道以及重商时代给社会秩序带来的威胁。皮克尔必须先弄懂与社会地位相称的责任和特权，才能真正认清自己最终获得的回报——与心爱的艾米莉亚一起过上幸福安宁的生活——是何等的可贵。**LMar**

……一个厚脸皮的捣蛋鬼。

▲ 皮克尔从着火的客店里救出了衣不蔽体的艾米莉亚。这是斯末莱特的讽刺性流浪汉小说里的典型情节。

女吉诃德 The Female Quixote

夏洛特·伦诺克斯（Charlotte Lennox）

作者生平：1729年生于美国，1804年卒
首次出版：1752年，A. Millar（伦敦）
原著语言：英语
其他书名：The Adventures of Arabella

　　夏洛特·伦诺克斯的第二部小说《女吉诃德》是简·奥斯丁的《诺桑觉寺》（见本书第980页）的先驱之作。伦诺克斯笔下的女主人公阿拉贝拉没受过正规教育，她对外部世界的了解，完全来自17世纪的法国浪漫故事。伦诺克斯诙谐地展现了阿拉贝拉犯下的一个又一个错误：她分辨不出小说和现实的差别。她期待着情人拜倒在她的脚下，她从普通的情境中看出了危险和欺骗，她还一再打破人们对女性得体行为的偏狭看法。阿拉贝拉误以为这个世界与浪漫小说里写的一样，这份错觉让她对自己和自己的地位颇为自信，最后她受到了教训，这份自信也破灭了。通过展现阿拉贝拉的幻想是何等荒唐，伦诺克斯巧妙地披露了女性在18世纪的社会地位是何等的低微。在这部小说里，理性战胜了幻想，阿拉贝拉对自己的真实社会地位有了认识。

　　也许当代读者有时会觉得伦诺克斯笔下的喜剧有些啰唆，但这部小说胜在主人公慈人喜爱——读者会被她给自己造成的滑稽处境所打动，当她终于屈从于社会习俗时，读者又会感到失望。尽管读者可能会嘲笑阿拉贝拉的天真，但伦诺克斯所揭露的天马行空般胡思乱想的危险，的确会让人们对18世纪限制女性受教育权的做法提出疑问。**EG-G**

老实人 Candide; ou, L'Optimisme

伏尔泰（Voltaire）

作者生平：1694年生于法国，1778年卒
首次出版：1759年，G. & P. Cramer（日内瓦）
原著语言：法语
作者教名：François-Marie Arouet

　　伏尔泰的《老实人》受到了18世纪中叶各种乱象的影响，其中最著名的要数里斯本的地震、德国爆发的可怕的"七年战争"，以及对英国海军将领约翰·宾不公正的处决。这个哲理故事经常被人们奉为启蒙运动的典范文本，但它同时也是对启蒙运动中的乐观信念的嘲讽。伏尔泰批判的对象是莱布尼茨的"充分合理原则"，这一原则主张存在的就是合理的。将这一原则加以推论，就会得到这样一种信念：在所有可能存在的世界中，现有的世界必定是最好的。

　　在小说的开头，篇名中的主人公——年轻的赣第德师从邦葛罗斯，学到了这套乐观哲学，而后被人从收留他多年的宏伟城堡中赶了出去。小说的余下部分详细讲述了赣第德与旅途中的同伴经历的战争、奸淫、盗窃、绞刑、海难、地震、吃人和奴役等多重坎坷磨难。这些经历渐渐磨灭了赣第德的乐观信念。这部小说无情地嘲讽了科学、哲学、宗教和文学。作为一部针砭时弊、刻薄而滑稽的讽刺作品，《老实人》中的种种思考如今仍不过时。**SD**

▶ 1809年版的《老实人》里一幅浪漫派风格的插图配有以下说明文字："我的船长……暴怒之下杀死了所有挡路的人。"

Mon capitaine.... tuait tout ce qui s'opposait à sa rage.

Candide, Ch. XI.

J. Moreau le J.e del.   Villerey Sculp.t

王子出游记
The Full History of Rasselas, Prince of Abissinia

塞缪尔·约翰逊（Samuel Johnson）

作者生平：1709年生于英国，1784年卒
首次出版：1759年，R. & J. Dodsley（伦敦）
原著语言：英语

塞缪尔·约翰逊博士凭借其开创性的《英语词典》获得了至高的名望，赢得了历史地位。然而他于四年之后出版的第一部，也是唯一一部小说《王子出游记》，相对而言却声名不彰。这部小说讲述了同名主人公阿比西尼亚国王子的故事。拉塞拉斯与其他王室儿女一起生活在幸福幽谷之中，远离尘世纷扰，一切愿望都能得到满足，直至继承王位。拉塞拉斯在二十六岁那年，对这种生活失去了兴趣，他感到不满和不安。在饱学之士伊姆拉克的指引下，他在妹妹妮卡雅的陪伴下逃出了幽谷，决心探索这个世界，寻找真正的幸福源泉。

《王子出游记》是合乎约翰·班扬的《天路历程》这一文学传统的寓言故事，书中的冒险经历和长篇大论的对话，为约翰逊就极为广泛的主题进行道德思考提供了素材。这些主题包括诗歌、学识、孤独、理性与激情、青春与暮年、家长与儿童、婚姻、权力、悲伤、疯狂和欲望。

尽管在这本书里，约翰逊博士作为小说家的才能被他作为道德家的活力所遮蔽，但《王子出游记》如今依然令人兴趣不减：一是由于它见证了启蒙运动最为关切的问题；二是因为约翰逊对那些主题所作的思考既幽默，又具有普遍的意义。**SD**

人生苦多乐少，四处皆然。

▲ 约翰逊笔下的这位身为王子的主人公，有意探索更为广阔的人生。他手里拿着干体力活的工具，看起来不大自在。

新爱洛伊丝
Julie; ou, la nouvelle Héloïse

让–雅克·卢梭（Jean-Jacques Rousseau）

作者生平：1712年生于瑞士，1778年卒于法国
首次出版：1760年，Duchesne（巴黎）
原著语言：法语
英译书名：Julie; or, The New Eloise

　　让–雅克·卢梭的第一部小说《新爱洛伊丝》，以《爱洛伊丝》中爱洛伊丝与家庭教师阿伯拉尔之间的禁忌恋情这一中世纪故事为原型。但在《新爱洛伊丝》中，卢梭将秘密与罪恶改造成了自我克制与拯救，其中最需要我们注意的是学生而不是老师。卢梭在描绘朱莉与她的老师圣普乐的关系时，将12世纪肉欲与宗教教义之间的冲突，再现为18世纪具有典型性的、对何为恰当行为的研究。在这部书信体小说中，卢梭将市民道德的古典传统与其在启蒙运动中相对应的家庭秩序，以及个体感受的新生联系在了一起，后者日后在浪漫主义运动中发展到了极致。

　　《新爱洛伊丝》的主体结构与这一似是而非的改造相适应，其结构既严密又奇特。在前一半内容中，朱莉对圣普乐的激情时而抵制，时而沉迷，致使圣普乐被逐出她父亲的家。在后一半内容中，圣普乐回到了朱莉和丈夫沃尔玛建造的新居，三个人幸福地生活在一起。在这片宁静的乐土中，小说第一部分中的那些危险的欲望再次出现了。对读者来说，对美德和欲望所作的这一象征性的写照，让朱莉的胜利显得多少有些可疑。但这一不可避免的问题的不可简化性，让卢梭在这部小说中提出的难题，在当代仍然不失其意义。**DT**

爱弥儿（论教育）
Émile; ou, De l'Éducation

让–雅克·卢梭

作者生平：1712年生于瑞士，1778年卒于法国
首次出版：1762年，Duchesne（巴黎）
原著语言：法语
英译书名：Émile; or, On Education

　　让–雅克·卢梭的这部哲理小说，细致描绘了对一位虚构出来的学生爱弥儿从小到大的完美教育。直到爱弥儿自己渴望获得知识时，大人才教他识字，大人还有意对他要阅读的文学作品设定限制。据卢梭讲，《鲁滨孙漂流记》（见本书第41页）是最符合天性的教育故事，爱弥儿要读的第一本书就是它。

　　卢梭关于宗教的教育理念也很激进。他主张延缓对孩子的宗教教育，避免灌输式教育，免得让孩子不能很好地体会何为神圣。就这样，爱弥儿没有学过一条宗教戒律，而是用知识和理性武装了头脑。是否信教，由他自己决定。青春期之初，通过实践进行学习，胜过死啃书本。我们看到，爱弥儿通过观察大自然，自己提出问题，解决问题。在由青春期向成年期过渡的过程中，卢梭开始着重向爱弥儿传授社交和性爱方面的知识。

　　在这本小说的最后一部分"索菲，或女性"中，卢梭转而注意起了女孩和年轻女性的教育问题。在这一部分里，他不赞成姑娘们学习严肃的学问，理由是男人和女人的美德是不同的。男人应当学习真理，女人应当致力于恭顺和机敏。卢梭的小说以爱弥儿与索菲成婚为结局，他们打算一同在乡间过一种与世隔绝而又丰富充实的生活。**LMar**

奥特兰多城堡
The Castle of Otranto

霍瑞斯·华尔浦尔（Horace Walpole）

作者生平：1717年生于英国，1797年卒
首次出版：1765年，W. Bathoe & T. Lowndes（伦敦）
原著语言：英语
作者笔名：Onuphrio Muralto

霍瑞斯·华尔浦尔的唯一一部小说《奥特兰多城堡》被誉为哥特文学的开山之作。其核心故事情节围绕奥特兰多亲王（专横的曼弗雷德）及其家人展开。故事从下述神秘事件讲起：曼弗雷德的儿子兼继承人康拉德，被一顶带羽毛的巨大头盔给压死了。这一灵异现象引发了一系列事件，最终奥特兰多城堡的所有权回到了正牌继承人手中。这些事件大都发生在城堡内部，城堡里不乏地下室和暗道，这些场所变成了离奇死亡和闹鬼的地点。虽然这部小说在很大程度上是以崇尚骑士精神的中世纪为背景的幻想故事，却涉及了狂暴的情感，还将人物置于极端的心理情境之中。残忍、专横、好色、篡夺——所有这些与阴森的背景一起，变成了哥特式故事的惯用元素。

华尔浦尔说，最初，他是在梦里获得了基本的故事情节，在这本书创作期间，"想象和激情"让他"喘不过气来"。考虑到这部作品有可能反响不佳，他在发表时，不但署的是笔名，甚至还伪称这部作品是一份16世纪意大利语手稿的译文。华尔浦尔在文学实验上的奇思异想，也体现在他本人的哥特复兴式豪宅草莓山庄中，这座建筑如今仍然开放供人参观。**ST**

威克菲牧师传
The Vicar of Wakefield

奥利弗·哥尔斯密（Oliver Goldsmith）

作者生平：1730年生于爱尔兰，1774年卒于英国
首次出版：1766年，B. Collins for F. Newbury（伦敦）
原著语言：英语
创作时间：1761—1762年

正如书名所表明的，《威克菲牧师传》讲述了普利姆罗斯博士及其大家庭的故事。表面上看，他在一个乡村教区过着闲适的生活，突如其来的贫困打破了原有的平静，由此展开了故事情节。其情节尽管单薄，却包含了以下内容：遭到阻挠的婚姻、寡廉鲜耻的行为、失去儿女、火灾、坐牢、各种各样的瞒骗，还有张冠李戴闹出来的误会。因为性格柔弱，书中人物的处境变得岌岌可危，所有人物都像牧师本人一样，天性纯良，但容易被别人影响，做出愚蠢、天真的事情。这位教区牧师是小说的主要叙述人，单是这一点就带来了不少笑料；但为了填补空隙，在故事里还套了不少故事。这部小说带有感伤主义风格，但总体的基调还是戏谑性的。降临到人物身上的灾难，还有同样富有戏剧性的时来运转，都会令人为之莞尔。

显然，哥尔斯密的这本经典小书最引人瞩目的一面，就是它兼容并包的风格。不光故事情节烦冗复杂、枝节横生，就连文字本身也包含着小说以外的成分，比如诗歌、布道文以及各种探讨政治、法律惩治和诗学的专论。这一点也反映出作家哥尔斯密多才多艺的一面：他是诗人、剧作家和小说家，但也做过不少卖文为生的活计。**ST**

▶ 在那个时代的诸多图书插画师中，托马斯·罗兰森为哥尔斯密的杰作绘制了二十四幅插图。

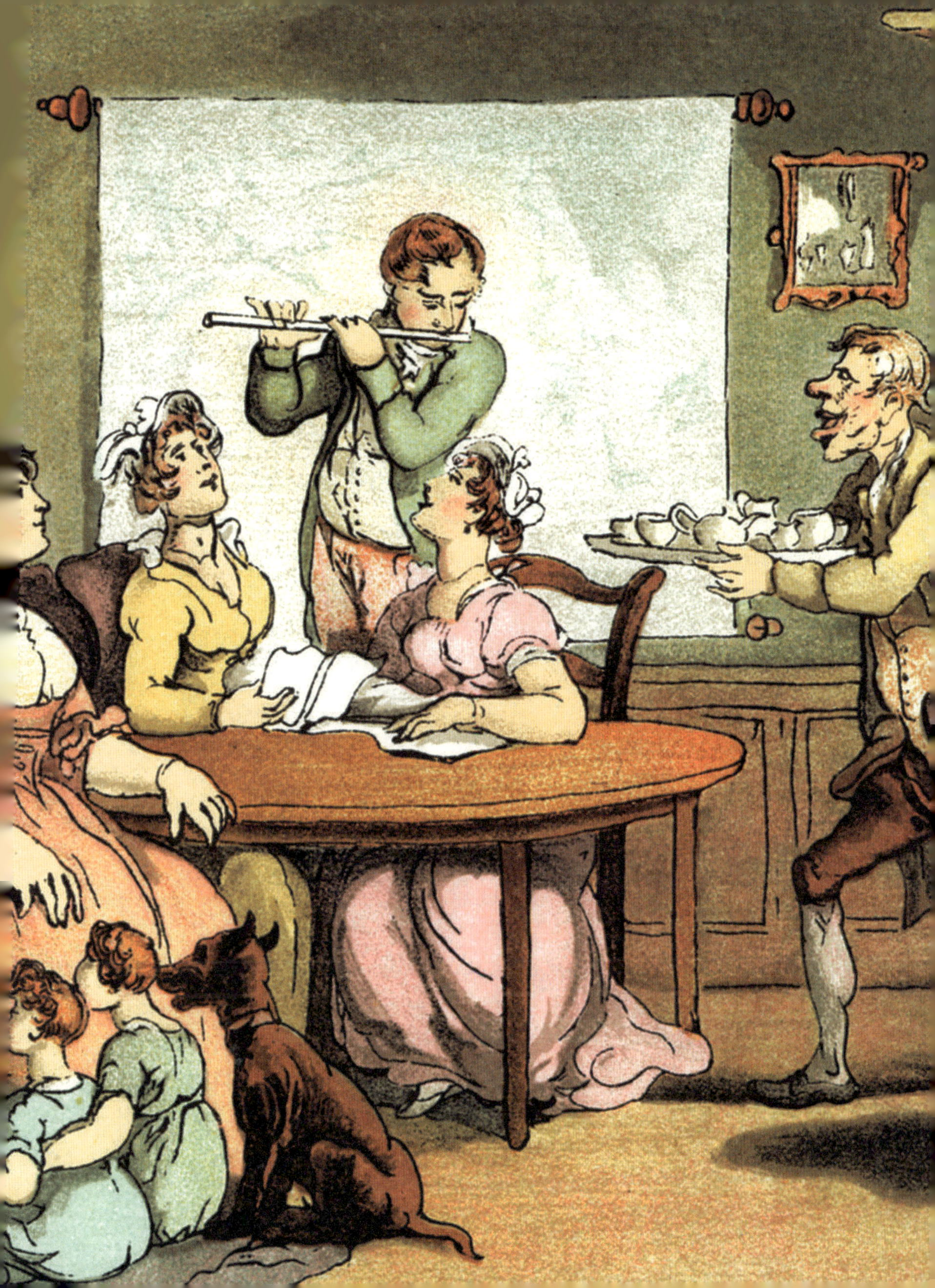

COOKE's EDITION OF SELECT NOVELS.

TRISTRAM SHANDY, VOL. II. Ch. 6. P. 17
Corporal Trim reading the Sermon to
Shandy's Father, Dr. Slop & Uncle Toby.

W. Hogarth delin.   Printed for C. Cooke, Paternoster Row, May 25, 1793.   C. Grignion sculp.

项狄传 The Life and Opinions of Tristram Shandy, Gentleman

劳伦斯·斯特恩（Laurence Sterne）

作者生平：1713年生于爱尔兰，1768年卒于英国
首次出版：1759—1767年，J. Dodsley（伦敦）
原著语言：英语

本书的全名是《绅士特里斯舛·项狄的生平与见解》，似乎要表明这是一部并不严谨的传记作品，但书名中的传主与叙述者其实很少谈及自己三岁之后的事，也很少流露自己的见解。尽管项狄的生平很少被述及，但这本书在阅读和创作过程之间，建立了一种紧密的联系。通过离题话和插话，叙事期待被一种自由、灵活的叙述方式所瓦解，这一方式彻底摒除了"故事情节"这一理念。这本书有着富有创造力的交流技巧，这种交流介乎喁喁诉说和慎重行文之间。它给人以顽皮的亲切感，同时其戏谑程度又不亚于任何作品。这本书是典型的"实验"小说，预示了现代派和后现代派小说的出现。劳伦斯·斯特恩从拉伯雷那里承袭并发扬了戏谑的奇思异想、猥亵的怪诞风格和练达的智慧。斯特恩从塞万提斯那里学到了流浪汉小说在叙事形式上的热忱，并将其改造成更具狂想色彩却仍然不失真实性的、对人类愚行的剖析。对项狄的父母、托比叔叔等人的刻画，构成了对家庭生活转弯抹角但不失亲切的描绘。作品表面上的鲜明喜剧效果，遮蔽了斯特恩更为深沉的心理现实主义风格，遮蔽了他对感伤所作的堪称普鲁斯特式的分析。最能体现这一点的，就是项狄的父亲那用心良苦却迂腐可笑的博学。托比的兴趣从战争转移到了风流韵事上，极富喜剧性地描绘了言辞、个性和腹股沟之间的联系。

尽管本书具有不见外的饶舌风格，但斯特恩还是给读者留下了不小的想象空间。这本书用老练的讽刺，向英国绅士提出了婉转的批评。这一批评涵盖了阶级、性爱，乃至从财产到礼节中暗含的种种讲究。**DM**

◐ 劳伦斯·斯特恩的复杂想象力，借由风趣、淫猥、感伤和贫嘴饶舌，找到了恰当的表达方式。

◐ 18世纪60年代，威廉·贺加斯绘制了《项狄传》中的场景。从那以后，这些画作就界定了这本书的插图风格。

多情客游记
A Sentimental Journey

劳伦斯·斯特恩（Laurence Sterne）

作者生平：1713年生于爱尔兰，1768年卒于英国
首次出版：1768年，G. Faulkner（都柏林）
完整书名：*A Sentimental Journey Through France and Italy by Mr. Yorick*

　　尽管斯特恩的这部篇幅相对较短的长篇小说，与《项狄传》（见本书第61页）相比黯然失色，但仍不失为一部珍贵的喜剧作品。这本书将自传性的逸闻趣事、偶尔出现的虚构故事、对游记的戏仿共冶一炉，按时间顺序描绘了约里克与仆人拉弗勒穿越法国的旅程。对英国绅士来说，"大旅行"是学习欧洲礼仪和艺术的重要活动，本书则将这场旅行作为暗讽的对象。事实上，这场旅行并没有什么盛大非凡之处。确切地说，我们所感受到的是，作者所观察到的这场旅行的微不足道。

　　本书的乐趣，并不在于它所讲述的故事，而在于它对叙述者与读者之间的亲密交流所作的谐谑处理。讲述的方式占据了显要地位，而作者与叙述者结合的叙述方式将各种各样的事件置于多愁善感与社会现实之间，不下定论。一个明显的例子就是，有个人为自己死掉的驴子而痛哭，由此引申出物伤其类这一富有启迪的寓言。尽管这个人为驴子感到难过，但他却让它干了太多繁重的活，还让它挨过饿。同时作者要坐车，拉车的动物就难免要遭到无情的鞭打，这一点与刚才提到的内容轻巧地并置在一起，让这种寓意充满了模棱两可的意味。这种介乎情感、物质状况和叙事视角之间的隔膜，在书中总是明显可见，就连对金钱的态度、世俗的热情，还有不断暗示的情欲亢奋，都在委婉文雅的表达中变了味道。**DM**

多愁善感的男人
The Man of Feeling

亨利·麦肯齐（Henry Mackenzie）

作者生平：1745年生于英国，1831年卒
作者署名：匿名
首次出版：1771年，T. Cadell（伦敦）
原著语言：英语

　　《多愁善感的男人》第一版匿名发表之后，六个多星期就售罄了，简直可以与卢梭的《新爱洛伊丝》（见本书第57页）在十年前引发的轰动效应相比。《多愁善感的男人》的出版，标志着文学史上的重要一刻，这本书的"编者"声称要把青年哈利（书名中所说的那个多情男子）从前的经历展现给读者看。每一段小说情节都带有明确的目的性，探讨某种特定的情感反应。例如，对一名伦敦妓女毫无色情意味的认同，还有一位父亲与关系淡漠的儿女之间的关爱。书中提到的情感多种多样，包括惋惜、同情、对慈爱和善心的共鸣等。

　　与《多愁善感的男人》对情感反应的精雕细琢相比，情节的转折似乎居于次要地位。戏剧性场面一个接一个，看不出作者刻意设置的叙事悬念。而编者告诉读者，其余章节要么缺失，要么没有完成。尽管如此，这部小说对人物与读者的情感反应的注重，对于18世纪的许多作家来说，仍然是至关重要的。这部作品还提出了一些美学基础理论，这些理论被后世作家当作文学创作的要义。比如狄更斯所熟知的：小说首先要打动的就是读者。**DT**

汉弗莱·克林克历险记
The Expedition of Humphry Clinker

斯末莱特（Tobias Smollett）

作者生平：1721年生于英国，1771年卒
首次出版：1771年，W. Johnston & B. Collins（伦敦）
原著语言：英语

斯末莱特的最后一部小说是用书信体写成的，它详细讲述了马特·布兰布莱与同伴在英国各地旅行的故事，其同伴中就有身为仆人的主人公——一文不名的汉弗莱·克林克。这些信件揭示出写信人各不相同的性格。马特·布兰布莱是一个患有抑郁症的厌世者，他的姊妹塔比莎是个还在物色丈夫的老女人。他们的外甥杰利·梅尔福德是个充满活力的牛津大学学生，他的姊妹莉迪亚是个天真、多愁善感的浪漫主义者，塔比莎的女仆温·詹金斯是个没有多少文化、爱攀高枝的人。这些各不相同的视角带来了一个生动而包罗万象的故事，吸引着读者去分析这伙人的境况和遭遇，同时也让人暗自揣摩，斯末莱特讽刺的对象是什么。这个故事允许其中的人物就种种事件给出各自不同的解释，没有哪个人的说法是真正可信的。但克林克的道德品行和宗教热忱自始至终都是完美无瑕的。

这伙人总是遇上一些倒霉事，包括决斗、私通、争风吃醋、坐冤狱和无数次大大小小的争吵，克林克总是处在这些倒霉事的中心。最终，有情人终成眷属，所有的故事情节分支也都联系在了一起。与斯末莱特作品中的其他主人公不同，克林克得到了理应获得的报偿。他品行高尚，对世事抱有天真的看法，这些都是让人钦佩的品性。相形之下，他身边的人和他所处的社会的种种缺陷暴露无遗。**LMar**

> 首都变成了一头过度发育的怪物；就像一颗浮肿的头颅，若是得不到滋养和支撑，很快便会脱离身体和四肢。

▲ 这幅画以恰到好处的谐谑笔触，描绘了患有抑郁症的马特·布兰布莱与一位年轻寡妇的亲密接触。

少年维特的烦恼 Die Leiden des Jungen Werthers

约翰·沃尔夫冈·冯·歌德（Johann Wolfgang von Goethe）

作者生平：1749年生于德国，1832年卒
首次出版：1774年，Weygandsche Buchhandlung
原著语言：德语
英译书名：The Sorrows of Young Werther

最早让歌德名满天下的小说《少年维特的烦恼》，讲述了一个青年因为18世纪的感伤主义而苦恼不已的故事。维特是个过度依赖情感、想象和严格自省的典型人物。我们的主人公因为要处理家庭事务，被派往瓦尔海姆村，在那儿，他邂逅了绿蒂，很快便爱上了她。与此同时，这个富有魅力的年轻女子与理性而沉闷、乏味的地方官员阿尔贝特订了婚。这场三角恋让维特陷入了绝境，因为此事注定无法圆满解决，最后维特自尽身亡。小说里的私情与下述真实事件多少有点联系：歌德与夏洛特·布夫之间存在着儿女之情，而布夫与歌德的密友克斯特纳订了婚，为情自杀的是另一位朋友卡尔·耶路撒冷（他用的手枪是从克斯特纳那里借来的，克斯特纳完全没有料到他会自杀）。这部小说成功的另一项要素，就是它有效地运用了书信体。这个故事起初是通过维特写给一名收信人的信件来铺陈叙述的。当维特的心理状况趋于恶化时，作者杜撰的一位编辑介入进来，整理了维特遗留下来的断简残篇，这些便是小说的最后一部分。

这部小说问世后引发了轰动，随后掀起了"维特热"：想要模仿维特的人穿着他那身招牌式的蓝外套和黄背心；甚至还出现了维特古龙香水，以及描绘小说场景的瓷器。据说还出现了效仿维特自杀的人，这让歌德感到惊恐，因为他对维特的描写是批判性居多，而不是赞扬居多。1787年，这部小说经过大幅修订，推出了第二版，多数现代版即以该版本为底本。**ST**

在这些宏伟壮丽的景象的威力下，我定将魂飞魄散！

▲ 1786年，德国画家约翰·蒂施拜因以罗马平原为背景，为朋友歌德绘制了这幅著名肖像。

▶ 法国作曲家朱尔·马斯奈创作于19世纪晚期的歌剧《维特》温情而浪漫。

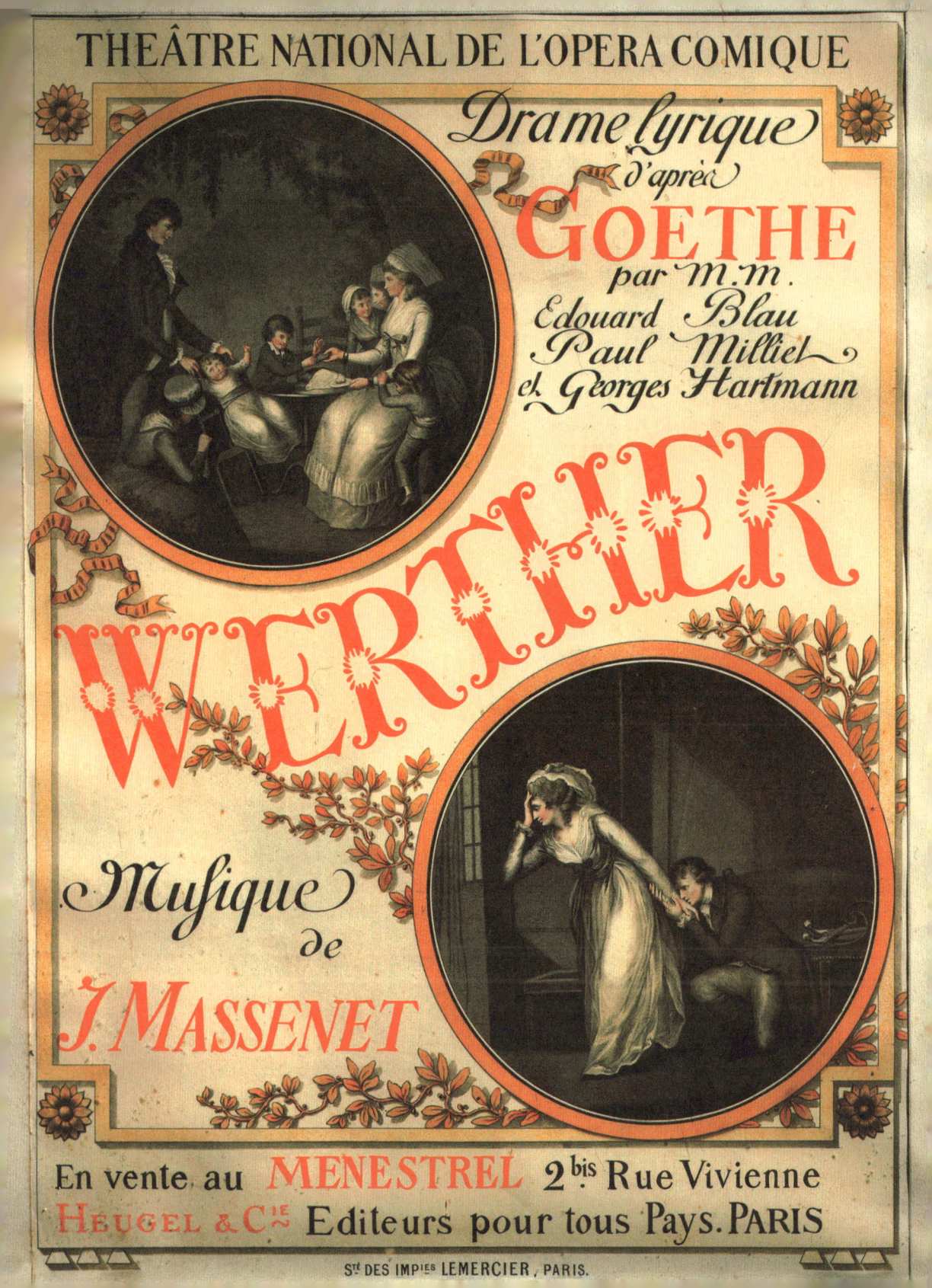

THÉÂTRE NATIONAL DE L'OPÉRA COMIQUE

Drame lyrique d'après **GOETHE** *par MM. Edouard Blau, Paul Milliet et Georges Hartmann*

WERTHER

Musique de **J. MASSENET**

En vente au MENESTREL 2 bis Rue Vivienne
HEUGEL & Cie Editeurs pour tous Pays. PARIS

Ste DES IMPies LEMERCIER, PARIS.

伊芙琳娜 Evelina; or, The History of a Young Lady's Entrance into the World

范妮·伯尼（Fanny Burney）

作者生平：1752年生于英国，1840年卒
首次出版：1778年，匿名
原著语言：英语

塞缪尔·约翰逊说二十六岁的范妮·伯尼的处女作小说《伊芙琳娜》"像是出自阅世既深且久之人的手笔"。她对人物心理的细腻感知和令人窘迫的社会的喜剧式描写，在《伊芙琳娜》里得到了充分展现。伯尼借鉴并改造了塞缪尔·理查森等前辈的书信体小说，记录下了女主人公初涉伦敦社交圈的运道好坏。女主人公在社交圈里遇到了许多的追求者和一些早已断绝联系的亲戚，他们缺乏教养的举止令她几欲崩溃。最终人们公认，她不愧是她那位已故父亲所生的女儿。这部小说最有力的一点，就是伯尼透过伊芙琳娜羞怯的意识，过滤了伦敦社交圈的喧嚣。此外，她对为人正直的奥维尔男爵渐渐萌生爱意，这一点是通过讽刺的口吻巧妙道出的。陷入爱情的少男少女往往愿意写下意中人的名字，伯尼也让伊芙琳娜频繁地提及奥维尔男爵，这一手法具有迷人的自然主义色彩。

《伊芙琳娜》的喜剧式创作也许会让人不时生出些许"矫揉造作"之感，尤其是与受其直接影响的作家简·奥斯丁的小说比较而言。伯尼像奥斯丁一样，被人们这样指责：她笔下的社会舞台太狭窄了，人们从她的作品中看不到城市的肮脏破败。不过《伊芙琳娜》凭借其对构思扎实的社会背景下人物心理互动的描写，稳居18世纪末期小说的顶峰。这部作品证明，这一类型的小说并非突然从奥斯丁1811年完成的《理智与情感》（见本书第86页）开始出现的。**BT**

▲ 范妮·伯尼既是一位日记作者，也是一位小说家，她记录下在乔治三世宫廷内难忘的人生经历。

一个孤独漫步者的遐想 Les Rêveries du Promeneur Solitaire

让−雅克·卢梭（Jean-Jacques Rousseau）

作者生平：1712年生于瑞士，1778年卒于法国
首次出版：1782年，Poinçot（巴黎）
原著语言：法语
英译书名：Reveries of a Solitary Walker

让−雅克·卢梭——哲学家、社会与政治理论家、小说家、浪漫派鼻祖——是18世纪启蒙运动的代表人物之一。他写的最后一本书《一个孤独漫步者的遐想》是一位长者回首往昔，留下的一份极具抒情意味、感情深挚、耐人寻味的回忆录。卢梭一生中，凭借其大受欢迎、极为重要的系列著作，赢得了巨大声望。通过抨击国教，痛斥那个时代的道德败坏，他对当权派、对盛行于巴黎沙龙的启蒙思想都提出了质疑。卢梭长期遭到嘲讽和侮辱，最终被迫流亡。

在《一个孤独漫步者的遐想》中，我们看到卢梭"茕茕孑立，为人忽视"，挣扎在喜欢独处与渴求陪伴之间，努力抑制着会消磨其意志的自我怀疑，以及想跟迫害他的人对话的迫切需要。本书持久的感染力，就源于他那冷静、沉思式的哲学思辨与对社会病态的愤懑之间不容忽视的张力。卢梭想要表明，他已经与自己达成了和解，从社会的压制下得到了可喜的解脱，但他也常常情不自禁地表露出这样的想法：自己遭到了不公正的轻慢对待。他的处境，再加上他内心的躁动不安，让他变成了最早的——也是最迷人的——"局外人"这一文学原型的现代实例之一。

正是在这一意义上，《一个孤独漫步者的遐想》是一部重要的先驱之作，其后来者包括陀思妥耶夫斯基、贝克特和塞林格等作家创作的讲述孤独与绝望的大作，这些作品对20世纪小说的发展产生了巨大影响。**AL**

▲ 普兰牌巧克力附送的法国作家系列卡片中的这一张，描绘了"孤独漫步者"卢梭的形象。

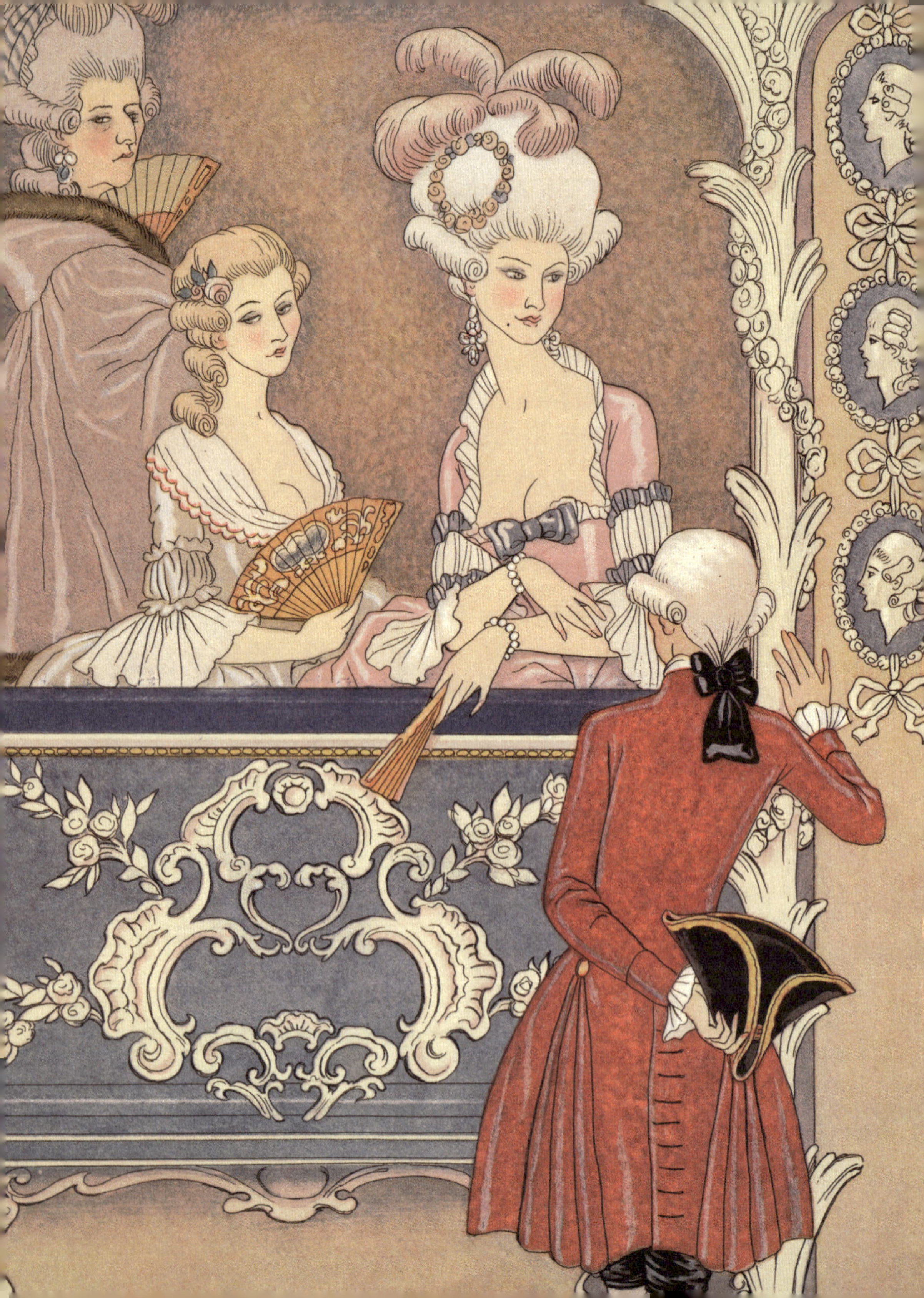

危险的关系 Les Liaisons dangereuses

皮埃尔·肖德洛·德·拉克洛
（Pierre Choderlos de Laclos）

作者生平：1741年生于法国，1803年卒于意大利
首次出版：1782年，Durand（巴黎）
原著语言：法语
英译书名：Dangerous Liaisons

近来一系列获得成功的电影、戏剧、芭蕾舞剧等改编作品表明，讲述爱情、欺骗和诱惑艺术的诱人故事依然激发着我们的集体想象力。《危险的关系》的作者是法国军队里的一名少尉，这本书所带给我们的震惊和愉悦在一定程度上也与上述主题相关。故事发生在法国大革命爆发前的贵族圈子里，中心人物是冷酷无情、富有魅力的瓦尔蒙和与他相差无几的昔日情人兼同伙梅尔特伊。瓦尔蒙富有，不乏才智，过着悠闲的生活，他给自己设定了这样一种行为准则：靠引诱不设防的上流社会女性，来寻求更大的荣耀。梅尔特伊是一个在性爱方面放荡不羁的年轻寡妇，但与瓦尔蒙不同的是，她必须将自己伪装成一位上流社会的女性。两人用背叛、谎言和私通，一起编织了一张复杂的情感关系网。他们相互较劲，酿成了灾难性的结局，因为嫉妒和骄矜破坏了他们那些原本就带有深深缺陷的原则。

拉克洛对盛行的书信体的运用堪称典范，因为他笔下的两位主人公正是从对各种事件津津有味的叙述中，获得了各自的乐趣。当读者沉浸在这部迷人杰作的雄辩和残忍之中时，我们也会分享到主人公的快意。**AL**

忏悔录 Les Confessions

让–雅克·卢梭（Jean-Jacques Rousseau）

作者生平：1712年生于瑞士，1778年卒于法国
首次出版：1782年，Poinçot（巴黎）
第二部分出版：1788年，P. Du Peyrou
原著语言：法语

卢梭的《忏悔录》在其逝世之后才得以出版，它是欧洲文学史上的一座里程碑，或许还是有史以来最具影响力的自传作品。这部作品不但给小说，也给自传类文学作品的发展，带来了决定性的影响。尽管卢梭曾预言，不会有后来人走上这条路，但他无疑大错特错。歌德、托尔斯泰和普鲁斯特都承认，卢梭做出了开拓性的努力，尝试不加遮掩地如实反映自己的生活，他们从卢梭那里获益良多。

卢梭曾提出过一个著名的理论：人的善良天性是被社会破坏的。在《忏悔录》中，卢梭承认，他常有卑劣之举。有一件事格外引人注意，卢梭写道，他年轻时曾在一位富有的日内瓦贵族的家中做仆人，在他偷走价值不菲的旧缎带之后，却诬陷年轻女仆玛丽恩，说是她偷的。卢梭还说，他是"私通这一恶劣把戏的受害者，这种把戏毁了我的一生"，这番话在承认其所作所为的同时，也否认了自己的责任。

卢梭率直地承认了他性格当中的矛盾特质，他觉得这种特质是环境强加给他的，他无力掌控。的确，为了避免误导读者，他无疑夸大了自己的罪过和不良品行，以此来证实自己的观点，这也正是这部引人瞩目、令人气馁而又至关重要的作品中的另一悖谬之处。**AH**

◐ 拉克洛的小说由乔治·巴比耶配图，描绘了一幅用文雅笔调表现粗野私情的触目情景。

19世纪前 | 69

索多玛120天 Les 120 Journées de Sodome

萨德（Marquis de Sade）

作者生平：1740年生于法国，1814年卒
创作年份：1785年
完整书名：Les 120 Journées de Sodome, ou l'École du libertinage

　　《索多玛120天》是萨德侯爵被囚禁在巴士底狱期间所作。1789年7月14日，革命群众冲击巴士底狱，让他永远失去了唯一一份手稿。他并不知道，这份手稿辗转落入一个法国贵族家里，而且一直留存在那儿，直至1904年，该书讹误百出的德文译本方才问世。第一个内容准确的版本在1931年到1935年陆续出版，篇幅长达数卷。

　　这本书呈现了萨德的创作意图——挑衅礼节、道德和法律。它以路易十四王朝末期为背景，那时，战争投机商不事声张地迅速聚敛起了大笔财富。一伙富有的、放浪不羁的人决定把家里的女性成员集合到一起，作为共享的性爱资源。他们将一轮轮晚宴投入与性爱有关的某种堕落行径，后来这些参与者在一座偏远、牢固、奢华的城堡里，把他们的变态行径变得有板有眼，他们肆意犯罪，为所欲为。他们还拟定了一系列复杂的规矩，用来维护实施强奸和杀戮行为时的秩序。这部小说的关键，或许就在性爱暴行的数学排列之中。只身一人待在牢房里，萨德形成了一种精细的、完全耽于想象、自娱自乐的简洁风格。它会慢慢地让人感到满足，这份满足与一幅幅折辱和虐待的画面是分不开的。对于这些画面，临床心理医生和嗜好重口味的老饕研究得一样多。**RP**

安东·莱泽尔 Anton Reiser

卡尔·菲利普·莫里茨（Karl Philipp Moritz）

作者生平：1756年生于德国，1793年卒
首次出版：1785年，Friedrich Maurer（柏林）
最后部分出版：1790年
原著语言：德语

　　在很多方面，这位身上带有作者本人影子的主人公安东·莱泽尔，可以看作歌德1796年的小说《威廉·麦斯特的学习时代》（见本书第76页）中运气不佳的主人公威廉·麦斯特的"兄弟"。两个年轻人都热衷于戏剧，都对从事舞台表演抱有不切实际的憧憬。威廉作为富裕贵族的儿子，在戏剧事业发展方面轻易便赢得了朋友的支持，而安东·莱泽尔不得不与贫困和有损其自信的、真真假假的羞辱进行抗争。

　　莫里茨将这部小说称为"心理小说"，前两部分描写了安东闷闷不乐的童年。家人送他去给一个虔诚却抠门的制帽商干活，后来他获准去汉诺威上文法学校，在那里取得了不错的成绩，但苦闷的生活还在折磨着他：自己离不开救济金，其他学生捉弄他取乐。后两部分讲道，安东在孤独的阅读中寻求慰藉，但他也渴望成为演员、闯出名气。为了实现愿望，他放弃了到大学就读这一有望获得改变，但并不那么迷人的前景。

　　《安东·莱泽尔》发现了一片被人们所忽略却富有价值的创作领域：它写到了小镇的工匠和学徒，他们的工作和生活状况。它还是一份动人的记录，记录了一个人克服障碍、战胜自我的奋斗历程。**LS**

哈里发沉沦记 Vathek, Conte Arabe

威廉·贝克福特（William Beckford）

作者生平：1760年生于英国，1844年卒
首次出版：1786年，J. Johnson（伦敦）
原著语言：法语
英译书名：*Vathek*

威廉·贝克福特写《哈里发沉沦记》时才二十一岁，其灵感部分来源于1781年在他那栋乡间豪宅举办的奢华成年礼庆典。他原本是用法语写成的。

《哈里发沉沦记》既是好笑的闹剧，又是悲怆的寓言。这本书极尽能事，沉醉于对"东方传奇故事"的模仿之中。《一千零一夜》（见本书第22页）被译成英文后，此类东方故事在英国大为走俏。《哈里发沉沦记》描述了哈里发瓦赛克的奇遇以及在他前往地狱的残酷旅程中遇到的那些稀奇古怪的同伴——因为他的宫廷穷奢极侈，而他完全无视传统道德观念，下地狱的命运在所难免。贝克福特有意杜撰出奇幻的"东方"背景，以此探讨个人的自由。这种写法在某种程度上会让人想起他本人不无争议的嗜好——完成这篇作品之后，没过多久他就流亡欧洲，他的纵欲也达到了顶点，与一位年轻贵族爆出了丑闻。

《哈里发沉沦记》在英国出版时，被形容为兼具"但丁沉郁的奇特风格"和"弥尔顿惊人的伟大"。它影响了许多文人，包括霍桑、爱伦·坡、斯温伯恩和拜伦。这部作品营造了一幅幅东方幻想式的传奇场景，但也许正因如此，它才得以流传后世。故事中的人物怀着儿童般天真的好奇感，对性爱和感官进行着探索，两者的这一有力结合，为我们当代的痴迷妄念，给出了潜在的类比与警示。**MD**

瓦赛克很喜欢女人，还嗜好大饱口腹之乐，他殷勤好客，有心广结宾朋……

▲ 这幅绘制于1798年、比真人还要俊美的肖像画，赋予了颓废的贝克福特独立自主与慷慨激昂的形象。

淑女的眼泪 Justine, ou Les Malheurs de la vertu

萨德（Marquis de Sade）

作者生平：1740年生于法国，1814年卒
首次出版：1791年，Nicolas Massé（巴黎）
原著语言：法语
英译书名：*Justine*

我们或许可以从这部小说的原著全名《鞠斯汀娜，或贞洁的厄运》（直译）中，为这部令人震惊和沉迷的作品的持久感染力，找到最令人信服的解释。萨德笔下的女主人公是善良的，正因为她的善良，她遭受了痛苦而得不到回报。就像英国的罗切斯特早期的诗一样，萨德的小说把人体转变成了性爱机器里的零部件。就《淑女的眼泪》来说，他将美德精确地转化为痛苦，这种痛苦带给阅读者一定的快感。鞠斯汀娜表明自己明辨是非，她逃跑，为别人求情，表达对信仰的忠诚，结果被人剥去衣服、撕咬、掌掴和鞭打，遭受性虐待。

就这样，萨德把理查森的《克拉丽莎》（见本书第48页）和卢梭的《新爱洛伊丝》（见本书第57页）等18世纪感伤小说隐约暗示的内容，清清楚楚地表达了出来。这个女人的纯洁和同情心把她变成了被人迷恋和折辱的对象，她不断地遭到打击，又重新振作起来。在读者与女主人公的关系中，这种暴力的色情描写被恰当地称为"性虐待式的"。正如罗兰·巴特所说，在我们试图通过暗示、隐晦、隐喻来表达创作意图的时候，萨德却将其直言不讳地、公然地展示出来。不过，通过这样做，萨德将我们带入了一种渴望的共谋关系：我们感受到了落在鞠斯汀娜身上的那种令人欲罢不能的节奏，哪怕她本人并未感受到。我们的灵魂之所在，我们的宗教信仰、道德和自律，被无情地转化为我们的血肉之躯（四肢、嘴唇、胸脯和屁股）。这种激进的转化让人们将萨德关进了精神病院，将其著作予以销毁。《淑女的眼泪》对我们怡然自得的自信不断提出疑问，这份质疑不会被轻易抹杀。**DT**

▲ 这幅19世纪的寓意画描绘出了萨德的肖像，还有他在监狱里书桌旁的情景。

▶ 萨德笔下那位不幸的、纯洁的女主人公，准备屈从于一系列的暴力虐待和性侮辱。

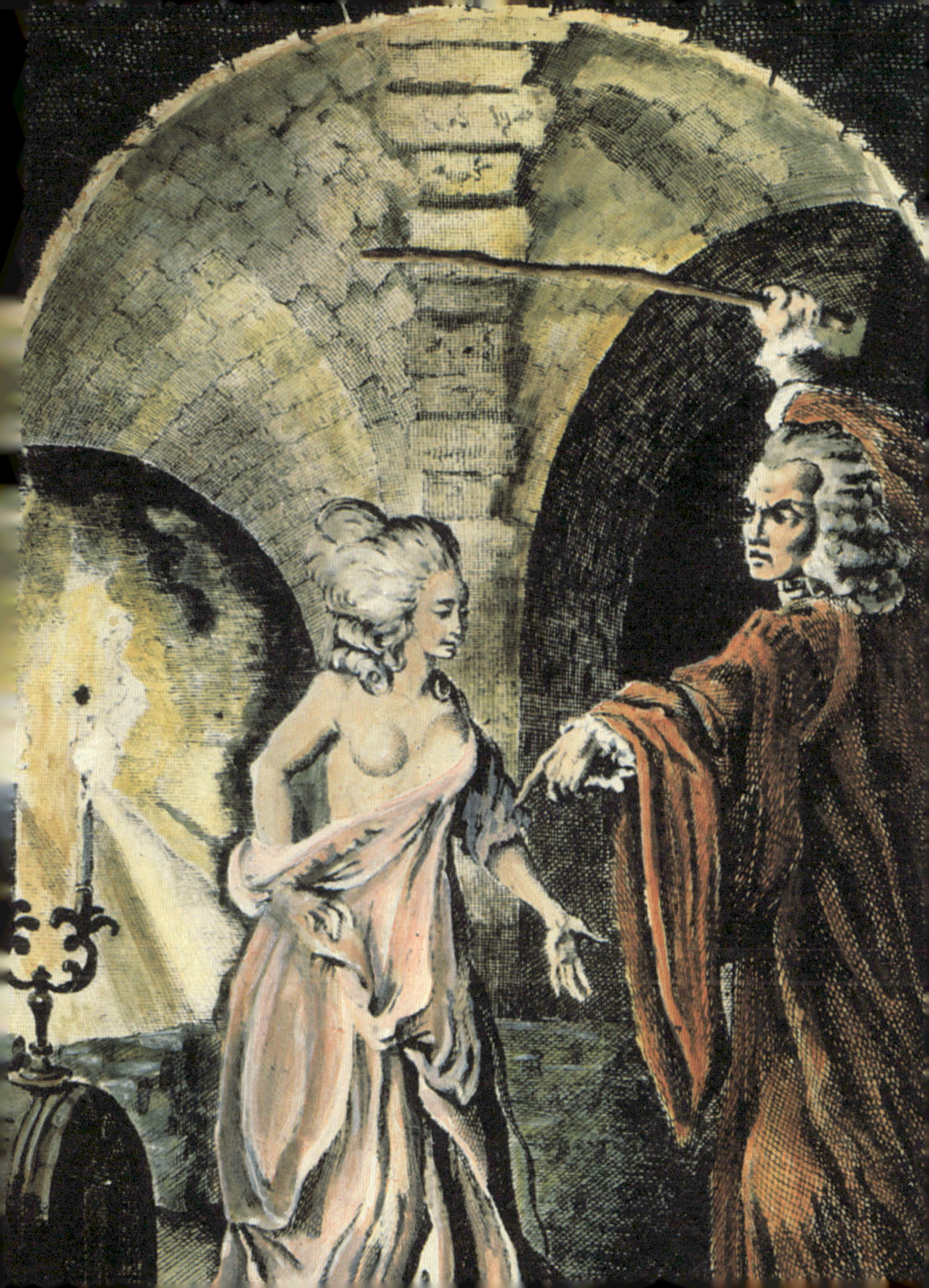

红楼梦

曹雪芹

作者生平：	1715年左右生于中国，1763/1764年卒
作者本名：	曹霑
续写作者：	高鹗
首次出版：	1791年

　　这部颇具自传色彩的长篇小说，被奉为中国古典文学四大名著之一。它反映了一个封建贵族家族的没落历程。这本书又名《石头记》，它同时还是一部具有教育意义的小说、充满感伤的小说、融会儒释道传统思想的宝典。书中有四百多个人物，堪称一幅清代鼎盛时期的社会镶嵌画。作者曹雪芹只写完八十回就辞世了，这样一来，一个个复杂的情节多半没了下文，但这份没有写完的手稿很快便洛阳纸贵。

　　小说以"作者自云"开篇，其中讲到一块灵石在一位僧人和一位道士的帮助之下，进入凡间，使得贾宝玉衔玉而生。他是家大业大的贾家任性的后裔，也是小说的主人公。这块石头的命运与一株绛珠仙草难分难解，这一点在宝玉与羸弱的表妹黛玉之间的关系上得到了反映。后来，宝玉身不由己地与另一位表姐宝钗成亲，黛玉香消玉殒。

　　这部小说，尤其是其中的十二位重要女性角色，成了广受喜爱的诗画题材。近些年来，先后有一座主题公园，多部故事片、电视剧和电脑游戏等问世，向这部在中国长盛不衰、极富文化意义的小说表达了敬意。**FG**

凯莱布·威廉斯传奇
The Adventures of Caleb Williams

威廉·戈德温（William Godwin）

作者生平：	1756年生于英国，1836年卒
首次出版：	1794年，B. Crosby（伦敦）
完整书名：	Things as They Are; or, The Adventures of Caleb Williams

　　威廉·戈德温的《凯莱布·威廉斯传奇》是18世纪90年代最为重要、被人们广为传阅的小说之一，它带给读者的是个人经历与政治回忆录的有力结合。年轻的凯莱布父母双亡，自学成才，被神秘而看似尊贵的当地贵族福克兰雇用。凯莱布出于好奇，无意中从福克兰那里发现了令人难以接受的事实——是福克兰杀死了附近的一位暴戾的贵族，有两名无辜的本地农民当了替罪羊，接受审讯，遭到处决。小说通过这些人的故事，阐明了对僵化、不公、腐朽的阶级制度的集中批判，也嘲笑了法律的无用。福克兰得知凯莱布发现了自己的秘密之后，就开始监视、陷害他。这一情节可以在当时的历史背景下找到真实原型。当时正处于法国大革命时期，英国向法国宣战，公民的自由权遭到了剥夺，当局还怀疑有些作家抱有煽动性的观点。

　　读者有时会觉得，这部小说因为充当了戈德温激进政治理念的虚构媒介，而有些不尽如人意，其政治理念在他的《政治正义论》（*Enquiry Concerning Political Justice*，1793）中得到了详尽的阐述。不过由于处于故事核心的心理剧情节，人们也把它看成一部哥特小说。对现代读者而言，凯莱布所遭受的极端迫害，无疑具有卡夫卡式的寓意。**ST**

非洲黑奴自传
The Interesting Narrative of the Life of Equiano; or, Gustavus Vassa, the African

欧拉达·伊奎诺（Olaudah Equiano）

作者生平：1745年生于尼日利亚，1797年卒于英国
首次出版：1794年，T. Wilkins（伦敦）
原著语言：英语

欧拉达·伊奎诺的《非洲黑奴自传》是一部里程碑式的作品，也是理解英国复杂的种族问题，以及英国黑人文学源流的必读作品。这部作品是对跨大西洋奴隶贸易所作的最早的第一手英文记录。为证实废奴主义运动的正当性，并促进这一目标的实现，这部作品描绘了作为奴隶的恐怖经历。在富有敌意和歧视的政治和文学环境中，伊奎诺的作品取得的成功和获得的青睐，成功地促进了废奴主义目标的实现。

这部作品讲述了伊奎诺在非洲被抓，与其他人一起在英国船队做苦役，在奴隶船上干活，为自己赎身，在种植园工作，最终回到英国的经历。作者刻意为自己设定的英国人和非洲人的双重身份，显然经过了深思熟虑。他对名字的选择让这一点越发突出。在废奴主义的巡回活动中，在出版物中，在公众场合，他自称为古斯塔夫·瓦萨（Gustavus Vassa）。在这部作品中，他的非洲人身份处于显著位置，但叙述者敏锐地意识到了自己的双重身份。近期的这一发现——伊奎诺也许出生于南卡罗来纳州，因此他的非洲身份是杜撰出来的——也只是强化了这部作品对这种人生经历给予的深刻洞察。如今，这部作品仍然像以前一样，并未过时。**MD**

我讲述的经历既不属于圣人、英雄人物，也不属于暴君。

◐ 这幅肖像画把当过奴隶的作者描绘成一位无可指摘的18世纪绅士。它刊登在该书的第一版中。

19世纪前 | 75

奥多芙的神秘
The Mysteries of Udolpho

安·拉德克利夫（Ann Radcliffe）

作者生平：1764年生于英国，1823年卒
首次出版：1794年，P. Wogan（都柏林）
原著语言：英语

作为一部重要的哥特式小说，《奥多芙的神秘》如今仍是一部经典之作。这部作品讲述了埃米莉·圣奥伯特的故事，她被邪恶的监护人蒙托尼囚禁在他那座宏伟的哥特式城堡奥多芙堡内。埃米莉被困城堡内，恐惧和不安折磨着她，她努力反抗着蒙托尼背信弃义的阴谋，不让自己精神崩溃。故事读来如梦似幻，反映出了埃米莉的迷惘和恐惧，她为了活命必须战胜种种梦魇般的心理斗争。在小说中，拉德克利夫精彩的场景描写，在一定程度上有助于人物情感的反映，尤其是忧虑和担忧之情，但也有平静和喜悦。拉德克利夫笔下的人物各具特色，栩栩如生，但其真正成功之处在于，她塑造出了一位惹人喜爱、性格坚强的女主人公。

尽管人们很少将拉德克利夫视为女权主义者，但她传达出了重要的言外之意：女性的独立自主是何等的重要。尽管身为一名弱女子，而且深感恐惧，但埃米莉最终还是凭借自由意志和无瑕的道德品性，战胜了蒙托尼。《奥多芙的神秘》带给读者的，不光是想象力制造出来的灵异恐怖现象，埃米莉必须面对的真正恐怖是人性中的阴暗面，它比人类心灵所能想象出的所有事物都要骇人得多。**EG-G**

威廉·麦斯特的学习时代
Wilhelm Meisters Lehrjahre

约翰·沃尔夫冈·冯·歌德
（Johann Wolfgang von Goethe）

作者生平：1749年生于德国，1832年卒
首次出版：1795—1796年，Unger（柏林）
原著语言：德语
英译书名：*Wilhelm Meister's Apprenticeship*

尽管歌德有着冷峻的气质，但这部小说还是愉快宜人的。歌德用迷人的世故和嘲讽，用温暖的笔调讲述了一个关于学习和教育的故事，这部作品常常被人奉为教育小说的典范之作。

起初，威廉·麦斯特因为爱情得不到回报，感到心灰意冷。他四处冒险，加入了巡游艺人的团队，他们收留了他，让他做学徒。小说给出了剧场生活群像，其间饱含着莎士比亚的影响。小说先是赞颂，继而又暗中否定了戏剧表演这个行业。待作者一捅破演戏与社会表现表面的那层窗户纸，这部小说前几部分的人道现实主义，随之深化并且变得截然不同、非比寻常，一个个神秘的人物随之暗示出了别样的文学象征意义和知性的意义。歌德有意用经不起推敲的情节结构，构建出一份富有讽刺意味的、有关人的自我发展的记录。它以某种方式将菲尔丁的《弃儿汤姆·琼斯的历史》（见本书第50页）式的、用意良善的讽刺幽默，与更具哲学意味的内容结合在一起。读者可别把这本书跟《威廉·麦斯特的漫游时代》弄混了，这部小说尤其值得不得志的演员和有志成为美学家的读者阅读。**DM**

▶ 歌德的《威廉·麦斯特的学习时代》中女主人公迷娘的画像。捷克画家弗朗茨·道贝克绘于20世纪初。

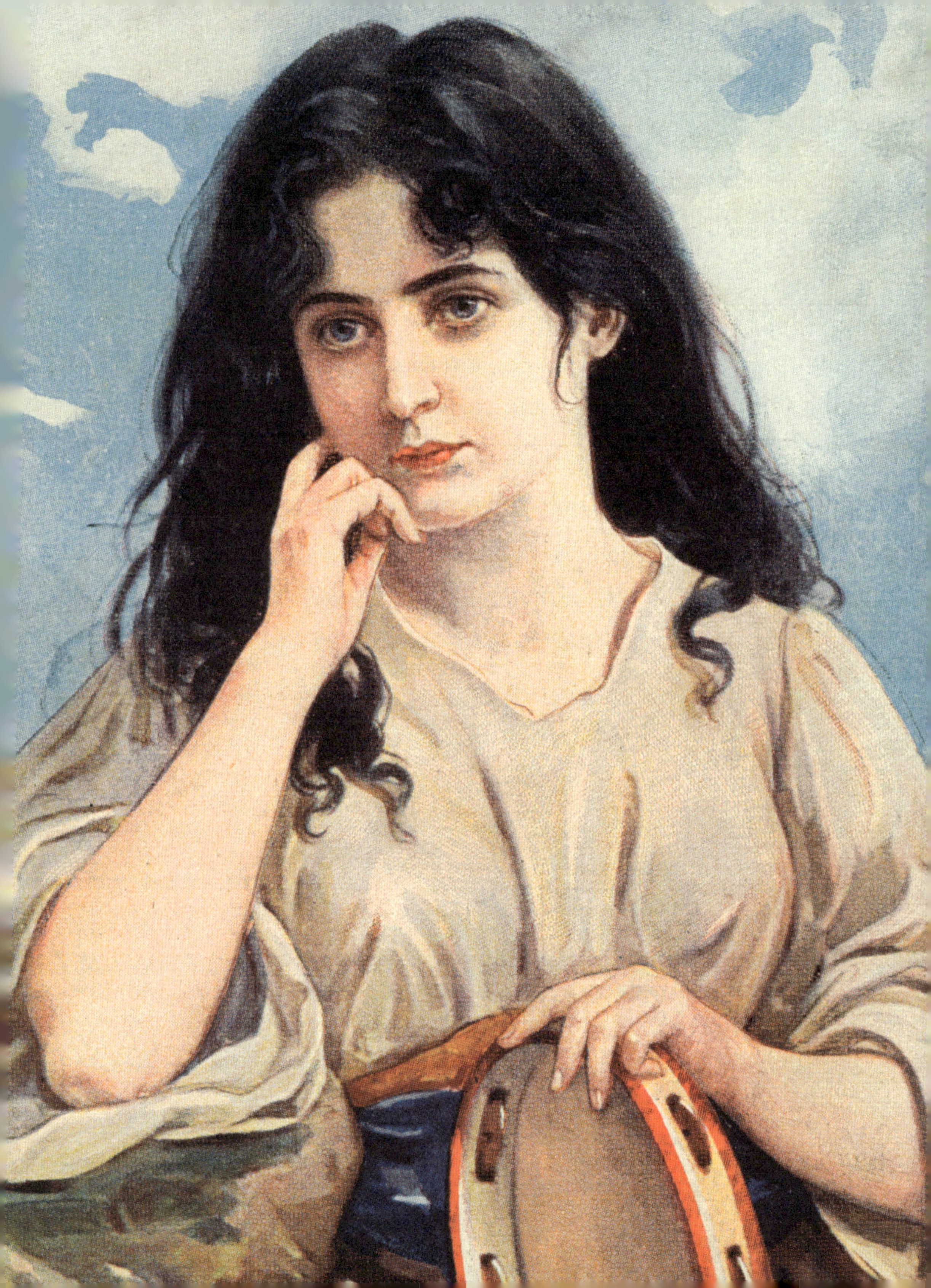

僧侣
The Monk: A Romance

M.G. 刘易斯（M. G. Lewis）

作者生平：1775年生于英国，1818年卒于海上
首次出版：1796年，J. Bell（伦敦）
原著语言：英语

作为一部过于阴森的哥特小说，M.G. 刘易斯的《僧侣》刚一出版就引起了争议，如今读来依然令人毛骨悚然。安·拉德克利夫的哥特小说总是针对故事给出合情合理的解释，刘易斯则不同，他的作品中既有超自然成分，也有人类最极端、最可怕的堕落与残酷之举。书中的这个僧侣叫安布罗西奥，他的虔诚令人敬佩。但我们发现，安布罗西奥其实是天主教教会所能想象的最虚伪、最邪恶的代表。他的罪行起初还比较隐蔽，但很快就升级为最黑暗、最渎神的行为。像这样表里不一的人物，不止他一个，附近一所女修道院的院长同样能做出残酷粗野的行径来。这部小说用极端的例子表明，权力，尤其是宗教人物所掌控的权力，可以导致绝对的堕落。

尽管故事曲折复杂，但这部小说节奏紧凑，情节轻松地向前推进。虽然刘易斯没有对场景做过多的描写，但《僧侣》仍然是一部视觉效果鲜明的小说，它让读者看到了活灵活现、令人记忆尤深的恐怖和毁灭景象。总之，这是个"罪孽深重"的故事，没有能让恐怖有所减轻的、温和的拯救之意。今天，《僧侣》依然让人着迷和震惊，刘易斯那殊为诡谲的想象力，当代小说家很少有人能够匹敌。**EG-G**

> 除了我本人，还有谁经受过青春的考验，良心上却没有一个污点呢？……我找不到这样的人。

⌃ 1913年的版本为刘易斯18世纪的恐怖故事增添了新意，以迎合20世纪颓废派的口味。

卡米拉
Camilla; or, A Picture of Youth

范妮·伯尼（Fanny Burney）

作者生平：1752年生于英国，1840 年卒
首次出版：1796年，T. Payne and T. Cadell（伦敦）
原著语言：英语

　　这部小说的全名是《卡米拉，或青春的肖像》，伯尼在她的第三部小说里，带给读者的正是青春的肖像。《卡米拉》讲述了一个活泼的、生机勃勃的女孩成年之后闯荡社会的故事。卡米拉和她的姐妹（美丽的拉维尼娅和如同天使般、只是被疤痕损及容貌的尤金妮娅）的故事，展现了种种理想、诱惑、爱情、怀疑和嫉妒，这些情感既造就着又困扰着她们的成长历程。伯尼笔下的人物，尤其是女性，栩栩如生，读者很容易与她们同悲同喜，对她们关心有加。

　　伯尼的小说对18世纪末的英国公共娱乐，以及构成社会戏剧的风俗习惯，尤其是年轻女性面临的社会限制，乃至种种危险，也做了绝佳的描绘。伯尼运用备受青睐的哥特小说中的极端的情感，表明危险可能就盘踞在女性的家门口。

　　在《诺桑觉寺》（见本书第980页）中，简·奥斯丁笔下的叙述者提到了伯尼的小说《卡米拉》和《塞西莉亚》（见本书第980页），并且如此评价它们："心灵最伟大的力量在其中得到了展现，对人性最彻底的认识，对人物性格最恰当的描述，以及机智幽默最生动的流露，将这一切用最精细的语言传达出来。"奥斯丁的高度评价恰如其分，为读者阅读这部小说提供了强有力的理由。**EG-G**

宿命论者雅克和他的主人
Jacques le Fatalise et son maître

德尼·狄德罗（Denis Diderot）

作者生平：1713年生于法国，1784年卒
首次出版：1796年，Buisson（巴黎）
创作年代：1773年完成
英译书名：Jacques the Fatalist and His Master

　　狄德罗的《宿命论者雅克和他的主人》是法国小说史上前所未有的文学代码，它似乎预见了小说这一文学类型的遥远未来，提前一百五十年跃入了萨缪尔·贝克特的阵营，后者对小说形式做出了反小说式的逾矩改造。这是一部格外有趣的小说，却有着格外无趣的情节。像20世纪的超小说一样，它对自身的创作过程不断品头论足，不断地猜测故事情节如此发展的原因，挖苦读者对浪漫故事或荒唐、惊悚的历险故事的喜爱。狄德罗在雅克主仆二人游荡的途中，在雅克向毫无个性的主人讲述的故事中，穿插了几则这样的惊悚故事。

　　狄德罗是个学识渊博的人，他是哲学家、批评家、政论家。也许正因如此，他才不信任小说这种文学形式，对其做了喜剧化的处理。他耗费近二十年心血创作的、最负盛名的著作是《百科全书，或科学、艺术及工艺详解辞典》，它是对法国启蒙运动理性思想的重要表述，这部作品的共同作者包括数学家达朗贝尔等人。《宿命论者雅克和他的主人》创作于1770年前后，但作者终其一生都没有发表。它是一场古怪的逃遁，遁入的是一片与哲学思考无涉的区域。在那里，所谓"存在的问题"可以演绎成自我表达和叙事的滑稽剧。**KS**

J'étais à terre et l'on me traînait

修女 La Religieuse

德尼·狄德罗（Denis Diderot）

作者生平：1713年生于法国，1784年卒
首次出版：1796年，Buisson（巴黎）
创作年代：1760年
英译书名：The Nun

这部书信体小说在作者身故后才得以出版，其创作缘起颇为有趣。1760年，德尼·狄德罗和朋友们给马奎斯·德·克鲁瓦斯马尔侯爵写了一些信件。这些信件号称出自苏珊·西莫南之手，她是个私生女，曾立誓要弥补母亲的罪过。逃离女修道院之后，她显然想让侯爵帮助她撤销自己许下的、必须遵行的誓言。在信中，这位修女描述了修道院不顾她的意愿，将她强行囚禁的细节，还描述了这件事给她对宗教的理解和她的信仰带来的影响。这部作品之所以有着"靠丑闻博取成功"的名声，很大程度上源于对以下内容巨细靡遗的描述：叙述者遭到修道院惯常的残酷对待，还有她后来对于情欲和灵性的发现。

《修女》被视作对天主教的抨击，代表了法国启蒙运动对宗教的典型态度。1966年，雅克·里维特据此拍摄的电影遭到为期两年的禁映，使得这部作品再次激起公众的议论。近年来，人们对《修女》多有谈论，也是因为它对女同性恋行为和性爱的着力描写。这部作品旨在揭露宗教机构生活中压迫人的、不人道的等级制度。这位叙述者被修道院所左右的命运，为故事的转折，乃至人生的转折，提供了引人瞩目的样本。**CS**

许佩里翁或希腊的隐士 Hyperion

弗里德里希·荷尔德林（Friedrich Hölderlin）

作者生平：1770年生于德国，1843年卒
首次出版：1797年（上卷）、1799年（下卷），J. Cotta（蒂宾根）
完整书名：Hyperion, oder der Eremit in Griechenland

弗里德里希·荷尔德林的《许佩里翁或希腊的隐士》分上下两卷，于1797年和1799年出版，是一部书信体的自传式作品。书中的大部分信件都是许佩里翁写给朋友贝拉尔明的，但也有些信件是写给迪奥蒂玛的。故事以古希腊为背景，但在作品完成了二百多年之后，那些描写无形的力量、冲突、美丽和希望的文字，依然没有过时。

从好几个层面上，这部作品都可以被看作对启蒙运动和法国大革命的小说式的反映和阐释。从哲学层面上，它可以被阐释为对人类整体状况——主体与客体、人与人、人与自然的分离——所作的研究。从政治层面上，它表达了对理性和革命力量所持的矛盾心理，它们有可能成为社会与历史进步的手段，这些要素存于20世纪的各种政治形式当中。

荷尔德林对那个时代的德国社会所作的批判性描述，即使是在第三个千年，对于西欧的资产阶级生活方式，也依然广泛适用。荷尔德林向往乌托邦式的社会，渴望人与大自然的和谐，渴望人与人之间亲密无间。那些从未感受过此类渴望的人，应该从神圣的收银员那里把钱讨要回来。书里那些莫名的情由，与爱情、语言和迪奥蒂玛有关。不过正因如此，读者一定要亲自投入这部小说的阅读体验中去才好。**DS**

◀ 狄德罗小说中的一幅插图。修女们发起了攻势，说明文字写道："我倒在地上，她们拖着我走。"

1) Дядя —
2) мать, "от совести!"
Высадка объявлен.
4) день видеть,
Снег у окна, проезд двух
Дивная Сосна —
а) Что, что ты. К
Как было Оно к то
приходит Б —
состав дня с Генералом; Через
есть васильки
тов ему
Странник, [Жену убил]
— Сестра — Жених,
ея, камергер
дочь долото зоотех

19世纪

◀ 陀思妥耶夫斯基《罪与罚》（1886）手稿

拉克伦特堡
Castle Rackrent: An Hibernian Tale

玛丽亚·埃奇沃思（Maria Edgeworth）

作者生平：1767年生于英国，1849年卒于爱尔兰
首次出版：1800年，J. Johnson（伦敦）
原著语言：英语

尽管声名不彰、读者不多，但玛丽亚·埃奇沃思的第一部小说堪称一件小小的珍宝，或者说是数件珍宝，因为它向我们讲述了四个有关拉克伦特家族几代人和地产的故事。将这些故事衔接在一起的，是故事的叙述者萨迪·夸克，他是一个对后三位继承人忠心耿耿的管家。这部小说的副标题暗示了作品的幽默风格："一个取材于1782年的真实事件和具有爱尔兰乡绅风范的爱尔兰故事。"帕特里克爵士沉迷于饮酒和野味，而债务缠身的默塔爵士的生活，就是整天打官司。基特爵士是个积习难改的赌棍，在决斗中送了命，最后一位乡绅康迪·拉克伦特爵士，是个挥金如土的政客和花花公子。他们不同程度的疏忽、肆意的浪费和无法自拔的痴迷，最终让这片地产因为经营不善而失去了价值。确切地说，最终它落在了精明的年轻律师杰森·夸克手里，此人正是老萨迪的儿子。一旦读者适应了萨迪·夸克的满口俗语（因为他没受过正规教育，而这部小说假托是对其口头叙述的记录），就不难欣赏这位老管家讲述的讽刺喜剧了。不过埃奇沃思觉得，还是有必要给英国读者配备一份词汇表。

长期以来，《拉克伦特堡》被奉为第一部地方小说，它表现了埃奇沃思对18世纪末英格兰与爱尔兰关系的直接了解，同时也是第一部历史小说。这部小说对沃尔特·司各特产生了重要影响，后者对埃奇沃思十分钦佩，将她称作"伟大的玛丽亚"。**ST**

奥夫特丁根
Heinrich von Ofterdingen

诺瓦利斯（Novalis）

作者生平：1772年生于德国，1801年卒
作者教名：Friedrich Leopold von Hardenberg
首次出版：1802年，G. Reimer（柏林）
英译书名：*Henry of Ofterdingen*

《奥夫特丁根》是德国早期浪漫派最具代表性的作品，它将小说、童话和诗歌极为轻松而深刻地融为一体。年轻的亨利是位中世纪的诗人，他寻找着神秘的"蓝花"，这朵花在他的梦中，有着那时他还不认识的玛蒂尔达的妩媚。他长途旅行，学习诗艺和哲学。这部小说在一定程度上反映了作者的生活，它最终没有完成，在作者身故后出版。但长期以来，它给德国文学史，乃至欧洲文学史，都带来了举足轻重的影响。

诺瓦利斯觉得，自己的这部小说是对歌德的《威廉·麦斯特的学习时代》（见本书第76页）所作的回应。起初诺瓦利斯抱着极大的热忱来阅读《威廉·麦斯特的学习时代》，但后来又觉得它太缺乏诗意了。他不喜欢歌德在作品中，让金钱方面的成功凌驾于诗人的成功之上。诺瓦利斯觉得，歌德在这一点上表现得太露骨了。与歌德的作品不同，诺瓦利斯简洁的叙事，点缀着带有抒情意味的传说和精雕细琢的歌谣，用文学的形式巧妙展现出了约翰·戈特利布·费希特式的神秘主义，后者给浪漫主义思潮带来了巨大的影响。诺瓦利斯用这种神秘主义表达了这样的思想：诗歌即是"诸神的语言"。亨利苦心寻求的蓝花这一象征，后来变成了整个德国浪漫派的标志，象征着对不可得之物的渴求。**LB**

拉摩的侄儿
Le Neveu de Rameau

德尼·狄德罗（Denis Diderot）

作者生平：1713年生于法国，1784年卒
首次出版：1805年，Goeschen（莱比锡）
创作年代：1761—1784年
英译书名：Rameau's Nephew

德尼·狄德罗是法国启蒙运动中举足轻重的人物之一，他与卢梭和伏尔泰是同时代的人。在编写全世界第一部百科全书的同时，他还完成了许多作品，包括小说、哲学对话录、科学论文、美术评论和戏剧评论。狄德罗是一位富有活力和创造力的渊博之士，这一点在《拉摩的侄儿》中展现得淋漓尽致。这部作品部分是小说，部分是随笔，部分是苏格拉底式的对话录，从而拓展了小说可能性的疆界。

故事脉络分明。叙述者是一位哲学家，他在御花园散步时，遇到了著名作曲家拉摩的侄子，他们谈得颇为投入。他们所讨论的问题，是道德和对幸福的追求，而他们的主张与此截然相反。古板的哲学家赞成古希腊的理念，认为美德就等于幸福。而这位侄子——机智的犬儒和可爱的无赖汉——表明，因循守旧的道德无异于虚荣，追求财富才是社会的主导原则，重要的是别人如何看待你，而不是你的真实面貌如何。本书并非简单的道德故事。这部作品就像它那既可悲又可笑的主人公一样，是对各种保守思想和行为提出的复杂质疑。狄德罗在世时，这部作品因为争议太大而无法出版，它强烈地控诉了18世纪巴黎社会道德的伪善、理性的自负和精神的空虚。**AL**

亲合力
Die Wahlverwandtschaften

约翰·沃尔夫冈·冯·歌德
（Johann Wolfgang von Goethe）

作者生平：1749年生于德国，1832年卒
首次出版：1809年，J. F. Cotta（蒂宾根）
原著语言：德语
英译书名：Elective Affinities

"可以选择的姻缘"（译注：《亲合力》的英译书名）这一短语既精确，又不乏暧昧。它让人想起这样一种情境，其间充满了种种动情与浪漫的可能。但在歌德选择"亲合力"作为书名时，这还是一个仅仅应用在化工领域的科技术语。后来这个词才获得了如今通用的这层含义（在德语和英语中都是如此）。这在很大程度上，要归功于歌德的这部凝练而严谨的小说的感染力。

歌德的这部小说同时运用对欲望的科学配置，以及对天性的象征式表现手法，对爱情做了复杂而缜密，同时又颇为冷静的探讨。夏绿蒂和爱德华的婚姻被用来检验这样一些观念：道德、忠实和自我发展，爱情在这些观念上铭刻下了深深的印记。上尉和奥蒂莉的出现，给这场婚姻带来了干扰和挑战，这时两人的婚姻状态呈现出一种恬静的色彩，显得既纯朴，又虚幻。借由夏绿蒂与上尉温婉含蓄的恋情，以及爱德华与奥蒂莉之间强烈的激情，这部小说停留在欲望所引发的、势不可当的混乱中。

起初，这部小说因为其观点——爱情源于化学作用——有悖道德，而遭到人们的谴责。其实，它是对人际交往所引发的复杂局面的恒久反映，说明了我们对他人的感受，让我们对爱情和欲望的体验流动不居、难以依赖。正如爱情不会被婚姻所牵绊和套牢，欲望也不会仅仅停留在一个人身上。**PMcM**

米歇尔·科尔哈斯
Michael Kohlhaas

海因里希·冯·克莱斯特（Heinrich von Kleist）

作者生平：1777年生于德国，1811年卒
部分刊载：1808年，*Phöbus*
首次发表：1810年，*Erzählungen*
作者全名：Bernd Heinrich Wilhelm von Kleist

　　海因里希·冯·克莱斯特的这则短篇故事根据真实事件写成，它讲述了一个诚实的人在蒙受冤屈之后，变成了不法之徒和杀人犯。米歇尔·科尔哈斯是个勤劳的马贩子，有一天遭到一位傲慢的地方贵族的刁难。他通过法院寻求帮助，结果却发现，那位有权有势的贵族在每一个环节都动用了自己的影响力，阻挠着他。绝望之下，他同意妻子去向国内最高的权力代表告状，但她却被行事过激的保镖们伤害，送了性命。

　　原本微不足道的事，变成了复仇的缘由。因为法律并未给予他帮助，科尔哈斯认定自己有权通过其他手段伸张正义。于是，他夷平了贵族的城堡，杀死了他的仆人。他召集起一支军队，在国内纵横驰骋，用炮火追赶那位逃窜的贵族。在马丁·路德的干预下，科尔哈斯获得赦免，并得到了这样的承诺：他会受到合法的公正裁断。但腐败与偏袒横行，科尔哈斯一案又经历了诸多曲折，让这个故事变得更加复杂。

　　获得公正对待的权利、抵制腐败的权利，这些主题直到今天仍然与我们息息相关，这让《米歇尔·科尔哈斯》变成了一部具有惊人的当下性的作品。这个故事围绕着公正与复仇展开，既写到了官方的、国家的一面，也写到了个人无助的一面。科尔哈斯最终的命运既合乎情理，又荒诞无稽，这一结局在某种程度上让读者感到非常的不快。**JC**

理智与情感
Sense and Sensibility

简·奥斯丁（Jane Austen）

作者生平：1775年生于英国，1817年卒
首次出版：1811年，T. Eggerton（伦敦）
原著语言：英语

　　就像简·奥斯丁的其他小说一样，这部小说的故事情节同样与婚姻有关：书里的主人公们最后都找到了合适的伴侣。但与这一情节梗概同样重要的是，在奥斯丁的故事中，最让人满意的不仅仅是这一点。故事中的两位主角埃莉诺和玛丽安姐妹，或许正对应了书名中的"理智"与"情感"，但是仅仅用理性和激情来概括她们所有的品性，又未免有些简单和草率。

　　作品的表层含义与其隐含的真正观点截然不同。这首先是通过语言设置来实现的，是通过精确地安排设置短语、从句和单句，以塑造人物来实现的。奥斯丁的散文确切描绘出了这样的转变过程：先是因激情而导致冲动和盲目，继之而来的似乎总是明智和理性。《理智与情感》是由原标题为《埃莉诺和玛丽安》（*Elinor and Marianne*）的书信体小说改写而成的，但作者摒弃了18世纪前辈们的书信体写法，这使得她的作品更加精到细致。她对小说名称的更改同样是有益的：读者不再是从一个视角转向另一个视角，而是停留在一个共用的架构内部，由它来传达不同的思维模式创造出来的各种含义。小说家改用一种笔调来写作，她在这样做的时候，传达出了她所创造的各种声部。**DT**

▶ 查尔斯·布洛克为《理智与情感》绘制的这幅插图，用感伤主义笔触描绘了奥斯丁的作品，以便与奥斯丁作为"优雅的简"的气质和形象相契合。

"The enjoyment of Elinor's company"
Chapter XLIX

傲慢与偏见 Pride and Prejudice

简·奥斯丁（Jane Austen）

作者生平：1775年生于英国，1817年卒
首次出版：1813年，T. Eggerton（伦敦）
原著语言：英语

《傲慢与偏见》是简·奥斯丁生前发表的四部长篇小说中的第二部。如今，奥斯丁的这部浪漫主义作品仍像当初一样，拥有众多读者，它无疑是英语文学经典中最长盛不衰的作品之一。《傲慢与偏见》敏锐机智，人物刻画出色，它讲述了贝内特一家的故事：无知的母亲、漫不经心的父亲、五个性格迥异的女儿，贝内特夫人急着把女儿们都嫁出去。故事背景是19世纪初的英国乡间，故事主要围绕着次女伊丽莎白，以及她与英俊、富有但傲慢无礼的达西先生之间躁动不安的关系展开。在两人最初见面时，伊丽莎白遭到了达西的轻慢对待，她对达西马上产生了反感，但慢慢地，达西改变了对她的看法，爱上了她。在一次糟糕的拒婚后，伊丽莎白和达西终于学会了克服各自的傲慢和偏见。

尽管这部小说曾因为缺乏时代背景而遭到批评，但书中人物的近乎与世隔绝、很少为外界所打扰的生活，却是对奥斯丁生活过的那个封闭的社交界的准确描绘。奥斯丁用准确而充满讽刺意味的笔触，描写了那个世界的傲慢与偏见。与此同时，她在作品中设置了一个构思精妙、刻画得力的人物，充当重要演员和最敏锐的观察家，读者会被她的故事牢牢吸引，希望故事最终能有一个圆满的结局。至今，奥斯丁的这部小说仍然如此受人青睐，既是因为伊丽莎白，也是因为其对男女读者的持久吸引力，这些读者喜欢情节生动、结局圆满的爱情故事。**SD**

◐ 简·奥斯丁的姐姐卡桑德拉画的这幅恰如其分的素描，是现存的唯一一幅照着奥斯丁本人形象绘制的肖像。

◑ 在1940年的电影版本中，劳伦斯·奥利弗用达西先生的傲慢对抗葛丽亚·嘉逊饰演的伊丽莎白·贝内特的偏见。

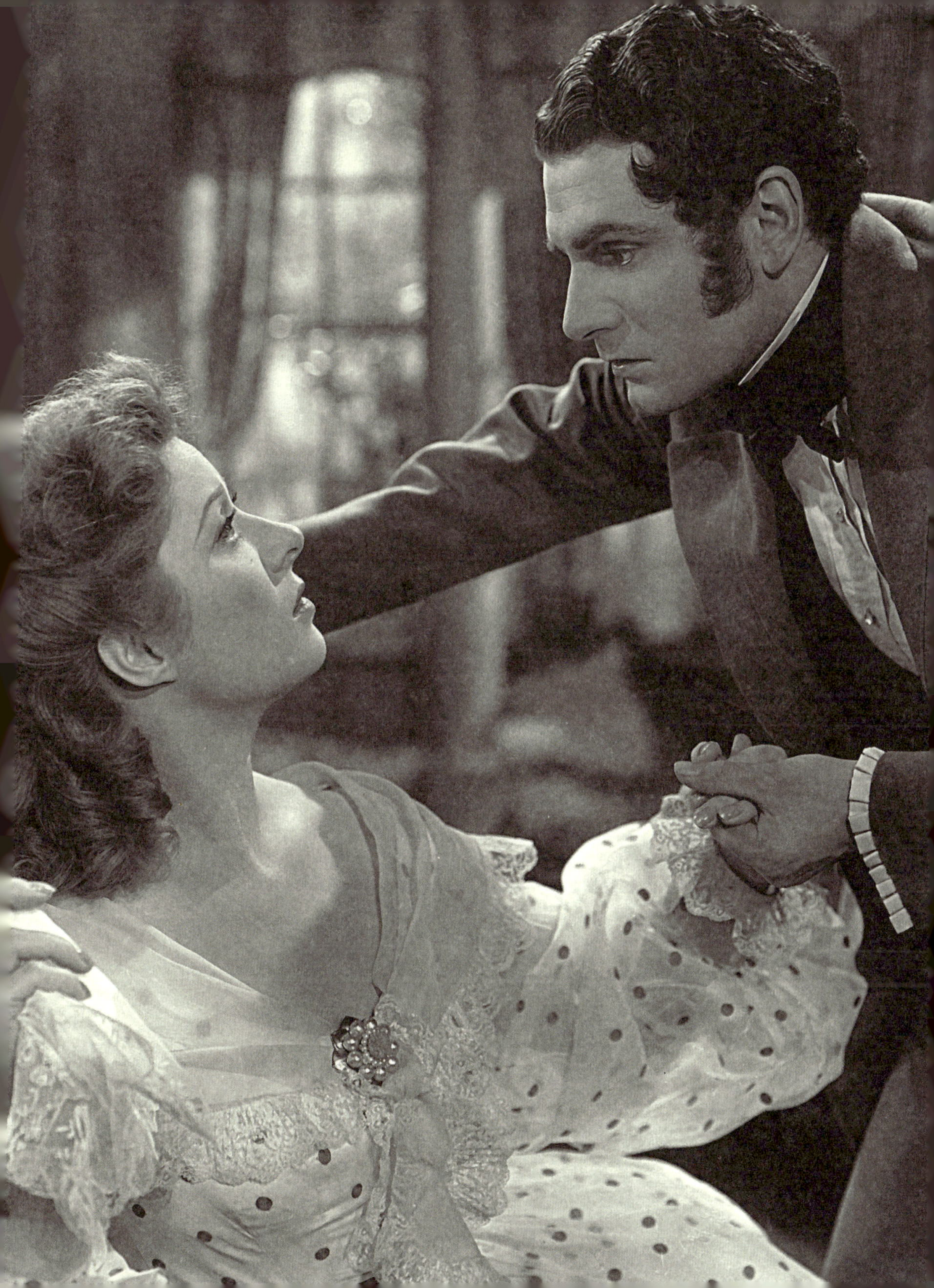

曼斯菲尔德庄园 Mansfield Park

简·奥斯丁（Jane Austen）

作者生平：1775年生于英国，1817年卒
首次出版：1814年，T. Eggerton（伦敦）
原著语言：英语

《曼斯菲尔德庄园》作为奥斯丁相对朴素的小说之一，写的仍是她的招牌式主题——婚姻、金钱和礼法。它讲述了一个似曾相识的故事：年轻姑娘范妮·普莱斯对如意郎君的寻觅。范妮生活在一个贫困的家庭里，姨妈把她从贫困的大家庭里"拯救"了出来，在托马斯·伯特伦爵士的宅邸——曼斯菲尔德庄园，将她抚养长大。作为一个局外人，范妮其实跟孤儿相差无几，她在很多方面受到纵容，也遭到利用，她在另一位姨妈——气量狭小的诺里斯夫人——那里蒙受了巨大的羞辱。她的表亲当中，除了热情、讲原则的埃德蒙之外，都是些肤浅的人，总是想方设法吸引登门造访者的注意，不检点的克劳福德兄妹就因此招来了可怕的恶果。相反，范妮刚正不阿，她的优秀品质不断展现出来，尽管有时会让读者觉得，她传统守旧的性格有些让人气恼。

奥斯丁按照其一贯作风，又一次嘲弄了闲散、富有之辈的自负自大，包括他们的双重标准、他们的自命不凡，还有他们在道德上的自以为是。此外，奥斯丁还按其创作习惯，通过几处巧妙安排的细节，暗暗道出了曼斯菲尔德庄园田园生活的阴暗面。原来，伯特伦家族的财富来自安提瓜岛的种植园，来自对奴隶们的盘剥。有趣的是，对于简·奥斯丁所关注的这些细节，我们理应给予多少关注呢？这个问题使得这部小说近年来一直处于评论界激烈争论的中心地带。**ST**

爱玛 Emma

简·奥斯丁（Jane Austen）

作者生平：1775年生于英国，1817年卒
首次出版：1816年，T. Eggerton（伦敦）
原著语言：英语

奥斯丁曾说，她出版的第四部小说会有这样一位女主人公，除了作者本人，谁也不会喜欢上她——仿佛为了证明她此言差矣，一代代读者都喜欢上了爱玛这个不无缺点的主人公。"俊俏、聪明而富有"的爱玛是个年轻女人，她惯于左右海布里村的社交圈子。这部小说的喜剧成分和阅读乐趣，就在于人们的所作所为与爱玛的期望和命令不符的时候所发生的事件。她试图撮合自己的女弟子哈里特·史密斯和两名不合适的人选，结果完全弄错了男人们的真实情意。她也没能厘清自己对奈特利先生的真实感情，险些错过大好姻缘，她那位明智的邻居自始至终都充当了爱玛的唯一一位谏言者。近年来，有些读者觉得，这部小说将男女情事与道德教诲缠绕在一起，未免渗透出可怕的家长式作风，但应该说，《爱玛》主要还是着眼于探究受到教训后的屈辱后果，而不是着眼于传达教训本身。

运用全知全能、爱讽刺挖苦的第三人称叙述，更为间接地呈现其他人物的个人观点，是奥斯丁的招牌式写法。这一形式既符合这部小说对于个体自我欲求的关注，也符合它对"彼此坦诚、相互理解"这一普遍道德教义的关注，这一形式还为日后19世纪现实主义小说的发展指明了道路。**CC**

红酋罗伯 Rob Roy

沃尔特·司各特（Walter Scott）

作者生平：1771年生于英国，1832年卒
首次出版：1817年，A. Constable & Co.（爱丁堡）
原著语言：英语

尽管书名叫"罗伯·罗伊"（中译书名《红酋罗伯》），但这部小说描写更多的，还是法兰西斯（弗兰克）·奥斯巴尔第斯顿的经历，它多过那位不法之徒、传奇般的人物"苏格兰罗宾汉"历久不衰的人生经历。但这个明显带有苏格兰风情的浪漫故事，其影响力不仅在于整合了罗伯·罗伊·麦克格雷格众说纷纭的人生经历，还在于它把苏格兰高地神化成了壮丽而蛮荒的诱人去处，使之吸引了19世纪为数众多的英国游客。这部小说以1715年拥护英王詹姆斯二世的起义为背景，这帮起义者试图恢复斯图亚特王朝1688年失去的统治权。司各特记录下了弗兰克离开家乡伦敦，前往诺林伯利亚的叔父家，之后去格拉斯哥和苏格兰高地的经历。弗兰克为了找回父亲的财产，穿过了苏格兰边境。弗兰克的北上行程让他接触到了形形色色的人物，其中就包括传奇人物罗伯·罗伊，他帮助弗兰克找回了那些财富。

《红酋罗伯》的故事情节推进，多是依靠社会和政治方面的冲突与分歧，自1707年的《联合法》颁布后，这些冲突与分歧就开始在大不列颠横行肆虐。不过在这部小说的最后，商业与诗歌、英格兰人和苏格兰人、詹姆斯二世的拥护者和汉诺威王室的拥护者、高地和低地、天主教徒和新教徒之间的种种冲突，最终成功达成了和解。DaleT

> 我亲爱的朋友，你曾劝我利用上帝赐予的暮年的一些余暇，把我青年时代的艰险经历记录下来。

▲ 埃德温·兰西尔爵士绘制的司各特肖像，暗示了一位19世纪的绅士外表之下的风流不羁。

FRANKENSTEIN
by MARY W. SHELLEY

ILLUSTRATED WITH SCENES FROM THE UNIVERSAL PHOTOPLAY PRESENTED BY CARL LAEMMLE

弗兰肯斯坦 Frankenstein; or, The Modern Prometheus

玛丽·雪莱（Mary Wollstonecraft Shelley）

作者生平：1797年生于英国，1851年卒
首次出版：1818年，Lackington et al.（伦敦）
原著语言：英语

《弗兰肯斯坦》与《德拉库拉》（见本书第222页）的相似之处，胜过其他任何一部哥特小说。两者常常被人们作为恐怖小说的早期范例提及，都为通俗文化创造出一个重要角色。时至今日，这两个形象几经歪曲，都已变得面目全非，这种歪曲主要是通过海默公司和早期的环球公司的电影来实现的。如今看来，《弗兰肯斯坦》和《德拉库拉》与经典哥特文学类型相比，更近似于科幻小说中的"科技惊悚"类。处于这个故事核心的，是这样一种理念：我们对科学的认知，是可以发展和控制的，我们甚至可以遏制自然消亡的进程。这个故事的"恐怖"核心，就在于这种欲望是不可能实现的。

这部小说的副标题"现代普罗米修斯"表明了它与希腊神话的关系，但显然，《弗兰肯斯坦》是一部既回顾过去，又面向未来的小说。瑞士科学家、哲学家弗兰肯斯坦受神秘哲学的启发，要造出像人一样的生灵来，并赋予它生命。在现代众多的骇人之事中，起死回生的想法是其中最恐怖的一类——为实现这一结果，而尝试违反混沌的自然秩序，这在现代社会，已经成了理所应当的事，从人们营造不合乎自然规律的环境，到企图推迟死亡和衰老的不断尝试，莫不如此。而在种种科技发展还只能凭空想象时，《弗兰肯斯坦》便已传达出这样一种忧虑。而它如今仍然以各种各样的方式，充当着它探究并预见到的文化中不可回避的组成部分。单单因为这一点，人们也必须阅读并重新看待这部作品。流畅的行文、奇谲的形象和超现实的想象，使这部作品今后仍将受到人们的喜爱。**SF**

堕落天使变成了恶魔。

▲ 激进的女权主义者玛丽·沃尔斯通克拉夫特之女、《弗兰肯斯坦》的作者玛丽，在1816年嫁给了诗人雪莱。

◀ 弗兰肯斯坦在大众想象中占据主导地位的形象，源于詹姆斯·惠尔1931年拍摄的电影。

艾凡赫
Ivanhoe; or, The Jew and his Daughter

沃尔特·司各特（Walter Scott）

作者生平：1771年生于英国，1832年卒
首次出版：1820年，A. Constable & Co.（爱丁堡）
原著语言：英语

　　沃尔特·司各特的这部历史小说，详细讲述了12世纪狮心王理查统治时期，被征服的撒克逊人及诺曼人和法国霸主之间，在政治和文化方面的敌视。艾凡赫的威尔弗雷德是一位勇敢的撒克逊骑士，他从十字军东征的战场归来，辅佐国王理查从篡位的兄弟约翰亲王手中夺回王位。在努力实现这一目标的过程中，众多人物——既有历史人物，也有虚构的人物——纷纷相助，发挥了重要作用，就连鼎鼎大名的大盗罗宾汉这个虚构人物都露了一面。推动故事情节向前发展的，是以下三大冲突：在阿什比举行的比武大会、托奎尔斯通城堡遭围，以及从圣殿骑士的所在地圣殿会堂解救女主人公丽贝卡。每一场冲突都伴随着浴血奋战。其他时候占据主要篇幅的，则是哥特式传奇故事中的一些要素。尽管司各特热衷于骑士的冒险和纯粹的活力，但他对战争也作了委婉的批评。

　　《艾凡赫》以中世纪的英国为中心，它标志着司各特早期的威弗利系列小说中的苏格兰题材将会有所变化。作为对旧世界政治、骑士、爱情活动持久不衰的考察，这部小说不但激活了众多后世作家和读者对中世纪历史的印象，还为历史小说这一类型的出现开辟了道路。历史小说已经成为人们最常用来表达中世纪历史印象的文学形式。**DaleT**

流浪者梅尔默斯
Melmoth the Wanderer

查尔斯·罗伯特·马图林（Charles Robert Maturin）

作者生平：1782年生于爱尔兰，1824年卒
首次出版：1820年，A. Constable & Co.（伦敦）
原著语言：英语

　　《流浪者梅尔默斯》在文学史上占有奇特的承前启后的地位。作为英国最后一部经典哥特式小说的代表作品，《流浪者梅尔默斯》可谓姗姗来迟。它带有哥特式小说的许多重要特征：荒僻偏远或外国的地理位置、一连串奇怪的故事、欧洲新教徒面临的错综复杂的圈套和危险的诱惑。有关身份的问题从一开始就占据了显眼的位置，我们认识了约翰·梅尔默斯，一个年纪轻轻的学生，继承了伯父的遗产。他继承的房产中有一份手稿，与一位祖先的故事有关，这位祖先也叫约翰·梅尔默斯，后者构成了这部小说的主导线索。我们发现，他曾用自己的灵魂换来了恶魔般的永生，但他如今利用这段时间，试着寻找一个替身，来背负自己的负担，让自己从这种无尽的惩罚中解脱出来。

　　对现代读者而言，《流浪者梅尔默斯》的吸引力并不在于让我们始终全神贯注于情节所带来的惊愕和紧张，而在于它反映出了诱惑和痛苦的性质。恶魔般的梅尔默斯总是失败，他的受害者们注定承受人生的苦难。它把人的心灵同时描绘成了征服者和被征服的对象。正因如此，尽管马图林很快就被同时代的人所遗忘，但他为爱伦·坡、王尔德和波德莱尔等在晦暗中摸索前行的人树立了榜样。只有明白了这一点，我们才会承认马图林给文学史带来的巨大贡献。**DT**

雄猫穆尔的生活观暨乐队指挥克赖斯勒的传记片段
Lebens-Ansichten des Katers Murr nebst fragmentarischer Biographie des Kapellmeisters Johannes Kreisler in zufälligen Makulaturblättern

E.T.A.霍夫曼（E.T.A. Hoffmann）

作者生平：1776年生于德国，1822年卒
作者全名：Ernest Theodor Amadeus Hoffman
首次出版：1820—1822年
英译书名：The Life and Opinions of the Tomcat Murr

　　E.T.A.霍夫曼的这部奇异小说，由自学成才的猫的"生平和见解"组成，其间附带点缀着"在杂乱无章的废纸上写下的乐队指挥约翰内斯·克赖斯勒的传记片段"。读者从中领略到的，是19世纪德国平凡的世俗生活的奇妙旅程。雄猫穆尔交游广阔，与忧愁的作曲家克赖斯勒截然相反。雄猫穆尔是以霍夫曼本人心爱的虎斑猫为原型创作的，它流露出的自信和兼容并包，让其显得像是文艺复兴时代的人物。而霍夫曼的化身克赖斯勒，是一个浪漫而敏感的人物，极端的情感体验常常令他备受折磨。

　　霍夫曼所写的这个迷人的故事，包含了灵异、歌剧、精神病学等诸多内容。寓居其间的人物往往跨越了疯狂与理智的界限，作品的风格也反映出了这种不确定性。甚至有人指出，霍夫曼的作品为魔幻现实主义奠定了基础。其作品秉承了拉伯雷、塞万提斯和斯特恩的文学传统，后来又影响了果戈理、陀思妥耶夫斯基、卡夫卡、克尔恺郭尔和荣格等各色人等，其写作在很多方面预示了弗洛伊德有关诡异的思想。这是一部极富创造力、非比寻常的作品，读者会感到鼓舞和挫败轮番而来。**JW**

我的心跳得厉害，我怀着诚惶诚恐的心情，给世界写下了几页关于生活、痛苦、希望和憧憬的文字。这是在我惬意的闲暇时刻和创作热情来临时，从我内心深处涌现出来的东西。

▲ 霍夫曼既是作曲家，又是作家。他以自己富有情调的肖像来呈现《雄猫穆尔的生活观暨乐队指挥克赖斯勒的传记片段》中的人类主人公克赖斯勒。

罪人忏悔录
The Private Memoirs and Confessions of a Justified Sinner

詹姆斯·霍格（James Hogg）

作者生平：1770年生于英国，1835年卒
首次出版：1824年，Longman et al.（伦敦）
原著语言：英语

詹姆斯·霍格生于苏格兰低地的贫困人家，自学读书写字之前，他靠牧羊维持生计。他巧妙运用自己之前积累的工作经验，写了一本探讨羊病的书，后来开始用"埃特里克牧人"的名义作诗，接下来写出了他最负盛名的作品《罪人忏悔录》。

霍格把这个灵异惊悚故事说成是实有其事的故事。这部小说佯称是对乔治和罗伯特这对兄弟生平的历史记录，叙述者是本书的编者，其中还夹杂着罗伯特的自白手稿。这部小说描述了一连串的替身和重合。事发几百年后的编者的叙述，与罪人书中满心忏悔的诚笃之意形成了鲜明的对比。这种文体风格存在差异的视角，赋予了这本书双重结构，揭示出杀人犯在公开和私下场合的两面性，他把自己说成是一名"清白的罪人"。

这篇忏悔录滥用了加尔文派的宿命论教义——如果你生来就是被上帝选中的人，那你做什么都不会错。它对没有节制的糊涂盲信进行了揭发，霍格也借此对宗教狂热进行了讽刺。这本书通篇就极端主义与更为健康、得体、人道的常识进行了对比，这一点在下等阶层对"上等人"的反抗中体现得格外明显。罗伯特被一个可以变幻外形的陌生人所纠缠，此人要么是魔鬼的化身，要么是受到了剧烈的精神创伤。这部小说既是哥特式喜剧、宗教恐怖故事、神秘惊悚小说，又是心理分析作品，既骇人又绝妙。**DM**

▲ 詹姆斯·霍格原本是个贫穷的牧羊人，他自学成才，作为诗人和随笔作家，赢得了贵人的庇护。

一个无用人的生涯
Aus dem Leben eines Taugenichts

约瑟夫·冯·艾兴多夫（Joseph von Eichendorff）

作者生平：1788年生于波兰，1857年卒
首次出版：1826年，Vereinsbuchhandlung
首章发表：1823年
英译书名：*The Life of a Good-for-Nothing*

一个年轻人躺在草地上遐想着。他那怒气冲冲的父亲，在辛苦了一天之后稍事休息时，让"没用的"儿子起来做点什么。就这样，我们这位年轻的主人公拿起小提琴，唱着歌步入了广阔的世界。这部令人愉快的流浪汉题材中篇小说《一个无用人的生涯》，就这样拉开了序幕，作者是19世纪德国浪漫派作家约瑟夫·冯·艾兴多夫。艾兴多夫所写的抒情诗名气更大一些，他是浪漫派晚期的领军人物，凭借这篇尽管篇幅不长但充满活力的成长故事，他在德国文学传统中确立了自己的重要地位。

两名贵妇人路遇年轻的主人公，把他带到了她们的城堡，他在那里做园丁。后来，周围的人喜欢上了他的古怪行径，让他做起了税务员。他爱上了一名贵妇，但当他看到她跟另一个男人在一起时，他拾起小提琴，再一次无视社会传统，又踏上了漫游的道路，回到了听凭运气摆布的冒险生活。机缘将他从贵妇人的城堡带到了意大利和布拉格，他的运气时好时坏，奇遇不断。最后，这条道路引导着他回到了城堡，回到了真爱的怀抱。

罗伯特·舒曼和菲利克斯·门德尔松等杰出作曲家曾为艾兴多夫的诗歌谱曲。在这部中篇小说里，他写的是热情奔放的散文。这样的文字除了在最优美的诗里，人们很少能够见到。他笔下的主人公——理想化的"浪漫主义者"——是最让人由衷欣赏的人物，异想天开的故事情节既令人着迷，又给人以耳目一新之感。**OR**

▲ 艾兴多夫过的是双重生活，他既是普鲁士的一名政府官员，又写浪漫派的抒情诗和散文。

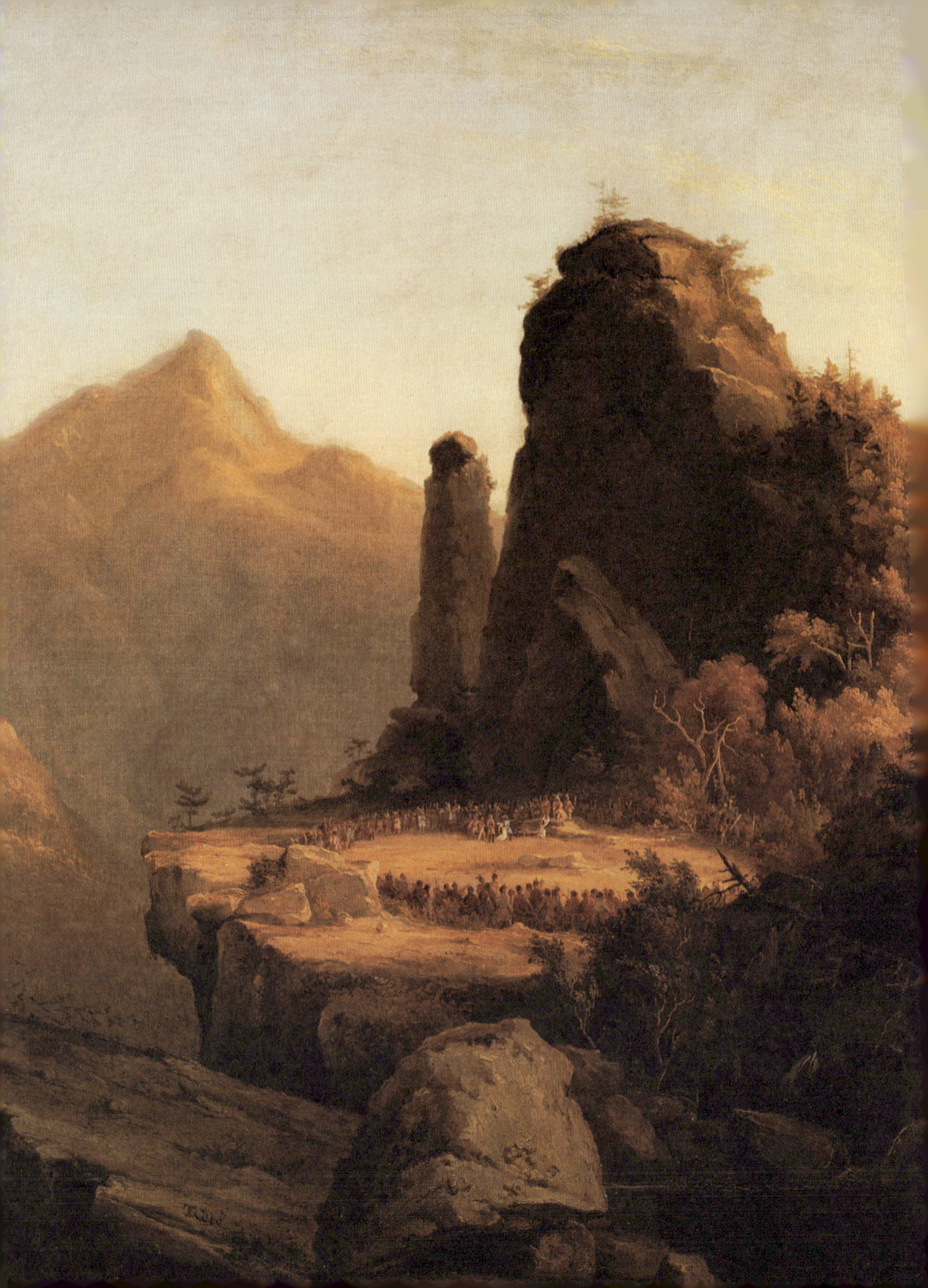

最后的莫西干人 Last of the Mohicans

詹姆斯·费尼莫尔·库柏
（James Fenimore Cooper）

作者生平：1789年生于美国，1851年卒
首次出版：1826年，J. Miller（伦敦）
原著语言：英语
完整书名：The Last of the Mohicans, a Narrative of 1757

《最后的莫西干人》以殖民地时期法国和印第安人之战的威廉·亨利堡大屠杀为背景。美国首位蜚声国际的小说家库柏，围绕这场"真实"事件，构筑出一个引人入胜的蛮荒地带的传奇故事。他在很大程度上运用叙述美洲原住民被俘虏这一美国文学类型，为美国通俗小说，尤其是西部小说，树立了样板。

我们在《拓荒者》（The Pioneers，1823）一书中结识边境居民纳蒂·邦波时，他已经是个老人了。而在本书里，他出场时还是中年人，绰号"鹰眼"。他给英国人充当探马，陪伴他的是两名特拉华州原住民——钦加哥和他的儿子昂卡斯。邦波和朋友们与英军上校的女儿科拉和艾丽斯·孟罗相遇之后，在小说的剩余篇幅里，将她们从囚禁中营救出来，护送她们前往安全地带，还在莽原中追寻她们的踪迹。

库柏的观念带有种族歧视色彩，未免失之守旧。尽管在这部小说中，昂卡斯和富有教养的科拉（她母亲是黑人）之间超越种族隔阂，建立了恋情的可能性，但这一美好前景最终并未实现。库柏为蛮荒地带和居住在此的美洲原住民惨遭毁灭而悲叹，但他把一切都写成是为了进步而必须付出的代价，这是美国19世纪的典型意识形态。**RH**

约婚夫妇 I Promessi Sposi

亚历山德罗·曼佐尼（Alessandro Manzoni）

作者生平：1785年生于意大利，1873年卒
首次出版：1827年，Pomba; Trameter; Manini
原著语言：意大利语
英译书名：The Betrothed

《约婚夫妇》是用佛罗伦萨方言写成的，是亚历山德罗·曼佐尼为树立标准意大利语的权威样板，使这种语言成为该国政治和文化统一的先决条件而努力的成果。这部小说以17世纪西班牙占领下的亚平宁半岛为背景，佯称是作者在一份真实手稿的基础上，用完美的巴洛克风格再创作而成。曼佐尼试图用历史来类比自己所处的时代——当时意大利正处于奥地利的统治之下。

在伦巴第的一个安宁的小村庄里，两名地位卑微的农民正在筹备他们的婚礼，作者向我们引介了众多人物，他们计划促成或阻止两人的结合。形形色色的人物令人印象深刻：有的无权无势，有的有权有势，有的平凡，有的高贵，有的虔诚，有的世俗。《约婚夫妇》从新浪漫派文化中汲取了灵感，披露了人们对各种权力的滥用。牧师运用自己掌握的拉丁文欺骗教民，父亲用自己的权威逼迫女儿进修道院，骗子们诱拐了一名在修道院避难的单纯姑娘。但最严重的，要数麻木不仁的外国政府对本国人民残酷无情的压迫和搪塞。尽管如此，这部小说所传达的意义仍是积极的。人们克服困难的信念以及他们实现目标的决心让这个故事有了圆满的结局，这对未婚夫妇也终成眷属。**RPi**

◀ 美国风景画家托马斯·柯尔描绘出了《最后的莫西干人》中的这一幕：科拉跪在塔尼蒙德脚下。

红与黑 Le Rouge et le Noir

司汤达（Stendhal）

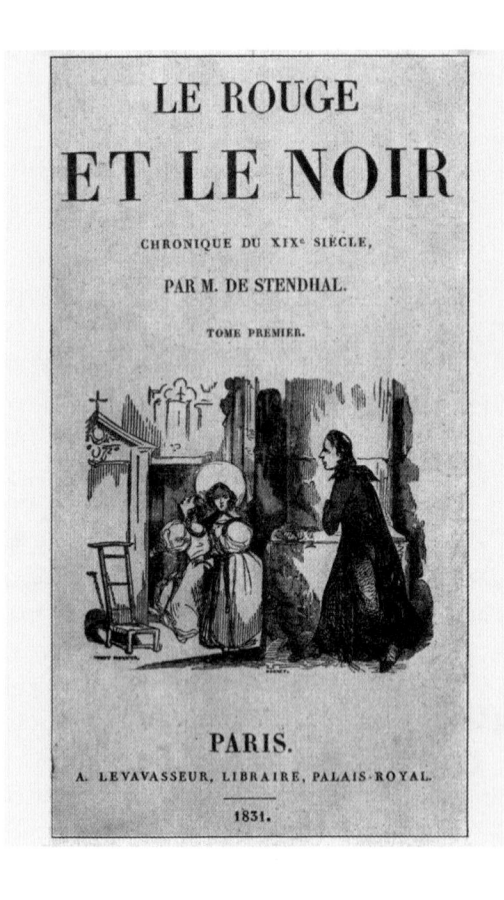

作者生平：1783年生于法国，1842年卒
首次出版：1831年，Hilsum（巴黎）
原著语言：法语
英译书名：*The Red and the Black*

《红与黑》以19世纪30年代的法国为背景，记录了于连·索雷尔用不正当手段攫取权力，随后倒台的经历。于连是个木匠的儿子，他原本打算加入神职人员的行列，以此实现他那有如拿破仑般的野心。尽管在培养期内有些私通行为，于连还是成功地当上了一名牧师。他积极接受了德·拉莫尔侯爵的邀请，成为侯爵的私人秘书。就连于连与侯爵的女儿马蒂尔德的私情，都是于连为了与之正式成亲、借以飞黄腾达的手段。但还没等于连享受到贵族生活，侯爵就从德·瑞那夫人（于连在接受神职人员培训时的又一个征服对象）那儿收到一封信，这封信揭穿了于连行骗的真实面目。与马蒂尔德成亲无望的于连，迫切地想要报复。

有时人们觉得，《红与黑》的情节未免过于夸张，不符合现代文学的品位，但这部作品对于小说这种艺术形式的发展而言，弥足珍贵。一方面，这个故事在很大程度上是用浪漫派传统手法讲述的。于连在实现自己的野心的时候，或许肆无忌惮，违背了道德，但在琐碎、压抑的中产阶级法国社会这一背景下，他的活力和十足的胆略常常让读者情不自禁地站在他那一边。这部小说广为流传，靠的正是司汤达的叙事风格。这部小说大部分的内容，是从每个人物的内心视角讲述的，其令人信服的心理现实主义让埃米尔·左拉宣称，这是第一部真正的"现代"小说。正因如此，再加上《红与黑》还是个热闹的好故事，所以它理应在每位读者的书架上占据一席之地。**VA**

◣ 司汤达的《红与黑》第一版扉页上写有副书名："19世纪的编年史"。

◣ 同侪作家阿尔弗雷德·德·缪塞绘制了这幅动人的素描，记录了司汤达在蓬圣埃斯普里的一家酒馆跳舞的样子。

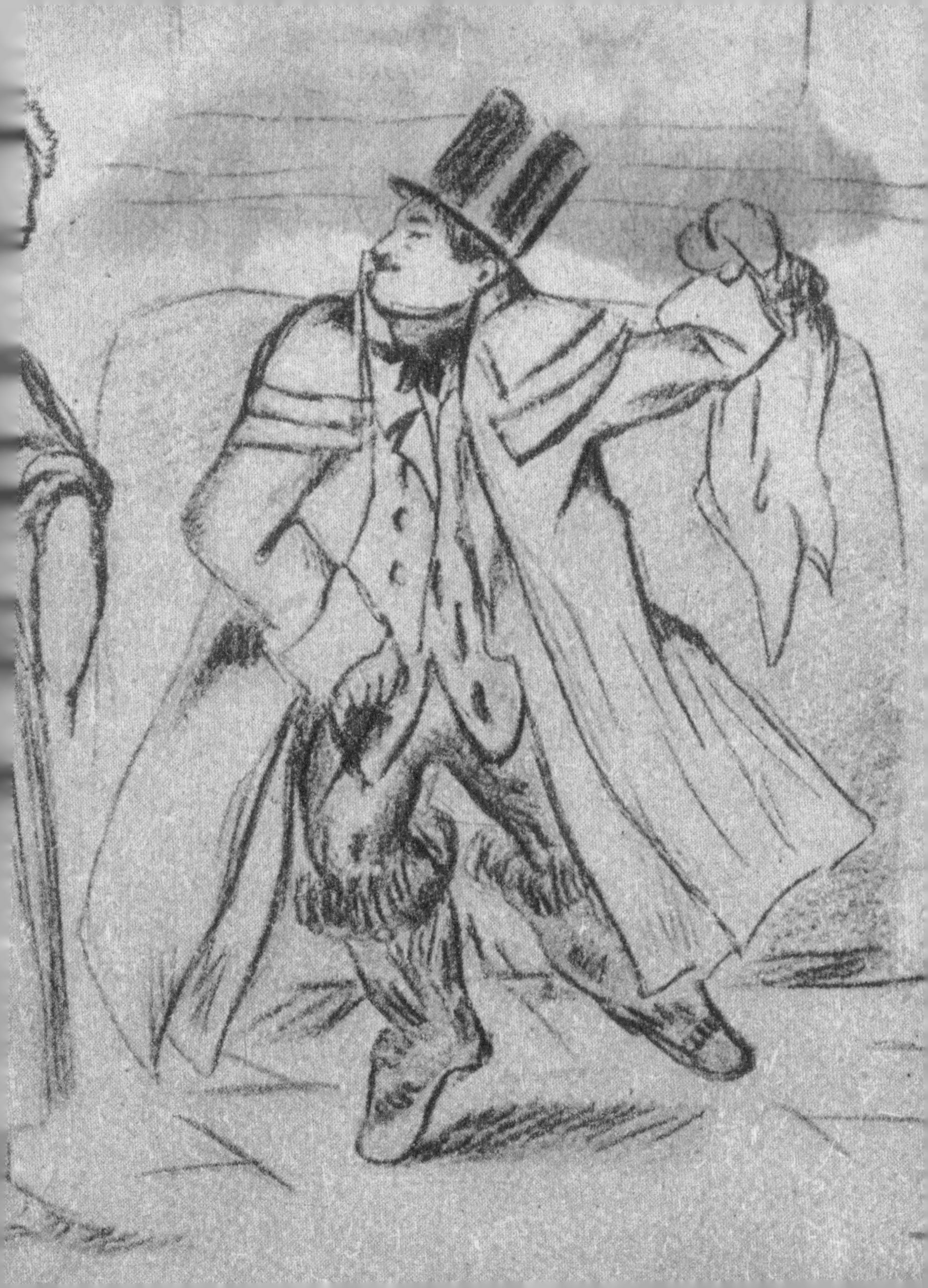

巴黎圣母院 Notre-Dame de Paris

维克多·雨果（Victor Hugo）

作者生平：1802年生于法国，1885年卒
首次出版：1831年，Flammarion（巴黎）
原著语言：法语
英译书名：The Hunchback of Notre Dame

猫头鹰不进云雀的巢。

- 维克多·雨果显然是法国浪漫派中最多产、最多才多艺的作家，其诗和文的数量都远胜旁人。
- 与雨果同时代的尼古拉斯·莫兰绘制的插图中，充满厌恶的爱丝米拉达给怪模怪样的驼背卡西莫多喂水的情景。

维克多·雨果的《巴黎圣母院》是一部历史小说，它继承了司各特的《艾凡赫》（见本书第94页）的传统。它绘出了15世纪巴黎生活的生动画卷：这座城市充斥着华丽的庆典、奇异的狂欢、暴徒造反和斩首示众，所有这一切都发生在圣母院周围。雨果用两章的篇幅来描写这座哥特式教堂，带领读者领略了圣母院的精髓。他从石质教堂令人目眩的高处，向读者呈现出他心目中的巴黎胜景。镌刻在一面石墙上的"anankhe"（命运）一词，揭示出推动哥特式情节向前发展的是什么样的力量。

卡西莫多刚一出生，就被母亲抛弃在圣母院的台阶上，他的命运从那一刻起就注定了。卡西莫多被副主教克洛德·弗罗洛收养，做起了钟楼的敲钟人，不让爱窥探的巴黎人看到自己丑陋、驼背的样子。弗罗洛对美丽的吉卜赛姑娘爱丝米拉达心怀欲望，爱丝米拉达就在教堂下面的广场上跳舞，这股无从实现的欲望折磨着弗罗洛。他说服卡西莫多去劫持她，但这一企图由于皇家侍卫队队长菲比斯的干预，化作了泡影，菲比斯也爱上了爱丝米拉达。卡西莫多因为这一罪行被关押了起来，抓他的人对他实施了虐待和侮辱。在一顿残忍的鞭笞之后，爱丝米拉达来照料他，给他水喝。从那一刻起，卡西莫多毫无希望地爱上了她。这三个男人为她的魅力所倾倒，随后上演了爱与欺骗的戏码。被爱冲昏了头脑的弗罗洛暗中监视着菲比斯和爱丝米拉达，在妒火攻心的盛怒之下，他用刀刺死了菲比斯。爱丝米拉达被逮捕并被判处死刑，尽管卡西莫多勇敢地从中搭救，后来她还是被绞死了。在看到爱丝米拉达了无生气的尸身悬吊在绞架上时，卡西莫多喊道："那是我所爱的一切。"从爱中获得救赎这一普世的主题，扣动着人们的心弦。**KL**

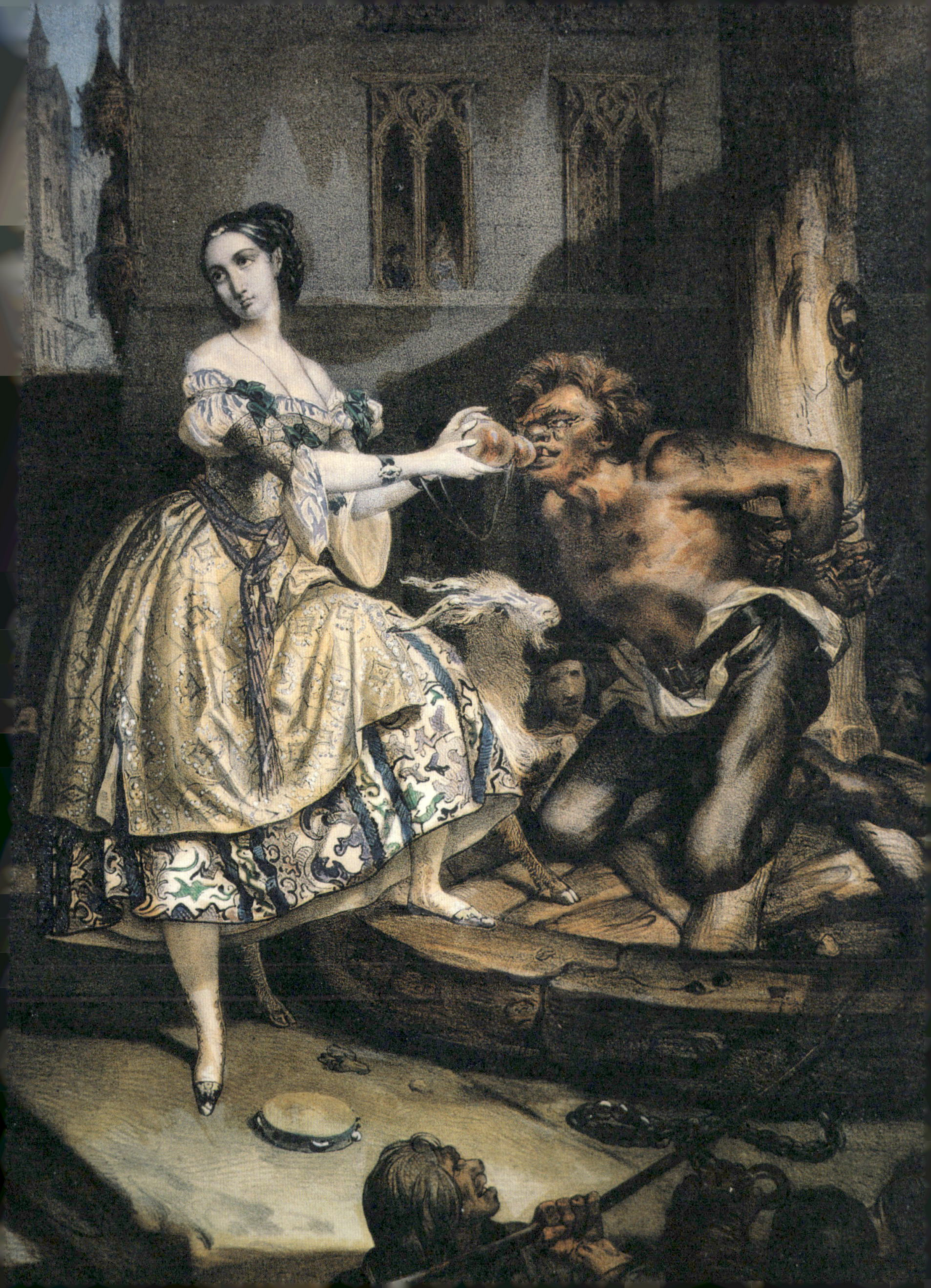

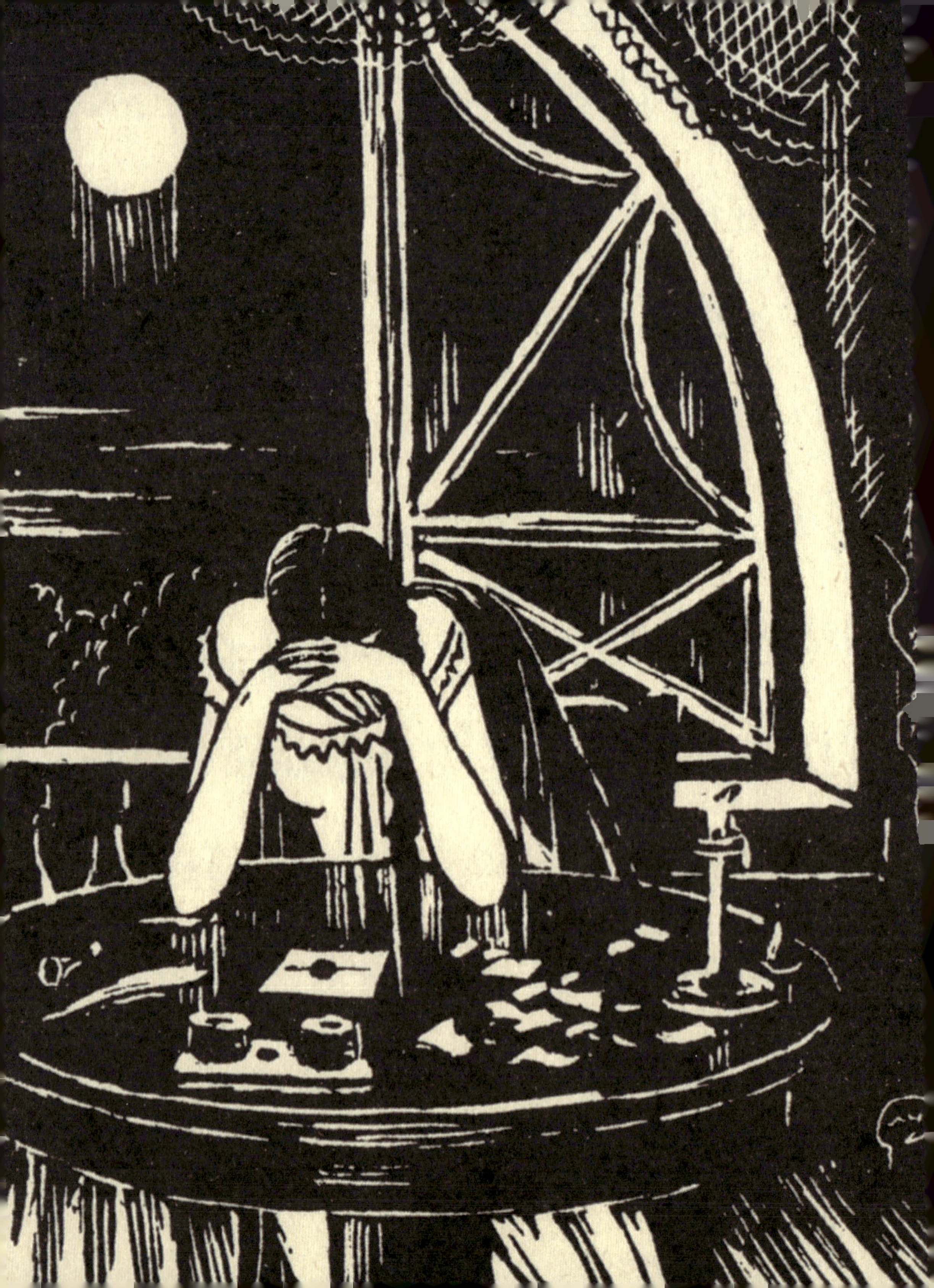

叶甫盖尼·奥涅金 Евгеній Онѣгинъ

亚历山大·普希金（Алекса́ндр Серге́евич Пу́шкин）

亚历山大·普希金的这部诗体小说被高尔基形容为"一切开端的开端"，用果戈理的话来说，其作者是"俄罗斯精神最非同凡响的化身"。这部作品在俄国文学经典中占据着至关重要的位置。这部小说讲述的是冷酷的、久经世故的叶甫盖尼·奥涅金的故事，他对单纯的外省姑娘塔齐亚娜的爱情不屑一顾，等他动了慈悲之心，却为时晚矣。他还挑起决斗，在决斗中杀死了自己的朋友。

这部小说获得成功的原因何在？人们对此各执一词。据弗拉基米尔·纳博科夫说，成功之处在于它的语言，"俄国以前从未有过这样的诗歌韵律"。倘若纳博科夫所言不差，无法阅读俄语原文的人，会很难凭直觉欣赏《叶甫盖尼·奥涅金》富有开创性的重大价值。而如果没有这种直觉性的欣赏，对俄语文学文化的理解将会失去一项重要的衡量标准。然而即使是在译文中，普希金通过讽刺和玩笑实现其严肃用意的方式，同样令人印象深刻。叙事传统被颠覆了，其文学企图在一系列令人愉悦的枝节内容、杜撰成分和笑话中得到了反映。正因为这种丰富性（而非与之无关），才让这个故事获得了意义的深度，而鉴于故事情节——被蔑视的爱情和被牺牲的友情——颇为简单明了，这种意义的深度并不容易解释。

普希金笔触轻盈，既十分滑稽，又颇为严肃，他把令人称奇、如同走钢丝艺人般灵巧的语言运用，融入严苛的诗歌形式（十四行的所谓"奥涅金诗节"）当中。哪怕你不打算采纳纳博科夫的建议——在阅读这部小说之前先学会俄语，那么多读几种译本也是值得的，最好是搭配纳博科夫所作的细致评注一起读。**DG**

作者生平：1799年生于俄国，1837年卒
首次出版：1833年（俄国）
创作与连载：1823—1831年
英译书名：*Eugene Onegin*

> 对我们来说，能让我们升华的错觉，要比一万个真理更加可贵。

▲ 瓦西里·特罗皮宁1827年绘制的普希金像——这位天才作家注定会在三十七岁时的一场决斗中死去。

◀ 1879年，柴可夫斯基根据普希金的这则故事创作出了一部歌剧，这幅插图是根据歌剧版绘制的，画中塔齐亚娜正在写信示爱。

欧也妮·葛朗台 Eugénie Grandet

奥诺雷·德·巴尔扎克（Honoré de Balzac）

作者生平：1799年生于法国，1850年卒
首次出版：1834年，Charles-Béchet（巴黎）
原著语言：法语

像沃尔特·司各特一样，奥诺雷·德·巴尔扎克写小说的部分理由，是为了清偿债务和清除欠债之苦——资本积累与随之而来的道德败坏，贯穿了《欧也妮·葛朗台》的始终，这部作品后来被收入巴尔扎克的鸿篇巨制《人间喜剧》。除了对贪婪和乡下人精神狭隘的有力道德批判，这部小说还将刻画得真实可信的人物性格和对法国社会深刻变革的社会学家式的把握结合在了一起。欧也妮的父亲被刻画为一个专横的守财奴，这一现实主义的形象表明，贪婪的敛财方式不仅是一项个人"罪行"，更是对19世纪资本主义的资本积累这一世俗虚无主义的反映。

故事情节中有古典主义的简朴和因果循环，从中铺陈出资产阶级悲剧。叙述者说，这出悲剧要比希腊悲剧中阿特柔斯一家的遭遇还要悲惨。欧也妮的父亲对金钱的执迷，限制了她的生活阅历，最终毁掉了这一家人。这部小说揭示了欧也妮遭受的全部伤害，不过她通过慷慨的善举，赢得了一些道德的尊严。巴尔扎克凭借其对世俗周期的把握（这种把握预示了普鲁斯特的出现），将个人行为和世代循环这两大批判框架作了戏剧化的呈现。喜剧化的突降法（译注：指从庄严崇高突然转至平庸卑琐的修辞手法）淡化了苛刻的社会现实主义。巴尔扎克从他那位几乎称得上全知全能的叙述人那里，榨取了令人惊讶的乐趣。这部作品是阅读这位伟大的现实主义作家作品的理想入门读物。**DM**

偏狭的心灵既可以通过行善，也可以通过为恶来得到发展；它们通过霸道地善待或恶待他人，来确保自己的力量。

🔺 这幅朱尔·勒鲁绘制的插图，出自这部小说1911年的版本，它描绘了拿侬和一名男仆扛着小桶的情景。

高老头 Le Père Goriot

奥诺雷·德·巴尔扎克（Honoré de Balzac）

作者生平：1799年生于法国，1850年卒
首次出版：1834—1835年，Werdet（巴黎）
原著语言：法语

  这是富商高里奥的故事，他把财富留给了两个忘恩负义的女儿。他只身一人住在寒酸的寄宿公寓里，好继续将寥寥无几的钱财交给贪得无厌的孩子，他还善待一名雄心勃勃的年轻人拉斯蒂涅，后者用他们的交情来实现自己的社会抱负。两个女儿依靠阴谋、背叛，乃至谋杀发迹，跻身上层社会。此时，各种恶人的登场确保了故事情节的峰回路转，让故事变得越发生动。不过从根本上来说，高里奥对其女儿给予的得不到回报的爱才是悲剧的核心，巴尔扎克围绕着这一核心，描述了更为普遍的社会病态。

  《高老头》是构成巴尔扎克的鸿篇巨制《人间喜剧》的作品之一，就其本质而言，它是把莎士比亚的《李尔王》移植到了19世纪20年代的巴黎。对于高里奥对家人无私的关爱，这部小说用多种方式进行了探讨：维系社会大厦的何以不再是亲情的纽带和社会的理想，而是以咄咄逼人的利己主义和贪欲作为基础的、堕落的伪精英。

  尽管有些读者可能会对过于曲折的情节结构感到不耐烦，但正是巴尔扎克对于细节的观察，以及他在心理现实主义方面的才能，令人至今赞赏不已。巴尔扎克那宽广的艺术视野将他牢牢地定位在19世纪的传统当中，他的叙事技巧和他对人物性格的关注，使他如今依然是现代小说家中一位至关重要的人物。**VA**

鼻子 Hoc

尼古拉·果戈理（Николай Гоголь）

作者生平：1809年生于俄国，1852年卒
首次出版：1836年（俄国）
原著语言：俄语
英译书名：The Nose

  《鼻子》是尼古拉·果戈理最负盛名、很可能也是最荒诞的短篇小说之一。就这种意义而言，它可以算是一种文学传统的先驱，这种文学传统会在一个世纪之后发扬光大。它不仅仅局限在俄国，而是传遍整个欧洲。肖斯塔科维奇还根据这则短篇小说改编出了一部富有创意的、妙趣横生的同名歌剧。

  柯瓦廖夫是个自命不凡的低等文官，他对自己在官僚集团中的地位同样自负。令人担忧的是，一天早上他醒来后，发现自己的鼻子不见了。在去有关单位挂失的路上，他惊讶地看到，自己的鼻子穿着比自己高好几个级别的文官制服。他试着跟到处游荡的鼻子说话，却因为官衔不够而遭到拒绝。他想在报纸上刊登一篇告示，请人帮忙捉住他的鼻子，却未能如愿。后来，警方将他的鼻子带了回来，医生又说没法再把鼻子安上去了。过了一段时间，因为某种莫名其妙的缘由，柯瓦廖夫醒来后，发现鼻子神秘地回到了原位。整个故事包含大量的细节，结尾处逐一列举了这个不可思议的故事的种种离奇之处。更有甚者，果戈理还愤然宣称，最离奇的是"作家们是怎么选中这些题材的"。读者也许会纳闷，果戈理为什么要写这篇《鼻子》，但他们不会为此感到遗憾。**DG**

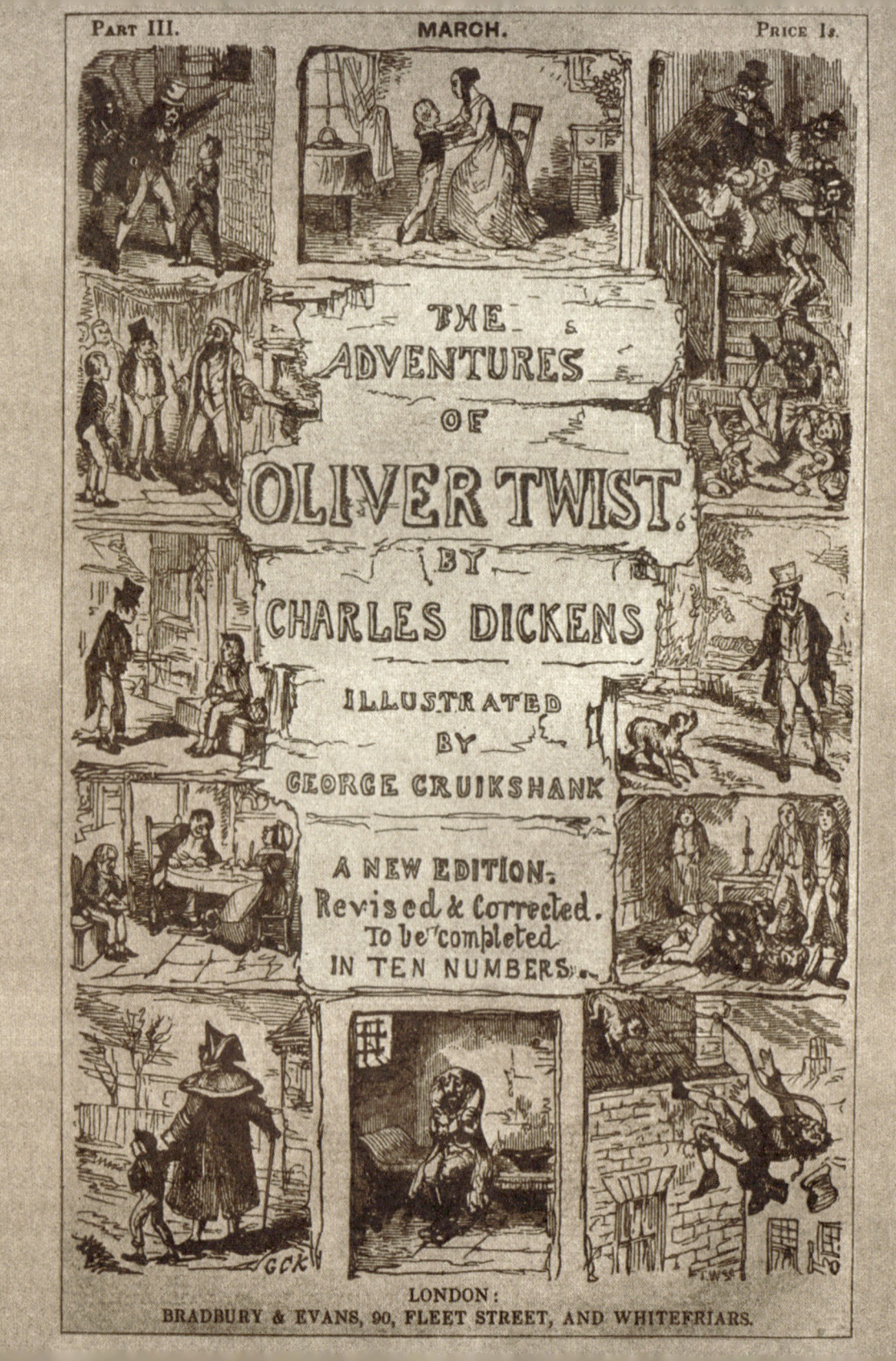

Part III. MARCH. Price 1s.

THE ADVENTURES OF OLIVER TWIST.

BY CHARLES DICKENS

ILLUSTRATED BY GEORGE CRUIKSHANK

A NEW EDITION.
Revised & Corrected.
To be completed
IN TEN NUMBERS.

LONDON:
BRADBURY & EVANS, 90, FLEET STREET, AND WHITEFRIARS.

雾都孤儿 The Adventures of Oliver Twist; or, The Parish Boy's Progress

查尔斯·狄更斯（Charles Dickens）

《雾都孤儿》是由狄更斯的一部"泥雾"类小品文脱胎而成的，这些小品文原本是为《本特利杂志》的头几期撰写的系列文章。前两个月写的是奥利弗在济贫院的出生和养育情况，这为人们对1834年《新济贫法》的多次激烈抨击提供了口实。《雾都孤儿》既是流浪汉题材的故事、情节剧，也是童话般的传奇：原来这个弃儿有着贵族出身。这也是最早以儿童为主人公的小说之一，但与狄更斯后来塑造的儿童相比，奥利弗既天真，又出淤泥而不染。奥利弗奇特的单纯对于狄更斯的多重用意而言，是至关重要的。它使得奥利弗自始至终都是济贫院内制度化暴力的被动受害者——就连他讨要更多稀粥那著名的一幕，都不是出自他的本意，而是抓阄的结果。这种单纯使得他在沦落到费金的犯罪团伙里之后，仍然保留了内心的纯洁（与"机灵鬼"形成鲜明的对照），所以他才能被救星布朗罗先生改头换面，造就成一个中产阶级儿童。未成年扒手的邪恶贼头费金和奥利弗的半血亲兄弟蒙克斯之间的阴谋——把奥利弗变成一个罪犯——使奥利弗在囚禁和逃脱之间营造出了张力，这股张力推动着小说情节的发展，让这部小说形成了一个整体。奥利弗逃离济贫院和费金的贼窟，结果又被抓了回去，直到他最终与罗丝·梅利阿姨团聚，被布朗罗收养。这种阴郁的情节模式最终被打破，完全要归功于妓女南希的介入，是她将这两个世界连接到了一起——但代价却是她被情人比尔·赛克斯残忍杀害，这是狄更斯笔下最残忍的情景之一。**JBT**

作者生平：1812年生于英国，1870年卒
首次出版：1838年，R. Bentley（伦敦）
原著语言：英语

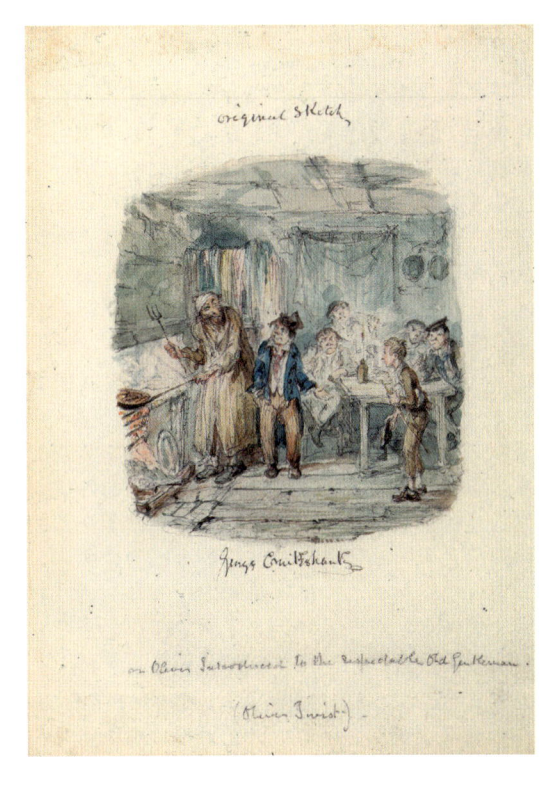

◐ 《雾都孤儿》插画师乔治·克鲁克香克塑造了费金和机灵鬼这两个令人难忘的形象。

◐ 1846年版的封面。那时，《雾都孤儿》已经在维多利亚时代的文化中心获得了不可动摇的地位。

佛兰德斯的狮子
De leeuw van Vlaanderen

亨德里克·康西安斯（Hendrik Conscience）

作者生平：1812年生于比利时，1883年卒
首次出版：1838年，L. J. de Cort（安特卫普）
原著语言：佛拉芒语
英译书名：The Lion of Flanders

    在佛兰德斯的佛拉芒语族群的现代史上，亨德里克·康西安斯是一位重要人物。如今佛兰德斯已经成为比利时的一部分。康西安斯在19世纪30年代开始其多产的写作生涯时，佛拉芒语文学还不存在。当时，统治佛兰德斯王国的是讲法语的瓦隆人，佛拉芒语只是被统治的低等民众使用的语言，康西安斯用这种语言锤炼出了一种高明的文学语言。

    《佛兰德斯的狮子》或许是康西安斯所写的上百部小说中最出色的一部，是至今仍被人们阅读的少数几部作品之一。这是一部历史传奇故事，遵循的是沃尔特·司各特爵士开创的传统。它描述的是14世纪初，佛拉芒人反抗法国统治的那段历史中的重要一刻。佛拉芒人行会中的商人和工匠们发起暴动，反对法国国王及其在佛兰德斯的支持者。当法国骑兵入侵佛兰德斯，企图恢复法王的权威时，在科特赖克（或克特雷特）一战中遭遇惨败，这是康西安斯的故事中的高潮。

    这部小说里有所有中世纪浪漫故事中不可或缺的象征性符号：有脾气暴躁或侠义心肠、身披甲胄的骑士，有讲究虚礼、多愁善感之人的顽强部下，还有一位身处险境、有待解救的美丽少女。这并不是一部精雕细琢、富有原创性的作品，但其叙事刚劲有力，其利益之争的主题适合于所有对欧洲史和民族主义怀有好奇之心的读者。**RegG**

帕尔马修道院
Le Chartreuse de Parme

司汤达（Stendhal）

作者生平：1783年生于法国，1842年卒
首次出版：1839年，Ambroise Dupont（巴黎）
原著语言：法语
英译书名：The Charterhouse of Parma

    变动是这个故事的要旨，这个故事在多个国家和不同年代间迅速转换着。许多读者议论道，这些转换之迅疾，叫人目不暇接。把叙事快感摆放到了显著位置，却也让我们难以看清故事的总体面貌。

    这部小说的动态感并不是靠情节的推进获得的，而是靠不断自反来获得的，这一手法对人物、主题和是非评判都产生了影响。我们从一开始便被告知，这是桑塞维利纳公爵夫人的故事，但至少从表面上看来，故事的主人公似乎是她那位理想主义者侄子法布利斯，只是他那立场坚定的勇毅也未能保持下去。抵达滑铁卢后，他对同袍情谊的期待被战友窃取自己战马的行径毁掉了。在这部小说的一些章节里，对一段长达数年的时期的扼要描述，与仅仅延续了几小时的片段交替出现。与时间的清晰性相匹配的，还有观察视角的抬升。比如，法布利斯童年时的教堂钟楼，还有他在故事中间被囚禁在内的那座法尔内塞塔楼。监禁是这个故事的重要主题，而司汤达随心所欲的叙述带来的破坏力足以引起共鸣。随着一个主题挫败另一个主题，叙事技巧的一个方面暴露出另一个方面的局限，这部小说依照它那令人愉悦的独特逻辑发挥着效用。**DT**

厄舍府的崩塌
The Fall of the House of Usher

埃德加·爱伦·坡（Edgar Allan Poe）

作者生平：1809年生于美国，1849年卒
首次出版：1839年，W. Burton（费城）
首次连载：Burton's Gentleman's Magazine
原著语言：英语

　　要把《厄舍府的崩塌》说成是一部"小说"，未免把"小说"这个词的词义扩展到了极限。不过尽管这篇故事篇幅短小，但它还是值得收录于此。因为倘若没有爱伦·坡的杰出作品，尤其是这篇影响深远的故事，现代小说将会令人难以想象。这篇故事饱含着一种恶兆将至的恐怖气氛，对人类心灵所作的同样有力的探索，进一步强化了这种气氛。

　　罗德里克和玛德琳·厄舍是显赫的厄舍家族末裔。因此他们与自己的住处——古怪、阴暗的宅邸"厄舍府"有着难分难解的关系。爱伦·坡的这篇故事的叙述者是罗德里克的童年好友，罗德里克向他写信求援，请他到这座衰朽的乡间宅邸来。他来了之后，发现朋友模样大变。透过他的双眼，我们看到了一件件古怪恐怖的事。读者被置于叙述者的视角，这样一来，随着他身边的现实和幻想变得难以分辨，我们与那个"疯子"建立起强烈的共鸣。这种叙述口吻，再加上极富吸引力的散文，令人沉迷其中，也将内容和读者紧密地围裹在了一起。英年早逝的爱伦·坡留下了一笔不可思议的遗产，而他自己的住宅很快倒塌这一事实，更为这篇故事增添了一番真实的韵味。**DR**

我孤身一人骑着马，走在格外荒凉的乡间小路上，这时乌云从天上压了下来。

▲ 1923年，爱尔兰插画家哈里·克拉克为爱伦·坡的这篇著名恐怖故事绘制了这幅恰如其分的、令人不安的插图。

19世纪 | 111

CAMERA OBSCURA
HILDEBRAND

暗盒 Camera Obscura

希尔德布兰德（Hildebrand）

作者生平：1814年生于荷兰，1903年卒
作者教名：Nicolaas Beets
首次出版：1839年，Erven F. Bohn（哈勒姆）
原著语言：荷兰语

年轻的尼古拉斯·比茨是莱顿大学神学院的一名学生，他用希尔德布兰德这一笔名，发表了一系列情节独立的短篇小说和小品集《暗盒》第一版。比茨的散文作品带有现实主义风格，含有温和的讽刺意图。它对荷兰资产阶级社会所作的充满诙谐、讽刺的刻画，在自我解嘲的公众那里很快便大获成功。

就像同时代的英国作家查尔斯·狄更斯的作品一样，比茨的这本书也未能彻底避免多愁善感的情绪。其中的人物不论多么苛刻挑剔，都从未失去同情心。招摇的暴发户凯格和呆板的学生彼得·斯塔斯托克遭到了嘲弄，但其中并无恶意。书中有真正的恶人——比如斯塔斯托克家的故事里的范德霍根——但这些人总是恶有恶报，因为在比茨那美好的道德世界中，容不下没有回报的善和未受惩罚的恶。

《暗盒》之所以成为荷兰文学经典，是因为它对人的行为进行了犀利、机敏的观察，而且是用这样的散文写就的：它实现了比茨宣称的目标——以寻常而非刻意装扮的面目将荷兰语呈现出来。比茨笔下的各色人物或许已经过时，但他们仍然能激发出读者的喜爱之情，并且发人深省。**RegG**

当代英雄 Герой нашего времени

米哈伊尔·尤里耶维奇·莱蒙托夫
（Михаил Юрьевич Лермонтов）

作者生平：1814年生于俄国，1841年卒
首次出版：1840年（俄国）
首章发表：1839年
英译书名：*A Hero of Our Times*

这部集子有五个故事，它们由错综复杂的叙事结构衔接在一起，其中心人物是同一位主人公。这部作品同时采用了19世纪俄国文学反复出现的两项主题——高加索地区的冒险故事，以及身为"多余人"的反英雄形象。莱蒙托夫笔下的"英雄"毕巧林是个年轻的俄国军官，人生乃至人类让他感到幻灭，他说自己的灵魂半死不活，说幸福就是有权凌驾于他人之上。与普希金笔下的叶甫盖尼·奥涅金不同，奥涅金的痛苦源于有意义的心灵生活的缺失，毕巧林的失望则源于世界未能达到他理想的高标准。因此，他的自负也就更加激烈，更具报复性——他拐走了一个年轻的切尔卡西亚姑娘，后来又厌倦了她；为了惹一个相识的人生气，他让年轻的俄国女贵族爱上了自己；他在一场决斗中杀死了这个相识的人。

毕巧林的冒险活动以俄国"边境"的乡间为背景，这里住的是走私犯、野蛮的山民、骏美的马匹和醉醺醺的哥萨克人，周围是壮丽的高加索风光，莱蒙托夫将它刻画得美丽动人、栩栩如生。这种美景，还有它给书中人物和读者带来的影响，与毕巧林对自己的生活、对周围的男女怀有的厌倦之情形成了对比，这是这部作品中的巨大张力的来源之一；另一个来源就是毕巧林在心灵、形而上方面的渴求，与他那麻木不仁，乃至邪恶的所作所为之间的反差。**DG**

◀ 该书20世纪50年代的封面展示了与小说同名的光学装置，画家们运用这种装置来实现精准的具象派艺术效果。

19世纪 | 113

死魂灵 Мёртвые души

尼古拉·果戈理（Николай Гоголь）

作者生平：1809年生于俄国，1852年卒
首次出版：1842年（俄国）
原著语言：俄语
英译书名：*Dead Souls*

《死魂灵》的写作让果戈理发疯了。它源于一则短篇小说的诙谐构思：狡猾的投机分子乞乞科夫在俄国各地大肆收购已死农奴（即死魂灵）的抵押权，这些人尚未从人口记录中删除，因此像所有奴隶一样，仍然可以抵押换钱。随着小说创作的不断深入，果戈理的构思也变得越来越宏大：他希望能够重新点燃、唤醒俄国人民高尚但沉睡的内心，把社会和经济领域困难重重的俄国，转变成命中注定的、光芒万丈的宏伟帝国。他不再只是想写俄国的情况，他想要拯救俄国。他陷入了救世的妄念，在辛苦工作了十年之后，他两度焚毁第二卷的手稿，最终以绝食的方式自杀身亡。

乞乞科夫乘着三驾马车，在俄国的广袤大地上四处旅行——这一设定让果戈理作为讽刺作家的才能得到了尽情发挥，他讽刺了俄国人好讲排场的特点。这部作品是俄国文学中幽默讽刺作品的典范——通过喜剧手法表现悲剧的内容。果戈理把乞乞科夫塑造成了一个典型的唯利是图的人，那些地主急于变得更加富有，而他善于利用地主们的愚蠢和贪婪。今天，我们在那些凭借网络暴富的亿万富翁里，还能找出乞乞科夫这样的人。尽管果戈理无法像他设想的那样，给出解救俄国的良方，但他无疑成功地写出了自己的"伟大史诗"，最终它令人难忘地"解开了我的存在之谜"。**GT**

幻灭 Illusions Perdues

奥诺雷·德·巴尔扎克（Honoré de Balzac）

作者生平：1799年生于法国，1850年卒
首次出版：1843年，G. Charpentier（巴黎）
原著语言：法语
英译书名：*Lost Illusions*

《幻灭》有点像西方的《一千零一夜》，它是巴尔扎克长达十七卷的《人间喜剧》（1842—1846）中的核心作品之一，其背景是君主复辟时期的法国。巴尔扎克以那个时代的书记员自居，他对"整个社会"都感兴趣，但他最感兴趣的，还是与金钱有关的急剧变革。巴尔扎克的小说让我们注意到了不同文化领域中的强烈对比与反差：保皇党人与自由党人、贵族与资产阶级、囤积者与挥霍者、品行高洁的人与堕落的人、巴黎与外省。

《幻灭》由三个部分组成，书中充满了戏剧性的场面。这本书讲述了外省诗人吕西安·德·吕邦泼雷的故事，他和密友大卫·塞夏待在外省的安古兰市，前途渺茫，于是萌生出雄心壮志。待他初步进入巴黎的文学、新闻和政治圈子之后，又经历了接连不断的理想的幻灭。马塞尔·普鲁斯特赞赏巴尔扎克"注解"式的风格，被它美妙的"真实和俚俗"打动。但一些批评家一方面称赞巴尔扎克的观察力，一方面又贬低他那"笨拙而粗陋的风格"。《幻灭》为读者提供了充分的机会，让我们能够分享普鲁斯特对作家的钦佩之情。**CS**

▶ 这张《幻灭》的扉页上，有作家本人用墨水草草书写的评语和注解。

Illusions perdues

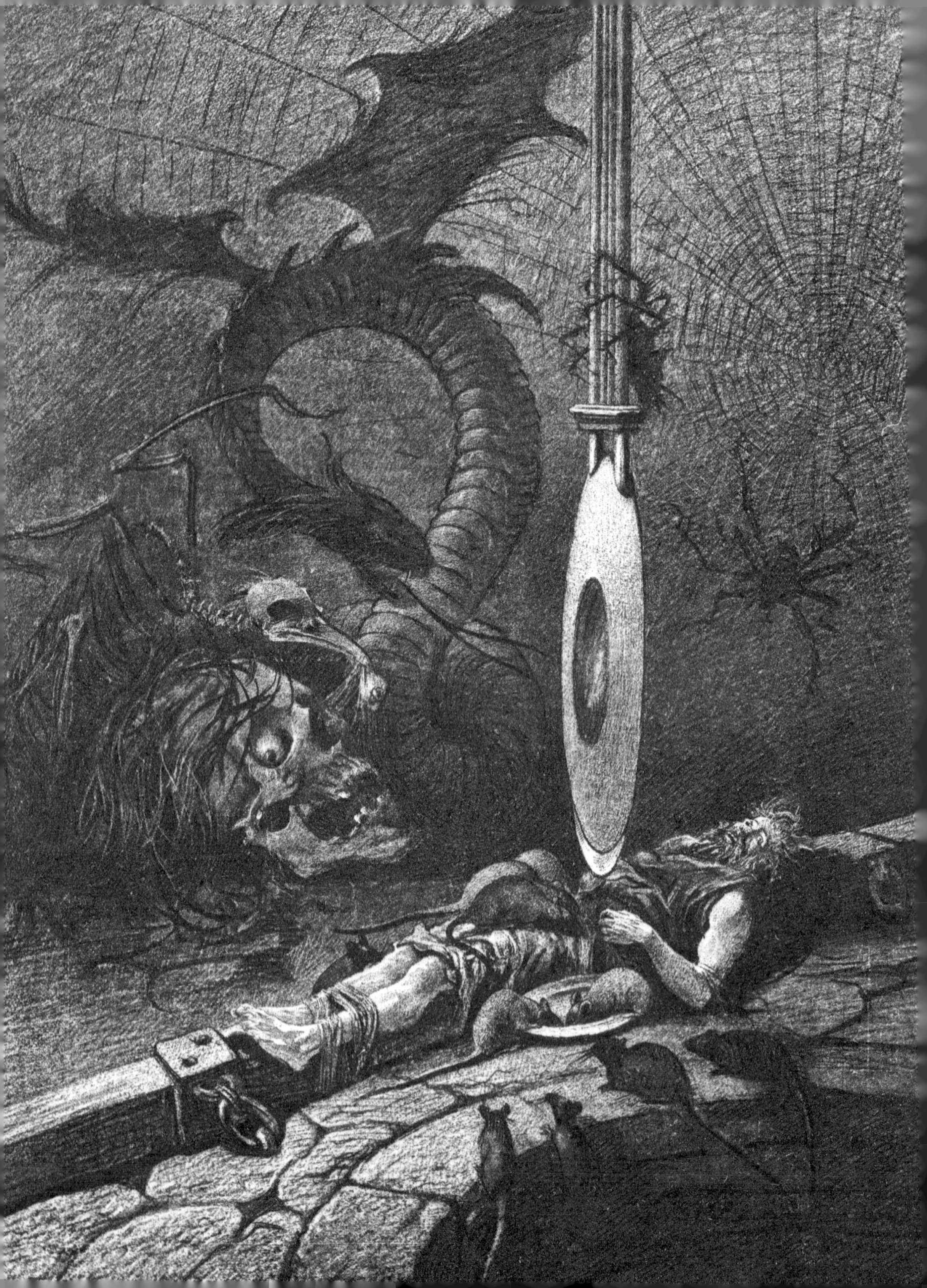

陷坑与钟摆 The Pit and the Pendulum

埃德加·爱伦·坡（Edgar Allan Poe）

这篇给人以幽闭之感的悬疑恐怖故事，为埃德加·爱伦·坡在幻想故事传统中赢得了与布拉姆·斯托克的《德拉库拉》（见本书第222页）和玛丽·雪莱的《弗兰肯斯坦》（见本书第93页）并驾齐驱的显赫地位。作为美国第一位严肃的文学批评家，他看不起被世俗和寻常事物占据的艺术和文学，喜欢在自己的故事中处理出人意料、令人迷惑的题材，尤其是恐怖和灵异题材。

作为诗人和散文作家，爱伦·坡备受推崇，但他的生活饱受疾病、拮据、抑郁和精神病的困扰，酗酒更是让这一切雪上加霜。在妻子过世两年之后（娶十三岁的表妹为妻一事令他声名狼藉），他陷入了绝望，酗酒昏迷而死，享年四十岁。

因此，他的许多短篇小说着力描写绝望的主人公陷入困境，因恐惧而濒临疯狂，就不足为奇了。但对爱伦·坡及其作品进行评判的许多常见言论，包括从中寻找象征，进行精神分析阐释的种种企图，都把作家本人经受的痛苦，与他笔下的叙述者的痛苦混为一谈了。在《陷坑与钟摆》中，有种难以抵挡的忧惧氛围——蒸腾着腐臭和死亡气息的黑屋子、狂乱的老鼠、被禁锢的受害者对不断下降且边缘锋利的钟摆的恐惧——引发了许多有关作家精神状况的议论。但这部曾激发恐怖小说家们孕育出既各具特色，又万变不离其宗的诸多主题的杰作，应当作为一部才华横溢的、靠丰富想象力精心构思的、令人信服的作品来阅读。**TS**

作者生平：1809年生于美国，1849年卒
首次发表：1843年，*The Gift for 1843*（费城）
原著语言：英语

> 那个判决，那可怕的死刑判决，是我的耳朵清楚听到的最后一样东西。

▲ 19世纪末的雪茄烟盒上饰有爱伦·坡的肖像，可见他那些恐怖故事深受欢迎，长盛不衰。

◀ 爱伦·坡的《陷坑与钟摆》的一幅插图描绘出了受害者的幻想，以及他的可怕处境。

19世纪 | 117

| La Cape et l'Épée | **LES TROIS MOUSQUETAIRES** | Par Alex. Dumas |

LES TROIS MOUSQUETAIRES. — *Un mousquetaire, placé sur le degré supérieur, l'épée nue à la main, empêchait, ou, du moins, s'efforçait d'empêcher les trois autres de monter. Ces trois autres s'escrimaient contre lui de leurs épées fort agiles.* (Page 34.)

三个火枪手 Les Trois Mousquetaires

大仲马（Alexandre Dumas）

作者生平：1802年生于法国，1870年卒
首次出版：1844年，Baudry（巴黎）
原著语言：法语
英译书名：The Three Musketeers

出自这位多产的作家及其七十三名助手之手的书，有二百五十本左右，《三个火枪手》是其中最负盛名的作品。大仲马与历史学教授奥古斯特·马凯（Auguste Maquet）通力合作，人们往往将《三个火枪手》的构思，乃至初稿，归功于这位教授，但正文的内容像大仲马的其他作品一样，并不严格依循史实。

主人公达达尼昂是加斯科涅人，他处处都体现出典型的比恩人的急脾气。这个出类拔萃的青年只带了国王路易十三的火枪队队长德·特瑞威尔写的推荐信，就仗着自己惊人的剑术，在17世纪的巴黎等地一路闯荡。大仲马的作品之所以长盛不衰，源于他为笔下人物注入的活力以及他对长篇连载小说的娴熟把握，书中充满了悬疑和悬念。《三个火枪手》是最优秀的传奇故事，其叙事节奏令读者欲罢不能。栩栩如生的人物，从三个火枪手到红衣主教黎塞留和恶毒的"夫人"，几乎无须浓墨重彩的渲染，便早已深深融入西方文化。大仲马笔下那位大摇大摆的年轻的加斯科涅人的魅力，如今依然不曾褪色。

DR

◉ 在大仲马这部传奇故事的一张20世纪初的插图里，火枪手们用剑露了一手。

法昆多 Facundo

多明戈·福斯蒂诺·萨米恩托
（Domingo Faustino Sarmiento）

作者生平：1811年生于阿根廷，1888年卒于巴拉圭
首次发表：1845年，连载于 El Progreso
英译书名：Facundo: Civilization and Barbarism

《文明与野蛮：胡安·法昆多·基罗加的一生》（Civilización y Barbarie: Vida de Juan Facundo Quiroga）是这本书的最初完整书名。作者生前出版的最后一版的标题是《法昆多：阿根廷潘帕斯草原的文明与野蛮》（Facundo: Civilización y barbarie en las pampas argentinas），它并不是一部小说。但这部由传记、历史、地理、往事、乌托邦纪事、谩骂和政治方案杂糅而成的书，其叙事的力度要胜过那个时代西班牙和美洲的任何一部小说。

胡安·法昆多·基罗加（1793—1835）是标志着阿根廷独立的那场内战中的一名加乌乔人首领。萨米恩托用他的生平作为载体来阐释时局。想象中的阿根廷变成了主角：它的形象是东方化、中世纪化和非洲化的（这些是必须放弃的榜样），但也是罗马化和法国化的（这些是值得看齐的榜样）。为争夺阿根廷这名女"主人公"，有两个巨人打了起来：一个巨人是文明（城市、未来、欧洲），另一个巨人是野蛮（潘帕斯草原、现在、美洲）。法昆多代表的是第二个巨人，他就像经过乔装改扮的罗萨斯，后者在本书写成时，还是在位的独裁者，他迫使萨米恩托流亡智利。拜萨米恩托的写作技艺所赐，这本书的主要文学价值在于法昆多本人，他是个畸形人。正文所添加的附属内容（标题、题词和注释）、许多段落的象征性和讽喻性、富有感染力且常有自知之明和试图赢得读者赞同的风格，这些都流露出了一种现代性，这种现代性如今仍在滋养着最优秀的阿根廷小说家。**DMG**

魔沼 La mare au diable

乔治·桑（George Sand）

作者生平：1804年生于法国，1876年卒
作者教名：Amandine-Aurore-Lucile Dupin
首次出版：1845年，Desessart（巴黎）
英译书名：The Devil's Pool

乔治·桑在世时是文化名人，她那无拘无束的生活方式跟她的小说一样出名。在早年婚姻失败后，她有过很多备受关注的风流韵事，肖邦和德·缪塞都曾是她的情人。她最负盛名的早期小说《印第安娜》就是对一名遭到丈夫和情人虐待的女性的命运所作的前女权主义式的生动记录。

19世纪40年代，桑转而写起一系列讲述田园生活的小说，其背景是贝里的乡下，那里是她位于诺安的乡间别墅的所在地。《魔沼》的主人公是鳏居的庄稼汉热尔曼。妻子死后，撇下了三个年幼的儿女，他不情不愿地遵照常规，向邻村富有的寡妇凯瑟琳·莱昂纳尔求婚。年轻的牧羊女玛丽在那个寡妇家附近的农场上找到了工作，在玛丽的陪伴下，热尔曼去那儿拜会了这名寡妇。途中，他们在书名中提到的那个水潭边歇息，在水潭的魔力影响下，他们结合了。热尔曼和玛丽抵达目的地后，都有一种幻灭之感——寡妇既虚荣又傲慢，而玛丽的雇主则想打她。历经重重变故之后，庄稼汉和牧羊女认清了彼此的爱。

这部小说的叙述口吻和意图是田园牧歌式的。桑有意为老于世故的读者，将乡下描绘成远离城市复杂腐朽的世外桃源。但她从不回避乡村生活更为严酷的现实——乡间的贫困和较低的生活期望值——这些都作为持久不变的自然秩序的一部分，被含蓄地接受了。桑的田园小说在她那个时代广受欢迎，作为那个时代的浪漫主义精神的真实表达，它们保留了一份真正的清新和魅力。**RegG**

说实话，这种曲调只不过是一种可以随意中断，再接着唱下去的宣叙调。

▲ 乔治·桑采用男性笔名，代表了她反对社会习俗和婚姻礼法的立场。

基督山伯爵 Le Comte de Monte-Cristo

大仲马（Alexandre Dumas）

作者生平：1802年生于法国，1870年卒
首次出版：1845—1846年，Pétion（巴黎）
原著语言：法语
英译书名：The Count of Monte-Cristo

　　大仲马这部知名的连载小说开篇写道，主人公埃德蒙·当泰斯被囚禁在伊夫堡，原因是1815年拿破仑从厄尔巴岛归来之前，主人公的对手将他告发，说他忠于拿破仑。在十四年的监禁中，主人公偶遇阿贝·法里亚，后者教导他，还向他透露了一个秘密：基督山岛上藏有巨额财富。埃德蒙用戏剧性的方式越狱外逃，他冒充成阿贝的尸体，被人装入袋子丢进大海。埃德蒙由此开始化身为基督山伯爵。

　　伯爵变得富有之后，可以惩罚那些恶意中伤他、害他身陷囹圄的人了。随着小说的背景从罗马转移到地中海，再转至巴黎周围，这些人中的每一个，都受到了富于想象力的惩罚。构思精妙的故事情节包括隐瞒与泄密、使用密语、使用有毒药草以及其他种种。而在激动人心的故事之外，大仲马着重展现了王朝复辟时期法国金融界、政治界和司法界的腐败，以及渗透各界的那些边缘人物，比如罪犯。

　　最后，伯爵想知道，他那旨在实现正义的复仇计划，是否并未篡夺上帝的权力。这个显然带有幻想和激情色彩的复仇故事，体现出沃尔特·司各特爵士的历史故事风格，也就是说，它们并不完全忠于史实。节奏舒缓的《基督山伯爵》会让读者就幸福和正义、无所不能的能力、有时令人伤心欲绝的难忘回忆，陷入不同寻常的深思。**CS**

只有体会过无限绝望的人，才能体会无上的喜悦。

▲ 大仲马靠大受欢迎的小说大发横财，但他挥金如土，这令他在穷困潦倒中死去。

19世纪 | 121

简·爱 Jane Eyre

夏洛蒂·勃朗特（Charlotte Brontë）

作者生平：1816年生于英国，1855年卒
作者笔名：Currer Bell
首次出版：1847年，Smith, Elder & Co.（伦敦）
原著语言：英语

夏洛蒂·勃朗特发表的第一部小说，所讲的故事与她的后一部小说《维莱特》颇为相似，两者都是讲一名年轻女性在没有金钱和家庭的支持，也没有显赫阶级地位的情况下，挣扎求存，最后过上了美满的生活。父母双亡的简性格中有两个侧面，彼此常有冲突。一方面，她性情坚忍、不爱招摇、甘于牺牲；另一方面，她是一个不乏激情、思想独立、不肯从众随俗的人，无法漠视随处可见的不公。

小时候，简·爱先是受舅妈——富有的里德太太监护，要忍受她们一家人的折磨，后来里德太太送她去了洛伍德学校，她在那儿又受到残酷教育制度的欺压。年轻的她在桑菲尔德庄园做家庭教师，看护罗切斯特先生的私生女期间，同他结下了深情厚谊，真心爱上了有拜伦风范的罗切斯特，但阶级门第的观念阻挠着她。事实上阻挠他们结合的与其说是阶级门第——两人都蔑视这种规则——不如说是如下事实：罗切斯特先生已经有了一位妻子。她是一个被囚禁在阁楼里的疯女人（来自西班牙城，即牙买加的克里奥尔人伯莎·梅森，简·里斯在《藻海无边》［见本书第602页］一书中富有想象力地重构了她的故事）。伯莎的困境被看作与简的困境相互呼应，由此还引出了19世纪小说对女性形象的刻画问题。处于故事核心的浪漫爱情，最终依靠巧合和夙愿得偿这些强有力的元素，得以圆满实现。除此之外，《简·爱》还为那些身处英国维多利亚时代令人窒息的父权制环境下，既有才智又有抱负的女性，发出了强有力的声音。**ST**

读者啊，我嫁给了他。

▲ 乔治·里士满于1850年用白垩粉绘制的夏洛蒂·勃朗特速写，展现出了她的智慧和不肯妥协退让的正直品格。

● 《简·爱》原稿第一页，署的是笔名柯勒·贝尔。

Jane Eyre
by ~~Currer Bell~~
Vol. 1st

Chap. 1st

[Ther]e was no possibility of taking a walk that day. [We] had been wandering indeed in the leafless shrubbe[ry an] hour in the morning, but since dinner (Mrs. R[eed, whe]n there was no company, dined early) the cold wi[nter win]d had brought with it clouds so sombre, a rain [so pene]trating that further out-door exercise was now out [of que]stion.

I was glad of it; I never liked long walks — espe[cially on] chilly afternoons; dreadful to me was the coming [home in] the raw twilight with nipped fingers and toes, and [a heart sa]ddened by the chidings of Bessie, the nurse, and hum[bled by] the consciousness of my physical inferiority to Eliza, J[ohn an]d Georgiana Reed.

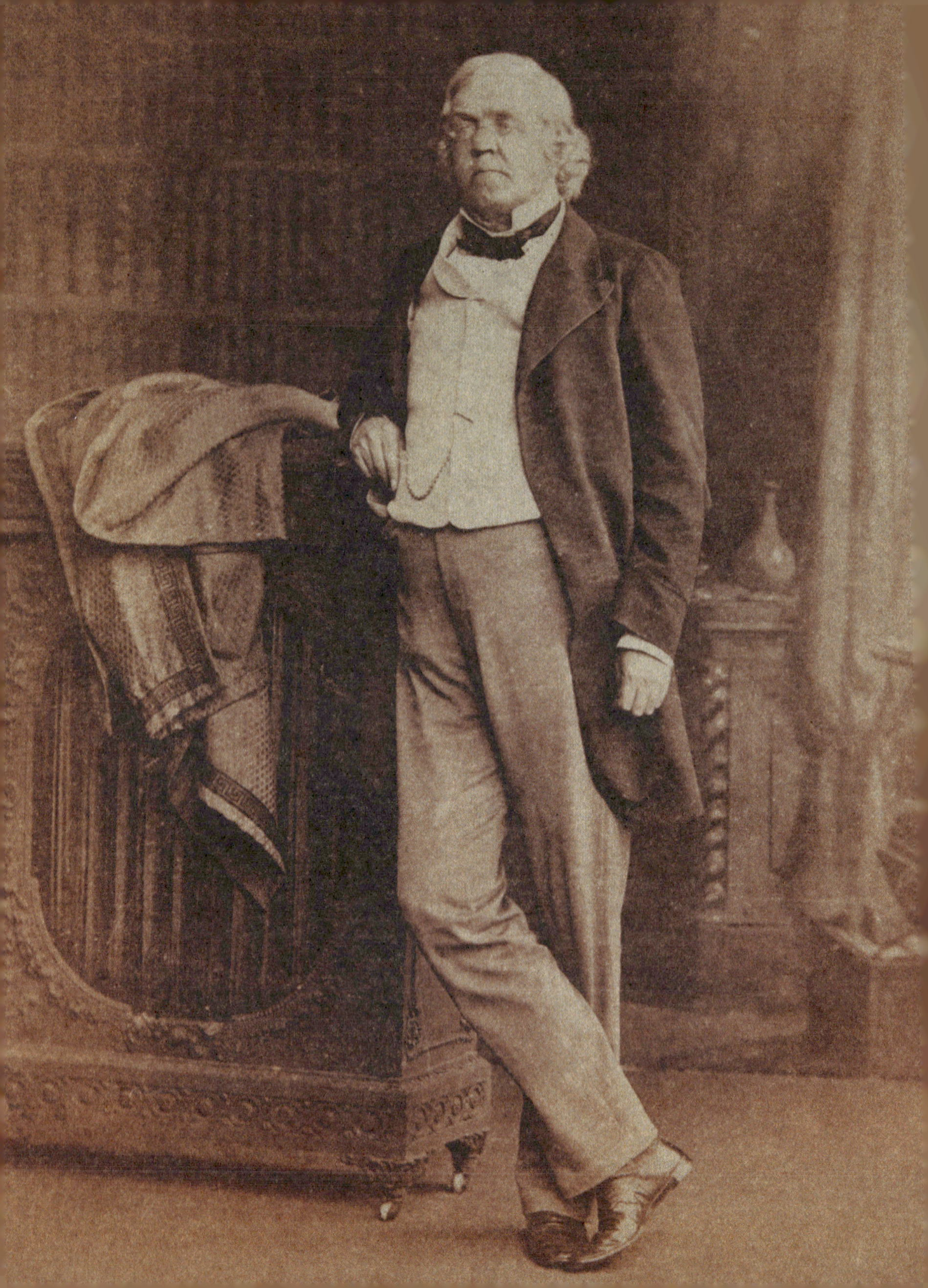

名利场 Vanity Fair: A Novel Without a Hero
威廉·梅克皮斯·萨克雷（William Makepeace Thackeray）

对许多读者来说，为《名利场》一锤定音的一幕发生在开篇的章节。未来的女家庭教师蓓基·夏泼刚走出平克顿小姐的学园，就把她的分别礼物——约翰逊博士的词典扔回了门里。这一"壮举"是我们第一次领教蓓基桀骜不驯、有心自谋出路的本事。在处置这部18世纪里程碑式的标准规范时，威廉·梅克皮斯·萨克雷（如果不是在字面意义上，也是在象征意义上）为维多利亚时代的小说拉开了序幕。

萨克雷的这部小说是有历史背景的，时间是摄政时期。它探讨了那个世界的种种局限，以及它为自己设定的种种基本条件。蓓基对这一成就的实现起到了关键作用，因为她的文学形象有着那个过渡时期的双重可能性。这位总是精打细算的女投机者，没有一丝多愁善感，在这个一切待价而沽、没有长久价值的社会中，她是个如鱼得水的女能人。但我们对她行事方式的理解，让她显得与当代文学中那些爱讽刺挖苦的女主人公截然不同。她是有魅力的，因为她总能让我们感到惊讶，她能用泰然、热情和赞赏，来平衡时常冲突的野心、贪婪、自私等情感。蓓基挤进一个空洞的圈子，滑铁卢之战就是这个圈子的中心，她一面评判着自己所擅长的伪善，一面又衬托出那些难得一见的、清晰可辨的慷慨之举，其中也包括她自己的慷慨行事。结果，她不但影响了托尔斯泰对安娜·卡列尼娜的塑造（安娜这个人物受到了萨克雷的直接影响），还影响了爱略特笔下的格温德琳·哈利斯和哈代笔下的淑·布莱赫德。处在《名利场》变幻不定的中心位置的她，让那片天地变得光彩夺目，同时又让我们萌生出不适的熟悉感。DT

作者生平：1811年生于印度，1863年卒于英国
首次出版：1847年，Bradbury & Evans
原著语言：英语

◉《名利场》原版插画师弗雷德里克·巴纳德描绘的蓓基·夏泼的形象。萨克雷笔下这位顽固任性、反英雄式的女主人公穿的是那个时代的礼服。

◉ 这张照片由厄内斯特·爱德华兹拍摄于19世纪60年代。萨克雷是讽刺家，看不惯维多利亚时代社会的伪善。

呼啸山庄
Wuthering Heights

艾米莉·勃朗特（Emily Brontë）

作者生平：1818年生于英国，1848年卒
作者笔名：Ellis Bell
首次出版：1847年，T. C. Newby（伦敦）
原著语言：英语

在现代作品中，一直有种对于孤寂的执迷，艾米莉·勃朗特的《呼啸山庄》绝对可以算是有史以来将极端清苦孤寂的生活诉诸笔端的作品中，表达最为激烈的一部。这是一个十分疯狂的爱情故事，与她两个姐妹的小说，还有威廉·怀勒于1939年拍摄的电影版本差别非常大。

艾米莉·勃朗特的成长环境相当单纯，身边只有身为爱尔兰牧师的父亲，还有跟她一起交换故事、在偏远的约克郡荒地打发时间的姐妹。鉴于这种生活环境，她不可能有真正的爱情体验，那她又是如何提炼出这样自然的美，还有激烈狂暴的混乱，把它们写成小说的呢？在凯瑟琳和希斯克利夫这对无望的恋人的故事里，有种可怕的现代性，故事中的社会是这样一种类型：其效率高到了无以复加的地步，它剥除了人们童年中那种天生的、纯真的自由，崇尚的是极端高效、理性的生活，正是这个过程将这对恋人引入毁灭。凯瑟琳为了在成人社会获得一个位置，可以拒斥青春的自由，希斯克利夫则展开了无法阻止的激烈报复。《呼啸山庄》是一部展现极端绝望的典型悲剧作品，这部作品却是由一个天真无邪的女子所构想出来的。无疑，这正是使乔治·巴塔耶将它评为"有史以来最伟大的书之一"的原因所在。**SF**

女房客
The Tenant of Wildfell Hall

安妮·勃朗特（Anne Brontë）

作者生平：1820年生于英国，1849年卒
作者笔名：Acton Bell
首次出版：1848年，T. C. Newby（伦敦）
原著语言：英语

《女房客》是有关酗酒和家庭暴力的绝佳故事，它刚出版时，曾让批评家们大为反感。正如《美国评论》所说，这本书带领读者"走近赤裸裸的邪恶，书里有些对话，我们希望永远也不要印成英语"。但这本书销路甚佳，在第二版序言中，安妮·勃朗特（化名为阿克顿·贝尔）反驳了批评家们的看法，她说，描写"邪恶和堕落的人物……的本来面目"正是小说家的道德义务。

《女房客》有着女权主义的主题，它着力描绘了一名年轻女性与一个摄政时期浪荡子的婚姻，她为改造他而做出的倾心努力，以及最终，她为了不让儿子跟父亲学坏而逃走。这部小说在很大程度上是从海伦·亨廷顿的视角，通过书信和日记来叙述的。它描绘了英国某个历史时期的一场暴虐的婚姻关系，那时已婚妇女没有法定权利。正如小说家梅·辛克莱在1913年所写的那样："海伦当着丈夫的面把门砰地关上，这一声音响彻了维多利亚时代的英国。"这一声音如今依然回荡在读者耳畔。**VL**

▶ 安妮·勃朗特和艾米莉·勃朗特的特写，截取自布兰韦尔绘制的勃朗特三姐妹像。

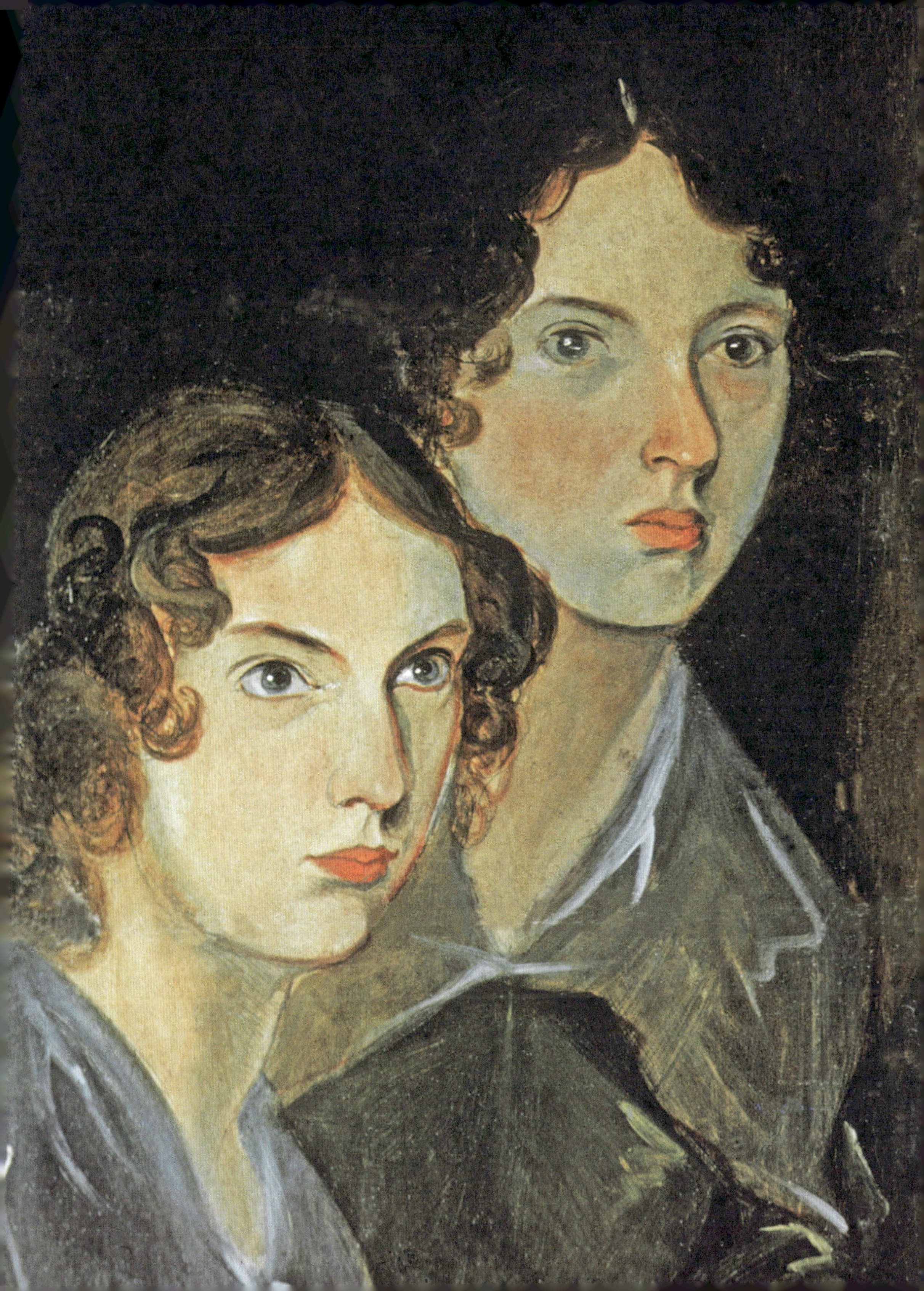

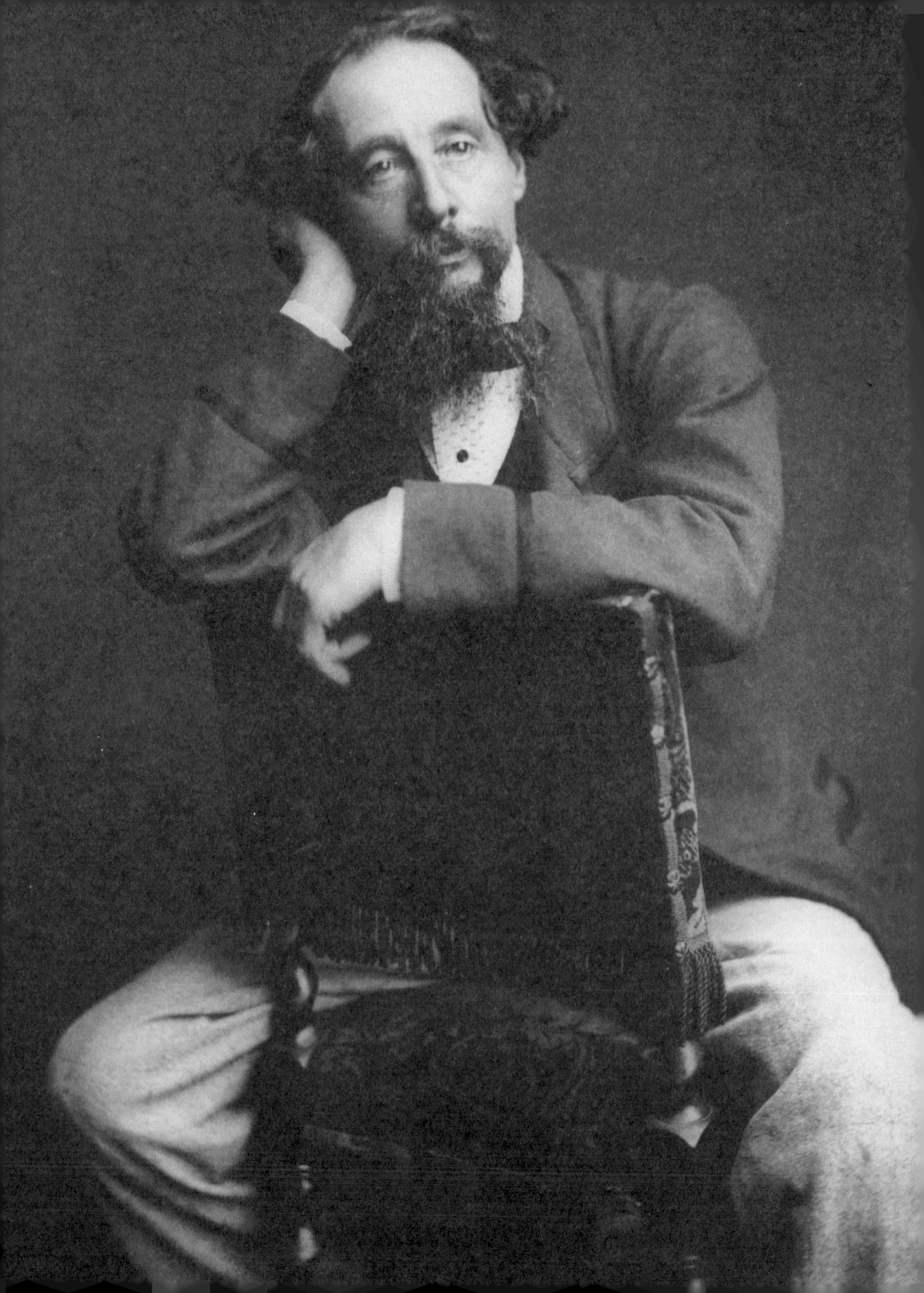

大卫·科波菲尔 David Copperfield

查尔斯·狄更斯（Charles Dickens）

作者生平：1812年生于英国，1870年卒
首次出版：1850年，Collins（伦敦）
完整书名：The Personal History, Experience, and Observation of David Copperfield

　　这本书被认为是查尔斯·狄更斯自传性最强的作品，大卫讲述的童年在继父货栈里做苦工，还有他受训成为记录员和议会记者的内容，无疑反映的是狄更斯本人的经历。《大卫·科波菲尔》对心理发展作了复杂的探索——它是西格蒙德·弗洛伊德的心爱读物——它成功地融合了童话元素和教育小说开放式结局这一形式。这个丧父的孩子田园诗般的美好童年，很快就被继父默德斯通先生的"严厉管教"破坏了。大卫经历了早年的痛苦，与"孩子气的太太"多拉结婚，获得了成熟的中产阶级身份，最后终于学会了约束他那颗"不羁的心"。

　　这个故事在回忆过去的同时，也对记忆本身进行了探讨。大卫取得的成绩与其他丧父的孩子形成了对照，同时恶狠狠的默德斯通先生也与快活的米考伯先生形成了对比。狄更斯还对不同阶级间的男女关系潜在的问题进行了探讨。这一点在如下情节中体现得格外明显：斯提福兹引诱身为工人阶级的艾米莉，尤里安打圣洁的阿格尼斯的主意，以及大卫在寻找伴侣时的转变——他从沉迷于多拉稚气的性爱，转而钦慕阿格尼斯的教养和通情达理。**JBT**

红字 The Scarlet Letter

纳撒尼尔·霍桑（Nathaniel Hawthorne）

作者生平：1804年生于美国，1864年卒
首次出版：1850年，Ticknor, Reed & Fields（波士顿）
原著语言：英语

　　书名中的"红字"指的是一个带金边的刺绣"A"字，是17世纪波士顿清教徒社会强迫与人通奸的海斯特·白兰佩戴的。它既是耻辱的标记，又是一件精美的手工制品。

　　《红字》极富象征意义，与其清教徒式的主题形成了对比。它试图表明，一个社会不可能有永恒不变的符号和象征。这种不稳定性体现在小说里一连串的反差之中：秩序和逾矩、文明和野蛮、城区和周围的森林、成人与儿童。这个社会越是努力摒除"不同"所带来的激情，其表面与真实的裂痕就会越发严重。这个社会貌似最可敬的成员，往往是道德最为败坏的；而貌似戴罪之人，往往是品行最高尚的。这部小说在社会压迫和心理压抑之间，精心构建出了迷人的对称。丁梅斯代尔明知自己有罪却秘而不宣的痛苦，让他的身心备受煎熬，这反映出了社会需要代罪羔羊，并将这些所谓的罪人孤立起来的病态。最终，个人的正直品格摆脱了社会的辖制。也许《红字》比其他任何小说都更为有效地展现出从美国的清教徒和墨守成规的根里，滋生出了个人主义和自我独立的思想。**RM**

◁ 赫伯特·沃特金斯为狄更斯拍摄的照片，摄于《大卫·科波菲尔》创作前后。狄更斯摆出一副随意的姿势。

19世纪 | 129

白鲸 Moby-Dick; or, The Whale

赫尔曼·梅尔维尔（Herman Melville）

作者生平：1819年生于美国，1891年卒
首次出版：1851年，Harper（纽约）
原著语言：英语

《白鲸》往往被称作"美国伟大的作品"，19世纪文学想象力的最高水准。这部小说既是鸿篇巨制，又是精雕细琢之作，它如今仍在困惑、吸引（还常常挫败）着世界各地的一代又一代读者。故事的叙述者是伊斯梅尔，他原本是马萨诸塞州的一名教师，出于对海洋的迷恋，他放弃了从前的生活。这部小说记录了"佩科特号"在海上的长途航行，这是一艘捕鲸船，指挥这艘船的是恶魔般的亚哈船长。亚哈船长要猎捕一头白鲸，它曾害他失去一条腿。与他那偏执的目标相比，其他一切需要考虑的事（包括手下的安全）都是次要问题。

鉴于梅尔维尔这部小说的深度和复杂程度，我们无法恰当地简要概括其内容。读者几乎可以感觉到这本书内在的矛盾——它要在两种冲动之间作出平衡，一种冲动是推动故事情节向前发展，另一种冲动则是止步不前，继续探讨，展开哲学思考。《白鲸》是由思想汇聚成的汹涌汪洋，是就美国的社会形态和状况所作的一场伟大思考——思考的对象包括民主、领袖阶层、权力、工业主义、劳动、扩张和大自然。"佩科特号"和船上各类船员俨然是美国社会的缩影。这部革命性的小说借鉴了多种文学体裁和传统，在不同领域的知识之间转换自如。简而言之，在此前的美国文学中，还没有谁以如此的力度和雄心进行过写作。在《白鲸》中，有深奥的形而上学思考，有解剖鲸鱼包皮的技术细节记录，还有讲述海上戏剧性事件的迷人段落。《白鲸》是挽歌、政治批评、百科全书，也是绝妙的故事。阅读这部小说的体验，就像它叙述的那场航行一样，既美妙动人，又让人精疲力竭。**SamT**

捕鲸船就是我的耶鲁和哈佛大学。

▶ 1850年，阿萨·特威切尔为三十一岁的赫尔曼·梅尔维尔绘制的画像，后者那时聪慧、机敏。

▶ 洛克威尔·肯特为1937年版《白鲸》绘制的插图。图中，大白鲸打翻了一船的捕鲸客。

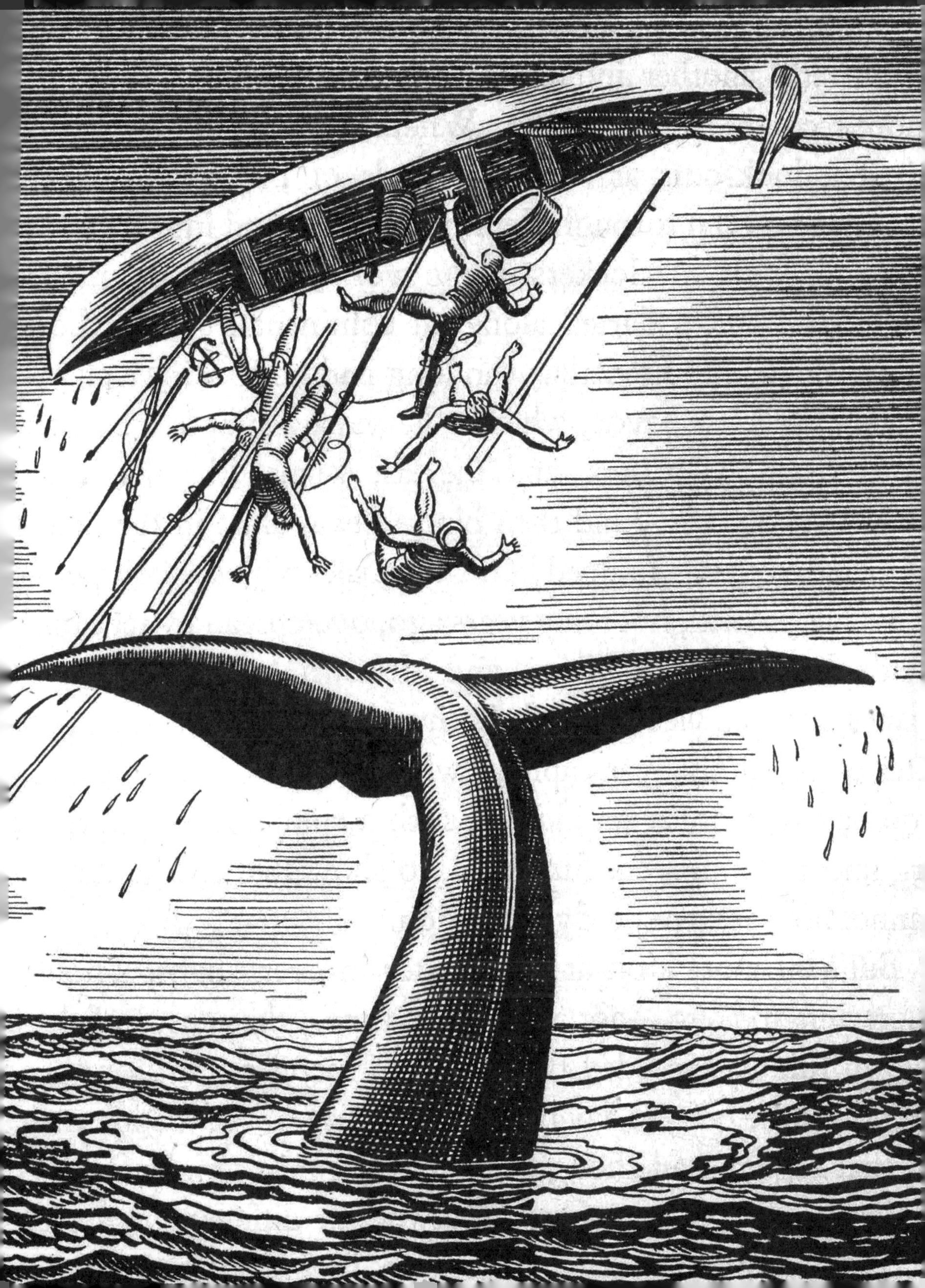

七个尖角顶的宅第
The House of the Seven Gables

纳撒尼尔·霍桑（Nathaniel Hawthorne）

作者生平：1804年生于美国，1864年卒
首次出版：1851年，Ticknor, Reed & Fields（波士顿）
原著语言：英语

这部小说在很大程度上受到了纳撒尼尔·霍桑新英格兰出身背景的影响。它有着极端的宿命论印记，家族因祖上的罪恶使好几代人遭到报应。此外，书里还夹杂着对当代实利主义令人生畏的评论。近二百年前，品钦上校在他从莫尔家非法没收的地皮上，盖起了书名中的这栋房子，招来了可怕的诅咒。结果，让这块地皮值钱的泉水不流了，住在房子里的人过得也不幸福。19世纪中叶，上校的后人贾弗里·品钦法官继承了上校的权力、贪婪和虚伪。他的房客霍尔格拉夫是将小说融合成一个整体的重要人物，其真实身份的披露带来了这样的希望：过去的罪过不必再无止境地延续下去了。

出乎意料的感伤结局，削弱了"罪恶世代相传"这一沉重、阴郁的观念，但并不能将它完全抹除。霍桑敏锐的历史意识表明，对他来说，过去触手可及，总是影响着当下的物质、道德和心灵层面。他感到自己和美国19世纪向前看的"进步"理念不合拍，这种"进步"很大程度上是用经济学术语来衡量的。《七个尖角顶的宅第》体现了这种紧张关系，探讨了摆脱昔日负担的可能性。**RH**

汤姆叔叔的小屋
Uncle Tom's Cabin

哈丽雅特·比彻·斯托（Harriet Beecher Stowe）

作者生平：1811年生于美国，1896年卒
首次出版：1852年，J. P. Jewett（波士顿）
原著语言：英语
完整书名：*Uncle Tom's Cabin; or, Life Among the Lowly*

《汤姆叔叔的小屋》是第一部行销逾百万册的美国小说，号称是有史以来最具影响力的小说。斯托对1850年通过的《逃亡奴隶法》感到愤慨，写出了这部诗人兰斯顿·休斯（Langston Hughes）所说的"美国第一部反奴隶制小说"。

圣徒般的奴隶汤姆叔叔，在善良的主人手下度过了大半生。在这部小说开头，由于财务方面的原因，他被卖掉了。汤姆叔叔拒绝逃跑，报之以基督徒的隐忍和宽恕精神，一直维持着信念，直至悲惨死去。尽管对被白人压迫的其他黑人来说，"汤姆叔叔"成了一个笑柄，但对斯托来说，汤姆展现出了基督徒的美德，他像基督一样死去，这使他成为这部小说中的头号道德楷模。除了奴隶们要承受的众所周知的身心痛苦，斯托还强调，奴隶制是如何摧毁白人奴隶主本人的品德和人性的。那些秉性各异的强大女性，其中有黑人也有白人，表明了女人同样能在废奴活动中发挥自己的力量。

毫无疑问，斯托凭借这部奇迹般大获成功的小说，实现了自己的政治目标。这部小说在后来的美国内战中发挥了重要作用，激起了废奴主义思潮和对蓄奴制的强烈反对。**RH**

❯ 《汤姆叔叔的小屋》长盛不衰，凭借已经售出的册数吸引着新的读者。

135,000 SETS, 270,000 VOLUMES SOLD.

UNCLE TOM'S CABIN

FOR SALE HERE.

AN EDITION FOR THE MILLION, COMPLETE IN 1 Vol., PRICE 37 1-2 CENTS.
"   "   IN GERMAN, IN 1 Vol., PRICE 50 CENTS.
"   "   IN 2 Vols., CLOTH, 6 PLATES, PRICE $1.50.
SUPERB ILLUSTRATED EDITION, IN 1 Vol., WITH 153 ENGRAVINGS,
PRICES FROM $2.50 TO $5.00.

The Greatest Book of the Age.

CRANFORD

by Mrs Gaskell

George G. Harrap & Co. Ltd. London.

克兰福镇 Cranford

伊丽莎白·盖斯凯尔（Elizabeth Gaskell）

伊丽莎白·盖斯凯尔这本乍一看似乎没有多少实质内容的《克兰福镇》，却对19世纪初某虚构小乡镇社会变迁背后的观念和行动进行了犀利的洞察。盖斯凯尔以简·奥斯丁式的老练世故，刻画出了一批令人信服的人物。《克兰福镇》吸引着读者，让他们关注着这些人物的生活，哪怕这些人物做的不过是些寻常琐事。

就其本质而言，克兰福镇是一个被女人统辖的城镇（也是一个社会），这些女人大多是单身或寡妇。叙述者玛丽已经不在克兰福镇居住了，因此她能够以局外人的视角来进行观察，描绘出路过、离开、死去的人，以及他们给这个镇的女人带来了怎样的影响。玛丽对朋友们采取了一种愉快的迁就态度，也决不允许别人蔑视或嘲弄自己。人们能够强烈地感受到，克兰福镇的生活已经陷入了上流社会日趋没落的困境，处于一种螺旋式下降的趋势。尽管这些女人已不再拥有必不可少的财富，但她们仍努力恪守着社交礼仪的传统守则。应该留守当地的男人都叛逃到了附近的工业城镇德伦布尔，尽管在小说中看不到这座城镇的面貌，但它给克兰福镇的生活带来了不小的影响。这本书的出色之处在于，尽管主人公们常常陷入无足轻重的琐事和口角，但我们对她们的同情贯穿始终，不管是对她们努力量入为出的生活，还是对她们不断努力隐瞒自己脆弱的经济状况。的确，从这个有关家务事的故事里，隐约可以看到令人惊讶的勇气。随着这种生活方式的逝去，读者能感知到在不难看穿的社交门面背后，有种宝贵的东西正在消逝。**DP**

作者生平：1810年生于英国，1865年卒
首次出版：1853年，Chapman & Hall（伦敦）
原著语言：英语

> 我不听什么道理，她用最大的嗓音说道，因为方才的啜泣让她的声音哽咽起来，道理总是别人讲的。

- 克兰福镇的女士们追求"优雅的贫困"生活，爱尔兰插画家休·汤普森对此作出了充满讽刺韵味的描绘。
- 1940年版的《克兰福镇》用作者本人的肖像，为精美的扉页做中心装饰。

荒凉山庄 Bleak House

查尔斯·狄更斯（Charles Dickens）

作者生平：1812年生于英国，1870年卒
首次出版：1853年，Bradbury & Evans（伦敦）
原著语言：英语

《荒凉山庄》开篇就写到了雾："到处是雾。雾笼罩着河的上游，在绿色的小岛和草地之间飘荡；雾笼罩着河的下游，在鳞次栉比的船只之间，在这个大而脏的都市河边的污秽之间滚动……"在雾的中心岿然不动的，是高等法院。司法腐败如同一种疾病，弥漫在整部小说里，在那桩拜占庭式的贾迪斯诉讼案里体现得尤为突出，这本书里的所有人物都是由这起案件联系到一起的。叙述者告诉我们，这起诉讼案件变得如此复杂冗长，以致"没有哪个在世的人弄得明白"。多年间，人们作为这个案子的原告活着、死去。狄更斯的这个故事是围绕着大法庭居心叵测的图谋构建的，比其他作品要少一些流浪汉小说的意味，但这部作品像往常一样，仍有机智诙谐的、对维多利亚社会各个阶层的剖析。不论是在林肯郡德洛克一家阳光明媚的贵族住宅区，还是在伦敦的托姆独院这个贫民窟，都有人在这起贾迪斯案上投下赌注。

其实，《荒凉山庄》讽刺的对象，是整个公权力。任何地方都像法庭一样：议会、偏狭的贵族政治，就连教会的慈善机构也是半死不活，一心只顾谋取私利。在某种无意识的层面上，所有公共生活都被一种阶级、权力、金钱和法律之间的共谋关系玷污了。私人生活和内心生活同样受其影响。这个分为第三人称部分和小说女主人公埃斯特·萨默森部分的故事，对道德情操和社会批判有着同样多的考量。形形色色的人物——从一本正经到令人生厌、浅薄至极之人，从愚蠢、矫揉造作之辈到吸血鬼般的危险人物——在狄更斯那愤慨而不失文雅的作品的黑暗中，被照得原形毕露。**DH**

蝴蝶是自由的。人类当然不会向哈罗德·斯金波否认，自己给了蝴蝶什么样的自由。

▲ H.K.布朗为狄更斯在《荒凉山庄》中所描绘的阴暗的、雾蒙蒙的伦敦，恰如其分地绘制了一幅幽暗的插图。

瓦尔登湖 Walden; or, Life in the Woods

亨利·大卫·梭罗（Henry David Thoreau）

《瓦尔登湖》并非严格意义上的小说，但它是美国文学的基石，这一点毋庸置疑。1845年7月到1847年9月，亨利·大卫·梭罗在马萨诸塞州靠近康科德瓦尔登湖畔的一间简陋小屋里，过着一种孤独、简朴、自给自足的生活，他在这里践行着他的个人和政治哲学。《瓦尔登湖》是从梭罗卷帙浩繁的日记里提炼出来的十八篇随笔，它记录下了梭罗在这段时间里的经历和所思所想。

梭罗确信"多数人过的是平静而绝望的生活"，他尝试把自己生活的方方面面予以"简化"，只吃他在野外找到或自己亲手种植的东西。除了散步、钓鱼、游泳等体育锻炼，他把剩余时间都用在观察周围的大自然、写作、读书和思考上。他最大的奢侈品，就是用来追求这些目标的闲暇时间。他说："人的富有体现在他舍得放弃多少东西上。"梭罗深受爱默生的超验哲学的影响，抵制宗教正统，期望通过大自然寻求与上帝的联系。但对梭罗来说，大自然是有灵性的。他用同样的敬畏，来描述他偶尔接触到的原始野性。他也拒绝在传统中故步自封，拒绝把青年人未经开发的潜力禁锢在西方的图景内。这种气质强化了《瓦尔登湖》对一代代美国人的吸引力，尽管这本书也抵制积极进取的资本主义。梭罗的实验既不是一种厌世，也不是一种革命。它务实、坦诚、美好，是对一个人努力过上"简朴、独立、宽宏、可靠的生活"的记录。**RH**

作者生平：1817年生于美国，1862年卒
首次出版：1854年，Ticknor & Fields（波士顿）
原著语言：英语

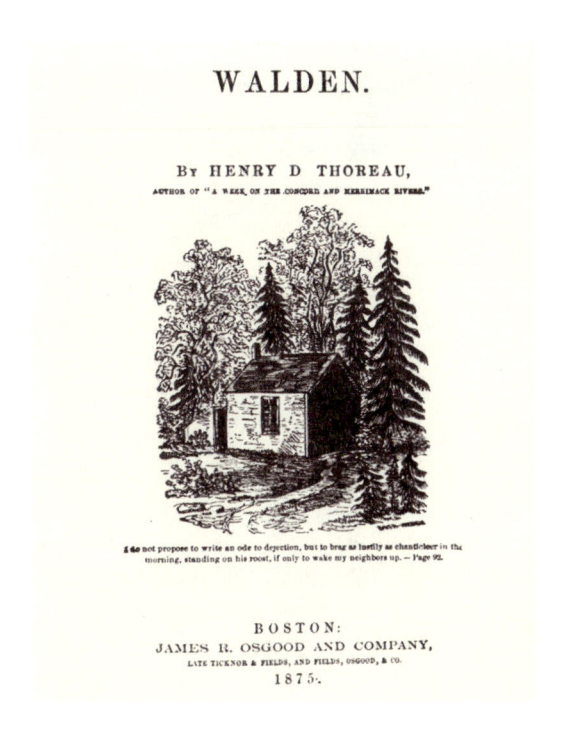

我搬进森林，是因为我想过自如的生活，只面对生活的本真……

▲ 梭罗《瓦尔登湖》第一版的这张扉页插图，展现了返璞归真的生活方式。

绿衣亨利 Der grüne Heinrich

戈特弗里德·凯勒（Gottfried Keller）

作者生平：	1819年生于瑞士，1890年卒
首次出版：	1854年，Friedrich Vieweg und Sohn
原著语言：	德语
英译书名：	Green Henry

作为一部影响深远的教育小说范本，《绿衣亨利》是按照歌德的《威廉·麦斯特的学习时代》（见本书第76页）的范式写成的，它用敏感多思的笔触为读者描绘了主人公的童年、青春期和成年。亨利·雷之所以被人称作"绿衣亨利"，是因为他的衣服是绿色的。他在瑞士的一个小村庄里长大，母亲对他颇为溺爱。凯勒用精心描绘的细节讲述了亨利缺乏欢乐的悲惨童年，突出了亨利对乡村生活和自然界的反应何等天真无邪，以及他和母亲之间强有力的情感纽带。

随着亨利渐渐长大，他搬到城里，开始上学，凯勒侧重描写了他在道德和哲学上的发展。他立志当一名艺术家，有以下两个女人被他所吸引：纯真无邪的安娜和世故、有性经验的尤迪特。被这两种力量所驱策，亨利迎来了爱情、失落，以及艺术方面的惨败，最后他放下了自己的艺术理想，在外省做起了尽管卑微但有用的职业，真正成熟起来。虽然亨利的成长经历是惨痛的，但它们仍然是有益的。《绿衣亨利》通篇展现出这样一种叙事技巧：将重大社会问题与个人生活的反复无常融合在一起。这部作品常常被人与哈代的《无名的裘德》（见本书第219页）相提并论。它有着生动逼真的人物，尽管人物形象在小说中往往处境悲惨，但由于凯勒对人类的处境寄予了深切的同情，他们反而变得高贵起来。**AB**

南方与北方 North and South

伊丽莎白·盖斯凯尔（Elizabeth Gaskell）

作者生平：	1810年生于英国，1865年卒
首次出版：	1855年，Harper（纽约）
英国首版：	Chapman & Hall
首次刊载：	1854—1855年，Household Words

正如书名所暗示的，《南方与北方》是就差异所作的考察。书中的女主人公是牧师的女儿，牧师因为对宗教抱有怀疑，辞去了自己的职务，一家人从南方的村落赫尔斯通（恬静而传统的沉闷乡间）搬到了熙熙攘攘的工业城市北米尔顿，这是一个虚构的、类似于曼彻斯特的英国西北部城市。这座城市充满工业化的活力，资本家阶层正在崛起，以下各种问题也继之而来：污染、工人罢工、疾病、无神论，以及各种明目张胆的犯罪。在这个环境中，黑尔一家是名副其实的外来户，他们还保留着乡绅式的习惯和价值观。这是一部反映"英国社会状况"的小说，它毫不畏惧地审视着工厂工人的困境，以及工人们和"主人们"的关系。

为实现这一目标，我们发现女主人公玛格丽特·黑尔与那些艰苦奋斗的家庭交上了朋友，比如希金斯一家，她还在工人和工厂主之间大胆地斡旋调停。与这个故事交织在一起的，是玛格丽特的成长故事，后者是通过玛格丽特跟与她思想对立的桑顿先生之间的恋情来呈现的，桑顿先生是一位白手起家的杰出工厂主。玛格丽特失去了双亲，也失去了年轻时坚信不疑的乡村价值观，但她对政治观念的改变和个人的改变，以及改变的诸多可能性本身，有了更加微妙的领悟。**ST**

▶ 盖斯凯尔深切关注维多利亚时代的社会问题，比如棉纺厂滥用童工问题。

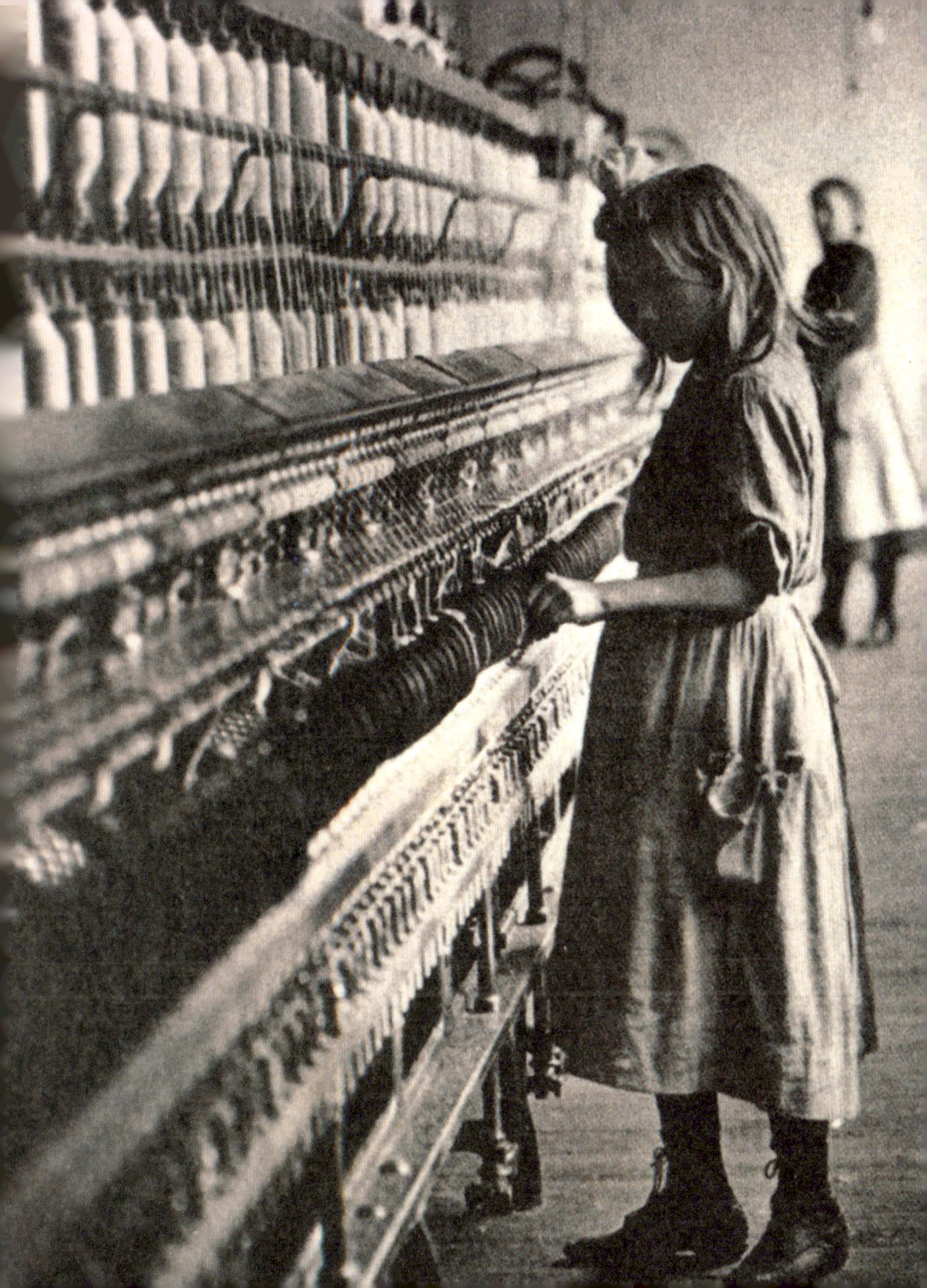

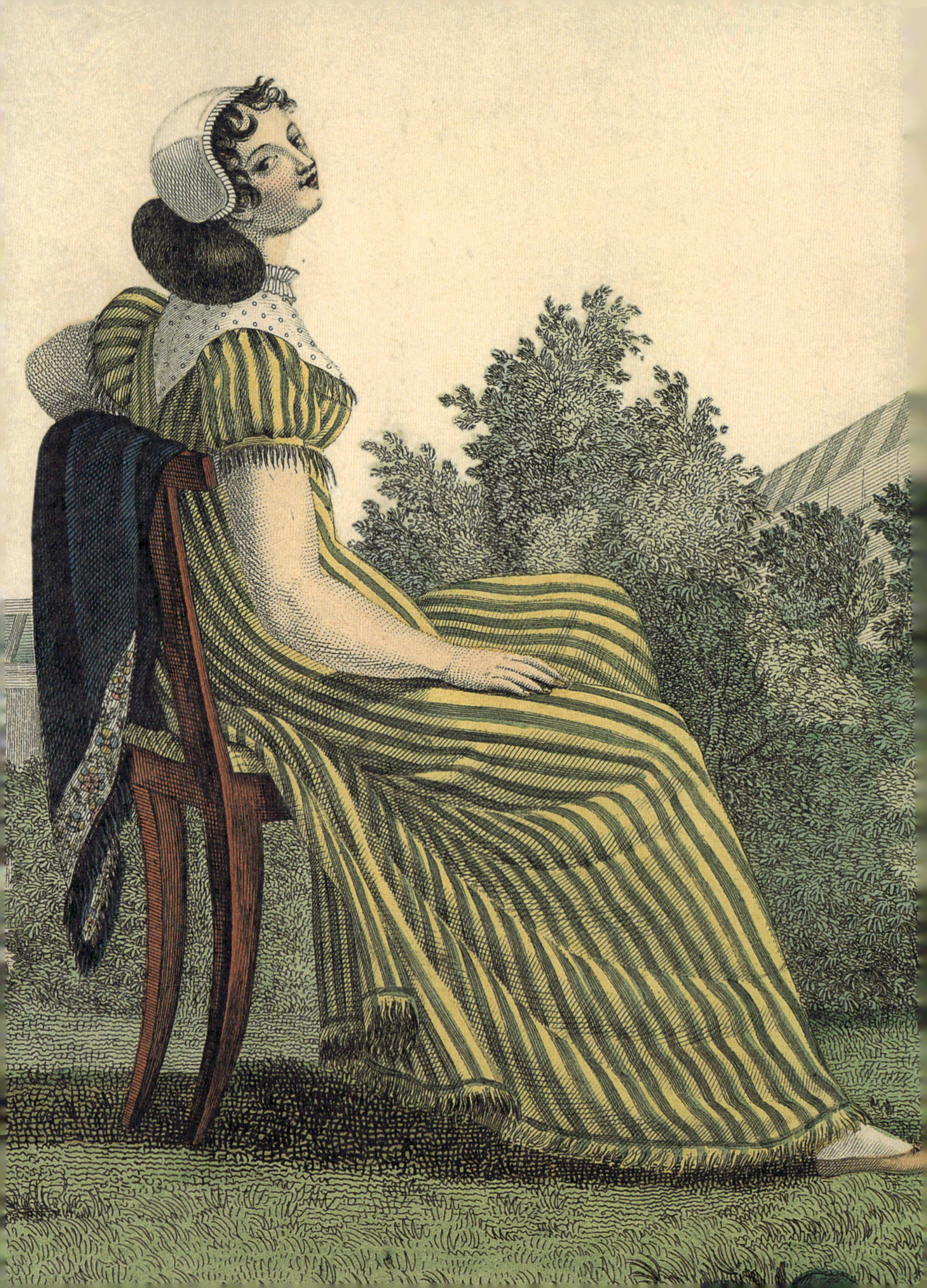

包法利夫人 Madame Bovary

居斯塔夫·福楼拜（Gustave Flaubert）

《包法利夫人》如同一则启示录，其问世距今已超过一百六十年，但它给人的感觉就像即将出版的小说一样时新。那些惯于这样认为——19世纪小说都是笔法散乱、枝节横生、靠情节来推进的故事——的读者，读到出自那个漫长世纪的这样一本小说（它枝节横生，有迷人的情节，却用一种精妙到让这本书显得既纤柔又刚劲的散文风格将这些囊括在内）时，准会大为惊讶。

福楼拜采用了通奸这一题材，他把通奸描绘得平淡无奇，使其成了自己所处的外省小资产阶级圈子的一种微不足道的成分。但他也把它写得既美好又龌龊，既让人忧伤也让人愉快，他肆意沉醉于陈腐的题材既无法掩藏也无法容纳的狂乱感情和纷杂感受之中。爱玛·包法利这个美人陷入了令她厌倦的婚姻，渴望获得自己在浪漫小说中读到的那些炽热激情。她的生活、她的丈夫、她的幻想都无法令她满足；她找了一个又一个情人，但他们也无法满足她的胃口。她购物，用大量物质作为满足自己的手段；当这些也无法满足她那深深的欲望时，债务缠身的她在绝望中自杀身亡。

福楼拜并未嘲笑爱玛·包法利，他没有让她的喜悦和绝望流于伤感，也没有就此进行道德训诫，更没有将它们拔高成英勇的壮举。那位无动于衷、语气淡然的叙述人——一位讲求精确、超然物外，却又招人喜爱、富有魅力的怪人——既用漠然的态度睥睨一切，又用对细节一丝不苟的过度关注珍视一切。其结果，便是形成了一个内涵丰富的语境——不光对于爱玛·包法利来说是这样，对于这本小说，对于写作本身来说，同样如此。值得如此悉心呵护的，必定是珍品。福楼拜就将这部小说打造成了珍品。**PMcM**

作者生平：1821年生于法国，1880年卒
首次出版：1857年，Charpentier（巴黎）
初版书名：*Madame Bovary: Mœurs de province*
原著语言：法语

▲ 福楼拜因为写了《包法利夫人》一书，遭到有伤风化的指控——这件事让这本书着实出了名。

◀ 小说残酷无情地展现了女主人公所做的那些荒唐事，却并未让读者丧失对她的同情。

小阳春 Der Nachsommer

阿达尔贝特·施蒂弗特（Adalbert Stifter）

作者生平：1805年生于奥地利，1868年卒
首次出版：1857年，Gustav Heckenast（布达佩斯）
原著语言：德语
英译书名：Indian Summer

阿达尔贝特·施蒂弗特的《小阳春》是部特别的小说，它打破了人们对于小说这一文学形式的界定。就一部篇幅如此之长的作品而言，乍看之下，它的故事情节并不激动人心，风格也平平淡淡。常见于施蒂弗特短篇小说（它们为世世代代的中欧学生所熟知）中的波希米亚森林和群山的胜景，在这部小说里很少被提及。

小说的这一设定颇为典型：年轻的叙述人海因里希的名字，是在小说进行了挺长一段篇幅之后，方才被提到，那时的他已经进行了数次科学远征，去过冯·里萨奇男爵偏远的乡间住所好几回了。海因里希从不急于弄清好心的房主的名字。像海因里希一样，读者起初并不了解里萨奇年轻时的经历，一直到临近末尾时才对这段打破这部小说安详进程的唯一一段悲剧情节有所了解。这时海因里希和纳塔莉之间的恋情，在他的父母、女方的母亲和里萨奇的亲切关怀下，终于开花结果，两人终成眷属。

这部小说给读者带来的报偿，并不在于突然披露的真相或戏剧冲突之中，而在于里萨奇全心投入的辛勤劳作——比如种植玫瑰，修理旧家具——带来的成果当中。因此，里萨奇温室里的一株娇嫩的仙人掌开出了花朵，是这部小说需要读者耐心对待的几大后期场景之一。同样，里萨奇让海因里希逐渐培养自己的美感，终于在另一个"开出花朵"的后期场景中，让海因里希能够充分欣赏一尊雕像的美感了，而他对这尊雕像原本是不屑一顾的。

这也许并不是一部人人都会喜欢的小说。它在问世之初曾饱受批评，但尼采颇为高调地将它奉为德语散文作品中少有的珍品，因为它的沉静气质迥异于那个时代的狂热精神。**LS**

▲ 在施蒂弗特《小阳春》第一版的扉页上，配有彼得·约翰·盖格尔风格的沉稳克制的蚀刻画。

亚当·贝德 Adam Bede

乔治·爱略特（George Eliot）

乔治·爱略特的第一部标准长度的长篇小说，既是现实主义文学的绝佳典范，也包含着一篇激情洋溢的、宣扬现实主义文学的艺术宣言。这部小说以19世纪初英格兰中部地区为背景，书名中的人物是个木匠，他爱上了轻浮、肤浅、贪慕虚荣的海蒂·索雷尔。而她则被招人喜欢但不负责任的本地乡绅亚瑟·唐尼索恩诱奸，后者让她怀孕后，很快离开了镇子。

这部作品的戏剧性主要体现在对如下情节扣人心弦的处理上：海蒂孤身一人寻找情人的失败旅程，她最终的杀婴行为，还有她向表姐黛娜·莫里舍所作的感人忏悔。这场忏悔在两人情感交融的那一刻，给本书带来了象征意义和道德意义上的高潮。

爱略特的人本宗教观，让她在没有任何宗教信仰的情况下，保留了忏悔、宽恕、赎罪的基督教伦理模式。在这种时刻，爱略特的笔法远离了荷兰写实派的客观式逼真。她说，荷兰写实派的画作与自己的作品相似——变成了一种调门高亢的措辞，以未知与崇高来施展魔力。的确，尽管这部小说里都是一些用钟爱的笔触刻画的乡下人，但它更吸引人的还是这样的时刻：现实主义的语言风格变成了某种更为奇异的东西。虽然这部作品暗示这世间存在着高于世俗生活的东西，但其"现实主义"倾向告诉我们的是，人应该克制自己的欲望，履行此时此地的责任与义务。当代读者也许觉得，这个结论有些让人难以接受，但在这部叙述生动、在感情层面令人信服的小说里，还有许多可供享受的内容。**CC**

作者生平：1819年生于英国，1880年卒
作者教名：Mary Ann Evans
首次出版：1859年，W. Blackwood & Sons（伦敦）
原著语言：英语

'There's Adam Bede a-carrying the little un.'

▲ 品格高尚的乡村木匠亚当·贝德带给读者的影响，比不上爱略特笔下那些形象更为丰满的女性人物。

19世纪 | 143

奥勃洛莫夫 Обломов

伊万·冈察洛夫（Ивáн Гончарóв）

作者生平：1812年生于俄国，1891年卒
首次出版：1859年（俄国）
改编电影：1981年
原著语言：俄语

《奥勃洛莫夫》是全世界最伟大的小说之一，被公认为是对萎靡不振、缺乏远见的19世纪俄国贵族最可信的描绘。这部小说的首要批判对象之一，就是农奴制度。像许多俄国知识分子一样，冈察洛夫感到，如果不将严重束缚手脚的社会制度和习俗取缔革除，俄国将无法实行现代化，无法与其他发达国家竞争。

然而，如果《奥勃洛莫夫》仅仅是对一个早已过时的重要问题的批判，那它是不可能成为一部卓越的小说的。它是一部苦乐参半的悲喜剧，其中心人物是文学史上最有魅力但也最无用的主人公之一。奥勃洛莫夫性情温和，但缺乏将自己的想法付诸实践的毅力。他要依靠能干得多的仆人扎哈尔安排自己茫然的生活，他们的关系就像新版的堂吉诃德和桑丘。他爱上了美丽的奥莉加，却未能通过有效的行动赢得她的感情，最后把她输给了自己那位更为务实，但并没有多少魅力的朋友施托尔茨。经历了这场不难预料的失败之后，奥勃洛莫夫变得越发无精打采，他很少离开卧室，对女房东的善意劝解无动于衷。《奥勃洛莫夫》是一部有关错失良机的杰出小说：有多少文学作品讲的是主人公因为消极被动，错失爱情的故事？有多少作品能让多数读者确信，这样的主人公仍不失为一个好人？**AH**

白衣女人 The Woman in White

威尔基·柯林斯（Wilkie Collins）

作者生平：1824年生于英国，1889年卒
首次出版：1860年，S. Low, Son & Co.（伦敦）
原著语言：英语

午夜时分，主人公沃尔特·哈特赖特与一个逃离疯人院的神秘人物展开了一场惊心动魄的邂逅。这部作品以每周连载的形式甫一发表，便很快风靡一时。

不同的叙述人就像庭审中的目击证人一般，给出了各自的陈述。故事情节通过一系列的替身和对比，对一个"合法"身份是如何伪造形成的，又是如何败露的，进行了细致的考察。富有、无趣的女继承人劳拉嫁给恶棍帕西瓦尔·格莱德爵士之后，被神秘的替身白衣女人安妮·凯瑟里克取而代之。劳拉被人下药，关进了疯人院，在此期间，安妮心脏病病发身亡，以劳拉的名义下葬。迷人的无赖福斯科伯爵策划的这场阴谋，由劳拉那位充满活力的半血亲姊妹玛丽安妮娓道来，这个人物有可能是以乔治·爱略特为原型塑造的。沃尔特·哈特赖特看到心爱的劳拉站在她自己的坟前，从这可怕的一刻起，故事情节转变成了为恢复身份而进行的斗争。沃尔特越来越急于证实劳拉的身份，却发现了两个人的私生子身份。

这本书定义了19世纪60年代的新感觉派小说。哥特小说中的那些诡谲离奇的元素，转移到了中上层社会的日常家庭生活中，便马上打动了读者的心，同时现代人对于身份不稳定性的焦虑，也得到了充分的利用。**JBT**

▶ 在弗雷德里克·沃迪的漫画上，威尔基·柯林斯正在偷偷张贴一张戏剧海报——1872年的这部戏是根据他的小说改编而成的。

HE WROTE THE 'WOMAN IN WHITE.'

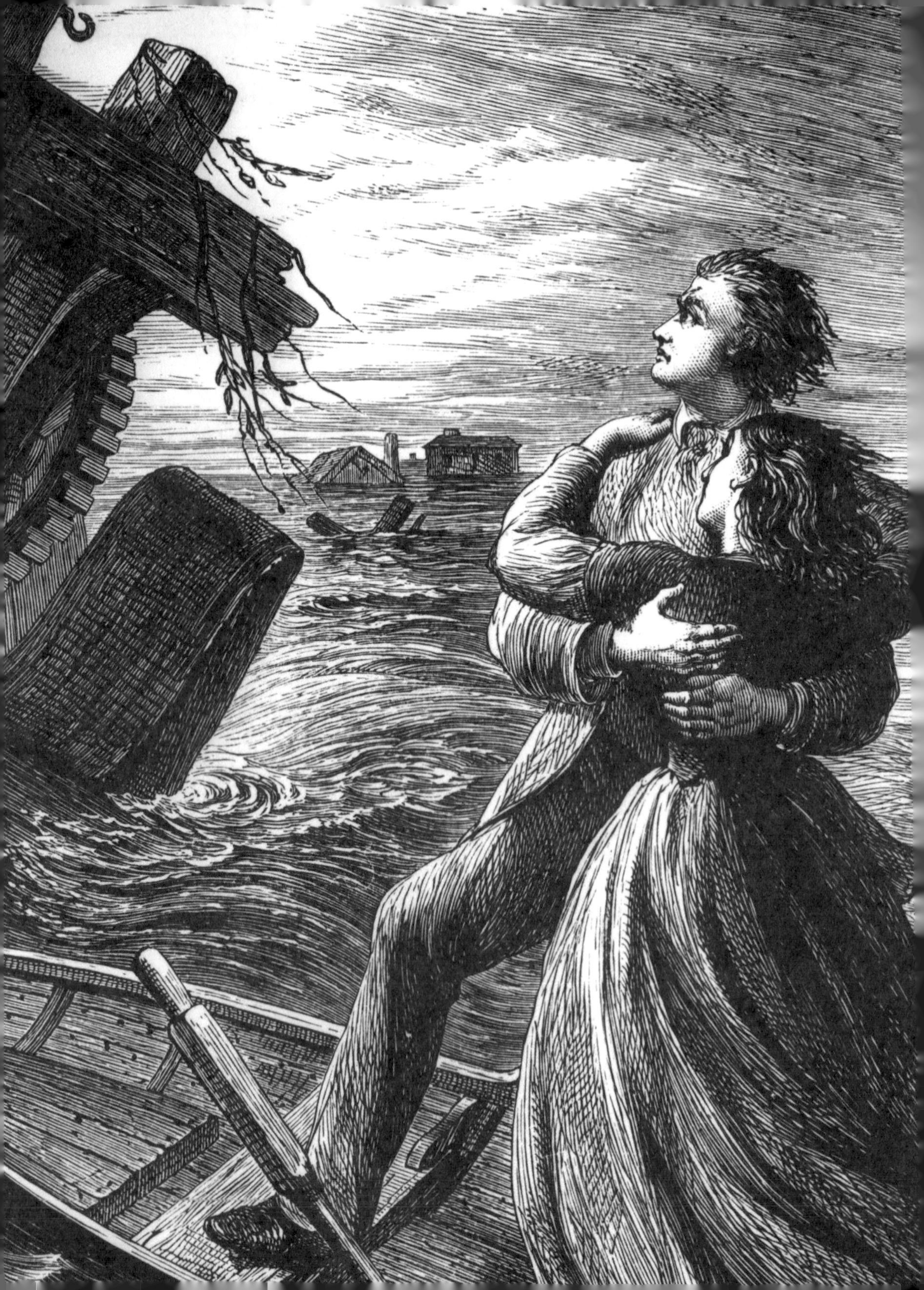

弗洛斯河上的磨坊 The Mill on the Floss

乔治·爱略特（George Eliot）

作者生平：1819年生于英国，1880年卒
作者教名：Mary Ann Evans
首次出版：1860年，W. Blackwood & Sons（伦敦）
原著语言：英语

　　乔治·爱略特对童年和环境是如何造就并限制女性身份这一问题素有研究。《弗洛斯河上的磨坊》再次融入了她的研究成果。它讲述了道尔考特磨坊主塔利弗家的两个孩子麦琪和汤姆的成长历程，强调了家庭遗传的不可预测性。缺乏热情的汤姆像母亲，而他的妹妹麦琪——阴郁、冲动且富有想象力——更像父亲。与汤姆不同，麦琪头脑机敏，她还是个假小子，跟表妹露西·迪恩也截然不同。这个故事以19世纪40年代圣奥格这个更为广阔的中产阶级乡间社区为背景，对传承和革新这两种此消彼长的力量进行了探讨。塔利弗家被顺应时代发展的威根姆律师弄得倾家荡产。在汤姆努力夺回家产时，麦琪通过与威根姆残疾的儿子菲利普结为朋友，试图努力消除宿怨。然而，推动小说情节发展的，是兄妹情谊与种种家庭关系之间的冲突。麦琪一时冲动，不再压抑自己的欲望，向露西的未婚夫斯蒂芬表达了自己的爱，与他一起泛舟河上，后来又颜面无光地回到家里。在悲惨的结局中，麦琪终于与汤姆和解，但正如叙述人在谈到洪水所造成的后果时所说的那样："大自然会将它造成的破坏予以修复——但并非全部。" **JBT**

马格斯·哈弗拉尔 Max Havelaar

穆尔塔图里（Multatuli）

作者生平：1820年生于荷兰，1887年卒
作者教名：Eduard Douwes Dekker
首次出版：1860年，De Ruyter（阿姆斯特丹）
原著语言：荷兰语

　　《马格斯·哈弗拉尔》最初付印时，曾在社会上引发了一场轰动。作者向荷兰政府提出疑问，要求政府对自己在书中披露的真相给出解释：当时在爪哇实行的殖民政策，不外是对荷属东印度群岛的人民采取的一系列强取豪夺和残酷暴行，逼迫他们放弃种植水稻，为他们远在海外的主子供应咖啡和茶。当时，这番质疑无人问津，也没有人给出明确的答复。但很久之后，人们发现，这本书的主要内容是准确无误的。

　　正如《汤姆叔叔的小屋》（见本书第132页）吸引着人们关注美国奴隶的困境，因此改善了他们的境遇一样，这本书也促使当地状况有了积极的改变。尽管它发挥了这样的实效，并且声名大噪，但这并不意味着这本书仅是一本实用的、企图实现某种目的的小册子。除了在宣传方面有所贡献，《马格斯·哈弗拉尔》还是一部值得阅读和欣赏的作品，因为它有着讽刺性的幽默。它讲述了一名与自己所效力的政府意见不合的殖民地行政官员的遭遇，展现和描绘了可笑的资本家和殖民地官员之流的行径。

　　穆尔塔图里这个名字的意思是"我饱受苦难"，如今它已经成为一项荷兰文学奖和一家荷兰博物馆的名称，马格斯·哈弗拉尔基金会则是一家公平贸易认证机构。尽管这些致敬的名称是贴切的，但它们所反映的内容，在这部寓意更为复杂的小说中，仅仅是局部而已。**ES**

● 这幅维多利亚晚期的画描绘出了小说的高潮。画中，汤姆和麦琪在洪水中面临灭顶之灾。

远大前程 Great Expectations

查尔斯·狄更斯（Charles Dickens）

作者生平：1812年生于英国，1870年卒
首次出版：1861年，Chapman & Hall（伦敦）
原著语言：英语

《远大前程》在诸多层面上发挥着效力：它既是与"肮脏的金钱"有关的政治童话，也是对记忆和写作的探索，还是对身份的不确定性所作的令人不安的描绘。

皮普在平平淡淡、没有详细交代的未来回首往昔，追忆童年时光。那时，他与凶蛮的姐姐和为人和蔼的、做铁匠的姐夫，在泰晤士河沼泽地区生活。他在父母坟前邂逅了逃犯马戈维奇，这场邂逅带来了重大影响。后来皮普获得一笔神秘遗产，他推测，这笔遗产准是来自那位干瘪的郝维仙小姐，她永远穿着在婚礼上被人抛弃时的婚纱。狄更斯笔下风格不凡的情节大逆转就像埃舍尔的画一般。

与狄更斯在19世纪50年代为社会描绘的那些巨幅全景画卷相比，《远大前程》篇幅更短，节奏更快。这种节奏为小说带来了有益的效果，使得故事情节的展开有如一个谵妄的梦。维多利亚时代的作家们钟爱"虚构性的自传"，但狄更斯的这部小说还有一层令人不安的讽刺。他用这种讽刺的口吻，描述了这样一个人：此人一直把自己当作小说人物来构建。皮普在纸面上羞愧地回顾以往的生活时，总会让人萌生出这样的感觉：他那脆弱不堪的重重身份，要完全依靠写作，才得以勉强维系。或许，撰写自传原本应当是自我疗救的举措，而《远大前程》却戏剧化地体现出皮普注定无法赋予自己的生活以连贯性，无法对过去的事进行任何弥补。**BT**

在她的陪伴下，我从未感受过片刻的幸福。然而，在一天二十四小时里，我心里每时每刻都在念叨着，有她陪伴在我身旁直至死去，是多么幸福的事。

▲ 在马库斯·斯通绘制的《远大前程》插图中，身穿婚纱的郝维仙小姐让小皮普感到害怕。

织工马南 Silas Marner

乔治·爱略特（George Eliot）

作者生平：1819年生于英国，1880年卒
首次出版：1861年，W. Blackwood & Sons（伦敦）
完整书名：*Silas Marner: The Weaver of Raveloe*
原著语言：英语

《织工马南》将童话和传统歌谣的元素，与对家庭的意义和归属感性质的探讨，编织在了一起。这部作品的背景是"很久很久以前"，那时"迷信很容易附会到每个人和稍有些奇怪的事情上"，它细致描绘了织工马南在道德、心理、社会层面上的改变。他被驱逐出了北方墨守成规的落后地区，作为异乡人来到了拉维罗这个富有田园风味的中部村庄。因为孤独和恐惧，这个织工变得只在乎钱，整日进行机械的重复劳动。在收养了一名对鸦片上瘾的弃儿爱碧之后，他那原本脆弱不堪的身份获得重生。马南融入当地的故事，还有爱碧成长的故事，体现了乔治·爱略特最富感染力的文字技巧。在这个获得救赎的故事里，还有这样的内容：爱碧的出身被发现，原来她的父亲是当地乡绅戈弗雷·卡斯的儿子，他曾有一段悲惨、隐秘的婚姻。戈弗雷·卡斯最终承认了爱碧是自己的孙女，但爱碧决定留在养父和属于工人阶级的人们身边。这部小说对支撑着许多英国小说的"出身名门"作出了深刻的改变，在这类故事里，孩子往往发现自己有着高贵的出身和"真正的自我"。但在本书中，家庭首先被看作一系列情感和社会的纽带，而不是基因的传承。共同生活的意愿取代了个人的志向。尽管《织工马南》有着缺乏活力的恬静特质，但它对人的社会自我是如何形成的，进行了细致的探讨。**JBT**

父与子 Отцы и дѣти

屠格涅夫（Иван Сергеевич Тургенев）

作者生平：1818年生于俄国，1883年卒于法国
首次出版：1862年（俄国）
原著语言：俄语
英译书名：*Fathers and Sons*

《父与子》面世时，俄国农奴刚于一年前获得解放，当时俄国的年轻知识分子正日益投入地煽动革命。这是一部深刻反映时局的小说，它所描写的两代人在政治和社会领域内，价值观大相径庭。

这部小说的核心人物，也是最令人难忘的人物，是以虚无主义者自居的巴扎罗夫。他说自己不接受任何形式的权威，只对能经得起科学唯物主义检验的思想感兴趣。巴扎罗夫与自己的追随者阿尔卡季造访祖居，故事由此展开。结果在信奉传统旧秩序的父辈，与质疑旧秩序的、理想主义的儿子之间，形成了对峙的态势。这种对立除了能与当代政治产生共鸣，还用实例呈现出了青年与长辈之间恒久不变的冲突。这部作品还展现了富有魅力、专横的巴扎罗夫，与那位最初对他钦佩不已的追随者之间的紧张关系，当他们爱上同一个女人之后，两人的分歧开始变得明显起来。

屠格涅夫的创作技巧体现在塑造人物性格的层面：主要人物之间深入的交流（或交流障碍）确保了他们最终还是善解人意的人，哪怕他们的行为和言语看起来具有误导性。《父与子》如今依然是一部经典，它是用美妙的笔触勾画出来的、对年轻人的理想主义的必要性和影响力的分析，也是对这种理想主义所暗含的隐忧的分析。**JC**

悲惨世界 Les Misérables

维克多·雨果（Victor Hugo）

作者生平：1802年生于法国，1885年卒
首次出版：1862年，A. Lacroix & Verboeckhoven
原著语言：法语

《悲惨世界》是少数首次出版后仍能经久不衰的小说之一。这本书出过删节版、改写版，被拍成电影，当然，还有举世闻名的音乐剧，但要想弄清维克多·雨果取得的真正成就有多大，还得回到文本本身。

就像托尔斯泰的《战争与和平》（见本书第168页）一样，这部小说关注的是：在划时代的历史语境中，个人的生活是如何进行的。雨果问我们：历史是什么？是谁创造了历史？历史作用在谁身上？个人在这些历史事件中发挥着怎样的作用？冉·阿让是《悲惨世界》中的关键人物，他是个逃犯，迫切地想要通过自己的养女珂赛特补赎己过，这一点是小说的核心。警长沙威一直在追查冉·阿让，两人的生活无可避免地纠缠在一起，而且警长铁面无私，意志坚定，他要维护法律，逮捕冉·阿让。这一出个体化的、猎人与猎物的戏份被投进了革命时期的巴黎这口大锅里，而这时，珂赛特爱上了激进的理想主义者马吕斯，冉·阿让则不断地反抗着这种可能性：他有可能失去自己所爱的一切。这部小说用空前的生动感，再加上雨果别具一格的世界观，将读者带进了巴黎的政治和地貌之中，随后是滑铁卢战役，以及令人惊异的大结局。堪称国家经典的作品为数不多，但《悲惨世界》正是其中之一，而且它还是历史小说发展史上的一座里程碑，堪与狄更斯和托尔斯泰最伟大的作品相媲美。它的确是一部引人入胜的作品。**MD**

- 雨果的插图师埃米尔·贝亚德绘制的珂赛特像，如今它成为据此小说改编而成的歌剧的著名标志。
- 这幅插图展现的是为1878年上映的法国戏剧《悲惨世界》设计的戏服。

Acte I. Jean Valjean. | Jacquin. | Une Femme. | (2 T) M.me Magloire. | M.elle Baptistine. | Un Brigadier. | M.r Miriel

(5.e T.) _ Javert. | Fantine. | (4.e T.) _ La Tenardier. | Fantine. | Tenardier. | (3.e T.) _ Petit Gervais.

(5.e T) Fauchelevent. | Un Ouvrier. | (6.e T.) Jean Valjean. | (8.e T.) Sœur Simplice. | Fantine. | (9.e T.) _ Cosette.

(10.e T.) Claquesous. | Tenardier. | Montparnasse | Eponine. | (11.e T.) _ Cosette. | (12.e T.) Fauchelevent.

水孩子 The Water-Babies: A Fairy Tale for a Land-Baby

查尔斯·金斯利（Charles Kingsley）

作者生平：1819年生于英国，1875年卒
首次发表：1863年，*Macmillan's Magazine*
首次出版：1863年，Macmillan & Co.（剑桥）
原著语言：英语

查尔斯·金斯利的杰作《水孩子》常常被误认为是一部童书，它最初发表于《麦克米伦杂志》，比达尔文发表《物种起源》晚了四年。十岁的烟囱清扫工汤姆，遭到师傅格里姆斯的残酷盘剥，不小心落进了约翰·哈特霍福爵士乡间别墅的烟囱里，来到了小爱丽的卧室。孩子大声哭闹起来，人们把汤姆当成了小偷，他被追得慌不择路，掉进了池塘，但他并未淹死。他忘记了自己在陆地上生活时的记忆，变成了一个水下的住客。他开始从物理和心理层面，对新世界展开探索。他在与各种海洋生物互动、学习的过程中，重新找回了自己的身份。在这个水下王国中，汤姆获得了"推己及人"夫人的教诲，从一个浑身是灰的扫烟囱工变成了维多利亚时代的一名整洁的绅士。

《水孩子》触及了金斯利最喜爱的主题：贫困、教育、卫生、污染和进化给人带来的影响。在汤姆精神重生的过程中，金斯利给出了这样的自然观：大自然既是神性实在的工具，又是神性实在的表现。金斯利向我们表明，他能将达尔文的进化论演绎成一连串的寓言。正是在小说的这一层面，我们欣赏到了查尔斯·金斯利的高明之处。更有趣的是，金斯利还能明确地阐述物种退化的观念，并能对这种观念产生影响。四分之一个世纪之后，这种观念便不再在小说中大行其道了。1887年，为纪念金斯利逝世，还发行了这部小说的特别版。林利·桑伯恩绘制的精彩插图，就像金斯利的散文一样激烈、震撼，完全出人意料。**VC-R**

▶ 查尔斯·金斯利对穷人命运的关注——他是个基督教社会主义者——在他写的许多小说里都有着充分的体现。

▶ 在J. W. 史密斯20世纪20年代绘制的插图中，扫烟囱的汤姆变成了让水下居民感到好奇的对象。

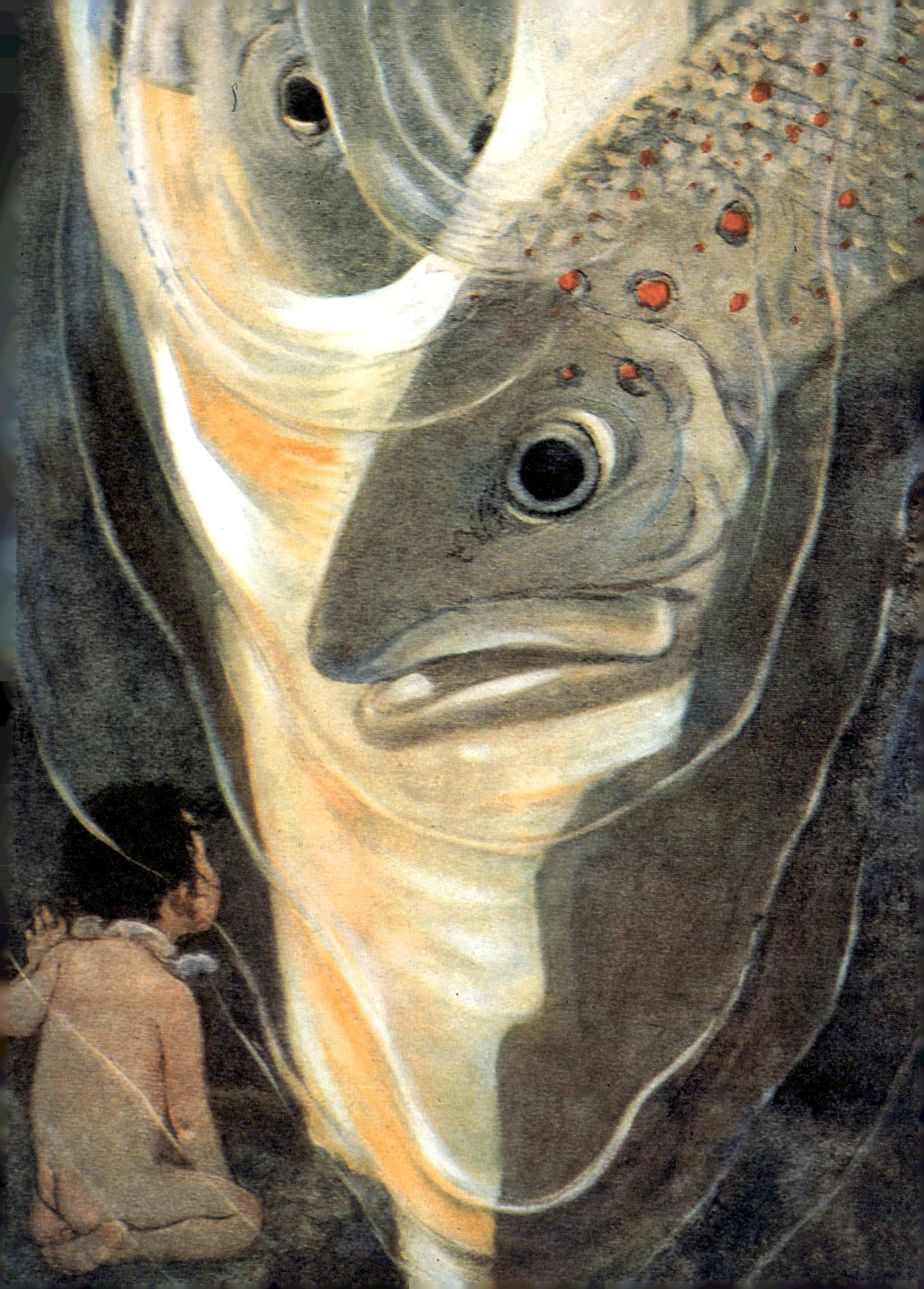

地下室手记 Записки изъ подполья

陀思妥耶夫斯基（Фёдор Михайлович Достоевский）

作者生平：1821年生于俄国，1881年卒
首次发表：1864年
连载刊物：《时代》（Эпоха）
英译书名：Notes from the Underground

正如书名所暗示的，陀思妥耶夫斯基的《地下室手记》中的那个无名的叙述者，是不见天日的世界中所发出的一种声音，是俄国社会的根基中爆裂出的一种忧患重重的意识。这部小说是一个苦恼的、厌弃人类的、在圣彼得堡独自生活的文官的辩解和忏悔。它分为以下两个部分，反映出了19世纪俄国知识分子生活的两个重要阶段：19世纪40年代感情用事、书生意气的浪漫主义和60年代纯理性的功利主义。在这两部分里，这位叙述人就他那个时代的许多变动的秩序——审美的、宗教的、哲学的和政治的——发表了一连串令人惊奇的、富有煽动性的抨击。他是个饱学之士，却不再抱有任何幻想，他痛批自己青年时"美好而崇高的"浪漫主义，以及与其中年时相对应的社会主义新准则。这一切都难逃他的鄙夷。

《地下室手记》是陀思妥耶夫斯基最阴暗、最诡异的作品。一方面，它算得上是某种"个案研究"——是对疏离与自我嫌恶的分析，是一部赫然处于社会与个人之间的夹层中的小说；另一方面，它又是一部用各种观念演绎的悲喜剧。它有力地驳斥了启蒙运动的理想主义，以及乌托邦社会主义作出的种种许诺。它勇敢地拒绝了"进步"观念和"更高的觉悟"，把人描述成一贯非理性、叛逆、不合作的形象。据尼采说，这部作品是"来自血统的本能"。《地下室手记》是一部灰暗、难读但引人入胜的小说，如果只将它视为陀思妥耶夫斯基后续创作的、更为著名的作品的重要前奏，未免低估了这部作品的价值。**SamT**

我越是认识到善……就越是愿意陷入我的泥淖。

▲ 陀思妥耶夫斯基这张富于感染力的照片，呈现出了一个十分严肃、饱受心魔折磨之人的形象。

塞拉斯叔叔 Uncle Silas: A Tale of Bartram-Haugh

谢里丹·勒·法努（Sheridan Le Fanu）

《塞拉斯叔叔》大致源于维多利亚时代写耸人听闻事件的"情节小说"。就像威尔基·柯林斯的作品一样，它把人物对深藏的谜团的好奇与决心查个水落石出的冲动结合在了一起。但这个有关德比郡乡间大宅遗产的故事，看起来既像是有关英国–爱尔兰人群行将消失的政治寓言，又像是伊曼纽·斯威登堡（Emanuel Swedenborg）的死亡和来世观念的形而上版本。

引人瞩目的女主人公莫德·拉辛既充当了调查者，又充当了受害者，她先是探寻父亲的秘密，后来在叔叔的宅子里受到了伤害。塞拉斯的宅子"巴特拉姆–霍"象征着新教徒文化中恶毒麻痹的一面，但同时也是寓居着幻想和怪诞的一个"浪漫之梦"。《塞拉斯叔叔》里没有任何超自然成分：其中的所有事件，都可以完全归结为人为的罪恶。邪恶并没有被描述成精神上的稍纵即逝，而是被描述成显而易见的肉体特征：我们对一些人物产生怀疑，是因为他们胃口过人，有着"胖头大脸"的外表，言语阴险狡诈。种种描述肉体的词汇，既让读者看到了那些完全有悖于传统或邪恶的人物，也让读者看到了"瘦削"、脸色苍白的人物，比如塞拉斯叔叔本人。他们在这个活人的世界上，只是死亡的访客而已。其实，爱德华七世时代那些令人不安的鬼故事里，就有这样一些人物。

谢里丹·勒·法努对英国–爱尔兰传统的敏锐论断，令威廉·巴特勒·叶芝和詹姆斯·乔伊斯对他的作品怀有深深的共鸣，无疑也让《塞拉斯叔叔》成为20世纪现代派巨著中少有人知的先驱之作之一。**DT**

作者生平： 1814年生于爱尔兰，1873年卒
首次出版： 1864年，R. Bentley（伦敦）
原著语言： 英语

他在晚年结了婚，年轻貌美的妻子死了。

▲ 勒·法努的这张照片拍摄于1850年前后，他是爱尔兰裔英国人，生在爱尔兰却信奉英国的宗教。

爱丽丝漫游奇境 Alice's Adventures in Wonderland

刘易斯·卡罗尔（Lewis Carroll）

作者生平：1832年生于英国，1898年卒
作者教名：Charles Lutwidge Dodgson
首次出版：1865年，Macmillan & Co.（伦敦）
原著语言：英语

作为西方文化中为人熟知、不可或缺的组成部分，刘易斯·卡罗尔将这趟穿过兔子洞的旅程，写成了一部能令任何成人读者心满意足的童书，它包含了足够多的怪诞讽刺、俏皮话和趣事。正如超现实主义作家安德烈·布勒东所写的那样，在本书中，"随着对荒诞的适应，大人们被重新带到了孩子们所寓居的神秘王国里"。这本书并没有以居高临下的说教态度对待孩子们，对于那些缺乏耐心的大人，这本书同样有积极的教育意义。它出版于1865年，兰波的《地狱一季》也在同年发表，洛特雷阿蒙那部可怕的《马尔多罗之歌》（见本书第166页）在此之后出版。《爱丽丝漫游奇境》中的那场前往梦幻国度的旅程，也许英国味和斯文气息有些浓重，但并非没有阴暗面。

七岁的爱丽丝在伊希斯河畔打盹时，发现身穿马甲的白兔在焦急地看表，便决定跟着他，进入地下世界。在追赶那只谨小慎微的兔子时，她陷入了各种古怪的困境。她喝下药水或者吃下少许蘑菇，个子就会随之变大或变小，可以从老鼠那么大变得像房子那么大，或者让脖子长得像蛇那么长。她遇到的那些"人物"如今已经深深印刻在我们的脑海中：在"泪湖"中漂浮的老鼠，它的故事排印成了一根尾巴的形状；抽水烟筒的毛虫；给猪喂奶的可怕公爵夫人；咧嘴大笑还会消失的柴郡猫；喝茶的疯帽匠和三月兔把榛睡鼠塞进了茶壶；残酷的红心王后用红鹤玩槌球游戏；忧伤的素甲鱼教她跳龙虾方阵舞。爱丽丝始终是个一本正经的天真少女，试图用逻辑来面对疯狂，这个故事温和地挖苦了维多利亚时代资产阶级育儿实践中的那种缺乏同情心的清教主义。这本书一定要搭配约翰·坦尼尔（John Tenniel）画的原版插图一起读。**DH**

▲ 约翰·坦尼尔为《爱丽丝漫游奇境》绘制的原版插图，是书中那个富有想象力的世界不可或缺的组成部分。

▶ 在该书1907年版W. H. 沃克绘制的这张插图里，爱丽丝跟在白兔后面，掉进了地下世界。

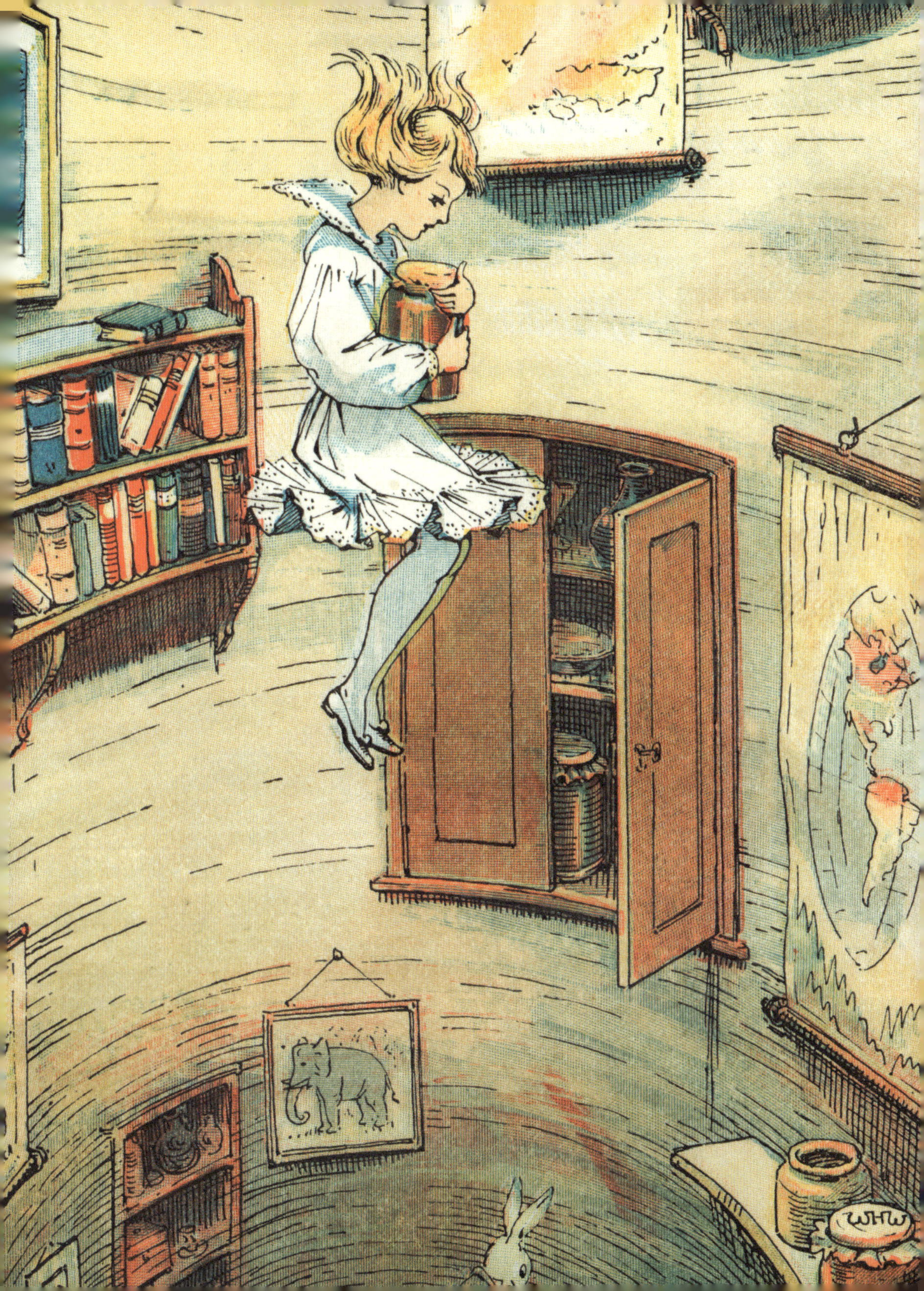
WHW

地心游记 Le Voyage au Centre de la Terre

儒勒·凡尔纳（Jules Verne）

作者生平：1828年生于法国，1905年卒
首次出版：1866年，P-J. Hetzel（巴黎）
原著语言：法语
英译书名：Journey to the Center of the Earth

《地心游记》重新运用了"落入地狱"这一传统文学主题，用科幻小说的形式，将它变得焕然一新。19世纪中叶，人们关注的重大科学问题之一，就是地核深处的地热温度以及地壳下面的温度是冷还是热，这部小说就此进行了探讨。小说家把知识分子的化身阿克塞这个人物，塑造成了"火心说"的捍卫者，而他的叔叔——头脑混乱的黎登布洛克教授则与此相反，是亨弗莱·达威的"冷心说"的捍卫者。这部小说以非凡的想象力，采纳了后一种假说，把故事安排在一片像瑞士的格律耶尔一般的冻土地带，火山和海洋通过那里的一系列沟渠连接在一起。

书中的人物通过冰岛一座名为斯奈弗的死火山进入地下，他们发现，自己置身于一个巨大的洞窟之中。这个洞窟下面是"内地中海"，他们探索着这片海域，直到火山熔岩的喷发将他们带出斯特龙博利的火山口。他们的旅程可以分为两大部分：第一部分把主人公带到了过去，他们穿越连续不断的地层，最终抵达了"远古花岗岩岩层"；第二部分是发现内海——它是一片由"活化石"居住的古生物空间，在那里，各个时代的生物类别都混杂在一起。1863年，人们在阿布维尔发现了一块人的颌骨，这一发现促使作者编出了"远古牧羊人"的故事，它让人不由得想起巨型类人猿。对那时正在探讨进化问题的达尔文主义者们来说，这些类人猿是现代人的始祖。**JD**

- E. 里乌为《地心游记》绘制的插图上配有这样的文字："我们沿着蜿蜒的楼梯往下走。"
- 儒勒·凡尔纳还写过其他富有想象力的故事，这是他的精装版作品选。

158 | 19世纪

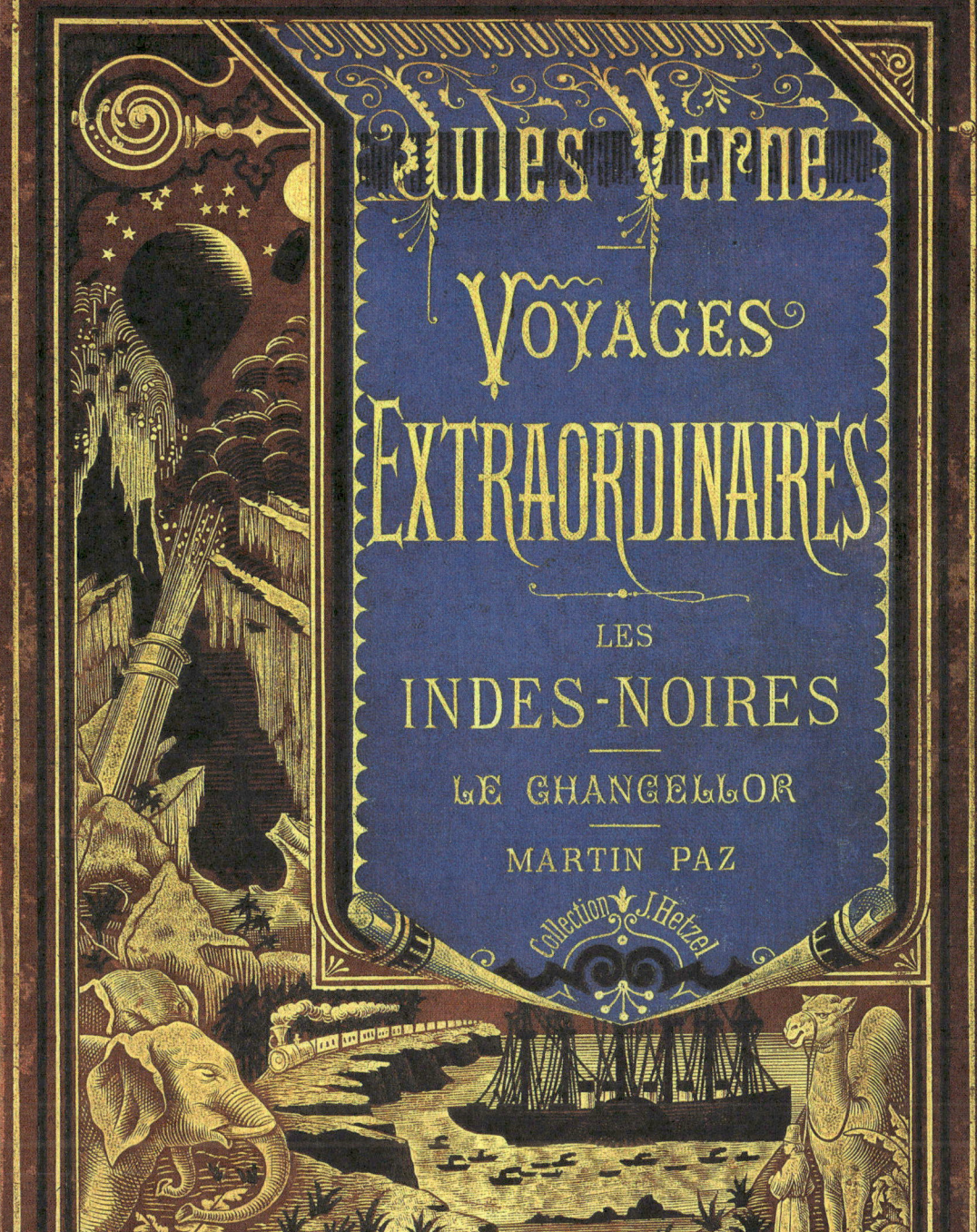

Jules Verne
Voyages Extraordinaires

Les Indes-Noires
Le Chancellor
Martin Paz

Collection J. Hetzel

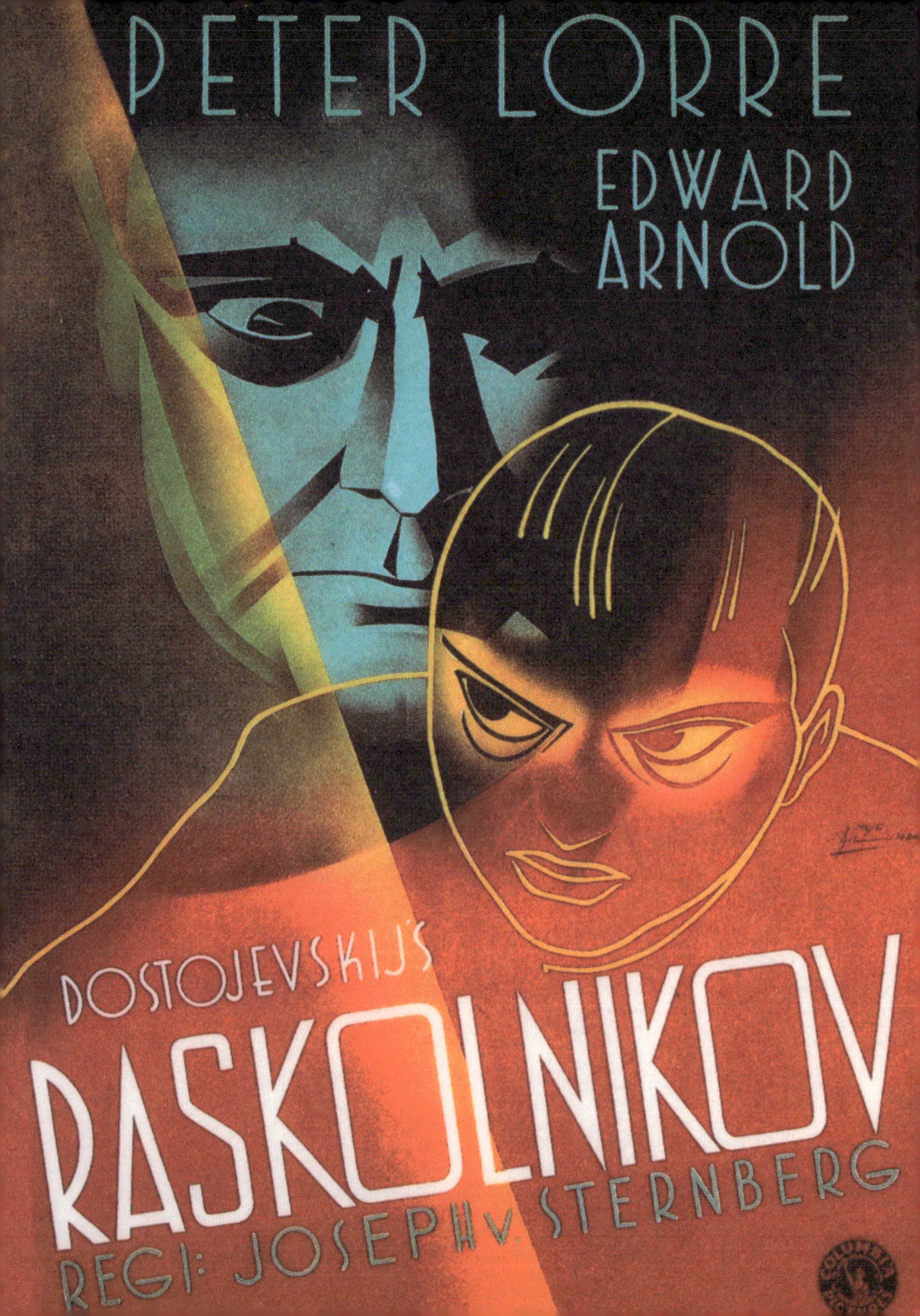
PETER LORRE
EDWARD
ARNOLD
DOSTOJEVSKIJS
RASKOLNIKOV
REGI: JOSEPH v. STERNBERG

罪与罚 Преступленie и наказанie

陀思妥耶夫斯基
（Фёдор Михайлович Достоевский）

作者生平：1821年生于俄国，1881年卒
首次发表：1866年
连载刊物：《俄罗斯公报》（Русскiй Вѣстникъ）
英译书名：Crime and Punishment

    《罪与罚》是俄国乃至世界文学中的一部杰作。它引人入胜，却神秘难解。开篇不久，主人公拉斯柯尔尼科夫承认，出于某些他本人和读者都不甚了然的缘由，他犯下了双重谋杀罪。在小说的剩余部分，他在圣彼得堡的街头踯躅。他不知道自己犯下的罪行——他本人觉得那根本算不上什么罪行——是否会被人发现。他周围真切可感的世界变得如梦似幻、似真非真。

    人们常说，《罪与罚》是对负罪感的研究，不过这一说法不尽准确：拉斯柯尔尼科夫并没有负罪感，但他确实觉得害怕，他感到自己和其他人之间有一道深深的鸿沟。朋友们竭力帮助他，他却无法接受他们的好意。他甚至无法理解他们的关爱与同情，因为他觉得自己是个被遗弃的人——他杀人的能力与其说是异化的原因或结果，不如说正是异化本身的体现。

    作为读者，我们深深地进入了一个人谵妄的内心，这种谵妄让人无法理解。如果我们足够用心地观察自己的同类，也许就会被这种无法理解之感所慑服。《罪与罚》尽管完成于1866年，但它是一部伟大的先驱之作，引领着20世纪加缪、贝克特等人的异化文学。**DP**

▶ 约瑟夫·冯·斯滕伯格根据陀思妥耶夫斯基的小说，于1935年所拍摄的电影的瑞典版海报，彼得·洛尔在片中饰演杀人犯拉斯柯尔尼科夫。

巴赛特的最后纪事 Last Chronicle of Barset

安东尼·特罗洛普（Anthony Trollope）

作者生平：1815年生于英国，1882年卒
首次出版：1867年，Smith, Elder & Co.（伦敦）
原著语言：英语

    创作于1855年到1867年的六部小说构成了所谓的《巴赛特纪事》，它们反映了安东尼·特罗洛普对于乡间生活的着迷。这六部作品合在一起，构成了一幅英国维多利亚时代中期的全景画，其中有教堂、婚姻，还有政治和乡村生活。在特罗洛普的小说中，《巴赛特的最后纪事》占据着特殊地位。小说的广度和规模，再加上特罗洛普对他杜撰出来的那个有名的郡进行了出色的再现，令它被视为维多利亚时代最雄心勃勃的小说之一，而且它似乎将特罗洛普的作品收束成了一个整体。《巴赛特的最后纪事》再次造访了特罗洛普喜爱的部分人物的生活，他们曾在之前的巴赛特郡小说中登场亮相。这些人物当中有贫困的牧师乔赛亚·克劳利，人家指控他窃取支票（结果发现并非如此），让他倍感屈辱，这构成了小说的核心危机。克劳利这个傲慢、不爱交际的男人陶醉在自己变成受害人和殉难者的处境里。

    与克劳利的情节主线相平行的，是女主人公莉莉·戴尔的故事，她紧抓着几年前的一段回忆不放，那时有个男人抛弃了她。莉莉就像是狄更斯笔下的郝维仙小姐，只不过她更年轻漂亮，她不愿再考虑另嫁他人，年仅二十四岁的她决心做个"老姑娘"。莉莉的固执己见让当代读者感到懊恼，但近来有些批评家将莉莉解读成最早的女权主义者，其强烈的自我意识，使得她拒绝仅仅为迎合人们对她的期待而结婚。**AM**

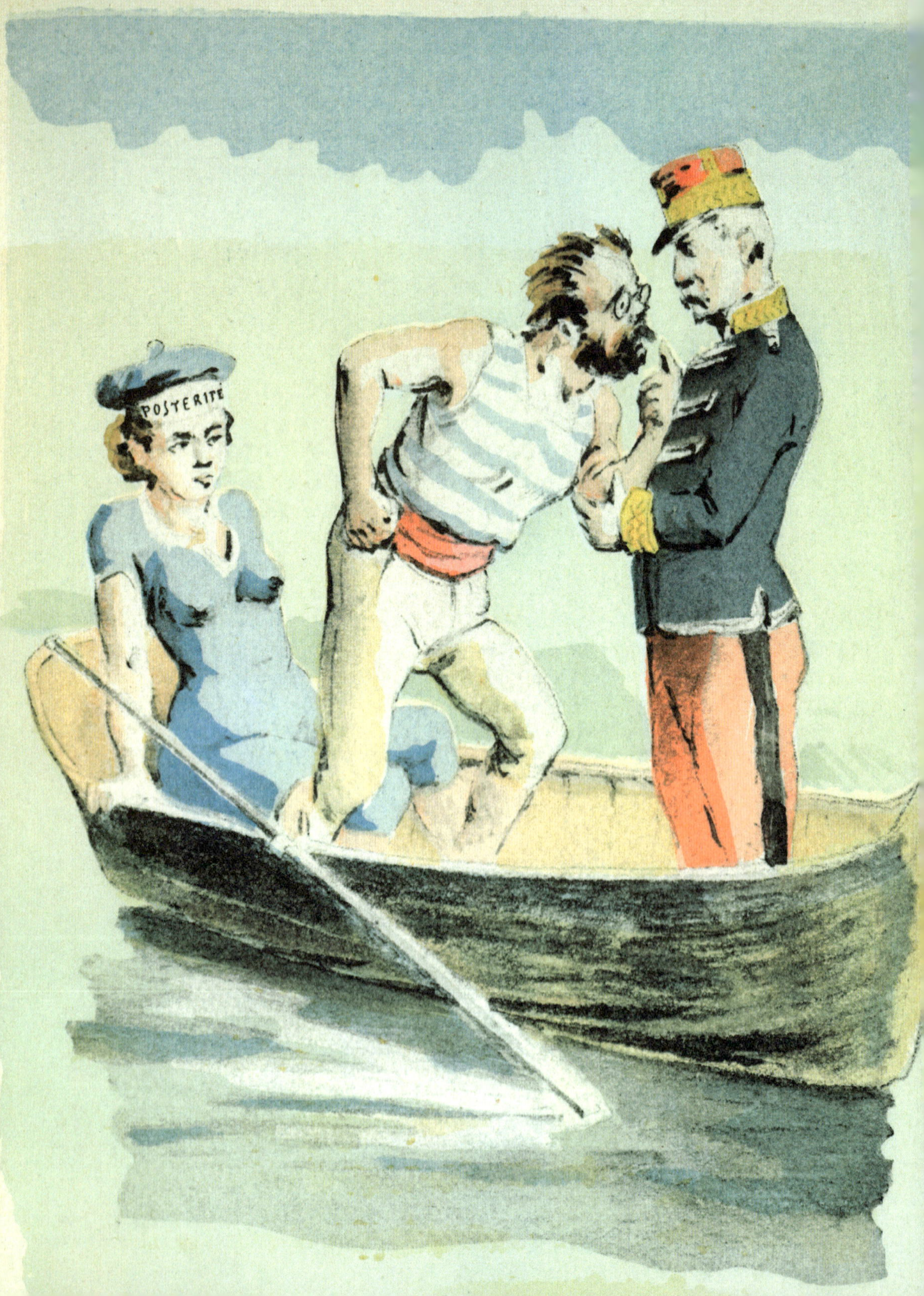
POSTERITE

戴蕾斯·拉甘 Thérèse Raquin

埃米尔·左拉（Émile Zola）

作者生平：1840年生于法国，1902年卒
首次出版：1867年，A. Lacroix（巴黎）
原著语言：法语
连载标题：*Un Mariage d'Amour*（1867）

　　《戴蕾斯·拉甘》算不上是埃米尔·左拉的最佳小说，它开篇犹犹豫豫，所作的论断又过于武断。这部作品不如他后来的杰作《萌芽》（1885，见本书第198页）那样充满自信。但正是这种不确定和极端的特质，让《戴蕾斯·拉甘》变成了一部重要作品。

　　左拉遵循着不断发展的自然主义美学信条，选取了两个"样本"来展现自己有关性欲和悔恨的理论。但左拉太想让拉甘和情人洛朗证实自己的机体功能论，结果用力过猛，把他们变成了奇特、痛苦的人。其结果便是让这部小说显得有些自我分裂，一方面是狂放不羁的色情，另一方面是一丝不苟的客观，但两者的混合带来了出色的效果。在有志于实现"科学"目标的叙事人被迫详细解说这对情人的行为时，第三人称叙事的客观性被发挥到了极限。戴蕾斯·拉甘是个绝色美人，她刚登场时，有如无声的欲望和恐惧的承受者，有如没有自由意志的"人兽"，屈从于自身无法控制的生理机能。但她的经历渐渐地，随后颇为激烈地，赋予了她自己的声音和行动，让她极为清醒地意识到了自己的女性身份，以及身为女人可以拥有怎样的肉体享乐。**PMcM**

月亮宝石 The Moonstone

威尔基·柯林斯（Wilkie Collins）

作者生平：1824年生于英国，1889年卒
首次出版：1868年，Tinsley Brothers（伦敦）
原著语言：英语

　　《月亮宝石》常常被认为是第一部英国侦探小说，有些人更是将它奉为最伟大的英国侦探小说。它讲述的是一桩价值不菲的钻石盗窃案，不过一开始，先对这枚宝石的来历做了回顾：它原本是一位印度神祇的饰物，后来几经劫掠，直至19世纪，它作为一件结婚礼物出现，马上又被人偷走了。这时，人们把卡夫警官请来破案，在别人的少许帮助下，他终于令疑案水落石出。

　　这部小说的一大令人瞩目之处在于，它是以多重视角的第一人称叙述的，这让疑案变得越发扑朔迷离。因为读者始终无法弄清楚，究竟谁的话真实可信。这部小说的不少篇幅都是人物之间的对话，因此尽管情节纷繁复杂，读者还是可以很快理清头绪。柯林斯在这本大部头长篇小说里，展现出了袒露人物内心的非凡技艺。他将女性心理刻画得像男性心理一样真实，这对一位19世纪的男作家来说，或许颇不寻常。小说的背景跃然纸上，故事情节的感染力更是令读者欲罢不能。《月亮宝石》被公认为是英国文学的一座里程碑，它既是对一桩疑案的破解，也是对19世纪社会面貌的描绘。它很少有雕琢的痕迹，对人物性格和对话的描写，给人以极强的真实感。**DP**

◀ 漫画家勒布儒瓦戏仿《戴蕾斯·拉甘》中的一幕，展现了左拉与一位法国军官就德雷福斯事件对峙的情景。

"Louise Alcott"
The Children's Friend.

小妇人 Little Women

路易莎·梅·奥尔科特（Louisa May Alcott）

作者生平：1832年生于美国，1888年卒
首次出版：1868年，Roberts Bros.（波士顿）
完整书名：*Little Women; or, Meg, Jo, Beth, and Amy*
原著语言：英语

    经久不衰的《小妇人》再现了理想化的家庭生活，刚一问世便大获成功，一跃成为最受喜爱的美国经典小说之一。它原本是写给小姑娘们看的故事，然而它的魅力跨越了时间和年龄的界限。

    《小妇人》是有关马奇家四姐妹的故事，讲述了她们在美国南北战争时期，在新英格兰的成长经历。这个故事详细描述了她们与贫困和艰难处境的斗争，以及她们的道德瑕疵和个人的挫折经历。四姐妹的父亲在联邦部队里打仗，梅格、乔、艾美、贝思和母亲被撇在家里自给自足，她们的一举一动都被富裕的邻居们看在眼里。她们的日常生活，穿插着她们写的信、编的戏剧、不端行为和善举，还有梦想和抱负。下面这些事标志着姑娘们的成熟：梅格嫁人离开，乔努力当上作家，贝思过早夭折，艾美意外收获了浪漫恋情。《小妇人》在一定程度上具有自传性质，融入了奥尔科特和自家姐妹的故事。也许正是这份亲近感，为这幅栩栩如生的19世纪家庭生活画卷赋予了长久的活力，使它赢得了一代代读者的喜爱，激励着波伏瓦、乔伊斯·卡罗尔·欧茨和辛西娅·奥泽克（Cynthia Ozick）等女作家不断涌现。**LE**

◀ 《小妇人》的出版为奥尔科特带来了知名度，却也让人们形成了这样的刻板印象：她是个童书作家。

白痴 Идіотъ

陀思妥耶夫斯基（Фёдор Михайлович Достоевский）

作者生平：1821年生于俄国，1881年卒
首次发表：1868—1869年
连载刊物：《俄罗斯公报》（*Русскій Вѣстникъ*）
英译书名：*The Idiot*

    陀思妥耶夫斯基的第二部长篇小说重新启用了"神圣的傻瓜"这一主题：某人看似单纯，其实是大智若愚。这本书里的"白痴"便是圣人般的梅什金公爵，他（像作者本人一样）是一名癫痫病患者。我们与他邂逅时，他刚从瑞士的一家疗养院返回俄国，要去远亲叶班钦夫人家借住，这位夫人的丈夫是一位富有的将军。这个故事以19世纪60年代迅速发展的圣彼得堡为背景，讲述了梅什金给叶班钦一家和他们所处的社会环境带来的影响。对于上流社会的虚伪和这份虚伪底下的真情实感之间的冲突（这些冲突事关金钱、地位、性爱和婚姻）来说，梅什金就像催化剂一般。像所有优秀俄国小说一样，《白痴》出场人物众多，名字很不好记，它以新兴的资产阶级现代化为背景，将私情与激情掺杂在一起。

    起初，梅什金看待富有、任性、年轻的纨绔子弟罗果仁颇为友善，两人处处都截然不同。但后来，两人都爱上了娜斯塔霞·菲立波夫娜，变成了情敌。娜斯塔霞·菲立波夫娜是托茨基将军收养的孤儿，书中强烈地暗示出，将军在她还是少女时强奸了她。她的身份就是这样可疑——一个沉沦的女人。但是能够看穿人心的梅什金发现，她有一颗痛苦的心灵。两人之间建立起了精神的纽带，这与罗果仁对她怀有的强烈欲望形成了鲜明对比。陀思妥耶夫斯基问道，梅什金那常常令人难以承受的灵性，哪里敌得过罗果仁那更为原始的力量呢？**DH**

马尔多罗之歌 Les Chants de Maldoror

孔泰·德·洛特雷阿蒙（Comte de Lautréamont）

作者生平：1846年生于乌拉圭，1870年卒于法国
首次出版：1868—1869年，Albert Lacroix（巴黎）
原著语言：法语
英译书名：*Maldoror*

    尽管洛特雷阿蒙生前默默无闻，但他的叙事散文诗《马尔多罗之歌》如今被看作问世最早、最令人不安的超现实主义虚构作品之一。《马尔多罗之歌》的第一支歌在巴黎匿名发表两年后，作者就早早辞世了，时年二十四岁。直到1885年，比利时一家文学杂志大胆刊登出洛特雷阿蒙的作品，他才开始在欧洲先锋派中找到知音。

    《马尔多罗之歌》讲述了主人公马尔多罗的故事，他背弃上帝，做出了一连串离奇的堕落背德之举。这是一部狂野、迷幻、富有诗意、令人不安的作品——其激进不仅在于文体的革新（这让超现实主义者赞赏不已），还在于其亵渎神明的内容。这个故事包含了谋杀、性虐待、变态和暴力。这部作品是恶的庆典，它把基督描写成了一名强奸犯，里面还有一段很长的幻想，内容是跟海洋生物性交。每一项新的非人行为，都没有给马尔多罗带来满足感，随着篇幅的延续，他的愤怒变得越发高涨。《马尔多罗之歌》保留了令人震撼和不知所措的力度，但也许它最有趣的地方要数洛特雷阿蒙散文中的抒情力度，它成功地将令人厌恶的内容变得美好而迷人。这种令人困惑的效果，既向传统道德提出了质疑，也向我们习以为常的语言观念提出了质疑。**SamT**

菲尼亚斯·芬 Phineas Finn

安东尼·特罗洛普（Anthony Trollope）

作者生平：1815年生于英国，1882年卒
首次出版：1869年，Virtue & Co.（伦敦）
完整书名：*Phineas Finn, the Irish Member*
原著语言：英语

    像这部小说中的同名爱尔兰裔主人公一样，安东尼·特罗洛普也有政治野心，他曾于1868年竞选贝弗利的自由党候选人（未能成功）。他把这番经历留给自己的教训，写进了六部曲小说（巴里塞系列），这些小说以议会的密谋和真实的政客为背景，讲述了政府部长和家庭成员的生活与爱情故事。

    下议院议员菲尼亚斯·芬，是特罗洛普笔下为我们所熟悉的那类主人公：英俊、谦恭有礼、可塑性强，但为人软弱，经不起别人奉承。随着他在政界这片难以立足之地崭露头角，引起政府高官的注意，他的私生活也变得更加复杂。尽管菲尼亚斯已经订婚，但他还是与以下三名性格各异却同样诱人的女性纠缠到了一起——杰出的劳拉·斯坦迪什女士、女继承人瓦奥莱特·埃芬厄姆和神秘的马克斯·格斯勒夫人。对于这位野心勃勃的政客来说，她们都是出色的人选。菲尼亚斯犹豫不决的个性是特罗洛普笔下的年轻男性身上十分典型的特征。这部小说的很多篇幅，讲的就是他如何安抚自己的良心，让它不要与自己的野心和对都市生活的喜爱相抵触。作为一个伟大的、自信的帝国的首都，伦敦也是这样一个地方：讲原则的行为常常受到权宜性政治行为的威胁，良好的人际关系要比能力重要得多。特罗洛普的兴趣不是政治哲学，而是人物的心理，以及那些能够驱使维多利亚时代中期的人们"活动起来"的因素。他那鞭辟入里的洞见在这本书里也得到了充分的展示。**AM**

情感教育 L'Education sentimentale: Histoire d'un jeune homme

居斯塔夫·福楼拜（Gustave Flaubert）

作者生平：1821年生于法国，1880年卒
首次出版：1869年，M. Lévy Frères（巴黎）
原著语言：法语
英译书名：Sentimental Education

《情感教育》无疑是有史以来最伟大的小说之一，甚至有可能是现实主义文学取得的最大成就。这部小说深得小说家赏识：尽管它在1869年刚刚出版时，被巴黎评论家们谴责为"不道德的"作品，然而志向远大的年轻小说家们却对这部作品赞赏不已。20世纪初，詹姆斯·乔伊斯和埃兹拉·庞德把这部作品当作标杆。居斯塔夫·福楼拜是一位身怀绝技的手艺人，他对准确的细节描写，对新的文学风格，都沉迷不已。这位大师级的小说家犹如神话人物一般，对创作的投入超乎想象。而现代小说家遵循的是商业出版强加的截稿日期，与福楼拜截然相反。

《情感教育》的主人公弗雷德里克·莫罗是个无所事事、靠大笔遗产过活的年轻人。19世纪中叶的巴黎到处是奢侈品，小说以尖刻的笔调讽刺了那些有钱人奢侈消费的心态。在这样的环境中，他的种种野心和信念不是被扑灭了，就是变黯淡了。不过，这也是1848年爆发"二月革命"的巴黎。弗雷德里克在起义人群中浑浑噩噩，随波逐流。街垒上死去的人，还有他拥有的那名交际花唤醒了他的内心。他选择这名交际花，是为了让她帮他忘掉自己对一名有夫之妇的真情。这部小说既有宏大的历史视野，又细致入微地关注着情感和政治层面的理想主义是如何在一颗心中缓缓窒息的。**KS**

> 艺术家在自己的作品中，一定要像上帝创世一般，无迹可寻，又无所不能；要让读者随处感受到他的存在，却始终看不到他的踪影。
>
> ——居斯塔夫·福楼拜，1857年

▲ 欧仁·吉罗为福楼拜画的漫画，展现了福楼拜那种睥睨众生的不凡气度。

战争与和平 Война и миръ

列夫·托尔斯泰（Лев Николаевич Толстой）

作者生平：1828年生于俄国，1910年卒
首次发表：1865—1869年，《俄罗斯公报》
首次出版：1869年，M. N. Katkov（莫斯科）
英译书名：War and Peace

列夫·托尔斯泰的《战争与和平》是少数被划入这一类型的作品之一：人们往往把它们当成阅读耐性的考验，或者作为某种成年仪式来阅读，要么就是半途而废，将其当作奖杯供在书架上，再也不会去碰了。同类作品还有詹姆斯·乔伊斯的《尤利西斯》（见本书第291页）。这部作品的篇幅的确很长，但细读和重读这部作品，都能让读者收获颇丰。安德烈·塔科夫斯基的电影在很大程度上就是受到了托尔斯泰的影响。一旦你走进托尔斯泰笔下的俄国，你就不想离开了。这样说来，这部作品的浩繁篇幅不失为一项优点，因为你可以读到更多的内容。

《战争与和平》主要围绕着博尔孔斯基和罗斯托夫这两大家族的成员展开。小说用他们各自的生平，描绘了与拿破仑·波拿巴治下的法国正处于毁灭性冲突边缘的俄国。诸多事件很快便将一干核心人物推向无可避免的冲突。托尔斯泰的恢宏视野无人能及，它涵盖了全城人的情绪、军队的动向、困扰整个社会的不祥预感。它以惊人的直观，从相互关联的个人视角，细致描绘了一场场小冲突和大战役。它以精湛的技艺，探讨了个人与政治、私人与大局的相关性。托尔斯泰一方面分析着笔下人物在瞬息万变的时局中的情感反应，一方面用它们来代表俄国社会对战争与和平这两项要求的不同回应。最后一点提示：如果你要读《战争与和平》，请选择全译本。也许托尔斯泰有爱跑题的坏名声（这一评价并不公道），可如果放弃完整的全译本，会削弱你的阅读体验。**MD**

> 我们的身体就是一部生存的机器。它就是这样架构起来的，这是它的本质。它让生命在体内畅通无阻地维持，它还会捍卫自己。如果你用药物麻痹了它，它还会做得更多。

▲ 托尔斯泰在俄国人民中赢得了巨大声誉，被尊奉为精神领袖和穷人的朋友。

▶ 托尔斯泰在晚年放弃了自己的财富，过着农民般的生活，宣称自己写的那些伟大小说毫无价值。

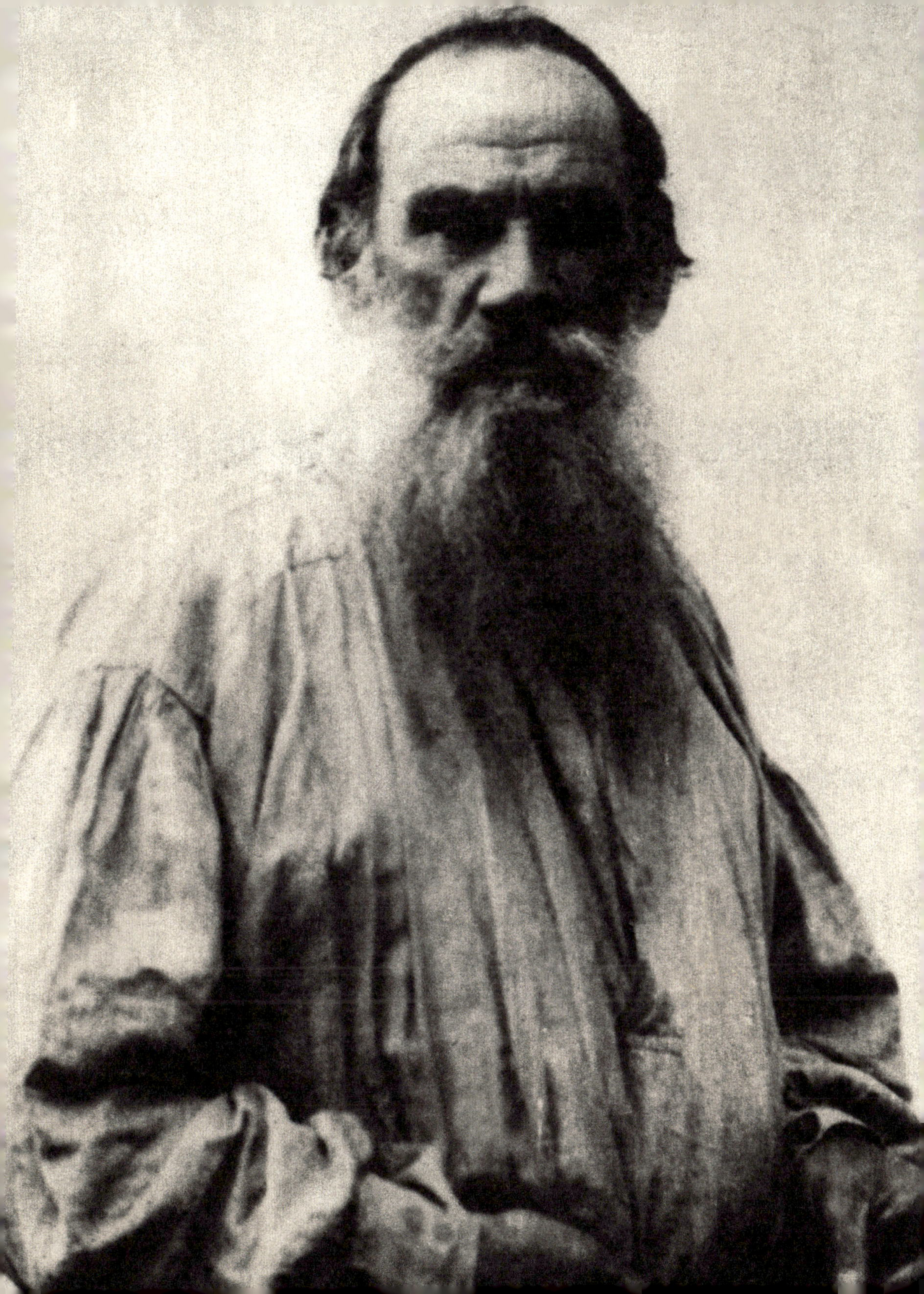

草原上的李耳王
Степной король Лир

屠格涅夫（Иван Сергеевич Тургенев）

作者生平：1818年生于俄国，1883年卒于法国
首次发表：1870年
连载刊物：《欧洲公报》（Вестник Европы）
英译书名：King Lear of the Steppes

　　《草原上的李耳王》这部鲜为人知的中篇小说，是屠格涅夫向莎士比亚取经的成果。其开篇用"框架嵌套式"叙事结构，讲到一帮老朋友议论着他们认识的形形色色的人：每个人都遇到过哈姆雷特式的人物，有个人还认识一位可能成为麦克白的人。然而有个人说，他认识一位李耳王式的人物，这吸引了大伙的注意——仿佛这是最不可能的事，就如同终极故事挑战赛一般。

　　屠格涅夫笔下的李耳王马尔登·彼得罗维奇·哈尔洛夫是个心直口快、有贵族气质的农村地主，为农民们所敬畏。他像神话人物一般，体格魁梧，后背足有"两码宽"，"俄国味儿要多浓有多浓"。除了这些俄国性的特征，他还经常被无端的沮丧所侵袭：他整小时地待在书房里，思考着自己无可避免的死亡。他相信自己的死期将至，这一信念促使他将地产分给了两个女儿。他唯一的要求，就是等自己年老昏聩的时候，她们能照料他。当然，两个女儿和她们狡诈的丈夫背叛了他。他们先是操纵他，然后威胁他，最后把他赶进了茫茫黑夜。

　　这个故事以完美的虚构形象体现了屠格涅夫的视觉想象力。他还尝试着将前台的现实布景与幕后的俄国历史进程流畅地融合到叙事之中。

DSoa

爱丽丝镜中奇遇记
Alice Through the Looking Glass

刘易斯·卡罗尔（Lewis Carroll）

作者生平：1832年生于英国，1898年卒
作者教名：Charles Lutwidge Dodgson
首次出版：1871年，Macmillan & Co.（伦敦）
原著语言：英语

　　1871年，《爱丽丝漫游奇境》（见本书第156页）发表六年之后，刘易斯·卡罗尔又有了新想法。他重新启用了爱丽丝这个人物，跟着她进入了镜子后面的世界。他刚刚教会了爱丽丝的真身（利德尔）下棋，就把这项游戏拿来，作为了一种叙事手段。《爱丽丝镜中奇遇记》的布局就像棋盘。爱丽丝起初是个小卒，后来变成了王后，故事的每一章都是为此而走的一步棋。随着故事情节的发展，卷首的那幅图所显示的棋局得到了恰当的解决。

　　这篇小说比《爱丽丝漫游奇境》的图示性更强，但同样不乏令人难忘的人物和构思，许多构思与矛盾和颠倒有关。在这片杂乱无章的地方，不管爱丽丝想去哪儿，都得往相反的方向走，记忆也不会回到过去——白王后记得"大下个礼拜发生的事"。我们遇到了"正相反"的双胞胎叮当兄和叮当弟。语言也变得不甚牢靠，意义更是难以把握。最有名的例子要数那首诗《杰伯沃基》（Jabberwocky），我们在诗中可以找到卡罗尔的"混成词"，它们把词语引发的联想和它们的含义拼接到了一起，比如"frumious" "mimsy" "slithy"和"brillig"等。**DH**

▶ 笔名卡罗尔的道奇森拍摄了这张照片。照片里有着有趣的镜像，两名姑娘可能是爱丽丝·利德尔和她的姐妹。

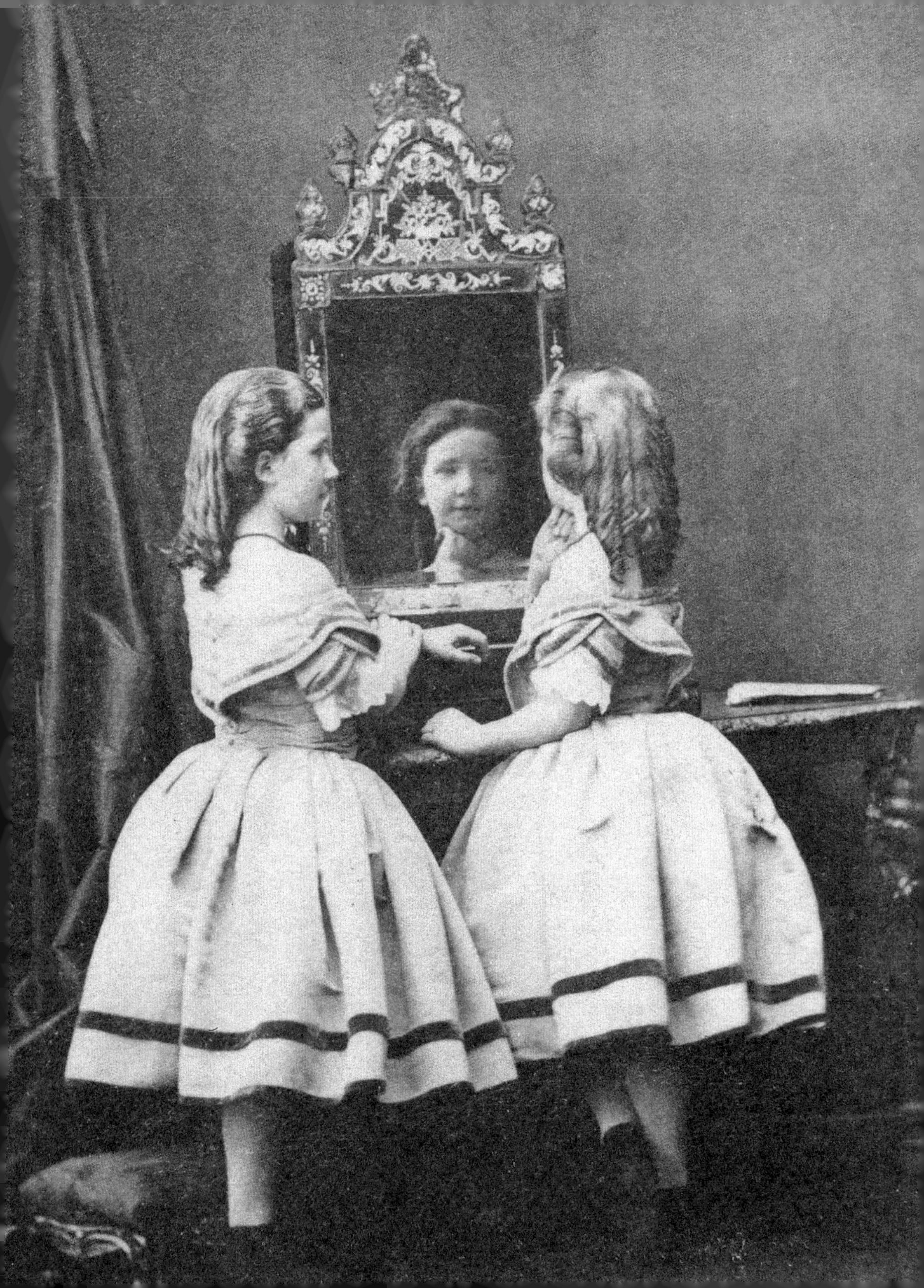

米德尔马契 Middlemarch, A Study of Provincial Life

乔治·爱略特（George Eliot）

作者生平：1819年生于英国，1880年卒
作者教名：Mary Ann Evans
首次出版：1871—1872年，Blackwood & Sons
原著语言：英语

在《米德尔马契》中，乔治·爱略特关注的是一个英国外省城镇的日常生活细节。她细致入微地刻画众多人物的内心世界，就像科学家透过显微镜，审视细小、相互衔接的叶脉一般。爱略特正是通过这样精确的洞察，实现了一种火候恰到好处的现实主义风格。正因如此，《米德尔马契》备受赞扬，它自出版至今，仍被视为最伟大的英国小说之一。

《米德尔马契》中充满激情的女主人公多萝西娅像年轻医生利德盖特——二人的故事密切相关——一样，是个理想主义者。她确信，英雄气概可以通过微不足道的举措来体现，于是她把第一任丈夫的不断探索，错当成了英雄般的伟业。但卡苏朋先生想要把达尔文学说的生物多样性缩减为一个单一的原则，这个项目注定没有希望。其实，为这部小说带来生命力的，正是那种丰富的多样性。

《米德尔马契》所关注的核心内容之一，就是女性如何顺应社会为她们分配的角色。我们看到多萝西娅在勇敢地打拼时，她的妹妹在心满意足地弹琴，这让我们不由得对多萝西娅满怀同情，同时痛感她缺乏教育，缺乏金钱方面的独立性。多萝西娅和利德盖特在他们的失败和错误选择中挣扎，他们为过上美好生活，获得美好爱情而努力着。他们两人的故事与许多人的故事交织在一起，它们既感人肺腑，又无比真切。爱略特娴熟地编织着密集的悬念之网，成功地用同情和理解的笔触，揭示出笔下人物的基本动机，很快便让我们沉迷在故事之中，仿佛他们那彼此交叠的生活已经与我们的生活交织在了一起。**KB**

人们颂扬各种勇气，唯独不敢颂扬为最亲近的邻人主持正义的勇气。

◉ 在一张早年的照片里，乔治·爱略特露出一副别扭的表情，让人很难想到她有多么严肃。

172 | 19世纪

春潮 Вешние воды

屠格涅夫（Иван Сергеевич Тургенев）

《春潮》的基调恰到好处地介于以下两者之间：一是苦涩的遗憾，因为青春的激情已然逝去；二是带有讽刺意味的洞察，因为青春的激情在很大程度上是虚幻的。德米特里·萨宁怀着对老之将至的惶恐，担心自己茫无目的的一生行将结束，他在书桌抽屉里，找到一枚包裹起来的"石榴石的小十字架"。这一发现让他回想起三十年前自己脚踏两只船的那场恋情，它既美妙又让人羞愧，那时他在法兰克福，正在游学归来的路上。

萨宁内心深处的回忆栩栩如生地浮现在眼前。他首先回忆起了自己与意大利糕点师之女杰玛的恋情，杰玛有个深爱自己的弟弟和对她倍加呵护的寡母，后者是一位尽忠职守的仆人，名叫潘塔莱奥内，杰玛还有个乏味的德国未婚夫。有个军官对杰玛出言不逊，萨宁同他进行了一场可笑的决斗，由此取代了那个乏味的未婚夫，甚至打消了杰玛母亲的疑虑。事情发展至此，似乎就要完满收场。但这时，萨宁为了卖掉自己的地产，筹钱准备婚礼，跟两个颓废的俄国人混在一起，他们是老同学波洛索夫和他那迷人的、强势的妻子玛利亚·尼珂拉耶夫娜。很快，骑马走在前面的玛利亚就把萨宁带进了森林深处："她威风凛凛地向前走去，他驯服地乖乖跟着她，意志里没有一丝火花，心提到了嗓子眼儿。"

萨宁是个普普通通的人，他与纯真无邪的处女和老练的荡妇之间的恋情，只是个俗套的故事。屠格涅夫夸张的处理方式，突出了这个故事不难预料、几近荒唐的一面。但与此同时，他那准确精练、饱含同情的观察，也让我们意识到，对那时还年轻的萨宁来说，这段经历无比真实，在他以后的生活中，不会再有什么经历能与之相比。**MR**

作者生平：1818年生于俄国，1883年卒于法国
首次发表：1872年
连载刊物：《欧洲公报》（Вестник Европы）
英译书名：Spring Torrents

不抱任何希望和期待……才是真正的神圣。

——屠格涅夫，1862年

▲ 作为福楼拜和左拉等作家的朋友，屠格涅夫在西欧比在俄国更受赏识。

埃里汪奇游记 Erewhon; or, Over the Range

塞缪尔·巴特勒（Samuel Butler）

作者生平：1835年生于英国，1902年卒
首次出版：1872年，Trübner & Co.（伦敦）
原著语言：英语

《埃里汪奇游记》像许多优秀科幻小说，尤其是乌托邦小说一样，与其说是描绘未来的作品，不如说是对它所处的时代加以评说，进而预见性地反映未来的作品。就像莫尔笔下的乌托邦"乌有之乡"一样，《埃里汪奇游记》中那个颠倒的"无名之地"是对维多利亚时代的社会不安和政治发展的反映，它对诸多极端且相互矛盾的社会风习的深思，在当代和当时同样适用。作为寓言的《埃里汪奇游记》既发人深省又令人不安，之所以如此，或许是因为，其主导性的忧虑依然留存于当今时代不安的核心之中。

巴特勒笔下的旅行者希格斯发现自己来到了埃里汪的世界，这儿的一切都是倒置的。这里不允许使用机器，唯恐机器接管世界，这是一个常见的科幻小说主题。罪犯们被送进医院，通过疗养医治好他们的不轨行为。学生们学习的是所有无关紧要的东西，病人们则被收监关押。

《埃里汪奇游记》这本书直截了当地反映了达尔文主义的暗含之意，记录下了《物种起源》（1859）的出版在读者中产生的震惊。《埃里汪奇游记》将这些革命性的思想转移到了社会语境下，怀着恐惧和厌恶，对它们再次进行检验。巴特勒本人深受达尔文作品的影响，并为此感到自豪。但就像许多科幻小说作家一样，他也看到了让这些主题沿着令人不安的路线进行发展的可能性。**EMcCS**

> 我死的时候，至少会确定无疑地满怀希望：不会有什么死而复生，死亡本身就会给我带来全部的报偿。
> ——塞缪尔·巴特勒手记，1912年

▲ 这张照片拍摄于1898年，塞缪尔·巴特勒既是一位称职的作曲家、画家、翻译家，也是一位讽刺小说作家。

174 | 19世纪

群魔 Бѣсы

陀思妥耶夫斯基
（Фёдор Михайлович Достоевский）

作者生平：1821年生于俄国，1881年卒
首次发表：1871—1872年
连载刊物：《俄罗斯公报》（Русскій Вѣстникъ）
英译书名：Demons

虽说《群魔》很可能是陀思妥耶夫斯基最狂暴的小说，但它也充满了插科打诨和犀利的社会讽刺。故事以19世纪60年代末为背景，讲述了一伙造反者的命运，他们致力于在俄国制造混乱。随着接二连三的背叛，这个团体被毁灭了。这部小说描绘了抽象的政治理论可能招致的灾难性后果。

人们常常把小说结尾部分描写的毁灭狂欢，当成作家具有激情主义倾向的例证。但正如书名所暗示的，这是一部有关涤清罪孽的小说，在陀思妥耶夫斯基的世界里，社会要恢复原状，总要付出沉重的代价。例如，故事中最危险的人物彼得·韦尔霍文斯基（这个精神变态的人物，可能是以所谓的涅恰耶夫分子的头目为蓝本写成的，此人曾在俄国接受审判），得以免于一死。要让社会重获新生，有时不得不让无辜之人牺牲，这只是这部小说所采取的一系列富有煽动性的道德立场之一。

将故事情节攥住的那种狂放的酒神精神，令善恶难以区分，它还指出了与教会的道德确定性渐行渐远的社会，其本质是何等的脆弱——在二三十年内，俄国即将迎来剧烈的社会变革。这部小说向这个整体失魂落魄的社会的未来，投去了富有预见性的可怕一瞥。**VA**

在模糊不清的镜子中 In a Glass Darkly

谢里丹·勒·法努（Sheridan Le Fanu）

作者生平：1814年生于爱尔兰，1873年卒
首次出版：1872年，R. Bentley（伦敦）
原著语言：英语

这五篇有关邪恶灵异力量的短篇小说，原先发表于期刊，后来结集出版。将五个故事统一讲述出来的，是"德国医生"马丁·赫塞柳斯，这些故事选自这名医生的病历簿。这样一来，这部短篇集就像一部长篇了。可以说，医生这个人物起到的是调节作用，他做了"分析、判断和解释说明的工作"，给自己观察到的黑暗带来逻辑性和透明度。

如果说谢里丹·勒·法努在这部作品里确实存有这样的意图，那我们只能将这本书视为失败之作。书中没有人得到治愈，没有什么原理得以探明，也找不出具有揭示意义的句子。将这些故事统一成一个整体的，是令人不安的想象力塑造出来的一些阴魂不散的可怕形象。这些形象包括：被一起残酷判决所戕害，存心报复的数名受害人；一只"歹毒到深不可测"的黑色小猴，跟踪一位牧师，引诱他堕落，在他的头脑里唱歌，简直要把人逼疯。不论这些形象源自何处，他们都怀着令人费解的坚定决心，纠缠着他们的目标，不肯罢休。但他们都拥有非凡的本领，其典型代表就是像吸血鬼一般、引诱男性的女同性恋卡米拉，也许她是这本书里最令人难忘的造访者。她是一个活生生的魔女，而不是幽灵，她用"得意扬扬的眼神"吸引着故事的叙述者，那眼神中混合着同等的愉悦和憎恨、生理刺激和厌恶。勒·法努通过直面我们目前还无法理解的恐惧和欲望，让我们看到自己形同鬼魅的一面，这是最具现代性且持久的。**DT**

ONE SHILLING

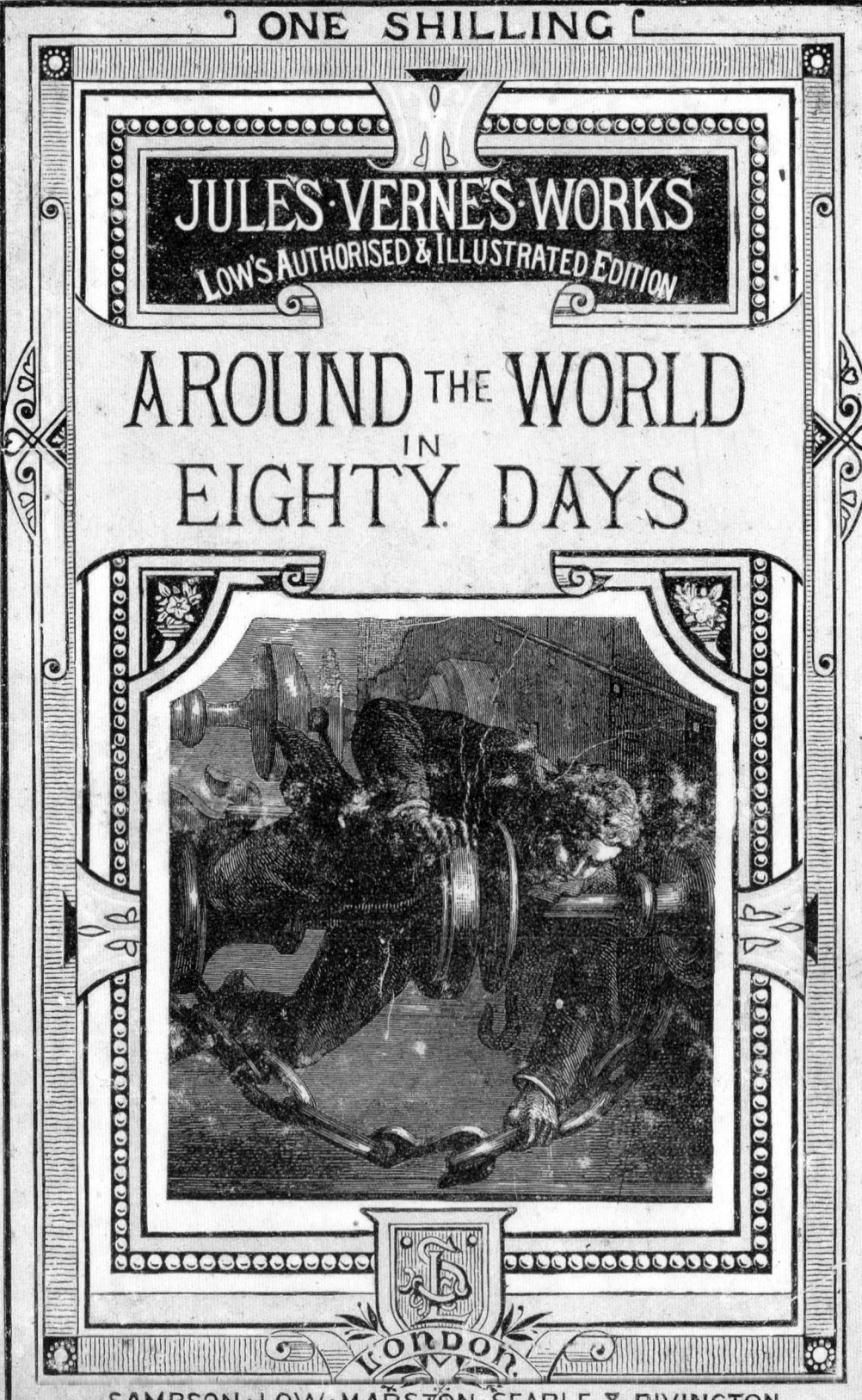

JULES VERNE'S WORKS
Low's Authorised & Illustrated Edition

AROUND THE WORLD IN EIGHTY DAYS

London

SAMPSON·LOW·MARSTON·SEARLE·&·RIVINGTON

八十天环游地球
Le Tour du monde en quatre-vingt jours

儒勒·凡尔纳（Jules Verne）

作者生平：1828年生于法国，1905年卒
首次出版：1873年，P. J. Hetzel（巴黎）
原著语言：法语
英译书名：*Around the World in Eighty Days*

  《八十天环游地球》为儒勒·凡尔纳赢得了世界声誉，在那个时代获得了极大的成功，刚一出版就售出了十万八千册，还推出了英、俄、意、西语译本。这本书的全新主题注定会引发轰动：一位富有的英国怪人菲利亚斯·福格过着隐士般的生活，他跟改良俱乐部的会员们打了一个赌，他把全部财富作为赌注，赌自己可以在八十天内环游世界一周。

  他带着男仆"路路通"出发了，先是来到了苏伊士，接下来遇到了一干人等——残忍的印度人、一伙日本杂技演员、苏族印第安人等。这部小说的丰富多彩和诗意，很大程度上依赖于福格和路路通两人之间的对峙关系。按部就班、感情内敛的菲利亚斯·福格是个像"雾"一般的男人，他做起事来像钟表一样中规中矩，对他来说，这个世界不过是二十四个时区而已。感情用事、活泼可爱的路路通则与之相反，他对所到之处和所见之人总是满怀同情。但层出不穷的意外和难以预料的事件，最终会战胜这位单身汉的小小怪癖。**JD**

着魔的流浪人
Очарованный странник

尼古拉·列斯科夫（Николай Лесков）

作者生平：1831年生于俄国，1895年卒
首次发表：1873年
连载刊物：《俄罗斯世界》（*Русский мир*）
英译书名：*The Enchanted Wanderer*

  在俄国小说巨匠中，尼古拉·列斯科夫是知名度稍逊的一位。在英语世界，托尔斯泰和果戈理等人的光彩令他相形失色，而且可能还有一个原因，就是在俄国作家中，他的短篇小说是俄国味最纯正的，无法纳入西欧现实主义或心理小说的传统范畴。他的短篇小说译成英文后，容易被当成是对已有寓言故事的滑稽模仿，甚至被当作喜剧故事，跟贝克特的风格有些接近。但其作品的魅力，很大程度上就在于此：阅读他的作品，我们要放弃对故事情节的全部期待，还要放弃对令人同情的"真实"人物的全部期待。我们必须服从故事作者的逻辑，他知道他想告诉我们什么，不过知道这一点的显然不是他的头脑，而是他的心。

  《着魔的流浪人》是主人公在船上向甲板上的听众们讲述的一大堆令人难以置信的厄运和冒险经历。他在每个人生阶段，都会遇上新的冒险经历，这些经历既有最诡异奇谲的，也有世俗得荒唐可笑的。伟大的德国文学批评家瓦尔特·本雅明写道，如今几近失传的叙事技艺总是离不开这样的故事情节，其中并没有对人物行为的心理解释：解释的缺失可以让读者尽情释放自己的想象力。列斯科夫正是这一迷人技巧的伟大践行者。**KS**

◁ 凡尔纳小说的这幅生动的封面图，是插画师路易·杜蒙于1876年为英文版第一版绘制的。

远离尘嚣 Far from the Madding Crowd

托马斯·哈代（Thomas Hardy）

作者生平：1840年生于英国，1928年卒
首次出版：1874年，Smith, Elder & Co.（伦敦）
原著语言：英语

托马斯·哈代后期的作品敏锐地感受到了维多利亚时代末期现代化的压力，而《远离尘嚣》中的世界则几乎没有受其影响。那些默默无闻的乡下人物，仿佛来自更早的时代。在这本书里，哈代首次将那片想象中的地方命名为"韦塞克斯"，他最伟大的小说作品都是以此地为背景创作的。

然而，不公正和悲剧已经进入了哈代的视野。芭丝希芭·伊芙丁从丈夫身边逃走之后，在一片沼泽地旁边度过了一个雾蒙蒙的夜晚，日出时分，她在颤抖中看到"烂树桩"、生长在那里的蘑菇"湿漉漉的尖梢"和"黏软的菌褶"。大自然孕育着毒物，而人性蕴含着邪恶。在五个主要人物中，两个人物有着病态的破坏性：托伊中士富有活力，但为人自私、冷酷无情；农场主伯德伍德执迷于自己的欲望。范妮·罗宾这个无辜遭到背叛的姑娘，预示着哈代在《德伯家的苔丝》（见本书第212页）中为"沉沦的女性"所作的辩护，但苔丝毕竟做出了反抗，而范妮仍然被动。就连独立自主、好心肠又善变的芭丝希芭，给人们带来的痛苦也多过欢乐。只有盖博瑞尔·奥克是彻头彻尾的好人，但直到最后一章，他才得到好报。尽管故事情节和人物是用强有力而非精雕细琢的笔触刻画的，但活灵活现的自然和文化氛围充满吸引力。下面这些画面令人难忘：盖博瑞尔的牧场小屋犹如原野中的挪亚方舟；母羊从剪下的羊毛中站起来，"仿佛阿佛洛狄忒从泡沫中升起"；威瑟伯里教堂和教堂上的滴水嘴兽；附近那所用于打谷和剪羊毛的中世纪大农仓。作家将这片寥寥几平方英里的天地，描绘得如此亲切动人，让今天的全球化景观显得平淡无味，黯然失色。**MR**

◆ 1884年，摄影师弗雷德里克·霍利尔为托马斯·哈代拍摄了这张照片，那时这位小说家正值创作的巅峰时期。

▶ 在迪茨为哈代的小说所配的这张田园风格的插图里，约瑟夫·普格拉斯正推着一小车苹果去芭丝希芭家。

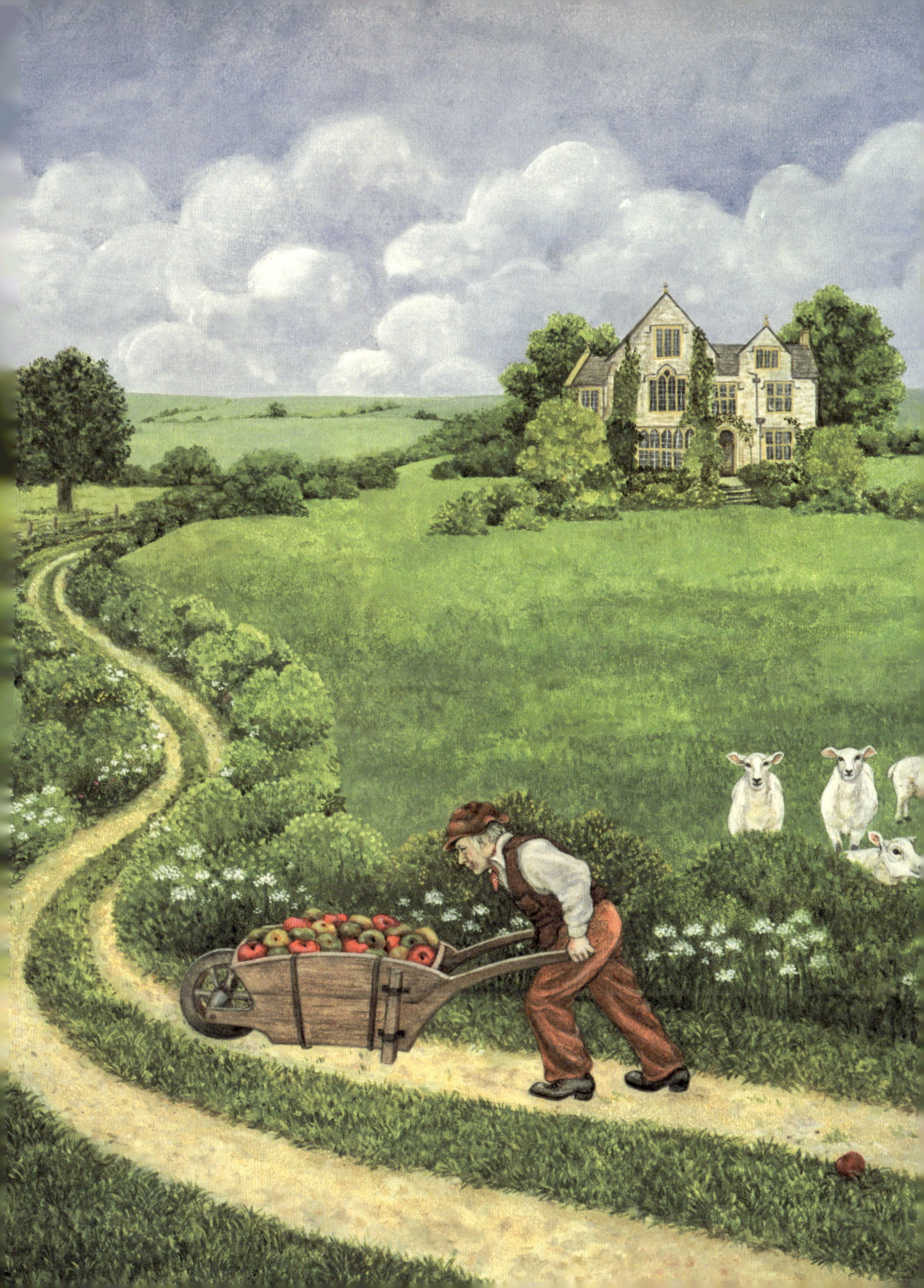

佩比塔·希梅尼斯
Pepita Jiménez

胡安·巴莱拉（Juan Valera）

作者生平：1824年生于西班牙，1905年卒
首次印刷：1874年，J. Noguera为M. Martínez印刷
首次连载：1874年，*Revista de España*
原著语言：西班牙语

  1868年9月西班牙革命的后果之一，就是带来了一场哲学争论，它一方面反对传统的宗教经验，另一方面反对新的生机论者乃至实利主义者的道德原则。外交官、小说家胡安·巴莱拉是后者的坚定支持者。

  《佩比塔·希梅尼斯》（这也是主人公的名字）的主题，是以文学的形式，描述西班牙的中上阶层在19世纪后三十年的宗教氛围。志愿成为神秘主义者的堂路易斯·德·巴尔加斯，正在接受神职的培训。他在地主的社交圈子里邂逅了美丽的佩比塔，她是一位耄耋老人的遗孀，还是他父亲堂佩德罗·德·巴尔加斯的求婚对象。这对年轻男女陷入了爱情和"罪孽"，使得几种源远流长的神学分支之间，发生了道德上的冲突。教会要求他们悔过，要求他们忠于原先的誓言，弃绝爱欲。佩比塔要恢复自己的贞洁，嫁给路易斯为妻。人们都以为路易斯是堂佩德罗的亲生儿子，在一场出人意料的心理转变中，路易斯希望借由自己的神职，洗去父亲的罪过。

  作品叙事结构无拘无束，富于想象力，融合了新发现的旧日公文、信函等叙事手段。还有一位叙述人，将书信无法说明的内容予以说明，让备受维护的佩比塔这个形象变得丰满起来。
M-DAB

阿马罗神父的罪恶
O crime do Padre Amaro

埃萨·德·克罗兹（José Maria Eça de Queirós）

作者生平：1845年生于葡萄牙，1900年卒于法国
首次出版：1876年，Tipografia Castro Irmão
首次连载：1875年，*Revista Ocidental*
英译书名：*The Crime of Father Amado*

  《阿马罗神父的罪恶》是葡萄牙19世纪首屈一指的作家创作的第一部，也是最著名的一部长篇小说，它对宗教伪善和外省生活的狭隘进行了严厉的抨击。

  书名中所说的这位神父是个文弱青年，他迫于无奈，担任了神职，但他既没有信仰也没有使命感。他来到外省小镇莱里亚，这个狭隘的地方充斥着卑劣的恶行和恶毒的流言。禁欲让阿马罗感到厌倦和苦恼，他很快就为自己旺盛的欲望找到一位迷人的年轻女教民作为发泄途径。尽管读者也许会认同这对情人，但克罗兹最终并未给这场恋情带来美好的幻觉。这场恋情炽热灼人，却有着粗鄙和利用对方的特点。阿马罗是个庸人，内心拘泥于传统道德，热衷于个人的飞黄腾达。他正在学习堕落的诀窍，而他的情人最后必须为此付出代价。

  随着故事情节朝残酷无情的方向不断发展，作家对他笔下那些备受辖制、没有希望的人物流露出了些许同情，但对于把他们变成这副样子的社会和教会，则没有丝毫同情。这个故事（至少在天主教国家）经久不衰的震撼力在2002年得到了证明，是年，根据该书改编而成的西班牙语影片在墨西哥引发了轩然大波。**RegG**

▶ 埃萨·德·克罗兹的个人装束和其现实主义文学风格，效法的都是巴黎的时尚。

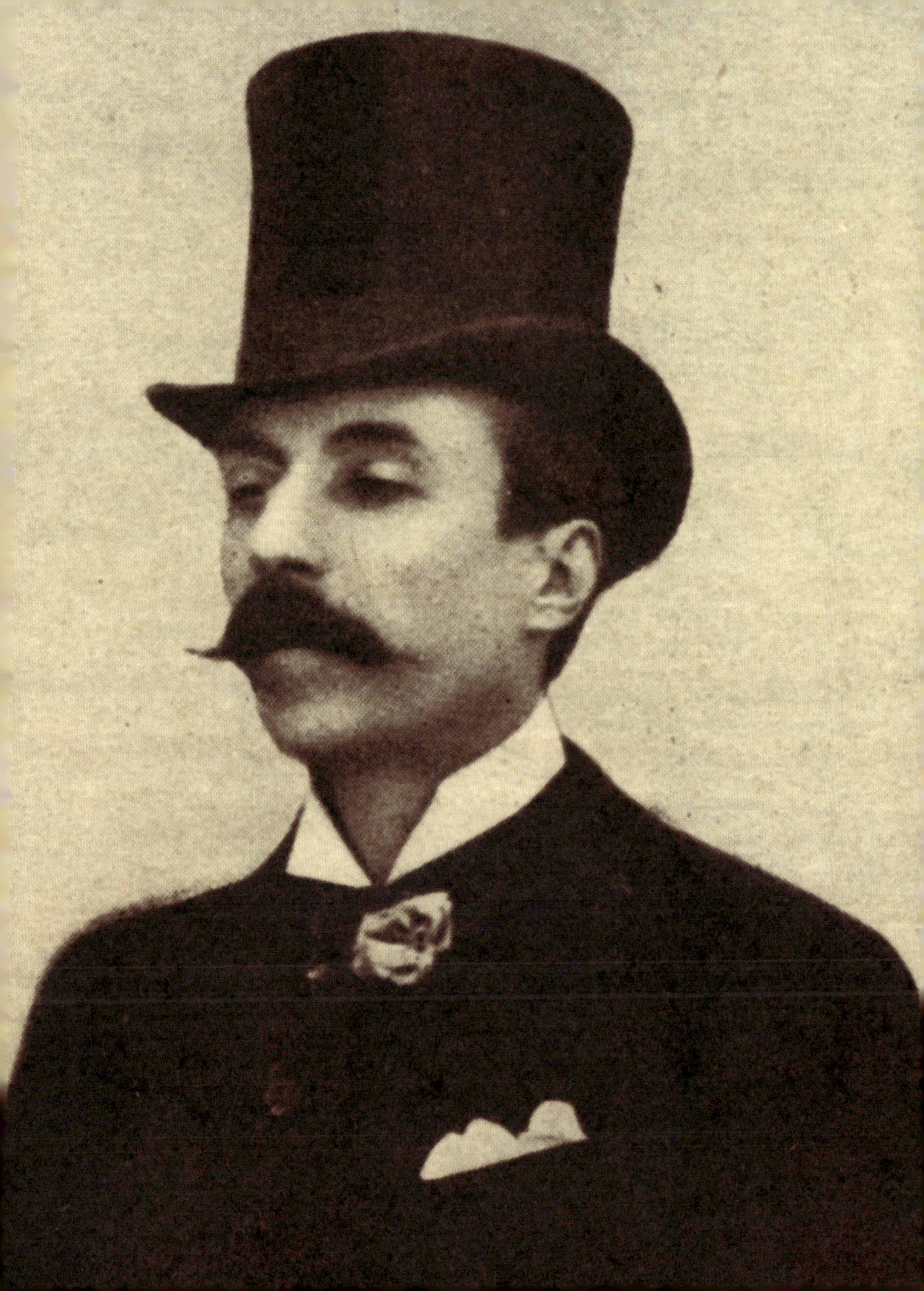

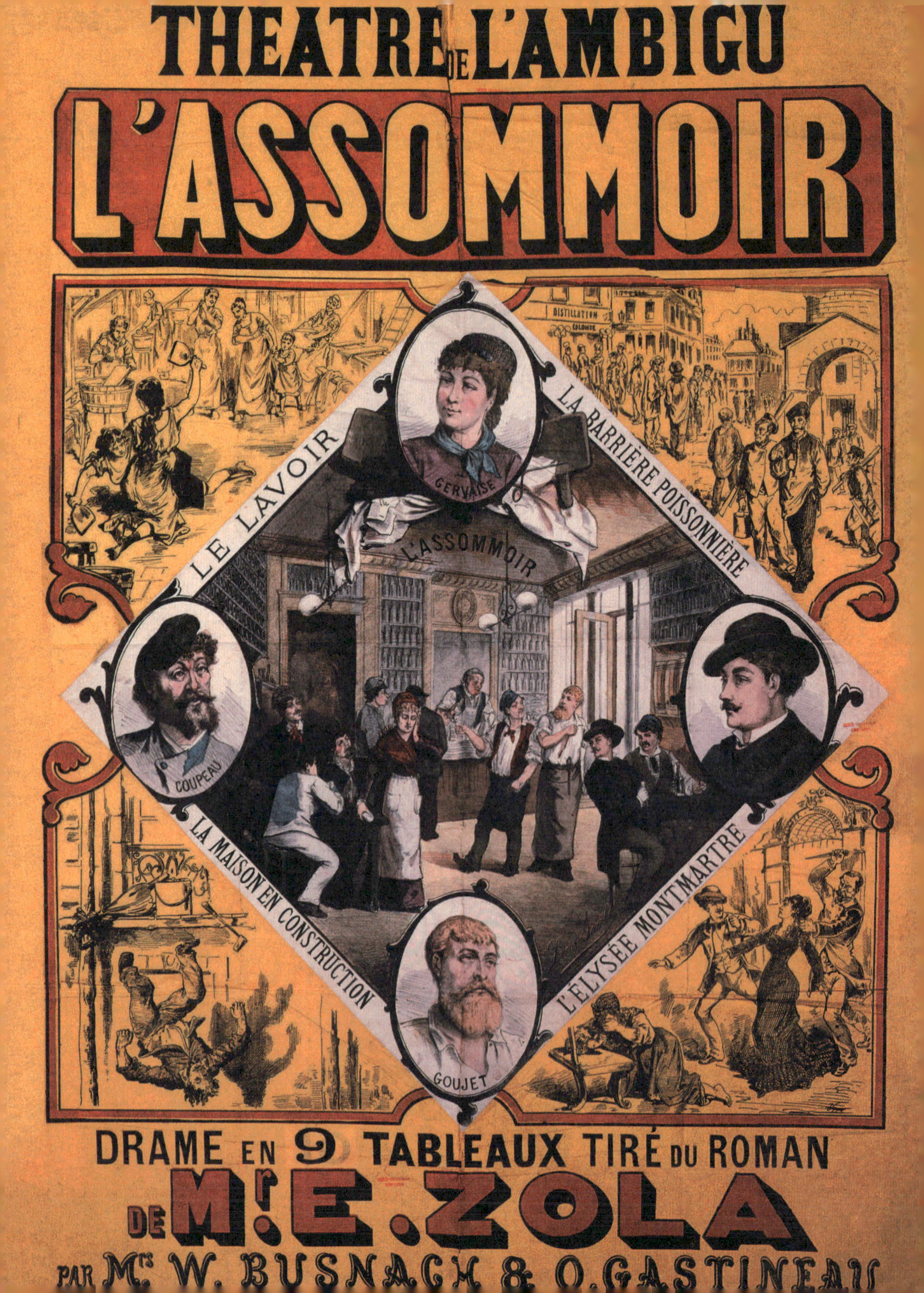
THEATRE DE L'AMBIGU
L'ASSOMMOIR
LE LAVOIR
LA BARRIÈRE POISSONNIÈRE
LA MAISON EN CONSTRUCTION
L'ÉLYSÉE MONTMARTRE
GERVAISE
L'ASSOMMOIR
COUPEAU
GOUJET
DISTILLATION
DRAME EN 9 TABLEAUX TIRÉ DU ROMAN
DE Mr E. ZOLA
PAR Mrs W. BUSNACH & O. GASTINEAU

小酒店 L'Assommoir

埃米尔·左拉（Émile Zola）

作者生平：1840年生于法国，1902年卒
首次出版：1877年，A. Lacroix（巴黎）
原著语言：法语
英译书名：*Drunkard*

用埃米尔·左拉自己的话来说，这是"一部真实的作品，没有谎言；是第一部有关普通人的小说，散发着普通人的气息"。这部小说详细讲述了巴黎洗衣女工热尔维丝·马卡尔的命运起落，她通过辛勤劳动摆脱贫民窟的决心，最终遭到了环境的阻挠。热尔维丝的丈夫是屋面工，他从屋顶摔下来，丧失了劳动能力。后来，酗酒的他败光了热尔维丝的财产，诱使她来到小酒店，让她在道德和肉体上陷于沉沦。城市的兴衰造成了道德的败坏，环境的蜕变造成了个人的不幸。热尔维丝悲惨而可怜的沉沦是残酷无情的，她的酗酒导致了失贞、麻木、污秽、孤僻和卖淫。

左拉坚持让这部小说拥有民族志式的可信性，这份坚持使得这样的谴责——说他歪曲了工人阶级的生活——无法成立。它对纯正市井语言的全新运用，它在色情与性爱方面的裸露描写，以及反教权主义、反官僚主义，还有书中比比皆是的污秽和恶形恶状，被保守的批评家们认为是不道德、令人不快、暗含煽动性的。《小酒店》严肃地提出，工人阶级的体验和通俗文化的审美价值，对艺术家来说，是在形式上不乏挑战性的素材。通过推翻艺术传统，就现代艺术的恰当形式和素材激起辩论，这部作品赢得了自己的地位，它是第一批真正的现代小说之一。**GM**

> 她不到十二岁，就把身子给那些当兵的做褥子，她那条腿就是在家乡时胡来才弄残的……

▲ 安德烈·吉尔的漫画暗示出，昔日的现实主义大师巴尔扎克和后来的自然主义大师左拉的相互敬重。

◄ 左拉认为1879年在巴黎安比古剧院上演的舞台剧《小酒店》取得了巨大成功。

METRO-GOLDWYN-MAYER PRÆSENTERER:
Metro Goldwyn Mayer
NY KOPI
GRETA
GARBO
FREDRIC
MARCH
ANNA KARENINA
ISCENESÆTTELSE: CLARENCE BROWN
PRODUCENT: DAVID O. SELZNICK

安娜·卡列尼娜 Анна Каренина

列夫·托尔斯泰（Лев Николаевич Толстой）

作者生平：1828年生于俄国，1910年卒
首次连载：1873—1877年，《俄罗斯公报》
首次出版：1877年，M. N. Katkov（莫斯科）
英译书名：Anna Karenina

不少人将《安娜·卡列尼娜》奉为全世界最伟大的小说。不论是否当真如此，它都是19世纪心理小说的绝佳范例之一。托尔斯泰分析了人物行动背后的动机，但未作任何道德评判。除了全知视角的叙事，托尔斯泰还经常运用内心独白，这一文体形式的革新，让他将人物思想和感受呈现得淋漓尽致。

叛逆的安娜·卡列尼娜无法抵挡潇洒的军官弗龙斯基伯爵的吸引力，撇下自己没有爱情可言的婚姻，开始了一场热情似火、最终破灭无望的婚外情。在这样做的过程中，她失去了自己的孩子，也遭到了俄国上流社会的谴责。安娜的悲惨故事和一个与之相对的故事交织在一起，那就是康斯坦丁·列文和基蒂·谢尔巴茨卡娅的婚恋故事，后者与托尔斯泰夫妇本人的经历颇为相似。在寻找真理的过程中，列文就当代社会、政治、宗教表达了多种观点，它们常常被当作作家本人的观点。

这部小说在历史层面和心理层面都极具价值。篇幅宏大的《安娜·卡列尼娜》带领读者走进了一个令人惊奇的世界，其现实主义风格充满活力，引人入胜。**SD**

◀ 葛丽泰·嘉宝在1935年的电影中，成功演绎了托尔斯泰笔下的女主人公，被世人视为安娜·卡列尼娜的化身。

马丁·菲耶罗 Martín Fierro

何塞·埃尔南德斯（José Hernández）

作者生平：1834年生于阿根廷，1886年卒
首次出版：1872—1879年，Imprenta La Pampa
（布宜诺斯艾利斯）
原著语言：西班牙语

《马丁·菲耶罗》是一首叙事诗，它被提升到了阿根廷文学和阿根廷民族史诗这样的高度。主人公的名字在原书的两部分《加乌乔人马丁·菲耶罗》和《马丁·菲耶罗的归来》的标题中都曾出现。第一部分七千余行诗句展现了加乌乔人在潘帕斯草原上的生活。菲耶罗活得幸福而自由，直到他被招募，与边疆的印第安人作战。他的生活开始变得悲惨不堪，于是，他决定逃走。

菲耶罗发现自己的房子被毁，就开始四处漂泊，走上了犯罪之路。在克鲁斯的帮助下，他从警察那里脱身。克鲁斯来得正是时候，菲耶罗和他决定在印第安人中生活。他们拒绝了那个容不下他们的世界。

第二部分描绘了他们在印第安人中的生活。克鲁斯死了，菲耶罗因为在第一部分里杀过一个印第安人，只得再度逃亡。他与自己的孩子，还有克鲁斯之子的偶遇，把这首诗变成了一连串的寓言故事，它们有着流浪汉题材式的、振奋人心的发展方向。这部史诗以菲耶罗与一位深肤色人物之间的对歌作结，这个人物是菲耶罗杀死的那个印第安人的兄弟。

出人意料的事件带来的趣味、富有原创性的韵律，还有技艺娴熟的叙事（叙事之复杂，直至结尾部分方才得到揭示），转化成了这一诗篇，它是对阿根廷建国时期加乌乔人的遭遇所作的意识形态化的批判。**DMG**

红房间
Röda rummet

奥古斯特·斯特林堡（August Strindberg）

作者生平：1849年生于瑞典，1912年卒
首次出版：1880年，Albert Bonniers Förlag（斯德哥尔摩）
英译书名：*The Red Room*

　　《红房间》经常被人称作瑞典第一部现代小说。斯特林堡运用左拉的自然主义和狄更斯的社会批判，使陈腐、因循守旧的传统恢复了活力。因其社会讽刺和政治讽刺有些过于鞭辟入里，最初，这部作品不无争议，但如今，这部小说被公认为瑞典文学的分水岭。在开篇第一章中，斯特林堡用生动的文笔，对斯德哥尔摩进行了著名的鸟瞰式描绘，字里行间闪现出活力和创造力。小说的主人公——年轻的理想主义者阿尔维德·法尔克，因为厌恶体制内随处可见的腐败，辞去了行政部门的工作。他想当一名作家，于是加入了一个波希米亚艺术家团体，但他好不容易才摆脱了自己拘谨的清教徒倾向。法尔克激进的革新精神渐渐地软化了，他受到引诱，采纳了保守派记者斯特鲁韦所提倡的、自私的人生观。这一点在斯特林堡笔下屡见不鲜：正是不可调和的对立面之间的紧张关系，为叙事带来了活力。

　　副书名"文学和艺术生活场景"透露出，作品会就艺术、宗教、政府和金融界，接连作一番讽刺性的考察。小说的焦点在于置身社会之中的人，有时，其人物塑造难免要打折扣。但许多次要人物——比如木匠，他威胁说，要从施舍他的富有的中产阶级妇人那里讨回工人阶级失去的床铺——以一种古怪的狄更斯式的方式令人难以忘怀。**UD**

宾虚
Ben-Hur

卢·华莱士（Lew Wallace）

作者生平：1827年生于美国，1905年卒
首次出版：1880年，Harper & Bros.（纽约）
原著语言：英语

　　受一场有关耶稣生平的闲谈启发，卢·华莱士开始撰写心目中那部有着宗教主题的复仇和冒险的传奇故事，其成果便是《宾虚》。这个寓言故事用耶路撒冷的犹太人犹大·宾虚的经历，来比附耶稣基督与之相似的生平。

　　宾虚无意中从屋顶弄掉一片瓦，打中一位罗马军官，结果蒙受冤屈，被控谋杀，被自己从前的朋友——罗马贵族梅萨拉打发到战船上服役。一位陌生人递给宾虚一杯水，由此播撒下了宏大的斗争和救赎的种子。由这一刻开始，他为获得市民身份所付出的努力，与基督传道的使命联系在了一起，难分难解。1959年出品的同名好莱坞大片中有壮观的战车比武场面，其受欢迎的程度或许胜过了融合宗教寓言和冒险故事的原作。这部作品先是被成功地改编成戏剧（1899年被改编成舞台剧，结果长盛不衰），后来又被改编成电影。这部影片并非平庸之作，它对原作做了有力的改编，既呈现出了原作的主旨，又无损于宗教的力度。电影《宾虚》令人难忘的独特之处在原作中只占了一小部分篇幅：只是其中的一个事件，而不是一场纪事；只是其中的一场戏，而不是逐渐展开的一部史诗。但这部作品的寓意从未失去丝毫的感染力，同时也传达出了作者的这一意愿，即通过一个貌似平凡之人的形象，来衡量基督教信仰的某些核心信条。**EmcCS**

娜娜

Nana

埃米尔·左拉（Émile Zola）

作者生平：1840年生于法国，1902年卒
首次出版：1880年，A. Lacroix（巴黎）
原著语言：法语

《娜娜》曝光了无法无天的巴黎性爱经济，这种经济离不开卖淫和滥交。体面阶层纵情于醉酒狂欢、同性恋、性虐待、观淫等癖好之中。缪法伯爵，一位有权有势的贵族，正是腐化堕落和因此遭殃的典型。他对娜娜的迷恋，危及了他的家庭及政治和宗教地位。娜娜看似金玉其外，其实败絮其中：欠债、女性歧视者的施暴、不和的家庭、阶级背景，以及最终致命的性病，阻碍了她的成功。她的身体最终骇人地垮掉了，从中反映出的是国家和社会的全面腐朽和毁损。娜娜垂死挣扎的背景，是因普法战争而情绪激昂、大喊大叫的人群，这并非巧合。通过这场战争，法国历史中这一最大限度的暴力毁灭、崩溃和净化阶段得以完成。

今天的读者会在《娜娜》中发现这一非凡的预见：社会对性爱、名望和权力的沉迷是互相关联的。在这部以剧院脱衣舞开篇，继而一再考察性暴露和炫富等相关主题的小说里，最为重要的是对人们相互利用和可耻世相的特意强调。《娜娜》有着坚定不移的现实主义风格和尺度克制的露骨，它是一部引人瞩目的小说，它所控诉的偷窥和哗众取宠等公众兴趣，在当今世界依然横行无忌。**GM**

一位女士的画像

The Portrait of a Lady

亨利·詹姆斯（Henry James）

作者生平：1843年生于美国，1916年卒于英国
首次出版：1881年，Macmillan & Co.（伦敦）
原著语言：英语

《一位女士的画像》是亨利·詹姆斯所钟爱的"国际"主题的典型：单纯的美国与有着悠久历史和灿烂文化的欧洲之间的关系，以及它们在道德和审美观念上的反差。

伊莎贝尔·阿彻是个美丽活泼的年轻美国姑娘，她在欧洲领略着美，寻求着充实。她并不富有，却拒绝了两次对她在经济方面有利的求婚，生怕它们会削弱她在想象力和智力方面的自由。但讽刺的是，等她继承了一大笔遗产后，她发现自己并没有可以填满未来的切实目标或追求。此外，这笔遗产还招来了富有魅力的、彬彬有礼的唯美主义者吉尔伯特·奥斯蒙德的觊觎。伊莎贝尔嫁给他之后，才发现自己被利用了，对方贪图的是她的钱财。逃离家庭习俗强加的束缚之后，她发现自己陷入了一场复杂的情欲与情感纠葛。哪怕对伊莎贝尔本人来说，这场纠葛也不容易理解。但她还是选择接受应负的责任，尽管这就意味着，她要放弃自己十分珍视的自由。伊莎贝尔虚荣、自欺欺人，但还是坚定地努力着，要过一种高贵的生活。

在这部小说戏剧化的情节之下，詹姆斯技艺娴熟地揭示出了隐含的悲剧——失去的纯真和被剥夺的梦想。"我们面前有着整个世界，世界很广阔。"在小说末尾，戈德伍德恳求道。"世界是狭小的。"这时的伊莎贝尔回答道。**DP**

马拉沃利亚一家 I Malavoglia

乔万尼·维尔加（Giovanni Verga）

作者生平：1840年生于西西里岛，1922年卒
首次出版：1881年，Treves（米兰）
原著语言：意大利语
英译书名：The House by the Medlar Tree

《马拉沃利亚一家》是这一宏大野心——描绘社会现实中各个阶层的生存斗争，从潦倒之辈写到权势之徒——的第一部分。乔万尼·维尔加超越了法国自然主义作家提出的如实描绘现实这一义务。在他创造的这个故事里，作者消失了，把空间留给了人物，人物用一种崭新的方式说话，直接反映出了他们的情感和内心。这是西西里某个小村庄中渔夫一家的故事，一家人关系紧密，服从古老的传统和家长制习俗。托斯卡诺一家虽然很勤奋，却被称作"马拉沃利亚（意为不上进的）一家"。他们就像蛤一样，紧贴在海浪拍打的礁石上，绝望地试图抵挡生活的残酷波涛，但最终还是被粗暴的波涛卷走，象征着失败者。帕德龙·安东尼一家原本有一艘渔船，并非一贫如洗。他们想要努力赚钱，改善生活，而降临在他们身上的灾难就像是无情的惩罚。作家想要传达的主题一清二楚：西西里的改变和进步，根本就是不可想象的。

1861年，两西西里王国并入意大利王国，人们相信，此举会解决意大利南方地区的问题。但19世纪中叶的现实表明，情况要比这更为复杂。维尔加的这部小说是写给资产阶级读者的，它表达出了这场合并固有的幻灭感。尽管北方趋于繁荣，但南方的贫民变得比以往更加贫困，还要被新的关税制度和服兵役的法定义务所束缚。《马拉沃利亚一家》是对意大利南方艰苦、残酷的生活令人瞠目的描写，也对现实主义文学做出了可贵的贡献。**RPi**

满足于做个像你父亲一样的人，你就既不会变成无赖，也不会变成蠢材。

▲ 乔万尼·维尔加生于西西里岛，他用悲观的笔调书写那里的人民和他们的痛苦，这份悲观源于他的生活经历。

布拉斯·库巴斯死后的回忆 Memórias Póstumas de Brás Cubas

若阿金·马里亚·马查多·德·阿西斯（Joaquim Maria Machado de Assis）

马查多·德·阿西斯被美国批评家称作"拉丁美洲有史以来最伟大的作家"。他原本是一位浪漫主义作家，后来这部标新立异的作品使他跻身那个时代的一流小说家之列。这位巴西作家受劳伦斯·斯特恩的《项狄传》（见本书第61页）中狂放的喜剧成分影响，颠覆了19世纪现实主义小说的形式，同时又成功实现了现实主义者们的目标——无比真实地描绘当时的社会。

就像比利·怀尔德的影片《日落大道》一样，叙述者是一名死者。坟墓里的那个声音讥诮地回顾了他那徒劳的一生。布拉斯·库巴斯属于里约热内卢的特权精英阶层，靠大笔的遗产生活。他过着浑浑噩噩、漫无目的的平庸生活。他与一位政客之妻冗长乏味的私情，正是他人生的缩影，这段私情就像最差劲的婚姻一样沉闷。马查多尖刻的墓场幽默，将看似无用的素材变成了一出刺痛心灵的喜剧。迂回曲折、枝节横生的碎片化叙事，容纳了各种幻想、沉思和滑稽的片段。人类的进步这一观念，在金卡斯·博尔巴这个人物身上受到了毫不留情的嘲讽，这位积极的业余哲学家的乐观主义逐渐变成了疯狂。

小说会在不经意间偶尔提及（就像劈面而来的耳光一样凌厉），不平等的巴西社会是何等残酷。在生命中的最后十年，马查多成为里约热内卢社会的知识分子元老和巴西的民族英雄。他的后续作品包括小说《金卡斯·博尔巴》，也算是《布拉斯·库巴斯死后的回忆》的续篇。马查多的黑色幽默，他对人性的悲观看法，对传统叙事的摒弃，使他成为19世纪著名作家之一。**RegG**

作者生平：1839年生于巴西，1908年卒
首次出版：1881年（巴西）
首次连载：1880年，*Revista Brasileira*
英译书名：*The Posthumous Memoirs of Brás Cubas*

没有斗争的生活，是宇宙有机体中央的一片死海。

▲ 马查多·德·阿西斯是房屋粉刷匠和用人之子，他了解巴西社会的上上下下。

布瓦尔和佩库歇
Bouvard et Pécuchet

居斯塔夫·福楼拜（Gustave Flaubert）

作者生平：1821年生于法国，1880年卒
首次出版：1881年，A. Lemerre（巴黎）
原著语言：法语
英译书名：*Bouvard and Pécuchet*

　　在一个炎炎夏日，两名文员布瓦尔与佩库歇在巴黎的布尔东林荫大道上相遇了，他们发现，他们不光把名字写在了帽子的同一位置，而且还拥有同样开明的政治理念，最重要的是，他们对知识抱有同样的渴求。多亏获得了一笔遗产，他们得以避居乡间，打算对所有知识领域的既有理论加以研究。随着对公认的观点的质疑，这对主人公越发认识到，在他们的小册子里，前后矛盾的地方比比皆是。布瓦尔与佩库歇陷入了这样一种循环：他们查阅了无数的百科全书和专著，运用自己的知识，在实验中落得惨败，继而为他们所选取的知识领域的不真实与不完善感到惋惜，然后再选取一个新的领域。他们研究所有的课题，从考古学到神学，无所不包，最终他们放弃了自己的探索，决定重新当抄写员。

　　这部"怪诞史诗"在作者生前未能完成，在其身故后得以出版，它在小说史上颇为引人瞩目。它简练地表达了戏剧性的求知热情，这股热情体现在两名主人公对攻克各类难题的执着上。布瓦尔和佩库歇短暂的热忱、诚笃的努力，以及一再的幻灭，以福楼拜简练的风格传达出来，让人感到格外不安和滑稽。**CS**

金银岛
Treasure Island

罗伯特·路易斯·史蒂文森
（Robert Louis Stevenson）

作者生平：1850年生于英国，1894年卒于萨摩亚
首次出版：1883年，Cassell & Co.（伦敦）
原著语言：英语

　　"如果这部作品不能吸引孩子们，唉，那说明如今的孩子跟我小时候比起来，已经变糟了。"罗伯特·路易斯·史蒂文森在发表这部儿童文学时如是说。《金银岛》以其真切可感的氛围、美妙的人物和背景，催生出无数效仿之作，《加勒比海盗》之类的影片如今还在鼓吹海盗的传奇故事。史蒂文森的这部经典之作一直魅力不减，尽管有人对史蒂文森在流行文化中所占的地位持怀疑态度。

　　然而，史蒂文森的作品很少有流行文化的常见元素。海盗与鹦鹉的热闹故事的确都在，不过，也许某些传奇成分跟名义上的主人公杰克·霍金斯没有关系——他始终恪守法律与秩序——而与船上的背叛者大个子厨师约翰·西尔弗有关。西尔弗是个出色的反面人物：行为古怪、夸夸其谈、非常可怕。他流于外表的聪明才智，还有他与霍金斯的密切关系，既引人入胜，又出人意料。经典冒险故事中的所有元素，都被埋藏的宝藏、脏话、奇怪的会面、风暴、叛变和诡计所夸大了。不过这个有关冒险、围困和复原的故事，在没有充分展开的结尾部分，玩了最后一个花招：坏人逃走了，主人公衣锦还乡，却给人一种一切才刚刚开始的感觉。**EmcCS**

▶ 作者罗伯特·路易斯·史蒂文森绘制的一幅地图，描绘了他凭空杜撰却真实可信的金银岛。

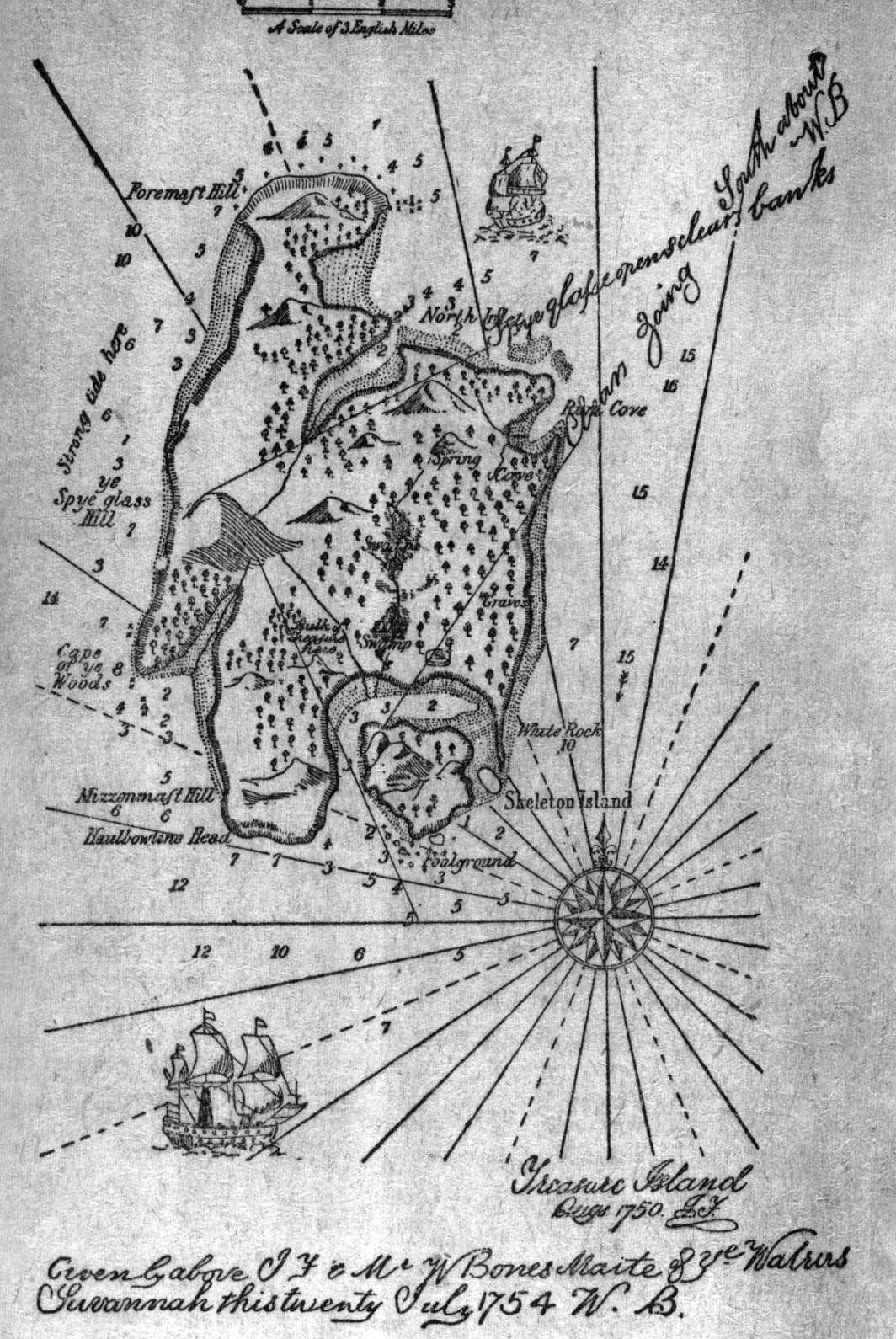

A Scale of 3 English Miles

Foremast Hill

Spye glasse opens clear of North banks — South about W.B.

Haven going

Skeleton Island

Strong tide here

ye Spye glass Hill

Cape of ye Woods

Mizzenmast Hill
Haulbowline Head

North Inlet
Rum Cove
Spring Cove
Swamp
Bulk of treasure here
Swamp
Graves
White Rock
Foul ground

Treasure Island
Augt 1750 J.F.

Given above J.F. & Mr W Bones Maite of ye Walrus
Savannah this twenty July 1754 W.B.

Facsimile of Chart, latitude and longitude struck out by J. Hawkins

一生 Une Vie: l'humble vérité

居伊·德·莫泊桑（Guy de Maupassant）

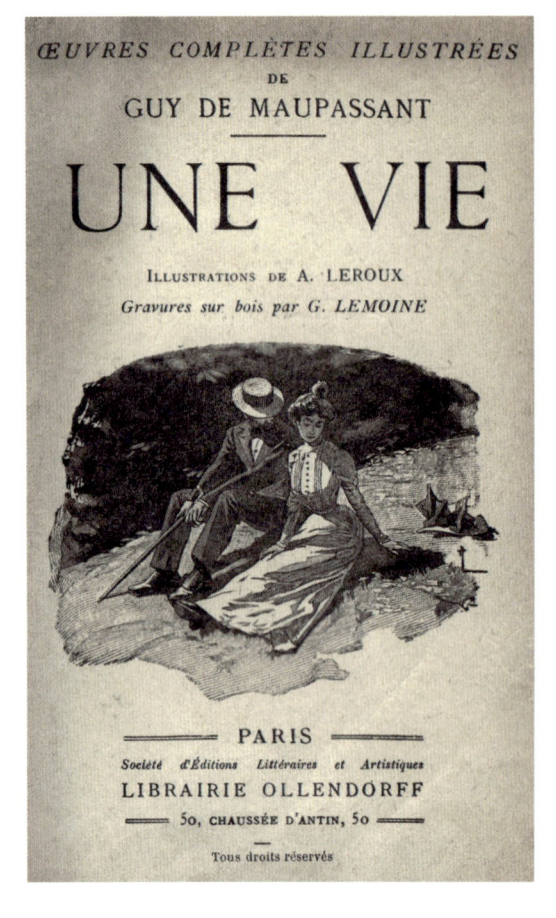

作者生平：1850年生于法国，1893年卒
首次出版：1883年，Corbeil（巴黎）
原著语言：法语
英译书名：*A Woman's Life*

居伊·德·莫泊桑耗时六年多创作了《一生》。尽管故事以法国王朝复辟到1848年大革命之间那段历史为背景，但它对政治史全然不予理会，只写了外省贵族约娜·勒培奇·德沃的一生，从她离开修道院那一刻起，写到她在科州死去为止（译注：此说有误，原书并未写到约娜死去）。福楼拜认为这一题材"棒极了"，他给予莫泊桑莫大的鼓舞。这个故事跟福楼拜的《包法利夫人》刚好相反，它讲述了一个虔诚的女人一生中经历的重重幻灭，这一切始于丈夫的不忠，这个丈夫既贪图钱财，又有着狼子野心。约娜渐渐变得听天由命、逆来顺受，她不得不承受一连串的不幸（流产、养育了一个早熟而不务正业的孩子、双亲过世、孤独和贫穷等等），这让人不由得想起福楼拜的《一颗简单的心》。

《一生》是一部影响深远的自然主义作品，主要讲述人生的忧患与坎坷，生命漠然持续的那种自然的、动物式的"力"的悲惨故事。莫泊桑对感情用事的女性的婚姻提出了批评，他相信婚姻抑制了与生俱来的性本能，以及故事中毫不掩饰的悲观，显示出叔本华或当时的宿命论思想给所谓的自然主义者们带来的决定性影响。尽管本书的发行一度遭到出版商阿歇特的阻挠，他认为本书内容"淫秽"，但《一生》渐渐在评论界，甚至在自然主义的反对者那里博得了好评，他们被这部作品的某些描写流露出的情感所打动。**JD**

▲ 莫泊桑的这部小说尽管以悲观的笔调描述了一名女性的人生，但其中也有对大自然的动人再现。

伊凡·伊里奇之死 Смерть Ивана Ильича

列夫·托尔斯泰（Лев Николаевич Толстой）

作者生平：1828年生于俄国，1910年卒
首次出版：1884年（俄国）
原著语言：俄语
英译书名：The Death of Ivan Ilyich

《伊凡·伊里奇之死》是一部篇幅不长的小说，但并非平庸之作。托尔斯泰的自我写照、列文的精神危机在《安娜·卡列尼娜》（见本书第185页）中悬而未决，而在这部作品中，描述了意欲寻求答案的矛盾与挣扎。不过这个故事的主人公是个心思更为简单的人，一个不像列文那么容易陷入自我认识危机的人。

伊凡·伊里奇是一名雄心勃勃的官僚，沙皇掌管下的俄国腐败横行，他却沿着利益的阶梯不断向上爬。他轻松地顺应了安排给他的种种角色，调整着青年时代的看法和道德标准，以适应职业的迫切需要，欣然接受了穷奢极侈的上流社会施与的小恩小惠。他尤其喜欢打牌，托尔斯泰显然跟德国哲学家叔本华一样，瞧不上这项娱乐，后者认为这是所能想象到的最为低级、没有意义、"无意识"的行为。

在一次看似并不严重的受伤之后，伊凡渐渐失去了行动能力，最后连从休息室沙发上起来都做不到了。托尔斯泰怀着极大的热情，描写了伊凡生理痛苦的剧烈程度。这份痛苦让伊凡十分不堪，最终他放弃了说话，只是不停地喊叫，吓坏了伺候他的家人。原来死亡并不是伊凡痛苦、愚昧的精神旅程的归宿。相反，死亡只是一片荒芜的领域。他放弃了生命，把一切都撇在身后，舍弃了所有的财产和伪装，甚至人与人之间的亲昵行为，最后进入了那片荒芜的领域。他放弃了自己的生命，认为那种生活不值得一过。无疑，《伊凡·伊里奇之死》表达了托尔斯泰对革命来临前的腐朽上流社会始终如一的谴责。**KS**

▲ 这幅有托尔斯泰署名的肖像描绘出了一位严厉道德家的形象，他曾声明摒弃传统社会轻浮的生活方式。

逆流
À rebours

乔里–卡尔·于斯曼（Joris-Karl Huysmans）

| 作者生平：1848年生于法国，1907年卒 |
| 首次出版：1884年，Charpentier（巴黎） |
| 原著语言：法语 |
| 英译书名：Against the Grain |

  乔里–卡尔·于斯曼的《逆流》是一部给人带来感官愉悦的小说。它摧毁了19世纪末上层资产阶级的审美、精神和物质欲求，纵情于其残骸之中。沉溺于自我嫌恶和自恋的《逆流》，被称作"颓废主义文学的祈祷书"。它就像一面镜子，世纪末的作家们从中看到的，是他们渴望的那个雅致的世界，而不是他们寓居其中的这个粗鄙的、贪图功利的世界。

  从政治层面来说，"颓废主义文学"体现了不同的性观念，强调了肉体作为感官发源地的神圣性，但它与资产阶级功利主义长期呈对抗态势。于斯曼、王尔德和瓦莱里既离不开资产阶级，又以同样的程度鄙薄资产阶级。没有了"体面的上层社会"的功利主义和情感生活，他们的纵情声色、放浪不羁也就没有了借以凸显自身的底色。

  《逆流》体现并利用了这种政治上的暧昧。让·德埃森特公爵是个意志薄弱的唯美主义者，喜欢放浪形骸和精神性的狂喜，他是这个由中世纪武士和元老创立的、一度耀武扬威的家族的遗子。他是个"堕落者"，他那些寂寞的恶习是贵族阶层没落的后果。但这个故事用精妙的笔触，细细讲述了他的尝试和绝望。其成果便是一部具有华丽风格、情感强烈的作品，它是对一个时代的迷人描绘，这番描绘是透过一个厌弃这个时代的人的观察来完成的。**PMcM**

庭长夫人
La Regenta

克拉林（Clarín）

| 作者生平：1852年生于西班牙，1901年卒 |
| 首次出版：1884—1885年，Daniel Cortezo（巴塞罗那） |
| 原著语言：西班牙语 |
| 英译书名：The Regent's Wife |

  "克拉林"是莱奥波尔多·阿拉斯（Leopoldo Alas）的笔名。在这本书中，他以自然主义的结构创作了一个浪漫故事，其背景是斐都斯塔城（即奥维亚多市）的上流社会。像19世纪的许多小说一样，这部作品的主题是通奸，如福楼拜所创作的《包法利夫人》（见本书第141页）是一部有关浪漫情感蒙受屈辱的反浪漫小说，而克拉林创作的《庭长夫人》则与之相反。

  安娜·奥索雷斯幼年丧母，与不信神的父亲两地分离，由古板严厉的姑妈将她带大。孩提时代的一件懵懂之事让她蒙受了羞辱，当时她在一个男孩的陪伴下过了一夜。由于自责，她害上了过敏症。实证主义者弗里西利斯"合乎科学地"安排她跟年纪比她大许多的法庭庭长金塔纳尔结了婚，后者可以扶持安娜，让她过得安稳。实证主义理论在安娜难以满足的欲求面前败下阵来，这个没有能力的、慈父般的丈夫束缚了她。

  安娜有两个追求者，一个是她的倾听者神父费尔明·德·帕斯，这位教士的影响力遍布全城，他以此为荣，同时他又受贪婪的母亲摆布。另一个追求者是登徒子阿尔瓦罗·梅西亚。最后，伪善的斐都斯塔上流社会目睹了安娜的沉沦，她在保持多年的贞洁后经历精神焦虑，投入了梅西亚的怀抱。后来他在决斗中杀死了庭长，抛弃了安娜，了断了此事。而安娜饱受挫折，在斐都斯塔颜面尽失，被弗里西利斯以外的所有人排斥。**M-DAB**

漂亮朋友
Bel-Ami

居伊·德·莫泊桑（Guy de Maupassant）

作者生平：1850年生于法国，1893年卒
首次出版：1885年，V. Harvard（巴黎）
原著语言：法语

　　居伊·德·莫泊桑以短篇小说闻名，他把这种简短的体裁作为构架原则，用在了自己的长篇作品上。《漂亮朋友》的主人公乔治·杜洛瓦来到巴黎时，还是个单纯的外省人，但在意识到报纸的惊人作用之后，他很快发现（并欣然利用起）了报纸内在的道德漠视和堕落。这一发现是以印象派手法呈现出来的，莫泊桑所在城市的咖啡馆、林荫大道和报社办公室给我们留下了难忘的印象。但一切都是有价格、有限度的，因此企图将某物写得真实可信、价值无穷，只会表明它的廉价，从而贬低拥有者的身价。

　　在《漂亮朋友》中，一些引诱女性的故事可以独立成篇，这些女性的体貌是用现象学的精确笔触来描绘的。在书中，每个女人都代表着一种处心积虑的算计，是在性欲与实际利益之间权衡取舍的结果。因此克洛蒂尔德·德·马雷勒的"鲜艳绸缎礼服"可以被理解为一种"野性"和"直接"的需要，这个女人很快就会被抛弃。但其后任"松弛的白色长裙"，代表了寻求社会价值的、更为舒缓的欲望节奏。她也会遭到同样的蹂躏，只是在这一过程中，她的政治价值和性爱价值也会被利用。爱情或真情的多寡与玩世不恭的功利心成反比。莫泊桑鼓励我们按照后者的本来面目，享受个中乐趣——只要我们无意于从他的作品中汲取更持久的教训。**DT**

享乐主义者马利乌斯
Marius the Epicurean

沃尔特·佩特（Walter Pater）

作者生平：1839年生于英国，1894年卒
首次出版：1885年，Macmillan & Co.（伦敦）
完整书名：Marius the Epicurean: His Sensations and Ideas

　　沃尔特·佩特最广为人知的或许是他的作品《文艺复兴》（1873）。这本书表面上看，是对那一时期艺术和文化的概论，但其实它是一份审美观的宣言，后来，这种审美观给世纪末的艺术气息带来了重大影响。与他同时代的奥斯卡·王尔德热情地采纳了"为艺术而艺术"的原则，即除了艺术本身，什么也不表达。佩特写《享乐主义者马利乌斯》不光是为了暗示王尔德的这种理解失之偏颇，同时也是为了以人生阅历的形式，为艺术体验提供一个普遍范例。

　　《享乐主义者马利乌斯》的主题不如与之有关的那些理念重要。这部作品描述了书名中那个罗马青年的教育历程，他先后学习过几种不同的异教哲学，最终确立了基督教信仰，殉教而亡。但马利乌斯的成长并非通过人生阅历，而是通过读书来实现的，这部小说意欲重现这种阅读体验。书中，阅读意味深长地衔接起了过去、现在和未来，成了一种救赎性的精神成长过程。佩特的这部小说精心构筑的同时性，既让我们作为读者感受到了这一点，也让我们观察到了阅读在主人公身上产生的效果。相对而言，《享乐主义者马利乌斯》遭到了人们的忽视，这部作品没有再版就是明证。但如果我们既将文学看作精神性的形成过程，也把它看作感性的形成过程，对佩特方程式的两边都给予尊重的话，那么阅读这部作品依然是至关重要的。**DT**

Adventures of Huckleberry Finn.

(Tom Sawyer's Comrade.)

BY

MARK TWAIN.

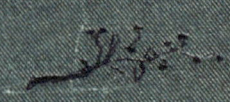

ILLUSTRATED.

哈克贝利·费恩历险记 The Adventures of Huckleberry Finn

马克·吐温（Mark Twain）

作者生平：1835年生于美国，1910年卒
作者教名：Samuel Langhorne Clemens
首次出版：1885年，Dawson（蒙特利尔）
原著语言：英语

　　就像书店"儿童经典"区里的许多书一样，《哈克贝利·费恩历险记》并非我们如今理解的那种意义上的童书。同样不会令人感到惊奇的是：对马克·吐温这部作品所做的、针对儿童的种种改编，往往改动幅度颇大。尽管与《汤姆·索亚历险记》（1876）一样，它也有着对密西西比河小镇生活栩栩如生的刻画，充满了形形色色的人物、迷信、俚语和河运知识，但这次的历险性质有所不同。这种反差从一开始就十分明显：孩子们玩的残忍的"拦路抢劫"游戏，汤姆组织的"勒索赎金"，与哈克从酗酒、滥用暴力的父亲那里逃走，相互呼应。为了避免被人追到，哈克伪造了自己遇害的假象。逃亡之初，他与逃奴吉姆结伴，他们一起向密西西比河下游进发。一路上，他们遇到了各类人群——当地人、河工、好人和恶人，还与两名骗子有了交集。他们的历险故事是喜剧性的，哈克在描述这些故事时的纯真，常常平添幽默的效果。但当哈克率真地讲述自己目睹了一个同龄的孩子，因为与另一家人发生毫无意义的荒谬纷争而送命时，让故事出人意料地从幽默荒唐转入了非常黑暗的领域。

　　正是他们带来的这些突兀的转折和对比，让这本书有了比普通历险小说更为重大的意义。哈克未必纯真无邪，但他在讲故事时，倾向于只从表面来理解传统道德和社会关系。这样一来，他就赋予了它们一种道德坚定性，从而比直接的讽刺更为巧妙、尖锐地暴露出了虚伪、不公、谎言和残酷。**DG**

▲ 马克·吐温擅长通过孩子们纯真的目光，用讽刺手法来批判他们目睹的虚伪和不公。

◀ 为《哈克贝利·费恩历险记》第一版配插图的是艾德华·肯布尔，他塑造出的小主人公形象令人难忘。

萌芽
Germinal

埃米尔·左拉（Émile Zola）

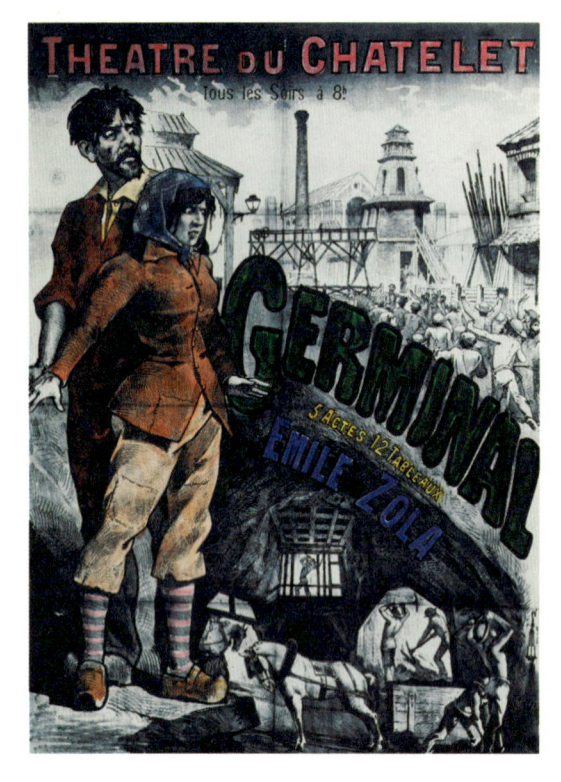

作者生平：1840年生于法国，1902年卒
首次出版：1885年，Charpentier（巴黎）
原著语言：法语

凡是对文学与政治的交集感兴趣的人，都应该熟悉这部著名的、极富争议的小说。它与阶级斗争和工业骚乱有关，以19世纪60年代的法国北部煤矿区为背景。埃米尔·左拉原原本本地描绘了工人们一穷二白、暗无天日、极易受到伤害的惨状，并用资产阶级奢侈、安逸、悠闲的生活与之对比，引发了争议。

书名让人想起法国共和历中的第七个月，它与大规模的暴动、骚乱、贫困和饥荒联系在一起。所有这一切在《萌芽》的核心情节——大罢工的爆发与失败，以及罢工给各方带来的不利后果里都有所体现。主线情节详细描述了艾蒂安·郎蒂埃对一个矿区产生了情感和政治上的认同，这份认同点亮了一片被人剥削、造反条件成熟的黑色天地。他从一个中立的局外人，转变成一个全身心投入、发动集体斗争的罢工领袖，这一发展过程先后通过个人信念和志向的矛盾与妥协巧妙地展现出来。故事中充斥着鲜明的对立，但资本主义降伏了所有的主角。

《萌芽》备受争议的结局以这样一个发人深省的问题引起了读者的共鸣：社会变革和转型的可能性是怎样的？最后那些破坏与革新的图景暗示出，通过工人阶级个体与集体努力的萌芽，有可能推动政治的发展。然而值得注意的是，这种努力如今仍旧不是决定性力量。**GM**

他无工可做、无家可归，脑子里只有一个念头，就是盼望天亮以后，寒气会稍减一些。

▲ 埃米尔·莱维为戏剧《萌芽》绘制的海报，传达出了左拉夸张地预见到的阶级斗争图景中的情节剧特质。

所罗门王的宝藏
King Solomon's Mines

赖德·哈格德（H. Rider Haggard）

作者生平：1856年生于英国，1925年卒
首次出版：1885年，Cassell & Co.（伦敦）
原著语言：英语

赖德·哈格德这部出色的畅销书原本有意与《金银岛》（见本书第190页）相媲美，其主人公阿兰·夸特曼已经成为通俗文学中经久不衰的形象，在阿兰·摩尔的《非凡绅士联盟》（The League of Extraordinary Gentlemen，2002）中，夸特曼被重新塑造成了一个令人难忘的鸦片鬼。这是个一流的奇幻故事：夸特曼和助手冒险进入中部非洲的蛮荒之地，寻找价值连城的所罗门王宝藏。当然，一路上充满了艰险和刺激。夸特曼来到了库坤纳王国，这个王国的统治者是特瓦拉国王和妖婆盖古尔，两人表现得越来越狠毒。与此同时，这个部族与企图窃取钻石宝藏的人之间的冲突也愈演愈烈。

哈格德的作品体现出对非洲，尤其是祖鲁文明的深入了解，他亲自考察过这一文明，还经常表达出自己的赞赏之情。夸特曼是个拥护帝制的人，但他对于改变，比那个时代的其他人更善于容忍和接受。值得注意的是，他的几次历险，也包括这一次，其中都有努力挽救某些部落，使之免于消亡的行为。哈格德的作品能够留存至今，原因或许就在于此——从一个部族的灭绝中，发现了人类面临的一种更为普遍的威胁。哈格德笔下的核心人物爱夸夸其谈，且自以为是，但哈格德让读者意识到了这一点：在应对不同文化时，真正足智多谋的英雄是夸特曼，而不是他那些人云亦云、好勇斗狠的同伴。**EMcCS**

小约翰
De kleine Johannes

弗雷德里克·凡·伊登（Frederik van Eeden）

作者生平：1860年生于荷兰，1932年卒
首次出版：1885年，De Nieuwe Gids（阿姆斯特丹）
原著语言：荷兰语
英译书名：The Quest

弗雷德里克·凡·伊登是阿姆斯特丹的一家心理诊所的创办人之一。他既作为作家，也作为医生，关注着社会弊端。《小约翰》首先发表在《新指南》（De Nieuwe Gids）上，这是一份由"80年代运动"（Tachtigers）这一团体创办的划时代的、标新立异的文学期刊。但凡·伊登的思想背离了"80年代运动"的指导方针，后者偏爱遵循"为艺术而艺术"这一原则的作品。

凡·伊登以其宗教与伦理的同情心和重视内容胜于形式而独树一帜，这一立场最终使之与"80年代运动"团体分道扬镳。凡·伊登的这部小说描述了约翰尼斯的经历，这名主人公与作者本人不乏相似之处。小时候，约翰尼斯总能尽情玩耍，可以无拘无束地发挥自己的想象力。他主要的兴趣在于大自然和动物，但随着时间推移，他也经历了生活令人不快的方方面面，比如疾病和死亡。约翰尼斯从一场精神历程中了解到，多数人的生活与他无忧无虑的童年，存在着鲜明的差异。

《小约翰》有如一个富有象征意味的童话故事。故事中，想象力终究败给了理性和唯物主义。临近小说末尾，宗教与伦理的弦外之音变成了和谐音，约翰尼斯被赋予了一项尘世的使命。在唯美主义运动的背景下阅读这部作品，就会发现《小约翰》是一个非同寻常的动人故事。**JaM**

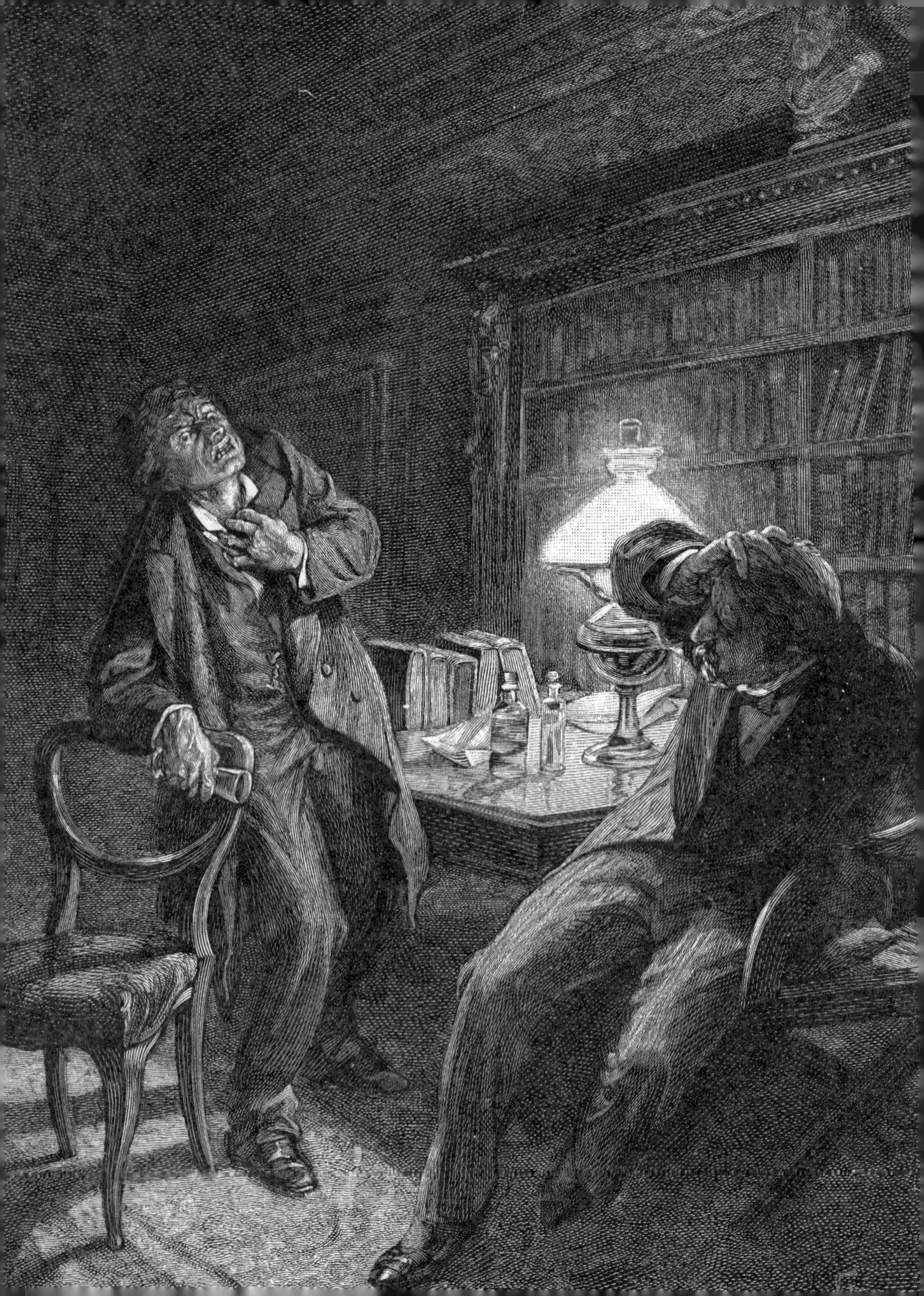

化身博士
The Strange Case of Dr. Jekyll and Mr. Hyde

罗伯特·路易斯·史蒂文森
（Robert Louis Stevenson）

作者生平：1850年生于英国，1894年卒于萨摩亚
首次出版：1886年，Longmans, Green & Co.（伦敦）
原著语言：英语

小说开篇颇为平淡，是律师厄特森先生和朋友恩菲尔德先生的一场彬彬有礼的谈话。后者谈道，自己在一天凌晨回家时，目睹了一桩"可怕的"事：一个小姑娘奔跑着穿过街道，被一个男人撞倒了，后者任由她倒在地上哭叫，自己走开了。"这件事听起来没什么，"恩菲尔德最后说，"不过亲眼看见可够要命的。"

罗伯特·路易斯·史蒂文森对"双面人"这一经典哥特故事的重述，正是这样一种含蓄内敛的风格。这个故事讲的是一个人被自身所纠缠，在真实的自我之中，寓居着第二重人格。史蒂文森渐渐揭开了"凶神恶煞"的海德先生的身份，他常常从受人尊敬的杰基尔博士家门后消失。但弄清海德的身份，并不等于知道该如何理解杰基尔关于"本性中邪恶的一面"的试验中所释放出的内心煎熬和双重人格。值得注意的是，1888年，有一份小报用本书所探讨的心理现象，来解释大都市前所未见的、"开膛手杰克"那些耸人听闻的兽行。史蒂文森的这个故事，以及它对人们对当代文化生活多有不满的重要反映，影响着一代读者，这件事便是早期的一个例证。**VL**

侯爵府纪事
Los pazos de Ulloa

埃米莉娅·帕尔多·巴桑（Emilia Pardo Bazán）

作者生平：1852年生于西班牙，1921年卒
首次出版：1886年，Daniel Cortezo（巴塞罗那）
原著语言：西班牙语
英译书名：*The House of Ulloa*

帕尔多·巴桑女伯爵的这部不合礼俗的小说，是她最出色的作品，也是西班牙自然主义文学的巅峰作品之一。一年后，她又写出了续篇《大自然母亲》（*La madre naturaleza*）。在《侯爵府纪事》中，她将加利西亚农村的愚昧和不开化与城市的规范和文明进行了对比。年轻牧师胡利安·阿尔瓦雷斯来到了乌约侯爵堂佩德罗·莫斯科索的祖居，后者是一位肆意妄为、专横的封建领主。堂佩德罗发现，庄园的有效维持离不开冷酷无情的普里米狄沃，其女儿萨维尔在这里做女佣。侯爵与萨维尔有奸情，结果有了孩子——佩卢乔。

很快，循规蹈矩、努力整顿庄园秩序的胡利安与狂暴的普里米狄沃起了冲突。胡利安留在侯爵府，试图通过婚姻挽救侯爵。为此，他们去了圣地亚哥，让堂佩德罗从四个表妹中挑选一个做妻子。侯爵选中了努恰，她也是牧师最满意的。婚后头几个月，生活还算和和美美，直到努恰生下一个女孩。想要男孩的侯爵很快与萨维尔旧情复萌。胡利安打算带努恰和女孩逃走，结果计划败露，胡利安被逐出了庄园。十年后，胡利安重回故地，发现了努恰的墓地和两个玩耍的孩子：男孩佩卢乔穿着体面，而女孩穿得又脏又破。
DRM

◐ 在第一版的这幅插图中，杰基尔博士变成了邪恶的分身，吓坏了不幸的拉尼翁医生。

海姆素岛居民 Hemsöborna

奥古斯特·斯特林堡（August Strindberg）

作者生平：1849年生于瑞典，1912年卒
首次出版：1887年，Albert Bonniers Förlag（斯德哥尔摩）
英译书名：The People of Hemsö

《海姆素岛居民》叙事直白，笔调朴素，故事背景是奥古斯特·斯特林堡心爱的斯德哥尔摩群岛的岛屿之一。这部小说写于他从瑞典流亡的艰苦时期，洋溢着浓郁的地方风情。与斯特林堡的那些心理冲突更为激烈的作品相比，这部作品就像一个阳光明媚、无忧无虑的夏季假日。它的基调是慷慨大方和宽怀大度的，自然主义的作品常常是用来描绘阴暗色调的，但这篇作品却是积极、明快的。

对大自然和人物的细致描写是真实可信的，也不带有对社会和政治的激愤。弗洛德太太是个有本事的寡妇，她雇卡尔松来经营岛上的农场。作为一个新来的人，还是个旱鸭子，置身于喜欢船只胜过耕地的水手和渔夫中间，卡尔松很快引起了当地人的猜疑。他的主要对手是古斯腾——寡妇的儿子和继承人，两人争夺起了农场的控制权。尽管从两人的抗衡中，或许可以看到尼采式权力斗争的蛛丝马迹，但这部小说太过轻松愉快，无法持久背负哲学的沉重。不过这场斗争设计得既聪明又引人入胜：卡尔松到底是奸猾的骗子，有心算计孤单的寡妇，还是个诚实、能干的男人，想要振兴不景气的农场？对这一问题，小说中的其他人物也是看法不一，这个问题至今仍让读者感到兴味盎然。描写大海和岛屿的华美段落，再加上俚俗的乡村喜剧成分，结尾处故事情节的戏剧性转折，还有上述这个基本问题的吸引力，都让《海姆素岛居民》至今仍能在斯特林堡的全部作品中葆有突出地位，还赢得了"最受欢迎的瑞典小说之一"这样的美名。**UD**

▶ 闲适的斯特林堡和两个女儿。《海姆素岛居民》展现了他的忧郁性情中阳光的一面。

▶ 这幅斯特林堡像绘于1899年，此时的斯特林堡经受了三场不幸的婚姻，长期为不稳定的精神状况所苦。

AVG·STRINDBERG
VRVSVND·JVLI·1899· RITADT AT HAN
GAMLE VÄN
C.L

皮埃尔与让 Pierre et Jean

居伊·德·莫泊桑（Guy de Maupassant）

作者生平：1850年生于法国，1893年卒
首次出版：1888年，V. Harvard（巴黎）
原著语言：法语
英译书名：*Pierre and Jean*

《皮埃尔与让》（又译《两兄弟》）以19世纪80年代的勒阿弗尔为背景，讲述了一个家庭崩溃的故事，作品情感丰富、扣人心弦。书名中的两人是兄弟，他们的父母是体面的、中产阶层的前珠宝商夫妇，一笔出人意料的遗产让他们的生活变得四分五裂。小儿子让是一位有抱负的律师，他发现家人的一个朋友把财产都留给了自己。面对这一突如其来的好运，全家都很高兴，只有皮埃尔除外。皮埃尔先是因为单纯的嫉妒而苦恼，但后来，他开始怀疑母亲的清白，担心让是捐赠人的私生子，变得越发悒郁不快。重重疑虑折磨着他，嫉妒变成了担忧、内疚和愤怒。他十分困惑，他的苦恼迫使他深入地探索自己的内心，加深了他与家人和社会的疏离。勒阿弗尔港口和诺曼底海岸线，为皮埃尔的担忧、痛苦和对逃离的无限渴求充当了必不可少的阐释性背景。

被公认为短篇小说大师的莫泊桑是一位成功的多产作家。他的第四部长篇小说《皮埃尔与让》标志着他的作品和法国文学总体的转向——偏离了巴尔扎克和左拉等作家所代表的社会现实主义，更加关注对人物内心世界的探索。**AL**

> 让的头发是金黄的，和他哥哥的深色头发正好相反；他的宁静也正好和他哥哥的冲动相反；还有他的温和也和哥哥的好记仇相反。

▲ 作为福楼拜的弟子，莫泊桑培养了一种讥诮的人生观，不过他有着师傅所缺乏的热情和怜悯的气度。

轭下 Под игото

伊凡·伐佐夫（Иван Минчов Вазов）

作者生平：1850年生于保加利亚，1921年卒
首次发表：1889年，《民间故事集》（Сборник за народни умотворения）
英译书名：Under the Yoke

《轭下：保加利亚的解放传奇》是这部19世纪历史小说的完整书名，其笔触饱含爱国热忱和足以与朗费罗甚至托尔斯泰相提并论的炽热激情。故事以1875年至1876年保加利亚一隅的贝拉切尔克瓦镇（伊凡·伐佐夫在索波特的故乡）周边为背景，当时保加利亚正在奋力挣脱土耳其人的羁轭。

这只是一场幻梦（要到1886年才迎来真正的解放），最终起义失败，俄国方面的援助未能兑现，为首的爱国主义者们以身殉国。但也不尽是黑暗与毁灭：包括索科洛夫医生和孤女拉达、鲍依乔·奥格涅诺夫（他深陷在爱情当中）在内的主人公们，都参与到激动人心的起义当中。伐佐夫以巴尔干山谷的牧场、河流和磨坊、胡桃树与梨树林、咖啡馆和修道院、农场为背景，讲述了他们的故事。令人难忘的场面有很多，尤其是结尾处，歹徒们在磨坊进行的那场屠杀。

伐佐夫生于保加利亚解放运动之前，死于第一次世界大战之后，因此他的一生有很大一部分与保加利亚的现代史是重合的。他是一位毫不掩饰的爱国者，是保加利亚的民族诗人，他用散文和诗赞颂了促成解放的英雄人物。对外国读者来说，这并未让他变得过于"地方化"。这部小说不乏可观之处，向西方揭示出了保加利亚的艺术潜力。**JHa**

欢乐 Il piacere

加布里埃莱·邓南遮（Gabriele D'Annunzio）

作者生平：1863年生于意大利，1938年卒
首次出版：1898年，Treves（米兰）
原著语言：意大利语
英译书名：The Child of Pleasure

意大利作家邓南遮的政治观点常常遭到质疑，这些观点有可能是墨索里尼的法西斯主义的前身。他似乎是以浪漫派诗人的视角，写出了这部作品，这也是他的第一部长篇小说。这本书笔调华丽，融合了作家富有才气、行文严密的散文和假主人公之手写就的诗歌。它对罗马的描写也很值得一读。

《欢乐》既是对富有的意大利上流社会以及那个门槛颇高的名流圈子的考察，也是对它们的批判。主人公安德烈是年轻的诗人、家世显赫的贵族，他爱上了两个女人。在一场决斗损害了他的健康之后，对两个女人的欲望令他大为苦恼，同时，在决斗中险些丧命的经历，让他获得了精神上的新生。其中一个女人的丈夫陷入了一桩巨大的丑闻，这时，她突然面临着失去一切的威胁，包括让她为了与安德烈在一起，而做出妥协的那股激情。

故事情节的力度源于它的这一主张：名誉对于这些人来说至关重要，失去了名誉，他们就会被排除在罗马的欢愉生活之外。在某种程度上，正是他们维持名誉和避免丑闻的做法摧毁了他们的身体和精神。这些人物被社交礼仪严格地束缚着，他们的欲望常常遭到阻挠，未能获得满足让他们异常痛苦。**JA**

埃利娜·维尔 Eline Vere

路易斯·库佩勒斯（Louis Couperus）

作者生平：1863年生于荷兰，1923年卒
首次出版：1889年，Van Kampen & Zoon（阿姆斯特丹）
英译书名：Eline Vere

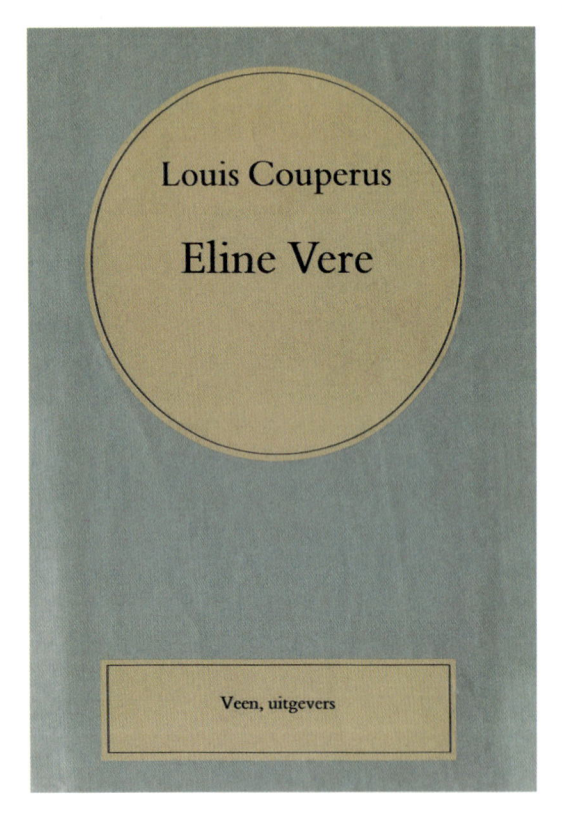

路易斯·库佩勒斯的小说《埃利娜·维尔》最初在《祖国报》上连载，它讲述的是年轻、有才华的埃利娜·维尔的故事，她发现现实跟自己从书本上读到的截然不同。她爱上了一个唱歌剧的歌手，结果发现自己的激情来得快，去得也快，因而萌生出幻灭之感。但没过多久，埃利娜接受了另一名男子的求婚，他们经历了一段彼此忠诚且倾心的爱情，但她的堂兄文森特不认同他们的爱情。作为一个宿命论者，这样的爱情对他来说，无异于孩子气的理想主义，不过是对真相的一种诗意的逃避，所谓真相就是：不存在自由意志，每个人都是特定时空环境的产物。最终埃利娜解除了婚约。

路易斯·库佩勒斯秉承福楼拜、托尔斯泰和王尔德的精神，运用心理现实主义，来研究有可能让人毁灭的那种持久的渴望。我们总是不满足，想要寻找什么，如果找不到那种东西，又该如何是好？谁更靠不住，是玩世不恭的人，还是不切实际的人？我们被现实击败之后，应该怎么办？当埃利娜开始质疑这些时，她的健康状况恶化了，她变得萎靡不振；想要自杀，却没有那份勇气。当她因为使用过量吗啡而意外身亡时，这些问题依然悬而未决，但我们想知道，除了这种可怕的死亡结局，是否还有别的出路？是否有可能活得真实？

路易斯·库佩勒斯年纪轻轻便赢得了国际声誉，但他在荷兰，至死都被看作一个有争议的花花公子。20世纪，公众和学术界对他的作品再次萌发了兴趣。20世纪90年代，《埃利娜·维尔》被拍成了电影。**MvdV**

埃利娜，那当然是我。

● 库佩勒斯的第一部长篇小说在1889年出版后，很快便大获成功，图为1990年版的封面。

饥饿 Sult

克努特·汉姆生（Knut Hamsun）

克努特·汉姆生早年作为一个忍饥挨饿的青年，写出的这部半自传式的作品，是一部影响深远的现代经典，其地位介乎陀思妥耶夫斯基的《地下室手记》（见本书第154页）和贝克特的《马龙之死》（见本书第473页）之间。汉姆生于1920年获得诺贝尔奖，他深受陀思妥耶夫斯基影响，形成了一种尼采式的个人主义观念。这种观念既是对自然主义的反叛，也是对易卜生提倡的进步文艺观的反叛。《饥饿》以克里斯蒂安尼亚为背景，其城市焦虑预示着卡夫卡笔下异化的都市景观，不过还有一种对詹姆斯·凯尔曼式的、口语化的美妙幻想与日常经济状况之间的紧张关系的强调。

这部小说是用现在时叙述的，这种现在时有种上气不接下气、饥肠辘辘的紧迫感。它回顾了叙述者企图通过写作维持生计，结果生活每况愈下的经历。叙述者有时因为缺乏食物而狂躁不安，其他时间则蔑视人类。他过于看重自身的价值，由此引发的遭遇和误解既是阴郁的存在主义式的，又让人好笑。《饥饿》逐渐将需求和尊严之间的关系剥离开来，描写了几乎有着致幻效果的癫狂。随着叙述者的状态陷于谵妄和迷乱，阅读体验也会变得同样谵妄和迷乱。这部小说将他的幻想和微不足道的罪行，与同样微不足道的报复策略和对尊重的向往，一并展现出来。小说在这两者之间谨慎地维持着平衡：一方面肯定这位作家的杰出；一方面又揭示出他是个迷茫的人，常常好笑地迷失在怨恨和愚蠢之中。《饥饿》预示着贝克特作品中的那些富有才智、穷困潦倒的人的出现。它以这样的方式，为所有打算忍饥挨饿、靠写作谋生的人提供了一服解毒剂。**DM**

作者生平：1859年生于挪威，1952年卒
首次出版：1890年，Philipsen（哥本哈根）
英译书名：*Hunger*
诺贝尔文学奖：1920年

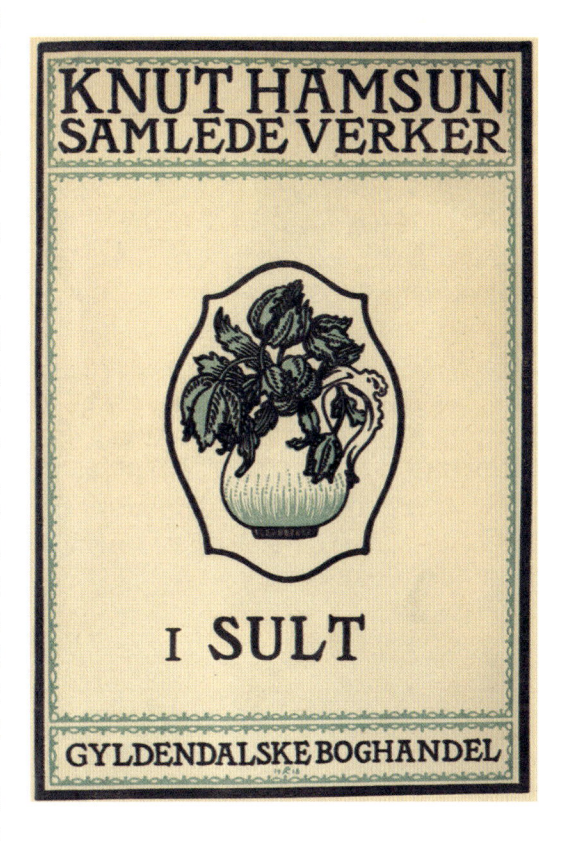

这一切发生在我饿着肚子闲逛的时候……

▲ 图为《饥饿》的封面。该书作为《克努特·汉姆生作品集》的第一卷出版。

在遥远的礁岛链上 I havsbandet

奥古斯特·斯特林堡（August Strindberg）

作者生平：1849年生于瑞典，1912年卒
首次出版：1890年，Albert Bonniers Förlag（斯德哥尔摩）
英译书名：By the Open Sea

　　奥古斯特·斯特林堡写《在遥远的礁岛链上》时，已经受到尼采的"超人"理论的影响。他研究了生物学、地质学和地理学等领域，采纳并验证了这些科学方法，准确地描写了一个强有力、富有才智、懂科学的人。

　　这部小说有两个主要人物，一位是阿克塞尔·博格，他是个渔业监察员，受命前来调查青鱼捕捞量为何逐渐减少；另一个"人物"是大海和岛屿的自然风光，后者始终令作家感到沉醉。高傲、自命不凡的博格瞧不起那些单纯、朴实的渔民，认为强者有权凌驾于弱者之上。他遵从父亲的教诲，抑制了自身的阴柔气质。他占有并征服了年轻的玛利亚，但这也暴露出了他内心深处的阴暗。当受到当地人和地方势力的施压之后，他的自尊出现了裂痕，自信心也开始动摇。他的想法变得越发不切实际，他拿自己做试验，企图掌控和征服自然。

　　博格显然是斯特林堡的化身，他是一个敏感、孤独、被庸众拖垮的天才。这部心理小说直指斯特林堡在19世纪90年代的《地狱》中表现出来的精神危机，它详细描绘了一个骄傲而又富有才智的人沦为备受困扰的废人的可怕经过，对斯特林堡本人当时的精神状态进行了有趣而深入的描绘。**UD**

人兽 La Bête Humaine

埃米尔·左拉（Émile Zola）

作者生平：1840年生于法国，1902年卒
首次出版：1890年，Charpentier（巴黎）
原著语言：法语
英译书名：The Beast Within

　　《人兽》是埃米尔·左拉长达二十卷的《卢贡-马卡尔家族》系列小说中的第十七部，他试图通过这一系列小说，运用对19世纪末的自然主义和当时的退化论以及"遗传素质"论至关重要的"科学"术语，来关注遗传和环境给一个家族带来的影响。《人兽》同时也是左拉借以探讨铁路影响力的媒介，这部作品集合了左拉感兴趣的两大问题——犯罪和铁路生活。在这部小说里，火车自然的力量与人的暴力和毁灭性联系在一起。后世的人会将左拉所写的雅克·朗捷这个人物界定为连环杀手，此人是个火车司机，有种病态的欲望，想要杀死女人。在作者的安排下，行凶杀人与机械文明密切相关，意外事故与变态心理密不可分。当朗捷看到铁路公司的一名主任出于性爱方面的嫉妒，杀死格朗穆朗时，他的暴力欲望受到了刺激。"看到那具可怜的尸体，他行凶的渴望变得越发强烈，就像一种生理欲求。"后文中，这种行凶欲望的影响力得以发挥出来。

　　左拉对物质世界一丝不苟的观察，在他对铁路的描写中得到了体现。这部分描写给文字涂抹上了光影和烟火的质感，后者就像磁石一般，吸引着他那个时代的印象派画家们。**LM**

苔依丝 Thaïs

阿纳托尔·法朗士（Anatole France）

作者生平：1844年生于法国，1924年卒
首次出版：1890年，Calmann-Lévy（巴黎）
原著语言：法语
诺贝尔文学奖：1921年

《苔依丝》是一部以公元4世纪的埃及为背景的历史传奇小说，讲述了两名截然不同的早期基督徒的故事。与此同时，它还用一种崭新的、富有启迪的眼光，考察了早期的教会和被人广为接受的虔诚习俗。这部小说描述了虔诚、禁欲的安尼诺埃修道院院长巴福尼斯与美貌的女演员、交际花苔依丝之间的相互影响。巴福尼斯认为自己受到了神启，于是前往亚历山大，劝说苔依丝皈依基督教。她原先受过洗礼，但后来并未将它放在心上。在公元4世纪亚历山大的醉人氛围中，巴福尼斯陈说了基督教的真谛，将苔依丝成功地转变为信徒。苔依丝避居修道院，过上了纯洁的修女的生活，但巴福尼斯似乎完成了职责，却意外发现自己面临着许多新的诱惑。他想要超凡入圣，动机却变得越发可疑，在戏剧性的结局中，他与苔依丝再度相聚，最后他不得不对自己原本坚定不移的信仰提出疑问。

《苔依丝》在对道德和人的意志进行微妙的探讨时，暴露出"纯洁"这一观念所固有的、不可避免的矛盾，向读者对圣人和罪人怀有的心理预期提出了质疑。这部小说用梦幻般的、栩栩如生的风格写成，将异域风情和历史传奇故事的刺激性，以及对追求精神救赎而努力弃绝欲望的后果所作的哲学探讨融合在了一起。**AB**

> 这些圣人的神圣是如此的凛然，就连野兽也能体会到他们的力量。隐士临终时，会有狮子前来，用爪子为他刨出墓穴。

◆ 意大利女高音歌手丽娜·卡瓦里艾莉在马斯内根据法朗士的小说改编的歌剧中扮演苔依丝，首演于1894年举行。

克莱采奏鸣曲 Крейцерова соната

列夫·托尔斯泰（Лев Николаевич Толстой）

作者生平：1828年生于俄国，1910年卒
首次出版：1890年（俄国）
原著语言：俄语
英译书名：The Kreutzer Sonata

在我们这个时代，婚姻只是一种暴行和谬误而已。

《克莱采奏鸣曲》对"性爱莫须有的重要性"提出了严厉批评。它倡导性爱节制（甚至是婚内的），反对避孕，反对感情用事的浪漫观念。这些道德伦理在很多方面都让如今的西方人感到陌生，但我们不能把这部小说简单地斥为保守的夸夸其谈。当男人将女人视为性爱对象时，女性永远也无法享受与男性一样的平等，这一观念与后来的女权主义理论颇有共鸣。撰写这部作品的，是清教徒倾向最重、晚年"皈依"基督教之后的托尔斯泰，他皈依基督教一事相当有名。倘若我们怀疑，他未必跟痛苦的主人公波兹内舍夫抱有同样的想法，那他在次年所写的著名"尾声"，足以打消我们的疑虑，它详细阐述了他为贞洁和节制所作的辩护，他认为它们有益于人的尊严。这部小说的发表招来了反感，俄国试图取缔这本书，但本书的内容还是大规模地传播开来。美国禁止人们引用这本书里的内容，西奥多·罗斯福还说托尔斯泰是个"性变态者"。

在一次乘火车出行途中，波兹内舍夫向叙述者讲述了自己何以会杀死妻子，他将自己的行为归咎于时代的性爱风气。读过《安娜·卡列尼娜》（见本书第185页）的读者会明白，托尔斯泰的小说世界里的火车，往往可以看成是堕落的现代性的象征。这部中篇小说最引人入胜的一面，是对偏执的男性嫉妒心理的准确描绘。就像莎士比亚笔下的奥赛罗一样，波兹内舍夫确信自己的妻子跟她的乐友有了私情，这种确信在微不足道的小事中得到了证实。当他最终情绪爆发、动手行凶时，他内心的痛苦和他那文雅、谦恭有礼、善于交际的外表之间的藩篱，以及内心的激情和外在的礼节之间的藩篱，也随之崩塌了。**RM**

▲ 受托尔斯泰的小说启发，勒内·普里内画出了一对男女因演奏《克莱采奏鸣曲》而激情四溢的画作。

道连·格雷的画像 The Picture of Dorian Gray

奥斯卡·王尔德（Oscar Wilde）

"书没有道德与不道德之分，只有写得好与坏之分，仅此而已。"奥斯卡·王尔德唯一一部长篇小说的序言中的一连串格言，是他对那些批评家所作的回应。这个"不成体统"的故事，最初刊登在《利平科特月刊》上，批评家们对它的背德和病态提出了质疑。尽管书里有种种超出社会接受程度的享乐，但《道连·格雷的画像》很容易被当成一部道德意味浓厚的书，甚至是反对恶行的警世故事。道连的道德沦丧既不令人赞赏，这一点可以从他绝情地抛弃自己的未婚妻——女演员西比尔·文——一事上看出来，也不让人羡慕。其实，这位美少年是书中最乏味无趣的人物。

在画家巴兹尔·霍尔华德给道连画过肖像之后，他的模特想要获得青春永驻的想法竟然成为事实。他的画像变得日渐老朽，而道连本人则几十年如一日，显得年轻、纯洁如初，尽管他的私生活是那样的腐化堕落。不错，当初正是亨利·沃登勋爵妙语连珠地鼓励道连寻求声色和感官之乐，但道连的价值观是对王尔德式的严肃道德观的歪曲，两者仅仅是在表面上相似而已。奥斯卡·王尔德的文章倡导个人主义和自我实现，将它们视为实现更丰富的人生和更公正的社会的道路，道连走的却是享乐主义、自我放纵、无视他人的路线。但它依然是深刻反映王尔德本人双重生活的故事，预言了他在日后陷入不光彩境地的经历。作为小说精妙的构思基础——阁楼里的画——似乎很快就从小说元素变成了神话般的存在。**RM**

作者生平：1854年生于爱尔兰，1900年卒
作者教名：Fingal O'Flahertie Wills
首次出版：1891年，Ward, Lock & Co.（伦敦）
原著语言：英语

> 多悲哀呀！我会老去，变得令人讨厌又可怕。

▲ 慵懒的道连·格雷端详着这幅画，画中人注定会变得衰老，而所画的那个人则会永葆青春。

19世纪 | 211

在那儿 Là Bas

乔里–卡尔·于斯曼（Joris-Karl Huysmans）

作者生平：1848年生于法国，1907年卒
首次出版：1891年，Tresse & Stock（巴黎）
原著语言：法语
英译书名：Down There

作为19世纪末"颓废文学"的一名玩世不恭的唯美主义者，乔里–卡尔·于斯曼难免出于对资产阶级功利主义的反感，醉心于精神生活和神秘学。他在商业上最为成功的小说《在那儿》，用轻浅、讽刺的笔触，处理恶魔主义这一耸人听闻的主题，同时丝毫没有为读者略去其中的恐怖与邪恶。其结果便是这样一部层次丰富的作品：饱含想象力和幽默、令人费解的讯息，以及骇人听闻的细节。作家的化身迪尔塔勒正在寻找一本有关吉尔斯·德·莱斯男爵的书，此人就是15世纪的"蓝胡子"，恶魔般的罪犯，圣女贞德的战友。他由此开始对现代巴黎崇拜恶魔的邪教展开第一手调查。吉尔斯对精神力量的痛苦寻求，与巴黎人的一场粗俗的黑弥撒形成了鲜明对比。在那场黑弥撒上，上流社会的贵妇们自甘堕落，与邪恶的卡农·多克利同流合污。

尽管素材是阴暗的，但书中不乏幽默之处。最能体现这一点的，要数对迪尔塔勒有失体面、时常苦恼的单身生活的描写。但吉尔斯在布列塔尼乡间别墅的沉沦，最终为全书奠定了基调。书中有个惊人的段落：吉尔斯色欲熏心，他眼中的布列塔尼乡间充斥着淫欲，这个段落预示着超现实主义的出现。对于斯曼来说，恶魔崇拜只是通向虔诚信仰的一段阶梯而已。在《在那儿》的结尾，迪尔塔勒未能献身于天主教信仰，但作家本人在1907年去世前，过上了修士般的生活。**RegG**

德伯家的苔丝 Tess of the D'Urbervilles

托马斯·哈代（Thomas Hardy）

作者生平：1840年生于英国，1928年卒
首次出版：1891年，Osgood, McIlvaine & Co.（伦敦）
完整书名：*Tess of the D'Urbervilles: A Pure Woman Faithfully Presented*

《德伯家的苔丝》以其女主人公和尽人皆知的悲剧情节而闻名。1891年，这本书最初出版时，因其内容"伤风败俗"，批评家们对它不置一词。这部小说描绘了苔丝·德伯菲尔德多舛的人生，男人给她带来的伤害，最终让她落得毁灭的结局。《德伯家的苔丝》向读者原原本本地呈现了英国乡村生活的辛酸，哈代对韦塞克斯风光时常有些浪漫化的喜爱之情，这也被小说对社会不公的严酷现实描写所中和。

苔丝的父亲发现，自己所属的德伯菲尔德家跟当地的豪门世家有关系，他认为自己的女儿应该跟家族的后人阿力克·德伯维尔联系一下，这一想法带来了悲惨的后果。后者将她诱奸，之后很快又抛弃了她，把她变成了未婚的单身母亲。尽管她很快从另一个男人——看似正直的安吉尔·克莱尔——那里找到了幸福，但此人听说她以前失身的经历之后，很快就撇下她，让她陷入了困顿。苔丝被逼无奈，重回阿力克的怀抱，为了维持生计，她不得不牺牲自己的幸福。然而有那么一刻，她痛感自己遭到了不公对待，一时冲动，酿成了悲惨的结局。

在《德伯家的苔丝》中，哈代展现了这样一个世界：人的精神不是被命运的力量，而是被社会地位所击败。苔丝最终的死亡——文学中最著名的死亡之一——是人的残酷造成的直接后果，同时也是19世纪英国女性文学中最为动人的控诉之一。**AB**

尤斯塔·贝林的萨迦 Ur Gösta Berlings Saga: Berättelse från det gamla Värmland

塞尔玛·拉格洛夫（Selma Lagerlöf）

作者生平：1858年生于瑞典，1940年卒
首次出版：1891年，Hellberg（斯德哥尔摩）
原著语言：瑞典语
英译书名：Gösta Berling's Saga

1909年，塞尔玛·拉格洛夫成为诺贝尔文学奖的第一位女性得主。《尤斯塔·贝林的萨迦》尽管写于新时代的黎明，却浸透着韦姆兰省（这个省份位于瑞典中西部，多山而人烟稀少）的传说，体现了对传统故事的回归，这些传统故事讲述的往往是华丽的大宅、美丽的女人、勇敢的男人和非同寻常的浪漫冒险。

在埃克布庄园给单身汉住的侧厅，慷慨大度、好客的少校妻子给以尤斯塔·贝林为首的十二名无家可归的"骑士"提供了庇护。尤斯塔·贝林是个被免去圣职的牧师，也是个俊俏的风流浪子。这些人代表了骑士品质和传奇故事古老的传统价值，但他们也是一些软弱的人，过的是放浪不羁的生活，整日不计后果地寻欢作乐。骑士们与魔鬼在当地的代理人——邪恶的辛特拉姆订立了契约。少校的妻子被驱逐出庄园，骑士们接管了埃克布庄园，他们扬言要在一年内让庄园垮掉。此后发生了一桩桩奇事，在层出不穷的事件中，埃克布庄园的盛大舞会成了一段优美的插曲。

重温黄金时代的愿望，与作家对回忆与现实的性质所寄予的兴趣达成了平衡。这部小说是用多少有点矫饰的老式寓言手法写成的，但小说的开头部分——描写了主人公的精神状态，以及他对酒瓶的依赖——以其对人物心理的着重关注，预示了现代小说的出现。**UD**

> 除了火焰，人的灵魂还能是什么呢？它在人的体内和周身摇曳着，就如同火焰在粗糙的木头周围摇曳着一般。

▲ 瑞典小说家塞尔玛·拉格洛夫将童话故事和传说，与对父权制社会乡村生活的逼真描绘编织在一起。

新寒士街 New Grub Street

乔治·吉辛（George Gissing）

作者生平：1857年生于英国，1903年卒于法国
首次出版：1891年，Smith, Elder & Co.（伦敦）
原著语言：英语

　　《新寒士街》是有关作家这一职业的最早、最优秀的小说之一，它描绘了维多利亚时代末期出版业的面貌。乔治·吉辛强调了文艺作品与大众通俗新闻之间的分野，后者以新发行的《珍闻》等杂志为典型代表。在此之后，有关艺术和大众文化的争论延续了百年之久。他对市场行情作了冷静、现实的评估，但他仍旧断言，小说可以传达其独有的真实。在小说中诸多令人难忘、心理刻画得真实可信的人物中，形象最丰满的要数埃德温·里尔顿，他为完成小说《玛格丽特·霍姆》而付出的努力，得到了细致的刻画。里尔顿拼命工作，写完了这本书，但它不够吸引人，充满冗词赘句。注定要失败的里尔顿，不敢看人们对这本书所作的评价。贾斯柏·米尔文与他相反，是个眼尖手快、游刃有余的文字熟练工，他没有审美方面的顾虑，结果大获成功。哈罗德·毕芬是住在阁楼的完美主义者，他靠面包和烤肉滴落的肉汁维持生活。毕芬的小说《杂货商贝利先生》是对日常生活"卑贱的高雅"所作的高度写实主义研究，这是吉辛对20世纪先锋派小说会是什么样所作的有趣猜测。书里的配角还有暴躁易怒的阿尔弗雷德·尤尔和他的女儿玛丽安等。

　　吉辛是比里尔顿和毕芬更谨慎的作家，也是比米尔文更严肃的作家。《新寒士街》是他在商业和艺术上最为成功的作品，它表明，有时好的小说也会畅销。**MR**

乌有乡消息 News from Nowhere

威廉·莫里斯（William Morris）

作者生平：1834年生于英国，1896年卒
首次出版：1891年，Reeves & Turner（伦敦）
完整书名：*News from Nowhere; or, an Epoch of Rest, being some chapters from a Utopian Romance*

　　作为预言，威廉·莫里斯所梦想的乌托邦式的未来——没有私有财产，没有政府，没有法制体系，没有刑罚制度，没有正规教育——或许显得滑稽可笑，没有实现的可能性。莫里斯构想出了伦敦未来的模样：重新变得森林密布，其间的衣物、陶器、建筑和桥梁，全部出自威廉·莫里斯的设计。莫里斯构想出的这一理想社会，与其说与未来有关，不如说是一种沉湎于农耕式往昔的19世纪幻想。但这一梦想的价值，并不在于它呈现出了一种想象之中的未来面貌，甚至也不在于它描述出了同时代政治想象的局限性。莫里斯所预见的、人不受压迫性国家机器摆布的生活，敏锐而尖刻地突显了他那个时代的不合理与重重矛盾，同时也体现了当今的政治状况。莫里斯以一种全新的明晰，指引我们看清财富分配不均所导致的极端不公。

　　这部小说文笔明快机智，从而使它既是有趣的故事，又是一份社会主义宣言。它还有着令人惊讶的色情意味。在人性美的诸多可能性之中，社会公正的图景与性爱的愉悦，在这部作品中交织在一起。**PB**

▶ 新艺术风格的威廉·莫里斯专号《美术杂志》封面，反映出了他广泛的兴趣爱好。

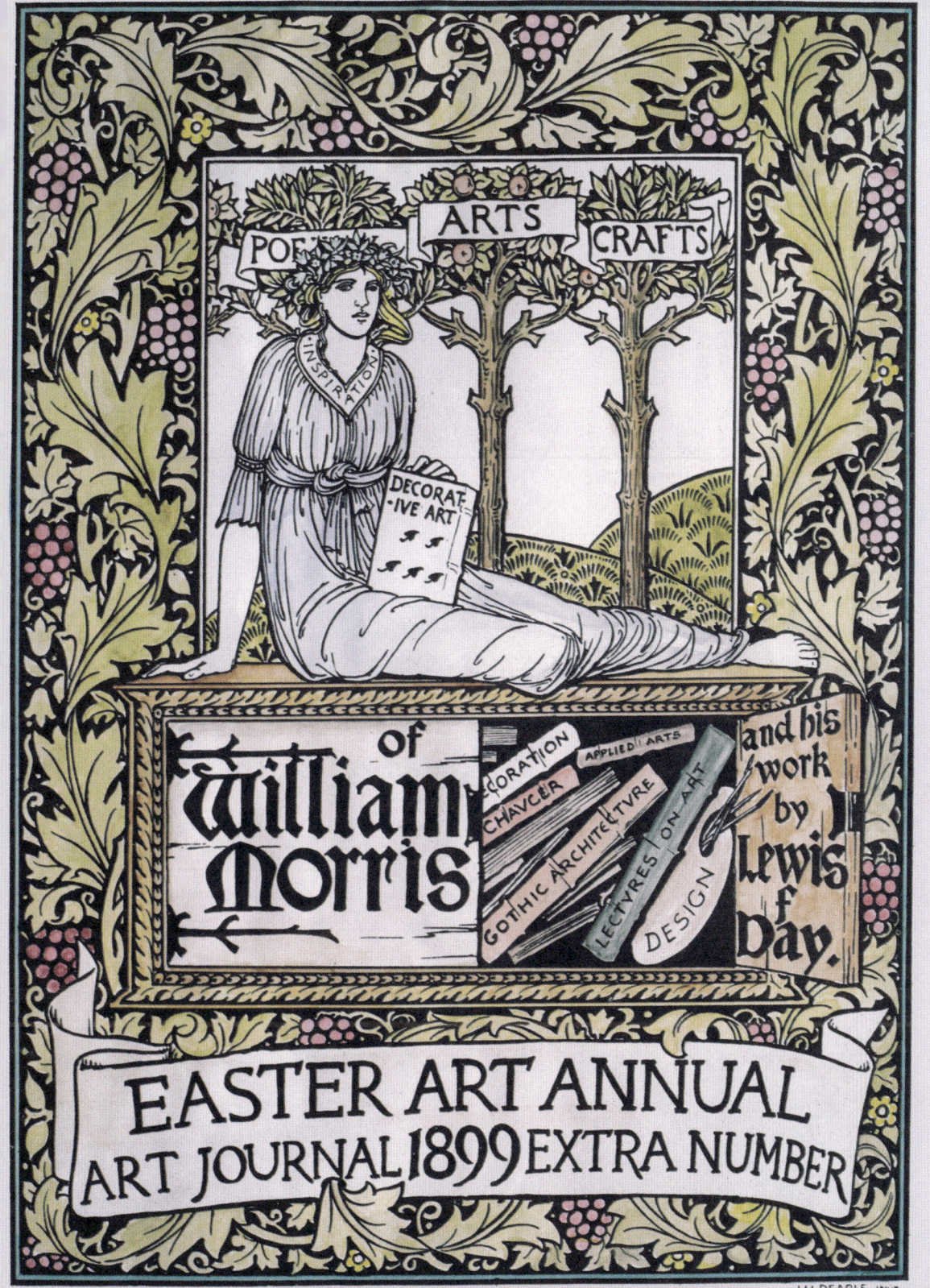

# of William Morris and his work by Lewis F. Day.

EASTER ART ANNUAL
ART JOURNAL 1899 EXTRA NUMBER

LONDON: H VIRTUE AND Co LIMITED

Collier's

Household Number for November

Sherlock Holmes

In this Number Solves
The Mystery of

The Norwood Builder

VOL. XXXII. NO. 5 — OCTOBER 31, 1903 — PRICE 10 CENTS

福尔摩斯探案集 The Adventures of Sherlock Holmes

阿瑟·柯南·道尔（Arthur Conan Doyle）

作者生平：1859年生于英国，1930年卒
首次出版：1892年，G. Newnes（伦敦）
原著语言：英语

1891年到1893年，阿瑟·柯南·道尔有二十四篇夏洛克·福尔摩斯系列短篇刊登在《河滨》杂志上，其中前十二篇以《福尔摩斯探案集》一书的形式出版。

"夏洛克·福尔摩斯始终称呼她为'那个女人'。"这是《波希米亚丑闻》的开头，它是集子里的第一个故事。艾琳·艾德勒之所以是"那个"女人，是因为她是唯一凭智力胜过福尔摩斯的人。波希米亚国王担心前情人艾德勒会勒索自己，因为她保留了一些对国王不利的情书和一张照片。集子里的其他精彩篇章还有神秘怪诞的《红发会》。红发会向一个红发男子提供了一份工作，这一计谋的目的，是用事情把他缠住，罪犯们好趁机在他家地下室挖掘隧道，通向银行。在《歪唇男人》里，有人请福尔摩斯帮忙解决内维尔·圣克莱尔先生失踪之谜。他妻子在破败的城区，看到他出现在一个窗口，结果警察却只找到一名乞丐。谜团层出不穷，最后福尔摩斯终于探明了真相。

从历史角度来看，夏洛克·福尔摩斯在1887年的初次亮相十分有趣。欧洲的城市首次拓展到了如此规模：人们只认得其中的极少部分居民。但这些短篇中的伦敦还是抵御住了这种观念——城市是崇高的，它太过庞大，以至任何个人都无法理解它的影响。19世纪末，都市文明和工业文明的恐怖扩张看似永无止境，对此，柯南·道尔开出了中产阶级的药方，福尔摩斯和华生正是这一解救方案的代表。**VC-R**

"HOLMES GAVE ME A SKETCH OF THE EVENTS."

◢ 最早确立夏洛克·福尔摩斯和华生医生形象的，是插画师悉尼·佩吉特。

◢ 1903年，弗雷德里克·多尔·斯蒂尔为柯南·道尔笔下的大侦探创作了这幅画像，作为《柯里尔周刊》的封面。

小人物日记 Diary of a Nobody

乔治·格罗史密斯（George Grossmith）   威登·格罗史密斯（Weedon Grossmith）

乔治生平：1847年生于英国，1912年卒
威登生平：1852年生于英国，1919年卒
首次连载：1892年，*Punch*（伦敦）
首次出版：1892年，J.W. Arrowsmith（布里斯托尔）

最伟大的英国喜剧小说之一《小人物日记》将狄更斯的世界和伊夫林·沃与P. G. 伍德豪斯的世界衔接在了一起。古板的伦敦职员查尔斯·普特尔记录下了自己的日常生活——既有办公室生活，也有霍洛威郊区的家庭生活。其中有无礼的初级员工、坚忍的妻子卡丽，还有总爱拈花惹草的儿子卢品。这部小说的主线，在于普特尔对自身和现实世界的感觉，与他对这世界原本该如何的模糊认识之间具有讽刺意味的距离。读者会在欢笑中察觉到，种种情况如何凑到一起，让普特尔试图维持某种高雅英式礼仪的努力付诸东流。

格罗史密斯兄弟二人与戏剧界关系密切，《小人物日记》中最出色的场面无疑受到了舞台喜剧的影响。普特尔对家庭琐事越是紧张兮兮，人生道路上的香蕉皮似乎就越多。比如他为参加舞会而买的新靴子，让他在舞池中跌了跟头。普特尔就像狄更斯笔下的米考伯，是个超越了文本局限的喜剧人物，这在很大程度上要归功于《小人物日记》荒诞的幽默风格。读者无须对19世纪90年代有多少认识，照样能被普特尔对红色瓷漆的痴迷逗得乐不可支，此君甚至把家庭版《莎士比亚集》的书脊也刷了一遍。与此同时，他还是英国人爱焦虑这一品性的绝佳样本，如果没有他这个样本，或许就不会有海伦·菲尔丁（Helen Fielding）塑造的布里吉特·琼斯和约翰·克利斯（John Cleese）塑造的巴兹尔·福尔蒂了。**BT**

他离开屋子，重重地关上了门，差点儿把楣窗震碎；我听到他被刮泥板绊倒在地，这让我感到庆幸，幸好没把刮泥板拆掉。

▲ 在威登·格罗史密斯所绘的一幅原版插图中，普特尔即兴跳起了波尔卡舞，女仆的出现让他吃了一惊。

总督 I viceré

费德里科·德·罗伯托（Federico De Roberto）

作者生平：1861年生于意大利，1927年卒
首次出版：1894年，Galli（米兰）
原著语言：意大利语
英译书名：*The Viceroys*

  "总督"是卡塔尼亚久负盛名的贵族家庭乌泽达家的绰号，因为他们的先祖在西班牙人统治时期，是西西里的总督。其家庭成员的经历，始终伴有激烈的利益冲突和不曾削弱的家族自豪感，反映出西西里从波旁时代到意大利统一为止，近三十年的历史。

  这部小说出版时并未获得成功，真实主义的式微也是原因之一——德·罗伯托严格奉行真实主义的原则，采用了这样一些手法：客观中立的叙述人，对事件细节一丝不苟的观察，从而延缓了叙事的节奏。同时，这部小说的悲观色彩和有意为之的粗俗语言，在唯美主义盛行的时代也不讨好。

  尽管如此，《总督》这部小说的心理描写之细腻，视野之广阔，语言之生动，堪称一流。作者对西西里上流社会作了清晰而敏锐的批判，从而使他的作品与同时代的其他西西里小说区别开来。德·罗伯托的故事体现出对威权统治下的生活的厌恶或哀婉的赞颂。它传达的最终寓意是，有一种悲惨的宿命论观点根植于西西里的人与事当中，结果让一切都无法改变。这一寓意预示着兰佩杜萨的著名小说《豹》（见本书第531页）的问世。**LB**

无名的裘德 Jude the Obscure

托马斯·哈代（Thomas Hardy）

作者生平：1840年生于英国，1928年卒
首次出版：1895年，Osgood, McIlvaine & Co.（伦敦）
原著语言：英语

  《无名的裘德》是哈代的小说中最愤懑、最具实验性的一部，它关注的首要主题是欲望和错位。裘德·福来离开马利格林和阿尔夫瑞顿的乡间，去往大学城——基督大教堂尖塔，行至最后四英里时，他从马车上下来，步行前往。他要用步子测量这段路程，他怀揣着雄心和希望，以及不知前路艰辛的美好热情。

  石匠裘德进城时，伴随着自己的阶级以及这一阶级的历史。起初，它丰富了他的心灵；当他阅读"大学建筑"这一不朽的篇章时，他用的是工匠的眼光。渐渐地，阶级地位开始限制他的雄心——"圣书学院"院长告诫裘德"安守本分"的那封信，完全出自实用主义立场，让人在瞬间有所领悟。裘德本人破裂的婚姻以及他与一位自由不羁的表妹不合礼法的关系，最终导致了悲剧的发生，裘德的反应令人动容。

  与绝望、愤恨和骄傲交织在一起的，是一种因无法表达而越发痛苦的放逐感。"知识的世界"不允许裘德进入，但他又知道，确实存在着这样一个世界。裘德遭到了双重放逐：欲望使他脱离了自己的社会根基，在实现欲望的过程中，这一根基又变得碍手碍脚。**PMcM**

艾菲·布里斯特 Effi Briest

台奥多尔·冯塔纳（Theodor Fontane）

作者生平：1819年生于德国，1898年卒
首次出版：1895年，F. Fontane & Co.（柏林）
原著语言：德语

托马斯·曼将《艾菲·布里斯特》誉为有史以来最重要的六部小说之一。对这部作品的感染力更有力的证言，出自贝克特的戏剧《克拉普的最后一盘录音带》中克拉普之口："读《艾菲·布里斯特》，又读得热泪盈眶，每天一页，每每落泪。"《艾菲·布里斯特》的确催人泪下，谁若担心自己读得眼圈发红，就该提前做好预防措施。

《艾菲·布里斯特》被公认为是台奥多尔·冯塔纳最优秀的小说，它是现实主义小说的典范，兼具敏锐而动人的人物描写和对社会动态的批判性描绘。这部根据真实事件改编而成的小说没有道德说教，而是将同情集中到同名人物艾菲的困境上，她年纪轻轻就嫁给了一个老男人。冯塔纳没有将这部作品写成传统式的恋爱与通奸的故事，而是编织了一部个人和社会的悲喜剧，它美妙而别有深意。艾菲的纯真在她寓居其中的那个忧患重重的世界里，闪耀着光芒，使天性和教养在对比之下，显现出差别。艾菲可以与欧也妮·葛朗台、爱玛·包法利或安娜·卡列尼娜相提并论，她的性格充当了探索上流社会历史结构和社会结构的媒介。在性爱和政治（两者都蕴含着批判社会的弦外之音）的作用下，艾菲脆弱的人格发生了分裂，这一点耐人寻味。这部小说敏锐地注意到了沦为种种情节剧的风险，尽管它平铺直叙，有着浓郁的象征性，但构成这部作品的，其实是隐晦的暗示、尖刻的题外话和戏剧性的反讽。**DM**

时间机器 The Time Machine

H. G. 威尔斯（H. G. Wells）

作者生平：1866年生于英国，1946年卒
首次出版：1895年，W. Heinemann（伦敦）
完整书名：*The Time Machine: An Invention*
原著语言：英语

H. G. 威尔斯的第一部小说《时间机器》是一部"科学传奇"，它颠覆了19世纪"发展即进步"的信念。故事讲道，有一位维多利亚时代的科学家声称，自己发明了一个装置，可以进行时间旅行，他访问了未来，来到了802701年的伦敦。他在那里发现了未来的种族，或者更确切地说，是多个种族，因为人类"进化"成了两种截然不同的形态。居住在地面上的是埃洛伊——他们是温和的、像精灵和小孩子一样的生物，他们的生活中似乎没有斗争。但还存在着另一种族——地下居民莫洛克，他们原本是埃洛伊的手下，如今成了柔弱、无力自保的埃洛伊的猎食者。威尔斯通过将情节安排在近百万年之后，"拨快"了物种、物质世界和太阳系的缓慢变化过程，阐明了自然选择的达尔文主义进化模式。

这部小说既是阶级寓言也是科学寓言。在这个寓言里，威尔斯本人所处时代的两个社会阶层（上层阶级和"较低阶层"）都被重新塑造成了"退化"的存在，然而两者截然不同。"退化"是进化的反面，而威尔斯在《时间机器》里描绘的反乌托邦景象，是对19世纪末乌托邦小说的有意反驳，尤其是对威廉·莫里斯的《乌有乡消息》（见本书第214页）的反驳。莫里斯描绘的是一个田园牧歌式的社会主义乌托邦，而威尔斯描绘的是人类的奋斗注定失败的世界。**LM**

莫罗博士的岛 The Island of Dr. Moreau

H. G. 威尔斯（H. G. Wells）

作者生平：1866年生于英国，1946年卒
作者全名：Herbert George Wells
首次出版：1896年，W. Heinemann（伦敦）
原著语言：英语

倘若考虑到当代有关克隆和基因试验的争论，以及依然围绕着莫罗的活体解剖方法展开的争议，《莫罗博士的岛》这个预言性的科幻故事，就越发有了不祥的意味。

就像威尔斯的《时间机器》（见本书第220页）和《世界大战》（见本书第229页）一样，《莫罗博士的岛》让读者看到了由进化论推断出来的一种可怕结果，这一结果体现了许多人因达尔文发表《物种起源》而萌生的担忧。莫罗还代表人们表达了对科学的作用和人的责任所持有的一系列根本性的忧虑。在这部作品中，这位原型化的疯狂科学家在从事创造性工作时，既不谨慎，又不顾后果，他就像自己操控的那些野兽一样邪恶。这群狂野的半人兽，连同它们那有意制定得残缺不全的戒令——"不要吸吮饮水，这就是法律。我们不是人吗？"——已经清楚地反映出了当今社会的面貌，甚至无须那个刺痛人心的结局。莫罗的野蛮方法像种种潜在的问题一样可怕。科学的发展令这部作品在今天看来，仍像刚发表时一样震撼人心：莫罗活活剥去动物的皮，把它们缓缓造就成人。或许这与基因操作的微妙大不相同，但它还是成功唤起了人们对"不了解的"科学方法怀有的典型恐惧。**EMcCS**

你往何处去 Quo Vadis

亨利克·显克维奇（Henryk Sienkiewicz）

作者生平：1846年生于波兰，1916年卒于瑞士
首次出版：1896年，Gebethner i Wolff（华沙）
完整书名：*Quo vadis: Powieść z czasów Nerona*
诺贝尔文学奖：1905年

《你往何处去》以恢宏的笔法描写了古罗马的残酷与腐朽，在出版后的十年间，它成为一部国际畅销书。尼禄宫廷纵酒作乐的饮宴，以及早期基督徒遭受迫害的骇人场景，使得这部小说很适合被改编成影视作品。

核心故事叙说了来自今天的波兰地区、信奉基督教的少女黎吉亚，与罗马军官马库斯·维尼裘斯之间的不幸恋情，后者在见过使徒彼得和保罗之后，皈依了新的信仰。维尼裘斯的舅舅——罗马作家佩特罗尼乌斯的出场，让这条多少有些陈腐的情节主线大为增色。他是个玩世不恭的唯美主义者，以机智风趣的内部人士的视角，向读者呈现了尼禄的宫廷生活。尼禄本人的形象是一个复杂的恶人，他有意纵火焚毁罗马城，为自己的建筑抱负扫清道路，然后他将大火归咎于基督徒，发起了一场迫害运动。在写到早期基督徒的爱和灵性与罗马的权力和功利主义相互对立时，亨利克·显克维奇坚定的天主教信仰始终闪耀着光芒。书中还有波兰民族独立的弦外之音——在写这本书时，波兰人民正处于毗邻三国的压迫性统治之下。

同为诺贝尔文学奖得主的米沃什写道，显克维奇展现出"罕见的叙事才能"。尽管这类小说早已不再时兴，但作者的杰出技艺确保了这部作品绝佳的可读性。**RegG**

德拉库拉 Dracula

布拉姆·斯托克（Bram Stoker）

作者生平：1847年生于爱尔兰，1912年卒于英国
首次出版：1897年，A. Constable & Co.（伦敦）
原著语言：英语

《德拉库拉》是一部真正的恐怖小说，它既牢牢地扎根于现实世界——故事情节的发生地点就是现实世界，又深深地处于侵入现实的超自然力量的影响之下。这种含混性因故事的叙述方式而倍增。在故事中，人们采用的并不是那个时代最先进的通信方式，由此传达出一丝古老的邪恶气息。英国人乔纳森·哈克前往特兰西瓦尼亚的一座偏远城堡，与德拉库拉伯爵处理一份房地产契约事宜，他勾起了后者嗜血的欲望。伯爵乘船前往英国寻找新鲜猎物时，范·海辛博士着手实施一项复杂的计划，以阻止这名吸血鬼。故事的叙述是通过一系列见证人报告、日记、医生与科学家的技术文稿来进行的。每一种叙述方式应该都代表了某种准确的"真实"，然而处在他们的对立面上的德拉库拉这个人物，是一个不老不死的存在，躲藏在不见光的世界，这违反了物理定律。德拉库拉的魅力和压倒性的恐怖之处在于，尽管他处于这一科技进步的特定历史时期，但就连为寻求终极理性和真理而研发的最进步的科技，也无法消灭非理性的力量。

这位嗜血的伯爵已经变成通俗文化中的偶像，是20世纪环球公司和海默公司恐怖片中的头号人物。对这部作品，批评家们给出了大量精神分析和后殖民主义的解读。结果，在它问世至今的一个世纪里，这部作品作为恐怖小说——且不说作为具有革命性的小说——的价值，被削弱到几乎不值一提的地步。即使这部作品没有一次又一次地带来那么大的利润，它也不该遭到如此对待。**SF**

> 我相信……来我的美丽庄园做客，您会感到惬意的。

▲ 1847年这幅表现"血的飨宴"的图书插图说明，布拉姆·斯托克的作品绝不是第一个吸血鬼题材的恐怖故事。

▶ 1958年，电影《德拉库拉的恐怖》的法国版海报。这是较好地发掘德拉库拉的惊悚潜力的影片之一。

Universal Film, Inc. présente:
LE CAUCHEMAR DE DRACULA
Universal International
(HORROR OF DRACULA)
AVEC PETER CUSHING · MICHAEL GOUGH ET MELISSA STRIBLING
ET CHRISTOPHER LEE DANS LE RÔLE DE DRACULA
UNE PRODUCTION HAMMER FILM EN COULEURS · MISE EN SCÈNE TERENCE FISHER

梅西的世界 What Maisie Knew

亨利·詹姆斯（Henry James）

作者生平：1843年生于美国，1916年卒于英国
首次出版：1897年，W. Heinemann（伦敦）
原著语言：英语

比尔和艾达·法兰奇离婚时，对他们的女儿梅西所作的安排简直配得上所罗门的审判席……他们会轮流把她接去照顾，每次六个月。实际安排则要乱套得多，梅西在双亲、双亲的新配偶和情人之间，被送来送去。但因为一切都是透过梅西的意识反映出来的，她看起来就像是这部小说静止不动的中心，而丑陋的大人们则在她的视野中淡入淡出。

"小孩子能感受到的，要比他们能表达出来的多得多。"亨利·詹姆斯在这部小说1909年的纽约版序言中写道。梅西看到的事比她理解的事多。但她实际了解的事也比她自己以为的多。她的父母亲那纠缠的、不光彩的关系，根源于性爱和金钱，对于这两样，梅西并没有丝毫的直接认识。但她从周围大人的行为中，目睹了两者的效用，她由此对性爱和金钱有了不少体会。

梅西不受观察对象干扰的清晰感受，以及詹姆斯对梅西所见所闻的灵活表述，详细地记录下了不幸的婚姻中的种种纷扰。大人们的种种行径也跟梅西这个有尊严的人物形成了鲜明对比。但梅西的经历并非没有给她带来丝毫伤害：没有谁能像梅西知道这样多，还依然被说成是一个纯真的孩子。**TEJ**

一颗慈善的心 Misericordia

贝尼托·佩雷斯·加尔多斯（Benito Pérez Galdós）

作者生平：1843年生于西班牙，1920年卒
首次出版：1897年，Viuda e Hijos de Tello（马德里）
原著语言：西班牙语
英译书名：*Compassion*

《一颗慈善的心》是这位作家最受欢迎的小说之一。创作本书期间，贝尼托·佩雷斯·加尔多斯耽于思考种种社会问题，以及乐善好施的道德观念是否有可能恢复。这部小说以马德里为背景，其人物圈子包括一户中产阶级人家（注定陷入贫困的萨帕塔一家）和一干悲惨的人，他们都是拜金主义和肆意挥霍的受害者。他们永远都要在教堂门口乞讨，四处寻找钱财和食物。

在这些不幸的人中，有两个令人难忘的人物：摩洛哥盲丐阿尔穆德纳和老女仆比妮格娜（妮娜）·德·卡西亚，后者出来乞讨，是为了让破落的女主人吃饱，她对这一目的秘而不宣。所有人都做着白日梦，希望今后会好起来：阿尔穆德纳痴情地爱着比妮格娜（这份痴情很像堂吉诃德对杜尔西内娅的迷恋）；人们迫不得已，彼此交换着谎言，而比妮格娜汇集着这些谎言；破落的中产阶级靠回忆美好的往昔打发光阴。最后，因为萨帕塔一家意外收到一笔遗产，比妮格娜和爱人遭到了抛弃，这两个人物的尊严被提升到了惊人的、堪比圣人的境界。不过另一方面，这种堪比圣人的境界也颇为典型，是19世纪末极端的欧洲想象。**JCM**

法老 Faraon

波莱斯瓦夫·普鲁斯（Bolesław Prus）

作者生平：1847年生于俄国，1912年卒于波兰
作者教名：Alexander Glowacki
首次出版：1897年，Gebethner i Wolff（华沙）
原著语言：波兰语

《法老》的故事情节始于三千年前，埃及新王国时期结束之际。这个国家处于没落之中：西部被沙漠侵蚀；东部，亚述人的军队虎视眈眈。年轻的王子拉姆西斯是王位的法定继承人，他的父王已经命不久矣。登基之后，拉姆西斯决定恢复法老的权力，重建军队，让埃及人民重新变得富强。但他所继承的是空虚的国库和被贪婪的祭司和税吏榨干的百姓。大祭司们掌握着埃及的实权，他们不愿让鲁莽的年轻统治者挑战他们的权威。拉姆西斯依靠军方和忠诚贵族的支持，着手推行改革。但祭司们是一些危险的敌人，尤其是在拉姆西斯扬言要将祭祀用的底比斯迷宫的财富挪作他用的时候。

《法老》被誉为有史以来最伟大的波兰语小说，这部以公元前11世纪的拉姆西斯为主人公的教育小说，写出了他如何探寻治国之道，如何从一个雄心勃勃的男孩成长为一个贤明、高贵的领袖。他既会像常人一样犯下错误——比如不合时宜地爱上不合适的女人——又对社会和农业改革满怀担忧。《法老》充满象征性的细节，既是为波兰或任何被强国环伺的国度而写的寓言，也是对历史必然性所作的沉思。**MuM**

> 别去想什么幸福。倘若幸福没有来临，没有什么好失望的；倘若它来临了，那就是惊喜。

● 普鲁斯的这部小说虽然是以古埃及为背景，但其探讨强权政治的阴谋诡计的方式，同样适用于当代。

人间食粮 Les Nourriture Terrestres

安德烈·纪德（André Gide）

作者生平：1869年生于法国，1951年卒
首次出版：1897年，Mecure de France（巴黎）
英译书名：*Fruits of the Earth*
诺贝尔文学奖：1947年

安德烈·纪德在写《人间食粮》时，正为肺结核所苦。他采用了长信或书面陈词的形式，陈词的对象是一名虚构的通信人——弟子兼理想化的同伴纳塔纳埃尔。《人间食粮》显然是歌颂日常生活醉人乐趣的赞美诗，这份乐趣只有那些命在顷刻的人才能彻底体会。还有些离题话谈到了普通的黑莓和柠檬的味道，以及只能在某些精心照料的花园的阴凉里才能找到的特殊感受。

这本书将教诲和欢愉令人惊讶地融合在一起，韵文与歌谣合二为一的模式使它读起来就像一部另类或额外的福音。在很长一段时间里，它都是纪德最受欢迎的作品，这不光是因为它在同性恋问题上采取了相当激进的立场，感受、欲望和本能成为新的神祇，冒险和放纵成为目标。不过在这本书的教条里，有一个重要部分讲的是放弃世俗享乐的必要性。占有并不能给人带来多少乐趣，圆满让欲望显得黯然失色。习俗是有害的，因为它们是对人的压抑，还因为它们包含了错误的意识。

让-保罗·萨特和阿尔贝·加缪汲取了本书这方面的寓意，纪德也在《背德者》（1902，见本书第244页）中对此作了更为精巧细致的探讨。人们很容易指出，《人间食粮》本身算不上小说，但纪德在这本书里发现了某些最根本的小说创作原则，他还在叙述者同理想读者的关系中——"我向你倾诉时，应当比任何人向你诉说时更亲密"——发现了向虚构作品注入紧迫感的方法，这份紧迫感罕有作家能够企及。**Dsoa**

- 在《人间食粮》中，安德烈·纪德对异教的拥护，与他想要畅所欲言地表明自己是同性恋的愿望，是有联系的。
- 纪德此书1920年版的扉页，配有一幅招人喜欢的作家木刻肖像，作画者是路易·茹。

A · GIDE
LES · NOURRI
TURES · TE
RRRESTRES

Gravures sur bois de LOUIS JOU.
(Claude Aveline, éditeur.)

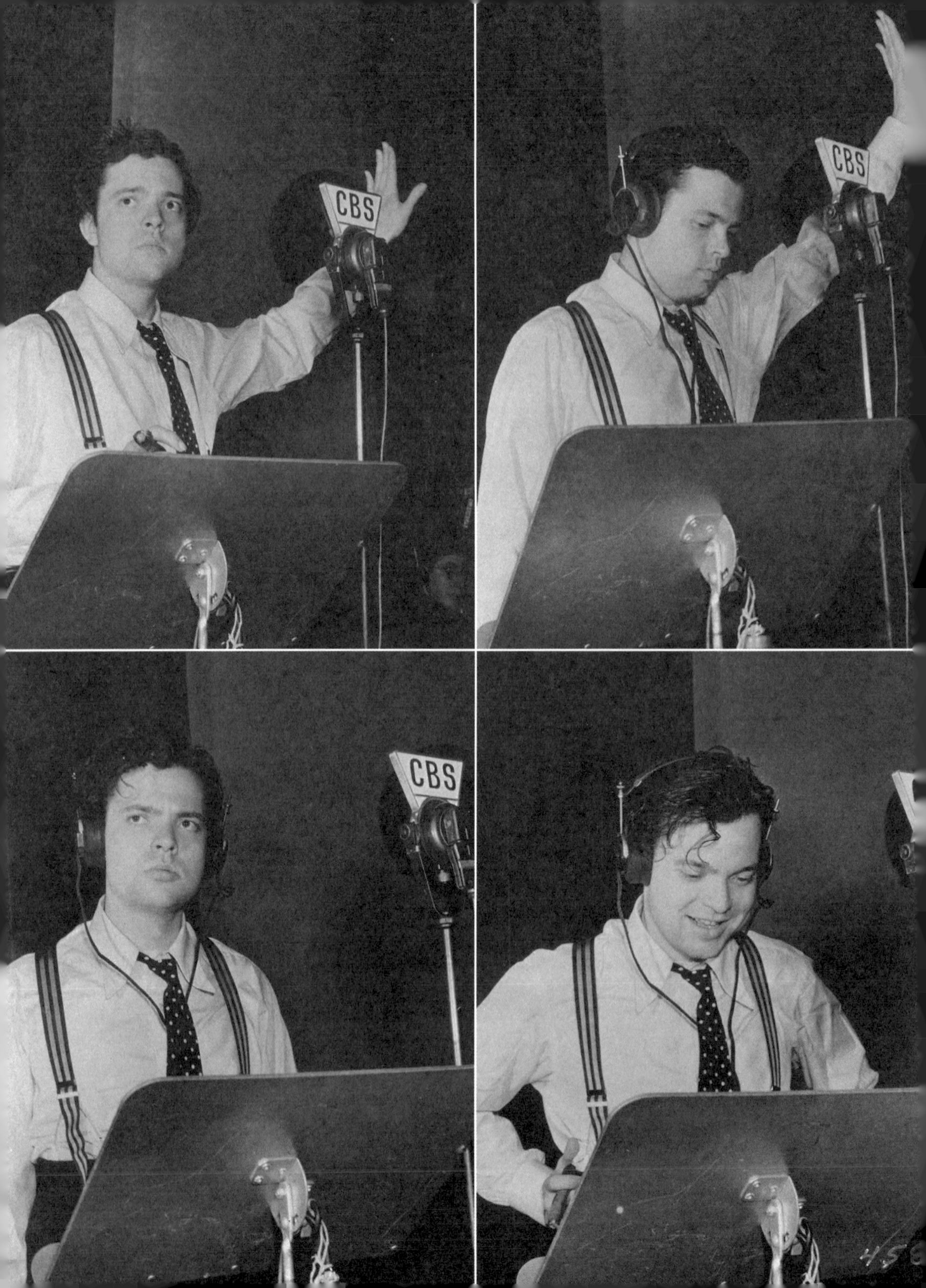
CBS

世界大战 The War of the Worlds

H. G. 威尔斯（H. G. Wells）

作者生平：	1866年生于英国，1946年卒
作者全名：	Herbert George Wells
首次出版：	1898年，W. Heinemann（伦敦）
原著语言：	英语

就像H. G. 威尔斯的许多极具开创性的科幻小说一样，《世界大战》引入了一个无数人竞相效仿的主题。他的这部作品被直接改编成电影、漫画，乃至前卫摇滚，但也许最广为人知的要数奥逊·威尔斯1938年的著名广播剧。该剧以"雷蒙·拉魁罗乐队"的音乐作为背景音乐，报道了火星人全面入侵地球的消息。最初的播送在美国引起了恐慌，当然其中有媒体的推波助澜，不过也证明了威尔斯的小说是何等的成功。

故事情节并不复杂：一个奇怪的碟形飞行器降落在萨里郡的霍塞尔公地，后来舱门打开了。里面的火星人心怀叵意，用"热射线"摧毁一切，其怪异的喊杀声"乌拉"令人胆寒（译注：该句有误，"乌拉"实为火星人濒死时的哀嚎声）。射线所及之处，地球人毫无招架之力，火星人轻而易举地夺取了控制权。

威尔斯这一幻想的伟大之处在于它既简单，又深具复杂性，暗示出人生来便容易犯错，无力掌控自己的命运。与此同时，威尔斯还提出了一系列暗含的主题，它们对主流社会信念和道德信念提出了质疑。最后，火星人入侵的场面既令人敬畏，又令人恐惧。在小说面世之后，人们也在不断地重新诠释着这些外星人的本性。**EMcCS**

当你老去 Senilitá

伊塔洛·斯韦沃（Italo Svevo）

作者生平：	1861年生于奥地利帝国，1928年卒于意大利
作者教名：	Aron Ettore Schmitz
首次出版：	1898年，Libreria Ettore Vram（的里雅斯特）
英译书名：	As a Man Grows Older

在斯韦沃钟爱的故乡的里雅斯特，住着一个名叫埃米利奥·布伦塔尼的男人。他把自己的文学抱负埋藏在心底。他爱着端庄美丽的姑娘安焦利纳，这个名字的意思是"小天使"。尽管埃米利奥没打算陷入情感的羁绊，但两人的关系还是很快就发生了变化，变成了一场热恋。但这段感情很快发展成了一场遇人不淑的喜剧，埃米利奥的笨拙迫使他作出了巨大的妥协，他与一位有自制力的朋友——雕刻家巴利——展开了一场不公平的较量。最后，主人公的困境以悲剧告终，他扰乱了姐姐阿马利娅的生活，他发现自己真正爱的是这位姐姐，然而为时已晚。

这部小说被一些评论家奉为斯韦沃的杰作，常常被视为比《泽诺的意识》（1923，见本书第301页）更完美、更均衡的作品，但这部作品刚刚问世时，却遭遇了失败。它是用一种简单，有时有些笨拙的语言写成的，其中掺杂着过时的词汇和口语化的表达（斯韦沃是将意大利语作为外语来学习掌握的）。几乎没有人注意到这部作品，直到几十年后，它才被人"重新发现"。《当你老去》的英译书名"As a Man Grows Older"是斯韦沃的友人和欣赏者詹姆斯·乔伊斯提议的，有着浓厚的人情味、幽默感和对人物内心的深刻认识，它对无望的爱和令人不幸的优柔寡断进行了出色的探讨。**LB**

◁ 奥逊·威尔斯，照片摄于他刚刚播完令美国大为恐慌的广播剧《世界大战》之后。

沉默先生 Dom Casmurro

若阿金·马里亚·马查多·德·阿西斯
（Joaquim Maria Machado de Assis）

作者生平：1839年生于巴西，1908年卒
作者荣誉：巴西文学院创始人
首次出版：1899年，H. Garnier（里约热内卢）
原著语言：葡萄牙语

　　马里亚·马查多·德·阿西斯写《沉默先生》时，已是公认的巴西文学大师。他用带有微妙恶意的笔触，描写那些看似受人尊敬的公众人物是何等邪恶和伪善，将他们揶揄了三十多年。这部好笑的、标新立异的、令人不安的小说，正是将他那独树一帜的艺术发挥得淋漓尽致之作。

　　小说的主人公与叙述者堂卡斯穆罗是个老人，他讲述了自己的生平。他要建一座房子，跟他小时候住的那座一模一样，他的叙述也有同样的效果：将自己人生的开端与结局令人满意地衔接起来。但读者意识到，缺失的中间部分提出了一些严肃的问题。故事的核心理应是叙述者对卡皮图的爱，她是他青梅竹马的爱人，两人结了婚，生下了儿子。但渐渐地，卡皮图开始变得像个不贞的魔鬼，成了丈夫忌恨的对象。

　　堂卡斯穆罗是最不可靠的叙述者。有时拐弯抹角，有时直抒胸臆，他常常直接向读者发话，有时央求他们相信他说的每一个字，下一刻又承认自己记不清了。堂卡斯穆罗时常想象着读者会出于厌倦或嫌恶，把书扔到一边。但马查多知道自己的创作是多么引人入胜。读者被那个躲躲闪闪的、狡猾的、健谈的叙述者所吸引，他们也许会把书丢开，但他们总会把它重新捡起来。**RegG**

觉醒 The Awakening

凯特·肖邦（Kate Chopin）

作者生平：1851年生于美国，1904年卒
作者教名：Katherine O'Flaherty
首次出版：1899年，H. S. Stone & Co.（芝加哥）
原著语言：英语

　　《觉醒》一发表就遭到了谴责并引起了激愤，作者被迫陷入拮据的困境，在文学方面也变得默默无闻。尽管出师不利，但这部小说的影响力始终延绵不绝。如今被广为阅读的《觉醒》，被评论家们誉为美国版的《包法利夫人》（见本书第141页）。艾德娜·彭迪列感到，自己在新奥尔良做年轻的妻子和母亲，实在气闷得紧，她不愿遵从法律和社会习俗，而是直面那个对她的斗争既不赞成，又神秘地有所预见的世界。《觉醒》表现出了对美国南方克里奥尔社会的婚姻和母亲身份的批判，这一批判既具煽动性，又有进步性。

　　肖邦就此给出了惊人的说法：对个人处境有更深入了解的"觉醒"，可能意味着什么。这部小说让我们想知道：是"浑浑噩噩"地度过人生更好一些，还是用复杂的方式——其间各种成败浑然莫辨——应对人生更好一些。肖邦的主题和思考令人着迷，同时在很多方面也是超前于时代的。但《觉醒》最引人瞩目的，要数它迫使我们思考以下内容的方式，它让我们就时间这一概念本身，就超前或外在于自己的时代，就阅读的时间展开思考。阅读就像觉醒一样，被看成是一件奇异的礼物。在阅读本书时，读者无法确定，觉醒是正在发生，还是尚未开始。**JLSJ**

斯泰希林 Der Stechlin

台奥多尔·冯塔纳（Theodor Fontane）

作者生平：1819年生于德国，1898年卒
首次出版：1899年，F. Fontane & Co.（柏林）
原著语言：德语
英译书名：*The Stechlin*

"到最后，一位老人逝去了，两个年轻人终成眷属，这就是五百多页里发生的全部。"此话是台奥多尔·冯塔纳本人对他晚年的这部小说所作的简短评论。与《艾菲·布里斯特》（见本书第220页）错综复杂的心理动机相反，这部作品中有一种新型的现实主义，它用大量的对话来描绘即将迎来巨变的社会。

台奥多尔所说的这位老人就是杜布斯拉夫少校，人称"斯泰希林"，他是一座城堡和斯泰希林湖的主人。据神话传说讲，世间无论何处发生了大灾难，这个湖都会沸腾起来。年轻人分别是斯泰希林的儿子沃尔德马尔和出色而富有活力的梅卢辛的有些苍白的妹妹阿姆加德。斯泰希林为人热情，富有人情味，怀疑所有的激进倾向。有人说服他做德国国会的保守党候选人，但他对政治的淡漠态度使他轻易败给了社会民主党的竞争对手。老一辈精英的失势，使得个人与社会的关系需要重新界定。尽管民主的方式会废除老一辈精英的特权，连斯泰希林本人也不例外，但他还是欣然迎接变革时代的到来。湖水与整个世界存在着某种神秘的关联，并与变化的世界保持着同步，这种关联的重要性则被梅卢辛道出，她有着传说中迷人的水精灵的名字。**MM**

> 书是有荣誉感的。一旦被借出去，它们就不肯回来了。
>
> ——台奥多尔·冯塔纳，1895年

▲ 台奥多尔·冯塔纳开始写小说时，已经五十六岁了，《艾菲·布里斯特》是他在年逾七旬时创作的。

爱盖尔之星
Egri csillagok

伽尔东尼·盖扎（Gárdonyi Géza）

作者生平：1863年生于匈牙利，1922年卒
首次出版：1899年，Légrády（布达佩斯）
原著语言：匈牙利语
英译书名：Eclipse of the Crescent Moon

　　《爱盖尔之星》至今仍是匈牙利高中必读的作品，许多人长大后也一再重读这本书。在2005年的一次调查中，这部作品被评选为匈牙利人最喜爱的书。这部小说以1526年的莫哈奇战役之后的历史为背景，在这场战役中，匈牙利败给了土耳其。这部小说将经过细致研究的历史细节，与浪漫恋情、冒险经历和阴谋诡计，以及根据作家的经历改编成小说的事件，编织成了一部爱国主义杰作。

　　小说开篇时是1533年，我们的主人公——孤儿博尔奈米萨·盖尔盖义和富家女蔡才易·叶娃在河里嬉戏。他们被独眼的土耳其人尤木尔扎克劫持后，逃了出来，回去保卫他们的村庄。盖尔盖义谋略过人，善用炸药，贵族巴林特·特勒克将他置于自己的羽翼之下，但特勒克后来身陷囹圄。对叶娃的爱情让他们两人隐姓埋名来到君士坦丁堡，他们想将特勒克从苏丹的囚禁中营救出来。在1552年的爱盖尔围城战中，这座城市的人成功击败了数量占上风的土耳其人，盖尔盖义和叶娃母子随后也团聚了。

　　伽尔东尼从维也纳到君士坦丁堡，进行了实地调查。伽尔东尼逝世后，后人为纪念这位伟大的人民作家，将他安葬在具有历史意义的爱盖尔古城堡上，以此纪念他对匈牙利的一场自由保卫战所作的令人难忘的记述。**GJ**

一位爱尔兰海军陆战队军官的经历
Some Experiences of an Irish R. M.

伊迪斯·萨默维尔（Edith Somerville）
马丁·罗斯（Martin Ross）

萨默维尔生平：1858年生于希腊，1949年卒于爱尔兰
罗斯生平：1862年生于爱尔兰，1915年卒
首次出版：1899年，Longmans & Co.（伦敦）
原著语言：英语

　　这一系列反映19世纪末英国–爱尔兰人生活的幽默故事，很大程度上与狩猎、射击和骑马有关，或许对当代读者吸引力不大。贫困者们在故事中充当配角，而占据前台的是精英和他们的食客随从们。两位作者都是在爱尔兰拥有土地的在外地主，其叙事技巧和传统手法反映出了他们看待问题的角度和局限性。杜撰的叙述者辛克莱·耶茨少校是斯基伯恩地方的治安官。作为"爱尔兰精英"，耶茨不算正统英国人，但他也绝非地道爱尔兰人。我们从爱尔兰的乡村土语中，听出了英语该谐动人的腔调，作品对河流、山坡、沼泽和田野的描写，又会令人愉快地想起柯克的西部。

　　这些机智诙谐、观察细腻的故事中，最出色的篇章之一《没去成的利希恩赛马会》，讲述了耶茨的大学校友利·凯尔韦到斯基伯恩做客的经历，此君是个心存善意，但有些乏味的英国人。耶茨带他去见识一场"典型的乡村赛马会"时，凯尔韦（令读者颇为开心地）经历了无数磨难，最终撞上了一辆送邮件的马车。耶茨在柯克始终是个外来户，不过他心知肚明，并且乐在其中，而凯尔韦永远都做不到这一点。**MR**

> 伊迪斯·萨默维尔与表兄兼伙伴瓦奥莱特·马丁合写了故事集《一位爱尔兰海军陆战队军官的经历》，后者用的是马丁·罗斯这一笔名。

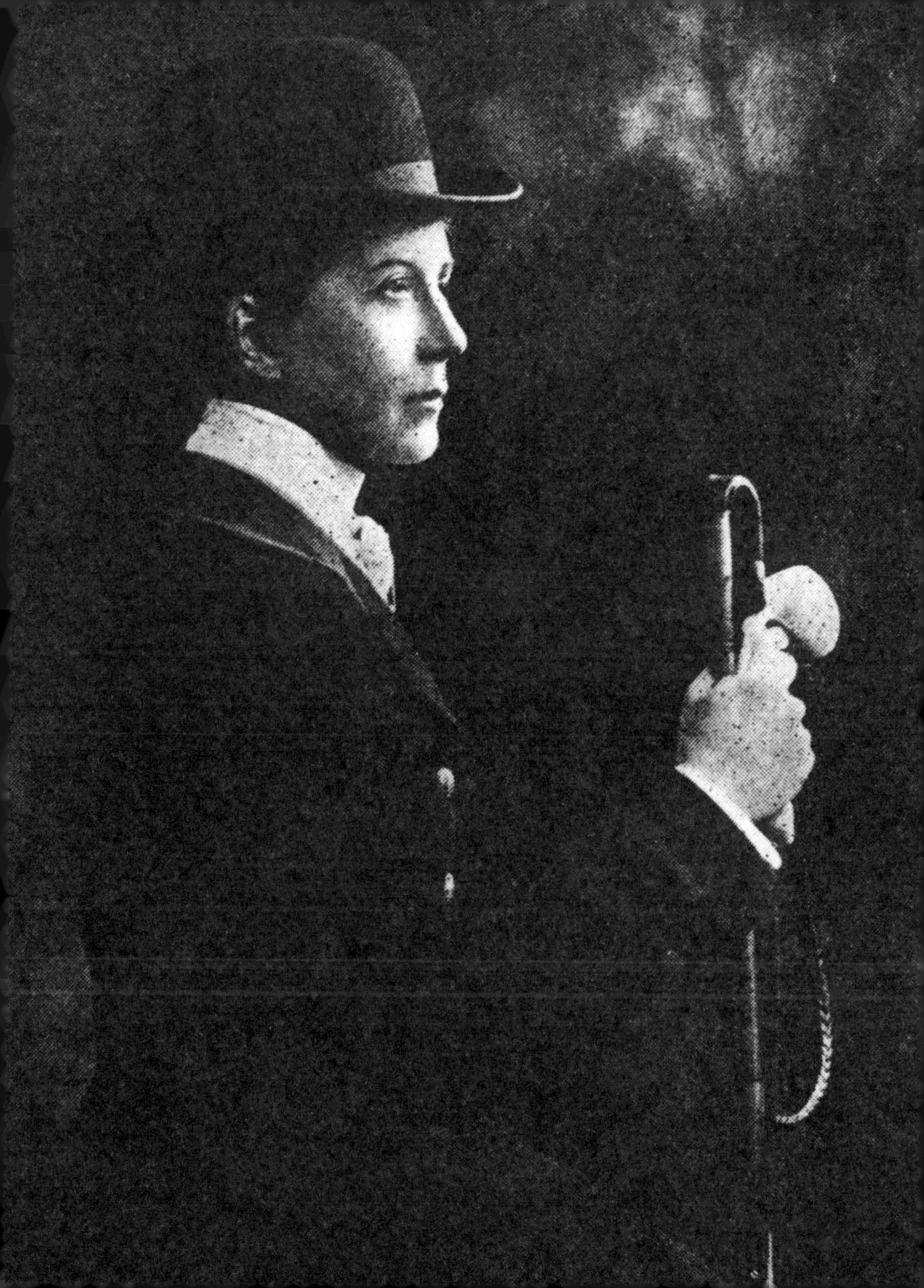

It was a cold, blowy day in early April
were striking thirteen. Winston Smith, pushed
in an effort to escape the vile wind, slipped
Victory Mansions, turned to the right down
doors of Victor Mansions, though not quickly
ed the button of the lift. Nothing happened
gritty dust from entering al
second time when a door at the end of the p
The hallway smelt
a smell of boiled greens and old rag mats,
mats. At one end of it
acted as porter and caretaker thrust out a
large for indoor display, had been tacked
for a moment sucking his teeth and watching
enormous face
"Lift ain't working," he announced at
about forty-five, with
"Why isn't it working?"
heavy moustache &
ruggedly handsome featur
"No lifts ain't working. The currents
Winston made for the stairs. It was
The 'eat ain't working neither. All current
at the best of times it was seldom working, & at
daylight hours. Orders!" he barked in milit
was cut off during the daylight hours. It was of
door again, leaving it uncertain whether th
preparation for Hate Week. The flat was seven
felt was against Winston, or against the au
was thirty-nine & had a varicose ulcer above his
the current.
resting several times on the way. On each land
Winston remembered now. It was part o
the poster, with the enormous face gazed from the
preparation for Hate Week. The flat was sev

20世纪

乔治·奥威尔《一九八四》(1949) 手稿

莫普拉切之虎 Le Tigri di Mompracem

埃米利奥·萨加里（Emilio Salgari）

作者生平：1862年生于意大利，1911年卒
首次出版：1900年，A. Donath（热那亚）
原著语言：意大利语
英译书名：Sandokan: The Tigers of Mompracem

《莫普拉切之虎》是埃米利奥·萨加里最著名的小说，一直以来也是意大利最重要的畅销书。本书叙述了桑德坎的第一次冒险经历，这个萨加里沿用了很久的虚构人物跨越了他的一系列小说。老虎帮是一群反叛的海盗组成的帮会，他们一直武装对抗荷兰和大英帝国的殖民势力。桑德坎是他们的领袖、令人畏惧的"马来西亚之虎"。他忠实的朋友亚内斯·德·戈梅拉是葡萄牙的流浪者和冒险家（此人的西班牙语名字是作家的失误）。十二年来，桑德坎通过在马来西亚制造流血事件散播恐怖，达到了自己权力的巅峰。不过当这个海盗知道"纳闽岛之珠"存在的时候，他的命运发生了转折。

在桑德坎出场的十几本小说里，萨加里的笔触把这个嗜血的海盗改造成了高贵的战士、一位马来人的罗宾汉，把强烈的理想主义、激情和忠诚赋予了这个角色。虽然作品很受大众欢迎，但萨加里在生前和去世后的整个20世纪里几乎被所有的批评家贬斥。直到20世纪90年代晚期，他的著作被人重新发掘，新的译本也开始出版，在各地——尤其是意大利、西班牙和拉丁美洲变得十分流行。这一系列小说中英雄冒险的丰功伟绩启发了无数的作家，包括翁贝托·埃科（他把对萨加里的阅读视为探索世界的方式）和加西亚·马尔克斯（他在青年时就熟读该书）。**LB**

1849年12月20日，狂暴的飓风在莫普拉切肆虐……那里是马来西亚之海最让人畏惧的海盗们的家园。

▲ 印度演员卡比尔·贝迪在根据萨加里的小说创作的几部迷你电视剧集里饰演桑德坎，这一系列意大利剧集制作于20世纪70年代。

嘉莉妹妹 Sister Carrie

西奥多·德莱塞（Theodore Dreiser）

作者生平：1871年生于美国，1945年卒
首次出版：1900年，Doubleday, Page & Co.（纽约）
原著语言：英语

    《嘉莉妹妹》是一本吸引人的严肃小说，叙述了三个主要角色的命运——他们如何在19世纪末选择个人的道路。嘉莉·米贝从中西部前往芝加哥奋斗，城里的亲戚很勉强地接纳她借宿。嘉莉从事卑微的工作，之后和放荡的推销员查理·德鲁埃同居。然而很快嘉莉就厌倦了他，和更有社交魅力的乔治·赫斯特伍德交往起来。乔治为了嘉莉离开了妻子和家庭，从自己的雇主那里偷窃了一大笔钱，他们一道逃到纽约。在那里，嘉莉春风得意，而乔治走上了下坡路。嘉莉成了著名的演员和舞蹈家，乔治在被嘉莉抛弃后，沦落到一贫如洗。

    西奥多·德莱塞的小说是美国虚构文学的主要标杆，对确立美国文学的鲜明身份做出了贡献。《嘉莉妹妹》之所以意义重大，有很多因素：德莱塞松散的新闻体风格用一种强大的语言描绘出城市的日常生活，看上去所有的东西都没有隐藏，我们感受到的人物就是他们实际的样子；同样重要的是，小说没有成为道德寓言。对于主人公的行为，作者不作任何严肃的判断。嘉莉是一个出身贫苦的女人，她决心利用好自己拥有的一切；查理追求欢娱，他混合了粗俗与魅力；乔治是被折磨的不幸男人，为了追求一个看似简单却遥不可及的目标，失去了所有。**AH**

古斯特少尉 Lieutenant Gustl

阿图尔·施尼茨勒（Arthur Schnitzler）

作者生平：1862年生于奥地利，1931年卒
首次出版：1901年，S. Fischer Verlag（柏林）
原著语言：德语
英译书名：*None but the Brave*

    以自我为中心的青年古斯特少尉最终厌倦了歌剧，他开始热衷于追逐漂亮的女人，寻觅潜在的桃花运。与当时滋长的反犹情绪一致，少尉认为军队里的犹太人太多了。之后他开始沉思预谋和一位医生即将开始的决斗，因为那位医生对军事问题作了让人厌恶的评论。

    古斯特在衣帽间和一位面包师发生争执，面包师看不惯古斯特插队的行径，夺下少尉的剑，并威胁要折断它。古斯特认定自己被彻底地羞辱了，但是他不能向面包师宣战决斗，因为后者的社会地位太低。于是古斯特考虑自杀，他整个夜晚都在漫无目的地游荡，同时期望面包师能突然死掉。清晨，古斯特决心享用自己人生中的最后一顿早餐，在咖啡厅候餐的时候他突然获知面包师在他们发生争执后不久死于急性心脏病。于是，少尉从自杀的想法里解脱了出来。

    尽管故事十分简单，但作品迅速获得了声誉——因为它对奥地利军官的讽刺性描写和对决斗合理性的质疑引起了轩然大波。不过让作品保持持久声名的是它革新的结构和语言——文本完全使用室内独白的形式写就，还从弗洛伊德早期关于精神问题的心理分析研究中借用了一些技法。施尼茨勒的方法有着高度的影响力，比如詹姆斯·乔伊斯的《尤利西斯》（见本书第291页）就受到他的作品的影响。**LB**

吉姆 Kim

鲁迪亚德·吉卜林（Rudyard Kipling）

作者生平：1865年生于印度，1936年卒于英国
首次出版：1901年，Macmillan（伦敦）
原著语言：英语
诺贝尔文学奖：1907年

在这部具有帝国主义倾向的成长小说里，年轻的主人公吉姆是爱尔兰裔的孤儿，他从拉合尔街头的顽童，成长为英国情报部门宝贵的一员。鲁迪亚德·吉卜林把吉姆的人格成熟等同于更广义的文化成熟，把男孩成为男人的旅程与质朴的原住民文化演变为成熟的欧洲文明联系在一起。这两个理念在小说中深深地交织在一起：吉姆必须用他获得的街头教育去换取军事寄宿学校的教育，用他熟悉的印度语言换取对自己母语的学习。吉卜林的语言也完全建构起了两种文化的层次差别，他故意仿古的用语表现被当时西方人认定为不成熟的亚洲文化。

吉卜林向来是英帝国主义的辩护者，在《吉姆》中他坚定地认为英国的统治是最适合印度的统治方式。此外，吉姆是一位易容大师，他能成功地扮演成印度教徒、穆斯林，乃至佛教徒，这体现了西方能精熟掌握亚洲文化的观念。

但是，吉卜林作品的观念不能全面反映他个人对印度的复杂看法。吉卜林本人不断地证明印度文化和那些在印欧洲人文化的相似性。那些发现吉姆的爱尔兰士兵和大干线道路上的印度旅行者一样迷信和轻信。佛教僧侣与英国的监察官兼间谍大师克瑞顿一道负责吉姆的教育，这表现了印度文化和克瑞顿本人的文化颇有相通之处。对印度的纵览也是这部小说的魅力之一，虽然小说不断重复"东方性"是没有差别的杂而多，但它对印度不同个体的描绘反而突出了印度公共生活的光明面与多元性。**LC**

▲ 鲁迪亚德·吉卜林的这张照片拍摄于1890年。他出生在孟买，在拉合尔作为新闻记者学习写作。

▶ 版画家威廉姆·尼克尔森为三十多岁的吉卜林创作了这幅肖像，当时吉卜林已经是大英帝国知名的诗人了。

William Nicholson.

布登勃洛克一家 Buddenbrooks: Verfall einer Familie

托马斯·曼（Thomas Mann）

作者生平：1875年生于德国，1955年卒于瑞士
首次出版：1901年，S. Fischer Verlag（柏林）
英译书名：*Buddenbrooks: The Decline of a Family*
诺贝尔文学奖：1929年

《布登勃洛克一家》是欧洲写实主义小说最后的、最伟大的成就之一。这部书的时间跨越了19世纪中期的四十余年。

小说的背景设置在吕贝克这座汉萨城市，讲述了该城商人统治阶层中一个显赫家族的命运。小说的焦点放在三个兄弟姐妹从孩童时代到中年的成长过程：克里斯蒂安缺乏成为一名生意人和稳健的市民的自律（或者说自我抑制），反而表现出自暴自弃的个性；他的兄长托马斯和他对照鲜明，托马斯很好地融入了社会，尽管付出了巨大的生理和精神代价，最终他攀升到了公司领导、市长乃至议员的高位；他们的妹妹托妮对家族显赫的地位自豪珍视，但托妮本人在恋爱和婚姻上都不检点，没有能力做称职的女儿和妻子。小说最后的章节集中描写了托马斯的儿子汉诺，汉诺从自己的荷兰裔母亲那里继承了非同寻常的音乐天赋，可这与汉萨城邦阳刚、社会性的气质格格不入。我们在汉诺身上意识到，布登勃洛克家族或者走向新的方向，或者走向终结。

从家庭欢庆到家庭争执、从死者临终到婴儿新生、从婚礼到海边假日，乃至学校课堂和轮船下水的社会生活场景，小说都进行了精准的描写，可谓包罗万象。曼的小说细致入微地分析了公众生活与私人生活的交互、市民价值与商业的衰退，以及审美修养的新精神。曼的笔法细腻、客观，其角色和他们的命运能引起广泛的历史共鸣，所以他的小说格外引人注目。**MR**

▲ 20世纪早期的德语版封面远比书的内容温馨。

巴斯克维尔的猎犬 The Hound of the Baskervilles

阿瑟·柯南·道尔（Arthur Conan Doyle）

作者生平：1859年生于英国，1930年卒
首次出版：1902年，G. Newnes（伦敦）
完整书名：The Hound of the Baskervilles: Another Adventure of Sherlock Holmes

本书是关于夏洛克·福尔摩斯的最好的故事之一，也是推理文学一直以来的经典之作。《巴斯克维尔的猎犬》的气氛让人不寒而栗，充满了悬疑和恐惧，夏洛克·福尔摩斯也一如既往地英明神武。查尔斯·巴斯克维尔突然死于心脏病，传言他的死是与小说同名的恶魔般的巨大猎犬造成的，这条魔犬的诅咒缠绕了他家族的几代人。家产的继承人亨利·巴斯克维尔爵士从加拿大到英格兰继承查尔斯的遗产，华生陪伴他去巴斯克维尔庄园，持怀疑论的福尔摩斯也介入了调查。巴斯克维尔庄园位于达特穆尔的边缘，附近是一个迷雾徘徊不去的宽阔沼泽。这个沼泽有当地现实中格林姆彭米尔沼泽的特征，那是一个致命的流沙沼泽。小说对沼泽地和压抑的巴斯克维尔庄园的描绘赋予了故事令人战栗的气氛。柯南·道尔爵士还在这个背景里添加了女人的哭泣声、神秘的管家、逃亡的杀人犯以及幽灵般的喷火杀人恶魔犬。

《巴斯克维尔的猎犬》不仅将读者带入迷雾笼罩的沼泽地和古怪的神秘事件中，也将读者真正引入柯南·道尔作品的世界。在这部小说里，他除了展示夏洛克·福尔摩斯敏锐的科学探案才能，还展示了作者对于神秘仪式的兴趣。故事充满了悬念和出乎意料的转折。这部小说让读者一直心神不宁地猜测到最后一页，然后让意犹未尽的读者渴求下一部作品的完成。《巴斯克维尔的猎犬》是福尔摩斯推理小说中最受欢迎的一部，1901年至1902年连载以来，它至少被翻拍成十八部电影，最早的一部是1914年的德国默片。**LE**

▲ 西德尼·培吉为小说在《河滨》杂志最初的连载版创作了这幅恐怖猎犬的图像。

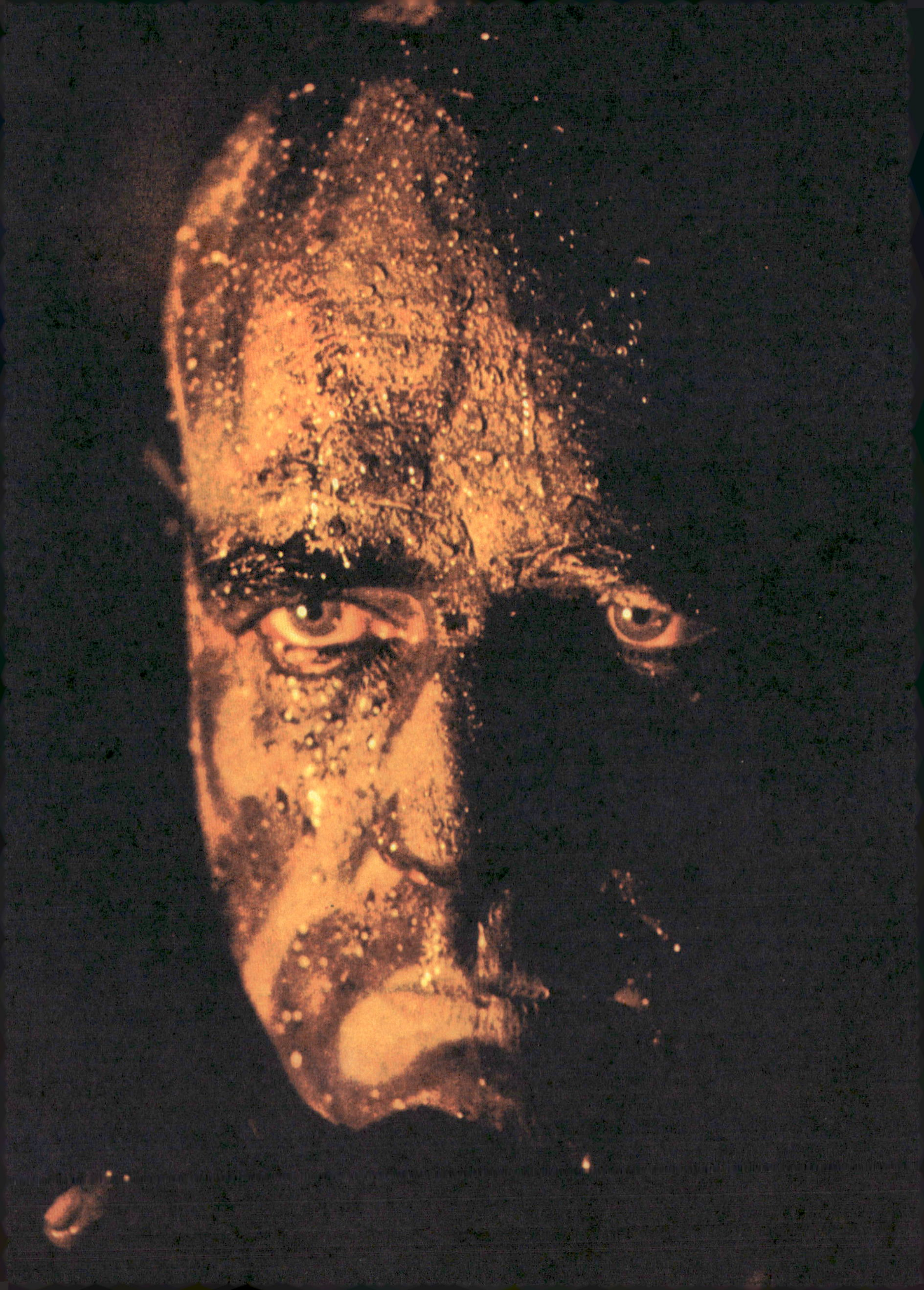

黑暗的心 Heart of Darkness

约瑟夫·康拉德（Joseph Conrad）

《黑暗的心》基于约瑟夫·康拉德本人1890年在非洲的旅行经历写就，是他的中短篇小说里最好的一部，也是他最优秀的作品之一。小说雄辩大胆、富有实验性和反思性，虽然笔含讽刺但有着深沉的人文关怀。从1899年的连载开始，人们对小说的争议和分析从未间断。查尔斯·马洛作为康拉德的"跨文本"角色之一（他也在《青年》《吉姆爷》和《机遇》里登场），在小说里给一群朋友讲述自己在中非某地的旅行（疑似"刚果自由邦"，当时是比利时国王利奥波德二世的私人产业）。马洛回忆了他所见证的荒诞和暴行：法国的战舰轰炸大陆、残酷对待黑人奴隶劳工、那些被象牙的利润驱使的白人殖民者的贪婪。他曾经向往与才华横溢和理想主义浓厚的欧洲贸易家库尔兹谋面。但是，当马洛见到了垂死的库尔兹，他发现理想家已经变得陌生和堕落。库尔兹实际上是一位如同残暴神祇的统治者，他用"处死这些野蛮人"来表明自己对非洲人的态度。于是，我们发现"黑暗的心"不是简单地指"黑大陆"的腹地，也指代库尔兹，甚至欧洲帝国主义本身腐败的心灵。"全欧洲造就了库尔兹"，伦敦被描绘成徘徊不去的黑暗中心。

这部精彩的反帝国主义和反种族主义作品写于帝国主义"政治正确"的时代，显示出康拉德作为挑战的革新者处于巅峰的创作观念和技法。《黑暗的心》的影响巨大，包括电影《现代启示录》（1979）在内的大量改编作品因此而问世。

CIW

作者生平：1857年生于俄国，1924年卒于英国
首次出版：1902年，W. Blackwood & Sons（伦敦）
原著语言：英语

▲ 康拉德对于世界有着顽固的悲观态度，对于腐败的帝国主义，他也无法提供任何积极的替代方案。

◀ 在1979年的电影《现代启示录》中马龙·白兰度饰演的库尔兹上校体现了越南战争中黑暗的心。

鸽翼 The Wings of the Dove

亨利·詹姆斯（Henry James）

作者生平：1843年生于美国，1916年卒于英国
首次出版：1902年，A. Constable & Co.（伦敦）
原著语言：英语

《鸽翼》可能是亨利·詹姆斯最黑暗的伦理剧，这个充满激情的三角恋爱故事发生在谜团般的凯特·克洛伊、她秘密的未婚夫梅顿·丹塞尔和年轻但患有绝症的美国女继承人米莉·迪尔之间。所有的剧情都发生在物质主义之伦敦和美与衰败之威尼斯的象征性背景中。绝望的米莉要体验"活着的意义"的愿望给了凯特的计划可乘之机，她有了为米莉服务的温情脉脉的借口。凯特希望未婚夫丹塞尔去引诱米莉，让她在最后的时日感到幸福，这样米莉的遗产一定会落在他手上，丹塞尔就有了和凯特成婚的财产。詹姆斯是处理复杂伦理情境的大师，他把微妙的价值观融入了自己的传奇剧。虽然叙述的风格过于精致以至有欠自然，但既不缺乏现实感，也有强烈的情感。詹姆斯将凯特和丹塞尔相互的性吸引、丹塞尔对米莉感情的发展、米莉对自我命运的坚决反抗，还有凯特的嫉妒心，都生动有力地表达了出来。

最后米莉知道了真相，却依然把财产留给了他们，很明显米莉通过道德上的胜利获得了某种支配感。丹塞尔拒绝了卑劣的"战利品"，也拒绝了凯特——因为他记忆中米莉理想的形象，不是凯特能够望其项背的。凯特的计划圆满成功，但她却意识到自己已经走向堕落。"我们不再是过去的我们。"她说道。**DP**

背德者 L'Immoraliste

安德烈·纪德（André Gide）

作者生平：1869年生于法国，1951年卒
首次出版：1902年，Mercure de France（巴黎）
原著语言：法语
英译书名：The Immoralist

这部启人深思的作品至今仍有挑战傲慢态度和文化偏见的力量。《背德者》讲述了一位年轻的巴黎男子如何试图反抗社会和性的同质化。

米歇尔是一位年轻的科学家，也是一个受宗教戒律和家庭清规禁锢的清教徒。他刚成婚不久，这场婚姻仅仅是为了取悦自己临终的父亲。米歇尔去北非度蜜月的时候染上了重病，几乎死掉。与死亡的擦肩赋予了米歇尔不惜一切好好生活的欲望，米歇尔的痊愈也有一种宗教性的觉醒力量。他用强烈的觉醒感去体验人生，被环绕自己的阿拉伯少年们的肉体所吸引。随着感官的觉醒，米歇尔逐渐意识到传统的社会道德和小资产阶级文化的禁锢（教育、教会与文化），让自己远离了真实的自我。另一方面，米歇尔对真我和欢愉的追逐，让他冷落了自己的妻子，也忽略了重要的实际事务。当妻子得病时，米歇尔反而怂恿她一道去南方，这样做的目的仅仅是为了满足他个人无法抵抗的欲望。一度激进自由的他沦为了低级趣味的奴隶。米歇尔试图通过否定文化、习俗与道德来通往更高的真理，结果却陷入了混乱和迷失。虽然对自己真实，米歇尔却伤害了他人。小说既揭露了一个强制束缚人的虚伪社会，也反映了米歇尔行为的脱轨。**AL**

使节 The Ambassadors

亨利·詹姆斯（Henry James）

作者生平：1843年生于美国，1916年卒于英国
首次出版：1903年，Methuen & Co.（伦敦）
原著语言：英语

亨利·詹姆斯把《使节》视为他最好的小说，本书也被大众视为他最伟大的艺术成就。小说的主人公兰伯特·斯莱特赛是新英格兰的一个中年人，他陷入了对巴黎社会和审美价值的迷恋中，在他眼中巴黎尽善尽美。

斯莱特赛帮助他的未婚妻——让人敬畏的纽斯曼夫人去找回她的儿子查德。查德和一个女人私奔了，纽斯曼夫人认为欧洲松散的道德正侵蚀着他。但到达欧洲的斯莱特赛却发现事情极为复杂，让他不得不重新估量美国和欧洲的文化。虽然斯莱特赛没有成为成功的使节，但是他更好地理解了欧洲和美国社会的优缺点，并且很快得出了结论：查德和美丽的玛丽·德维农的关系并不可耻，而且是"高贵的结合"。

总之，《使节》的看法是悲观的：小说最易受影响的角色大部分是看上去无法逃脱社会规训的受害者。在《使节》中，詹姆斯精彩地表现了人物觉醒到他们青春丧失，渐渐脱离世界的过程。詹姆斯塑造的斯莱特赛看上去证明了自己能选择个人的命运，但结果并不尽如人意。**DP&TH**

过你愿过的生活，否则就是人生的错误。你做过什么不要紧，重要的是你生活着。如果你没有生活，你还有什么呢？

▲ 亨利·詹姆斯的小说是对处于强烈的情感状态中的人物的细致心理观察。

沙岸之谜 The Riddle of the Sands

厄斯金·柴德斯（Erskine Childers）

作者生平：1870年生于爱尔兰，1922年卒
首次出版：1903年，Smith, Elder & Co.（伦敦）
完整书名：The Riddle of the Sands: A Record of Secret Service…

　　厄斯金·柴德斯是在他刚回到家乡时开始创作《沙岸之谜：一份秘密部门的记录》的，他在第二次布尔战争中受了伤，在这场战争中他是为英国而战。小说的叙述者柯瑞瑟为外交部工作，他收到了老友戴维斯的神秘邀请，戴维斯邀请他来自海上的游艇玩。游艇"甜美号"和柯瑞瑟想象的完全不同。一开始艇上就没有船员，或者说柯瑞瑟本人就是船员。戴维斯进行的并不是愉悦的航行，他在系统地绘制德国北海海滩的浅滩——戴维斯认为德国可能利用表面不可航行的水域，借助浅滩用载人舰对英国发动大规模突然袭击。

　　柯瑞瑟和戴维斯的活动引起了德国政府的注意，两人很快便面临着比凶险的大海更严重的威胁。而戴维斯和一个德国女孩相恋，让事件变得更加错综复杂：可能柴德斯想通过戴维斯在忠诚于祖国和爱情之间的冲突中让剧情更加戏剧化和生动化，这也反映了作者本人对爱尔兰和大英帝国之间责任的矛盾感情（最终这种矛盾酿成了作者被处决的下场）。小说的意图是指出大英帝国潜在的安全威胁，不过书中角色戴维斯和柯瑞瑟的冒险不仅出于国民的责任感，也有冒险带来的纯粹刺激感。《沙岸之谜》远不只是一部宣传作品。**TEJ**

野性的呼唤 The Call of the Wild

杰克·伦敦（Jack London）

作者生平：1876年生于美国，1916年卒
首次出版：1903年，Macmillan（纽约）
首次连载：1903年，Saturday Evening Post
原著语言：英语

　　《野性的呼唤》的背景是19世纪90年代克朗代克淘金热时期加拿大西北部的冬季。小说讲述的是一条狗如何从宠物转变为狼群领袖的故事。

　　小说的主角巴克自幼被驯养成人类家庭的成员。它被人偷走加入雪橇犬队后，转变成了人类纯粹的"仆人"。这是一个充满丛林法则的世界，适者才能生存。伦敦在小说里描绘了斗犬、打斗、巴克日益增长的嗜血欲望，另外还有对野性和荒原本身浪漫描写的诗情笔触。当巴克和雪橇队的联系断绝后，它成为自己的营救者约翰·索恩顿的伙伴，它因为爱而和索恩顿相伴。索恩顿死后，巴克杀死了几个易哈特部落的印第安人，它忽然意识到人类对自己没有支配权。于是巴克告别了人类世界，走入了荒野。

　　巴克的改变不仅是对新环境的适应，也返祖般地点燃了它内在的野性直觉。在这本书最拟人化的时刻，巴克出现幻视，看到了黑暗中人类披着动物毛皮围着篝火蜷缩的图景。这些幻视让巴克的转变看上去不只是本能那么简单，野性的呼唤也是一种神秘的灵性力量。**CW**

▶ 杰克·伦敦的畅销小说为他带来了财富，但他始终保持着来自工人阶级背景的形象。

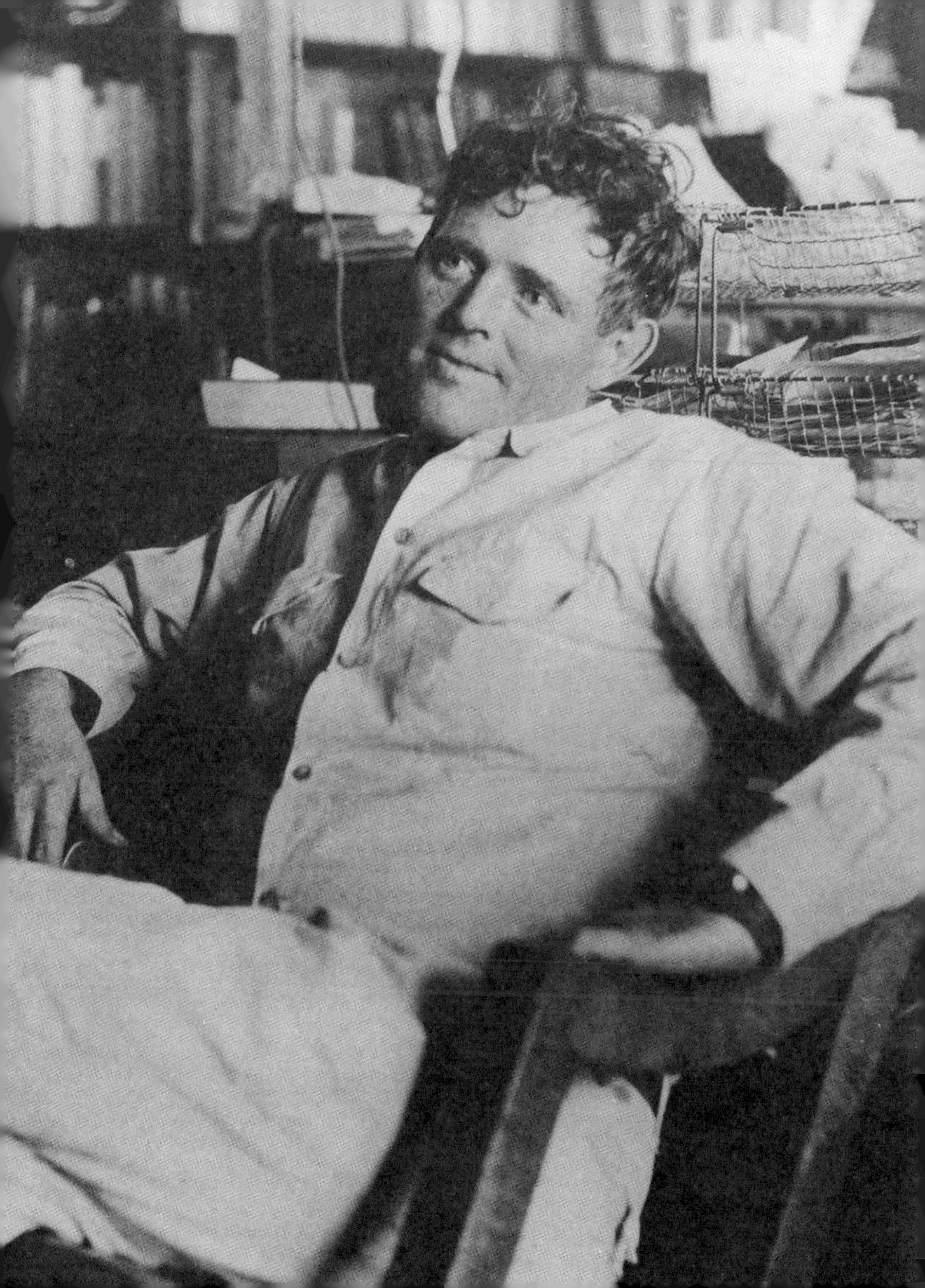

一个神经症患者的回忆录
Denkwürdigkeiten eines Nervenkranken

丹尼尔·保罗·薛伯（Daniel Paul Schreber）

作者生平：1842年生于德国，1911年卒于意大利
首次出版：1903年，Oswald Mutze（莱比锡）
原著语言：德语
英译书名：Memoirs of My Nervous Illness

1884年，杰出的法官丹尼尔·保罗·薛伯开始经历第一次精神崩溃，之后精神疾病伴随了他的一生，并最终把他送入精神病医院终老，也让薛伯成为精神病的标志性人物。薛伯在整个患病过程中都保留了记日记的习惯，他在稍微清醒的时期把日记整理成了回忆录。

薛伯告诉我们，鉴于对事物神秘结构的分裂看法，他认为自己现在是唯一活着的人类——只有他被一位对人类冷漠的神注意，神既不想理解人类，也不能理解人类，它仅仅把人类当作"尸体"来对待。这位残酷的神希望通过"阉割"薛伯而在他的体内再造世界。薛伯的叙述既是一个在疯狂边缘写作的自传故事，又像在一个天才头脑内一层层揭开日常世界谜团的入门书。本书通过诗意的幻视传达了上述内涵，它坚持世界和人之间的呼应，把人类呈现为既是受害者，也是奇迹的创造者。

最后，这部作品也是讨论现代性的历史文献。丹尼尔·保罗·薛伯独断专制的父亲莫里茨·薛伯是显赫的儿童教育家，他有很多规训儿童的方法，包括忽视孩子的啼哭，让他们在冷水中淋浴，尽可能少地接触孩子等。所以这部回忆录也是一个悲剧性的见证，见证了一代在交流缺失中成长的人，包括与精神病的交流，那是他们通往触动和诗意的唯一途径。IJ

太阳经年用人类的语言向我诉说，她把自己表现为一个更高存在的器官。

◐ 薛伯以一个精神病患者的头脑诠释的世界景象影响了西格蒙德·弗洛伊德精神分析学的创立。

众生之路
The Way of All Flesh

塞缪尔·巴特勒（Samuel Butler）

作者生平：1835年生于英国，1902年卒
首次出版：1903年，Grant Richards（伦敦）
原著语言：英语

    大多数《众生之路》的批评者都惊讶地注意到这部小说辛辣讽刺的野蛮性。小说其实是稍事伪装后的作者自传，取材于巴特勒和他傲慢专制的父亲之间的关系。此外，本书的写作年份在1873年至1883年之间，当时维多利亚时代的礼仪和阶级观念正是最顽固的时候，在小说里，你能感到一些时代的禁忌。

    不仅如此，巴特勒很乐意揭露那些自称热爱传统价值的人自以为是的虚伪。所以我们也就不难理解为何他坚持直到自己故去，才能发表自己的手稿。在1903年之前，《众生之路》一直锁在作家的抽屉里。V. S. 普利切特曾经有一个形容这本书的著名比喻，他把此书比作一枚定时炸弹："你可以认为它躺在塞缪尔·巴特勒的抽屉里三十年，就是等待着把维多利亚式的家庭和支撑维多利亚小说的巨大支柱与栏杆通通炸毁！"

    故事的主线人物是本笃菲克斯家族的三代人，焦点人物是家族的欧内斯特（作者别有深意的取名，意为"真诚"）。欧内斯特的父亲和祖父都是声名显赫的神职人员，他们期望欧内斯特继承他们的神职。但是，欧内斯特因为信仰危机抛弃了这个职业，转而追求不确定的未来，这让他那擅长道德说教、其他一无所长的父亲感到极为失望。欧内斯特希望重建新生活的努力不断经历失败——妻子酗酒、婚姻破碎、事业失败……这些都让欧内斯特接近崩溃。尽管有种种不幸，他仍然坚持不懈，最终逃脱了他过去人生的影响，成为一个全新的现代人。**PH**

哈德良七世
Hadrian the Seventh: A Romance

弗雷德里克·罗尔夫（Frederick Rolfe）

作者生平：1860年生于英国，1913年卒于意大利
首次出版：1904年，Chatto & Windus（伦敦）
原著语言：英语

    弗雷德里克·罗尔夫把自己的名字缩减成"Fr"（修士），因为他想成为一位神职人员；在这部小说里他想象自己被任命为教皇。哈德良是阿德里安四世之后第一位担任教皇的英格兰人，他也是罗尔夫的一个化身，一位古怪和小气的天主教改宗者。作为教皇，哈德良给予了欧洲公理，把宗教的权威和政治技巧用一种不合常规，但有时又有些可怕的预见性方法结合起来。这部小说在一个反德的时代表现出了亲德立场，虚构了一位在德国霸权时代主张联邦的教皇。小说中隶属于政治团体自由劳动党的成员杰里·桑特追随哈德良。但教皇并没有如他所希望的那样支持社会主义。希望破灭的桑特攻击哈德良："全世界人哭泣叹息，宣泄了无限感情……如果哈德良从来没有成为教皇，人们或许还会认为他是一位理想的统治者。"

    这些总结性的反讽说明《哈德良七世》是一部独特但不轻率的小说。小说欢快纯真，有着确凿无疑的男性魅力，缓和了小说纯洁天主教会的清教徒冲动。在小说一段额外的插曲里，教皇向他的一位顺从的年轻护卫传授彩色照相（当时还未发明）的关键技术，这暗示了小说对新技术的兴趣，尤其是马可尼无线电。总而言之，哈德良痴迷于新兴的出版业，他经常浏览的报纸有三十七份，也会为了取悦媒体而调整自己的政治策略。《哈德良七世》在表面的拟古下，有着意义深远的现代性成分。**AMu**

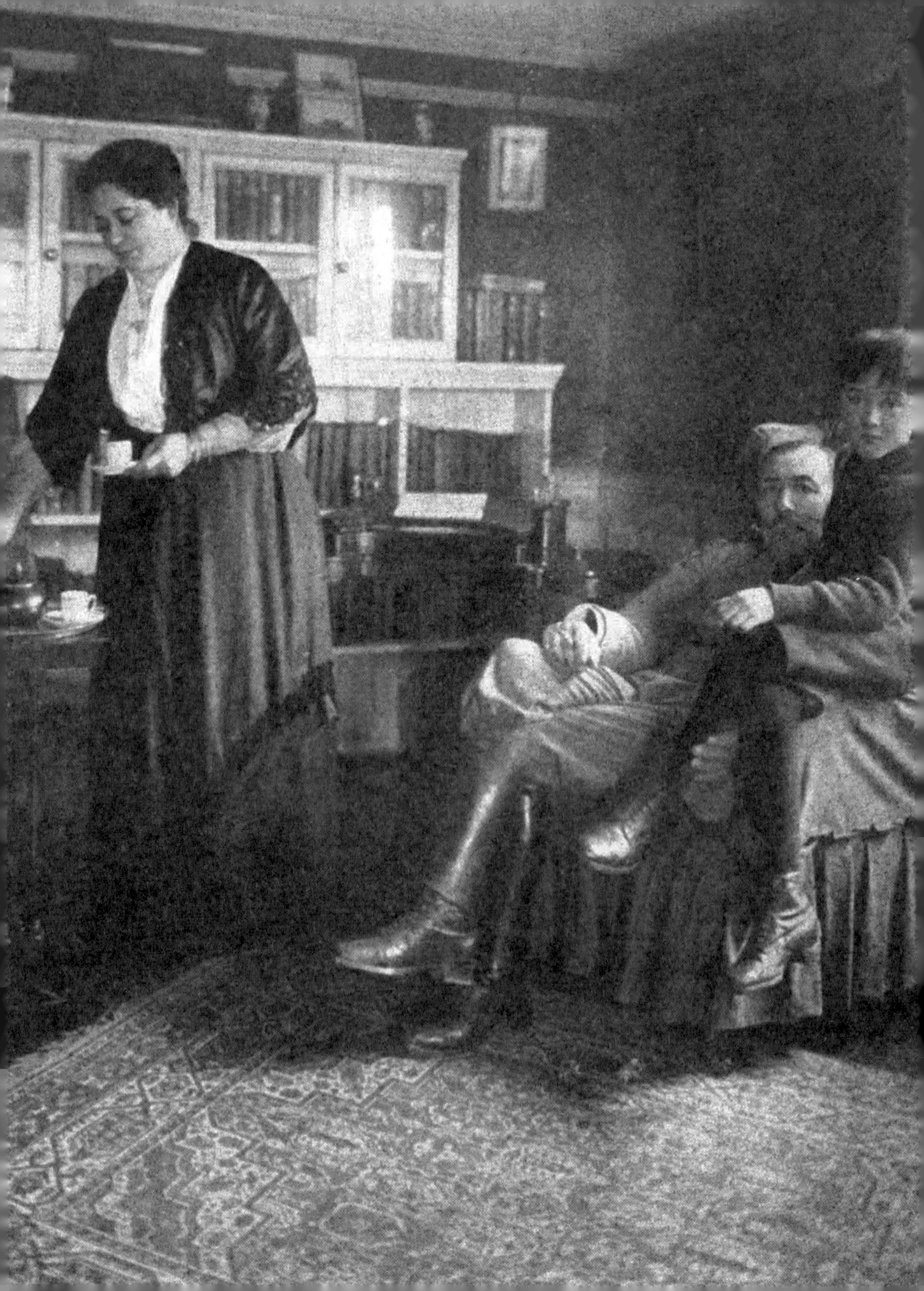

诺斯特罗莫 Nostromo

约瑟夫·康拉德（Joseph Conrad）

作者生平：1857年生于俄国，1924年卒于英国
首次连载：1904年，*T. P.'s Weekly*
首次出版：1904年，Harper & Bros.（伦敦&纽约）
完整书名：*Nostromo: A Tale of the Seaboard*

《诺斯特罗莫》转换的视角有它的实验性，它描述的南美地区正经历着动荡的历史，从一位独裁者不稳定的恣意统治过渡到民主制和资本主义大行其道的现代。小说虚构的国家萨拉科从柯斯塔瓜纳分离出来，表面上成为一个独立的国家。这部杰出的预言式小说展示了美国主导的经济帝国主义如何成为萨拉科的双刃剑。

康拉德只在二十年前在南美短暂地待过一段时间，但他的朋友R. B. 克宁汉姆·格拉汉姆在南美地区游历广泛，康拉德对这些地区的回忆录和史书也有孜孜不倦的阅读，所以他能对虚构的萨拉科进行生动的写实主义描述。大事件和小事情、政治的斗争和家庭的矛盾、国际和国内的情况，都在康拉德的笔下交织起来。诺斯特罗莫是码头工人的领袖，我们阅读他的故事，能体会到他这个性格虚伪的人周围的人们多姿多彩的生活，看到历史演变让人性付出的代价。就像统治着这个地区的白雪皑皑的西圭罗特山，小说提供了"最精致的阴郁表达和壮丽的宏伟感"。**CW**

欢乐之家 The House of Mirth

伊迪丝·华顿（Edith Wharton）

作者生平：1862年生于美国，1937年卒于法国
首次出版：1905年，Macmillan & Co.（伦敦）
原著语言：英语

《欢乐之家》既是爱情故事，也是对社会的批评，它的开篇是温馨的男女之情。莉莉·巴特确定了自己财力雄厚的成婚对象后，就放纵自己，和经济拮据但温文尔雅的知识分子劳伦斯·塞尔顿恋爱。伊迪丝·华顿轻盈的笔触和俏皮的机智让人想到奥斯丁笔下的女主角那尤物般的魅力：美丽、时尚、善于交际。

小说保留了传统爱情小说的外在因素，但是华顿还提供了另一种让人不悦的因素。莉莉表现的女性魅力被诠释成知性解放的障碍。莉莉作为尤物是完美无缺的，她就像雷诺阿画上生动成熟的美人，代价则是完全浪费了女性的创造力，与其说是胜利，不如说是女性商品化的象征。

小说的力量在于华顿精妙掌控了莉莉的不同方面：她既是自身命运的建筑师，也是资本、权力和性歧视掌控的社会下一枚无辜的棋子。小说的编排反映出莉莉对浮华与奢侈生活的爱，这也帮助本书塑造了最动人的女主角——她混合了强势与无助、坚强与脆弱，小说要揭开的每个谜团里都有她赋予的生气。**HJ**

◀ 照片是波兰小说家和水手康拉德在20世纪早期的家庭摄影——他与妻子杰西和他的儿子杰克。

20世纪 | 251

垃圾教授 Professor Unrat, oder das Ende eines Tyrannen

亨利希·曼（Heinrich Mann）

作者生平：1871年生于德国，1950年卒于瑞士
首次出版：1905年，A. Langen（慕尼黑）
原著语言：德语
英译书名：*Professor Unrat*

亨利希是德国伟大的作家托马斯·曼的兄长，也是一位同样多产的小说家和散文家。与他专注于美学的弟弟不同，他致力于政治问题。他曾因对纳粹政府的军国主义意识形态进行抨击而被纳粹驱逐出境。亨利希也是帝国主义阶段资本主义的激烈批评家，民主政治和各种形式的社会主义的坚定支持者。《垃圾教授》是他最著名的小说，被多次成功地改编成影视作品，最著名的是约瑟夫·冯·斯坦伯格1930年拍摄的电影《蓝天使》，玛莲娜·迪特里茜凭借该片跻身国际影星之列。

小说讲述了一位独裁、内向、有社交缺陷的学校教师和一位名叫罗莎·弗罗利希的年轻舞女陷入了热恋的故事。垃圾教授和她有过一次随意的会面后，迅速被她的魅力所折服，他决定不让任何人再接近她。垃圾教授和这个舞女的私密关系成为小镇里的丑闻，他失去了在学校的教职。不过教授不为所动，在罗莎的帮助下，他重新成为上流社会的玩主。他们创立了一个成功的沙龙，他幸灾乐祸地看着过去的学生和敌人堕落——他们或在赌桌上失去了财富，或因为不检点的私情而失去了声誉。不过最大的堕落者是教授本人，他逐渐发现了罗莎可疑行为后的全部真相，失去了对自己自傲的自制力的控制。

《垃圾教授》是对德意志帝国社会价值与欲望转化和控制的力量（即使是意志最坚定的人）鞭辟入里的审视。在文学史上最伟大的红颜祸水之一的影响下，教授缓慢地走向毁灭，这是一个吸引人的传奇。**AL**

- 亨利希·曼是一位社会主义者，他相信政治倾向的文学，有一段时间他的声名比他的弟弟托马斯·曼更大。
- 约瑟夫·冯·斯坦伯格的电影《蓝天使》根据《垃圾教授》改编而成，电影中影星玛莲娜·迪特里茜被塑造为人间尤物。

EMIL JANNINGS
IN
Der blaue Engel
UFA
MIT MARLENE DIETRICH
EIN UFATON-FILM DER ERICH POMMER-PRODUKTION
VON CARL ZUCKMAYER·KARL VOLLMOELLER u. ROBERT LIEBMANN NACH DEM ROMAN: PROF. UNRATH VON HEINRICH MANN MUSIC FRIEDRICH HOLLÄNDER
REGIE: JOSEF VON STERNBERG
UFA-FILMVERLEIH G.M.B.H.

孤独
Solitut

维克多·卡泰拉（Victor Català）

作者生平：1869年生于西班牙，1966年卒
作者教名：Caterina Albert i Paradís
首次出版：1905年，Publicació Joventut（巴塞罗那）
英译书名：*Solitude*

卡特琳娜·阿尔伯特－帕拉迪斯使用"维克多·卡泰拉"这个假名隐藏起她的性别，使得作者的身份男性化。在她生活的时代，对乡村环境流行的文学处理是把它表现得充满诗意和田园气息——当然，就根本而言，这不符合实际。维克多·卡泰拉的小说的目标就是走向这个风尚的反面，比如她的《乡村戏剧》（1902）和短篇杰作《孤独》（1905），完全不符合中产阶级的口味。自然条件苛刻，人与人之间缺乏宽容和善意；人类的命运在欲望的边缘，似乎所有人都屈服于置身事外、无动于衷的铁律。

卡特琳娜·阿尔伯特本人是地主，但她受过良好教育，在文学上倾向左拉的自然主义。她支持叙述者直面现实，反对用编造来美化艰苦的乡村生活。于是她对比鲜明地呈现命运下人物的孤独感与无助感，那些戏剧性的人物毫无掩饰，几乎都是原始的、粗鲁的，如同自然环境中的动物。维克多·卡泰拉提供了乡村生活粗野的一面的视角，她十分清楚其中的辛酸。她的作品是非同寻常的文学宝库，反映了臣服在自然超乎一切的法则下的偏远地区的伦理。**JGG**

学生托乐思的迷惘
Die Verwirrungen des Zöglings Törless

罗伯特·穆齐尔（Robert Musil）

作者生平：1880年生于奥地利，1942年卒于瑞士
首次出版：1906年，Wiener Verlag（维也纳）
原著语言：德语
英译书名：*Young Törless*

托乐思与他的三个军校同学在可怕的内审自我和付诸实践之间循环，最终他们脱离思辨与抽象的游戏，开始创造一个能把他们的抽象观念落实为某种狂热生活的环境。他们的权力欲虽然隐没，但实际已经活跃在军校的体制中，每个学生都深信自己的社会使命是成为统治者。男孩们深思熟虑的虐待实践把他们内心的权力欲释放出来：它兽性、残暴、充满毒素。他们通过对一个同级生仪式化的侮辱来探索自己的权力。这种权力探索也延伸到怜悯、荣誉、特权、正义、意志和欲望等理念的演变。男孩们通过这种探索塑造了他们没有成形的身份。冷酷和明晰的残暴成为他们自我塑造的新鲜材料和媒介。

罗伯特·穆齐尔优美的文字赋予了小说二重性，它既叙述了男孩们惊人的野蛮行为，同时折射了托乐思内心的愤怒、欲望及困惑。这是《学生托乐思的迷惘》的力量，它对少年的心态和世界的描写深深地触动了我们。读者不会被对残暴事件的陈腐总结所支配，而是对于人性的复杂难辨有了更丰富的体会。**PMcM**

福尔赛世家
The Forsyte Saga

约翰·高尔斯华绥（John Galsworthy）

作者生平：1867年生于英国，1933年卒
首部出版：1906年，W. Heinemann（伦敦）
合集书名：《现代喜剧》（A Modern Comedy）
合集出版：1929年，W. Heinemann（伦敦）

  1922年首次出版的《福尔赛世家》，包含了三部小说：《有产业的人》（The Man of Property, 1906）、《骑虎》（In Chancery, 1920）、《出租》（To Let, 1921）。小说充满了反讽，深入描绘了19世纪80年代到20世纪90年代的"英格兰状态"（尽管明显不包括"一战"时期）。《福尔赛世家》也是约翰·高尔斯华绥对"美女对男性生活的影响和干扰"的探索。在福尔赛的家族故事核心中，美女是追求地位和财富的阻力、诱因和动力。这种张力体现在萨默斯·福尔赛身上，他对美的追求和占有的激情完全吻合，这种激情最终导致他对妻子的强暴。

  《福尔赛世家》对家族三代人进行了编年叙述，是爱德华时代人们生活的编年史，狂热的读者把它视为体现英国精神的读物。小说对"部落的本能"和"野蛮部落的群集"的见解也蕴含在受人尊敬的中产家庭的日常生活中，维持了高尔斯华绥故事的张力和戏剧冲突：福尔赛家族是"令人厌恶的繁华"，也是"对社会的微型再现"。**VL**

> 但是福尔赛没有死……死亡和他们的原则违背，他们时刻警惕着死亡。

▲ 约翰·高尔斯华绥，摄于1912年。作者属于富有阶层，但作品却在讽刺这个阶层。

屠场 The Jungle

厄普顿·辛克莱（Upton Sinclair）

作者生平：1878年生于美国，1968年卒
首次出版：1906年，Doubleday, Page（纽约）
原著语言：英语

  《屠场》不是第一部黑幕小说，但它无疑是20世纪此类小说中最有影响的作品之一——罗斯福总统借这本小说推动了他的《食品和药品法案》和《肉类检查法案》。本书是基于1904年芝加哥屠宰业工人罢工的真实事件而创造的编年史小说，其文字粗糙，有时甚至让人厌恶。小说是社会变革的宣言，它无情地揭露出美国梦已经变质了。辛克莱把美国梦的神话剥了个干净：它不是那些无助者、穷人、渴望呼吸自由的窘迫大众的福音。相反，这块遍地是金的乐土其实不过是狄更斯式的噩梦，这里的奴隶在生存线上徘徊，毫无权力的移民被资本主义的机器啮骨食皮，这台机器的燃料是腐败和赤裸的贪婪。

  不过，小说不只是论战性的，它还是攫取人心的悲惨故事。尤格斯·路德库斯是新近从立陶宛来到美国的移民，他憧憬着在美国这块新的乐土上建立自己的家庭。尤格斯的人生是在一家鲜肉工厂中动物内脏和秽物的异味中度过的，他只能这样为每天的面包奋斗。尤格斯和他家人的梦想一点一点地被毁灭，他受到家人所经受的残暴罪行的刺激，也逐渐堕入犯罪之途。不过尤格斯最后从地狱回归人间。小说的结尾有一线社会主义式的希望曙光。小说的最后一句话是："芝加哥将是我们的！"很难想象这会出现在一本社会性强烈的小说中。**GT**

秘密间谍 The Secret Agent

约瑟夫·康拉德（Joseph Conrad）

作者生平：1857年生于俄国，1924年卒于英国
首次出版：1907年，Methuen & Co.（伦敦）
首次连载：1906年，*Ridgway's: A Militant Weekly for God and Country*

  《秘密间谍》讲述了颠覆性的政治、犯罪和侦察。故事背景是维多利亚晚期的伦敦，作者把小说中的伦敦描绘成了阴冷黑暗的大都会。在索霍区阿道夫·魏罗科简陋的餐厅里，一群古怪的革命家聚集并讨论着隐秘的政治阴谋。米迦勒斯一身痴肥，卡尔·云都蹒跚迟迈，奥西邦的颅相怪异——根据康拉德导师切萨雷·龙勃罗梭（Cesare Lombroso）的观点，这标志着犯罪的倾向。这些敌视社会的人，包括魏罗科本人都十分懒惰。而且，他们都依靠女人挣钱来养活自己。

  一位优雅的外交官弗拉基米尔（他隶属的大使馆明显影射俄国）怂恿魏罗科去引爆格林尼治天文台。弗拉基米尔认为这场暴乱会被归咎于在英国的外国人，英国政府在未来对难民的态度会变得不友好，尤其是在对待沙皇俄国的敌人上。魏罗科从一个叫"小教授"的人（虚无主义的无政府主义者）那里得到了炸弹，带着自己有智力障碍的连襟兄弟斯蒂夫去实施计划。然而，这错误计算的一步引发了一系列悲剧性的事件，故事一步步走向最后的结局。

  这部无情讽刺叙事的杰作，其传统可以追溯到狄更斯的《荒凉山庄》（见本书第136页）等作品，之后还影响了格雷厄姆·格林那本庸俗的《这是战场》（*It's a Battlefield*）。与当代社会关联最密切的是，小说预见了自杀式炸弹袭击的出现。**CW**

母亲 Мать

高尔基（Макси́м Го́рький）

作者生平：1868年生于俄国，1936年卒于苏联
作者教名：Алексе́й Макси́мович Пешко́в
首次出版：1907年（俄国）
英译书名：Mother

  《母亲》最初于1906年在纽约的《阿普尔顿杂志》（Appleton's Magazine）上连载。小说讲述了一位俄罗斯外省劳动妇女的生活，揭露了沙皇俄国体制下受到严酷压迫的人民遭遇到的残酷、荒唐和苦难的生活。在一个无名的工业小镇中，中年母亲佩拉吉雅·尼洛夫娜那个肆意施暴的丈夫死去，她不得不面临未来黯淡无光的生活。她慢慢地发觉她那过着忧郁和卑微生活、渐渐成熟的儿子巴维尔，每天晚上都在阅读哲学和经济著作。随着巴维尔和母亲的接近，他让母亲走入了他的心灵世界——他的一些看上去无害的文章包含了激进的新思想，它们传播在外，经常让巴维尔陷入生命危险。佩拉吉雅逐渐被革命的社会主义力量所吸引，被巴维尔和他朋友的谈论鼓舞，走向激进。同时她提供给他们宝贵的人性透视，强调了善良、怜悯和爱的价值。

  高尔基的作品经常被描述成社会主义现实主义，但这个术语不足以涵盖高尔基小说中的技巧。虽然高尔基的书不可避免地有意识形态的倾向，但它绝不是宣传品。政治目的和有抒情之美的篇章、时不时出现的幽默和生动难忘的人物交织在一起。《母亲》情节动人，尽管有些晦涩难懂，但仍然是我们了解当时俄国文化和政治特点的重要参考。**AB**

多年累积的苦难剥夺了他们的胃口。为了能咽下食物，他们会一边吃饭一边喝酒，用燃烧的伏特加刺激他们衰退的胃。

▲ 高尔基因为反对沙皇专制被流放，1907年他在伦敦受到俄国革命者的欢迎。

20世纪 | 257

边陲鬼屋
The House on the Borderland

威廉·霍普·霍奇森（William Hope Hodgson）

作者生平：1877年生于英国，1918年卒
首次出版：1908年，Chapman & Hall（伦敦）
原著语言：英语

在这篇晦涩的小说里，一部重见天日的手稿讲述了隐居者和他妹妹的故事片段，他们似乎一直处于发光的类猪生物威胁下。隐居者经常幻视到难以理解的宇宙图景，那里住满了不动的古代神祇，既不怀好意，又难以分辨。他试图保护自己的家和他的妹妹，但妹妹看不见那些生物，反而对隐居者感到畏惧。隐居者用壁障把屋子包围起来，抵御外部的攻击。到了此处，手稿发生了错乱：虽然写着词句，但内容不能索解。最后，叙述爱和失落的故事演变成了走向未来的无助旅程，隐居者如同服下迷幻剂般看到了飞翔的灵魂和宇宙的死亡。之后，屋外发生了新的一轮攻击，手稿戛然而止。

"每个读者都应该从中发现属于他自己的内在故事。"威廉·霍普·霍奇森建议。这是一部想象宏大，不被逻辑、情节、传统的小说收尾制约的作品。屋子的位置、隐居者这个角色，还有手稿的还原之间必然有内在的意义，但是作者没有做任何说明。隐居者对未来的幻视与意识清醒时的认知有着深刻的共鸣。我们感觉到，隐居者知道的，比他告诉我们的，或者他自己吐露的，似乎要多得多。不管实际发生过什么，我们只能去想象。故事中有很多精彩的线索，但没有确切的认定。**JS**

老妇人的故事
The Old Wives' Tale

阿诺德·本涅特（Arnold Bennett）

作者生平：1867年生于英国，1931年卒
首次出版：1908年，Chapman & Hall（伦敦）
原著语言：英语

《老妇人的故事》和本涅特的其他很多小说都以斯塔福德郡瓷业小镇作为背景，即所谓沉睡的"五个城镇"。同时小说也描述了19世纪中期，英国人在激烈的政治动荡时期在巴黎生动的海外生活细节。这种两线背景的设定也反映了小说的结构。小说讲述了两个"老妇"康斯坦斯和索菲亚·巴恩斯的故事，她们在中产的贸易商家中长大。她们的命运随着各自的婚姻而分道扬镳，走向不同的方向。娴静的康斯坦斯和她父亲的助手成婚，过着维多利亚时代妻子兼母亲的保守生活。索菲亚和一个旅行销售商的婚姻则与康斯坦斯的差别巨大，索菲亚被丈夫遗弃，在巴黎陷入了身无分文的困境。不过姐妹们的生活并非完全是正面或负面的。巴黎被围城时期的狂热气氛与索菲亚在举目无亲的外国文化氛围里艰难生存的努力很好地平衡起来；而康斯坦斯一面体验着和谐的家庭生活，一面也要忍受着沉闷生活的窒息感。

整体上，《老妇人的故事》是富有同情心的故事，两姐妹感人的重逢显示了枯萎的人生中家庭之爱和忠诚的重要性。**AB**

▶ 1900年，E. O. 霍普创作的阿诺德·本涅特的木刻画。

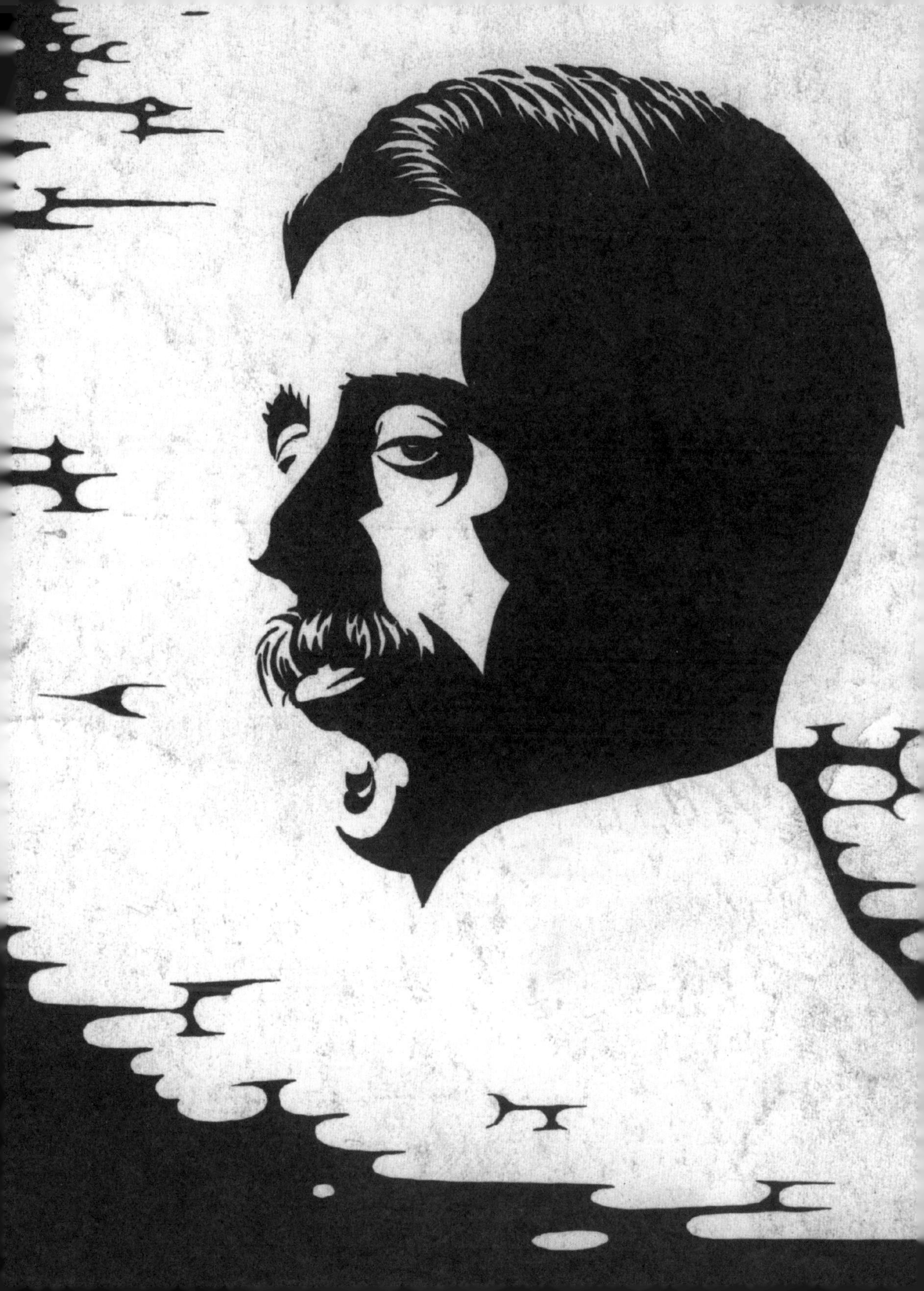

地狱
L'Enfer

亨利·巴比塞（Henri Barbusse）

作者生平：1873年生于法国，1935年卒于苏联
首次出版：1908年，Mondiale（巴黎）
原著语言：法语
英译书名：*The Inferno*

亨利·巴比塞写作生涯的第一部作品是《地狱》。这部引人入胜、让人心绪难平的小说是现代文学描写疏离和冷漠人性的早期范例。柯林·威尔森（Colin Wilson）在他的作品《旁观者》（*The Outsider*, 1956）的引言中使用了这部小说的片段，这显示了《地狱》对存在主义作家们的直接影响。

一个无名男子入住巴黎的旅馆。他三十岁，没有任何社会联系。除此之外，我们只知道他疲惫不堪，理想幻灭，对乏味的人生无动于衷。他写道："我不知道我是谁，我要去哪里……我一无所有，也分文不值。"同时，他对不可知的事物也有一种痴迷和宗教般的渴求。在旅馆的第一个晚上，男子被隔壁房间传来的噪声吸引。他发现房间有一个小洞可以看到隔壁房内的情景，于是整日守候在洞口观察那些不断更换的房客。男子的窥视癖逐渐变成强迫症，他获得了某种全知的奇特感和心理上的性狂热。每天他都能看到私人生活演出的不同方面：通奸的情人、女人独自宽衣解带、同性恋、婴儿出生和人的死亡。不过，他从这种活动中几乎没有获得真实的满足，而且这种窥视癖强迫症最终摧毁了他。

尽管小说出版的时候负面消息不断，但它所传达的力量在今天依旧让人震惊。《地狱》真诚、直白，充满了哲学的思辨，是对人类内在斗争的迷人洞察。**AL**

我三十岁。十八年还是二十年前，我失去了父亲和母亲。时间过去了那么久，那件事现在已经没有意义了。

▲ 巴比塞没有凭借《地狱》赢得声名，之后他是凭借强有力的反战小说《火线》确立了自己的文坛地位。

看得见风景的房间
A Room with a View

E. M. 福斯特（E. M. Forster）

作者生平：1879年生于英国，1970年卒
首次出版：1908年，E. Arnold（伦敦）
原著语言：英语

　　《看得见风景的房间》是一部经典的成年礼小说，女主角叫露西·霍尼彻奇，伴随她的是暴躁和过分保护她的监护人夏洛特·巴特利特。露西在意大利旅行，这是她人生第一次离开童年时代的英国乡下，走进遥远的广阔世界。露西是天才的钢琴演奏家，她弹奏的贝多芬的作品让读者立刻感到：少女埋藏着真实和强烈的情感。这部小说的重大问题是露西的选择：一个看得见风景的房间，还是被围墙环绕的传统社会？这两个选择由少女的两个追求者体现：乔治·艾默森思维周密又富有激情，他理解并且欣赏自己看到的一切，无论是意大利人民还是露西本人；而塞西尔·维斯则既世故又傲慢，他把露西视为一件艺术品，而不是活生生的、有思想的人。这部小说讲述成长的阵痛和人生的十字路口上自我欺骗的诱惑、家庭和个人欲望的张力。

　　福斯特的小说对20世纪早期英格兰中部僵硬顽固的社会陈规做出了精彩的嘲讽。同时小说的感官性也很强烈——无论是意大利还是英格兰的背景，作者都完美地描绘出了精细的视觉细节；露西弹奏钢琴或者气候变得恶劣猛烈时，读者几乎能听到音符的渐强音或者雷电之声。这是一次简单而又愉悦的阅读。**EG-G**

窄门
La porte étroite

安德烈·纪德（André Gide）

作者生平：1869年生于法国，1951年卒
首次出版：1909年，Mercure de France（巴黎）
英译书名：*Strait is the Gate*
诺贝尔文学奖：1947年

　　纪德的《窄门》有种完美得难以抗拒的诱惑力。表面上看，故事是关于爱情的。两个表亲失去了家庭的关怀，在各自的身上找到了德性和美的源泉。哲罗姆十二岁时失去了父亲。作为家中唯一的孩子，他目睹母亲陷入了悲伤，这使他在青春期就拥有了成人般的敏感。他的表亲安丽萨被与人私通的母亲冷落，因为她忠实于自己的父亲，读懂了父亲的精神世界。以上的总结，仅仅是故事的开始：哲罗姆和安丽萨的生活现状只有骨架般的存在感——他们在法国的富裕资产阶级生活看上去是无尽的鲜花灿烂的夏季轮回，但也充满了物质变化的粗鄙感。

　　文本充满了他们之间宿命般脆弱、强烈和艰难的爱，这种爱本身成了哲罗姆和安丽萨之所以为人的唯一真实理由。这种爱没有达到顶点，事实上没有任何身体的接触，所以保持了两个孤独挣扎的人相互渴望、靠近和需求的状态。让人痴迷的是小说中从年轻的不确定性投射出的看似无目的的轨迹，以及鼓励，而非否定的忠告。纪德通过杰出的驾驭能力，创造出一种对爱的探索，试图捕捉绝对的但没有确定答案的渴望本质。**PMcM**

马尔特手记 Die Aufzeichnungen des Malte Laurids Brigge

赖纳·马利亚·里尔克（Rainer Maria Rilke）

作者生平：1875年生于捷克，1926年卒于瑞士
首次出版：1910年，Insel Verlag（莱比锡）
原著语言：德语
英译书名：The Notebooks of Malte Laurids Brigge

我心灵的呐喊来自我的血液。

——赖纳·马利亚·里尔克

▲ 赫尔穆特·威斯特夫绘制的这幅油画是1901年时的里尔克，年轻的诗人流连在爱情、性、痛苦和死亡等迷雾般的直觉中。

▶ 里尔克写作《马尔特手记》时，已经学会了观察现代世界，尽管他是怀着一种恐惧的疏离感来审视的。

赖纳·马利亚·里尔克的拥护者中少有人会承认他的小说只是在某些部分上伟大。里尔克小说每部分的惊人力量几乎让我们忘记：作品作为整体，其实是虚构叙事、日记和普通书籍的尴尬组合。小说中不乏古怪的漫无目的的描写或者装模作样的闲逛篇章，不过名义上，这是一本有着贵族血统的年轻丹麦艺术家的日记，他现在在巴黎漂泊不定，身无分文，脆弱不堪。马尔特奇怪的童年和青少年记忆与对巴黎街头困惑遭遇的叙述（比如，一位突然闯入的老妇人"双眼蒙眬……仿佛重病患者从血红的唇唾出绿痰"）交织在一起。小说随着里尔克深沉的主题展开，比如信仰、疾病、艺术，还有马尔特所痴迷的关于令人费解的历史人格的内心生活的思索。

小说的散文体和里尔克伟大崇高的抒情诗风格颇有差异，但有时能发现它们源于一处。就像里尔克的诗歌那样，小说充满了问题。修辞性的问题指向作者本人，而无法解答的问题则交给每一个人。里尔克的艺术手法是马尔特假装对世界和这个世界的每个人一无所知，然后从这份无知中汲取养分。精心栽培不能满足的好奇心，又决绝地让这种好奇心一直饥渴，这是里尔克艺术和他英雄思想的燃料。尽管，也是因为知识的缺乏，使小说异常美丽，和其他作品迥然不同。里尔克小说中每部分的最后一段或最后一句话通常都是全篇的精华所在。你必须改变自己的生命。

RP

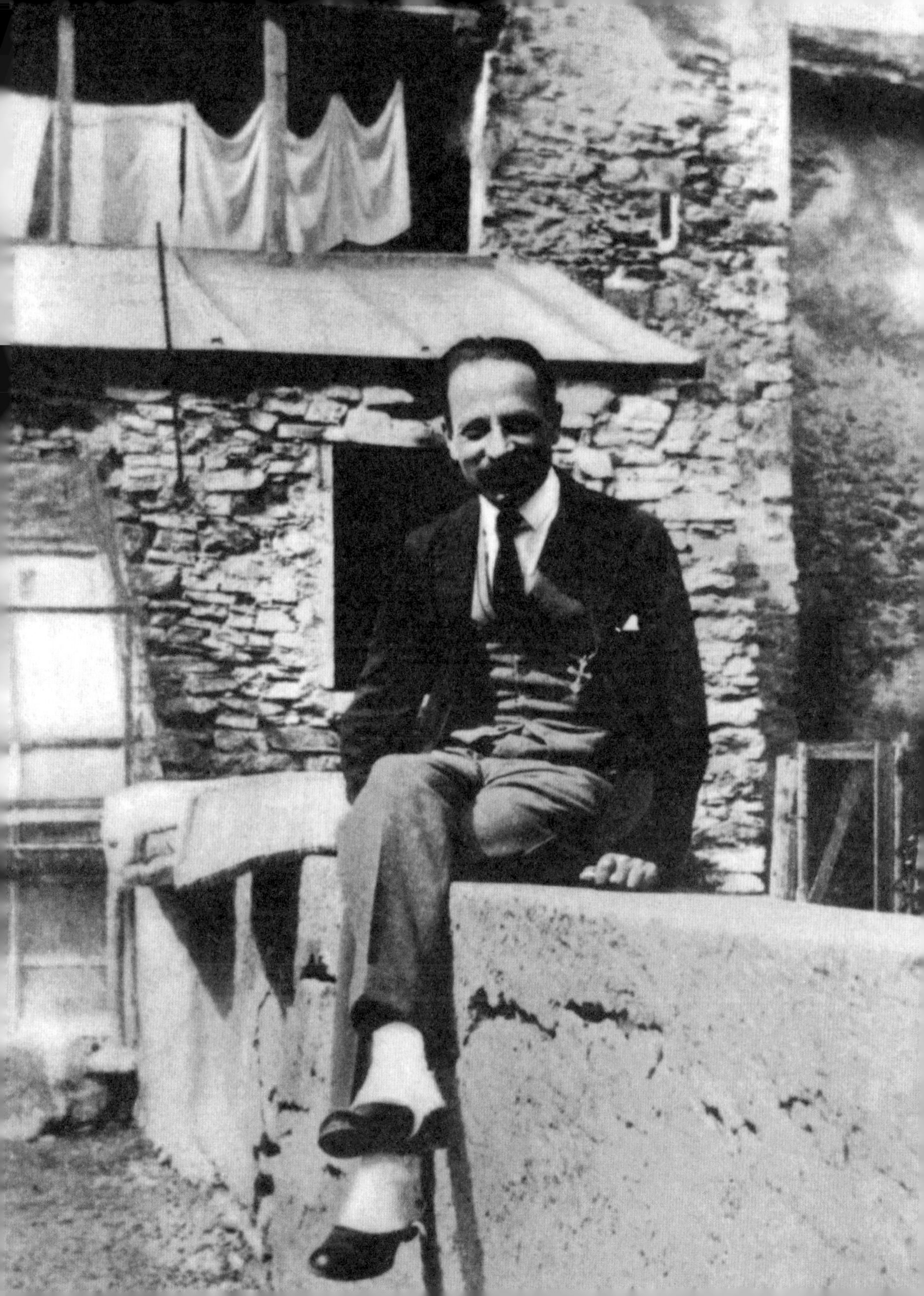

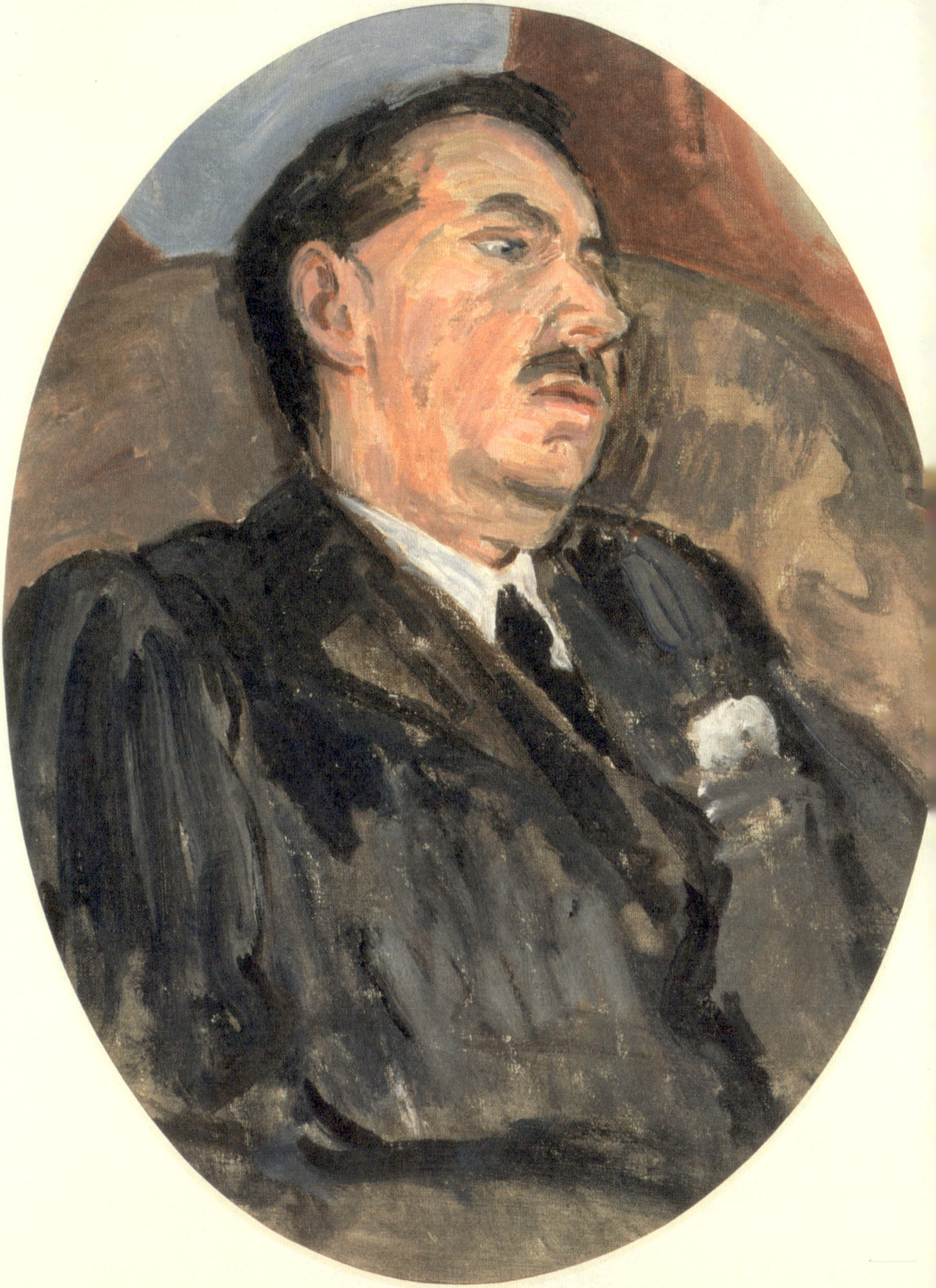

霍华德庄园 Howards End

E. M. 福斯特（E. M. Forster）

作者生平：1879年生于英国，1970年卒
首次出版：1910年，E. Arnold（伦敦）
原著语言：英语

《霍华德庄园》是典型的反映爱德华时代社会变迁的作品，小说讲述了两个不同家庭——席勒格尔家和威尔克斯家——的故事。席勒格尔家富有知性和理想主义；威尔克斯家追求物质，讲求实际。小说记录了这两个家庭之间的关系的发展和他们的不同世界观之间的冲突。

席勒格尔家的两姐妹玛格丽特和海伦回应威尔克斯家的方式对比鲜明。海伦保持着自己的理想主义，激烈地反对奉行物质主义和实用主义的威尔克斯家；玛格丽特希望调和那种人生态度，对两个价值观都欣赏。玛格丽特在她的书信中希望能成为"唯一的桥梁"，调和与提升两家之间的平淡与激情。小说记录了玛格丽特接连的尝试，细节化地讲述了她的成功和失败。

作为真正的大师之作，小说有真实的美感和乐观主义。与福斯特所有的小说一样，角色描写精彩，对话写实、感人。虽然小说描绘的是极端的感情和行为，但并没有流于夸张或荒诞。相反，这部小说是人类情感的真实图景，讲述了骄傲、愤怒、缺乏沟通和虚荣酿成的灾难。**EG-G**

非洲印象 Impressions d'Afrique

雷蒙·鲁塞尔（Raymond Roussel）

作者生平：1877年生于法国，1933年卒于意大利
首次出版：1910年，Librairie Alphonse Lemerre（巴黎）
英译书名：Impressions of Africa

《非洲印象》的前九章以一座想象中的非洲城市为背景，描述了一系列看上去不可思议的事件。一位射手凭借一枚子弹就能把蛋黄从煮熟的鸡蛋蛋白里分离出来；一座束身衣架子做成的雕像左右摇摆；一只驯服的喜鹊操纵雕像的机械运动。小说的后半部分，非洲国王捕获了一群在海难中幸存下来的乘客，这些人如果能让国王欢娱，国王就还给他们自由。囚犯必须完成各种复杂的舞台表演或者建造我们在小说上半部分见识过的那些奇幻器械。

雷蒙·鲁塞尔自杀后，他的散文在1935年出版。散文揭示了他创作小说的起点根本不是非洲印象，而是特别的语言学源头：同一个词语可以有两个或者更多的意义。在变奏这一关键写作技巧上，鲁塞尔从一个同义词开始，生发出一个故事，或者创造出一个场景，比如从"baleines"（束身衣架）到"baleines"（鲸鱼）。这种旅行见闻游记不带我们去任何地方，因为无论如何远离我们出发的第一个词，叙述依然会把我们带回起点——从"baleines"到"baleines"。语言不再服务于虚构，相反，虚构被语言支配。小说从词语和重复词语的黑暗空间中生成。**KB**

◀ 1940年瓦妮莎·贝尔绘制的福斯特肖像。贝尔是弗吉尼亚·伍尔夫的姐姐，和福斯特一样，也是布鲁姆斯伯里团体的一员。

方托马斯 Fantômas

马塞尔·阿兰（Marcel Allain）
皮埃尔·苏维德（Pierre Souvestre）

阿兰生平：1885年生于法国，1969年卒
苏维德生平：1874年生于法国，1914年卒
首次出版：1911年，A. Fayard（巴黎）
原著语言：法语

  《方托马斯》1911年首次出版时在作者的家乡法国引起了骚动。虽然在英语世界里这部作品相对无名，但在欧洲和世界其他地方的公众心目中依然占有显赫地位。原作《方托马斯》为后来的衍生作品提供了灵感，由此衍生出三十一部精彩绝伦的系列剧、多部电影，在墨西哥还有一部成功的漫画，这位神秘的人物迄今仍拥有活力。

  小说的主人公方托马斯是个视道德为无物、与资产阶级社会为敌、戴着面具的超级罪犯。他没有犯罪前科，没有犯罪动机，他是噩梦的具象化，是一个谜团。人们只能从他留下的尸体线索，或者打开窗户时其披风的摩擦声中确认他的真实存在。追踪方托马斯的人物是机智的警长瑞夫，但他在方托马斯面前屡屡受挫。方托马斯在夜晚的巴黎实施强暴、谋杀和欺诈，他的名字在所有畏惧上帝的市民心中引起了恐慌。

  让人奇怪的是，这个暴力、残酷的传奇故事保持了持久的魅力，是达达主义运动和超现实主义者的重要灵感源泉。这部荒诞不经的作品反映了现代都市的妄想、迷惑和惊慌，它传递了旧世界道德濒临崩溃的情绪，探索了发生的焦点问题。《方托马斯》投下了长长的阴影，呼吁原始的和理智的想象力。**SamT**

伊坦·弗洛美 Ethan Frome

伊迪丝·华顿（Edith Wharton）

作者生平：1862年生于美国，1937年卒于法国
首次出版：1911年，Macmillan & Co.（伦敦）
原著语言：英语

  《伊坦·弗洛美》的背景是世纪之交新英格兰的农庄社区，它清晰地剖析了人物精神上的孤立、情爱和道德上的绝望。小说讲述了弗洛美对妻子细娜的贫穷亲戚、善变活泼的玛提·希尔娜产生膨胀的欲望，两人最终发展到双双殉情，但结果出乎意料地折磨人。

  弗洛美是故事的中心。他枯萎的人格是严酷的环境和内向保守的社会的苦涩果实。他是一个有着内在深度的男子，在表面平庸的生活下找寻到丰富的存在感，但他的社交激情在这个孤立的社会却没有释放的渠道。外部环境和内部心灵产生了交互。人物模糊的叙述是小说的关键手法，小说的叙述者对他叙述的这段历史的不可靠了解奠定了小说的框架。小说留给我们很多问题：道德的选择和力量、环境在决定性行为中扮演的角色、社会道德和个人激情之间的冲突。《伊坦·弗洛美》主要着墨于小说同名主人公的遭遇，同时也描绘了塑造出细娜这种控制欲强烈的人物的社会因素。**AG**

▶ 这张伊迪丝·华顿的照片拍摄于她成为小说家之前，暗示出作者坚定的人格。

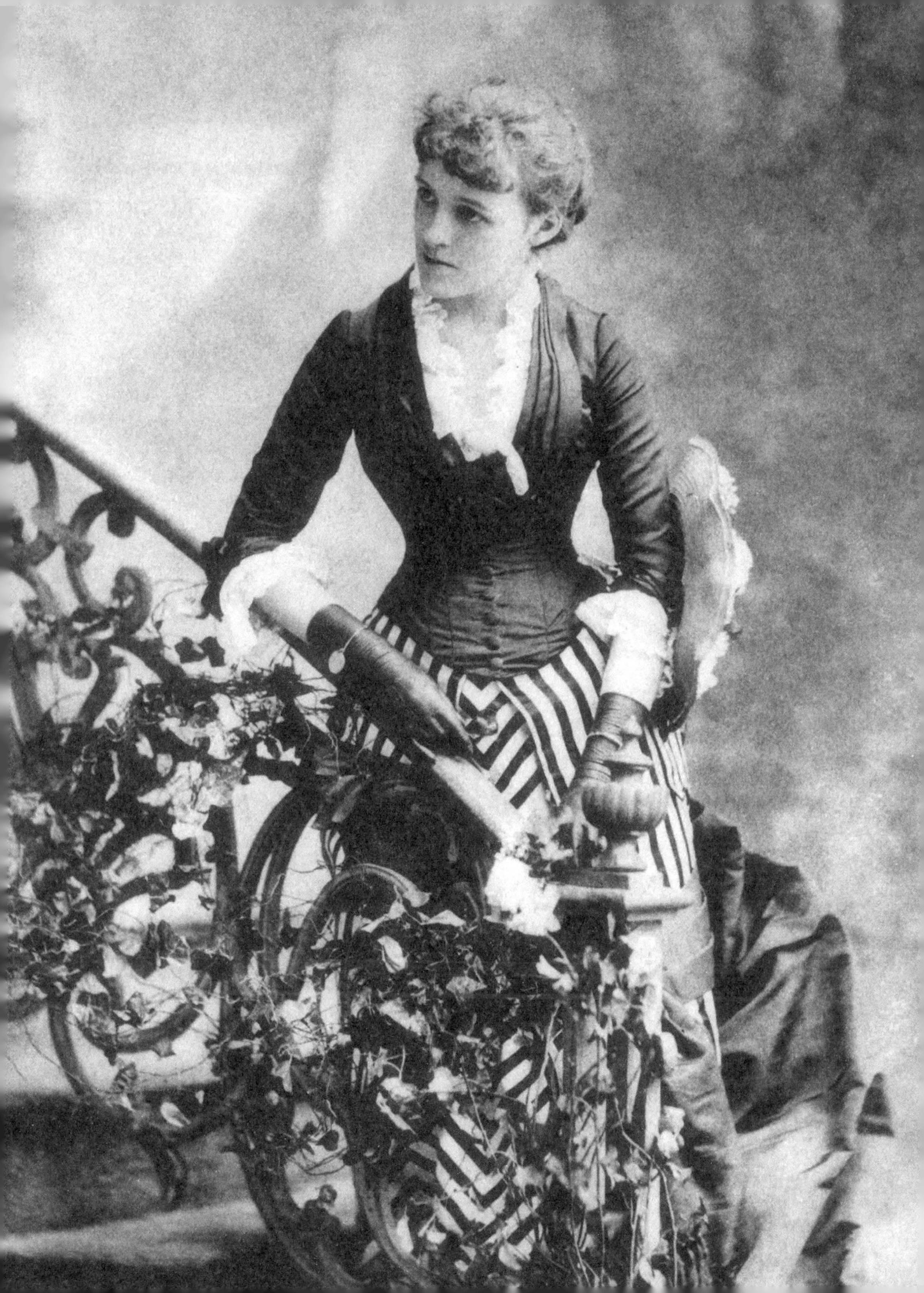

玛丽玛丽
The Charwoman's Daughter

詹姆斯·斯蒂芬斯（James Stephens）

作者生平：1882年生于爱尔兰，1950年卒于英国
首次出版：1912年，Macmillan（伦敦）
原著语言：英语

诗人兼小说家詹姆斯·斯蒂芬斯在都柏林的贫民窟出生和长大，走上社会后在一家初级律师事务所当职员。他的所有作品都有一种幽闭恐惧症的感觉，在拥挤的人群中常常会产生萦绕不去的孤独感。但斯蒂芬斯钟情于想象，其作品中的都柏林既有狭隘的空间，也有自由的地方；既有窄小的屋子，也有开阔的街道，商店的橱窗中有堆积在一起的日用品和美丽的丝织衣服。《玛丽玛丽》讲述的是十六岁的玛丽奇怪和忧愁的故事。她是家中唯一的孩子，母亲对她的保护格外严格。这也是一个关于都柏林以及我们如何看待这座城市的故事。在爱尔兰的小说中都柏林常被描绘成男人的城镇，陷入历史之中的城市，是伟大、忙碌的善于交谈者的家，或者是自由、不受约束者的邂逅之地，这座城市既有家庭感，也显得都市化。

玛丽和她的母亲租住在一间公寓内，这是她们各种苦涩之爱纷纭上演的家。白天她母亲为都柏林的富人清理房间，在城市间穿梭，玛丽则偷偷观察。她心中对富人生活的想象让城市生动起来，成为一个既陌生又精彩的地方，这个地方虽然遥远但却友好。正是这种发现感与丰富的苦乐交织，让小说成为不同寻常、打动人心的都柏林故事。**PMcM**

死于威尼斯
Der Tod in Venedig

托马斯·曼（Thomas Mann）

作者生平：1875年生于德国，1955年卒于瑞士
首次出版：1912年，Hyperionverlag（慕尼黑）
英译书名：*Death in Venice*
诺贝尔文学奖：1929年

著名作家古斯塔夫·冯·奥森巴哈心血来潮去威尼斯旅行，在那里被一个年轻男孩迷住了——男孩蓄着金色卷发，身体比例匀称颀美，是理想中希腊美男子的再现。观赏美男子达秋成了奥森巴哈每日生活的焦点，之后渐渐成为奥森巴哈存在的意义。在去威尼斯的船上，奥森巴哈恐惧地邂逅了一个混迹在一群年轻男子中间、涂脂抹粉、傻笑着的老头。而在故事的结尾，奥森巴哈本人也成了这样的男人——在瘟疫流行的威尼斯，他意乱情迷地在各处追逐着达秋。

托马斯·曼坚称《死于威尼斯》是关于艺术家尊严失落的故事，不过曼也通过这个故事审视了艺术和人生的关系。奥森巴哈相信通过劳动和纪律，就可以掌握人生，把它塑造进艺术。但是达秋激起了作家混乱的情感和狂放的激情，让奥森巴哈领悟到之前信仰的谬误。小说神秘的元素提供了描绘同性恋之爱的文本。《死于威尼斯》有着精美的文笔和深刻的心理洞察力，生动地讲述了坠入爱河的体验。

中短篇小说可能是托马斯·曼最理想的艺术形式（《死于威尼斯》仅有七十页）：从序章最初的暗示，到最终病态的高潮，《死于威尼斯》是这个体裁中的杰作。**KB**

儿子与情人
Sons and Lovers

D. H. 劳伦斯（D. H. Lawrence）

作者生平：1885年生于英国，1930年卒于法国
首次出版：1913年，Duckworth & Co.（伦敦）
原著语言：英语

在《儿子与情人》中，D. H. 劳伦斯生动地描写了诺丁汉郡的乡村与那里让作家羁绊甚深的矿业社会。《儿子与情人》诚实大胆地处理了家庭伦理、家庭纠纷、阶级斗争、性别冲突、性欲、个人主义与贫穷等主题。小说对自然世界也进行了栩栩如生的描写，唤起了自然世界浓郁的神秘气息。

小说的关键主题是保罗·莫雷尔和他母亲之间的关系，母亲对这个天才儿子的巨大期望和母爱无处不在。他们之间强烈的羁绊把父亲排斥在外——保罗的父亲是没受过多少教育的矿工，母亲鄙夷他的父亲，这种态度随着保罗的成长，内化成他本人的观念。严峻的阶级问题和变化不定的性心理问题相互重合。保罗用学习和艺术来实现他母亲挫败的人生期望，但母亲与儿子之间纷乱的关系阻碍了保罗建立独立的成人人格，不能和其他女性建立成熟的性关系。

格特鲁德·莫雷尔这样的知识女性对社会地位十分敏感，她陷在矿业社区中，被像她丈夫那样可憎的人包围。小说还捕捉到了青春期爱的挫败，不同性关系引起的让人困惑的诱惑，还有男性之间的暴力竞争。**AG**

穿破裤子的慈善家
The Ragged Trousered Philanthropists

罗伯特·特雷塞尔（Robert Tressell）

作者生平：1870年生于爱尔兰，1911年卒
首次出版：1914年，G. Richards（伦敦）
原著语言：英语

这本书可能是工人阶级英语文学杰出的经典之作，不过初次阅读此书的读者可能会惊讶于全书的基调。虽然小说的核心是对资本主义机智、激烈和持续的攻击，但对那些不能清晰认识社会主义必要性的工人同样展开了猛烈的抨击——他们因为无知，把自己的孩子继续送给资本家剥削。

小说的类型十分奇怪，读者的注意力没有被任何悬念或者流动的叙事分散，而是集中于无时无刻不在探讨的以利润为纲的人生。整个故事的能量来自愤怒，它的呼吁对象是被老板愚弄的员工们。书中也暗示除了社会主义的道路，工人们没有其他方法可以反抗剥削。不过小说不仅仅是关于传统意义上的工人阶层，也探讨了劳动本身的意义，以及当劳动完全被对更高"效率"的追求所摧毁与嘲弄时，从劳动中获得荣耀的可能性。工人们被迫进行快速、直接的工作，劳动过程去除了所有真实的满足感——尽管主人公对他选择的"技艺"做出了许多贡献，但是这种贡献持续不断地被"体制"否定。《穿破裤子的慈善家》在这个意义上和英国爱德华时期更广义上的拉斯金和莫里斯领导的社会主义运动相呼应。**DP**

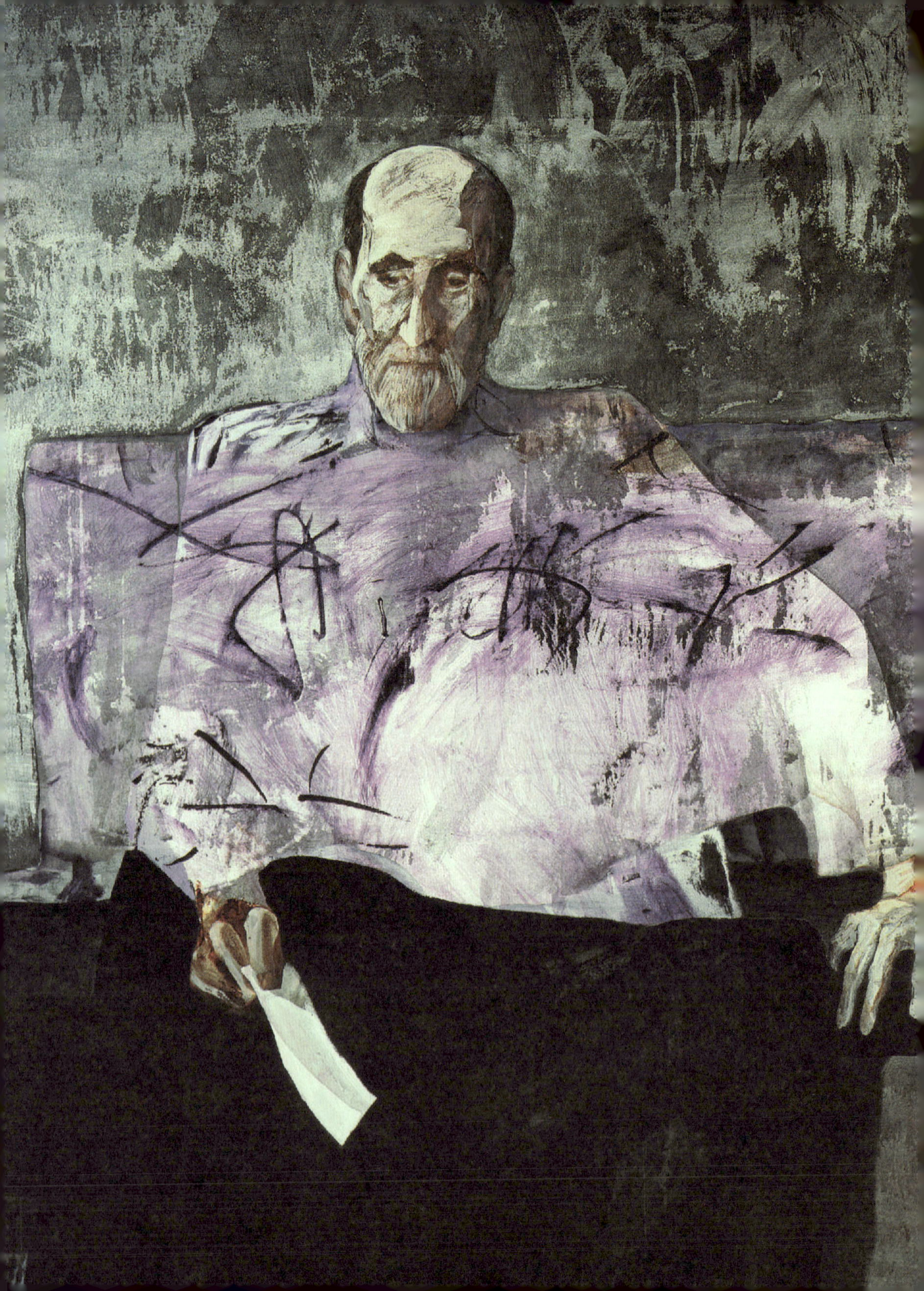

小毛驴与我 Platero y yo

胡安·拉蒙·希梅内斯（Juan Ramón Jiménez）

作者生平：1881年生于西班牙，1958年卒于波多黎各
首次出版：1914年，La Lectura（马德里）
完整版：1917年，Editorial Calleja（马德里）
英译书名：Platero and I: An Andalusian Elegy

这本书的副标题是"安达卢西亚哀歌"，作者把这本书献给他伟大的导师弗朗西斯科·吉拿·德·罗斯·里奥斯（Francisco Giner de los Ríos），他满怀钦佩地阅读了这本散文集。他的导师用两点解释了该散文集被翻译成其他语言的原因。首先，《小毛驴与我》是作者对安达卢西亚某地的个人回忆（韦尔瓦附近莫奎尔的郊外），充分展现了西班牙的地域审美观；其次，散文集体现了教会儿童和成人敏感之心的意义。

散文集实现了这两个目标。它讲述了度假的诗人（"裹着孝服，蓄着拿撒勒的胡子"）和小毛驴（"小巧、多毛、柔软"）的简单故事（只从表面上看）。全书由几个短篇组成（一些人把这些短篇视为散文诗），这些短篇营造了一个欢乐的儿童世界：田野上的动物过着欢腾的生活；有滑稽的农夫，也有坏心眼的农夫。作者使用具有野兽派色彩的辞藻渲染出令人难忘的风景。不过小毛驴的世界并非事事如意。小毛驴和他的主人也见证了没有缘由的残暴、沟通障碍和忧伤。故事的结尾，小毛驴死去。鲜有其他西班牙文学如此明确地把审美娱乐和伦理信条联系在一起：道德和美同一。**JCM**

人猿泰山 Tarzan of the Apes

埃德加·赖斯·巴勒斯（Edgar Rice Burroughs）

作者生平：1875年生于美国，1950年卒
首次出版：1914年，L. Burt Co.（纽约）
原著语言：英语

在意识形态上，《人猿泰山》没什么可推荐的，很奇怪这本书没有受到更严重的攻击。可能更加讽刺的是，尽管有些团体要禁止甚至焚烧这本小说，《人猿泰山》却始终岿然不动地占据了通俗经典中的一席，甚至成为迪士尼电影的主题，随后又成为热播的系列动画片。《人猿泰山》在叙事上精彩刺激，充满活力，常有神来之笔的段落，充满了优秀通俗小说的经典套路——横祸下的幸存、未知的土地、凶悍的敌人、戏剧性的战斗和漂亮的女人。也就是说，小说内在的次主题是种族主义、性别歧视、极端的陈套，还有弥漫的帝国主义气息，它赞美的主角也是白人主义至上的人物。《人猿泰山》的同名英雄依次征服了猿猴、狮子、大象、黑人原住民、腐化的水手、神学教授、女人，最后是不列颠。故事的结尾，泰山把他的愤怒还给了原住民。

今天，《人猿泰山》就像W. E. 琼斯的《比格勒斯》（Biggles）系列那样，其实没有被深入解读，它巨大的力量被人们长久地遗忘——比如早期的生态问题讨论、巴勒斯的写作对英雄文本的重要性，还有经常出现的激烈的社会批判。总之，泰山的神话超越了真实的文本——泰山最初用文字日记和珍·波特交流，之后用法语交流，回避了原始的性问题："我是泰山，你是珍。" **EMcCS**

◀ 华金·巴克罗·图西奥斯的绘画展现了老去的希梅内斯，他与和小毛驴共度的美好童年渐行渐远。

独地 Locus Solus

雷蒙·鲁塞尔（Raymond Roussel）

作者生平：1877年生于法国，1933年卒于意大利
首次出版：1914年，Librairie Alphonse Lemerre（巴黎）
原著语言：法语

　　雷蒙·鲁塞尔自费出版的小说和诗歌不仅奇怪而且极端晦涩，在他有生之年，这些作品始终被人嘲笑。不过因为鲁塞尔对语言的独自探索，现在他获得了盛誉，他的著作对于20世纪一批重要的思想家和作家——从米歇尔·福柯到纽约诗人约翰·阿什贝利——有着关键性的影响。

　　《独地》的标志性特色是可怕的舞台感，随着小说不断推进，掀开了一系列梦幻般的场景：在一系列复杂结构中作者引入了猫、牙齿、钻石、跳舞的女孩。我们的向导是智慧聪颖的科学家兼发明家马歇尔·坎特雷尔，他带领一群同事游览他的孤独庄园——书名中所说的孤独之地。最让人难忘的展品是一个巨大的玻璃笼子，笼中有八幅精美的活人画展出。只是，我们认为在扮演死者的那些演员，实际上已经是一具具尸体。坎特雷尔把自己发明的神秘液体注入这些尸体，他们就变成了自动装置。死者演员被注入"复活剂"后，不断重复着其人生最重要的时刻。当然，那些时刻之所以如此准确，是因为对死者而言它们是独特和不可复制的。写作这部以及其余小说时，鲁塞尔发明的语言技巧是在词语发生歧义或复义时开始转折。他的小说总是危险地接近对无意义性行为的模仿，这也正是其怪异作品的奇特之处。**KB**

心 こころ

夏目漱石（夏目漱石）

作者生平：1867年生于日本，1916年卒
首次出版：1914年，岩波书店（东京）
原著语言：日语
英译书名：*Kokoro*

　　《心》这部小说捕捉到了19世纪末日本人精神的变化，当时日本正经历着飞速的现代化。小说的背景设置在东京，时间是1910年左右。小说分成三个部分，从叙述者（一位年轻人）和老人的关系入手。叙述者称老人为"先生"（日语中是"教师"的意思，也暗示两人导师和学徒的关系）。先生被他过去的耻辱缠绕，这种耻辱感弥漫了整部小说。

　　小说的第一、二部分围绕着叙述者父亲以及先生朋友的死展开，先生频繁地拜访他们埋骨的墓地。叙述者对先生的秘密越来越好奇，焦躁感日益增长。某日年轻人收到了一封信，是先生对自己在一场悲剧的三角恋中扮演的角色的忏悔。先生诉说了自己道德和占有欲、理智和激情、死亡和活着的多重矛盾。先生因为无法理解自己和其他人的心（灵魂或者内在的精神）而痛苦。

　　小说对先生病症的描绘不仅是对日本飞速现代化的见证，也是对失败和责任感所产生的折磨的审视。夏目漱石建立了私小说的形式，是现代日本文学最伟大的作家之一。**KK**

▶ 东京到横滨的火车站建筑是夏目漱石观察明治时代日本现代化的典型地点。

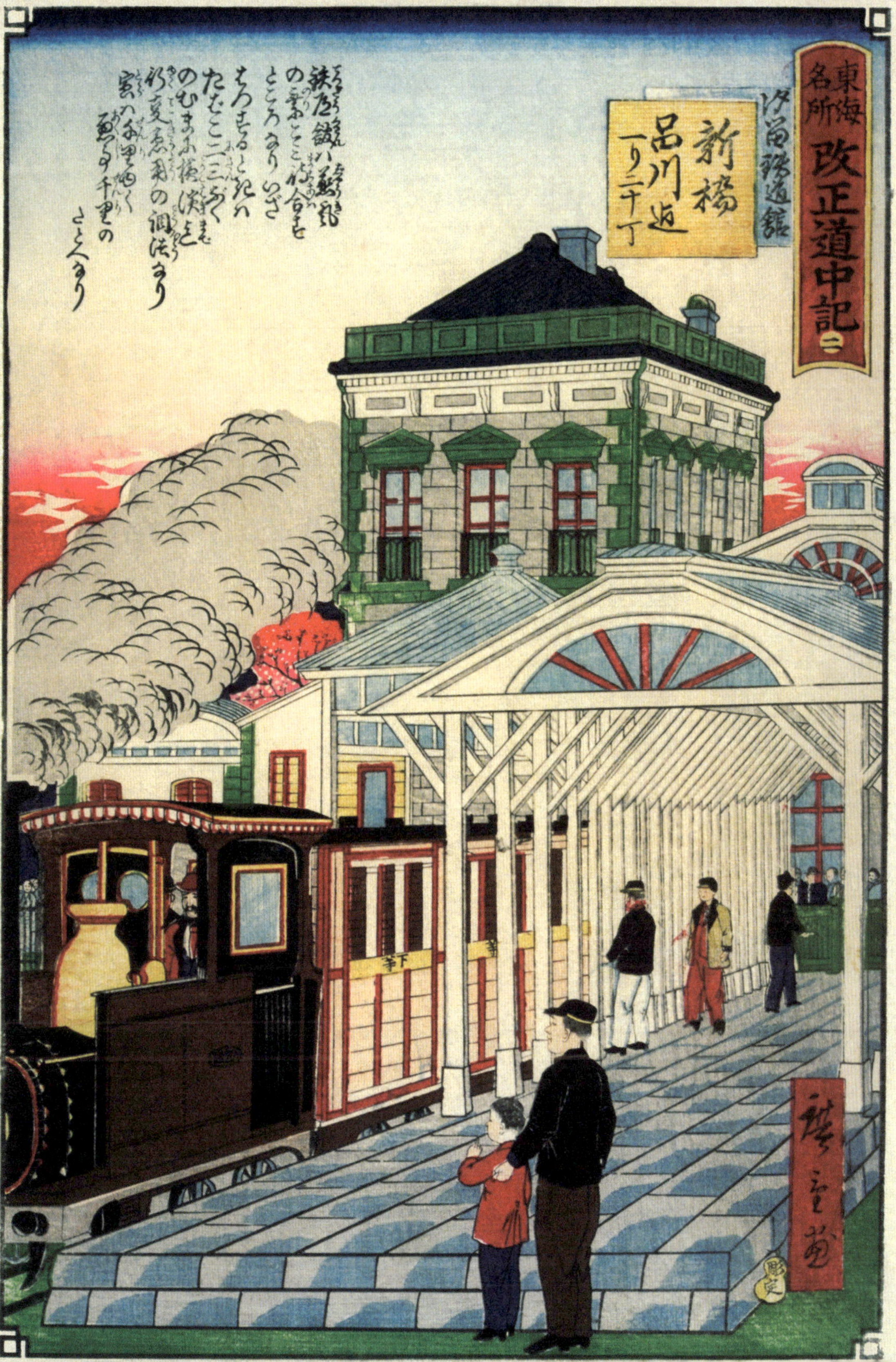
東海名所 改正道中記 二
汐留鉄道館
新橋 品川迄 一り二十丁
浅草並木山清板

Handcuffed TO THE GIRL WHO DOUBLE-CROSSED HIM
The "Monte Cristo" hero...
The MAN who put
the MAN in roMANce...
ROBERT
DONAT
MADELEINE
CARROLL
IN
THE 39 STEPS
Directed by ALFRED HITCHCOCK
Director of "The Man Who Knew Too Much"
A GB PRODUCTION
A HUNDRED STEPS AHEAD OF ANY PICTURE THIS YEAR

三十九级台阶 The Thirty-Nine Steps

约翰·巴肯（John Buchan）

作者生平：1875年生于英国，1940年卒于加拿大
首次出版：1915年，W. Blackwood & Sons（伦敦）
原著语言：英语

　　《三十九级台阶》是现代间谍惊悚小说的先驱，讲述了德国制定阴谋，企图通过秘密入侵对没有做好准备的英国宣战。尽管故事主线明显以第一次世界大战中血腥的战斗为基础，但也反映了巴肯对德国文化的深刻厌恶。故事的中心人物是理查德·汉内，这位南非工程师几乎是一位超人，而且鸿运当头。他邂逅并搭救了一位被追踪的英国间谍，自己也不幸成为德国政府特工围捕的目标。汉内认为在伦敦太过醒目，于是躲避到苏格兰的高原。他原先认为那里是地广人稀的荒原，但很快汉内就大失所望，所谓"孤立"的高原如今遍布汽车，德国特工还潜伏在那里成了英国社会的栋梁。

　　小说对于惊悚谍战类型小说模式的建立意义重大：确立了追车、精妙的易容、阻止灾难的紧急使命等要素。剧情戏剧性的转折建立在某种妄想症上，每个潜在的盟友同时可能是潜在的敌人。巴肯本人在战争时期的工作是主管新成立的英国情报部，情报部要制作支持战争的宣传品，他的小说创作明显结合了自己的工作经历。**LC**

虹 The Rainbow

D. H. 劳伦斯（D. H. Lawrence）

作者生平：1885年生于英国，1930年卒于法国
首次出版：1915年，Methuen & Co.（伦敦）
原著语言：英语

　　D. H. 劳伦斯对传统小说的叛离主要是：他相信人类的主观性不能用"旧式的自我"（劳伦斯本人的术语）来描写，所以艺术需要不同的呈现人物的方法。劳伦斯认为现今"现实主义"传统中最荒谬的是，小说人物在本质上恰恰不现实。在作品《虹》中，他开始加入无意识的冲动，来呈现人物和他们之间纠缠的关系。

　　小说的写作年代正是"一战"之时，小说把布兰格温家族在当地扎根的时间线和广大人民的生活发生的巨大变化作对比（尤其是矿业社团无法改变的毁灭），众多主题交织在一起，比如青春期性爱、婚姻关系、家庭的代际冲突、放逐、殖民主义、民族身份、教育、社会的向上流动、新女性、女同性恋和心理崩溃。《虹》的性描写十分露骨，对性关系坦白诚实，勾勒出既有社会秩序的崩溃，关注父子关系与男女关系等权力结构的转换。同时，小说把时代的巨变放在史诗神话的格局内，这得益于劳伦斯对《圣经》韵律和泛神论传统的诠释。**AG**

◀ 阿尔弗雷德·希区柯克根据巴肯的间谍惊悚小说拍摄的电影在1935年公映，现在电影的名气比原著小说还要大。

人性的枷锁 Of Human Bondage

威廉·萨默塞特·毛姆（William Somerset Maugham）

作者生平：1874年生于法国，1965年卒
首次出版：1915年，W. Heinemann（伦敦）
原著语言：英语

威廉·萨默塞特·毛姆是他那个时代最著名和最具影响力的作家之一。毛姆凄惨的早年生活，跛足的医科学生经历构成其小说的核心。《人性的枷锁》是毛姆最著名的小说，基本上是根据作家本人的经历所撰写的。小说属于爱德华时期的成长小说，采用第三人称的叙事技法，但每处都渗透了小说中心人物菲利普·凯里主导性的情绪。小说节奏适中，结构片段化，讲述了凯里从童年到青年的成长经历，描述了主人公艰难的童年、学校生活的苛刻环境（凯里的跛足，使他在学校受到了无休止的折磨）、宗教信仰的逐渐沦丧，还有年轻人急于用自己的方式把握世界的经历。

小说充满了探寻人类存在意义的努力，因为表面上人类的存在似乎没有任何意义。凯里通过观察他周围人的生活，开始确信他们的存在大部分充满苦难、肮脏不堪、愚蠢透顶。相应的，他自己的经历似乎只是加固了凯里本人的犬儒思想。不过，凯里始终没有放弃对抗人生的逆境，寻找自己的人生哲学。他逐渐形成的人生观拒绝善与恶的狭隘定义，拥护达尔文主义的生命观。"善良"和"邪恶"之类的词汇，不过是社会为了规训个人而创造的标签——它们的存在本身就是愚蠢、没有意义的。持斯多葛论调的凯里在小说诸多松散的事件中探索到：个人只能通过享受人生各种偶然事件中出现的美，获得某种意义上的自由。**AG**

发现自己的卑微时，为时已晚，这是一件残酷的事情。

▲ 这是1927年克洛德·哈里斯拍摄的照片。跛足的毛姆在童年时代一直被欺负，这是他终生不能忘记的痛苦折磨。

好兵 The Good Soldier

福特·马多克斯·福特（Ford Madox Ford）

作者生平：1873年生于英国，1939年卒于法国
作者教名：Ford Hermann Hueffer
首次出版：1915年，The Bodley Head（伦敦）
原著语言：英语

对《好兵》的评价出现了两极分化。一些人认为这本书完全称不上小说，小说的内容为形式所牺牲；另一些人则认为这部小说是20世纪创作技巧最好的作品之一。《好兵》中福特·马多克斯·福特试图通过审美上的实验手法来建立现代世界的叙事。福特被称为"印象主义"文学的代表人物，这种文学形式强调小说的重点是叙述者体验事件的方式，探讨这种印象是如何塑造我们对现实的理解。本书是这种文学形式的最佳典范。

在《好兵》中，福特试图论证，我们对现实的感知是如何受限于我们所知的实情。《好兵》从一个闲散的美国富人约翰·多维尔的视角来叙述，多维尔意识到随着他掌握了更多信息和对过去经历的再理解，自己的现实感在不断变化。随着小说的发展，我们意识到多维尔的妻子芙罗伦斯和标题中"好兵"所指的爱德华·阿什伯恩海姆长期私通。多维尔也不是一个真实的叙述者，一开始，他对妻子的真实本性和她与情人的私通毫无察觉。多维尔曾经讲述过自己和阿什伯恩海姆家田园诗般的关系。渐渐地他了解到了妻子的私情，他必须重新来编织这段友谊的故事。小说的第一部分从某种意义上说是重写，因为多维尔相信的每一件事情都是他信息匮乏的产物。在整个故事中，多维尔努力尝试，但最终没有建立起他期待的叙述方法，没有方法能忠实地再现那些相互矛盾的视角：自我欺骗的纯真和让人折磨的真相。**LC**

> 我从没有听到过英国人深厚的心音，我听到的都是浅薄的心音。

▲ 马多克斯·福特在"一战"中服兵役，照片中的福特身着军装，拍摄时间是《好兵》出版之时。

新形三十六怪撰

老婆鬼腕を持去る図

罗生门 羅生門

芥川龙之介（芥川龍之介）

作者生平：1892年生于日本，1927年卒
首次刊载：1915年，《帝国文学》杂志
其他书名：《竹林中》
英译书名：*Rashomon*

  《罗生门和其他故事》包括了六个短篇故事，写作于1915年至1921年，是芥川龙之介作家生涯早期和中期的作品。仿写或者说"再创作"是芥川龙之介作品的重要元素，这个短篇集中精缩了一系列历史传奇。芥川龙之介使模仿脱离原作的主旨，他认为模仿不是纯粹的复制，而是精细复杂的消化与变形。

  芥川龙之介在这些故事上运用了比喻的风格和基调，这和故事意料之外的结局形成了对比，营造了奇异的情感效果。短篇集的一些故事简单而欢乐，而另一些则是对我们轻率的道德判断的质疑，促使我们进一步思考不受拘束的人性。芥川龙之介还是一位结构大师。《龙》和《芋粥》高效地使用了报道体的形式，通过把人物狭隘的视角与整体世界的广阔视角对比，营造出有趣的气氛。在《竹林中》和《袈裟与盛远》中巧妙地把类似陀思妥耶夫斯基的多重独白并置，不使用任何背景解释，营造出摇摇欲坠的现实感。芥川龙之介是日本最广为人知的现代主义作家之一。他的故事富有洞察力，机智地审视了文学本身的性质。**KK**

◀ 《罗生门》中的恶魔假扮成老妇人的模样，挪走他被英雄渡边纲重伤的手臂。

火线 Le Feu

亨利·巴比塞（Henri Barbusse）

作者生平：1873年生于法国，1935年卒于苏联
首次出版：1916年，Flammarion（巴黎）
原著语言：法语
英译书名：*Under Fire*

  《火线》以"一战"早期的前线战斗为背景，故事中歌颂的班排士兵是法国军队的"多毛小伙"（当时法军对步兵的称呼）。士兵中既没有自由派分子，也没有知识分子。但巴比塞是一位有自己的想法的记者。他自愿在前方战壕中服役两年，这两年的经历让他转向了反战主义和共产主义，而《火线》是作者在这条道路上踏出的第一步。

  战争的经验中毁灭占据很大一部分，一位反战主义者的战争叙事很难建构起有序的目的论结构，巴比塞也没有这方面的尝试。小说描写了前线和后方的生活，表达了"多毛小伙们"对"后方"人物的愤怒，因为后方军官们逃避了前方的浴血奋战。小说充满了各种逸事，还有士兵偶尔穿越前线进入敌方阵营，从被杀的德国士兵身上带回一盒火柴的故事。总之，小说到处是战斗，人们死于战争的方式十分可怕：被碾压而死、被射击而死、被劈开而死、伤口腐烂而死、被活埋而死，或者死无葬身之所。故事由参与其中的叙述者编排，他把读者从这些战斗中引导开。在小说的最后一章，伤亡惨重的班排士兵进行了一场讨论：他们反对民族主义，要提升士兵潜在的政治权力，重新认识对平等和正义的需求。这种"笨拙想法的梦"是这些普通士兵学习过程的开始，小说中刻骨铭心的前线经历鼓舞了他们。
AMu

一个青年艺术家的画像 A Portrait of the Artist as a Young Man

詹姆斯·乔伊斯（James Joyce）

作者生平：1882年生于爱尔兰，1941年卒
首次出版：1916年，B.W. Huebsch（纽约）
首次连载：1914—1915年，*The Egoist*（伦敦）
原著语言：英语

《一个青年艺术家的画像》在1914年至1915年以连载形式初次发表，这是确立詹姆斯·乔伊斯声名的小说，他是20世纪最富有革新精神的文学天才之一。

小说追溯了斯蒂芬·戴德勒斯从童年到青春期直到青年时代来临的人生轨迹。随着主人公的成长，他逐渐开始反叛自己虔诚的基督教家庭——质疑家庭、教会、历史和家乡的价值观念。在斯蒂芬挣扎着想要遵循自我时，他对艺术和文学的兴趣与日俱增。不过，小说并非普通的"发展小说"，叙事过程的每个阶段使用的语言都别出心裁，反映了斯蒂芬的年龄和智力成熟程度。小说开始是婴儿斯蒂芬的啼哭之声，结尾是斯蒂芬表达自己欲望的名句："我在自己的灵魂里，为我的种族锻造他们未曾有的良知。"

《一个青年艺术家的画像》还是充满创意和想象力的语言宝库，乔伊斯在小说里初步运用了自己革命性的"意识流"技法。这部作品真正确立了乔伊斯的写作风格：宽尺度的性幽默、渎神的想象词汇、博学的文字游戏、作者身份的突显和消解、爱尔兰与爱尔兰国民性复杂交互的关系。乔伊斯在这本书中重新定义了自己和现代写作的范式。**SamT**

艺术家，就像造物主，在他的手工艺品之内、之后、之外或者之上。造物主看不到，不能用存在定义，对造物没有倾向，自顾自修着自己的指甲。

▲《一个青年艺术家的画像》第一版的封面巧妙地概括了小说的主题。

在底层的人们 Los de abajo

马里亚诺·阿苏埃拉（Mariano Azuela）

作者生平：1873年生于墨西哥，1952年卒
首次出版：1916年（墨西哥）
首次连载：*Cuadros de la Revolución Mexicana*
英译书名：*The Underdogs*

　　墨西哥革命的图景开启了一种至今仍然兴盛的小说类型。这类小说记录历史事件的一小段截面，它们也是关于被剥夺者的传奇诗歌。《在底层的人们》的主要人物是虚构的理想英雄德梅特里奥·马奇亚斯。马奇亚斯是滥用权力的受害者，他抛弃家庭，投入了革命。两年内，他成为叛军的领袖，不断骚扰政府军。起初叛乱没有组织，但随着医生兼新闻记者路易斯·塞万提斯加入队伍，从他的演讲中叛军很快得到了意识形态的理论武器和集体的保护。不过，塞万提斯为人愤世嫉俗，而且以自我为中心。马奇亚斯在这位导师的指导下，成为传奇的革命领袖。后来，两人之间渐渐有了嫌隙，贪婪和嫉妒让两人分道扬镳。马奇亚斯被他的靠山抛弃，失去了农民的支持。斗争只是沿着惯性持续，最后沦为复仇。马奇亚斯重新找到了他的家人，不久死去。

　　小说采用线性结构，使用了写实主义的方法，叙述者经常直接在小说中驳斥19世纪的一些观点。但作者根据不同角色的情况，巧妙运用对话升华文体。词语音步的替换赋予每个场景贴切的韵律。对自然和角色印象主义的描述赋予了小说现代性，影响了之后墨西哥小说的一批优秀之作。**DMG**

帕里耶特 Pallieter

菲利克斯·提默曼斯（Felix Timmermans）

作者生平：1886年生于比利时，1947年卒
首次出版：1916年，Van Kampen（阿姆斯特丹）
原著语言：佛拉芒语

　　菲利克斯·提默曼斯是两次世界大战期间，佛兰德斯地区最成功的作家之一。他的成名作是《死亡计划》（*Schemeringen van de dood*，1910），一部神秘和忧郁的故事集。一场重病后，提默曼斯在《帕里耶特》中改变了自己的风格，这部小说可以理解为有关生命的赞歌。小说中，他也探讨了当时的社会和宗教体制，但没有表达自己的观点。罗马天主教会要求提默曼斯改写部分描写性的篇幅。直到1966年，小说的未删节版才出版。

　　小说以帕里耶特的思想演变为线索，主人公和一位年轻女性坠入爱河，经历了不同的幻灭和失望。帕里耶特决心拒绝城市和社会，把自己完全献给自然。他逐渐开始享受人生，他快乐地享受每一天，把它们视作神赐予的礼物。以上这些元素让《帕里耶特》成为对大地上所有美好事物的赞歌。

　　提默曼斯告诫读者，不要把他的小说理解成对现实的忠实传达。相反，这部小说应该被视为对欲望的表达。《帕里耶特》是想象的作品，它强调隐喻、现实的变形和抒情的世界展现，也标志了表现主义的开始。小说从表面看来是简单干净的奇迹之作，但表象之下是让人痴迷、层次丰富的原型世界。**JaM**

家庭与世界 ঘরে বাইরে

泰戈尔（রবীন্দ্রনাথ ঠাকুর）

作者生平：1861年生于印度，1941年卒
首次出版：1916年（印度）
英译书名：*The Home and the World*
诺贝尔文学奖：1913年

　　《家庭与世界》探讨了爱情、民族和革命的关系，其背景是印度本土自发的斯瓦得希运动，这个运动是印度自治运动的一部分，呼吁印度自给自足，抵制英国产品。尼基尔是一位开明的地主，他对妇女和民族主义持进步观点。尼基尔和当地女孩毕马拉成婚后一直过着幸福的生活，直到尼基尔童年时的朋友桑迪普来到他们家，桑迪普也带来了他对斯瓦得希运动的极端狂热。毕马拉被桑迪普和他激情的信仰催眠，开始思考抛弃自己的丈夫，追随桑迪普，和他一道推广斯瓦得希运动。尼基尔逐渐意识到妻子和他朋友之间的关系，不过尼基尔是自由派的思想家，他还给毕马拉自由，让她决定自己的命运。

　　小说最初是用孟加拉语写作，含有三个第一人称叙事，客观地陈述了不同政治理念的区别和受胁迫的婚姻。《家庭与世界》（如标题所暗示的）是对公共和政治世界侵入私人领域的思辨，也探讨了女性与民族的关系。泰戈尔在1913年诺贝尔文学奖颁奖典礼上致辞时批评了盲目的民族主义造成的国家的分裂。《家庭与世界》阐明了这种信念，泰戈尔批判了斯瓦得希的傲慢态度和印度民族主义的局限，暗示尼基尔的平和态度才是通往政治自由和统一的明智路线。**LL**

大地的成长 Markens grøde

克努特·汉姆生（Knut Hamsun）

作者生平：1859年生于挪威，1952年卒
作者教名：Knut Pederson
首次出版：1917年，Gyldendal（奥斯陆）
英译书名：*Growth of the Soil*

　　克努特·汉姆生凭借《大地的成长》获得了1920年的诺贝尔文学奖，该书质朴简明的散文体和它描绘的农业社会简单的生活方式相得益彰。故事的开始，一个孤独的男子来到挪威的荒野，小说沿着男子的生活一路展开：从男子开辟荒野、建立自己的农庄，一直到他成婚有了家庭。这种孤独英雄铸造自己人生的感觉赋予小说某种史诗的结构，小说借此探索了那些在这片土地生活的人民的苦难，描绘了小型农业社会的孤独感。

　　小说不是乡村田园生活的赞歌，但汉姆生的故事温和地赞美了那些辛勤劳动、单纯朴实的农民，他们的生活和自然的规律一致。的确，重复是小说的关键要素之一，当地的农人并非没有自己的黑暗面，比如自私的行为，甚至杀婴。在对两代人的描绘中，小说追溯了人类对土地造成的改变，记录了无可避免的科技革新如何缓慢转变了农业社会的生活方式。作为家族史诗，它也讲述了家庭生活中的矛盾、张力和爱，年轻一代的成熟和老一代的衰老。《大地的成长》是对乡村荒野生活缓慢变迁的浪漫怀旧书写，它问世的时代，相对于快捷的城市生活和文化，农业社会逐渐衰落。小说获得了诺贝尔奖，但令人遗憾的是，汉姆生描绘的生活现在已经被渐渐遗忘了。**JC**

士兵的归来 The Return of the Soldier

丽贝卡·韦斯特（Rebecca West）

作者生平：1892年生于英国，1983年卒
作者教名：Cicily Isabel Fairfield
首次出版：1918年，Nisbet & Co.（伦敦）
原著语言：英语

　　韦斯特的这部短篇小说是在她二十六岁的时候出版的，小说以后方人民的视角叙述，是最打动人心的反映"一战"的恐怖的文学作品之一。小说的开始，叙述者珍妮和她的外甥克里斯浮华又空虚的妻子凯特一道居住于美丽的英国庄园巴尔德利，她们等待克里斯从前线归来。回乡的克里斯因为受到炮弹惊吓而患了失忆症。过去十五年经历的所有事情都从克里斯的头脑中抹去，其中包括他的婚姻、他幼子的早夭、巴尔德利庄园和庄园的居民，这些对克里斯已经全无意义。克里斯着迷于劳动妇女玛格丽特，他在玛格丽特少女时代就和她相识。于是，玛格丽特成了唯一能给克里斯慰藉的人，既充当了他的情人，也充当了他母亲的角色。在小说的结尾，克里斯被残酷地"治愈"，他突然间想起自己死去的孩子——在一个满是孤儿寡母的社会中逝去的一员。这种记忆的"归来"让克里斯重返战场，我们可以从小说里推测他必定会死在战壕中。"这个无人的战场，子弹如雨，落在尸体的腐烂面庞上。"

　　小说略带讥讽，但不乏抒情，尤其精彩的是对克里斯失忆症的重现。这种炮弹惊吓引起的"癔症性神游"为克里斯提供了避难的港湾。小说某种意义上是爱情故事，通过这个爱情故事，韦斯特探索了战争所带来的一些最复杂和最困难的问题。**LM**

> 她不是那种让人联想到可怕的贫困的女人，她就像普通人家的女主人，她的家中打开一扇门，屋子里面就会飘出烹饪卷心菜的味道和孩子们的尖叫。

▲ 在成为小说家之前，韦斯特是积极呼吁赋予女性普选权的记者。

20世纪 | 283

塔尔 Tarr

温德汉姆·刘易斯（Wyndham Lewis）

作者生平：1882年生于加拿大，1957年卒于英国
首次出版：1918年，Alfred A. Knopf（纽约）
首次连载：1916—1917年，*The Egoist*（伦敦）
原著语言：英语

像乔伊斯的《一个青年艺术家的画像》（见本书第280页）一样，《塔尔》最初在《唯我主义者》杂志上连载，之后才作为书籍出版。《塔尔》和乔伊斯的作品一道开启了英语文学写作的新纪元。温德汉姆·刘易斯长久以来一直没能跻身现代主义"经典"作家的行列。但是《塔尔》可与这个时代任何作品比肩（就算不在它们之上），它提供了极端、激进的文学创作风格，开拓了文学想象的领域。尽管小说在1928年有了一个新的版本，但1918年的版本更加重要，它保留了实验性的分段，赋予了作品鲜明的个性。小说很大程度上取材于刘易斯1903年到1908年在蒙帕纳斯的亲身经历，描述了"一战"前外国人在巴黎的波希米亚式生活。小说掀去了欧洲艺术典范的外衣，讲述了它的中心人物奥托·克雷斯勒的堕落，展现了他那自以为是的姿态和对女性肮脏的玩弄。克雷斯勒成为作者对现代知识精英世界批评的反面人物。

《塔尔》最突出的方面是强调观察世界的方式和语言意象上的外部性——这点与乔伊斯和伍尔夫等人对人生内部性的强调对立。小说是"视觉写作"的练习，试图把"漩涡主义"的原则运用在印刷品上。刘易斯把人物表现成古怪和抽象的形式，就像以人类为依据雕刻出的滴水嘴兽。《塔尔》不在人们熟悉的现代主义经典之列，但却是一部晦涩但迷人且独具匠心之作。**SamT**

> 他一定要用嘴吻她，他一定要放声大笑。她是祸水，她就是魔鬼本人的降临。

▲ 温德汉姆·刘易斯既是作家也是画家，他发起了艺术上的漩涡主义运动，这是意大利未来主义的英国版本。

钢铁风暴 In Stahlgewittern

恩斯特·容格尔（Ernst Jünger）

作者生平：1895年生于德国，1998年卒
首次出版：1920年，Verlag Robert Meier（莱斯尼希）
英译书名：The Storm of Steel

"我不得不跃入一半注满水，一半是铁丝的矿坑内。悬吊在水上摇摇欲坠的铁丝网中，我听到子弹从我的耳边擦过，它们的声音就像蜂群的巨鸣。钢丝和金属弹片在矿坑溅开。"你可能会以为这种丝丝入扣、身临其境般的对战壕的真实描写是出自派特·巴克、塞巴斯蒂安·福克斯或者尼尔·弗格森晚期的作品，但作者却另有其人。这些文字出自一位德国作家的笔下，十几岁的他在"一战"的第一天就加入了战争。整整四年他一直例行公事般地在日记中记录每场屠杀，总共汇成了十六本笔记，这些笔记都保存了下来。两年后，恩斯特·容格尔自费出版了他的战争日记，后来这部小说出现了无数的修订版。

本质上这是一部回忆录（尽管容格尔没有提及自己的军衔和姓名），他叙述了一个德国士兵在西线的全部经历。小说包括了战友之情、爱国主义和对"英国崽"有勇无谋的进攻，既是个人的挑战也是民族的挣扎。小说残酷而真实地讲述了战壕中的避难和死亡，叙述的语调时而兴奋，时而平静，最终作者感觉到德国的苦难是民族重生和胜利的必要前奏。毫无疑问，战争塑造了这个人，而他创作的《钢铁风暴》超越了林林总总的同类作品，有力地揭示了现代战争机械化暴力的"常态"。**JHa**

恋爱中的女人 Women in Love

D. H. 劳伦斯（D. H. Lawrence）

作者生平：1885年生于英国，1930年卒于法国
作者全名：David Herbert Lawrence
首次出版：1920年（仅供私人订购）；1921年，M. Secker（伦敦）

《恋爱中的女人》是20世纪最伟大的英语小说之一，小说的基调是对日益堕落和机械化的文明的愤怒与绝望。它提供了英语社会启示录式的阅读，暗示了日后种族清洗的灾难。一种灭绝的迷梦弥漫了这个悲观的文本。即使表面上战争不是小说的主题，但它的本质就是一部战争小说。

《恋爱中的女人》引来了轩然大波，作品完成后四年内一直被禁止出版。因为小说对性的坦诚评价、对人际关系描写的暴力倾向，且书中人物性格不稳定（人物受无意识的欲望和动机支配），某些人物看上去极端愤世嫉俗。D. H. 劳伦斯在小说中发展了自己的现代主义风格，演变出一种图像式的语言来展现人类主观能动性中软弱的一面，同时这种语言也是描述当代社会存在混乱的片段形式。文本是探索新的存在方式的内心奋斗——主人公既拒绝陈腐的旧文化的桎梏，也排斥现代理性冰冷的铁笼，不懈地追求一种开放性——劳伦斯称之为"创造性的灵魂，我们自己心中的神秘上帝"。《恋爱中的女人》是一部结局开放的小说，大胆地陈述了作家的信条："没有东西从深处浮现，激情的灵魂是败坏的，或者可能败坏。" **AG**

大街 Main Street

辛克莱·刘易斯（Sinclair Lewis）

作者生平：1885年生于美国，1951年卒于意大利
首次出版：1920年，Harcourt, Brace & Howe（纽约）
完整书名：*Main Street: the Story of Carol Kennicott*
原著语言：英语

　　辛克莱·刘易斯的《大街》展现了美国小镇的灼痛画像。刘易斯是他那个时代最杰出的讽刺作家，他的小说里有辛辣的社会评论，不过故事的主人公卡罗尔·肯尼科特也在小说中发出了急迫的人道主义宣言，呼吁改变美国的生活方式。

　　新娘卡罗尔发现自己陷入了明尼苏达州的小镇戈夫普雷尔纷争的世界，被那里新的社会关系封闭和囚禁。怀疑和敌视包围了卡罗尔，起初卡罗尔打算通过这个时代典型的众多"改良"计划改变小镇，其中包括建立"齐奥陶卡"（一个暑期成人教育学校）。通过她的奋斗，小镇终于发生了变化，随着现代城郊文化扩张，第一次世界大战也来临了。《大街》中的很多事件充满了对社会的伪善和极端残酷的夸张描写。尽管刘易斯的语调充满嘲讽，《大街》世界中的人际关系依然保有一份动人的尊严和感伤。卡罗尔最终被小镇思维狭隘的传统势力击败，这让读者对孤立主义者思维的危险有所思考，但同时我们也要承认是人类关系的缺陷把卡罗尔束缚在戈夫普雷尔。

　　刘易斯的文笔尖刻，又充满激情，让小说既有趣又十分严肃。《大街》体现了刘易斯作为20世纪早期美国社会重要编年史家的力量。**AB**

纯真年代 The Age of Innocence

伊迪丝·华顿（Edith Wharton）

作者生平：1862年生于美国，1937年卒于法国
首次出版：1920年，D. Appleton & Co.（纽约）
原著语言：英语
普利策奖：1921年

　　《纯真年代》赢得了1921年的"普利策文学奖"。伊迪丝·华顿写作这部小说时正是"一战"战火燃尽之后，她在巴黎亲身经历了当时的情形。主人公纽兰德·亚查性格优柔寡断，他代表了当时具有高贵血统的人物的性格。纽兰德属于美国内战后纽约社会最古老和上流的家族。他即将和年轻的社会名媛梅·威尔兰德成婚，两人的婚姻将连接起纽约最古老的两个家族。然而在小说的开篇，梅的表亲女伯爵艾莲·奥伦斯卡向强调秩序的纽约传统世界吹入了热烈的激情和旧世界古怪的神秘感，让纽约的社交圈出现了裂缝。艾莲希望从她的过去中获得解放，获得自由，不过她的希望最终破灭了，艾莲必须在服从秩序和流放中二选一。威尔兰德家族委托纽兰德担任艾莲的法律顾问，之后纽兰德陷入了他从来没有想象过的强烈的感情纠葛。

　　华顿在小说中采用了鲜明的人类学观察方式，当时人类学还是一门新兴学科。她叙述的是19世纪70年代"旧纽约"被责任束缚的爱情故事。华顿的态度持批判性，她提醒读者苦难经常是由盲目的、强制的道德压迫酿成的，但是更大的自由也未必能带来相应的幸福。**AF**

▶ 1929年，演员卡特琳娜·康奈尔出演了根据《纯真年代》改编的舞台剧。1993年《纯真年代》被拍成了电影。

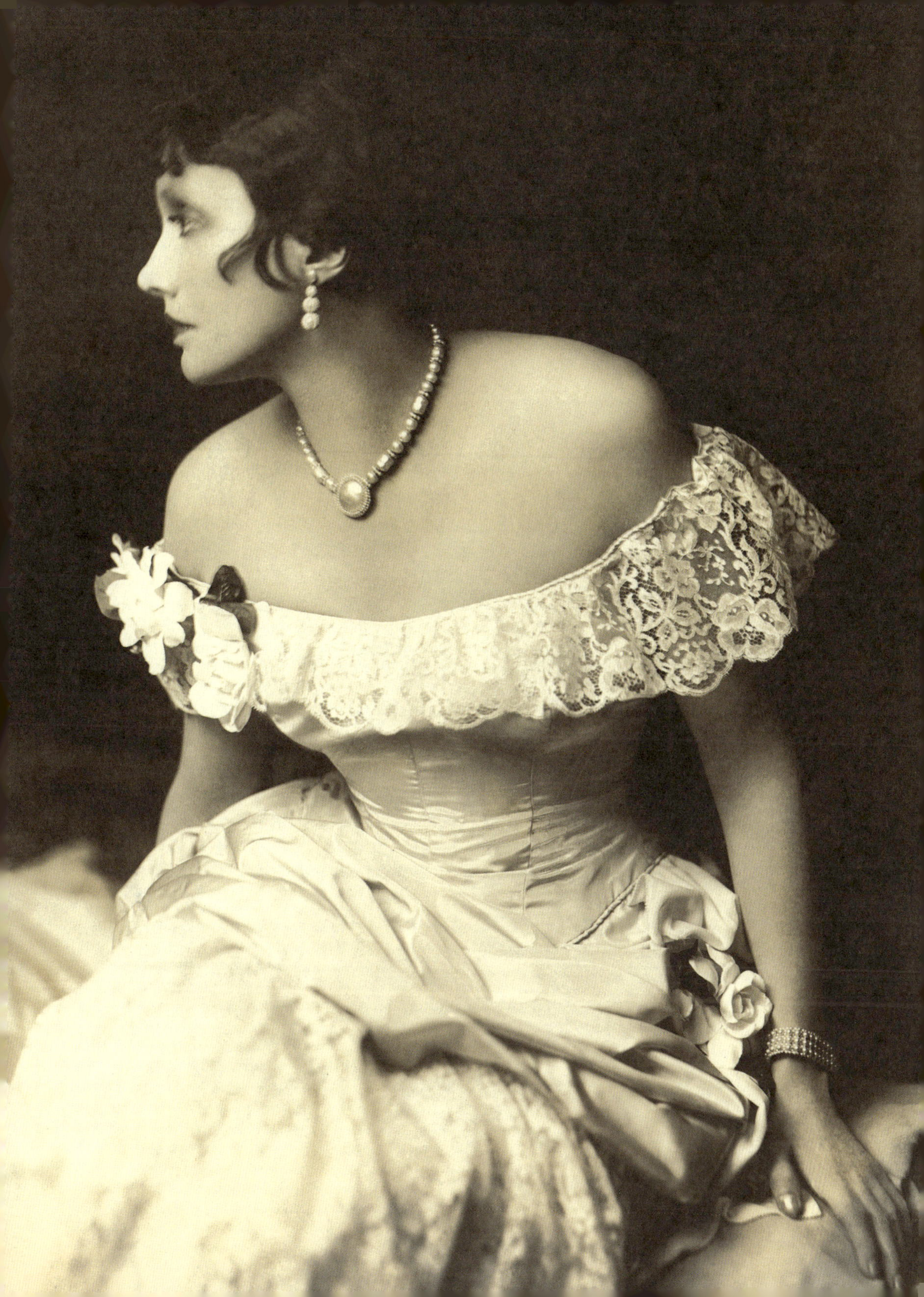

克罗姆·耶娄 Crome Yellow

阿道司·赫胥黎（Aldous Huxley）

作者生平：1894年生于英国，1963年卒于美国
首次出版：1921年，Chatto & Windus（伦敦）
原著语言：英语

《克罗姆·耶娄》是赫胥黎的第一部小说，获得了极大的成功。如果不是因为赫胥黎另一部反乌托邦小说《美丽新世界》（见本书第357页），这部著作可能会被更多的人钟爱和阅读。《克罗姆·耶娄》比《美丽新世界》更加轻松机智和逗乐，小说继承的是托马斯·莱夫·皮科克（Thomas Love Peacock）的《噩梦修道院》（Nightmare Abbey）开启的乡村庄园讽刺文学传统。赫胥黎稍微掩饰了他对同时代人的辛辣讽刺，小说介于劳伦斯探索人心的、宁静的爱情小说和温德汉姆·刘易斯更加刻薄的作品之间。

小说的剧情虽然粗糙但让人愉快，尽到了故事的本分。故事从腼腆的丹尼斯·斯通的视角叙述这位敏感而有才华的诗人对安妮·温布什笨拙的求爱和他无望的爱情闹剧。安妮的舅舅克罗姆·耶娄在他乡村的庄园中举办了一个聚会，通过这个舞台，赫胥黎引入了一批显得有点愚蠢的人物，其中包括极度迷信的女主人普蕾斯亚·温布什、作品和空白油画没多大区别的画家冈伯德和茨普利斯基，以及万事不求人的印度教导师巴别克－史密斯。小说展现了赫胥黎早期讽刺小说的特色，也是伊夫林·沃早期小说的原型：轻松但用词精准地嘲讽了赫胥黎同时代的人，尤其是他们蠢笨的激情纠葛和"现代性"的敏感。他的这种讽刺经常招来激烈的反驳。赫胥黎风格化的嘲讽含有对世情的洞察、存在主义的探索和文字游戏。当时，这本质上是一部谈论高尚精神渐渐萎缩的小说。《克罗姆·耶娄》比赫胥黎之后的类似小说《针锋相对》（Antic Hay，1923）更出色，可能因为小说的喜剧效果更加粗俗，荒诞的内容更加刻意，不过两部小说都很有趣。**DM**

书籍是对人类的恰当研究。

▲ 阿道司·赫胥黎的父亲和兄弟都是生物学家，但阿道司视力太差，不能从事这项科学研究工作。

基督传 Storia di Cristo

乔万尼·巴比尼（Giovannni Papini）

乔万尼·巴比尼是记者、刻薄的批评家、诗人、小说家。亨利·柏格森赞美他是伟大的大师，威廉·詹姆斯称巴比尼是他的友人和老师。巴比尼前卫的论点使他成为20世纪前期和中期最富有争议的意大利文学人物。这位佛罗伦萨的老顽童经过多年的宗教论战和口头上的无神论后，突然让人跌破眼镜地重新回归基督教的简单信仰。1921年，巴比尼公开了他关于天主教的新发现，并且出版了一部作品——之后这部作品不仅成为20世纪20年代意大利最畅销的作品，更成了一本国际畅销书，小说被翻译成三十多种语言。

巴比尼的《基督传》部分是宗教小说，部分是历史散文，部分是戏剧文学的精美范例。小说统摄一切的主题是诗情地呼吁人类回归简单宗教中的兄弟之爱，这种呼吁为该书和作者赢得了国际声誉。同样重要的是，从小说中也能认识到巴比尼的成就：他掀去了文学、神学体系和怀疑论批评家在基督生活和时代上笼罩的溢美之词和神秘陈说。他简洁的写作语言让故事直达每一个读者的内心，把燃烧的激情带入了每一个人的心灵。异常丰富的语言也为小说的成功做出了贡献。巴比尼充满能量、生动而多彩的语调和对意象的热爱，以及对悖论和挑衅的沉思，让他的散文区别于同时代的任何学院派作家。**LB**

作者生平：1881年生于意大利，1956年卒
首次出版：1921年，Vallecchi Editore（佛罗伦萨）
原著语言：意大利语
英译书名：*Life of Christ*

那些人有爱的欲望，但是没有爱的能量。

▲ 当年巴比尼是活跃在文化论战中的显赫知识分子，他对基督教的皈依充满争议性。

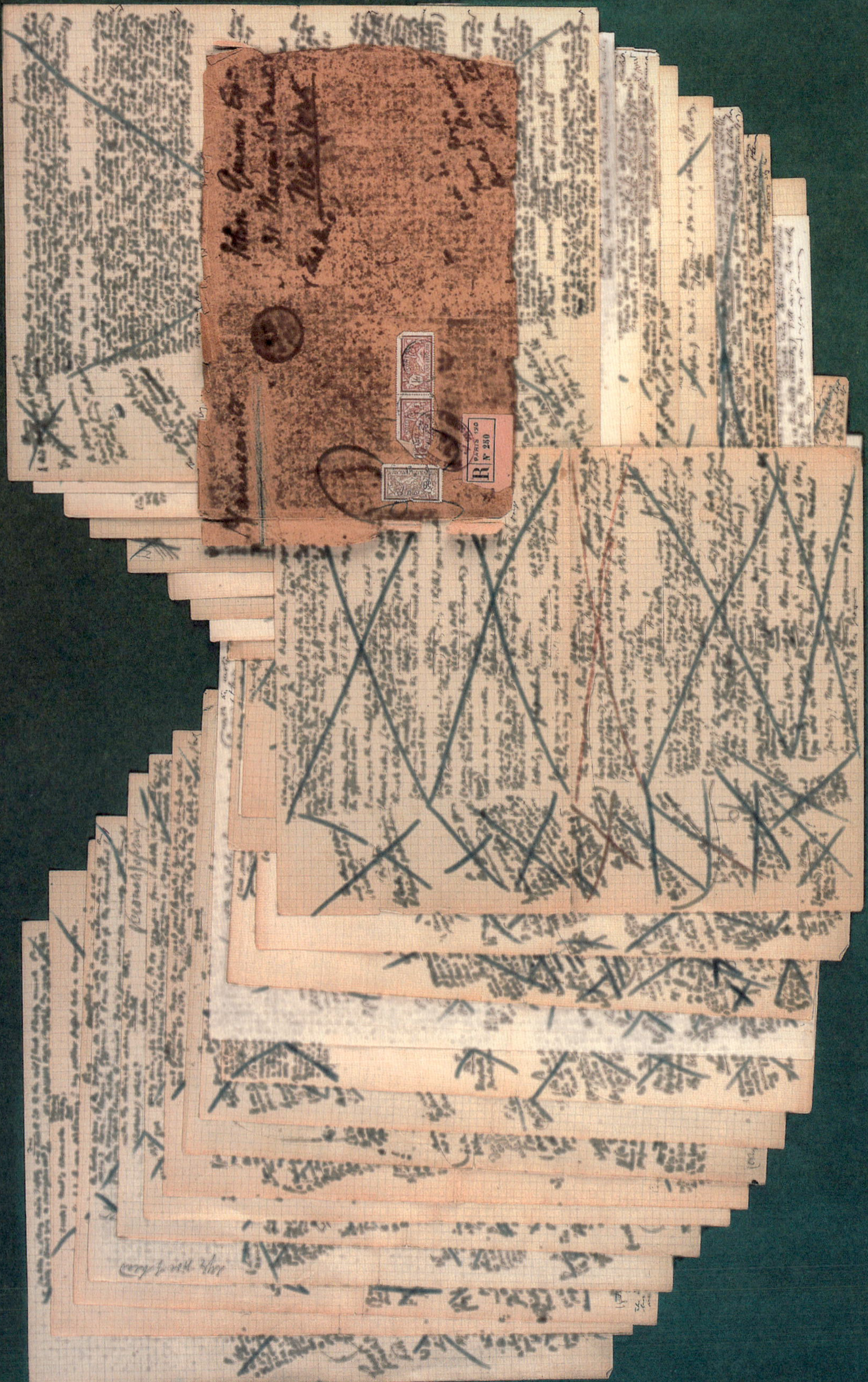

尤利西斯 Ulysses

詹姆斯·乔伊斯（James Joyce）

作者生平：1882年生于爱尔兰，1941年卒于瑞士
首次出版：1922年，Shakespeare & Co.（巴黎）
首次连载：1918—1921年，*The Little Review*（纽约）
原著语言：英语

　　《尤利西斯》是最出类拔萃的英语文学作品之一。在文本的层面，小说探索了斯蒂芬·戴德勒斯和里奥波特·布鲁姆这两个人物的冒险史，小说的故事只限于都柏林一天里的事情。不过这些只是展开小说意识流技法的图钉，在小说的框架内作者广泛地讨论了各种主题：从生命、死亡、性到爱尔兰的状况和爱尔兰的民族主义。作品的另一特征是对《奥德赛》中隐喻的系统参照——荷马史诗中《奥德赛》讲述了尤利西斯的漫游。有时候这些隐喻有启发意义，有时候，这些隐喻的反讽式设计，是为了削弱斯蒂芬和布鲁姆常常出现的渺小、肮脏的关注点，这些关注点不断地把他们从自己的人生理想和目标中引开。

　　小说几乎再现了一个充满城市细节的都柏林，作者可能故意弄错或者歪曲部分细节。不过这些细节的作用仅仅是构成了探索内在心灵活动的背景，人物的心灵拒绝满足于清晰和确定的古典哲学。乔伊斯追求的是再现那些看上去常常是偶然的思想，人生中不存在清晰和笔直的道路的可能性。

　　《尤利西斯》开启了小说写作的全新方法，承认我们试图把控人生的道德法则一直受到意外、邂逅和心灵岔路的影响。无论它只是对爱尔兰这一特例的陈述，还是对更普遍现象的展现，布鲁姆的头脑中一直维持着微妙的平衡。不只是因为布鲁姆是一个犹太裔的外来者，可能还是因为他把都柏林视为了自己的城市和家乡。**DP**

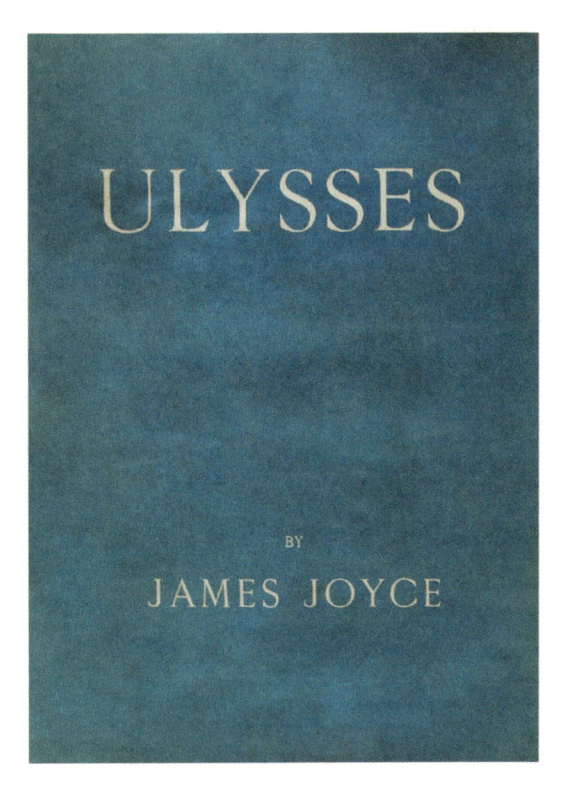

◆ 乔伊斯为了不失明而进行了眼科手术，世界对他"不道德"的著作则展现了道德上的盲目。

◆ 《尤利西斯》的部分手稿展现了作者对自己初稿的大规模扩充。

巴比特 Babbitt

辛克莱·刘易斯（Sinclair Lewis）

作者生平：1885年生于美国，1951年卒于意大利
首次出版：1922年，Harcourt, Brace & Co.（纽约）
原著语言：英语

　　辛克莱·刘易斯凭借他的小说《大街》（见本书第286页）获得了巨大的成功，之后他转向了另一种美国式的典型生活，这次他描写的是中产阶级商人的典型代表乔治·巴比特。巴比特是房地产销售商，在虚构的美国中西部小镇泽尼斯生活和工作。这个巴比特生活的城郊小镇"没有圣殿和教堂，而是毫不遮掩的漂亮的办公楼"。刘易斯的小说讽刺意味浓厚，但细节生动地描绘了巴比特每日的作息和活动，比如巴比特上下班、巴比特的社交活动，他如何打高尔夫球、去俱乐部，如何介入当地的政治事件。巴比特自满、得意的生活中，突然发生了一件事，彻底颠覆了他的人生，迫使他重新审视自己自得其乐的生活。巴比特从一种不确定性又陷入了另一种不确定性，使读者得以了解泽尼斯熠熠生辉的办公楼外，另一种更加接近寻常人的美国生活，尽管这种生活有困难，也不奢华。

　　这部小说的成功之处在于刘易斯成功地塑造了一位令其他人难以望其项背的人物——以自我为中心、遵守传统、暴躁又顽固的美国商人——小说语言幽默讽刺却又充满了人类感情。《巴比特》也是对政治的批评，它抨击两次大战中美国资本主义的伪善，但避免了纯粹娱乐性地吸引人眼球。这样的人生故事有着惊人的深度，提醒我们回顾传统的理念及其形成的人类关系的救赎力量。

AB

克罗蒂娜的家 La Maison de Claudine

科莱特（Colette）

作者生平：1873年生于法国，1954年卒
首次出版：1922年，Ferenczi（巴黎）
原著语言：法语
英译书名：*Claudine's House*

　　科莱特这位最受人喜爱的法国女作家在她这部半自传体的传奇中，回忆了她孩童时代在乡村的成长经历，她和自己聪慧的母亲与大自然一道度过了童年。小说的背景设置在魔法般的林子里，观察了一位最纯真和聪颖的少女的美好岁月。科莱特的书中有对大自然神秘现象的生动呈现：小猫如"远方工厂的隆隆声"那样鸣叫，温顺的燕子在她的头发上结巢，一只蜘蛛规律地从自己的网上降在她母亲床边的碗上窃取一匙匙巧克力。但成人的世界也并不遥远，时常有当地的村民乃至都市的游客拜访她们的居所。科莱特用她标志性的感性笔触让我们领略到她少女岁月的声、香、味、触觉和色彩。

　　讽刺的是，这种田园诗般的童年生活和作者写作时期的真实社会千差万别。纯真的女孩现在成了巴黎社交界的风尘女，是表演异性装扮的音乐厅舞女，被流言、丑闻和肉体上的寻欢作乐缠绕。科莱特投身写作的缘起非常奇怪，她的第一任丈夫强迫她使用自己的笔名"威利"代笔写了四部十分受欢迎的"克罗蒂娜"小说（1900年至1904年）。不过，《克罗蒂娜的家》虽然也有"克罗蒂娜"的名称，但不是这个系列中的任何一部。**JH**

▶ 科莱特在1905年离开自己的丈夫后，成为色情舞台演员。她的作品经常探讨肉欲和纯真之间的关系。

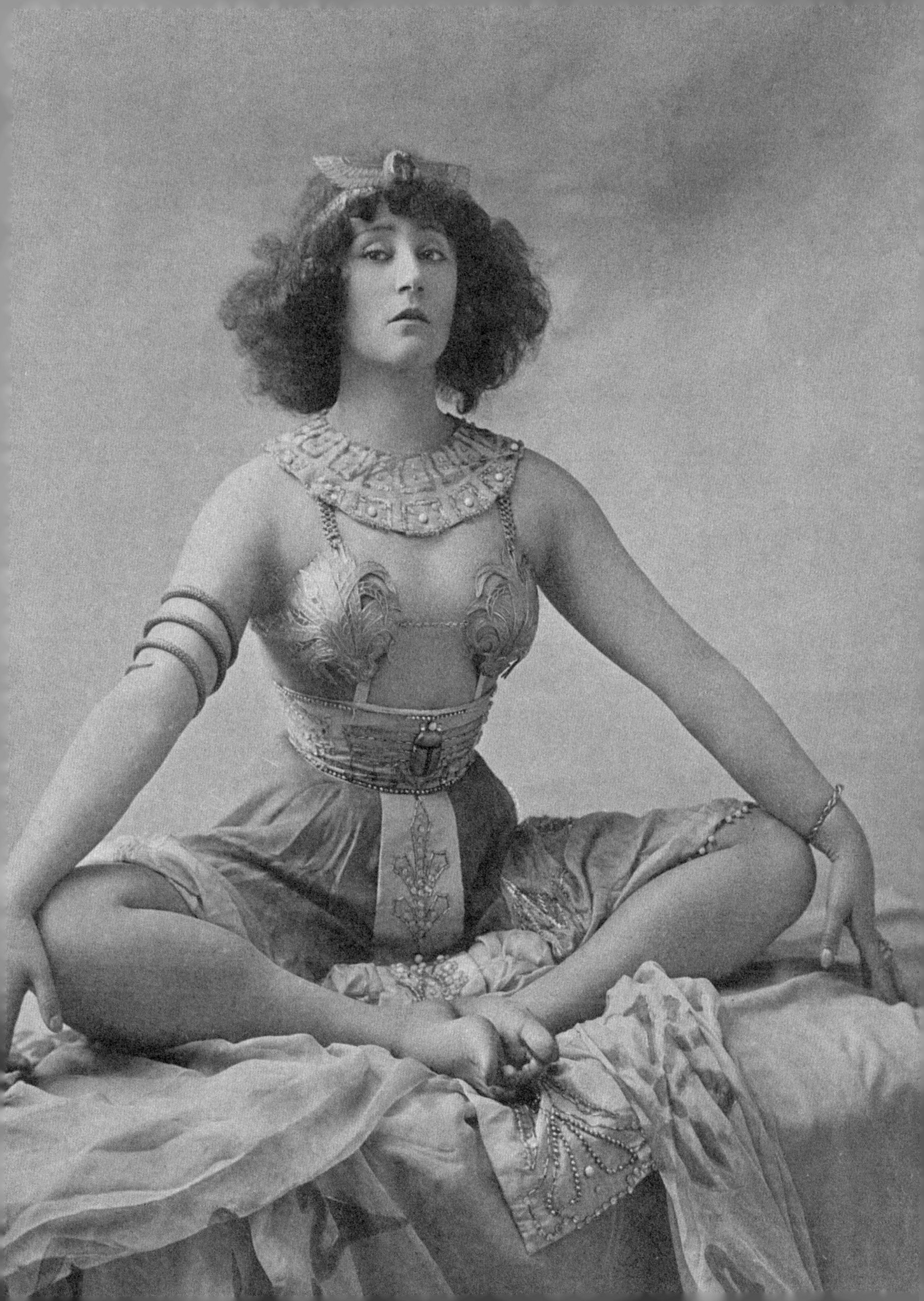

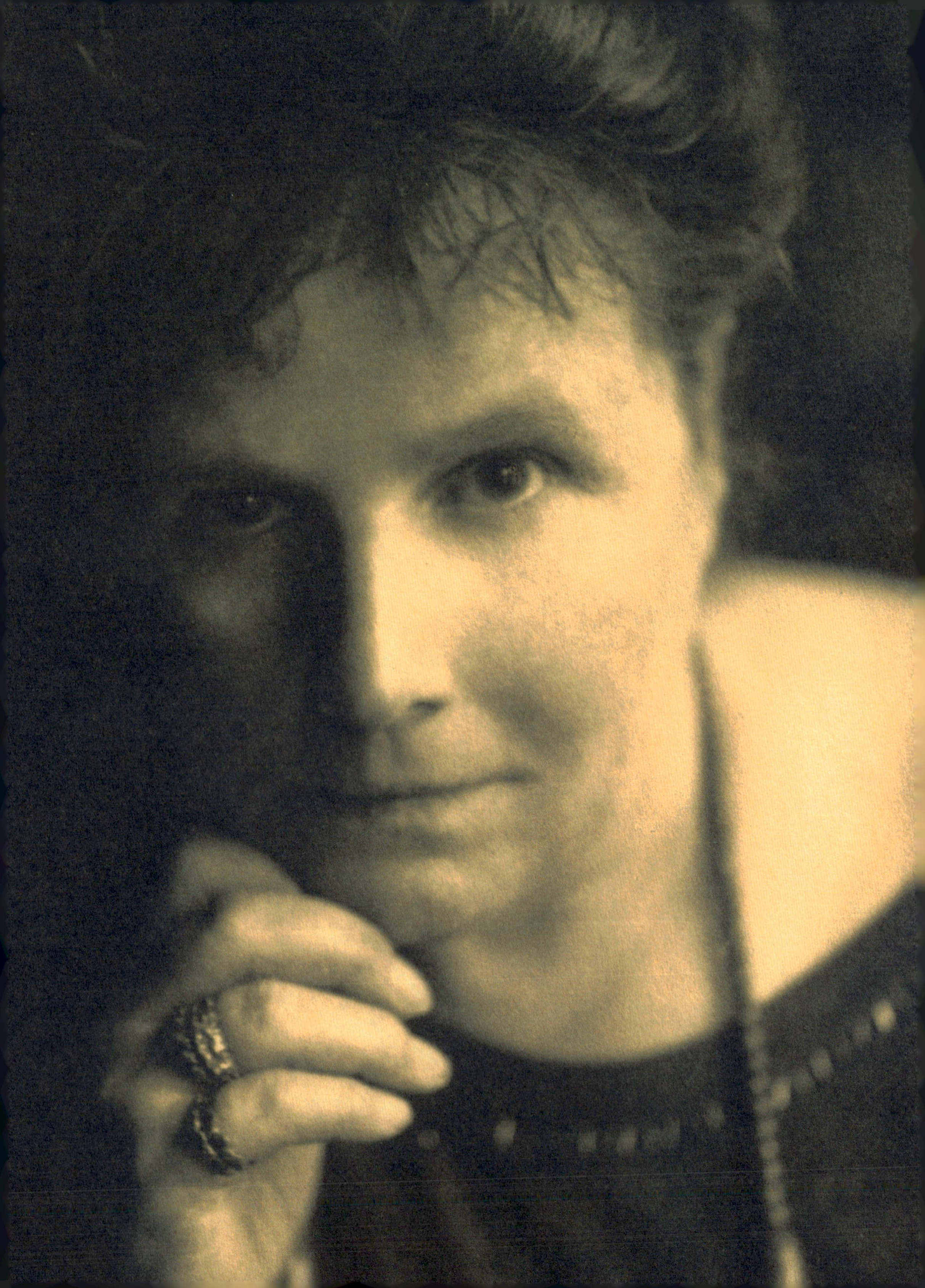

哈里耶特·福利恩的生与死
Life and Death of Harriett Frean

梅·辛克莱（May Sinclair）

作者生平：1863年生于英国，1946年卒
作者教名：Mary Amelia St. Clair
首次出版：1922年，W. Collins & Sons（伦敦）
原著语言：英语

这部小说简洁、明快、充满尖锐的讽刺，标志着辛克莱写作生涯的转折，反映了她对心理分析理论的研究。心理分析理论当时还是新生事物，讨论无意识、性欲和社会身份之间的冲突等。在某种层面上，它是一个案例，邀请读者分享哈里耶特·福利恩从摇篮到坟墓的意识。故事刚开始的时候，哈里耶特还在襁褓中，她的父母用哄婴儿的歌逗她玩，赞叹女婴的笑声："每个人轮流亲吻她，突然婴儿哈里耶特停止了笑声。"这是本书的不祥时刻，迅即转向了父母之爱的毁灭，他们对女儿"举止美丽优雅"的期望中蕴含着自我牺牲的要求。

哈里耶特被父母眼中的自己所困扰，开始过上了和父母脱离关系的生活。毁灭性是辛克莱作品的主题：维多利亚中产阶级优雅的行为中，对德行的评论标准是对人类欲望和生命自身的根本侵犯。辛克莱与现代性以及文学现代性的复杂关系，是这本小说的核心。她用这部小说来探索一个女人的"生活"：她不能强迫自己摧毁自己父母的孩子。**VL**

吊死鬼的森林
Padurea spânzuratilor

李维·勒布雷努（Liviu Rebreanu）

作者生平：1885年生于罗马尼亚，1944年卒
首次出版：1922年，Cartea românească（布加勒斯特）
英译书名：The Forest of the Hanged

《吊死鬼的森林》是罗马尼亚文学史上第一部心理小说。小说审视了"一战"中罗马尼亚特兰西瓦尼亚士兵的痛苦处境：在政治上特兰西瓦尼亚还是奥匈帝国的一部分，士兵被迫和他们的同胞作战。小说基于埃米尔·勒布雷努的真实经历写就，他是作家的兄弟，1917年试图叛逃到罗马尼亚，失败后被处绞刑。小说中的英雄阿波斯托尔·柏罗加，奥匈帝国的上尉，也落得了同样的下场。李维·勒布雷努通过他的经历，讲述了民族忠诚和职责要求之间的斗争。

绞刑是最卑劣和羞辱性的死亡，战争中经常使用绞刑处置逃兵。而绞刑架的意象经常和树联系在一起，这个意象萦绕着勒布雷努的小说。在整部小说中柏罗加的变化巨大。起初柏罗加完全忠于自己的军人职责，他是判决逃兵罪的军事审判团成员。但是柏罗加目睹那些绞刑者的惨状后，充满了难以释怀的内疚，他的罗马尼亚民族主义精神觉醒，他的军事理想随之化为虚无。柏罗加走上前线时，再不能对自己的民族同胞下手，于是选择走上绞刑架，成为他最初鄙视的逃兵。《吊死鬼的森林》是有普世价值的战争经典读物，对于现代读者仍有巨大的影响。**AW**

◀ "一战"中的辛克莱是救护车司机，正是这一经历让她在战后成为小说家。

悉达多 Siddhartha

赫尔曼·黑塞（Hermann Hesse）

作者生平：1877年生于德国，1962年卒于瑞士
首次出版：1922年，S. Fischer Verlag（柏林）
原著语言：德语
诺贝尔文学奖：1946年

悉达多是婆罗门之子，隐居在家乡村庄时，他享受着舒适的生活和各种特权。成年后，悉达多的心中渐渐燃起了追求智慧和新体验的欲望。悉达多告诉父亲他的追求后，和自己的童年好友乔文达离开了家乡，加入沙门团体——这个团体漫游天下，奉行苦修。随着小说情节的展开，我们跟随悉达多在一个怨憎苦难的世界寻求意义和真理。

《悉达多》汲取了印度教和佛教的教义，细微地探讨了组织化的宗教教条性命令和灵魂内在冲动之间的张力。随着悉达多的成长，一个真理逐渐在他和读者眼前浮现：自我觉悟不止一条道路，生活方式不止一种。黑塞改变了我们心中精神生活的观念：他质疑对某种宗教、哲学或者任何信仰体系的盲目信从中所获得的有意义的自我成长。我们应该去把握每一时刻存在的意义，真理永远是新鲜、生动、不断变化的。黑塞使用河流的强大意象符号来传达这种变动和流动感。

小说最突出的亮点是传达深刻内涵的散文文体，文体自然闪耀地流动，就像悉达多于此终老的河流水面。**CG-G**

巨大的房间 The Enormous Room

E. E. 卡明斯（E. E. Cummings）

作者生平：1894年生于美国，1962年卒
作者全名：Edward Estlin Cummings
首次出版：1922年，Boni & Liveright（纽约）
原著语言：英语

这本自传缘起于卡明斯和他的朋友B（威廉·斯洛特·布朗）对1917年在巴黎陪伴他们这些美国人的法国士兵们的怀念。他们作为美国红十字会诺顿–哈尔耶斯分部的志愿司机，在诺曼底待了没多久就被逮捕扣留。B在给马萨诸塞州的家人写的信中不慎谈到了政府截获法国叛乱的谣言，于是卡明斯也被牵连进去。和标题同名的房间是这些犯人临时生活和休息的地方。

卡明斯赞美了难友们千奇百怪的性格，给了他们不同寻常的名字。他喜欢"游荡者""墨西哥人""祖鲁人"，尤其是黑人让；他不喜欢穿诡奇雨衣的希尼和荷兰人比尔。他和这些好恶不等的人一道"享受法国政府毫不妥协的正义"（这是作者的反语）。小说经典的无政府主义设定把个人和所有官方权威对立起来。卡明斯强调新的现代艺术的价值："大量痛苦的无意识思考最终会凝结出一点点纯粹的个人感情，这一点点就是艺术。"在后期写作中，兴趣更加集中的卡明斯依然在他的艺术中保持了直觉般的无政府主义者态度。**AM**

> 尽管卡明斯的技法具有现代主义性质，但其作品仍然属于美国草根主义传统，内容包含对美好的爱情、个人主义和弱者的描写。

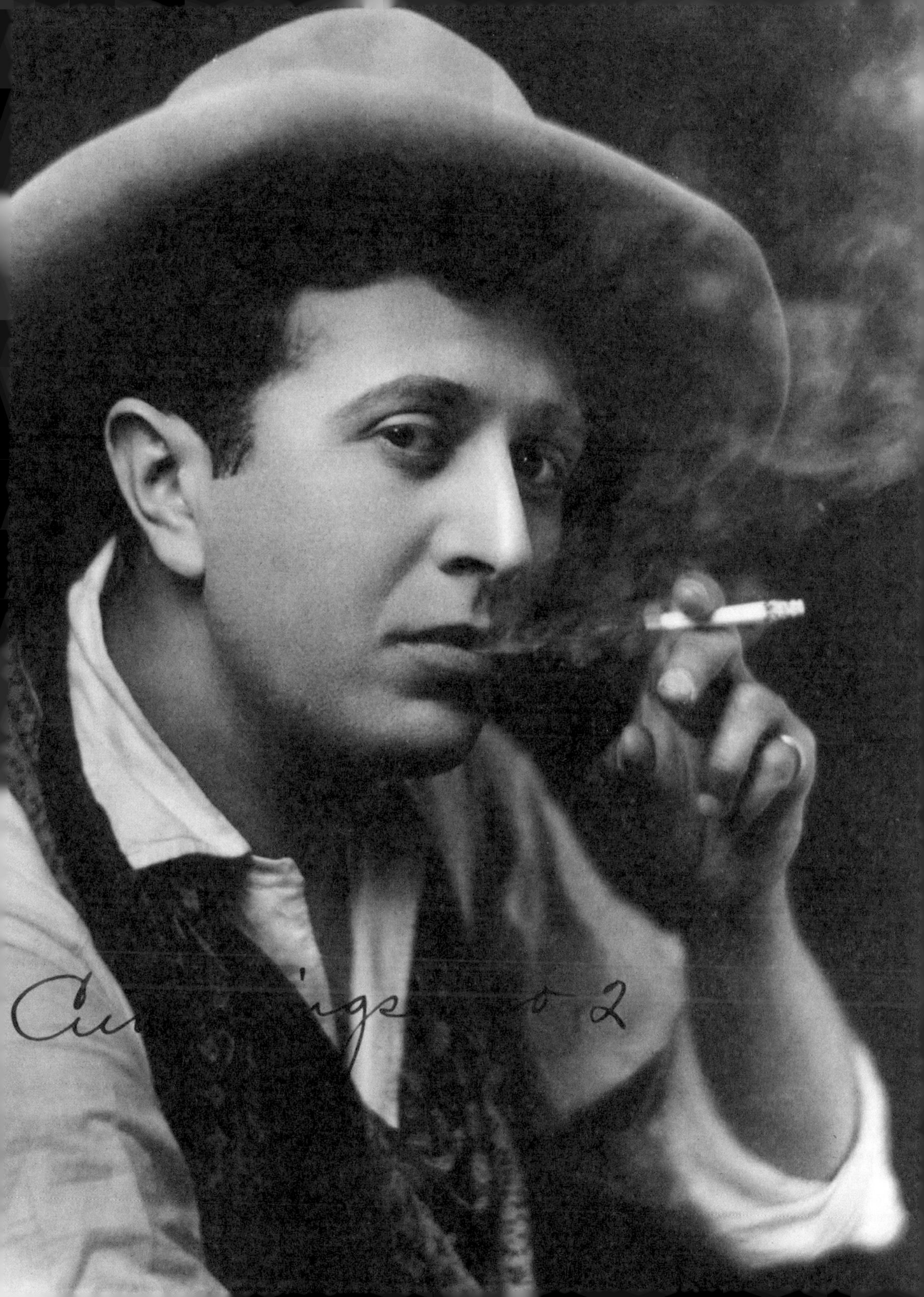

克里斯汀的一生 Kristin Lavransdatter

西格丽德·温塞特（Sigrid Undset）

作者生平：1882年生于丹麦，1949年卒于挪威
首次出版：1920—1922年，H. Aschehoug & Co.（奥斯陆）
诺贝尔文学奖：1928年

骄傲和独立的劳伦斯之女克里斯汀是这部伟大史诗的女主角，史诗充满了古代民间故事、王室的权力斗争和宫廷化的拟古语言。克里斯汀的父亲是富裕的农民和虔诚的基督教徒，他深爱着克里斯汀。克里斯汀本来要被许配给邻近农庄的继承人西蒙·达尔，可是克里斯汀却和英俊但没有责任感的埃尔兰德·尼库劳森坠入了爱河，埃尔兰德是大庄园胡萨比的拥有者。按照肥皂剧的套路，埃尔兰德还有一个情人艾丽妮，克里斯汀要和她竞争埃尔兰德的宠爱。一幕戏中克里斯汀甚至建议"我们两个情人不妨掷一次骰子来决定我们的男人吧！"。克里斯汀的身边环绕着针对王室的谋杀、婚姻和阴谋，还有各种试炼和苦难。整部小说中她是一位性格强势又富有自我牺牲精神的女性。

《克里斯汀的一生》起初分为三部（《新娘》《主人》《十字架》）出版，再现了中世纪的氛围（西格丽德·温塞特的父亲是考古学家，家中有丰富的民间故事和传奇文献）。1924年，作者成为罗马天主教徒，天主教是她这部也是她其他小说的持续主题。小说描绘出了美好的北欧极地风光，不过温塞特最伟大的成就是塑造了一位永恒的女性角色。劳伦斯之女克里斯汀可以和安娜·卡列尼娜、苔丝、爱玛·包法利等比肩，是女性文学中最伟大的人物之一。她无疑是有着普世意义的永恒的女性形象，这部三部曲小说也是温塞特影响最持久的杰作。1928年获得诺贝尔文学奖后，温塞特的作品有了"北欧伊利亚特"的标签，因为小说忠实地描写了早期北欧文化。

JHa

劳伦斯和拉格涅弗里德不只是通常意义上虔诚和畏神的人。

▲ 西格丽德·温塞特于1928年获得诺贝尔文学奖，这是对她的历史小说在国际上获得成功的奖励。

马来狂人 Amok

斯特凡·茨威格（Stefan Zweig）

斯特凡·茨威格是一位多产的小说家、传记家、翻译家和环球旅行家。作为著名的反战主义者，茨威格在1934年逃离了自己的故乡奥地利来到伦敦，之后又辗转到了巴西。在巴西，他对法西斯主义的崛起感到幻灭，和妻子双双自杀。《马来狂人》这部简短有力的小说，讲述了一位麻烦缠身的医生在赤道失去心智的故事。小说由一位环球旅行客叙述，他看到这位神秘的医生登上了从加尔各答返回欧洲的轮船。医生极度渴望人际交流，他有一个惊悚的秘密需要向人坦白。小说的风格类似调查报告，背景设置类似约瑟夫·康拉德式的殖民时代，是一个关于激情、道德责任和不可控制的潜意识能量的惊险故事。

医生在德国迷上了一位美丽但跋扈的女人，之后犯下了行为不检的过失，被迫离开医院，去亚洲旅行。起初医生充满了浪漫的想法，想把文明带给那些原住民，但他发现自己被孤立在一个遥远的医疗站。他的状况慢慢恶化，他已经无法承受热带的惰性和孤独。医生与欧化的自我越来越疏离，最终精神分裂。某日，一位英国女士来到他的医疗站接受流产手术，医生被女人傲慢跋扈的言行所吸引和刺激，失去了清醒的意志力。起初医生试图在这种模糊的虐待和受虐的情境中获得支配地位，但当女人向医生媚笑的时候，他再也无能为力，为了满足自己的痴迷之心开始疯狂地追求女人。

《马来狂人》用弗洛伊德的方法探索了无意识和潜藏性欲的力量，是充满心理洞察的精美小说。所以，本书是走入斯特凡·茨威格卷帙浩繁的作品的理想入门之作。**AL**

作者生平：1881年生于奥地利，1942年卒于巴西
首次出版：1922年，S. Fischer Verlag（柏林）
原著语言：德语

> 如果我们保持沉默，我们就都是罪犯……
>
> ——斯特凡·茨威格，1918年

▲ 茨威格的作品最突出的是心理洞察能力，在司汤达和托尔斯泰的传记里他也运用了这一点。

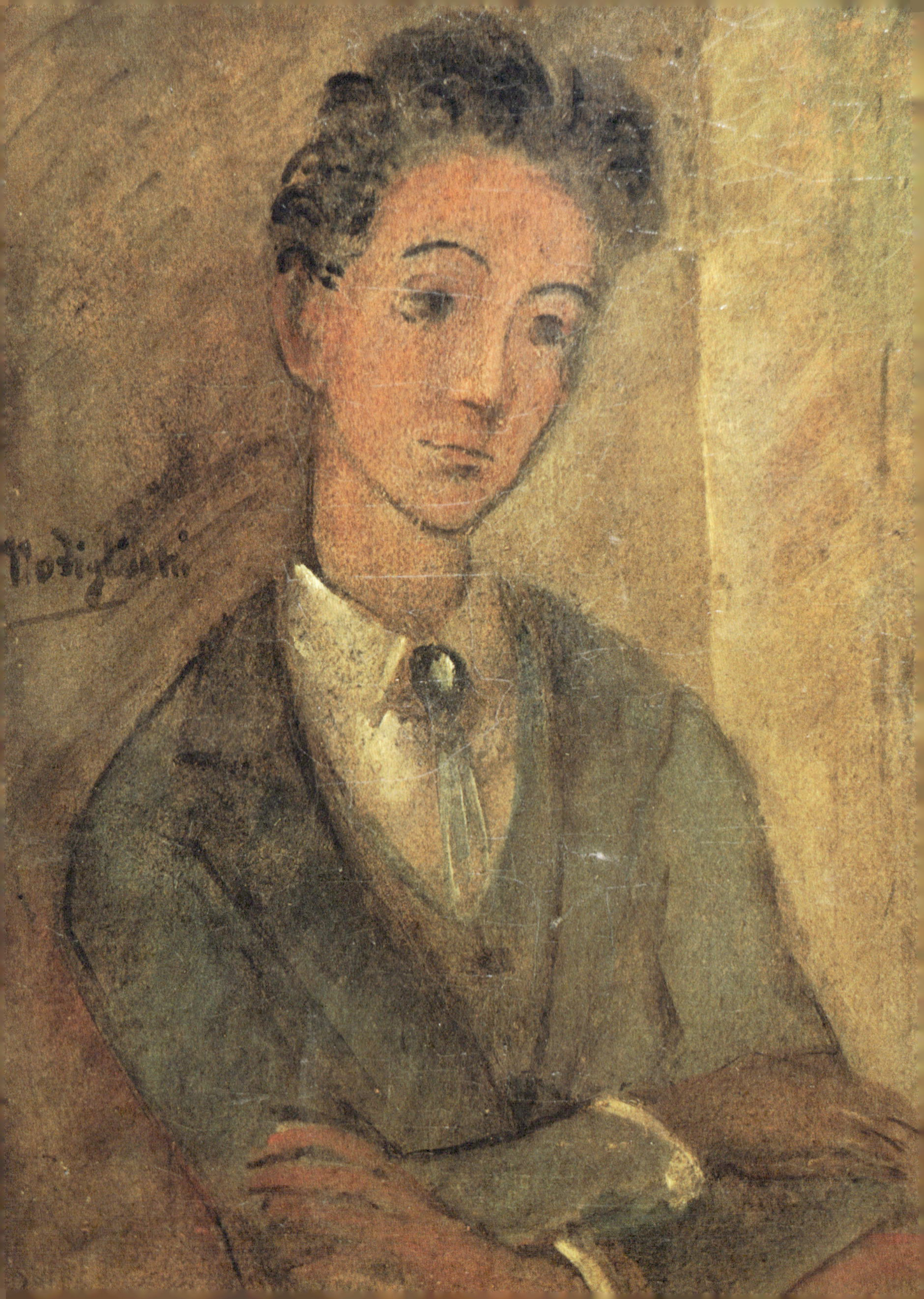
Modigliani

魔鬼附身 Le Diable au Corps

雷蒙·拉迪盖（Raymond Radiguet）

作者生平：1903年生于法国，1923年卒
首次出版：1923年，Grasset（巴黎）
原著语言：法语
英译书名：The Devil in the Flesh

这部小说写作于"一战"结束的五年后，讲述了十六岁的少年和一位嫁给了在前线战斗的士兵的年轻女人的爱情故事。小说的出版触动了公众的敏感神经。雷蒙·拉迪盖在小说出版不久后发表的一篇文章给论战火上浇油，在文章里拉迪盖称他的"伪自传"虽然不是真事，但比真事更真实。作者的年轻和颇具争议的内容迅速给《魔鬼附身》带来了成功。

因为拉迪盖的生活如同风暴起伏，又不幸英年早逝，人们常把他和兰波联系在一起。拉迪盖用他典型的简洁风格拒绝"天才神童"的标签，不过他承认自己和兰波与波德莱尔在艺术上有类似性。小说中无名的主人公和他的情人最初就是因为对《恶之花》共同的爱而走到了一起。尽管拉迪盖和超现实主义者有所联系，他和让·谷克多也有恋爱关系，但作家继承的文学传统可以追溯到法国古典主义时期。所以，《魔鬼附身》既优雅又紧凑，经常用精短箴言的形式来描写不幸的爱，提供了一种心理洞见。小说也指出小资产阶级的道德让一代代年轻男女悲剧性地无法处理爱情和战争之间的逻辑。IJ

泽诺的意识 La Coscienza di Zeno

伊塔洛·斯韦沃（Italo Svevo）

作者生平：1861年生于奥地利帝国，1928年卒于意大利
作者教名：Ettore Schmitz
首次出版：1923年，Cappelli（博洛尼亚）
英译书名：Zeno's Conscience

伊塔洛·斯韦沃是埃托雷·施密茨终生使用的笔名，写作从没有成为他的职业，但一直是施密茨在办公室工作和演奏小提琴外，秘密隐藏的激情。他的人生有两个亮点：和詹姆斯·乔伊斯的友情，还有他从弗洛伊德那里学到了心理分析——他翻译了弗洛伊德的《梦的解析》。

这部小说是主人公泽诺的自传，是在医生S的鼓动下写作的，作为他心理分析研究的一部分。泽诺对自己生活的叙述远不只是对弗洛伊德的科学的致敬，也是一个描绘人类欲望之易逝和短暂特征的机会。泽诺是典型的反英雄，他几乎没有意志力，一直自嘲没有能力控制自我的存在。泽诺认为婚姻可以治疗自己的疾病，于是向美丽的阿达求婚，最终却莫名其妙地娶了她毫无魅力的妹妹奥古斯塔。随着泽诺陈述自己戒烟的反复失败，他的精神疾病愈演愈烈。泽诺无助地被他的习惯支配，每天都在考虑成百上千种戒烟的方法。他人生最有意义的日期是那些他认为开始无烟生活魔术力量的特别日子："1899年第九个月第九天"，"1912年第六个月第三天的十二点"。泽诺不断地给自己定下规矩，又不断地违反它们。由于易变和无长性，泽诺的最后一支烟总是变成倒数第二支，而他则享受着自己的失败带来的欢娱。RPi

◀ 1919年，莫迪利亚尼描绘了少年拉迪盖的肖像。这位天才作家在四年后去世时只有二十岁。

我们 Мы

叶甫盖尼·扎米亚京

(Евгéний Ивáнович Замя́тин)

作者生平：1884年生于俄国，1937年卒于法国
首次出版：1924年，E. P. Dutton（纽约）
原著语言：俄语
英译书名：We

　　这是1921年苏俄审查机构禁止传播的第一部小说，《我们》是反乌托邦小说的原型，拥有后期同类作品的许多特征。小说由D-503的一系列日记组成，他是数学家，也是他所属的未来国家最忠诚的人民。日记的开始是对政府原则的赞美，这种原则宣称幸福、秩序和美只能在不自由中诞生，只有铁一般的数学逻辑和绝对权力能保证。随着小说情节的发展，D-503受到了名为I-330的美丽政治歧见者的颠覆性影响。D痴迷于I狂野的欲望，失去了对数学逻辑纯粹性的信仰，不再信奉完美的集体主义能够满足所有人类的欲望。D逐渐发现自己被诗意又不理性的I吸引，陷入了无政府主义的私人之爱。他不再认同"我们"，而是开始思考自身，具有反讽意味的是，"我"（I）是他邂逅的情人的名字。

　　小说卓尔不群的特点是作者对极权主义细微的知性理解。它没有否定共产主义，而是用动人的黑色漫画手法揭示了国家社会主义在自由和幸福之间制造的矛盾。**PB**

印度之行 A Passage to India

E. M. 福斯特（E. M. Forster）

作者生平：1879年生于英国，1970年卒
作者全名：Edward Morgan Forster
首次出版：1924年，E. Arnold & Co.（伦敦）
原著语言：英语

　　E. M. 福斯特最后的小说有他早期小说并不明显的严肃性。他笔下，在印度的英国人往往是古板自大、充满偏见的漫画式人物，但是他没有把他们塑造成《霍华德庄园》（见本书第265页）或者《看得见风景的房间》（见本书第261页）中那种常见的笨拙的模仿者。书中对英国和印度关系史的自由研究的核心位于蓬勃发展的、空洞的马拉巴洞窟，这里被福斯特塑造成暧昧和不确定之地。洞窟的访问者一直不能确定他们在洞窟见证了什么。阿德梨·奎斯塔特由印度人阿齐兹博士陪伴拜访洞窟，他们在洞窟发生了什么，小说一直没有清晰阐明。虽然英国人认为她被阿齐兹袭击，但阿德梨本人从来没有证实这一点。事实上，在法庭上阿德梨出人意料地撤回了这个申诉，遭到了国人的辱骂。尽管撤回诉讼没有澄清事实的真相，但是小说依然是体现福斯特现代主义审美观中不确定性的典范。

　　如果说强奸案的审判是小说剧情的中心，阿齐兹和富有同情心的英国人道主义者、莫尔女士和西里尔·菲尔丁的友谊则串联起潜在的民族线（福斯特写作的中心概念）。对某些人而言，小说是对印度早期民族主义运动的善意描写。另一些人则指出在福斯特对印度人的描绘里，依然无法避免对异域的遐想。**LC**

● E. M. 福斯特一生中大部分时间都十分孤独。

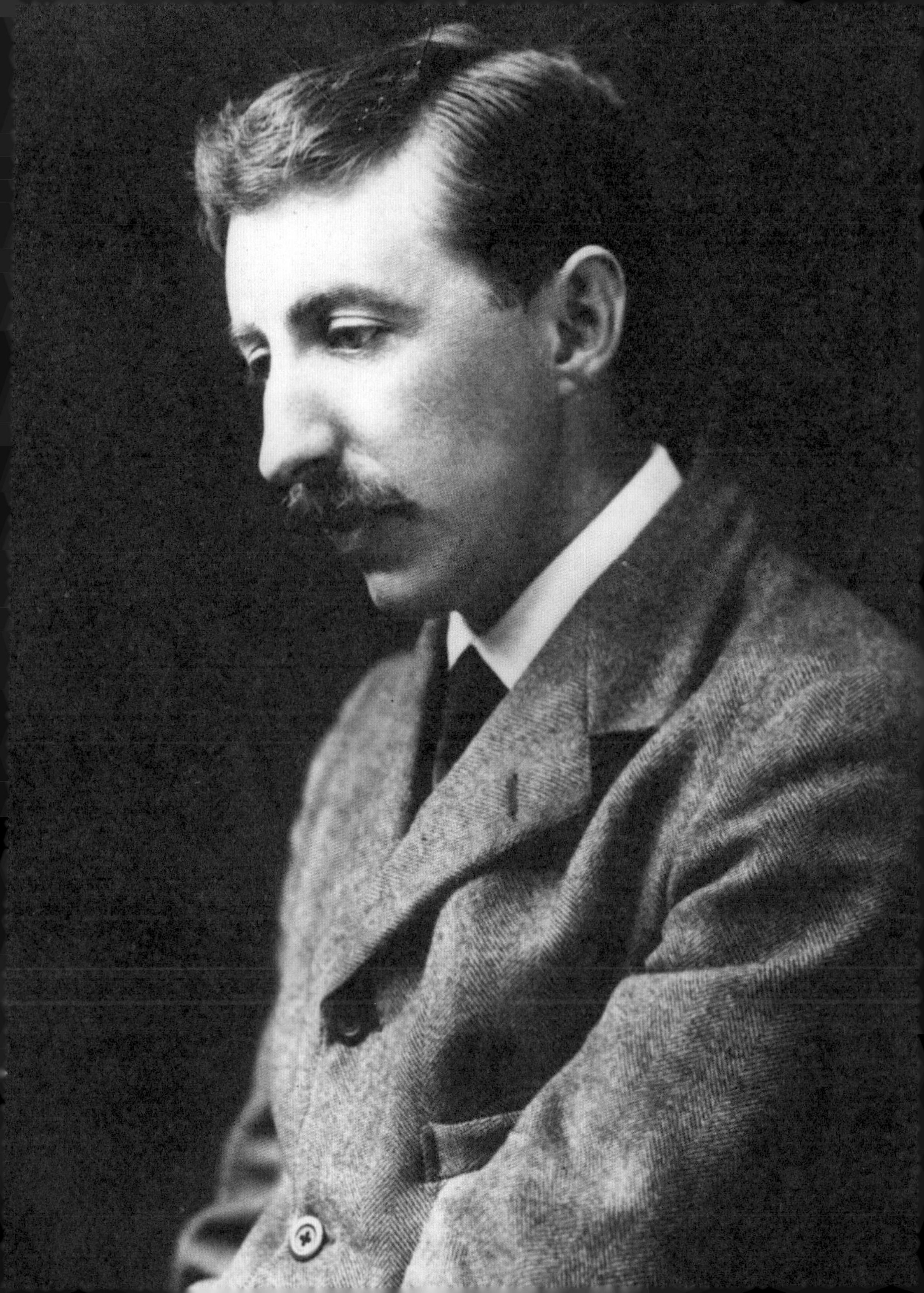

魔山
Der Zauberberg

托马斯·曼（Thomas Mann）

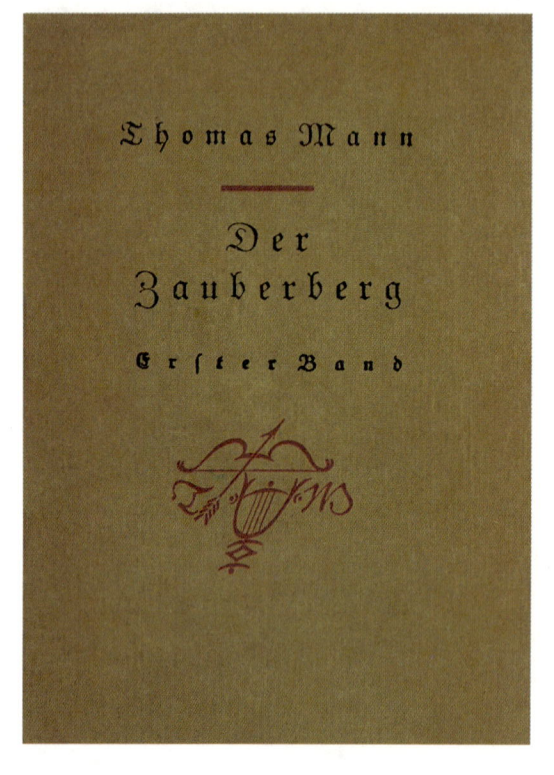

作者生平：1875年生于德国，1955年卒于瑞士
首次出版：1924年，S. Fischer Verlag（柏林）
原著语言：德语
英译书名：*The Magic Mountain*

《魔山》的开篇是汉斯·卡斯托普从汉堡前往瑞士山脉的一家肺结核疗养院旅行。卡斯托普原计划前三周在疗养院进行参观，却因身体不适留在疗养院治疗。但是不久他就被疗养院中那些唠叨而又古怪迷人的病人所吸引。这些想象中的人物是到山中疗养或者终老的，他们被刻画得生动逼真、入木三分。

小说遵循成长小说的传统，但是卡斯托普的成长启蒙并不是事件和行动的世界——临近的"一战"的骚动与宁静的疗养院毫无关联——而是思想和理念的世界。托马斯·曼通过病友间的辩论来探索他这个时代的哲学和政治问题：人道主义和危险的极权主义之间的斗争。卡斯托普在一个象征疾病和死亡的地方体验坠入爱河的意义——情人克拉维迪亚·肖夏在和他相处的亲密时刻，拿出了她肺部阴影的X光照片。

卡斯托普回到原有世界的期望被不断延迟，从几周变成了几月，又变成了几年，时间看上去像静止了一样。我们跟随卡斯托普体验了每个强烈的成长时刻——或者悲剧，或者充满情欲，或者庸俗，或者荒唐。他在疗养院七年的经历，我们对此都有着强烈的现场感。**KB**

我们说等待是漫长的。或者我们也能更加精确地说，等待是短暂的。因为生活中，我们没有用来等待的时间，也不会将它们用来干别的。

▲ 托马斯·曼的《魔山》取材自他妻子卡提亚1913年在肺结核疗养院的经历。

绿帽子
The Green Hat

迈克尔·阿尔伦（Michael Arlen）

作者生平：1895年生于保加利亚，1956年卒于美国
作者曾用名：Տիգրան Գույումճեան
首次出版：1924年，W. Collins & Sons（伦敦）
原著语言：英语

《绿帽子》讲述了伊利斯·斯托姆的不伦故事（据说取材自南希·库纳德的生平）：从与自己青梅竹马的纳皮尔·哈尔本顿不被允许的爱开始，她经历了一系列悲剧的婚姻和灾难性的恋情，最终戏剧性地自杀。小说让迈克尔·阿尔伦一跃成为名流人物，这位浮华的公众人物与英国现代主义的主要人物还有着密切的联系，比如D. H. 劳伦斯和奥斯贝特·西特韦尔。虽然《绿帽子》一直是流行的爱情小说，但也有着明显的现代性，可以认为是福特的《好兵》（见本书第277页）的一种大众版改写，伊利斯称那本小说是"让人惊叹的爱情故事"。阿尔伦写作风格中的模棱两可和省略，明显受到了现代主义的影响，而小说的意象有时特别突出，有种奇怪的错位感，这又类似意象主义。

这些现代派的元素和爱情小说的传统特征结合，尤其是在小说谈到时尚的步伐和现代社会的部分。比如，伊利斯自杀时把她的车撞向的那株树，就是她和纳皮尔互相示爱的地方。伟大的爱情宣誓明显是这个类型的陈套，但使用汽车则是高速发展的现代社会的符号，作家用巨大昆虫的意象描述汽车，看上去是对传统的近乎未来主义的偏离。**LC**

新世界
አዲስ-አለም

荷鲁伊·瓦尔达-塞拉斯（ብላቴን ጌታ ኅሩይ ወልደ ሥላሴ）

作者生平：1878年生于埃塞俄比亚，1938年卒于英国
首次出版：1924年，Goha Ṣäbah（亚的斯亚贝巴）
原著语言：阿姆哈拉语
英译书名：The New World

埃塞俄比亚是寥寥几个没被欧洲殖民大国瓜分的非洲国家之一，并于1923年加入国际联盟。荷鲁伊·瓦尔达-塞拉斯是政府出版机构的负责人，他的责任是推广埃塞俄比亚的民族文化和作为官方出版语言的阿姆哈拉语，作为外交官，他则寻求发达国家的先进理念和援助。

《新世界》是荷鲁伊·瓦尔达-塞拉斯的第二部小说，毫无掩饰地体现了作者对西方式现代化的渴望。小说的中心人物是一位获得在欧洲学习机会的埃塞俄比亚人，他带着使命感回国，想要改变自己的母国。但是他的雄心受到了埃塞俄比亚人民无知和偏见的阻挠。他们反对主人公劝说他们放弃自己传统宗教活动和信仰的努力。当地人敌视现代欧洲的科技奇迹，他们信奉的传统宗教既腐败又反动。

对于今天的读者而言，瓦尔达-塞拉斯的现代化确定无疑是异常政治不正确的，他武断地认为西方文明有着无可置疑的优越性。不过，本书描绘了非洲人的期望和欧洲强权之间相互关系意义深远的时刻，也对现代阿姆哈拉语文学的建立做出了巨大贡献。**RegG**

教授之屋 The Professor's House

薇拉·凯瑟（Willa Cather）

作者生平：1873年生于美国，1947年卒
作者全名：Willa Siebert Cather
首次出版：1925年，A. Knopf（纽约）
原著语言：英语

《教授之屋》的开篇和结尾部分都是历史学教授格德弗雷·圣彼得当前家庭和职业生活的编年体式叙事。两部分之间是圣彼得的学生汤姆·奥特兰德多年来对他所作的自传性忏悔。奥特兰德描述他发现了新墨西哥州蓝梅萨地区一处古代文明遗址，这次发现带给了他近乎宗教般强烈的启示，他获得了自己干练、明澈的西南部血统之根。奥特兰德的学术潜能和精神潜力看上去无穷无尽，圣彼得对奥特兰德的父亲般的感情，使他视奥特兰德为完美的理想人物。奥特兰德在"一战"中的英年早逝更让他在圣彼得心中神格化了。

《教授之屋》实际上有两座房子。一座房子是圣彼得照顾自己家人和职业生涯起步的处所，这座家庭住宅经年荒废，大部分时间无人居住。另一座房子是教授为自己建造的退休住宅，房子的费用由显赫的学术基金赞助，这代表了教授舒适的晚景——尽管直到不久前他还在拒绝。第一次遇见奥特兰德的时候，圣彼得还是一位非正统的年轻学者，在经济上和事业上麻烦不断。而在故事讲述的时代，他已经获得了声誉和财富，几年前被认为连出版价值都没有的著作现在却有了巨大的价值。圣彼得的女儿在奥特兰德死前曾和他订婚，她和她的现任丈夫冷酷无情地利用奥特兰德的悲剧故事与宝贵发明发财致富。尽管奥特兰德英年早逝，但也免于遭遇圣彼得后来的经历：体制力量一点点侵蚀圣彼得的自我，时刻让他感到被轻蔑。**AF**

他从没学习过离开欢乐如何生存。

● 凯瑟最著名的成就是描绘了美国中西部的拓荒生活。凭此，她在1931年登上了《时代》封面。

阿尔塔莫诺夫家的事业 Дело Артамоновых

高尔基（Макси́м Го́рький）

作者生平：1868年生于俄国，1936年卒于苏联
作者教名：Алексе́й Макси́мович Пешко́в
首次出版：1925年，Russkaia Kniga（柏林）
英译书名：The Artamonov Business

　　《阿尔塔莫诺夫家的事业》是高尔基最长、最有雄心的小说之一，小说讲述了商人阿尔塔莫诺夫家族三代的故事。伊利亚·阿尔塔莫诺夫是被解放的农奴，他白手起家，建起了自己的工厂，并试图把自己宝贵的资产阶级价值观"勤劳"和"谦卑"传给自己的儿子彼特和外甥阿列克斯。但是，家族上升到中产阶级后却给他们带来了灾难：彼特软弱，阿列克斯冷血。阿列克斯的事业缺乏伊利亚那代突出的温暖和人性。阿尔塔莫诺夫家族的第三代遭遇了大灾难，他们的工厂被工人接管。不过根据高尔基的解释，家族衰败的过程和他们上升到资产阶级地位福祸相依，这两个因素才促成了他们最终的堕落，也为新的可能的美好世界铺平了道路。

　　本书中高尔基展现的壮阔的家族史诗以托尔斯泰的《战争与和平》（见本书第168页）为范本，但是把《战争与和平》的历史背景置换成了更加紧急和接近当代的背景。小说的人物，无论是腐化的阿尔塔莫诺夫家族，还是他们工厂的工人都生动形象，非常生活化。高尔基在他所有的小说中都避免了政治宣传的陷阱，处理每一个人物（无论是工人还是资本家）都带着批判但始终同情的态度。读者会发现他们看到了俄国革命的狂热，这种狂热让高尔基在内的很多人被社会变革的新希望的浪潮所冲击。《阿尔塔莫诺夫家的事业》迄今仍是宝贵的小说，表现出杰出的文学技巧，也是俄国历史重要时刻的产物。**AB**

万事顺心，人很快就会变得愚蠢。
——高尔基，1926年

◯ 小说写作于作家自我流放意大利时期。

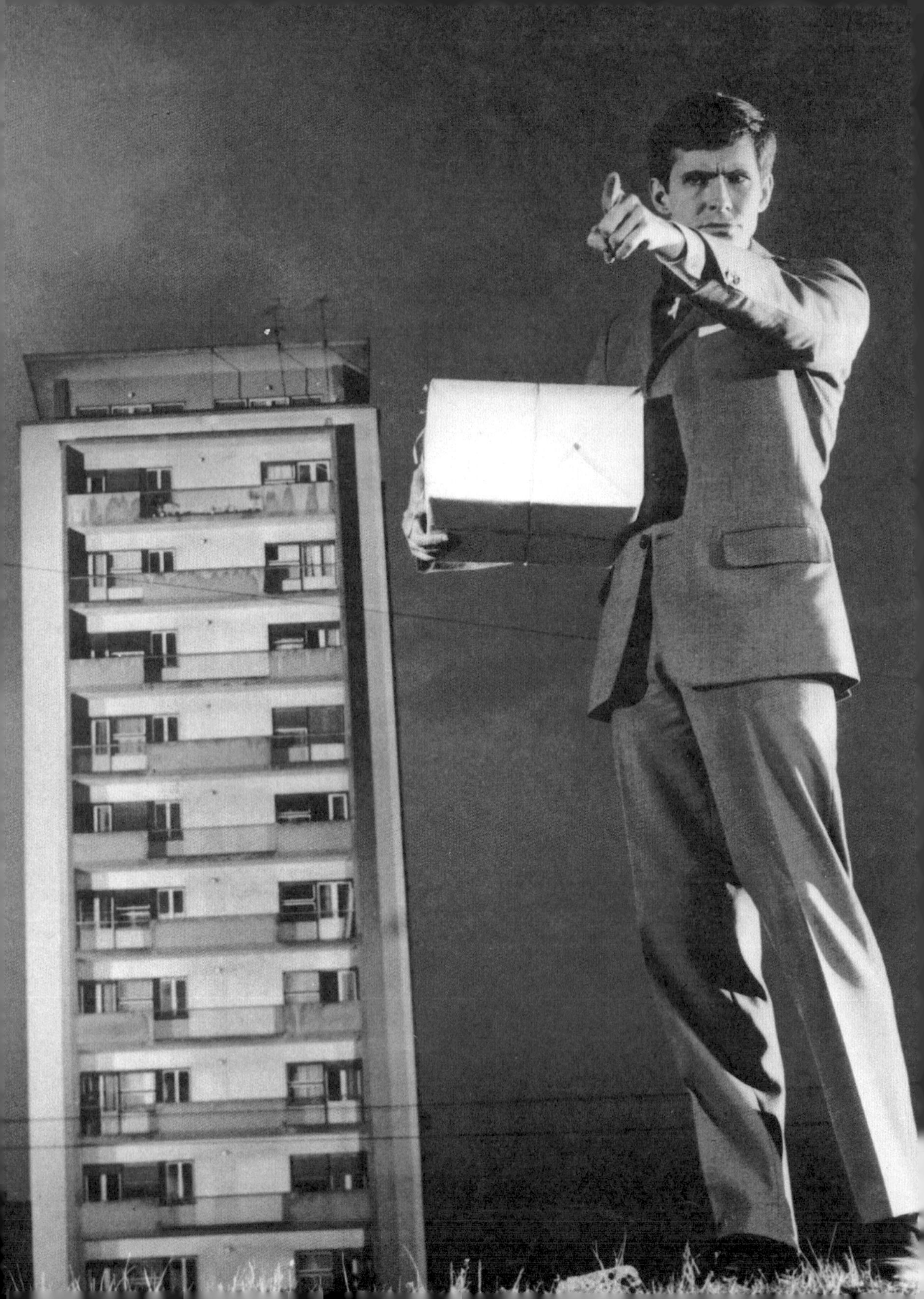

审判 Der Prozeß

弗朗茨·卡夫卡（Franz Kafka）

作者生平：1883年生于捷克斯洛伐克，1924年卒于奥地利
首次出版：1925年，Die Schmiede（柏林）
英译书名：The Trial

"某人一定对约瑟夫·K作了错误的控诉，因为他在被捕的那天早晨之前没做过任何一件错事。"

与弗朗茨·卡夫卡的长篇故事《变形记》相同（《变形记》的开篇是："格里高利·沙穆萨早晨从噩梦中醒来，发现床上的自己变成了一只巨大的昆虫"），《审判》开篇句子说明的状况引发了之后全部的叙述。主人公约瑟夫·K始终没有发现自己被起诉的罪名，也不能理解审判部门是根据何种原则把他网罗其中。叙述的线索是K竭尽全力地去理解和申辩自己的无辜，但是对向他解释什么是罪行、他实际被起诉罪行的条律却只字未提。小说顺着K为无罪而斗争的过程，动人心魄地向我们展现了人是如何在彻底无法理解的制度下一无所有、毫无防御能力，只能用对无罪申诉的强烈信念来捍卫自我。

对小说的熟悉程度不同，读者受到的影响也不同。最初阅读时，K和官方的搏斗让读者有熟悉和认同感，但随着再次阅读，读者则会有相反的结论。我们的世界仅仅是类似卡夫卡的，我们的斗争和小说向我们揭示的K无休止的逃脱在本质上根本不同。正因如此，《审判》的没有结论、不可能性和晦涩，都让它十分吸引人，带领我们走入一个每个审判都会被推向极端的世界，体味那真实的空洞之心。**PB**

◐ "桌边人"的素描形成了卡夫卡1905年在吉尔林疗养院（维也纳）系列讲座笔记的一部分。

◐ 1962年奥逊·威尔斯拍摄了《审判》的黑色表现主义电影版，安东尼·珀金斯凭借扮演迷惑的K而成名。

伪币制造者 Les Faux-Monnayeurs

安德烈·纪德（André Gide）

作者生平：1869年生于法国，1951年卒
首次出版：1925年，Gallimard（巴黎）
原著语言：法语
英译书名：*The Counterfeiters*

　　值得注意的是，《伪币制造者》是安德烈·纪德唯一一部内容和标题相符的小说，作品探索了小说的各种可能性。爱德华是《伪币制造者》中的众多叙述者之一，他也是一位苦苦挣扎的小说家。爱德华就像纪德那样，有着为小说写作过程记日记的习惯，他也在尝试写作称为《伪币制造者》的小说。小说这样设置有"戏中戏"的效果，我们阅读的小说是一个小说家写作的关于其创作小说的故事。"戏中戏"是纪德运用的让读者大吃一惊的众多手法之一。标题也有一种欺骗性。纪德调皮地化用了爱情小说和成长小说的既有类型，小说还有类似侦探小说里男学生传递伪造的金币的暗线。伪币还是对更广义的政府、家庭、教会和各种社会机构传播的虚假价值的隐喻。

　　《伪币制造者》不是一部简单通俗的小说：我们无法获得客观中立的叙事，我们认识的人物没有任何角色可以扮演，小说众多不同剧情的线索都悬而未决。不过这也是小说具有重要价值的原因。阅读《伪币制造者》让已经习惯了19世纪小说的读者陷入了疑问，也让我们对纪德的认识变得不确定：在众多的不真实性中，是什么真正保证了《伪币制造者》的价值？**KB**

了不起的盖茨比 The Great Gatsby

弗·司各特·菲茨杰拉德（F. Scott Fitzgerald）

作者生平：1896年生于美国，1940年卒
作者全名：Francis Scott Key Fitzgerald
首次出版：1925年，C. Scribner's Sons（纽约）
原著语言：英语

　　《了不起的盖茨比》是美国文学的经典之作。尼克·卡拉威生动地叙述了他魅力超群的邻居在一个夏季中的兴盛和衰落，再现了整个"喧嚣年代"中的奢华享乐和虚幻的希望。广告牌上沉思的眼睛、纽约大都会和享乐的长岛别墅区的白蜡树湿地、盖茨比终夜不眠的庄园中的布鲁斯音乐和财富……小说超凡的视觉意象结合了爵士时代的经典图像和美国现代性中典型的社会秩序变动伴随的焦虑感。盖茨比创造的著名的"自我柏拉图式理念"，成了美国梦的同义词。

　　我们很快知道，盖茨比奢华和享乐主义的生活方式是特意建构起来诱惑黛西的。黛西是他年轻时的恋人，现在嫁给了百万富翁汤姆·布卡南。菲茨杰拉德对盖茨比闪耀的梦幻生活的轻松描绘与那种生活背后黑暗和残酷的现实形成了对比。小说频繁地暗示盖茨比财富后面的腐败，汤姆则是粗鲁和通奸的丈夫。小说激烈的高潮是对那些放纵的特权阶级的毫不留情的揭露，不过还是留下了模棱两可的结论。**NM**

▶ 1925年的圣诞节，菲茨杰拉德和他的妻子泽尔达掩饰了婚姻中的问题。不久后，他们的生活就将迎来转折点。

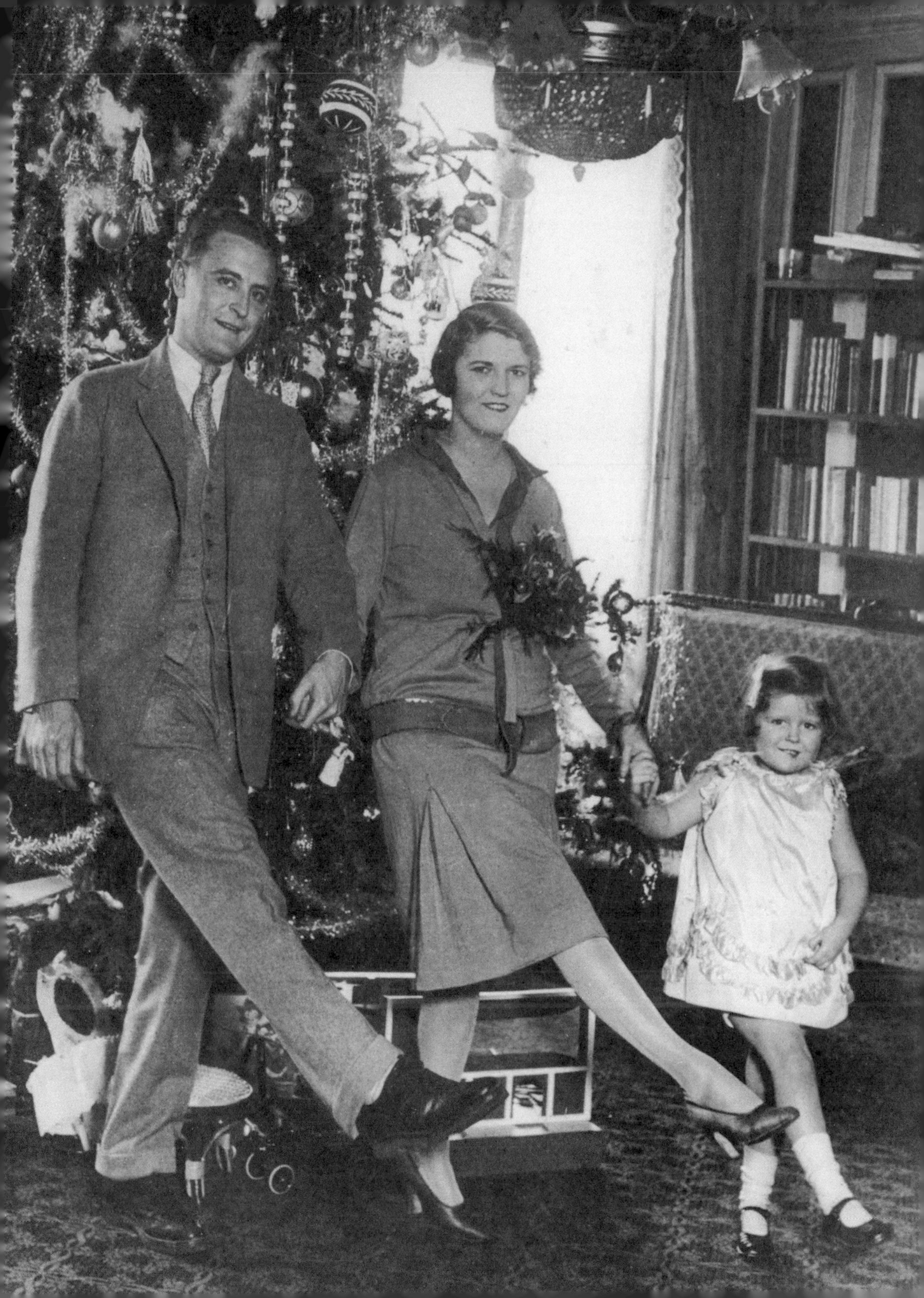

Lay by my side a branch of purple heather

(Jan 3rd 1924)

There was an age when the pavement was grass; another when it was swamp; an age of tusk & mammoth; an age of silent sunrise; & through them all the battered woman — for she wore a skirt — with her right hand exposed, her left clutching at her knees, stood singing of love; which love unconquerable in spite of which the song after lasting for millions of years after a which had lasted a million years. Yes, a million years so the sang, her lover, & which she sang was in most through her lover, & millions of years ago her lover, in May, her lover, who had been dead three centuries, had walked, she crooned, with her in May; but in the course of ages, when long as summer days, & being flaming, so she remembered with nothing but red flowers, he had gone; death's enormous sickle had swept over those tremendous hills; & when, she laid her hoary immensely she laid her hoary & immensely aged head on the earth now become a mere cinder of ice, it would have outlived everything — her memory of happiness even — she implored that "lay by my side a branch of purple heather"; there where in that high burial place which the last rays of the last sun caressed, a bunch of purple heather; for then the pageant, the universe would be over.

at last

达洛维夫人 Mrs. Dalloway

弗吉尼亚·伍尔夫（Virginia Woolf）

作者生平：1882年生于英国，1941年卒
首次出版：1925年，The Hogarth Press（伦敦）
美国首版：Harcourt, Brace & Co.（纽约）
原著语言：英语

弗吉尼亚·伍尔夫的小说《达洛维夫人》的故事发生在一天之内，是现代主义文学中伦敦的范本。它追溯了摄政王公园里两个主人公交织的活动：克拉丽莎·达洛维是一位社交名媛，保守党议员理查德·达洛维的夫人；而塞普蒂默斯·华伦·史密斯是个退伍军人，"一战"心理创伤者。巨大阳具般的大本钟周期性的报时反映了小说中时间的流逝，最终我们进入了双重的高潮：达洛维夫人精彩聚会的成功举办和塞普蒂默斯·华伦·史密斯的自杀，因为现在他不再能适应这座战后的城市了。

小说的大部分效果都来自这两个部分的不可调和性，这种不可调和性反映在城市自身的空间上。不同的人过着不同的生活，有的准备自杀，有的准备晚餐，小说暗示两者之间没有桥梁可以沟通。塞普蒂默斯和克拉丽莎被阶级、性别、地理隔离，同时小说从一人的意识游离到另一人则暗示了他们之间存在某种密切的潜在联系，这点由克拉丽莎对塞普蒂默斯死亡新闻的反应揭示了出来。一个与大本钟的报时并不合拍的诗意的空间才是城市的内在。作者也提供了一种思考男人与女人、个人与他者关系的新方式。《达洛维夫人》是矛盾的小说，矛盾包括男人和女人、富人和穷人、自我和他人、生命和死亡。尽管小说有这些矛盾，但通过塞普蒂默斯和克拉丽莎的诗意连接的美好可能性，提供了我们仍然在期待实现的某种和谐。**PB**

◐ 伍尔夫一直被各种沮丧缠绕，她在三十岁出头时多次企图自杀，最终于1941年自溺身亡。

◐ 伍尔夫的《达洛维夫人》的草稿笔记透露了她对现实的感受："非常错谬，非常不可靠。"

祖鲁人沙卡
Chaka

托马斯·莫福洛（Thomas Mofolo）

作者生平：1876年生于莱索托，1948年卒
首次出版：1925年，Morija Sesuto Book Depot（莫瑞佳）
英译书名：*Chaka the Zulu*

　　托马斯·莫福洛是莱索托（旧称巴苏陀兰）本地人，1910年他写作了无可争议的塞苏陀语文学杰作《祖鲁人沙卡》。这部小说讲述了沙卡的故事，他是南非某位小酋长的私生子，沙卡在19世纪初通过十年的连续征战建立了祖鲁国。

　　沙卡儿童时代就被欺负，和他的母亲一道被驱逐出他父亲的宫殿。沙卡的父亲和同龄人对他的排斥促使他把生活理解为一种历练。沙卡从部落被放逐后，在沙漠结识了巫医伊萨努西。在伊萨努西的帮助下，沙卡获得了他部落的领导权和一位大美人的爱情。但是沙卡对名誉的渴望和野心过于强大，他与伊萨努西签订了魔鬼契约，杀死了他心爱的女人，以求成为古往今来最伟大的酋长。

　　莫福洛作为基督教作家，用他对罪恶的洞察力，技法娴熟地讲述了主人公灵魂堕落的编年史。晚年的沙卡已经无法区分战争和屠杀，他牺牲了自己的良知，堕落为一位独裁者。不过，因为沙卡的故事从他艰难的童年开始，我们同时看到了他聪颖却被人疏远的孩提时代和野蛮暴君的时代。莫福洛混合了历史真相与浪漫传奇，创造了一部精彩的小说，让我们领略到前殖民时代的非洲风采。**OR**

美国人的成长
The Making of Americans

格特鲁德·斯泰因（Gertrude Stein）

作者生平：1874年生于美国，1946年卒于法国
首次出版：1925年，Contact Editions（巴黎）
原著语言：英语

　　格特鲁德·斯泰因的革新文体有一种精确的美丽，小说口语化的旋律与节奏尤其让人欣赏。这部史诗小说重新诠释同时也挑战了传统家族史小说的形式——小说虽然叙述的是四个家族几代人的生活，但这远不是它的全部。斯泰因在流动的时间中穿梭，追溯人们内心情感的发展：他们是如何成熟，如何处理同伴侣和社会的关系，最终，他们是如何成为美国人的。作者怀着一种近乎立体主义画家的艺术追求，从多个角度来展现人物各个侧面的事件。《美国人的成长》也用一定的篇幅来谈论小说本身的构成要素，包含了斯泰因关于她自己的写作观念和独特风格的最全面的评论。

　　这部小说有时仅仅被视为现代主义的经典。它当然包含了现代主义文本的所有特征，锻造了新颖有特点的语言，同时挑战了之前维多利亚式的现实主义观念。但它也是美国人心理发展的史诗式诠释，追溯了美国家庭的建立，讲述了他们如何成为美国人并且养育了一代代美国人。《美国人的成长》启人深思、文笔优美，是当之无愧的杰作，也是现代主义文学最优秀的作品之一。**JC**

罗杰疑案
The Murder of Roger Ackroyd

阿加莎·克里斯蒂（Agatha Christie）

作者生平：1890年生于英国，1976年卒
作者全名：Agatha Mary Clarissa Christie
首次出版：1926年，W. Collins & Sons（伦敦）
原著语言：英语

所有的侦探小说都有意外转折，但阿加莎·克里斯蒂浩瀚作品中的这部杰作超越了所有其他作品，小说惊人的结局颠覆了这个类型小说的某些最基本原则。

小说包含了让克里斯蒂成名的众多元素：许多尸体、庄园的作案现场、一小群犯罪嫌疑人，还有蓄着翘起的小胡子的比利时侦探赫尔克里·波洛。小说的叙事者是当地的医生谢帕德。是谁谋杀了罗杰·阿克罗德有多种可能性：庄园的女佣？退休的市长？阿克罗德的继子？或是潜伏在暗处的神秘陌生人？——这个不完全的列表指出了克里斯蒂小说偶然性的方面，传达出20世纪20年代英国乡村的社会和阶级结构。正如波洛所说，每个人都有秘密，小说戏谑地揭开了那些可能成为谋杀阿克罗德的动机：一位私生子、一桩秘密婚姻、敲诈和毒品成瘾。

到处都是转移话题的手法和模糊的不在场证据：谋杀实际发生的时间被凶手巧妙地隐藏起来，阿克罗德的声音曾经从坟墓下面传出，一个留声机记录了这个情况。失落的东西为波洛提供了关键的线索。对读者来说，判断真凶几乎不可能。鲜有侦探小说能引人第二次阅读，让读者去重新思索凶手如何巧妙地隐藏自己的作案线索。**CC**

一个人，不是任何人，又是千万人
Uno, nessuno e centomila

路易吉·皮兰德娄（Luigi Pirandello）

作者生平：1867年生于意大利，1936年卒
首次出版：1926年，R. Bemporad（佛罗伦萨）
英译书名：One, None and a Hundred Thousand
诺贝尔文学奖：1934年

如果我们成了朋友或者亲人密切观察的对象，有时我们可能会惊讶——尤其是当他人残酷但正确地指出了我们一些小的生理缺陷时。但对于路易吉·皮兰德娄小说的主人公马斯卡达而言，妻子对他鼻子意外的评论——"它有点向右歪"，却引发了他人生的剧烈变化。妻子对马斯卡达的看法和他的自我形象认知完全不一致。马斯卡达突然意识到他和一个不能与自己分割的陌生人生活在一起——对于他的妻子、朋友、认识的人，他根本不是自己本人。马斯卡达不得不和一千个陌生人同居——一千个别人眼中的马斯卡达。他们和马斯卡达不可分割，但戏剧性的是，马斯卡达一个人也不认识。

皮兰德娄喜欢的主题是认知的相对性，现实断裂成不可理喻的片段是他的哲学核心。与这个哲学核心紧密联系的是语言的反映——说话人之间不可能存在客观和满意的交流，因为我们都使用词语来交换我们自己的意义。马斯卡达痛苦地觉察到他的自我形象不过是别人塑造所成后，试图把自己重新塑造成新的、不同的马斯卡达，来颠覆他人以为的马斯卡达。但是他重新拥有自我的努力归于徒劳，唯一的出路是自我否定，最后马斯卡达开始拒绝照镜子。**RPi**

在撒旦的阳光下
Sous le soleil de Satan

乔治·贝尔纳诺斯（Georges Bernanos）

作者生平：1888年生于法国，1948年卒
首次出版：1926年，Plon（巴黎）
原著语言：法语
英译书名：Under Satan's Sun

　　法国天主教作家乔治·贝尔纳诺斯在他第一部小说中对信仰进行了充满激情的阐释，这种信仰浓烈到几乎不能用虚构的框架约束。

　　小说从穆谢特的故事开始，这个十余岁的法国乡村少女对她所处的虚伪和愚蠢的社会环境不断反抗。她犯了许多丑恶的罪行，尤其严重的是谋杀了自己轻浮的情人。之后贝尔纳诺斯引入了小说的英雄多尼桑神父。这位年轻的神父笨拙，缺少教养，实行自我鞭刑，但他对当地的百姓有一种奇怪的号召力。神父的极端主义倾向自然遭到天主教官方的反对。某夜，多尼桑在夜路中与乔装成一位马贩子的撒旦辩论。他也遭遇了穆谢特，并且意识到少女受到了撒旦的影响。少女之后的命运引发了多尼桑的极端反应，也促使教会和世俗官方联合起来把神父诊断为精神疾病患者。在小说的结尾，多尼桑成了殉道的圣徒。

　　贝尔纳诺斯成功地赋予了这些超自然事件富于想象力的具体的现实感。他激烈地反对傲慢的"资产阶级"世界，很多无信仰者也由此奉他为精神伴侣。尽管贝尔纳诺斯个人的政治信仰当时属于极右，他却明确否认自己的作品与他对天主教的坚定信仰有任何联系（即使它们几乎都使用了中世纪的背景），并且声明他支持现存的社会秩序。**RegG**

好兵帅克历险记
Osudy dobrého vojáka Švejka

雅罗斯拉夫·哈谢克（Jaroslav Hašek）

作者生平：1883年生于捷克斯洛伐克，1923年卒
首次出版：1926年，A. Synek（布拉格）
原著语言：捷克语
英译书名：The Good Soldier Švejk

　　《好兵帅克历险记》最初是卷帙浩繁但没有收尾的漫画式史诗冒险故事合集，作者雅罗斯拉夫·哈谢克在完成最后两卷前去世，故事的主人公是第一次世界大战中偶然被卷入奥匈帝国军队的一个士兵。小说的精彩之处多半建立在霉运不断但心地善良的中心人物帅克身上——他行走在历史的边缘，但持续改变着历史的走向。帅克顽固地执行着上级的命令，但是执行过程中事情总是完全变成帅克本人的意愿，彻底改变了上级原来的期望。

　　《好兵帅克历险记》中哈谢克创造和完善了一种小说类型（现实中他本人有过士兵、窃狗人、醉汉、卡巴拉酒店舞蹈演员等多种身份）。帅克是阿甘的原型人物，他在捷克斯洛伐克被视为民族英雄，因为他坦荡无心机地揭露出权力造成的谎言。帅克被强迫拉入军队的原因是在酒馆中随便谈论斐迪南大公遇刺事件，此后的故事里，他从传令兵一直升迁到捷克斯洛伐克的上尉。在帅克的冒险中（可能也是因为卷帙浩繁），帅克的性格里混杂了世故和天真。哈谢克用这部小说攻击政府的宣传、官僚集团的自私自利以及分散在各处的国家警察。**DSoa**

▶ 插画家约瑟夫·拉达最初创作的帅克不幸历险的形象，此后成为读者心目中帅克的经典形象。

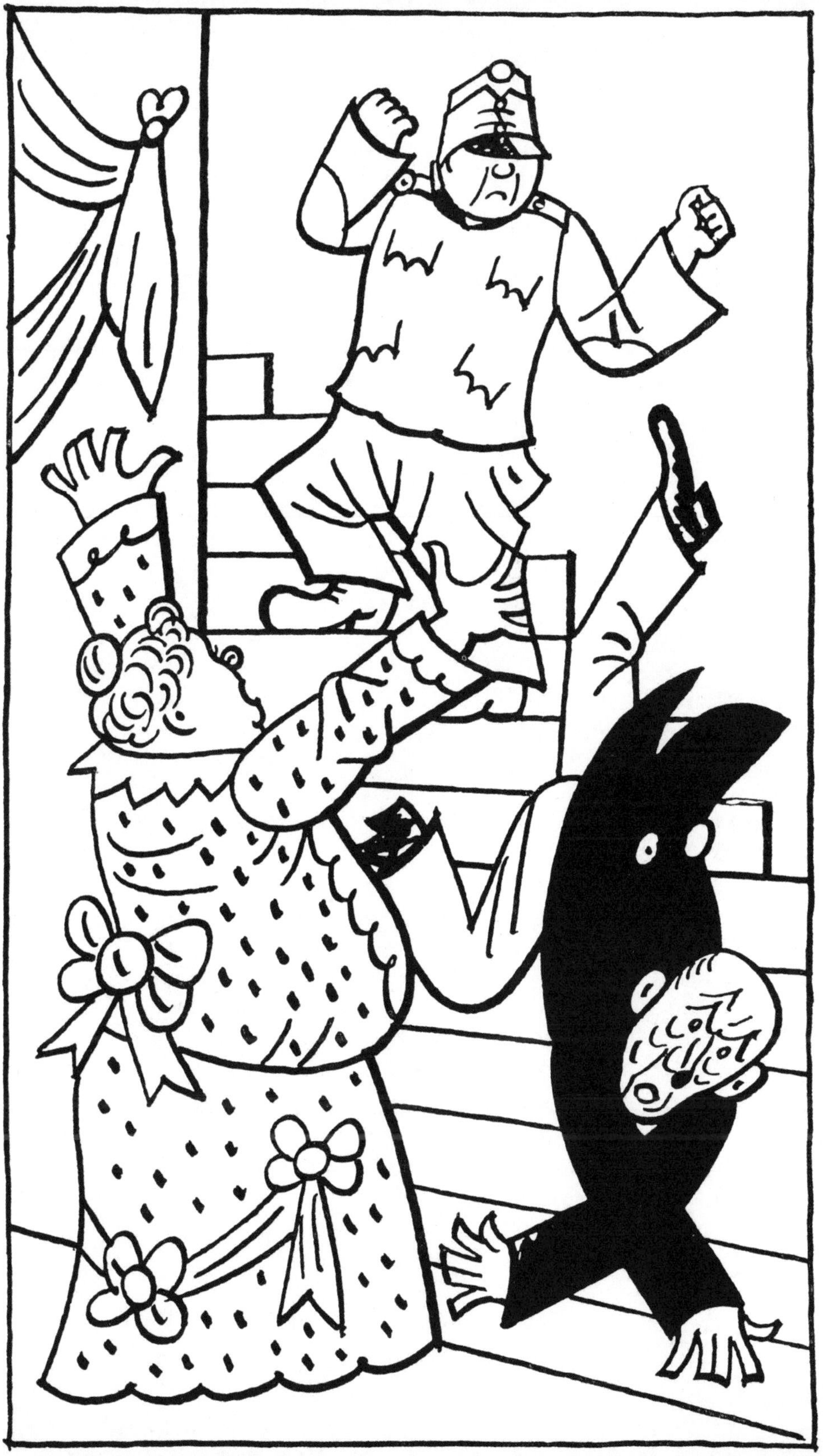

阿尔贝塔与雅各布 Alberte og Jakob

科拉·桑德尔（Cora Sandel）

作者生平：1880年生于挪威，1974年卒于瑞典
作者教名：Sara Fabricius
首次出版：1926年，Gyldendal（奥斯陆）
英译书名：*Alberta and Jacob*

《阿尔贝塔与雅各布》是科拉·桑德尔的"阿尔贝塔"三部曲中的第一部，被誉为女性解放运动的杰作。小说的背景是挪威北部的外省小镇，主人公是名为阿尔贝塔的女孩，她来自陷入经济困难的中产阶级家庭。阿尔贝塔没有能力去上学或者体验南方大城市克里斯汀安尼亚快乐的社交生活，无事可做的她只能在家中做打扫和缝补等女性工作，或者参加小镇无聊的社会活动。小说探索了阿尔贝塔生活中令人窒息的空虚，她的希望和恐惧，她内心的渴望和内在的叛逆。

对挪威分明的四季的精彩描绘是故事的背景，小说开始是挪威初冬近乎永远昏黄的白昼，阿尔贝塔的世界缩小到她自己的小屋内。随着白昼的变长，富有的年轻人出现在少女所在的小镇，她的生活随之被聚会和外出约会所充实。然而阿尔贝塔因为外貌和社交能力的缺陷，只能站在几乎所有美事的门外充当观察者，却无法行动。随着白昼的变短，她又陷入了囚笼。

阿尔贝塔的弟弟雅各布外向又叛逆，和姐姐截然不同——他努力争取去海边城市的权利，最终成功逃脱了自己的家庭。最后阿尔贝塔最叛逆的女友贝塔·布克也屈从于自己的命运。阿尔贝塔想要自杀，但最终，她感觉到了自己内在强烈的求生欲望，挣扎着回到家中，决心"不管生活如何，都得努力活下去"。**CIW**

城堡 Das Schloss

弗朗茨·卡夫卡（Franz Kafka）

作者生平：1883年生于捷克斯洛伐克，1924年卒于奥地利
首次出版：1926年，K. Wolff（慕尼黑）
英译书名：*The Castle*

小说是弗朗茨·卡夫卡的杰出成就。尽管《城堡》是一部未完成的小说，但其震撼力毫无减损。《城堡》与《审判》（见本书第309页）和《变形记》不同，开篇的第一句并没有涵盖完整的故事。我们不知道是不是因为小说没有完成的缘故，但是《城堡》肯定比他之前的作品更加悲观和难以理解。就这个意义而言，小说没有结尾也恰如其分，小说叙述的事件看上去形成了无限系列的一部分，这样小小的部分在小说中也拥有了自己的地位。

土地调查员K来到环绕城堡的村庄，他被拒绝进入城堡调查，也不能在当地停留——这个矛盾组成了叙事的全部，但是K向这个目标的前进却是个典型的噩梦。卡夫卡对荒诞性和写实主义的融合在本书里体现得淋漓尽致：故事的事件从没有偏离表面的现实，但个人的感觉却完全不同。尽管每页的人物表面上都是固定的，但读者不可避免地感受到每个人物自觉地扮演起社会角色，造成了一种异质感。《城堡》不只是讲述一个故事，还唤起了永远不安的气氛。小说暗示了潜伏在视线之外的黑暗，所有其余的一切都被官僚系统无休无止的障碍所隐藏。整部小说类似噩梦的最终时刻——你试图说话但是没有空气能传递你的声音。时间慢得似乎快要停止了。**SF**

失明 Blindness

亨利·格林（Henry Green）

作者生平：1905年生于英国，1973年卒
作者教名：Henry Vincent Yorke
首次出版：1926年，J. M. Dent & Sons（伦敦）
原著语言：英语

　　亨利·格林的名声极大，他被称为作家中的作家，他的所有小说在某种意义上都是"实验性的"。格林独特的散文风格扭转了传统的文字结构，利用奇怪的括号架构和不必要的说明句式，省略掉一大批通常用来连接从句的词。格林的第一部小说《失明》已经反映了作者对充当交流形式的语言的痴迷，他的现代主义欲望重新塑造了语言。

　　小说讲述了约翰·海耶的故事，这个年轻人突然失明，必须学习如何在失明的情况下生活。海耶逐渐认识到还有其他表达情感、体验生命和理解现实的方法。海耶着迷于语言的本质和那些被称为原创性文体家的作者。青年对表达问题的兴趣让他和那些满足于社会生活表面的人不同。从外部观察到的现实和被接受的"现实"不过是无知的产物，比主人公经历的黑暗更加无知。

　　《失明》使用多视角叙述，吸收了"意识流"的技法来呈现不同的观点。格林在小说中探索了内心世界，暗示视力的丧失可能产生更加深刻的体验形式与认知模式。**AG**

一种不正式的日记可能更加有趣。

◆ 亨利·格林的小说常被认为是英国现代主义文学最重要的作品之一。

20世纪 | 319

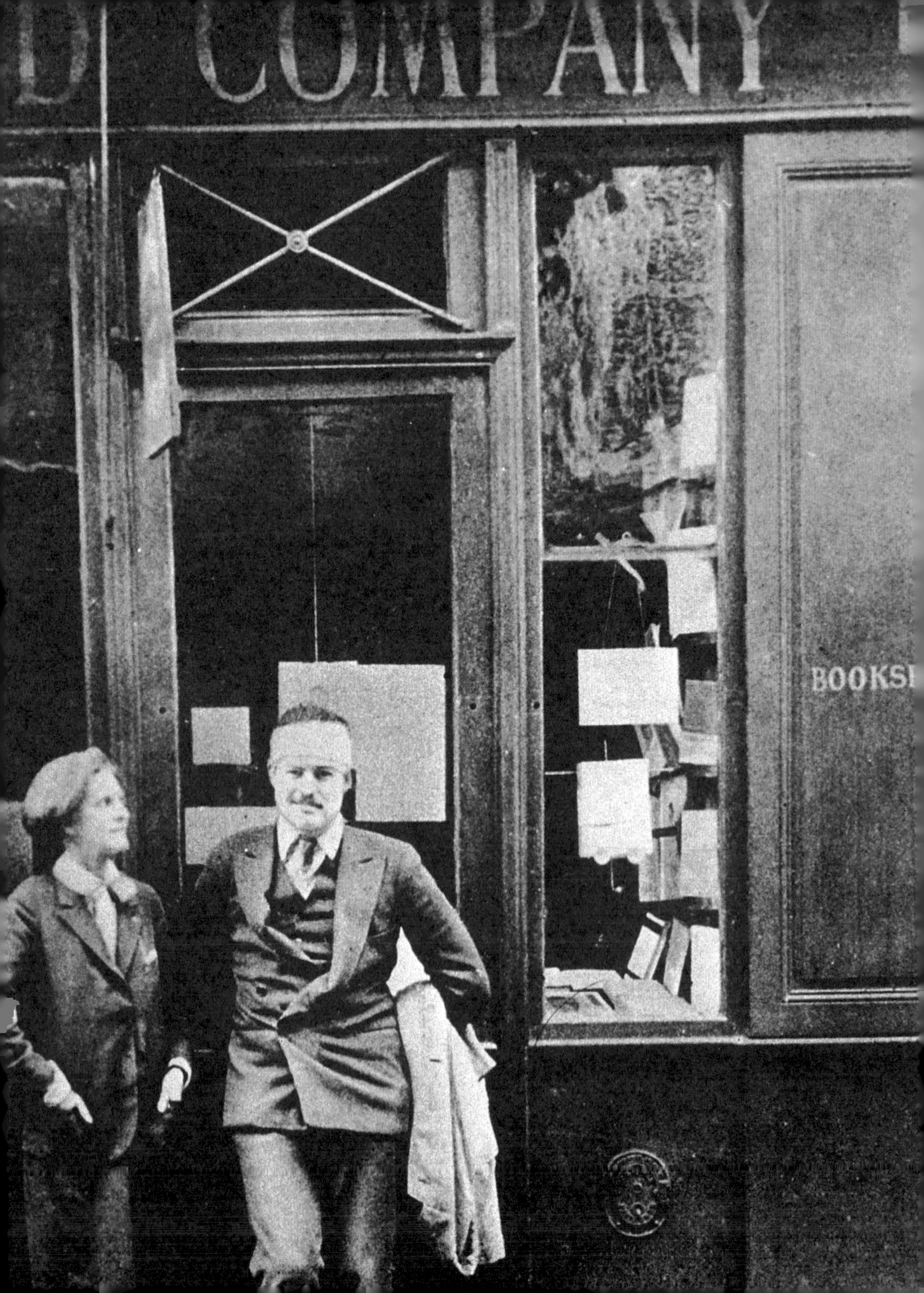
COMPANY
BOOKS

太阳照常升起 The Sun Also Rises

欧内斯特·海明威（Ernest Hemingway）

作者生平：1899年生于美国，1961年卒
首次出版：1926年，C. Scribner's Sons（纽约）
其他书名：*Fiesta*
诺贝尔文学奖：1954年

标题是一种愤世嫉俗的反讽——曲折地反映了叙事者杰克在"一战"中受到的隐秘创伤，因为这个创伤的主角不能勃起——这个设计奠定了"迷惘的一代"小说中冷漠的感情基调。一群愤世嫉俗、艰难生活的旅欧美国人像飓风那样围绕着杰克这个相对平静的风眼。《太阳照常升起》描绘了他们在两次大战之间从巴黎到潘普洛纳参加"七月庆典"的旅行，呈现了迷失在酒和戏剧中的被战争撼动的文明——人们回避一切，只按自己的本能和感官行事。罗伯特·科恩像堂吉诃德那样易怒，但浪漫英雄最后的粉碎在他身上沦为荒诞——他对杰克的前情人勃莱特有着扭曲的痴迷，而勃莱特对科恩浓烈的感情和他轮廓分明的外貌都没有兴趣（不过勃莱特和他依然有床第之事）。

欧内斯特·海明威第一部重要的小说代表了一种风格的突破。尽管这部小说对后来文学创作的影响稍微掩盖了它激进的特征，把《太阳照常升起》的风格和那些更加成熟的同辈（比如福特·马多克斯·福特和西奥多·德莱塞）的作品相比，我们还是能够感受到海明威的革新。小说惜墨如金的语言扫清了一切矫饰，达到了一种无可匹敌的程度，让人物和戏剧清楚、干净地展开。**AF**

美国 Amerika

弗朗茨·卡夫卡（Franz Kafka）

作者生平：1883年生于捷克斯洛伐克，1924年卒于奥地利
首次出版：1927年，K. Wolff（慕尼黑）
创作年代：1912—1914年

卡尔·罗斯曼在十六岁的稚嫩年纪便开始了流亡生涯，他受女仆引诱，令其怀孕，使得家人蒙羞，所以不得不坐船去新世界。尽管罗斯曼在陌生的土地孤独，易受伤害，但他本人有着年轻人的乐观和难以抑制的幽默。卡尔开始寻找自己的发展道路，先是在一家旅馆找到了电梯门童的工作。但是卡尔很快厌倦了这份工作，又开始漂泊，并遇到了一系列古怪的人物，最后他加入了一个神秘的旅行剧团。

小说是对美国不安和缺乏价值观的图景展现。卡尔来到新世界时看到自由女神像高持着一把巨剑，这和其他令人费解的细节（横跨哈得孙湾连接纽约和波士顿的便捷大桥）可能只是表明卡夫卡从来没有到过美国，但它们也营造了一个迷人又邪恶的悖论世界，没有边际的开阔又潜藏着灾难性。在这个地方成功可以带来财富和豪宅，失败会带来悲惨灾难，让人无处可归。

我们熟悉的卡夫卡式主题已经逐渐建立起来——无名官方权威暗藏的威胁、独处时候的恐惧和身份遗失的感觉。《美国》（又译《失踪者》）虽然没有完结，但内容足够丰富到让我们去猜测它的结局。最后，卡尔在引人入胜的景色中踏上西去的火车，这是对美国梦的赞歌。这是否意味着卡夫卡小说的结尾是幸福的呢？**TS**

◀ 海明威和西尔维亚·毕奇站在莎士比亚书店外。这里是旅居巴黎的美国作家的聚集地。

格里沙中士 Der Streit um den Sergeanten Grischa

阿诺德·茨威格（Arnold Zweig）

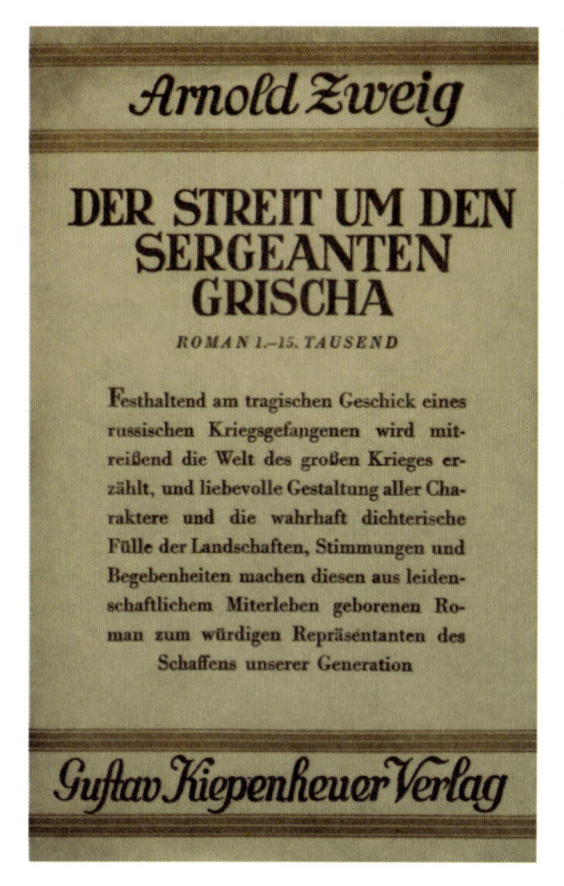

作者生平：1887年生于波兰，1968年卒于德国
首次出版：1927年，Kiepenheuer（波茨坦）
原著语言：德语
英译书名：The Case of Sergeant Grischa

《格里沙中士》是对让战争长久化的社会力量的多角度研究。小说的主人公格里沙是"一战"末期的俄国士兵，被德国的军队俘虏和关押。格里沙想见到自己的妻子和孩子（他再也没有见过他们），于是他决定越狱，希望能回到俄国。为了隐藏自己的身份，他穿上了树林里德国士兵抛弃的制服。但格里沙再次被捕，军队从他穿的衣服判断他是犯人。格里沙突然明白他被误当作的士兵原来是一个逃兵，而军队对逃兵的处罚是直接处决。另外一个人的命运降临到了他的身上。

尽管格里沙最终证明了自己无辜的身份，但他意识到那些了解他状况的士兵不敢不执行处决他的命令。格里沙的徒劳代表了战争中在战场和其他地方被杀死的无辜男女的命运。那些士兵只能服从命令，而不敢判断对方是坏人或好人，他们在上级的严令下各有各的盘算。茨威格作为作家的成就是近乎科学地审视了这个复杂的体制，从他的观察中描绘了道德和人性的悲剧图像。JA

在所有的囚犯中，二百五十人……不超过两个人会拒绝格里沙中士的请求或者拒绝他的命令。

茨威格是犹太裔的反战者和反法西斯者，1933年纳粹在德国上台后，他被迫流亡。

水獭塔卡 Tarka the Otter

亨利·威廉姆森（Henry Williamson）

作者生平：1895年生于英国，1977年卒
首次出版：1927年，G. P. Putnam's Sons（伦敦）
原著语言：英语

　　一只水獭出生在德文郡的水域，它被人类和犬类围捕，面临一系列人为的灾难，最终死在人类的手中。这是《水獭塔卡》的主要情节，但不是小说的全部。小说引人注目的是摒弃了拟人化的写法，通过野生动物的眼睛一丝不苟（有时卖弄学问）地描绘了田园生活。

　　小说不是那种拟人化动物讨人愉悦的故事，它避免了乡村田园诗般的描写，又技巧性地运用了它。这部小说的突出特点是把塔卡异质化，使它一直保持动物的思维。对人格化的抗拒是威廉姆森对"一战"反思的强烈反应，这让《水獭塔卡》与之后的模仿作品区别开来。《水獭塔卡》经常出现对人类及其机械发明的鄙薄；金属和枪炮是敌人，它们粗暴地打破了德文郡水域的安宁生活。这不是简单或者原始的生活——威廉姆森把它视作伟大田园主义的中间地带，但这个地带不断被人类和其发明打断。陷阱、铁丝网和巨大的猎犬"死锁"，在书中一直追逐着塔卡。对金属制品和人的鄙薄是威廉姆森战后厌恶同胞的明证，他之后的战争小说《爱国者的前行》（The Patriot's Progress）也呼应了这种幻灭感。而在《古代阳光的编年史》（The Chronicles of Ancient Sunlight）中他又回归了人类世界的主题。**EMcCS**

到灯塔去 To the Lighthouse

弗吉尼亚·伍尔夫（Virginia Woolf）

作者生平：1882年生于英国，1941年卒
作者全名：Virginia Adeline Woolf
首次出版：1927年，The Hogarth Press（伦敦）
原著语言：英语

　　《到灯塔去》是弗吉尼亚·伍尔夫最具自传性的小说，她把她的父母茱莉亚和莱斯利·斯蒂芬塑造成小说中的虚构人物拉姆萨夫妇。小说的整体架构是由一个时光飞逝的十年和被这十年前后分隔的两天组成。第一部分《窗》描述了拉姆萨夫妇和形形色色的客人在贺比里登岛的夏季别墅里度过的一天。小说的中心部分《时间流逝》是现代主义叙事的实验，伍尔夫把受到电影新艺术启发的再现手法融入小说。拉姆萨夫人去世后，世界大战开始介入和破坏他们的生活。在最终部分《灯塔》中艺术家莉莉·布里斯科完成了拉姆萨夫人的肖像。"幻视"曾经一度欺骗了拉姆萨夫人。拉姆萨先生和他两个最小的孩子詹姆斯和坎姆来到灯塔，完成了书名所提的旅行。

　　小说在某种意义上说是个鬼故事，伍尔夫在小说中探索了死亡的影响，她在整个叙述中贯穿着死亡的回响，间接地表现死亡。她颠覆了小说的优先主题，在小说的中间部分搁置了死亡和婚姻的主题，转而关注时间对事件的影响以及产生的变化。小说深刻地探索了时间和记忆、维多利亚时代的男性与女性观念，以及艺术和它所记录的事物之间的关系。**LM**

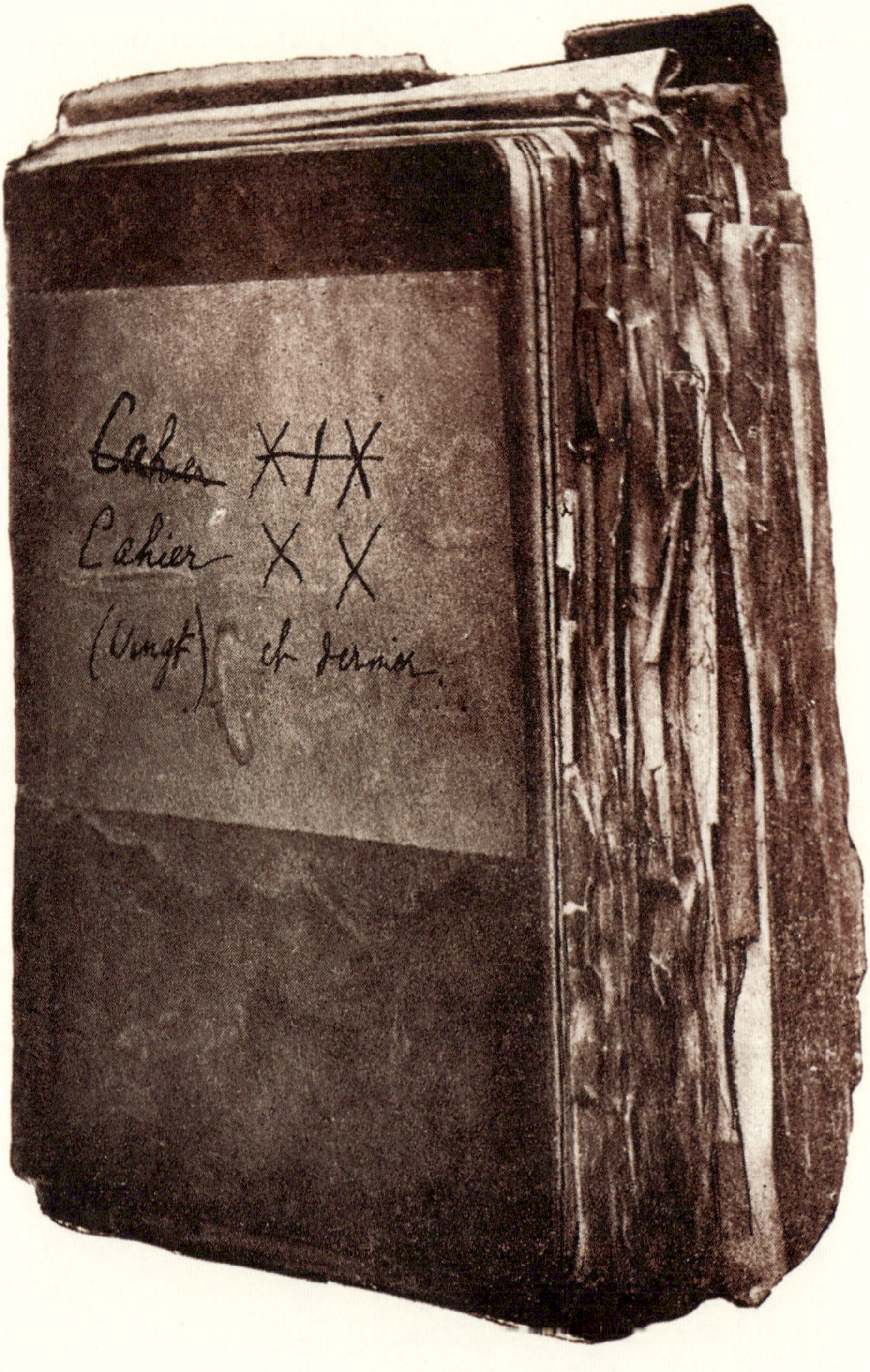
Cahier XX
(Vingt) et dernier

追忆似水年华 À la recherche du temps perdu

马塞尔·普鲁斯特（Marcel Proust）

作者生平：1871年生于法国，1922年卒
首次出版：1913—1927年（七卷本），Nouvelle Revue Française（巴黎）
英译书名：*Remembrance of Things Past*

一般认为，马塞尔·普鲁斯特伟大小说的重要性在于对20世纪文学无所不在的影响——无论是作家们对它的模仿，还是对它的特点的戏谑和嘲讽。不过同样重要的是，小说带给读者的享受程度，小说本身就是与之前文学先驱的对话。

《追忆似水年华》是一部既让人生畏又时尚的三千页巨作，号称"献给文学的故事"，普鲁斯特为此写作了十四年。他在小说中探索了时间、空间和记忆等主题，不过小说从根本上讲是无数语言、结构、文体和主题可能性的精华浓缩。最让人惊奇的一个结构设置是：小说通过一位有抱负的作家的不可靠记忆来叙述19世纪70年代中期到20世纪20年代中期中产阶级和贵族的命运沉浮。叙述者马塞尔受到多种外在因素的干扰，这种有缺陷的记忆包含了各种错误的理解，即使经过部分修正，但因为"下意识"记忆的功能，只带来很少的欢乐时刻。这些过去的时刻被当下偶然的事件所触发，往事便如潮水般涌来，重新唤起失落许久的情绪、观念与记忆。这种时刻赋予了小说独有的时空结构。毫无疑问，比起其他任何小说，本书都需要读者更仔细地阅读。

从严格意义上说，这部史诗小说在法国依然有新篇章问世，不断有学者发现有关这部小说的笔记和草稿。小说最近也吸引了新译者把它译成英语——《追忆似水年华》第一次译介成英语还是1922年到1930年之间的事情。普鲁斯特的"庞然写作"（某些人的描述）继续在扩展。**CS**

◐ 普鲁斯特是高度敏感的神经性哮喘病患者，他和小说的叙述者有着很多共同点。

◑ 普鲁斯特在学校练习本上手写了他浩瀚的杰作，伴随着他的手稿的是无尽的删改符号和重写段落。

荒原狼 Der Steppenwolf

赫尔曼·黑塞（Hermann Hesse）

作者生平：1877年生于德国，1962年卒于瑞士
首次出版：1927年，S. Fischer Verlag（柏林）
英译书名：*Steppenwolf*
诺贝尔文学奖：1946年

哈里·哈勒尔是《荒原狼》的主人公，他感觉自我痛苦地分裂成两个对立的人格。一个人格和他的知性与高贵的理想相联系，而另一个人格则由低贱的本能和对肉体的欲望组成。《荒原狼》从三个独特的视角以编年体的方式叙述了支配哈勒尔内在人生的张力：哈勒尔的中产阶级房东太太的外甥、心理分析的小册子和哈勒尔关于自我的自传性叙述。在小说中其他人物的帮助下，哈勒尔逐渐认识到："每一个自我并非源自一个整体，而是类似最高意义上的多元世界，是星座密布的天堂、混乱的形式……"他决心探索自我存在的多重方面，于是开始实验自己的性欲，频繁光顾爵士俱乐部。在那里哈勒尔学会了跳狐步舞，和自己之前蔑视与嘲讽的人交际。他意识到这些追求和知性发现的兴奋感同样宝贵。小说高度的实验性和歧义的结论是使得《荒原狼》成为黑塞被误解最深的作品的原因之一。

除了对自我发现之混乱过程的精彩而引人深思的思辨，《荒原狼》也严苛且预见性地批评了德国中产阶级的傲慢，以及酿成希特勒上台的不断升级的军国主义思潮。**CG-G**

娜嘉 Nadja

安德烈·布勒东（André Breton）

作者生平：1896年生于法国，1966年卒
首次出版：1928年，Gallimard（巴黎）
原著语言：法语

安德烈·布勒东的《娜嘉》是最为著名且最具持续影响力的"超现实主义小说"。这部半自传性的作品叙述的是布勒东和巴黎一位陌生的、反传统的年轻女子的关系。娜嘉是一个萦绕的谜团：她既是物质的又是非物质的，既是现代的又是古代的，既是矫饰的又是肉欲的，既是理智的又是疯狂的。她是一种精神状态，一个打断了日常现实结构的投影，在生死两界徘徊的魂灵的隐喻。尽管问题多多，但布勒东用娜嘉这个人物联系起了超现实主义观念的关键元素：意外、震惊、欲望、情欲、魔幻和极端的自由。叙事由城市中一系列偶遇组成，通过文本潜在的逻辑从一点跳跃到另一点。《娜嘉》名义上是"爱情小说"，实际上是超现实主义对生活方式的思考，颠覆了艺术与世界、梦幻和现实之间的区别。

小说的文体是文学的拼贴艺术，由各种意象填充，包括娜嘉自己的素描、超现实绘画的版画印刷，以及各种各样的照片。《娜嘉》是丰富的、有质感的观念集锦，批评家瓦尔特·本雅明称其为"异教启示"的宝库。从主流到前卫，从文学到广告，《娜嘉》的影响力迄今仍然可以被感知到。**SamT**

▶ 布勒东戴着荆棘王冠。上面有他《超现实主义宣言》的节引，开头为"自动预言"（本图中看不到）。

326 | 20世纪

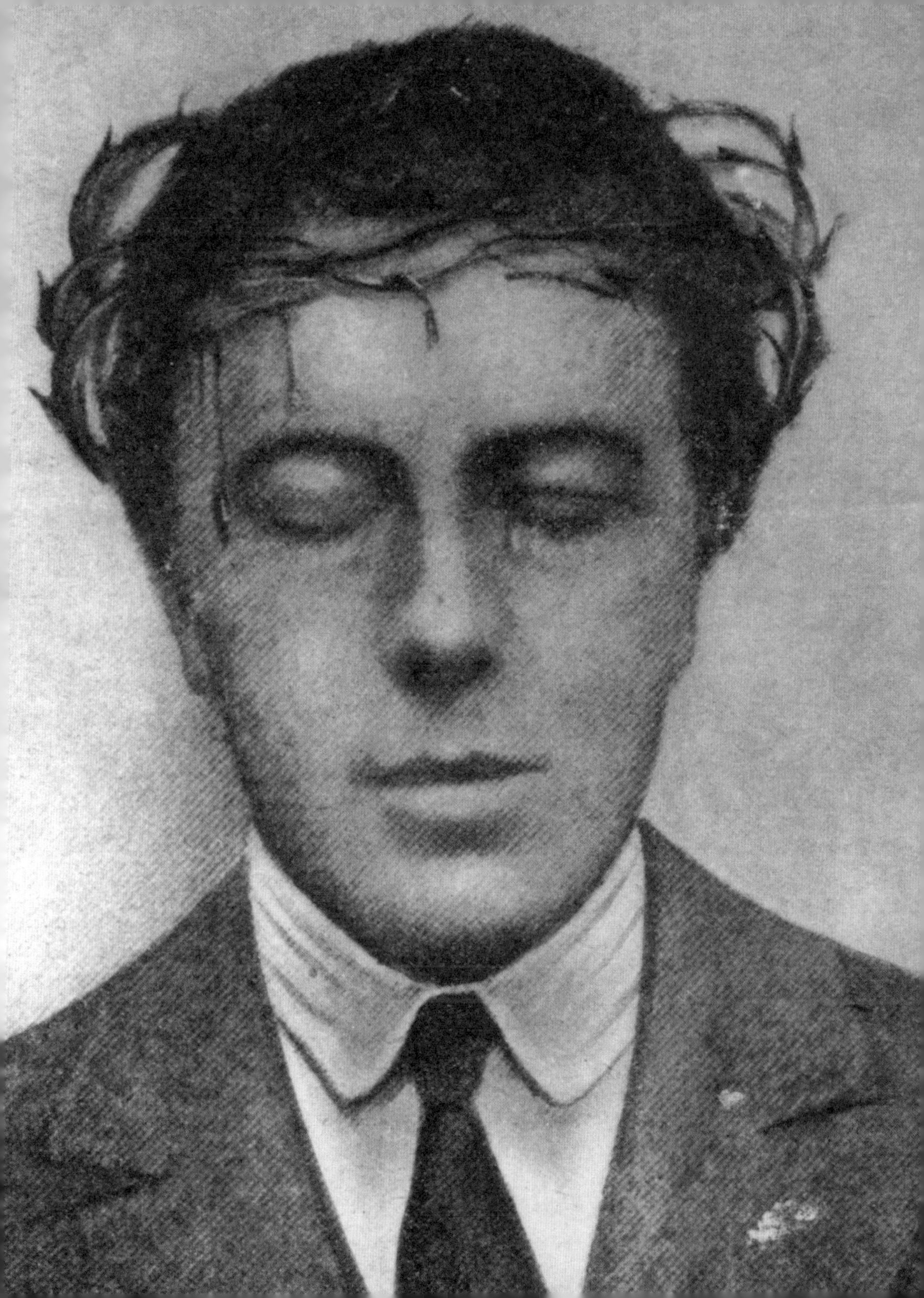

流沙 Quicksand

内拉·拉森（Nella Larsen）

作者生平：1891年生于美国，1964年卒
首次出版：1928年，A. Knopf（纽约）
原著语言：英语

赫尔格·柯乐恩是内拉·拉森动人的自传体小说《流沙》中的主人公。赫尔格·柯乐恩的母亲是荷兰白人，父亲是西印度群岛的黑人，她是个漂泊不歇的人物，一直追求在性和社会交际方面被人接受。小说的开始是"纳西索斯"的灾难性气氛，这是一所南方的黑人学院。之后赫尔格去北方寻求机会，她最初到芝加哥，然后去了哈勒姆，在那里赫尔格最初受到新兴知识阶级的欢迎。接着赫尔格去丹麦旅行，她的黑人血统被当地名流恭维成有着不确定的异域情调和性感。在游历的每个地方，赫尔格都被迫不断拒绝不合适的人的求爱和自己增长的欲望。在小说的结尾，她和一位传教士成婚，回到了美国南部，在那里她陷入了繁重且重复的家务劳动的沼泽地。

这部小说是对20世纪美国关于女性矛盾期望的诚实审视。赫尔格·柯乐恩在社交上非常脆弱。不过她在踌躇之后，仍然能区分出追求愉悦的欲望与自我实现的满足感。小说清楚地揭示了混血女性面临的特有磨难：她们没有自己归属的社区。作者通过对城市匿名生活的欢乐和性别与欲望关系的描绘，暗示了对未来的期望。但正是这种无法物质化的未来，还有赫尔格对其地位的盲目接受，使得小说的结尾非常凄惨。**NM**

> 作者不提供想象力，他们期望读者拥有自己的想象力，并且使用它。
>
> ——内拉·拉森，1926年

照片右侧是拉森，她正接受1929年哈尔蒙基金的奖励。与她小说中的女主角一样，她是种族主义盛行世界中的一位混血女性。

衰落与瓦解 Decline and Fall

伊夫林·沃（Evelyn Waugh）

作者生平：1903年生于英国，1966年卒
作者全名：Evelyn Arthur St. John Waugh
首次出版：1928年，Chapman & Hall（伦敦）

伊夫林·沃的成名作《衰落与瓦解》用刻薄和滑稽的风格诠释世界，这成了作家的标志性风格。小说是关于保罗·潘尼菲舍"神秘消失"的故事，这位年轻的中产阶级普通一员进入了一场"非同寻常的冒险"，既荒唐又吸引人。不过这部书的魅力不在于它的剧情，而在于它的无情和尖刻嘲弄，以及指向英国社会的入骨讽刺。

在保罗"消失"的深幽路径上充满奇遇，包括从牛津被滑稽可笑地驱逐，被任命为北威尔士一所度假胜地般的寄宿学校的教师，和富有的名媛订婚，以及在监狱中待了一段时间等。无助的主人公在过山车般的经历中遇到了反复出现的人物，他们多姿多彩的荒唐经历让读者如痴如醉。从装着木制假肢的恋童癖，到注定因为疯狂的宗教幻视而把自己的头颅砍下的"现代教士"，《衰落与瓦解》充满了让人难以忘怀的人物。

在难以置信的丰富场景下，潜藏着作者对各种目标的攻击。从现代建筑的变化无常到上层阶级的道德沦丧，沃无情而又精准地抛出了讽刺的倒钩。小说标榜的道德典范方向无可指摘，在其浓烈的漫画气氛中道德观始终高高在上，但在其批评下隐藏着绝望感。**DR**

食蓼之虫 蓼喰う虫

谷崎润一郎（谷崎潤一郎）

作者生平：1886年生于日本，1965年卒
首次发表：1928年，《大阪每日新闻》
首次出版：1929年，改造社（东京）
英译书名：*Some Prefer Nettles*

这部小说经常被用来考证谷崎润一郎失败的婚姻，以及1923年大地震后他从东京迁居更加传统的大阪–京都地区的经历。小说讲述了斯波要的故事，这位男子痴迷于一位欧亚混血的娼妓体现的西方化的"另一半"。这段恋情引起了斯波要家庭的破裂。同时，斯波要的妻子美佐子也试图逃避自己的传统角色，追求自我激情的满足——她有一位情人，认同西方的美的理念，热衷于听爵士乐。夫妻二人几乎无法沟通的鸿沟体现了现代性的危机。美佐子的父亲是传统主义者，他为了挽救女儿的婚姻，促使这对夫妇回到古典的艺术形式和日本审美价值中，在更广的内在意义和历史意义上连接这对夫妇。

谷崎润一郎通过对日本传统木偶净琉璃的展示以及对父亲的艺伎小春精妙的塑造，描绘了现代日本的另一道风景，提供了重塑当下的另一种选择：回归过去。作家通过对舞台的一瞥、舞步的沉思和天性的呼唤，指出了两类人和两种传统调和的可能性。《食蓼之虫》也是谷崎润一郎精练文体的里程碑之作，是一篇关于美的论文，是对日本文化的重新考量。小说思考了人际关系的脆弱、放弃的艰难和难以抉择时的无助感。**HH**

队列之末 Parade's End

福特·马多克斯·福特（Ford Madox Ford）

作者生平：1873年生于英国，1939年卒于法国
四部曲最后一卷：1928年，Duckworth & Co.（伦敦）
四部合并单卷本：1950年，Knopf（纽约）

　　福特·马多克斯·福特庞大的小说《队列之末》是众多叙述第一次世界大战的经典著作之一，常被誉为"最优秀的战争小说"，这可能因为它是最具包容性，也最举重若轻的战争小说。福特使用了典型的现代主义手法细致入微地描绘了一个堕入欺诈的世界。他细致地调查了普通人对战争的看法和在战争中的活动，在小说中他追踪了克里斯托弗·提耶金在战争中服役的经历，以及他和令人讨厌的西尔维娅婚姻的破裂。

　　与很多战争小说类似，很难把作者和他虚构的角色分割开来，福特也不例外——他在战壕剃胡子时被炮弹击中，听力部分受损。《队列之末》最后部分出版不久，更加激烈的反战意见合流成了看似一致的声音。福特描绘的战争则可能更加文雅。提耶金在战争中受到的惊吓，以及对他所身处环境的不适应、不理解，是那些退伍兵回到社会后遭遇的典型困惑，而小说四重奏的印象派氛围能够帮助人们更充分地理解战争对每个人的影响。现在福特的作品依然是极有深度的社会调查，其有关战争的侧面信息还没有被现代人清晰地接受，他们习惯把它们视为泥土、内脏和鸦片混合的俗套意象。"没有希望，没有荣誉，我敢说既不是为了国家，也不是为了世界，没有阅兵式。" **EMcCS**

寂寞之井 The Well of Loneliness

拉德克利夫·霍尔（Radclyffe Hall）

作者生平：1880年生于英国，1943年卒
作者教名：Marguerite Radclyffe-Hall
首次出版：1928年，Jonathan Cape（伦敦）
原著语言：英语

　　1928年，《寂寞之井》出版时，引起了英国法律史上最著名的淫秽图书审判之一，招致了二十年的出版禁令；同时小说把女同性恋的存在带入了公众的视线。这两件事在当时都是史无前例的。

　　《寂寞之井》讲述了"内向"的斯蒂芬（她的名字由渴求男孩的父亲所起）的故事，从早年开始斯蒂芬就痛苦地意识到自己的"古怪"。斯蒂芬在第一次恋爱后，被她热爱的家人驱逐出了安全和富有的英格兰中部。她去了伦敦，之后又去了巴黎，成为一名成功的作家。"一战"时斯蒂芬在前线的救护队工作，和一个叫玛丽的年轻女孩坠入爱河——小说的最后部分讲述了她们之间的关系。

　　对某些现代读者而言，小说显得有些过时，因为小说近乎是哥特式的情节剧，持有19世纪的性别理论，对那些同性恋者的命运也持悲观态度。但对另一些读者来说，小说引起了阅读者痛苦的共鸣。本书的力量来自它对异性恋社会可怕的一面的准确洞察，以及对这种社会偏见和规范所造成的毁灭效果的描述。**SD**

▶ 拉德克利夫·霍尔在《寂寞之井》让她声名鹊起前，出版过诗歌和两部小说。

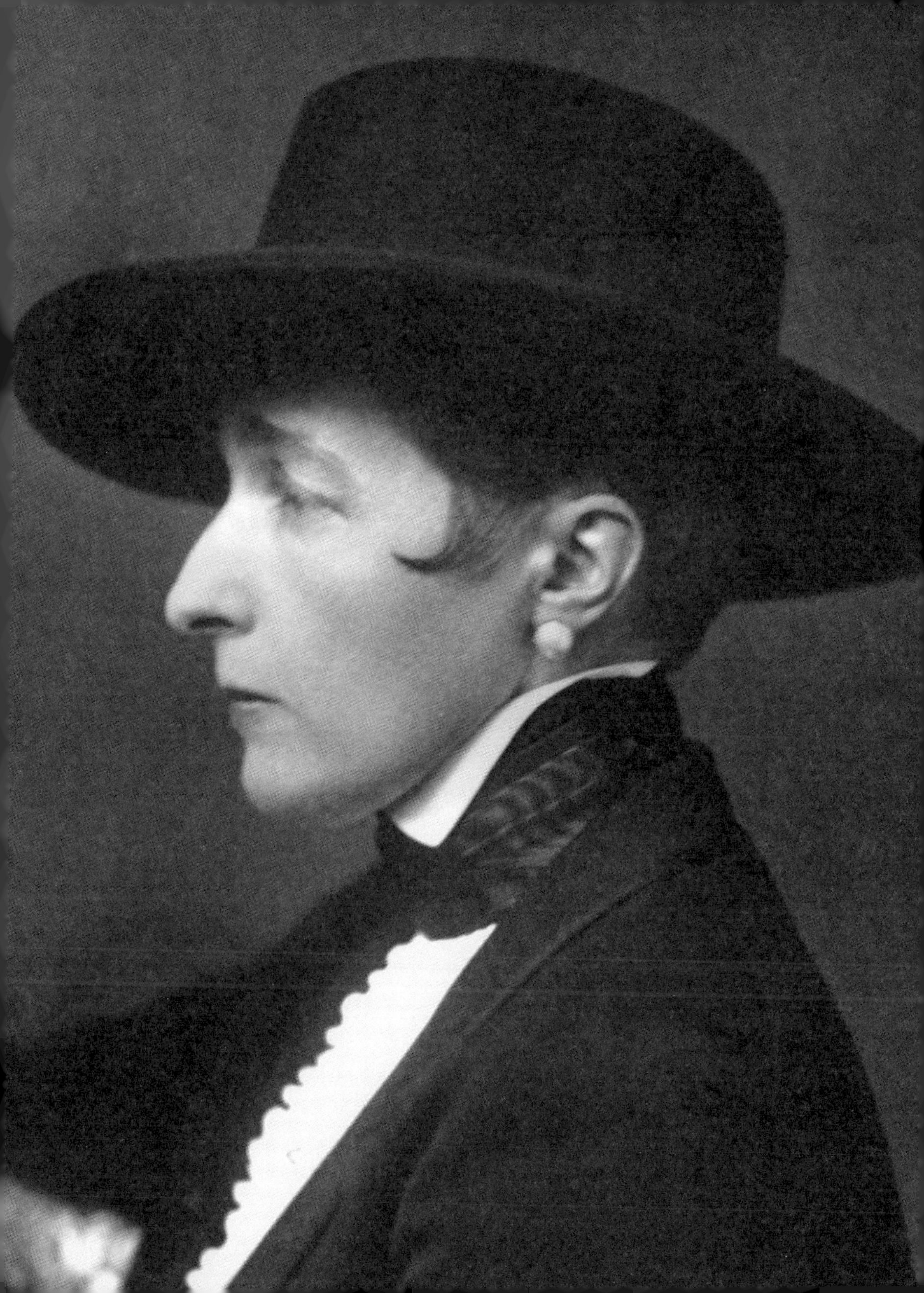

LADY CHATTERLEY'S LOVER
LADY CHATTERLEY'S LOVER
LADY CHATTERLEY'S LOVER
D. H. LAWRENCE

查泰莱夫人的情人 Lady Chatterley's Lover

D. H. 劳伦斯（D. H. Lawrence）

作者生平：1885年生于英国，1930年卒于法国
首次出版：1928年，非公开出版（佛罗伦萨）
首个英文版：1932年，M. Secker（伦敦）
原著语言：英语

《查泰莱夫人的情人》的出版经历就相当于一部小说。作品的未删节版在1928年由私人出版，长期以来只有外国版本发行。1960年企鹅出版集团才在英国首次出版了该小说的未删节版，然后就遭到1959年的《淫秽作品限制法案》的指控。在这次著名的审判中企鹅出版集团最终被判无罪，当时很多著名的作家担任了辩护证人。

该小说最广为人知的就是它对性行为的露骨描写。这些段落主要集中在作者对康斯坦斯·查泰莱夫人和克里夫特·查泰莱爵士不幸婚姻的描写上。克里夫特·查泰莱爵士是英国中部富有的地主、作家和知识分子，而康斯坦斯和她丈夫极有教养的管家奥利维尔·梅洛斯陷入了充满激情的爱中。她怀上了梅洛斯的孩子，于是离开了自己的丈夫。小说的结尾是梅洛斯和康斯坦斯短暂的分离，他们期待康斯坦斯能够顺利离婚，一起开始新的人生。

小说最感染人和不寻常的地方不仅是它对男人和女人之间性的羁绊的真实描写，更重要的是，即使在21世纪早期，它也是英国文学史上寥寥可数的揭示女性性需求的小说。小说描写了一个女人对美好的性高潮快乐的体验，她对劣质的性的极度失望，以及她对真正性爱实现的满足感。这只是让《查泰莱夫人的情人》成为真正的英语小说巨作的原因之一，它还充分和深刻地反映了现代社会的状况以及工业化与资本主义不歇的浪潮对文化和人性的威胁。**SD**

▲ 1960年企鹅出版集团的初版封套上有凤凰的图腾，呼应了劳伦斯的随笔集《不死鸟》。

◀ 在那场有关淫秽内容的审判后，渴求《查泰莱夫人的情人》中不雅内容的狂热读者让本书成为1960年的畅销作品。

奥兰多 Orlando

弗吉尼亚·伍尔夫（Virginia Woolf）

作者生平：1882年生于英国，1941年卒
首次出版：1928年，The Hogarth Press（伦敦）
原著语言：英语

《奥兰多》体现了伍尔夫写作的强劲笔力，关于这一点，伍尔夫的其他作品无出其右。小说引人入胜地探索了性别与历史，也探索了传记自身的性质。不过让人惊奇的是，尽管小说有如此多的知识性话题，但初版时竟然广受欢迎。

奥兰多四百多年的人生充满了冒险、爱情，还有一次性别转换，这个角色似乎是基于伍尔夫的恋人维塔·萨克维尔·韦斯特塑造的。奥兰多是伊丽莎白一世宫廷里一位十六岁的英俊贵族。在大霜冻时期的泰晤士河上，奥兰多开始了和俄罗斯公主的恋爱，不过这场爱情以心碎收场。之后查理二世委派奥兰多出任君士坦丁堡奥斯曼宫廷的大使，在那里他转变成了女性。之后奥兰多回到了英国，在蒲柏和德莱顿的陪伴下生活。19世纪，奥兰多在一次婚姻中有了一子，并开始了作家生涯。故事在1928年中断，那年也是伍尔夫这部小说出版之年。

这个精彩绝伦的故事能给人众多启发，它质疑了我们意识中"真实"的历史、性别和传记。如果这些都是捏造的，那又是谁捏造了它们？对于个体的生活及对生活的叙述，又有什么意义？伍尔夫使用了一系列的手法来突显这类思考：诸如，服饰非常重要，因为它们在塑造性别上极有地位；叙述者的语气也会对读者产生巨大的影响力。这是一部杰出的著作。**MD**

她面临的主要指控是：(1)她已经死亡，所以不能持有任何财产；(2)她身为女人，也同样适用上述一条。

▲ 贵族出身的双性恋小说家维塔·萨克维尔·韦斯特是伍尔夫小说中双性人奥兰多的原型。

眼睛的故事 Histoire de l'oeil

乔治·巴塔耶（Georges Bataille）

作者生平：1897年生于法国，1962年卒
作者笔名：Lord Auch
首次出版：1928年，René Bonnel（巴黎）
英译书名：*Story of the Eye*

这部情色文学的经典之作也是一部意义深远的超现实主义小说。乔治·巴塔耶是法国的文献学家，也是文学评论家——他曾针对色情写过经典的、非文学性评论文章。《眼睛的故事》综合了法国情色文学写作的传统，摒弃了萨德开启的调情剧情和对身体与嘴百科全书式描写的传统，取而代之的是更加迅速的、具有联想性的色情幻想。小说有各种性行为和凌辱片段，但是巴塔耶的情色小说除了行为本身，更多的是被死亡、语言和文本分析所支配。我们读到了色情，但是这是属于知识分子的情色文学。

这部短篇小说用第一人称叙述，剧情在幻想和随后出现的迷惑于色情的一系列物品间转换，从猫的大眼睛到复古的服饰。相比人物，小说在物品上投入了更多的意义。叙述的情景是一种修辞的欺诈，用一种隐喻性的错位把物品和文本联系起来，这是文学上超现实主义的典型特色。不过，巴塔耶的文体诗学有一种说服力和明晰性，与其他超现实主义者典型的任意幻想迥然不同。最后，小说的结尾是巴塔耶对于本书忏悔性叙述记忆和猥亵意象重合的著名分析。**DM**

无歌的撤退 Նահանջը առանց երգի

沙翰·沙诺尔（Շահան Շահնուր）

作者生平：1903年生于奥斯曼帝国，1974年卒于法国
首次出版：1929年，Tparan Masis（巴黎）
原著语言：亚美尼亚语
英译书名：*Retreat Without Song*

《无歌的撤退》最初在巴黎日报《哈拉齐》上连载，引起了日报的主要阅读群体亚美尼亚人的强烈抗议。沙翰·沙诺尔的批评者反对的理由是：他们认为小说的人物色情猥亵，有意扭曲亚美尼亚的文化价值观，对亚美尼亚大离散的描述充满了失败主义的论调。当时年仅二十六岁的作家在与不满的民族同胞的争执中几乎失去了一只眼睛。

今天阅读沙诺尔小说的任何读者都难以理解为什么小说会引起那么大的争议。小说讲述了年轻的亚美尼亚人贝德罗斯在巴黎以担任时尚摄影师谋生，他像艺术界司空见惯的那样，频繁地更换女友，包括女演员、模特和歌手。这种生活节奏被两个进入他生活的女人打断：他喜欢的女人珍妮女士或者叫妮妮蒂，以及喜欢他的女孩小丽萨。贝德罗斯一方面和前者在巴黎式的诱惑中周旋，一方面又要小心避开纯真的后者，他逐渐发现自己回归了真实的自我，更加确认了自己的激情和深度。

虽然这个爱情故事构成了小说的大部分，但它更重要的还是充当了那些脱离之前环境和家庭的流亡者命运的背景。他们的非欧洲自我与民族身份逐渐在复杂的欧洲社会的压力下屈服和同化，只有少部分残留下来，成为咖啡馆里的爱国主义。**MWd**

GAUMONT DISTRIBUTION présente un Film de MELVILLE-PRODUCTIONS
Une Réalisation de JEAN-PIERRE MELVILLE
Les Enfants Terribles
d'après le Roman célèbre de
JEAN COCTEAU
avec **NICOLE STEPHANE, EDOUARD DERMITHE**
RENÉE COSIMA, JACQUES BERNARD
MEL MARTIN, MARIA CYLIAKUS, JEAN-MARIE ROBAIN, MAURICE REVEL. ADELINE AUCOC, RACHEL DEVYRIS
et
ROGER GAILLARD

可怕的孩子 Les Enfants Terribles

让·科克托（Jean Cocteau）

作者生平：1889年生于法国，1963年卒
首次出版：1929年，Grasset（巴黎）
英译书名：*Children of the Game*
美国版书名：*The Holy Terrors*

《可怕的孩子》是关于爱和相互吸引转变为嫉妒与仇恨的灾难性故事，是对人类关系潜在的毁灭性和嬗变性的评论。小说的写作受到了弗洛伊德和其他心理学家开启的对潜意识研究的启发，也可以把这部小说解读成一个孩子的噩梦。实际上所有的故事都发生在一个房间内，在小说的著名开场中年轻敏感的保罗被富有性魅力的地痞达尔格罗斯的雪球击伤，保罗立刻沉迷于这个地痞。他被潜意识驱使，把达尔格罗斯带到自己房间的床上，那间杂乱和狭隘的房间是他和妹妹伊丽莎白共用的。在那里他们玩了一系列游戏，有时争执，有时和好。当伊丽莎白把女友阿加莎带来和他们一起居住时，保罗对阿加莎产生了情愫，因为阿加莎酷似达尔格罗斯，这也燃起了伊丽莎白的嫉妒之心。

很多人发现小说对那些受损害和压迫的青春期少年的描绘，预言了"二战"后年轻的欧洲人与美国人扮演的角色。保罗和伊丽莎白与社会上的生活鲜有联系，他们各自沉湎在自己的幻想世界中，用过盛的激情和没有节制的欲望消耗着彼此。他们这类悲剧人物既代表了人类的命运，又代表了骚动和不成熟的青年人——他们的行为既滑稽又愚蠢。科克托也担任了让-皮埃尔·梅尔维尔1950年的那部著名电影的编剧。**AH**

财富和贫穷一样，是内在的生活态度。挣了不少钱的穷人会炫耀他的横财，但不能得体地展示它们。

▲ 毕加索的这幅科克托的肖像，是在他艺术生涯中为交往的众多文化巨星所画的肖像之一。

◄ 妮科尔·斯黛芬和爱德瓦·德米特在梅尔维尔1950年根据科克托的小说改编的电影中，扮演了过分亲密的胞亲。

柏林，亚历山大广场 Berlin Alexanderplatz

阿尔弗雷德·德布林（Alfred Döblin）

作者生平：1878年生于波兰，1957年卒于德国
首次出版：1929年，S. Fischer Verlag（柏林）
原著语言：德语

《柏林，亚历山大广场》和詹姆斯·乔伊斯与约翰·多斯·帕索斯的作品都是20世纪20年代最伟大的都市史诗，是革新小说类型的一种尝试。小说使用来自电影的蒙太奇手法，既与一个地方有关，也与一个"故事"有关。

从某个层面上，小说可以被视为一个道德故事。它的主要人物是前罪犯弗兰兹·比伯柯波夫，他一直徒劳地想成为一个"好人"。比伯柯波夫是典型的幼稚"小人物"，围绕着他的调皮，叙述者建构起了关于犯罪、诱惑和背叛的复杂叙事。弗兰兹尝试过各种工作，在一次笨拙的抢劫中失去了一条手臂。他充当过皮条客，谈过恋爱，最终被背叛并被自己的死对头莱茵赫尔德谋杀。在东柏林的工人阶层中，阿尔弗雷德·德布林可谓家喻户晓，他塑造了一系列令人难忘的生活在底层的阴郁人物，作者对他们的语言和生活特征都了如指掌。

不过小说最有特色的还是它的文体。它的叙事融合并营造了城市的气氛，传达出属于柏林的速度、对比感和让人迷惑的即时感。作者有意识地反对传统的小说概念，多层次的叙事释放出观察大都会的多样视角。读者接触到的有新闻报道、路人角色之间的闲谈、广告、街头标语（在书中是插画的形式）和流行歌曲的歌词。此外小说提到的《圣经》典故与游戏的态度形成了对照，德布林的野心是创造一部现代的史诗。小说的效果让人迷醉，你最初接触的都会汇成背景——柏林城是演出的明星。**JH**

可怕的事情是他的人生获得了某种意义。

▲ 菲尔·犹茨成功出演了1932年根据小说改编的电影，20世纪80年代小说还被莱纳·法斯宾德拍成了电视系列剧。

西线无战事 Im Westen nichts Neues

埃里希·玛丽亚·雷马克（Erich Maria Remarque）

作者生平：1898年生于德国，1970年卒于瑞士
作者教名：Erich Paul Remark
首次出版：1929年，Propyläen（柏林）
英译书名：All Quiet on the Western Front

"西线无战事"表明本书的意图既不是指责，也不是忏悔，而是对一代人的记录，包括那些"被战争摧毁的"幸存者。不过这个简洁明晰的书名与其说是一种警示，或者是一种自卫式的声明，不如说是一句话的宣言。无论书名如何心平气和，紧随着它的都是一个关于毁灭的故事。

在魏玛共和国两极化的政治争论中，第一次世界大战不只是一个话题，还是各派人物的试金石。你如何理解战争，战争的起源、过程，投降和战败，指引着你对过去的认知，也指引着你对未来是宜居还是毁灭的认知。我们一旦了解作品的这种内在语境，那就会明白小说的和平主义论调绝不会讨好两次世界大战之间德国文艺评论界的极左派与极右派。不过埃里希·玛丽亚·雷马克的小说也并非对和平主义的赞同或者反对，而是简单地对高效的、组织化的屠杀的惊骇回应。这种对极端不人道的战争的平和、明晰和探索性的说明构成了《西线无战事》作为反战小说的伟大意义。

雷马克伟大小说的中心论调来自保罗·鲍曼，他是小说中十九岁的叙述者。鲍曼是前线士兵的一员，他们的战争经历没有神话化的英雄主义，揭露了战争的平庸，让人惊悚的恐惧、孤独，还有人们的愤怒——军服既不能保护他们的身体，也无法给他们带来荣誉。在小说的结尾，鲍曼的声音消失了，取代他的是他死亡当日措辞文雅的简洁战报：「西线无战事。」**PMcM**

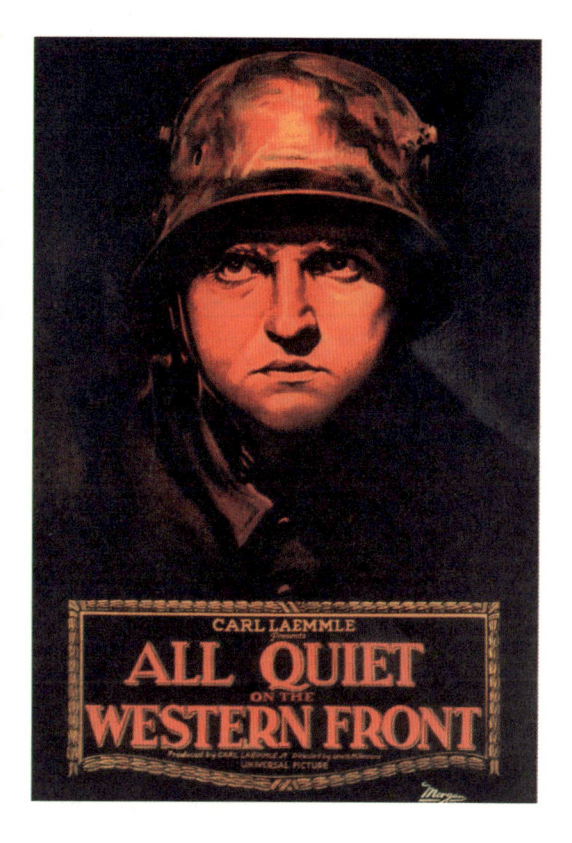

你尽管可以像这样一直坐下去……

▲ 刘·埃勒斯在1930年根据该小说改编的同名电影《西线无战事》中扮演保罗·鲍曼。

冷漠的人 Gli indifferenti

阿尔贝托·莫拉维亚（Alberto Moravia）

作者生平：1907年生于意大利，1990年卒
作者教名：Alberto Pincherle
首次出版：1929年，Alpes（米兰）
英译书名：*The Time of Indifference*

本书是阿尔贝托·莫拉维亚早年的杰作，写作于他十八岁时，是在马泰奥蒂被谋杀后写的——马泰奥蒂因为在法西斯党占多数的议会上公开反对墨索里尼而遭遇不测。尽管本书没有露骨地影射意大利的政治状况，但在这个讲述中产阶级家庭的故事中，那些被腐朽的社会环境迫害的无助受害者，清楚地传达出了政治信息。

小说的中心主题聚焦于人物在现实面前的无助和无力，他们暴露出难以抹去的先天性的软弱。玛利亚格拉西亚的儿子米歇尔和女儿卡尔拉尽管都受到严重的金融危机的影响，但依然保持着中产阶级的样子和奢华的生活态度。最后他们慢慢地不可避免地遭遇悲惨的下场。中心人物米歇尔无视他周围的事件，对眼前不断崩溃的现实无动于衷。他不能按照他的阶层的规则为人处世，也没有能力发现反叛这套规则的道义力量。他想清除掉他母亲的——之后是他妹妹的——讨厌情人里奥，不过荒诞的是他的枪却忘了装子弹。莫拉维亚从这部小说开始了自己对人类状况的漫长审视。他从此追求强迫服从、鄙视和沉闷等主题，描绘了在走向末路的历史轨迹中的社会阶层的局限性，他们无力去改革和转变自身。**RPi**

对于她而言，为了服从道德中的宿命论，沉陷在家事中是她人生应有的结局。

▲ 年轻的阿尔贝托·莫拉维亚在1929年便登上文坛，之后半个多世纪一直是意大利文化界显赫的人物。

活着 Living

亨利·格林（Henry Green）

作者生平：1905年生于英国，1973年卒
作者教名：Henry Vincent Yorke
首次出版：1929年，J. M. Dent & Sons（伦敦）
原著语言：英语

  用任何标准来衡量，亨利·格林都是一位早熟的作家。他的第一部小说《失明》（见本书第319页）是在学校写的，完成的时候他还是一个学生。1929年，第二部小说《活着》出版时，他还不到二十五岁。故事讲述了伯明翰的工人阶级社会，或者从一个更广泛的意义上来说，它是一个团体的自我表达。作者创造性地用口语和行业语汇，反映出劳工阶层的乐观或者反社会行为。

  因为小说部分是关于表达的故事，而不是简单地描写人们的生活，格林面临的挑战是寻找一种文体风格把困难的语言表达出来。所以，这部作品成了格林最具语言实验性的小说，读者阅读之初可能会对本书省略明确的定语和名词的奇怪做法感到困惑。这种文体读起来断断续续，好像叙述者因为词汇量有限，忽略了语法的规则。不过，格林的意图不仅仅是模仿工人的生活，他还试图唤起（通过语法压缩的氛围）工人社会典型的期望和欲望节制，以及他们对简洁性的自我表达方式的依赖。格林有效而生动地传达了这一点，让他的叙述带给读者简洁的语言。**KS**

我想黛西 I Thought of Daisy

埃德蒙·威尔逊（Edmund Wilson）

作者生平：1895年生于美国，1972年卒
首次出版：1929年，Scribner（纽约）
原著语言：英语

  埃德蒙·威尔逊是一位有影响力的文学批评家和编辑（他在《名利场》和《纽约客》都任过职），也是最早一批发现作家弗拉基米尔·纳博科夫和欧内斯特·海明威才华的人之一。不过，与很多（如果不是全部）批评家和编辑一样，他也渴望成为一名作家。

  《我想黛西》几乎全部来自现实经历。故事本身不过是半遮半掩、隐去真名的纪实。小说一开始就让读者追随一位匿名的叙述者，他在旅居巴黎二十年后返回纽约。很快，叙述者迷恋上了格林威治村的文学气氛，以及那里最有才华的一位作家、诗人丽塔。丽塔的原型是埃德娜·圣文森特·米莱（Edna St. Vincent Millay），她在1923年成了第一位赢得普利策诗歌奖的女性，威尔逊和她有过一段短暂的感情经历。在这部小说里，这段恋爱随着叙述者对左翼与现代主义价值的幻灭而告吹。叙述者断定自己的人生缺乏价值核心，于是他转而求助于自己大学时代的导师格罗斯比克教授。教授为他指引了一种远离知性的生活方式，这种方式使叙述者和书名中的黛西（她是美国一个唱诗班的女孩）相恋。

  很多人认为这部小说的意义在于试图把普鲁斯特式的审美带入美国文学领域。作为文学评论家，威尔逊的这种尝试有着持久的影响力。**PH**

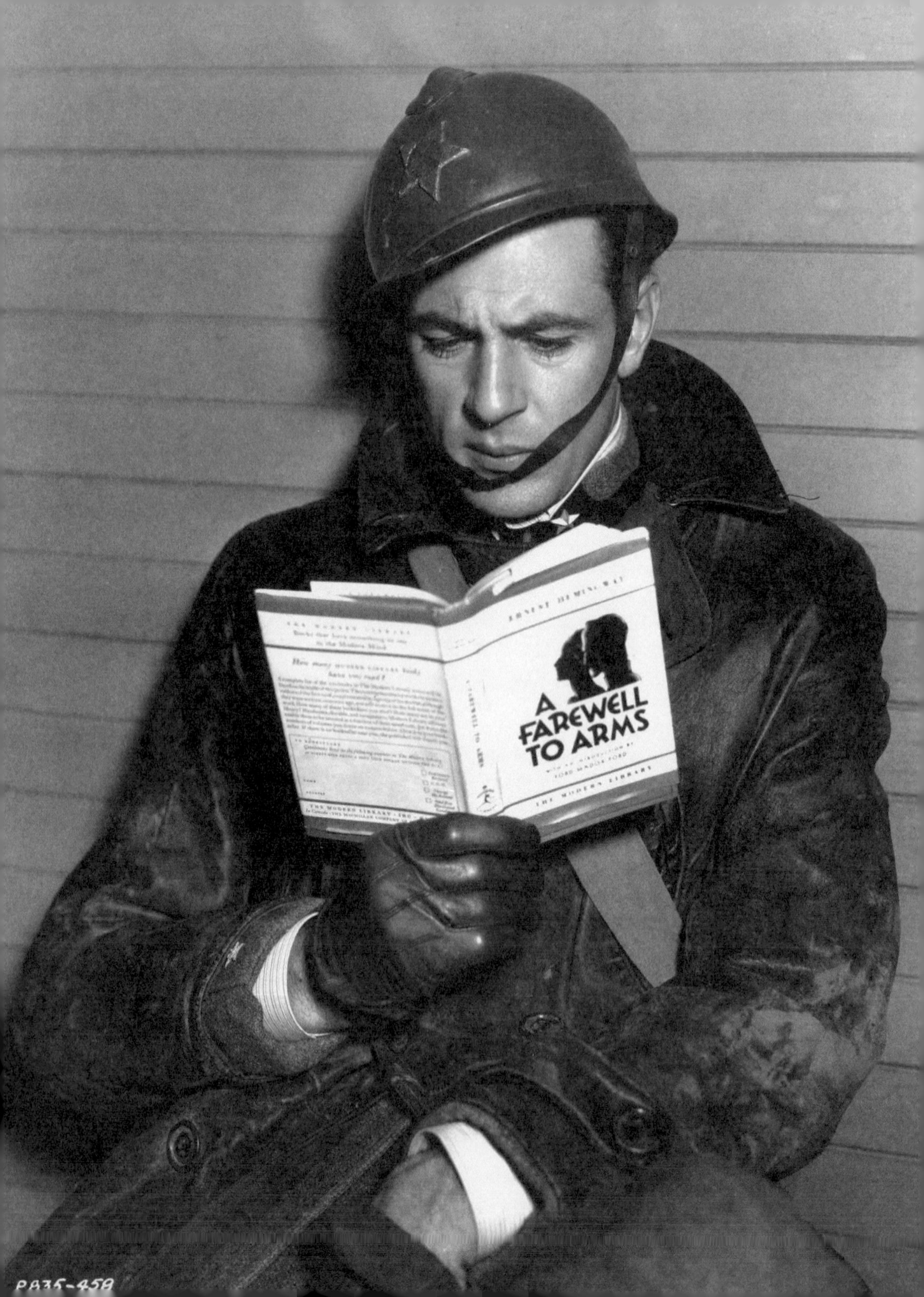
A FAREWELL TO ARMS
THE MODERN LIBRARY
PA35-458

永别了，武器 A Farewell to Arms

欧内斯特·海明威（Ernest Hemingway）

作者生平：1899年生于美国，1961年卒
首次出版：1929年，C. Scribner's Sons（纽约）
原著语言：英语
诺贝尔文学奖：1954年

《永别了，武器》的背景设置在"一战"时期的意大利与瑞士。欧内斯特·海明威笔下的叙述者弗里德里克·亨利的创作风格简洁、朴实无华。他对意大利战场进行了现实主义、毫无浪漫化的描写，这种典型的写作风格之后也成了海明威写作的标志性风格。亨利对战争的叙述与他和凯瑟琳交往的情感性语言形成了鲜明的对比——他在图灵养伤时结识了这位英国女护士。

小说最受欢迎的部分是它对战争的现实主义描述，这主要来源于作者的个人经历。尽管小说有强烈的自传色彩，但海明威实际的战斗经历远不如小说的主人公。海明威在意大利战场当过救护车司机，不过那是为红十字会服务，并且只在1918年工作了几个星期。海明威也和一位叫阿涅斯·冯·库洛维斯基的护士坠入了爱河，但和弗里德里克·亨利不同，之后海明威的爱情就再无进展了。

《永别了，武器》确立了海明威成功的作家和"迷惘的一代"代言人的身份。"迷惘的一代"是在20世纪20年代到30年代旅居巴黎的美国知识分子群体，第一次世界大战的经历塑造了他们，他们的人生态度既愤世嫉俗又悲观。**BR**

过客 Passing

内拉·拉森（Nella Larsen）

作者生平：1891年生于美国，1964年卒
首次出版：1929年，A. Knopf（伦敦&纽约）
原著语言：英语

内拉·拉森的小说探索了20世纪早期纽约种族身份的复杂性。小说的中心人物艾莲娜·雷德菲尔德是非裔美国人的中产阶级家庭成员，在20世纪20年代的哈勒姆文艺复兴中她迅速成为家喻户晓的时尚人物。艾莲娜和一位医生成婚，把自己的人生献给了慈善事业和社会活动。然而她和童年伙伴卡莱尔·肯迪利的邂逅，却向她揭示了潜伏在表面自鸣得意和舒适生活之下的不安全和焦虑。卡莱尔·肯迪利为了保持白人的身份，隐瞒了自己的混血家庭。

小说很明显嘲讽了哈勒姆文艺复兴的道德观、虚伪和野心。它主要的关注点是探索卡莱尔·肯迪利有意颠覆美国20世纪早期对于种族纯洁性的强迫欲望，这种力量既强大，又让人无所适从。卡莱尔和美国一位富有的白人种族主义者成婚了。她之后的很多行为（包括生下孩子、把他介绍给艾莲娜）都可能透露自己的"真实"身份。拉森探索的这个艰难领域充满了各种关于真实感、纯粹性和知识的武断结论，她极有技巧地向读者提供了难以言说的事情的剪影。在小说结尾，艾莲娜对卡莱尔深深的矛盾感才是所有的力量中最危险、最不稳定的一股。**NM**

◀ 加里·库珀出演了1932年电影版的《永别了，武器》，照片中的他正在利用拍摄休息时间重温小说。

天使，望故乡 Look Homeward, Angel: A Story of the Buried Life

托马斯·沃尔夫（Thomas Wolfe）

作者生平：1900年生于美国，1938年卒
首次出版：1929年，Grosset & Dunlap（纽约）
原著语言：英语

在某种层面上，《天使，望故乡》是艺术家青年时代的肖像，他把背景转换到北卡罗来纳州富有的山丘小镇上。托马斯·沃尔夫不是一位现代主义作家，相反，他缺乏乔伊斯细腻反讽的笔触，也没有福楼拜那种对素材的强烈掌控力。不过在这些表面的缺点下却隐藏着作者独特的气质，他给予我们的是一种纯粹的、生机勃勃的表达方式。沃尔夫是继承惠特曼和梅尔维尔传统的旧派作家。"他竭尽全力把自己要说的话都说了"，福克纳如此评价沃尔夫，他把沃尔夫视为他这一代最伟大的作家，也是"最光辉的失败"。

小说中的叙述者是新进艺术家欧根·刚特，这个理想主义的青年充满着活跃的想象力，并且渴望着超越。但是他不信仰传统的上帝，也同样无法动摇自己坚决持有的人类宿命论的观念。欧根从婴儿到人生早年的成长经历是他不断寻求知识、遭遇孤独和挫折的旅程。然而，小说真正的特质并不在于作者对欧根在社会中寻找个人位置而拼搏的描绘，而是对他的生活的丰富而生动的叙述。这部家庭史诗的核心在于欧根父母之间紧张的关系。他的父亲酗酒成性，沉溺于女色，却又不失可爱；而他的母亲务实勤劳，勉强维持着十口之家——尽管她的丈夫一直有毁灭这个家庭的倾向。**AL**

> 人类被残酷和充满压力的环境力量折磨时，经常会说他们发现了自我。

▲ 托马斯·沃尔夫在美国受到尊敬，他抒情地描写了20世纪早期的美国生活。

马耳他黑鹰 The Maltese Falcon

达希尔·哈米特（Dashiell Hammett）

作者生平：	1894年生于美国，1961年卒
首次出版：	1930年，A. Knopf（伦敦&纽约）
首次刊载：	1929年，*Black Mask*
原著语言：	英语

　　达希尔·哈米特和雷蒙德·钱德勒几乎是侦探小说变革时代的代名词，他们笔下不再是大侦探破解表面上无处入手的犯罪故事，而是更加常见的破案手段。这种变化明显是受到快速变化的都市空间、巨大的企业和机构腐败等因素的影响，所有这些因素都是第一次世界大战后的北美社会的典型特色。

　　哈米特从更广的范围在他的作品中引入了一系列不同的主人公，以及一系列既是真实又是虚构的地点和非常"开放"的描写。哈米特擅长构造犯罪回旋式的剧情，采用了貌似没有止境的一系列意外转折与反转，这和钱德勒笔下毒气一样笼罩一切的腐败气氛形成了对比。

　　达希尔·哈米特塑造的山姆·斯佩德只是一系列侦探故事的主角之一。斯佩德在一个暴力和肮脏的世界艰难前行，这个世界的角色全都是自私、多次出卖朋友的家伙。斯佩德富有洞察力和掌控力，他继承了夏洛克·福尔摩斯或者杜宾的血脉，同时斯佩德又爱斗殴、口吐脏话、讹诈对手。总之，《马耳他黑鹰》的成分复杂。它的核心是各类侦探故事的聚合：它汲取了过去动作类和冒险类题材的元素，将读者带入一个关乎抢劫、谋杀的新世界。**SF**

我们，她的列兵 Her Privates We

费德里克·曼宁（Frederic Manning）

作者生平：	1882年生于英国，1935年卒
作者笔名：	Private 19022
首次出版：	1930年，P. Davies（伦敦）
原版书名：	*The Middle Parts of Fortune*

　　小说的未审查版（也就是原版）名为《命运的中途》。传言出版商彼得·戴维斯把这位倔强和酗酒的作家锁在自己的书房，要求他在被释放前写出一部战争小说。在争议声中，这个系列的小说不可避免地改变了文学史描绘战争的方式。本书是这个图画式、毫无妥协和充满争议的文本中最清晰明澈的一部。

　　费德里克·曼宁的小说起初是以两卷本的形式出版，作者的署名是他的军队序号：列兵19022（直到1943年，作者的名字才出现在书脊上）。与当时流行的格拉夫斯、萨森和布伦登等人所写的官方版口径的战争小说不同，曼宁的半自传体文本讲述了列兵伯恩的生活：他是一个酒鬼、吃白食者和夸夸其谈的人。可能正因为是对军队下层士兵的重视，还有对平庸和不适的战壕生活的关注，本书才获得了持续的成功。与其他战争故事富有动感的架构不同，小说很少有绚丽的场面，侧重于战斗的后果和对另一场战斗的渐进准备（在战斗中伯恩的战友陆续被杀）。在这个意义上，《命运的中途》远不只是对战时生活的描绘，它至今仍有颠覆战争经历的潜能。**EMcCS**

上帝的人猿 The Apes of God

温德汉姆·刘易斯（Wyndham Lewis）

作者生平：1882年生于加拿大，1957年卒于英国
首次出版：1930年，Arthur Press（伦敦）
原著语言：英语

温德汉姆·刘易斯的《上帝的人猿》是一部怪兽般包罗万象（某些人认为它让人感到精疲力竭）的英国现代主义作品。小说有一种生机勃勃的感染力，它是对20世纪20年代伦敦上层社会矫揉的艺术氛围的群像嘲讽。这个时期被刘易斯称为"两次世界大战间的神经错乱期"。本书的批评主要集中在"艺术世界"的自我欺骗和那些自以为生活在其中的人。刘易斯提到了蒲柏和斯威夫特，他重新改造了18世纪讽刺文学的标准风格，更侧重于外部的夸张，建构起一些高度戏谑的角色，把所有事情都化为荒诞。不过，刘易斯不只是对二百年前的讽刺文学传统的复古，而是重构了一种鲜活和独特的文体风格——几乎算得上立体主义艺术家对小说的改造，这支持了作者的信念：艺术不应该仅仅是对现实的消极模仿。

小说讲述了令人难忘的纯真青年丹·波乐恩的经历。他在导师贺拉斯·扎格勒斯的领导下，浏览被一群伪艺术家占领的伦敦画廊。这群伪艺术家就是小说书名蔑称的"人猿"，他们让波乐恩陷入了对艺术价值和艺术实践的混乱且充满误导的争论中。一旦读者适应了刘易斯独特的风格，剧情就走上了正轨，各色人物会集在奥斯曼爵士的兰登聚会上。刘易斯的嘲讽既有生理歧视，又有意识形态的偏见，他狂热的偏执让人难以容忍：比如持续的种族歧视，尤其是反犹太主义和传统的男女性别观念。即使读者不能接受刘易斯的苛刻态度和他认为人类与猿人相去不远的观念，也依然可以欣赏作者的风格和他的讽刺能力。**DM**

▲ 初版封面上是刘易斯在小说中讽刺的"人猿"艺术家，非常引人注目。

▶ 这幅刘易斯的自画像绘于20世纪20年代初，传达出其写作中强烈的嘲讽力量。

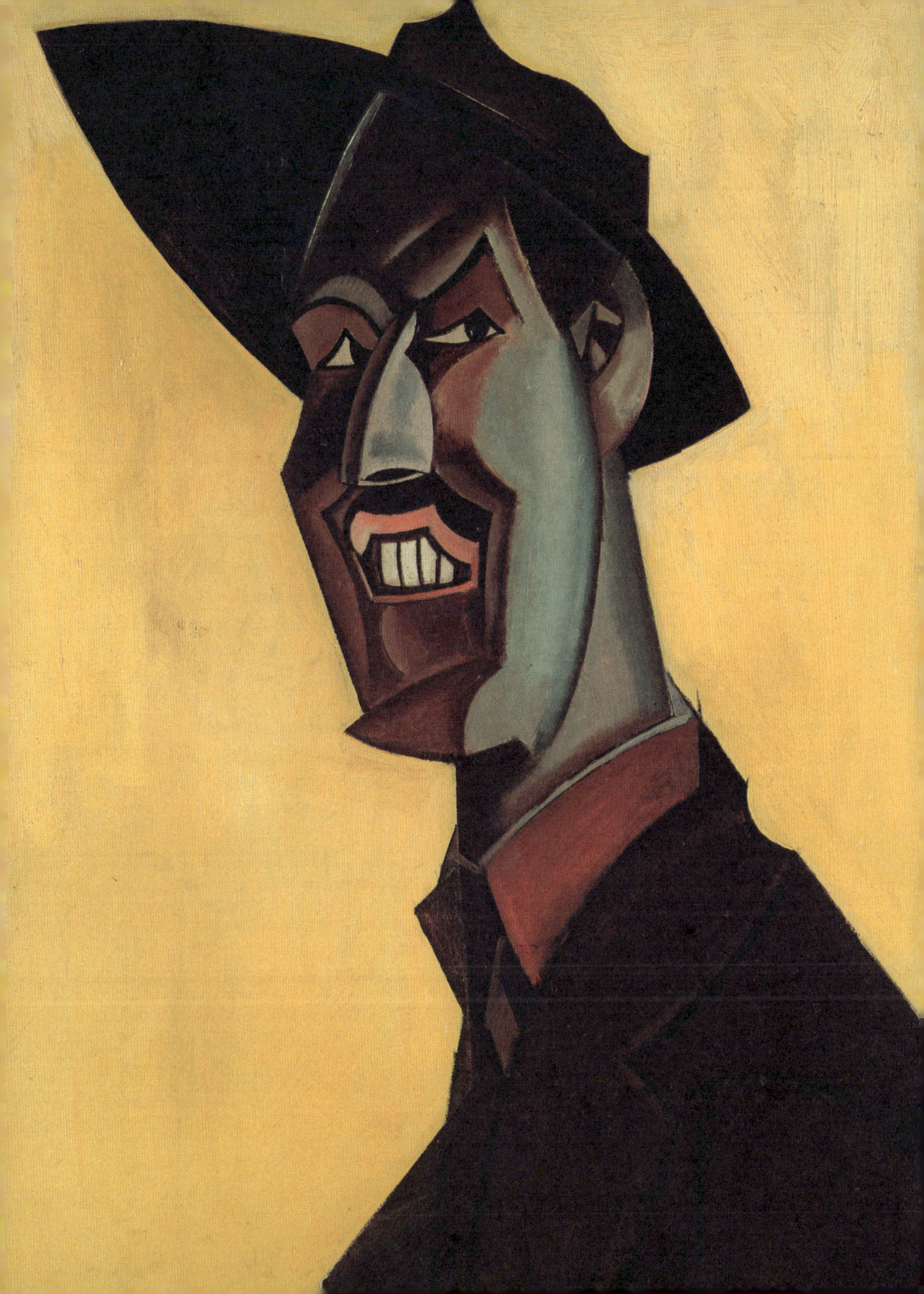

莫妮卡 Monica

桑德士·刘易斯（Saunders Lewis）

作者生平：1893年生于英国，1985年卒
作者教名：John Saunders Lewis
首次出版：1930年，Gwasg Aberystwyth（兰达西尔）
原著语言：威尔士语

　　桑德士·刘易斯的小说《莫妮卡》是一部真诚、凄美之作：小说描绘了性占有和基于生理激情的关系的缺陷。莫妮卡是在性上受过挫折的年轻女性，被隔绝在家中照料自己生病的母亲。莫妮卡外出的姐妹哈娜把未婚夫鲍勃带回了家。嫉妒心和情欲控制了莫妮卡，她诱惑鲍勃和她秘密私通。因为他们亲吻时被哈娜撞见了，莫妮卡和鲍勃被迫离开小镇结婚。

　　通读全书的读者会意识到莫妮卡一直在隐藏自己的真心，比如她虚伪地宣称自己夜晚在城中的街道闲荡并非为了寻找男友，她假意说自己没有破坏哈娜和鲍勃的关系。最后莫妮卡的怀孕让鲍勃对她产生的那种盲目的性魅力消失了，而莫妮卡也开始从不同的角度审视自我的行为。

　　刘易斯的小说被认为是最早一批存在主义小说，甚至可能是第一部，莫妮卡的灵魂探索让她意识到"她空虚的幻想是自我与虚无的存在之间的薄纱"。作者因为对性、卖淫和性病的直白、客观、公开的展现而被指控为不道德。但对现代读者而言，小说看上去反而具有强烈的道德感：莫妮卡最后因绝望而死去，鲍勃则在不忠的夜晚染上了性病。**CIW**

贪得无厌 Nienasycenie

斯坦尼斯洛·伊格纳西·维特凯维奇（Stanisław Ignacy Witkiewicz）

作者生平：1885年生于波兰，1939年卒于苏联
作者笔名：Witkacy
首次出版：1930年，Dom Ksiazki Polskiej（华沙）
英译书名：*Insatiability*

　　切斯瓦夫·米沃什把此书描绘为"对堕落的研究——疯狂、不和谐的音乐、色情的错乱"。《贪得无厌》是维特凯维奇的第二部小说，是他对第二次世界大战前波兰政治的诊断。当时的波兰成了军事独裁国家，玩世不恭和寻欢作乐的贵族把持了高位。统治阶层道德空虚，知识分子堕落，国家前景黯淡。但是，波兰还是欧洲抵御真正贪得无厌的敌人最后的防火墙。

　　小说的主人公格尼兹普·卡本男爵是一位充满活力的英俊青年军官，渴望着阅历和冒险，但他却不能适应现实中世俗的人生。格尼兹普迷醉于与年长色衰但余韵犹存的迪·提贡德罗迦公爵夫人的情爱纠葛中，但他排斥性接触。格尼兹普的爱情幻想和政治理想都破灭后，开始了一系列的怪异行为和骚扰，最终他在婚礼之夜谋杀了自己的新娘——一位皈依了穆特宾主义的贵族处女。书中，格尼兹普的疯狂、波兰对外国入侵的屈服与穆特宾的万灵药般的化学作用三线平行。

　　格尼兹普结合了幼稚的情欲和对现实的厌恶，这预示了存在主义的危机。与维特凯维奇的许多作品一样，《贪得无厌》极大地影响了荒诞派戏剧。**MuM**

海浪 The Waves

弗吉尼亚·伍尔夫（Virginia Woolf）

作者生平：1882年生于英国，1941年卒
作者教名：Adeline Virginia Stephen
首次出版：1931年，The Hogarth Press（伦敦）
原著语言：英语

  尽管《海浪》是弗吉尼亚·伍尔夫最具实验性的作品，但有关它的好评从未中断过。《海浪》有伍尔夫其他小说共同的特征：对于时间和叙述的实验、用传记体的方法再现人生、解构身份的概念。它还把"意识流"推向了新的方向：小说成为对内在生命、浪潮和水等"非人格"因素关系的探索，而不只是一种叙述技巧。

  伍尔夫用一天的时间跨度来探索人生或者说生命的短暂——海浪的涨落定义了从清晨到黄昏的迁移，也设置了小说的结构。小说的构想是"既是散文，又是诗歌"——小说的六个部分被标记为"戏剧性独白"和插入的"诗性间曲"（间曲描绘太阳在天空的运行和潮汐的韵律）。《海浪》追溯了从童年到中年的六个人生阶段，不过比起各阶段发展的区别来，她更注重这些阶段之间的持续性。小说的主要编年叙述者贝纳德说"我们并不孤单"。书中的人物都把他们的想法视为独立的整体，相互之间几乎没有交流，但是小说通过让他们在人生的不同阶段倾听同样的韵律和在不同的舞台上让他们共处，把人物连接起来。《海浪》关注的是经验和身份的确立，伍尔夫使用的让人痴醉的手法不能用语言或者观念来简单地概括。**LM**

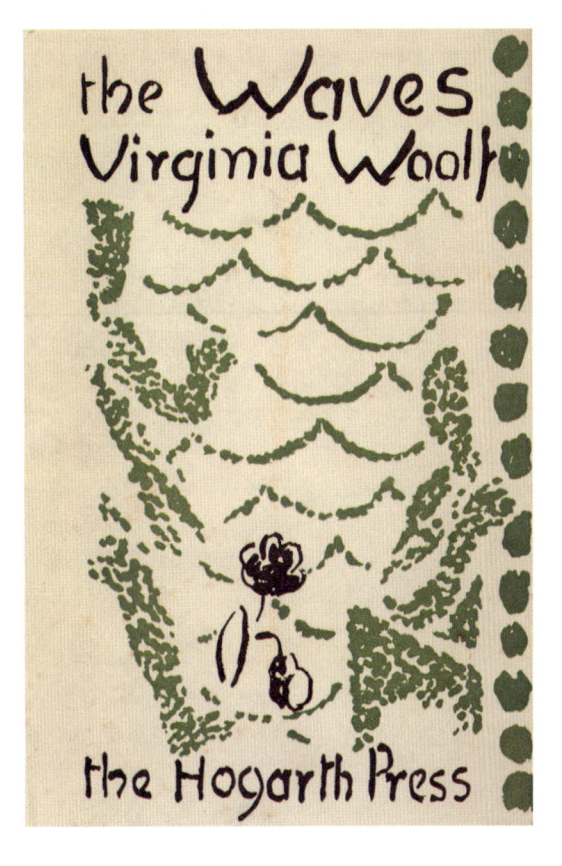

我的很多欲望已经消失；我失去了朋友，一些死去，比如帕西瓦尔，其他人，是因为纯粹无力穿过这条街道。

▲ 伍尔夫诗性小说的封面是她的姐姐、画家瓦妮莎·贝尔设计的。

向北方 To the North

伊丽莎白·鲍恩（Elizabeth Bowen）

作者生平：1899年生于爱尔兰，1973年卒于英国
首次出版：1932年，Constable & Co.（伦敦）
原著语言：英语

这部伊丽莎白·鲍恩中期的小说通过一群被快速发展的新时代吞没的人物，以及被轿车、公共汽车和飞机等现代化交通工具抛弃的情节，富有洞察力地审视了技术的飞速发展对日常生活各个层面的影响。从开始的背景（一栋位于阿伯街的房子）到启示录般的叙事高潮，爱玛琳·萨默斯看上去遇到了最糟糕的交通，甚至阻挠了她接触未知事物。她被危险所吸引，最终屈服于虐待狂马克·林柯沃特——从一种家庭的禁闭恐惧症到滑入冰点的人际关系，这是一种最难以忍受的残酷性。她的姐娌西西莉亚发现自己在同样无法逃脱的环境内窒息，只能反复确认"她的孤独是多么珍贵"。

鲍恩邀请读者进入了非自然的领域，传达出机械化对主人公们内在的影响，最终他们在机械化的时代逐渐相互疏离。《向北方》展望了现代性对机器的热爱所带来的后果，使人感受到本来作为正面力量的现代交通工具的邪恶一面。在文体风格上小说严肃的气氛也加强了这种压抑的特征。小说客观中立的叙述语调冷静揭示了机器网络的压力对人类意志的侵害。**DJ**

瘦子 The Thin Man

达希尔·哈米特（Dashiell Hammett）

作者生平：1894年生于美国，1961年卒
首次出版：1932年，A. Barker（伦敦）
原著语言：英语
改编电影：1934年

《瘦子》区别于其他汗牛充栋的硬汉小说的关键是：它是侦探小说，或者说在这本小说里有一群侦探。旧时代的调查者，山姆·斯佩德或者马洛，他们的活动范围只局限于对犯罪事件的处理；当没有犯罪的时候，他们几乎又成了隐形人，回到自己的办公室等待电话铃响，接手下一个案子。而《瘦子》的侦探们和之前的作品中的侦探们不同，尼克和诺拉·查理斯不仅已婚，事实上，他们就是夫妻。查理斯家有一条拴着的德国刚毛猎犬，他们丰富的社会生活被作家清晰地描绘出来。与传统黑色电影里神秘孤独的侦探大为不同，他们住在豪华旅馆的套房，参加热闹的聚会——这就是他们工作的社会背景。

达希尔·哈米特清楚地意识到他所见到的腐败正是美国的特色，充满了社会的每一个行业和阶层。他要做的就是把它们表现出来。这部小说中的整个世界并不只是由欺骗、混淆的身份和这种类型小说极端的转折建构而成，它超越了这个范式，并且揭示了社会与个人的关系。《瘦子》是哈米特写作的巅峰成就，他笔下玩世不恭的世界与菲茨杰拉德笔下多变的美国梦想之城相遇了。**SF**

> 达希尔·哈米特在成为作家前，是品克顿事务所的私家侦探，他看上去就像自己小说中的角色。

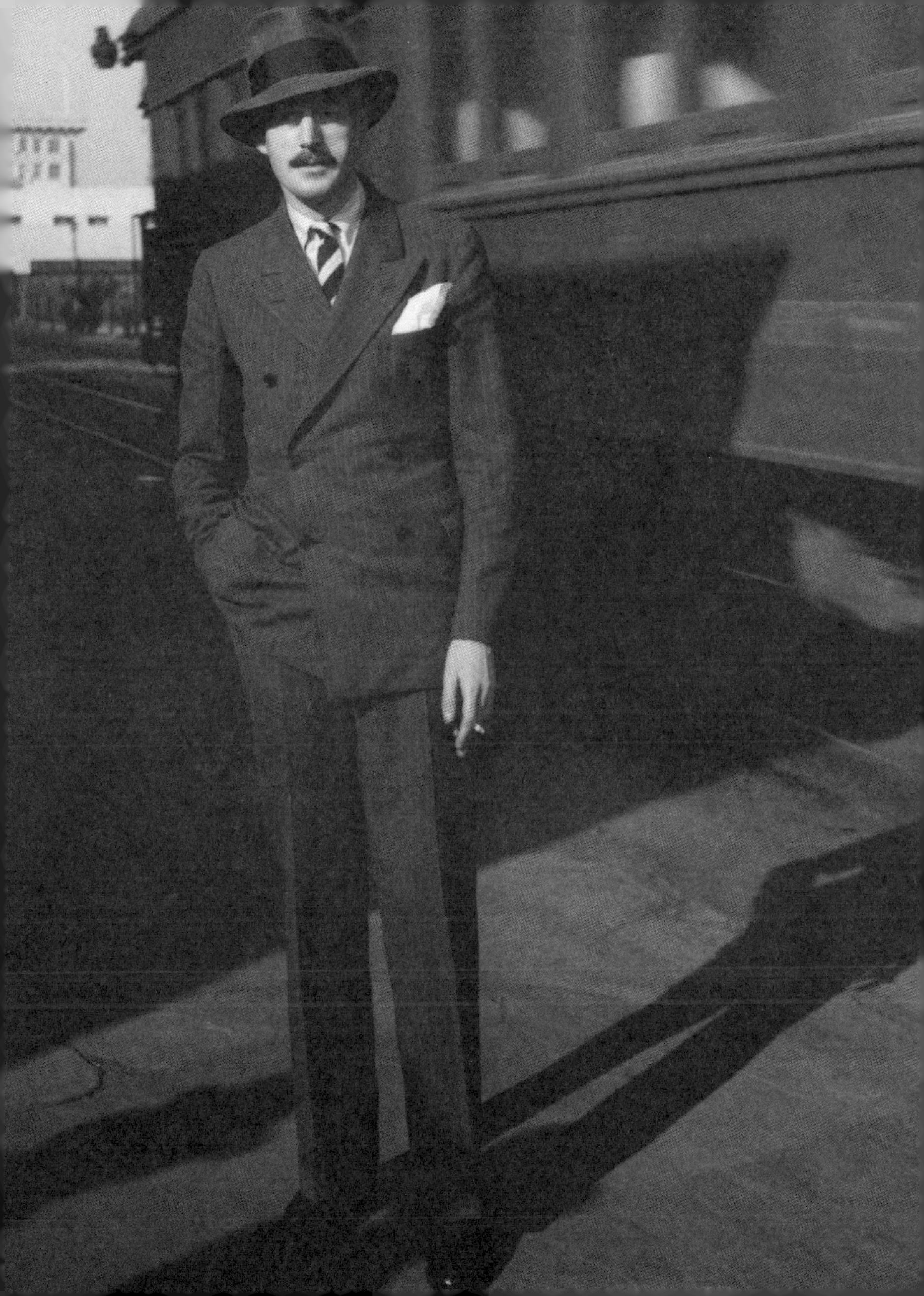

茫茫黑夜漫游
Voyage au bout de la nuit

路易–费迪南·塞利纳（Louis-Ferdinand Céline）

作者生平：1894年生于英国，1961年卒于美国
作者教名：Louis-Ferdinand Destouches
首次出版：1932年，Denoël & Steele（巴黎）
英译书名：*Journey to the End of the Night*

《茫茫黑夜漫游》是划时代的杰作，至今仍然保持着让人惊愕的感染力量。这部以第一人称叙事的小说大致来自作家的自传，年轻的叙事者巴尔达姆叙述了自己的经历——从第一次世界大战成为二十一岁的志愿兵开始，直到在20世纪30年代成为合格的医生。这个阶段中他有一次精神崩溃，去过中非和美国旅行，然后回到法国继续他的医学研究。小说的典型特色是仓促、生动和粗粝的文体，有着深刻的讽刺机智和严苛的愤世嫉俗。小说充满了脏话、猥亵内容和俚语，但从头至尾依然保持了抒情和雄辩。巴尔达姆对人性持有一种绝不妥协的冷酷观点："人类由两个非常不同的物种构成——富人和穷人。"他宣称尽管他最关注后者，但是他对这两类人都没有任何鄙视。我们能够肯定的是他对痛苦、衰老和死亡的探讨。尽管塞利纳持有这种毫不妥协的态度，但他那难以置信的幽默一直有着强烈的娱乐感。

塞利纳这部原创、复古和具有侵蚀性的小说的影响难以估计，威廉·巴勒斯是著名的崇拜者之一。从塞利纳对来历不明的人的尖刻观点，我们可以看出他是贝克特悲观主义反英雄理论的先驱。这部小说对于我们理解小说这种文学形式的发展至关重要。**AL**

爱情，阿瑟，是卷毛狮子狗得以永存的机会。以个人而言，我拥有尊严。

▲ 塞利纳黑暗的讽刺杰作是对爱国主义、殖民主义和人生的野蛮攻击。图为本书1935年版的封套。

菲利帕·拉蒂诺维奇归来
Povratak Filipa Latinovicza

米罗斯拉夫·克尔莱扎（Miroslav Krleža）

作者生平：1893年生于克罗地亚，1981年卒
首次出版：1932年，Minerva（萨格勒布）
原著语言：克罗地亚语
英译书名：The Return of Philip Latinowicz

菲利帕·拉蒂诺维奇失踪二十三年后，回到了家。回归的主题干扰了小说的进程，让小说的叙事在同一时间朝几个方向前进。米罗斯拉夫·克尔莱扎保持了小说时间上的复杂性，同时使得小说有着强烈的视觉感。这种模式反映在一位主要人物身上，他不断思索着自己的艺术，是一位事业有成的画家。在小说的开始，菲利帕的生活和经历与他的过去一样孤立、碎片化、与他人疏离。菲利帕从来不知道自己的父亲是谁，在他的童年时代，母亲是一个冷漠和疏远的人。菲利帕偷了母亲的钱，在一家妓院度过了纵欲的一夜后，母亲把他赶出了家门。

小说对性和生理的描绘惊人地真实。不过，并非性救赎了菲利帕，而是他的艺术。随着小说的发展，菲利帕重建了自己的艺术理念，这尤其得益于他和波波察卡的关系——这位绝世美人是某位大臣的遗孀，她被困在与自己毁掉的男人曾经待过的地方。不过艺术的力量终究有限（即使克尔莱扎在书尾重塑了主人公的性格），菲利帕回归生活是受到部分角色近乎仪式性的杀戮的影响（一次自杀，另一次谋杀）——他们既无法适应又不能逃避外省道德的限制。**IJ**

拉德茨基进行曲
Radetzkymarsch

约瑟夫·罗特（Joseph Roth）

作者生平：1894年生于奥匈帝国，1939年卒于法国
首次出版：1932年，G. Kiepenheuer Verlag（柏林）
原著语言：德语
英译书名：The Radetzky March

《拉德茨基进行曲》是20世纪最杰出的欧洲历史小说之一。小说把读者带入了特定的历史情境：末代哈布斯堡王朝外省富丽堂皇的礼仪活动和动荡的政治中——文本部分来自约瑟夫·罗特在帝国外省的童年经历和他对某种被称为"奥地利"的近乎抽象概念的超民族自豪感的记忆。老施特劳斯招牌式的奥地利进行曲是在叙事中反复出现的主题，象征了传统、秩序与归属感——这是瓦解中的帝国逐渐丧失的内在品质。

上尉特洛塔在苏法利诺战役中拯救了奥地利皇帝的生命，成为苏法利诺的英雄。但是无论特洛塔，还是他的后人都没有再达到他创造的传奇般的高度。他的孙辈卡尔·约瑟夫是一位普通的士兵，他觉得在加利西亚的边境有一种家的感觉，那个地方对民族和身份感的定义看上去模糊不清。卡尔·约瑟夫在"一战"中的死亡不仅是个人的悲剧，也标志着一个时代的终结。小说探索了家庭和友谊的复杂关系，把对失去的时代的思乡忧愁诠释为不带感伤的历史叙事。帝制奥地利时代的气氛如此美好，让人信服。**JH**

禁地
Het verboden rijk

斯劳尔霍夫（J. J. Slauerhoff）

作者生平：1898年生于荷兰，1936年卒
首次出版：1932年，Nijgh & Van Ditmar（阿姆斯特丹）
英译书名：The Forbidden Realm

荷兰诗人和小说家斯劳尔霍夫的作品是衰落的浪漫主义传统最后的辉煌，是艺术家投在地球上的孤独漫游的局外人的身影——斯劳尔霍夫通过一名随船外科医生的身份完成这个角色。《禁地》通过技法上的革新、想象观念上的原创，戏剧性地描述了作者同自己以及帝国主义晚期世界间不融洽的关系。

小说讲述了在历史上隔了几个世纪的两个人的故事。一位是16世纪，葡萄牙的帝国远航诗人卡蒙斯。另一位是在当代某艘商船任职的无名无线电操作员，他明显是作者另一个自我的写照。两个人的生活出现一种奇怪的呼应：无线电操作员遇到了沉船事故，而卡蒙斯也有同样的遭遇；之后操作员去了澳门旅行，而卡蒙斯也在那里度过了流放岁月。在澳门的无线电操作员经历了一段迷失身份的过程后结束了孤独的状态，摆脱了自己憎恨的自我。

《禁地》和康拉德的《黑暗的心》（见本书第243页）等小说都揭露了殖民主义在一个异质的环境中带来的苦难，以及欧洲自我中心和道德观念的解体。不过，对这种解体斯劳尔霍夫没有惋惜、哀叹，而是歌颂和赞扬。小说在角色塑造上并不见长，剧情有时候也会显得游离与烦冗，但是斯劳尔霍夫对主题的投入赋予了小说迷人的、梦幻般的特质。**RegG**

令人难以宽慰的农庄
Cold Comfort Farm

斯黛拉·吉本思（Stella Gibbons）

作者生平：1902年生于英国，1989年卒
首次出版：1932年，Longmans & Co.（伦敦）
原著语言：英语
费米娜奖：1933年

《令人难以宽慰的农庄》是一部非常有趣的小说，也是斯黛拉·吉本思无数作品中最著名的一部。小说出版于1932年，是对乡村小说的戏仿，尤其是玛丽·韦伯（Mary Webb）的作品。不过现在有很多作家认为，这部小说是伟大的"英语文学"的经典。

小说讲述了芙洛拉·波斯特的故事，这位年轻的伦敦社交名媛在父母去世后，遭遇到家族远房亲戚斯塔卡德家的刁难。小说充满了各种丰富多彩的幻想角色，从收集乳罩的斯麦琳女士，到疲惫的麦博格先生，再到令人难以宽慰的农庄这个神奇的动物园。斯塔卡德家果真是名不虚传，有对儿子痴迷的茱蒂丝、压抑的塞思、狂野的埃尔芬和喋喋不休说教的鲁本，当然还有柴房中发生的某些污秽之事。芙洛拉没有被她新的居所和家庭中死板的乡村气息吓退，反而开始让它们渐渐转变，而各种各样的转变过程无一例外地令人深感愉悦。

《令人难以宽慰的农庄》辛辣讽刺的文字指向奥斯丁的社会网络、哈代的悲喜剧剧情，再到过盛的劳伦斯的浪漫主义。小说的狂放不羁和透出的纯粹机智也有着无尽的吸引力。**DR**

> 吉本思，摄于写作《令人难以宽慰的农庄》之后的半个世纪。她是一位多产的作家，除此之外没有更大的成就。

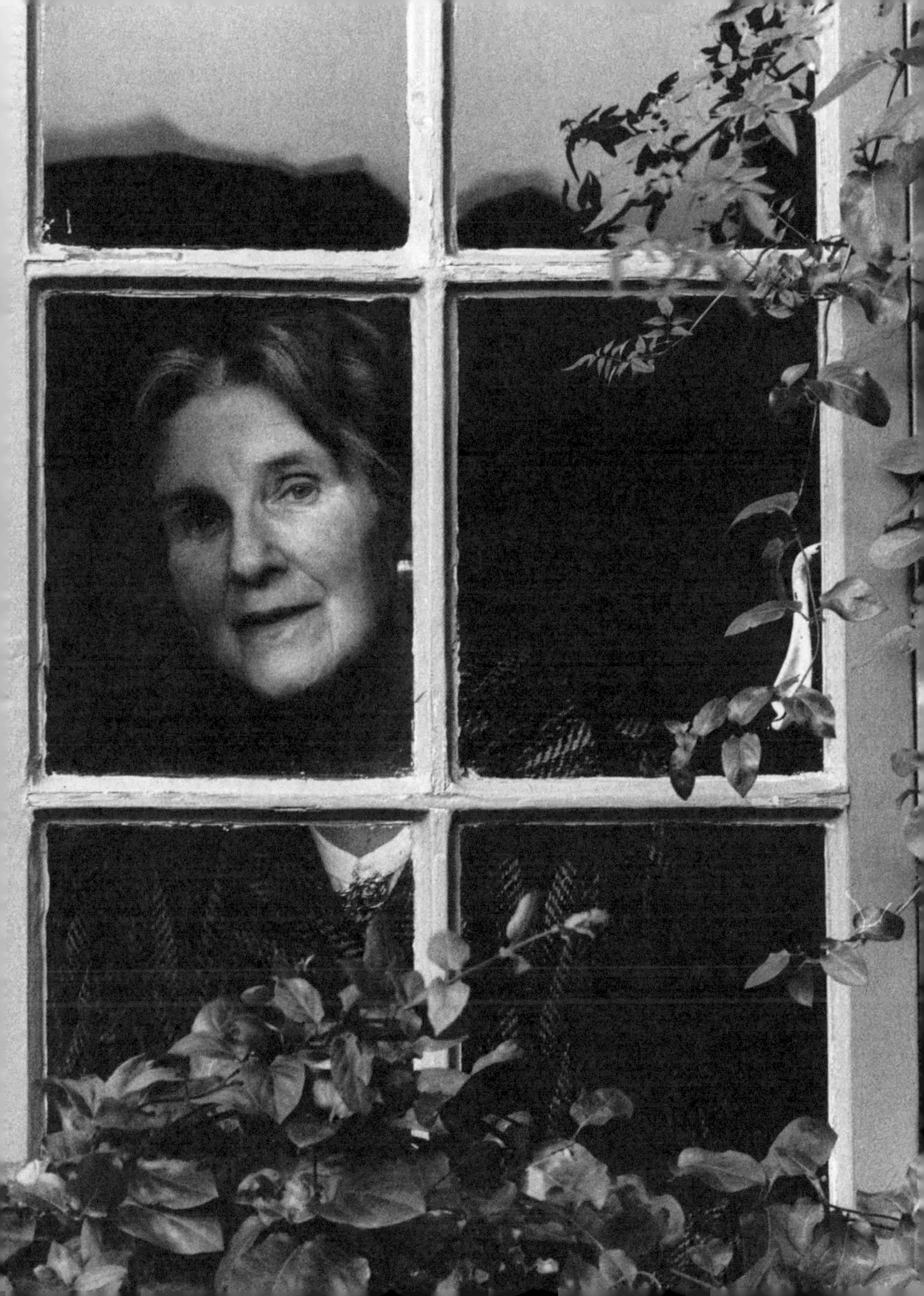

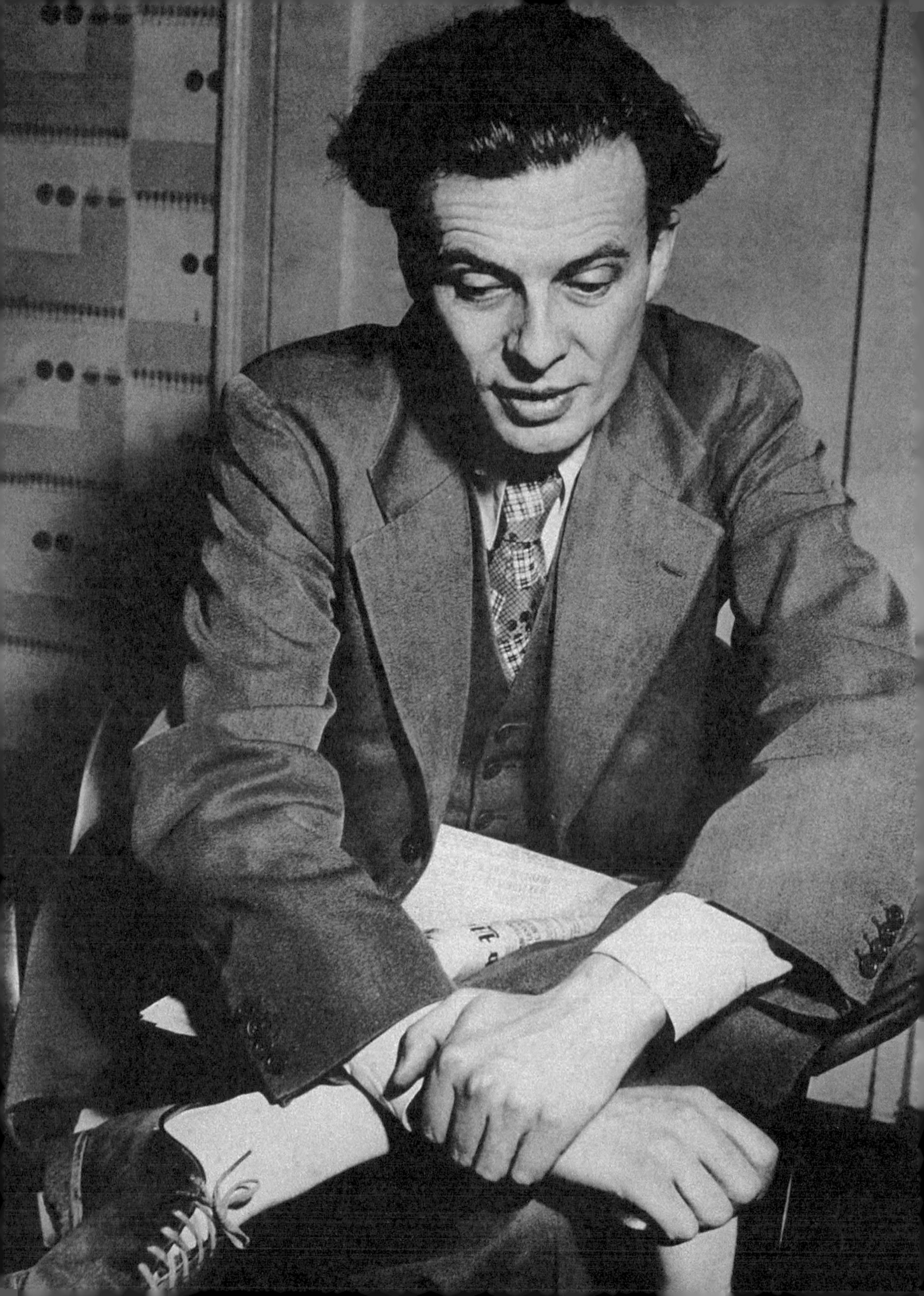

美丽新世界 Brave New World

阿道司·赫胥黎（Aldous Huxley）

作者生平：	1894年生于英国，1963年卒于美国
首次出版：	1932年，Chatto & Windus（伦敦）
原著语言：	英语
灵感来自：	Men Like Gods（H. G. Wells，1921）

在阿道司·赫胥黎的未来主义反乌托邦小说的世界中，国家权力无处不在，它彻底地、有效地根植于民众的心灵之中，想要冲破、摆脱权力的束缚是十分困难的。世界政府宣扬社会稳定的理念，他们通过充斥的消费和无数复杂的技术实现了这个理念。这些手段包括国家所有产品的垄断，强制计划堕胎，鼓吹滥交是美德。社会被划分成五个种姓般的阶层，有复杂的育前和育后调制技术保证，实现五个阶层的自足。最底层阶级谋求社会上升的欲望被坚决清除，这种社会体制能够确保享有统治权的上层阶级一直紧握权力。

世界政府这种混合驳杂的哲学汲取了柏拉图严格划分阶层的理想国的某些方面，还有极权体制对"幸福"观念的关注。政府的"不求回报"欢娱系统可能会刺激一些读者的直觉常识——现代性欲被认为是个人主义的最高表达，而赫胥黎则反对这个观念。把性从禁忌和生殖中脱离出来，消解它的情感意义，这将有利于世界政府清除掉所有妨碍强化政府权力的私人情感归属。在书的结尾我们看到，那些"成人"的追求，比如毒品和性，都被无差别地视为无害行为。对于孩童般心智幼稚的《美丽新世界》里的居民，秩序本身就是目的，组织化的产品与服务消费让这种秩序森严僵硬。他们确信自己已经成功实现了人类的全部梦想，这让当代各个地方的读者对自我都有一种深刻且不寒而栗的再认识。**AF**

◔《美丽新世界》第一版大胆的封面设计反映了作者对断裂的未来性反乌托邦式的洞见。

◔ 1935年的赫胥黎，反对技术物质主义的他之后转向神秘主义和扩张知觉的药物。

蛇结 Le nœud de vipères

弗朗索瓦·莫利亚克（François Mauriac）

作者生平：1885年生于法国，1970年卒
首次出版：1932年，Bernard Grasset（巴黎）
英译书名：*Vipers' Tangle*
诺贝尔文学奖：1952年

小说《蛇结》书名里的蛇既是指小说中叙述者路易斯内心扭曲和恶意的感情，也是喻指他那贪婪家庭中的挣扎和阴谋，他陷在这样的家庭中进行着无休无止的斗争。这是天主教文学的一部"经典范例"，小说中没有人是无辜的。

小说的背景设置在巴黎和波尔多郊外美丽的葡萄庄园，由两部分告白构成，告白由因为心脏病而临终的路易斯写作。路易斯在告白中叙述了他的家庭关系逐渐恶化，最后酿成悲剧的故事。莫利亚克的小说是对社会抵抗的毁灭性影响以及随之而来的人类敏感灵魂的不安全感的富有技巧的审视。路易斯在早年的婚姻中被他的新婚妻子和妻子的家人轻视，之后他开始了冷酷的自卫战役，将自己与妻子和孩子们，乃至孙辈们隔绝开来，造成了对几代人生活的伤害。

对于莫利亚克而言，这种冷酷算计的苦难，尽管十分可怕，但也带来了让路易斯获得救赎的可能。因为路易斯通过向读者坦白自己的恶行，被迫去考虑他人的感情和动机，逐渐引起了心灵的变化，这种从黑暗源头的转变显得格外感人。《蛇结》的文字简洁优雅，老练地展现了残酷行为、恶劣影响看上去没有止境的、瘟疫般的传播。同时，小说也提出了最终救赎和心灵宁静的可能性。在最后，小说描绘了一幅既有神性宽恕，又有人性脆弱的动人肖像。**AB**

去问那些知道我的人……为什么恶意是我最大的品质！

莫利亚克把人类的激情视为自己宗教信仰的障碍——被拯救的希望就在于战胜它们。

没有个性的人 Der Mann ohne Eigenschaften

罗伯特·穆齐尔（Robert Musil）

作者生平：1880年生于奥地利，1942年卒于瑞士
最后一卷：1933年，Publikationsvermerk（苏黎世）
原著语言：德语
英译书名：The Man Without Qualities

《没有个性的人》是罗伯特·穆齐尔未完成的多卷本小说，难以置信的是已完成部分有两千多页之巨。小说的章节短小易懂，足够让读者消磨时间。本书无疑是穆齐尔最重要的作品，经常被视为与马塞尔·普鲁斯特和詹姆斯·乔伊斯的作品同一层次的巨作。它是对世纪末奥地利社会的明晰描绘，也是对导致第一次世界大战爆发和奥匈帝国解体的政治状况的记录。

小说的篇幅如此之长，出人意料的是，其剧情却几乎无足轻重。主人公乌尔里奇是一位训练有素的数学家，他的人生缺乏目标。乌尔里奇的父亲强迫他在社会中找到自己的一席之地。穆齐尔提醒我们这个人本身没有自我的"个性"，但并不妨碍他的家庭和朋友把他们的个性施加在他身上。乌尔里奇在追求社会地位上毫无紧张感，但是他就像不断感冒一样，在这个过程中结识了一大批新的情人。在乌尔里奇父亲的干预下，他加入了普拉尔拉卡森，试图在庆祝国王在位六十周年大典中获得一个合适的位置。这个筹备委员会的钩心斗角和他们彻头彻尾的空虚，都反映了社会更广层面的空虚。乌尔里奇最终和自己的姐妹阿加莎发生了乱伦关系，由此，小说进入了一个不同的存在层面——这种存在层面被人们贴上了不同的标签，有人说它预示了极权主义，有人认为它是对极权主义的非道德批判。

无论人们的判断是什么，穆齐尔的风格既独特又让人痴迷。小说绝不逊色于任何完整的哲学体系。**DS**

最终是诗歌和它的神秘性，清楚地切割出世界的意义。

▲ 穆齐尔经历了奥匈帝国的崩溃和纳粹主义的崛起。1938年纳粹政权迫使他流亡。

奶酪 Kaas

威廉·艾斯霍特（Willem Elsschot）

作者生平：1882年生于比利时，1960年卒
作者教名：Alfons-Jozef de Ridder
首次出版：1933年，P. N. Van Kampen & Zoon
英译书名：*Cheese*

威廉·艾斯霍特是阿尔冯斯-约瑟夫·德·里德的化名，他是一家广告公司的老板，在业余时间悄悄写作畅销书和短篇小说。艾斯霍特认为《奶酪》是自己的杰作，本书的写作只花了不到两周的时间。小说是五十岁的神父弗兰斯·拉尔曼斯的悲喜剧传奇。他决心放弃自己从事了数十年的职业，转而从事奶酪加工行业。人们对拉尔曼斯的看法，决定了他行动的每一步——从在他母亲临终的床前是站是立，到他风波不断的奶酪生意。

拉尔曼斯被他新结识的朋友律师凡·舒恩伯格等人忽视，为了提升自己的地位，他决心接受凡·舒恩伯格的建议，在奶酪业干一番事业。拉尔曼斯投入各个经营细节中：建立自己的办公室，订购合适的用具，决定企业的名字。当伊达姆第一批大规模的奶酪问世后，他震惊到不知道该拿这些奶酪如何是好。拉尔曼斯进入这个行业准备不足，他在这个一无所知的行业获得成功毫无希望，不得不卖掉自己厌恶的产品。小说用高明的滑稽节奏和内在的激情叙述了这个故事。艾斯霍特的文体简洁、朴质无华，他创造了20世纪30年代真实的肖像——从醉心于社会地位的中产阶级到那些申请做奶酪销售员的绝望的人，还有对一心向上爬的人的干脆的嘲讽。**CIW**

人的境遇 La condition humaine

安德烈·马尔罗（André Malraux）

作者生平：1901年生于法国，1976年卒
首次出版：1933年，Gallimard（巴黎）
原著语言：法语
英译书名：*Man's Fate*

20世纪30年代，安德烈·马尔罗是富有政治热情的知识分子。《人的境遇》是1933年龚古尔奖的获奖作品，这部作品无疑是马尔罗政治革命英雄期的作品。之后，他放弃了左翼的诉求。

小说的背景设置在1927年政治动荡、波谲云诡的上海——国共合作破裂，国民党大肆屠杀共产党员。马尔罗把他个人对中国和国际共产主义运动的了解表达了出来。主人公充满了复杂的心理活动，尤其是政治杀手陈一直被他的谋杀活动所形成的异质感困扰。不过每个角色可能都太过直白地表露出对人生和革命的刻板态度。

小说的高潮时刻是共产国际的代理人卡托在国民党特务的刑讯拷打之下，把自己用来自杀的氰化物让给了两个中国囚犯，独自接受在蒸汽锅炉中痛苦万分的死亡。在本质上，《人的境遇》的英雄主义色彩是男孩冒险故事的知识分子版本。小说很难说实现了马尔罗原来的意图中深刻探索人类状态的目标，但是它充满了戏剧性的事件和富有吸引力的细节，依然是有着时代信息和高度可读性的著作。**RegG**

一天逝去 A Day Off

斯托姆·詹姆森（Storm Jameson）

作者生平：1891年生于英国，1986年卒
作者全名：Margaret Storm Jameson
首次出版：1933年，Nicholson & Watson（伦敦）
原著语言：英语

  斯托姆·詹姆森创作于两次世界大战之间的小说《一天逝去》直白而又不带个人感情地描写了现代都市中一日的工作，对于日常的繁杂苦劳没有任何情感上的安慰和宽解。

  女主人公被记忆里"荒凉的约克郡峡谷"缠绕，于是她来到"多彩又积满尘埃的伦敦马戏团"散心，可怜的女主人公在都市的街景中游移，又燃起对过去的回忆。在一个下午闲逛伦敦商业地带西区后，女人发现自己不能再沉浸于自我孤立中，那种生活的平庸、狭隘，让人心身皆疲。詹姆森赋予人物一种水晶般的缥缈感，只用"她"来指代这位始终无名的人物。这个抽象的代词也加强了这个女性在世界级大都市喧嚣的心脏中所感受到的异质感。

  詹姆森呼吁社会小说家要扮演的新的关键角色是沉默的证人，对这个角色身份而言，风格的简约应该永远高于不必要的华丽。《一天逝去》中她不带个人感情的评论不断地提醒读者，持久地考察着读者对主角内在世界的理解能力。詹姆森让我们不断意识到，作为观察者，我们逐渐参与到女主人公对于归属感的寻求中。**DJ**

青春的证明 Testament of Youth

薇拉·布里坦（Vera Brittain）

作者生平：1893年生于英国，1970年卒
首次出版：1933年，V. Gollancz（伦敦）
完整书名：*Testament of Youth: An Autobiographical Study of the Years 1900-1925*

  薇拉·布里坦凭借本书对她"一战"经历的激情叙述，很快成为她这一代的代言人。这场大战中，作者亲密的男性亲友——兄弟、未婚夫、挚友都在战斗中牺牲。

  最初读者会奇怪一位女性和平主义者为什么会写作关于"一战"的文学作品。我们要考虑布里坦早期对战争的看法。20世纪60年代在重新思考第一次世界大战时，布里坦似乎完美地反映了她对战争态度的转变，那时作家的态度更接近和平主义的观念，而不是1914年至1918年的论调。《青春的证明》是关于战争"神话"想象的集大成之作，想象性地表现了"战争的悲哀""迷惘的一代"的理念：1918年后所有的事情都改变了。历史的细节和这些有着高度情感色彩的观念结合。她的意图是启发那些至今缺乏描写战争手段的一代。《青春的证明》对鼓励揭露战争的负面影响起到了关键作用。书中的战争（尤其是20世纪后的战争）冷酷无情。小说对战争中女性的角色地位也给予了更大的关注。薇拉·布里坦作为志愿医疗队的积极参与者，提供了"战壕的恐怖"之外的有力视角。她从幼稚的爱国主义到理想幻灭的转变也十分打动人。**EMcCS**

艾丽斯自传 The Autobiography of Alice B. Toklas

格特鲁德·斯泰因（Gertrude Stein）

作者生平：1874年生于美国，1946年卒于法国
首次出版：1933年，J. Lane（伦敦）
美国首次出版：Harcourt Brace & Co.（纽约）
原版来源：*The Atlantic Monthly*

这是格特鲁德·斯泰因最畅销也是最易理解的作品。这部"自传"以她长期伴侣的语调写作，是崇高的现代主义作品，用语调和不同视角来实验客观性。总之，小说是把不可靠的叙述发挥到极致的行为艺术。

艾丽斯或者说斯泰因宣称她的一生只遇到过三个天才：当然最伟大的天才是斯泰因本人。如果知道这个女人实际和20世纪早期每个伟大的、有影响力的人物都有交往，就会发现这是一个惊人的宣称。斯泰因走在现代主义的前列，甚至可以说是它的助产士。她在巴黎弗洛里斯街的画室是当时艺术和理念汇集的焦点。早晨，你可以在画室买一幅新的高更的画作或者一坛果酱。毕加索和他一直更换的妻子们是画室的常客，还能在她的画室发现年轻的海明威的身影。胡安·格里斯也常来画室玩，毕加索的爱好则是在画室扮演小狗。纪尧姆·阿波利奈尔（他发明了"超现实主义"这个词）是她的密友。让·科克托、林顿·斯特莱彻、埃里克·萨蒂、埃兹拉·庞德和曼·雷（以上还只是部分名字）都曾在她的画室出现。这是一个让人向往的时期，一个不可靠的叙述者讲述的这些花边逸事充满了各种矛盾、谬论和重复，非常吸引人。斯泰因在那里成为立体主义和野兽派的引路人。她孕育了文学的文艺复兴，孵出了达达主义，也让未来主义登上大雅之堂。当尼金斯基第一次跳《春之祭》的时候，她也在场，并且引起了绯闻。

这是一种调皮的腹语术手法，借着呼吸困难、思维散漫的艾丽斯之口吐出。艾丽斯一直陪伴着那些天才的太太。不过，就像那些天才的伴侣那样，小说鲜有艾丽斯的戏份，绝大部分戏份都让给了斯泰因。**GT**

> 我喜欢景色，但我也喜欢背对着它坐着。

- 照片是格特鲁德·斯泰因（左）和她的伙伴艾丽斯·托克拉斯，以及爱犬"篮子"。20世纪40年代摄于作家在法国的家。
- 斯泰因的形象在她死后被安迪·沃霍尔表现在他20世纪80年代的作品《20世纪犹太人的十幅肖像》中。

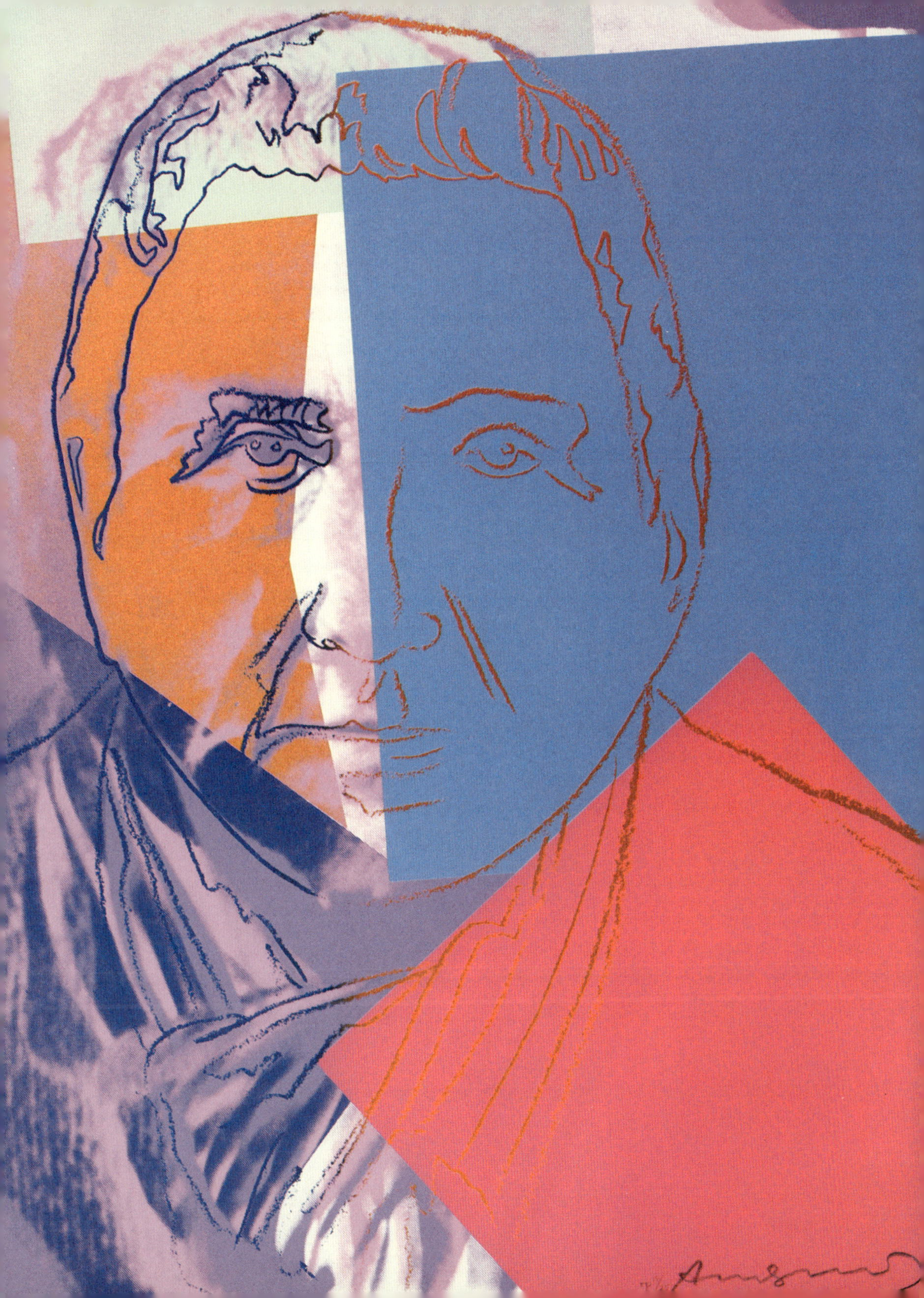

杀人广告 Murder Must Advertise

多萝西·塞耶斯（Dorothy L. Sayers）

作者生平：1893年生于英国，1957年卒
首次出版：1933年，V. Gollancz（伦敦）
原著语言：英语
电视改编：1973年

　　《杀人广告》中多萝西·塞耶斯让她的私家大侦探彼得·温西勋爵介入一家广告公司，调查公司雇员的死亡案件。温西使用化名戴斯·布雷东进行调查，饶有兴致地扮演起广告文字撰稿人的角色。他发现这个案情下面还隐藏着一个可卡因交易团伙。小说带给人的主要愉悦感是它生动地描绘了广告业这个圈子，塞耶斯曾经在这个行业里有过一段广告文字撰稿人的经历。她像乔伊斯那样着迷于说服的语言，所以作家也沉醉在对语言游戏的玩弄中，但是广告业文化却恰恰相反，鼓吹简明的标语。"广告，或者破产"是小说的最后一句话。

　　广告同样也是毒品交易商使用的手段。这样塞耶斯就把她对办公室社会的细节描写和侦探剧情交织起来。温西——这个名字其实来源于"whimsy"（异想天开）——和塞耶斯其他书中的角色一样，是一个如变色龙般善于乔装的角色。他戴着单筒眼镜，形象源自P. G. 伍德豪斯笔下名为伯弟·伍斯特的柔弱贵族，也是板球冠军和运动健将。身为侦探，温西介入的犯罪和死亡是道德世界的一部分。塞耶斯用她的机智和奇想让读者意识到：作为侦探小说的游戏核心，被发现的谋杀者还是一直处于国家法律的绞刑架下。**LM**

寂寞芳心小姐 Miss Lonelyhearts

纳撒尼尔·韦斯特（Nathanael West）

作者生平：1903年生于美国，1940年卒
作者教名：Nathan Weinstein
首次出版：1933年，Liveright（纽约）
首个译本：法语版，1946年

　　"寂寞芳心小姐"是纳撒尼尔·韦斯特小说的男性主人公。他负责回复报纸读者各种有关掌控绝望人生的问题，范围从有趣的小问题到十分古怪的问题。在镇上，"寂寞芳心小姐"被人们取了男性"亲爱修女"的绰号，这让"寂寞芳心小姐"感到十分受侮辱。主人公在基督教和20世纪30年代纽约的享乐主义之间摇摆，两者的隔阂极大，这让他只能使用最无说服力的陈词滥调来鼓舞自己的读者。他希望从基督的救赎力量中获得对有意义生活的洞见，但是他的编辑史里克让他哑口无言。史里克嘲讽宗教信仰，讥讽地推荐了诸如艺术、性和毒品等替代品。"寂寞芳心小姐"的行为在整部小说中一直在两个极端摇摆。他三心二意地想让自己的生活稳定下来——比如说向他可靠的女伴贝蒂（当时他躲了这个女孩子几个星期）求婚；同时他又进行各种影响恶劣的恶作剧，包括以个人身份介入他的读者的生活。

　　主人公对他的读者缺乏同情，这暴露了他所谓的效仿基督是完全失败的。而那些苦难的信仰者希望用他们的书信祈祷，其实不过是丰富了杂志市场。《寂寞芳心小姐》是对基督教在现代世界扮演的含混角色的有趣审视。**AF**

就说是睡着了 Call it Sleep

亨利·罗思（Henry Roth）

作者生平：1906年生于俄国，1995年卒于美国
首次出版：1934年，R. O. Ballou（纽约）
原著语言：英语

  《就说是睡着了》在20世纪60年代再版之前被长期忽视，再版时正逢文化身份的观念在美国社会大行其道。这部小说现在被广泛认为是20世纪美国小说的杰作之一。

  小说的主角是逐渐觉醒的大卫·希尔勒，这位年轻的犹太男孩刚随自己的母亲从奥匈帝国来到美国，和他之前来美国定居的父亲会合。小说叙述的是他童年时代的前期，他逐渐学会如何在异国文化中生活，面对个人的恐惧、麻烦的家庭关系和各种社会变动的挑战。小说叙事的关键元素是讲意第绪语和讲英语之间戏剧性的变化，这是两种文化融合的衍生问题。罗思反映问题的手法是将勇敢诚实的都市现实主义和注重觉醒的现代主义相结合。他精湛的文笔精彩地捕捉了孩子对新环境持续的恐惧与迷惑，以及含有幻想色彩的视角。

  《就说是睡着了》是文学史上对孩童时期恐惧最真挚和动人的叙述之一。这个故事心酸、抒情地描写了一个孩子突然发现了一个新世界，也为我们理解美国社会历史做出了本质性的贡献。**AL**

鳄鱼街 Sklepy cynamonowe

布鲁诺·舒尔茨（Bruno Schulz）

作者生平：1892年生于奥匈帝国，1942年卒
首次出版：1934年，*Rój*（华沙）
原著语言：波兰语
英译书名：The Street of Crocodiles

  这个短篇小说集里布鲁诺·舒尔茨重写了自己童年时代在加利西亚的多罗毕其的经历。一系列迷宫般的叙事把引人入胜的散文和荒唐的幻想结合起来。

  他那摇摇欲坠的位于市场广场的家（那个地方有着无数做存货仓库的房间，在每个月月末有更多空屋和遗忘的角落）是他回忆的背景。他记忆中自己是在好逸恶劳的懒母亲和不管不问的父亲不同寻常的管教下长大的。他那精神时常错乱的父亲经常向主人公发表冗长、反复的"演说"，这些演说让人茫然，但常常引发家庭事件，触碰到某些后现代的问题。在内在连贯性上这些"演说"不断退化，但是它们却起到了在不同节点串联故事的作用。舒尔茨在整本书里描写了他父亲精神和生理健康的不断衰落，这种健康恶化的过程也影响了家庭。不过在这个轻喜剧中他也不动声色地引入了写实主义，这和那些更加超现实的感情毫无违和地共处。

  舒尔茨受到超现实主义和表现主义的影响，被认为是和果戈理、卡夫卡同一类型的作家。作为波兰籍犹太人，他在1942年被纳粹党卫军杀害。作家只留下两部出版的故事集，而这些作品直到最近还没有受到广泛的关注和它们应得的良好评价。**JW**

谢谢你，吉夫斯 Thank You, Jeeves

P. G. 伍德豪斯（P. G. Wodehouse）

作者生平：1881年生于英国，1975年卒于美国
作者全名：Sir Pelham Grenville Wodehouse
首次出版：1934年，H. Jenkins（伦敦）
原著语言：英语

人们似乎不知如何解读P. G. 伍德豪斯。他们习惯把他视为一位漫画作家和笑话大师，但他们几乎没有注意到伍德豪斯动人的剧情或者有趣的角色设置。伍德豪斯现在显得落伍，因为他创造的世界，是永远处于仲夏夜的英格兰，那里没有受到世界大战的影响，人物也充满了青春期前的心理。这样的英格兰已经永远地逝去了，甚至在人们的记忆中也逝去了。他小说中对抗的政治学没有经受住时代的考验。不过，将目光集中在伍德豪斯的政治学、剧情、角色塑造或者笑话上，不免会错过他纯粹的文本力量。他是一位有着优秀才华的作家，他向普通大众讲述了文学故事的创造力，这是其他小说家不可比拟的。他可以从一无所有中编造出无与伦比的幽默隐喻或者明喻，这在小说的形式上至今难有敌手。

伍德豪斯最著名的作品当然是《吉夫斯和伍斯特》（Jeeves and Wooster）系列（而《谢谢你，吉夫斯》是其中第一部未删节的小说）。高傲的管家吉夫斯从1917年起就出现在短篇故事里。通过吉夫斯这个系列小说，伍德豪斯获得了巨大的成功。实际上，这一系列小说的剧情相似度非常高。故事似乎都是从吉夫斯对伍斯特的服饰或所欣赏的音乐的厌恶生发。而伍斯特看上去总是阴差阳错地碰上过分严肃或者机智的人，然后他就成为那些凶暴的起诉人的受害者——他不小心占据了原来的人的地位。所有这类事件都通过紫色的袜子、红色的印度腰带或者被偷奶牛的所有权等奇怪组合串联在一起。伍德豪斯难以被模仿的妙笔宁静地闲话着这些傻事。**VC-R**

我不过是一个打字员，偶尔诅咒些什么。

——P. G. 伍德豪斯，1956年

▲ 漫画化的管家，也是小说中的一类经典人物，在伍德豪斯最著名的角色吉夫斯这里达到了巅峰。

夜色温柔 Tender is the Night

弗·司各特·菲茨杰拉德（F. Scott Fitzgerald）

作者生平：1896年生于美国，1940年卒
首次出版：1934年，C. Scribner's Sons（纽约）
修订版：1948年
原著语言：英语

菲茨杰拉德被认为是美国战后的繁荣时期和爵士时代最好的编年史家。他根据自己的人生经历描绘了大萧条前那些通宵达旦、纵酒作乐的浮华生活。《夜色温柔》十分畅销，受到了广泛的认同，也得到了菲茨杰拉德同时代作家的赞誉，其中就包括欧内斯特·海明威。

小说的背景是20世纪20年代，讲述了十八岁的美丽电影明星萝丝玛丽·荷叶特的故事。和母亲一起度假的萝丝玛丽在法国的里维埃拉结识了迪克·戴弗，一位美国的心理学家，还有他富有的妻子尼科尔。尼科尔曾经被自己的父亲虐待，然后被送进了精神病院。之后她的医生，也就是她现在的丈夫迪克解救了她。萝丝玛丽进入了他们世故和充满交际的上层社会，她爱上了迪克，迪克也爱上了她。他们在一起幸福地过了一段日子，但好景不长，迪克在一次醉酒驾驶中伤人致死，尼科尔的精神崩溃了。小说自这个转折点起，迪克田园诗般的生活一去不返，一系列不幸的事件接踵而至。

这是菲茨杰拉德最具自传性的作品，取材自他在法国南部的异国生活。迪克夫妇的原型是菲茨杰拉德和他的妻子泽尔达结识的一对富有魅力的夫妻——杰拉德和萨拉·墨菲。小说也反映了泽尔达在瑞士接受的某种精神分裂的心理治疗。高额的医疗费用迫使菲茨杰拉德远离小说创作，陷入酗酒和写作好莱坞剧本的生活，这导致了他的早逝。与小说不同，现实生活没有幸福的结尾——泽尔达的结局和尼科尔相反，她一直待在精神病院，直到1948年去世。**EF**

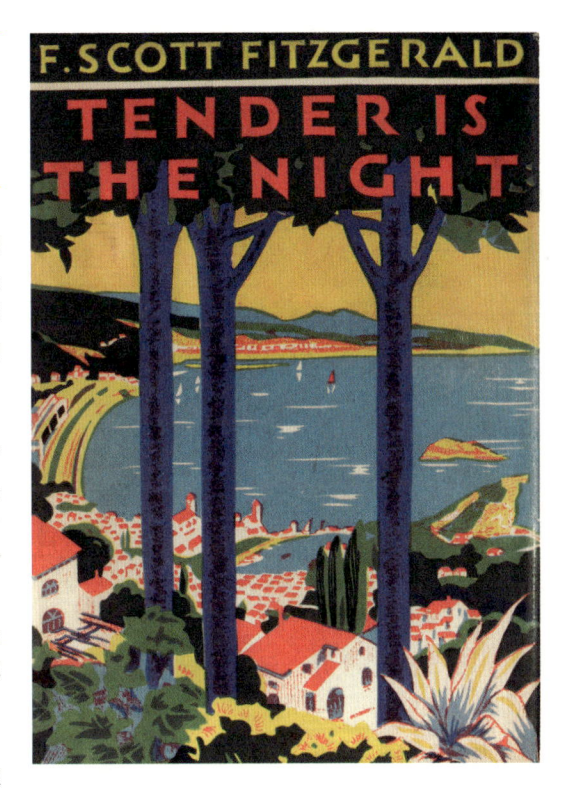

如果你在恋爱中，就应该让自己快乐。

▲ 第一版的封面反映了《夜色温柔》背景中美丽的里维埃拉，但没有暗示小说更加黑暗的主题。

20世纪 | 367

北回归线 Tropique du Cancer

亨利·米勒（Henry Miller）

作者生平：1891年生于美国，1980年卒
首次出版：1934年，Obelisk Press（巴黎）
美国版：1961年，Grove Press（纽约）
英译书名：*Tropic of Cancer*

亨利·米勒这部著名的自传体小说最初由巴黎方尖碑出版社在20世纪30年代出版。因为小说露骨的性主题和语言，随后在美国和英国被禁三十年。最终，小说于1961年在美国出版，1963年在英国出版，赢得了崇高的地位。在这部书里，米勒探索了巴黎下层社会。在20世纪30年代作为异国人的米勒在那里有过一段穷困的生活经历，同时也享受到了独特的声色生活和自由。这部小说在摒弃道德和社会规范的同时，也充满了哲学趣味、幻想和一系列他与女人欢好的露骨的描写。

小说正如萨缪尔·贝克特的评论，"是现代写作史上一桩值得纪念的大事"，为破除社会对性讨论的禁忌和讨论性的语言的使用做出了极大贡献。小说启发了"垮掉的一代"，他们反对美国中产阶级的价值，通过极端的经验寻求真理。不过女性主义的批评家，其中最著名的是凯特·米利特（Kate Millet），却认为小说体现了毫不遮掩的厌女倾向。女性常被米勒表现成被动和无名的容器，她们唯一的角色就是满足男性的生理欲望。不过事实上，米勒干脆暴力的文笔压倒了读者期待的色情或者挑逗描写，色情的内容并没有小说的名头那么引诱人。

尽管米勒的作品十分流行，但可能大半来自他"下流书"作家的声名，而并非因为他是一个优秀的文学家。的确，有大量的评论一直在否定他作品的"文学"价值。**JW**

- 就像两次世界大战间的很多美国艺术家和作家一样，米勒发现巴黎在道德上更解放，也更廉价。
- 女演员玛丽亚·德·美德罗斯出演了电影《情迷六月花》，影片改编自米勒和阿娜伊丝·宁的爱情故事。

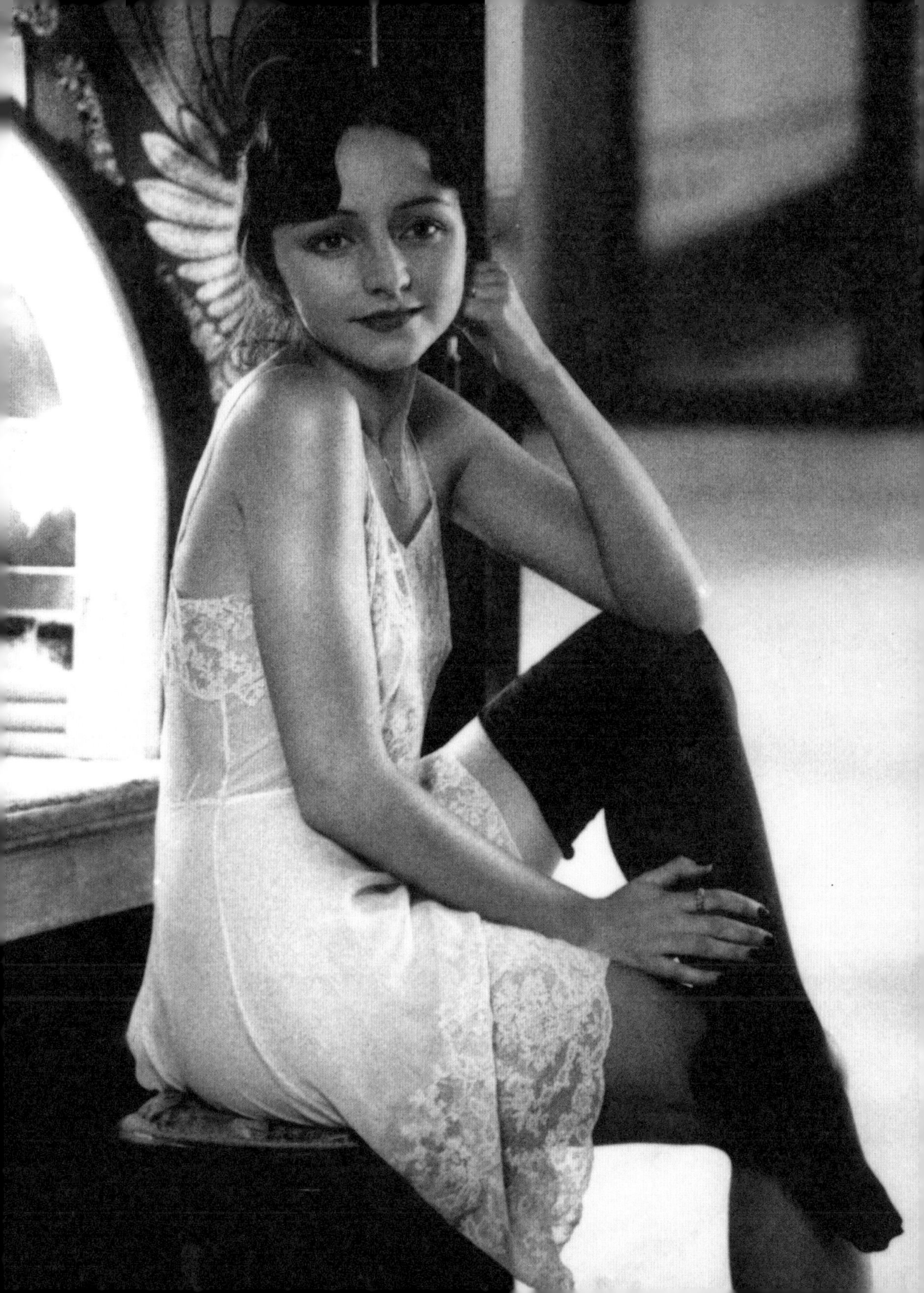

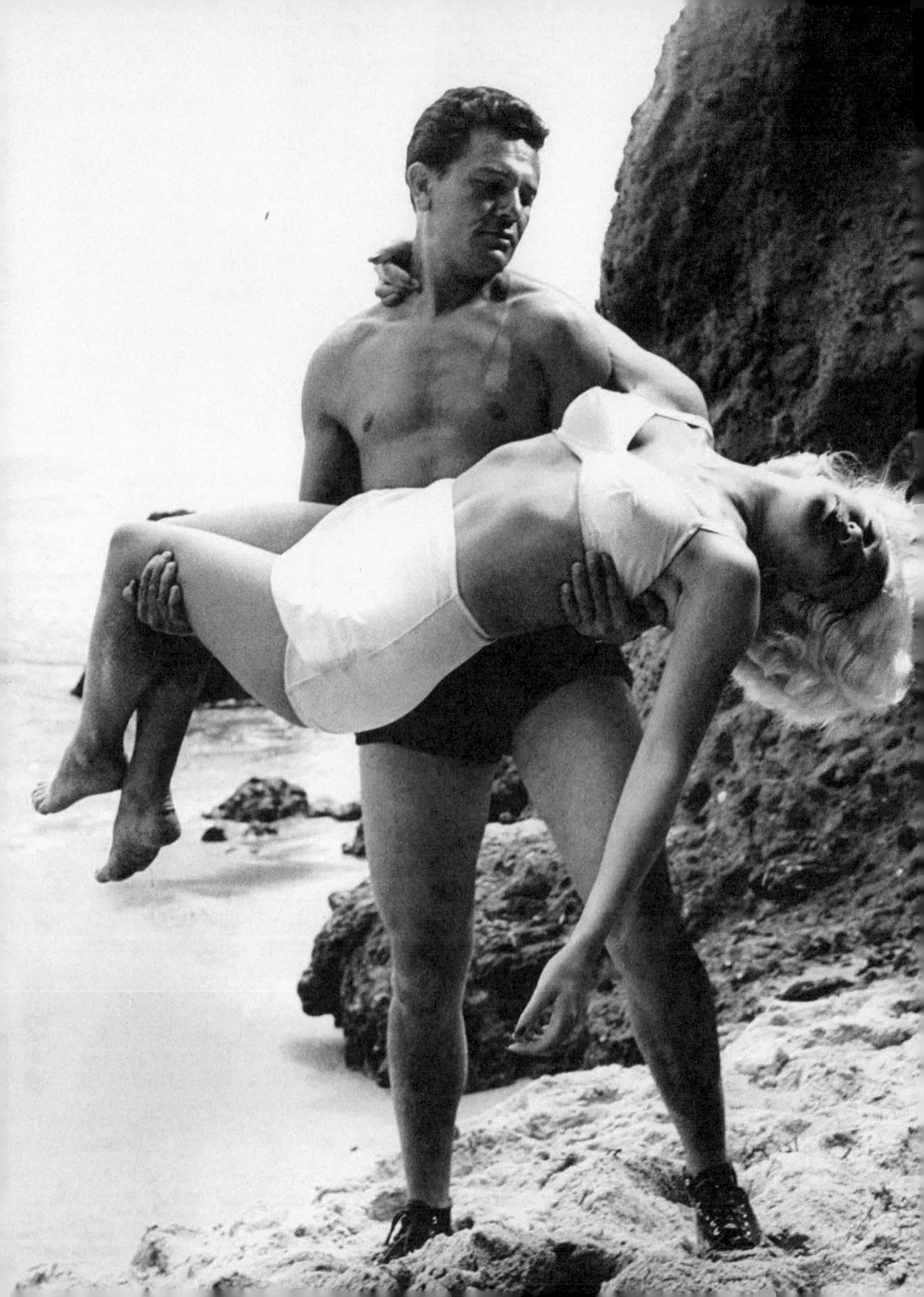

邮差总按两次铃
The Postman Always Rings Twice

詹姆斯·凯恩（James M. Cain）

作者生平：1892年生于美国，1977年卒
首次出版：1934年，A. Knopf（纽约）
原著语言：英语
首次影视改编：1946年

这部通俗小说的杰作是阴郁的哥特式爱情故事，是对大萧条时代加利福尼亚凄惨生活的叙述。凯恩在书中探索了主人公弗朗克和考拉如何从那些在背后支配他们人生的性、政治和经济力量中争取独立的行动。弗朗克的自我认知存在着严重缺陷。虽然他把自己视为不为所动和自由之人，但其实他很快就陷入了一段具有毁灭性的激情关系中。考拉小资产阶级的野心导致她准备谋杀自己"肮脏"的希腊裔丈夫，然后"继承"他的公路咖啡厅。弗朗克丧失了所有的道德乃至自我反省能力，他爽快地答应协助考拉的计划。在悬崖边的公路上，他们灌醉了考拉的丈夫，把他放进汽车，然后让他殒命。

只剩下弗朗克和考拉两人后，他们都逃过了法律的惩罚。比起这对情侣，书中的法律显得更加不道德和扭曲。小说的结尾隐含了人类存在的局限，幸福本身既是短暂的，也是主观的。《邮差总按两次铃》被三次拍摄成电影，不过凯恩对电影的影响力远超于此。很难想象若没有他，是否还会有科恩兄弟的作品。**AP**

在绝望之巅
Pe culmile disperarii

E. M. 齐奥朗（E. M. Cioran）

作者生平：1911年生于罗马尼亚，1995年卒于法国
首次出版：1934年，Editura "Fundatia pentru Literatura si Arta"（布加勒斯特）
英译书名：On the Heights of Despair

本书写于作者二十二岁时，当时他长期失眠，在压抑中用了几个月殚精竭虑地写就了这一作品。《在绝望之巅》比起哲学思辨，更像是呐喊。这部散文集的六十六篇散文，有的只有一个段落长，却包含了各种暗示性很强的主题，例如，"论不想活""什么都无法解决的世界""论个人与宇宙的孤独""狂喜"和"火焰的美"。齐奥朗对诸如"无意义""非理性"和"存在的痛苦"等主题进行了探索。

这一系列让人心酸的沉思是叙述者走向自杀冲动的一个过渡站点。自相矛盾的是，这个死亡的愿望有着太多的含义："我可能因为生命而死。"解决的方法是忏悔——一个人被强烈的需要驱使着去表达。写作像生命一样是系统性思维的对立面。一位从哲学家转变而来的诗人，他的写作总是具有误导性。他的目的不是整合人们对现实的理解，而是展现现实肮脏的负面以及每日之存在的无情和乏味。在从哲学性的焦虑（或者说是漠视）到诗性表达的转换过程中，这个"戏剧"开启了驳论，同样也建立了一个友善的场域，在其中人类可能真诚而反讽地活着。《在绝望之巅》尽管看上去是关于生命和自杀之优劣的忧郁之书，但是还有一种值得铭记的与内容不相称的幽默。总之，生命是奇妙和难以理解的。**IJ**

◀ 约翰·加尔菲德抱着身着比基尼的女演员拉娜·透纳离开拉格纳海滩，这是1946年根据小说改编的电影。

巴塞尔的钟声 Les Cloches de Bâle

路易·阿拉贡（Louis Aragon）

作者生平：1897年生于法国，1982年卒
首次出版：1934年，Denoël et Steele（巴黎）
原著语言：法语
英译书名：The Bells of Basel

尽管书名提到了巴塞尔，但《巴塞尔的钟声》大部分的活动场景都发生在巴黎，只有最后一章中最激烈的场景发生在瑞士的巴塞尔，那就是1912年的"国联"反战大会。这赋予了小说激情和政治能量，也让我们明白了该如何理解小说前面对巴黎资产阶级生活的描绘。

《巴塞尔的钟声》聚焦在两个强势的女性角色身上，她们的生活有松散的联系。狄安娜·德·尼特库尔是位优雅的女子，是金融家布鲁尼尔看上去不检点的妻子，也是汽车大亨的情妇；卡特琳娜是美丽的格鲁吉亚难民，她的资产阶级出身和对社会不公渐渐产生的觉醒让她非常矛盾。阿拉贡通过狄安娜和卡特琳娜的人生，描绘出了战前巴黎社会的腐化、堕落和彻骨的愤世嫉俗。在那个社会，人际关系的冷暖随着资本主义利润的增减而变动。阿拉贡把这个场景和一场人道的工人运动并置。这场运动逐渐有了明确的目标和暴力性，最终发展为巴塞尔的工人大会以及中年的共产党角色克拉拉的出场。这位女英雄的革命姿态和毫不妥协的战斗立场，与狄安娜和卡特琳娜依附于人的美丽迥然不同。阿拉贡成功地塑造了现代女性的形象。

尽管贯穿于《巴塞尔的钟声》的大部分基调是冷嘲和压抑的，但结尾是感人至深的对人类进步的信仰。小说毫不留情地揭露了法国社会心脏的腐烂，也提供了能改变它的工具。**AB**

爱是两个处于不同孤独状态的人缔结的关系。

- 1920年阿拉贡的照片。当时他是一位超现实主义者，但在20世纪30年代转向了共产主义和社会现实主义。
- 马克思·恩斯特在1922年对超现实主义团体的描绘：12号是阿拉贡，13号是安德烈·布勒东，15号是艺术家德·基里科。

372 | 20世纪

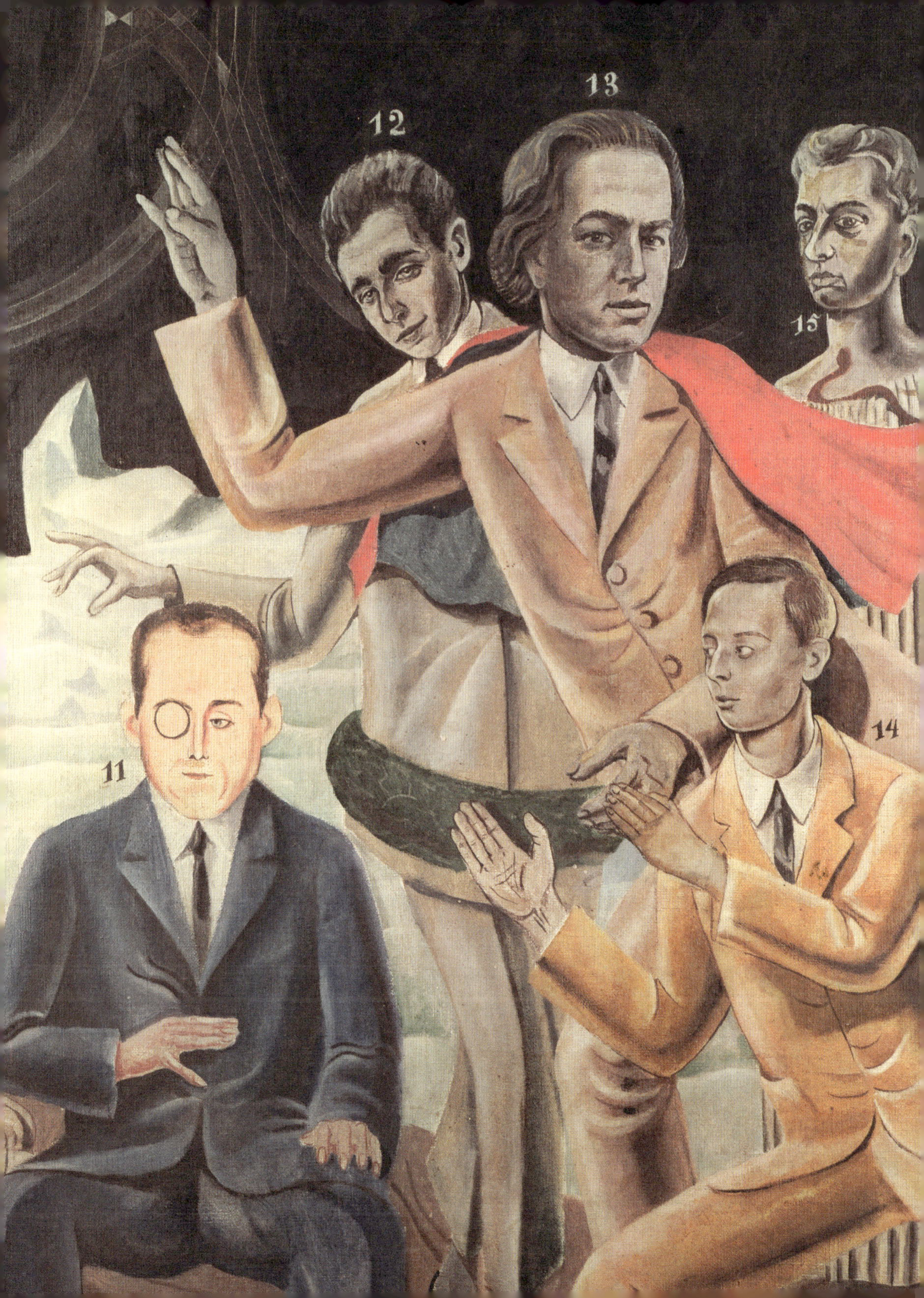
12
13
15
14
11

丧钟九鸣 The Nine Tailors

多萝西·塞耶斯（Dorothy L. Sayers）

作者生平：1893年生于英国，1957年卒
作者全名：Dorothy Leigh Sayers
首次出版：1934年，V. Gollancz（伦敦）
原著语言：英语

《丧钟九鸣》在规模和野心上都超越了塞耶斯早期的作品，她在一个栩栩如生的现实背景下创造了一群丰富的角色。故事发生在一个沼地村镇，镇中心是当地的教区圣保罗沼泽教堂。这种封闭社区的设定是20世纪20年代到30年代推理小说"黄金时代"的典型特色。但是塞耶斯没有重复英国舒适惬意田园的套路，相反，她为我们描绘了一个被秘密与罪孽感笼罩的乡村世界。这个荒凉之地的洪水暗示了《圣经》中大洪水的末世气氛。小说也以高度的原创性使用了钟鸣，这种手法既暗示了结构，又暗示了内容，与推理并解开谜团的过程交织在一起。

遗憾的是，塞耶斯终究没有完成她为19世纪作家威尔基·柯林斯——英国第一部侦探小说《月亮宝石》（见本书第163页）的作者——所写的传记。塞耶斯本人是柯林斯的热烈崇拜者，柯林斯作为"剧情大师"，把浪漫小说和写实主义结合在一起，他的写作对塞耶斯极有启发。《丧钟九鸣》强烈地呼应了《月亮宝石》，不只包含了围绕珠宝盗窃案展开的犯罪细节，也手法圆熟地在支线剧情中与之共鸣。《丧钟九鸣》是确立塞耶斯20世纪推理小说名家的声誉之作，她把"线索拼图"带入了广阔的英国小说传统中。**LM**

迷惘 Die Blendung

埃利亚斯·卡内蒂（Elias Canetti）

作者生平：1905年生于保加利亚，1994年卒于瑞士
首次出版：1935年，Herbert Reichner Verlag（维也纳）
英译书名：Auto-da-Fé

这本被遗忘的德国现代主义杰作对学究气的危害及一位嗜书者面临的黑暗，做了神秘与间接的分析。小说预言性地剖析了吞噬德国语言世界的社会性疯狂。埃利亚斯·卡内蒂的"K"彼得·基恩呼应了卡夫卡的黑色喜剧：这位精神生物坚决抵触社会化，而钟情于学者的生活，但他缺乏对抗世俗的自卫能力。小说详细描写了他和一系列人物的碰撞，他们对利益贪婪的追逐促成了各种互相欺诈的喜剧。

彼得·基恩是沉迷汉学的学者，有一座规模宏大的私人图书馆。在噩梦里基恩因自己的图书馆失火而苦恼，他愚蠢地和特雷萨成婚，她是基恩雇来管理图书馆的管家，心眼多又容易轻信人。基恩滑入了各种幻视性的疯狂，被他的"妻子"赶出了图书馆，进入了噩梦般的地下世界。他在菲舍勒手下遭遇了各种各样的灾难，此人诈称国际象棋冠军，还是个弯腰驼背的侏儒。基恩再度卷入了特雷萨与本地科·普夫拉夫（一个亲纳粹的杂务工和已退休警察）的纠纷。基恩的兄弟，一位巴黎心理学家，在黑暗的酝酿下加重了混乱的局面。在本书暴力的崩溃逻辑下，最后地狱般的结局加速到来。小说黑暗、惊悚、幽默而让人迷惑。**DM**

孤注一掷 They Shoot Horses, Don't They?

霍勒斯·麦考伊（Horace McCoy）

作者生平：1897年生于美国，1955年卒
首次出版：1935年，A. Barker（伦敦）
原著语言：英语
改编电影：1969年

《孤注一掷》最初出版时曾被人忽视，直到20世纪40年代被巴黎的黑色电影导演马塞尔·迪阿梅尔翻拍成电影后才成为热门书，迪阿梅尔认为霍勒斯·麦考伊是能与海明威比肩的作家。小说的主人公罗伯特和葛洛丽亚做着好莱坞的明星梦，但在大萧条时代环境庸俗和气氛惨淡的洛杉矶，他们能获得的只有乏味空虚的生活和最终的死亡。麦考伊在舞蹈马拉松比赛中发现了人生偶然、荒诞和无意义的隐喻（这种形式的比赛要在一个场馆无休止地连跳几天舞，坚持到最后的一对就是赢家）。罗伯特与葛洛丽亚跳得精疲力竭，却因一场突发的古怪射击事件终结了他们追求名利的历程。葛洛丽亚坚称人生没有意义，这促使罗伯特帮她实现她病态的野心。

作者借舞蹈马拉松比赛的形式评论了大众娱乐竭泽而渔的本质，以及人类生活如何在资本主义下被组织起来变得低微卑贱。不像大多数好莱坞电影在糖衣之下包裹着平庸，舞蹈马拉松比赛充满了不可预测性、痛苦、暴力和虚无主义。比赛的角逐者如同牲口：牛羊或者马——一旦失去利用价值就要被射死。本书孕育了麦考伊批判社会的种子，但是不像舞蹈马拉松比赛本身，这种批评没有目的地，也不产生任何东西。**AP**

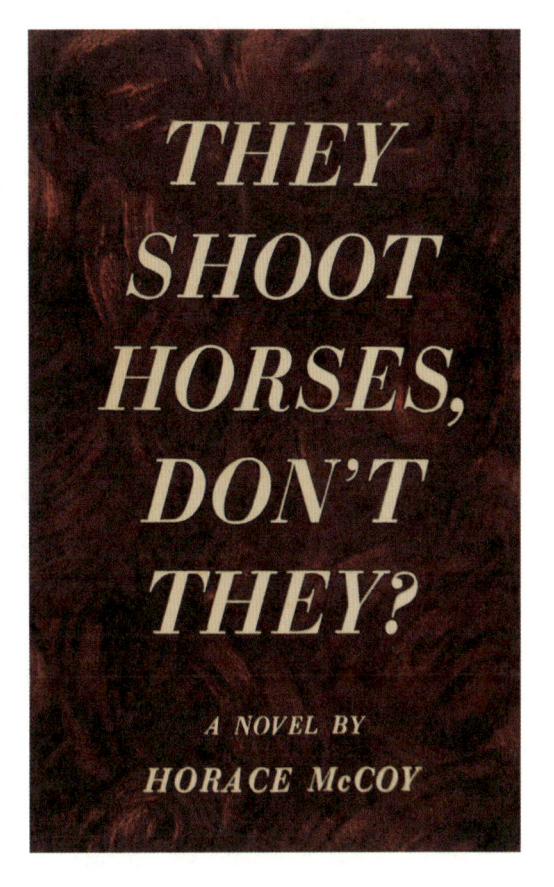

大人，爱普斯坦说，我们全凭法院裁断。这个男孩承认他杀死了女孩，但是他不过是在还女孩一个人情。

麦考伊大萧条时代的小说使得他在欧洲获得了狂热的拥趸，但他在美国则鲜有人欣赏。

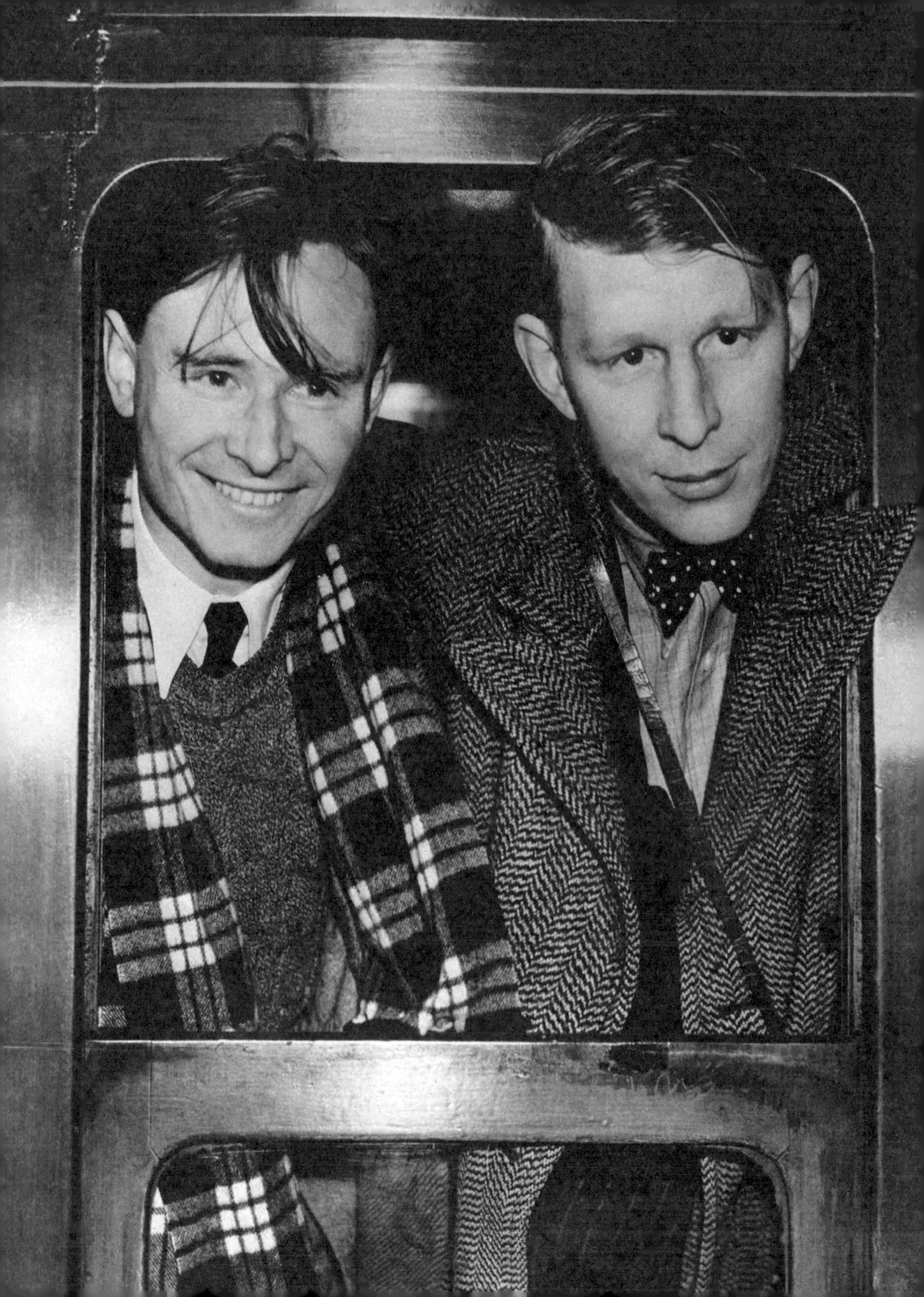

诺里斯先生换火车
Mr. Norris Changes Trains

克里斯托弗·伊舍伍德（Christopher Isherwood）

作者生平：1904年生于英国，1986年卒于美国
首次出版：1935年，The Hogarth Press（伦敦）
原著语言：英语
其他书名：The Last of Mr. Norris

    这部曲折离奇的小说描述20世纪30年代的叙述者威廉·布拉德肖在柏林和神秘邪恶的诺里斯先生的一系列遭遇。布拉德肖在去德国的火车上首次结识了亚瑟·诺里斯，他提到诺里斯的眼神仿佛"一个正在打破校规的学童"，诺里斯先生总是在行动中，永远卷入灰色的交易，他总是在躲避森严的官方。

    小说有着漫画化的基调，有时候近乎闹剧。不过一旦读者了解了它的背景是魏玛共和国的末年、纳粹党攫取国家权力的年代，你就会发现伊舍伍德描绘的无忧无虑的咖啡店社会与现实生活构成了极大的反差。这种临近毁灭的社会氛围让我们身临其境般走近可悲的灵魂、柏林城的囚徒们。一个以揭露和清洗他们为目的的无情社会新制度正在捕获他们。他们唯一的希望在于出国避难，但即使做出这个选择也有被逮捕的风险。随着共产党被迫转入地下活动，殴打和枪击事件愈演愈烈，助长了流言的狂热滋生。在柏林堕入内战的背景下，布拉德肖保持了疏离的位置——他把自己定位为观察家，被动地见证着文明从舞台阴暗的包厢崩溃成荒唐之地。**TS**

◀ 伊舍伍德（左）和他终生的挚友与文学合伙人、诗人奥登在1938年结伴去饱受战争蹂躏的中国旅行。

不可接触的贱民
Untouchable

穆·拉·安纳德（Mulk Raj Anand）

作者生平：1905年生于巴基斯坦，2004年卒于印度
首次出版：1935年，Wishart Books（伦敦）
首版编辑：Marg
原著语言：英语

    "《不可接触的贱民》只能出于一位印度人之手……没有一位欧洲人能有这样的移情能力，创造出巴克这样的人物，因为他不可能了解巴克遭遇的烦恼。"这是穆·拉·安纳德的友人E. M. 福斯特为这个简单故事书写的序言。这个故事发生在一天之内，故事的主人公是一位清洁工，出身印度最低的种姓，以收集人类粪便为生，这让他和他的外表在印度教义中都显得不洁净，于是也成了不可接触的贱民。巴克说："他们认为我们肮脏，因为我们清理他们的污秽。"在社会关系上，被更高种姓的人排斥是一种大灾难，毒化了不可接触的贱民的生活。

    小说的线索是巴克理解自己低贱出身意义的历程。巴克和一个拯救主义的传教士赫金森结识，但之后拒绝了传教士拯救的福音。巴克与一位甘地的信徒讨论，那些信徒说所有的印度人都是平等的，这给清洁工带来了很大的希望。不过可能第三种，也是更技术性的方法才能拯救巴克——从收集粪便改做连通各种下水管道的马桶排水工让巴克彻底摆脱了"贱民虫子"这样的心理压力。清洁工对机器和圣雄哪一个才是自己的救世主产生了疑惑。

    本书是最早一批描绘印度底层种姓生活的作品，攻击了压在他们身上的社会枷锁。安纳德的散文把旁遮普语和印地语的街头语言转换成打动人的英文风格，这让很多评论者称他为印度的查尔斯·狄更斯。**JHa**

20世纪 | 377

独立的人们 Sjálfstætt fólk

哈·基·拉克司奈斯（Halldór Kiljan Laxness）

作者生平：1902年生于冰岛，1998年卒
首次出版：1934—1935年（雷克雅未克）
英译书名：Independent People
诺贝尔文学奖：1955年

巴加图迷失在暴风雪中，濒临死亡。他是这部非同寻常的小说中的英雄，他高傲、顽固、野蛮、经常犯傻。这次濒死让他陷入了幻象中。暴风雪撕扯着巴加图，它的魔爪幻化成了冰岛史诗中的神秘恶魔格里莫尔。巴加图一步步地突破困境，背诵着他能记住的所有诗歌和民谣，尽一切可能让自己保持清醒。最后在近乎崩溃的那刻，巴加图抵达了另一个佃农安全的木屋，他虽然精疲力竭，但最终获得了胜利。

小说本质上是对冰岛神话般过去的重新改造，试图通过那些被人们长期忽略的东西来重新定义民族和历史。它为古代的农业社会立言，讲述他们的智慧、苦难和冲突。小说充满了艰苦的写实主义，每一页都散发着羊粪的馊味、人烟和石头的气息，还有无边无际的厚重积雪。小说聚焦于巴加图和他保持独立与自由的奋斗，排除了20世纪早期的社会现实影响——从战争年代的繁荣到经济危机，再到战争结束后社会主义的诞生。拉克司奈斯用艰涩、诗性和美不胜收的文笔勾勒出巴加图逐渐昌盛的家族奋斗史、他第一和第二任妻子的去世、他三个孩子的渴望与他们未实现的梦想。

拉克司奈斯的大部分童年时光是在和小说描述的类似环境里度过的，他写作了六十多部文学作品，被认为是冰岛小说无可争议的大师。**JM**

夜林 Nightwood

朱娜·巴恩斯（Djuna Barnes）

作者生平：1892年生于美国，1982年卒
首次出版：1936年，Faber & Faber（伦敦）
原版导读：T. S. 艾略特（T. S. Eliot）
原著语言：英语

《夜林》有"诗人创作的伟大小说"之美誉。这种声誉的产生很大程度上是由于T. S. 艾略特在爱诗的读者会上的推荐。本书的文笔的确引人注目，既有各种高雅的机智，也有一种现代主义的巴洛克风格（看上去源自詹姆斯一世时期的戏剧诗歌）。

《夜林》先锋性地表现了女性之间的爱。可能对那些寻找女同性恋身份积极形象的人而言，小说的阅读感并不舒服。但无论本书如何让人困扰，它都充满着迷幻力量，而且风格独特。

小说的背景大部分设置在巴黎和纽约，暗示了波希米亚和旅欧美国人在大都市的漂泊感。小说的中心人物是罗宾·沃特，她或直接或间接地摧毁了自己的丈夫费利克斯·沃尔克拜因和他们的孩子吉多，以及爱着她的两个女人诺拉·弗勒德与珍妮·佩西布里奇。医生马修·奥康纳古怪离题的独白有一种治愈能力，平衡着罗宾·沃特毁灭性的诱惑力。小说起初看上去像是为了修辞而修辞的空谈练笔。逐渐深入，你会发现它书写了人类在苦难和威胁逼近时的扭曲。医生不同寻常的努力最后被这个黑暗寓言的车轮碾压得粉碎。这是一部值得反复阅读的书。**DM**

> 巴恩斯在写作中谈到了女同性恋的关系，她认为这是一种自恋症："男人是另一种，女人是你本身。"

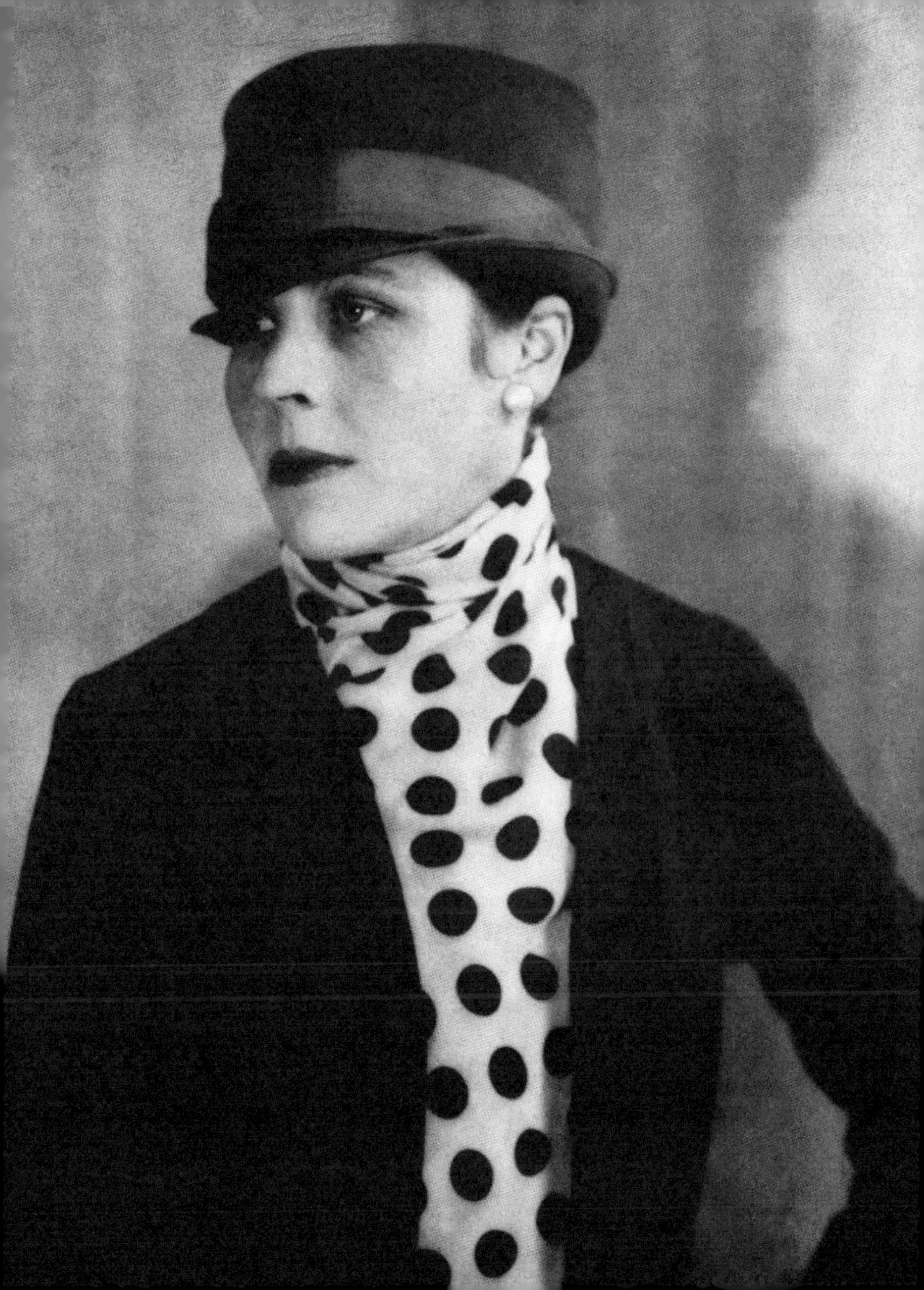

Weird Tales

25c

疯狂山脉 At the Mountains of Madness

H. P. 洛夫克拉夫特（H. P. Lovecraft）

　　H. P. 洛夫克拉夫特这部最具影响力的小说起初是在探索科学领域之外的存在。1930年对南极大陆的探索方兴未艾，飞行器和大量挖掘设备被运送到南极洲。不过这块"恐怖之地"远比其他大陆古老，物质层面的开采绝不能轻易掀开它的秘密。很快，一种全新的世界历史出现，颠覆了之前人们所持有的一切科学和自然观念。人类发现，沉埋在冰川下的巨型外星城市和它鼎盛时期令人畏惧的恐怖生物至今依然幸存。

　　小说采用的第一人称叙事积极而有效，地理学家戴尔耐心地、循循善诱地解释了新技术的奇观。直到第一批调查团被暴风雪孤立，他们用无线电向外界传递在地表下岩洞中超出想象的发现，诸多神秘事件才一一浮出水面。之后戴尔和他的同伴、学生丹福斯一路向下螺旋式坠落，新的发现不断冲击着他们有关时间、空间和生命的观念。最终丹福斯的演讲变成了不连续的片段，只在梦幻里出现。

　　洛夫克拉夫特深受爱伦·坡的影响，他的恐怖风格偏向暗示性与隐于幕后，这种手法有效地强化了主人公们无处不在的哲学性恐惧。许多当代叙事作品用更加现代的框架重新处理混合哥特式恐怖与失落世界场景的题材，尤其是电影。洛夫克拉夫特生前没有获得多少成功，但是他的作品、主题和恐怖风格一直与后来数代的作者及科幻作品共鸣。洛夫克拉夫特在今天是一个被崇拜的人物，主要是凭借他的克苏鲁故事——奥古斯特·德雷斯（August Derleth）称其为"克苏鲁神话"。**JS**

作者生平：1890年生于美国，1937年卒
作者全名：Howard Phillips Lovecraft
首次刊载：*Astounding Stories*，1936年
原著语言：英语

◣ 洛夫克拉夫特幼年就疾病缠身，他宣称自己的作品经常受到做噩梦时的恐怖经历的启发。

◣ 洛夫克拉夫特对恐怖、邪典和死亡等文学题材的影响和贡献绵延至今。

押沙龙，押沙龙！ Absalom, Absalom!

威廉·福克纳（William Faulkner）

作者生平：1897年生于美国，1962年卒
首次出版：1936年，Random House（纽约）
原著语言：英语
诺贝尔文学奖：1949年

在1835年到1910年的剧情时间中（这段时间塞德潘不必猎捕失踪的法国建筑师和那些奴隶），有五次提到这是托马斯·塞德潘从农民成为种植园主的故事，是关于他的种植园（名字叫"一百"）的故事，是关于波恩的故事（波恩可能是一个黑人，如果这点属实并且得到承认，这会让塞德潘的家族崩溃）。

多重叙述之间的鸿沟和矛盾需要我们求助于认识论：我们如何认识自己对历史事件的理解。但在《押沙龙，押沙龙！》中这些都集中于特定地区的劳工问题——被白人否定的黑人，他们的劳动给了白人统治者容貌、皮肤和性的物质基础——这个问题必须进行改写。"谁知道什么，以及他们如何知道"被转换成"如果他们知道自己的面容、皮肤、性和土地都是非裔美国劳工造就（他们之中的他们），人们能否认他们已经知道的事实吗？"福克纳的答案看上去是承认他们是知道的（比如塞德潘视波恩为自己的儿子），不再做过去的自我。

威廉·福克纳在《押沙龙，押沙龙！》中思考这些他的祖先难以想象的问题之时，他生活的地区还在依赖蓄奴的物质生产（债务劳役的束缚代替了过去的家庭奴隶制度）。这可能解释了作品的结构来源，毫无疑问这部作品是最伟大的现代小说之一。**RG**

鲵鱼之乱 Válka s Mloky

卡雷尔·恰佩克（Karel Čapek）

作者生平：1890年生于捷克，1938年卒
首次出版：1936年，Fr. Borový（布拉格）
原著语言：捷克语
英译书名：War with the Newts

这部乌托邦科幻小说的缘起是一位远洋船长发现了某种独特的鲵鱼，并且驯化了它们。这种两栖动物有着异乎寻常的智力，能够直立行走，并且逐渐发展出语言能力。船长在别人的经济支援下，带着他的鲵鱼环游太平洋捕捞珍珠。鲵鱼繁殖迅速，很快这件事情就引起了国际上的高度关注。若干年后鲵鱼的数量已经大大超过人类——有些鲵鱼甚至从大学毕业——它们开始走出原来栖息的浅水区域。鲵鱼成为人类社会的奴隶或者极有成就的二等公民。直到有一天，鲵鱼向世界提出了它们的自我要求。

卡雷尔·恰佩克在他的故乡捷克斯洛伐克是有名的记者、剧作家兼小说家。《鲵鱼之乱》一般被认为是他最好的叙事故事。当时的欧洲正紧张关注着德国形势的变化，而恰佩克本人是坚定的反纳粹主义者，同时也排斥共产主义。小说对这两种运动做了寓言，也评论了国家和国际关系中内在的自私性质。恰佩克投入了强烈兴趣，并且结合明显的漫画讽刺风格，探讨人类的交换机制和政治上的钩心斗角。他的小说刺激、有趣、政治态度严肃，给予了20世纪道德的警示，至今仍能引起强烈的共鸣。**JC**

让叶兰继续飘扬 Keep the Aspidistra Flying

乔治·奥威尔（George Orwell）

作者生平：1903年生于印度，1950年卒于英国
作者教名：Eric Arthur Blair
首次出版：1936年，V. Gollancz（伦敦）
原著语言：英语

乔治·奥威尔对这部小说很失望：一方面他的出版商强迫他修改小说，另一方面作者本人看到了小说中的缺点。不过即便如此，这部小说仍然是对文学界生活强有力的讽刺，有着20世纪30年代浓郁的伦敦气息。《让叶兰继续飘扬》叙述了不幸的戈登·康斯托克的奋斗。康斯托克控诉资本主义，他认为资本主义的文化与对财富和特权的占有变得不可分割，当代生活被广告充斥，日常生活的每一处都被商品化了。这是垂死的文明和存在变得卑微的迹象，隐含着文化灭绝的威胁——奥威尔在他的《上来透口气》（见本书第981页）中进一步发展了这个主题。

然而康斯托克既被他哀叹的体制压抑，也被自己软弱的性格限制。他拒绝接受中产阶级的体面生活，他认为这种生活犹如小说标题中的盆栽植物。在康斯托克的眼中，这种生活是"卑微低下阶层自以为的体面"。他也排斥政治革命，不认为它们能带来变革。康斯托克自己的尝试是拥抱贫穷，像穷人中的隐士那样生存，以此减轻他内心的罪孽感。小说集中在康斯托克的困扰上，探讨了他的愤怒和绝望到底是自我哀怜的戏剧表演，还是对资本主义剥削制度的真诚排斥。**AG**

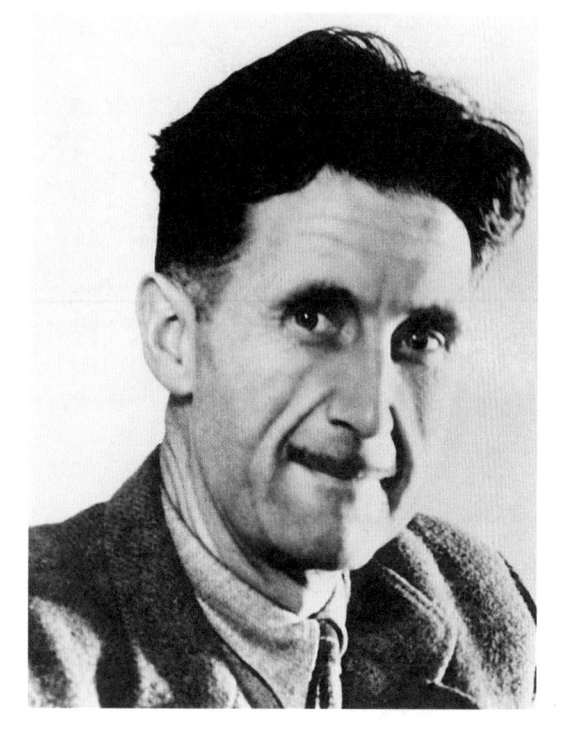

突然，深处的两记闷响让整栋房子震了起来。戈登开始了。他的思想从深渊向上飞。邮件！伦敦的欢娱已经被遗忘了。

◐ 乔治·奥威尔是埃里克·布莱尔使用的笔名，这样他的作品就不会让自己的父母尴尬了。

飘 Gone with the Wind

玛格丽特·米切尔（Margaret Mitchell）

作者生平：1900年生于美国，1949年卒
首次出版：1936年，Macmillan & Co.（伦敦）
原著语言：英语
普利策奖：1937年

浪漫的《飘》的背景设置在美国内战时期与战后重建时期的美国佐治亚州。这个背景与小说的中心人物——奔放的南方美人斯佳丽·奥哈拉和她冲动的丈夫瑞德·巴特勒都成了美国神话的素材。大卫·O.塞尔兹尼克1939年的电影让米切尔的小说成为不朽的作品。但是之前本书的初版已经获得了销售奇迹，第二年作者就赢得了普利策奖。

小说是恢宏的历史史诗，它记录了美国社会和经济大变动时期斯佳丽和她亲友们的命运。小说的线索是19世纪60年代早期农业社会的变迁——由斯佳丽家族的种植园塔拉代表——以及19世纪80年代南方工业化的开始。一方面小说是斯佳丽、瑞德和艾希礼之间著名的三角恋故事，另一方面也是写给佐治亚州的亚特兰大城的情书。玛格丽特·米切尔出生和成长在亚特兰大，听说了战前城市的故事和联邦军的战役。她用精心建构的篇章和令人欣喜的细节描绘了亚特兰大多层次的变动中的社会，这也显示了作者进行的历史调查的深度。

不过，《飘》并非没有争议的小说。玛格丽特·米切尔个人对南方奴隶主的同情以及对战前种植园社会的诗意描绘让小说成为广泛的文化辩论的对象，至今还在引起各种批评分析、抗议甚至戏仿。不过这部小说不失为一部雄心勃勃、俘获人心的制作。更加重要的是，它是无可争议的文化现象，不只对美国小说的创作方向做出了贡献，还令美国人对自己历史的观念的形成起到了积极的作用。**AB**

▲ 玛格丽特·米切尔是一个腼腆和注重隐私的人，她对小说带给自己的声誉感到非常困扰。

▶ 这幅1936年的小说宣传画很令人惊喜，因为《飘》的经典形象是由1939年的电影才奠定的。

GONE WITH THE WIND

思考的芦苇 The Thinking Reed

丽贝卡·韦斯特（Rebecca West）

作者生平：1892年生于英国，1983年卒
作者教名：Cicily Isabel Fairfield
首次出版：1936年，Hutchinson & Co.（伦敦）
原著语言：英语

在整个20世纪，丽贝卡·韦斯特以她激进和女性主义的政治学而闻名于世，当然还包括她的第五部小说《思考的芦苇》。在这部小说里，她敏锐地考察了20世纪20年代众多中产阶级妇女生活中的局限。

小说的线索是伊莎贝拉·托雷的命运，这位年轻聪明的美国遗孀不期然地进入了欧洲的社交圈子。一次失意的恋爱后她任性地和财富可观的马尔克·萨拉弗兰克成婚。他们的婚姻关系充满暴力与激情，在爱与恨之间不断回荡。《思考的芦苇》在富人阶层衰落的社会背景下叙述了一段曲折的男女关系，类似菲茨杰拉德的《夜色温柔》（见本书第367页），不只聚焦了一个阶层的解体，也聚焦了一种生活方式的解体。在巴黎之外，马尔克的汽车工厂中工人罢工运动每天都变得更加暴力化，而大西洋两岸的股票市场也阴云惨淡。马尔克和伊莎贝拉无忧无虑的生活注定要终结。但小说暗示如果他们失去了财富，反而会重获长久失去的人性维度，并从他们日渐绝望和空虚的社交手腕中摆脱。最终，伊莎贝拉开始排斥她曾经热烈拥抱的社会圈子，它们在她心目中变得毫无生气，充满残酷。

《思考的芦苇》对于今天的读者而言依然是一部重要的、有思想的小说，探索了人际关系、阶级和婚姻。**AB**

> 写作对人际沟通没有多大用处，只对一个人不同人格间的沟通有益。
> ——丽贝卡·韦斯特《怀疑论的艺术》，1952年

▲ 1947年，韦斯特出现在《时代》杂志的封面上——她在美国的声名主要建立在她的记者生涯上。

加沙的盲人 Eyeless in Gaza

阿道司·赫胥黎（Aldous Huxley）

作者生平：1894年生于英国，1963年卒于美国
首次出版：1936年，Chatto & Windus（伦敦）
原著语言：英语

小说的书名引自弥尔顿《力士参孙》的名句"加沙的盲人在奴隶的磨坊"，本书是阿道司·赫胥黎叙述安东尼·比维斯追求启蒙之旅的半自传小说。小说的线索是1902年比维斯在英国的童年时代到1935年他大胆转向和平主义的故事。我们接触到了赫胥黎那些上层社会显赫出身和博学高雅的朋友、亲戚与合作伙伴。小说在年代顺序上采用了实验手法，故事叙述在各个年代来回穿梭，在过去和现在之间建立起了反讽式的联系。小说实验性的另一个方面是：大胆地使传统的剧情发展让位给知性的沉思。作者对于社会学、民主制度和极权主义等问题都给予了或机智或令人深省的思考，尤其是小说对社会和谐与个人自由之间如何调和的思辨。小说最著名的篇章中，一只活生生的狗从飞机上被抛下，坠落在安东尼和他的伙伴海伦的平屋顶上。当时他们正裸身躺着晒日光浴，狗的尸体炸开，血溅满了他们的身体。饱学的安东尼对海伦说："你看上去像麦克白夫人。"奇怪的是，在他感受到温情时，海伦却决定离开他。这体现了赫胥黎对悲喜剧的理解：他把人类局限于自我的困境在这一幕里加以浓缩。

《加沙的盲人》里有些地方显得啰唆和武断。不过赫胥黎像劳伦斯和H.G.威尔斯那样，对于众多的读者有着解放性的影响。**CW**

夏日将现 Summer Will Show

西尔维娅·汤森德·华纳
（Sylvia Townsend Warner）

作者生平：1893年生于英国，1978年卒
首次出版：1936年，Chatto & Windus（伦敦）
原著语言：英语

在20世纪30年代早期写作，我们该如何讲述革命的故事？苏维埃革命就在最近，局势超出人们的掌控；但对西欧人而言，从19世纪以来革命几乎没有发生过。西尔维娅·汤森德·华纳当时还不是共产主义者，于是她回到了1848年的革命年代，把故事放在巴黎——当时一场群众起义推翻了奥尔良党的国王路易·菲利普。女英雄是英国人苏菲娅·威洛比。

走向革命的苏菲娅之前遭遇了各种悲剧：她的孩子因为天花去世，家庭陷入了法律欺诈，丈夫与别人通奸。苏菲娅随着她的丈夫弗里德利科前往巴黎，她迷上了丈夫的情人米娜·莱姆埃尔。但在1848年夏季的暴力活动中，米娜被苏菲娅在英国养大的孩子卡斯帕杀死于街垒。苏菲娅杀死了卡斯帕，但坚决不相信米娜已死。这些悲剧分散在小说独立但又相关的各篇章之中。

苏菲娅当时受雇于革命家恩格尔布来彻（恩格斯的小说版），她负责散发神秘的宣传小册子《共产党宣言》。1848年革命失败后，苏菲娅继续从事革命活动，在激进巴黎的街头她充当了暴民。苏菲娅和米娜的爱情是一个细腻而感性的女同性恋的爱情故事，苏菲娅逐渐发现其中含有某种革命性。以作者自传的角度而言，最后两部分是华纳个人的故事。**AMu**

骆驼祥子

老舍

作者生平：1899年生于中国，1966年卒
作者本名：舒庆春
首次刊载：《宇宙风》，1936年
英译书名：*Rickshaw Boy*

这部社会批判小说叙述了年轻的主人公人力车夫祥子的生理和道德堕落。凭借着对祥子在不公正的社会中的奋斗和它鲜活的语言（浓缩了北京口语的精华），小说饱受赞誉。

祥子从北方乡村来到北京，成为一名有志气的人力车夫，他的目标是拥有一辆人力车。祥子的努力很快有了回报，但不久他的人力车被蛮横霸道的军阀部队抢走，他们还让祥子充作苦力。祥子逃脱后偷窃并且卖掉了三头骆驼，他因为这件事获得了"骆驼"的绰号。不过这次偷窃也标志着祥子滑向生理和道德堕落的第一步。之后的祥子被狡猾的警察讹诈，被人力车老板刁蛮的女儿虎妞欺骗成婚。虎妞难产死后，祥子沉湎在酗酒和赌博中，身心状况每况愈下，最终甚至向特务出卖了工会的领导人。随着女孩小福子的自杀，他的悲剧达到了顶点——小福子是祥子打算成婚的女孩儿，她是一个被迫卖淫者。

小说的第一个英语版本甚至有一个大团圆的结局。但是老舍对工人阶级困苦生活（部分来自自毁的性格，部分来自社会的敌意）毫不妥协和现实主义的描绘才使得《骆驼祥子》成为了解20世纪中国人民命运的范本。**FG**

走出非洲 Den afrikanske Farm

伊萨克·迪内森（Isak Dinesen）

作者生平：1885年生于丹麦，1962年卒
作者教名：Karen Christence Dinesen
首次出版：1937年，Putnam（伦敦）
英译书名：*Out of Africa*

伊萨克·迪内森是凯伦·布里克森（Karen Blixen）的笔名。她曾与诺贝尔文学奖失之交臂。《走出非洲》是她最著名的小说，也是对她那个时代肯尼亚咖啡庄园的回忆，是对欧洲帝国主义开始衰退的生动描绘。

布里克森叙述她成功运营咖啡庄园的年代是在"一战"前后，她始终与贫穷和自然灾害斗争，失败的阴影好几次差点击败她。她的回忆里还蕴含了上帝、狮子（据信是自然界高贵的象征）、非洲的暴力活动、种族主义和社会礼仪。布里克森对非洲的风景非常着迷，本书中的景色描写段落精彩纷呈，不过她对非洲人的某些描写可能会让现代读者感到不适。作者提及了欧洲和非洲文明的差异——她相信在非洲，人的存在形式更真实——并且叙述她作为女性如何跨越两个文明间的鸿沟。在小说的结尾，她失去了自己的庄园，回到欧洲。但是她对这片土地的爱从没有减退，二十年中她始终称之为家乡。这本小说讲述了帝国主义的消亡、错置感、野蛮、美丽和人类的奋斗，被誉为现代主义最伟大的田园哀歌。最重要的是，它是一本非洲之书。**EF**

> 摄影家卡尔·凡·维琴拍摄的凯伦·布里克森，她所处的背景暗示了作家对非洲的美好回忆。

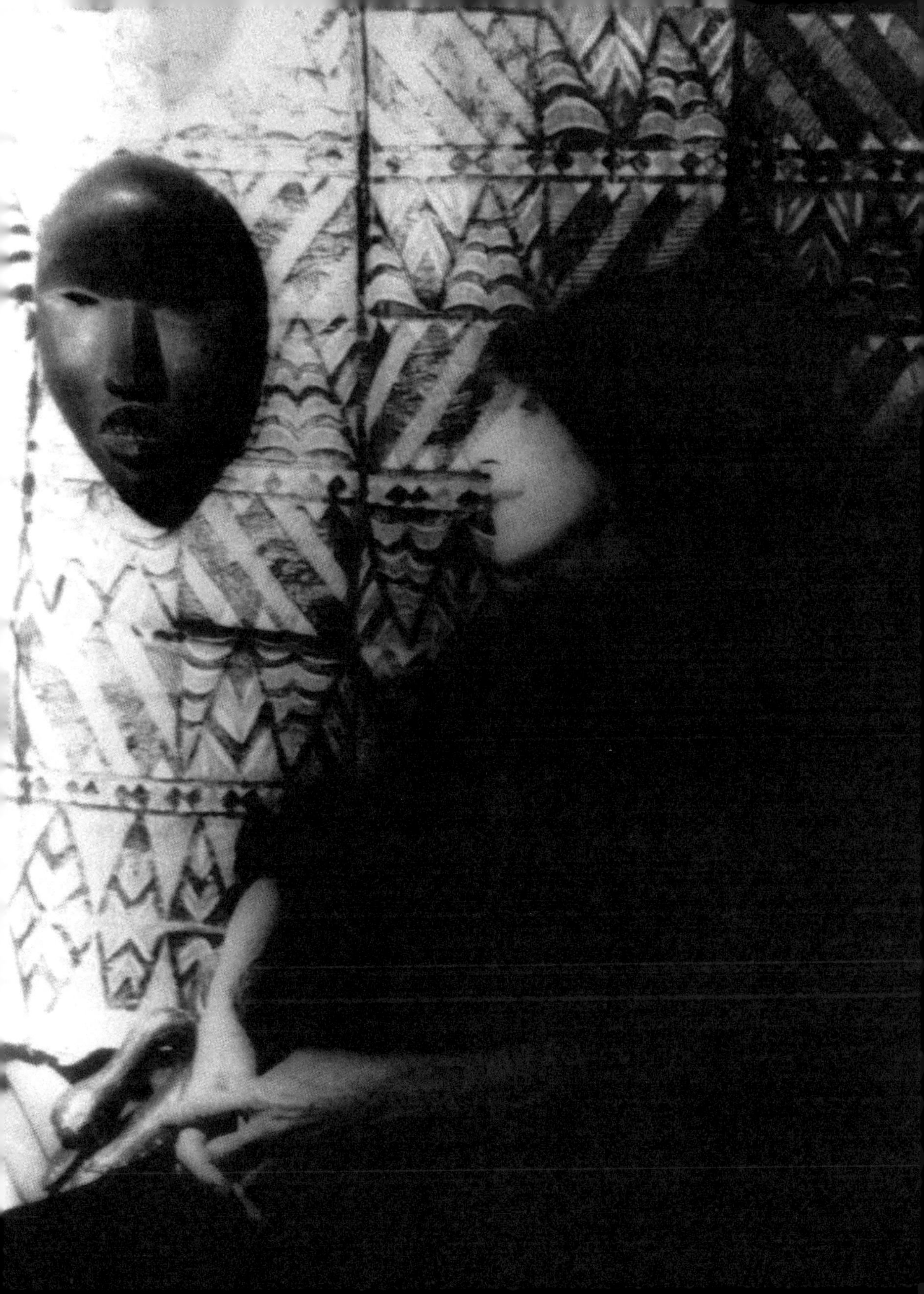

括号 In Parenthesis

戴维·琼斯（David Jones）

作者生平：1895年生于英国，1974年卒
首次出版：1937年，Faber & Faber（伦敦）
完整书名：In Parenthesis: Impressions, in a fictitious form, of life on the Western Front

本书常被誉为关于第一次世界大战被埋没的经典，这个抒情故事是以一位普通威尔士士兵的视角写作的。琼斯的故事主线是一位男子经历了一段让人窘迫、充满危险，又时常让人激动的美丽的世界之旅。琼斯试图把某种战争经验普世化；他用一种新的语言来描绘战争的"真相"，这种语言既得体，又去除了现代主义的做作和高度修饰的措辞。他使用诗歌这种能持续反映对"一战"理解的形式来写作。他的作品还包括了长段的抒情散文，可能在这个方面他和诸如鲁伯特·布鲁克、西格弗里德·萨松、薇拉·布里坦和罗伯特·格雷夫斯等作家没有分别。这些人都在寻找一种新方法，能够用切合他们经验的方式来描述他们见到的战争。

批评家经常肯定这部作品的积极方面。比如斯蒂芬·斯班德（Stephen Spender）认为这个文本"是最有可能幸存的'一战'纪念碑"，而朱利安·米切尔（Julian Mitchell）在2003年则颂扬《括号》是等待再发现的经典。他们经常忽略了小说本身的艰涩性。琼斯的作品不符合现在的潮流，它之所以边缘化是因为很少有读者能感受它的深度。不过小说自有它卓越的地方。无论它是否会成为预言中长久存在的好书，有一点确定无疑，这不像是一部能流行的著作。**EMcCS**

费尔迪杜凯 Ferdydurke

维托尔德·贡布罗维奇（Witold Gombrowicz）

作者生平：1904年生于波兰，1969年卒于法国
首次出版：1937年，Rój（华沙）
原著语言：波兰语
改编电影：1991年

这部精彩绝伦的小说滑稽、粗野，充满颠覆性。它被纳粹禁止，但现在成了波兰大部分高中的指定读物。这部小说讨论了身份、时间和空间的力量、青春期与残酷的童年。

在故事里乔伊·科瓦尔斯基叙述他如何从一个三十一岁的男子转变成十几岁的男孩，或者说社会把他当作了一个十几岁的男孩。当他被某个奇怪的教授带到当地的学校并且融入那个世界时，他依然保持了自己成人的记忆和思想。这让科瓦尔斯基对于学生和教师互相碰撞的世界有了独特的洞察，观察到了这个世界呈现的社会、政治和文化复杂性。他对自己的欲望感到沮丧，他被监护的成人包围，被迫去参与操场上的仪式和游戏。

这部小说用极大的力量、智慧和哲学思辨探索了在"成熟"和"未成熟"的边界存在的人类灵魂黑暗、压抑、经常是疮痍满目的区域。小说在语言的使用和"误用"上也成就斐然，它是那些玫瑰色的童年时代怀旧作品的戏仿之作。小说写作于波兰和欧洲经历巨大变革和危机的时代，反映了那个时代的沮丧和迷惘情绪。维托尔德·贡布罗维奇现在被认为是20世纪最伟大的波兰作家之一。**JM**

瞎猫头鹰 بوف کور

萨迪克·赫达亚特（صادق هدایت）

作者生平：1903年生于伊朗，1951年卒于法国
首次出版：1937年
原著语言：波斯语
英译书名：*The Blind Owl*

这部充满恐怖灾难的中篇小说由一位饱受折磨的年轻艺术家叙述。他觉得自己被囚禁在催眠般的生死边缘，在沉睡与清醒、理智与疯狂之间摇摆。他在酒与鸦片的作用下描述了一个生动和让人困扰的幻想世界，这个世界中活动着古典波斯细密画上的人物（这是艺术家在赖以谋生的笔盒盒盖上的创作）。某个性感又危险的女人既是他生命的灵感来源，也是他一切绝望的源头。她被艺术家与黑暗的柏树、蜿蜒的溪流及蜷伏的瑜伽术并置在一起。艺术家对这些无尽重复的主题病态般地痴迷，对摆脱自己沉迷的欲望和恐惧无能为力。他现在只能和自己投射在墙上的那状如猫头鹰的影子交流。

本书是萨迪克·赫达亚特最著名的散文体作品。在他的故乡，因为礼萨汗的压迫统治，本书最初被禁止出版。直到礼萨汗1941年被废黜王位，小说才在德黑兰出现，成为某日报的连载作品。赫达亚特是研究波斯历史和民间故事的学者，但他的写作却受到莫泊桑、契诃夫、爱伦·坡和卡夫卡的影响。作家生命的最后十年在巴黎流亡，和萨特一道研究哲学。

《瞎猫头鹰》是赫达亚特的遗产，大师般地探索了内在风景最黑暗的一面，充满了恐怖和对死亡时刻的黑色嘲讽，但作品中依然闪现着令人晕眩的描写和深刻动人的洞察。**TS**

霍比特人 The Hobbit

J. R. R. 托尔金（J. R. R. Tolkien）

作者生平：1892年生于南非，1973年卒于英国
首次出版：1937年，G. Allen & Unwin（伦敦）
完整书名：*The Hobbit: or, There and Back Again*
原著语言：英语

小说源自托尔金创建的中洲幻想世界系列故事，但是《霍比特人》是托尔金第一部出版的作品。直到十多年之后，《魔戒》（见本书第507页）系列小说才出版。故事的剧情和人物结合了托尔金在牛津大学研究的古代盎格鲁-撒克逊英雄故事、北欧神话，以及他钟爱并觉得美好的英格兰乡村中产阶级生活。

比尔博·巴金斯是小说的主人公，一个霍比特人——某种只有人类一半大小的矮小种族，他们的脚部毛发茂盛，对美食和美酒有充沛的激情。比尔博在巫师甘道夫的鼓励下，离开了他的镇子霍比屯，开始第一次人生冒险。他和一群矮人结伴同行，要从一条龙那里夺回他们的宝藏。比尔博之后遇到了饱受折磨的咕噜，他成为一枚魔法戒指的持有者，这枚戒指可以让佩戴者隐身。经过一系列冒险后比尔博和甘道夫回到了霍比屯。但是比尔博不再被镇上的人所尊敬，人们认为他的冒险行为不像是一个霍比特人所为。比尔博是一位不受欢迎的英雄，他不知道自己拥有了无可匹敌的内在力量，这成为一种文学隐喻。一些批评家把这种隐喻解读成战时英国的英雄主义或者某些国民性中的内在恶。不过托尔金本人不喜欢影射，他只是简单地讲述了一个英雄故事：一个矮小迷人的人物直到接受试炼之前，对自己的优秀品质浑然无觉。**EF**

他们眼望上苍 Their Eyes Were Watching God

佐拉·尼尔·赫斯顿（Zora Neale Hurston）

作者生平：1891年生于美国，1960年卒
首次出版：1937年，J. B. Lippincott Co.（费城）
原著语言：英语
改编电影：2005年（Harpo Studios）

他们和其他人结伴而坐……看上去他们凝视着黑暗，但是他们的眼睛是在仰望上苍。

珍妮的外祖母在残酷的奴隶制经历的影响下，把十六岁的珍妮嫁给了一个有地位的人。她希望能让珍妮摆脱她和其他黑人妇女不得不背负的潜在毁灭性负担。但是怀着无畏的理想主义的珍妮让外祖母的心愿落空了，她抛弃了缺乏感情的丈夫，转而去追求乔。乔是一个怀着灿烂理想的梦想家，珍妮和他一道去遥远的南方，以无可匹敌的野心在荒蛮之地建设了一个繁荣的全黑人小镇。乔提升了珍妮的社会经济地位，但她逐渐陷在了乔的成功中，而不再是值得尊重的伙伴。到乔死去之时，珍妮已经成了一位自信的中年妇女，她能面对镇中各种持续传播的流言：她和一个神秘的年轻男子有染。在小说的结尾，尽管珍妮已经失去了所有，但她意识到自己对爱的憧憬就像盛开的梨花，她和年轻男子共享的关系浓烈而易逝。

佐拉·尼尔·赫斯顿是美国第一个法人化的黑人镇镇长之女。她为美国黑人自治的社会与政治经验提供了一种独特的种族视野。最后作家成了一位人类学家，调查研究她的故乡佛罗里达美国黑人的民间与口头文化。《他们眼望上苍》的对话主要使用浓重的南方美国黑人方言写作（标准的英语叙事作为对话的框架）。赫斯顿传达的发音、韵律和语言中的俏皮细节丰富，使用的拼写几乎是音素程度的。这种对粗俗语言和生活的赞颂被当时的人们，如理查德·赖特（Richard Wright）等尖锐批评。但现在赫斯顿已经被视为美国黑人文学中举足轻重的人物。**AF**

🔺 赫斯顿有人类学家的训练经历，她通过对美国黑人口头文化的研究锻炼出了极好的口语辨别力。

人鼠之间 Of Mice and Men

约翰·斯坦贝克（John Steinbeck）

作者生平：1902年生于美国，1968年卒
首次出版：1937年，Covici Friede（纽约）
原著语言：英语
诺贝尔文学奖：1962年

  这部书算得上约翰·斯坦贝克最好的小说，书名引用自罗伯特·彭斯的诗歌《致一只老鼠》，仅是暗示这个故事的悲剧性。这部中篇小说讲述了乔治和莱尼的故事。这两个移民劳工被巴士抛在他们务工的加利福尼亚农场数英里外。乔治是一个矮小机敏的人，皮肤黝黑；而莱尼愚笨，体格高大，他非常喜欢乔治，也依赖乔治的保护和指导。两个心智和体貌相差巨大的伴侣在野外宿营的时候，共同探讨创办一个农庄的梦想。他们回到农庄后，结识了羡慕他俩友谊的拖拉机司机斯利姆。斯利姆赠送给莱尼一只他养的幼犬，还说服他们两人让他也加入购买土地、建立农庄的梦想。但当莱尼意外杀死了小狗，并且莫名其妙地打断了农庄里一个女人的脖子后，他们的梦想破碎了。莱尼躲避那些会让他死得凄惨无比的私刑暴徒，接着他遇到了乔治。乔治温柔地安慰他，谈到他们将共享的田园生活，然后突然从背后开枪射死了莱尼。当那些暴徒来到时，斯利姆意识到乔治为了保全自己，绝情地杀死了自己的朋友。

  这个故事讲述的是兄弟情谊，残酷的现实世界不允许这样理想的感情孕育成长。乔治和莱尼独特的关系接近理想的兄弟情谊，但世界上的其他人误解他们，甚至离间他们的关系，利用他们关系可能存在的弱点。不过小说真正的悲剧可能还是描写现实中伟大美国梦的死亡，把它呈现成小说意图表现的东西：都是一场幻梦罢了。**EF**

要是我费尽工夫告诉你的事你忘了，那我再和你讲一遍就是。

▲ 斯坦贝克大多数优秀的作品都是基于他对家乡加利福尼亚乡下底层生活的观察。

莫菲 Murphy

萨缪尔·贝克特（Samuel Beckett）

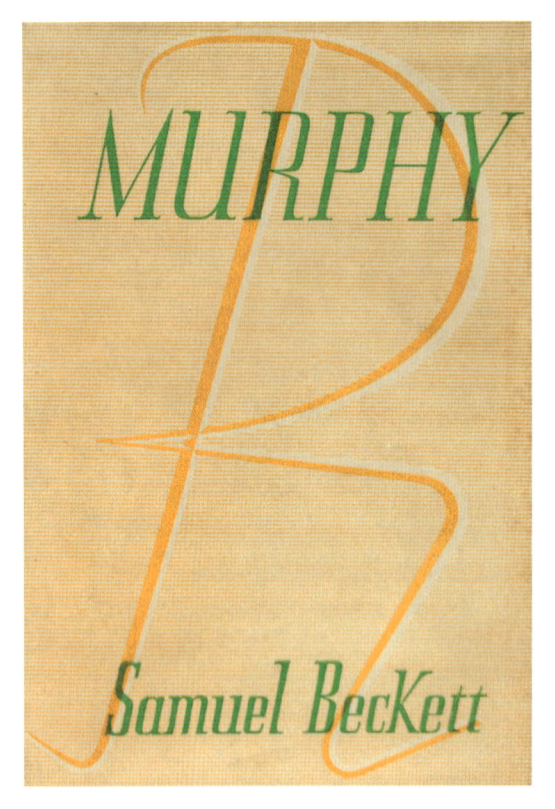

作者生平：1906年生于爱尔兰，1989年卒于法国
首次出版：1938年，G. Routledge & Sons（伦敦）
原著语言：英语
诺贝尔文学奖：1969年

贝克特的写作生涯中创作了许多杰作，《莫菲》和贝克特的其他作品关系松散，但却是给人带来持续欢乐之作。本书几乎是一本传统小说，缺乏贝克特后期小说的严峻肃穆之感和反思性。《莫菲》在精神上更接近《项狄传》（见本书第61页）的游戏与伪学问，有时还灵光乍现了乔伊斯式的机智和拉伯雷般的物质主义。从一开始，小说就对全知全能的叙述者的懒散浮夸气质做了宝石匠般的雕刻。他使用幽默的嘲讽来反转那些成语的意义："他心中的生活给了他欢乐，欢乐的原因是这些欢乐不是文字。"这些笑话在神秘的用典和语言的游戏下，变得超出文字之外的厚重和坚固。

小说描述莫菲在伦敦的冒险，在贝克特的作品中这是不同寻常的特定都市场景。莫菲憧憬自由和如同容身安乐椅中的宁静。他一直力图远远避开任何类似阴谋的东西，但是他依然被拖入了各种不可理解的不幸冒险中。莫菲在一次越轨行为中摆脱了订婚女子，并和一个娼妓姘居。然后他在精神病院找到了一份报酬相对丰厚的工作，在那里莫菲玩一种独特的和平主义棋类游戏。一场事故结束了莫菲的生命，这个事故毁掉了这部小说能够提供的有限悬念和最终起伏。在这个大胆实验的叙述中最著名的是作者对莫菲"心灵"的生动描述。但这个漫画化的浪漫故事所流溢的最持久的光辉是小说的活泼态度，这种态度平衡了故事黑暗倾向的诱惑和冗长的叙述。阅读本书是进入贝克特，也是走出贝克特的重要方式。**DM**

现在，让我们的对话在事实或者文学上前无古人吧。

▲ 《莫菲》初次出版时被大部分人忽略。20世纪50年代《等待戈多》获得成功后，它才再次上市。

美国三部曲 U.S.A.

约翰·多斯·帕索斯（John Dos Passos）

作者生平：1896年生于美国，1970年卒
首次出版：1938年，Constable & Co.（伦敦）
三部曲分别出版：The 42nd Parallel（1930）、1919（1932）、The Big Money（1936）

    合称《美国三部曲》的三部小说是20世纪那些试图全面描述美国生活故事中最成功的杰作。多斯·帕索斯叙述的年代覆盖了1900年到1930年的历史时期，描写了工人运动的崛起、资本主义的内部运作、海洋生活、第一次世界大战的美国经验、好莱坞的兴起以及社会陷入大萧条。作者把这些事件技巧娴熟地融入小说十二个主要人物（六男六女）的生活中。美国生活中心的暴力性根深蒂固，在小说叙述攻击世界国家工人组织这个事件上得到尤其明显的反映。

    多斯·帕索斯写道："《美国三部曲》大部分是人民的语言。"他一丝不苟地倾听美国人民的各种声音，再把这种声音转换为冲突、阴谋或者一致的行动，建构了对美国的综观，同时也是一种社会主义批评。多斯·帕索斯不是19世纪的自然主义作家，而是一位现代主义作家。人民的语言是用源自詹姆斯·乔伊斯、格特鲁德·斯泰因和欧内斯特·海明威的叙述来表达的。"摄影眼"的自传部分采用乔伊斯的《一个青年艺术家的画像》（见本书第280页）的风格，"新闻影片"部分引用的实际报纸标题是对记录性手段的讽刺。斯泰因连续性的呈现手法在小说中成为主体文体的模型。这种方法也用来平等地传达劳工们的政治愿望、年轻男女们纯洁的社会性和外力介入时那些大事件发生的不可避免性。多斯·帕索斯也用意识流来跳跃和加快叙述，推进事情的发展。在美国人的叙述声音中插入这些流程性的语言，是一种复杂但毫无疑问非常成功的混合。 **AMu**

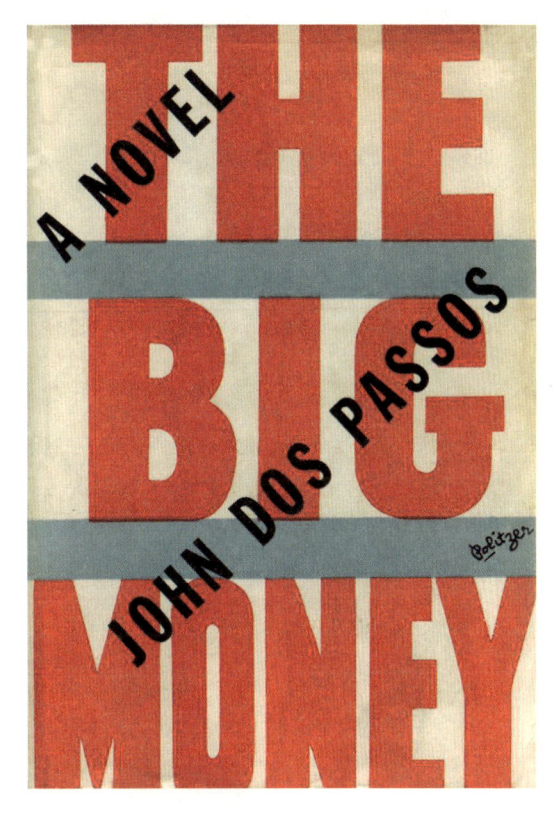

不，不，不是英国人，而是美国的美国人，美国万岁！（原文如此，混用德语和法语。）

▲《美国三部曲》描写了美国各阶层人民遭遇的动荡和变迁，揭示了美国文明的衰落和人性的扭曲，是美国文学史上不朽的经典名著。

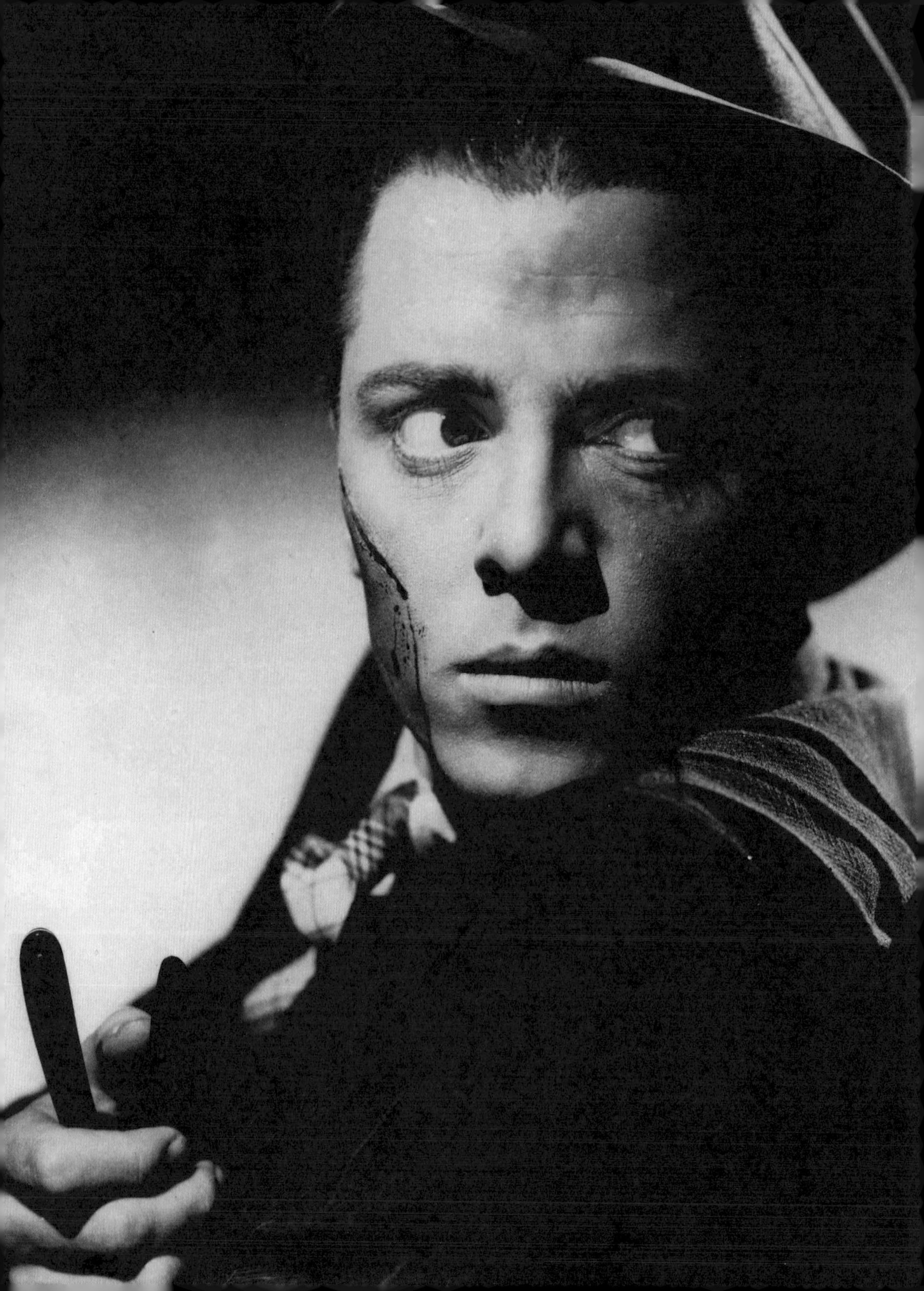

布赖顿硬糖 Brighton Rock

格雷厄姆·格林（Graham Greene）

作者生平：1904年生于英国，1991年卒于瑞士
首次出版：1938年，W. Heinemann（伦敦）
原著语言：英语
改编电影：1947年

　　格雷厄姆·格林这部小说扣人心弦地反思了恶的本质，小说的两大主要人物是业余侦探伊达和蓄意谋杀者品科——这个天主教徒抛弃了天堂，而选择地狱。品科在犯了两起谋杀罪后，和不幸的罗斯结婚，以免这个女人向他人泄露证据。罗斯是一位善良的天主教徒，她看上去代表了品科失落的纯洁。伊达虽然是小说表面上的女主角，但她的英雄主义属于侦探小说中道德感的缺失。在侦探小说中，所谓"好"的衡量标准就是解决谜团的能力。与之对比的是，品科时常沉思自己的诅咒，他的恶反而有伊达的不可知论不能达到的道德严肃感。罗斯是与品科相配的人，她有天主教的信仰，准备腐化自我以保护她相信爱着自己的男人。比起自己谋杀时的角色（不时打断小说叙述），腐化罗斯的罪责，更能让品科清晰地意识到自己的诅咒。

　　《布赖顿硬糖》开始类似侦探小说，这种题材的特征也体现在伊达对品科的追踪上。不过侦探小说的结构在这部小说中只是单纯地提供了道德框架。作者使用各种叙事技巧强化了品科的神学意义道德和它无关紧要的对立物之间的对比。总体上，品科沉思地狱时所用的语言和伊达及其他角色相对琐碎的语言构成了生动的对比。最终品科的悲剧模型和侦探故事的典型特征有明显的区别：小说批评了商业化的大众文化。除了品科，几乎所有的角色都和大众文化潜在的有限想象力联系在一起。**LC**

格林在20世纪20年代后期皈依天主教，这对他的写作产生了深远的影响。

1947年，理查德·阿滕伯勒在电影《布赖顿硬糖》里饰演品科，这是基于格林戏剧的精彩惊悚片。

警报的原因 Cause for Alarm

埃里克·安布勒（Eric Ambler）

作者生平：1909年生于英国，1998年卒
作者战后笔名：Eliot Reed
首次出版：1938年，Hodder & Stoughton（伦敦）
原著语言：英语

20世纪30年代后期，埃里克·安布勒改造了英国的惊悚小说，这种题材原来充满了不可信的恶棍，他们对抗的则是"愚蠢无边"的英雄（安布勒语）。安布勒的第一部小说《黑色前线》（The Dark Frontier，1936）是戏仿之作。一位科学家在一场车祸后恢复意识，他坚信自己是一位硬汉派英雄，挫败了某位蛇蝎美人类型的伯爵夫人支配世界的卑鄙计划。之后五年，作家又写了五部小说，其中最著名的就是《警报的原因》。

尼古拉斯·马洛是一名工程师（和安布勒本人的职业类似），他在向女友求婚的当日失去了自己的工作。十周后马洛依旧失业，于是他接受了一家英国公司米兰办事处的职位，这家公司生产制作炮弹的机器。在意大利，各种背景复杂的间谍接近马洛，他们对这个法西斯政权如何武装自己的情报非常热衷。马洛陷入了间谍和反间谍活动的三角旋涡中，最终他不幸招惹了意大利官方。马洛陷入了让欧陆滑向战争的一方，又被他们悬赏逮捕，他不得不逃亡。小说的最后三分之一是一场以北意大利为背景的情节饱满、精彩异常的追逐戏。《警报的原因》是描述一个旅居外国的无辜者的精彩故事。这个无辜者发现他的无辜恰恰是某种罪疚，他不得不调整自己对雇主、对祖国、对科学和更广世界的忠诚。

TEJ

鹰之巢 Alamut

弗拉基米尔·巴托尔（Vladimir Bartol）

作者生平：1903年生于意大利，1967年卒于斯洛文尼亚
首次出版：1938年，Modra ptica（卢布尔雅那）
英译首版：2004年，Scala House Press

斯洛文尼亚作家弗拉基米尔·巴托尔的作品多年来一直无缘出版。他是一个超越时代的人，但是他的杰作《鹰之巢》属于走入未来后获得新意义的内涵丰富之作。小说原来有一部分是对当时崛起的法西斯运动的讽刺，这一直是本书被赋予的外在意义。直到最近，小说被诠释成对恐怖主义运动兴起的时代新颖而深层次的观察。

《鹰之巢》改造了11世纪伊斯玛仪派领袖哈桑·本·萨巴的故事，这位"山中老人"创立了最初的刺客团体——一群精心培养的受到宗教激情和对天堂幻想的精英自杀式攻击者。小说的背景设置在萨巴的山顶城堡鹰之巢，主要通过年轻女性奴隶哈利姆和天真的精英刺客伊本·塔希尔的视角来叙述。这个故事提出了包含信仰、修辞、力量的本性和目的的潜在问题。

不过比起政治和宗教，小说还有更深远的内涵。在最初如诗的后宫中作者探索了女孩们和垂老妇人的生活。萨巴追逐权力的道德复杂性也被作者不遗余力地呈现，作者也用浓烈的想象力再现了笔下中世纪伊朗的美丽风景和孤绝鹰巢的荒蛮之美。除了偶尔的冗长，小说作为整体至今仍有让人震惊、感动和受到召唤的力量。**TSu**

蝴蝶梦 Rebecca

达夫妮·杜穆里埃（Daphne du Maurier）

作者生平：1907年生于英国，1989年卒
首次出版：1938年，V. Gollancz（伦敦）
原著语言：英语
改编电影：1940年

《蝴蝶梦》今天依然吸引着读者。在八十多年前初次出版后，它立刻成为最畅销的作品，衍生了许多改编本、系列连载、舞台表演和随大流的模仿作。小说的多面性在于杜穆里埃融合了童话元素、哥特浪漫小说与惊悚故事。

故事腼腆的叙述者被某位富有、神秘的上层社会的鳏夫选中为新娘。于是她摆脱了成为一位多病的欧洲妇女雇用的伴侣的命运。叙述者去了曼德利庄园，这栋古老的英国庄园充满了禁止入内的屋子、沉闷的家具和迷宫般的通道。庄园的居住者和主人，有着贵族气质的马西米兰·德·温特被他第一任妻子吕蓓卡·德·温特的记忆缠绕。马西米兰本人的文学形象酷似《简·爱》（见本书第122页）中的罗切斯特先生。像罗切斯特一样，马西米兰的"秘密自我"为真相戴上了面具，令小说的情节回环往复。杜穆里埃的小说转折巧妙，小说原文的标题"吕蓓卡"来自庄园主人的第一任妻子，而不是类似《简·爱》中的第二任妻子。取代《简·爱》中阁楼里疯妇的是一个被谋杀的妇女的尸体。她泡在大海中，拒绝被海水冲走。《蝴蝶梦》无名的叙述者用神经质、俄狄浦斯般的幻想打破了维多利亚时代这类小说的范式。她提出的问题比她解答的多。杜穆里埃的成就之一就是让读者对这位充满嫉妒、并不可靠的叙述者忠诚。**SN**

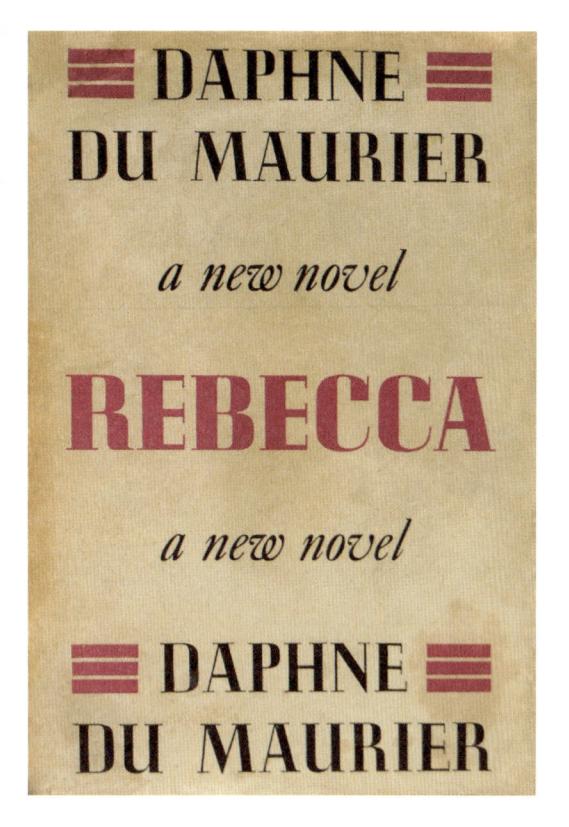

上夜我梦到自己再度进入曼德利庄园。我似乎站在轿车进入的铁门畔。一时之间我无法入内，我前面的道路有着障碍。

▲ 杜穆里埃痴迷于最初抛弃和遗忘的庄园"美娜比利"，这座庄园启发她创作了《蝴蝶梦》。

恶心 La Nausée

让–保罗·萨特（Jean-Paul Sartre）

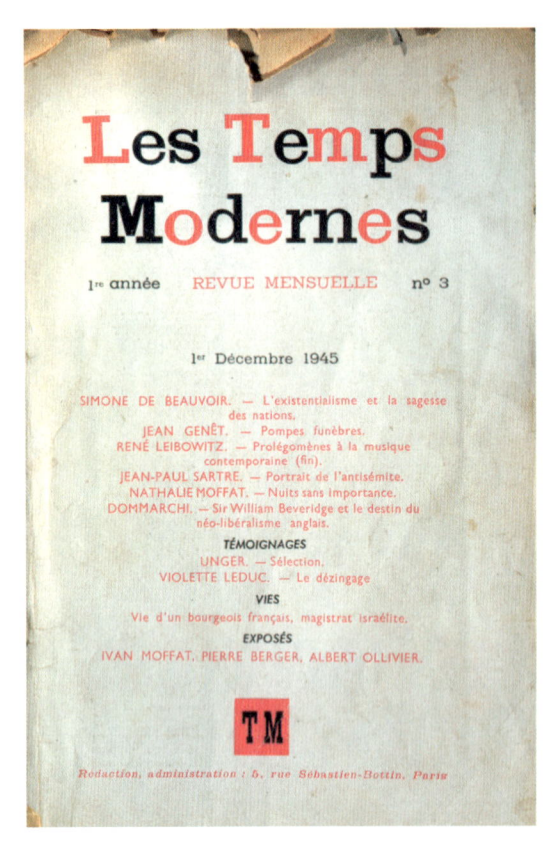

作者生平：1905年生于法国，1980年卒
首次出版：1938年，Gallimard（巴黎）
英译书名：*Nausea*
诺贝尔文学奖：1964年（拒领）

让–保罗·萨特的《恶心》是文学史上的罕例——这本"哲学"小说在文学和哲学两方面都获得了成功。小说既是存在主义哲学的宣言，同时又是令人信服的艺术品。小说异常成功地消泯了文学和哲学的界限，把两者融为一体。《恶心》细节化了三十一岁的安东·罗根丁的人生经历，这位研究者在多年的旅行后定居于法国的布维尔港（原型是勒阿弗尔港）。罗根丁在那里定居后发生了一系列奇怪现象。罗根丁参与日常的简单活动时，对世界以及自己在世界中所处位置的理解发生了根本性的改变。罗根丁开始观察到存在本身比一块胶合板的夹层还要脆弱。面对着地平面产生的晕眩，他开始明白：恶心就是被显露出来的存在——看起来并不美好的存在。罗根丁惊恐于无机物体的空白、没有个性，不过他同时也发现自己的存在，在每一个环境都刻下了不可抹去的烙印。他发现无法逃脱自己无所不在的存在。

小说是对自由、责任、意识和时间精妙掌控的审视。《恶心》受到埃德蒙·胡塞尔的哲学与陀思妥耶夫斯基和卡夫卡写作风格的影响。这部小说向世界宣布了存在主义——这个理念体系之后成为20世纪思想和文化最有意义的成就之一。"超越本质的存在"的观念在小说中第一次被大胆写出，几年后萨特在《存在与虚无》（1943）中正式形成了他的思想体系。第二次世界大战的恐怖又强化了这种思想的影响力。**SamT**

- 萨特是《现代时光》杂志的一位编辑。1945年该杂志首次发行，萨特在杂志上发表了自己的观念。
- 这张萨特的照片摄于1946年，他的存在主义之所以流行也是由于他对年轻激进主义者的鄙视态度。

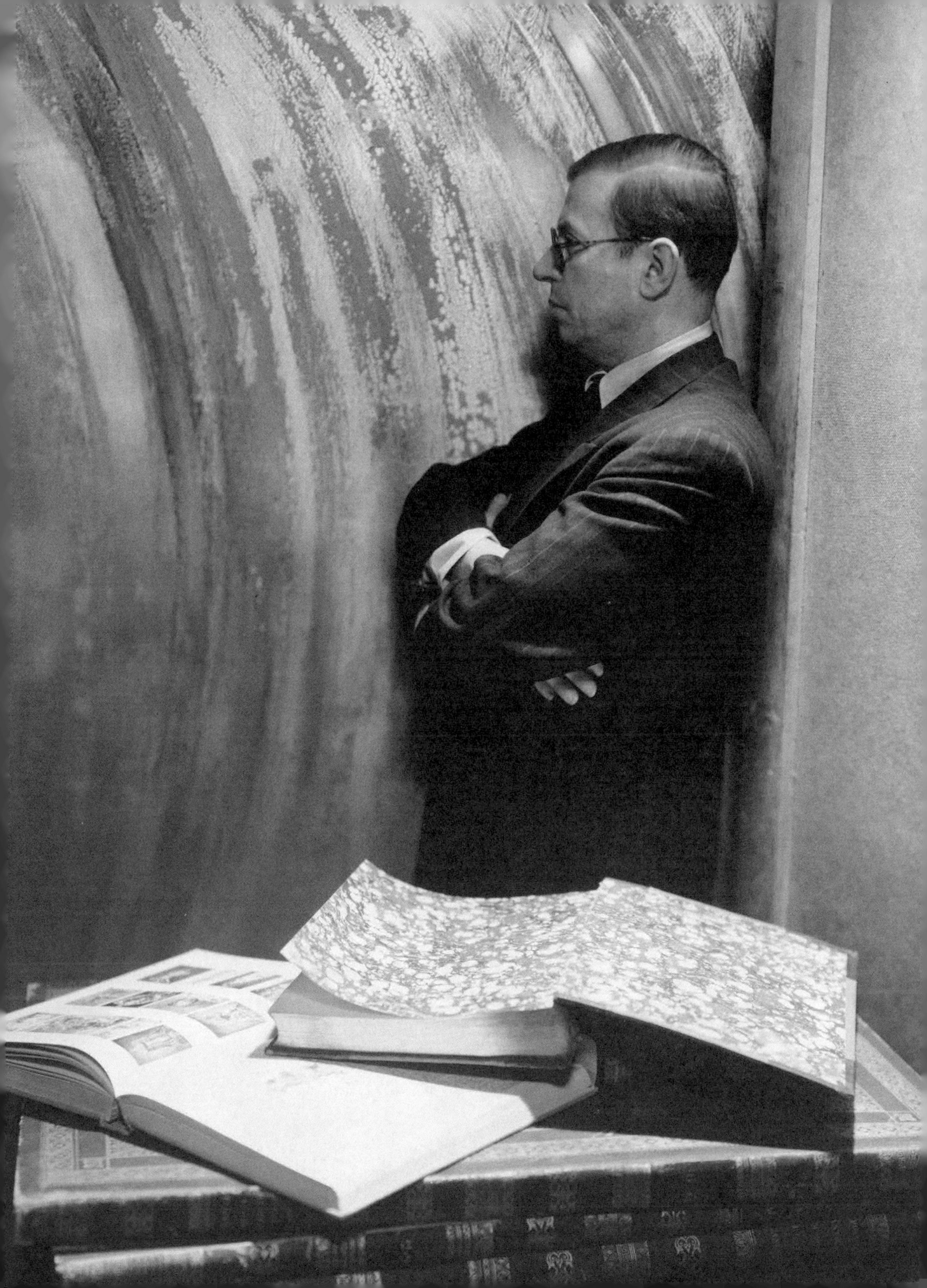

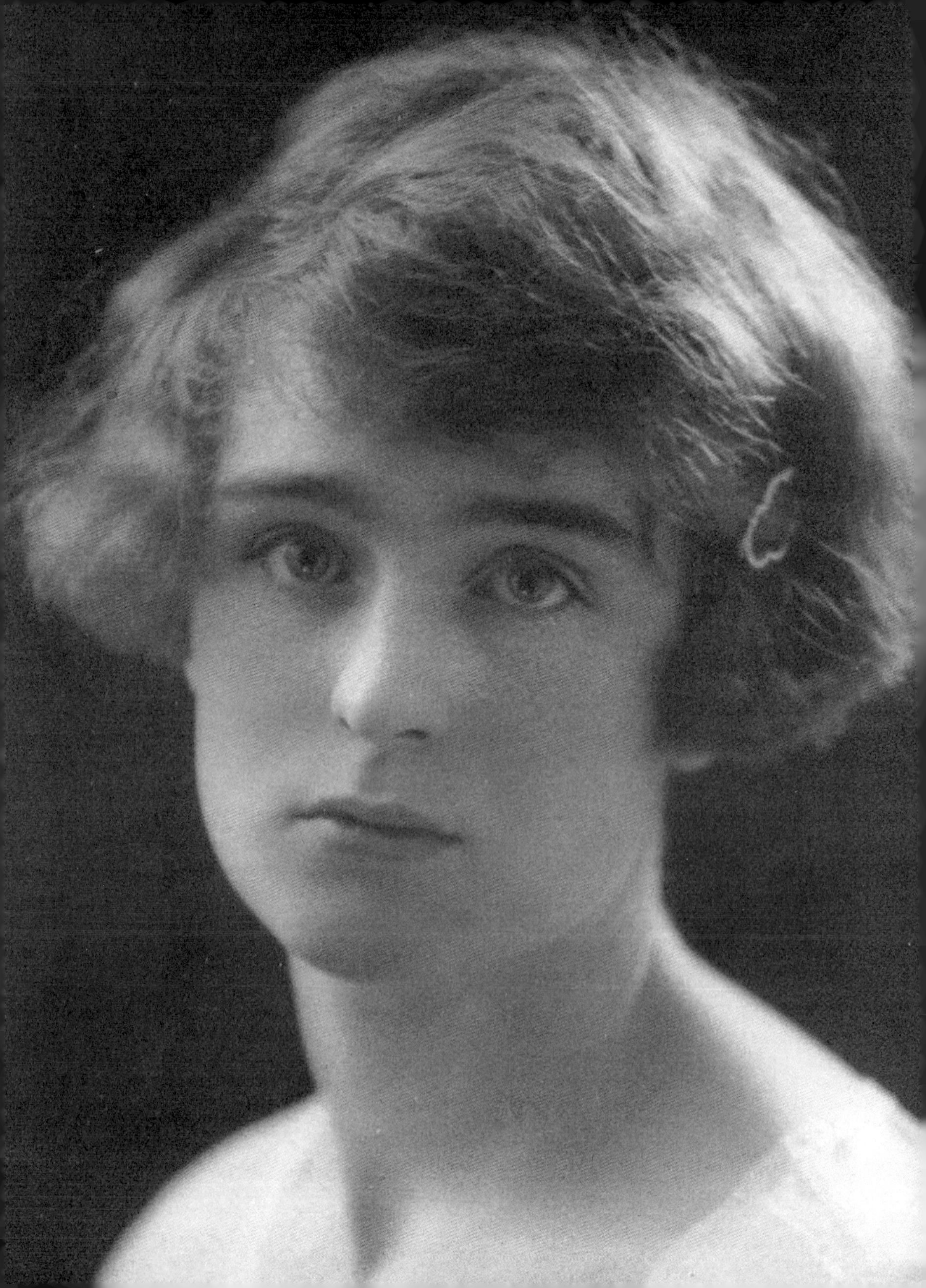

派蒂格鲁小姐的大日子
Miss Pettigrew Lives for a Day

温妮弗瑞德·沃森（Winifred Watson）

作者生平：1907年生于英国，2002年卒
首次出版：1938年，Methuen & Co.（伦敦）
原著语言：英语
广播剧改编：2000年（BBC Radio 4）

"派蒂格鲁小姐推开了职业介绍所的大门，走了进去，这时候时钟指向九点一刻。一如往常，她不敢抱什么希望……"这是温妮弗瑞德·沃森最近被再度发现的迷人故事的开头。故事在二十四个多小时的时间内展现了被人遗忘的老处女桂妮维尔·派蒂格鲁的生活。求职机构给了派蒂格鲁错误的地址，原来申请管家工作的她被无视道德的迷人夜总会歌手拉佛斯小姐错当成了屋子的新主人。派蒂格鲁误闯入的世界有着午前鸡尾酒、被人扔弃的可卡因、英俊逼人的求婚者们的拳脚相加。对派蒂格鲁小姐来说，这一切中最让她震惊的就是化装舞会的刺激。对于我们这些初读者，可能会为惊恐和柔弱的派蒂格鲁担忧，不过对她而言，除了眼睛看到的，还有更深刻的内容。

在一天的时间内，作家采用一系列巧妙的创意让派蒂格鲁经历了各种误会、丰盛的宴席和足以灌倒体弱妇女的杜松子酒。派蒂格鲁不只结识了新的朋友，更重要的是也认识到了自己作为人生拯救者的角色——她不只帮助了一个人。这是一部欢乐、机智和淘气的小说，提醒着我们：人生的第二次机会永远不会迟，生活从何时开始都不算晚。**MJ**

理性边缘
Na rubu pameti

米罗斯拉夫·克尔莱扎（Miroslav Krleža）

作者生平：1893年生于克罗地亚，1981年卒
首次出版：1938年（克罗地亚）
英译书名：On the Edge of Reason
NIN文学奖：1962年

米罗斯拉夫·克尔莱扎的小说是对两次世界大战之间奥匈帝国南部资产阶级社会的精彩批判。小说展现了克罗地亚无名小镇那些被腐败、不忠、盲从与消费主义腐蚀的社会各阶层。从小产业的鞋铺老板、公仆、有希望的"知识分子"和"知识传递者"，再到奥匈帝国社会经济精英顶层的工业巨子，无一例外。

小说集中刻画了一个平庸的、中产阶级的中年法律咨询师的没落。他过着乏味的生活，婚姻不幸，工作不如意，无法摆脱他所处环境的冷漠氛围和狭隘的思想。有一天他搅动了这潭死水：他偶然侮辱了一个当地的权贵，这成为整个社会的丑闻。

克尔莱扎博学多闻，写景如诗如画，对于细节有敏锐的观察力。有人称这种风格为巴洛克式风格，他用伟大的技巧、敏感和想象力来诠释自己的角色。《理性边缘》叙述了社会意识的觉醒，在文学的革新上也是名列前茅之作，可与乔伊斯、左拉、斯韦沃等人的作品相提并论。小说以毫不妥协的现实主义呈现世界——尽管克尔莱扎依然残留了一些浪漫主义的思潮，这主要是因为马克思主义意识形态对他早年文学生涯的浸润。**JK**

◀ 写作"一部有趣的小说"是沃森的新起点，之前，她的声誉主要由她的情节性小说确立。

长眠不醒 The Big Sleep

雷蒙德·钱德勒（Raymond Chandler）

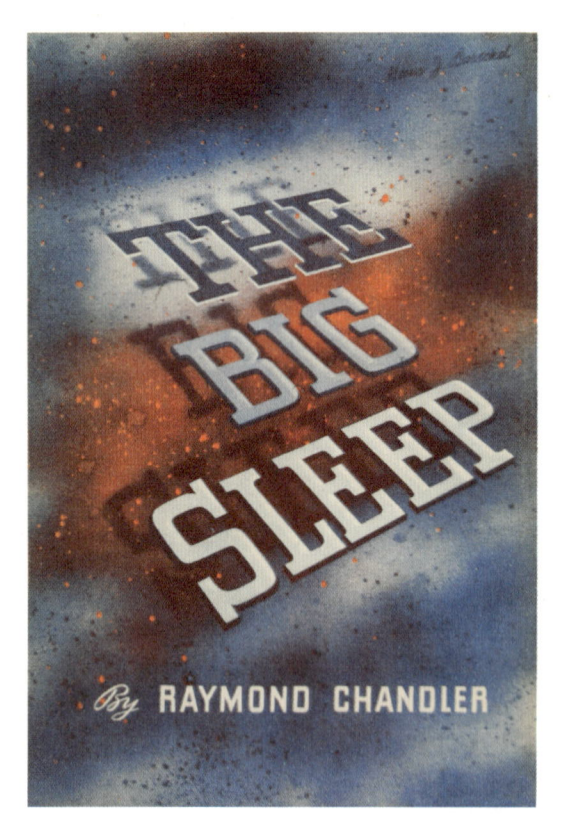

作者生平：1888年生于美国，1959年卒
首次出版：1939年，Hamish Hamilton（伦敦）
原著语言：英语
改编电影：1946年

　　雷蒙德·钱德勒的《长眠不醒》体现了对侦探小说题材的某些重大偏离，这种变化必然反映了作者写作的世界。小说的背景是后禁酒时代，腐败之网织满社会，犯罪明目张胆，政府名存实亡。侦探菲利普·马洛就生存在这些灰色地带。灰色和灾难性的都市空间是小说的主要构成部分，尽管小说把背景设置在南加利福尼亚，但是实际地点可以是任何外部空间缺失的大城市。房间、汽车乃至电话亭都代表了一系列分隔的空间，故事就在那里展开。这些空间虽然众多，但没有联系。

　　《长眠不醒》是钱德勒的第一部"马洛小说"，但作者并没有对这位人物进行介绍。相反，我们直接跃入了进行的调查中。这对世界和角色的本质有着关键意义，这种新的"英雄"类型只在需要他们来解决犯罪时才变得活跃。我们不知道他的背景，只看到他在案件了结后回到办公室。马洛就像塞尔吉奥·莱昂内的《无名小子》中的人物，结合了低劣的软弱（一个严重酗酒者，经常被各种男女殴打）和超自然的能力：他能够毫不费力地理顺案件混乱的线索和转折，观察并且随时跟踪上线索，直到答案水落石出。这和夏洛克·福尔摩斯派的侦探小说形成了强烈对比——福尔摩斯派小说的剧情关键是侦探绝伦的智力，侦探依赖他的智力详尽地考虑事实，并且获得成功。这一点区别可能是这部小说最有意义的文学因素。**SF**

- 《长眠不醒》是钱德勒的第一部小说，也是以侦探菲利普·马洛为主角的系列小说的第一部。
- 小说家威廉·福克纳曾是1946年由钱德勒那部小说改编的令人印象极深的机智电影的编剧之一。

Slinky!
Sultry!
Sensational!!!
LAUREN BACALL
AND
HUMPHREY BOGART
IN
"THE BIG SLEEP"
'A'
A WARNER BROS. PICTURE

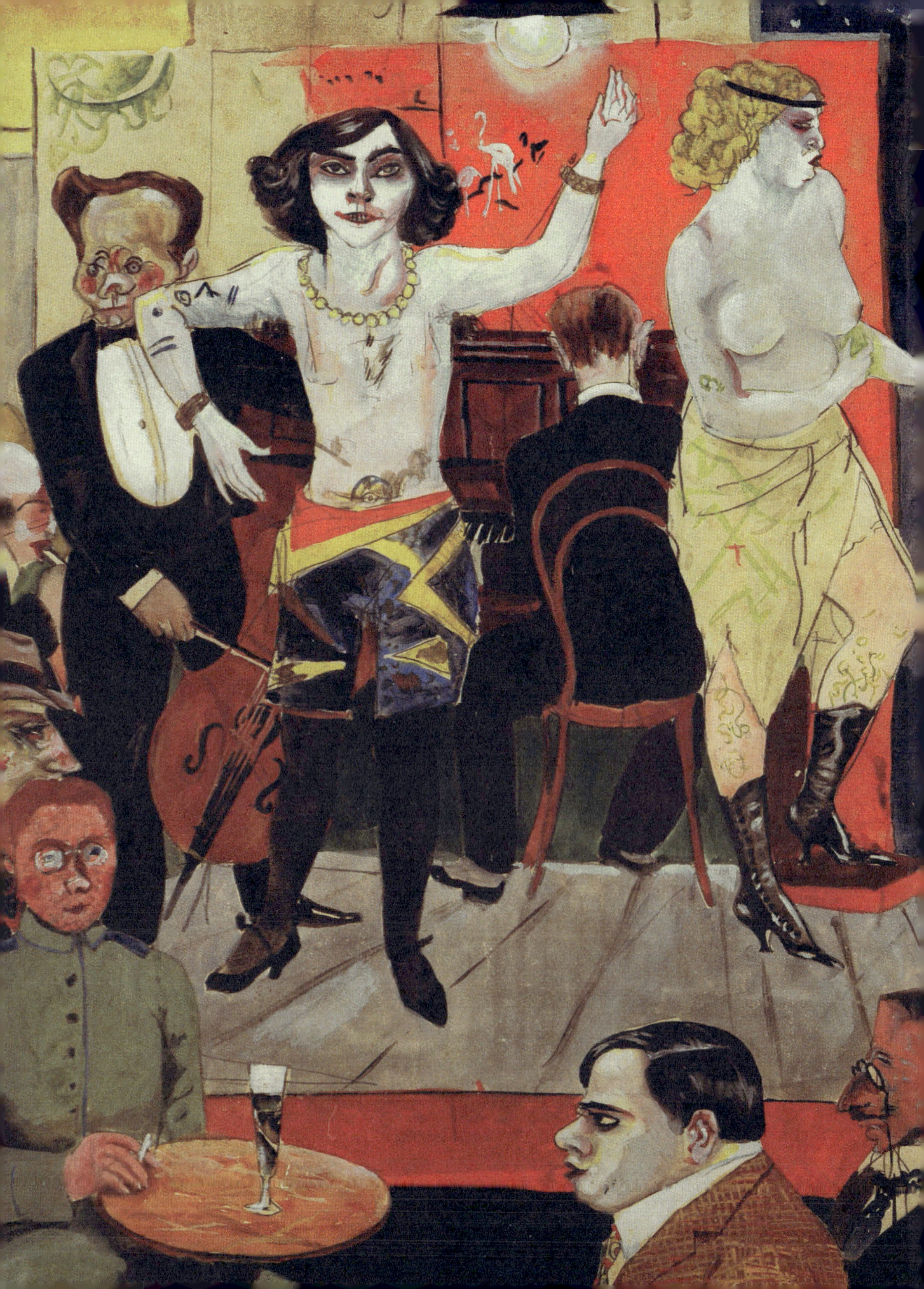

别了，柏林 Goodbye to Berlin

克里斯托弗·伊舍伍德（Christopher Isherwood）

克里斯托弗·伊舍伍德说道："我是一台摄影机，打开遮光镜，然后被动地记录，而不去思考。"他提供给我们的是魏玛共和国末期柏林的快照和新闻纪录片。柏林处在灾难性飓风宁静的风眼中，这是在第一次世界大战和全副武装的纳粹德国遥遥雷霆之间短暂的容身缝隙。

克里斯托弗·伊舍伍德既是叙述者，也是观察者，他疏离又麻木，仿佛受到了炸弹的惊吓——这是他正在见证的之前没有被见证过的事物。他寄宿的交际花世界没有任何约束，人们被不断增长的巨大欲望驱使，这个巨大的欲望只能依赖于"遗弃之舞"——"泰坦尼克号"触礁时乐队最后演奏的也是这首著名的歌曲。这是失落灵魂们的世界，伟大者已经陨落，好人做他们能做的，然后等待结局发生，任何事物都有价格，美德是不能承受的奢侈品。之前的社会精英沦落成寄人篱下的房客，娼妓和歌剧院的歌手混居在一起。旅居德国的伊舍伍德碰巧遇上了他的同胞，共处一楼的房客萨莉·鲍尔斯。萨莉是这个时代的完美象征：她充满悲剧感，没有目标，情绪多变又掠夺成性，酒和色情让她变得更无生气。这是一部忧郁但不感伤的小说，它叙述的世界很快将不复存在。魏玛共和国的享乐主义在衰退，并将被迅速清除。萨莉逐渐变得心思散乱和不满。犹太人兰道尔微弱的安全感将被摧毁。年轻的共产主义者鲁迪将目睹他的理想主义的失败。纯真都将失去。

伊舍伍德用他轻描淡写和不动声色的散文把20世纪30年代柏林大规模的恐怖事件变成了艺术浮雕。他的才华让人惊讶。**GT**

作者生平：1904年生于英国，1986年卒于美国
首次出版：1939年，The Hogarth Press（伦敦）
原著语言：英语
汇编书名：The Berlin Stories（1946）

▲ 音乐剧《歌厅》基于伊舍伍德的小说，1972年被拍摄成电影。丽莎·明奈利饰演夜总会的歌手萨莉·鲍尔斯。

◀ 伊舍伍德搬去柏林时，小说描写的性自由影响了他的私生活，也影响了他的写作。

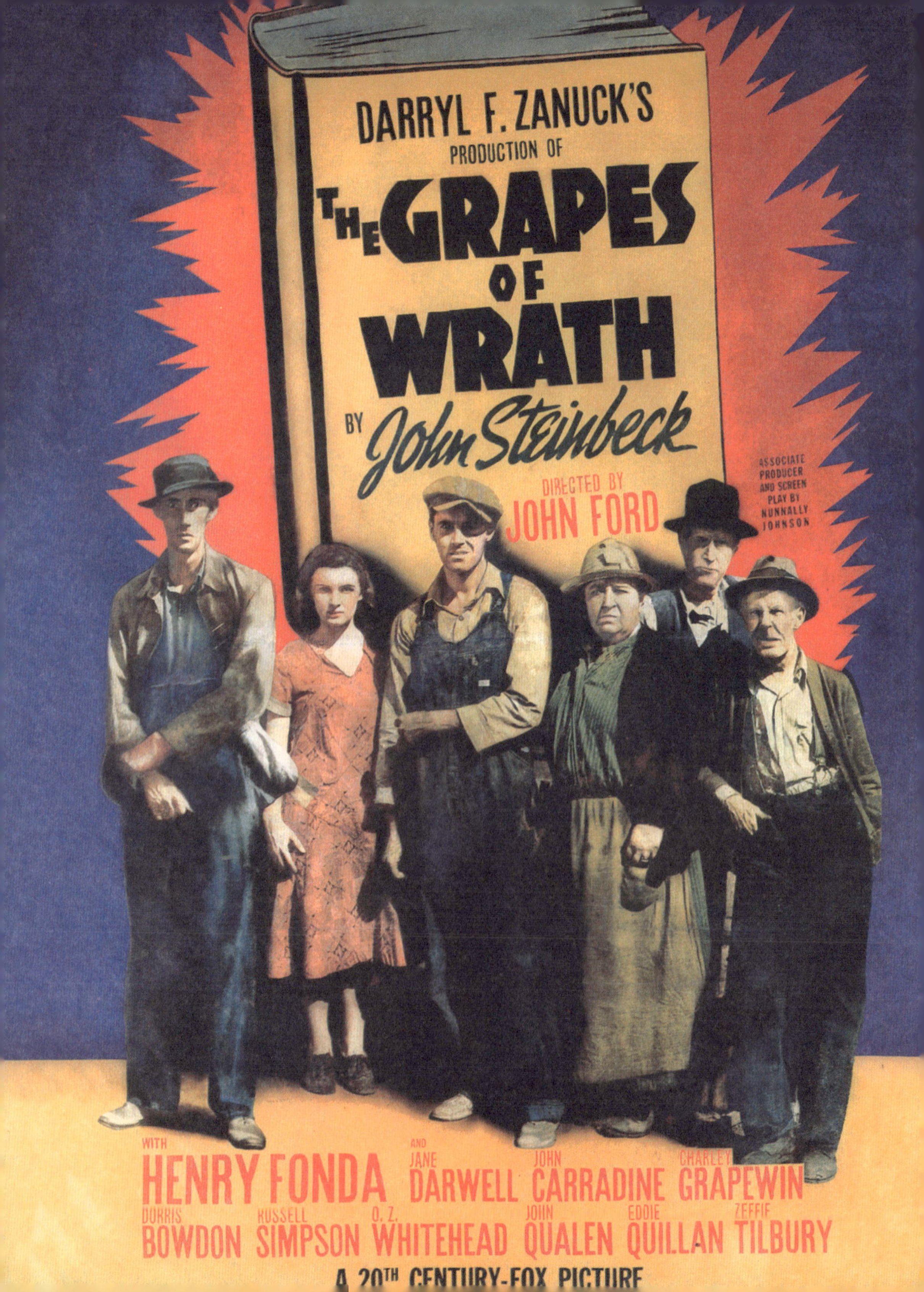
DARRYL F. ZANUCK'S
PRODUCTION OF
THE GRAPES OF WRATH
BY John Steinbeck
DIRECTED BY
JOHN FORD
ASSOCIATE PRODUCER AND SCREEN PLAY BY NUNNALLY JOHNSON
WITH
HENRY FONDA
AND
JANE DARWELL
JOHN CARRADINE
CHARLEY GRAPEWIN
DORRIS BOWDON
RUSSELL SIMPSON
O. Z. WHITEHEAD
JOHN QUALEN
EDDIE QUILLAN
ZEFFIE TILBURY
A 20TH CENTURY-FOX PICTURE

愤怒的葡萄 The Grapes of Wrath

约翰·斯坦贝克（John Steinbeck）

作者生平：1902年生于美国，1968年卒
首次出版：1939，Viking（纽约）
普利策奖：1940年
诺贝尔文学奖：1962年

现在品读《愤怒的葡萄》这部小说是一件寻常的事情，小说已经深刻地植根于美国人的意识中，迄今没有其他作家能用同样的激情和政治热诚创作出20世纪30年代灾难性的大萧条时代的编年史。约翰·斯坦贝克的这部杰作有着美国文学伟大经典的地位，1940年获得普利策奖，同年改编成电影。1962年，作者又获得了诺贝尔文学奖。小说集中在裘德家族，他们失去了在俄克拉何马州的农庄，一路向西，梦想在加利福尼亚州过上更好的生活。裘德家族在旅行中和其他成千上万西进的俄州流民聚集在66号高速公路。他们互相交流各自遭遇的不公，憧憬美好的前景。但是他们在加利福尼亚发现的却是剥削、贪婪、低工资、饥饿和死亡。一方面是那些有钱人追求扩张和剥削的让人震惊的野蛮现实，另一方面是裘德家族的绝望：暴力的威胁、饥荒、死亡开始追逐他们。只有愤怒、坚决的反抗和持续的牺牲能让他们保有尊严。

过去，人们批评斯坦贝克在裘德家族的塑造上预设了感伤基调。但是读者会不可避免地卷入裘德家族的困境中，他们不过是比读者面临的困境更大的悲剧中的演员。总之，这首先是一部政治小说，小说中的失败、污蔑、饥饿和各种虐待都汇成了对政治的控诉，是对不公正（还有那些创造不公正的掌权者）的谴责，是普通人沉默的愤怒和有尊严的斯多葛主义的明证。**MD**

◆ 1937年的《时代》杂志上，加利福尼亚摄影家彼得·斯塔克波尔抓住了斯坦贝克这个随意轻松的姿态。

◆ 斯坦贝克描述1940年福特根据他的小说改编的电影为"艰难、直率的电影"，不过电影的结局改成了乐观主义的反转。

早安，午夜 Good Morning, Midnight

简·里斯（Jean Rhys）

作者生平：1890年生于多米尼加，1979年卒于英国
作者教名：Ella Gwendolen Rees William
首次出版：1939年，Constable & Co.（伦敦）
原著语言：英语

这部忧郁的小说是简·里斯的第五部小说，标题取自艾米莉·狄金森的一首诗歌。《早安，午夜》的背景设置在两次世界大战之间，中心人物是萨沙，这个中年妇女回到了她年轻时居住的巴黎。断章式的叙事在萨沙的过去和现在之间游动，探索这个女人在生活中受到的荒谬的限制，她一直寻求着不受传统束缚的生活。

小说开始，萨沙试图在巴黎那些熟悉的地标中找到自己的位置，那里充满了萨沙年轻时或甜蜜或苦涩的记忆。她和拥有艺术气质的恩诺结婚后，逃脱了严苛的伦敦工人阶级的生活，然后随恩诺迁居欧洲他地。但恩诺只能勉强保护自己的妻子不跌入更低的社会和经济地位，这让萨沙深刻体会到，对于社会，她是多么的"廉价"和易受伤害。随着小说的展开，我们进入了萨沙的过去，知道了她的心理创伤：她的孩子在婴儿时期死亡，她随即被丈夫抛弃，这让萨沙甚至开始抵触非传统的社会。萨沙迅速、令人心酸地滑落，她频繁地酗酒和更换工作（那些工作将女性的年轻和美丽置于一切之上），小说的过去和现在保持了连续性。小说结束时，我们看到萨沙艰难地接受：贫困和年龄因素的叠加，不可避免而且残酷地让她变得更受伤害。**NM**

> 我有点自说自话，但是很理智，不错——冷静、冷酷和理智。现在我已经忘记了黑暗的街道、黑暗的河流、痛苦、挣扎和那些在借酒浇愁的人……

▲ 里斯的父亲是威尔士人，母亲是多米尼加的克里奥人，她经常写作那些离开自己文化之根的女性故事。

双鸟渡 At Swim-Two-Birds

弗兰·奥布莱恩（Flann O'Brien）

作者生平：1911年生于爱尔兰，1966年卒
作者教名：Brian O'Nuallain
首次出版：1939年，Longmans & Co.（伦敦）
原著语言：英语

　　20世纪30年代的爱尔兰因为审查制度和教会统治的关系，几乎不可能成为这部前卫或者说先锋小说的温床。但也正因为当时爱尔兰宗教虔诚和政治纷争的气氛，促生了这部愉快地僭越、反对威权统治，有着嘲讽实验性的小说。文学上的华彩丰富和社会生活平庸性的对比，是小说叙述的怪异之处，这点也赋予了小说足够的潜在讽刺力量。

　　这部小说讲述了一个小说家进行创作的经历。框架性的故事由一个学生叙述，这个学生苦闷地生活在他挑剔的舅舅家的屋檐下，他正在写作的小说聚焦于某位叫德尔莫·特雷里斯的作家。表面上，这个学生有着坚定的民主和革命理念：小说不限定在一个开头和结尾，角色也不被强制必须是正角或者奸角。相反，他们应该"有私人生活、自我目标和体面的生活标准"。此外，"现存全部文学整体"是作者从中抽取任何他希望的角色的仓库。叙述者和特雷里斯从牛仔小说、流行爱情故事、民间故事取材，还有来自爱尔兰神话的人物（当然被无情地嘲讽）。一个小说人物热衷于报复自己武断的创造者，在自己的小说里把特雷里斯作为虚构生物而囚禁。如果有领先时代的小说，这就是一部。**RM**

芬尼根的守灵夜 Finnegans Wake

詹姆斯·乔伊斯（James Joyce）

作者生平：1882年生于爱尔兰，1941年卒于瑞士
首次出版：1939年，Faber & Faber（伦敦）
摘录发表：1928—1939年
原著语言：英语

　　詹姆斯·乔伊斯的最后一部书是他写过的最让人迷惑的作品。不过这也是一部非常诙谐的作品，给历代读者们带来了欢娱——如果他们不受那些对这部小说常规判断的影响。《芬尼根的守灵夜》不是单线剧情，而是由一系列的核心故事组成。一些故事的出现形式有上百个版本——从一句话到两页以上的长篇幅。几乎无所不在的是一个有关堕落（或者说坠落）的故事（并不完全是否定的意义）：包括了人类始祖的堕落、都柏林凤凰公园的不检言行（涉及一个较年长男子和两个女孩）和一个爱尔兰建筑工提姆·芬尼根从梯子上的跌倒。

　　在角色的安排上，小说的人物有多个不同的名字，每个人物都由一系列辨识度强烈的特征组成。在地名的设定上，小说混合了来自世界各地的名称。乔伊斯使用了一种"旅行皮箱"的浓缩手法：他混合了同一种或者不同语种的两个以上的词汇。比如，"kissmiss"既代表某个节庆时期，又是节庆中可能发生的某些事情，也暗示了某种重大命运。又如，他把圣父合成为"hoary frother"，把老照片称为"fadograph"。阅读《芬尼根的守灵夜》，最好大声朗读，如果可能，最好集体参与。这意味着各种暗示能够产生共鸣；一旦只接受某一种语义，其他的含义就会变得晦涩。作品的十七个部分都有它们自己的风格和主题：从入夜到黎明，小说缓慢流动；最后以未完成的语句结束，我们再度回到了故事的开篇。**DA**

土生子 Native Son

理查·赖特（Richard Wright）

作者生平：1908年生于美国，1960年卒于法国
首次出版：1940年，Harper & Row（纽约）
原著语言：英语
改编电影：1951年，1986年

理查·赖特的小说出现在美国文坛后，对这个国家正在孕育的美国白人暴力给予了警告。小说的开篇一幕是它的中心主人公大托马斯如何在惊恐的姐姐、吓坏的母亲和崇拜他的弟弟面前，把一只老鼠活活打死。赖特把大托马斯和老鼠相提并论，这让我们意识到他既是迫害者，也是受害者。从这个让人不安的事件开始，读者将接触到以后令人不安的事件。

这部现实主义小说分成三个部分。第一部分叙述大托马斯被引入达尔顿家的中产阶级社会以及他如何意外杀死了他们的女儿玛丽。第二部分讲述了绝望的大托马斯在芝加哥的背景中被追踪，并且进一步叙述了大托马斯对非裔美国人社会的更广的伤害。最终部分集中于对大托马斯的法庭审判，赖特试图为他断裂的人性进行辩护。

小说露骨和色情化的暴力，尤其是对死去的玛丽·道尔顿被斩首和焚烧的描写，让本书在出版时引起轩然大波。赖特以无畏的诚实著名，他也让美国白人看到了他们最钟爱的人物原型如何让人恐惧。赖特试图摆脱身为美国黑人的情感偏见，探索自由的意义。他忠诚于黑人民族主义和共产主义，这是因为作家对认识自身有强烈的存在主义欲望。**NM**

鞑靼人沙漠 Il deserto dei Tartari

迪诺·布扎第（Dino Buzzati）

作者生平：1906年生于意大利，1972年卒
首次出版：1940年，Rizzoli（米兰）
原著语言：意大利语
英译书名：The Tartar Steppe

在这部神秘和不安的小说中，戍卫的士兵在等待敌军鞑靼人的袭击，他们可能在任何日子从北方入侵。故事发生在时代不明的古代，故事的要塞位于怪石嶙峋的沙漠边缘，一座环境严苛和难以攀登的高山之下，要塞的气氛介于现实和梦幻之间。士兵们为那个入侵时刻不断准备着，但是没有人知道进攻会何时以及如何发生，甚至没有人知道真正的敌人是谁。这些人被命运支配，这点尤其体现在德罗格中尉身上。他发现这个要塞不符合自己的意志，这个谜一般的要塞和严苛环境的威胁给他精疲力竭的旅行蒙上了阴影。在戍卫地区超自然的气氛中，生活是由严苛的军事章程规范的。哨兵巡逻，但他们不知道要保护要塞的什么，也不知道是谁要来进犯。军事的调动没有明显的意义，士兵超现实的生活被荒唐的等待支配。

小说在主题上有强烈的存在主义色彩，至今仍让人费解。不过看上去讽刺的是，小说出版后不久，那些长久等待的士兵就遇见了他们从未梦想过的大规模战争。**RPi**

▶ 《鞑靼人沙漠》描述的军事战术的徒劳，也体现在这幅1917年的意大利招贴画上："每个人都必须尽他的职责。"

MAUZAN
Fate tutti il vostro dovere!
LE SOTTOSCRIZIONI AL PRESTITO SI RICEVONO PRESSO IL
CREDITO ITALIANO
G. MODIANO & C. - MILANO

权力与荣耀 The Power and the Glory

格雷厄姆·格林（Graham Greene）

作者生平：1904年生于英国，1991年卒于瑞士
首次出版：1940年，W. Heinemann（伦敦）
原著语言：英语
电影改编：1962年

　　《权力与荣耀》讲述了一位神父绝望地逃脱追捕和迫害的故事，荒凉的背景设置在20世纪20年代墨西哥天主教会大迫害时期。格雷厄姆·格林描绘的地区，无论是在物质上、社会上还是哲学上，都是无可置疑的贫瘠。作者一直没有提及他描绘的主人公的名字，他是一个"威士忌神父"，也是一个私生子的父亲，在神父逃亡的旅途中曾经和他的私生子有过不愉快的短暂邂逅。神父能够用来认识自己命运的心理学手段和精神解脱手段都无甚效果，于是他选择逃避世俗的政府。政府悬赏通缉神父，援助过神父的村民按规定要被神父的追捕者处决。尽管格林对各种微不足道的救赎形式一直持抗拒态度（作家见惯了宗教界粉饰颜面的虚伪），但是在小说的绝望气氛下，文本中自然流露出对上帝"善"的体悟。小说中的神父意识到了苦难和罪恶的状况可能是上帝的存在在这个世界上唯一的表现方式。

　　小说有很多精彩之处：神父在拥挤不堪的监狱度过长夜；他要求买葡萄酒来举行圣礼；神父和狂热的上尉之间意识形态的、如猫和老鼠般的个人碰撞。格林成功地构造了一个堕落的世界，这个世界的两极是强烈的幽闭恐惧症，中端是无边的空虚。**RM**

丧钟为谁而鸣 For Whom the Bell Tolls

欧内斯特·海明威（Ernest Hemingway）

作者生平：1899年生于美国，1961年卒
首次出版：1940年，C. Scribner's Sons（纽约）
原著语言：英语
诺贝尔文学奖：1954年

　　《丧钟为谁而鸣》的背景设置在1937年西班牙内战时期。小说的线索是一位美国大学教师的斗争——他放弃了自己的工作，为西班牙共和派战斗。罗伯特·乔丹被派遣到马德里领导一支游击队，当时游击队正面临长期的领导权危机。巴勃罗是这个团队好出风头的领袖，他失去了继续艰苦战斗的壮志雄心，妄想着在自己心爱的马匹们的陪伴下和平地生活。比拉尔是巴勃罗迷信的、半吉卜赛血统的伴侣。她苦心维持着游击队的凝聚力，十分担忧游击队员们以及把他们团结在一起的战斗。乔丹对玛丽亚一见钟情，这个年轻的女子曾被法西斯士兵强暴，之后被带到了共和军的军营中。

　　乔丹在共和军的事业与他更强大的自我疏离之间摇摆不定，他要和自己对暴力的恐惧搏斗。乔丹不能整合自己的信仰体系也戏剧性地体现在他和玛丽亚的关系上——乔丹对玛丽亚有无比深沉的爱，但是他在策划炸毁大桥任务时却回避玛丽亚。最终乔丹被迫重新衡量自己的个人、政治和爱情价值，他对连贯有序的社会分层的信仰和经验都被粉碎了。**AF**

▶ 1941年，导演弗兰卡·卡普拉（右）正在和海明威讨论这部小说，但电影最终由山姆·伍德执导。

FOR WHOM THE BELL TOLLS
FOR WHOM THE BELL TOLLS
Ernest Hemingway

爱孩子的男人 The Man Who Loved Children

克莉斯蒂娜·斯台德（Christina Stead）

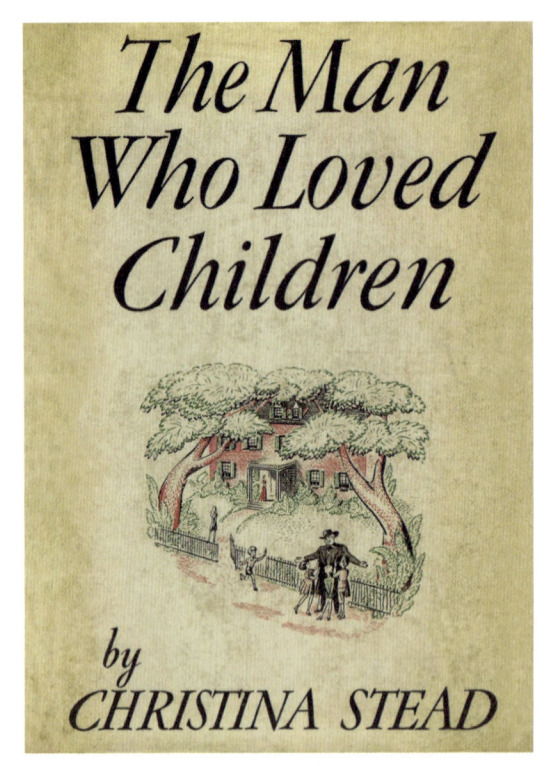

作者生平：1902年生于澳大利亚，1983年卒
首次出版：1940年，Simon & Schuster（纽约）
原著语言：英语
帕特里克·怀特文学奖：1974年

一个自学成才的人会相信运气，并且把他的儿子送到牛津大学。

就像小说本身那样，克莉斯蒂娜·斯台德这部杰出作品的标题就含有对情感的忠诚和辛辣的反讽。小说讲述了波利特大家庭的故事，他们是出身劳工阶级的自然学家山姆·波利特和爱吵闹的巴尔的摩女继承人希尼·克里尔的后代。小说设置在20世纪30年代的华盛顿特区附近，斯台德用她巨细无遗的显微镜般的视角来描写、审视这个家族的生活。这也反映了左拉等作家的自然主义影响，左拉也是斯台德非常崇拜的作家。

这种手法造成了作品迅速在繁花似锦的滑稽场景与可怕场景之间转换，这也反映了现实生活中感情的迅速变化。斯台德用全面的技巧塑造的人物既有生活感，也让人着迷。山姆宣称他爱着孩子们，但其实他是书中支配性的力量——虽然富有魅力，可令人生气地混合了以自我为中心的蛮干与创造力。读者饶有兴趣地旁观山姆如何在政治与善的道德名义下，操纵与控制自己的孩子、姐妹、妻子和同事。山姆的妻子希尼被迫和他生活在每况愈下的经济状态下，她对爱充满失望，她给孩子带来的消沉情绪和他们父亲高昂的精神形成了强烈对比。

随着故事的进展，山姆和他青春期的叛逆女儿路易爆发了冷战。路易在新生的独立成年意识下不断摸索人生。最终他们的冲突导致了小说令人震惊的结局。小说从内部观察、呈现家庭，无情而富有洞察力。这让角色或者读者都认识到那些让人不适的真相往往隐藏在我们所认为的家庭成员的无害人格之下。**AB**

▲ 两岁时斯台德失去了她的母亲，《爱孩子的男人》的创作大部分基于她儿童时代的经历。

广漠的世界 El mundo es ancho y ajeno

西罗·阿莱格里亚（Ciro Alegría）

作者生平：1909年生于秘鲁，1967年卒
首次出版：1941年，Ediciones Ercilla（圣地亚哥）
原著语言：西班牙语
英译书名：Broad and Alien is the World

  正如小说具有象征性的标题所暗示的，这是一个一无所有者无尽流浪的故事。秘鲁的鲁米社区由那些没有权力、教育程度低下、格外贫穷的印第安人和半种姓化的底层人组成。他们与兼并土地、贪欲无穷的大地主们有着尖锐冲突。故事根据年长的罗申多·马奎的记忆构建，这个被遗弃的社区的起源是故事的序曲，故事主体集中在贪婪的地主阿尔瓦罗·阿美纳巴为了攫取社区土地而引发的法律诉讼上。小说呈现的司法程序是纯粹的骗局，是对地主贪欲的隐藏。分配给印第安人的领土非常小，在少得可怜的领土上的印第安人依然被难以置信地剥削着。他们的领袖被一步步毁灭：热爱和平的罗申多死于牢狱；准备武装反抗的强盗费耶罗·瓦斯凯支则被斩首。

  在《广漠的世界》最终残酷的结局前，作者描述了秘鲁其他地区原住民社区的遭遇，尤其是矿区和林场的橡胶种植业群体，在那里压迫无处不在。这种渐增的恐怖为结局做了铺垫；同时，当地人也逐渐公开地表达他们诉求正义的决心。魅力超群、救世主般的叛乱者本尼多·卡斯特罗登场，他在社区获得了自己的地位，开始进行武装反抗。不过几乎不可避免的是，这项事业同样没有成功。

  小说的写作手法即使在它的时代都显得有点保守（一个无所不在的叙述者在呈现事件和平行历史时耗去了太多篇幅），但西罗·阿莱格里亚创作出了和他们的自然环境融合的画廊般的人物。总之，这是一部讲述与不公正斗争的、令人信服的小说。**DMG**

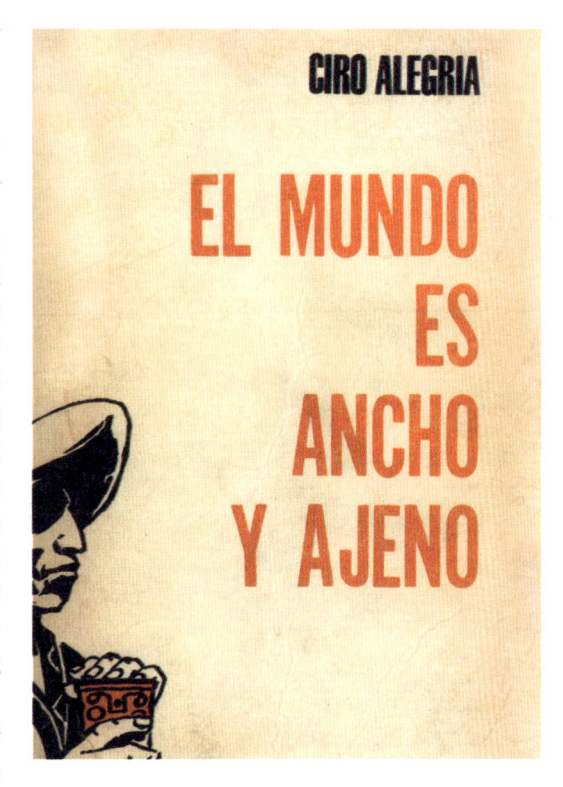

> 近了，更近了，毛瑟的爆炸声开始回响了。

▲ 1970年的平装本的封面暗示了秘鲁高地印第安人前途未卜的命运。

生者与死者 The Living and the Dead

帕特里克·怀特（Patrick White）

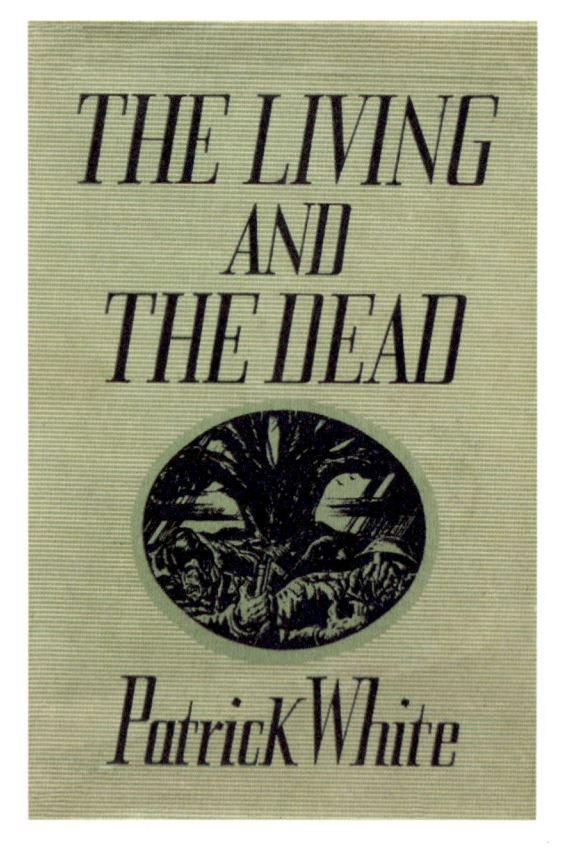

作者生平：1912年生于英国，1990年卒于澳大利亚
首次出版：1941年，Routledge & Kegan Paul
原著语言：英语
诺贝尔文学奖：1973年

小说背景设置在20世纪30年代，《生者与死者》的剧情集中于凯瑟琳·斯坦迪什与她的两个孩子艾略特和伊登的紧张关系上。凯瑟琳被丈夫抛弃后，变成了一位情感冷漠的母亲。艾略特成了作家兼评论家，尽管他对自己缺乏世界归属感的问题有所反思，但仍然任性地通过书籍把自己和世界疏离开来；他的妹妹伊登起初比艾略特外向，通过政治活动以及与男人的调情实现自我，但最终在这两方面都遇到了挫折。

以上总结可能让人认为小说是由不间断的乏味事件组成，但就在这些篇章中帕特里克·怀特透彻地表现了寄寓其中的人物灵魂，并且凭借此作获得了一流小说家的声誉。小说富有感情地、真诚地探讨了自我质疑和自我欺骗如何成为每个人生活的动机，同时它也引入了某些之后支配其他作家创作的主题观念：在这个对人类存在逐渐冷漠的世界，自我牺牲的价值何在？在一个上帝退出的宇宙中，想象的目的何在？

某些读者可能觉得小说频繁的长段叙述显得略微臃肿。但动人的叙述中从来没有怀特的高傲姿态，他只是讲述被社会约束的人如何与他们现实中的无力搏斗，又如何被现实囚禁，放弃自己对未来的想象。**VA**

> 早年间，我在往来伦敦和纽约的数月中匆匆写就第二部小说《生者与死者》。
> ——帕特里克·怀特，1973年

● 西班牙内战在这部以20世纪30年代的伦敦为背景的小说中扮演着重要角色。

收割者 Paesi Tuoi

切萨雷·帕韦泽（Cesare Pavese）

作者生平：1908年生于意大利，1950年卒
首次出版：1941年，Einaudi（都灵）
原著语言：意大利语
英译书名：*The Harvesters*

《收割者》这部小说的剧情与人物性格的发展紧密联系——巨大的风暴打碎了被压抑的心灵，燃烧的阳光和奇怪的月光形成了对比。在意大利北部干燥乡村那些阳光暴虐烤炙的山丘中，人们容易产生某种感觉：在一个充满危险、激情和死亡的变化的世界中，脚下的意大利土地是稳定、永恒和自然的。

故事的开始是塔利诺和贝尔托两人从法西斯监狱被释放后的遭遇。塔利诺说服贝尔托陪伴他回到自己的家园收割农田。贝尔托在农场发现了一个和自己家乡都灵完全不同的世界，这个地方的道德十分模糊，每一件事都不是看上去的样子。随着剧情的展开，出现了各种真伪夹杂的事件，以及各种没有结尾或者未开始的故事。作为外来者的贝尔托几乎不能理解小镇的世界。贝尔托到达农庄后发现塔利诺家是一个贫穷和野蛮的大家庭，但是他很快就迷上了塔利诺四个姐妹之一的季思拉。他们有了短暂的关系，但是贝尔托不久就开始猜测季思拉和塔利诺之前关系的真相。悲剧突然而残酷地发生了。

帕韦泽进入了反法西斯的圈子，但他觉得备受折磨。他想参加战斗，可一直没有能力做到。帕韦泽的写作表达了他内在心理的争斗，可能也反映了意大利当时的斗争。他的这部作品在战后被赞誉为反法西斯思想的模范，也被赞誉为对苦难时代人性的精彩描绘。**RMu**

西西里谈话 Conversazione in Sicilia

埃里奥·维多里尼（Elio Vittorini）

作者生平：1908年生于意大利，1966年卒
首次出版：1941年，Bompiani（米兰）
原著语言：意大利语
英译书名：*Conversations in Sicily*

《西西里谈话》的开篇象征性地影射了1936年引发西班牙内战的那些事件。小说的主人公兼叙述者西尔维斯特罗遭遇到人性的失落后，意识到自己的无能为力，于是陷入了沮丧与幻灭中。西尔维斯特罗开始了前往自己家乡西西里的充满隐喻的旅途。他和很多当地人交谈，发现了自己的身世，随后发生了心理上的变化。他的家乡有一位橘子收割人因为卖不出自己的产品，而体验到了南方的贫穷；一位勇敢的人觉得自己对于人类有道德义务，随时准备放弃自己的财产为保卫人类而战；一位磨刀匠一直哀悼人们的懒惰，他们没有刀具、匕首甚至大炮可以找他磨砺。

这些对话中的抽象词汇象征性地隐喻了与压迫自由及民主的恶势力的战斗。在小说的中部，西尔维斯特罗和他的母亲康泽琼娜交谈，回忆自己的童年。康泽琼娜是个坚强的女性，她曾被丈夫抛弃，但心灵经受住了伤害，也不害怕孤独——她是女性和母性力量的象征。这三天的旅程可以理解为灵魂觉醒的基督教隐喻。在三天旅程的末尾，西尔维斯特罗"复活"了，并且进入了更高的人性层次。作家的反法西斯主义由此也获得了新的维度：它的道德意义超越了历史或者政治意义。**RPi**

局外人 L'Étranger

阿尔贝·加缪（Albert Camus）

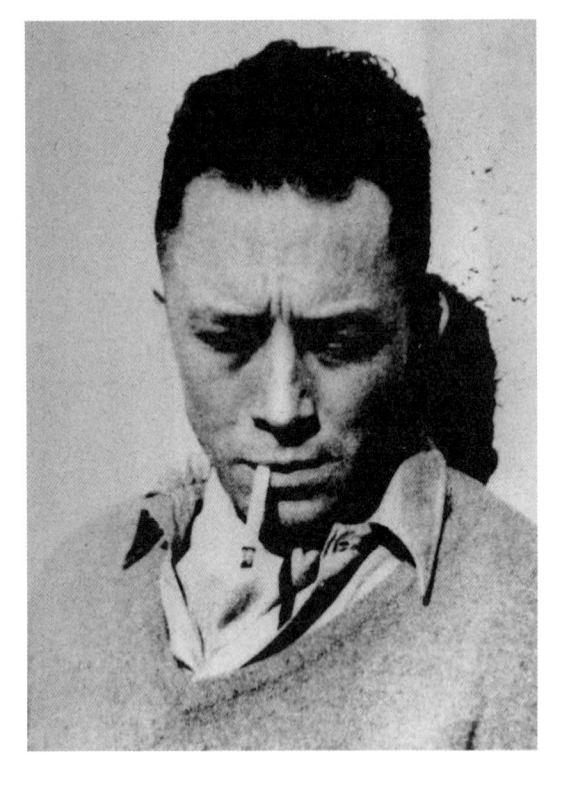

作者生平：1913年生于阿尔及利亚，1960年卒于法国
首次出版：1942年，Gallimard（巴黎）
美国版书名：The Stranger
英国版书名：The Outsider

《局外人》是一部平淡的小说。故事除了一次谋杀以及随后的审判外，看上去人物没有什么分量，只是简单地在一页页间滑过。这种写法毫无疑问对故事的两个写作目的至关重要：小说与存在主义哲学的关系（有关这点的讨论极多），以及小说的可读性。阿尔贝·加缪精心处理的故事简洁感植根在小说的日常叙述和寓言部分，并交给读者来解决这种小说的歧义状态。

作者坚定不移地诠释了传统的自我规范已经基本全无的生活。对小说主题的诠释没有技法上的"机智"，作者仅向我们呈现了一个名叫莫索特的空白人的一个人生阶段，这个被社会抛弃的人选择过一种私人和孤独的生活。在这个阶段，一系列重大的事情发生在他的人生中——母亲去世、一个男子的谋杀案、一场宣判莫索特死刑的审判——但是每一事件都没有引起他被期待出现的感情回应。

在读者的第一印象中，小说看上去和卡夫卡的书存在某种平行，表面简省的风格下潜伏着广阔的复杂性，弥漫的梦幻般的疏离感环绕着小说。但是莫索特的世界没有超现实的东西，一切都是世俗的，他对它们几乎没有控制能力。莫索特既和别人疏离，也和自己的人生疏离。这个角色证明了人生的无意义，超越于人能赋予生活的意义之外。正是意识到这种根本的无意义和对这种无意义的无奈，加缪构建了这个荒诞的故事，在之后的写作中他把这个主题发展得更加完善。**SF**

▶ 阿尔贝·加缪与《局外人》中的反英雄莫索特一样，是阿尔及利亚（当时在法国统治下）的欧洲移民之子。

▶ 阿尔贝·加缪的水彩肖像，题作"阿尔贝里克"，突出的细节是皱起的眉毛。

celui-ci c'est Albéric, le "Jeune-homme-qui-croya
que-c'était-arrivé-et-q
-s'est-aperçu-que-c
n'était-pas-a

烛烬 A gyertyák csonkig égnek

马洛伊·山多尔（Márai Sándor）

作者生平：1900年生于匈牙利，1989年卒于美国
首次出版：1942年（布达佩斯）
原著语言：匈牙利语
英译书名：*Embers*

《烛烬》是被重新发现的中欧文学的瑰宝。1942年小说首次在布达佩斯出版，但直到2001年它被翻译成英语版之后，才被更广泛的读者所获知。出人意料的是，翻译出版的小说立刻成为一部国际畅销书。小说的作者在1989年流亡美国的时候令人遗憾地自杀身故，没能亲身见证它的意外流行。

故事背景设置在"二战"爆发不久后的匈牙利，喀尔巴阡山脉脚下的偏远城堡中。七十五岁的退伍将军亨利克在那里招待他的老友康拉德，他们有四十多年没有见面。这两人之间有许多没有解决的问题，紧接着是作者精妙控制的局面——一系列逐渐展开的逸事、回忆、沉默、抗辩、否认和困惑。马洛伊·山多尔精确和富有技巧地掌控着他的作品，每一次新隐情的揭示都出现在读者觉得两人可能达成和解的那一刻。多年默默燃烧的愤怒被浓缩在一个平常的夜里。

《烛烬》是一部简短而异常浓缩的作品，而且浸润了奥匈帝国的民间故事和时代气氛。小说里有着漫长的阴影、葡萄园的美酒、烛光、古代的森林和咯吱作响的桃心木。山多尔并没有借助廉价的戏剧布置就贯彻了这种氛围。小说凭借它所有的旧世界的魅力，成为对友谊、背叛和男性骄傲等主题精细观察的经典研究。**SamT**

象棋的故事 Schachnovelle

斯特凡·茨威格（Stefan Zweig）

作者生平：1881年生于奥地利，1942年卒于巴西
首次出版：1943年，Bermann-Fischer（斯德哥尔摩）
原著语言：德语
英译书名：*Chess Story*

《象棋的故事》发生在一艘远洋班轮上。一位年轻但文化程度不高（不过有着惊人的天分）的国际象棋冠军和一个他完全陌生的人物下棋赌钱。陌生人对国际象棋的了解十分广博，但是他在棋盘上的实战能力不堪一击。这种背后的不平衡推动了故事的展开，也成为一场紧张而惊人的比赛的背景。

《象棋的故事》是1943年出版的作家遗作，一年前茨威格和他的妻子悲剧性地双双自杀。这部小说也是茨威格最知名的作品之一。作者同时是著名的传记作家、散文家、剧作家和诗人，也是西格蒙德·弗洛伊德、托马斯·曼和罗曼·罗兰的知交。茨威格是奥地利犹太人，随着纳粹政权的影响渐增，他被迫在1934年离开自己的故乡。之后茨威格获得了英国的公民权，但最终死在巴西，他对于欧洲舞台充满了绝望和幻灭感。

《象棋的故事》是短小、有力的文本，但作者自信地演绎出了巨大的主题，包括盖世太保的酷刑、压迫的天性、傲慢和贪婪的愚蠢、政治上的操纵。在这个故事中，对国际象棋的操控就像毒药，一种危险的心理成瘾；但同时国际象棋也是治疗孤僻自闭的精神障碍的良方，是获得声名的入场券。小说中的叙述者没有名字，但我们通过他的眼睛观察了比赛，那个陌生人也只对叙述者吐露了自己令人好奇的秘密。《象棋的故事》是一部短小精悍而迷人的叙事故事。**JC**

玻璃球游戏 Das Glasperlenspiel

赫尔曼·黑塞（Hermann Hesse）

作者生平：1877年生于德国，1962年卒于瑞士
首次出版：1943年，Fretz & Wasmuth（苏黎世）
原著语言：德语
英译书名：The Glass Bead Game

《玻璃球游戏》托言是约瑟夫·克乃西特的传记。克乃西特是23世纪欧洲某个宗教团体的一员。这个与世隔绝的团体通过游戏来完成各种精神领域的学习。小说的线索是从克乃西特早年的学习直到他最终获得"最高法师"称号的经历。这个玻璃球游戏是克乃西特担任领袖的那个宗教团体的存在理由。虽然小说没有充分解释游戏的确切性质，但可以清楚地知道它包含了人类知识的多种分支：从哲学、历史、数学到音乐、文学，乃至逻辑。尽管游戏的性质如此精深，克乃西特还是越来越不满游戏玩家对世俗事务彻底的疏离。

《玻璃球游戏》写作于欧洲20世纪40年代早期，是对世俗政治和思辨生活的关系富有力量的雄辩沉思。赫尔曼·黑塞的小说激情地探讨了思想和行动之间更加良好的共生关系。克乃西特有力地阐释了这种结合，他离开封闭的社团去体验过去他学究式人生忽略的生活各方面经验。由此，小说也延续了黑塞的主题之一：自我观照是通往自我成长和更新的恒变路途上的一种重要手段。**CG-G**

大师和男孩互相追逐，好像在某种机械的线路上移动。最终人们无法分辨何方是来者，何方是去者。

▲ 这是黑塞拍摄于1962年的照片，当年作家去世。1946年黑塞获得了诺贝尔文学奖。

约瑟和他的兄弟们
Joseph und seine Brüder

托马斯·曼（Thomas Mann）

作者生平：1875年生于德国，1955年卒于瑞士
四卷本出版：1933—1943年，S. Fischer Verlag（柏林）
英译书名：*Joseph and His Brothers*

　　托马斯·曼希望他取材于《旧约全书》的约瑟故事能成为自己杰出写作生涯中的纪念碑式总结。不过在1933年10月小说的第一卷出版后，纳粹在德国掌权，曼被迫流亡。曼在故国无法获得读者，在异国也少有人阅读这部《圣经》故事：小说中没有任何与那个时代的政治或者知识界焦点明显联系的地方。

　　这部四卷的作品（《雅各的故事》《约瑟的青年时代》《约瑟在埃及》《赡养者约瑟》）忠实地遵循《创世记》脍炙人口的故事的架构。雅各的第十一子约瑟被赶出他的家族，之后努力奋斗成为埃及法老的左膀右臂，最终归来领导他的族人。曼版本的史诗把《圣经》的简短插曲扩展为细节丰富的故事，赋予了激情的心理洞察、对角色的勾勒和见缝插针的幽默。作者对神话和历史的深刻思辨可能让读者望而生畏，作为补偿，每隔几页就有令人欢欣的鲜活叙事。

　　小说有着关于古代文明的浩瀚信息，但是作者致力精深陈述的是：生命是永恒的，并不局限于历史。约瑟最终成长为曼理想中充分启蒙的人类形象，结合了深奥的智慧、对传统的尊重、一个梦想家幻视的灵感，以及实践与科学的写实主义。**RegG**

小王子
Le Petit Prince

安东尼·德·圣–埃克苏佩里（Antoine de Saint-Exupéry）

作者生平：1900年生于法国，1944年卒
首次出版：1943年，Reynal & Hitchcock（纽约）
原著语言：法语
英译书名：*The Little Prince*

　　这部迷人的寓言讲述了一个成年人和他内在的孩子相遇的故事。寓言的背景设置在撒哈拉沙漠，故事的叙述者飞行员发现他因为"引擎"损坏而被困，不得不面临"生或死"的前景，故事由此展开。寓言的核心是人生最重大的问题：什么是一个人的生活以及人该如何度过它。成人和孩子的关系在人类面临紧急危难的背景中展开，问题的本质是严峻的质问：以"小王子"形式出现的孩子难以模仿的提问，他问了自己的成人保护者"许多问题"。叙述者和孩子的对话是自我反问的形式：一位成人通过无拘无束的想象和小孩的要求来进行与他内在孩子的沟通。小王子和叙述者最初玩的是绘画的游戏。小王子第一次提出他的要求："如果你愿意，能否给我画一只羊。"

　　圣–埃克苏佩里的故事是超现实的，排除了现实主义的传统，进入了梦幻的领域，在那里想象可以自由奔驰。叙述者自然而然地开始再度发现他想象的能力。于是角色反转开始了，孩子指导成人学会惊奇的神圣艺术。圣–埃克苏佩里的《小王子》写作于他人生的最后时期，我们可以将其当作一份宣言阅读：成人的生活可以如何，我们应该如何生活。**SB**

▶ 圣–埃克苏佩里在康涅狄格州的法国画家伯纳尔·拉莫特家中的写字台上写作《小王子》。

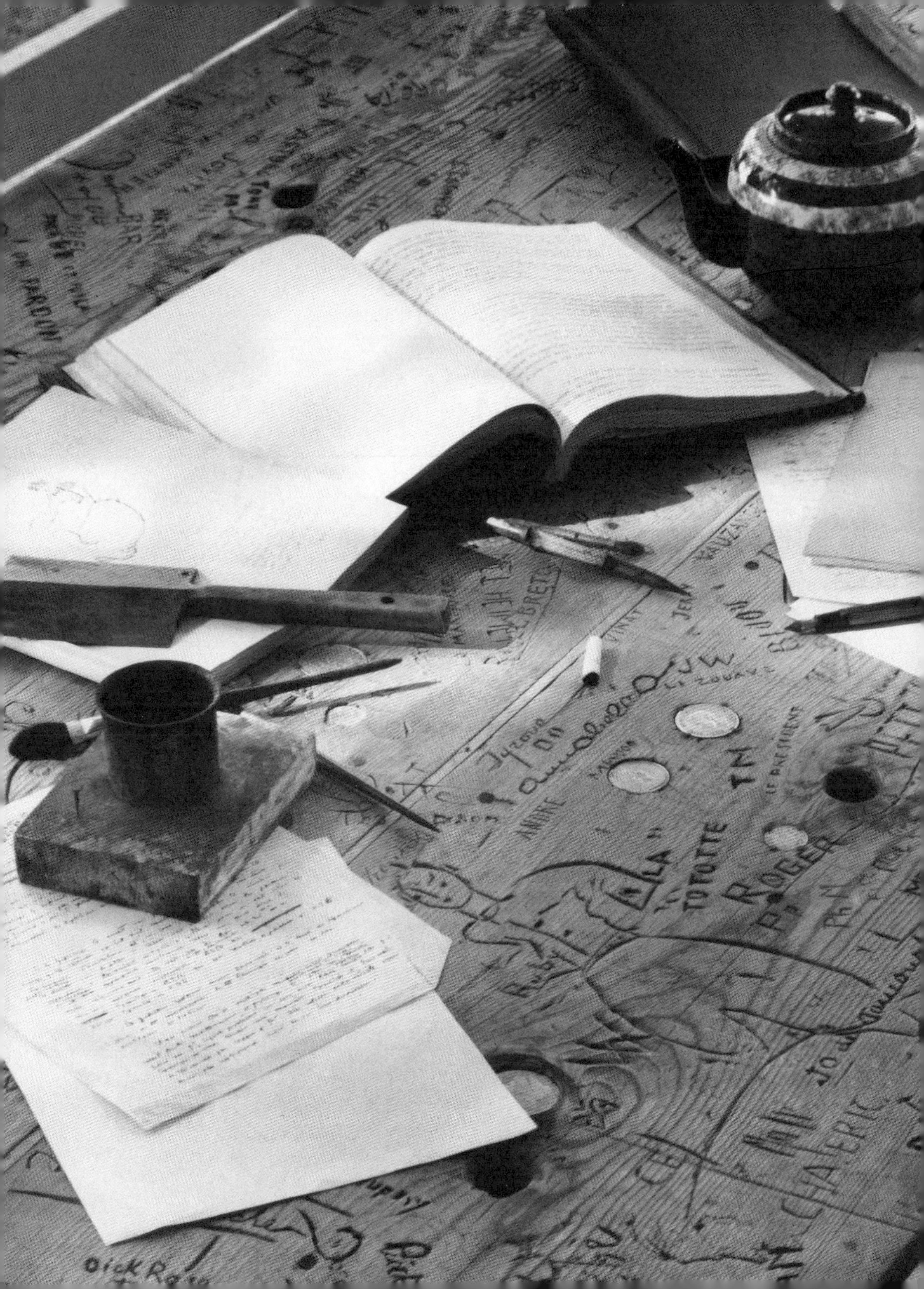

晃来晃去的人 Dangling Man
索尔·贝娄（Saul Bellow）

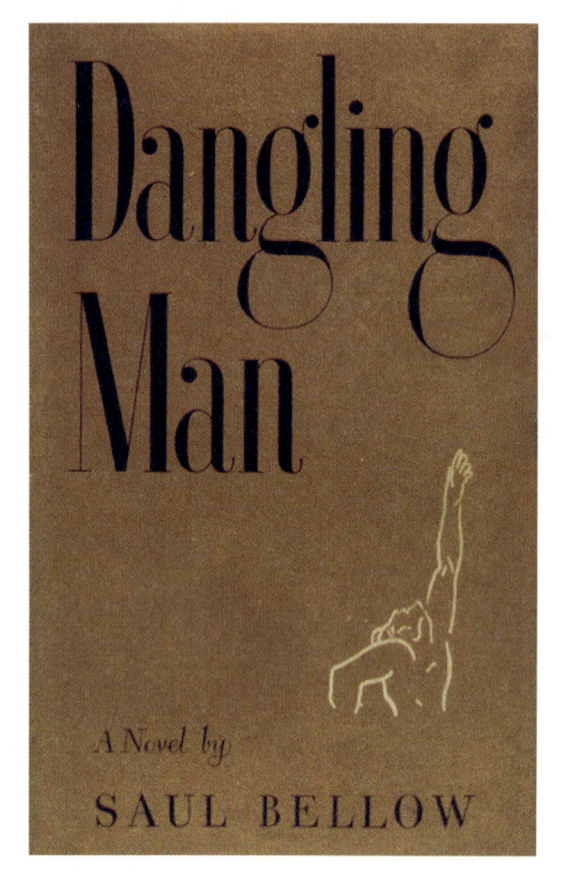

作者生平：1915年生于加拿大，2005年卒于美国
首次出版：1944年，Vanguard Press（纽约）
原著语言：英语
诺贝尔文学奖：1976年

《晃来晃去的人》是索尔·贝娄的第一部小说，并且确立了他作为这个时期美国主要作家之一的地位。小说以主人公约瑟日记的形式写作。约瑟，这个"晃来晃去的人"放弃了美国国内旅游局的工作。他的生活局限在芝加哥的一座寄宿屋中，等待第二次世界大战的征兵令。他很少离开自己的房间，一直沉迷于启蒙思想的写作。约瑟日趋唯我的生活方式使得他的妻子伊娃和其他知识圈的朋友开始和他疏远。小说的结尾约瑟最终被征召入伍，他离开自己的朋友与家庭，开始了军队的生活。约瑟希望他新的管制严格的生活能缓解目前的精神痛苦：这种希望读者自然会判断出将是徒劳的。

从约瑟追求他"晃来晃去"生活的意义来看，小说受到了法国存在主义对20世纪40年代美国知识圈的影响。约瑟的日记里有一段与想象的对话者的讨论，约瑟称这个角色为"另一个灵魂"或者"你也是正确的"。《晃来晃去的人》的存在主义焦虑也可以在萨特的《恶心》（见本书第400页）和加缪的《局外人》（见本书第420页）等文本中见到。小说也预示了贝娄之后把底层生活与高雅文化对置的写作。约瑟的日记混合了日常生活的平庸描写与对歌德及狄德罗之作品的引用。

我们从约瑟在城市街道孤独的漫游中，可以看到贝娄开始把欧洲文学与真正的美国城市经验结合起来。《晃来晃去的人》被描述为一部"学徒"作品，它标志着现代美国小说一种极其重要且影响深远的声音出现了。**BR**

▲《晃来晃去的人》在1944年出版，反映了当代知识阶层对自由本质的关注。

刀锋 The Razor's Edge

威廉·萨默塞特·毛姆（William Somerset Maugham）

作者生平：1874年生于法国，1965年卒
首次出版：1944年，W. Heinemann（伦敦）
原著语言：英语

《刀锋》是社会讽刺小说，是哲学小说，也是圣徒的传记，它描述了一个非同寻常的年轻美国人的灵性探索之路。拉里·达雷尔在"一战"服役空军飞行员时，目睹最好的朋友为了拯救自己而死，于是开始质疑人生的意义。他回到美国，希望发现更多善与恶的本质。之后他离开了家庭、未婚妻，抛弃了自己的社会地位。拉里在印度的高山与一位深受尊敬的上师会晤后，体验了开悟。小说的叙述者从远处观察的角度叙述拉里的追求之路，有时"经历了很长的间隔"，有时来自二手材料。这个过程中叙述者在美国、印度和法国之间旅行，也参与到了和拉里相关的一系列人物的生活中。

《刀锋》适合在死前阅读，也适合快到二十岁的你，或者你还有能力真正爱上虚拟的角色的时候。等你年纪渐长的时候，可能会更多地欣赏毛姆的艺术：细致、锐利、带有嘲讽——他或者说他的叙述者就是以这样的洞察力来分析他的人物和他们的社会环境的，除了拉里——作者对他的描述简单而直接。年纪渐长的你可能更易于理解小说对上帝本质、善恶的存在以及人生意义的讨论；但是你可能会减少对主人公真实渴望的感触，也可能难以把握毛姆力图为主人公勾勒的品质——他的善。

为了充分欣赏此作，需要了解这部虚构作品预设的读者应该有信仰，或者至少有对信仰的渴望，而信仰并不容易由小说言说。**DG**

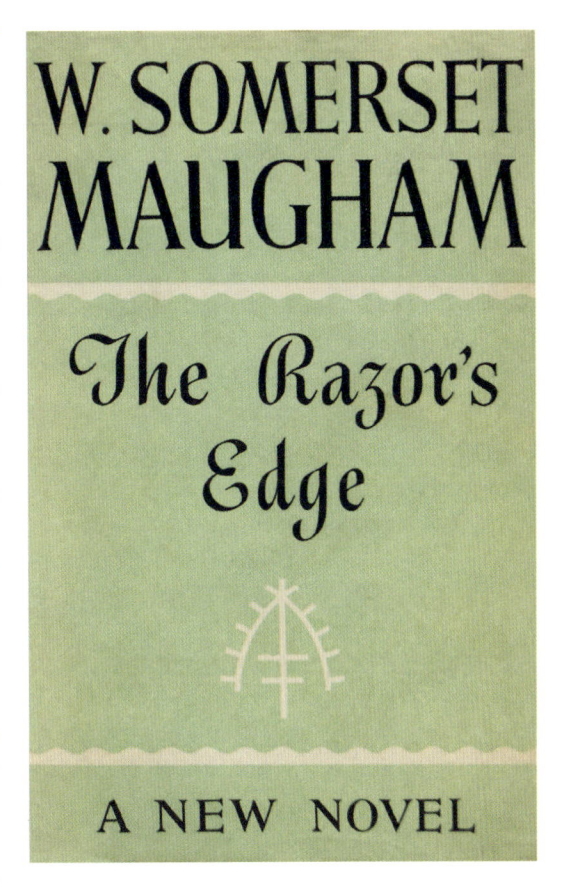

▲ 写作《刀锋》时，毛姆居住在美国，他也在那里为好莱坞写剧本。

过境 Transit

安娜·西格斯（Anna Seghers）

作者生平：1900年生于德国，1983年卒
作者教名：Netti Reiling
首次出版：1944年，Nuevo Mundo（墨西哥）
原著语言：德语（首次出版为英译本）

《过境》是现代德国写作中探讨逃亡和流放最为伟大的杰作之一，把记录文献和虚构强有力地结合了起来。小说根据安娜·西格斯本人从纳粹政权逃亡的经历写作（她是犹太人，也是共产党员）。在法国她开始了这部小说的写作，在墨西哥完成，最初由西班牙出版（德国版本直到1948年才出版）。作者把这种个人经验混入对奥地利作家兼医生恩斯特·魏斯的命运戏剧性的叙述中。魏斯没有意识到有人已经为他准备好了美国签证——托马斯·曼向美国总统罗斯福提出了请求——他在旅馆的房间自杀了，此时西格斯正试图再次访问他所住的旅馆。这里现实和虚构的界限混淆，人们不清楚这部虚构的作品里真实的魏斯有多少存在成分。

《过境》的叙述者塞德勒逃离德国的集中营，但仍在法国被软禁。他再度寻机逃脱，这次抵达了占领区外的马赛。塞德勒挤入了那些仓促等待前往美国的人之中。他想寻找一位旧友作家魏德尔的消息。塞德勒到达魏德尔的旅馆后，发现他已经在前夜自杀了。凭着死者的身份，能获得一张入境美国的签证，于是塞德勒袭用了魏德尔的身份以便利用这张签证。魏德尔的妻子在关键时刻到场，让事情变得复杂。最后塞德勒意识到他自己的身份反而被侵蚀了，于是选择加入法国的抵抗运动。**MM**

长袜子皮皮 Pippi Långstrump

阿斯特丽德·林格伦（Astrid Lindgren）

作者生平：1907年生于瑞典，2002年卒
首次出版：1945年，Rabén och Sjögren（斯德哥尔摩）
原著语言：瑞典语
英译书名：Pippi Longstocking

皮皮是一个九岁的女孩，有着鲜明的"性格"。她红色的发辫迎风飘扬，流溢出"这种世界所有警察也比不上"的力量。她还完全缺乏父母的监管。这个童书里的女主角长袜子皮皮在维耶库拉村建立了一个美丽的果园，将其作为家园。皮皮很富有（有一个装满金条的大箱子）、独立（她的母亲在天堂，她的父亲在食人族的部落遭遇了海难），还有一只猴子尼尔森先生、马以及她的伙伴。皮皮的邻居汤米和阿尼卡都有良好的教养，既不大惊小怪，也不会咬自己的指甲，所以他们和复古、执拗、热爱冒险的皮皮十分不同。毫不奇怪，两人都被这位女主人公彻底地催眠，加入她的各种恶作剧中。皮皮率领他们破坏传统，取笑他们邂逅的成人。

阿斯特丽德·林格伦写作《长袜子皮皮》的动机，是要为自己因为肺病在床的女儿讲述欢乐的故事。小说在1945年出版，当时，对教育孩子严苛保守、对孩子的想法视若无睹的态度已经开始被瑞典社会质疑。皮皮适时出现在儿童文学的场景里，她的形象和她的服饰都离经叛道。林格伦以孩子的视角来讲述故事，但最重要的是她赋予了皮皮一种孩子们一直被约束的大胆和好奇的精神。**JHa**

▶ 林格伦这本颠覆性的儿童文学经典的瑞典版封面：长袜子皮皮展示了自己超人的力量。

KÄNNER DU PIPPI LÅNGSTRUMP?

BILDERBOK AV ASTRID LINDGREN OCH INGRID NYMAN

相爱 Loving

亨利·格林（Henry Green）

作者生平：1905年生于英国，1973年卒
作者教名：Henry Vincent Yorke
首次出版：1945年，The Hogarth Press（伦敦）
原著语言：英语

亨利·格林的第五部小说《相爱》讲述了"二战"时爱尔兰一户英国贵族人家平凡的故事。微不足道的日常事件讲述了家庭的仆人和他们的主人两部分的故事。我们在楼上能看到家庭的主人田纳特夫人和她的儿媳妇杰克夫人演出的喜剧，她们教养良好，但在人际交往中虚情假意。在楼下我们能看到戏剧明星——管家查理·劳斯和他的同事之间演出的平行喜剧：他们的希望和情感都十分狭隘。劳斯和一位女仆伊迪丝相恋，小说叙述了他们日常的调情和对欲望的倾诉，最后的结局是通俗的"王子与公主幸福地生活在一起"。

本书与其他风尚喜剧的区别是格林把异常敏感的心灵投入其中。作者是富有的伯明翰工业家之子，他在小说中揭示出爱情植根于阶级关系，但也无法从中摆脱。小说展现了阶级社会的矛盾，追踪出身和社会地位施加给最有激情的渴望的限制，追踪体力劳动或者脱离体力劳动给爱情积累的深刻影响。对于每个社会阶层的人，他们都有自己的爱情经验和信仰爱情超越阶级的独特形式。格林的小说并非把爱情故事削减为社会学或者历史学分析，而是浸透了优美与含蓄的激情。**KS**

动物农庄 Animal Farm

乔治·奥威尔（George Orwell）

作者生平：1903年生于印度，1950年卒于英国
作者教名：Eric Arthur Blair
首次出版：1945年，Secker & Warburg（伦敦）
原著语言：英语

在乔治·奥威尔的这个寓言故事里，动物们占领了曼纳庄园，之后被它们的领袖背叛。这部小说已经成为"二战"后的一代追求自由的强大神话，但起初在出版过程中遇到了困难。《动物农庄》基于奥威尔本人在西班牙内战时期的经历，与他共同战斗的左翼民兵被以"不是共产主义者"的罪名无情清洗。

《动物农庄》是讽喻小说的杰作，以集权主义为原型，但奥威尔的叙述受到了他有限的农村生活知识的限制。年长的白色野猪梅耶宣布"对人类和他们的所有生活方式有仇恨的义务"。随着革命发展，所有的动物都应该平等。不幸的是，猪猡拿破仑和他的恶犬（秘密警察）窃取权力，折磨死了拉车马鲍克瑟，流放了斯诺鲍。拉车马克罗夫感慨地意识到七个建立农庄的领导者现在只剩下一人："所有的动物都是平等的，但有些动物比别的动物更加平等。"这种反讽表达了本书对真正的革命的支持。**AMu**

▶ 1954年《动物农庄》的拉脱维亚版本。

DŽ. ORVELS

DZĪVNIEKU FARMA

德里纳河上的桥 На Дрини Ћуприја

伊沃·安德里奇（Иво Андрић）

作者生平：1892年生于波斯尼亚，1975年卒于南斯拉夫
首次出版：1945年，Prosveta（贝尔格莱德）
英译书名：*The Bridge on the Drina*
诺贝尔文学奖：1961年

伊沃·安德里奇的作品《德里纳河上的桥》重述了波斯尼亚维舍格勒著名的穆罕默德-帕夏·斯卡洛维奇大桥的动荡历史。小说中，安德里奇以编年顺序从16世纪大桥的兴建一直讲述到1914年的"一战"和奥匈帝国的彻底瓦解。

从严格意义上说，《德里纳河上的桥》更像编年史而非小说，它以系列小品文的形式组织，描述了波斯尼亚和黑塞哥维那当地人民的生活以及数个世纪的演变。鉴于最近的波黑流血事件，小说对当地基督徒、穆斯林和犹太人紧张与动荡的历史展开了洞察。作品的一大优点是它丰富的当地方言，小说本身就是一部语言的故事。奥斯曼帝国和奥匈帝国接连统治带来的社会与文化的变化反映在人民的词汇、思想、身体和观念上。总而言之，大桥担当了历史连续性的象征。

尽管小说内容完结于1914年奥匈帝国军队的撤离，但是大桥本身见证了直到20世纪90年代的更多历史纷争。这可能是让读者更加仔细地阅读安德里奇作品的契机。大桥不仅是民族共存可能的隐喻，也是历史不息潮流的舞台。**IJ**

像你这样的理论只能满足游戏的永恒需要，磨平你的虚荣心，欺骗你自己和其他人。这是真相，至少对我是真相。

▲ 伊沃·安德里奇是第一位获得诺贝尔文学奖的波斯尼亚人，这是他1961年领奖时的照片。

基督不到的地方 Cristo si è fermato a Eboli

卡尔洛·莱维（Carlo Levi）

作者生平：1902年生于意大利，1975年卒
首次出版：1945年，G. Einaudi（都灵）
原著语言：意大利语
英译书名：Christ Stopped at Eboli

《基督不到的地方》被描述成日记、纪实性小说、社会学研究或者政治散文。它的作者也同样很难被归类。卡尔洛·莱维早年学医，之后献身于政治、文学和绘画。在1935年和1936年的埃塞俄比亚战争中，他因为反对墨索里尼和法西斯体制而被流放到意大利边远的山地小镇加戈里亚诺。莱维在《基督不到的地方》这部流亡时期的叙事作品中提到了恩波利，恩波利是这个地区的中心城市，他偶尔被许可访问那里。

小说的标题是这个荒僻地区人民与世隔绝状态的隐喻。他们贫穷、不关心代表中产阶级的法西斯政党。莱维以时间为顺序，叙述了他在这个霍乱横行的村镇的生活，也不动声色地描绘了当地居民的形象，从法西斯主义的市长到裘莉亚——这个女人和十几个男人发生过关系，有过十几次怀孕经历。莱维对于这个斯多葛的农业社群来说，是有着权威的大人物，农民在日常与疾病和贫穷的斗争中常常寻求莱维的帮助。他试图用自己有限的医疗设备帮助村民，可结果总是徒劳。这个连听诊器都从没有见过的世界，他的医学知识能起的作用微乎其微。莱维的小说引起了国际读者的关注，也推动了战后意大利文学的社会写实主义的发展，让意大利的公众开始关注自己国家中长久被忽略的地方。**LE**

大阿卡那第17号牌 Arcane 17

安德烈·布勒东（André Breton）

作者生平：1896年生于法国，1966年卒
首次出版：1945年，Brentano（纽约）
原著语言：法语
英译书名：Arcanum 17

到了1944年，安德烈·布勒东在法国发起的超现实主义运动的高潮早已经过去，当时的欧洲饱受战火蹂躏。《大阿卡那第17号牌》写于布勒东旅居魁北克、诺曼底登陆日之后，大部分内容是艺术家在战争中所扮演的角色、战争及其后果在艺术作品中扮演的角色等。不过布勒东的文本既不忧郁悲观，也没有怀旧思乡之情。文本宁静，带有警觉，对欧洲的未来及其艺术家充满乐观情绪。这反映在标题上：大阿卡那第17号牌在塔罗牌里是"星星"，描绘着一个美丽的年轻女子把两只瓮中的水倾倒在大地上，一只瓮上标着"爱"，另一只上标着"智慧"。

《大阿卡那第17号牌》既不是散文，也不是叙事作品，尽管它结合了作者关于艺术和各种文学主题中对战争的沉思和观点。这本书包括了对布勒东这个时期生活和爱好的个人化叙述，以及加拿大壮美风景迷人和诗意的描写。主要的文学主题是梅露西娜的传奇，这个主题被A. S. 拜厄特之后的小说《占有》（1990，见本书第982页）所采用。梅露西娜的男人因为好奇心将她放逐，但她始终保持对他的忠诚。布勒以这个主题呼吁女性从男性毁灭性的手中接管自我的权利。《大阿卡那第17号牌》是对个人和欧洲失落的辛酸探索。它也证明了一位思想家的可喜成熟——他年轻时代的作品就已经站在了法国艺术变革的前列。**JC**

故园风雨后 Brideshead Revisited

伊夫林·沃（Evelyn Waugh）

作者生平：1903年生于英国，1966年卒
作者全名：Evelyn Arthur St. John Waugh
首次出版：1945年，Chapman & Hall（伦敦）
原著语言：英语

《故园风雨后》即使不是伊夫林·沃最杰出的小说，也是他最著名的小说。小说的线索是贵族弗莱特从20世纪20年代到第二次世界大战期间的生活。小说的副标题是"查尔斯·赖德上校神圣与渎神的回忆录"。赖德这位叙述者初次结识塞巴斯蒂安是在牛津大学，塞巴斯蒂安是来自弗莱特这个天主教家庭的唯美主义者，两人缔结了深厚的友谊。赖德是一位严肃和热情的学生，但他的内心存在着研究生刻板的学术追求和艺术激情这两股力量。与塞巴斯蒂安的友谊，让赖德摆脱了当时还在构建自己生活的传统价值的约束，两人放荡的生活方式也促进了赖德的艺术发展。他们在牛津的假期去布赖兹赫德城堡度假，这是弗莱特家族的住所。赖德开始意识到塞巴斯蒂安的信仰他永远不能理解：对于赖德而言，这种信仰既幼稚，又不能自洽。

塞巴斯蒂安持续的酗酒逐渐给他与赖德的关系制造了裂痕。不过总体上，赖德和弗莱特家族的感情依然深厚。多年之后他们的婚姻都不幸福。赖德爱上了塞巴斯蒂安的姐姐裘莉亚，但是裘莉亚强烈的天主教信仰最终成为阻碍他们的关系持续发展的障碍。

沃本人在1930年改宗天主教，从很多方面，《故园风雨后》可以看成是沃自我信仰的公开表达，一种神的恩典的展示。在小说中他探索了各种关系复杂的相互依赖，尤其是包罗万象的宗教信仰的重要性，这种信仰尽管并非自始至终强大，但却持续影响人的心灵。**JW**

之前我来过这里……

● 《故园风雨后》写作于"二战"末期，部分是对上流社会的一种怀旧。

特拉夫尼克纪事 Травничка хроника

伊沃·安德里奇（Иво Андрић）

作者生平：1892年生于波斯尼亚，1975年卒于南斯拉夫
首次出版：1945年，Drzavni zavod Jugoslavije
原著语言：塞尔维亚-克罗地亚语
英译书名：*Bosnian Chronicle*

　　《特拉夫尼克纪事》是作家伊沃·安德里奇获得诺贝尔奖的"波斯尼亚三部曲"之一。三部小说的结集在1945年出版，它们之间唯一的共同元素是背景。《特拉夫尼克纪事》就像安德里奇的另一部杰作《德里纳河上的桥》（见本书第432页）那样，讲述了波斯尼亚的历史。

　　小说的副标题是"两个领事的时代"，讲述了19世纪初法国和奥地利的两位领事官在落后、古朴的波斯尼亚小镇特拉夫尼克的竞争。两位曾经才华横溢的才俊争相取悦土耳其的当地总管，同时两人在暗地里互相破坏竞争对手的阴谋。两人在很大程度上十分相像，他们的国家在欧洲交战，他们则在这个小世界敌对。安德里奇的叙事犹如托尔斯泰，广阔的政治与情感活动形成了他的小说的油画风格。特拉夫尼克的市场因为群众不满而发生暴动，塞族与克罗地亚的农民起义爆发。穆斯林、基督徒与犹太人持兵相攻。矛盾累积，然后爆炸。两个领事官也逐渐被他们在东方的艰难生活摧毁。

　　安德里奇把两位领事官精彩地描绘成离开水的鱼。他展现了连接东方和西方的纽带，尤其是展现了波斯尼亚这块对领事们永远陌生的土地。他感伤地强调了两人的相似性，又指出悲剧源于他们没有能力从对方那里获得安慰。《特拉夫尼克纪事》在更恢宏的层次上，是对作家故乡的历史和状况的深远、浓烈的抒情和思辨。在更加细节的方面，它动人地描绘了文化隔阂和毫无必要的冲突与浪费的能量。**OR**

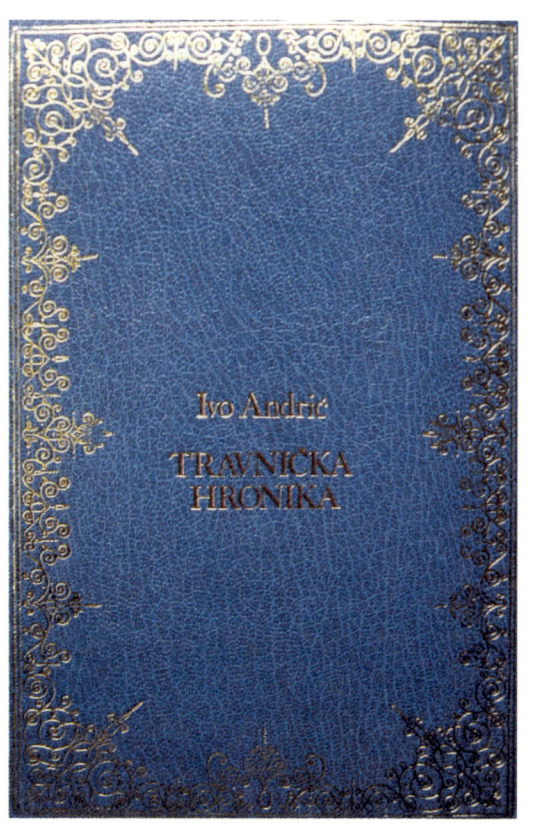

……我们不需要拜访者。

▲ 安德里奇的小说探索了他家乡的民族复杂性。尽管作家出生于波斯尼亚，但他的父母是克罗地亚人。

廉价的幸福 Bonheur d'occasion

加布里埃尔·鲁瓦（Gabrielle Roy）

作者生平：1909年生于加拿大，1983年卒
首次出版：1945年，Société des Éditions Pascal（蒙特利尔）
英译书名：*The Tin Flute*

法裔加拿大作家加布里埃尔·鲁瓦的第一部小说《廉价的幸福》的剧情集中在弗伦蒂娜·拉加斯和她母亲罗斯安娜的人生上，讲述了大萧条末年她们在蒙特利尔贫民窟的生活。小说是对穷人们日常生活挣扎的严峻写实画卷的描绘，也描述了他们期望更好生活的热情。鲁瓦用丰富的观察细节编织了这个家族奋斗的感人戏剧：她们一直在为食物、衣服、能够获得自尊和有生活保证的地位而努力。

故事的关键人物是弗伦蒂娜。她是家中唯一有固定工作的成员，她母亲的生活现状是弗伦蒂娜不惜一切代价也要避免的。弗伦蒂娜发现自己怀孕被抛弃后，绝望地扔掉了她浪漫的梦想，和一个她不爱的男人结婚。在小说的最后几页，弗伦蒂娜才瞥见了她曾经爱过的男人。她意识到自己已经摆脱了过去的贫穷，现在被人爱着和关怀着，还有安全感。

尽管鲁瓦的角色也有交流和互动，但是他们似乎陷在了个人内在的奋斗中。鲁瓦洞穿了这种内在的波澜，展现了互相的矛盾。《廉价的幸福》直接的现实主义和对都市生活的聚焦都与当时魁北克的文学分道扬镳。这预示着加拿大文学开始偏离之前统治加拿大法语文学三个世纪的感伤与浪漫化意象的风格路线。**CIW**

空盼 Nada

卡门·拉福雷特（Carmen Laforet）

作者生平：1921年生于西班牙，2004年卒
首次出版：1945年，Ediciones Destino（巴塞罗那）
原著语言：西班牙语
英译书名：*Andrea*

当时，卡门·拉福雷特的《空盼》是新颖且大胆的作品。因为它重现了一座伟大城市肮脏、充满敌意的环境以及以怀疑和自私著称的家族的关系。小说曾一度被认为危言耸听，尽管剧情和观点简单乃至单调，但是时年二十三岁的年轻作者显示出了杰出的能力：他营造的气氛有着肮脏的激情、残忍和仇恨，主要人物安德烈娅让人迷惑和惊讶。

充满希望和梦幻的安德烈娅前往巴塞罗那研习哲学和文学。她和母亲的家族居住在祖母的宅子中，每一个人都没有爱的能力，而且缺乏精神和道德上的平衡：爱好音乐的罗曼同时也是一个不幸的妄想狂，还从事走私活动，最后以自杀终结了自己的生命；一个不成功的画家一直虐待妻子；精神错乱的安婕斯蒂亚为了压抑内心的低落而进入女修道院。所有人都对安德烈娅不友好，谴责她，要她偿还他们允许她入住这笔债。

作者的表现力和他对背景的描绘让这部小说被西班牙流亡者奉为反社会的宣言，这是作者始料未及的。今天小说以它真诚的叙述力量著称（凭此风格小说获得了第一届纳达尔奖），还成为西班牙战后时代小说重生的关键部分。**M-DAB**

维吉尔之死 Der Tod des Virgil

赫尔曼·布洛赫（Hermann Broch）

作者生平：1886年生于奥地利，1951年卒于美国
首次出版：1945年，Pantheon Books（纽约）
原著语言：德语
英译书名：*The Death of Virgil*

本书是欧洲现代主义的伟大杰作，探索了生与死的关系。全书分为"水""火""土""风"四部分，仿佛伟大的散文诗。小说自作者被软禁在集中营后开始写作，在他从纳粹占领的维也纳被流放后继续进行。

小说的故事是维吉尔人生的最后二十四个多小时，剧情主要发生在奥古斯都布林迪西的宫殿。维吉尔带着自己最新完成的《埃涅阿斯纪》回到意大利等待死亡。在他等待生命终结的过程中，维吉尔和自己、皇帝以及他的友人辩论诗歌的作用、宗教与国家的关系，以及极权主义的本质等问题。维吉尔决心烧毁自己的手稿，这影射了布洛赫本人的焦虑：他也带着这部未完成的小说前往美国。

小说用几乎没有止境的流动性语言写作，是结构的杰作。这种风格的精华被概括为"一个思想、一个时刻和一句话"。它让作者能优雅地在错综复杂和多层次的想法之间跳跃，不至于成为简单的散文体。小说有完整的世界和完整的观念，深刻和感性的当下感兼具，方便读者进入精深知性的讨论中。布洛赫把语言推向了极致，给读者带来了文学上前所未有的体验。**JM**

过分强大是命令牢牢掌控时间的最小粒子、任何环境的最小粒子，并在记忆中再现全部……

▲ 赫尔曼·布洛赫1937年的照片。这是在掌权的纳粹迫使他流亡美国的前一年拍摄的。

泰忒斯诞生
Titus Groan

马尔文·皮克（Mervyn Peake）

作者生平：1911年生于中国，1968年卒于英国
首次出版：1946年，Eyre & Spottiswoode（伦敦）
系列小说：*Titus Groan*（1946），*Gormenghast*（1950），*Titus Alone*（1959）

《泰忒斯诞生》的行文赏心悦目、刁钻古怪，故事主要发生在黑暗的比蒙兽哥蒙哈斯特腹中，这是葛洛恩一族高墙环绕的古代府宅。这个充满恶意的地方拥挤不堪，府宅的走廊、高塔和被遗忘的厢房内居住着错位的房客。这是一个生动、沸腾的宇宙。它的居民忙碌地执行着没有间歇的仪式，他们麻木地忠诚于日程，尽管已经长久遗忘了他们原初的意义。

游戏者们是各种原型和漫画人物的欢乐集锦。第七十六代堡主性格阴郁，被无尽的责任折磨。堡主夫人葛楚德逐渐与他疏远，只和她头发上的鸟与环绕自己的猫群亲近。索尔多士与巴昆廷是图书管理员和仪式的管理者。而斯肥特则是恶魔般的猪头厨师，是蒸汽地狱的大厨房的独裁暴君。秘书大臣是堡主的总管家，发誓捍卫传统至死。推动故事发展的是史迪帕克，他的出身低微，是个机会主义者。在对权力的马基雅维利式追求中，史迪帕克用甜言蜜语欺哄、奉承、操纵对方。在向上爬的无情道路上史迪帕克绝不做任何停留。这个宅邸内，第七十七代堡主，继承人泰忒斯诞生了。

这是一部技巧高超的小说，充满了悬念和幽默感。它是对英国社会的尖刻隐喻，从盲目服从传统，一直讽刺到无情的阶级体系。小说没有魔法药水和神话怪兽，里面的怪物都是众所周知的：沉闷的日常、无情的自我关注和愚蠢的虚荣心。**GT**

希腊人左巴
Βίος και Πολιτεία του Αλέξη Ζορμπά

尼可斯·卡赞扎基斯（Νίκος Καζαντζάκης）

作者生平：1883年生于希腊，1957年卒于德国
首次出版：1946年，Dim. Dimitrakou（雅典）
原著语言：希腊语
英译书名：*Zorba the Greek*

20世纪的亚历克斯·左巴是由桑丘·潘萨和法斯塔夫合为一体，他也是现代小说中最出彩的"普通人"之一。这个希腊人在雅典的比雷埃夫斯港的咖啡店里彻底吸引住了叙述者（可能正是作为年轻知识分子的作者本人）："他有一颗跳动的心、一张贪馋的嘴、一个伟大而野蛮的灵魂，没有和地球母亲分离。"

左巴对生命的热情（他表明自己之前是矿工）使得在火成岩工作的人们乐意被他领导。他们在波光粼粼的克里特岛像流浪汉小说描写的那样冒险，结下了深厚的友谊。强健的希腊人时而造成破坏时而给人恩惠，令叙述者对自己的东正教信仰和刻板的生活态度有所质疑。

基于年轻叙述者对正确与错误、善良与邪恶的看法，本书是对左巴天赋的本能和对更加理性与传统的"古希腊"的展望之间的哲学争论。小说添加了温暖和怡人的爱琴海背景，有着阳光、空气、色彩和芳香。读者还能享受无与伦比的虚构露天盛宴。1957年，阿尔贝·加缪在诺贝尔文学奖投票上投过卡赞扎基斯一票。卡赞扎基斯的文学产出惊人，从旅游书籍到翻译作品都有涉及。不过，是他的《希腊人左巴》和《基督的最后诱惑》（1960，见本书第503页）把现代希腊文学领入了国际文学界。**JHa**

归来
Back

亨利·格林（Henry Green）

作者生平：1905年生于英国，1973年卒
作者教名：Henry Vincent Yorke
首次出版：1946年，The Hogarth Press（伦敦）
原著语言：英语

《归来》是一部迷人的战争小说，描述了一个回到家乡的人的经历。查理·萨默斯是一个失落的人，最近的战争经历给这位前军人带来了创伤，使他麻木而没有方向。查理发现他无法和身边的人联系，也不能把自己的现在和过去联系在一起。《归来》用精细至极的笔法来描述中心人物的迷惑和痛苦。亨利·格林采用的松散叙述风格巧妙地展现了查理不断变化、游荡的混乱思绪。由于战争的心理创伤，查理的行为变得儿童化。他是一个无辜的归国者，一个不幸的谜团，既不能面对现实，也无法理解现实。

其实《归来》是一部几近魔幻的乐观主义作品。小说提供了查理特殊形式的个人救赎：他犹豫着开始和南希（查理战前恋人罗斯的同父异母姐妹）坠入爱河。查理不但通过南希找回了过去，也能承受过去的粉碎性创伤，重新开始工作。不过他的心理疾病没有轻易见效的治愈良方。事实上，查理对于他自己和其他人依然是一个谜，这是南希在小说临近尾声的时候坦率承认的："她不知道他是不愿，还是不能讲述自己。在这双美妙的褐色眼睛前他一点事情也讲不出来。"小说的终结是充满泪水的场景，爱、痛苦与自我牺牲在美妙抒情的觉悟中混成一体。**AG**

高原世家
A House in the Uplands

欧斯金·考德威尔（Erskine Caldwell）

作者生平：1903年生于美国，1987年卒
首次出版：1946年，Duell, Sloane & Pearce（纽约）
原著语言：英语

欧斯金·考德威尔最著名的作品是《烟草路》（1932）和《上帝的小土地》（God's Little Acre，1933）。这两部作品首次出版时，毁誉参半。考德威尔在作品中以社会写实主义的手法描绘了乡村生活，很多部分有色情描写。《上帝的小土地》的出版让考德威尔因猥亵罪的指控而被逮捕。最终作家被无罪释放，这场官司只是增加了他的名声，帮助他卖出了更多的书。他是当成千上万的廉价复制品被渴望猎奇的读者抢购一空后，仍能从当时的平装书销售中获利的第一批作者之一。

考德威尔更早的作品主要是探讨美国南部工人阶级男女的关系，在《高原世家》中，他的兴趣转向南方那些拥有地产的贵族。小说描绘了乡村的堕落与绝望的熟悉画面，尽管这部作品中考德威尔常见的古怪幽默明显消失了。

小说的主角是葛雷德·东巴尔，一个过去有较高地位的家庭的后裔。他酗酒、好赌，败光了所有的钱。于是囊空如洗的东巴尔抵押了房产和土地，进一步满足自己堕落的享受。整个过程中他年轻、幼稚的妻子一直站在他这一边，成为激情的奴隶。同时东巴尔的田园劳工们也被限制在土地上，继续耕作他的庄园，没有收入，但因为畏惧而不敢逃离。所有内容都叙述了东巴尔的堕落和他最终的毁灭。**PH**

通向蜘蛛巢的小径 Il sentiero dei nidi di ragno

伊塔洛·卡尔维诺（Italo Calvino）

作者生平：1923年生于古巴，1985年卒于意大利
首次出版：1947年，Einaudi（都灵）
原著语言：意大利语
英译书名：The Path to the Nest of Spiders

你的第一部书已经定义了你……

▲ 意大利小说家兼名记者伊塔洛·卡尔维诺1981年在一家咖啡店的照片。那年他获得了"法兰西荣誉军团勋章"。

这是伊塔洛·卡尔维诺的第一部小说，当时他才二十三岁，处于天才的文学生涯的开端，单是这一点已经足以成为推荐此书的理由。小说难以模仿的独特风格与精密结构已经初步萌芽，并在他后期的作品中不断发展成熟。不过这部小说表面上呈现的只是一个年轻的作家试图探索意大利游击队运动的后果。我们随着早熟的皮恩进入意大利乡村的成人世界，那里被国内的不满情绪和混乱秩序所折磨。

皮恩是一个孤儿，懒散、世俗、爱爆粗口，他能把当地的流言利用到自己的冒险中。皮恩也是一个渴望成人关注的孩子，但是他只能粗暴和不完美地理解如何获得和保持这份关注。充满反讽的是：皮恩最终不能理解的两件事——政治与女人，也同样让其他大多数角色无法理解。皮恩的家乡被德国人占领后，当地人加入了游击队。不过，卡尔维诺明确表达了这些人更多是出于拒绝社会变化，而不是出于坚定的政治理念来进行反抗。

有趣的是，尽管《通向蜘蛛巢的小径》为卡尔维诺赢得过奖项，但他在近十年之后才同意官方再版这本小说。1964年，第三个也是权威版本才最终出版，同时添加了一份宝贵的前言。卡尔维诺承认他之所以态度勉强，是因为作品取材于并讽刺了他曾经并肩战斗的同志们。《通向蜘蛛巢的小径》缺乏卡尔维诺之后的作品对对称与秩序的注重，但行文优美，代表了意大利20世纪最著名的作家之一对这个国家某个历史时刻的回应。**JC**

火山下 Under the Volcano

马尔科姆·劳瑞（Malcolm Lowry）

作者生平：1909年生于英国，1957年卒
作者全名：Malcolm Clarence Lowry
首次出版：1947年，Jonathan Cape（伦敦）
原著语言：英语

  《火山下》让多年惨淡写作的小说家马尔科姆·劳瑞一跃成为享誉国际的文学人物。劳瑞之后宣称这部小说是基于但丁三部曲《神曲》的第一卷创作，《火山下》是对地狱的幻视。

  故事讲述了高菲·福明人生的最后一天，他是酗酒的英国领事官，在墨西哥的虚构城市瓜奥拿华克（原型是库埃纳瓦卡）办公。这一天正巧是亡灵节举行可怕的节庆活动之时。小说由福明的前邻居雅克·拉鲁尔依靠记忆闪回叙述，他和福明的妻子伊冯娜发生过关系。伊冯娜想弥补她与领事官的糟糕关系，于是她和她的小叔子修一道参加了节庆。当时节庆受到日渐增加的暴力威胁。一场可怕的风暴把福明和伊冯娜与修分开，这一天的结束也是夫妻生命的终结——伊冯娜被发狂的赛马踏死，福明被法西斯的暴徒谋杀（他们把福明扔进了火山下的沟渠里）。

  劳瑞的作品最有特色的是它强大的象征主义和华丽的散文风格，而不是他的人物塑造。火山下亡灵节的设定指向自毁性格的主角不可避免的死，不过这也暗示了更广义的文化危机的爆发——小说设置在1938年，而写作的时代是第二次世界大战时期。福明死于法西斯分子之手预示着野蛮的世界秩序不可能轻易建立。就像劳瑞的所有作品那样，《火山下》具有自传性质，也影射了作者和前妻杨·加百列（Jan Gabrial）的关系的终结。这主要是因为作家本人的放纵，尤其是他沉迷酒精所造成的酗酒问题最终导致了作者"不幸的死亡"。**AH**

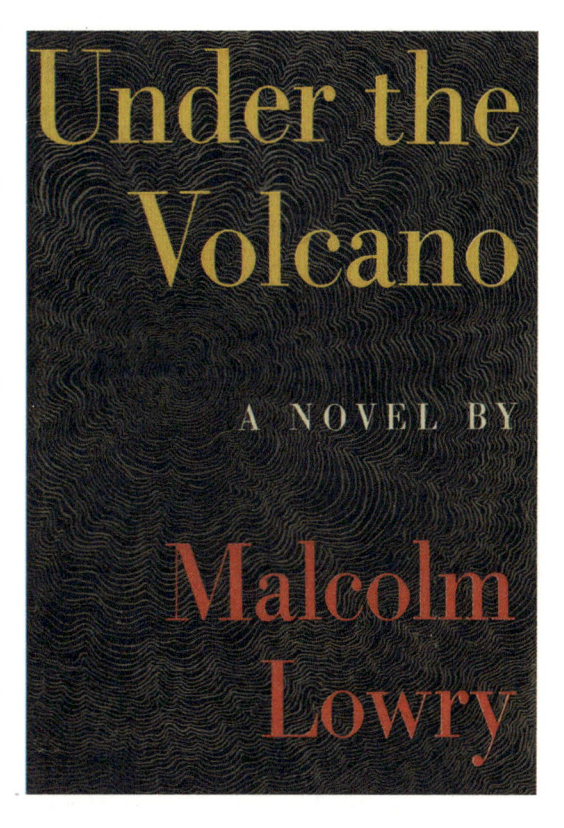

我没有屋子，只有阴影。

▲ 这是本书第一个美国版的封面，雷纳尔和希区柯克出版社出版。封面没有暗示出小说的可怕和华丽。

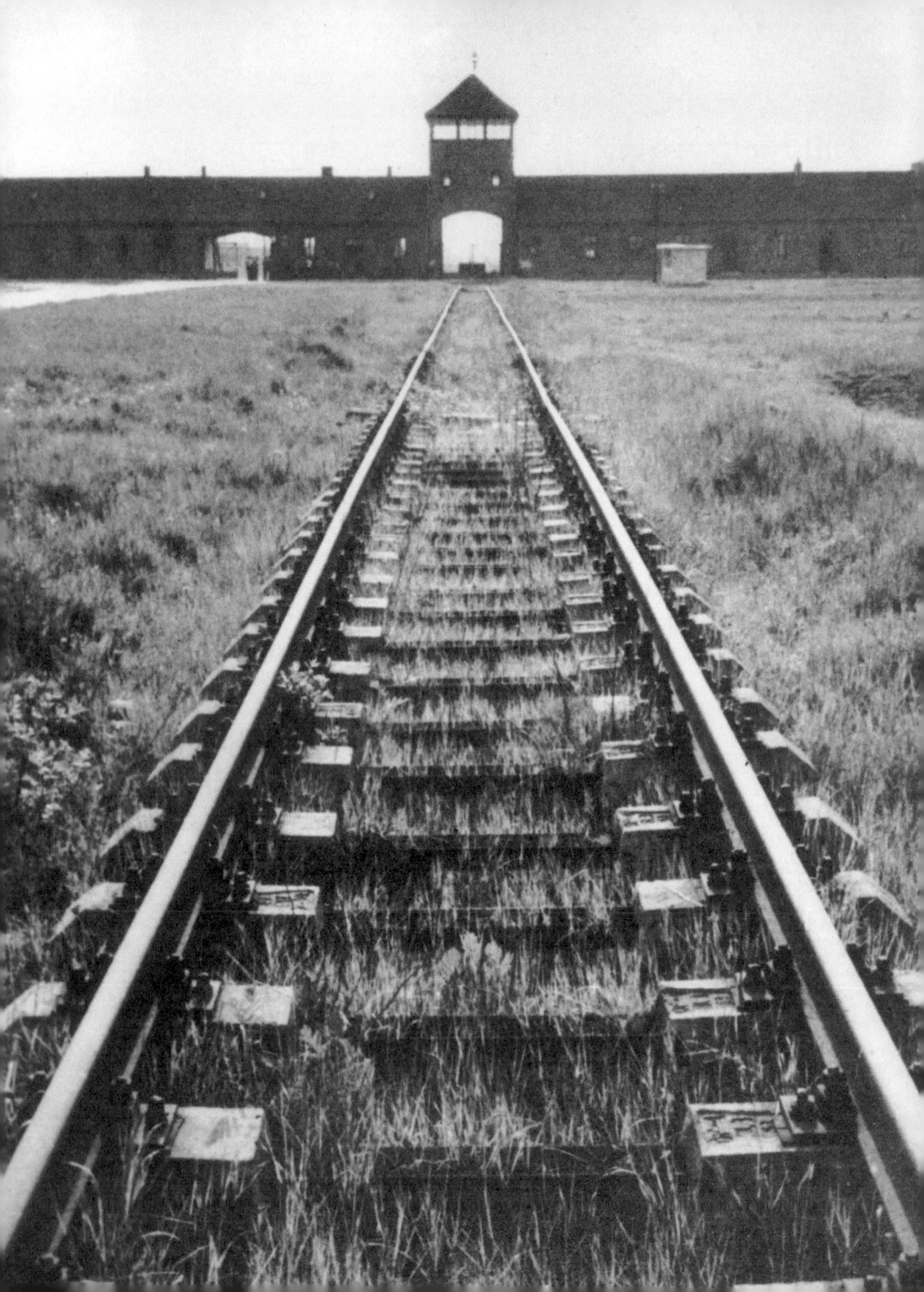

这是不是个人 Se questo è un uomo

普里莫·莱维（Primo Levi）

作者生平：1919年生于意大利，1987年卒
首次出版：1947年，De Silva（都灵）
英译书名：*If This Is a Man*
美国版书名：*Survival in Auschwitz*

　　普里莫·莱维在《这是不是个人》的前言中写道："幸运的是，我在1944年才被遣送到奥斯威辛集中营。"从这个直白的开场白起，小说叙述了莱维在纳粹恐怖死亡集中营十个月的经历，这段经历造就了作家关于大屠杀的独特写作。小说是从1943年12月他被法西斯民兵武装逮捕开始的，莱维解释道，《这是不是个人》的章节"是处于紧急事态"。他承认这个写作尝试既能向读者披露奥斯威辛的生活是怎样的，也能用自己的方式来表达生死之际最真实的体验（"那里的生活类似地狱的边缘"）。

　　奥斯威辛集中营中的人是什么样的？诸如奥斯威辛集中营般的暴行对人道主义的理念意味着什么？莱维用类似散文诗的形式传达了"特有的人类状态"——成千上万的个体被封锁在铁丝网内，"异常凶残的孤独"。在《这是不是个人》中，莱维引入了一系列重要的主题和范畴，这些在他的整个写作生涯中反复再现，尤其是在《被淹没与被拯救的》（见本书第763页）中。他揭示了控制集中营世界的无情区分："组织者""联络者""显赫者"和最低的"采蚌者"。

　　在集中营没有第三条道路（也就是没有普通的生活），所以莱维在这部书中努力传达出邪恶的形象："一个瘦弱的人——他的脸和眼睛看不到任何思想的踪迹。"没有思想，也没有故事。莱维在书中写道，奥斯威辛集中营是对思想生活的打击，这种打击造成了讲述"无人倾听的故事"的内在需求。**VL**

△ 莱维年轻时加入了意大利的反法西斯抵抗运动，但是作为游击队员他很快被捕，之后被遣送到集中营。

◁ 通往奥斯威辛集中营的铁路，莱维是从那里生还的少数几个意大利人之一。

风格练习 Exercices de style

雷蒙·格诺（Raymond Queneau）

作者生平：1903年生于法国，1976年卒
首次出版：1947年，Gallimard（巴黎）
修订版：1963年
英译书名：Exercises in Style

　　1947年，雷蒙·格诺的《风格练习》首次出版，凭此书他立刻被选为法国显赫的龚古尔协会的成员。在法语或者其他语种中从没有出现过这样的著作，自那以后，格诺的成就再也没人能成功复制。本书开始看上去讲述了一件无关紧要的琐事。在高峰时段的一辆巴士上，一个戴毛毡帽的男子控诉另一位乘客推搡了他。最终，座位空出来，那个男人得到了座位。之后这个男人在圣拉撒路站再次出现。他由另一位朋友陪伴，朋友让他给外套再添一粒纽扣。格诺在书的其余部分用九十九种不同的方法来重述这个故事：在呈现方法上采用了梦幻、颂歌和十四行诗；在表达语言上，采用了官方信件、电报；还采用了回文构造法的商业广告。

　　我们本来已经习惯于风格或多或少地从属于故事，提供一个窗口让读者能够看到作者给定的确定的事实。但格诺揭示出风格从来不可能透明，语言本身塑造和定义了我们认知的潜在现实。格诺的作品促使我们直面许多有趣和迷惑的方式对认知的影响。这让人想起从劳伦斯·斯特恩到詹姆斯·乔伊斯，再到阿兰·罗伯-格里耶的反小说传统。这个传统坚信真正关键的不是故事，而是讲述故事的方式。**PT**

鼠疫 La Peste

阿尔贝·加缪（Albert Camus）

作者生平：1913年生于阿尔及利亚，1960年卒于法国
首次出版：1947年，Gallimard（巴黎）
英译书名：The Plague
诺贝尔文学奖：1957年

　　此文本常被人批评是"冷峻的存在主义"，不过这种理解也会让人错过阿尔贝·加缪的这部文学杰作。此文本之所以地位超卓，除去它对人类苦难和绝望毫不妥协的展现外，还在于讲述了压倒一切的人类共性。不过故事开始时这一点还不明确，我们首先看到的是阿尔及利亚的城市奥兰有成千上万只老鼠死亡。然后人们开始得病和死亡。尽管逐利的政府起初组织混乱并且否认真相，但人们越来越清楚地意识到是鼠疫在城市肆虐。之后政府实施了严格的隔离制度，在这种强制隔绝的窒息性灾难气氛中，个人被迫面临不可避免的、明确的死亡，连接社群的纽带开始崩溃。不过即使是在最黑暗的时刻，人类也没有失去所有的希望。起初人们退入了各种孤独中，这暗示了人类的绝望孤独和独特的本质。最终，在人类集体意识到了他们的困境后，一系列杰出人物逐渐开始凝聚起社群。

　　作者动人地刻画了整座城市中每个人的敏感心灵和对危机的理解，这给奥兰带来了生命。这样的写法使得《鼠疫》和加缪的另一部伟大作品《局外人》（见本书第420页）与众不同，至今这部名著依然具有现实意义。**MD**

浮士德博士 Doktor Faustus

托马斯·曼（Thomas Mann）

作者生平：1875年生于德国，1955年卒于瑞士
首次出版：1947年，Bermann Fischer（斯德哥尔摩）
原著语言：德语
英译书名：*Doctor Faustus*

《浮士德博士》以音乐家阿德里安·莱韦屈恩的友人西林尼斯·柴布鲁姆的视角，来叙述这位音乐家人生的盛衰。这部小说里，托马斯·曼采用了浮士德的神话来暗示阿德里安·莱韦屈恩的伟大音乐成就来自与魔鬼的契约。在对这种交易与交易后果的叙述之中，作者穿插探索了德国如何以及为何与黑暗力量联盟，比如德国如何沦落到与法西斯及希特勒沆瀣一气。

《浮士德博士》利用了许多欧洲哲学家与思想家的思想，阐述了它独特的观点。其中尤其精彩的是曼对19世纪到20世纪音乐理论演化的思考，包括阿诺德·勋伯格十二音体系的诞生（这位作曲家是莱韦屈恩的部分原型）。同样强烈的特色是曼对创作生活必须全神贯注地关注。莱韦屈恩大部分时候承受着极端的痛苦，只在间歇性的时刻爆发出让人惊诧的灵感。很多最华彩的篇章探索了疾病和创造力的关系。

小说的主要成就是它雄辩地综合了艺术、历史与政治的复杂观念，同时精密地思考了艺术家和社会的关系。最终对莱韦屈恩命运的描述混合了绝望和孤独，这也是曼本人在流亡加利福尼亚时，以旁观者的角度沉思他的祖国德国的未来时的心境。**CG-G**

一个尊贵的人被命运残酷地试炼，一会儿被抛上，一会儿又被抛下。

▲ 第一版封面来自但丁诗歌的开头"岁月流逝……"，呼唤缪斯女神的帮助。

梅达格胡同 زقاق المدق

纳吉布·马哈福兹（نجيب محفوظ）

作者生平：1911年生于埃及，2006年卒
首次出版：1947年，Maktabat Misr（开罗）
英译书名：*Midaq Alley*
诺贝尔文学奖：1988年

    纳吉布·马哈福兹是埃及最著名的小说家，也是1988年诺贝尔文学奖的获得者。他写了四十部小说，创作生涯多产多变，有着高度的争议性。对于西方读者来说，他最著名的是对20世纪开罗生活的写实主义肖像描写。马哈福兹早期作品的叙述风格和人物塑造让人想起前一个世纪的欧洲大师，比如狄更斯、巴尔扎克和左拉。

    《梅达格胡同》的背景是第二次世界大战时的开罗老区。小说幽默地再现了后街社会的日常生活，有着无可否认的魅力，但是小说展开的世界也是严酷和充满批评性的。小说对人物的刻画没有任何讨人愉悦之感：吉尔沙是贩卖毒品的咖啡店老板、同性恋者，他抛弃了自己的妻子，去勾搭年轻男子；邪恶的扎伊塔的职业是残害那些最可怜的穷人的肉体，这样他们就能通过残疾乞丐获得更好的生活。

    马哈福兹描写的社会处于危机中，逃脱精神沮丧、贫穷和停滞的唯一方法是依靠现代化，给这个不幸的社会带来变化——具体的形象就是驻扎在埃及的英美军队。当地冷酷的美人哈蜜妲被现代化所诱惑，堕落为服务盟军的妓女，这造成了小说的悲剧高潮。阅读《梅达格胡同》的西方人可以看到阿拉伯人眼中的现代世界。
RegG

岁月的泡沫 L'écume des jours

鲍里斯·维昂（Boris Vian）

作者生平：1920年生于法国，1959年卒
首次出版：1947年，Gallimard（巴黎）
原著语言：法语
英译书名：*Froth on the Daydream*

    这部小说是法国超现实主义的杰作，原作的标题几乎是不可翻译的（在美国，小说的标题改成了《靛蓝心境》）。剧情线（它曾被改编成一部电影和歌剧）讲述了一位年轻富有的业余艺术爱好者科林以及他的仆人和家中捕鼠的猫的故事。科林渴望坠入爱河，克洛依的出场让科林的爱情开花。医生在克洛依的肺中检查出一朵睡莲，挽救她的方法是让鲜花始终环绕少女，这让科林财力困窘。他已经在自己最好的朋友奇科和丽莎的婚礼上花费了两万五千达布苏，但是新婚夫妇的生活依然无法维持，因为奇科一直痴迷于搜集有关"让·普尔斯·哈特"的一切。丽莎被迫策划了杀人事件，警察也在这个事件中扮演了黑手。小说的收尾有明显的钱德勒风格——颇有意义的是，维昂本人就是雷蒙德·钱德勒作品的法语译者。

    这部作品是超现实的，类似科幻小说，还是非常有趣的爱情故事。但总体而言，小说辛酸地叙述了年轻、乐观和肤浅的白日梦如何被社会主流价值和规范蒙上阴云。在翻译中不得不损失一些原创的法语文字游戏，但为非法语读者保留了更多的诗性。

    维昂也有恐怖题材的作品，包括著名的《我唾弃你们的坟墓》。据说作家在观看他厌恶的《我唾弃你们的坟墓》的电影时，心脏病发作去世。**JHa**

阿尔卡里亚之旅 Viaje a la Alcarria

卡米洛·何塞·塞拉（Camilo José Cela）

作者生平：1916年生于西班牙，2002年卒
首次出版：1948年，Emecé（布宜诺斯艾利斯）
英译书名：*Journey to the Alcarria*
诺贝尔文学奖：1989年

　　一方面，《阿尔卡里亚之旅》开启了一个新类型，那些比卡米洛·何塞·塞拉更年轻的作家继承作品的风格，来批判西班牙乡村的落后和它被遗弃的状态。另一方面，这位未来的诺贝尔奖得主的写作动力是保存西班牙地区的那些不同特色，以及他们眼中当地拥有文学价值的故事和风格。本书精彩纷呈地描写了当地习俗、传统和传说，叙述了那些无名的人物、不平凡的人物的丰功伟绩。

　　批评家倾向于嘲笑塞拉琐碎地经营与润色文体，而不是去衡量人类生活的状态，也没有更加人道主义的视角。不过，塞拉本人并没有宣称过他要做出什么社会抗议，也不想进入社会学的领域，只是写出有他自我独特风格印记的作品："桌上的油布是黄色的，这个地方的颜色消磨，棱角磨平。墙上的艳女日历是茴香酒广告。"本书以第三人称写作，特意使用了现象学的描述，频繁地重复修辞性手法"旅行者"（来去匆匆、阅读并且提问的人）。这种手法有效地代替了第一人称叙事。今天读来，小说有些乏味，观点平庸也不合理。尽管如此，这可能是塞拉最好的著作。**M-DAB**

灰烬与钻石 Popiól i diament

耶日·安杰耶夫斯基（Jerzy Andrzejewski）

作者生平：1909年生于波兰，1983年卒
首次出版：1948年，Czytelnik（华沙）
原著语言：波兰语
英译书名：*Ashes and Diamonds*

　　《灰烬与钻石》的开始是"二战"欧洲战场的最后一天，叙述了三个人在柏林某小镇几天中的命运——司祖卡是区共产党的书记，马采克是三心二意的抵抗组织杀手，歌西卡则勾结纳粹者。歌西卡希望人们忘记他在集中营的往事（在那里他就是遭人憎恨的长官），回到自己过去的生活，做一个勤勉的市政官或者农人。他的长子加入了抵抗组织，现在和波兰共产党作战；幼子加入了无政府团体，成为谋杀案的同谋。司祖卡试图向唯利是图的镇委员会灌输正义和自尊的观念，同时他默默地哀伤妻子在集中营几乎确定的死亡。马采克的抵抗组织命令他刺杀司祖卡，但是和小镇旅馆的侍女克里斯蒂娜陷入爱河的他能否继续实施刺杀呢？

　　耶日·安杰耶夫斯基创造出了陷入混乱的波兰电影般的生动肖像，解放之后的波兰在道德上麻木，经济上残破。每个人都不得不向现实妥协：年轻人因为战争而理想幻灭，心灵重创；年长一辈受到他们过去为了生存所做的选择的牵连而难以前进。即使是真诚信仰社会主义的司祖卡，也要面对市委会宴席上肮脏的权力交易。同时占领波兰的苏联军队就像房间中无形的大象，阴影笼罩了波兰的过去、现在与未来。**MuM**

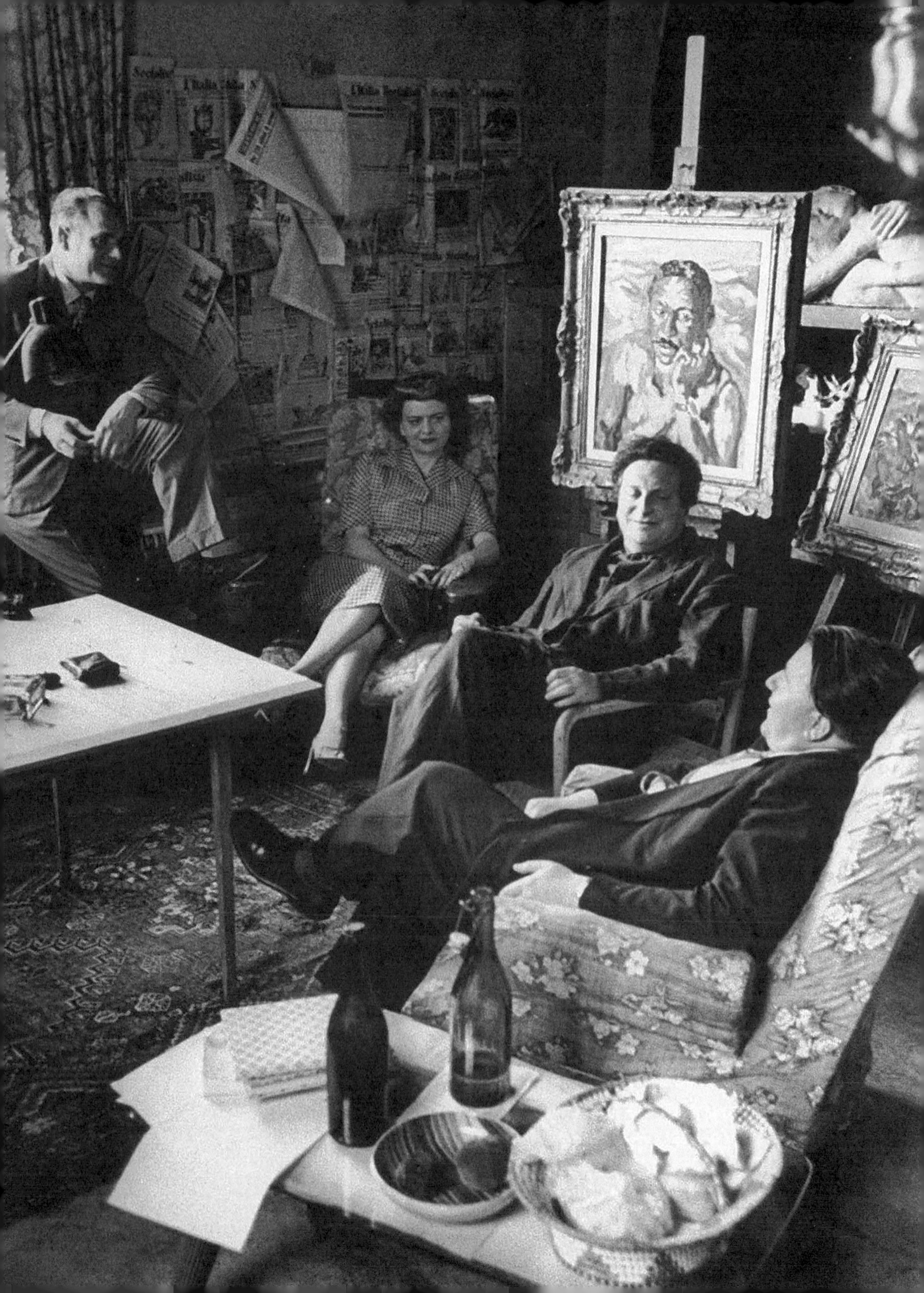

违抗
La disubbidienza

阿尔贝托·莫拉维亚（Alberto Moravia）

作者生平：1907年生于意大利，1990年卒
首次出版：1948年，Bompiani（米兰）
原著语言：意大利语
英译书名：*Disobedience*

　　阿尔贝托·莫拉维亚是意大利过去一个世纪声名最卓著的文学大师之一，写作生涯高产，并且极度成功。他的大量作品关注罗马中产阶级的焦点问题和他们的复杂性格，尤其是金钱与性这对主题。他把它们视为权力的媒介，而不是快乐。小说的典型特色是外科手术般精确的表达、对性的开放态度和对心理的密切观察。

　　《违抗》高度原创地处理了青春期主题。路加的父母是受人尊敬的中产阶级，他是不被宠爱的独子，逐渐对之前喜爱的一切产生不满。他开始了一系列有条理和故意的叛逆，拒绝所有世俗的东西和爱。最终路加患病，在床上待了数月，这个阶段少年经历了烦恼的幻视。路加的痊愈伴随着他和护士的初次性体验。这次经验有着高度的象征性，路加把它视为某种重生，他借此克服了毁灭性的自我否定，获得了一种近乎神话般的与现实的同一性。《违抗》是有着强烈的冲击力、思想复杂的作品，讨论了青少年的叛逆、性欲和异化，它也是对恋母情结觉醒的迷人心理刻画。小说被改编为电影《启发性教育》，由阿尔多·拉多执导，1981年上映。**AL**

◁ 最左边是阿尔贝托·莫拉维亚，他正和其他意大利作家轻松谈话，其中包括艾尔莎·莫兰迪和她左边的卡尔洛·莱维。

关于H. 哈特尔的一切
All About H. Hatterr

G. V. 德萨尼（G. V. Desani）

作者生平：1909年生于肯尼亚，2001年卒于美国
首次出版：1948年，F. Aldor（伦敦）
修订版：1972年，Penguin UK（伦敦）
作者全名：Govindas Vishnoodas Desani

　　《关于H. 哈特尔的一切》是本独一无二的书，它在修辞和语言上的持久喜剧效果没有出其右者。小说的范式可以追溯到劳伦斯·斯特恩、詹姆斯·乔伊斯或者弗兰·奥布莱恩等人，但是这本书对修辞、天真和机智语言的创造性游戏依然会让人惊奇不已。作者有点开玩笑地塑造了小说的同名人物H. 哈特尔，这位中心的叙述角色不断显示出对英国语言、生活和文学艺术异常机智的理解能力，但同时他又是一个头脑简单、容易受骗的人。就像乔伊斯笔下的利奥波德·布鲁姆那样，哈特尔在语言造诣上十分精深（他学习像拉伯雷或者劳伦斯·斯特恩那样写作），在处事上却有堂吉诃德的纯真。我们不妨举全书的完整标题为例：《H. 哈特尔的自传暨一种医学性的哲学语法，作为对比，同时是人生的马戏、钻石切割般的设计，H. 哈特尔写作的H. 哈特尔》。

　　小说叙述的孤儿H. 哈特尔有着多文化和多语言的背景，从小被收养进入"基督教语言（英语）"的环境。这种语言成为他的"第二口语"，他成了"完全的印度人，即使最纯粹的非印度血统的印度绅士都不能和他相比"。哈特尔的经历大多数是一系列不同寻常的精神遭遇：他接触了受英国文化影响的印度和英国社会各方面的智慧之士。据说这部印度–英语文学的经典极大地影响了萨曼·鲁西迪，当然德萨尼著作的魅力远不止于此。**DM**

哭吧，亲爱的祖国
Cry, the Beloved Country

阿兰·帕顿（Alan Paton）

作者生平：1903年生于南非，1988年卒
作者全名：Alan Stewart Paton
首次出版：1948年，Scribner（纽约）
原著语言：英语

　　《哭吧，亲爱的祖国》是南非最伟大的小说之一，在美国首次出版时，就引起了国际社会对南非悲惨历史的关注。小说讲述了南非乡村一位父亲的旅行，他在约翰内斯堡城游荡，寻找自己的儿子。他在约翰内斯堡的发现让他饱受折磨。读者无能为力，只能对中心人物祖鲁牧师斯蒂芬·库马洛抱有深深的同情。在监狱的牢房中库马洛最终找到了他的儿子押沙龙，押沙龙面临谋杀一位白人的指控——反讽的是这个白人一直深切关注贫穷的本土南非人口，直到偶然被杀的最后时刻还在呼吁社会变革。然后我们遇到了另一位父亲——受害人的父亲也在理解儿子的心理历程，最终他的人生与库马洛的人生奇怪地纠缠在一起，两人承受的痛苦也产生了共鸣。

　　小说捕捉到了人类的极端情感。阿兰·帕顿对人类在最糟糕状态下保持尊严的信仰既让人触动，又令人振奋。小说展现了种族隔离制度的野蛮，尽管作者毫不妥协地披露了南非的黑暗与绝望，小说依然给读者留下了美好未来的希望。小说本身是对南非的哭泣，但我们看到的却是作者对一切的热爱：他为南非的人民和土地哭泣，希望它能从仇恨、贫穷与恐惧中解放。**EG-G**

大海深处
בלבב ימים

施穆埃尔·约瑟夫·阿格农（שמואל יוסף עגנון）

作者生平：1888年生于奥匈帝国，1970年卒于以色列
首次出版：1948年，Schocken（纽约）
英译书名：*In the Heart of the Seas*
诺贝尔文学奖：1966年

　　《大海深处》为阿格农赢得了现代希伯来文学最重要作家的声名，也为他赢得了"比阿里克文学奖"。这部短篇小说的背景设置在19世纪晚期，在十四章内让读者和一小群哈西德派的虔诚犹太人相伴，从东加利西亚（今乌克兰）的布恰奇出发，穿越波兰和摩尔达瓦到君士坦丁堡，然后再通过"大海深处"到雅法和耶路撒冷。这群有着"善良心灵"的旅伴凭借他们信仰的力量，还有对耶路撒冷与以色列土地深深的爱，克服了旅途的危险与艰难，以及撒旦的诱惑。

　　这部流浪汉小说也是阿格农象征意义的自传。阿格农使用自己原创的个人风格写作小说，这种风格把传统的犹太主义、《圣经》的语言、犹太教典籍和德国文学的影响杂糅在一起，形成了一种现代的、精密的、独特的语言，有着作者特有的气质。1966年，在诺贝尔文学奖（内莉·萨克斯也是那届的获奖者）领奖致辞时，阿格农简洁地总结了自己的作品："正是凭借耶路撒冷的美德，我写下了上帝投入我心里和笔端的所有东西。"迄今为止，阿格农依然是现代以色列文学被研究得最多的作者，《大海深处》也被翻译成多种语言。**IW**

告别玛丽亚
Pozegnanie z Maria

塔杜施·博罗夫斯基（Tadeusz Borowski）

作者生平：1922年生于乌克兰，1951年卒于波兰
首次出版：1948年
英译书名：*This Way for the Gas, Ladies and Gentlemen*
国家文学奖：1950年

　　小说最初出版时的书名是《告别玛丽亚》，英文版书名改为《通向毒气室之路，女士们和先生们》，暗示了塔杜施·博罗夫斯基对纳粹集中营中那些囚犯境遇的描写。

　　在这个如标题所暗示的故事中，一群囚犯焦虑地等待着新一批犹太人被送入集中营，他们知道，如果自己扮演好"指导者"的角色（卸下那些注定进毒气室的人），将能获得食物来补充他们总体不足的配额。这些人不断屈服于消磨生理和道德的环境。博罗夫斯基不动声色地再现了人类面对无尽的极端状态时的行为，说明了那些被牵扯入集中营的人都或多或少丧失了人的本性。

　　博罗夫斯基写作的魅力大部分来自他简约的风格。故事是广义的自传，因为作者本人在"二战"时期就有在多个集中营被关押的经历。博罗夫斯基被释放后，投入了共产主义的怀抱，他相信共产主义能最大限度地保证纳粹体制的恐怖不会再被重复。不过当他看到有些人以共产主义之名犯下的暴行和纳粹相似时，他陷入了彻底的绝望。作者在奥斯威辛和达豪幸存了下来，但悲剧的是最终他还是用煤气结束了自己的生命。**JW**

死刑判决
L'Arrêt de mort

莫里斯·布朗肖（Maurice Blanchot）

作者生平：1907年生于法国，2003年卒
首次出版：1948年，Gallimard（巴黎）
原著语言：法语
英译书名：*Death Sentence*

　　性格内敛的莫里斯·布朗肖对20世纪的法国思想界有着深远的影响，同时他在人生和写作上也保持着一丝不苟的态度。法语的小说名称可以翻译成《死刑判决》或者《处决停留》——两者都有确定的最终审判和不确定的缓刑意味。这部短篇小说呼应了标题产生的悬停意义。

　　两段叙事的第一部分细致描写了名为"J"的绝症女人的治疗和抗争。她死去后神秘地复生，随即又被叙述者过量注射药物致死。第二段叙事记录了叙述者与其他三个女人的交往，背景是1940年被纳粹占领和盟军轰炸时期的巴黎。两个部分之间有许多平行叙事和重复，这多样化和复杂化了作品所蕴含的意义。

　　叙述者努力复述着他讲过的事件，他认为语言是双重的否定，消磨着自己和他试图传达的真相。对于叙述者来说，这种努力抗争是所有写作的状态：他感到语言在充分捕捉事件所有的复杂性上是真切的无能为力，但他依然被无法满足的欲望驱动而去讲述。他如同被诅咒般，探索着叙述的极限，哪怕一次次重新来过。**SS**

一九八四 Nineteen Eighty-Four

乔治·奥威尔（George Orwell）

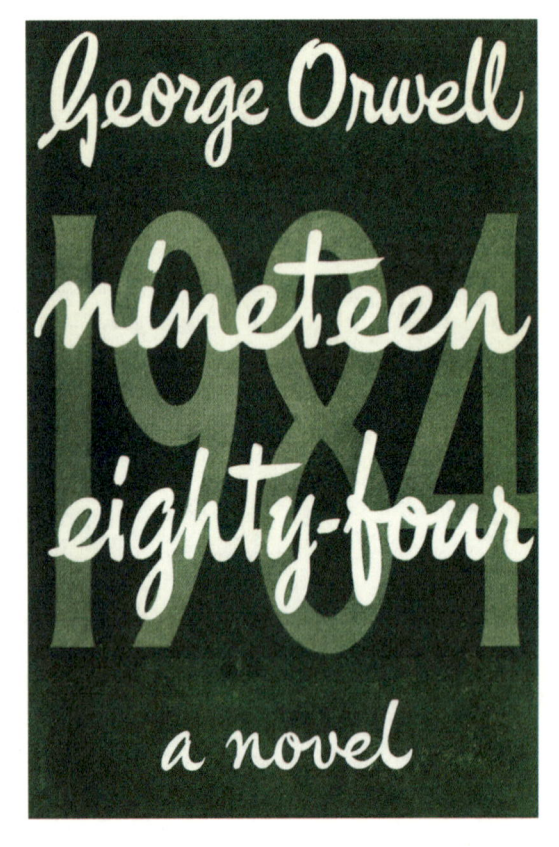

作者生平：1903年生于印度，1950年卒于英国
作者教名：Eric Arthur Blair
首次出版：1949年，Secker & Warburg（伦敦）
原著语言：英语

《一九八四》是乔治·奥威尔最有政治冲击力的小说之一，是巧妙构筑的对极权主义社会威胁的警告，也是反乌托邦小说类型中最著名的小说之一。

温斯顿·史密斯是伦敦执政党的底层一员，他的每一步行动都被电幕监控。无论温斯顿去哪里，伦敦执政党全知的领袖老大哥都在注视他。伦敦执政党一直试图根除政治叛乱的可能性，他们从语言中清除一切相关词汇，乃至创建纯洁化的"新语"。"思想罪"（思考反叛的思想）是非法的。温斯顿在真理部工作，工作内容是为了伦敦执政党的利益而改变历史记录。他对伦敦执政党在思想、性和个人自由方面的限制感到沮丧和压抑。温斯顿非法地购买了一本日记，记录自己的思想，晚上他又在"无产者"居住的贫困区漫游，以便相对自由地摆脱监控。温斯顿和伦敦执政党的另一位成员裘莉亚开始了非法的关系，但不久他们就被间谍逮捕。在101房间中，温斯顿被迫面对他最大的恐惧，在恐惧中温斯顿放弃了自己对裘莉亚的爱。他被释放，但精神被摧毁，彻底接受了党。

1949年是核时代的开始，电视文化还未成为主流。奥威尔创造的屏幕监控世界，一代人后就成为令人恐怖的现实。这部小说之所以重要，不只是因为它明确警告对官方滥用权威的警惕（另外略带反讽地攻击了现代电视文明），也因为小说洞见了操控语言和历史的力量与强调恐怖和控制的心理学。在今日，这些问题比起奥威尔小说动笔之时，可能更加迫切。**EF**

- 奥威尔的小说1949年在伦敦出版，反映了战后乏味、气氛压抑、物资短缺的英国社会。
- 德语版《一九八四》的多变封面描绘的是老大哥全知的眼睛。

GEORGE ORWELL

›1984‹

ROMAN

金臂人 The Man with the Golden Arm

纳尔逊·艾格林（Nelson Algren）

作者生平：1909年生于美国，1981年卒
首次出版：1949年，Doubleday & Co.（纽约）
原著语言：英语
改编电影：1955年

这部纳尔逊·艾格林最优秀的小说可能最初是通过改编电影而被人铭记的。电影明星弗兰克·辛纳特拉成功诠释了迷乱、吸毒的反英雄弗兰基·马沁。这种情况如同艾格林本人的际遇一样不公平。艾格林也是因为他的恋人西蒙娜·德·波伏瓦的传记而被人记忆：人们大多只记得他是帮助《第二性》的作者获得人生第一次性高潮的男人。

小说混合了低俗小说和低俗新闻报道里具有引诱感的真实犯罪，以及有着十字军狂热的社会学调查：在能融合情色与高尚的畅销作品中，艾格林的文笔才华远超他的竞争对手。从他的散文风格、暴力的文体碰撞，以及诗意声音的持久回荡中，都可以看出T. S. 艾略特和詹姆斯·乔伊斯不能磨灭的影响。

芝加哥是艾格林写作生涯的重大主题，他展现了城市破旧的酒吧、潮湿的廉价旅馆、肮脏的贮粪池和沟渠污秽的人行道——这些地点都有凄凉的羞辱感；与之对比的是他赋予中心角色的尊严、富有洞察力的语言。如果说艾格林修辞性的风格偶尔显得自命不凡，那么弗兰基·马沁、斯派洛·萨茨金、索菲、莫里和疲倦的芝加哥警察们的合唱则会持久下去，他们表现性极强的活力毫无消减——即使这些犯下小罪行的罪犯在吸毒、暴力和无可避免的贫穷的影响下不断螺旋式地下坠。**RP**

> 我有一个习惯。有时我会敲掉自己的牙齿去镶一颗金牙。这种行为，你叫钓鱼还是什么？

▲ 这是1955年奥托·普雷明格的电影改编版的海报，起初因为影片展现吸毒而被禁止上映。

人间王国 El reino de este mundo

阿莱霍·卡彭铁尔（Alejo Carpentier）

作者生平：1904年生于瑞士，1980年卒于法国
首次出版：1949年，Publicaciones
　　　　　Iberoamericana（墨西哥）
英译书名：Kingdom of This World

　　阿莱霍·卡彭铁尔用这部书向已经枯竭的欧洲超现实主义传统宣战，同时他为即将出现的魔幻现实主义运动创造了定义性的文本。这本小说的框架是相对直接的历史叙事，主要基于亚特兰大奴隶大迁移中唯一成功的革命事件。小说的背景是经历革命的圣多明各岛，19世纪初这座岛改名为海地，海地也是第一个前黑人奴隶共和国。小说的线索是提·诺埃尔的命运。在革命前，提·诺埃尔最初是白人大地主家的仆人，之后他与曼迪极富魅力的奴隶领袖马坎达尔结下了深厚友谊。提·诺埃尔见证了马坎达尔被处死以及巫毒教将其神格化的过程。在奴隶起义成功后，提·诺埃尔却再次成为奴隶——因为黑人独裁者亨利·克里斯托弗派遣了大量的劳力为其建造超自然的山顶宫殿。小说结尾用幽灵叙述的方式讲述了克里斯托弗的覆灭、无忧宫被洗劫，以及提·诺埃尔的死亡。

　　写作《人间王国》时，卡彭铁尔处于近乎绝望的状态，他看到了幻想文学无休止的程式主义。然而在这部精心构筑的短篇杰作里，卡彭铁尔把一系列拟人的变形、隐喻性的并置融入被精确研究的外部历史中，持续地实现了他"惊奇现实"的理念，这是一种"在真实的同时不可思议"的新小说。**MW**

炎炎日正午 The Heat of the Day

伊丽莎白·鲍恩（Elizabeth Bowen）

作者生平：1899年生于爱尔兰，1973年卒于英国
作者全名：Elizabeth Dorothy Cole Bowen
首次出版：1949年，A. Knopf（纽约）
原著语言：英语

　　伊丽莎白·鲍恩的《炎炎日正午》是一部优美的小说：一旦沉浸其中，你就会舍不得离开它，想停留在它对称和简明的世界中。这个爱情故事的背景是战时的伦敦。斯黛拉发现她的恋人罗伯特被怀疑是纳粹的间谍。罗伯特向斯黛拉请求同情，并向她宣扬德国的秩序观和律法严明的统治。斯黛拉精心构筑的小我世界缓慢地崩解。

　　这个故事和战时城市的夏季色调赋予了小说独特的气氛和质感。然而，在另一个维度的另一场爱情故事也在同时发生。第一个爱情故事产生了浓烈和痛苦的忧郁；第二个爱情故事没有确定的形态，只让人看到失落感，一种对所爱和失去事物的悲愁。《炎炎日正午》哀悼的事物并不被很多人所关注，今天不少人可能也不会为它的消失而感到遗憾。小说展望和留恋着已经死亡的、曾支配英国资产阶级的文化意义和社会意义。这个阶层的许多人在"一战"中被屠杀，在两次世界大战间的大萧条时代他们的财产也转眼成空。工党的出现最终抽干了他们的力量，夺取了他们的政治优越地位。

　　鲍恩在1944年开始《炎炎日正午》的写作，一年后，工党就在英国普选中取得压倒性大胜利。这个历史事件丰富了小说的文本，包含并且扩大了这个个人失落故事的内涵，小说是鲍恩对已逝去纪元的哀歌。**PMcM**

爱在寒冬
Love in a Cold Climate

南希·米特福德（Nancy Mitford）

作者生平：1904年生于英国，1973年卒于法国
首次出版：1949年，Hamish Hamilton（伦敦）
原著语言：英语

《爱在寒冬》和南希·米特福德较早的小说《天涯追爱》（*The Pursuit of Love*，1945）设置在同样的时期和地点，探索了两次世界大战间的英国贵族社会；两部小说也有着同样可笑的结局。《爱在寒冬》讲述的是波莉·蒙特铎的故事：这位贵族女继承人违反了世俗的夫婿选择，这不仅令她的家人震惊，也成为她所有富有的亲人间风传的丑闻。小说的叙述者是明智理性的芬尼，她也是米特福德很多小说的叙述者。波莉的故事延展开来，成为对社会生活内在的幽默和悲剧元素更深层意义上的评论。小说在基调上机智、轻松，描述了一个世界中看上去寻常的社交活动（在这样的世界里"寻常"反而是相当稀有的现象）。米特福德塑造的角色经常有古怪之处："马修叔叔"的原型来自米特福德的父亲，他是典型的古怪贵族；而令人不可忍受的蒙特铎夫人经历了与加拿大外甥兼反审美主义者希德瑞克的滑稽事件，作者尖锐地刻画出一位跋扈且易受骗的女家长。

米特福德的小说类似简·奥斯丁的小说，集中在有限的家庭成员和他们所处的"环境"中小规模的社交活动上。她也像奥斯丁那样，通过有趣但嘲讽的手法温柔地建构了一个家庭，然后鼓励读者去关注它的命运。**AB**

> 如果要陷入爱河，你必须处在接受它的思想状态中，就像疾病那样。
> ——南希·米特福德

● 《爱在寒冬》这个书名引用自乔治·奥威尔的《让叶兰继续飘扬》（见本书第383页）。

图拉耶夫事件
L'Affaire Toulaév

维克多·塞尔吉（Victor Serge）

作者生平：	1890年生于比利时，1947年卒于墨西哥
作者教名：	Victor Lvovich Kibalchich
首次出版：	1949年，Editions du Seuil（巴黎）
英译书名：	The Case of Comrade Tulayev

　　《图拉耶夫事件》是关于极权主义的小说，也是讲述失败、封闭和系统化的妄想狂。然而小说和奥威尔的《一九八四》（见本书第452页）或者阿瑟·库斯勒的《中午的黑暗》不同的是，它致力于表达对日常生活多样性和冗余性的尊敬。小说把斯大林统治的苏联时期的公开审判和清洗作为核心材料。塞尔吉本人则亲身经历过1917年革命的乐观时期和斯大林主义官僚极权体制的发展过程。他作为托洛茨基派反对过这种发展，在1933年至1936年被放逐到中亚，这段时期斯大林长期持续的大清洗开始了。

　　小说之下有强大的历史潜流，涉及了俄罗斯生活的记忆、逸事、组织和其他各个方面。这是"一战"士兵、无地的农民、被流放的政治活动家或者地下党派经历过的生活，也是学者、职员、旅行者和意识形态狂热者经历的生活。

　　塞尔吉的叙事充满了丰富的声音，剧情浓缩，有令人震惊的冷静和明晰风格。不过塞尔吉仍然把叙事保持在一个水准：俄罗斯依然是一个有着生命活力的竞技场。在弥漫恐怖、死亡、背叛和痛苦迷惑的同时，依然有工作、博爱、交谈和希望的小小溪流。**PMcM**

铜管乐队演奏的花园
De koperen tuin

西蒙·费斯特代克（Simon Vestdijk）

作者生平：	1898年生于荷兰，1971年卒
首次出版：	1950年，Gravenhage（鹿特丹）
原著语言：	荷兰语
英译书名：	The Garden Where the Brass Band Played

　　费斯特代克是荷兰的伟大作家，他接受过物理学家的训练，除了小说，也出版过诗歌和散文，不但多产，而且多才多艺。费斯特代克的作品对于荷兰的存在主义者有着较大影响，如果他的名声能走出自己的国家，他在文学史上的地位可能不亚于乔伊斯、卡夫卡和普鲁斯特。

　　这部小说是对中产阶级社会与浪漫主义理想之间冲突的阴郁研究，背景设置在一个虚构的小镇，小镇中一位法官的儿子诺尔初次遇到了诱惑。还是一个孩子的时候，诺尔和他的母亲参加一次户外演奏会，他立刻迷上了歌舞和指挥家的女儿。之后诺尔师从一位音乐大师学习钢琴，大师把艺术的神秘性带入了少年的心灵和头脑。诺尔对这种认识世界的方式深感痴迷和认同，这也让他与自己成长的环境，还有他归属的阶级发生了内在的冲突。诺尔亲近音乐家居贝里斯，尤其是她的女儿屈克丝，两者都是绅士社会的边缘人，象征了作者对不可能得到的爱的关注。诺尔的故事有浪漫主义追求的痕迹，将理想和社会规范对立，其中还包含了失落的纯真。费斯特代克试图把狂喜和苦难结合为一个混合喜剧，这种混合具有强烈的写实主义，十分吸引人。**ES**

我，机器人 I, Robot

艾萨克·阿西莫夫（Isaac Asimov）

作者生平：1920年生于苏俄，1992年卒于美国
首次出版：1950年，Gnome Press（纽约）
原著语言：英语

《我，机器人》是科幻小说伟大的经典之一。表面上它是短篇故事合集，但事实上这些故事都联系在一起，对机器人技术和哲学这对双子主题进行了探索，这保证了本书跻身于伟大文学作品的行列。在《我，机器人》中，艾萨克·阿西莫夫构拟了"机器人学"（Robotics）这个词，也建立了我们熟知的"机器人三原则"这套机器人的行为定律，此后被科幻小说沿袭。这三条原则是：（1）机器人不能伤害人类，或者用不作为的方式导致人类受伤害；（2）机器人必须服从人类的命令，除非这些命令违背了第一条原则；（3）机器人必须尽可能地保护自我，除非和第一或第二条原则冲突。

这些故事通过机器人心理学家苏珊·加尔文博士串联在一起，她为生产智能机器人的公司工作。小说中，加尔文博士和一位拥有其生涯资料的记者进行了交流。加尔文博士回忆了机器人的演化史，并且讨论了人类对于他们创造的人工智能的认识有多么贫乏。每一个故事都阐述了一个机器人理解三大基本原则时遭遇的问题，有时候事态会变得很糟糕。虽然《我，机器人》在1950年出版，但收录的故事有些创作于20世纪40年代，当时计算机科学还处于萌芽状态。阿西莫夫对软件未来的洞见令人惊讶地准确和深刻。当然，阿西莫夫的写作笔力肯定不在第一流作家之列，他对人物的塑造也经常显得薄弱。不过他的科学风格，对现实与虚构的混合，对机器人世界的惊人洞察，都被许许多多后来的作者发展承袭，这使得《我，机器人》成为科幻小说史上最重要的作品之一。**EF**

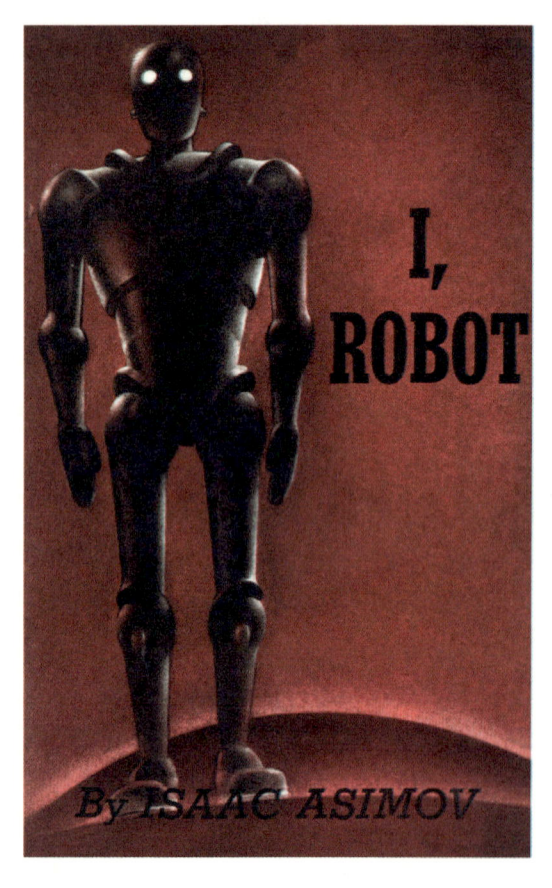

98……99……

▲《我，机器人》封面上的机器人经典形象受到20世纪20年代电影的影响，比如弗里茨·朗的《大都会》。

野草在歌唱 The Grass is Singing

多丽丝·莱辛（Doris Lessing）

这是多丽丝·莱辛的第一部小说，在非洲写就，但直到她在欧洲生活后小说才出版。小说一开始就讲述了罗得西亚白人农庄的一个非洲仆人谋杀了白人主妇。然而，本书的关注点在于在白人农夫社团的压迫下事件如何演变成了悲剧。回忆性的叙事无可挽回地滑向了必然的死亡。

从前几页开始，我们就被明确要求见证一个殖民地的司法系统不允许人们倾听的人类关系的故事。迪克和玛丽因为相互的需求和对方的谎言走到一起。当他们成婚后，城市女孩玛丽被带到迪克孤立和衰败的农庄居住。玛丽逐渐改变了她对迪克和未来的希望，她在闷热的南非稀树草原环境中变得慵懒和歇斯底里。只有摩西斯，被玛丽虐待的本土仆人中最小的一人，似乎能回应她的悲惨经历。但是摩西斯对她善意的行为却违反了殖民地的神圣禁忌——不同的种族不被允许承认对方属于人类。欲望和恐惧紧紧交织，玛丽发现她在向类似周围灌木那样的男性权威投降，环绕她的黑人们一直威胁要夺回被白人农夫霸占的土地。

作家对非洲稀树草原惊人美丽的描绘稍稍抵消了对生活被摧毁时强烈痛苦的描绘。《野草在歌唱》是一位重要的文学作家出版的第一部小说，是对殖民地掌权者虚伪本性（莱辛从幼时在南非的经历中就已经了解甚深）的愤怒否定，也是对殖民地精神状态及其对殖民者和被殖民者的伤害的解剖。**VM**

作者生平：1919年生于伊朗，2013年卒于英国
首次出版：1950年，Michael Joseph（伦敦）
原著语言：英语
诺贝尔文学奖：2007年

我不孤独。

▲ 这是1973年海涅曼出版社非洲作家丛书中的平装版封面。

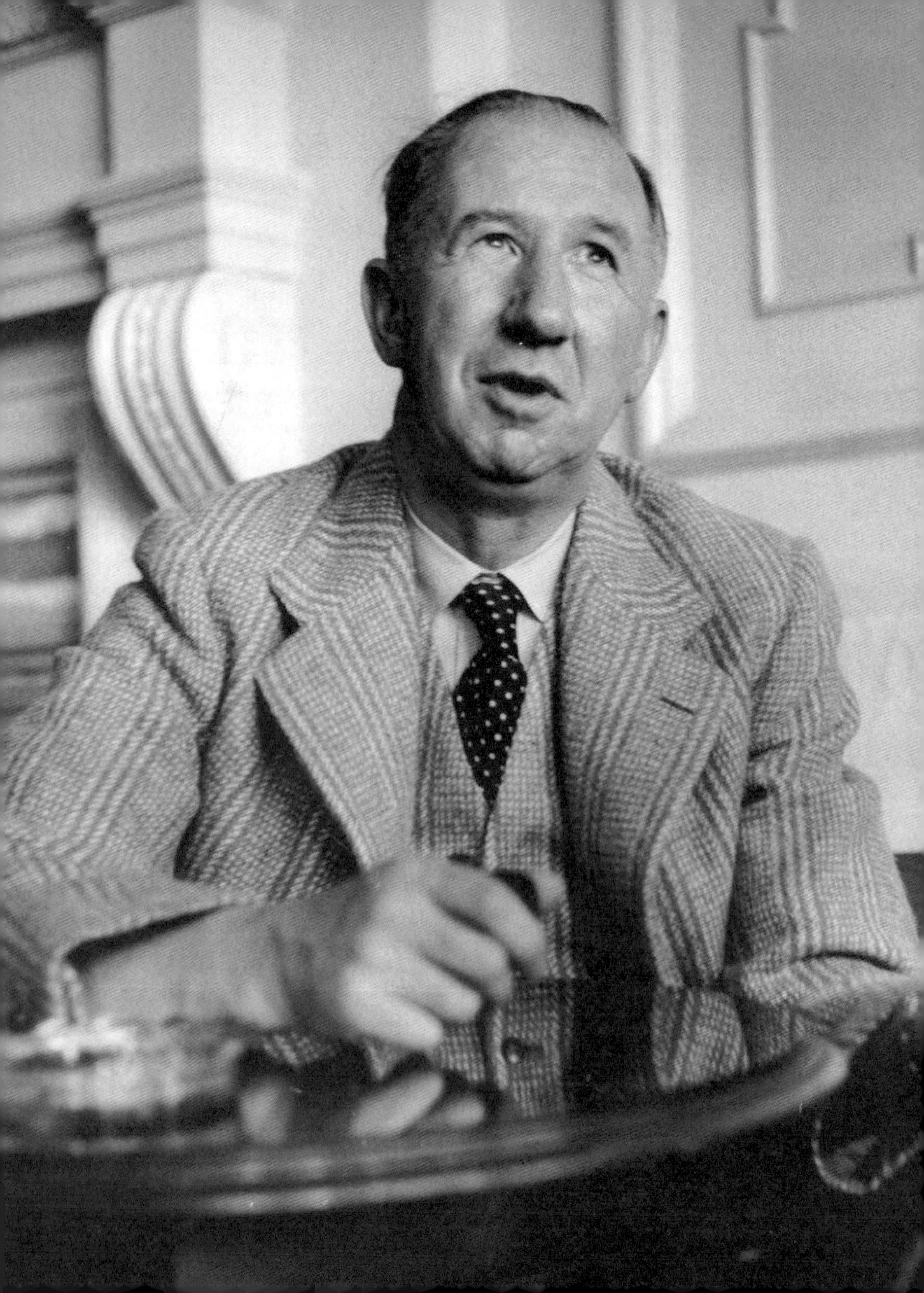

像爱丽丝的小镇
A Town Like Alice

内维尔·舒特（Nevil Shute）

作者生平：1899年生于英国，1960年卒于澳大利亚
作者教名：Nevil Shute Norway
首次出版：1950年，Heinemann（伦敦）

　　内维尔·舒特的《像爱丽丝的小镇》享誉国际，也成了澳大利亚文学的经典。这个爱情故事的背景是第二次世界大战时的远东和战后的澳大利亚内陆。故事讲述了战争带来的社会转型和时代变化。小说的创作基于真实事件——日本军队入侵苏门答腊，俘虏了八个荷兰妇女和儿童，他们被迫在这个岛上艰苦跋涉了两年半。
　　叙述者讲述了珍·帕吉特的故事，她是马来西亚的英语秘书。珍和其他英国妇女与儿童被日本军队俘虏后，在接下来的三年里沿着马来半岛进行了摧残身心的"死亡行军"。在被强迫的行军路程中，珍和另一个澳大利亚战争囚徒祖伊·哈尔曼结下了友谊。但之后珍以为哈尔曼在战争中被杀死了。战后珍重访马来西亚，发现哈尔曼并没有死。她去澳大利亚旅行，他们的爱情再度燃烧。两人把哈尔曼生活的微不足道的小镇建设成欣欣向荣的社区（原型基于澳大利亚爱丽丝泉）。《像爱丽丝的小镇》有着一切伟大爱情小说的元素，写作时这位英国出生的作家正开始一场新的恋爱——与他新的祖国澳大利亚的爱情。**LE**

月亮与篝火
La luna e i falò

切萨雷·帕韦泽（Cesare Pavese）

作者生平：1908年生于意大利，1950年卒
首次出版：1950年，Einaudi（都灵）
原著语言：意大利语
英译书名：The Moon and the Bonfires

　　切萨雷·帕韦泽这部最后的小说被誉为他对皮埃蒙德的朗格地区最好的抒情回顾。故事规模不大，因为作者并不想创造复杂的剧情或者探索人物的心理。
　　意大利从法西斯统治下被解放后，在美国待了二十年的主人公鳗鱼回到了自己出生的乡村。他在足够长的旅行中悟出世界上所有的国家都是相似的，一个人必须在某处定居。于是，他回到了朗格，因为"那些村子在等待他"。在叙述中现在和过去不断转化，鳗鱼在他的朋友兼导师努托的陪伴下，重新认识了他的家乡。鳗鱼希望通过在加米奈拉和莫拉的生活发现自我。在加米奈拉，他度过了童年，而莫拉是他青春期工作的地方。他理想中的村庄获得了一种人间天国般的象征性色彩，但他很快发现村落的森林被砍伐，少年时的村中女孩桑蒂娜也被杀死了。在抵抗运动和社会革命的必要性上努托和鳗鱼有着同样的信仰，努托一直帮助鳗鱼警惕他探寻中遭遇的欺诈。他让鳗鱼领略了社会革命的虚无本质，鳗鱼确立了他对农民传统和迷信的信仰，以及篝火的再生力量。**RPi**

◁ 内维尔·舒特既是小说家，也是航空学工程师。他喜欢大众对道德困境和大团圆结局的口味。

歌门鬼城 Gormenghast

马尔文·皮克（Mervyn Peake）

作者生平：1911年生于中国，1968年卒于英国
作者全名：Mervyn Lawrence Peake
首次出版：1950年，Eyre & Spottiswoode（伦敦）
原著语言：英语

本书是马尔文·皮克非同寻常的"歌门鬼城三部曲"的第二部，无疑是这个系列的巅峰之作，同样它也是文学上的丰功伟绩。《歌门鬼城》紧接《泰忒斯诞生》（见本书第438页）的剧情，城主死去，斯肥特被秘书大臣击败。史迪帕克因为自己的纵火而被弄成秃顶，毁去他容颜的伤疤反映了他内心不断扩大的腐烂，但他依旧在邪恶地谋求向更高的阶级爬升。史迪帕克成为需要讨论的人物，泰忒斯接近了他躁动的青春期。随着泰忒斯逐渐长大，他成为权势熏天的史迪帕克阴谋最大的阻力。巨大的、充满恶意的歌门鬼城继续运转。

来自《泰忒斯诞生》的狂欢节角色给小说带来了兴奋和生机，他们在歌门鬼城的迷宫和卧室、积灰的地下室与图书馆活动。小说中还有患了相思病的费莎姐妹——这对唠叨的阿姨一直在她们窗外的树干上举行茶会——以及谄媚的普伦斯盖勒博士和他自满虚荣的姐妹伊尔玛。皮克原创性地对英国的生活进行了辛辣的隐喻，用他崇高的机智进行扩张，赋予其新的目标：泰忒斯在教育中接受的痛苦和迷惑的试炼与现实不谋而合。小说最终的结尾如同启示录中的大洪水：史迪帕克和泰忒斯在歌门鬼城的腹地进行决战。泰忒斯意识到了外部世界和青春期的痛楚，他最终决定离开家庭陡峭、崎岖的城堞，前往高墙之外的世界。

皮克的文笔炉火纯青。他的人物十分奇怪，乃至有超现实感。《歌门鬼城》像博斯的三联画那样复杂和黑暗，这是没有甜蜜感的童话，只有骷髅般的噩梦。**GT**

妙得很！他正在扮演该死的自己！

▲ 马尔文·皮克既是插画家，又是作家。他正在浏览1946年的《图画邮报》出版样稿。

十三座钟 The 13 Clocks

詹姆斯·瑟伯（James Thurber）

　　《十三座钟》包含了所有黑色童话的关键要素。一位王子乔装成落魄的行吟诗人，而悲剧的公主被邪恶的公爵囚禁在城堡中，拯救她的危险任务必须在不可能的限定时间内完成。这是故事的关键制约因素，因为公爵宣称能够"杀死"时间，城堡的十三座钟被冻结在四点五十分。王子必须发现无价的财宝，在钟敲响正点前把它带来。他唯一的希望是格鲁克斯，这个瘦小的巫师拥有奇怪的魔法和一顶无法形容的帽子。

　　公爵的城堡是个危险的地方，有巨大的金属侍卫在喧哗地巡逻，戴天鹅绒头巾的密探在暗处操控它们。噩梦般的生物潜伏在地牢最深处最黑暗的角落中。与这种恐怖感形成有趣对比的是作者荒诞的笔法。不知在什么时刻，明亮的彩色球会弹跳下楼——这是那些被谋杀的孩子的鬼魂在上面游戏吗？远处欢乐清脆的笑声暗示了这种可能性。小说也有道德寓言的元素：爱征服一切、时间是不能被停止的、邪恶终将失败等。在最后的阶段，公爵被"一团团小怪物追逐，它们的气味像数十年没有打开的房间，发出的声音类似兔子的尖叫"。

　　小说的语言有着令人晕眩的创造性，基调充满反讽——这是20世纪前半叶最有争议和最被崇敬的幽默作家的特色。瑟伯写作《十三座钟》时正经历视力的迅速衰退，他描绘的幻想景色：那些阴影中隐约移动的人形、刺穿昏黑房间的阳光、被闪电照得时昏时明的夜中灌木……都反映了作者对失明的巨大担忧。**TS**

作者生平：1894年生于美国，1961年卒
作者全名：James Grover Thurber
首次出版：1950年，Simon & Schuster（纽约）
原著语言：英语

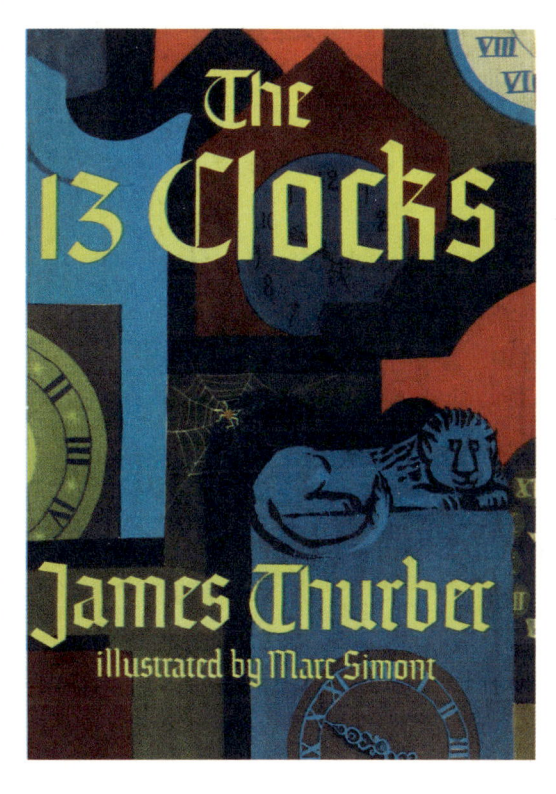

他自称辛古，这不是他的真名……

▲ 詹姆斯·瑟伯的卡通素描如同他反讽、创造性的文笔一样，是他幽默观念的重要表达方式。

孤独的迷宫 El Laberinto de la soledad

奥克塔维奥·帕斯（Octavio Paz）

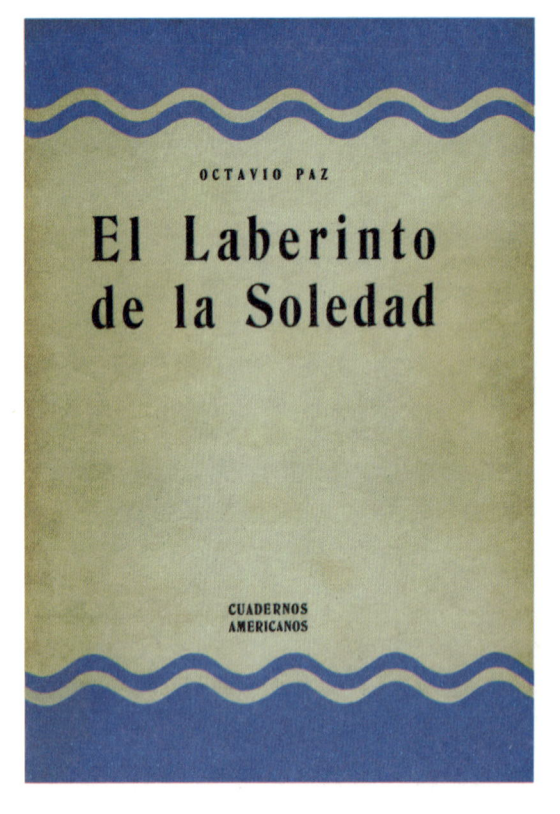

作者生平：1914年生于墨西哥，1998年卒
首次出版：1950年，Cuadernos Americanos
英译书名：*The Labyrinth of Solitude*
诺贝尔文学奖：1990年

本书由九个独立的散文章节组成，讨论了墨西哥国民性的各个方面。在一系列必不可少的小说中，本书看上去是奇怪的选择，但它也标志着散文小说的进步。它是有分析性和强烈诗性的成长小说，不是展现个人的成长，而是展现民族身份的形成。

1950年写作《孤独的迷宫》之时，奥克塔维奥·帕斯已经是20世纪墨西哥最伟大的诗人之一。他也是极有影响力的公众人物：20世纪30年代他前往欧洲，在西班牙内战中为共和派而战；帕斯是受人尊敬的外交家，1990年还赢得了诺贝尔文学奖。《孤独的迷宫》在墨西哥的传统社会极具争议性，因为它为一个民族提供了镜子：让他们照见自己的行为和他们所展示的不一致性。本书描述的是处在自我实现的关键时刻的墨西哥，但它也批评了墨西哥所具有的各方面的特征：大男子主义、虚伪、艰苦生活和根深蒂固的性别歧视。

在这部作品中，帕斯既是人类学家，也是艺术符号学家，解读了墨西哥文化赖以建构的符号——从墨西哥裔美国叛逆青年帮派的服饰意义到著名的亡灵节的公众仪式。帕斯还以诗人的才华赋予主题深刻的雄辩，本书的每一页都回响着洞察、联想和精美的修辞。**MS**

现代人喜欢装作头脑清醒的样子。

▲ 帕斯的祖父也是一位作家，正是通过他庞大的图书馆，帕斯才与文学有了早期的接触。

艾比C L'Abbé C

乔治·巴塔耶（Georges Bataille）

作者生平：1897年生于法国，1962年卒
首次出版：1950年，Les Editions de Minuit（巴黎）
原著语言：法语
英译书名：The Abbot C

　　乔治·巴塔耶的短篇小说《艾比C》讲述了双胞胎兄弟之间危险、矛盾的关系：罗伯特过着充满美德的生活，由此获得了"修士"的绰号；而与他格格不入的兄弟查理过着一味追求欢娱的放荡生活。小说由多个叙述者完成，开始是这对双胞胎共同的朋友的叙述，他发现罗伯特因为他弟弟严重的健康问题而陷入了极大的痛苦。随着故事的展开，两兄弟重叠的情感生活越来越清晰。查理和艾比欧妮有关系，这个女人和他一样过着堕落放纵的生活。她和节制的罗伯特也有性欲上的瓜葛。这段痛苦的三角关系给兄弟关系带来了无法承受的压力，同时造成了罗伯特的逐渐崩溃和查理生理健康的恶化。

　　小说融入了巴塔耶对色情、死亡、性欲之间关系的一贯的痴迷，探索了性欲和死亡之间的模糊界线。小说关注宗教戒律所要求的道德范式与个人良知的真实之间的裂痕，探索了人类经验中某个困惑的方面。读者可能发现作者对这个观念的处理有些过分，试图震惊读者的意图过于刻意，不过此书依然是有趣和不寻常的作品。**JW**

无罪者 Die Shuldlosen

赫尔曼·布洛赫（Hermann Broch）

作者生平：1886年生于奥地利，1951年卒于美国
首次出版：1950年，Willi Weismann（慕尼黑）
原著语言：德语
英译书名：The Guiltless

　　本书是联系松散的短篇故事集，很像克里斯托弗·伊舍伍德的《别了，柏林》（见本书第407页）。赫尔曼·布洛赫的《无罪者》描绘了两次世界大战间欧洲社会的图卷，两部作品中的荒凉和不祥气氛十分相似。故事发生的时间大致在1913年到1933年。《无罪者》描写的人物不只被"一战"的影响摧毁，他们本身似乎也热衷于摧毁旧道德的残余。

　　故事松散地以A先生的命运为焦点，这个看上去无根的男人寄宿在一个年迈的男爵夫人破旧的宫殿中，小说细节化地叙述了他记忆中或者见证的一系列社会沉沦：两性关系最终变成背叛和暴力，对自然的爱变质成无人性的冷漠；家庭生活演变成对战前并不存在的习俗的滑稽模仿。布洛赫在每组故事前插入"解释"，逐渐清晰地展现这个堕落社会的"价值衰落"，纳粹主义的阴云正慢慢笼罩着它。没有一个角色有公开的政治倾向，但是他们失去人性的行为为消极接受法西斯主义铺平了道路。

　　《无罪者》混合运用了低调的散文和讽刺韵文进行写作，至今依然是有着感染力的迷人小说，让读者悦服，就如书中某个人物所说："我们的责任像我们的邪恶那样，比我们自己要大。"**AB**

巴拉巴 Barabbas

帕尔·拉格维斯（Pär Lagerkvist）

作者生平：1891年生于瑞典，1974年卒
首次出版：1950年，Bonniers（斯德哥尔摩）
原著语言：瑞典语
诺贝尔文学奖：1951年

  《新约》中巴拉巴犯了盗窃罪，但耶稣代替他被处决，他是在《圣经》中只有只言片语的人物。在帕尔·拉格维斯精湛的文笔下，巴拉巴成为谜团一般萦绕人心的人物，他被内在谜团般的力量放逐，去寻找那个他无法完全接受或者拒绝的神。巴拉巴在见证了基督的死后，不再进行以前的犯罪，他成了一个流浪汉，然后又变成奴隶。在哪里他都会遇到基督徒，两方之间有着危险隔阂。《巴拉巴》的结构紧紧围绕三次受难，提供了一系列平行和对比——巴拉巴和耶稣、疑惑和信仰、黑暗与光明。

  拉格维斯在年轻时失去了自己的信仰，对于那些没有目标方向的人的痛苦有深刻的感触，他们这类人试图在表面无意义的世界寻找目的感。在《巴拉巴》中我们发现了对这些主题的完美设置。那些有着确定信仰、心地宁静的早期基督徒陪伴着那个有着恐惧的孤独感、唠叨疑问的男人。

  1951年，拉格维斯主要凭借这本小说获得了诺贝尔文学奖。《巴拉巴》如此深地感动了评奖委员会并不奇怪：恐怖的第二次世界大战后，"这一切意味着什么"成为时代的呼唤。《巴拉巴》是有着深刻现代性的作品，把人类不断感受的存在性焦虑放上了前台。**RMa**

恋情的终结 The End of the Affair

格雷厄姆·格林（Graham Greene）

作者生平：1904年生于英国，1991年卒于瑞士
作者全名：Henry Graham Greene
首次出版：1951年，Heinemann（伦敦）
原著语言：英语

  小说的背景是第二次世界大战后的伦敦，讲述了小说家莫里斯·本迪克斯和已婚的萨拉·米尔斯充满折磨的爱情故事。两人在一次聚会中相遇，然后不断摆脱各自的道德责任与不幸。几年后的伦敦空袭时，他们的私通依然在持续。两个情人幽会的建筑被炸弹击中，本迪克斯失去了意识。萨拉因为担心本迪克斯会死去，于是和神做了交易：如果本迪克斯能活下去，她会放弃自己的情人。本迪克斯痊愈后，萨拉忠实于自己的许诺，没做任何解释就结束了与本迪克斯的关系，这让本迪克斯迷惑和不悦。多年之后他才发现了萨拉对上帝的激情的誓言。

  格雷厄姆·格林是天主教徒，他因为自己的私通事件也在质疑宗教信仰。本书几乎是格林的自传小说，可能正基于他的战时经历。这是一个关于爱、激情与宗教信仰的故事，讨论了对自我的爱、对他人的爱与对上帝的爱的碰撞。《恋情的终结》由疑惑和信仰交互推动，格林暗示了人类的爱和激情都不能缓解苦难，所以他认为人类必须转向对上帝的爱。**EF**

> 格林像他同时代的许多作家那样，是一个严重的酗酒者，他也赋予了笔下众多的主人公这个特征。

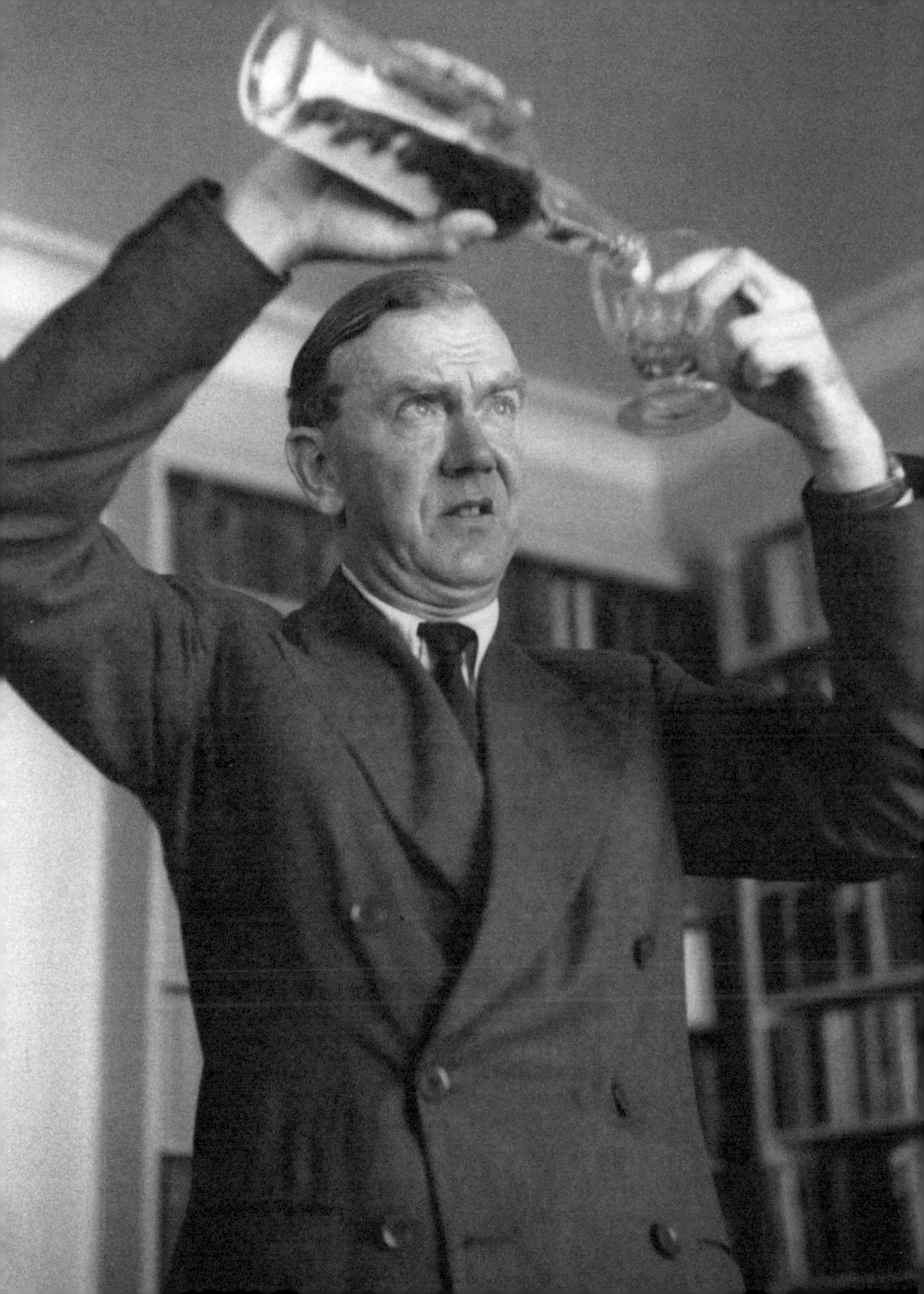

莫洛伊 Molloy

萨缪尔·贝克特（Samuel Beckett）

作者生平：	1906年生于爱尔兰，1989年卒于法国
首次出版：	1951年，Les Editions de Minuit（巴黎）
原著语言：	法语
诺贝尔文学奖：	1969年

　　萨缪尔·贝克特的剧作比他的小说更有名气，但是他的小说成就更加伟大。它们是现存最有趣的文本。《莫洛伊》最初用法语写作，之后由贝克特和帕特里克·鲍尔斯（Patrick Bowles）翻译成英语。这是"马龙之死三部曲"的第一部，另外两部是《马龙之死》（见本书第473页）和《无法称呼的人》。尽管它们组成了三部曲，但是之后的两部小说其实没有完成《莫洛伊》开始堕落后的结局，这个结局是贝克特之后所有写作不断探索的东西。

　　贝克特是洞察所有堕落可能的大师，也是讲述堕落无与伦比的喜剧大师。《莫洛伊》可能是他的作品中最有趣的一部。小说由两个故事组成，每一个故事都是另一个故事的"二重身"。第一个故事中可悲的残疾人莫洛伊经历了他母亲造成的一系列事件，邂逅了一个滑稽演员弃儿、一个警察和一个叫露丝的古怪娘娘腔捕手。最后贝克特把他扔在沟渠结束了故事。他的位置之后被莫兰取代，贝克特指派莫兰和他的儿子开始寻找莫洛伊。莫兰出工不出力地做着这项工作，直到发现贝克特拒绝让他们相会。莫兰艰难跋涉回家，发现自己的蜜蜂被烧成了灰烬。

　　贝克特深入小说的每一个点（所有的事件、感情、小说中的"真实生活"），并且把它们埋葬。他的故事证明了作者是句法的痴迷者，这种如幽灵般的写法也显示了作者对自我的彻底不满。**KS**

反抗者 L'Homme révolté

阿尔贝·加缪（Albert Camus）

作者生平：	1913年生于阿尔及利亚，1960年卒于法国
首次出版：	1951年，Gallimard（巴黎）
原著语言：	法语
英译书名：	The Rebel

　　《反抗者》让人想起加缪和萨特在1952年的辩论。小说展现了关于形而上的自由和实际的革命之间的争论。第二次世界大战造成了法国人对社会变革与行动主义的渴望。当时的潮流倾向于萨特。《反抗者》遭到了支持反动的右翼分子的控诉。但这是不是小说的真相？在我们这个时代的文化语境中，《反抗者》看上去是对集体主义意识形态根基的质疑，呈现出对"政治的人"前置条件的敏锐洞察。小说的主题可以总结为："我反抗，所以我们存在。"然而对加缪来说，绝对的个体或者个人的自由绝不允许"我们"成为个人反抗的目标。以形而上学的观念来看，我们在有实际目标的革命之前已经介入了政治情势之中。在加缪的眼中，萨特的左翼存在主义抛弃了个人的自由。对于萨特，反抗意味着对政治的实际介入，从而带来变化；而加缪则认为，反抗是个人内在生命的一种形而上的状态。加缪远离了萨特的行动主义，他认为行动主义团结了"我们"。今天我们如何阅读《反抗者》？我们阅读它的方式指向了我们生活的政治状态。**KK**

▶ 1957年的加缪嘲讽地瞥向巴黎街头，当年他获得了诺贝尔文学奖。

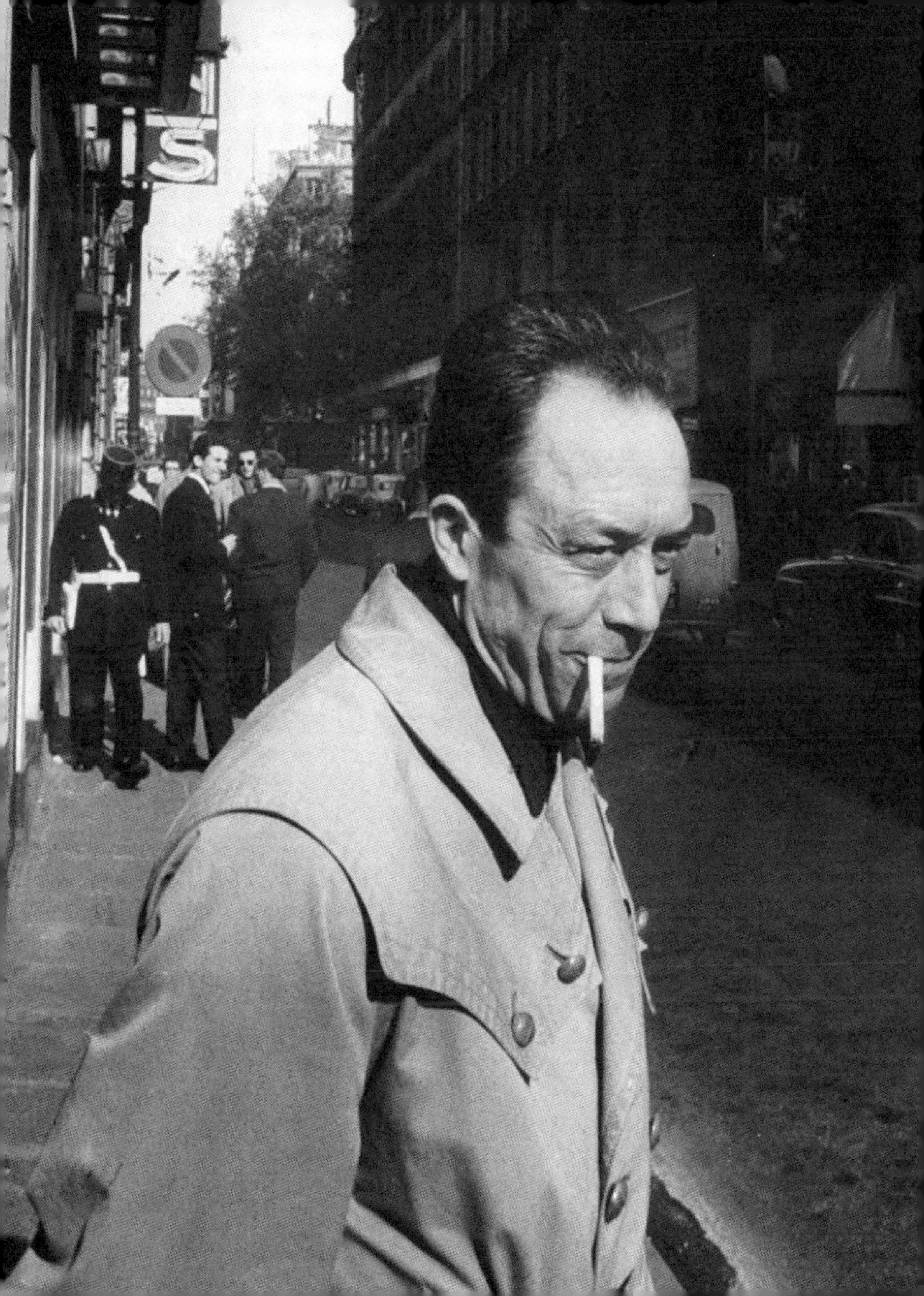

麦田里的守望者 The Catcher in the Rye

J. D. 塞林格（J. D. Salinger）

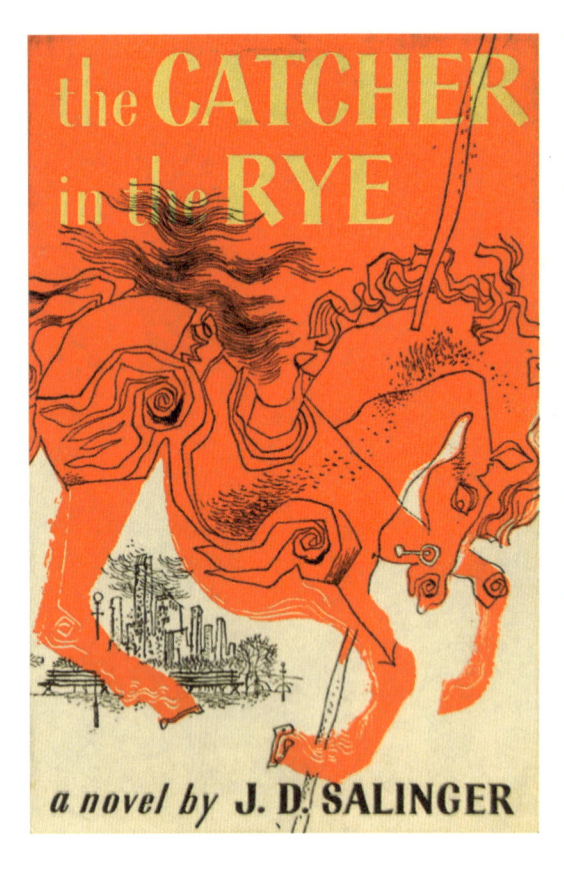

作者生平：1919年生于美国，2010年卒
作者全名：Jerome David Salinger
首次出版：1951年，Little Brown & Co.（波士顿）
原著语言：英语

《麦田里的守望者》是一个美国青少年霍尔顿·考尔菲德迷人的、具有模仿性的自传故事，叙述了少年对周围"虚伪"世界的反抗经历。小说笼罩着启示录般的焦虑："我有点高兴他们发明了原子弹。如果有另一场战争，我要坐在地狱的尖顶上看它。"它也是对被拒绝者非同寻常的研究和对不可能的哀叹（体现在霍尔顿对他死去的亲爱弟弟艾里的感情上）。艾里被问起"谁是最好的战争诗人，鲁伯特·布鲁克还是艾米莉·狄金森"，他的回答是"狄金森"。塞林格的小说在某种意义上也是战争诗歌。它是对"虚伪"成年人价值（富裕、中产阶级、白人、家长制、美国人）的战争，也是和自我的战争。霍尔顿机智地嘲讽他身边的人，但在这个过程中他无可避免地也让自己变得愚蠢。

《麦田里的守望者》有趣又让人迷惑，充满讽刺又奇怪地让人心伤。它使用伪装性的简单的口语风格写作："真正打动我的是一本书，比如说你把它全部读完了，你希望写它的作者是你最要好的朋友，如果你喜欢，你就能立刻给他打电话。"有生之年一定要读的小说就是像这样的。这个电话有多么虚伪？塞林格的声音谜一样地隐藏在霍尔顿的声音里，仿佛一个让人十分轻松和亲密的伙伴在直接和我们说话。同时，读者也有明确的感觉：整部作品的基调可能的确是对霍尔顿死去的弟弟的倾诉。**NWor**

我站在悬崖的边缘，我要做的，是抓住每一个会掉下悬崖的人……

▲ 塞林格为了逃避《麦田里的守望者》给他带来的不期然的声名而成了一位隐居者，不遗余力地捍卫自己的隐私。

沙岸风云 Le Rivage des Syrtes

朱利安·格拉克（Julien Gracq）

作者生平：1910年生于法国，2007年卒
首次出版：1951年，J. Corti（巴黎）
英译书名：*The Opposing Shore*
作者教名：Louis Poirier

　　《沙岸风云》是奇怪多变和内容精练的作品。小说的背景设置在堕落的奥尔塞纳，这个虚构的国家在名义上和野蛮的邻邦法尔盖斯坦长久以来处于僵持的状态中，所有实际的战斗早在三百年前都已经停止，没有一方能够退步或者继续战争，也无法坐下来商议和谈。但是战争的传奇依然在刺激诗人们想象超出现有局势之外的发展。

　　青年阿尔多是某个贵族家庭的后裔，也是一个放荡之人。他对爱情失望，也厌倦了首都的欢娱，他开始渴望流放的生活和禁欲主义。所以他担任了前线军事岗位的"观察员"一职，他工作的海军指挥所是长久闲置的要塞，只保存了象征性的存在意义。在那里，阿尔多这个孤独的诗人试图改变自己慵懒的习惯，也为了恢复祖国的活力，他开始了一次海军行动，这个行动会重新燃起敌国的敌意，并且引发灾难性的后果。

　　小说优雅地进行，华丽的意象纷至沓来，也把阿尔多的行动放慢到无限，以至于给读者某种神话感。格拉克的写作与安德烈·布勒东的超现实主义有强烈的相似性，尽管他本人不是这个文学运动，也不是任何其他文学运动的一分子。

　　格拉克像他的主人公阿尔多那样厌恶都市中心无能的文学圈子，比如他生活的巴黎。如果不是他一概拒绝荣誉，《沙岸风云》已经获得了1951年的龚古尔文学奖。**ES**

基地 Foundation

艾萨克·阿西莫夫（Isaac Asimov）

作者生平：1920年生于苏俄，1992年卒于美国
首次出版：1951年，Gnome Press（纽约）
三部曲：*Foundation*（1951），*Foundation and Empire*（1952），*Second Foundation*（1953）

　　这是艾萨克·阿西莫夫"基地"系列的第一部，也是他最早期和最知名的作品之一，他开始写作之时只有二十一岁。本书对重新定义科幻小说做出了贡献，天衣无缝地把科学事实和虚构小说结合在了一起。

　　《基地》的背景设置在未来，地球已经淡出了人类的记忆，人类早已在银河系开启了殖民时代。小说开始的主人公是哈里·谢尔顿，这位聪明的预言家和心理历史学家的工作是使用数学与概率论预言未来。但谢尔顿没有能力去阻止他预见的人类的衰落。于是，他在一个荒凉的外围行星集合起了银河系最顶尖的科学家与学者们，开始保存人类积累的知识，并且研究一种基于艺术、科学与技术的新文明。他把这个圣地称为"基地"，把基地设计成能够经历愚昧、野蛮和战争的漫长黑暗时代（他预言黑暗时代将持续三万年）。不过，谢尔顿也没有预见到，某个非同寻常的生物正在极端野蛮的时代孕育生长，它突变的智慧将摧毁谢尔顿珍视的一切。

　　阿西莫夫凭借充满科学色彩的《基地》，成为第一批将核力量给社会带来的革命理论化的作家。在阐述基地如何应对谢尔顿预言的问题时，作者提出了传统的宗教是控制大众的毒药，科学将崛起为人类的新信仰。**EF**

Samuel Beckett

马龙之死 Malone meurt

萨缪尔·贝克特（Samuel Beckett）

作者生平：1906年生于爱尔兰，1989年卒于法国
首次出版：1951年，Les Editions de Minuit（巴黎）
原著语言：法语
英译书名：*Malone Dies*

　　对于那些容易对丰富多彩的小说产生厌倦的读者，《马龙之死》会重新点燃他们的热情。小说里有着萨缪尔·贝克特对小说创作技法最强烈的试验。小说里的这些故事正是其语言用来从自身摆脱的东西，但是它们无处可去。在《马龙之死》的初期，我们沉浸在年轻的萨博·萨博斯卡特的悲伤故事里，这是一个虚假和流产的成长小说，充满了一系列可笑乏味的事件。之后它转向一个爱情故事，主人公尽最大的努力忍受着不适，来演出所有喜剧里最令人反感的性场景。

　　《马龙之死》的语言开始像一部小说，但其实一直是在戏仿小说。作者抛弃了故事的所有连续性理由，读者被拖回作者痴迷句法的场景，和对生与死的神秘化模仿段落。它用诸如"你认识到的时候，想法都差不多"等随意的评论来轰击读者的头脑，里面还有无尽的重新开始。这样的写法一直延续到本书突然的结束，这可能是贝克特最恐惧的地方，比他把自我粉碎的角落和他失去语言控制的其他地方更恐怖。贝克特的恐惧和乐观主义融合为一体：真正的灾难恐惧只可能出现在天堂。**KS**

三尖树时代 Day of the Triffids

约翰·温德姆（John Wyndham）

作者生平：1903年生于英国，1969年卒
作者全名：John Wyndham Parkes Lucas Beynon Harris
首次出版：1951年，Michael Joseph（伦敦）
原著语言：英语

　　这部小说出版于1951年，当时反响平平，之后却成为科幻小说的经典（1963年出现了一部据此改编的低成本电影），也是灾后题材小说的示范性文本。故事的开始，生物学家比尔·马森住进了医院，一种有毒的植物（三尖树）蜇了他，他的眼睛被覆上了层层绷带。护士向他描述了在英格兰曾见过的最壮丽的流星雨。但次日早晨比尔苏醒后，却发现期待中的医院的常规治疗并没有开始。去除绷带后的比尔看到数以千计的目盲之人在街上漫游。他和另一个没有失明的幸存者约瑟拉相会，两人一道离开城市，去寻找在这个末日般的世界幸存的希望。三尖树这种能长到七英尺高的植物用它们的根部行走，靠叮刺杀死人类。它们已经完成了第一次袭击，现在开始以人类为食物。比尔最终说服其他的幸存者一起缠上绷带来打败这些智能植物。小说本质上是在讲述一个正常的人为了生存，必须改变自己的社会价值观。

　　表面上，小说不过是简单的生存冒险故事，但这是它的时代里第一部想象全球性灾难的小说。温德姆预言了生物战争的技术和大规模的集体毁灭，对于冷战的狂想提供了复杂的叙述。在对社会变革下个人心态的探索上，小说是先行者。**EF**

◀ 这是J. P. 邓利维持有的贝克特肖像。肖像中的他茫然凝视，紧咬的嘴唇显示出这是一位被死亡萦绕的男人。

20世纪 | 473

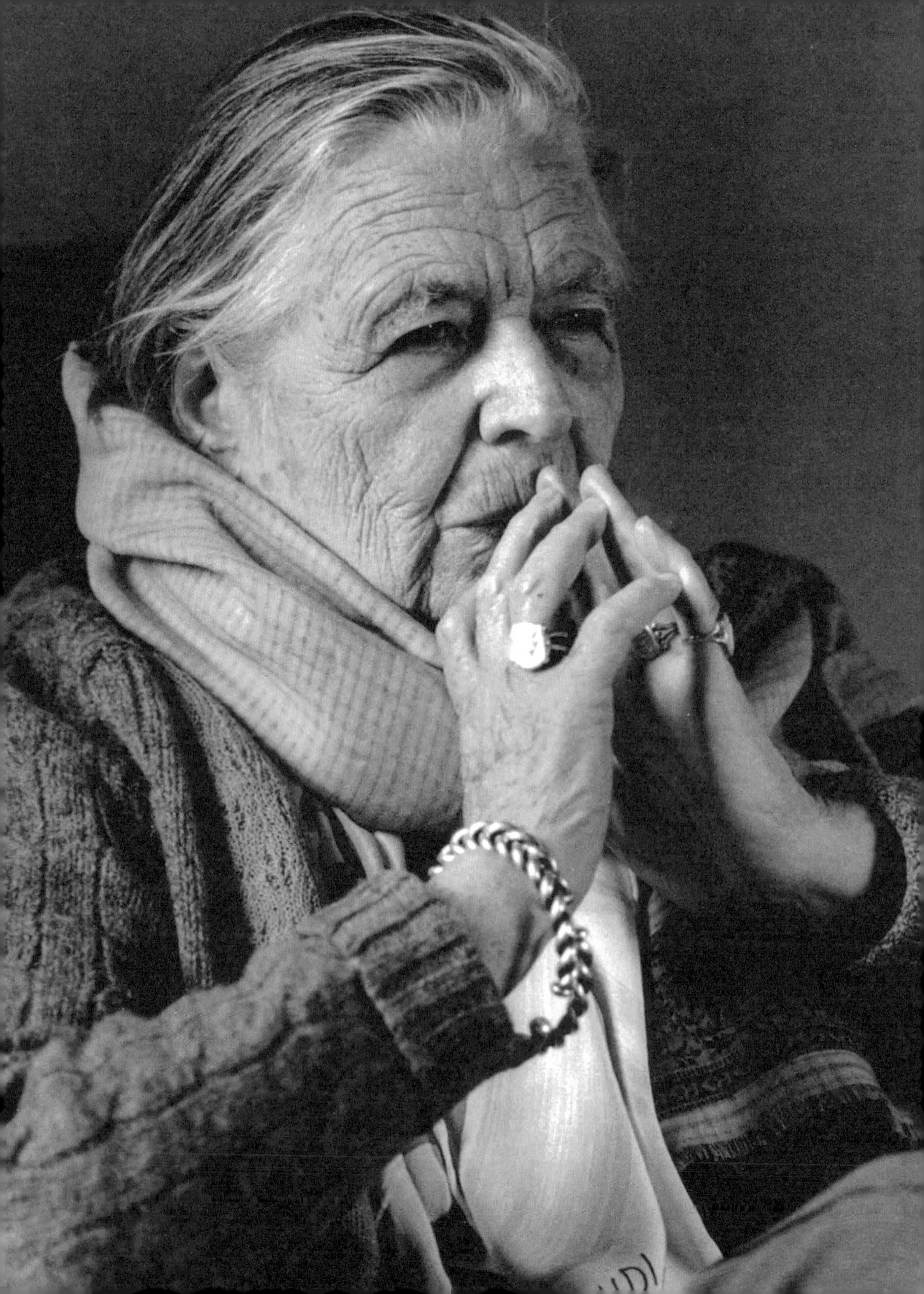

哈德良回忆录 Mémoires d'Hadrien

玛格丽特·尤瑟纳尔（Marguerite Yourcenar）

作者生平：1903年生于比利时，1987年卒于美国
作者教名：Marguerite de Crayencour
首次出版：1951年，Librarie Plon（巴黎）
英译书名：Memoirs of Hadrian

　　玛格丽特·尤瑟纳尔一直声名卓著，1980年她还当选为法兰西学院第一位女性院士。她的文学声名大部分是凭借诸如《哈德良回忆录》等作品确立的。小说的架构是临终的皇帝哈德良写给马库斯·奥勒留的长信，当时奥勒留还是青少年（之后奥勒留继承了他养父安东尼·皮乌斯的王位，统治罗马）。长信中哈德良叙述了他统治罗马二十年中的军政经验和所经历的历史事件的各个方面，从他的世俗经验提炼，并将之传递给他认为兼有判断力与远见的年轻人。哈德良思考了生命的基础——神秘的爱、肉体的需求、对人类命运的疑问——这是我们人人都有的焦虑，这让当代读者十分容易接受，远超出一位2世纪巨人的思想。

　　尤瑟纳尔的成就在于她探索的彻底性：读者很快就会忽略这是一部用哲学风格写成的小说，它的基调是一个行动的人审视和评估自己的存在。《哈德良回忆录》既受到古典学者的欣赏，也同样受到文学艺术圈持有话语权的大人物的赞许，甫一问世便为作者获得了国际性声誉。
ES

蜂巢 La colmena

卡米洛·何塞·塞拉（Camilo José Cela）

作者生平：1916年生于西班牙，2002年卒
首次出版：1951年，Emecé（布宜诺斯艾利斯）
英译书名：The Hive
诺贝尔文学奖：1989年

　　《蜂巢》的标题是指马德里拥挤的形形色色的人，人们在这座城市里过着挤压的生活，就像蜜蜂在蜂巢里。小说没有主题或者主要人物，总共有三百多个人物，大多数人来自中产阶级，被战后的严酷环境所摧毁。他们的生活非常普通，受到疾病（结核病）或者债务的困扰，有人甚至沦落入卖淫业。他们与性纠葛，他们的交流隐含着战争时期的话题——火力班、监狱或者保守的原则（"阶级"来自血统，一个人必须是西班牙人或者天主教徒）。这是被否定和不被信任的西班牙。作者通过"叙述者"讲述的所谓的客观事件来连接整体架构，它植根于对地点和角色的重复，其中最主要的是多纳罗萨咖啡厅和逃亡犯"知识分子"马丁·马尔克。

　　小说影响了所谓"世纪中期的一代"作家，他们继承了作品的批判和社会抗议的思潮，这是塞拉始料未及的。塞拉没有描述蜂巢居民根本上的肮脏性，他也不想指出原因和罪疚。他看待任何事物都意图采用宿命论的方式，在见证背叛和残酷的同时看到了同时发生的虔诚。塞拉凭借对语言的超卓控制，限制了自己叙述堕落现实的事实，于是他实现了惊人的成就：尽管这部小说没有尖刻的批评，却让读者爱不释手。**M-DAB**

◀ 玛格丽特·尤瑟纳尔的这张肖像照由佛拉芒摄影师伯恩哈德·德·格伦德尔于1982年在巴约勒拍摄。

智血 Wise Blood

弗兰纳里·奥康纳（Flannery O'Connor）

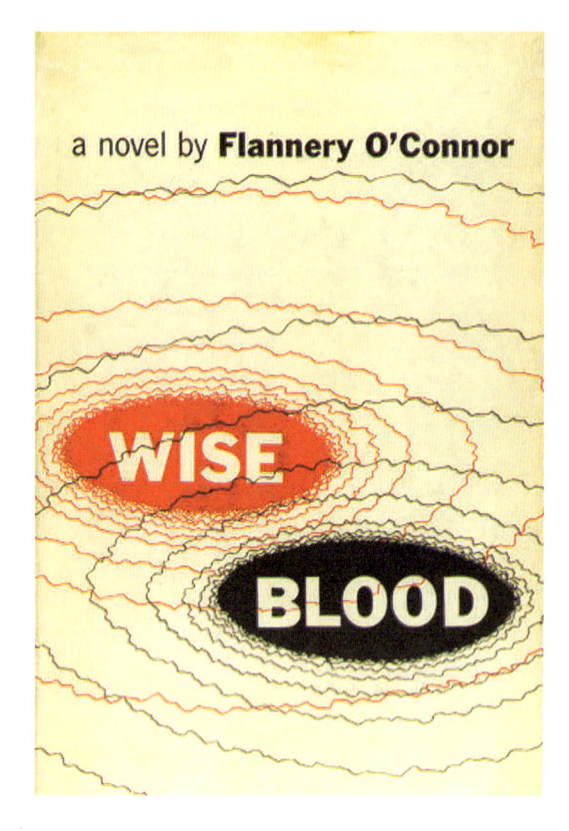

作者生平：1925年生于美国，1964年卒
作者全名：Mary Flannery O'Connor
首次出版：1952年，Harcourt, Brace & Co.（纽约）
原著语言：英语

　　从1952年出版以来，弗兰纳里·奥康纳的《智血》就成为几部定义所谓"南方哥特式"小说的名著之一。这部作品充满了南方的浓烈湿热和宗教热诚。

　　故事的主人公是名为哈泽尔·莫特斯的青年。哈泽尔·莫特斯在一个绝不妥协的保守家庭长大，在军队服役一段时间后回到家乡，他的宗教信仰被战争的经历所摧毁。为了应对他新发现的失落感，他建立了自己的教堂：没有基督的教堂。这座教堂"聋者不能听、盲者不能视、跛者不能行、哑者不能言、死者不能复活"，哈泽尔成为异端的反神父者，一个街头的背教者传教士，热情推动着他去拯救基督身边的人。然而，他越将自己推离信仰，他对救赎的渴望就越深。

　　《智血》充满了不适应社会者、小偷、花言巧语的骗子、卑鄙小人和伪先知。小说部分是神学的寓言，部分是对现代文化中上帝位置的沉思，部分是古怪冲动的喜剧。它讲述了奇迹与谋杀、情欲满满的肉体与纯净的灵魂、盲目与幻视、暴力与治愈。奥康纳展现了她成长的南方的乡村的复杂景象。小说分析了许多南方神话和偏见，同时又向它的传统、继承与反抗致敬。精练的文体即使在最小的细节处都展现了洞察力和美妙之处，敏感地写出了信仰和怀疑两者间的转换力量。《智血》的世界严酷、晦暗，来自人心暗处，但也充满了上帝的恩典。**ST**

没有什么紧要事情，除了耶稣是一个骗子之外。

▲《智血》是奥康纳的第一部小说，第一版的封面上作者的名字并没有处在显要位置。

老人与海 The Old Man and the Sea

欧内斯特·海明威（Ernest Hemingway）

作者生平：1899年生于美国，1961年卒
首次出版：1952年，C. Scribner's Sons（纽约）
原著语言：英语
普利策奖：1953年

《老人与海》远离了海明威早期作品的风格，对于这部作品，评论界有两种完全不同的评价。在这个完美构建的微型作品框架内，能找到许多萦绕着作为作家和男人的海明威的主题。他使用极富特色的精练语言唤起了古巴渔村的日常生活。作者用简洁的风格塑造了渔夫圣地亚哥的形象，如同这位老人只通过耸动有力的肩膀就表达出一种不容置疑的不屑一顾。年龄和运气都不在圣地亚哥这一边，他知道要远离大陆深入深水的湾流区域，自己必须"远超其他人"。这是小说最后的戏剧，在空旷的海天舞台上演出。

众所周知，海明威十分痴迷于人在面对自然的挑战时将其征服，以证明自我价值的理念。当老人钓起比他的船还要大的马林鱼时，他测试了自己的极限：老人双手流血、用尽全力把钓马林鱼的线尽可能地拖近鱼叉。通过抗争他证明了人类为了胜利，有忍受艰辛与苦难的能力。小说也饱含海明威对大海深沉的热爱与深厚的了解：大海有着无情的残酷和善意，让他驰骋其上。

小说的自然本质——焦油、盐和鱼血的味道，老人的痉挛、晕船和力竭后的暂时失明，大鱼恐怖的死亡抽搐——都安排在远离人世晕眩的光和水中，晃动的大海让人倍觉孤立。整个叙述在持续地拉拽，一会儿被拖后一点，一会儿又被拉近前来。这是一本需要独自安坐阅读的书。**TS**

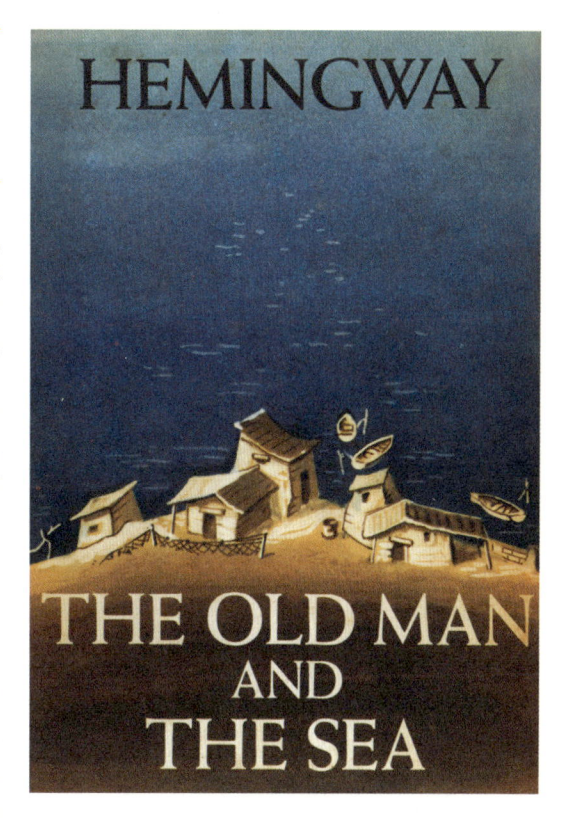

人可以被摧毁，但不能被打败。

▲ 第一个英国版本由约纳坦·卡普出版社出版，其封面图描绘了小说中的古巴渔村。

看不见的人 Invisible Man

拉尔夫·艾里森（Ralph Ellison）

作者生平：1914年生于美国，1994年卒
首次出版：1952年，Random House（纽约）
原著语言：英语
美国国家图书奖：1952年

《看不见的人》是拉尔夫·艾里森唯一的一部小说，很多人认为它是美国黑人文学中最伟大的小说之一。艾里森的主角之所以不可见是因为他身份的不可见（也就是黑人身份的不可见）——主角的种种面具与个人经验和社会幻象的力量都产生了冲突。

小说独特的品质在于它巧妙地结合了对身份的存在主义的质疑——社会和种族意义上的"不可见"——不过在社会政治隐喻上更偏向非裔美国人在美国经历的历史。第一人称的叙述者没有名字，他反思性地倒叙了自己从种族主义严重的南方到敌意稍弱的纽约的经历，自己在生活环境和交际对象的超现实性的环境中穿梭。《看不见的人》可以和萨特与加缪的存在主义小说比较，也构造出一个个人对身份的自我定义与集体对自我的定义的抗争的故事。叙述者经历了非裔美国人被限制的种种社会现象：接受过南方教育的被奴役的祖父母、与布克·华盛顿在一起的模特们、哈勒姆政治的全部方面。艾里森在展现主人公的这些经历时有着近乎社会学家般的明晰，他把特定的人、事和环境巧妙地融入小说，包括从反讽的称为"自由涂料"的噩梦世界到兄弟会的阴谋。在这个过程中，艾里森对黑人文化中的思想资源进行了同情而深刻的批评，比如宗教和音乐。他的基调凶猛、具反抗性，也带着幽默感，混合了各种语法和文种，对于政治的存在提出了冷静的质疑。**DM**

我是看不见的人。

◐ 这是艾里森的友人戈登·帕克斯拍摄的系列照片之一，也是《看不见的人》的视觉表达。

◐ 帕克斯的另一幅照片呈现了艾里森来自地下的看不见的英雄："我必须到来，我必须浮现。"

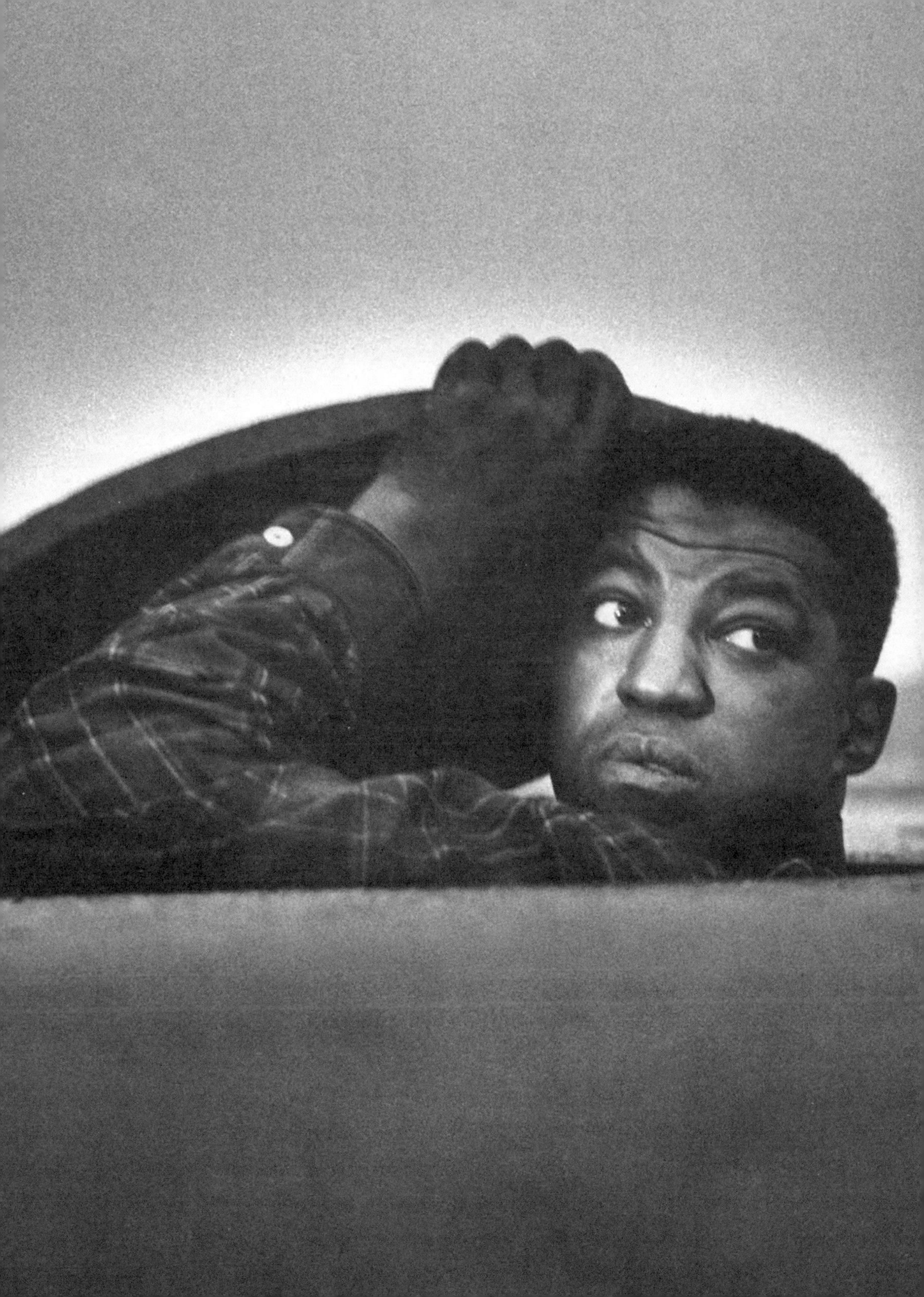

法官和他的刽子手 Der Richter und sein Henker

弗里德里希·迪伦马特（Friedrich Dürrenmatt）

作者生平：1921年生于瑞士，1990年卒
首次出版：1952年，Benziger（艾因西德伦）
原著语言：德语
英译书名：The Judge and His Hangman

《法官和他的刽子手》写作之时，弗里德里希·迪伦马特正活跃在战后的德国，他是剧作家、小说家、散文家、舞台导演和画家。这部小说讲述了瑞士偏远地方的一次充满悬念的谋杀事件。作者布莱希特式的极简主义舞台作品风格在这部气氛感浓烈的小说中得到缓冲。在这个不祥和的、惊悚的世界背景中开始了警长巴尔拉赫的故事：他正在调查同事施密德被谋杀的案情。进入衰年的巴尔拉赫的调查才能没有受他生理衰落的影响，不过他还是把大量的侦探工作交给了自己的同事查尼斯。两人开始了痛苦的调查（巴尔拉赫是大脑，查尼斯是手足），但是线索寥寥：被谋杀于车中的施密德身着晚装，路边有一粒子弹，在受害者被杀的当夜他的日记中有一个词条：只有一个字母"G"。这条最后的线索引导巴尔拉赫和查尼斯来到冷漠、神秘和聪明的加斯特曼（Gastmann）家。

这部小说是迪伦马特首部在美国出版的书，对现代侦探工作主题的强调毫不亚于它神秘的剧情。对政治手段的批评交织在剧情和对人类缺陷的同样重要的研究中，尤其是最后一个方面把本小说和其他犯罪小说区分开来。**JuS**

> 人类越依赖计划前进，遭遇偶然的机会也越大。
>
> ——弗里德里希·迪伦马特，1957年

▲ 弗里德里希·迪伦马特不仅靠他的犯罪小说成名，他的前卫戏剧和讽刺故事也很著名。

佳媛 Excellent Women

芭芭拉·皮姆（Barbara Pym）

作者生平：1913年生于英国，1980年卒
首次出版：1952年，Jonathan Cape（伦敦）
原著语言：英语

  《佳媛》的背景是战后的伦敦。因为住房紧张，英俊的海军军官罗金汉姆·拿皮尔和他的妻子——人类学家海伦娜搬到了皮姆利科公寓。他们在公寓和故事叙述者米尔德瑞德·拉斯布里共用一间浴室。米尔德瑞德生活中以贩卖废旧物品为业，靠慈善接济，她深感生活的单调苦闷。随着她被卷入拿皮尔家极其不同的生活，一种让人烦恼的爱情暗示让她的沮丧感浮上表面。在公寓中感情的纠缠让剧情变得复杂，米尔德瑞德与海伦娜的同事、人类学家艾夫拉德·波恩偶然发展出了感情关系。

  所有芭芭拉·皮姆的早期小说——六部在1950年到1961年出版——都闪耀着机智和各种创意。她对日常生活语言的种种荒诞性有着超凡的记忆，对角色的观察也十分敏锐。《佳媛》之所以成为她最优秀的作品，就在于作者投入极大感情以第一人称叙事。米尔德瑞德被她周围自私冷漠的人们剥削与忽视，但她抛弃了自怜。所以，在20世纪60年代，皮姆无法出版自己的作品也就不足为奇了。在她的世界中，自我膨胀的解放姿态没有立足之地（即使米尔德瑞德允许自己购买一款不合适的唇膏"夏威夷之火"）。米尔德瑞德坚持着底层生活的命运，保持了正派和幽默感，从日常生活的点滴中汲取安慰和欢娱。这部精心构筑的作品中充满了心酸的插曲和喜剧。

RegG

千只鹤 千羽鶴

川端康成（川端康成）

作者生平：1899年生于日本，1972年卒
首次出版：1952年，讲谈社（东京）
英译书名：*A Thousand Cranes*
诺贝尔文学奖：1968年

  川端康成是第一位获得诺贝尔文学奖的日本小说家。在这部小说中，他精心编织了在日本传统茶艺的帷幕掩盖下的性关系网。菊治在父亲死后，陷入了父亲遗留的世界，一面和父亲的情人太田夫人过从，一面被他父亲抛弃的情人近子所控制。菊治为了通过父亲的女人找回对父亲的记忆，一直不愿为自己选一个年轻的其他女性。不过，另一个让人难以忘记的女孩和太田夫人的女儿也是菊治潜在的情人。

  私有品从一代人传递到下一代，感情和激情也通过同样的手传递，只不过是通过不伦的关系和腐朽的野心。川端康成注明他并不想唤起茶道的美好一面，而是"茶道如何变得堕落与粗俗"。这个世界中，清洁与肮脏、欲望与厌恶的界限在对纯洁的无望追求中不断被提出和抹除。

  标题反讽地浓缩了川端康成对被侵蚀的传统的哀悼，以及对肉体与精神难以满足的困境的悲哀。千只鹤在传统上象征了长久和幸福的婚姻，实际上是不能获得的幻象。悲剧的是，川端康成像他书中的一个角色那样承担了同样的命运，最终自杀离世。他的遗产是把日本的美学带给了更广的西方读者，也为日本文学现代身份的塑造做出了贡献。**HH**

向苍天呼吁 Go Tell It on the Mountain

詹姆斯·鲍德温（James Baldwin）

作者生平：1924年生于美国，1987年卒于法国
作者全名：James Arthur Baldwin
首次出版：1953年，Knopf（纽约）
原著语言：英语

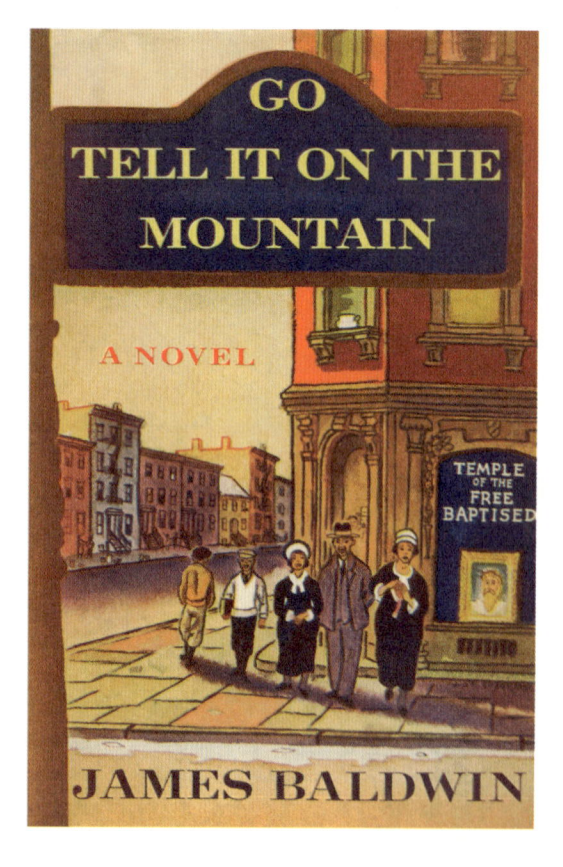

这部半自传体的成长小说聚焦于主人公约翰，他的社会关系复杂又脆弱。在庆祝自己十四岁生日的夜晚，约翰不巧进入了养父加布里埃尔的哈莱姆教堂"打谷场"，邂逅了成年人启蒙的高潮。约翰相信加布里埃尔是他的生父。加布里埃尔在狂野的少年时代是颐指气使的浮薄人物，青年时期的他经历了宗教的觉醒，开始乞求上帝的赦免。加布里埃尔与约翰的母亲成婚是为了帮助她摆脱单亲母亲的困境，但加布里埃尔谴责她对约翰无怨无悔的爱，因为这表明她对约翰的私生子身份以及她和约翰生父（她的第一个情人）的关系丝毫没有感到羞耻。加布里埃尔在第一次婚姻中也是一个私生子的父亲——在忏悔的外表下，他一直隐瞒着这个秘密。他沉默地监护着自己的亲生儿子：后者艰辛地生活，死的时候很年轻，也很凄惨。

加布里埃尔的大多数历史都是约翰不知道的，这个敏感的男孩能准确预感哈莱姆给黑人青少年带来的各种麻烦，尤其是那些没有被机构（通常是教会）监护的青少年。约翰受到教会的年轻领导者艾丽莎的爱意的支持。她有种强烈和欢乐的同性恋心理，约翰想象可以在教会营造满意的未来。他的养父有制定教条、注释和执行教条的义务，但在实践中却是用残酷的恶意去惊吓和羞辱宗教的信徒，让他们变得完全服从。约翰的基本生理与情感枯竭导致他幻视般的改宗，他有了清晨某个时刻的凯旋，无论多么短暂。**AF**

我的手上不想沾染男孩的血。

▲ 鲍德温十几岁时当了三年的传教士，教会的影响在他的作品中仍然很明显。

皇家赌场 Casino Royale

伊恩·弗莱明（Ian Fleming）

作者生平：1908年生于英国，1964年卒
作者全名：Ian Lancaster Fleming
首次出版：1953年，Jonathan Cape（伦敦）
原著语言：英语

我们被布洛柯里的詹姆斯·邦德电影深深误导。肖恩·康纳利可能把握住了弗莱明造物的那种冷峻无情的特点，但从第一部开始，邦德电影就拒绝挖掘更严肃的内涵，从康纳利的冷笑话一直发展到罗杰·摩尔拱起的眉头。《皇家赌场》是弗莱明的第一部邦德小说，最初拍摄成电影被人嘲笑，饰演邦德的是大卫·尼文；不过在2006年，明星丹尼尔·克雷格的那一版有了更加严肃的诠释。小说中的一切——从冷战中非白即黑的意识形态，到当时近乎不可能的香醋沙司和鳄梨果的异域开局，以及法国北部衰败的赌场小镇——都呼应了小说在20世纪50年代写作的时代背景。

小说的剧情很简单，甚至可以说只有大纲。反派叫拉·奇富，一个在法国活动的苏联间谍，他挪用了克格勃的资金，在法国赌博，希望填回损失。邦德是英国情报机构最有本事的赌徒，所以机构派遣他去皇家赌场，在赌局上击败拉·奇富，以便摧毁他和他的法国情报网。小说简单交代了邦德的一生，用二十五页叙述了巴卡拉纸牌赌博游戏，还生动地描写了一场汽车追逐戏和一场猎奇的酷刑折磨，以及一场营救活动。小说的最后几个章节有趣地用一定篇幅描写了邦德在养伤痊愈期间和维斯帕·林德的关系，她也是第一位"邦女郎"。小说的尾声爆发出毫无理由的背叛和仇女情节。小说文笔艰涩、冗肿，细节处处透露出拜物情结（我们从中知道了邦德的标志物——马天尼）。只有在对赌博和鞭刑的描写中（弗莱明最热衷的追求），写作才没有偏离主线。不过，本书和它的英雄人物有着同样的观感："沉默、残忍、讽世和冷酷。" **PMy**

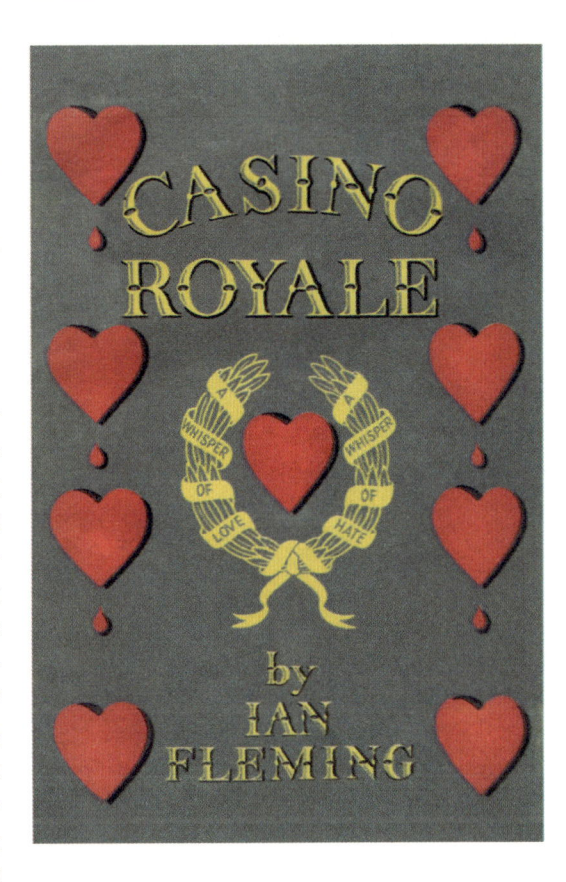

伏特加加干马天尼。

▲ 弗莱明将他在英国海军情报部门的工作经验，作为他间谍幻想小说的背景。

20世纪 | 483

瘾君子 Junkie: Confessions of an Unredeemed Drug Addict

威廉·巴勒斯（William Burroughs）

作者生平：1914年生于美国，1997年卒
首次出版：1953年，Ace Books（纽约）
原著语言：英语

威廉·巴勒斯有很多被历史铭记的理由：他是文学界的破坏偶像者，他的写作和对艺术的敏锐实验主义被人尊敬，他的"冷酷性"影响了一代艺术家、电影导演和音乐家。巴勒斯被世人贬低为一个平面人物。今天，他的遗产不可避免地被很多没有目标的药物成瘾者与浮躁的"实验主义者"用来做挡箭牌，而忽略了他写作的实际深度。巴勒斯是一位作家，而不是用来作为表面装饰的花巧人物。他用看上去最恰当的技巧来书写自己的人生。他的《裸体午餐》（见本书第540页）使用了高度的抽象主义来描述20世纪中期丹吉尔多国文化和妄想气氛浓郁的环境，以及那里的吸毒者戒除毒瘾的过程。其他的作品，诸如《瘾君子》和《奇异》（Queer），则使用了更加简化的叙事方法。

《瘾君子》的意图是把《裸体午餐》的内部世界表现为当代的外部现实。这是一部半自传体性质的作品，勾勒了作家和那些瘾君子的关系，他们从早期接触毒品发展到长期的依赖。《瘾君子》是一个人的故事，而不是一个浮华的卡通违法者的传奇。巴勒斯公开地描写了毒品的邪恶圈子，也指出社会把吸毒者视为替罪羊，来隐瞒社会本身的慢性衰竭和毒瘾。本书的重要性在于它的真诚：它用真正的简洁性表达了巴勒斯的经典观念，顽强地动摇了那些想把本书作者变成米老鼠的那种消费式的"反文化"。**SF**

他为自己保留它。

● 1959年巴勒斯的照片，有着一个瘾君子的可怕脸色，完全没有显现出他写作时最宝贵的冷幽默。

幸运的吉姆 Lucky Jim

金斯利·艾米斯（Kingsley Amis）

作者生平：1922年生于英国，1995年卒
首次出版：1953年，V. Gollancz（伦敦）
原著语言：英语
毛姆奖：1953年

在金斯利·艾米斯凭借他的第一部小说《幸运的吉姆》获得大众的欢迎前，已经出版过几部诗集。这部小说对定位英国战后小说的方向颇有影响。《幸运的吉姆》是毁坏偶像的讽刺小说，它无视保守社会的传统，而且非常有趣。小说讲述了吉姆·迪克森的故事，他是一个卑微但机敏聪颖的助教，在一所没有名气的外省大学工作。他意识到自己做了一个糟糕的职业选择。他认为自己的研究——中世纪历史——是乏味和迂腐的，他再也无法忍受在研究机构遇到的可怕情况和他被迫生活其中的沉闷小镇。运气离吉姆很远，他勉强掩饰对同事的鄙夷，尤其是荒唐的教授威尔克。吉姆在没有准备的狂醉状态下进行了一次"美好英格兰"的演讲，存心戏仿、嘲讽了学校的权威。不过最后，他终于离开学院，找到了更好的工作和一位女孩。

《幸运的吉姆》通常被视为一部英国化的小说。吉姆·迪克森是知识分子，但是不愿按照世俗的期待展现他的优点，反而挥霍这种智力。小说实际上是有关受到挫折的野心和才华的故事，把英格兰展现为乏味的荒原，没有趣味的骗子统治、管理着它。小说写作气魄非凡，作者有着敏锐的观察力和嘲讽能力。它包含了大量华丽的漫画化描写与段落，尤其是小说的开始，吉姆反思自己没有价值的研究。最精彩的片段是威尔克教授家的文化周末聚会描写。聚会的结尾可能是英国小说中描写得最好的宿醉。**AH**

做你想做的事情。

▲ C. P. 斯诺给了艾米斯的小说有力的支持，在此前两年他出版了自己的校园小说《大师们》。

消失了的足迹 Los pasos perdidos

阿莱霍·卡彭铁尔（Alejo Carpentier）

作者生平：1904年生于瑞士，1980年卒于法国
首次出版：1953年，Edición y Distribución Iberoamericana de Publicaciones（墨西哥城）
英译书名：*The Lost Steps*

《消失了的足迹》是这位在洛桑出生的古巴作家的第三部小说，作家通常的手法发生了变化。这是卡彭铁尔少数几部非历史作品之一，也没有设置在加勒比世界的环境中。卡彭铁尔在这里讲述了一位当代的朝圣者对文明的起源和个人身份的求索，这是他最具自传性的作品。的确，我们毫无违和感地看到作者打扮成南美的音乐学家兼作曲家。他放弃了在欧盟的舒适位置，在委内瑞拉的雨林中寻觅某种原始乐器。

旅程采用日记的形式叙述，这次旅行也是主角逃避灵感枯竭和他与妻子冷漠关系的旅程。在雨林中主角发现了他寻觅的乐器，也发现了混血美人罗萨里奥，他完美的伴侣。主角还获得了继续写作一部未完成的康塔塔的灵感，如果在现代的城市，作品永远不可能完成。他最后获得了激情和艺术，但失落了一件东西：在雨林待下去的理由。主人公屈从于回家的诱惑，这是一个致命的错误。在他停留的过程中，大自然让回去的路发生改变，回去已经不可能。小说的最后，博学的漫游者被一条河流阻隔。卡彭铁尔试图传达现代艺术家的困境：在两个不可调和的世界中的失落。**DMG**

温室 Das Treibhaus

沃尔夫冈·克彭（Wolfgang Koeppen）

作者生平：1906年生于德国，1996年卒
首次出版：1953年，Scherz & Goverts（斯图加特）
原著语言：德语
英译书名：*The Hothouse*

《温室》的背景设置在联邦德国政府统治早期的首都波恩，小说描写了一位理想主义政治家基腾休夫人生的最后阶段，他最终戏剧性地跳入莱茵河自杀。小说出版时在德国引起了轩然大波，大部分是因为克彭无情地审视了当时新的权力走廊的形成，他诊断了已经逐渐成形的妥协、玩世不恭，甚至腐败的权力网。

克彭本人把本书描绘成"失败之书"，但是基腾休夫的失败感动了读者，因为这是理想主义和正义同时被击败的失败。小说的开始就是基腾休夫年轻的妻子埃尔克的死亡，她被家族的遗产纠纷以及基腾休夫的漠视打击，沉湎在酒精和放荡的生活中。如同埃尔克那样，小说的人物都有难以和过去调和的困难：对纳粹主义的负罪感阻碍了德国的社会变革。基腾休夫所有的失败留给读者的都是英雄的印象，他和一个重新军事化的国家作战，为了和平奔走呼吁。虽然他的抗争以失败告终，但雄辩与冷静表达让本书成为描写战后德国早期历史和政治对个人影响的一部关键作品。**AB**

▶ 克彭（车上）在1954年完成了他的最后一部小说，四十二年后作者才去世。他为什么停止写作，迄今仍是个谜。

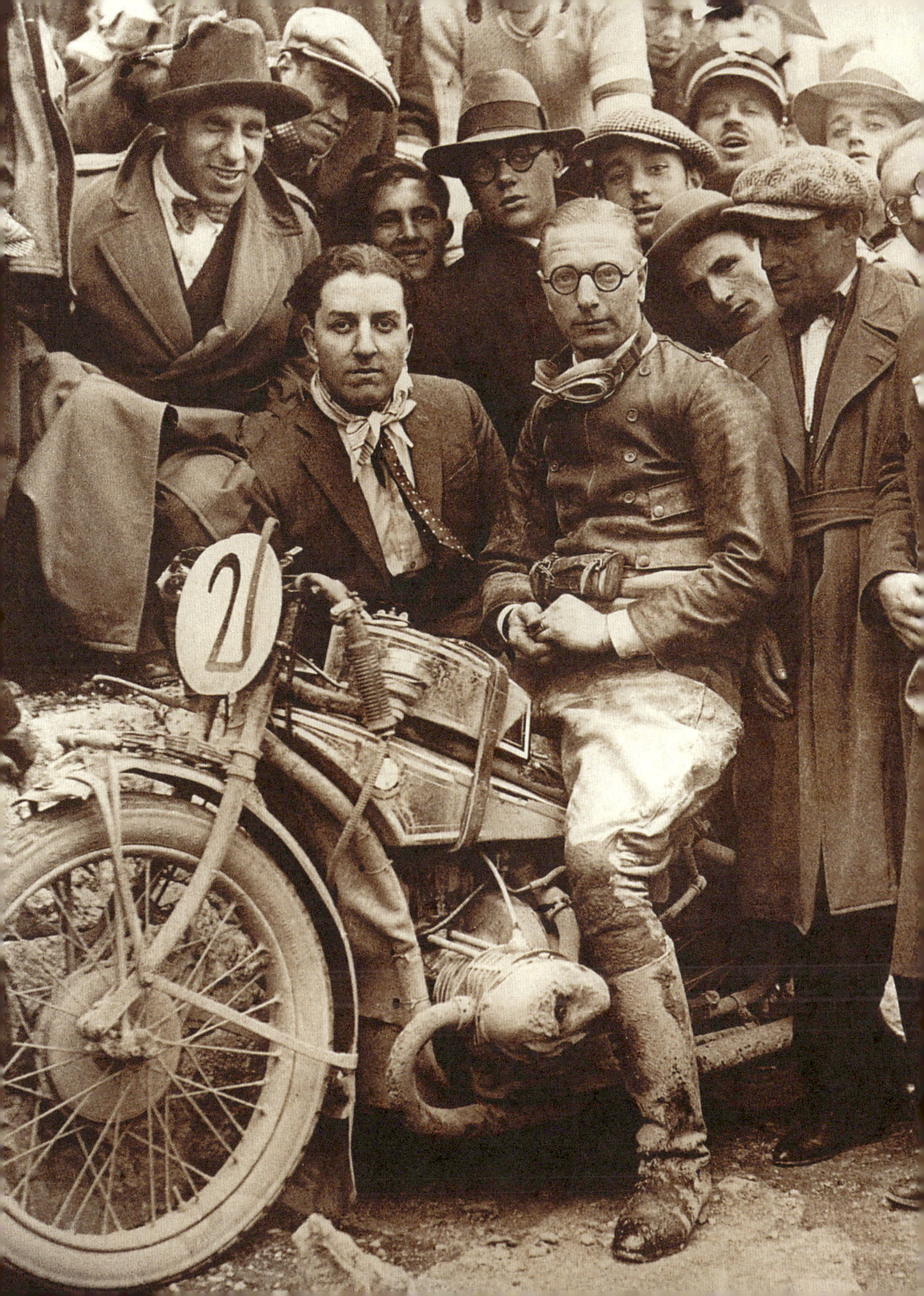
2

漫长的告别 The Long Good-Bye

雷蒙德·钱德勒（Raymond Chandler）

作者生平：1888年生于美国，1959年卒
首次出版：1953年，Hamish Hamilton（伦敦）
原著语言：英语
改编电影：1973年

本书是雷蒙德·钱德勒成熟期的作品，写于菲利普·马洛这个名字家喻户晓后的十多年。《漫长的告别》一直被褒誉为钱德勒最杰出的成就。从《长眠不醒》（1939，见本书第404页）开始，钱德勒就把主流文学的精巧构思嫁接到低俗三流小说的类型模板中。《漫长的告别》也同样可以被看作美国小说极有意义的作品。

私家侦探马洛帮助特里·莱诺克斯逃亡到墨西哥，之后马洛发现自己可能无意间协助了一个谋杀犯逃跑。不只如此，特里还制造了自杀身亡的假象，这让马洛被疑团和责任的缠人大网包围。钱德勒小说中的谜团经常只被作为一个切入点，以进行更大、更广的社会观察，本书十分鲜明地体现了这点。马洛解决问题的过程让他闯入了闲人谷腐败而闲适的世界，这也是小说更大的讽刺目的所在。钱德勒离开了都市的"贫民街区"，更多地展现了马洛的文化教养一面（对福楼拜的借鉴，在20世纪50年代的犯罪小说中并不常见）。最初的侦探行动最后退为背景：在钱德勒的世界，解决犯罪并不能把无辜还给人们。现在的侦探小说通常倾向更严肃和富有共鸣的文学性，这是冷面与寡言的《漫长的告别》开启的可能性。**BT**

迄今没有向他们说告别的方法。

▲ 英国第一版的封面更注重吸引眼球的惊悚小说的传统，而不是更加复杂的文学象征。

送信人 The Go-Between

L. P. 哈特利（L. P. Hartley）

作者生平：1895年生于英国，1972年卒
首次出版：1953年，Hamish Hamilton（伦敦）
原著语言：英语
改编电影：1971年

  L. P. 哈特利的半自传体小说建构在利奥·克尔斯顿的反思性叙述上。已近暮年的利奥·克尔斯顿回顾自己的童年和在他富有的同学家中度过的夏天。利奥在同学马库斯家居住的日子里卷入了他朋友的姐姐玛丽安和当地农夫特德不被接受的社会关系中。

  利奥成为本书标题所述的"送信人"，他卷入的这场不伦之恋败坏了爱德华时期英格兰限制极多的阶级规则。利奥意识到性的欲望，他带着痴迷和恐惧看待那两人。帮助二人关系的确立是利奥成年的催化剂，也加速了利奥童真的消逝。利奥成年后回顾这些事件，他对玛丽安和特德的厌恶十分明确，但是利奥的怀旧感并不止于性的纯真的失去：小说强烈地折射了爱德华时期阶级的动荡变化，利奥内在的反思是对渗入生活方式的阶级区分的怀念。这是一部十分英国化的小说。利奥在一次板球比赛中产生了顿悟，这场板球赛对于他意味着"秩序和没有法律、顺从传统和否决传统、社会稳定和社会革命之间的斗争"。

  小说吸引人之处在于它不寻常地改变了社会阶级阻隔爱情的常见主题，但也保持了利奥叙事中深思熟虑的真诚。**JW**

黑孩子 L'Enfant noir

卡马拉·莱伊（Camara Laye）

作者生平：1928年生于几内亚，1980年卒于塞内加尔
首次出版：1953年，Plon（巴黎）
原著语言：法语
英译书名：The Dark Child

  非洲文学的大人物奇努亚·阿契贝曾经批评过卡马拉·莱伊的《黑孩子》，说它"太甜蜜了"。无疑，阿契贝是指小说第一人称的叙述者法托曼缺乏政治性的思考。法托曼最初是穆斯林小镇的一个孩子，之后成为适应都市生活的年轻人。但对西方读者来说，小说是非洲法语文学的一个早期范例，以第一手经验记录了当地部落的生活细节，包括割礼仪式和金银器贸易的细节。

  小说写作于卡马拉在巴黎学习机械学的时期，它是自传体，用鲜明的怀旧语调描述了卡马拉在几内亚的童年生活。卡马拉的父母据说都拥有超能力，作为他们的孩子，他是受人尊敬的马林科部落的宠儿，他成长的穆斯林社区远离法国的影响。直到后来，少年去库鲁萨旅行，之后又去了科纳克里和巴黎，他遇到了农村和城市、非洲和欧洲之间的困境。

  1956年，卡马拉回到了非洲，最终获得了一个政府职位。在政府任职期间，他和几内亚独立后的总统塞古·杜尔关系不善，时常被投入监狱，最终被杜尔流放。卡马拉没有能力重新调整他在非洲的生活，在他的下一部小说《非洲之梦》（1966）中反映了这一点，那部小说有着鲜明的政治性，强化了《黑孩子》的新颖感。**JSD**

春日 Pomladni dan

契里尔·科斯马奇（Ciril Kosmač）

作者生平：1910年生于斯洛文尼亚，1980年卒
首次出版：1954年，Preservnova druzba（卢布尔雅那）
英译书名：*A Day in Spring*

在第二次世界大战结束后的几天，契里尔·科斯马奇在5月的清晨苏醒。这是他经历了十五年的流放和战斗后回到故乡的第一天。他被童年和青春期熟悉的事物搅起了心中的波澜，他经历的情感事件在记忆中保持了最初经历时的所有纯洁感。现实和怀旧之情交织在一起，好像从望远镜的一端来观察事物。结果是细腻的辛酸感，同时在意识中交错着失落和遗憾。

回归的男人发现他陷在两个世界之中——一个是被放逐的世界，沉默和疏远，尽管有着十五年来的熟悉感；另一个是伊德里斯河冲刷的山阴背后。这种个人的搁置和猜想状态在更广的社会语境的内部重组，在平行的不确定性背景下展开——"一战"后斯洛文尼亚从奥匈帝国的统治下获得了部分独立，最终在"二战"后从意大利获得了完全的自治，然后加入了南斯拉夫。因为科斯马奇大师般的技巧，他的叙述在保持了轻盈的象征主义的同时，没有退化为寓言。政治世界和个人世界紧密地焊接起来，不可分割。个人的命运天衣无缝地渗入集体的共同命运中。**MWd**

鄙视 Il Disprezzo

阿尔贝托·莫拉维亚（Alberto Moravia）

作者生平：1907年生于意大利，1990年卒
首次出版：1954年，Bompiani（米兰）
原著语言：意大利语
英译书名：*A Ghost at Noon*

就像阿尔贝托·莫拉维亚的大多数作品那样，小说是对政治的控诉：资本主义的文化把知识分子变成了纯粹商品的制造者。主人公里卡尔多·莫尔特尼是个失败的知识分子，他背叛了自己的理想成为一位剧作家，把自己的灵魂出卖给了消费主义，靠写作剧本赚取金钱。他自我安慰道，这样做能付清为妻子艾米莉亚购买的公寓钱，让她快乐。莫尔特尼不断地失去现实感，无法注意发生在他周围的事情，看不到妻子不再爱他。他在怀旧和悔恨中爱上了一个幻象，或者说"鬼魂"（英译书名是"正午的鬼魂"）——艾米莉亚以前的样子。

莫尔特尼逃入希腊神话。神话的主人公们生活的世界，人际关系简单、直率。莫尔特尼面对把《奥德修斯》改编成电影的挑战任务时突然发现这个荷马的文本有着他存在意义的关键东西。奥德修斯和莫尔特尼被相似的命运联系在一起：他们各自的妻子佩内洛普和艾米莉亚鄙视他们的消极和自我安慰。莫尔特尼相信艾米莉亚对自己非常忠诚，无视导演对她的追求；而她则感觉受到了伤害，认为自己被廉价地出卖来稳固丈夫的地位。她对他的鄙夷与日俱增，最后对着莫尔特尼的脸唾骂，在卡普里岛抛弃了他。**RPi**

O娘的故事 Histoire d'O

波莉娜·雷阿日（Pauline Réage）

作者生平：1907年生于法国，1998年卒
首次出版：1954年，Pauvert（索镇）
原著语言：法语
英译书名：The Story of O

波莉娜·雷阿日是一个复杂的面具。它是多明尼加·奥利（Dominque Aury）的笔名，而这个名字又是安娜·德斯克拉斯（Anne Desclos）的笔名。她是法国的记者兼翻译家，1954年她出版了《O娘的故事》，这使得她成为文学史上最著名的色情作家之一。"雷阿日"是特意为《O娘的故事》创造的笔名——她的情人让·保罗翰（Jean Paulhan）说没有一个女人能够写作一部色情小说，《O娘的故事》就是她的回答。小说是情人争执中产生的最彻底、最具挑战性的杰作之一。

小说的特色不在于它的剧情，而在于它的行文方式，尤其是雷阿日的控制力：她叙述的O娘屈服于折磨和凌辱的过程与之后的个人反思。强烈的情欲效果是通过语言与心理内容的某种不协调实现的。如果说语言是用来模拟O娘精神和生理上承受的暴力，那么这种语言就被粉碎和缩减为不连贯的尖叫。行文被雷阿日克制，进展得无波无澜，以不变的步伐叙述了一系列堕落的性事件。最终O娘换上猫头鹰的面具后消失，但小说最贴切的面具是它自身。《O娘的故事》是部让人震惊的小说，同时也是用大师的手法写作的乏味之作。它告诉我们：深刻的情色欢娱经历是植根于乏味的恐惧中的。**KS**

在网下 Under the Net

艾丽丝·默多克（Iris Murdoch）

作者生平：1919年生于爱尔兰，1999年卒于英国
作者全名：Dame Jean Iris Murdoch
首次出版：1954年，Chatto & Windus（伦敦）
原著语言：英语

《在网下》是艾丽丝·默多克出版的第一部小说，抓住了战后欧洲旺盛的自由精神。小说神气活现的第一人称叙述者杰克·多纳古是一个漂泊的、贫穷的年轻作家，他珍爱这种自由。杰克没有家庭，没有信仰，没有永久的工作。他和一个女人保持着关系，仅仅是因为她有提供性和居所的能力。但是奇遇、不幸和一系列令人迷惑的误解让杰克深感震惊。他开始意识到别人在他对他们的看法之外有着各自的存在方式，世界的秘密是他不能想象的。接下来是一个完全消沉和对他的所爱真诚重估的阶段。杰克最终成为一位小说新星，他致力于创作作品，以讲述他最终发现的世界。

在快速的叙事表面下，是丰富的哲学思辨：默多克检验了自由的存在主义哲学：她询问爱意味着什么；她严厉地质疑是什么造就了一名优秀作家，又是什么构成了优秀艺术。这些问题之下是在探讨思想能多么准确地通过语言（也就是标题所说的网）来传达，艺术如何让我们远离现实，而不是让我们接近现实。杰克在伦敦的华莱士美术馆欣赏了《微笑的骑兵》，又去巴黎的美第奇基金会参观，这体现了默多克的信仰：艺术不能离开现实世界，尤其是"艺术和道德同一"。**AR**

蝇王 Lord of the Flies

威廉·戈尔丁（William Golding）

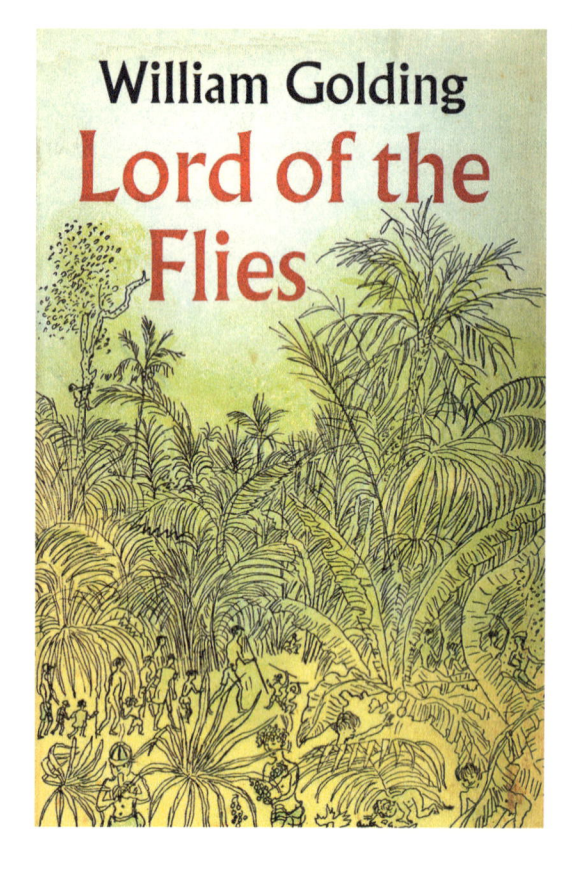

作者生平：1911年生于英国，1993年卒
首次出版：1954年，Faber & Faber（伦敦）
首部电影：1963年
诺贝尔文学奖：1983年

小说主要发生在学生之间，《蝇王》是对所有人类存在的两个对立冲突的精彩探讨：一方面人类有和平生活的本能，需要法律，把道德放在直接满足欲望的本能之上；另一方面，人类又有通过暴力攫取最高权力的冲动，为了集体的利益牺牲个人。

这个故事讲述了一群还是孩子的学生因为飞机在战争中被击落，困在一座热带岛屿上。在没有成人指导的孤立状态下，男孩们选出了一个领袖拉尔夫，他凭着微弱的得票优势击败了杰克（杰克当选为狩猎头领）。道德冲突是小说的核心——善与恶、秩序与混乱、文明与野蛮、法律统治和无政府——在书中的代表人物分别是机智、稳健的拉尔夫与野蛮但富有领袖魅力的杰克。男孩们分裂成两个不同的派别，他们的小岛社会陷入混乱。一些人的表现很平和，通过一起工作来维持秩序，实现共同的目标；另一些人则反叛，制造恐惧和暴力。受到惊吓的男孩们开始相信岛上有一个怪物，他们中的一员西蒙意识到野兽并不是外在的生物，而存在于他们每一个人的内心中。然后，西蒙被谋杀了。

这种对人类邪恶和原罪启人深思的探索反映了当时的社会现实，浓缩了戈尔丁本人在第二次世界大战中的经验，他见证了不再受到文明社会法律约束的绝望人类那种无人援手的野蛮。虽然这个精彩的故事局限在一座小岛上的一个小型男孩团体，但是它探索的主题却是更广的人类经验的中心。**EF**

- 戈尔丁小说的第一版问世时，公众正在焦虑人类具有毁灭性的本能。
- 彼得·布洛克在1962年的电影版使用的简约纪录片风格切合了小说的启示录主题。

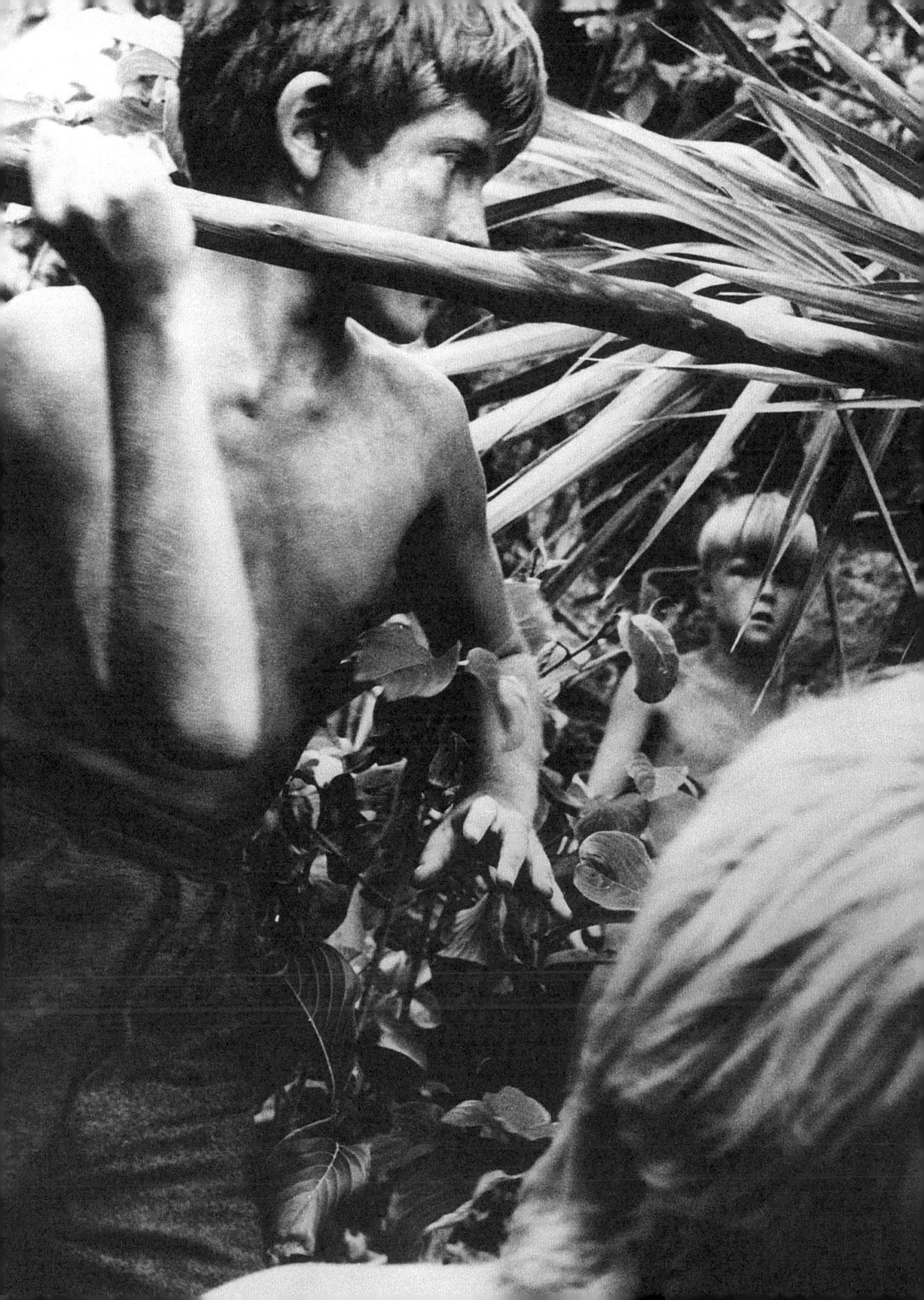

名士风流 Les Mandarins

西蒙娜·德·波伏瓦（Simone de Beauvoir）

作者生平：1908年生于法国，1986年卒
首次出版：1954年，Gallimard（巴黎）
原著语言：法语
英译书名：*The Mandarins*

亨利是《名士风流》中一位惨淡创作的作家，他新小说的开篇写道："我要表达什么样的真理？我的真理。但是这又意味着什么呢？"他的话表达了西蒙娜·德·波伏瓦小说质疑的核心，这反映了战后法国变化中的身份界定和文化实践。

《名士风流》的焦点落在1944年之后几年巴黎的一个知识分子团体上，它用近乎史诗的规模探索了时代的回响：法国从"二战"和德国占领中获得的可怕教训以及重建欧洲和冷战开始的新问题。小说的中心是亨利，左翼《期盼》杂志的编辑，他的前情人褒拉正在努力适应他们分手后的生活。另一个中心人物是安娜，心理分析学家和亨利的新情人纳迪涅的母亲，短暂的婚外情和不断膨胀的个人与政治空洞迫使安娜走向了自杀的边缘。小说聚焦在亨利、褒拉、安娜和纳迪涅的互动，还有一系列其他小角色上，他们围绕着《期盼》的命运和战后持续的衰退而活动。

《名士风流》毫无动摇地展现了战后社会让人不如意的现实，它让人钦佩的史诗性描绘在每一个层面上都连接了个人和政治。**AB**

你好，忧愁 Bonjour Tristesse

弗朗索瓦丝·萨冈（Françoise Sagan）

作者生平：1935年生于法国，2004年卒
作者教名：Françoise Quoirez
首次出版：1954年，Julliard（巴黎）
原著语言：法语

塞西莉，一个早熟的十五岁女孩，离开了寄宿学校，和她丧偶的放纵父亲雷蒙生活在一起。她进入了一个堕落的世界，与塞西莉严格的修道院般的学院生活迥然不同。塞西莉和她的父亲在巴黎和里维埃拉闲荡。金色皮肤的两人服膺于享乐主义的存在方式，这里有短暂的风流韵事、闪光的人物、所有能想象得到的奢侈品。但是两年后，他们快乐放荡的生活面临着不祥之兆：雷蒙相信自己陷入与安娜·拉尔森的爱河，她是塞西莉母亲以前的朋友，她属于更加严肃的知识分子圈子。塞西莉害怕失去自由，她本质上是一个顽皮又磨人的孩子，她寻求自己的恋人西里尔的帮助，还有她父亲以前的情妇埃尔莎的介入。但是塞西莉狡猾的计划最终带来的是一个悲剧的结果，让她未来的幸福永久地蒙上了忧愁。

弗朗索瓦丝·萨冈创作第一部小说的时候只有十七岁，这部小说立刻成为国际畅销书。小说公开地描写性，赞美财富和奢华，呈现亲密的同性之爱，震惊和挑逗了小说的第一批读者，也为悲观的法国社会打开了道路。在珠光宝气之下沸腾着一个孩子不安的心灵，她要尽一切可能维持她唯一的亲人给予自己的生活。**BJ**

▶ 青年时期萨冈的冷酷和对性关系的非批判性描写，震惊了同时代的读者。

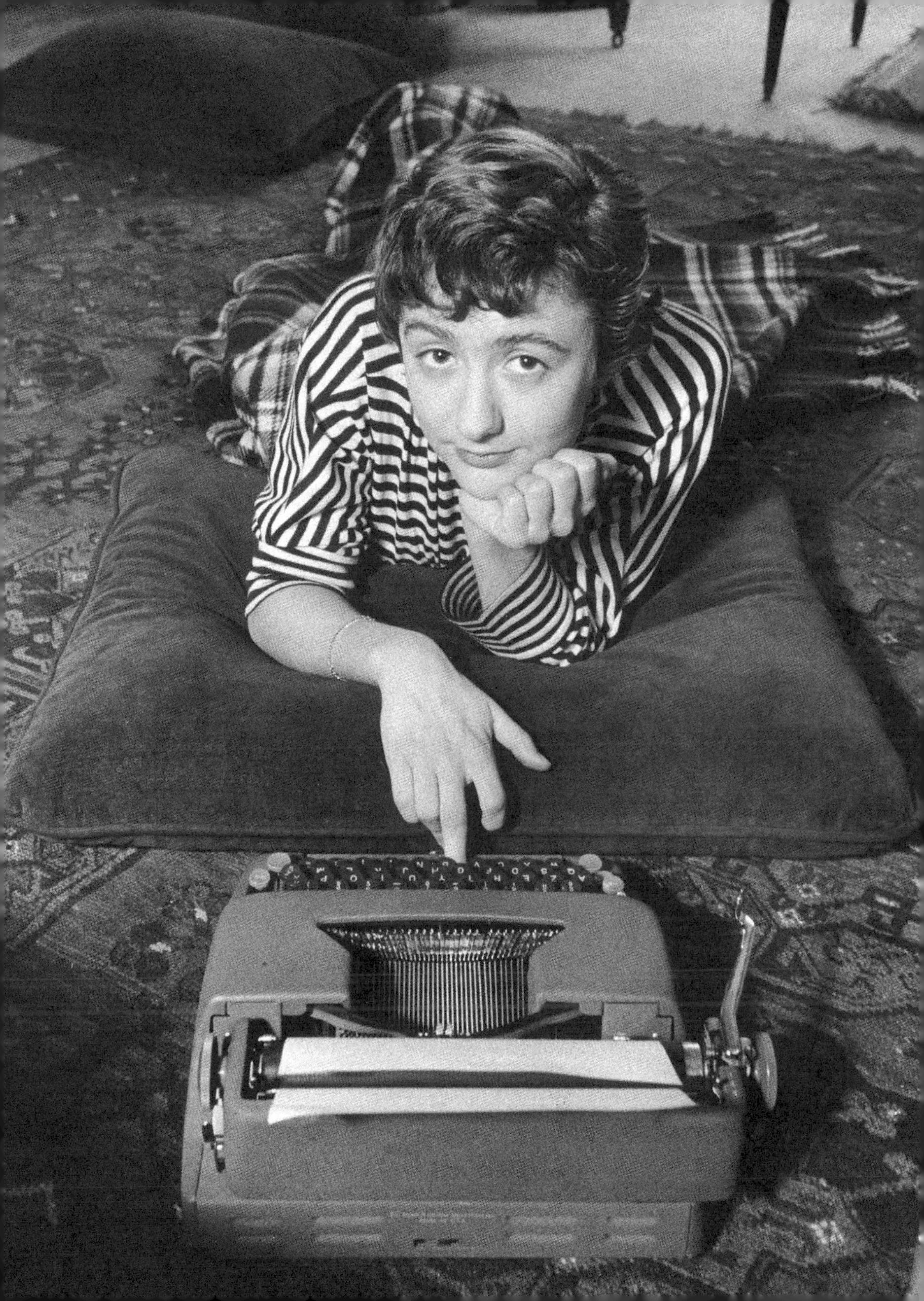

死于罗马 Tod in Rom

沃尔夫冈·克彭（Wolfgang Koeppen）

作者生平：1906年生于德国，1996年卒
首次出版：1954年，Scherz & Goverts（斯图加特）
原著语言：德语
英译书名：*Death in Rome*

《死于罗马》调皮地隐喻了托马斯·曼的小说《死于威尼斯》（见本书第268页），是曼的杰作的一个充满讽刺性和令人战栗的现代版本。除去小说的设定，沃尔夫冈·克彭的目的是解答战后的德国会变成什么样。

小说用一个家庭的四个人物代表了这个国家。家庭的家长格滕立博·朱迪佳是前党卫军的军官，他逃脱了在德国接受审判的命运；他的儿子阿道夫正在实习，想成为一位天主教神父。加入这个家庭的还有格滕立博的姻亲弗里德里希·威廉·普法弗拉特，一位高层的官僚，以及他的儿子、作曲家齐格费里德。对于齐格费里德而言，这些家人象征着他要试图忘记的战争的恐怖。克彭聚焦于齐格费里德无法逃避的在纳粹德国的童年，即使是在他的音乐里。阿道夫同样感到自己父亲行径的可怕，因为阿道夫童年时的行为，使他无法实现自己成为梦想中的那种绝对的神父。

这四个人物在战后罗马混乱的世界中互动，克彭描绘了纳粹帝国所造成的荒凉图景。所有人都被冻结在看上去永久的无能为力中。讽刺的是，只有怪物般的格滕立博能够在继续的暴力活动中得到安慰。

《死于罗马》提供给读者的世界可能实在让人无法接受，但是小说体现的是审判而不是怜悯，这一点十分鲜明，也受人赞誉。读者永远不会忘记过去严重的罪恶。**AB**

潮骚 潮騒

三岛由纪夫（三島由紀夫）

作者生平：1925年生于日本，1970年卒
作者本名：平冈公威
首次出版：1954年，新潮社（东京）
英译书名：*The Sound of Waves*

这个单纯炽烈的爱情故事发生在日本的一座偏远岛屿上，讲述了贫穷的年轻渔夫新治和美丽的采珠女初江之间的爱情故事。这对恋人成为人们妒忌流言的主题，人们谣传新治夺走了初江的贞操。初江愤怒的父亲把她软禁在家中，禁止新治再和她会面。初江的父亲之前把她许婚给新治的情敌安夫，他是一个自大傲慢的富家公子。但是之后初江父亲的态度有所缓和，他让两个求婚者在大海的风暴中进行竞赛。高贵和勤劳的新治赢得了竞赛，获得了村民的尊敬，也和他钟爱的初江团圆。

尽管小说的背景类似日本的志摩半岛，也是日本著名的采珠女的故乡，但实际上是三岛由纪夫拜访了地中海，沉浸在古罗马和希腊的文学中后所写作。于是，《潮骚》也代表了风格的有趣混合——剧情类似日本的小品文，文字简约、构架精巧，但对岛屿生活的抒情描写、大海的治愈和救赎力量则暗示了浪漫主义的传统。小说比起三岛由纪夫后期的作品，少了许多图解式的暴力和露骨的性描写，用迷人的温柔笔触捕捉到了初恋之美，也显示了这位20世纪最重要的日本作家之一更加温柔的一面。**TS**

普通士兵 Tuntematon Sotilas

瓦依诺·林纳（Väinö Linna）

作者生平：1920年生于芬兰，1992年卒
首次出版：1954年，WSOY（波尔沃）
原著语言：芬兰语
英译书名：The Unknown Soldier

    这是一部没有光鲜外表的《兄弟连》。林纳严肃、勇敢地叙述了芬兰一个机枪班于1941年参加的悲惨战斗，他们要抵挡苏联进攻芬兰国土的坦克和步兵的屠杀。血肉纷飞的肢体、呼啸的子弹、恐怖的战壕白刃战、集体枪决、自大的上层军官、短暂的酗酒和女人的狂欢——这些都在可敬的战争神话中"爆炸"。芬兰的政治家、文学评论家和爱国者们通常会回避劳动阶层的士兵粗俗的语言，以及怯懦、傲慢和恐惧惊吓的行为，而更多的是对战争的描写。林纳怨恨地质疑为什么芬兰人最初和纳粹一道并肩在这场战争中战斗。

    林纳对亚寒带雪林战争的写实主义描绘来自他的亲身经历：他曾经担任东线某个机枪组的领导者，而且工人的经历也让作者赋予了多彩的新兵们人性化的恐惧和缺点。书中世俗的对话也富有真实感，比如书中人物罗克说道："我是一个芬兰人，我吃金属，在铁链上吐痰。"它刻画出了一位倔强但又聪明的芬兰士兵。不过这些并没有让他们避免无目的的、偶然和恐怖的死亡——这是战争的本质。《普通士兵》成为芬兰最热门的畅销书，被两次改编成电影（1955年和1985年）。**JHa**

施蒂勒 Stiller

马克斯·弗里施（Max Frisch）

作者生平：1911年生于瑞士，1991年卒
首次出版：1954年，Suhrkamp（法兰克福）
原著语言：德语
英译书名：I'm Not Stiller

    马克斯·弗里施被认为是20世纪瑞士最伟大的文学人物，他是小说家、剧作家、回忆录作家和新闻记者。这部广泛流行和被褒扬的《施蒂勒》是影响惊人的叙事作品，结合了痛苦和幽默，探索了身份认定、自我憎恨和人性对自由的强烈渴望等问题。

    小说开始，一个用虚假身份旅行的人在瑞士边境被捕。他宣称自己是来自美国的怀特先生，但是瑞士当局相信他是阿纳托尔·施蒂勒，苏黎世的著名雕塑家，他已经失踪了六年。在监狱中这个人被要求写下自己的人生故事来证明自己的身份。他讲述了自己人生的过去几年，也和当时在场的施蒂勒妻子朱丽卡进行了会面，这是他过去人生的另一个重要人物。通过这些叙述我们知道了他失踪前的生活，逐渐拼出一个深受困扰的人物的图像。施蒂勒把他本人当作另一个人物来书写——这是他试图逃避的自我，但是他现在不得不再次面对，他被逼迫着去接受过去和真实的身份。

    小说是对极端的存在主义的讽刺性探索，是对失败婚姻的感伤描绘和对瑞士社会规范的批判。小说内容复杂，有着心理深度，在理解力上也有挑战性，同时具有娱乐、幽默和感人等特征。**AL**

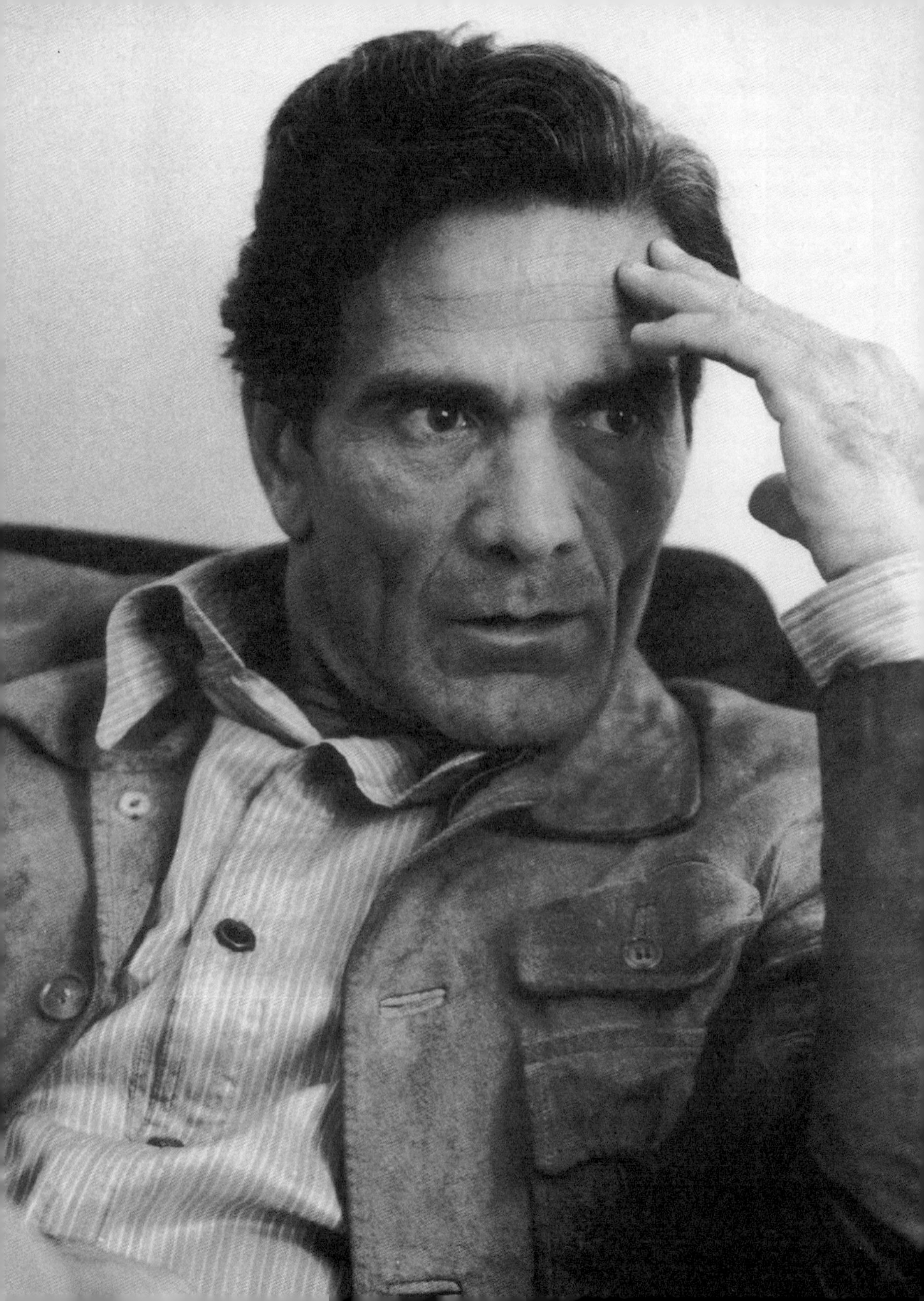

求生男孩 Ragazzi di vita

皮埃尔·保罗·帕索里尼（Pier Paolo Pasolini）

作者生平：1922年生于意大利，1975年卒
首次出版：1955年，Garzanti（米兰）
原著语言：意大利语
英译书名：*The Ragazzi*

《求生男孩》讲述了"二战"后几年生活在罗马贫民窟的一群男孩的故事。意大利版本的特色是包含了"罗马方言"，意大利语读者可能也未必熟悉。那些熟悉这个时期意大利电影新写实主义的人知道在罗西里尼、德·西卡、费里尼和其他导演的电影中使用地方方言和其他非职业演员是很常见的事情。

皮埃尔·保罗·帕索里尼是非正统的马克思主义者，他认为对剥削、异化和边缘化的强调需要被替换，植入与现代自由民主体系融合的新分析。这也是帕索里尼20世纪50年代后期小说里亚无产阶级（sub-proletariat）暧昧的社会政治状态：这个阶层有着独特的位置，他们处于彻底融合或者彻底边缘化的边际。不过本书中帕索里尼的成就是他不带感伤地描绘了两种选择，要么加入乏味、无所不包的主流，要么接受毫无希望的荒凉边缘化的生活。帕索里尼今日主要是以电影导演而知名，他的文学地位靠《求生男孩》建立，它超出了意大利新写实主义运动的最高期待。**DSch**

认可 The Recognitions

威廉·加迪斯（William Gaddis）

作者生平：1922年生于美国，1998年卒
首次出版：1955年，Harcourt Brace（纽约）
原著语言：英语

这部庞大的小说追求真实，探索了一切可以想象到的文化产品被伪造或者冒名的方式。绘画被伪造，小说的创意被偷窃，戏剧被剽窃，书评可以被购买，在巴黎咖啡馆的某人"她的左臂上有一个伪造的集中营编号文身"。小说的主要角色是怀伊特·格温，他的艺术被一个不检点的艺术商兼画廊主利用，来创造不存在的弗拉芒画家凡·德·戈斯的作品。怀伊特觉得自己是不真实的，他告诉自己的妻子埃斯特，道德"是我们知道自己真实的唯一方法"，她尖锐地反问，女人能否承担起道德。这部小说不提供有建设性的思想，不做结论，没有代表真理的叙述者的介入。

本书几乎所有角色都是美国人，但是语境却是欧洲的高雅文化。你需要知道拉丁语、法语、西班牙语和意大利语才能明白许多笑话。同样的场景在结尾和开头反复重现，小说的结构就像衔尾蛇。它建立在谈话的误会上（通常是聚会或者咖啡厅），词语支配着内容，但是生理堕落的证据则是角色们不断地旅行，不断地犯错。肉体上的无能最终拓展到建筑环境，一座旅馆崩塌，一个管风琴手随着整座教堂被埋葬。《认可》是极具影响力的"卧铺"小说：托马斯·品钦是美国化的加迪斯。**AMu**

❮ 帕索里尼的同性恋倾向对《求生男孩》的写作至关重要，这也导致20世纪40年代意大利共产党开除了他。

燃烧的原野
El Llano en llamas

胡安·鲁尔福（Juan Rulfo）

作者生平：1917年生于墨西哥，1986年卒
首次出版：1955年，Fondo de Cultura Económica（墨西哥）
英译书名：*The Burning Plain*

  本书是十五篇故事的合集（之后的版本中增补为十七篇），凭借此书，胡安·鲁尔福跻身大师之列。本书展现了革命后的哈利斯科州草原县的景象，又超越了这些墨西哥革命故事的农村背景的局限。作家艺术地处理了大众的语言以及农民的生活，在民间故事的边际表达了一个被忽略的典型。

  鲁尔福的故事讲述的是已经发生的事情和不能改变的事情（《那个人》和《告诉他们不要杀我》）。通过使用家庭关系破裂的架构，他还探索了权力机制以及如何面对暴力（《没有狗在吠》和《马蒂尔德大天使的继承权》）。鲁尔福笔下的大多数人物都很孤独，感觉到自身的负罪（《马卡里奥》和《同志的丘陵》）。于是，他们到处旅行漂泊，又没有真正的目的（《塔尔帕》和《他给了我们土地》），他们在哑巴或者不存在的倾听者前不停地倾诉（《卢文娜》和《记忆》）。作者技巧娴熟地处理好时间结构和叙述的声音，同时也灵巧地平衡了现实和幻想，远离了魔幻现实主义。这意味着他的故事有着高度的原创性。鲁尔福仅凭另一部小说《佩德罗·巴拉马》（*Pedro Páramo*），就被评为他那个时代最伟大的作家之一。**DMG**

安静的美国人
The Quiet American

格雷厄姆·格林（Graham Greene）

作者生平：1904年生于英国，1991年卒于瑞士
首次出版：1955年，Heinemann（伦敦）
原著语言：英语
改编电影：1958年，2002年

  小说在某种意义上，隐喻了家长式的欧洲殖民主义在中南半岛统治的结束，热情满满的美国帝国主义曾经在那里开始。小说的背景设置在20世纪50年代早期的越南，讲述了厌倦生活的英国记者富勒尔和怀有理想主义的美国间谍派勒为一个越南女人蒲昂而发生的感情冲突，蒲昂渴望嫁给一个西方丈夫来摆脱贫穷和卖淫的生活。蒲昂和越南的风景、环境联系在一起，但她同时吸鸦片成瘾，有时候会不可理喻。派勒年轻富有，能给她稳定的经济保证；富勒尔年迈消沉，只能给她持久却不满意的非法关系。因为这些原因，本书常被解读为对美国在越战中扮演角色的预言和批判。

  格雷厄姆·格林的这部小说不受题材的限制，从这个核心的隐喻延展到对男性力量和责任的研究。小说充满了关于什么是男性的讨论。它试图刺破军人的伪英雄形象，并且延伸到记者，要颠覆经常在惊悚片中发生的剧情。最终，小说质疑了富勒尔在冲突中要解除婚约的想法，提出男人要在每个重大事件中承担起道德责任。**LC**

信任者和瘫痪者
The Trusting and the Maimed

詹姆斯·普朗吉特（James Plunkett）

作者生平：1920年生于爱尔兰，2003年卒
作者教名：James Plunkett Kelly
首次出版：1955年，The Devin-Adair Co.（纽约）
原著语言：英语

《信任者和瘫痪者》中的系列故事最初发表在都柏林的杂志《铃与爱尔兰写作》（*The Bell and Irish Writing*）上，这些故事有着共同的人物和背景，用兼具哀歌和讽刺的风格描绘了战后独立的爱尔兰。都柏林是世界名城，但是在街区、机构和酒馆如林的都柏林外，还有一个有着破旧郊区和值得一游的乡村的都柏林。小说通过对动人的抒情时刻和细致的日常生活的刻画，建构起了对一个停滞、瘫痪的国家值得记忆的叙事。小说残酷的结局和温柔的手法形成了詹姆斯·普朗吉特独特的风格。

20世纪40年代到50年代的爱尔兰是一个萧条、闭塞、饱受战争创伤的地方，普朗吉特捕捉住了这种忧郁的美丽。小说插曲式的结构不需要中心，城市职员重复的生活是支配性的基调。他们年轻、沮丧、忙碌，在朝九晚五的安稳工作中逐渐朽烂。他们可以是其他任何城市的白领工人。他们依靠"罪"得到拯救，比如周末的酗酒、性和低俗笑话，他们靠这些才能忍受一周的工作。书中浸透了直白的堕落，宗教降格为形式主义的残余，爱国主义沦丧成强制性的偶像崇拜和酒吧歌曲。小说雄辩地表达了怜悯和愤怒，这是后殖民时代爱尔兰的文化标记。**PMcM**

人树
The Tree of Man

帕特里克·怀特（Patrick White）

作者生平：1912年生于英国，1990年卒于澳大利亚
首次出版：1955年，Viking Adult（纽约）
原著语言：英语
诺贝尔文学奖：1973年

《人树》这部小说确立了帕特里克·怀特战后澳大利亚最有影响力的小说家的声名。怀特对这个新兴国家的拓荒者的生活的编年体叙事，给了澳大利亚一部可与托马斯·曼、托尔斯泰或者托马斯·哈代比肩的作品。

《人树》讲述了派克家族的故事。斯坦·派克是个身无分文的年轻人，他和妻子艾米在荒野建设了一个营地。他们的定居点发展成繁荣的农庄，有了孩子和孙辈。在两人去世之后孤立的定居点已经是郊区的部分，被砖屋环绕。小说的结尾，派克的孙子沿着农庄的树荫路漫步，它们联系着这个封闭社会之外的自然："最后只剩下树……依然冒出绿色的新枝。在结尾处并没有结尾。"生活就像派克家族的经历那样展开，男人和女人适应着生活施加在他们身上的种种。《人树》的标题隐喻伊甸园的果树以及从《圣经》时代开始繁衍的古老人类谱系，试图展现那些被遗忘的普通人的生活——它们是那么的重要和动人，以及人们如何勇敢地与不变的环境因素抗争，在看上去相似的地方如何发现诗意。**AH**

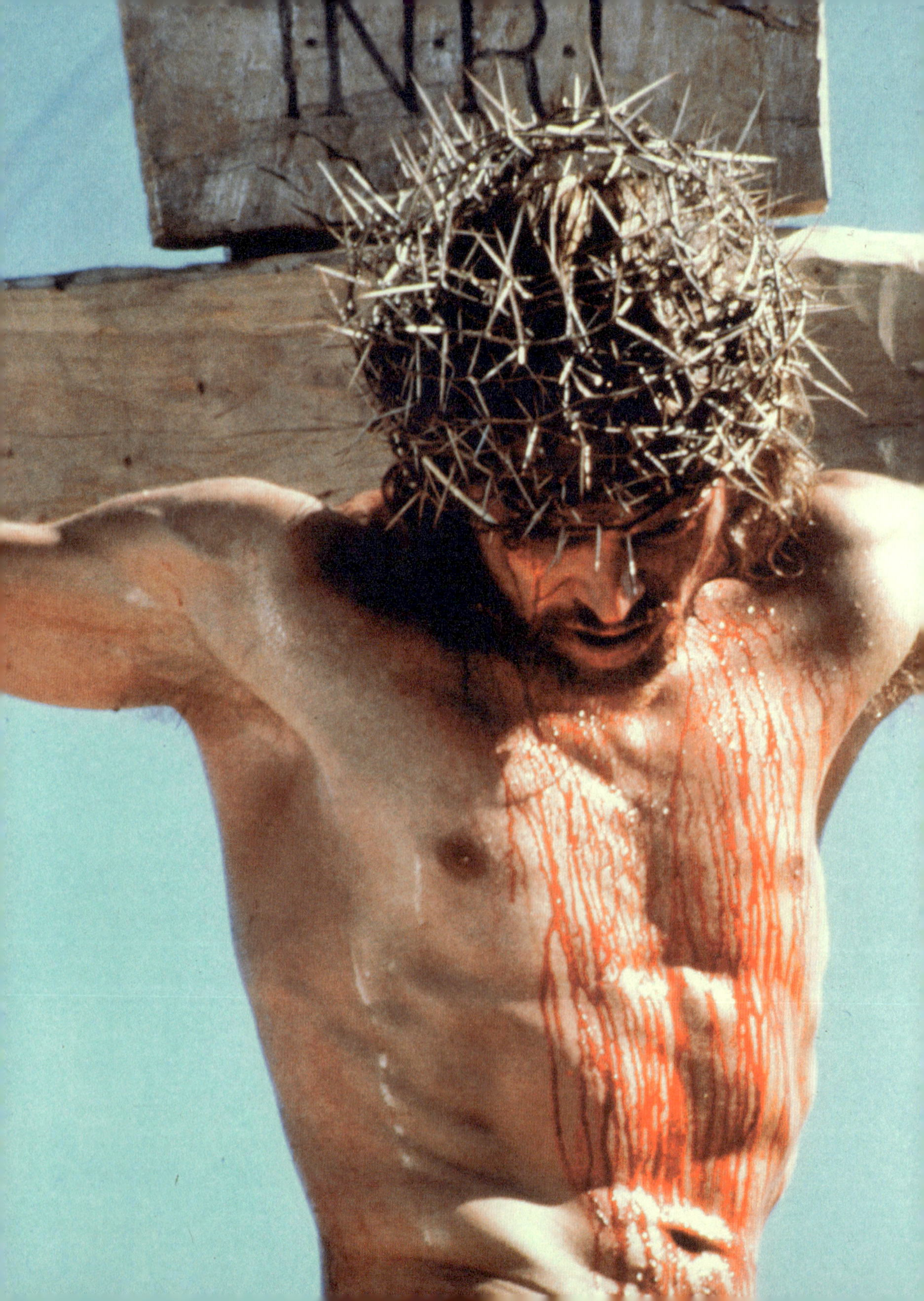
INRI

基督的最后诱惑
Ο τελευταίος πειρασμός

尼可斯·卡赞扎基斯（Níκος Καζαντζάκης）

作者生平：1883年生于希腊，1957年卒于德国
首次出版：1955年，Diphros（雅典）
改编电影：1988年
英译书名：The Last Temptation of Christ

　　这部小说重述了耶稣基督的一生。虽然卡赞扎基斯是一个基督教徒，但他也是尼采主义者和自然的崇拜者。卡赞扎基斯笔下的耶稣对巴勒斯坦物质环境充满活力，也是个拥有血肉之躯的人。同时他也被神性召唤、折磨，去成为救世主，而放弃自己对玛丽·抹大拉的欲望。

　　对耶稣一生的描绘大部分基于《新约》。充分展开的散文叙事不时洋溢着一种魔幻现实主义，比如说花在救世主的脚下开放。在耶稣受难的高潮时刻，他以为自己获得了救赎，他看到了一位天使赋予了自己尘世的满足，耶稣娶了玛撒和玛丽两人，有了孩子，过上了美好的人类生活。几年后，他意识到这个天使实际上是撒旦，这个尘世的乐园不过是梦幻。耶稣醒来后，发现自己回到了十字架，然后赴难。这是作者发现耶稣价值之所在：不在于自然的维度，而在于精神的维度。尽管如此，梵蒂冈仍谴责这部小说，认为小说的耶稣太世俗和自我质疑，把本书列入禁书名单；而希腊的东正教当局则迫害卡赞扎基斯，推迟了本书的出版。**PM**

广阔的腹地：条条小路
Grande Sertão: Veredas

若昂·吉马朗埃斯·罗萨（João Guimarães Rosa）

作者生平：1908年生于巴西，1967年卒
首次出版：1955年，José Olympio（里约热内卢）
原著语言：葡萄牙语
英译书名：The Devil to Pay in the Backlands

　　若昂·吉马朗埃斯·罗萨曾在巴西的米纳斯·格拉斯省行医，之后成为外交官和政治家。他很熟悉居住在这块广阔地域的人的艰难生活。随着小说主人公里奥波尔多对生活的讲述，读者成了内陆地区旋律的倾听者和观看者。小说的角色们构成了人类关系的地毯图，个人和集体的经验被作者抒情的叙事纤毫毕现地描绘出来。这些人用同样的热情来相爱相杀。里奥波尔多不但被肉体的欲望和柏拉图式的爱情这一经典的两难困境折磨，也被他和伴侣不可能携手的感情折磨。

　　小说的语言能立刻打动人心。即使在描述令人震惊的片段时，它依然能富有原创性地、生动地传达出诗意。作者使用了丰富的新构词、仿古、格言、拟声和叠韵，营造出一种具有韵律的节奏，在散文中传达出电影化的人物。

　　这部小说表现了米纳斯·格拉斯省内地生活最特殊的方面，这也是人类最普遍的生活状态。它见证了人类对自身存在的贫乏的内省，是我们不由自主加入的形而上学之旅。**ML**

◂ 威廉·达福在马丁·斯科塞斯的电影里扮演耶稣。1988年电影的上映引起了再一次的争议。

洛丽塔 Lolita

弗拉基米尔·纳博科夫（Vladimir Nabokov）

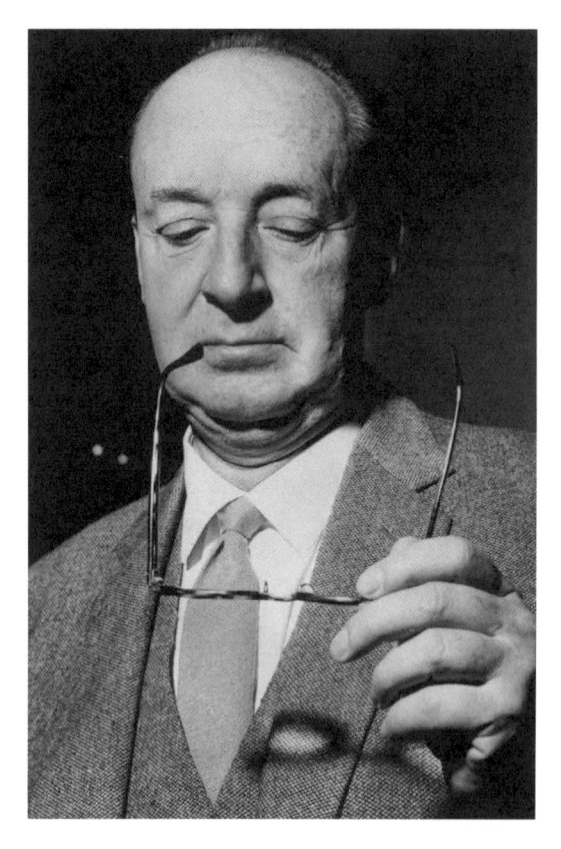

作者生平：1899年生于俄国，1977年卒于瑞士
首次出版：1955年，Olympia Press（巴黎）
原著语言：英语

大胆的巴黎出版社奥林匹亚第一个出版了《洛丽塔》，在很大范围内激起了愤怒。小说强烈的色情描写和真挚的感情也让人震惊，尤其在一种忧心虐待儿童和儿童色情化的文化中。主人公兼叙述者亨伯特·亨伯特对十二岁的洛丽塔有着强烈的感情，对她实施了性侵犯。

纳博科夫用他独具特色的无瑕疵风格写作，这部暴力而残酷的小说就虚构文学的价值提出了非常吸引人的问题。我们能否在触犯伦理的叙事中找到美丽、欢娱和喜剧性？我们能否悬置道德判断，而去欣赏精美的文笔或者平衡的构句呢？这些问题的答案并不明确，不过纳博科夫通过巧妙地平衡内容与风格、伦理与审美，创造了一种新的虚构文学。

亨伯特对洛丽塔的诱拐，以及他疯狂地带着女孩在美国各处漫游以逃避官方，都使得小说成为一部后现代的开启性小说，也是前公路电影之作。亨伯特是一个旧世界的欧洲人，喜爱兰波和巴尔扎克，他觉得自己在20世纪50年代美国金光熠熠的经济社会中有种错位感。他被嚼口香糖、喝可乐的洛丽塔可怕的魅力征服。这是可敬的年长者和青葱少女的相遇、欧洲和美国的相遇、高雅艺术和通俗文化的相遇。在《洛丽塔》的启发下，众多的小说和电影从这个故事生发。没有《洛丽塔》，就很难想象品钦的《拍卖第四十九批》（见本书第596页）和塔伦蒂诺的电影《低俗小说》的出现。本小说有着标志性的原创性和力量，经过众多的模仿后，本书依然让人困惑、新鲜和感动。**PB**

▲ 纳博科夫在俄罗斯创作了数量可观的小说，20世纪40年代后他才转换为一位美国的小说家。

▶ 多米尼克·斯万在1997年的电影中扮演洛丽塔，她的年龄比纳博科夫笔下的"小仙女"要大。

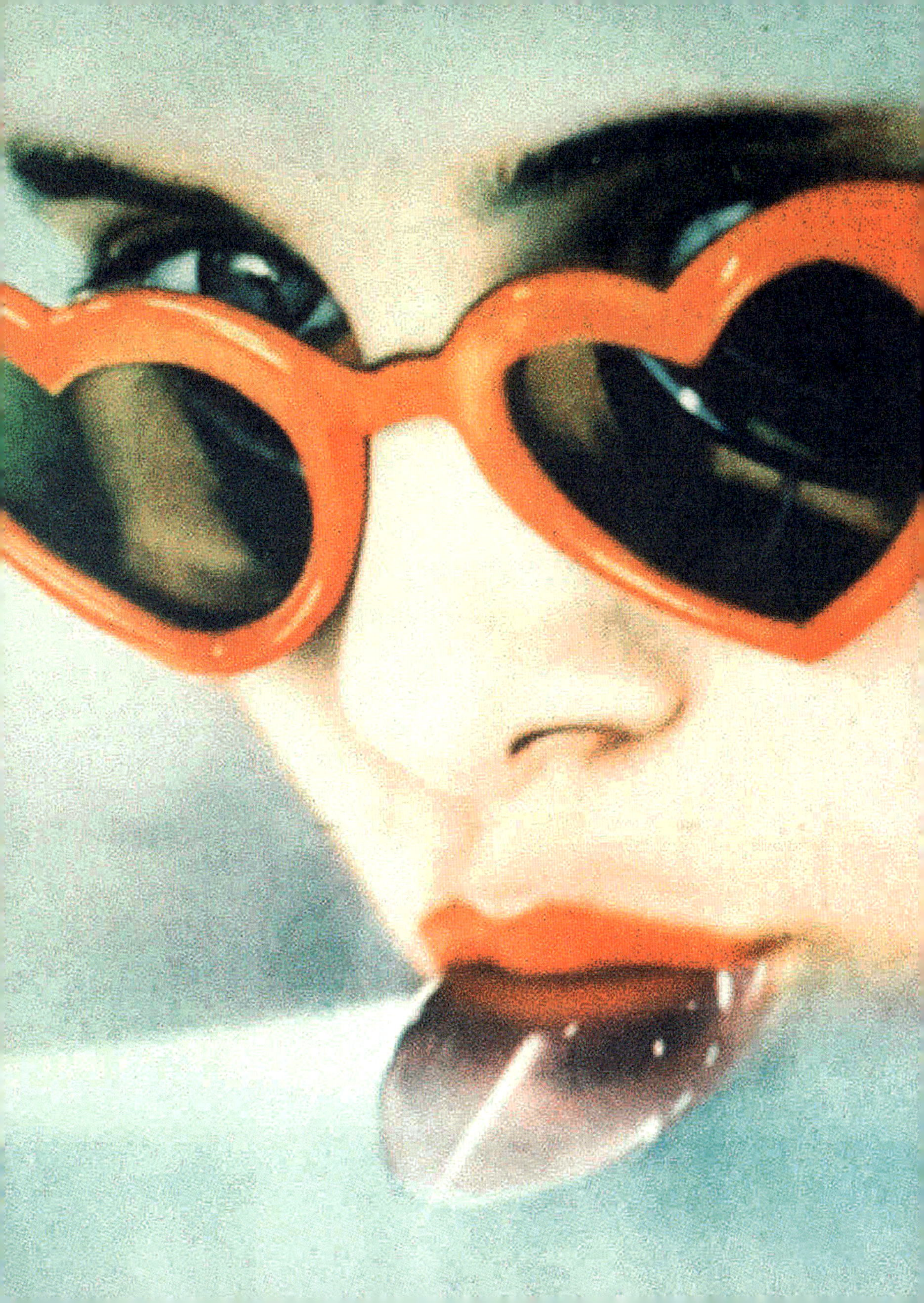

天才雷普利 The Talented Mr. Ripley

帕特里夏·海史密斯（Patricia Highsmith）

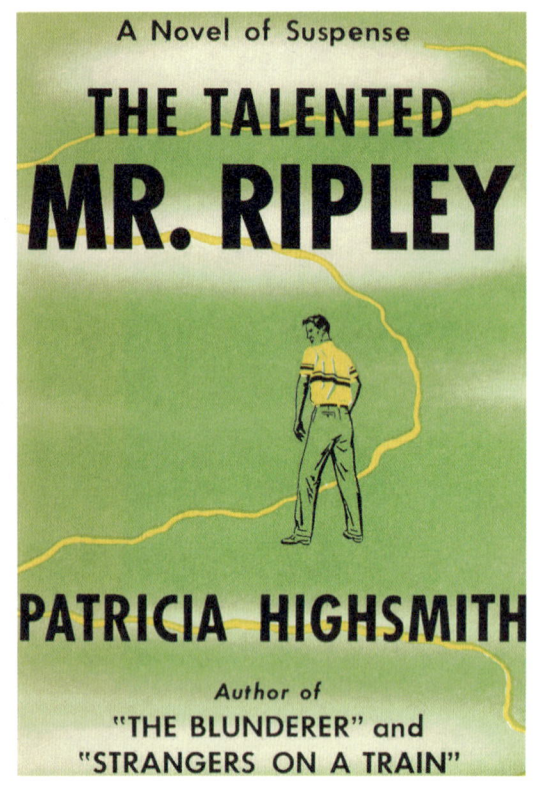

作者生平：1921年生于美国，1995年卒于瑞士
作者教名：Mary Patricia Plangman
首次出版：1955年，Coward-McCann（纽约）
原著语言：英语

汤姆·雷普利是20世纪低俗小说作品中最不寻常的人物，这个精神分裂的人物迷人、充满野心、不可认知、完全不合乎道德规范，并有极端的暴力倾向。海史密斯设置了精神病和嫉妒与性渴望两条线，这意味着读者可以把雷普利偏差的行为看成相对直接的精神疾病症状，也可以理解为资产阶级野心和被压抑的同性欲的复杂表述。故事的中心是雷普利和迪克·格林里弗的关系：他是一个富有的社交家，和自己的女友马尔格住在意大利宁静的海滨小镇埃特纳。雷普利惊恐于迪克想学画的笨拙追求和对马尔格明显不爱却又"难以解释"的依赖，还被迪克的风度、财富和外貌吸引。这种复杂混合的感情导致雷普利爆发出怒火，并谋杀了迪克，随后，雷普利继承了迪克的身份，通过金融手段来谋取利益。

如果在普通作家的笔下，《天才雷普利》可能只是一个"猫抓老鼠"的有趣故事，雷普利在风景如画的意大利被意大利警察、马尔格和迪克的父亲追踪。但是海史密斯在她的故事里融入了各种复杂的道德、心理学和哲学观念。我们如何区分不同的欲望范畴——性和物质？如果雷普利能轻易成功地"成为"迪克，我们能否把身份当作某种固定或者本质的事情来讨论？性的欲望和性的厌恶有什么关联？还有对于读者，为一个冷血的谋杀犯庆幸是否存在道德上的错误？**AP**

毫无疑问，那人在追逐他。

▲ 就像1955年第一版封面所指，帕特里夏·海史密斯倾向于用"悬疑小说"这个术语来描述她的作品类型。

魔戒 The Lord of the Rings

J. R. R. 托尔金（J. R. R. Tolkien）

作者生平：1892年生于南非，1973年卒于英国
首次出版：1954—1955年，Allen & Unwin（伦敦）
三部曲：The Fellowship of the Ring（1954），The Two Towers（1954），The Return of the King（1955）

《魔戒》实际上是三本书——《魔戒同盟》《双塔殊途》《王者归来》。故事紧接着《霍比特人》（见本书第391页）的故事（那本书是托尔金在十多年前出版的），进一步探索中洲的世界和将颠覆所有人命运的战争。就像《霍比特人》那样，本书的主角是一个缺乏英雄气质的人——孩子气和平易近人的弗罗多——他在命运中注定要做更伟大的事情。最初，精灵、矮人、霍比特人和人类在巫师甘道夫警惕的眼睛下，开始摧毁魔法戒指（比尔博·巴金斯在《霍比特人》中发现的戒指）的旅程。戒指的本质是邪恶，所以必须在索隆魔王找回它并把中洲投入黑暗前将戒指摧毁。经过一系列遭遇，护戒使者或者死亡，或者被分隔开来。只有弗罗多、他忠实的朋友山姆和堕落生物咕噜——它受到戒指的力量引诱多年，现在成为戒指的奴隶——一道去把戒指送回末日山的火焰中，这是摧毁戒指的唯一方法。

这本书讲述了力量和贪婪、无知和启蒙。它在根本上讲述的是正义对抗邪恶、善良与信任对抗怀疑、团队对抗个人欲望的传统斗争。托尔金的邪恶是一种内在的力量——最明显地体现在咕噜这个角色的"善"面与"恶"面，它是向善斗争的缩影。这也是一个关于战争的故事，无疑来自托尔金本人的经历：生命中的死敌如何在死亡（这个最大的平衡者）的威胁下联合起来。如果小说传达了某种信息，那就是战争没有意义，追求最高权力不过是徒劳：这个世界的所有力量联合起来总能（也刚好）获得胜利。**EF**

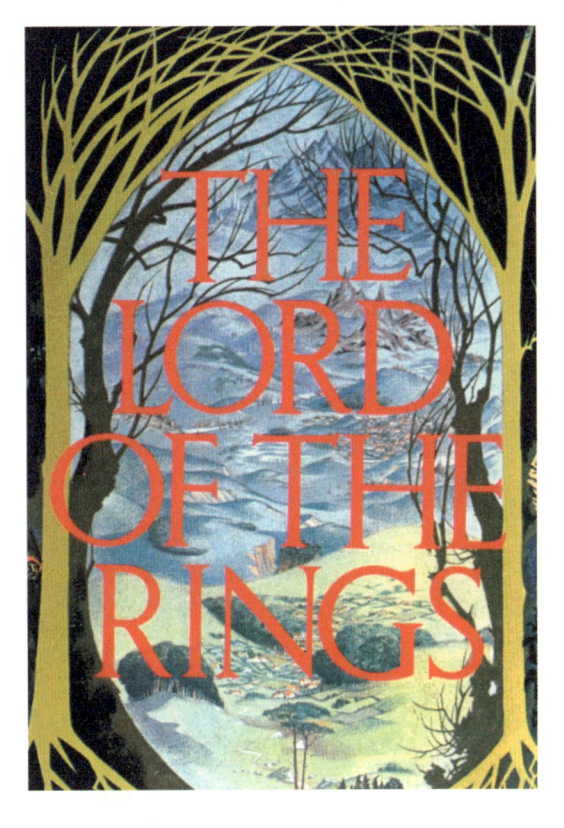

即使是极有智慧的人，也不能洞悉万物的结局。

▲ 托尔金在盎格鲁-撒克逊、凯尔特和北欧神话方面的学术背景帮助他构建了自己的想象世界。

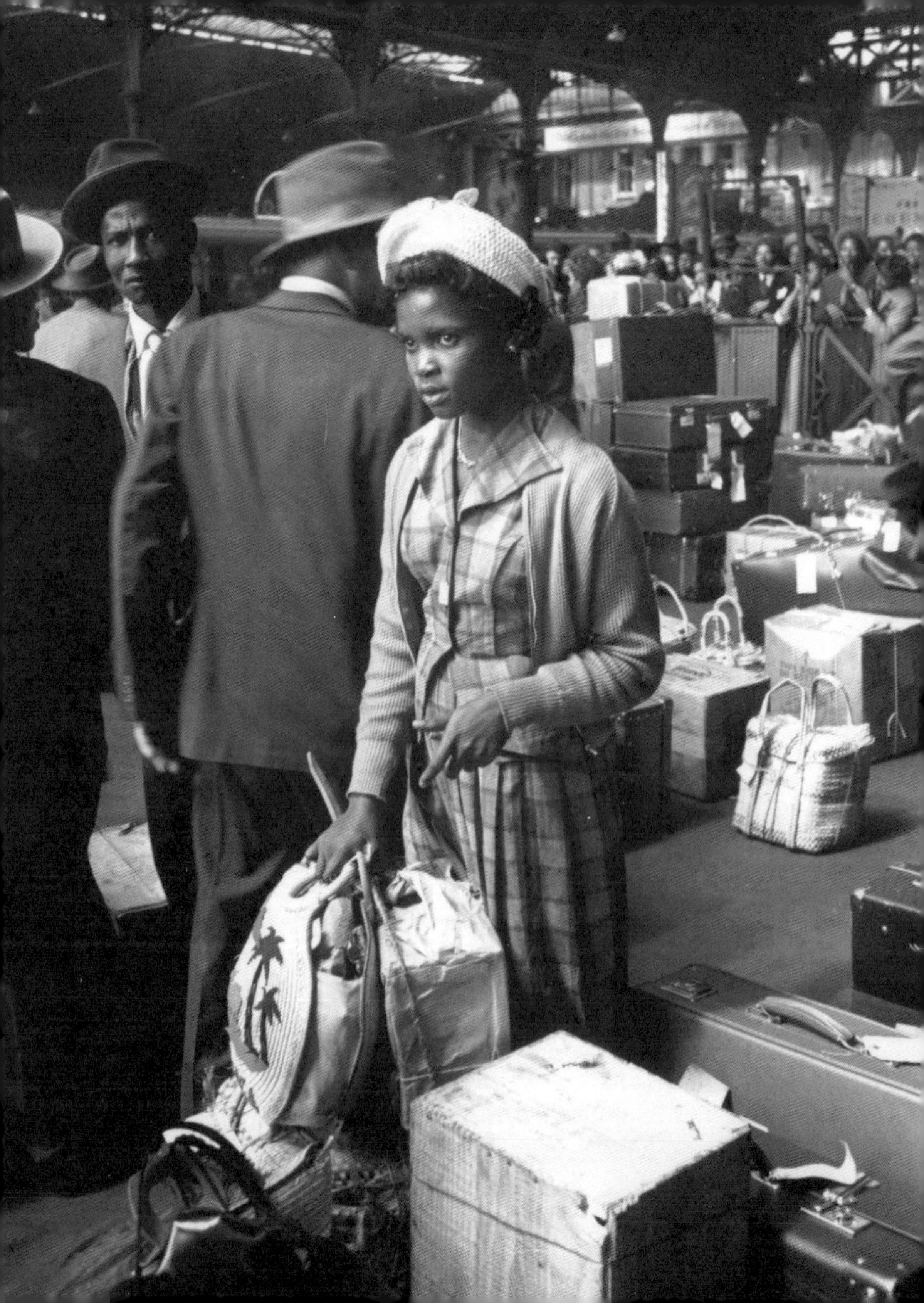

孤独的伦敦人 The Lonely Londoners

萨姆·塞尔文（Sam Selvon）

作者生平：1923年生于特立尼达和多巴哥，1994年卒于加拿大
首次出版：1956年，Allan Wingate（伦敦）
原著语言：英语（克里奥尔语）

《孤独的伦敦人》是萨姆·塞尔文系列小说的一部分，也是第一批尝试描写20世纪50年代在大规模移民潮中到英国的加勒比黑人生活的作品。小说采用了现代风俗画的形式，用系列单元的结构讲述了黑人如何被社会规范化，个别边缘白人角色是如何拥有异国情调或者变得古怪。这主要通过小说对语言的创新性使用来实现，小说几乎完全用特立尼达克里奥尔语写成。塞尔文从来没有尝试把这种语言翻译成标准的英语，在这个意义上读者可以期待之后的小说，诸如欧文·威尔士的《猜火车》。小说把对伦敦的纪念性建构成一个梦幻之都（不列颠帝国的殖民想象），中心放在黑人的生活经验上。

小说的中心人物都是压倒性的男性和底层阶级，本书试图提出各种有关性别政治的挑战性问题，诸如家庭暴力和加勒比家庭结构中的女性角色问题，以上都是塞尔文表达移民混乱效果的关键方式。而小说中黑人女性的相对缺失则与家庭的普遍缺失以及对家庭的渴望联系在一起。**LC**

天根 Les Racines du ciel

罗曼·加里（Romain Gary）

作者生平：1914年生于立陶宛，1980年卒于法国
首次出版：1956年，Gallimard（巴黎）
原著语言：法语
英译书名：The Roots of Heaven

这是罗曼·加里的第五部小说，为他赢得了第一个龚古尔奖（为了不受颁奖规定的限制，作者使用别名获得了第二个龚古尔奖）。小说用嘲弄的幽默和明智的洞察力传达了他对尊严和激情的强烈支持。

故事几乎预知性地设置在法属赤道非洲。那些在道德上复杂和暧昧的角色——疑惑的神父、冉冉升起的革命者、大投机客、殖民地官员和军火商——他们都围绕着神秘人物莫雷尔：他正在进行一项拯救象群的运动，这是地球上唯一的自由物种，他要避免它们的彻底毁灭。大象代表了莫雷尔在上帝缺席时代渴求的同伴友谊，因为狗已经不再能满足友情和安慰的需要了。他征服人类绝望现状的斗争，以及他的"犹太理想主义"（他在战争集中营时，纳粹司令用贵族的传统和崇高的精神来定义这个信仰）吸引了实干家、怪人、有美好愿望和理解能力的人，还有各怀目的的阴谋家。他们希望利用莫雷尔对自然的捍卫来推动自己的事业，他身上反映了那些人认为的最重要的事情。

《天根》的荣誉当之无愧，它向古老、不朽、极度渴望的欢乐致敬，这本身也是某种颠覆的形式和生存的方式。1958年，根据本书拍摄的电影上映。**ES**

1956年西印度群岛的移民在伦敦火车站终点下车——这启发了塞尔文的特立尼达方言小说的创作。

漂浮的歌剧 The Floating Opera

约翰·巴斯（John Barth）

作者生平：1930年生于美国
作者全名：John Simmons Barth Jr.
首次出版：1956年，Appleton Century Crofts（纽约）
原著语言：英语

  小说的叙述者和主人公托德·安德鲁斯已经五十四岁，是一座小镇上成功的律师。他有心脏问题，前列腺也有麻烦，不断地沉溺于"舍布鲁克黑麦酒和姜汁麦芽酒"。他回忆起十七年前那些引导他考虑自杀以及他为何决定不把这个想法付诸实践的事件。他还回忆起之前他追求最好朋友妻子的拖拉情事，还有不成功地调查自己父亲神秘悬梁自尽的真相。

  用这样简单的剧情概括《漂浮的歌剧》是不公正的，因为约翰·巴斯超凡的处女作中一切事件都是不可预测、具有颠覆性和狂乱的。不断转换、展开和重构的叙述产生了一种无法停顿的能量，从中衍生出一系列奇景、灾难、悲喜剧，建构起潮水弥漫的马里兰背景中的众多人物。在城镇居民登上闪耀的演艺船进行娱乐时，《漂浮的歌剧》迅速进入了混乱无序，为我们提供了一个有关后现代"虚无主义喜剧"的恰当隐喻。

  小说的内里是荒诞和暧昧的音调——从猥亵语、闹剧到黑色笑话的犬儒主义的幽默。它探寻着存在的绝对本质。巴斯的"悲剧观点"认为它的最终边界是碎片化和死亡。**TS**

乔瓦尼的房间 Giovanni's Room

詹姆斯·鲍德温（James Baldwin）

作者生平：1924年生于美国，1987年卒于法国
作者全名：James Arthur Baldwin
首次出版：1956年，Dial Press（纽约）
原著语言：英语

  《乔瓦尼的房间》是对被社会承认的探索与寻求，主人公在这个过程中最终放弃了对成功与价值的传统标准的依赖。叙述者戴维是中产阶级白人，他默默离开自己的家庭环境，远离父亲要他安定下来的无声压力，在巴黎漫无目的地生活。经济困难的戴维向另一个旅行的美国人海拉求婚。海拉离开巴黎去仔细思考婚事。她离去后，戴维陪同朋友去同性恋酒吧。在那里他和一个神秘的意大利酒吧招待乔凡尼一见钟情，产生了狂热的羁绊。戴维立刻搬入乔凡尼的小屋，但他仍在悄悄思念海拉，他认为海拉会让自己摆脱对乔凡尼不顾一切的爱。当戴维离开他们的房间继续自己异性恋的伪装时，他私密的三角恋对三方的结局就注定是悲剧性的。

  鲍德温简洁干练的散文不带感伤地展现了支配戴维在欲望面前变得卑劣与恐惧的残酷本性和犬儒主义。乔凡尼发现了戴维对美国人崇尚洁净以及厌憎肉体的自我反感。最后，戴维使用美国白人男性压倒性的权威作为庇护自己的盾牌，不管他的追求多么虚伪和有自毁倾向。他自我封闭，就像他写到的空房间。**AF**

▶ 1962年，卡尔·麦当斯为《时代》杂志拍摄的照片。鲍德温坚定地凝视着远方，他并不期待公众的认可。

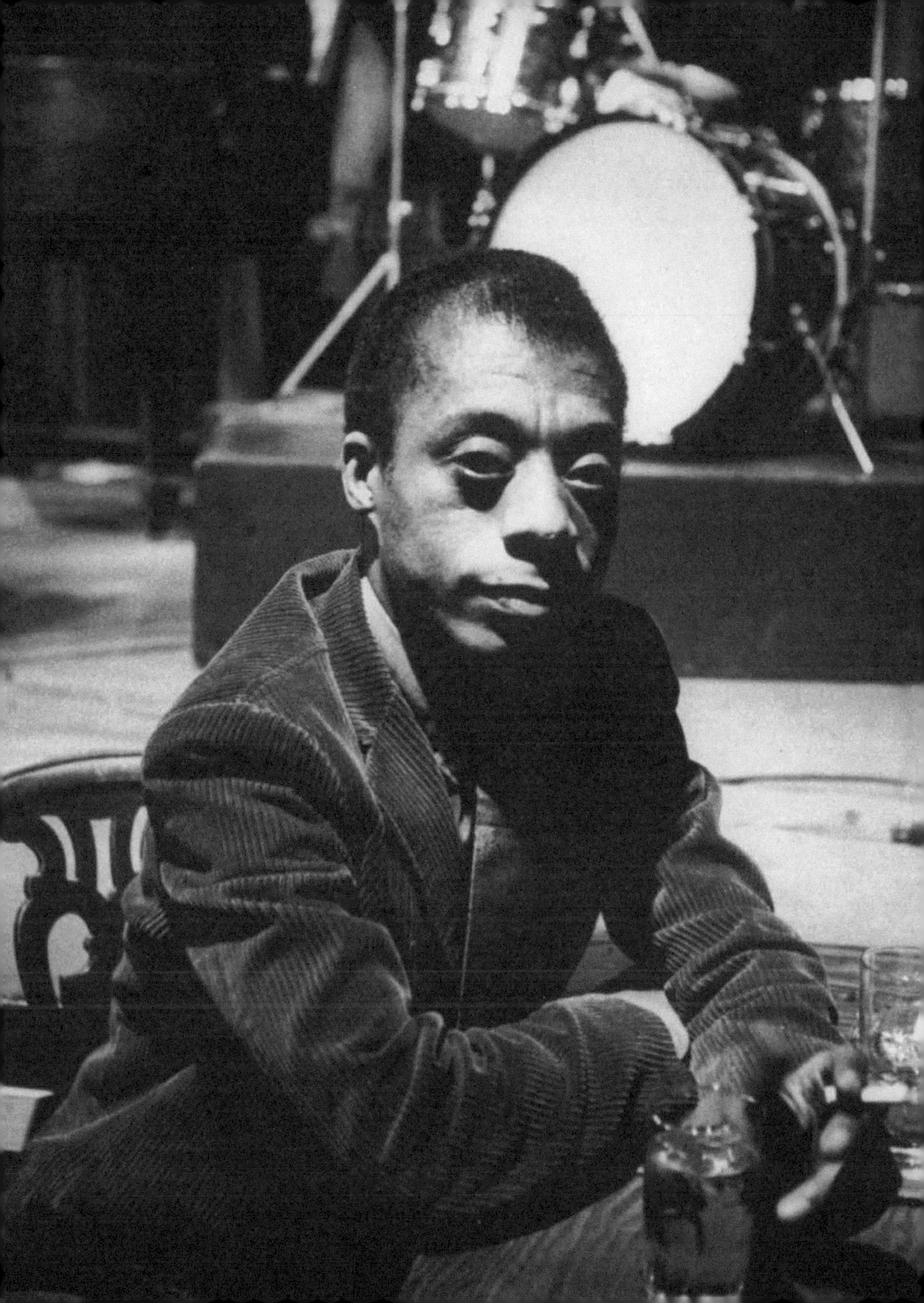

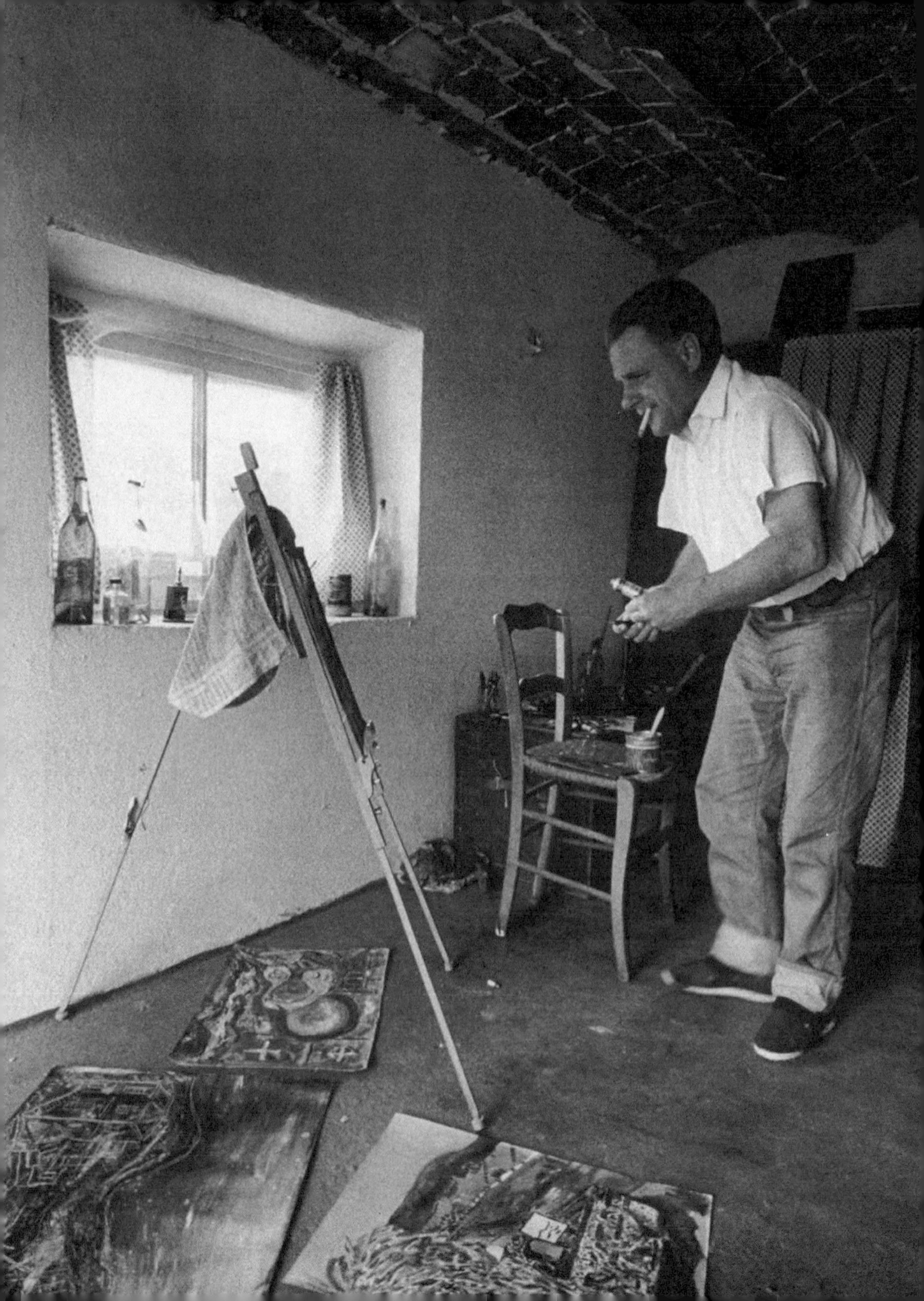

查士丁 Justine

劳伦斯·杜雷尔（Lawrence Durrell）

作者生平：1912年生于印度，1990年卒于法国
首次出版：1957年，Faber & Faber（伦敦）
美国版：E. P. Dutton（纽约）
原著语言：英语

　　这部小说是劳伦斯·杜雷尔的《亚历山大四重奏》（The Alexandria Quartet）的开篇之作，四部曲恢宏的散文诗篇章备受赞誉。作者采用印象主义的方式描述了一座城市的一部分，它拒绝和整座城市融为一体。叙事看上去有一个可疑但浪漫、自然的目的理论，研究环境、气候和都市女人之间的共生状态：肉感、神秘，可能最后也让人失望。小说用第一人称叙述了某位没落的傲慢英国知识分子对地中海城市的不满，城市的居民向他展示了他们有趣的历史和传承下来的受环境影响的性格。主人公认为这些埃及城市的当地人受种族遗传的影响，有着固有的内在性格。他的行动和激情被极端糟糕的经济状况消磨，因缺乏动力而感到羞耻。

　　性混乱、印度麻药的气味、对加法维（Cafavy）言论的不断引用、对世纪末堕落时期法国小说的致敬，都让本书和同时期大多数的英国小说不同。它本身是一种非凡的旅行写作，以异常生动的彩绘式的语言建构，但是小说中过时的性别和种族观念也让读者十分困扰。**RP**

玻璃蜂 Gläserne Bienen

恩斯特·容格尔（Ernst Jünger）

作者生平：1895年生于德国，1998年卒
首次出版：1957年，Klett（斯图加特）
原著语言：德语
英译书名：The Glass Bees

　　《玻璃蜂》被誉为对科幻小说做出重大贡献的作品，也是魔幻现实主义的先驱。但恩斯特·容格尔却非常抗拒对这部具有强烈反思性的作品进行任何形式的分类。主人公理查德上尉是衰老的退役军官——就像作者本人那样在两次世界大战都有战斗经历——书中的大部分内容是这位退役军人对自己和现代世界疏远的严肃反思。

　　随着容格尔远离这些思绪，他的主人公在一家公司谋求了职位，剧情开始加快。这家公司由道貌岸然的扎帕罗尼管理，业务是全球通信。公司是电子业的巨无霸企业，生产微型机器人和提供实际现实的娱乐。一些机器人可以执行诸如清洁等家政任务，另一些则参与不祥的军事活动。故事的高潮阶段发生在扎帕罗尼基地的花园——某个田园般的硅谷。在一个奇异的篇章里（灵感很大程度上来自容格尔20世纪50年代早期服用致幻药物的实验），理查德上尉精细地观察着标题中那些闪亮透明的玻璃蜂的行动，并且惊恐地发现了一个漂浮着割下来的耳朵的水池。这是一个近乎嘲弄的故事。但是文本凭借它的预知性让我们着迷，它似乎预见了互联网、纳米技术、全球变暖，以及一个被技术至上和道德暧昧的财阀暗中控制的世界。**RegG**

◀ 杜雷尔放纵自己在油画上的业余兴趣：他最好的写作都是由一个艺术家眼中的环境描绘组成。

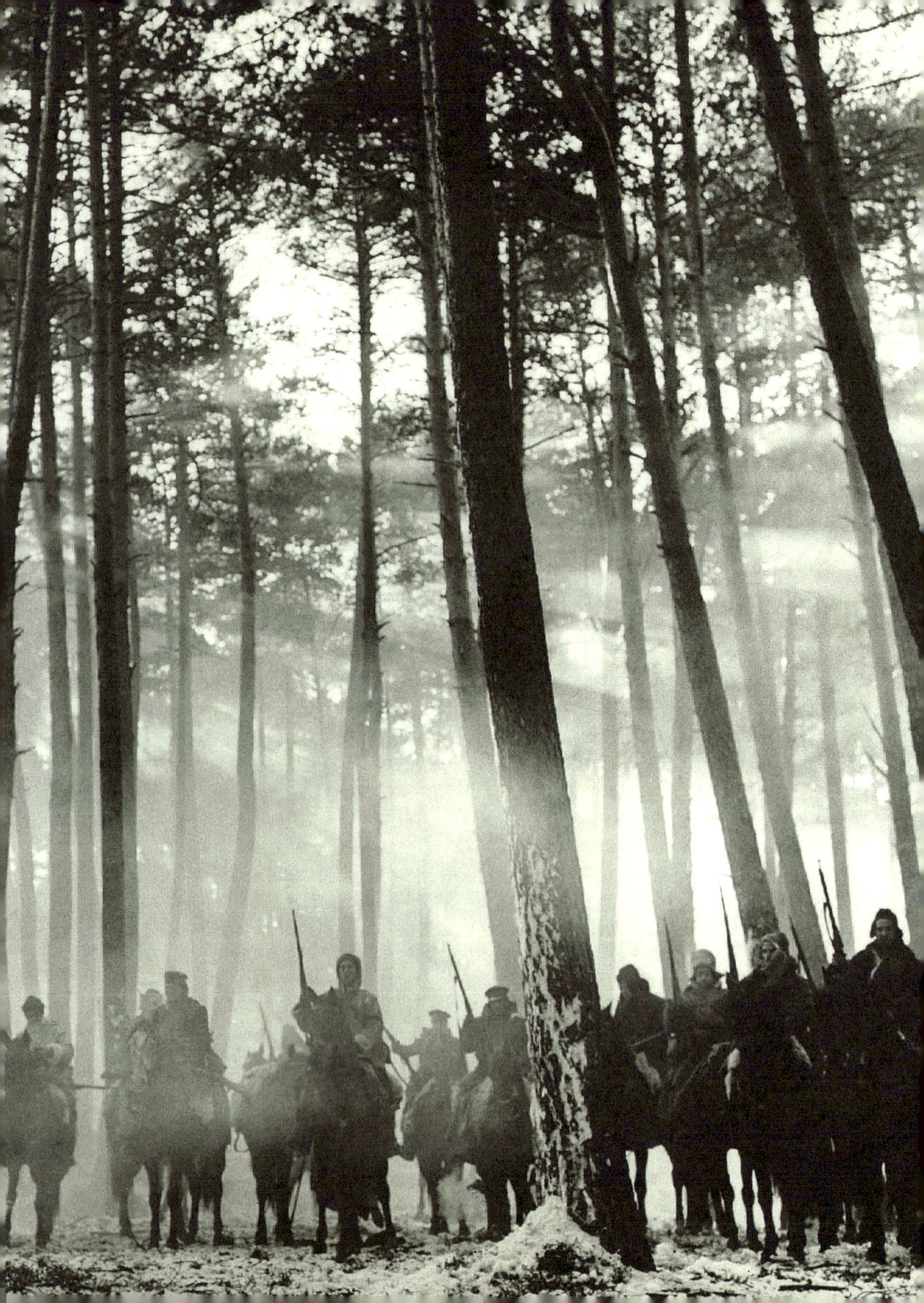

日瓦戈医生 Доктор Живаго

鲍里斯·帕斯捷尔纳克（Борúс Леонúдович Пастернáк）

作者生平：1890年生于俄国，1960年卒
首次出版：1957年，Feltrinelli（米兰）
英译书名：Doctor Zhivago
诺贝尔文学奖：1958年（拒领）

鲍里斯·帕斯捷尔纳克的史诗故事以革命时代俄罗斯广阔的历史和地理为背景，讲述了尤里和拉拉的爱情故事。本书初次在意大利出版就被苏联政府列为禁书，直到1988年才解禁。帕斯捷尔纳克被苏联政府禁言，但在西方世界却受到了异乎寻常的赞誉，荣膺1958年的诺贝尔文学奖。

苏联和西方世界对《日瓦戈医生》评价的分歧也影响了这部小说被解读的方式。帕斯捷尔纳克同时被东方和西方阵营漫画化为一个把西方个人主义自由的浪漫观念置于社会主义国家之上的作家。但事实上，本书并不抱有任何肤浅的反革命态度，而是精细地审视了革命的理念如何向现实的政治力量妥协。拉拉和尤里的关系是这部战后小说最动人的部分，这段感情却是从革命正义的可能性中诞生滋长，并且紧密地和革命交织在一起。对某种完美真理的追求（个人和政治上的）推动了小说情节的发展，但是小说的戏剧性和激情就在于对完美真理的努力探求的失败，以及坚守对个人、政治或者诗性原则的忠贞的极端困难。

小说最动人心魄的一部分是俄罗斯的壮丽山河，既广阔又优美。《日瓦戈医生》的戏剧就在广袤的土地上鸣奏哀歌，它为读者提供了曼妙的幸福和历史与人类的无边可能性。**PB**

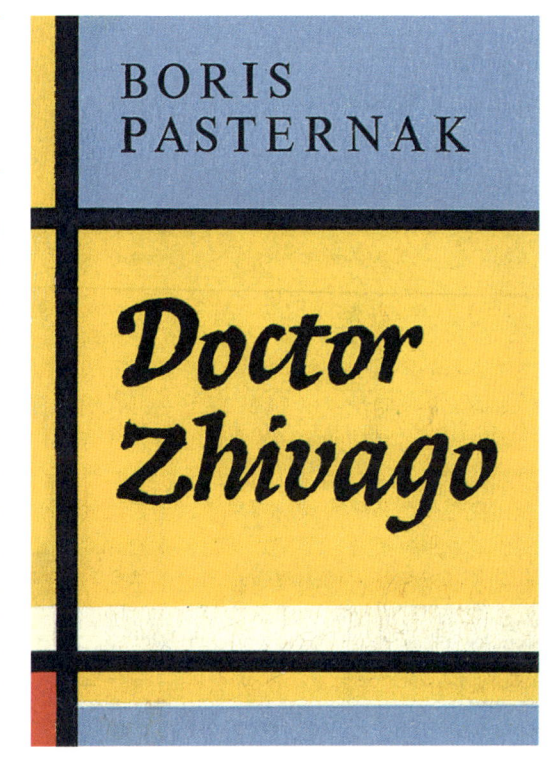

▲ 1960年英语平装本出版后，小说被西方赞誉为对苏联体制的攻击。

▲ 大卫·里恩1965年的电影获得了巨大的票房成功，也让《日瓦戈医生》成为浪漫爱情的史诗经典。

20世纪 | 515

普宁 Pnin

弗拉基米尔·纳博科夫（Vladimir Nabokov）

作者生平：1899年生于俄国，1977年卒于瑞士
首次出版：1957年，Doubleday（纽约）
原著语言：英语

　　弗拉基米尔·纳博科夫凭借这部短篇漫画式小说，获得了他的第一个美国国家图书奖提名，小说受众广泛，作者也第一次获得商业上的成功。小说是20世纪50年代校园小说的早期典范，讲述了麻烦不断的俄罗斯移民教授提莫菲·普宁的经历。普宁是魏德尔学院的俄语老师，他生活在相当古怪、与社会隔绝的学院世界，并且努力去适应美国的大学生活。普宁在身体上行动不便，在思想上又是固执的书呆子，他最大的霉运是不能运用好英语俗语，本书许多喜剧效果就源自普宁自以为是地使用英语。不过普宁的行动毕竟保有尊严，纳博科夫笔下的人物绝不是那些恶意叙述者提供的简化典型。而且与普宁其他非美国同事相比，他无疑是一个正派人物。

　　小说是由从1953年到1955年在《纽约客》发表的一系列短篇故事演化而来的，有人批评这本书更像一组不相干的手稿而不是小说。这种批评并不公允——小说和纳博科夫所关注的主题具有一致性，而不注重情节发展上的整体性。它回归了普宁在语言和生理上无法对北美文化产生"家"的感觉这个主题。总之，小说无疑反映了纳博科夫巧妙的风格，有着语言学上的刻意岔题和不落俗套的幽默。这使得小说成为杰出的漫画作品，给人带来由衷的欢乐。**JW**

在路上 On the Road

杰克·凯鲁亚克（Jack Kerouac）

作者生平：1922年生于美国，1969年卒
首次出版：1957年，Viking Press（纽约）
原著语言：英语
电影编剧：拉塞尔·班克斯（Russell Banks）

　　杰克·凯鲁亚克的《在路上》已成为美国文学史上反文化的经典文本。小说设置在第二次世界大战后，萨尔·帕拉迪斯叙述了他跨越美国的旅行。这成为一个更加暗淡的历史时刻努力保持美国梦的自由抗争的象征。帕拉迪斯和自由不羁的同伴迪恩·莫里亚特（原型是凯鲁亚克的同伴摇滚流浪者尼尔·卡萨迪）从美国的东海岸一直旅行到西海岸，这是对美国青年旺盛的活力和精神的赞歌。这一对伴侣拒绝家庭和经济的规训，而寻求自由与包容的群体以及精彩的个人生活。这是初兴的摇滚文化的关键部分。凯鲁亚克与金斯伯格、巴勒斯等文学人物也很快成为这种魅力十足的文化的代表人物。

　　传说凯鲁亚克在安非他命和咖啡因的作用下产生了旺盛的激情，用三周时间在一卷打印纸上完成了这部小说。这个松散的自传体小说成了传奇的一部分。不过小说也承认了幻视的局限性。迪恩的才华逐渐衰退，这也揭示了他是一个荒诞和尴尬的英雄，不值得逐渐成熟的萨尔继续追随。**NM**

> 左边的杰克·凯鲁亚克瞥向他的友人尼尔·卡萨迪，他是摇滚时代的民间英雄，也是《在路上》描绘的迪恩·莫里亚特。

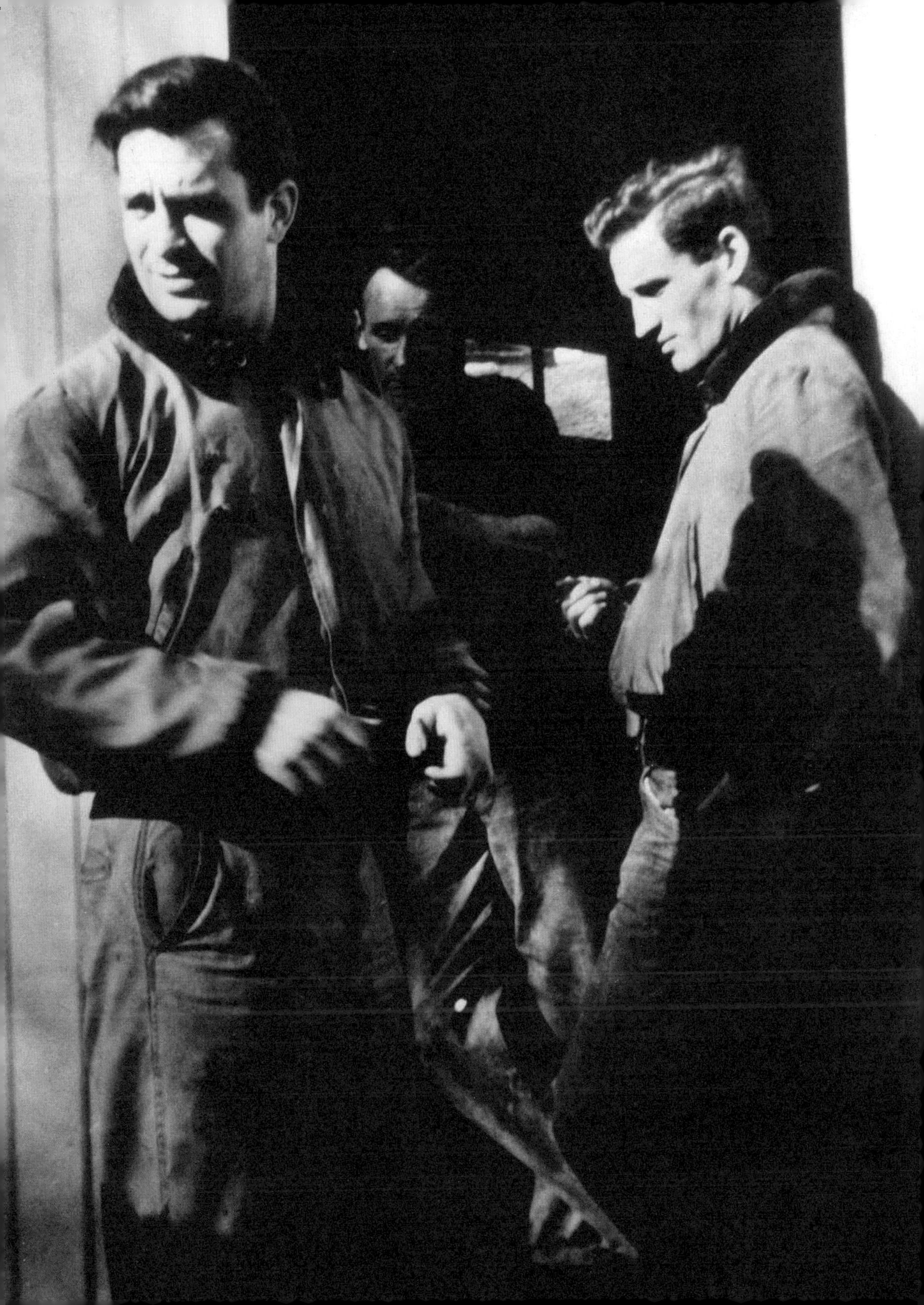

马尼拉绳 Manillaköysi

维约·梅利（Veijo Meri）

作者生平：1928年生于芬兰（现俄罗斯维堡），2015年卒
首次出版：1957年，Otava（赫尔辛基）
英译书名：*The Manila Rope*

《马尼拉绳》讲述了朱斯的故事。他是一个天真的劳动阶级士兵，参加了第二次世界大战。战争中他获得了一次休假的机会，从前线返回家乡和自己的家人团聚。休假前他在军营发现了一根马尼拉绳，决心带回家做晒衣绳。他把绳子绕身藏好，但是在列车的长途旅行中，绳子收紧，差点杀死了他。

小说原创性地描绘了一幅战争的图卷。关于战争本身，小说叙述得并不多。小说中的战争特指"继续战争"，这场战争没有形状，也不可理解。与朱斯分享列车旅行的不同叙述者讲述了他们战时的经历，叙事的基调幽默而欢闹，但是故事中的事件却常是恐怖凄厉的。作者描述的战争充满毁灭性，又没有目的，士兵们消极，缺乏英雄气质，自视为纯粹的"屠杀炮灰"。他们中几乎所有人都想从战争中获得某些东西，但是他们的努力一律失败。饱受折磨的朱斯也成为一个受害者，他的愤怒和错乱是他想从战争获利的卑微想法造成的。

这部超小说的黑色幽默与荒诞感让人想起果戈理、卡夫卡和哈谢克。《马尼拉绳》不但问询战争和人类命运的问题，也讨论了叙述与历史写作、事实和虚构的关系。**IP**

游手好闲 De ontaarde slapers

沃德·柳斯林科（Ward Ruyslinck）

作者生平：1929年生于比利时，2014年卒
作者教名：Raymond Charles Marie De Belser
首次出版：1957年，A. Manteau（布鲁塞尔）
英译书名：*The Deadbeats*

在比利时小镇边缘的一栋小别墅里，一对中年夫妇依靠各种失业福利生存。他们肮脏又傲慢，整日躺在床上，起床后只是去职业介绍所或者当地的面包店。丈夫西尔维斯特曾经是受人尊敬的军人，现在成了一个虚无主义者，担惊受怕、意气消沉。他的妻子担忧战争再次来临，常爆发强烈的歇斯底里症。

沃德·柳斯林科的短篇小说写作于20世纪50年代，他对生活没有目的的存在主义描写让人想起加缪。他知道那些有勇气的人可以获得人生中需要的东西，但是他们相信（或者假装相信）从生命中获得东西并不需要表达出相应的敬意。与加缪的《局外人》（见本书第420页）不同，西尔维斯特的虚无主义植根于恐惧：他无法坚定地行动。在丈夫与妻子的第二十二个结婚纪念日之夜，他们忽然发现与之生活的人现在只是他们曾经觉得有魅力的人的影子。不过，随着步兵组到小镇来演习，他们依稀发现了过去相爱的感情。

柳斯林科采用编年的方式叙述了他笔下两个人物内在的虚无感，利用他们来探索更加普世的问题：比如失业、战争和不安定的人性。对于柳斯林科而言，人们"身体内有着战争"。这两个无处可归之人的可怕故事是无用心智和耗费能量的悲伤图卷。**OR**

能干的法贝尔 Homo Faber

马克斯·弗里施（Max Frisch）

作者生平：1911年生于瑞士，1991年卒
首次出版：1957年，Suhrkamp（法兰克福）
原著语言：德语

《能干的法贝尔》是讲述现代人的异化和理性主义之危险的悲喜剧。沃尔特·法贝尔是年届五十的瑞士移民，在联合国教科文组织担任工程师。他是一个有着守时习惯的人，坚信科学和理智能解释一切事情。小说的开始他乘飞机前往委内瑞拉，飞机迫降在墨西哥的沙漠上。他的规律生活被打乱，他邂逅了往昔挚友的兄弟，这是一系列事情的开端，迫使法贝尔回顾自己的过去。

在战前法贝尔和一个德国犹太人哈娜有一段关系，她怀上了孩子。法贝尔愿意娶她，但哈娜拒绝，她担心法贝尔只是在做一个政治姿态。于是法贝尔离开并参加了一个长期的工作项目，他和哈娜达成了和解：她会打掉孩子。但在墨西哥，法贝尔发现哈娜其实和另一个人结了婚。这个震惊的发现让法贝尔理性主义的盔甲起了裂痕。当他和哈娜重逢时，他还见到了自己从来不知道的哈娜的女儿。法贝尔的理性盔甲彻底破裂。法贝尔没有能力表达他感性的一面，他教条地相信自己能通过逻辑和技术控制环境，这让他们的重逢毫不幸福。他的傲慢产生了灾难性的后果。马克斯·弗里施是反讽的大师，他精彩绝伦地创造了一部让人困扰的暧昧作品，让读者在同情和鄙夷这个被完美塑造但又有严重缺陷的人物之间饱受煎熬。**AL**

天空之蓝 Le Bleu du ciel

乔治·巴塔耶（Georges Bataille）

作者生平：1897年生于法国，1962年卒
首次出版：1957年，Pauvert（巴黎）
原著语言：法语
英译书名：*Blue of Noon*

特里普曼遇到了他理想中的女人：富有、美丽和放荡的"肮脏"。但是这位《天空之蓝》的叙述者却是一个性无能，他不得不探索其他方式来实现自己无法满足的欲望。他的性无能也反映了弥漫于小说的一种更广的无能为力（小说写作于1935年，直到1957年才发表）。1934年特里普曼在欧洲漫游，见证了纳粹主义兴起的最初迹象，他对纳粹的得势放任自流。见证了政治上的彻底失败后，特里普曼坚决地退出任何政治革命活动。在"肮脏"的陪伴下，他开始了任性的自毁行动。乔治·巴塔耶在其他著作中写到"主权"：只有自我在某个时刻丧失，超越了任何潜在的功用或者修复性的"经验"时才能够实现。特里普曼试图通过重复逾越规则的行为、否定价值和违背禁忌来达到这种状态。

巴塔耶用主人公们酗酒、病弱和衰朽的肉体影射了欧洲滑入法西斯主义，他指出这是纳粹主义要煽动的致命的性欲。小说与法西斯主义暴力美学的诱惑相协调，暗示了这些力量最终可能会对抗自身。鲜有人能媲美巴塔耶追寻零度视角的意志：他狂热地追求绝对的虚无，同时又敏锐地发现它终不可得。**SS**

米德威奇布谷鸟 The Midwich Cuckoos

约翰·温德姆（John Wyndham）

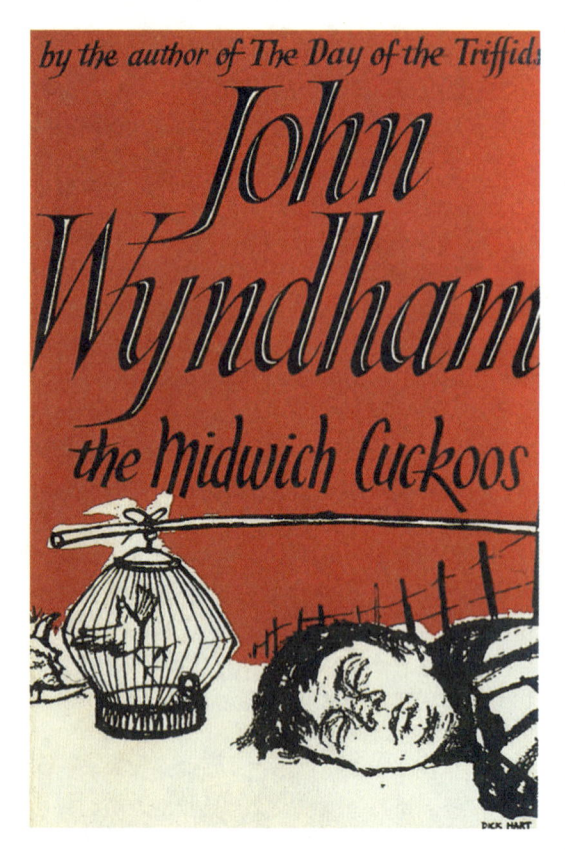

作者生平：1903年生于英国，1969年卒
首次出版：1957年，Michael Joseph（伦敦）
原著语言：英语
首部电影：*Village of the Damned*（1960）

米德威奇是一个平凡无奇的乡村小镇，那里向来无事，直到某种神秘的力量包裹了它，镇上所有的人都不省人事。居民们很快苏醒后发现万事如常，大部分人没有产生什么不良反应。只是镇上适孕年龄的女性都同时怀孕了。她们产下的孩子与众不同：体貌完全类似，发育良好，拥有能确切知道其他孩子学习内容的心灵感应。毫不奇怪，他们引起了村镇居民巨大的不安。如同常见的科幻小说风格，一位教授前来调查这个现象。接下来是孩子、村民与政府之间的激烈斗争，最后问题演变到全球规模。

这个概要看上去可能很眼熟，因为小说除了本身的流行，还有两个电影版本（第一个版本更优秀），两个版本都毫无必要地取名为《被诅咒的村子》。小说也对数代科幻作家产生了持久的影响。尽管《米德威奇布谷鸟》就像温德姆的很多小说（最著名的是《三尖树时代》[见本书第473页]）那样过时了，但无疑强有力地浓缩了"二战"后与冷战时代那些作家的焦虑和疑问。温德姆用家庭、个人和身体的术语娴熟地操控了诸如入侵、渗透、污染等威胁米德威奇的问题。他也精彩地把对冷战难以理解的宣传和政治入侵放入了看似最不相干的背景——小小的英格兰。
MD

布谷鸟下蛋了……

▲《米德威奇布谷鸟》把恐怖异形入侵的科幻故事设置在看似宁静的英格兰小镇。

探险家沃斯 Voss

帕特里克·怀特（Patrick White）

作者生平：1912年生于英国，1990年卒于澳大利亚
首次出版：1957年，Eyre & Spottiswoode（伦敦）
原著语言：英语
诺贝尔文学奖：1973年

  帕特里克·怀特凭借本书第一次获得了国际声誉，它既是一个爱情故事又是一个冒险故事，但同时又不局限于两者。小说的背景是19世纪的澳大利亚，戏剧化了约翰·乌尔里希·沃斯深入广阔的澳大利亚大陆中心的旅程，同时小说也讲述了沃斯和劳拉·特列维尔扬关系的发展，这个富家女孩是沃斯这次旅行的组织者之一的女儿。劳拉就像她归属的殖民地社会，从来没有离开过大陆的边缘。但随着沃斯逐渐进入大陆深处，伴随他旅行的劳拉逐渐与他有了心灵感应般的精神联系。这段感情不是在澳大利亚殖民地休息室里产生的激情，而是在内陆严酷的、与世隔绝的环境中产生的狂热激情。

  这个爱与探索的故事有很多前例。沃斯顽强和执着于深入内陆的行动酷似约瑟夫·康拉德《黑暗的心》（见本书第243页）中的马洛之旅。对于19世纪敏感气质的准确观察，比如对休息室场景的借用，无疑有着简·奥斯丁的品质。而强烈的人物关系有时候读起来仿佛出自在澳大利亚内陆生活的劳伦斯笔下。不过尽管沃斯的旅程，以及他和劳拉的艰难爱情有这些基调，小说最打动人的特征还是它的不协调感和难以把握的陌生感。大地本身是最有影响力的存在，那些没有勘探过的广漠之地对殖民者带来的欧洲文化有着异乎寻常的影响。这种文化由被沃斯穿越的沉默土地重新塑造，就像小说被这种人与沙漠的冲突重新塑造那样。**PB**

他的传奇必被书写……

▲ 小说第一版的动人封面展现了艺术家对沃斯作为顽强的英雄的印象，作者也凭此书成名。

嫉妒 La Jalousie

阿兰·罗伯–格里耶（Alain Robbe-Grillet）

作者生平：1922年生于法国，2008年卒
首次出版：1957年，Les Editions de Minuit（巴黎）
原著语言：法语
英译书名：*Jealousy*

阿兰·罗伯–格里耶的《嫉妒》是新小说最著名的典范之一，这个流派试图打破现实主义小说的传统，不再局限于对剧情构造、背景和角色的塑造。这种风格强调严格的客观性，描述要局限在所观察世界的表层，以及人类的肢体动作和手势，不能让读者直接进入他观察的人物或者无名叙述者的思想。叙述者通过猫眼窥伺到自己的妻子和他的邻居弗兰克的疑似私通。他没有对自己见到的事情做任何评论与反思，实际上他甚至根本没有用"我"这个代词。

小说真正的原创性在于它尽管因为客观的叙事风格而有各种自设的限制，但是依然有能力传达出嫉妒的力量。读者逐渐熟悉了文本的重复和微小的变奏，最终形成了被嫉妒消耗和建构的意识印象。作者叙述的风格精彩地捕捉了妒火中烧的情人行为，他痴迷于对细节的刻画，每一个游离的眼神和无意义的手势都是隐藏的背叛证据。叙述的平面化的电影模式在这里臻于完美，强烈深远地影响了之后的后现代主义作家，他们试图用摄影机般的视角来观察这个奇怪的无深度的世界。**SS**

群鸟 Fuglane

塔尔耶·韦索斯（Tarjei Vesaas）

作者生平：1897年生于挪威，1970年卒
首次出版：1957年，Gyldendal（奥斯陆）
原著语言：新挪威语
英译书名：*The Birds*

不要把本书与达夫妮·杜穆里埃的短篇小说或者希区柯克那部劣质的鸟类恐怖袭击电影剧本混淆。本书是北欧20世纪最显赫的作家相当冷静和令人心酸的作品，与《冰宫》一样，是塔尔耶·韦索斯最优秀的小说。

《群鸟》讲述了头脑单纯的男孩马西斯和他的姐姐赫格姐弟关系的故事。他们居住在挪威腹地的一个湖边，赫格一直照顾着马西斯的生活和情感，但她对自我牺牲的忧愁生活感到厌倦。变化的契机是马西斯假扮摆渡人，把他唯一真诚的乘客带回了家——荣格是一个旅行的伐木工，他需要找个小屋过夜，尽管马西斯漏水的船造成他的背包部分浸湿，他还是来到了马西斯家。赫格立刻对新的来客惊慌失措，并被他吸引——这让马西斯也很慌张。作者仔细观察了他们之间关系的变化。小说的结局尤其萦绕人心，也揭示了标题的部分线索。

韦索斯是"民族语言"或者"新挪威语"风格的重要代表。《群鸟》使用了让人彻底信服的对话，描述了发生在苍莽壮美之地的高度戏剧性的关系和经历。小说也可以被视作一种隐喻与象征——对宽容外来者的由衷请求。**JHa**

永恒之王 The Once and Future King

T. H. 怀特（T. H. White）

作者生平：1915年生于印度，1964年卒于希腊
作者全名：Terence Hanbury White
首次出版：1958年，Collins（伦敦）
原著语言：英语

　　T. H. 怀特用才华横溢而又复杂深奥的语言重述了亚瑟王的传奇故事。他总共耗费了二十年的光阴来完成这部四部曲小说，完整的一卷本在1958年出版。迪士尼根据第一部《石中剑》（1939年出版）改编制作了一部动画片（1963年上映），使得小说名声大噪。《永恒之王》是根据15世纪托马斯·马罗礼（Thomas Malory）创作的浪漫散文《亚瑟王之死》（Le Morte d'Arthur）改编而成的。怀特没有在故事里添加新内容，但是他始终有意识地把衰落的中世纪的野蛮气质和他自己生活时代法西斯主义的兴起平行对比。在四部小说出版的过程中，亚瑟从一位瘦长腼腆的青年（华尔特）成长为充满活力的军事领袖。他最终被迫效仿他的死敌莫德列凯尔特军队的纳粹般的行为来守护无辜的英格兰。最终的结果充满灾难，他驱马迎接自己的死亡，并得出结论：没有国家，人类才能获得幸福。小说有许多奇特的场景描写，比如华尔特被莫林变成了一条鲈鱼，差点被另一条狗鱼吃掉。P先生警告亚瑟，唯一的现实是权力。

　　作者承认，《永恒之王》是一系列小说剧情的集合，没有被妥善地整合起来。不过它依然是一部令人深思的强有力的作品，探讨了人可能犯的罪恶和在一个恐怖世界追寻价值的徒劳。**AH**

EXCALIBVR RETURNS TO THE MERE

谁能拔出这石中之剑，谁就是英格兰全境的王。

▲ 1902年，英国插图家亨利·尤斯丁思·福特描绘的湖中仙女将宝剑赠予亚瑟的场景。

钟 The Bell

艾丽丝·默多克（Iris Murdoch）

作者生平：1919年生于爱尔兰，1999年卒于英国
首次出版：1958年，Chatto & Windus（伦敦）
原著语言：英语

一般认为《钟》是艾丽丝·默多克早期最优秀的小说。小说的剧情显然属于英国-爱尔兰文学传统里的"大房子"类型，叙述了一群本笃会修道院隐修人之间紧张和不幸的关系。他们希望在这里解决外部世界困扰他们的问题。他们代表了人性虚弱和混乱的十字地带，他们精神的需求使得自己不能完全融入世俗的男女中，但对生活的欲望又阻碍他们接受与这个世界切断的冥想生活。主要人物是米歇尔·米德，这个前神父和学校教师努力压抑自己的同性恋倾向，被负罪感和沮丧感所折磨。剧情从修复修道院破损的钟这个计划展开，这项工作后来被证明既漫长又徒劳。随着两个外来者的到来，不稳定的团体开始瓦解。朵拉·格林菲德是保罗不幸福的妻子，她是在修道院研究文献的学者，正在考虑是否要终结他们的婚姻。托比·加什这个年轻人则发现朵拉和米歇尔都对他有好感。

《钟》确立了艾丽丝·默多克作为英国文学领域重要人物的地位。它心酸地探索了一群人的悲剧，他们需要平衡自己对其他人的需求和欲望，又要理解人生与精神理想的距离。**AH**

教养院男孩 Borstal Boy

布兰登·贝汉（Brendan Behan）

作者生平：1923年生于爱尔兰，1964年卒
作者全名：Brendan Francis Behan
首次出版：1958年，Hutchinson（伦敦）
原著语言：英语

布兰登·贝汉在《教养院男孩》中叙述了一家英国教养院（收容青少年犯的机构）的男孩的生活。贝汉来自都柏林的一个工人阶级共和党家庭，1939年因为非法持有爱尔兰共和军的爆炸物被捕。他被判在教养院拘留三年，在那里他服刑两年，并在十八岁的时候被驱逐出英格兰。

这部作者写于十七年后的小说《教养院男孩》，在对引发"少年犯"冲突的捕捉和描绘中体现了作者独特的创作技巧。贝汉本人在文本中出现的形象也是骄傲、恐惧、富有侵略性与孤独构成的谜团。这个恋家的男孩既玩世不恭地解读了那些对虔诚的爱尔兰民族主义和英国帝国主义的批评，又因为他在教养院接受的大男子主义文化而在家里变得富有侵略性，被他教养院同伴的力量和肉体所诱惑。

对治安官、监狱看守、被拘留者、朋友、敌人、神父等人的描写都怀着对差异与共同点的尊敬。总之小说是两次世界大战间英格兰精彩的社会历史，也是监狱文学的经典之作。《教养院男孩》与其他这类经典的不同之处，一方面是贝汉虽然愤怒但保持了气量，另一方面是他作为作家充满技巧性地从多方面展示了监狱如何让所有与之发生关系的人丧失人性。**PMcM**

▶ 贝汉在1956年的剧本《广场伙伴》法语版招贴画前摆造型，这部戏剧确立了他的声名。

L'ŒUVRE
ROBERT DE RIBON Directeur
présente

LE CLIENT DU MATIN
de BRENDAN BEHAN

Adaptation de JACQUELINE SUNDSTROM et BORIS VIAN
Musique de GEORGE DELERUE
Décors et costumes de JACQUES LE MARQUET
Mise en scène de GEORGES WILSON

avec, par ordre d'entrée en scène

BRUNO BALP JEAN MAUVAIS
JULIEN VERDIER MICHEL PETIT
JEAN ALLAIN JEAN BARREZ
ANDRÉ CLAIR JACQUES MARCHAND
ETIENNE BIERRY MICHEL DACQUIN
JEAN-MICHEL ROUZIÈRE CHARLES LAVIALLE
STÉPHANE AUDEL JACQUES BRUNET
MARIUS LAUREY JEAN JOANNES
JEAN GRÉCAULT JACQUES PLEE
BERNARD JOUSSET RAOUL BILREY
GEYMOND VITAL GAËTAN NOEL

PALAU

味似丁香、色如肉桂的加布里埃拉 Gabriela, Cravo e Canela

若热·亚马多（Jorge Amado）

作者生平：1912年生于巴西，2001年卒
首次出版：1958年，Livraria Martins Editora（圣保罗）
原著语言：葡萄牙语
英译书名：Gabriela, Clove and Cinnamon

1930年，新当选的巴西总统热图利奥·瓦加斯公开焚烧了若热·亚马多最初的六本小说——他想警告巴西的知识分子在文学上表达不同政见的下场。亚马多最终为巴西共产党赢得了议会的一个席位，但是他还是决定"作为作家比在党派活动上耗费我的时间对人民更有益"。

亚马多在他祖父伊塔布纳的可可种植园长大，那里位于巴西的东北省份巴西亚。那个年代富有的种植园主沉湎于通过滥交来证明自己的男子气概。于是，亚马多了解到了那些女劳工的悲惨境遇。这个熟悉的主题他用在了描绘迷人、性感和永远快乐的加布里埃拉身上，她的皮肤像肉桂，气味像丁香。

《味似丁香、色如肉桂的加布里埃拉》是一个现代主义的文本，质疑传统的双重标准：已婚的巴西男人要对他们的男子气概忠诚，而女人要对她们的丈夫忠诚。这种双重标准在加布里埃拉和拿西布的爱情故事中体现，加布里埃拉是拿西布雇来的酒吧厨娘。拿西布嫉妒地发现自己喜爱的加布里埃拉和其他人上床，这导致他向她施压成婚。但这种潜在的囚禁其实可能正扼杀了让加布里埃拉魅力非凡的纯真和自由。

加布里埃拉的状况成为揭露女性不平等的平台（根据巴西宪法，女性直到1988年才和男性地位平等）。加布里埃拉的角色塑造加强了巴西作为第三世界国家的典型形象，小说通过一个站在社会之外但体现了这个社会本质的女人，向巴西沉默的公民们言说。**JSD**

我一直坚信着改变世界……
——若热·亚马多

● 亚马多的小说用极易进入的形式阐述重大主题。他的《味似丁香、色如肉桂的加布里埃拉》被改编成巴西流行的电视肥皂剧。

周六晚与周日晨 Saturday Night and Sunday Morning

阿兰·西利托（Alan Sillitoe）

作者生平：1928年生于英国，2010年卒
首次出版：1958年，W. H. Allen（伦敦）
改编电影：1960年
英国小说家处女作奖：1958年

英国作家阿兰·西利托在诺丁汉发现了自己丰富想象力的催化剂，这是他从出生以来就熟悉到骨子里的地区，于是在这里他开始了自己的写作生涯。不过他的处女作《周六晚与周日晨》绝不只是地区现实主义简单的习作。这部作品灵巧地在自然主义和神秘主义间转换，讲述了亚瑟·西顿的工厂生活和波澜不断的爱情生活，创造了一部不带感伤色彩、伪自传体风格的小说。亚瑟狂热地享受着"一周最好和最热闹的时光"，他在酒吧痛饮，追逐女孩子，是"向安息日朝拜的狂乱前奏"。西利托再现了亚瑟日常生活的细节，洞察了曾经富有弹性的诺丁汉社会的变化。他完美地对当地人和环境做出了判断，一丝不苟地勾勒了小镇的风景，它在艰难抵抗扩张的寄生城郊"帝国"对乡镇的侵蚀。在2001年出版的《生日》中西利托回到了"西顿史诗"，回到了巴尔扎克写作数十年历史的传统，将其描述为"诺丁汉的《人间喜剧》"。

西利托想象的地理学是这个还在进行的计划的中心，为这部战后的地区小说创造了丰富的风格和主题贡献。他以自己对诺丁汉郡制图学熟悉的优势，精细入微地勾勒出一个地方可能发展的前景地图。西利托的小说从来不是直接的现实主义：它通常把都市的逼真性和幻视的冥想混合起来，以便阐述作者如何利用某地的事实经验来讲述存在于社会可能性中的寓言。**DJ**

周六晚是一周最好和最热闹的时光。

照片摄于1960年，西利托坚定的地区写实主义引起了公众对劳工阶级英雄的渴望。

THINGS FALL APART
The story of a strong man by
CHINUA ACHEBE
THINGS FALL APART
CHINUA ACHEBE

这个世界土崩瓦解了
Things Fall Apart

钦努阿·阿契贝（Chinua Achebe）

作者生平：1930年生于尼日利亚，2013年卒于美国
作者全名：Albert Chinualumogu Achebe
首次出版：1958年，Heinemann（伦敦）
原著语言：英语

《这个世界土崩瓦解了》是钦努阿·阿契贝最初也是最著名的一部小说，用否定的方式回应了诸如约瑟夫·康拉德的《黑暗的心》（见本书第243页）和乔伊斯·卡里（Joyce Cary）的《约翰逊先生》（Mister Johnson，1939）等英语经典中的非洲人形象。小说卖出了八百万本，有三十多种语言的译本。

小说叙述了英国人来到东尼日利亚的伊博兰后引起的历史悲剧。小说的第一部分展现出当地复杂而充满活力的文化，原始且没有被欧洲人所影响。第二部分揭露了早期殖民者和基督教传教士带来的社会变革。最后部分的主体是非洲人的沉默，这是大英帝国殖民统治的直接后果。故事的主角奥康科沃被卷入了广阔的历史潮流。

《这个世界土崩瓦解了》是一部反殖民小说。它包含了大量非洲人沉默或者缺席的场景，在这些场景中，有着欧洲话语权或者欧洲人在场。小说反对这些沉默的行为，它整体是一部反抗的作品，抗议殖民主义，赞美没有殖民主义前喧闹的伊博兰世界。小说充满了各种口述形式，包括仪式、谚语、民谣、辩论、流言和议论，它们是无处不在的西非文化"语言之鼓"。**SN**

◀ 阿契贝强烈地批判帝国主义，在这个时代，诸如尼日利亚等非洲国家也陆续赢得了独立。

尖锐的玻璃
The Bitter Glass

艾利斯·狄龙（Eilís Dillon）

作者生平：1920年生于爱尔兰，1994年卒
首次出版：1958年，Faber & Faber（伦敦）
原著语言：英语

1922年至1923年的爱尔兰内战是"自由邦军"和共和派的战争，是接受1921年《英爱条约》分离爱尔兰的人与那些坚持一个统一的爱尔兰的人之间的战争。这场战争无论在个人感情方面，还是作为内战本身都让人痛苦：因为第一个爱尔兰自由邦政府授权处决的那些共和派在两年前还和他们共同为爱尔兰的独立事业奋斗。

艾利斯·狄龙的《尖锐的玻璃》设置在1922年那个炎热夏天的爱尔兰西部，利用一场冲突指出战争对以它为名的双方都毫无意义。一群富有的都柏林青年去康尼马拉一栋偏僻的消夏别墅旅行，那里充满了童年时代的联盟、希望和背叛。狄龙的小说开篇建构起了都柏林人个人关系表面之下隐藏的分歧、冲突。但是不久后，别墅被一支从自由邦脱离的共和军飞行纵队占领，里面的人都被囚禁，田园般的度假地变成了怒火的沙场，人们充满了被解放的震惊。

狄龙讲述了一个充满诗意却讥讽的故事，他把女性塑造成对自由缺失的憎恨、对获得自由的渴望最强烈的人物。她们所渴望的自由超越了围绕于她们身边的为政治解放所进行的战斗。小说赞美了对物质需求和狂热感情的超越。**PMcM**

男向导的奇遇 The Guide

R. K. 纳拉扬（R. K. Narayan）

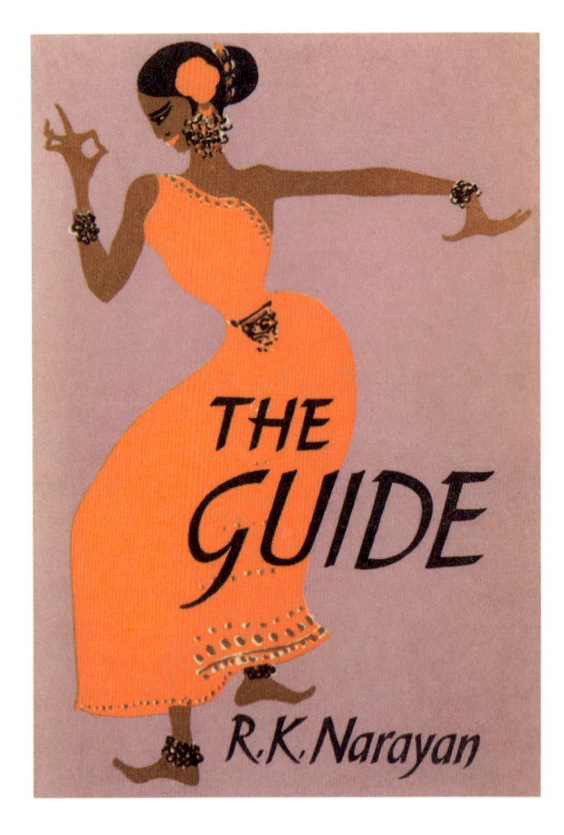

作者生平：1906年生于印度，2001年卒
作者全名：Rasipuram Krishnaswami Narayan
首次出版：1958年，Methuen（伦敦）
原著语言：英语

在R. K. 纳拉扬的《男向导的奇遇》中有一位当律师的小人物，他可以滔滔不绝地讲几个小时却还未说完一句话。这是这位律师成功的秘诀，因为他用这种手段可以让陪审团不漏过最微小的细节，这也是整篇小说中里奥围·拉杰在一系列腐败勾当中如鱼得水的原因。作为一个男向导，他获得了明星般的地位，因为他能在关键时刻编造出当地的历史来取悦不耐烦的游客。这份向导的工作让他结识了曾经的舞蹈明星娜丽尼，她是学者马尔科的妻子。马尔科毁谤娜丽尼的舞蹈，当他断绝了和娜丽尼的关系后，她与支持自己的拉杰走到了一起。

娜丽尼身为舞蹈演员的成功和拉杰的腐败事业为他们带来了财富，但是拉杰不久便落入马尔科的陷阱，被送入监狱。拉杰获释后又被人当作圣徒，他处心积虑地想通过这个角色用欺诈的手段再次获得名誉。然而拉杰自食其果：有一次他轻率地向一个干旱的村子许诺能通过禁食换来降雨。拉杰恼火于自己造成的挨饿以及身体的逐渐虚弱，最后决定用真心来完成禁食。在禁食的第十一天，拉杰最终动摇并且崩溃。然而，这是雨要来临前最微不足道的征兆。

《男向导的奇遇》是纳拉扬最受喜爱的小说，设置在他虚构的小镇马尔谷迪。小说的成功无疑来自它幽默地编织了一个让人无法抵御阅读兴趣的故事，并且不断编织下去。**ABi**

> 我知道有一个终身的顾客在等着我。一个喜欢打扮成旅行者的人正是一个向导一生热切寻找的家伙。

● 第一版的封面设计反映了纳拉扬用轻松幽默的笔调传达严肃题材的能力。

豹 Il gattopardo

兰佩杜萨（Giuseppe Tomasi di Lampedusa）

作者生平：1896年生于意大利，1957年卒
首次出版：1958年，Feltrinelli（米兰）
原著语言：意大利语
英译书名：*The Leopard*

　　《豹》是作者的遗著，兰佩杜萨去世一年后才出版，小说在国际上获得了意外的成功。它被翻译成多种语言，还成为1963年维斯康蒂史诗电影的取材作品。《豹》奏响了新的旋律，它在风格和主题上都故意无视意大利新写实主义的叙述传统。新写实主义的焦点是底层阶级人物，揭露意大利法西斯的残酷现实，而《豹》是西西里贵族萨利纳家族的史诗（他们的徽章是一头豹）。

　　从1860年到1910年所发生的一系列事件影响了主角萨利纳亲王和他的亲人的生活小环境，也影响了意大利民族的大环境。在意大利南部，波旁王朝被加里波第推翻，两西西里王国联合成为意大利的一部分。然而，西班牙殖民统治的结束也和贵族阶级的死亡重合，贵族一直被封建体制支持，现在正被资产阶级取代。《豹》写出了这种失落的忧郁。最让人心酸的篇章是萨利纳亲王对西西里荒芜的大地和西西里人民的叹息，他们为了在外国殖民统治下生存，已经形成了一种根深蒂固的无动于衷与虚无感。萨利纳亲王预言新的历史进程不会触动西西里，正在形成的意大利统一对于西西里人只是一种新形式的统治。**RPi**

深沉的河流 Los ríos profundos

何塞·马里亚·阿格达斯（José María Arguedas）

作者生平：1911年生于秘鲁，1969年卒
首次出版：1958年，Losada（布宜诺斯艾利斯）
原著语言：西班牙语
英译书名：*Deep Rivers*

　　在《深沉的河流》中，阿格达斯把自己代入了小说的自传体角色欧内斯托中，通过他的经历叙述秘鲁的现实。他的主题是当地原住民因为贫穷而不得不放弃本真和身份。欧内斯托随着他的父亲（一位无名的律师）在山区游历多年，之后进入了阿班凯的一家宗教气氛浓厚的神学院。那里集中了他遭遇的所有纷争：从人际冲突（在暴力法西斯环境下的训练）、人与自然的冲突（与小说末尾降临城市的瘟疫战斗），到社会冲突（当地妇女的反叛）。

　　欧内斯托在神学院学会了力量和征服的法则。他也发现了印第安文化与欧洲文化的融合，这种文化具有潜在的反抗性和帮助瘟疫受害者的救赎力量。最终他离开了山区，选择了真正适合自己的命运。对青少年与成年的观念、语言和文化等问题的专门学习，让他有了一种觉醒：在记忆和想象里发现问题。阿格达斯对自然、盖丘亚族的歌曲、魔法和仪式的角色、最知名的符号都给予了特别的关注，他指出了原生态的秘鲁文化中高雅的艺术品质。这是他最好的作品，也是印第安原住民文学最优秀的作品之一。**DMG**

蒂凡尼的早餐 Breakfast at Tiffany's

杜鲁门·卡波特（Truman Capote）

作者生平： 1924年生于美国，1984年卒
作者教名： Truman Streckfus Persons
首次出版： 1958年，Random House（纽约）
原著语言： 英语

去非洲浇粪你会变得有钱的。

《蒂凡尼的早餐》是一个迷人、淘气的传奇，捕捉到了美国纯真年代最后时光中纽约的荣耀时刻。故事是一位作家对第二次世界大战中纽约生活的回忆，与克里斯托弗·伊舍伍德的《别了，柏林》（见本书第407页）密切呼应——那部小说讲的也是一位作家来到陌生的土地力求打拼成名的故事。

杜鲁门·卡波特塑造的霍莉·格莱特利是小说史上经典的女主角之一。霍莉姿色艳丽，崇尚性自由，信奉享乐主义。她的出现拓宽了文学的边界，为即将来临的革命铺平了道路。她只活在当下，咒骂结果，有自己的道德观。就像她的无名猫，霍莉不受拘束，难以驯服。

小说无名的叙述者邂逅霍莉时，她正爬进作家的窗户躲避一个要咬她的狂热嫖客。霍莉和作家结下了牢固的友谊，作家也卷入了霍莉寻求刺激（也是维生所迫）的生活。他们在内心深处都需要"幸福"和羁绊，怀着那些年轻人视为生命的梦想。但是黑暗的征兆如同阴云笼罩着他们的生活和小说本身。灾难来到了霍莉的家庭，最终改变了她与叙述者的关系。当她长期的客户黑手党唐·萨利·托马托贪图霍莉性之外的东西时，霍莉的纯真天性也受到了考验。

这部小说是卡波特创作的转折点，脱离了他早期抒情的南方哥特主义风格。他凭借《蒂凡尼的早餐》与纽约的上层人士为伍。小说在那个时代显得十分大胆：公开地讨论性和同性恋。今天小说或许不再让人震惊，但它的魅力丝毫未减。它是东岸的清风，来自那个万事皆可能的时代。

GT

- 杜鲁门·卡波特1955年拍摄的照片。他的造型是一个清醒、世故但崇尚享乐主义的人生观察者形象。
- 布莱克·爱德华兹1961年的改编电影改变了小说原有的基调，为了迎合当时的好莱坞趣味而变得甜蜜起来。

AUDREY
HEPBURN
PLAYS THAT DARING, DARLING
HOLLY GOLIGHTLY TO A NEW HIGH
IN ENTERTAINMENT DELIGHT!
BREAKFAST
AT TIFFANY'S
A JUROW-SHEPHERD PRODUCTION
GEORGE PEPPARD · PATRICIA NEAL · BUDDY EBSEN · MARTIN BALSAM AND MICKEY ROONEY
BLAKE EDWARDS · MARTIN JUROW AND RICHARD SHEPHERD · GEORGE AXELROD
A PARAMOUNT
TECHNICOLOR

揪芽打仔
芽むしり仔撃ち

大江健三郎（大江健三郎）

作者生平：1935年生于日本，2023年卒
首次出版：1958年，讲谈社（东京）
英译书名：*Pluck the Bud and Destroy the Offspring*
诺贝尔文学奖：1994年

《揪芽打仔》生动地捕捉了战争对每个无辜的受害者造成的摧毁性影响。小说从一个决心求生的脆弱男孩的视角讲述故事，呈现给我们第二次世界大战末日本人的个人经历。

随着盟军的轰炸雨点般遍洒日本各个城市，战争的结果已经不言而喻。一群男孩被他们的家长抛弃，被禁闭在一个康复中心，他们准备去乡下的村子避难。村民把他们当作外来者不人道地对待，但是男孩们的友谊依然十分牢固。通过叙述者"我"的声音，他们决心成为"我们"，并且生存下去。当一场可怕的瘟疫来临，村民抛弃男孩们逃跑了，并且封闭了村子的所有出入口。男孩们发现他们被封锁起来，却也获得了短暂的自由。在最具毁灭性的环境中，他们建立了某种意义上的乐园，以村民抛弃的房屋为基地试着建立属于他们自己的生活。他们的幸福并不长久，对瘟疫的恐惧逐渐发展成更大的冲突和争议，而村民最终的归来给了男孩团体最后一击。"听着，像你们这样的人，在孩子时就要被拔除。我们在虫子还小的时候就要消灭它们。我们是农民，要扼杀萌芽。"乐园悲伤地消失了。**KK**

九点半钟的台球
Billard um Halb zehn

海因里希·伯尔（Heinrich Böll）

作者生平：1917年生于德国，1985年卒
首次出版：1959年，Kiepenheuer & Witsch（科隆）
英译书名：*Billiards at Half-Past Nine*
诺贝尔文学奖：1972年

小说讲述的是在联邦德国天主教小镇生活和工作的三代建筑师的家族史诗，他们的所有历史是在1958年9月6日一天之内用对话和内心独白展开的。作者通过这个家族的人生揭示了六十余年的德国历史——从德意志帝国到纳粹时代，再到20世纪50年代的联邦德国经济腾飞。

《九点半钟的台球》的主题是拒绝原谅与遗忘文明的失败，以及天主教会在战争、迫害与酷刑折磨中与当局的勾结。建筑家海因里希·法梅尔的第一项大工程——1907年建造的修道院在第二次世界大战末被他的儿子罗伯特拆除，罗伯特是纳粹国防军的炸弹专家，这个行动本身就代表着反文明。海因里希的孙子约瑟夫在战后参与修复修道院，当他发现这段历史时十分困惑。家庭的紧张关系以及无法调和的社会价值冲突都在一种具有象征意义的暴力行为中获得了奇异的救赎式解决。小说的人道主义引人关注，它呼唤读者分享人物的道德激变和他们对遗忘的抗拒。**DG**

> 伯尔的写作几乎都是关于"二战"的回忆，批判战后德国的道德真空。

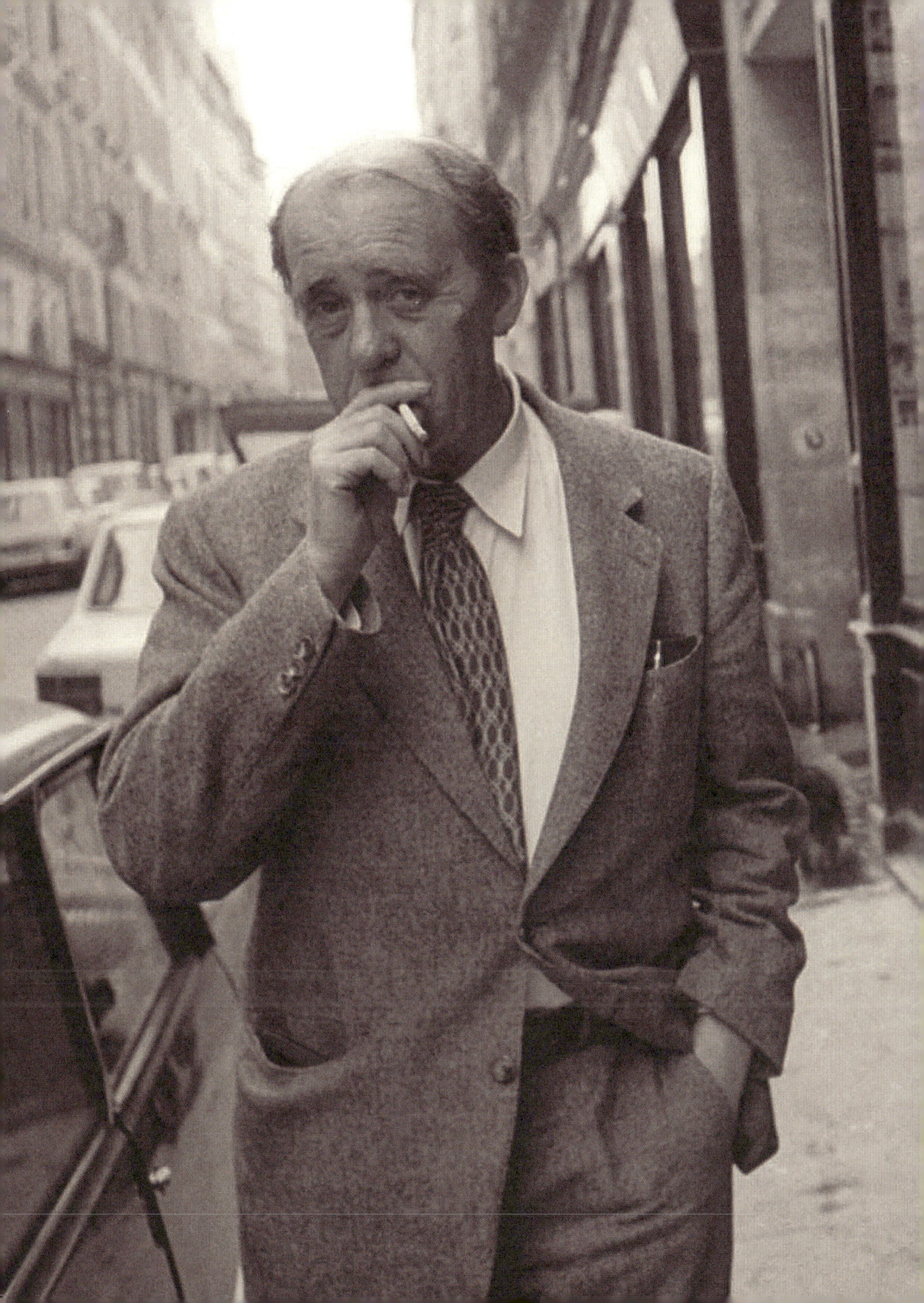

沿着第二大街
Down Second Avenue

艾捷凯尔·姆赫雷雷（Es'kia Mphahlele）

作者生平：1919年生于南非，2008年卒
作者教名：Ezekiel Mphahlele
首次出版：1959年，Faber and Faber（伦敦）
原著语言：英语

艾捷凯尔·姆赫雷雷是南非文学最有影响力的人物之一。《沿着第二大街》是他的第一部自传体小说，混合了回忆和深刻的社会批评，姆赫雷雷生动地描绘了自己与南非种族隔离制度下的教育体系的斗争。

小说讲述了年轻黑人爱斯基的故事，他在比勒陀利亚附近的部落村庄长大，在城里以教授南非语和英语的中学教师谋生。20世纪40年代早期，这类城市只为黑人和有色人种而建，爱斯基就像城中的许多青年理想主义者那样很快涉足政治圈，反对这个国家的统治党派。爱斯基被政府监视并恐吓，随后被禁止教学。他自我流放到尼日利亚，在那里他呼吸到了"自由的新风"，表达出对种族隔离制度毫不妥协的批判："白人们到非洲来管教和控制非洲的人民与物质，但从不学习非洲的东西。现在再不是这样了！"

作者讲述故事的语言简单但具有感染力。小说集中在南非黑人文学异化和流放的两大主题，代表了姆赫雷雷从来自乡村"旧非洲"的外省学童成长为一名在社会与政治上觉醒的作家、记者兼活动家的转变历程，致力于塑造觉醒了的现代民族主义南非。**JK**

萝西与苹果酒
Cider With Rosie

洛瑞·李（Laurie Lee）

作者生平：1914年生于英国，1997年卒
首次出版：1959年，The Hogarth Press（伦敦）
原著语言：英语

《萝西与苹果酒》是一部描述20世纪初期英格兰乡村小镇生活的异常生动的半自传体小说，它描绘的世界即将消失：这个世界的交通工具还依靠马和马车，人们也鲜有理由离开自己的家乡旅行。

小说最有特色，也是初版迄今仍吸引人的地方是它丰富的描写。比如通过一个年轻孩子的眼睛和其他感官来观察农庄花园如何自成一个世界。小说的很多段落充满喜剧性，不过也有一种悲剧感：以往支配乡村生活的确定性和日常习惯现在消失了。主角的母亲被丈夫抛弃，要应付两个家庭，她的生活十分单调辛苦，但她对生活中那些更伟大事情的渴望和认可从不动摇。最重要的是洛瑞·李没有任何美化乡村生活的企图。尽管在田野和灌木藩篱间可以发现无数神奇之事，但乡村生活的野蛮一面也司空见惯：乱伦、放荡的性关系，乃至谋杀。平衡这些负面东西的是乡村的传统感与归属感，但随着现代性传播到英格兰最遥远的地方，这些都消失了。**DP**

▶ 洛瑞·李接受1960年史密斯文学奖的奖金（凭借《萝西与苹果酒》获得）。女演员佩姬·阿什克罗夫特手上还有一个苹果。

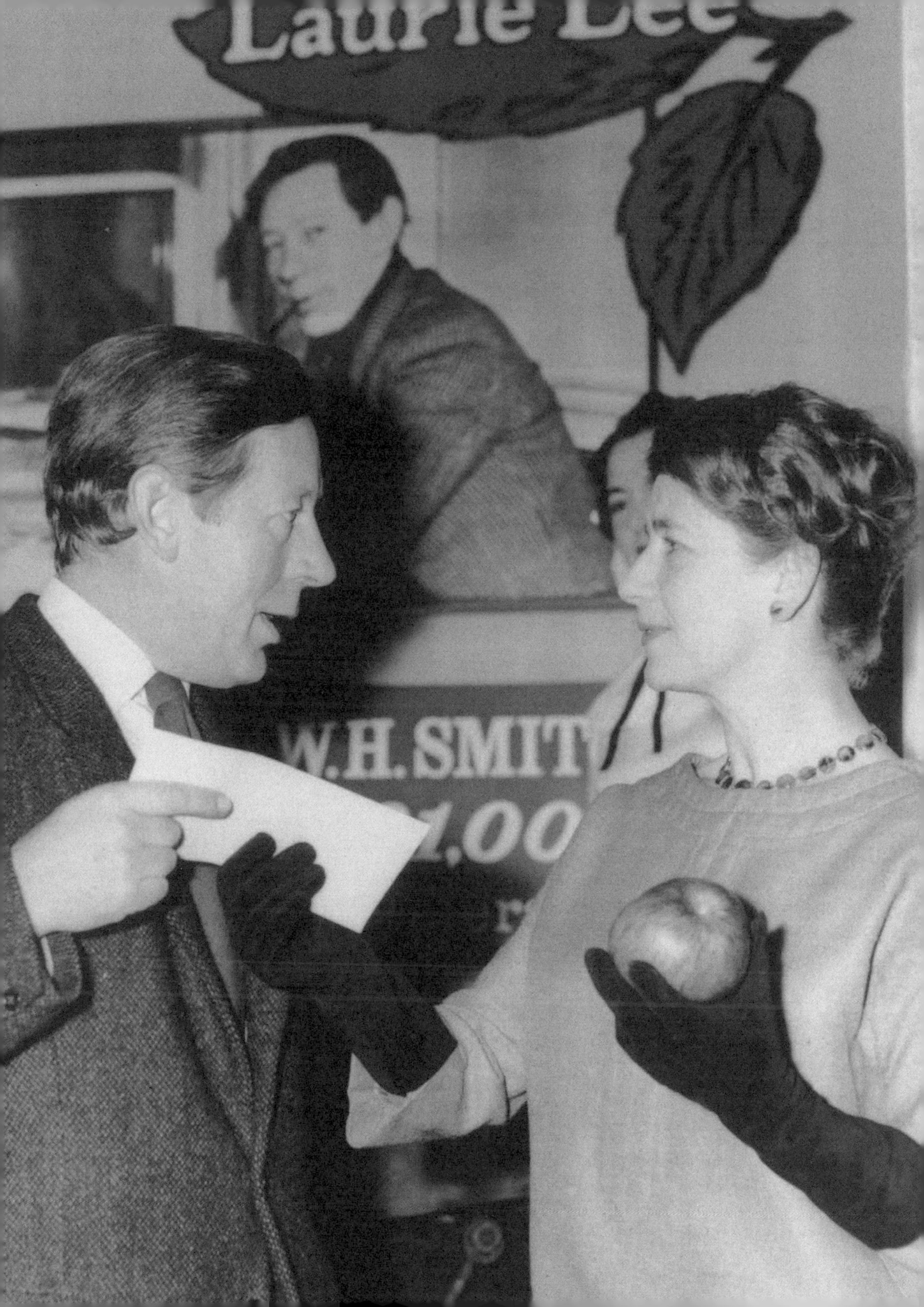
Laurie Lee
W.H.SMIT

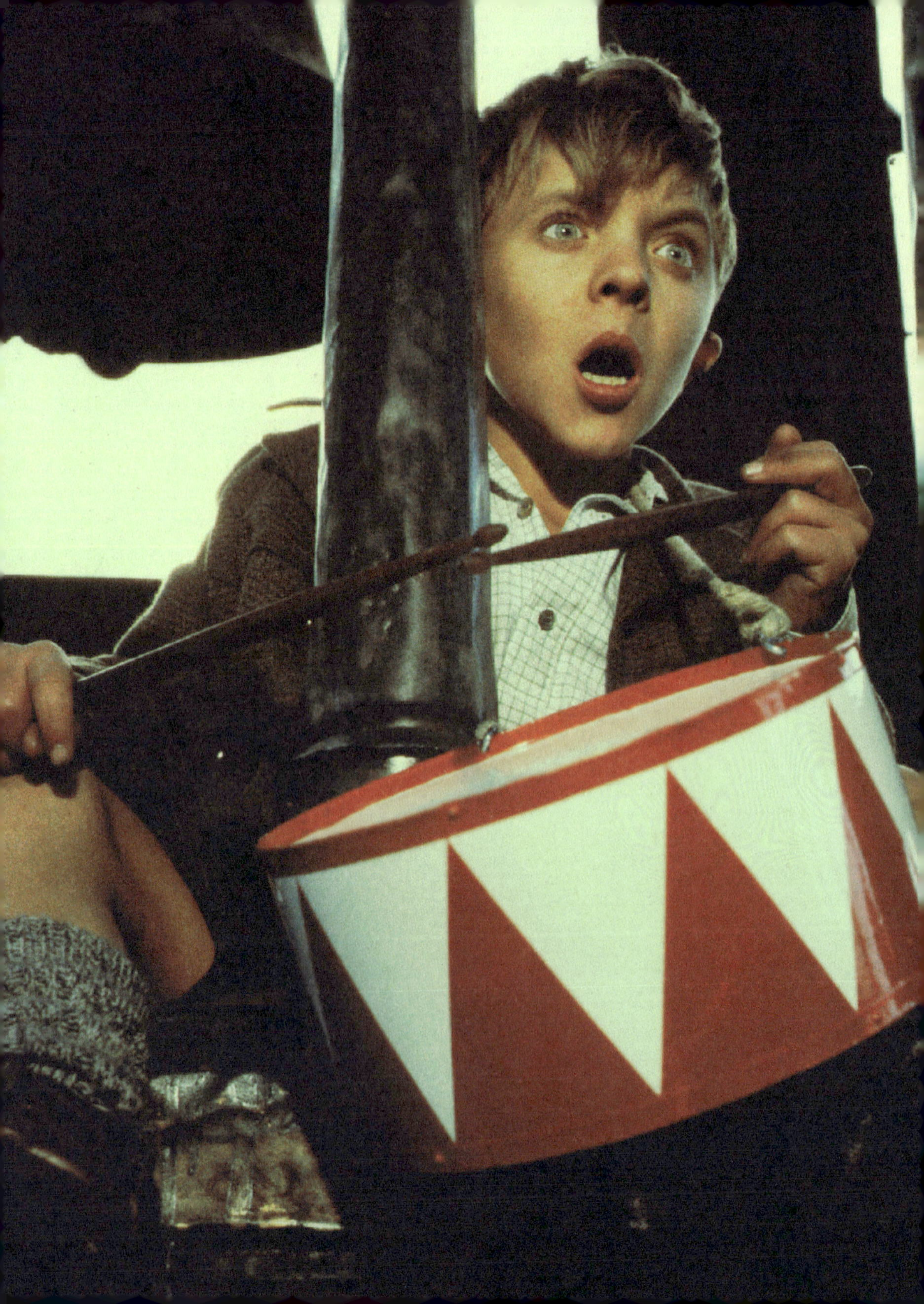

铁皮鼓 Die Blechtrommel

君特·格拉斯（Günter Grass）

作者生平：1927年生于波兰，2015年卒于德国
首次出版：1959年，Luchterhand（新维德）
英译书名：*The Tin Drum*
诺贝尔文学奖：1999年

  奥斯卡·马策拉特因为莫须有的谋杀罪被拘留在一家精神病院，有一个狱卒监管他。狱卒还捎给奥斯卡写作自传的纸笔。奥斯卡视狱卒为朋友而非敌人，理由很简单：他的眼睛是纯正的褐色。奥斯卡·马策拉特是一个侏儒，他说因为自己的意志，在四岁的时候就停止了发育。奥斯卡的声音尖锐，能把五十步内的玻璃切出洞。第二次世界大战时奥斯卡是娱军的旅行侏儒团一员，他用自己的铁皮鼓演奏人生故事。他的人生故事也是战前波兰和德国的故事：希特勒的崛起、波兰的战败、纳粹在欧洲的屠杀，然后是德国的战败与分裂。

  君特·格拉斯的小说是探索战后德国身份的重要作品，美得令人心碎。奥斯卡·马策拉特的声音直到小说完结后依然在长久回荡。这是一种"反社会"的声音，是纳粹分子认为"毫无价值的生命"（还有罪犯、同性恋和流浪汉）发出的声音。格拉斯汲取了流浪汉题材小说的传统，勾勒出他的侏儒鼓手在欧洲历史的野蛮残酷时代的见闻，他同时也革新了被纳粹鄙视为"堕落艺术"的流行文化传统。民间故事、狂欢节、滑稽剧和神秘的骗术都在《铁皮鼓》中汇聚一堂，揭示了"纯洁种族"的理性化阴森非人的一面。小说的结果不是对非理性的盲目崇拜，而是对常态的拓展与变形。直到奥斯卡经历的生活最终膨胀为奇谲的异象，其中仍有最让人沉痛的人性成分。**PMcM**

他们多么盲目、神经质和病态呀！

▲ 德语第一版的封面令人惊讶地表现了格拉斯那个有强迫症的鼓手"小奥斯卡"。

▲ 十二岁的大卫·本尼特饰演施隆多夫1979年电影中的奥斯卡，该片获得了奥斯卡金像奖最佳外语片。

裸体午餐 The Naked Lunch

威廉·巴勒斯（William Burroughs）

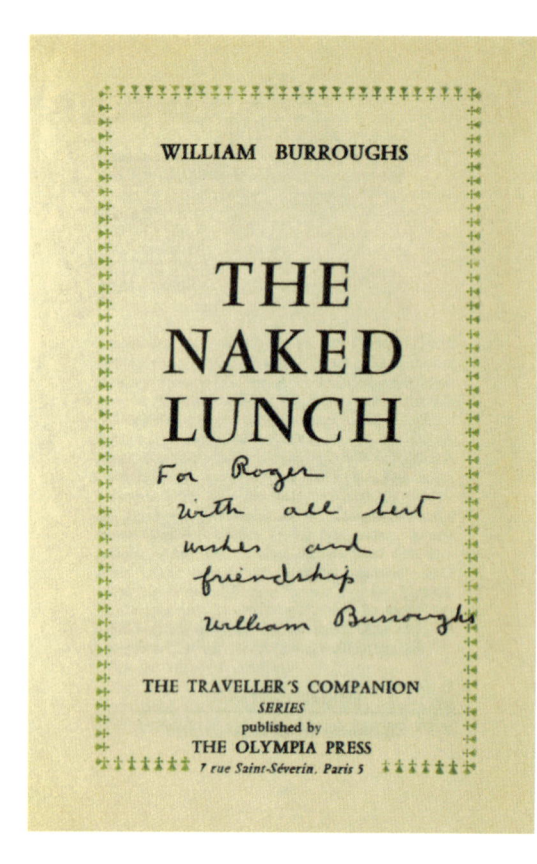

作者生平：1914年生于美国，1997年卒
首次出版：1959年，Olympia Press（巴黎）
原著语言：英语
作者全名：William Seward Burroughs

　　威廉·巴勒斯经常被称为滥用药品和性（同性恋）开放的鼓吹者，但他最优秀的作品（《裸体午餐》就是其中佳作）对西方文化进行了相当深刻和复杂的阐述。小说的中心论点是：毒品并非偶然的问题，成瘾的整个观念深深植根在一个盲目崇拜消费和商品的社会。此外，所谓"处方"药物和非法药物之间的界限并非鸿沟，那些掌权人能为了他们创造不断增长的利益的欲望来随意操控。不过这些论调并不足以让《裸体午餐》成为一部伟大的作品。更重要的是巴勒斯给暴力与严重伤害罪的场景带来了巨大的能量。他呈现给我们的一群角色不断为他们的生活化成的囚笼与高墙哭泣。他们看到了"体制"的某些真理，但是软弱无力，无法逃脱。此外，巴勒斯还创立了自己独特的风格"剪切技术"，这个技法能平等地帮助读者理解全面的环境。叙述开始、交织、丢失，然后再度接续。场景一掠而过，又从视角消失。

　　有大量的后现代文本使用不可靠的叙述者。巴勒斯走得更远，他创造的世界看上去根本没有可以辨认的坐标。我们迷失在垃圾的世界，有时候会痛苦地觉醒到毒品的妄想幻境可能更加准确地揭示了公司和政府权力构成的体制，而不是那些安慰性读物帮助我们确立的个人意志自由感。

DP

▲ 巴黎的奥林匹亚出版社首次出版《裸体午餐》以及其他被英美出版机构视为猥亵的著作。

▶ 巴勒斯如此形容硬性毒品："最终结的商品。不需要任何推销，客户会跪在水沟里乞求购买。"

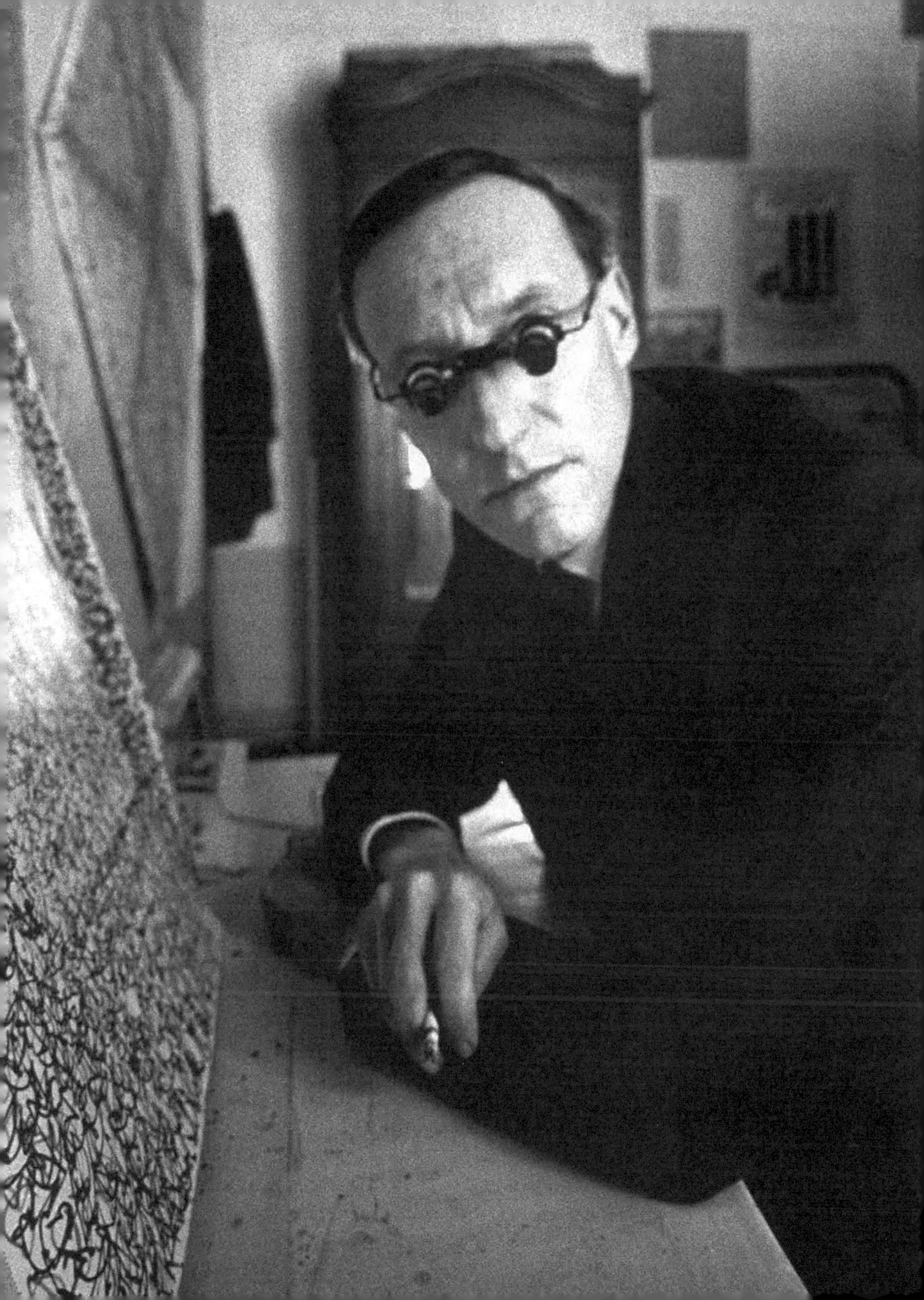

BILLY LIAR

骗子比利 Billy Liar

基恩·沃特豪斯（Keith Waterhouse）

作者生平：1929年生于英国，2009年卒
首次出版：1959年，Michael Joseph（伦敦）
原著语言：英语
舞台剧：1960年

　　提到20世纪50年代英国小说与戏剧中的"愤怒的青年"，人们通常会想起金斯利·艾米斯的吉米·迪克森，可能会想到约翰·布莱恩的乔·兰帕顿和威廉·库珀（William Cooper）的乔·伦，一定会想到约翰·奥斯本（John Osborne）的吉米·波特。基恩·沃特豪斯不负责任的反英雄比利·菲舍尔则较少进入人们的视线。他可能是第一位感到不公的主角：比利和他的同辈一样每处都受到挫折，愤怒无比。小说就像《幸运的吉姆》（见本书第485页）或者《坡顶上的房间》（Room at the Top，1957）那样，是战后阶级与男性气概危机的记录。

　　比利大约二十岁，还与他的父母一道居住在英国小镇斯特拉特休顿，工作是殡仪业，梦想是逃离这个世界。比利是有强迫症的幻想家，他虚构了一个叫安布罗西亚的想象世界，在那里他既是总理，也是情人、革命家和作家。他的生活变成一团不断膨胀的谎言，《骗子比利》讲述的就是这些谎言破灭的那一天。戳破的谎言大多歇斯底里，但有一些很有趣，反映了一代英国男人的无力：他们出生得太晚，战争无法塑造他们的人格；又出生得太早，不能享受战后的阶级流动。比利的愤怒贯穿方方面面。最终读者对他产生了作呕感，世界没有可逃避之处。**PMy**

◀ 1963年的电影由约翰·施莱辛格执导，汤姆·科特尼饰演充满幻想、可爱的殡仪业职员比利。

绝对的开启者 Absolute Beginners

科林·麦金尼斯（Colin MacInnes）

作者生平：1914年生于英国，1976年卒
首次出版：1959年，MacGibbon & Kee（伦敦）
原著语言：英语
歌舞剧：1986年

　　本书是科林·麦金尼斯伦敦三部曲中最著名的一部（另外两部是1957年的《黑桃之城》和1960年的《爱与正义先生》）。《绝对的开启者》在作者去世后的经历颇为有趣，大卫·鲍伊20世纪80年代的音乐剧电影剔除了大部分文本。小说和杰克·凯鲁亚克的《在路上》（1957，见本书第516页）表面上相似，都常跻身十大畅销书之列，但是这部小说的明星不是它的中心主角——一个"追求球和幻想"的波希米亚摄影师，而是伦敦所有的狂热和荣耀。小说的叙述语言充满了"spades""daddy-os""reefers""oldies"和"oafos"等词汇，但在这个青春期的故事后面则隐藏着一个处于激烈转型阵痛的社会。

　　这是苏伊士危机之后的战后伦敦，也是"诺丁山暴动"之年：不列颠帝国天命意志的磐石般确定性以及帝国首都的种群一致性都成了过时的东西。新浮现的伦敦对占据权位的战前"老人们"完全不可理解。这也是一座充满了刺激和张力的城市，无论是种族、代际关系还是性。随着暴动最后的爆发，不只是法律和秩序解体，也不只是社群社会纽带开始解体，而是城市本身开始崩溃。

　　《绝对的开启者》新鲜而又充满活力，与永恒关联，非同寻常地洞察了一个现代社会的起源，并向老去的时代道别。**MD**

童年的许诺 La Promesse de l'aube

罗曼·加里（Romain Gary）

作者生平：1914年生于立陶宛，1980年卒于法国
首次出版：1960年，Gallimard（巴黎）
原著语言：法语
英译书名：*Promise at Dawn*

小说是献给独自将作者养育成伟大艺术家的女性的礼物，她把这个事业视为自己的命运。《童年的许诺》是罗曼·加里在维尔诺和尼斯的青年时代的回忆。小说读来像一幅双面自画像，反映了塑造作者的东欧文化与法国文化的混合。

故事的文笔富有幽默的感染力和深沉的感情，描述了罗曼·加里人格形成期和母亲的共处经历。某种意义上这位母亲即使没有存在，也一定会被创造出来。母亲为了塑造儿子的命运付出了许许多多，作者用节制的笔调叙述她多年的奋斗和辛苦，带给了读者心酸但常有喜剧效果的情景。母亲追求的许多不可动摇的目标之一是她的儿子能像法国人而不是俄国人那样成长，他实现了这个目标。

罗曼·加里母亲人生的各个方面，她做出的每一分努力都献给了她钟爱的孩子和他未来的辉煌。这在他生命之初就被确定。她预见并指导他走向作家、官员和外交家的成功，而他尽自己所能来实现和回报她对他的信任。她不息的热情支持他经历了法律学院、军事训练、战时服役以及早年努力让小说出版的时期。她的爱让他永不满足，渴求完美的实现，也是他的勇气和坚信正义的源泉。

故事结束于第二次世界大战末。加里可敬、不屈不挠、有时候又令人窘迫的母亲用她浪漫而高贵的灵魂显示了她艺术性天才的惊人一面。**ES**

然后她开始哭了……

▲ 罗曼·加里和他的妻子——美国女演员珍·赛博格。1979年她自杀弃世，次年作者也终结了自己的生命。

兔子，跑吧 Rabbit, Run

约翰·厄普代克（John Updike）

《兔子，跑吧》是约翰·厄普代克的第二部小说，作者为战后的美国小说又带来了一个经典人物。"兔子"哈里·安斯特洛姆在学校时是篮球明星，在他的家乡宾州的布里尔很有名气。现在他年近三十，和怀孕的妻子珍妮丝与小儿子尼尔森居住在城市最贫困地区的一间小公寓里。他的工作没有前景，挨家挨户地推销水果去皮刀。哈里感到被社会边缘化，孤立无援，在绝望中他试图逃跑，某个夜晚他没有告知任何人就独自驱车离开。不过很快兔子就失去了这个决心，回到了布里尔。他年迈的篮球教练是少数没有忘记哈里辉煌过去的人，给哈里介绍了一个叫露丝的女孩。哈里和露丝开始发展出关系。

厄普代克用现在时讲述故事：虽然在当代这种手法司空见惯，但在那时却是相当革新的手法，而厄普代克对这种手法的运用鲜有人能望其项背。小说也使用第三人称：尽管叙事的主干部分都发生在哈里的头脑里，但我们听到的不是哈里的声音，或者说不一定是他的声音。厄普代克的文笔饱满、优雅、极端精确，他用来表现哈里意识的语言仿佛哈里的身体在篮球场运动时那样优雅。

哈里不是平庸无能的碌碌之辈，也不是令人钦佩的人物。他不假思考的冲动行为常导致可怕的后果。不过我们的同情心被厄普代克描述哈里复杂性格的敏锐精细观察紧紧抓住了。他的兔子系列——还包括《兔子归来》（1971，见本书第642页）、《兔子富了》（1981，见本书第718页）、《兔子安息》（1990）——中《兔子，跑吧》是20世纪后半叶一个普通美国人充满细节的绝伦肖像。**TEJ**

作者生平：1932年生于美国，2009年卒
首次出版：1960年，A. Knopf（纽约）
原著语言：英语
国家人文奖章：2003年

爱让空气轻盈。

▲ 年轻时候的约翰·厄普代克，摄于1960年。他在小说写作前出版过一些诗集和短篇故事。

杀死一只知更鸟 To Kill a Mockingbird

哈珀·李（Harper Lee）

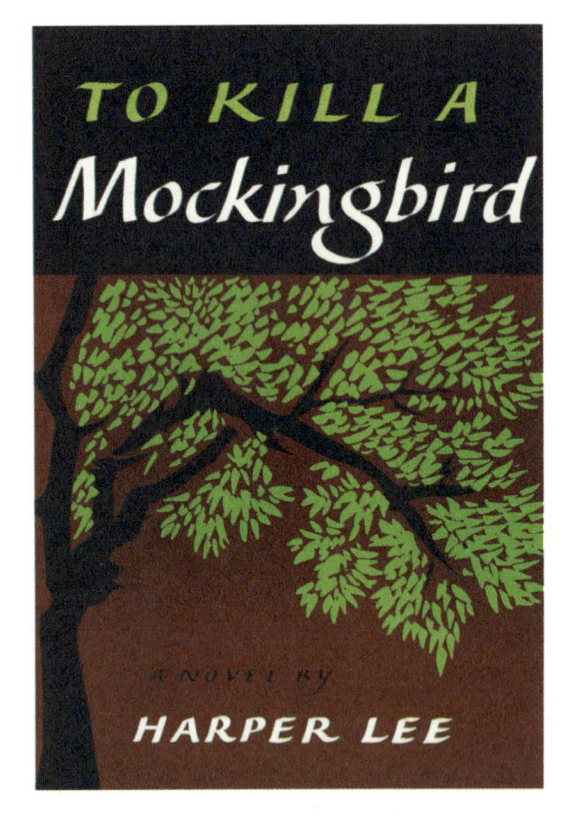

作者生平：1926年生于美国，2016年卒
首次出版：1960年，Lippincott（费城）
原著语言：英语
普利策奖：1961年

哈珀·李这部获得普利策奖的小说背景设置在大萧条时代的亚拉巴马州，把一个年轻女孩的青春期故事和有关种族主义根源与后果的黑色戏剧编织在一起，探索了善良与邪恶是如何在个人或者社团内共存的。

小说的主角司各特和她的弟弟杰姆一道由他们丧妻的父亲阿提克斯·芬奇抚养。阿提克斯是有名望的律师，对于孩子们而言，他是楷模般的教导者，鼓励他们有同情心和理智，而不要被无知孕育的迷信控制。阿提克斯也坚持自己的信仰，毅然接手为城里一个黑人居民辩护：汤姆·罗宾逊被人诬陷强奸。阿提克斯收集的证据能更加清晰地解释案情，他也准备好承受城里人的威胁：他们要求他放弃委托，让那个黑人接受暴民的私刑。随着民众愤怒的升级，汤姆被判有罪；原告鲍勃·艾维尔试图用难以想象的暴行来惩罚阿提克斯。

而孩子们同时在演出他们自己缩小了的偏见与迷信的戏剧，戏剧的中心是波·拉德雷，他是当地的一个传奇，一直把自己锁在兄弟的别墅里。孩子们对他有不同的看法，忍不住想侵入拉德雷家的地界。他们的猜测也受到不人道的长辈怂恿。阿提克斯谴责了他们，并告诉他们应该有更加同情的态度。之后拉德雷用一系列善意的行动间接地显示了自己的存在，最终在一次危险的处境中介入，援救了司各特和杰姆。司各特的道德教育是双重的：没有发现他人的负面就决不伤害他人，但当他人的价值观崇尚暴力和扭曲之时，就必须与之对抗。**AF**

- 小说第一版的封面。小说一面世就获得了成功，发行两年后被拍摄成电影。
- 哈珀·李的第一部小说《杀死一只知更鸟》出版时她三十四岁，之后她再没有写作其他小说。

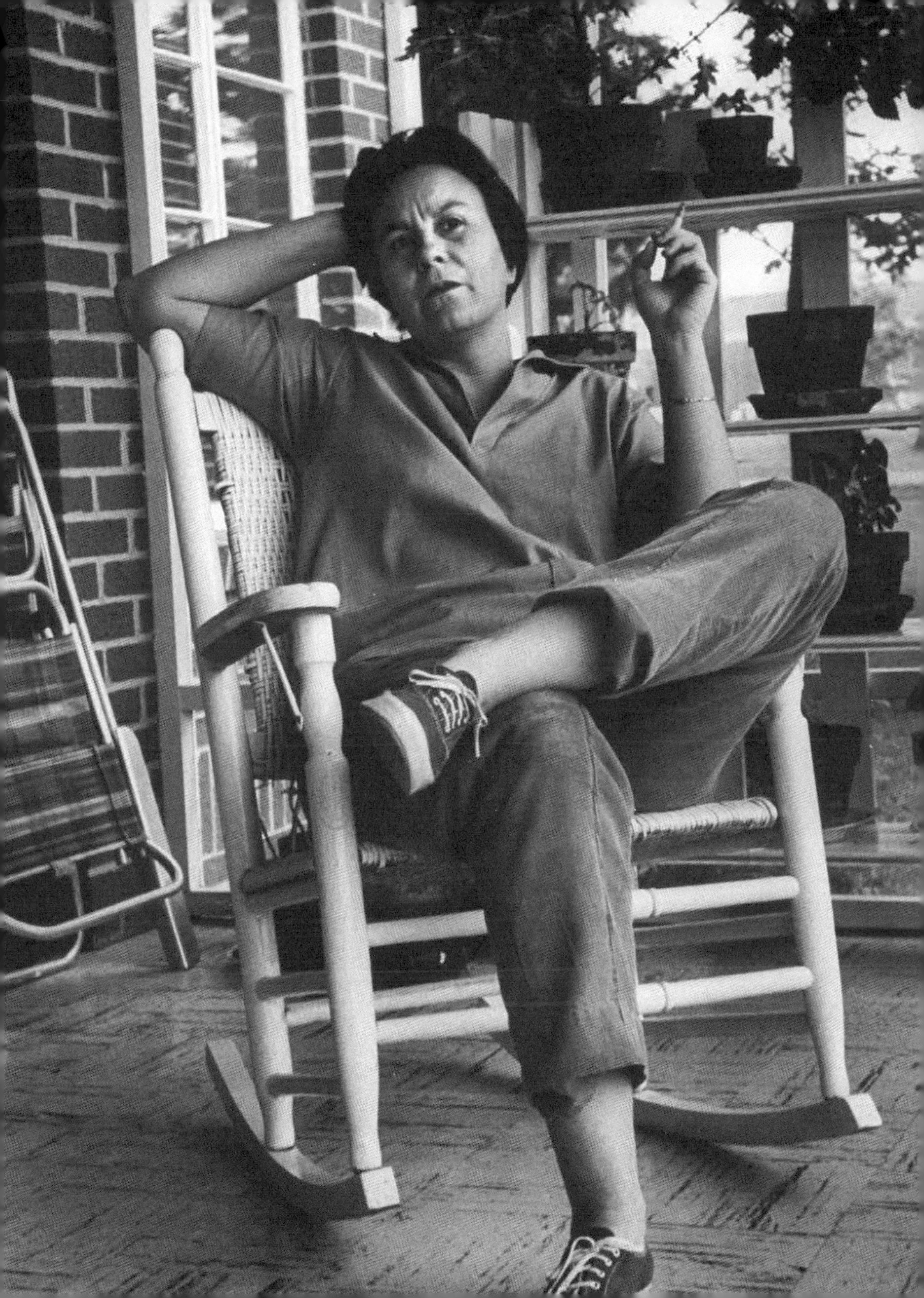

卢布林的魔术师 דער קונצנמאַכער פֿון לובלין

艾萨克·巴什维斯·辛格（יצחק באַשעוויס זינגער）

作者生平：1904年生于波兰，1991年卒于美国
首次出版：1960年，Noonday（纽约）
英译书名：*The Magician of Lublin*
诺贝尔文学奖：1978年

《卢布林的魔术师》背景设置在19世纪晚期的波兰，雅夏·马祖尔是华沙的大卫·布莱恩，只是没有布莱恩的财富。他向人们表演逃脱魔术，自己也在逃脱作为犹太人的信仰、（在必要的时候）逃脱他虔诚但人老珠黄的妻子以及他追求的女人。雅夏既缺乏金钱，又缺乏道德，他考虑的只是弄到钱和女人这样肤浅的追求。不过他的人生忽然发生了巨变：他为了讨好自己喜欢的一个女人而策划了一场抢劫。结果这件事办砸了，他忠实的助手玛格塔因为他持续的不忠而自杀死去。雅夏"抚摸她的前额，那里既不冰冷，也不暖和，超出了温度的概念"。

雅夏对自己的行为和可怕的处境感到十分焦虑，他回到妻子的身边，但遇到了典型的辛格式转折。他把自己锁在一个"寒室"里忏悔，那里只有最少的必需品：蜡烛、水罐、睡觉的草席、皮上衣、若干书和掩埋排泄物的铲子。起初，人们认为这一定是魔术师的另一个表演，但在三年的独处后雅夏成了名流隐士，人们纷纷来到他的居所寻求人生问题的解答。这是一个有趣的处理，辛格对这种处理方式十分满意，他持续审视了犹太教信仰在波兰人（大部分是大屠杀之前的）生活中扮演的角色，这种信仰充满了激情、魔幻和宗教的热情。1979年，《卢布林的魔术师》被拍成电影，阿兰·阿尔金饰演欲望满满的雅夏，露易丝·弗莱彻、薇拉莉亚·裴琳尼、榭里·温特斯饰演他爱着的三个女人。**JHa**

……社团对雅夏聊有敬意。

▲ 沃尔特·达兰1962年拍摄的辛格，此时，这位意第绪语作家刚开始在亲盎格鲁的美国获得承认。

中场休息 Halbzeit

马丁·瓦尔泽（Martin Walser）

作者生平：1927年生于德国，2023年卒
首次出版：1960年，Suhrkamp（法兰克福）
原著语言：德语
英译书名：*Halftime*

小说《中场休息》是安瑟姆·克里斯提莱恩三部曲的第一部，三部曲在20世纪五六十年代联邦德国的历史发展背景中揭示了社会的衰退和主角的堕落。《中场休息》集中在20世纪50年代经济景气的阶段，对消费社会做出了批判。

安瑟姆·克里斯提莱恩是三十五岁的已婚男人，三个孩子的父亲，他中断了自己的学术研究，在广告业觅得一份工作。在一年内他不只在这个领域成为广受尊敬、收入丰厚的专家，也精通了向上爬的社会手段。他开始视家庭为事业的障碍，把自己的时间分割给亲友、同事和诸多情人。安瑟姆很快获得了进入上层社会的通道，表现出了极快的适应能力。不久，消费社会的基本原则，尤其是无情的竞争成为他人生的通用手则。安瑟姆采用他身为广告专家的诡计和手段来征服一个朋友的未婚妻。

小说用一系列回忆来叙述安瑟姆的人生，它的倒叙交织了许多联想。外部的事件与主角的沉思回忆汇成多变的语言之流，不受线性故事的限制（但是叙述者的反讽并非没有批判性）。尽管小说各处有零散的批评暗示，但是读者直到最终依然不清楚安瑟姆是选择自己的家庭，还是选择在社会上继续往上爬——这个选择让他的生理乃至心理都变得病态。**LB**

写作是经过组织的即时性。

——马丁·瓦尔泽

▲ 20世纪60年代的瓦尔泽是显赫的左翼知识分子，他批判联邦德国，反对越战。

乡村姑娘 The Country Girls

艾德娜·奥布莱恩（Edna O'Brien）

作者生平：1930年生于爱尔兰
首次出版：1960年，Hutchinson（伦敦）
原著语言：英语
三部曲：Country Girls Trilogy and Epilogue（1986）

　　《乡村姑娘》的叙述者凯瑟琳和她最好的朋友芭芭厌恶她们寄宿的教会学校的物资匮乏与森严纪律。她们一道写了一份有关一位修女的猥亵信件，故意把信放在易被发现的地方。如同预期的那样，她们被驱逐出学校回到家里，凯瑟琳的父亲愤怒地抽她耳光。艾德娜·奥布莱恩的第一部小说展现了女孩们如何在父权制的家庭和教会阴影下成长，这对孪生的力量支配了到处是流言的克莱尔东部。女主角们随心所欲、追求欢乐的性情和这个到处是灾难般规矩的世界格格不入。小说生动地写出了她们的状况，她们最终离开小镇，前往都柏林也是命中注定了的。

　　作者在《乡村姑娘》中巧妙地隐藏了自己更加复杂的理解，把叙述者天然的冲动放在了前景上。凯瑟琳的叙述是印象主义的，而非反思性的，集中在每日的痛苦和欢乐中：教会学校难喝的汤、她对《夜色温柔》（见本书第367页）的喜爱、在去城里前精心打扮。不像芭芭，凯瑟琳保存着浪漫的幻想，不仅限于那位手心冷湿的"绅士"（此人在克莱尔追求她，她逃向首都时他还想诱奸她）。凯瑟琳还发现幸福并非通过爱情、性与男人就能获得，奥布莱恩的三部曲中接下来的两部继续探讨了这个问题。**MR**

布贝的未婚妻 La ragazza di Bube

卡尔洛·卡索拉（Carlo Cassola）

作者生平：1917年生于意大利，1987年卒于摩纳哥
首次出版：1960年，Einaudi（都灵）
原著语言：意大利语
英译书名：Bebo's Girl

　　《布贝的未婚妻》是卡尔洛·卡索拉最受赞誉的小说，与他的大部分作品一样，探讨了法西斯主义对"二战"后的时代造成的影响。年轻的女主角玛拉和同样年轻的游击队员布贝相恋，他是反法西斯抵抗运动中的英雄。随着小说的展开，布贝参加了托斯卡纳乡村中反法西斯武装斗争。然而，最终布贝的政治导师意大利共产党决定向资产阶级政治妥协。尽管如此，布贝仍继续他的斗争，直到时势压倒了他，他成了为一位同志的死复仇的谋杀犯。

　　玛拉必须决定是开始一种遗忘过去的人生，重建未来，还是继续对被判入狱十四年的布贝忠诚。玛拉选择了尊严之路，坦然接受了她这代人的悲剧——他们为社会正义而战，又被社会所否定。

　　卡索拉展现了新生意大利共和国的社会体制如何背叛了玛拉那代人，他在政治上绝不谴责布贝的行为。卡索拉还质问为何意大利共产党没有让布贝这样预备的领袖人才意识到联合起来敌对共产主义的敌人的复杂性。卡索拉行文精简，细节饱满，这使得他成为法国新小说的先驱。**LB**

上帝的木屑 Les bouts de bois de Dieu

奥萨马·赛本尼（Ousmane Sembène）

作者生平：1923年生于塞内加尔，2007年卒
首次出版：1960年，Presses Pocket（巴黎）
原著语言：法语
英译书名：*God's Bits of Wood*

  奥萨马·赛本尼的《上帝的木屑》基于1947年至1948年的塞内加尔铁路工人大罢工而创作，小说饶有趣味、跌宕起伏地叙述了一个转变中的社团如何动员起来抗争不公。文本中没有英雄，只有一群人物，从理想主义的罢工领袖巴卡约克到运动忠诚的拥戴者、变节者、通敌者及发现自己的世界被颠覆的白人管理者。最值得注意的是城镇女性中膨胀的社会觉醒意识，传统的顺从观念受到她们的家庭遇到的危险的挑战。事实上正是女性的积极参与建构了叙事，她们成长起来的自信心把小说推向高潮。

  奥萨马持续不断地描写去殖民化和之后塞内加尔社会面临的社会变革。后殖民时代的西方学生把《上帝的木屑》视为关键文本，小说也被西非人广泛阅读，极受尊敬。因为它是最早一批，也是最有影响的一批确认非洲人决定自己的地位的作品，挑战了非洲人依赖欧洲人领导、非洲人自谋个人私利等谬论。小说很快成为非洲社会史写作的典范，它反对维持原来的非洲殖民地位，积极地呼吁都市贫民的联合。**RMa**

造船厂 El astillero

胡安·卡洛斯·奥内蒂（Juan Carlos Onetti）

作者生平：1909年生于乌拉圭，1994年卒于西班牙
首次出版：1961年，Compañía General Fabril Editora（布宜诺斯艾利斯）
英译书名：*The Shipyard*

  这是奥内蒂姐妹篇的前作——另一部是1964年的《人身绑架者》（*Juntacadáveres*），它的背景只在前作提到。《造船厂》的主角是拉尔森，这个憔悴的男人回到他曾被驱逐离去的城市圣玛利亚，这个世界有着他熟悉的阴影。前大亨哲罗姆斯·佩特鲁斯雇用拉尔森为一家破落造船厂的经理，船厂是佩特鲁斯的产业，他和自己溺爱的女儿安赫丽卡·伊内丝以及女仆朱塞芬娜住在一起。造船厂是一个荒唐诡谲的企业，实际管理船厂的加尔维斯与昆斯处在维持虚假繁荣还是让船厂早日关门大吉的困境中，他们不知道拉尔森是他们的威胁还是盟友。

  小说由几个短章组织而成。故事游走在城镇、倒闭中的造船厂、加尔维斯的小家（拉尔森如果有意，可能就和他怀孕的妻子私通了）、拉尔森与安赫丽卡·伊内丝约会的凉亭、拉尔森在离开前和朱塞芬娜发生关系的房子中。叙述者身临其境般地讲述故事，时而引导读者，时而给出信息，时而潜藏讥讽，时而用闲笔点出人物的品质。叙述者牢牢地支配着故事，他甚至在故事末尾提出了两个结局。《造船厂》表面上讲述的是传统故事，其实它蕴藏着极大的魄力，之后的西班牙语小说从中获益匪浅。**DMG**

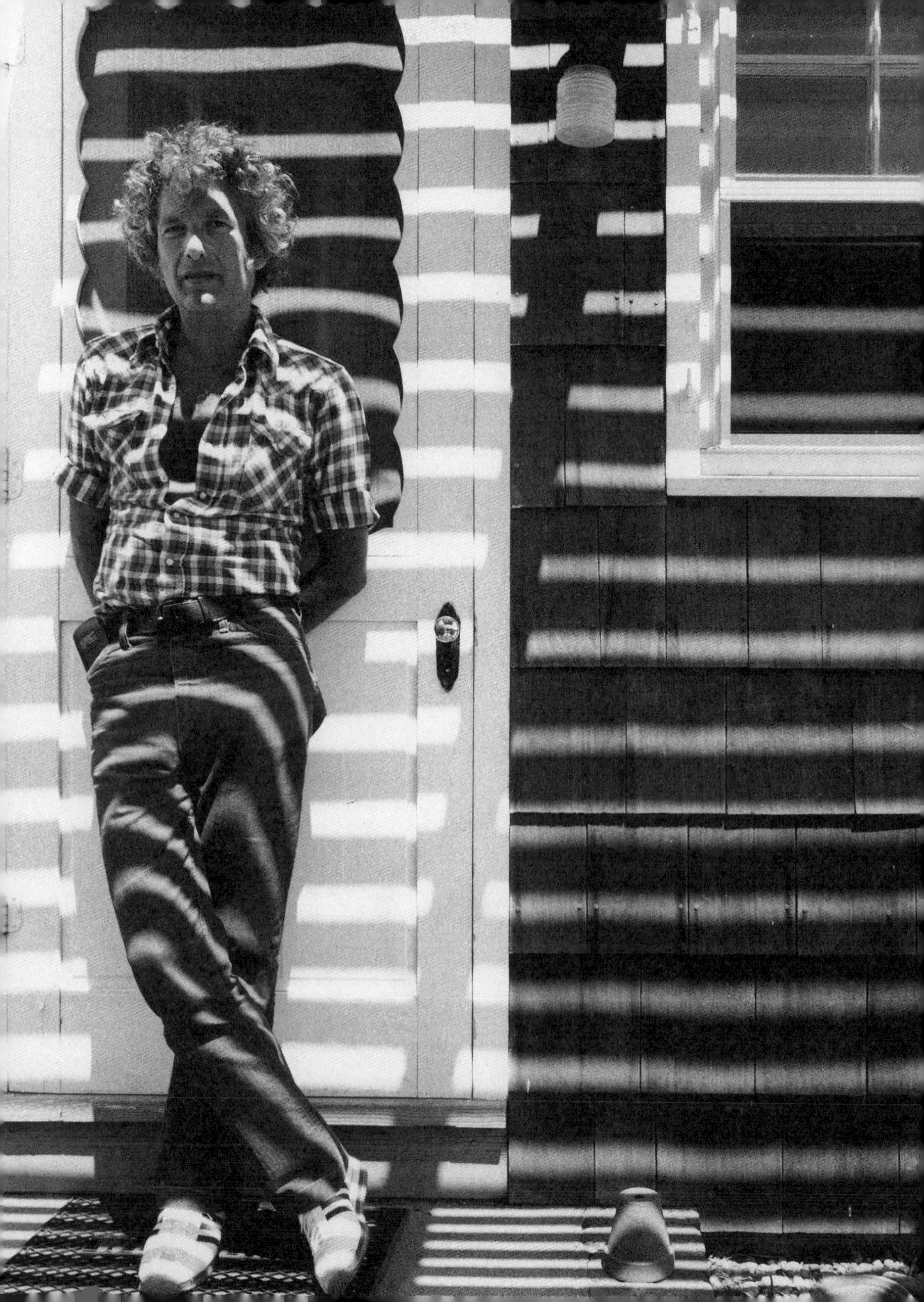

第二十二条军规 Catch-22

约瑟夫·海勒（Joseph Heller）

作者生平：1923年生于美国，1999年卒
首次出版：1961年，Simon & Schuster（纽约）
原著语言：英语
续集：《最后时光》(1994)

  小说在1961年首次出版，约瑟夫·海勒辛辣地嘲讽了战争的疯狂和官僚主义的泛滥，如今它被奉为邪典小说。本书讲述了约瑟夫·尤塞林上尉的故事。他是"二战"时驻扎在地中海小岛皮亚诺萨的美军轰炸机组一员。尤塞林对爱国的理念和抽象的责任概念毫无兴趣，他理解的战争是个人攻击，并且逐渐确信军方故意让他出勤危险任务，好随时致他死命。于是在本书的很多篇幅里，他都在琢磨各种极有创意的逃避任务的手段——伪造各种疾病状况、在神志清晰和混乱之间摇摆，但都陷入了"第二十二条军规"的循环逻辑中（这个短语是海勒对英语的贡献）。在小岛的温室环境中，海勒还插入了一系列疯狂的漫画化角色——从神经质般要求纪律的谢司科普夫上校到无情的牟利者米洛·闵德宾德。

  海勒把战争表现为一种体制性的神经错乱状态，一种统治了公众和私人生活的心理机制。《第二十二条军规》否定传统的英雄主义观念和"为正义而战"，而把战争置入了更加广阔的心理学、社会学和经济背景中。小说一方面让人捧腹，另一方面洞察也十分严肃，远超过那些鼓吹和平的浅薄宣传物。小说也是美国战争小说传统的重大转折，开启了20世纪60年代后的巨大变革。《第二十二条军规》与罗斯、冯内古特和品钦的作品一道掀起了美国小说的新一波潮流：以一种新的反文化敏感性语言来描写战争，它的每一处都像真实的世界那样野性、奇诞与古怪。

SamT

◁ 《第二十二条军规》的写作是个漫长的过程：1953年海勒在做广告打字员时写作了小说的第一部分。

◁ 1974年的海勒，在《第二十二条军规》发行十三年后，他的第二部小说出版，与前作一比就相形见绌了。

20世纪 | 553

索拉里斯星 Solaris

斯坦尼斯拉夫·莱姆（Stanislaw Lem）

作者生平：1921年生于波兰，2006年卒
首次出版：1961年，Wydawnictwo（华沙）
原著语言：波兰语
改编电影：1972年，2002年

科幻小说一直是饱受争议的文学分类。大胆敢言的波兰作家斯坦尼斯拉夫·莱姆在他的大部分职业生涯中视美国的科幻小说为低俗的商业产品，这类小说的缺点也毋庸讳言。但嘲讽的是，他1961年的小说《索拉里斯星》成了这个文学类型无可争辩的经典作品，并衍生了两个电影改编版（安德烈·塔可夫斯基的1972年版和史蒂文·索德伯格的2002年版）。可以想象，莱姆对两者都嗤之以鼻。

《索拉里斯星》最初的设置几乎是教科书式的：人类科学家尝试与索拉里斯星上的某种生命沟通，但是失败了。索拉里斯星被一种类似大海的有机物覆盖，它的智力始终超越了人类。他们试图理解它的行动，却被外星生命如数奉还：他们的实验不过是揭示了自己的心理弱点。主角克里斯·凯尔文逐渐被他自杀的爱人的记忆摧毁，索拉里斯星创造了她的形象，萦绕主角。其他的人物也被各自的心理创伤感染。

小说的电影版非常知名，评价也高，但是大部分集中在原著的心理元素。然而莱姆更加关注硬科技的方面。电影永远无法表现的是小说独特的基调：以不带感情的学院派语言描述主角永无希望理解星球上无法解释的现象。

《索拉里斯星》揭示了我们在自己的蓝色星球外想象的另一个世界的绝对存在，莱姆也由此启迪了另一种新的杂糅文学。这种小说类型部分来自卡夫卡，部分来自赫胥黎，是科幻小说前所未有的发展——因为它抗拒被解释，而格外吸引人。**ABI**

> 我震惊得不能说话，这种无言持续了很长时间，斯诺的恐惧也逐渐感染了我。

▲ 莱姆对迷失在宇宙的人性给出了一幅悲观的图景：它无法理解自己的技术，也无法被自己的技术所威胁。

猫与鼠 Katz und Maus: eine Novelle

君特·格拉斯（Günter Grass）

作者生平：1927年生于波兰，2015年卒于德国
首次出版：1961年，Luchterhand（新维德）
英译书名：*Cat and Mouse*
诺贝尔文学奖：1999年

　　1927年，君特·格拉斯生于但泽，他尝试用但泽三部曲的中间一部《猫与鼠》（另外两部是《铁皮鼓》[见本书第539页]和《狗年月》[见本书第574页]），重温但泽市的过去，理解纳粹给它带来的影响。这部小说透过一群孩子的目光，描绘了更为广阔的历史事件，让作者得以将这个故事的基础，建立在他对这座城市和市民的回忆上。它那难以捉摸的核心人物约阿希姆·马尔克，梦想成为小丑，结果却成为战争英雄。他的英勇表现，还有他给其他孩子做出的示范，在其他孩子眼中，要比周围世界发生的一切更引人注目，更激动人心。他是个局外人，有可能是波兰人，他拒绝向政权为让他顺从和信服而施加的压力屈服。他的生活神秘，用英勇的行为和英雄崇拜，对纳粹占领进行了讽刺；其他孩子说起他来，语气饱含敬畏，而他以近乎轻蔑的态度看待政权。他想当小丑的愿望源于他的表现欲，他喜欢让别人欣赏和敬佩自己，这让格拉斯得以对纳粹时代许多成为英雄人物的人内心的种种矛盾加以探讨。

　　故事的叙述者是他的朋友皮伦茨，小说以忏悔录的形式写成。战后，人们试图为纳粹的过往进行"忏悔"，从而获得宽恕，忏悔录这一形式是对此类尝试的有意反映和模仿。这部小说通过在喜剧幻想、现实主义和神话之间，在几乎令人动情的美与骇人的暴力之间娴熟地游移，展现了格拉斯的非凡技艺。它还与自身的叙述、记忆歪曲事实的本领，以及和解的断无可能，进行着恒久的对话。**JM**

> 猫一蹿一蹿地过来了。马尔克的喉结引人注目，因为它大得出奇，又一直在动……

▲ 格拉斯是一位直言不讳的德国政治参与者，他写的但泽系列小说，在某种程度上，是对人们遗忘纳粹昔日劣迹的批判。

布罗迪小姐的青春 The Prime of Miss Jean Brodie

缪丽尔·斯帕克（Muriel Spark）

作者生平：1918年生于英国，2006年卒于意大利
首次出版：1961年，Macmillan & Co.（伦敦）
原著语言：英语
舞台剧：1966年

缪丽尔·斯帕克的《布罗迪小姐的青春》作为一部小说的出色品质，被舞台剧和电影的走红给掩盖了。"精华"之类的短语，已经融入了大众的意识，而斯帕克叠加在这些短语上的复杂意图，却已经浑然莫辨。从布罗迪小姐作出可怕而阴险的断言——"给我一个还在易受影响的年龄的姑娘，她这辈子就是我的了"——到这部小说阴暗的结局，斯帕克就教育、女性气质和权威主义，提出了一连串让人难以回答的问题。布罗迪小姐的魅力和严格，与缪丽尔·斯帕克本人的文风和巧妙布局中优雅的朴素十分契合。尽管有魅力作装点，但布罗迪小姐自欺欺人的浪漫想法，让人不由得怀疑这部小说的全知叙述者是否可信。在维持可读性极强的叙述形式的同时，这部小说对自身的结构，也保持了一份自我评判的意识，后者不会令任何形式主义者失望。

这个故事将多重时间框架和额外视角，尤其是布罗迪帮不同成员回首往事时作出的判断，叠加在一起，那些判断给小说增添了活力。这种写法对书名中的布罗迪，一位令人鼓舞却不无危险的老师的暗中崛起和最终的惨痛衰落，给出了种种暗示。布罗迪小姐用一种简单明了而令人鼓舞的严格态度教育弟子，这种教育态度近乎权威主义的罪恶宣传，她把她们培养成了自己的法西斯党徒。这部小说写到了教师迷恋这种带有施虐受虐色彩的奇特幻想，以及教室里的性张力，透过学生桑迪·斯特兰杰的目光，审视了接受这种"教育"的"布罗迪帮"说来奇怪的惨淡结局。本书既是讽刺喜剧，也是政治诊断，它把教育道德观和叙事变成了纯粹的愉悦，变成了一桩赏心乐事。**DM**

"到最后，你会沦落到库尔斯特弗恩这样的郊区，做一个女童子军首领。"她用警告的口吻对尤妮斯说，其实，后者被这个想法暗暗吸引了……

- 在1969年的同名影片中，玛吉·史密斯扮演缪丽尔·斯帕克笔下那位古怪的、有法西斯倾向的老师，因此荣获了奥斯卡金像奖最佳女主角。
- 斯帕克的这张照片拍摄于1960年，当时她在爱丁堡的一所女子学校就读，这所学校跟布罗迪小姐任教的那所学校不无相似。

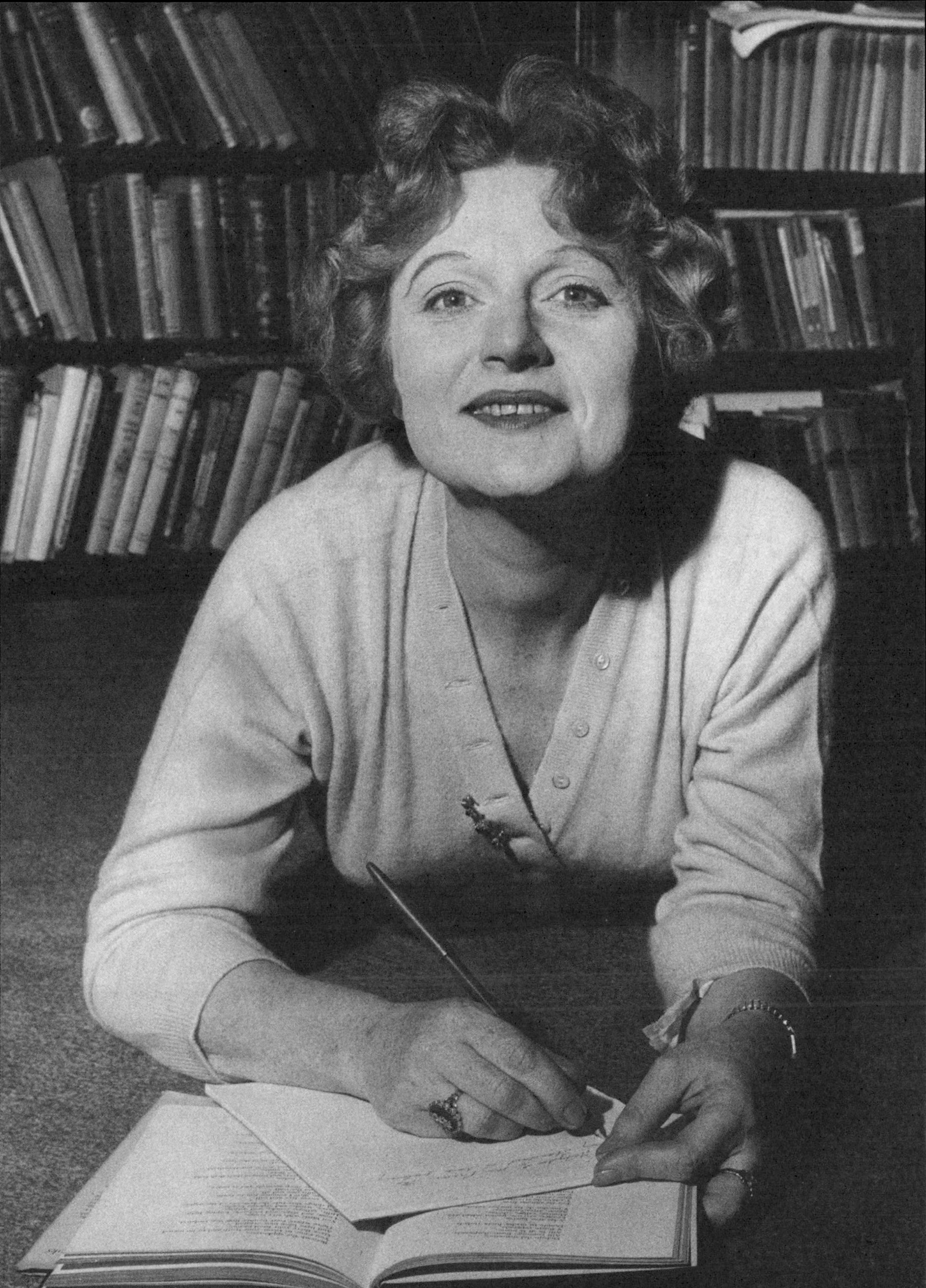

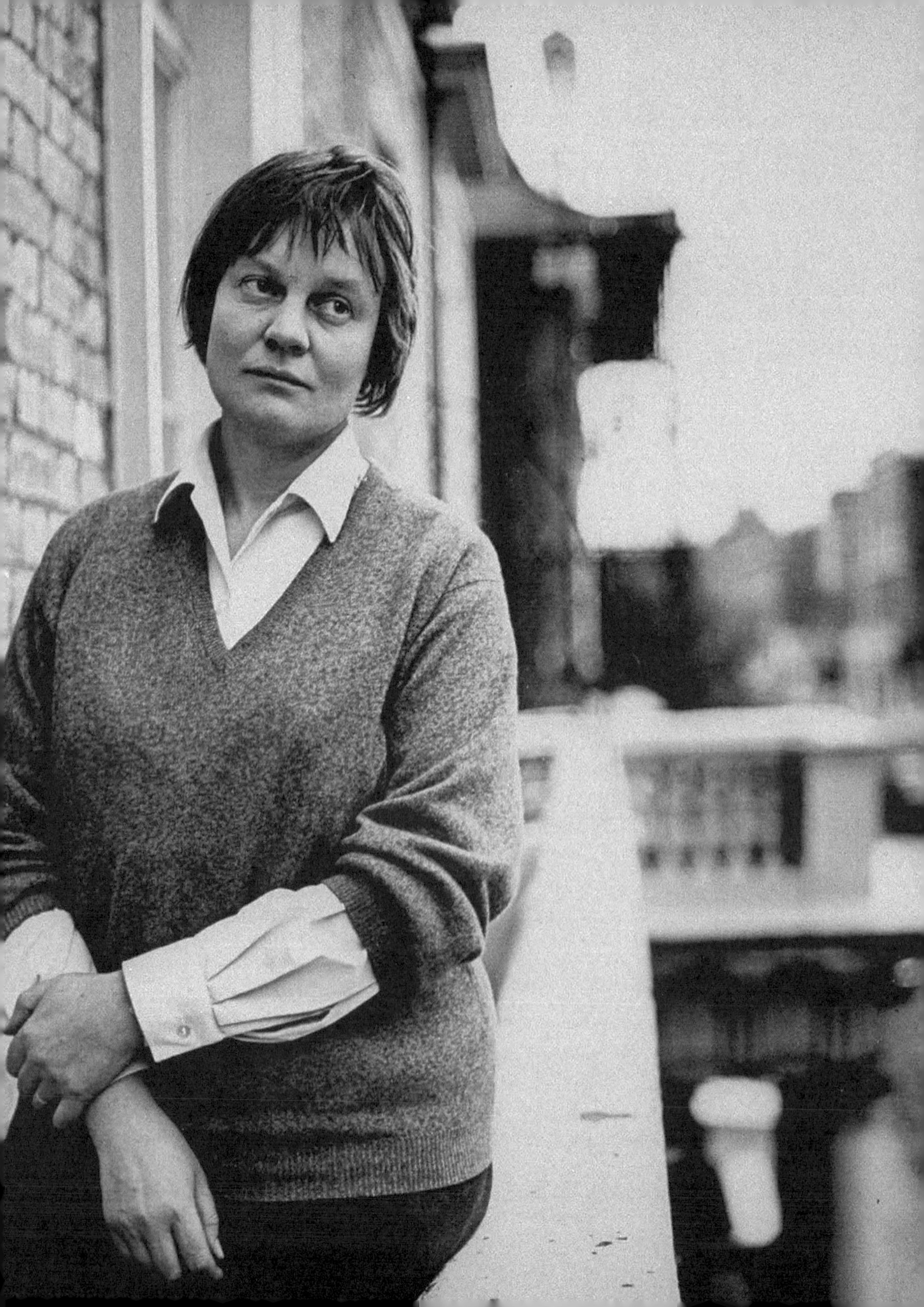

完美伴侣 A Severed Head

艾丽丝·默多克（Iris Murdoch）

作者生平：1919年生于爱尔兰，1999年卒
婚后名：Mrs. J. O. Bayley
首次出版：1961年，Chatto & Windus（伦敦）
原著语言：英语

马丁·林奇-吉本在情妇的公寓里享受慵懒的下午，思考着自己的人生。他无意离开略微年长的妻子安东尼娅，但他很享受自己与乔吉的私情。马丁只是轻率地意识到乔吉的感情需要，尽管他自诩彬彬有礼，做派合乎中产阶级的礼仪，却既迟钝又自鸣得意——他应该受一番道德教育了。这一教育化身——迷人的、恶魔般的霍诺尔·克莱因出现了，这位人类学者身上有种原始的气质，但她主张揭示真实。当马丁得知妻子为了克莱因的同父异母兄弟帕尔默而要离开自己时，心中大为震惊，但他还能自我调整，就像孩童适应继父、继母一样。克莱因戳穿了这一安排当中的伪善和故作斯文。当马丁得知，安东尼娅跟他的兄弟也有私情，当克莱因揭示出他与乔吉的感情真相时，马丁的世界崩溃了。

《完美伴侣》以荒诞离奇的笔法来写性爱，就像一出复辟喜剧，却洪亮地回荡着20世纪60年代价值观和性道德的变革之声。它运用意外和悬念，融合了闹剧和肥皂剧，来平衡它那不大可信的情节要素，将象征和比喻融入它的现实主义结构当中，给人类恋情中的愚蠢行径成功地作出精明的注解。**RM**

弗兰妮与祖伊 Franny and Zooey

J. D. 塞林格（J. D. Salinger）

作者生平：1919年生于美国，2010年卒
首次出版：1961年，Little, Brown & Co.（波士顿）
短篇发表：*Franny*（1955），*Zooey*（1957）
刊载杂志：《纽约客》（*New Yorker*）

《麦田里的守望者》（见本书第470页）的大名，使读者忽略了J. D. 塞林格的其他作品，也忽略了他的作品普遍具备的基本属性，这种基本属性并非显而易见的不满和疏离的笔触。《弗兰妮与祖伊》几乎通篇都是细节。它有大小不一的两个故事，写的是格拉斯家的两个孩子，这部"长篇"几乎有种次要作品或速写的腔调，这是因为，它具有畸异的结构和看似去中心化的叙事。但它通篇涉及的种种思考，我们在塞林格的其他作品的边缘也能找到：尤其是这样一些人的自负和"假模假式"，他们相信自己能提供绝对事物，不再关注生活中的日常琐事，他们之所以如此，往往是知性或宗教使然。

塞林格对东方宗教——尤其是对绝对事物的排斥，对任何许诺的回绝——的兴趣，在《弗兰妮与祖伊》中体现得最为明显。格拉斯家最年幼的两个孩子，因为一个想法而感到苦恼，随着小说情节的推进，他们渐渐弄清了这个想法：学识、宗教，甚至幸福，已经沦为了商品。这样一来，每一个选择，不论关乎何事，都有可能是积极的，或者消极的。如今，许多人想得到的一切，不外是可以让他们不必经常反思自身的生活方式，这样的现代社会，跟塞林格这部貌似次要的作品相似的地方，简直太明显了。**SF**

◀ 默多克将编织情节、塑造人物的天赋，与她对精神分析和存在主义等思想潮流怀抱的兴趣，结合到了一起。

没有人给他写信的上校
El coronel no tiene quien le escriba

加西亚·马尔克斯（Gabriel García Márquez）

作者生平：1927年生于哥伦比亚，2014年卒于墨西哥
首次出版：1961年，Aguirre Editores（麦德林）
原著语言：西班牙语
英译书名：*No One Writes to the Colonel*

  这部中篇小说是加西亚·马尔克斯的第二部作品，是一个讲述暴力与不公、孤独与萧条的故事。19世纪与20世纪之交，一位无名的上校、内战老兵，跟患有哮喘病的妻子在哥伦比亚的一个小村庄里忍饥挨饿，似乎已经被人遗忘。上校的妻子一直抱有这样的希望：有朝一日，他会收到政府十五年前就该发放的抚恤金，改变战后生活的贫困和艰难处境。不过每个星期五，他改善生活的希望，都会随着邮递员每星期必说的老话——"没有人给上校写信"——而化为泡影。

  与上校这一困境的讽刺意味——他参加革命的盲目信念，到头来只让自己和乡亲们变得越发贫困——相并列的，是他委决不下的一桩心事：是否应该卖掉他儿子留下的唯一遗物，村里那只有望得奖的斗鸡。有朝一日，这只鸡或许能给他赢来一大笔钱。他们的儿子因为私下流通禁书而送命，不过随着时间的推移，这只鸡成了蒙受不幸之后有可能时来运转的象征。它也象征着另一种战场的可能性，在这个战场上，平民们会为他们的苦苦挣扎和期待获得补偿，摆脱在孤独中每况愈下的萧条——这份孤独成了加西亚·马尔克斯的文学招牌。**JSD**

水中的面孔
Faces in the Water

珍妮特·弗雷姆（Janet Frame）

作者生平：1924年生于新西兰，2004年卒
首次出版：1961年，Pegasus Press（基督城）
原著语言：英语
新西兰勋章：1990年

  《水中的面孔》是有史以来对精神病最富有感染力的描述之一。这部小说尽管是虚构作品，其灵感来源却是珍妮特·弗雷姆本人在新西兰的精神病院住院（她被误诊为精神分裂症患者）的经历。

  小说的主人公伊斯蒂娜·马韦以一种富有抒情意味的、杂乱无章的方式，讲述了她在克里夫黑文和特里克罗夫特医院住院的经历。透过她的目光，我们看到了这些医院糟糕的条件、电击疗法的可怕副作用、胰岛素导致的昏迷、脑白质切除手术，还有精神病院护士们的善意与残忍。

  这本书是对医学"专业人员"和病人之间巨大权力差别的尖锐批评。小说揭示这一点的巧妙方式，足以使它赢得瞩目，行文的出色水准，使它成为一部真正优秀的小说。伊斯蒂娜的思绪和叙事性描写，将一种娴熟的抒情风格与片段化的离题段落融合在一起，后者像是心理创伤带来的症状。有时，伊斯蒂娜显然感到烦躁不安，但她将这些体验叙述出来的能力，将她与大多没有表达能力的病友区分开来。弗雷姆本人在精神病院住院治疗八年之后，终于被释放出院，她将这一结果归功于她的《环礁湖与其他故事》（*The Lagoon and Other Stories*）一书在1951年的出版。
CG-G

农家少年回忆录
Memorias dun neno labrego

何塞·内拉·比拉斯（Xosé Neira Vilas）

作者生平：1928年生于西班牙，2015年卒
首次出版：1961年，Follas Novas（布宜诺斯艾利斯）
原著语言：西班牙语
英译书名：Memoirs of a Peasant Boy

这部加利西亚儿童文学经典对一个穷孩子在加利西亚乡间度过的童年生活，作出了动人的描述。主人公巴尔维诺说自己是"一个乡下男孩。也就是说，是个无名之辈"。透过男孩的眼睛和敏锐感受，读者领略了男孩渐渐成熟期间，造就其性格的那些经历。他跟死亡有过两次遭遇：他祖父被车子碾过，他的狗不慎落入捕捉狐狸的陷阱。但巴尔维诺依然对未来抱有希望，作为这种希望的象征，他在狗死去的地方，栽种了一棵樱桃树。另一场痛苦的经历，就是遭遇不公的对待。让他感受到不公的人是他的父亲，因为他弄脏了富家孩子马诺利塔的脸，父亲打了他。他的爱情经历同样艰辛。在学校里，巴尔维诺爱上了女老师，这份感情促使他认真学习；但她嫁了人，这让他痛苦不已，不肯去上学了。父亲逼他干活，作为惩罚。

智慧和友情这两者，教育了这名少年。前者得自一名犹太人，他教少年了解人，让他明白，只有荣誉和团结才能抚慰他的良心。友情的化身则是莱洛，后者被迫移民，从美国写信给他。因为能跟朋友写信倾诉，巴尔维诺就不再在我们正在读的这本笔记里，继续写他的私事了。**DRM**

异乡异客
Stranger in a Strange Land

罗伯特·海因莱因（Robert Heinlein）

作者生平：1907年生于美国，1988年卒
首次出版：1961年，Putnam（纽约）
原著语言：英语
雨果奖：1962年

这是一本令人不安的奇书，它荣获了1962年的雨果奖，震动了科幻小说界，罗伯特·海因莱因的《异乡异客》不但为科幻作品在主流书架上赢得了一席之地，还成为20世纪60年代（争取性爱自由和无拘无束的生活的）反主流文化运动的标志之一。它讲述了瓦伦丁·迈克尔·史密斯的故事，他是首批火星探险者留下的孤儿，被火星人抚养长大，被第二拨人类使团送回了地球。尽管史密斯回到地球时已经二十多岁，但在面对学会做人这一艰巨任务时，他却用孩童的目光，打量着这个世界。他以前从未见过女人，对人类文化和宗教一无所知。史密斯宣扬灵性、性爱自由，传播着他在火星学到的精神力量。随着时间推移，他让很多人皈依了自己的思考方式，变成了救世主式的人物，最后是爆炸式的结局。

这个故事对当时的思想观念进行了反思，对人类现状进行了讽刺，它写到了爱情、政治、性爱，更主要的是，有组织的宗教，它把后者视为冒牌货。其实，人们在读完这部小说之后，曾几度掀起宗教运动这一事实，肯定会让作者感到不安。作者的本意似乎是要揭示，人们想要追随先知和理想的愿望，注定会落空。**EF**

迷宫 Labyrinths

豪尔赫·路易斯·博尔赫斯（Jorge Luis Borges）

作者生平：1899年生于阿根廷，1986年卒于瑞士
首次出版：1962年，New Directions（纽约）
说明：本书内容主要选自《虚构集》《阿莱夫》《探讨别集》《讨论集》《诗人》，以英文出版

　　博尔赫斯从未写过长篇小说。要么是他觉得没必要写长篇小说，要么就是没有写完。但他写了一些"片段"，《迷宫》就是这些片段的结集，囊括了他的主要作品，包括他最重要的部分短篇小说和最引人深思的随笔。读者可以从中看到：宏大的观念给历史的细小局部和个人带来的影响；某人首次，也是唯一一次目睹永恒时的光景。博尔赫斯既耽于省思又严谨精准的明晰行文，是此类故事的理想载体：无边无际的图书馆、反被别人梦到的做梦者、因为无法忘记任何事而疲惫不堪的人。

　　小说、随笔和寓言——博尔赫斯的阅读面和灵感来源之广泛，显而易见。帕斯卡尔、卡夫卡、犹大和萧伯纳在书中都有露面。正如安德烈·莫洛亚所说："博尔赫斯读过所有东西，尤其那些已经无人阅读的东西。"从古代斯堪的纳维亚的史诗，到阿拉伯哲学，博尔赫斯喜欢发掘字里行间的真意，制造难以分辨的联系，体悟出巨大的、有时是可怕的暗含之意。尽管划分成了三种体裁，但所有这些作品，都在类似层面上发挥着效果。他总是赞叹人类和宇宙的潜能，对个人的行为抱有些许的嘲弄，对事物的终结怀有一种难以捉摸的哀伤。魔幻现实主义、互文、后现代主义的奇妙招数，在书中都能找到，博尔赫斯将这些技法运用得既饶有新意又引人入胜，那时它们还没被打上沉重的标签。从某种意义上来说，博尔赫斯已经完成了世间所有的阅读和写作。**JS**

金色笔记 The Golden Notebook

多丽丝·莱辛（Doris Lessing）

作者生平：1919年生于伊朗，2013年卒于英国
首次出版：1962年，Michael Joseph（伦敦）
原著语言：英语
美第奇奖：1976年

　　1972年，玛格丽特·德拉布尔说多丽丝·莱辛是"被围困的世界里的卡珊德拉"，她清楚地道出，在人们对莱辛作品的接纳中，有这样一项公认的真理：我们阅读莱辛的作品，是为了弄清"正在发生什么事"——是为了给我们的个体和集体生活的困境，寻求独立的"诊断结论"。

　　《金色笔记》1962年甫一出版，就被人们接纳为——或者，用莱辛的话来说，"被贬低为"——对所谓两性战争举足轻重的干预。人们认为，这本书的核心内容，是为"自由女性"的生活，呼吁心灵和政治变革的文学请愿书。这是一部复杂的小说，通过四部笔记叙述，它们划分并涵盖了主角安娜·沃尔夫的生活。沃尔夫是一名苦苦奋斗的作家，是单身母亲。莱辛透过这个人物，写到了性别和性取向差异、政治和创造性的冲突——尤其是崩溃这一主题，通篇无处不在。20世纪50年代笼罩着英国共产党的政治信念危机，从让身为作家的安娜·沃尔夫大为苦恼的想象力危机中，从让身为"现代"女性的她大为烦心的两性关系中，折射了出来。**VL**

▶ 莱辛在罗得西亚——如今叫津巴布韦——南方长大，她在那里学到了充斥于其作品字里行间的政治行动主义。

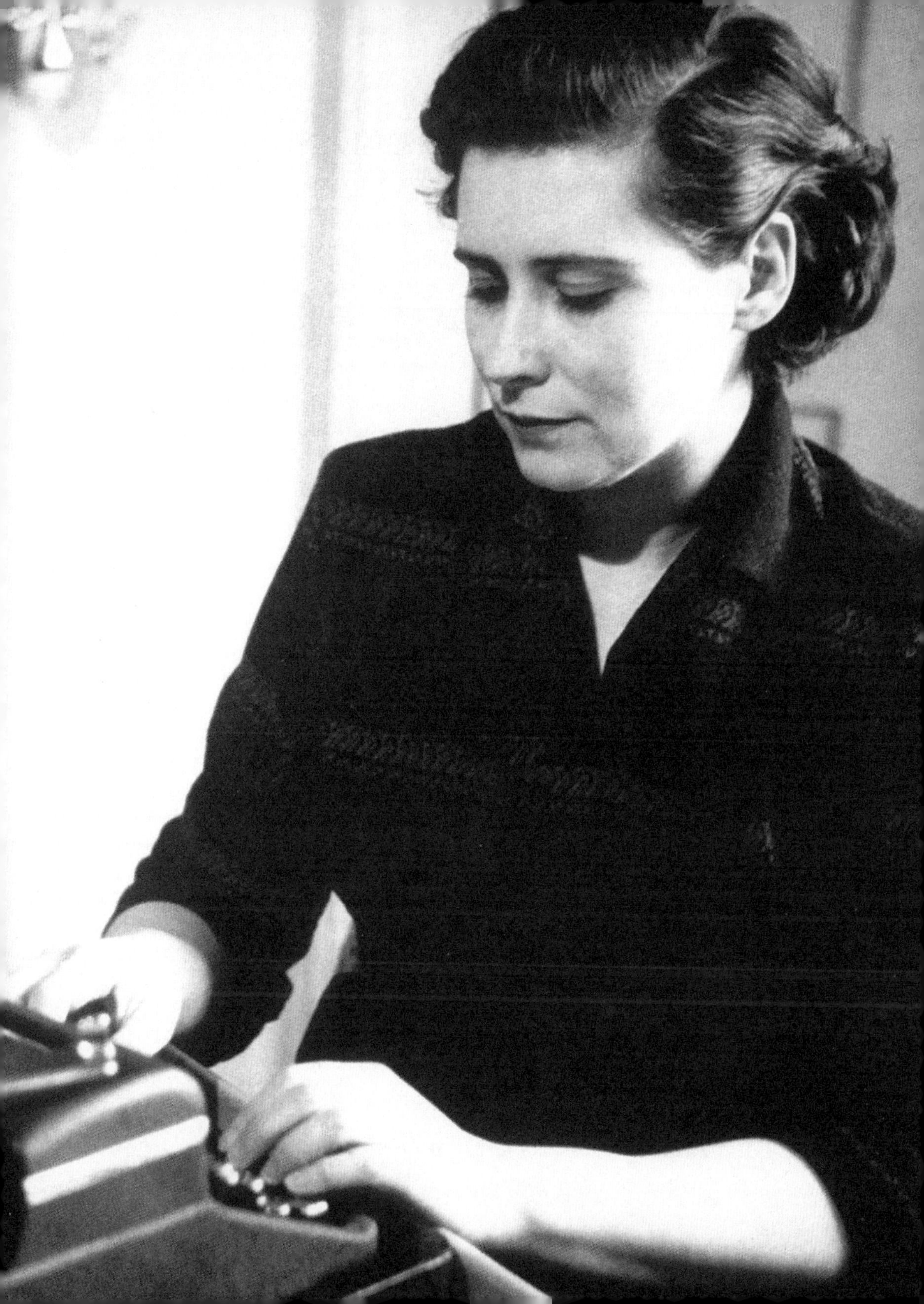

沉默的时代 Tiempo de silencio

路易斯·马丁–桑托斯（Luis Martín-Santos）

作者生平：1924年生于西班牙，1964年卒
首次出版：1962年，Seix-Barral（巴塞罗那）
原著语言：西班牙语
英译书名：Time of Silence

　　路易斯·马丁–桑托斯是军医之子，一位成功的、年轻的精神病医生，他那一代最出色的作家们的友人，社会党的一名秘密斗士。他以《沉默的时代》这部作品，摧毁了那种为政治服务的现实主义小说的根基。他随意运用多个人物的内心独白，精心地打散故事结构，最重要的是，他直接效法詹姆斯·乔伊斯，采用了一种充满文字游戏、嬉笑怒骂的叙事风格。

　　但他描述的种种问题，跟他那些身为现实主义作家的朋友担忧的问题并无不同，这些问题从可敬的皮奥·巴罗哈（Pio Baroja）时代起，就一直是西语文学中为人熟知的组成部分：传统化的中产阶级的伪善、西班牙社会的母权制方面、任何知识解放的尝试的荒诞性，以及要在无产阶级与他本人所属的、致力于解放运动的作家群体之间建立联系的毫无可能性。

　　这部小说以令人着迷的激烈笔法，描绘了简短的故事情节展开的环境——家庭旅馆、妓院、富丽堂皇的贵族宅邸、年轻知识分子的夜间聚会、移民们群居的窝棚。小说赋予年轻医生佩德罗的身份，比起煽动家，更像受害者，他对自己身为失败的一代人的代表这一令人痛苦的角色，总是感到惊讶，而不是早有觉悟。**JCM**

微暗的火 Pale Fire

弗拉基米尔·纳博科夫（Vladimir Nabokov）

作者生平：1899年生于俄国，1977年卒于瑞士
首次出版：1962年，Putnam（纽约）
原著语言：英语

　　一旦步入由沉思、责难、疯狂、邻里情谊、同性恋、流亡王室成员、谋杀和文学批评组成的罗网，就很难感受到，在弗拉基米尔·纳博科夫的小说文本之外，还有一个恒定如常的世界。纳博科夫以惊人的文学技巧，在本书中将这一理念——写作仅需与写作本身有关，无须其他——发挥到了不容小觑的地步。

　　这部小说分为两个部分：一部分是诗作《微暗的火》的四个诗章，作者将它归入杜撰出来的诗人约翰·谢德名下；另一部分是诗章的评注，由谢德的朋友、邻居兼编辑查尔斯·金波特在谢德身故后所作。诗作和评注，以及金波特撰写的解说性序言和索引，构成了这部小说的全部内容。谢德的诗显然并不复杂，是对自己的人生、女儿的自杀所作的反思，对神圣秩序的本质所作的基督徒式的思考。金波特的注释表明，他相信自己就是"敬爱的查尔斯"，一个名叫赞巴拉的欧洲小国的国王。因为祖国爆发革命，查尔斯逃到美国，隐姓埋名，在大学谋得教职，来到他最欣赏的诗人约翰·谢德身边，跟谢德交上了朋友，他还声称，自己能读懂谢德的诗作。在他看来，《微暗的火》其实是用密文写就的赞巴拉历史。金波特究竟是编辑、跟踪狂、疯子，还是学者？还是谢德本人杜撰出来，顶替自己，给自己作注的人物？**DH**

▶ 这张照片拍摄于1958年，纳博科夫正在捕捉蝴蝶。他是著名的鳞翅目昆虫学者，也是难以界定的小说家。

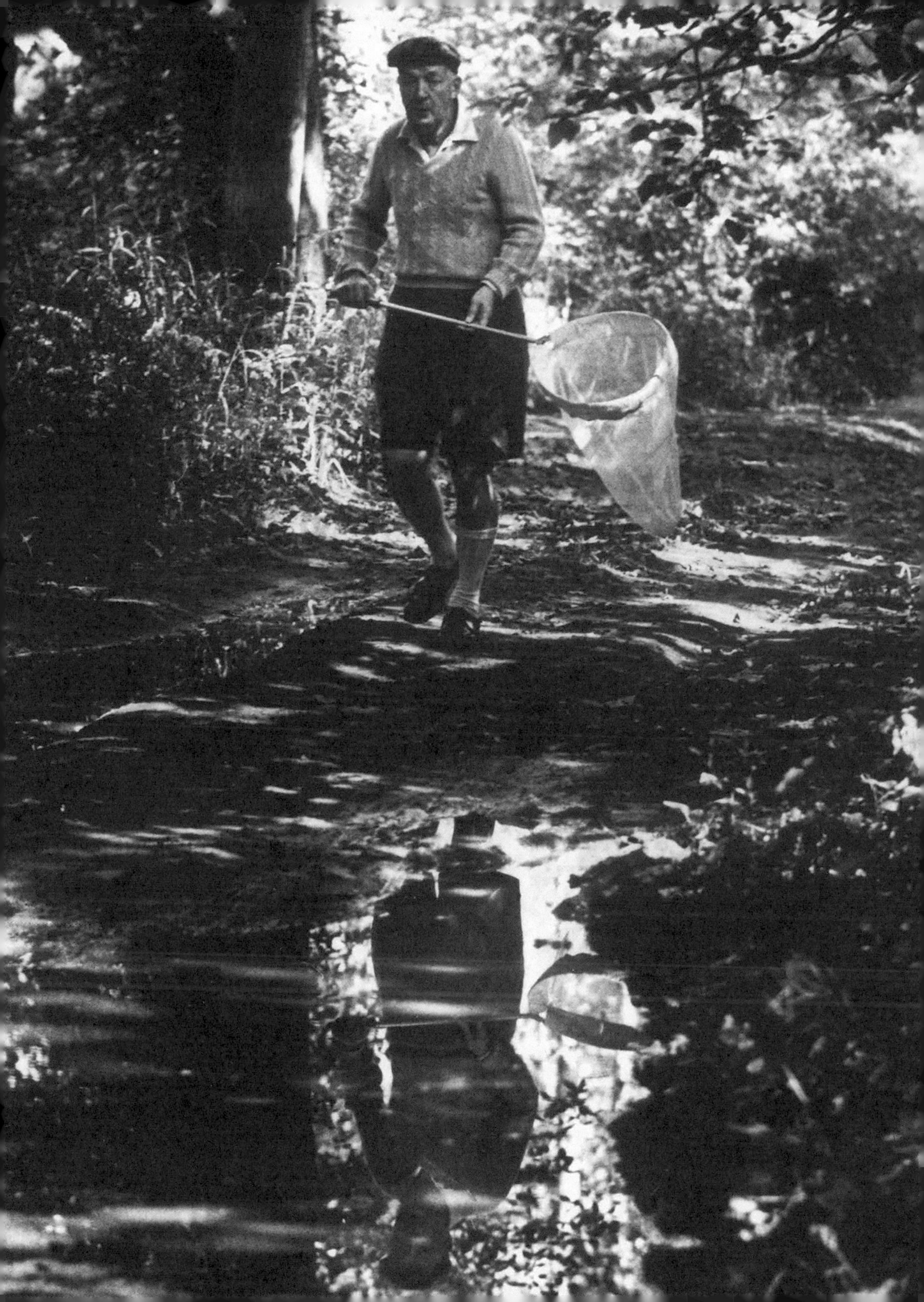

INSIDE Mr ENDERBY by Joseph Kell
LANGUAGE MADE PLAIN
Anthony Burgess
ANTHONY BURGESS
ANTHONY BURGESS
devil of a state
anthony burgess
ANTHONY BURGESS
Nothing like the Sun
The Wanting Seed
Anthony Burgess
THE RIGHT TO AN ANSWER
BURGESS
The Novel Now
anthony burgess
HERE COMES EVERYBODY
HERE COMES
A Shorter Finnegans Wake by James Joyce

发条橙 A Clockwork Orange

安东尼·伯吉斯（Anthony Burgess）

作者生平：1917年生于英国，1993年卒
首次出版：1962年，W. Heinemann（伦敦）
原著语言：英语
改编电影：1971年

安东尼·伯吉斯最著名的作品《发条橙》，在斯坦利·库布里克1971年翻拍出备受争议的电影之后，名声大噪。这部小说的灵感源自伯吉斯在圣彼得堡碰上的一帮俄国小痞子。叙述者是不良少年阿莱克斯，字里行间点缀着从俄语衍生出来的俚语。阿莱克斯跟朋友兼同伙蒂姆、皮特和乔吉过着充满暴力的生活——痛殴老人，强暴其妻子，这是他们夜间外出时常有的事。阿莱克斯被人设计，被捕入狱，被选中接受一种新的巴甫洛夫式反暴力治疗——"路氏疗法"。很快，阿莱克斯只要一想到暴力，就会觉得难受，官方认为他的治疗大为成功。阿莱克斯被释放出狱后，挨了打，却无法还手，被人丢在野地等死，在小说开篇被他袭击的那个男人救了他的命。在他自杀未遂昏迷期间，政府的心理医生们逆转了路氏疗法。有一段时间，他故态复萌，重新施展暴力，不过到了末尾部分，他开始考虑过安宁的生活。美国版《发条橙》中，出版方不顾伯吉斯本人的意愿，把最后一章删除了，因为他们觉得它太感情用事。

这部小说是对作者目睹的社会意志吞噬个人自由，以及大众文化在20世纪60年代初的兴起（由此带来一股新兴的、盲目叛逆的风气）所做的注解。伯吉斯痛斥当时的心理调节技巧，他认为这种技巧令人厌恶。阿莱克斯自愿选择放弃暴力，这一选择将他提升到比原先被迫变得驯良时高尚得多的道德境界中，使他彻底赢得了自由。

EF

◆ 企鹅出版社为这部小说设计的封面受波普艺术影响，展现了不良团伙的暴虐首领阿莱克斯面目不清、缺乏人性的肖像。

◆ 伯吉斯是一位格外多产的作家，《发条橙》是他在1960年到1962年出版的五部长篇小说之一。

飞越疯人院 One Flew Over the Cuckoo's Nest

肯·克西（Ken Kesey）

作者生平：1935年生于美国，2001年卒
首次出版：1962年，Viking Press（纽约）
原著语言：英语
改编电影：1975年

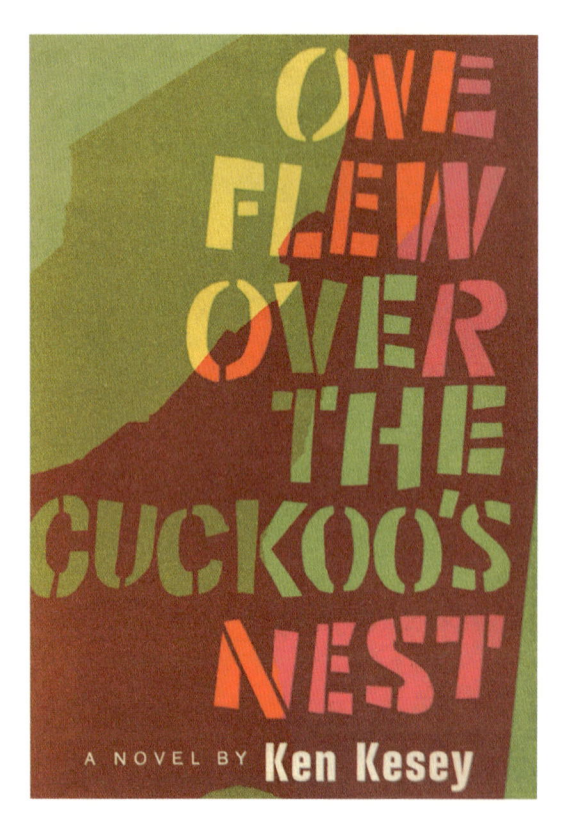

肯·克西的这部小说写了这样一所精神病院，它将病人反复确诊为精神病患者。这样做是为了实施一个更大的阴谋，那就是在整个美国制造老老实实的顺民。该书是20世纪60年代反精神病学运动的重要文本，道出了清醒和疯癫、顺从和叛逆之间的关系。这部小说通篇都维持着良好的平衡。比如，它从未说清所谓"联合机构"究竟是肆无忌惮的当局设计出来，以便确保对全国人口实行社会控制，还是叙述者布罗姆登酋长偏执的想象产物。同样，疯狂究竟是否像莱恩说的那样，"在一个疯狂的世界上，或许正是一种健康的状态"，或者起码是种反抗社会的恰当方式，这一问题也始终没有回答清楚。

在消毒、密闭的精神病院里，游荡着一名现代"牛仔"——兰道·麦克墨菲，他走起路来大摇大摆，像在演节目，他扰乱了病房的正常运行，向无情的拉契特护士的最高权威发起了挑战。麦克墨菲的叛逆活动基本只是自私自利之举，这部小说在政治动员方面的尝试也不够，它的种族政治和性别政治也有些让人不自在。它让"牛仔"麦克墨菲去拯救"印第安人"布罗姆登，在民权运动和女权主义的时代，把白人男性病人描绘成有一小撮黑人勤杂工支持的、"母权制的受害者们"。但克西认真探讨了现代权力难以界定的性质，令人印象深刻——这种权力未必与领袖们乃至组织机构密不可分——让这部小说成为有先见之明的预言之作。如果说，麦克墨菲的命运就是那些抵抗体制、走得太远的人面临的命运，那么布罗姆登的神志健全，则有赖于人们不要对不公和剥削视而不见。**AP**

我已经沉默了太久，现在，它要从我体内咆哮着冲出来了……

▲ 克西在20世纪60年代嬉皮士反主流文化运动中，成为英雄人物，率领吸了迷幻剂的"恶作剧者"搭乘魔幻巴士一路前行。

碧眼姑娘 Girl with Green Eyes

艾德娜·奥布莱恩（Edna O'Brien）

这本书最初发表时，题为《孤独的女孩》（The Lonely Girl），它是《乡村姑娘》（见本书第550页）的第二部，三部曲的叙述者是天真的、修道院毕业的女孩凯瑟琳·布雷迪。跟儿时的朋友芭芭移居都柏林之后，凯瑟琳（两人当中相对腼腆、生存能力相对较弱的一个）爱上了尤金，比她大几岁的电影制作人，尤金虽然已婚，却已经跟妻子渐渐疏远。或许，这难免是一场不平等的恋情，尤金在这场恋情中，始终占据支配地位。

除此之外，凯瑟琳家人的激烈反对，也让她陷入两种思想观念的冲突当中，无法自拔，一种是她从小接受的天主教价值观，另一种则是20世纪60年代正在发生变化的文化姿态。她想维持性关系的愿望，使她背离了当时相当严格的爱尔兰宗教习俗。凯瑟琳的道德冲突，跟尤金完全无法理解任何宗教习俗，形成了鲜明的对比。

1962年，这部小说甫一出版，便赢得了评论界的赞扬，因为它以直率、新颖、朴素的笔法，描绘了一个年轻女子的际遇。但这一创作题材，以及奥布莱恩对这一题材直截了当的处理，在她的祖国爱尔兰引发了争论，爱尔兰审查委员会将整套三部曲列为禁书，人们将这些书丢在教堂院子里焚烧，以抗议作者对女孩性生活的直白描写。这一反应从许多方面，证实了奥布莱恩的观点：个体欲望和传统习俗压制的对立，也从侧面反映出她本人在爱尔兰乡下的成长经历。奥布莱恩想写出这一时期具有文化敏感性的问题，这份意愿使她的作品变得极其重要。她对个人在界限分明的社会环境里体验到的现实所作的描述，使得这部小说不容错过。**JW**

作者生平：1930年生于爱尔兰
首次出版：1962年，Jonathan Cape（伦敦）
原著语言：英语
金斯利·艾米斯奖：1962年

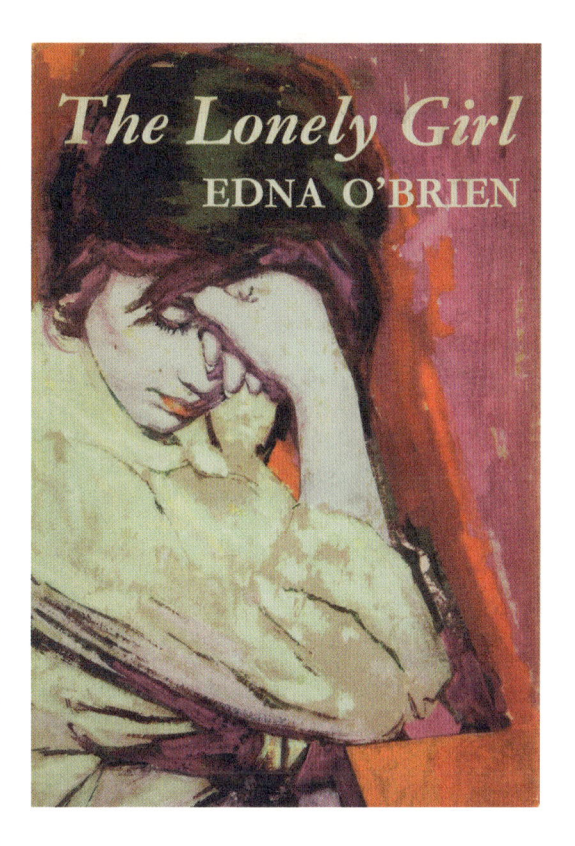

镜子里，我的脸看起来圆润而光滑。

奥布莱恩出生于克莱尔郡，读的是一所修道院学校——就像她小说里那些爱尔兰"乡村姑娘"一样。

伊凡·杰尼索维奇的一天 Один день Ивана Денисовича

亚历山大·索尔仁尼琴（Александр Исаевич Солженицын）

作者生平：1918年生于苏俄，2008年卒
首次出版：1962年，Sovetskii pisatel（莫斯科）
原著语言：俄语
英译书名：One Day in the Life of Ivan Denisovich

> 最好还是……屈服。如果你冥顽不灵，他们就会把你整垮。

这部当代文学经典完全名副其实，真实记录了1951年劳改营里一名囚犯的一天。伊凡·杰尼索维奇·丘科夫因为不起床，挨了处罚，要关三天禁闭，不过这一威胁并未真正兑现，他只是清洗了地板，就又回去吃早餐了。随着时间推移，读者看清了劳工们的痛苦和友谊，还有囚犯和卫兵之间别扭的共存关系。在这一天的最后，伊凡有幸得到了另一位狱友的报答，多吃到几口食物，还感谢上帝让他度过了又一天。最后，我们发现，这一天不过是伊凡的三千六百五十三天刑期中的一天而已。伊凡不大像这个时期苏联文学作品中的主人公，他是个农民，一个普通人，可能还目不识丁。他代表没有受过像样的教育的社会主流。不过尽管有着这样的身家背景，伊凡还是从他那普通的、有辱人格的劳改营生活里，获得了某种内心的高贵，以一种精神的强度，超越了自己所处的环境。故事通篇充斥着犯人们遭受的令人绝望的非人虐待、不公正的处罚，以及将人变成号码的专横规则。不过尽管遭到非人对待，同志情谊和信念这两种力量还是带来了希望，帮助他们继续活下去。

1945年，索尔仁尼琴因为在私人信件中批评斯大林而被捕，他在一处跟书中相似的劳改营待了八年。1962年，随着这本小说发表，他一举成名，这本书的出版是苏联文学史上的里程碑式事件。这部令人难忘的作品，是对劳改营的存在，以及劳改犯人恶劣生存状态的首次公开承认。**EF**

- 20世纪60年代初，索尔仁尼琴被允许跟外国记者说话，但很快，他就失去了当局的欢心。
- 一张罕见的索尔仁尼琴照片，他作为一名普通犯人，在劳改营里待了八年。

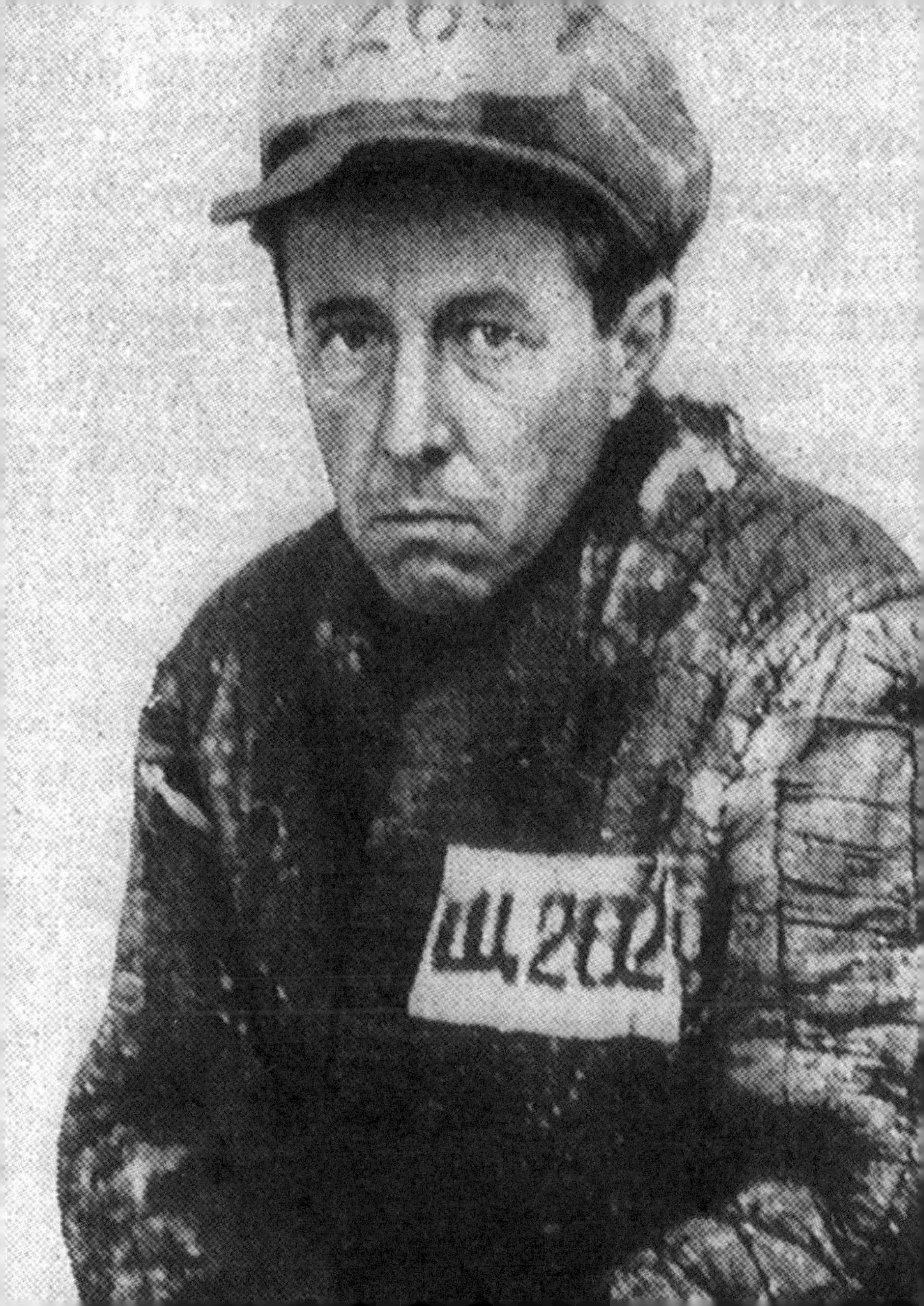

阿尔特米奥·克罗斯之死
La muerte de Artemio Cruz

卡洛斯·富恩特斯（Carlos Fuentes）

作者生平：1928年生于墨西哥，2012年卒
首次出版：1962年，FCE（墨西哥城）
原著语言：西班牙语
英译书名：*The Death of Artemio Cruz*

如果我想想昨天做的事，就不会再考虑自己眼下的境遇了。这点子真不错，妙极了。想想昨天的事。

在弥留之际，阿尔特米奥·克罗斯将自己变幻成三股声音，三种严格交替的时态："我"用现在时叙述，道出了濒死的痛苦，这部分内容像轴心一般，贯穿了整部小说；"你"是他幻想出来的孪生兄弟，其记忆中的往事，在不久之后或无限推后的未来叙述出来；最后是"他"，他的十二个人生片段或阶段的主人公，倘若这部分内容按照时间顺序排列好的话，正是他的人生轨迹。就每一部分来看，其他叙述声音和时态的出现，都显得颇为异样。

这种复杂的布局构成了一部完整的传记：一位墨西哥大亨讲述了他的祖国在1889年到1959年的往事。这段往事的背景是大革命时期，后来着重讲述了他取得的成就。他留下的，是被大革命毁掉的爱情；懦弱与背叛；伤害、侮辱和腐败。最后，克罗斯心脏病病发身亡。留在他身边的家人、秘书、神父和医生们，每个人都轮流描述了这个将死之人的面貌。这位大亨置身于过去和未来的交叉路口，想象和记忆在这里融合到一起。

这部小说错综复杂的拼贴结构，文风的生机勃勃，致密的历史和心理描写，在那个时代极不寻常。它要求读者学会以别样的方式进行阅读，这正是真正的先锋派作品的特点。**DMG**

▲ 富恩特斯把他对政治的投入变成了一部小说，它将技巧试验和天马行空的幻想合二为一。

城市与狗
La ciudad y los perros

马里奥·巴尔加斯·略萨（Mario Vargas Llosa）

作者生平：1936年生于秘鲁
首次出版：1962年，Seix-Barral（巴塞罗那）
原著语言：西班牙语
英译书名：*The Time of the Hero*

    这部小说是马里奥·巴尔加斯·略萨的长篇处女作，其形式试验的规模，以及它对当代社会进行剖析时所冒的风险，令人叹为观止。这个秘鲁军校学员们的故事，采用了作者本人的生活体验，但这部作品凭借对几位文学楷模（福楼拜、福克纳、萨特）的深度借鉴，以及对文字碎片和多重叙述声音的缜密构建，超越了自传的范畴。从一份考卷的失窃，到一名学员的死亡，读者一开始就见识了这所院校的种族和社会阶层分布情况，掌控这些种族和阶层关系的，是暴力和欺骗。这部小说的情节像探案一般向前推进，暴露出道德败坏的程度和不良教育的后果。

    这是一则有关责任和宿命的寓言，小说中的人物分别在学院和城里这两处领域活动，由此确定了这部小说的基本结构。主要人物（学员阿尔贝托、里卡尔多、美洲豹和甘博亚中尉）在两个领域都有出现；在校外，他们被难以捉摸的特莱莎吸引，却无法与之亲近，他们的朋友和家人也在校外。这些要素在最后的章节汇聚到一起，暴露出种种欺骗和未必可靠的真相。**DMG**

芬奇-孔蒂尼花园
Il giardino dei Finzi-Contini

乔治·巴萨尼（Giorgio Bassani）

作者生平：1916年生于意大利，2000年卒
首次出版：1963年，G. Einaudi（都灵）
改编电影：1970年
英译书名：*The Garden of the Finzi-Continis*

    巴萨尼的这部小说讲述了一个动人的故事，故事背景是20世纪二三十年代的意大利，当时法西斯主义攫住并渗透进了日常生活。叙述者经常光顾芬奇-孔蒂尼家带围墙的花园，这是费拉拉市的一户富有、见多识广、很受欢迎的犹太人家。这座小城也是法西斯的要塞据点之一，但叙述者并未注意到这层戏剧性的讽刺。他喜爱和欣赏这户优雅、古怪的人家，随着外面的世界变得越来越充满威胁，他日益喜欢上了花园里的乐趣；很快，他的活动领域就收缩到了这片狭小的天地。他跟美丽、神秘的米科尔相爱了，但他们需要照看她的兄弟阿尔贝托，后者日渐消瘦，死于一种神秘的疾病。米科尔明白自己没有未来可言，被迫退出了各种抛头露面的生活，不再对灿烂的职业生涯怀抱期望。最后，就连缺乏远见的叙述者也开始明白今后会发生什么事，这部小说迎来了无可避免的悲伤结局。

    这部讲述纯真不再、才华与机遇横遭摧残的小说，也是那些太过盲目、没有看到逐步发展的独裁主义和歧视暗含威胁的普通民众的控诉书。它在肯定友谊和善意等平凡的人类价值的同时，展现了当年意大利犯下大错，跟纳粹德国结盟时，意大利发生了什么——道德的真空让意大利文化中的美与智慧变得脆弱而虚妄。**AH**

第三场婚礼 Το τρίτο στεφάνι

科斯塔斯·塔克齐斯（Κώστας Ταχτσής）

作者生平：1927年生于希腊，1988年卒
首次出版：1963年，自出版
原著语言：希腊语
英译书名：*The Third Wedding*

　　这是两个雅典女人的故事，她们是尼娜和埃卡维，时间是20世纪中叶，故事的核心主要是尼娜的三场婚礼。我们看到，她们如何交上了朋友，她们在"二战"前后，对希腊的重大历史事件，包括德国占领和内战，作何反应。故事止于20世纪60年代初，尼娜的第三场婚礼。书中人物经历的冒险和痛苦，是根据希腊普通民众对战争、犯罪、忠诚、背叛和爱情的体验写成，这个故事变成了生活本身的一则寓言。

　　科斯塔斯·塔克齐斯运用朴素但不简单的语言，用日常语汇和俗语丰富他的长篇独白，文风活泼而别具一格。他运用的语言令人想起希腊20世纪五六十年代的杂耍演出和民间电影。这个故事包含若干个互相纠缠的小故事，看似毫无章法，又像是天衣无缝、一挥而就之作。

　　这本书对现代希腊着墨相当多，塔克齐斯将故事娓娓道来，捕捉了希腊生活的重要细节。《第三场婚礼》的灵感源于普通人的幸运与不幸，是对人人都体验过的生活的颂歌。为实现这一目标，塔克齐斯没有自说自话，而是让生活自行发声，不愧是一位艺术大师。**SMy**

狗年月 Hundejahre

君特·格拉斯（Günter Grass）

作者生平：1927年生于波兰，2015年卒于德国
首次出版：1963年，Luchterhand（新维德）
英译书名：*Dog Years*
诺贝尔文学奖：1999年

　　《狗年月》是君特·格拉斯的"但泽三部曲"之三，它给《铁皮鼓》（见本书第539页）和《猫与鼠》（见本书第555页）的序列画上了句点，延续了作者对德国近代史的批判性考察。这部作品再次采用成长经历非同寻常的儿童的视角，向成人世界投去带有颠覆性的光芒，不过这部作品逐渐采用了视野更为广阔的多重视点。

　　故事的基础，是但泽战前一对好友童年的友情，他们一个是瓦尔特·马特恩，另一个是具有艺术家气质、制作稻草人的埃迪·阿姆泽尔。尽管故事情节不断展开，肆意衍生出许多故事，以及故事中的故事，但这对朋友的友情这一主题，依然是这部作品的结构主干。其他故事支线占据了前景位置，其中包括爱写情书的哈里·利贝瑙和小狗"亲王"的故事，后者变成了阿道夫·希特勒心爱的猎犬。"亲王"从元首的柏林地堡逃走，是本书最好笑的情节之一。

　　《狗年月》在与神话、事实和幻想的反复交织方面，甚至比前作更加大胆。它的语言实验，包括对德国哲学家海德格尔费力的措辞（"德国人民会对与疏离相一致的虚无，展开最终的斗争"）的戏仿，往往很有意思，却也把格拉斯复杂而超现实的洞察，弄得面目模糊。其结果便是一部常常令人感到气馁的鸿篇巨制，但其中洋溢着幽默、新颖的思想和叙事上的惊喜。**RegG**

钟形罩 The Bell Jar

西尔维娅·普拉斯（Sylvia Plath）

作者生平：1932年生于美国，1963年卒于英国
作者笔名：Victoria Lucas
首次出版：1963年，W. Heinemann（伦敦）
原著语言：英语

西尔维娅·普拉斯曾在给母亲的信里，提到过这部作品，她随意地称之为"换钱之作"。《钟形罩》已经成为美国文学中最著名的描写精神崩溃的作品之一。这部小说最初发表于1963年，署的是化名维多利亚·卢卡斯（Victoria Lucas），是对普拉斯少年时代几乎不加掩饰的自传性记录。它写的是埃斯特的生活，包括她给一份少年杂志担任客座编辑，她自杀未遂，以及20世纪中叶美国恶劣的精神病护理状况。

《钟形罩》最初以严厉的自我贬低和直言不讳的坦率而闻名，如今则被当作对20世纪50年代社会政治的激烈批判来阅读。埃斯特渐渐发现，自己可以担任的女性角色极其有限，同时，她也变得越来越孤立和偏执，普拉斯清晰地表明了两者之间的联系。社会对女性在性、母亲身份、智力成就方面所抱的期望相互矛盾，这与埃斯特觉得自己是不完整的碎片这一感受大有关系。埃斯特最终的康复，靠的是她无视占据优势的那些女性气质类型的能力，那些类型的女性气质在小说中比比皆是。不过，对20世纪50年代美国令人窒息的氛围的关注，并不仅限于性别方面的考察。开篇的句子——"那是一个古怪、酷热的夏天，就在那年夏天，他们把罗森堡夫妇送上了电椅"——将小说背景非常明确地设定在麦卡锡主义盛行的冷战时期，在埃斯特的种种经历，以及给那十年赋予特色的其他妄想和背叛之间，建立起了含蓄的联系。**NM**

恩德比先生的内在 Inside Mr. Enderby

安东尼·伯吉斯（Anthony Burgess）

作者生平：1917年生于英国，1993年卒
作者笔名：Joseph Kell
首次出版：1963年，W. Heinemann（伦敦）
原著语言：英语

这部小说是三部曲之一，它为安东尼·伯吉斯继伊夫林·沃之后，成为胜过金斯利·艾米斯的20世纪六七十年代杰出的喜剧小说家，提供了过硬的理由。伯吉斯作品的质地和长久生命力，源于他对语言（既包括文学语言，也包括口头语言）和富有创见的精巧设计所抱的浓厚兴趣。譬如，伯吉斯留意聆听酒吧里的谈话，让言语误会演变成惊人的后果，这些后果总是对备受困扰、过于健谈却意志坚强的诗人恩德比不利。恩德比先生的内在，是他的肠胃。恩德比不停地打嗝放屁，伯吉斯将这些声音细致地誊录下来，他真可谓是听风辨音的行家。作者以拉伯雷式的风格，唤起读者对肉体，以及对恩德比家中污垢的嫌恶。他的另一重"内在"，就是他的诗作，这些诗是他褪下裤子坐在马桶上写成的。一系列事件促成了诗歌的创作、结婚、进入精神病院治疗。引自儒勒·拉福格（Jules Laforgue）的"人人都出门"表明，他应该多出门活动，于是1968年，《恩德比在户外》（Enderby Outside）出版。三部曲的完结篇是《发条遗嘱》（A Clockwork Testament，1974）。

伯吉斯像天主教徒那样写作，书中处处流露出对性爱和自慰的愧疚，以及对女人所作的前女权主义的无害讽刺。恩德比濒死之际，他的肉体排泄物重新回到读者面前，其语言令人作呕到惊人的地步："种种气味令恩德比感到窒息，硫化氢、没洗的腋窝、口臭、粪便、积存的尿液、腐肉的气味——就像湿黏的小球，全都钻进了他的嘴巴和鼻孔。" **AMu**

களைப் 财产微薄的姑娘们 The Girls of Slender Means

缪丽尔·斯帕克（Muriel Spark）

作者生平：1918年生于英国，2006年卒于意大利
首次出版：1963年，Macmillan & Co.（伦敦）
原著语言：英语
缩写版：*Saturday Evening Post*（1963）

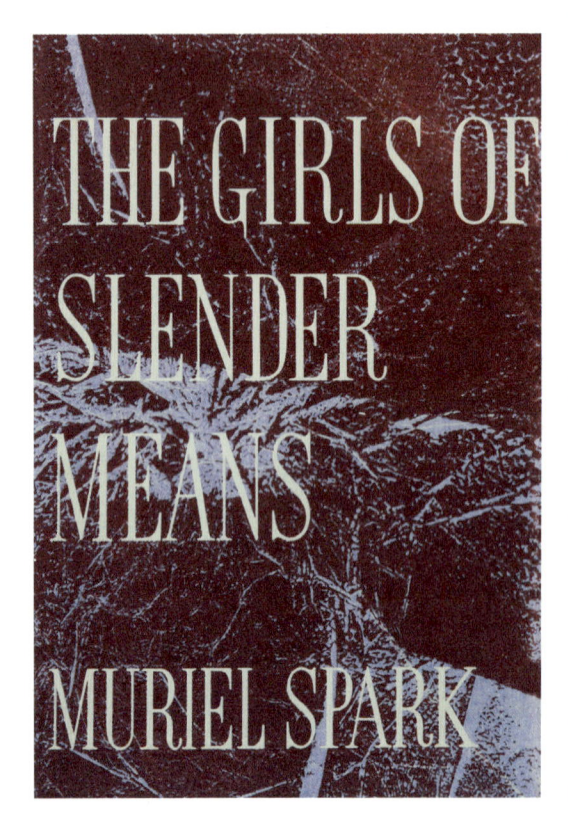

很久以前，1945年，英国所有的好人都是穷人。

▲ 虽然《财产微薄的姑娘们》的背景设置在伦敦，但是创作这部小说时，斯帕克生活在纽约。

这部构筑精妙的小长篇将多重讽刺的调子与一系列叙事的讽喻层次结合在一起，后者衍生出了书名所暗示的、各不相同的叙事可能性。斯帕克从几名多少还算苗条的年轻姑娘应对战后艰苦生活的经历中，编织出对杰勒德·曼利·霍普金斯的长诗《德意志的毁灭》引人注目的再创作。一部有趣的小长篇，竟然会以那首长诗作为参照的底本，而且这一参照完成得不显山露水，且颇有成效，说明这部小说存在着潜在的严肃性，斯帕克凭借这份严肃性，将喜剧和宗教层面的意义融合在一起。貌似无足轻重的细节，展现出深层次的内里，同时也没有损及透着巧妙构思和阅世智慧的迷人表面。

这部小说的背景是"二战"行将结束时破败不堪的伦敦，一群招人喜欢、无忧无虑的姑娘受其吸引，住在一家面向未婚女子的膳宿会所里，她们采用不同的方式追逐着名利。这一带有局限性的背景，提供了一面窥看广阔历史背景的透镜。斯帕克长于讽刺的眼光，很善于贬低青年男女的浪漫意图，以及那些令人愕然、篇幅简短的文学仿作。

不止一个姑娘跟一个名叫尼古拉斯·法林顿的男人有染，书里有足够多的精妙之处和从言语中流露出来的贪欲，令人忍俊不禁。在竞争对抗与和平时期愈演愈烈的腐化堕落中，故事情节走向了灾难性的结局。周围的环境带来死亡的方式，暗示出保持贫困的价值，同时也用对死难的思考提醒我们注意，即使在生命的中途，我们依然处于死亡阴影的笼罩之下。

不那么武断的读者，或许会特别留意斯帕克在形式方面的巧妙设计，它将这则形而上学的寓言呈现得既严谨精致，又轻松愉悦。对文学审美疲劳者来说，阅读本书是一件赏心乐事。**DM**

柏林谍影 The Spy Who Came in From the Cold

约翰·勒卡雷（John Le Carré）

在约翰·勒卡雷之前，英国间谍小说的主人公往往是一位生机勃勃的间谍，一个行动家，要么是业余的，要么是专业的，他的身上反映出的是一种自信的文明——他是理查德·汉内或者詹姆斯·邦德式的人物。勒卡雷用《柏林谍影》，引入了一种更为严酷无情的反英雄观念：这个世界上，民主西方未必比共产主义东方更有道德优越性。

这部小说在很大程度上，以冷战时期的联邦德国为背景，讲述了各种层面的欺骗。因为手下的几名间谍被民主德国情报机构成功抓获，驻柏林的英国情报机构负责人拉马斯大为失望，他同意担任双面间谍，声称民主德国情报机构的头目已被英国收买，从而在民主德国情报机构内部制造混乱。拉马斯按照计划，过起了放纵的生活，离开了"机构"——英国的海外情报机构"军情六处"——最终被民主德国招募，民主德国希望通过他掌握英国的军事行动情报。这本书的出色品质，部分源于勒卡雷的这一本领：他在传达间谍世界如何可鄙、如何不光彩的同时，依然将紧张局势和阴谋诡计写得弥足精彩。在这本书里，做间谍就像一盘精巧细致的棋局，一场力求智胜对手的复杂行动。哪些事是现实，哪些事是幻想，我们始终不曾确切得知。其实，拉马斯自己也清楚，自己只是一盘大棋局中的小卒而已。

令这本书比优秀的惊悚小说远远高明的，是它对情报部门玩世不恭地操纵本国公民玩间谍游戏这一做法的批判，是它对他们理应保护的究竟为何物的追问。人性的代价是高昂的，而是否有可能获取真实的情报，则始终不甚清楚。拉马斯最终承认了这一点，他不肯放弃一个纯真的姑娘，因此断送了性命。**TH**

作者生平：1931年生于英国，2020年卒
作者教名：David John Moore Cornwell
首次出版：1963年，V. Gollancz（伦敦）
原著语言：英语

你以为间谍是什么样的人呢：牧师？圣人？殉道者？

▲ 戴维·康韦尔，更知名的身份是间谍小说家约翰·勒卡雷，他在1967年对着镜头摆出了这副透出适度冷峻与猜疑的表情。

20世纪 | 577

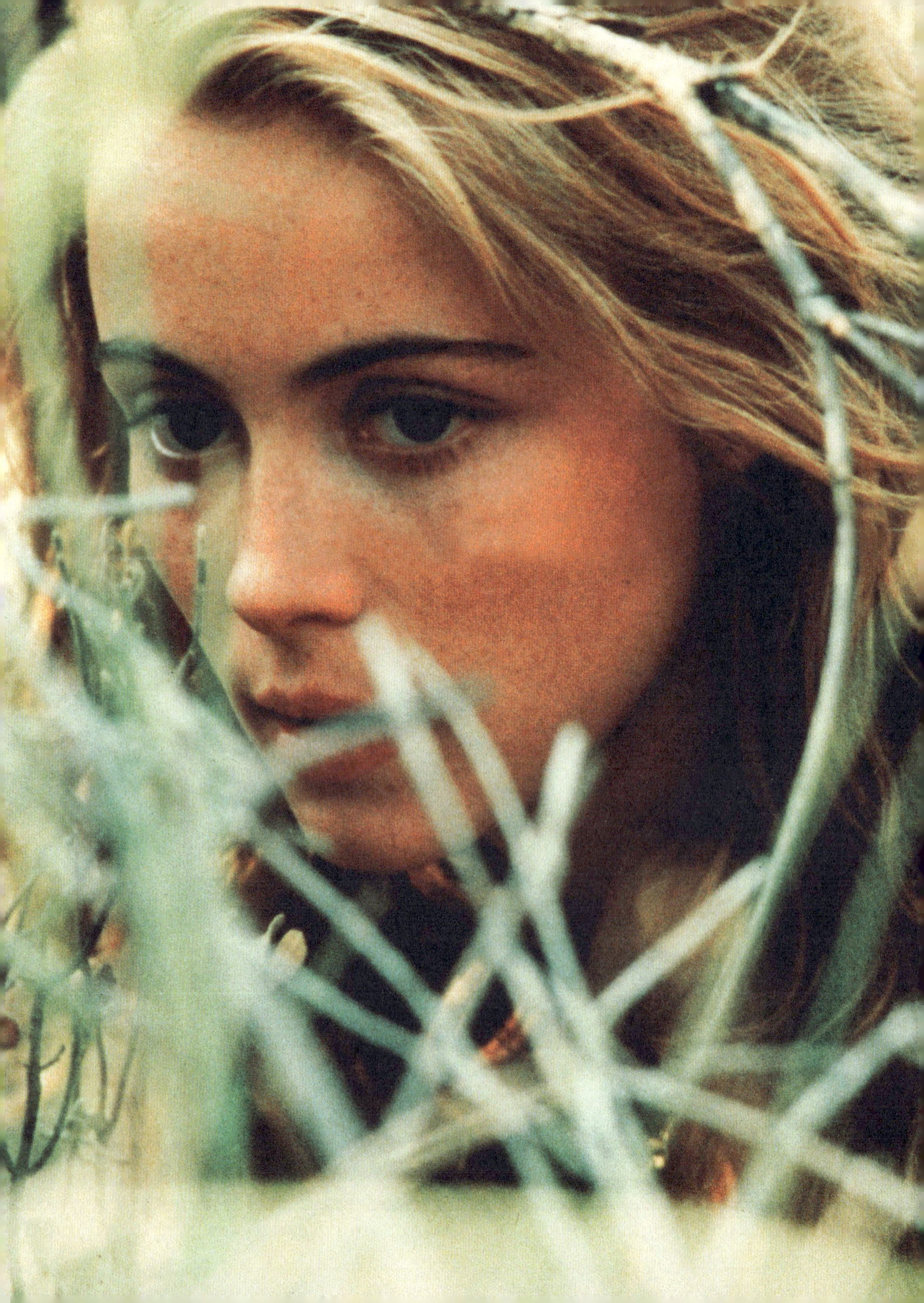

山泉：泉水玛侬 Manon des Sources

马塞尔·帕尼奥尔（Marcel Pagnol）

作者生平：1895年生于法国，1974年卒
首次出版：1963年，Editions de Provence（巴黎）
原著语言：法语
上部书名：*Jean de Florette*

本书最初出版时，分为《让·弗洛莱特》和《泉水玛侬》上下两部，它以宏大的规模，描绘了三代普罗旺斯农民的悲剧。凯撒·苏贝朗和侄子于戈兰，是一个不幸家族硕果仅存的成员。对人称帕佩的凯撒来说，十分单纯的于戈兰是苏贝朗家族最后的希望。城里来了一个驼背佬，在附近农场上定居下来，格外擅长搞阴谋诡计的帕佩施展出了自己的手段。叔侄俩意识到，夺取农场是恢复苏贝朗家族财富和地位的好办法，他们耐心谋划，整垮了这个外来户。那个驼背佬的女儿玛侬，在小说两部分之间长大成人。于戈兰深深地爱上了她，但她根本不曾回报他的爱，而是立志要为父报仇。这份不求回报的爱引发了种种后果，但承受苦难的，不止于戈兰一个人。

马塞尔·帕尼奥尔出生在马赛附近的山区，这部小说就是以那里作为背景。儿时，他在那里度过了漫长的暑假，周围的人激发了他的灵感，让他创作出小说里的那些人物。他的故事点缀着令人愉悦的枝节，以插曲的方式，呈现出长久浸淫在农家传统中的生活。至少在法国，帕尼奥尔最出名的身份是电影导演和剧作家，或许正是帕尼奥尔对视觉画面的敏感，让克劳德·贝里将文风朴实无华的《让·弗洛莱特》和《泉水玛侬》拍成了两部十分美妙的、成功的电影。由丹尼尔·奥特伊、埃马努埃莱·贝亚尔、热拉尔·德帕迪约和伊夫·蒙唐主演的这两部电影，是原著出色的附属产物，不过在呈现法国乡村生活图景时，提供丰富细节的，还是帕尼奥尔的文字。**PM**

泉水已经不流了。

▲ 帕尼奥尔在法国主要以剧作家和电影导演的身份而闻名，这是他与妻子——女演员雅克利娜·布维耶的合影。

◄ 1986年，克劳德·贝里将帕尼奥尔的大作拍成电影，大获成功，迷人的埃马努埃莱·贝亚尔在片中扮演玛侬。

毕业生 The Graduate

查尔斯·威伯（Charles Webb）

作者生平：1939年生于美国，2020年卒于英国
首次出版：1963年，New American Library（纽约）
原著语言：英语
改编电影：1967年

　　安妮·班克罗夫特和达斯汀·霍夫曼主演的那部1967年的影片，令1963年的这部小说大为失色。我们应该能回想起影片中富有代表性的多数瞬间，它们在威伯的作品中早已存在。建议从事"整容业"的那场戏不在书里，不过穿着潜水衣下水那场戏，还有本杰明为了做爱而开房时的尴尬，"鲁滨孙太太"的有姓无名，以及本杰明用十字架击退伊莱恩的父母、朋友，全都是小说原创内容。作为对美国白人职业化的中产阶级价值观的温和抨击，《毕业生》的书和电影，都成了备受好评的平民主义讽刺作品。

　　鲁滨孙太太的酗酒和缄默，也许是精神错乱的征兆（但其实并不是）；本杰明大学毕业后的沮丧之中，并没有多少存在主义式的恐惧；他的父母和他们的朋友的恶意，在真爱面前，算不上什么危害。威伯的这部讽刺作品创作于20世纪60年代初，为社会批判提供了必要媒介，60年代末更为严峻的心态，正是以这样的社会批判为基础建立的。作为小说，《毕业生》以其平淡、朴实却富有表现力的散文而闻名。"什么？"和"什么。"大不相同，其中的差别饱含深意。问号代表着痛苦或愤怒，告诫我们留意私人关系中即将到来的不幸。没有询问之意的"什么"，是对另一个人的真实询问，让人对积极的后果抱有预期。在本杰明和伊莱恩乘坐巴士逃离婚礼现场这一富有代表性的时刻，她说："本杰明？"他回答道："什么。"巴士驶离，之后就再没有其他对白了。**AMu**

猫的摇篮 Cat's Cradle

库尔特·冯内古特（Kurt Vonnegut Jr.）

作者生平：1922年生于美国，2007年卒
首次出版：1963年，Holt, Rinehart & Winston（纽约）
原著语言：英语
其他书名：*Ice 9*

　　原子弹之父费利克斯·赫尼克是个没有罪恶感的人。道德这样的抽象事物在理性面前，没有容身之地。他是一个严格讲求科学的人。要么思考核武器，要么想着乌龟，赫尼克的脑子一刻都不得闲。要是把他的乌龟拿走，他就能把广岛给炸了。硬邦邦的科学产物落到柔软的人类身上，可不是闹着玩的。不过赫尼克"最伟大的"发明还是"冰–9"，它是水的一种同位素，在室温下就能结冰，它能引发连锁反应——就像原子弹，或者小孩玩的"猫的摇篮"（即翻花绳）这种游戏——优雅、永无休止，最终毫无意义。尽管原子弹未能让人类灭亡，"冰–9"却能做到。叙述者约翰在研究一本写广岛原子弹的书时，无意间看到了《博克侬之书》（*Books of Bokonon*）。博克侬将自己贬斥为一堆"无耻的谎言"，真理在这门宗教内并无位置，它能做的，只是提供些许安慰而已。为了揶揄宗教，冯内古特创立了一门宗教。他还把批判的靶子对准了科技——这个将宗教取而代之、带来毁灭的20世纪大谎言。世界末日的到来，不啻是一场响亮的悲鸣，是粗心和懒惰的结果——科技和愚蠢的结合实在危险。冯内古特在《猫的摇篮》中，揭示出了人生的意义：它根本不存在。不过他是一位大师，能把世界末日写得滑稽可笑。要等我们从大笑中缓过气来以后，才能领会到书中的严肃含义。**GT**

> 1969年，库尔特·冯内古特在家中。对战争毁灭性的记忆令这位作家无法释怀，他用富有讽刺意味的平静，将它们回忆出来。

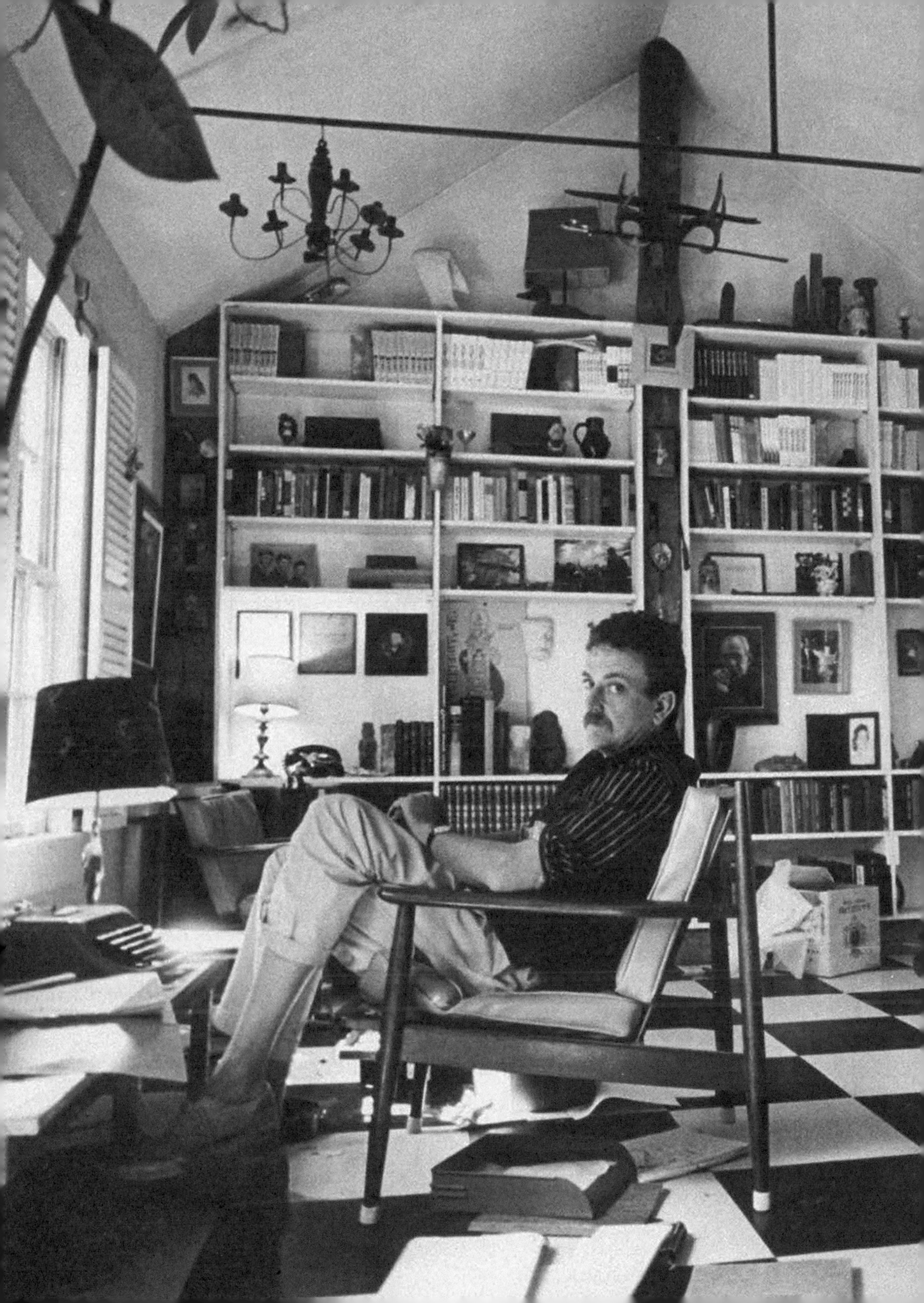

V.

托马斯·品钦（Thomas Pynchon）

作者生平：1937年生于美国
首次出版：1963年，Lippincott（费城）
原著语言：英语
福克纳文学奖：1963年

《V.》的问世，标志着北美的一位最富有想象力和挑战精神的文学天才的到来。这部小说围绕两个相对独立又相互联系的故事构建而成。第一个故事与前水手本尼·普鲁费恩有关，20世纪50年代中叶，他在东海岸地区游荡，寻找零工、刺激和自我的身份。在漂泊的过程中，普鲁费恩邂逅了名叫赫伯特·斯坦西尔的陌生人。斯坦西尔为神秘的V.着迷，这个女人先后以不同的化身，在20世纪历史的多个暴力触发点中出现。斯坦西尔偏执地尝试破解V.具象和抽象的化身——随着小说情节的不断推进，她变得越来越虚无缥缈，这便是小说相当复杂的第二个故事，其时间跨度是1880年到1943年的数十年之久。这一肆意扩展的全景画式的范围，囊括了法绍达危机期间的埃及，委内瑞拉流亡者在佛罗伦萨的骚乱，德国对西南非的占领，等等。

斯坦西尔要从暴力和斗争中，找出统一的规律，品钦将它称为"本世纪的重大阴谋""无名的阴谋"。不过也许，真正的危险可以在小说中的"当下"找到——被"二战"深刻改变的当代美国，通过20世纪60年代的社会和文化革命，即将达到沸腾的顶点。《V.》确立了许多品钦至今依旧关注的主题：权力的运用和滥用、史学的模式、边缘群体的境况，以及改变了的认知状态。它的写法既是浮夸的、具有建筑结构般风格的，同时也是亲切和富有人情味的。《V.》不免让人想起乔伊斯、贝克特、卡夫卡和欧洲超现实主义，它是一部非凡的、全新的美国当代作品。**SamT**

▲ 《V.》的初版封面。该小说确立了品钦的这一地位：神秘莫测的美国文学邪典英雄。

赫索格 Herzog

索尔·贝娄（Saul Bellow）

这部令索尔·贝娄成为文学畅销书作者的长篇小说是一部讲述风习与观念、失落与部分赎罪的喜剧作品。戴绿帽子的大学教师摩西·赫索格总是心神不宁，这一症状最突出的表现，就是给古代和当代的伟人和贤者写一些不会寄出的信件，如："亲爱的海德格尔教授，我想知道，您说的'坠入日常'是什么意思？这种坠入什么时候发生？"我们追随着赫索格的思绪，跟他一起思索将他带到如今这般田地的种种事件，其中最严重的就是昔日的朋友瓦伦丁·格斯巴赫给他戴绿帽子这件事。他要去芝加哥，展开血腥报复，最后却不了了之，我们一路跟随着他的足迹。并不出人意料地，他因为持枪而被警方拘押；不过在这一过程中，我们发现，他的生活中，某种东西也许开始复苏了："这一次，他没有任何消息要向任何人传达。"

的确，"没有消息"这个词组，简直可以充当摩西·赫索格的墓志铭，因为尽管这部小说明摆着是知性化的，但它并非一部给出唾手可得的、套路化的意义的小说。毋宁说，《赫索格》是作为一个整体发挥着作用。我们既要理解赫索格这个人物烦躁的内心生活，也要理解他那滑稽的游荡，都是对人的选择的疆界所作的宏大探索的一部分："在我心里，还有一个人。我处在他的掌控之下。"贝娄小说的感染力，不仅源于他极富想象力的行文，还源于这样的思想演练所揭示的内容。赫索格发现，读者们会就书中人物的身份和所作所为，展开更为深入的思考，而不会仅仅局限在人物本身所"代表"的形象上。赫索格开始认识到，他的生活总是比我们强加给它的形状更为广大，在跟随他的过程中，我们或许也会生出类似的感悟。**BT**

作者生平：1915年生于加拿大，2005年卒于美国
首次出版：1964年，Viking Press（纽约）
原著语言：英语
美国国家图书奖：1965年

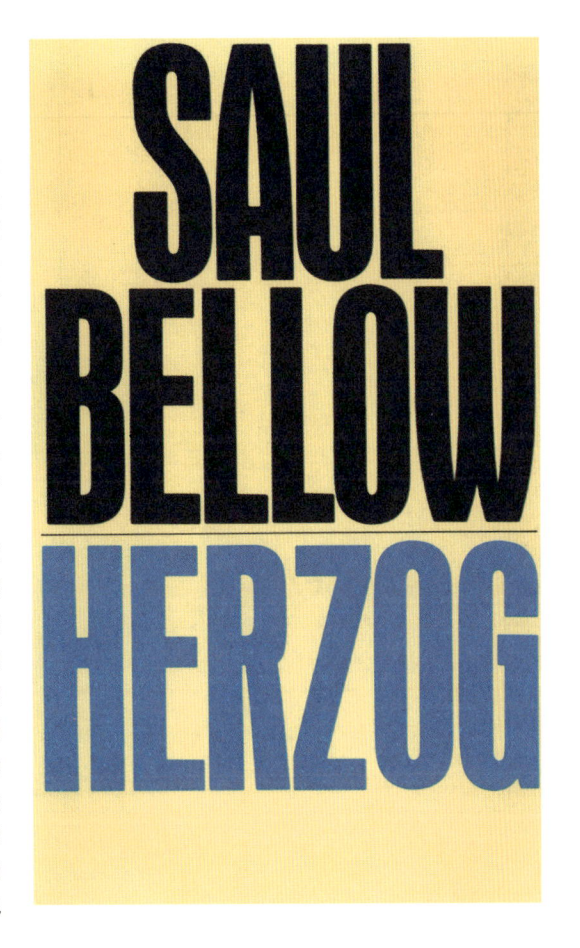

▲ 贝娄这部小说的美国版——同名主人公的名字，在德语中的意思是"公爵"。

劳儿之劫 Le Ravissement de Lol V. Stein

玛格丽特·杜拉斯（Marguerite Duras）

作者生平：1914年生于越南，1996年卒于法国
首次出版：1964年，Gallimard（巴黎）
原著语言：法语
英译书名：*The Ravishing of Lol V. Stein*

当地闻名的美人劳儿·施泰因年方十九，她的未婚夫名叫迈克·理查森。故事由一位匿名叙述者讲述。一次舞会上，舞厅里走进了两位绝代佳人——安娜－玛丽·斯特雷特和她的女儿。理查森当即便移情别恋，他将劳儿丢在一旁，整晚都与斯特雷特相拥起舞。劳儿就这样成了旁观者。黎明时分，这对恋人双双离开舞厅，劳儿则痛哭失声。小说的其余部分都在讨论一个问题：舞会上发生的事究竟是劳儿的臆想，还是二人的感情的确破裂了？

很久之后，劳儿走出了痛苦的回忆。她结了婚，生了三个孩子，近期还回了一次故乡。事情就在这时发生了。她开始在脑海里筹划一场舞会，希望重演当年的一幕。这次她成了局外人，她的密友塔佳娜及其男友杰克·霍尔德（此时我们才知道他就是故事的叙述者）在毫不知情的情况下被卷入其中。杰克无可救药地爱上了劳儿，但劳儿并未劝说杰克离开塔佳娜，她选择将这段爱情延续。这一做法也令三人的欲望急剧膨胀。

在精神分析学家眼里，竞争在三角恋情中时刻存在，这个问题只有除去其中一方才会解决。有趣的是，杜拉斯本人就曾组建过三角家庭，另两位家庭成员分别是她的丈夫——诗人罗伯特·安泰尔姆（Robert Antelme）与迪奥尼·马斯科罗（Dionys Mascolo）。在杜拉斯怀上马斯科罗的孩子之后，安泰尔姆便离家投奔外面的情人去了，但他之后的感情也同样没能长久。在小说中，杜拉斯打破了这一局面。她对维系欲望、消除竞争的可能性进行了探索。《劳儿之劫》因而成为当今时代对恋母情结强有力的反证。**PT**

劳儿是个有趣的人物，她固执、机灵，而且聪明伶俐……

● 杜拉斯是巴黎知识分子中的名流。她还曾为阿伦·雷乃1959年的经典影片《广岛之恋》创作过剧本。

神箭 Arrow of God

钦努阿·阿契贝（Chinua Achebe）

故事发生在1921年的尼日利亚。老人埃泽乌鲁是一夫多妻制伊博部落中的大祭司。他努力令自己适应白人殖民者的统治（殖民者手下的黑人信使却称他是"巫医"）。来自英国的地区官员出于好心，任命埃泽乌鲁为地区首领，而埃泽乌鲁却因此遭到了白人副官及其黑人信使的侮辱。一切简直就是一场错误的喜剧。之后，埃泽乌鲁试图推迟收获的日子，以羞辱自己的族人。于是人们纷纷离他而去，转而投奔支持按时收获的基督教传教士。埃泽乌鲁变得离群索居，"发狂的大祭司开始沉浸在自己高傲的辉煌之中"。

人们喜爱《神箭》，部分原因在于小说巧妙的构思，主要则是因为它形象地对原住民社会逐步演变的复杂性进行了描述。人们对殖民带来的挑战也反应各异。埃泽乌鲁所在的部落保持了传统的祭祀仪式，但男人肆意盘剥、处罚女人的权力却也同时得以保留。此外，族人还歧视麻风病人。他们的宗教信仰基于主观臆想和愚昧的迷信之间。钦努阿·阿契贝也同样以睿智且客观的笔触对英国社区进行了描述。如果一位官员傲慢、无知，另一位则必定力图大公无私。如果是英国殖民者破坏了当地文化，那他们同时也终结了部落间的战争、修建了学校、修筑了道路、建设了医院。阿契贝提醒人们，尽管英国帝国主义犯下了诸多罪行，但与19世纪非洲当地的贝宁王朝相比，英国殖民者还是有些功劳的。

阿契贝的作品中充满了机智与幽默，同时也不乏尖锐的现实主义以及虚幻的同情心。小说中的原始气息令人耳目一新。作者直译过来的当地俚语与尖刻的反讽手法也为小说平添了许多趣味。**CW**

作者生平：1930年生于尼日利亚，2013年卒于美国
首次出版：1964年，W. Heinemann（伦敦）
原著语言：英语
德国书业和平奖：2002年

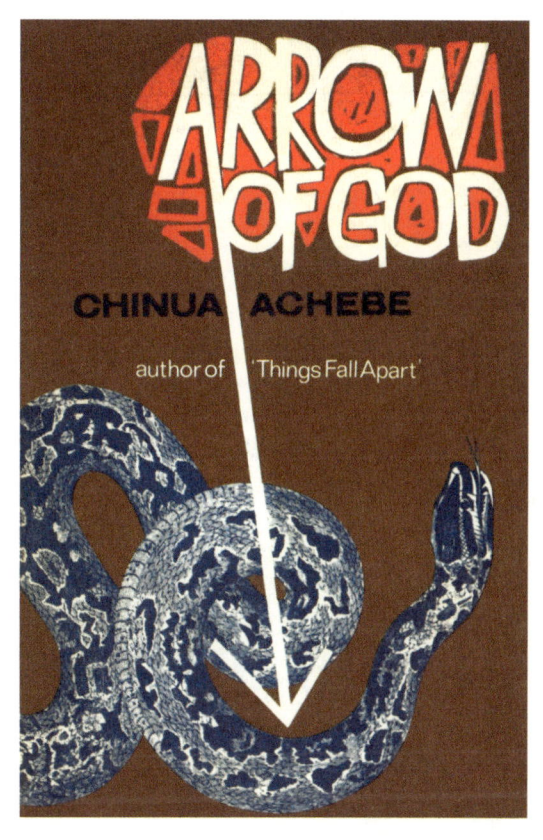

> 假如这种力量从未被使用过，那它究竟是怎样的一种力量呢？

▲ 书名中的"箭"指的是埃泽乌鲁，他是神之弓上的箭，代表着神的意志。

三只忧伤的老虎
Tres tristes tigres

卡夫雷拉·因凡特（Guillermo Cabrera Infante）

作者生平：1929年生于古巴，2005年卒于英国
首次出版：1964年，Seix-Barral（巴塞罗那）
原著语言：西班牙语
英译书名：Three Trapped Tigers

本书是因凡特的首部小说，1964年在西班牙获奖，但是直到1967年才通过审查首次公开出版。2005年，小说的完整版最终面世。原文书名相当拗口，每个词都发音类似且寓意深刻。小说描写了一场纷争，其中充斥着伤感和机智。深夜时分，书中人物徜徉树下，人物间的对话成了小说的主线，而这些人物却无足轻重。作者介绍了五位好友（库埃、科达克、西尔韦斯特雷、埃里博和布斯特罗费东）在20世纪50年代的冒险故事，以及他们在哈瓦那邂逅的女人。然而，更替往复（忠诚与否）才是小说的主题和内涵。

本书以精神分析为脉络（即波列罗舞曲歌手与两位夜游人物的故事），在结构上兼具拼贴画和重写手稿的特色，其中不仅包含多段书面和口语独白，还囊括多篇自成一体的故事。因凡特引用了文学、音乐和电影中的众多典故，有的浅显易懂，有的则艰深晦涩。他用复杂的结构表达了独特的诗意。他还使用了多个匠心独具的双关语，用戏仿手法评说历史事件，如托洛茨基之死等，并在排版印刷上进行实验（如设计黑色或白色页面、镜像图案或插图等）。自《三只忧伤的老虎》起，同类文学体裁才变得日趋复杂。它是20世纪60年代叙事小说复兴时期的先锋之作。

DMG

有时一个伟大的念头
Sometimes a Great Notion

肯·克西（Ken Kesey）

作者生平：1935年生于美国，2001年卒
首次出版：1964年，Viking Press（纽约）
原著语言：英语
改编电影：《永不让步》(1971)

肯·克西用洋溢的激情与标新立异的写作技巧在自己的第二部小说里描绘了20世纪的美国。故事发生在美国俄勒冈州的伐木场，以斯坦珀一家人的生活为主线。他们同镇上的人不睦，同工会的人反目成仇，家庭成员之间也时常矛盾重重。小说围绕两兄弟——汉克和利兰德的争执展开。二人之间的对抗格外激烈，令人不由得联想起当年纷争不止的美国边境。汉克是个固执己见、自以为是的大块头，曾是这一地区的霸主，故事以他同工会的冲突开场。利兰德是汉克同父异母的弟弟，他来自美国东海岸，上过大学，还身染毒瘾。返乡的利兰德看不惯汉克鲁莽、直率的作风，也不愿按照家人的期望生活。肯·克西用精湛的写作技巧刻画了人物间的关系，他们彼此相仿，互相尊敬且忠贞不渝。可是，他们之间又千差万别，这些差异在求爱竞争时表现得格外突出。作者不断切换叙述视角，使人物关系越发紧张。他使用平缓的笔触，首先对利兰德施以同情，随后转而描述汉克为家人奋斗的艰辛。

《有时一个伟大的念头》对美国梦进行了探讨，也是一篇讲述人类如何同自然、社会团体和商业财团进行抗争的寓言故事。它是美国文坛的重要作品，也是被人们忽视的经典之作。**MD**

G. H. 受难曲
A paixão segundo G. H.

克拉丽丝·李斯佩克朵（Clarice Lispector）

作者生平：1920年生于乌克兰，1977年卒于巴西
首次出版：1964年，Editôra do Autor（里约热内卢）
原著语言：葡萄牙语
英译书名：The Passion According to G. H.

克拉丽丝·李斯佩克朵出生于乌克兰，她在巴西生活，用葡萄牙语写作。这部著作直到出版二十年后才被译成英语。《G. H.受难曲》毫无传统风格可言，因此我们无法从情节、人物塑造等角度评价这本书。与其说它是叙事小说，不如说它是探讨存在主义的作品。因此，这也是一本需要读者集中精力阅读的作品。阅读过程既充满挑战，又引人入胜。书中提出了多个基本问题，以待读者探索，而这类问题通常只会在哲学家枯燥无味的论文里出现。

我们只能凭借行李上的缩写知道主人公的姓名缩写是G. H.。女佣离她而去，还在房间内的墙上留下了一幅奇怪的绘画。G. H.走进这个房间，顿时陷入了思想与情感的旋涡。这种感觉令G. H.忆起了她曾见过的一只死蟑螂。小说随即便围绕蟑螂这个意象展开。每一章都重复了上一章节的最后一行字，从而与其巧妙相连。小说风格极具个人特色，给人一种内心独白的感觉。作者围绕爱情与生活、过去与未来提出问题。《G. H.受难曲》是写给"你"的，我们并不确定"你"这个神秘人物究竟是谁，但阅读本书必定会给读者带来格外亲密的体验。**JC**

回到乌赫斯特海斯特
Terug naar Oegstgeest

扬·沃克尔斯（Jan Wolkers）

作者生平：1925年生于荷兰，2007年卒
首次出版：1965年，Meulenhoff（阿姆斯特丹）
原著语言：荷兰语
英译书名：Back to Oegstgeest

性爱是扬·沃克尔斯作品的主题。性爱不仅是种逃避的方式，而且还可以弥补孤独感。他的小说向来以直白的性爱描述著称，还时常因此遭到批评。作者其余作品的常见主题还包括对自然的热爱以及对宗教的非议。

自传体小说《回到乌赫斯特海斯特》囊括了所有常见主题。小说从叙述者的幼年谈起，也叙述了他迈入成人世界后的经历。他的家中有十个孩子。他的父亲在乌赫斯特海斯特的村庄里经营杂货店，同时还是荷兰归正会（译注：基督教的一个教派）的虔诚信徒，每天他都要对家人读三次《圣经》。青年时期的叙述者曾从事过多个职业。他在实验室养过动物，并亲见学生在动物身上进行实验。之后，他又目睹了兄弟的死亡，还参加了"二战"。对死亡的体验唤醒了他的性能力，也使他失去了信仰。

尽管《回到乌赫斯特海斯特》描绘了主人公经历的多次挫折及恐怖情景，但却从未谴责过人生。叙述者以顽强的意志尝试回到那个早已不复存在的世界，这也令本书充满了吸引力。扬·沃克尔斯对战前时代的描述给人留下了深刻的印象，书中提到的水壶、蒸汽火车、男式泳衣与杂货店都能引起读者的共鸣。**JaM**

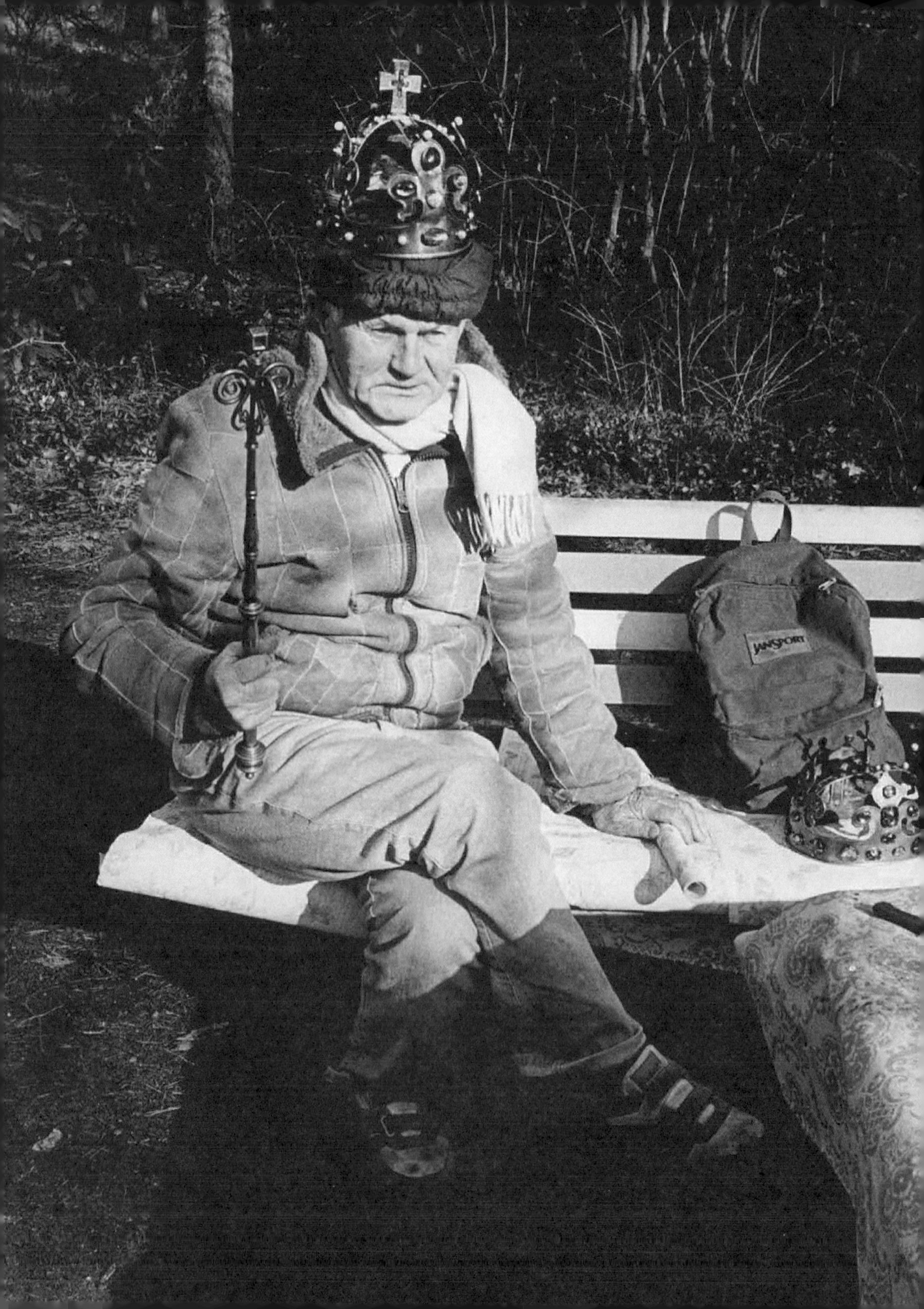
JANSPORT

严密监视的列车 Ostre sledované vlaky

博胡米尔·赫拉巴尔（Bohumil Hrabal）

作者生平：1914年生于摩拉维亚，1997年卒于捷克
首次出版：1965年，Ceskoslovensky spisovatel（布拉格）
英译书名：Closely Watched Trains

　　羞涩的学徒工——米洛什·赫尔玛是《严密监视的列车》的主人公。1945年，第二次世界大战已接近尾声，当时他正在波希米亚火车站工作。这个敏感的小伙子不久前手腕受过伤，刚刚休假归来。他毫无性经验，时刻都幻想着某天同女友玛莎的春宵一刻。

　　小说记录了一天内发生的多起事件。经过策划，米洛什与一位同事准备破坏一列途经的德国列车。计划最终被付诸实施。除了主人公对德国兵的厌恶之外，作者赫拉巴尔还对士兵仁慈及好斗的一面给予了浓重笔墨。米洛什惊讶地发现，火车上的两个党卫军士兵看起来就像是诗人或者度假游客一样。随后，他又看到了一位伤兵。车上还有个已为人父的伤员，正不断呼唤着妻子的名字。米洛什感到，人与人之间存在着某种联系，无论捷克人或德国人都不例外。

　　赫拉巴尔曾经是诗人，并因为散文作品的创作而有了突破，写这部小说时他已四十九岁。在《严密监视的列车》中，赫拉巴尔罕见地将幽默与人性相结合。1967年，伊日·门泽尔将小说改编为电影，还赢得了奥斯卡金像奖。**OR**

大河两岸 The River Between

恩古吉·瓦·提安哥（Ngũgĩ wa Thiong'o）

作者生平：1938年生于肯尼亚
首次出版：1965年，Heinemann Education（伦敦）
原著语言：英语

　　《大河两岸》是恩古吉的第二部小说，这部作品使他成为非洲主流作家。从某个角度上看，小说中描述的是一段纯真的爱情故事。这段非洲版的《罗密欧与朱丽叶》发生在殖民时期。一对青年男女坠入了爱河，他们来自互相仇视的两个基库尤族村落，曾试图化解两个村落古以来的矛盾，但二人最终仍以悲剧收场。从更加复杂的层面看，《大河两岸》讲述的是肯尼亚沦为殖民地前及被殖民时期的历史。小说叙述了英国殖民者对肯尼亚缓慢而稳定的渗透过程，描绘了当地人同土地的疏离，以及基督教传教工作对当地权力结构、宗教仪式及人际关系的负面影响。本书同时还介绍了非洲各派系间的矛盾，20世纪50年代，正是这些矛盾成了反殖民斗争的导火索。

　　女性割礼是这部小说探讨的核心问题。为了证明割礼的合理性，作者还列举了基督教及欧洲的割礼现象。割礼象征了基库尤文化的纯洁，甚至还体现了当地人对殖民者的反抗精神。女青年妮安布拉"不洁净的身份"则注定了二人的悲剧命运。小说以悲剧结局。作者仍将割礼视为肯尼亚的象征。在殖民入侵及基督教教育持续深化的背景下，割礼已成为当地至关重要的一种仪式。恩古吉描述了基库尤人的神话起源，并将场景设定在未经殖民的肯尼亚山区，非洲的文化差异在他的小说中得以保留。**SN**

◀ 1992年，风华不再的"帝王"——年迈的赫拉巴尔坐在布拉格公园的长凳上。捷克摄影师米洛斯拉夫·扎吉奇拍摄的这张照片颇具讽刺意味。

花园，灰烬 Bašta, pepeo

丹尼洛·契斯（Данило Киш）

作者生平：1935年生于南斯拉夫，1989年卒于法国
首次出版：1965年，Prosveta（贝尔格莱德）
原著语言：塞尔维亚-克罗地亚语
英译书名：*Garden, Ashes*

与死亡亲密接触令她懂得了永生的奥秘。

《花园，灰烬》形象地刻画了"二战"时期的一户匈牙利中产家庭。小儿子安迪·沙姆是故事的叙述者，主人公则是安迪的父亲——犹太人爱德华。为了逃避迫害，全家人被迫在欧洲四处避难。爱德华性格怪异，却又派头十足；他极具魅力，同时又神秘莫测。他酗酒成性，时常被抑郁困扰。他将心血全部倾注到自己写作的《乘坐公交、轮船、火车及飞机的旅行指南》（第三版）上。他的举止越发怪异，但没人清楚原因，也许是战争带来的压力，也许是荒诞无稽的旅居生活令他感到压迫，也许他就是个疯子。

丹尼洛·契斯文风凝重且富于诗意，他对安迪的儿时回忆进行了细致入微的描述。文章中蕴含着真挚、强烈的情感，作者的文字时常变得犹如诗歌一样。最后，爱德华不知所终，据推测很可能是被送进了集中营。

《花园，灰烬》是丹尼洛·契斯的第一部小说，这是一部自传式作品。他本人的父亲就是来自匈牙利的犹太人。1944年，当父亲在奥斯威辛集中营被杀害时，丹尼洛还是个孩子。尽管如此，小说却并未以第二次世界大战或大屠杀为焦点。这本书有一种普遍的魅力。年幼的安迪根本无法理解奥斯威辛或集中营，这两个词因此从未被提到过。穷苦与战争的儿时回忆为安迪的心灵投下了阵阵阴霾，但对于安迪和读者，欣喜与美好的时光给人的感觉要比艰辛的战争岁月更加真实。《花园，灰烬》讲述了一个伤感的故事。故事中的一家人生活在战争边缘；故事中的孩子试图理解身边的世界，并接受失去父亲的这个现实。**RA**

▲ 1985年，苏菲·巴索尔斯在巴黎为丹尼洛·契斯拍下了这张照片。这位来自南斯拉夫的作家在法国度过了自己人生的最后十年。

上升的一切必将汇合 Everything That Rises Must Converge

弗兰纳里·奥康纳（Flannery O'Connor）

《上升的一切必将汇合》涉及多个主题，包括人们对阶级与肤色的看法、几代人之间的隔阂、坚定的信仰等。书中的各篇故事宛如凋落的木兰花一般，散发出阵阵陈腐的香气。故事发生时，歧视观念仍在循规蹈矩的南方上流社会盛行，在这个信奉摩尼教的世界里，光怪陆离、难以想象的残酷行径层出不穷。书中的人物通过民权或宗教实现了上升与汇合，"上升"造就了知识，"汇合"则会引发传统观念、未经检验的自我形象与刺眼的真理之光的碰撞。书中的故事具有令人顿悟的力量。恩赐偶尔也并非好事。为了追寻上帝，我们有时难免承受胸膛中弹、被扫帚抽打或利刃穿心般的痛苦。

在一篇故事里，允许有色人种与白人共乘公交的法案刚施行不久。朱利安准备带母亲乘公交前往Y地参加减肥班。朱利安深受阶级思想影响。他的母亲则崇尚传统观念，并且歧视黑人。一位黑人女性带着儿子上了公交车，她的帽子与朱利安母亲的式样相同，紧张感陡然剧增。朱利安已被怒火蒙蔽了双眼。他的母亲想给黑人男孩一分钱硬币，却被对方回绝。对于朱利安，一切都那么出乎意料。在另一篇故事里，自以为是、目空一切的特平太太认为，"长相丑陋与行为丑陋完全是两回事"。每天临睡前，她都要把社会的各个阶级细数一遍。在候诊室里，她被一位女人的话噎得哑口无言。她深信，新的发现终将危害世界和平。

弗兰纳里·奥康纳的文章集幽默与尖酸于一身。无知者被惩罚，好心人却因能力不足而遭受更重的惩罚。她笔下的道德故事意义深远，至于孰是孰非则被她交由读者判断。**GT**

作者生平：1925年生于美国，1964年卒
作者全名：Mary Flannery O'Connor
首次出版：1965年，Farrar, Straus & Giroux（纽约）
原著语言：英语

门关上了，他看到有个胖家伙朝他走来。

▲ 《上升的一切必将汇合》是奥康纳的遗作，她在其中融合了早期小说中的多个宗教及社会主题。

物：六十年代纪事
Les Choses: Une Histoire des années soixante

乔治・佩雷克（Georges Perec）

作者生平：1936年生于法国，1982年卒
首次出版：1965年，Julliard（巴黎）
原著语言：法语
英译书名：Things: A Story of the Sixties

1965年，乔治・佩雷克在文坛脱颖而出，此前他已创作了四部并未完成的小说，均被拒绝出版。《物：六十年代纪事》是他出版的首部小说，这本书还为他赢得了勒诺多文学奖。本书记录了两位年轻且备受尊重的社会学家——杰罗姆与西尔维夫妇失去理智的过程。起初，他们试图寻找快乐，物欲横流的社会令他们满心欢喜。最终，他们被社会改造成了萎靡不振、逆来顺受的中产阶级夫妇。

故事令公众感到震惊。人们认为，小说揭露了消费社会的状况，这个主题并不适合文学作品。作者乔治・佩雷克表示，他力图在作品中描绘社会环境的变革。当年的学生曾反对法国对阿尔及利亚发动那场邪恶的战争。而到战争结束时，这批人的梦想已经破灭，他们已不再关心时政。佩雷克同时还受到了文学理论家罗兰・巴特所写的《神话修辞术》（1957）的影响。巴特曾在书中使用符号学概念分析过神话与当代文化中的符号。

叙述者（即见证者）的冷漠使《物：六十年代纪事》成为一本与众不同的小说。书中的叙述者拒绝对主人公的态度作出任何评论、判断或解释。他能做的仅仅是通过描述"符号"或"意象"，对主人公在住所中不断膨胀的欲望予以记录。**JD**

冷血
In Cold Blood

杜鲁门・卡波特（Truman Capote）

作者生平：1924年生于美国，1984年卒
作者全名：Truman Streckfus Persons
首次出版：1966年，Random House（纽约）
原著语言：英语

这本书是卡波特最知名的作品。它极具先锋特色，是非虚构小说及现代真实犯罪小说的代表之作。故事发生在1959年，堪萨斯州的克拉特一家惨遭杀害，凶手是名叫迪克・希科克与佩里・史密斯的两名厌世者。作者卡波特还记录了之后庭审和处决罪犯的内容，他用案件的两个侧面审视了美国20世纪50年代末及60年代初的价值观。克拉特一家在美国颇受尊敬，他们的为人堪称完美。佩里和迪克则崇尚暴力，如同翻版的叛逆人物詹姆斯・迪恩一样。作者满怀悲悯之心，对受害者的世界进行了重构。不过，佩里和迪克的内心世界才是本书的重点。究竟是什么原因导致他们犯下了血腥罪行？有人声称，佩里・史密斯的经历令卡波特着迷，他甚至从中看到了自己的影子。小说同时也涉及了庭审内容，这导致甚至有人认为，法庭的最终判决参考了他使用新闻手法对凶犯的描述。卡波特的《冷血》极具洞察力，读后令人格外不安。与诺曼・梅勒（Norman Mailer）的小说《刽子手之歌》（The Executioner's Song，1979）一样，《冷血》是一场辩论，是一场关于事实、虚构以及如何从道德责任角度看待二者异同的辩论。**BT**

▶ 1966年，由卡波特的出版方——兰登书屋设计的书店橱窗。该设计体现了当时传媒对卡波特作品的关注程度。

LIFE
MURDER SPAWNS A MASTERPIECE
WEALTHY FARMER, 3 OF FAMILY SLAIN
HORROR SPAWNS A MASTERPIE
Book Review
AS FARM
BOOKS TODAY
4 Meaningless Murders,
In Cold Blood
SELECTED WRITINGS
The Muses are Heard
In Cold Blood Truman Capote
In Cold Blood Truman Capote

死神与苦行僧 Derviš i smrt

梅萨·塞利莫维奇（Meša Selimović）

作者生平：1910年生于奥斯曼帝国，1982年卒于南斯拉夫
首次出版：1966年，Svjetlost（萨拉热窝）
英译书名：*Death and the Dervish*

本书是梅萨·塞利莫维奇的史诗级巨著。故事发生在奥斯曼帝国统治时期的波斯尼亚。谢赫·艾哈迈德·努鲁丁是当地的一名苦行僧（伊斯兰教派的苦修者）。为了自己的信仰，他始终离群索居，过着远离尘世喧嚣的日子。他的内心独白在书中占据了很大比重。在小说开篇，他的兄弟被捕，随后死亡。他平静的生活至此终结。兄弟的死令他开始质疑自己早先深信不疑的想法，并且还引发了他同当地政府的矛盾。他本人成为政治系统的成员，他无法再按自己的意愿行事，最终只得以悲剧收场。

《死神与苦行僧》由篇幅短小的对话构成，塞利莫维奇借艾哈迈德之口讲述了一个看似简单的故事。生活有时会令艾哈迈德怒火中烧。艾哈迈德得到了他的朋友哈山等多位怪人配角的支持。哈山是家族中的异类，他还爱上了一位来自达尔马西亚的基督徒。

塞利莫维奇的作品使用了塞尔维亚-克罗地亚语，对当今的波斯尼亚标准语产生了深远的影响。自己兄弟的死令他感到情绪的波动，他也将这种情感写进了小说。当时的政治事件在小说中同样有所涉及。《死神与苦行僧》将读者带入了另一个时代。塞利莫维奇使用卡夫卡般的文风叙述了艾哈迈德如何被卷入事件，如何被专制毁灭。故事发生在塞利莫维奇多灾多难的故乡，但它的主题极具普遍性，已超越了地域的界限。**OR**

沉默 沈黙

远藤周作（遠藤周作）

作者生平：1923年生于日本，1996年卒
首次出版：1966年，讲谈社（东京）
原著语言：日语
英译书名：*Silence*

小说家远藤周作是文化界的怪才，他是日本人，也是天主教徒。他深受格雷厄姆·格林与乔治·贝尔纳诺斯等欧洲天主教作家的影响。在作品中，他表达了由怀疑信仰导致的痛苦。同时，他还叙述了日本历史上的诸多残酷做法给人们带来的恐惧感。

《沉默》中的故事发生在17世纪初，这本书被公认为远藤周作的代表作。在幕府时代，日本政府曾残忍地折磨并屠杀信徒，企图借此将基督教根除。受人爱戴的费雷拉神父甚至也被迫放弃了信仰。当消息传到梵蒂冈，视费雷拉神父为精神导师的葡萄牙牧师塞巴斯蒂安·罗洛里哥随即被派往日本与其联络。这是个危险的任务，罗洛里哥很快便陷入险境。吉二郎等叛徒将他出卖给了日本政府，罗洛里哥因此被监禁，被折磨。为了活命，他必须用踩踏耶稣像的方式放弃信仰。在他拒绝后，日方开始在他面前杀害其他信徒。最后，罗洛里哥终于见到了费雷拉神父，但却被神父劝说签署叛教声明。

作者质朴的叙事手法极具力量及戏剧性，他形象地刻画了遭受迫害的恐惧感以及牧师在困境中的痛苦。远藤周作将罗洛里哥塑造成了忠诚可靠、讨人喜爱的正面人物。作者认为，基督徒就应该像罗洛里哥一样，更应该看重的是耶稣的苦难而非荣耀。**RegG**

各得其所 A ciascuno il suo

莱奥纳多·夏侠（Leonardo Sciascia）

作者生平：1921年生于西西里岛，1989年卒
首次出版：1966年，Adelphi Edizioni（米兰）
原著语言：意大利语
英译书名：To Each His Own

莱奥纳多·夏侠在深受法西斯主义影响的西西里岛长大，早年做过教师，之后是意大利最具争议的政治家，最后又成为意大利及欧洲议会的激进党议员。他既热爱自己的祖国，又厌恶集团犯罪及政治腐败。他的写作灵感便来源于此。

在《各得其所》中，小镇上的化学家曼诺收到了一封死亡威胁邮件。邮件原本只是个玩笑，但曼诺与同伴罗西奥博士却在打猎时被人谋杀身亡。调查围绕曼诺之死展开，罗西奥博士似乎只是无辜的牺牲品。在当地学校工作的劳拉纳教授发现了曾被忽视的线索，于是他便着手调查这桩谜案。调查随后有了结论，但是却与此前的推断大相径庭。命运着实无常。原来化学家才是不幸被牵连的受害者，而罗西奥应该是调查的关键。劳拉纳坚持不懈，他用自己的敏锐眼光与聪明才智解决了这桩谜案，成功地将情色骗局与政治黑幕公之于众。

侦探小说《各得其所》虽然并未提及"科萨·诺斯特拉"（译注：cosa nostra，美国黑手党犯罪集团的秘密代号，意为"我们的事业"）或黑手党，但它却揭示了黑手党对人的精神控制及其深远影响。作者用锐利的笔触对书中的社会进行了批判。书中的人物奉行沉默无言的传统，他们的生活中充斥着谎言、同谋犯罪和流血事件。

SMu

参与政治就等于浪费时间。倘若你不清楚这点，要么你从政治上得到了好处，要么你生来就是个盲人。

▲ 莱奥纳多·夏侠来自黑手党之岛——西西里岛，因此擅长创作以犯罪及政治为主题的神秘故事。

拍卖第四十九批 The Crying of Lot 49

托马斯·品钦（Thomas Pynchon）

作者生平：1937年生于美国
首次出版：1966年，Lippincott（费城）
原著语言：英语
罗森塔尔基金会奖：1966年

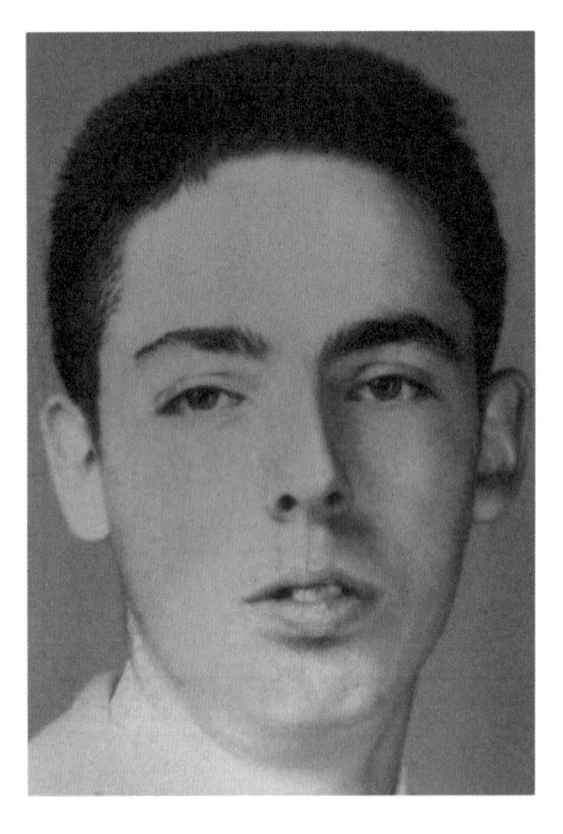

同托马斯·品钦彰显文学技巧且篇幅冗长的其他小说相比，《拍卖第四十九批》是一部堪称完美的后现代惊悚小说。缺乏想象力的读者想必会被书中的种种可能性所迷惑。这类复杂的小说无法总结梗概，因为情节并不是要点。千头万绪的情节都将在这部精致的作品中交会。

本书主人公名叫奥迪帕。这部小说犹如一盒奥秘十足的拼图，每块拼图上都闪烁着斯芬克斯的微笑。故事发生在加利福尼亚州附近。书名既是线索，又蕴藏了幽默意味。从病迪克乐队到汽车的名字，再到迈克·法罗皮奥、希拉里乌斯博士、根格斯·科恩、埃默里·博茨等多位人物，品钦将文学的创造性发挥到了极致。人物名字也是宏观叙事结构游戏的一个缩影。小说融合了阴谋论、构思更加巧妙的社会批评，集中了流行艺术画家、妄想狂乐队与詹姆斯一世时代复仇剧的多则故事。人们对小说的合理性进行了研究。例如，从妄想狂乐队的歌词中可以看出，乐队既有虚幻的一面，又有真实的一面。文字在思想的荒诞与刻意而为的肤浅之间游走，勾画出一幅荒原的场景。那里看似贫瘠，却又布满生机。故事自思想实验开始，中途经历急速发展，并最终在乱境中取得奇迹。

本书通过趣事描绘了集邮者沉闷无聊的生活。如同博尔赫斯的作品一样，它还对现代世界的历史进行了介绍。这部小说首开先河，将知识分子及流行文化的情感结合，确立了此后晦涩复杂的小说风格。**DM**

真相就在我的脑袋里面。

▲ 1955年的托马斯·品钦。他拒绝参与任何宣传，因此他存世的照片并不多。

羊孩贾尔斯 Giles Goat-Boy; or, The Revised New Syllabus

约翰·巴斯（John Barth）

在《羊孩贾尔斯》开篇，作者引用了多家出版社质疑本书的文字（其内容均针对本书堕落的精神状态），并附上了故事中携带在孤儿身边的信件手稿。约翰·巴斯笔锋尖锐，颇有喜剧天赋，出版业仅是他抨击的一个目标。其余批评对象还包括技术、性道德、侵略主义以及高贵的野蛮人等。这是一部荒唐而鄙俗的作品，其中既有下流庸俗的内容，又蕴含着它所嘲讽的枯燥无味的学术意味。

本书以比利·博克法斯的故事为主线。在还是婴儿时，他被从超级计算机里救了出来。他靠从羊身上喝奶长大。到了躁动的青春期，比利的思想开始摇摆不定，他不愿摆脱羊的身份，于是他成了性格无常、浑身长毛的人。母羊反应迟钝，这令他的欲望开始膨胀。就这样，他过上了人的日子，首先是本科生乔治，最终还成了救世主般的伟大导师乔治——新坦慕尼协会学院的救星。学院里重述了从《新约圣经》到两败俱伤的冷战政治这一人类神话传奇故事，使用的语言中满是怪异用法与创新词汇。人类的语言被污染。变形的学术语言成为世界通用语。校园变成了世界的缩影：东校区是苏联，学校的创立者是万能的上帝，性交成了毕业典礼，以挪士·以诺（译注：以挪士、以诺都是《旧约圣经》中的人物）则成了耶稣基督。冗长的学术语言变为日常用语，"挂科"（flunk）一词成了多义的粗俗用语，例如"挂科的"（flunk it）和"这扇挂科的门"（this flunking gate），等等。

在巴斯的笔下，故事宛如有生命的电流，对语言既进行讽刺，又予以赞美。语言中的词组仿佛多汁的硬糖块——味浓、味美且风味十足。你之前读过这类作品吗？这是个值得怀疑的问题。**GT**

作者生平：1930年生于美国
首次出版：1966年，Doubleday（纽约）
原著语言：英语

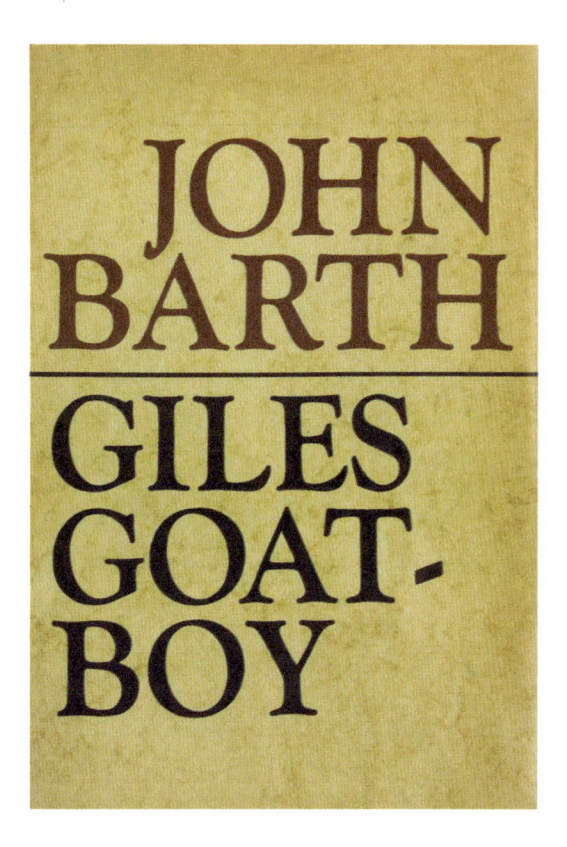

我的名字是乔治，我的事迹被人们传颂……

▲ 约翰·巴斯之所以用一个发硬音的"G"开头的名字，是他"喜欢用'山羊'这个词的头韵"。

证明的标志 Señas de identidad

胡安·戈伊蒂索洛（Juan Goytisolo）

作者生平：1931年生于西班牙，2017年卒于摩洛哥
首次出版：1966年，Joaquín Mortiz（墨西哥城）
原著语言：西班牙语
英译书名：*Marks of Identity*

小说起初叙述了三个绝望的念头。首先是克维多的想法（"昨天已经过去，明天尚未来临"），然后是拉里的，最后是塞努达的（"更好的，毁灭，火焰"——这句话还险些成为书名）。主人公阿尔瓦罗·门迪奥拉属于西班牙中产阶级，他反对独裁者佛朗哥。在喝光一瓶葡萄酒之后，他开始回忆自己的人生（当时是夏天，他正在自家的花园里）。他想起了儿时的西班牙内战、对佛朗哥的痛恨、流亡法国时遇到的西班牙斗士、曾经经历过的古巴革命（小说再版时，作者已同卡斯特罗绝交，这部分内容因此被大幅删减）、历经波折的恋爱岁月与多次分手、对同性恋的认识以及对20世纪70年代所剩无几的西班牙叛逆精神的探寻。

门迪奥拉的内心独白与颇具讽刺意味的情感宣泄、作者为反对道德自我意识而使用的第二人称叙述模式、小说尾页的自由体诗歌都如同拼图般展现在读者面前。这部作品开启了胡安·戈伊蒂索洛的小说三部曲，之后的两部小说分别是《胡利安伯爵》（*Count Julian*，1970）和《失去土地的胡安》（*Juan the Landless*，1975）。《证明的标志》在西班牙被禁，成为一代人的《圣经》，也象征着作者同自己祖国的传统、天主教及主流观念的决裂。书名象征着了解未知过去的必要性，目前已成为西班牙政治转型的代名词。**JCM**

……我们都是石头做成的，我们也一直都会是石头。你为什么要盲目地寻找灾难呢？忘了我们吧，我们也会忘了你。你的出生就是个错误，默默承受吧！

▲ 西班牙作家戈伊蒂索洛经常在作品中颂扬西班牙文化中的伊斯兰及犹太根源。

副领事 Le Vice-Consul
玛格丽特·杜拉斯（Marguerite Duras）

作者生平：1914年生于越南，1996年卒于法国
首次出版：1966年，Gallimard（巴黎）
原著语言：法语
英译书名：The Vice-Consul

《副领事》并未使用道德与心理描写等现实主义小说的常用手法，它用视觉记录动作，属于新小说类别。本书讲述了两个故事。在第一个故事中，年轻的越南乡下女孩因为怀孕被母亲赶出家门，从而开始了她的孤独之旅。第二个故事发生在法国的加尔各答大使馆，主人公是法国驻拉合尔的副领事。副领事用手枪朝夏利玛花园中的麻风病人和小狗射击；同时，震动法国外交界的绯闻也因他而起——他爱上了大使夫人安娜－玛丽·斯特雷特，一个神秘而淫荡的女人。

杜拉斯用简约的文风以及微妙且具有美感的文字讲述了一段关于爱情、性欲、嫉妒、母爱、饥饿、暴力、等候与厌倦的故事。她用这个关于绯闻与射击的故事探索了痛苦、疾病及贫穷对人类的影响。本应合理的反响却充满疑点，甚至被看作骗局。叙述视角的结构及层次也是这部小说的一大亮点。小说结构能令读者不安，并且能引发读者思考"小说是谁写的""我们正读的是谁的故事"等问题。杜拉斯不断提醒我们，小说属于文学创作，它并不代表现实。**PMB**

巫术师 The Magus
约翰·福尔斯（John Fowles）

作者生平：1926年生于英国，2005年卒
首次出版：1966年，Little, Brown & Co.（波士顿）
原著语言：英语
修订版：1977年

《巫术师》虽然并不是约翰·福尔斯出版的第一本书，但它实际上却是福尔斯的首部作品。他早在20世纪50年代就开始着手创作。这本魅力十足的小说生动地描绘了阴郁衰落的伦敦与华丽光鲜的希腊。对于主人公尼古拉斯·于尔菲，书中的化装舞会既是种折磨，也是种享受。尼古拉斯在许多方面都不讨人喜欢。和战后的英国中产阶级一样，他自私、天真，而且沉湎于性爱。尽管如此，他的性格与他经受的考验又是如此引人入胜。不仅尼古拉斯，连读者也会对邂逅康奇斯与美丽的双胞胎姐妹心生向往。

小说借用了荣格的心理学思想，整体效果虽然不俗，但其中对自由、绝对权力、知识、爱情等概念及体会却描述得含混不清。对于它所提出的问题，小说并未给出答案。本书既振奋人心，又令人不安，偶尔还会令人沮丧。然而，无论是从生活还是艺术的角度，它对人类追求超然存在的过程都叙述得相当生动。

1977年，福尔斯在小说修订版的前言中谈道，人们对该作的评价令他感到不安。他认为书中还存在很多缺陷。《巫术师》始终备受读者青睐，如果要对小说的优劣进行争论，我们也必定会站在读者一边。**DR**

大师和玛格丽特 Мастер и Маргарита

米哈伊尔·布尔加科夫（Михаил Афанасьевич Булгаков）

作者生平：1891年生于俄国，1940年卒于苏联
首次刊载：*Moskva*，1966年
首次出版：YMCA Press（巴黎）
英译书名：*The Master and Margarita*

1966年，在作者布尔加科夫离世近三十年后，《莫斯科》杂志终于在11月号刊登了《大师和玛格丽特》的第一部分。同公众见面前，本书曾在地下传阅。如果政府在布尔加科夫生前发现这一切，作者一定会像其他人一样神秘"失踪"，即便他曾一度获封斯大林最喜爱的剧作家也不能幸免。《大师和玛格丽特》冲破了重重阻碍，如今已被视为20世纪俄罗斯小说中最出色的作品之一。小说中的一些句子已成为俄语谚语，"手稿不会燃烧""懦弱是最严重的罪行"等无不令人想起那个年代。本书影响了一大批人，其中既有拉丁美洲魔幻现实主义作家，也有鲁西迪、品钦等人，甚至还有滚石乐队（歌曲《同情魔鬼》的灵感据说就来自布尔加科夫）。

小说由两个独立且相互关联的叙述段落组成，其中一段发生在现代莫斯科，另一段则发生在古代耶路撒冷。布尔加科夫在书中安排了多位怪异且超凡脱俗的人物，包括沃兰德（撒旦）与他的魔鬼随从、被称为"大师"的匿名作家及他的通奸女友玛格丽特。每个人物都相当复杂且难以在道德上评价，随着故事朝意外的方向曲折发展，这些人物的动机也不断变化。小说中洋溢着恶作剧般的能量与创造力，它对苏联时代的生活进行了尖锐的讽刺，其中关于宗教的寓言更是堪比歌德的《浮士德》。书中的虚幻梦境既奔放不羁又诙谐幽默。这是一部关于欢笑与恐惧、自由与束缚的小说。它用狂欢中的失控力量，炸开了"官方的真相"。**SamT**

▲ 在塞尔维亚艺术家戈尔达娜·耶罗西米茨的绘画中，布尔加科夫创作的玛格丽特看起来集神秘与性感于一身，令人过目难忘。

▶ 2000年，为纪念布尔加科夫逝世六十周年，人们在莫斯科排演了他的经典作品。图为演出海报。

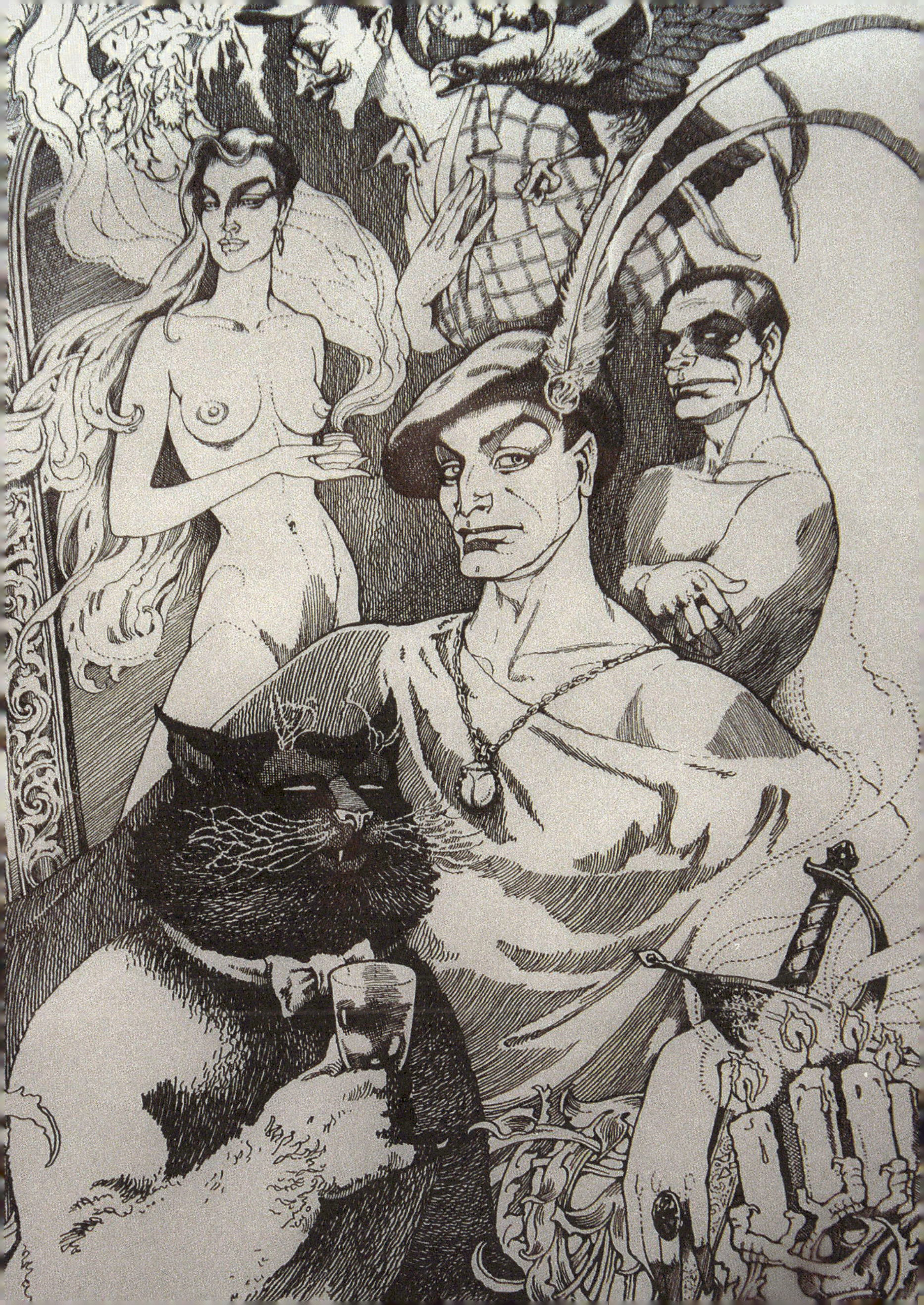

藻海无边 Wide Sargasso Sea

简·里斯（Jean Rhys）

作者生平：1890年生于多米尼加，1979年卒于英国
首次出版：1966年，Andre Deutsche（伦敦）
原著语言：英语
史密斯文学奖：1967年

《藻海无边》是简·里斯对夏洛蒂·勃朗特创作于1847年的小说《简·爱》（见本书第122页）的回应。勃朗特曾从肉欲与性爱的角度描述过爱德华·罗切斯特的疯太太——伯莎·梅森，简·里斯的作品便以此为起点。简·里斯对文学经典进行改写，赋予了安托瓦内特讲话的权利（伯莎·梅森是罗切斯特为妻子安托瓦内特起的假名）。小说同时还揭示了加勒比海与欧洲外交关系中不均衡的欲望与恐惧。作品由三部分组成：在第一部分，安托瓦内特叙述了自己不幸的童年生活；在第二部分，罗切斯特描述了令他倍感不安的初次婚姻；在第三部分，安托瓦内特在英国被囚禁，我们会读到她混乱的梦境与想法。简·里斯用这种结构为《简·爱》的故事及故事背后的暴力殖民历史建立了联系。

小说情节同加勒比奴隶制度的终结以及安托瓦内特（她的母亲来自拉丁美洲的马提尼克）对黑人及欧洲白人的态度形成了对比。简·里斯用安托瓦内特脆弱的一面揭示了殖民关系，而勃朗特则仅仅在小说中予以暗示。安托瓦内特与罗切斯特之间的包办婚姻注定会破裂。婚姻导致的不理解与不信任令这段婚姻只有性爱且危机四伏。在这段平行叙事的小说中，安托瓦内特不只是一心复仇的疯女人，还是那段复杂历史年代悲哀的牺牲品。**NM**

第三个警察 The Third Policeman

弗兰·奥布莱恩（Flann O'Brien）

作者生平：1911年生于爱尔兰，1966年卒
作者教名：Brian O'Nolan
首次出版：1967年，MacGibbon & Kee（伦敦）
原著语言：英语

《第三个警察》是弗兰·奥布莱恩的幽默巨著。这部爱尔兰实验小说创作于1940年，但直到1967年才正式出版。自行车在小说中具有一种独特的魅力。作者从哲学视角对自行车进行描述，看起来颇具合理性，给人一种荒诞、滑稽的感觉。起初，故事发生在单调乏味的爱尔兰酒吧及农场，那里的人们胸怀渺小的理想。一场残忍的谋杀案过后，现实世界开始瓦解。第一人称的叙述者将读者领进了令人困惑不解的二维世界。叙述者在怪异的警察营房出现，他遇见了名叫麦克克鲁斯基恩与普拉克的两位警察。他们向他介绍了"原子理论"以及理论同自行车的联系。书名中的第三个警察——福克斯小队长就在这条路的不远处操纵着制造"永恒"的机器，他与叙述者杀死的警察十分相像。小说中虚构的哲学家德·赛尔比怀疑一切物理定律，令叙述者为之着迷。弗兰·奥布莱恩用脚注反复介绍了哲学家关于时空错觉特性的怪异想法，同时也对学术界的矫饰做作进行了效仿。因此，《第三个警察》同乔纳森·斯威夫特风格独特的爱尔兰幽默作品一脉相承，一本正经的学术思想与内心中看似合情的推理却得出了怪异离奇的结论。这是一部光怪陆离且充满智慧的小说。如果你第一次读这本书，它出人意料的结局会令你以全新的角度看待生活。**RM**

我们街区的孩子们 ميرامار

纳吉布·马哈福兹（نجيب محفوظ）

作者生平：1911年生于埃及，2006年卒
首次出版：1967年，Maktabat Misr（开罗）
原著语言：阿拉伯语
诺贝尔文学奖：1988年

1952年7月，埃及发生了军事政变。纳吉布·马哈福兹的小说《我们街区的孩子们》便是此时埃及社会的缩影。"革命"是小说的主要人物。它改变了人们的生活，有些人因它一夜暴富，有些人则因它一贫如洗。故事发生在亚历山大港滨海区附近的"米拉玛"廉租房一带。那里的住户出生于不同年代，来自不同社会阶层，他们的价值观也大相径庭。这反映了埃及人身份的混杂与多样性。

小说情节通过人物独白展开，其内容在过去与现在之间切换。读者也借此对叙述者及社区的历史有所了解。叙述内容由细节构成。革命的希望——萨尔汉·埃尔–伯海里的死亡谜案也要依靠细节揭开谜底。马哈福兹的写作同埃及革命后的官方报道有所出入，他并没有提到自由、平等、稳定这些胜利成果。在他笔下的社会中，人们对身穿军装的士兵心怀恐惧，公民可以随意被逮捕或拘禁，财产在瞬间便被充公，财物也会被任意扣押。

《我们街区的孩子们》描述了人们在埃及动荡时期对性别、阶级、政治及宗教的看法，这是小说最伟大的成就。当时的观点不断发展，于是便有了今天的社会及政治现象。作者笔下的埃及社会多样而复杂，给人以荒凉的感觉。马哈福兹的描述可谓鞭辟入里。**JH**

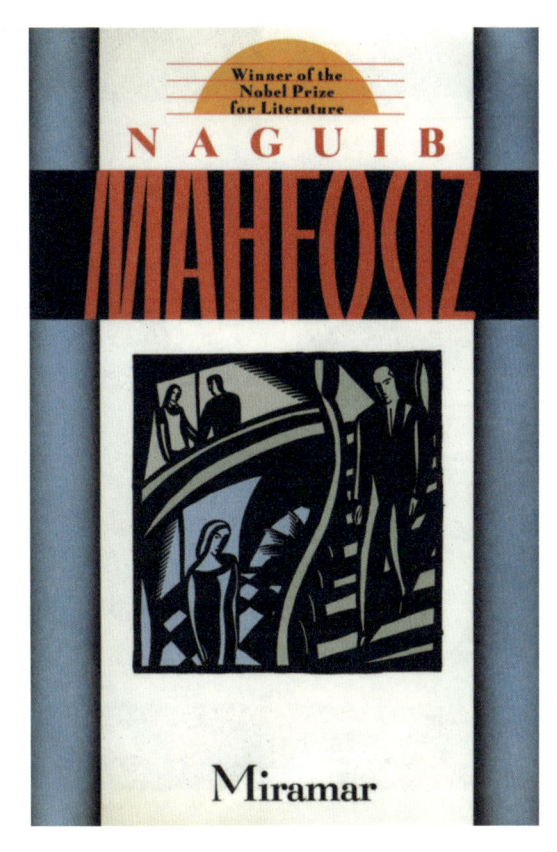

这场革命窃取了多数人的财产与所有人的自由。

▲ 获得诺贝尔文学奖后，马哈福兹才受到了西方读者的青睐。图为1993年出版的英文版小说封面，上面还特别标示了"诺贝尔文学奖获奖作品"。

Z

瓦西利斯·瓦西利科斯（Βασίλης Βασιλικός）

作者生平：1934年生于希腊，2023年卒
首次出版：1967年（1966年在希腊出版被禁），
　　　　　Gallimard（巴黎）
改编电影：1969年

《Z》既是一部政治惊悚小说，又是一份调查报告。小说融合了电影《总统班底》《刺杀肯尼迪》与《大失踪》的特色。瓦西利科斯还批判了20世纪60年代希腊的军事执政团。在谈到腐败政权如何策划谋杀著名左翼政治家格雷戈里斯·兰布拉基斯时，作者的笔锋变得格外尖锐。对于毫无话语权的普通百姓，兰布拉基斯是个大英雄。而在右翼政客的眼中，他不仅是亲共分子，而且还是反美的捣乱分子。1963年，他在萨洛尼卡街被人刺杀。四十万百姓出席了他的葬礼，人们在用沉默进行抗争。不久后，字母"Z"的涂鸦（在希腊语中意为"他仍然活着"）就遍布雅典。

　　案件发生后，凶手驾车逃逸。瓦西利科斯用这部虚构的小说（作者更改了人物的姓名）追忆了政治家格雷戈里斯·兰布拉基斯神秘死亡前的片段。作者阅读了当时的侦查档案，凭借他对案发现场——萨洛尼卡街的了解，他发现谋杀案有人背后指使。雇用的歹徒驾车犯案，并在警察和百姓眼前逃离了现场。在这部引人入胜的小说中，英勇的百姓令残暴的独裁政府退却。这是个专制的政府，腐败与犯罪大行其道，用暴力手段压制异见人士更是家常便饭。瓦西利科斯之后又参与创作了由科斯塔·加夫拉斯执导的电影剧本，影片还获得了奥斯卡金像奖。再次观看这部电影时，它仍会像最初上映时一样令人着迷。**JHa**

> 在写作《Z》的时候，我想讲给世人听的不只有Z的故事，还有政治犯罪在这个时代的详细过程。
>
> ——瓦西利斯·瓦西利科斯，1967年

瓦西利斯·瓦西利科斯著作颇丰，他创作了一百多本书。1966年，《Z》在希腊出版后被禁，第二年在法国正式出版，目前仍是他最受欢迎的作品。

人生历程 Pilgrimage

多萝西·理查森（Dorothy Richardson）

作者生平：1873年生于英国，1957年卒
首次出版：1967年，J. M. Dent & Sons（伦敦）
原著语言：英语
分卷出版：1915—1938年

　　《人生历程》是多萝西·理查森用毕生精力完成的作品，书名因此也恰如其分。本书共分十三卷，作者借虚构人物米里亚姆·亨德森的视角，叙述了从1891年至1912年的个人经历。故事从米里亚姆即将离家的晚上讲起。当年她十七岁，即将去德国做小学实习教师。她来自中产阶级家庭，由于家里遭受了经济损失，她只得被迫进入劳动者的世界，就像当年被造物主派往人世一样。在故事中途，米里亚姆来到了伦敦，每周靠一英镑度日。随着新世纪的来临，她成为拥有知识自由与人身自由的新女性。到了小说结尾，米里亚姆离开伦敦到乡下生活，开启了她从事写作及发现自我的旅途。

　　1913年，多萝西·理查森开始创作《人生历程》，当时她已到不惑之年。在创作中途，她觉得女主人公必须孑然一身。尽管叙述视角在第一与第三人称间切换，但米里亚姆的感受就是我们的感受。作为读者，我们都沉浸在那个她所触碰、感受、聆听和观察的世界里。在出版《人生历程》时，登特出版社并没有劝说多萝西完成全书。这份工作或许不会有完结的时候。正像她在书中所写的："放手调查吧，不要仅仅停留在记录层面。对我来说，这才是起初就该做的事。" **LM**

庄园 The Manor

艾萨克·巴什维斯·辛格（יצחק באַשעװיס זינגער）

作者生平：1904年生于波兰，1991年卒于美国
英译出版：1967年，Farrar, Straus & Giroux（纽约）
原著语言：意第绪语（连载），英语（单行本）
诺贝尔文学奖：1978年

　　《庄园》是一部历史传奇小说，它记录了波兰商人及其家人在19世纪末的发展历程中经受的重重考验。小说还有一部名叫《产业》的续作。在故事中，精明的犹太商人卡尔曼·雅各比从事小麦生意，书名中的庄园便归他所有。庄园原本的主人是波兰伯爵。1863年波兰革命失败后，庄园被沙皇没收。雅各比生意兴隆时，犹太人在波兰的工业、商业、艺术及社会中都承担了主要角色。雅各比遵从传统的犹太习俗及宗教思想，他不知道该如何应对工业革命、城市化与企业家精神带来的社交机会。

　　逐步现代化的宗教和社会为卡尔曼·雅各比带来了重重挑战，比如他太太塞尔达的社会地位问题，如何让四个女儿出嫁的问题，等等。雅各比认为，婚姻和嫁妆就是全部问题，"自己的儿女虽在痛苦中出生，但孙子孙女就会带来收益"。可是，他女儿的婚姻却麻烦不断。犹太信仰和金钱令雅各比难以取舍。

　　《庄园》创作于1953年至1955年，原作用意第绪语写成。同艾萨克·巴什维斯·辛格的多数小说一样，这本书最初也曾在《犹太前锋日报》连载。自从艾萨克在1935年从华沙移民到美国，他与哥哥——小说家伊斯雷尔就开始在报社担任记者。**JHa**

GABRIEL GARCIA MARQUEZ
CIEN AÑOS DE SOLEDAD
EDITORIAL SUDAMERICANA

百年孤独 Cien años de soledad

加西亚·马尔克斯（Gabriel García Márquez）

作者生平：1927年生于哥伦比亚，2014年卒于墨西哥
首次出版：1967年，Sudamericana（布宜诺斯艾利斯）
英译书名：*One Hundred Years of Solitude*
诺贝尔文学奖：1982年

《百年孤独》是加西亚·马尔克斯最出色的作品。故事发生在虚构的哥伦比亚小镇马孔多，介绍了小镇创立者布恩迪亚家族的兴衰。在交叉的时空中，书中人物纷纷继承了长辈的姓名，类似的事件也循环往复。了不起的何塞·阿尔卡蒂奥·布恩迪亚从勇往直前、极具魅力的马孔多创立者变成了疯子。马孔多人打败了失眠、战争和暴雨，各种神秘事件都毫无缘由。这部色彩绚丽的史诗同时也是一部社会及政治寓言。它时而过于离奇，全无道理；时而却真实得超越一切传统现实主义作品。这本书是魔幻现实主义风格的代表之作，它是一部集怪异、美妙与离奇于一身的寓言。最具社会政治意义的例子或许当数被军队谋杀的罢工工人。上千名工人被杀害，尸体由火车运走，最后被投入大海。真相被官方掩盖，大屠杀成了一场迷失在军事戒严法令迷雾里的噩梦。消失的历史成为现实，它比传统小说中的故事更怪异，它还迫使小说讲出真相。本书也可被看作野史，作者借用虚构的故事强调了纵欲、爱情、性爱、不同种类的贫困等问题。想象一下，叙述者可以从哈代变身为卡夫卡，可以讲述《一千零一夜》（见本书第22页）和《堂吉诃德》（见本书第35页）之中机智与神秘的故事。加西亚·马尔克斯的模仿与创新手法或许并不高明，但是《百年孤独》着实是一部离奇、动人的孤独之作。**DM**

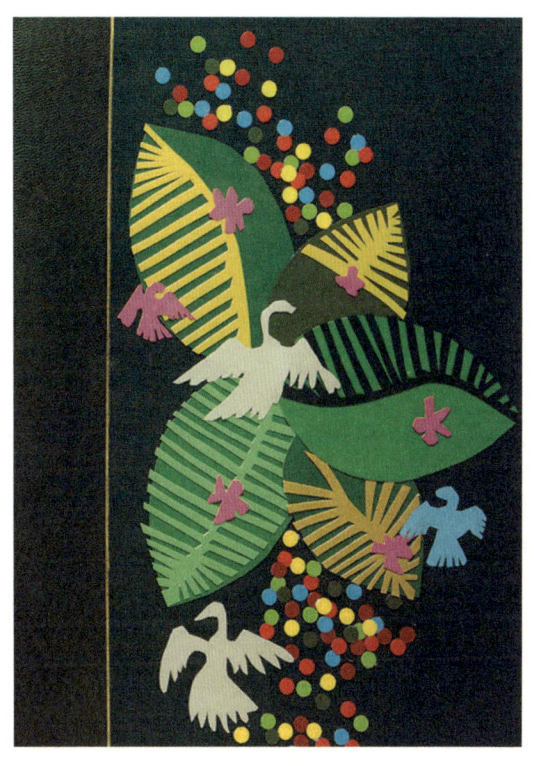

这场闹剧演完了，老伙计。

▲ 这本精装版的《百年孤独》十分罕见。封面上的图画能令人想起马孔多的森林。在故事最初，人们在那里发现了一艘西班牙大帆船。

◀ 在伊莎贝尔·斯泰瓦·赫尔南德斯拍摄的这张照片中，加西亚·马尔克斯似乎感受到了这部名著给他的压力。

并非笑料
No Laughing Matter

安格斯·威尔逊（Angus Wilson）

作者生平：1913年生于英国，1991年卒
首次出版：1967年，Secker & Warburg（伦敦）
原著语言：英语

在读过《并非笑料》的书稿之后，出版商困惑不解，于是他们要求安格斯·威尔逊再递交一份故事梗概，以便于理解。在故事大纲最初，《并非笑料》看起来与简·奥斯丁的小说如出一辙。安格斯认为，本书"讲述了三兄弟与三姐妹的故事"，他们来自"故作风雅的中产阶级家庭"。到了梗概的结尾，安格斯引用了有关格尔尼卡、希特勒、斯大林、苏伊士运河危机、《愤怒的回顾》、康定斯基、宾虚等多个典故。小说还介绍了一对摩洛哥同性恋人在赢得尊敬及组建家庭的过程中遭遇的困难。

显然，本书并不是传统的家族故事。小说规模宏大，正如序言中所说，登场人物可分为"主角""配角"与"补充人物"三类。马修斯一家的关系与斗争必定会令读者忍俊不禁。安格斯·威尔逊用戏剧化的手法介绍了一个世纪内的变革。同时，他对阶级、性别及性爱的刻画也格外细致入微。此外，马修斯一家还代表了整个20世纪的变迁。作为英国的中产阶级，人人都要接受帝国衰落的现实。纵观文坛，本书既是传统家庭类英文小说的巅峰之作，也标志着魔幻现实主义的开始。它融合了自然主义、高度写实主义与幻想作品的特色，并将阿兰·霍林赫斯特同简·奥斯丁、E. M. 福斯特联系到了一起，象征了英国小说中缺失的环节。**VQ**

有理性的动物
Un animal doué de raison

罗贝尔·梅尔勒（Robert Merle）

作者生平：1908年生于阿尔及利亚，2004年卒于法国
首次出版：1967年，Gallimard（巴黎）
原著语言：法语
英译书名：Day of the Dolphin

这是一部惊悚小说，其中的人物都缺乏道德感与正义感，甚至称得上灭绝人性。故事发生在20世纪70年代初的美国，越南战争、现代科技的发展连同逐渐失控的军备竞赛令政府及安全部门的工作人员变得愤世嫉俗且疲惫不堪。

海洋生物学家塞维亚教授是这个腐朽世界中的主角。他正在对人类同海豚交流的可能性进行研究。海豚的动物天性成了改变这个堕落世界的唯一途径。在同海豚伊万与海豚贝茜交流的过程中，塞维亚感觉到了利他主义、希望与友爱。本书作者使用反讽手法，将这种情感命名为"海豚中的人性"。最终，冷战双方准备将海豚用于军事，海豚即将成为不可探测的潜艇兼智能鱼雷。美好的梦想就这样破灭了。

《有理性的动物》将科幻小说中的创意同间谍小说中标新立异的悬念相结合。本书就人性善恶提出的疑问值得深思。小说引人入胜，时而令人不安，总体效果相当打动人心。罗贝尔·梅尔勒用这部小说鼓励人们对政治决策与传统惊悚作品背后的力量进行质疑。**AB**

插电酷爱迷药会
The Electric Kool-Aid Acid Test

汤姆·沃尔夫（Tom Wolfe）

作者生平：1930年生于美国，2018年卒
作者全名：Thomas Kennerly Wolfe, Jr.
首次出版：1968年，Farrar, Straus & Giroux（纽约）
原著语言：英语

　　《插电酷爱迷药会》是美国新新闻主义文学的重要作品。新新闻主义的代表人物包括汤姆·沃尔夫、亨特·汤普森、诺曼·梅勒与琼·狄迪恩等。在他们的作品中，小说同新闻报道之间不再界限分明。谈到小说家肯·克西组建的政治主题乐队"快活的恶作剧者"时，沃尔夫试图"还原现场的感情基调或主观存在"。他笔下的"快活的恶作剧者"乐队乘坐巴士巡游，他们服用迷幻药，体验虚幻感，同时还即兴演出。沃尔夫的小说给人以身临现场的感觉，宛如文字版的波普绘画作品。他用文字构建了乐队的世界，并使用了嬉皮士俚语、漫画中的印象主义手法及电影的跳跃剪辑技巧。他的文字变化多端，还原了演出实况，令读者如临现场。本书记录了一个时代与思潮的兴衰。在汤普森创作的《地狱天使》（Hell's Angels）中，汤普森用更严肃的文风，从历史的视角对演出进行了更真实的描述。

　　《插电酷爱迷药会》的文风浑然一体，历史记录与沃尔夫的新闻文体完美地交织在了一起。阅读这本书会给读者带来亢奋且疲惫的体验。同关于伍德斯托克音乐节的电影一样，这部小说并非要定义那个时代，它仅仅是对时代的回应。BT

……在旧金山，这司空见惯。无非是百姓脑中平淡无奇的念头而已……

在牛仔裤、念珠项链及土耳其式长衫大行其道的年代，沃尔夫身穿西装马甲，还打起了领带。这张照片由20世纪60年代的时尚摄影师杰克·罗宾森拍摄。

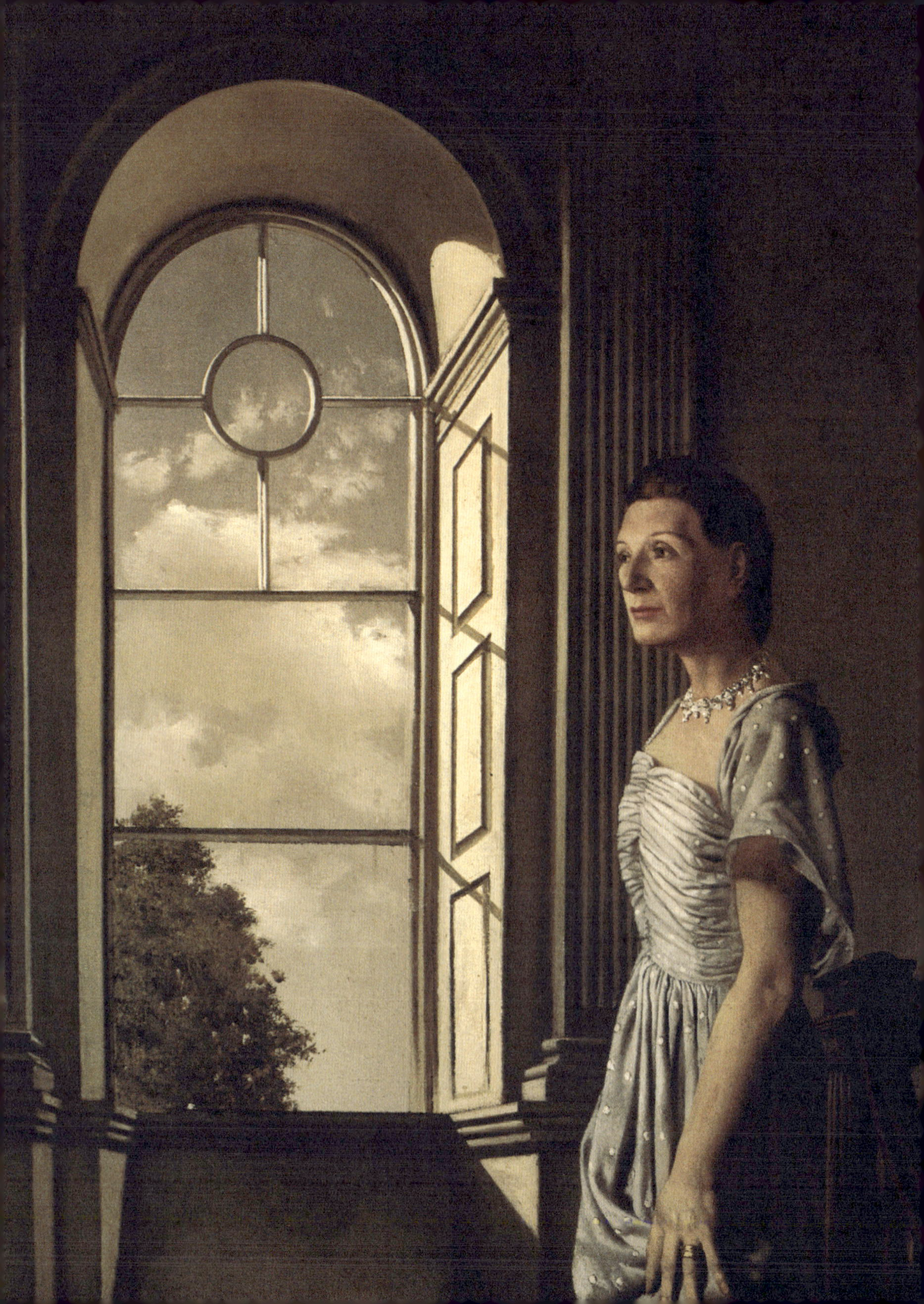

伊娃·特拉特 Eva Trout

伊丽莎白·鲍恩（Elizabeth Bowen）

作者生平：1899年生于爱尔兰，1973年卒
首次出版：1968年，A. Knopf（纽约）
英国首版：1969年，Jonathan Cape（伦敦）
原著语言：英语

《伊娃·特拉特》是伊丽莎白·鲍恩的最后一部作品。从某种程度上看，这也是她最重要的作品。作者对人物和场景、情感与观念、恋爱与失去的描述妙趣横生且极具洞察力，同她早期的佳作一脉相承。不过，这部小说更具深度。这是一部绝妙的作品，作者在其中对几十年前的环境和语言进行了细致的刻画。这部难以捉摸、令人惊叹的小说也是20世纪60年代极具代表性的文学作品。

在《伊娃·特拉特》中，一位"超重"的女青年继承了一大笔遗产，这笔钱可以令她做任何事情。主人公先在美国领养了一个名叫杰瑞米的聋哑儿童。回到英国后，她与亨利共坠爱河。亨利是剑桥大学的本科生，比她小好几岁。故事的结局荒诞离奇，令人为之惊叹。在维多利亚车站，主人公正准备与亨利启程，他们计划举办一场假婚礼，而后共度蜜月。就在这个时候，杰瑞米用枪打死了她。故事说明，一切都可能发生。正如鲍恩所说："下一句话会讲些什么，会如何表述，通常都难以预料。"小说红极一时，读后会给人留下深刻的印象，它提倡使用新的媒介表达感情或进行交流。《伊娃·特拉特》中充斥着怪异的观点，同时又极具吸引力与幽默意味。正如书中人物所说："生活就是一部反小说。" **NWor**

大教堂 Собор

奥列西·冈察尔（Олесь Терентійович Гончар）

作者生平：1918年生于乌克兰，1995年卒
首次出版：1968年，Harper & Row（纽约）
原著语言：乌克兰语
英译书名：The Cathedral

奥列西·冈察尔的《大教堂》是20世纪60年代乌克兰文学运动中的重要作品。作者从艺术性以及乌克兰历史文化传统的角度，挑战了当时的社会主义现实主义规范。

故事发生在第聂伯河沿岸的一座城镇。那里虽矗立着多座苏联风格的重型冶金厂，但同时又颇具乌克兰的哥萨克文化特色。小说标题中的教堂已破败不堪，它由哥萨克僧侣修建于18世纪，是当地往昔岁月的象征。大教堂目前被用作谷仓，官方计划拆毁教堂，并在原地兴建市场。小说主人公尼古拉是冶金专业的学生。在他眼中，大教堂具有苏联官方所忽视的精神价值。随着拆除教堂的威胁与日俱增，镇上的居民也意识到了教堂对于他们的意义，于是发起了是拆除还是保留教堂的争论。故事变成了一则寓言，它体现了人们在历史认同感与苏联意识形态之间所作的抗争。

然而，小说绝不仅是一则寓言，它的目的也不仅是刻画苏联统治时期。在这篇故事中，一位女青年凭借自己的努力，无须男人相助便离开了集体农场。她成了一名学生，引发了工业污染，最终又当上了愚昧无知的官僚。《大教堂》说明了一个永恒的事实："如果没有想象力，人类就会灭亡。" **VR**

◀ 20世纪50年代，画家帕特里克·亨尼斯为伊丽莎白·鲍恩在位于爱尔兰的自家庄园中绘制了这幅肖像。画中的鲍恩表情严峻，却又魅力四射。

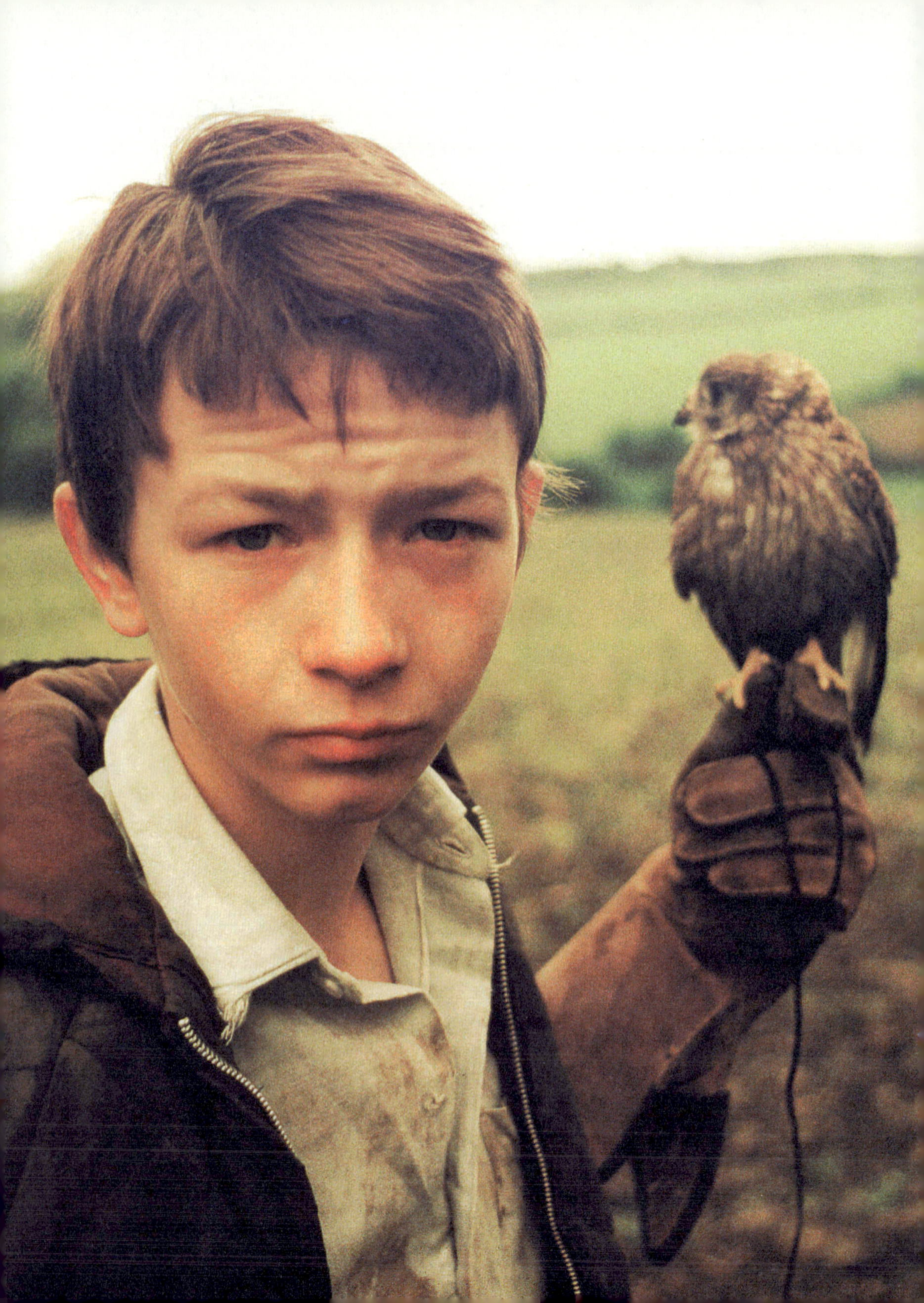

小孩与鹰 A Kestrel for a Knave

巴里·海因斯（Barry Hines）

作者生平：1939年生于英国，2016年卒
首次出版：1968年，Michael Joseph（伦敦）
原著语言：英语
改编电影：1969年

　　同刻板的报道文学相比，《小孩与鹰》更富于激情，它给读者留下的印象也格外深刻。故事发生在约克郡的小镇上，那里的人们以采矿为业，过着单调乏味的日子。

　　巴里·海因斯描述了一位男孩与鹰的共同生活，他用这部小说开创了一种全新的体裁。海因斯从时间入手，将小说分为当下的困难与未来的回忆两部分。他首先围绕比利·卡斯珀展开叙述，同时还介绍了他第二天在学校的经历。然后，海因斯插入倒叙文字。比利开始回想他最初发现鹰雏的日子，他如何将心血倾注在小鹰身上，并借此打发无聊的时光。之后，海因斯成为读者的导游，他对简陋的矿工社区进行了介绍。在那里，比利全心投入驯鹰的工作。小鹰慢慢长大，从雏鸟，到用绳索束缚的成鸟，最终成为可以放飞狩猎的成年猛禽。驯鹰占据了比利的生活，成为他抗拒日常生活的方式。

　　由肯·洛奇执导、根据小说改编的电影《小孩与鹰》（Kes, 1969）也相当出色。洛奇采用了意大利新现实主义的拍摄手法。海因斯的原作因简洁的修辞手法闻名，但影片并未保留这一特点。**DJ**

在西瓜糖里 In Watermelon Sugar

理查德·布劳提根（Richard Brautigan）

作者生平：1935年生于美国，1984年卒
作者全名：Richard Gary Brautigan
首次出版：1968年，Four Seasons Foundation
原著语言：英语

　　"在西瓜糖里"代表了一种思想境界、一种优雅或是一种梦境。多数在西瓜糖里的人们都生活在名叫"我的死"的村庄，那里时刻都在改变。那里到处都是雕像（有土豆的雕像，也有青草的雕像）。那里的阳光每天都是不同的色彩。那里人人都有工作（有人负责写关于云彩的书，有人负责照料西瓜田，还有人负责种花）。在"我的死"，一切都是由西瓜糖、松木和石块鳟鱼制成的。"我的死"曾经有过老虎。老虎的声音很优美。为了生存，老虎只得被迫吃人，但老虎对此感到愉快。就在老虎吃掉叙述者的父母时，它们还为年幼的叙述者解答了算术题。尽管如此，西瓜糖里也有烦恼。叙述者伤害了玛格丽特，玛格丽特便开始与"阴死鬼"为伍。"阴死鬼"是个牢骚满腹的酒鬼，他离开了"我的死"，并且自己酿酒。他跟他的酒鬼同伴试图告诉西瓜糖里的人们：你们并不理解"我的死"的意义。他们来到鳟鱼养殖场，用折刀将自己肢解，然后流血而死，以这种方式证明了自己的观点。就这样，荒谬的事情看起来也有了意义。

　　布劳提根用语言施下了魔咒。循环往复的词语宛如玄妙的咒语。读者渐渐便毫无痛苦地进入西瓜糖。《在西瓜糖里》不仅是对20世纪60年代的记录，也是回到往昔时光的通行证。**GT**

◀ 1969年，大卫·布拉德利在肯·洛奇导演的热门影片《小孩与鹰》中扮演了少年驯鹰人比利·卡斯珀。

德语课 Deutschstunde

西格弗里德·伦茨（Siegfried Lenz）

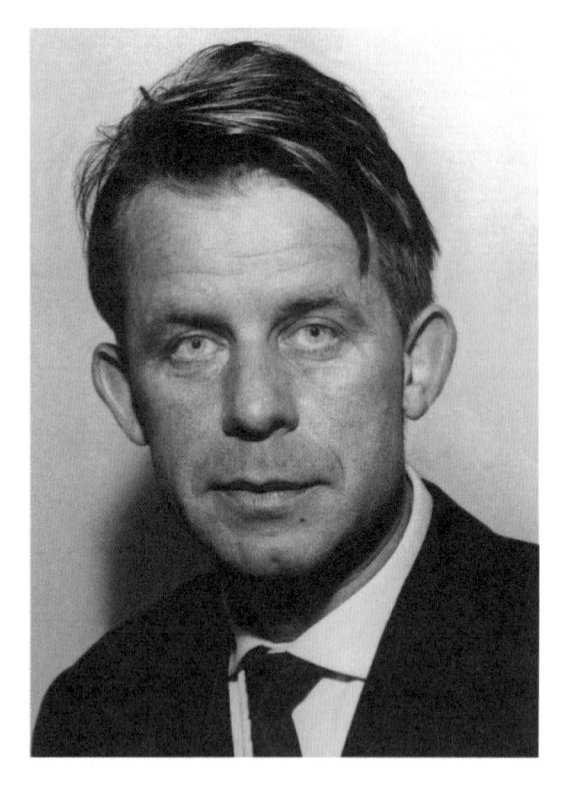

作者生平：1926年生于波兰，2014年卒于德国
首次出版：1968年，Hoffman & Campe（汉堡）
原著语言：德语
英译书名：*The German Lesson*

少年犯西吉·耶普森被关进禁闭室，罚写一篇题为《尽职的快乐》的作文。于是他回忆起了自己的父亲老耶普森。在"二战"时期，他的父亲是德国北部乡村的一名警察。为了执行纳粹警方打击"颓废艺术"的命令，父亲开始负责监视儿时的好友——当地画家南森（根据表现主义画家埃米尔·诺尔德塑造的人物）。老耶普森忠于职守，甚至毁坏了多幅画家的作品。西吉不仅拒绝帮助父亲，而且还成了画家的助手，他帮助画家藏画，还在危险将至的时候发出警报。

战争结束后，习惯成了自然。老耶普森虽然不再担任警察，但他却无法停止迫害画家的行为。同样，西吉也在继续保护画家。在南森的部分作品被烧毁后，西吉开始怀疑自己的父亲。沮丧的他在画展上盗窃了几幅画，于是便被送进了少年犯感化院。

西格弗里德·伦茨认为，这堂审视个人历史的"德语课"具有更深远的意义。为了了解现在，我们应该回溯过往。德国文学也需要上这样的一堂课。义务是小说《德语课》的主题。义务影响了父亲，因此他才忠于职守。义务影响了南森，因此他才被自己的良知与使命控制。义务也影响了西吉，令他进退维谷，左右为难。《德语课》号召人们对权力进行质疑。**MM**

很简单，我已无法自拔。

▲ 同君特·格拉斯和海因里希·伯尔一样，西格弗里德·伦茨也在作品中关注了极权主义政治对战后德国的影响。

追忆克里斯塔·T. Nachdenken über Christa T.

克里斯塔·沃尔夫（Christa Wolf）

作者生平：1929年生于德国，2011年卒
首次出版：1968年，Mitteldeutscher Verlag（萨勒）
原著语言：德语
英译书名：The Quest for Christa T.

　　毫无疑问，德意志民主共和国最重要的作家当数克里斯塔·沃尔夫。她是个坚定的社会主义者，而且还是执政党党员。不过，她的作品同国家体制之间却相互矛盾。她时常提及保持个人身份的困难以及社会的一致性，因为她所在的社会始终强调集体主义价值观。

　　小说围绕叙述者对好友克里斯塔·T.的回忆展开。克里斯塔·T.刚因白血病离世不久，叙述者借此机会重塑了她的一生。小说使用了大量的非线性叙事手法，以克里斯塔的性格为焦点。她不屈从于政治制度，力图拥有独立的个人意识，还乐于服务社会。叙述者代表了作家沃尔夫的另一面。同时，叙述者还通过阅读好友的回忆录、信件及其他内容，拥有了克里斯塔的部分记忆。起初她便表示，这是个永远无法完成的工作，因为没有任何人能够完全"了解"另一个人。在某种意义上，了解自己好友的同时，她也在了解自我。叙述者探寻自我意识，沃尔夫也就政治与道德、记忆与身份、写作的根本目的等自己熟悉的主题进行沉思。于是就有了这部揭示民主德国内部矛盾的小说。民主德国政府甚至发出通知，只允许书店将本书出售给文学专业人士。然而，或许正是这部小说确立了沃尔夫的地位，使她成为东欧集团文学界的重要人物。**JH**

只有我才对她了如指掌。

▲ 克里斯塔·沃尔夫虽然经常批评时事，但她却相当支持民主德国共产主义政权。1990年，德国统一时，她还曾经表示反对。

仿生人会梦见电子羊吗？
Do Androids Dream of Electric Sheep?

菲利普·迪克（Philip K. Dick）

作者生平：1928年生于美国，1982年卒
首次出版：1968年，Doubleday（纽约）
原著语言：英语
改编电影：《银翼杀手》(1982)

菲利普·迪克的小说为好莱坞持续提供了众多素材。《全面回忆》（1990，改编自作者1966年的短篇小说）、《少数派报告》（2002）、《记忆裂痕》（2003）与《黑暗扫描仪》（2006）都曾是轰动一时的大片。错综复杂的《仿生人会梦见电子羊吗？》给雷德利·斯科特带来了灵感，令他拍出了突破之作《银翼杀手》（1982）。然而，倘若同小说原作相比，电影则略逊一筹。

小说借主人公里克·德卡德之口，对人性的本质提出了质疑。德卡德是一名专门追捕逃亡仿生人的赏金猎人。仿生人指的是一种格外逼真的机器人，小说标题中的"电子羊"则是因德卡德的疏忽而死亡的虚幻物体。电子羊的死令德卡德心怀内疚。作者菲利普·迪克认为，是否缺乏同情心是人类与仿生人之间的主要区别，由此还引发了关于德卡德本人是不是他所追捕的仿生人这一无休止的讨论。德卡德不知道是否应该让仿生人"退役"，他的道德观变得越发混乱。这部小说相当精彩，作者对信仰及同感的描述还颇具宗教意味。仿生人信仰的宗教——梅塞主义完全是迪克所杜撰的内容，梅塞也只是虚构的偶像。小说质疑人类存在的意义。与此同时，迪克也表达了自己的人生观，并对现实提出疑问。**SS**

2001：太空漫游
2001: A Space Odyssey

阿瑟·克拉克（Arthur C. Clarke）

作者生平：1917年生于英国，2008年卒于斯里兰卡
首次出版：1968年，Hutchinson（伦敦）
原著语言：英语
改编电影：1968年

有人认为，《2001：太空漫游》是一本电影书，因为小说情节与斯坦利·库布里克的同名影片如出一辙。实际上，这本书并不是在电影上映后创作的。电影与小说由克拉克与库布里克同时创作，并合作完成，于是才有了这部经久不衰且影响力非凡的科幻小说。

克拉克的小说因细致的科技描写而闻名。随着时间的推移，他已深刻地影响了未来发展。克拉克的众多预言都成为现实，因此他不仅是作家，也是个太空时代的重要预言家。在小说尾声，他的构思更是精妙。负责控制"发现号"探索太空船的超级计算机"哈尔9000"拥有了它的制造者——人类的情感，于是它变得疯狂、恐怖。读过精彩绝伦的高潮部分，你就会明白为什么《2001：太空漫游》会是同类小说中的佳作。每当人们开始设想未来，这本书都会发挥它的重要作用。在读过书中的这一部分之后，你就会找到答案。**DR**

▶ 斯坦利·库布里克风格神秘的影片改编自克拉克的科幻小说，其名气甚至超越了原著。

2001: A SPACE ODYSSEY

MGM PRESENTS THE STANLEY KUBRICK PRODUCTION

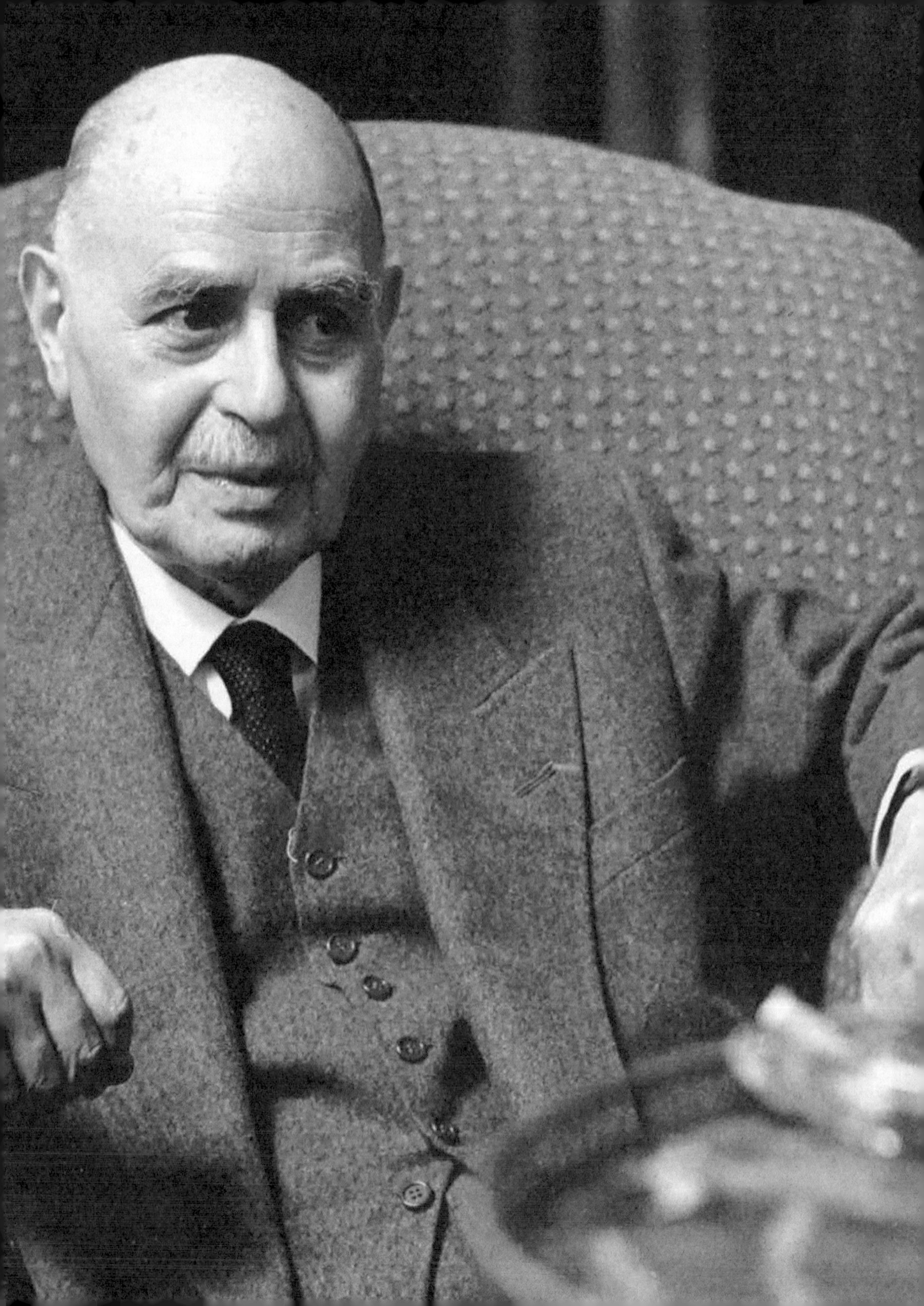

君主的美人 Belle du Seigneur

阿尔伯特·科恩（Albert Cohen）

作者生平：1895年生于希腊，1981年卒于瑞士
首次出版：1968年，Gallimard（巴黎）
原著语言：法语
改编电影：《魂断日内瓦》（2013）

《君主的美人》集幽默与悲剧性于一身。它特点众多，但仍以爱情故事为主。小说伊始，主人公索拉尔便以唐璜的面貌登场。这位青年才俊深陷爱河，一心想要勾引爱慕虚荣的已婚女人阿丽亚娜。起初的这一幕便为小说定下了基调。另一主要人物阿德里安·杜姆在索拉尔手下任职，他巴结权贵，试图挤进上流社会。索拉尔将他提升为国际联盟的副秘书长，进而将他玩弄于股掌之间。索拉尔的努力有了回报，他和阿丽亚娜私奔，并在爱河中越陷越深。然而，起初的欢乐不久便被乏味所取代。他们各自做出了牺牲，但爱情却不堪一击。最终，他们缓缓步入了悲伤的结局。作者使用意识流手法以第一人称进行叙述，不仅兼顾了不同角色，而且令小说更加协调、幽默。小说的自传色彩则说明，快乐、浮华的文字背后是作者用敏锐的观察力记录的社会风俗。

小说在法国备受好评，并且还成为法国犹太小说中的重要作品。尽管如此，阿尔伯特·科恩如今却几近被遗忘，这或许不太公平。**TW**

癌症楼 Раковый корпус

亚历山大·索尔仁尼琴
（Александр Исаевич Солженицын）

作者生平：1918年生于苏俄，2008年卒
首次出版：1968年，Il Saggiatore（米兰）
英译书名：*Cancer Ward*
诺贝尔文学奖：1970年

与索尔仁尼琴的多数作品一样，《癌症楼》也同样极具自传色彩。故事发生在20世纪60年代，地点位于亚洲中部的一家省级医院里。小说大约出版于1968年。尽管作者长期以来始终不懈努力，但小说仍没能在苏联文学杂志《新世界》上发表。小说的观点不断变化，叙述视角也在不同人物间切换，作者还借此构建了整个社会。小说似乎对苏联体制过分强调的阵营与压迫等政治及哲学问题漠不关心，它所关注的是个人如何被扭曲的社会所改变。

主人公科斯托格洛托夫和索尔仁尼琴一样，都曾经是一名政治犯。科斯托格洛托夫罹患癌症，已奄奄一息。在接受放射疗法之后，他可能会失去性能力。他刚刚从劳改营被释放不久，古拉格集中营已剥夺了他的少年及青年时光，他生命中仅存的一点希望也即将被摧毁。就在此时，科斯托格洛托夫同孤独的中年女医生发生了一段看似不可能的恋情。小说主线便围绕他们这段迟疑不决且无法实现的感情展开。作者又从他们二人的故事谈到了其他人物。小说的影响相当深远，它是一部关于自欺欺人、争名夺利、青春欲望、天真无邪、愤怒、信念及放弃的小说。最重要的是，它是一出在古拉格集中营控制下的社会悲剧。**DG**

◀ 阿尔伯特·科恩出生于希腊科孚岛。1919年，他取得了瑞士国籍，但在内心深处，他始终都是犹太人。

米拉·布来金里治 Myra Breckinridge

戈尔·维达尔（Gore Vidal）

作者生平：1925年生于美国，2012年卒
作者全名：Eugene Luther Gore Vidal
首次出版：1968年，Little, Brown & Co.（波士顿）
原著语言：英语

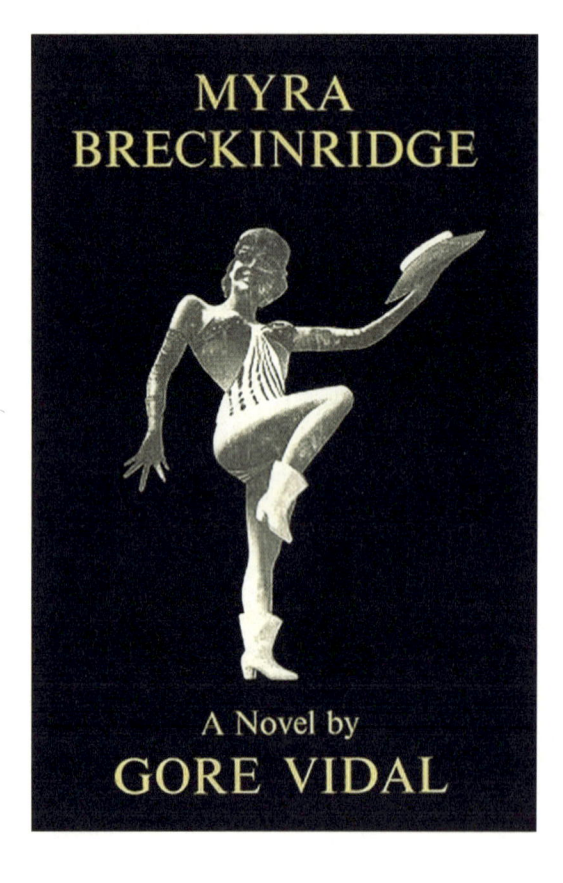

《米拉·布来金里治》是一部巨著，作者戈尔·维达尔用下流的语言对高雅与礼貌进行了无情的批判。小说的情节、粗俗的语言以及作者八年前参选国会议员的经历都曾令世人惊愕不已。这并不是一般政客能写出的作品。作者成功塑造了米拉这一角色。她是个贪婪专横、厚颜无耻的超级明星，她还是个荡妇，是性感妖娆的杂食动物。"米拉·布来金里治真是个美人。别忘了，今天的孩子们也会这样说她。"米拉原名米伦，是个性格温和的影评人。为了彻底重塑自我，他在哥本哈根做了变性手术。之后，米拉来到好莱坞发展，她改变了男人一统影坛的局面，并一举化身"成功女性"。她比正常女人更具女人味，比完好无缺的男人更具男人味。她还是个解放女性，这或许是作者对女性主义的嘲讽。当然，她对传统性爱观与反思道德的态度也反映了人们不同的看法。

米拉同巴克·洛纳之间这场欢乐的冲突是本书的焦点。巴克本人极具男子气概，他为好莱坞新星开办了一家培训学校。米拉将他戏耍了一番，令他把米拉当成了米伦的遗孀（从某种程度上说确实如此），于是她便有权索要巴克的房产。她了解只有米伦才知道的事情，旁人都没有疑问，但巴克并不相信她，他坚持认为米伦是个"同性恋"。巴克不愿付钱，他雇用米拉在学院教授移情与仪态课程，从而化解了米拉的诉讼官司。之后，米拉引发了轰动，为天真的美国影坛下了一剂猛药。而遗憾的是，变性出了问题，米拉又变回了米伦。米拉或许并不是成功的女强人，但美国人的虚伪与自恋将永远臣服于她和维达尔的脚下。**GT**

▲ 戈尔·维达尔用自己的文学作品抨击了虚伪的性爱与腐败的美国政治。

第一圈 В круге первом

亚历山大·索尔仁尼琴（Александр Исаевич Солженицын）

为通过苏联出版机关的审查，亚历山大·索尔仁尼琴最初以短篇的形式出版了这部小说。十年后，到了1978年，他又将小说修订成"最终"版本出版。小说不仅刻画了当时的社会百态，同时还理性地对爱国主义的本质进行质疑。故事发生在一座特殊的监狱里，其中关押的犯人都是为警察机构研发特殊装备的工程师、科学家和技师。小说从狱友、犯人家属、监狱外的同事及监狱看守等多个角度对苏联社会进行了描述。索尔仁尼琴善于使用不同的语气叙述，他的故事令人信服，并且能使读者完全沉浸在每个人物的内心世界里。

标题中的"第一圈"引用了但丁的典故（译注：但丁在《神曲》的《地狱篇》中把地狱分成九圈，第一圈是最好的一层），强调了这座监狱在古拉格地狱中的特殊地位。在小说的最终版本里，"第一圈"还被赋予了特殊意义。书中角色将自己人或自己的国度称作"第一圈"，并将外界称作"下一圈"。监狱内部同外界的关联、人与人之间的忠诚是小说的主要情节。小说中的人物对这些问题进行讨论，他们并非传声筒般的形象，而是居住在相互关联的世界中的完整、复杂的芸芸众生。这也是小说《第一圈》的一大亮点。**DG**

作者生平：1918年生于苏俄，2008年卒
首次出版：1968年，Harper & Row（纽约）
原著语言：俄语
英译书名：*The First Circle*

▲ 1969年在巴黎出版的俄文版封面由艺术家安嫩科娃设计。

消失 La Disparition

乔治·佩雷克（Georges Perec）

作者生平：1936年生于法国，1982年卒
首次出版：1969年，Editions Denoël（巴黎）
原著语言：法语
英译书名：*A Void / Avoid*

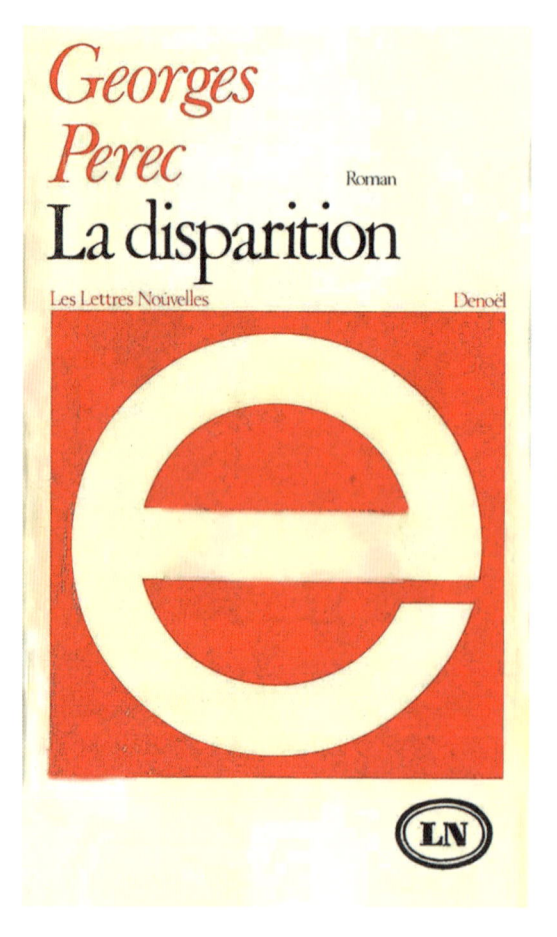

漏字文小说通篇都不得包含指定字母，乔治·佩雷克的《消失》便属于此类作品。英文版译者吉尔伯特·阿代尔（Gilbert Adair）用精湛的译笔将小说标题译成了"A Void / Avoid"。他的译文还为这部婉转指涉消失之物的小说增加了反思意味。佩雷克在《消失》中未曾用过一个字母"e"，他展示了高超的漏字文学技艺，奠定了自己艺术大师的地位。他遍寻生僻的法语词汇，还创造了多个不包含字母"e"的习语。但佩雷克的小说并不仅是一场精彩的文字游戏，他成功证明，语言可以摆脱字母"e"。正如阿代尔翻译的标题所展示的，在语言表达的可能之中存在诸多困难（即便是有缺陷的语言也依然如此）。《消失》中缺少了某些东西，空洞或真空则将其他字母全部吞没。这个元音本不可或缺，佩雷克称它为"基本支柱"，但此时它却可有可无。那么，究竟还有什么是不可或缺的？

问题已越发紧迫。清除一个元音的实验被不断重复，这次被清除的成了人类。消失的字母为小说起因以及关于消失的情节都提供了线索。被禁忌的字母"e"成了一种诅咒。这种隐形的印记有了实体，它诅咒书中的人物，直到他们逐一死去。这种文体上的实验取得了非凡的效果。同时，这本侦探小说也格外诙谐。解开谜案的钥匙既随处可见，又无处可寻。**KB**

▲ 法文版《消失》封面的主要设计元素正是小说中未曾使用过的字母"e"。

土地 토지

朴景利（박경리）

作者生平：1926年生于韩国，2008年卒
首次出版：1969—1994年（韩国）
英国首版：2002年，Kegan Paul（伦敦）
英译书名：*Land*

这部大河小说共有五部，讲述了富裕的地主崔一家四代人的悲惨经历——从1897年讲到1945年韩国从日本手中获得解放为止——在此过程中，揭示了韩国人的生活和历史中许多鲜为人知的方面。

在第一部（1897—1908）里，朴景利描述了崔家的没落，他们的财产被远房亲戚赵俊九夺去。其中还写到了这户人家的女儿孙西姬的童年，她后来跟一些憎恨赵俊九的村民一道，去了中国吉林省。第二部（1911—1917）写的是孙西姬在延边的生活，她获得了成功。孙西姬嫁给了崔家原先的仆人吉祥，后来荣归故里。读者会了解到韩国的独立运动，韩国流亡群体内部的纷争也得以暴露出来。在第三部（1919—1929）里，孙西姬成功赶走了赵俊九。与此同时，还隐约提到了韩国知识分子在日本殖民统治下面临的突出问题和困境。

在第四部（1930—1939）里，随着孙西姬的儿子桓国和永国长大成人，朴景利对韩国历史、文化和艺术进行了更加深入的发掘。她探讨了随着日本的压迫，韩国社会的混乱愈演愈烈，韩国最终如何形成了更加深刻的自我认识。第五部（1940—1945）围绕着争取解放的韩国人展开。其高潮是日本投降的消息，孙西姬觉得，自己就像卸下了沉重的铁链。**Hoy**

爱达或爱欲 Ada or Ardor

弗拉基米尔·纳博科夫（Vladimir Nabokov）

作者生平：1899年生于俄国，1977年卒于瑞士
首次出版：1969年，McGraw-Hill（纽约）
完整书名：*Ada or Ardor: A Family Chronicle*
原著语言：英语

《爱达或爱欲》是弗拉基米尔·纳博科夫最具创造性的小说，它也可以称作家庭纪事。纳博科夫在开篇便对托尔斯泰的作品进行戏仿。他为这部史诗巨著创造了一个复杂的互文网络。与《洛丽塔》（见本书第504页）一样，《爱达或爱欲》也讲述了一段禁忌的狂热恋情。爱达与凡是儿时的表兄妹，但他们实际上却是亲生兄妹。读者或许期望从书中体会到乱伦之恋在道德上经受的谴责，但作者却并没有对此进行叙述。

毫无疑问，《爱达或爱欲》是纳博科夫最具挑战性的小说。作品超越了自身的主题，既令读者感到困惑，同时也让他们获得愉悦。这本书纷乱繁杂且匠心独运，不同的时空都在其中汇聚。小说中的故事并非发生在地球上，而是在一个名为"反地界"的星球。人们心中的真实与现实均被颠覆。随着年迈的爱达与凡回忆起往日的恋情，叙述手法也因持续且毫无征兆的时间转换而变得错综复杂。

小说讲述了男女主人公八十余年来的禁忌之恋。只有纳博科夫的文风才配得上这种集神话与童话、情色与浪漫于一身的作品。**JW**

教父 The Godfather

马里奥·普佐（Mario Puzo）

作者生平：1920年生于美国，1999年卒
首次出版：1969年，Putnam（纽约）
原著语言：英语
电影（三部曲）：1972年，1974年，1990年

没有哪一部小说能像马里奥·普佐的《教父》一样如此深入地对另一种文化进行想象。《教父》成为畅销书时，美国正值历史上的争议时期。政治制度与社会习俗都前所未有地受到了审查和质疑（或许一切正是由本书所引发）。《教父》也成功地为这一事件推波助澜。

小说对权力的来源与合理性提出疑问。作者引用了巴尔扎克的名言："在巨大的财富背后，都隐藏着罪恶。"这部小说会对你讲述事件的"真实原委"。同时，作者还同读者玩着游戏。书中的坏人看起来都和好人一样，本书借此重新定义了犯罪团伙。普佐的修辞策略颠覆了传统的是非道德观，并对语言注入了操纵与背叛的意味。他混淆了英雄与恶棍的界限。通过讲述考利昂的"家族生意"与意大利裔美国移民的动人故事，他对整个美国的"反叛"特质表示了肯定。

虽然《教父》主要是通过电影三部曲与其他衍生作品而进入文化领域，但这部小说始终对黑帮文化产业起到了推动作用。正是这本书为我们留下了"我开出的条件他无法拒绝"与"一个拿公文包的律师所偷的钱要比一百个拿枪的人还多"等经典语录。最重要的是，小说虽通俗易懂，但它却表明了当代文学创造神话的潜力，或许这也同作者简明的文风不无关联。普佐对意大利裔美国人的描述可谓毁誉参半，但无论如何，他的这本《教父》都是影响深远、令人叹服并且值得一读的作品。**JLSJ**

▶ 科波拉执导的《教父》系列影片保留了原著的精髓，道德的重量与阴郁的氛围均在影片中得以重现。

▶ 作者马里奥·普佐模仿黑手党教父摆出一副傲慢且咄咄逼人的面孔。照片由伯纳德·戈特弗莱德摄于1969年。

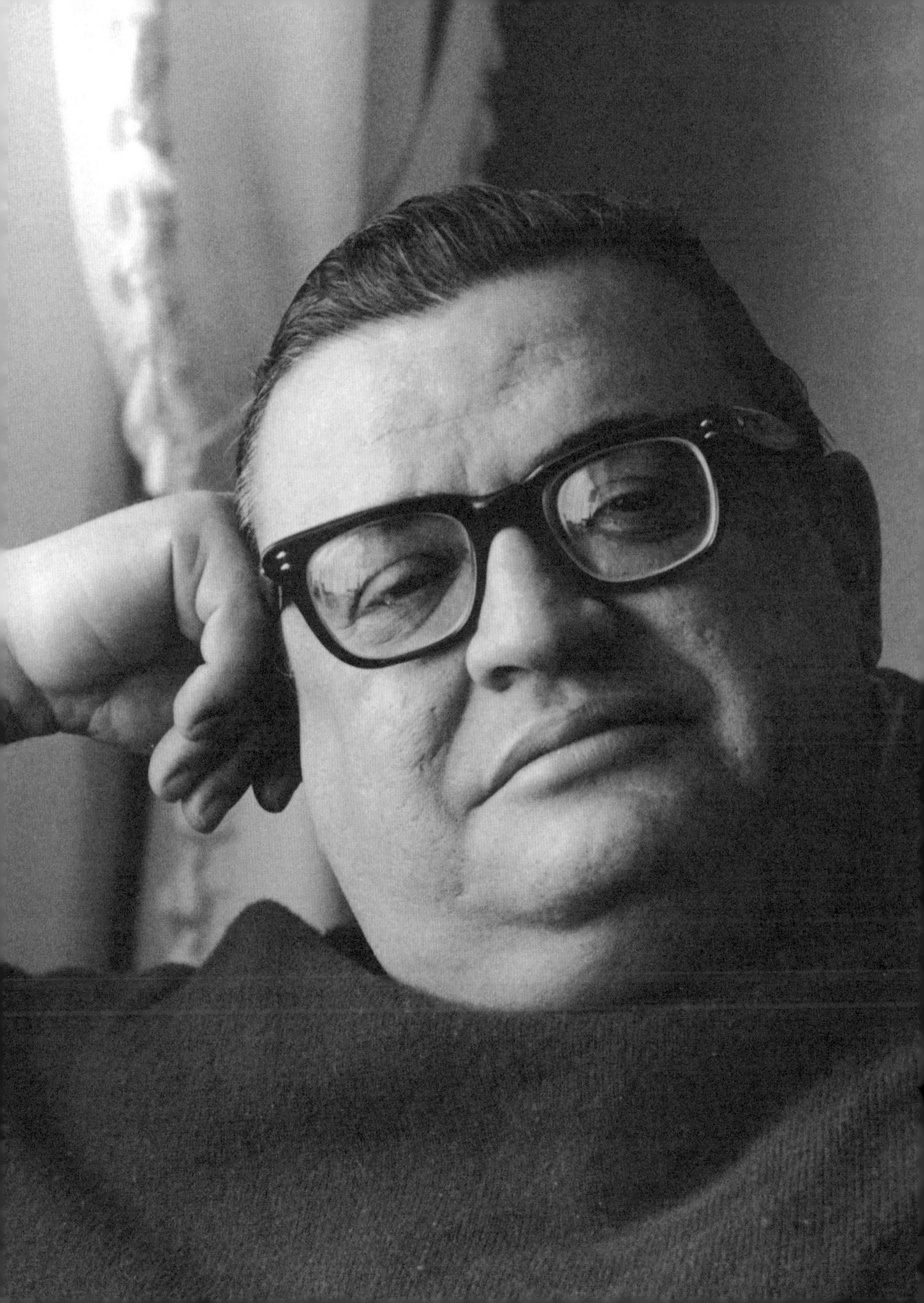

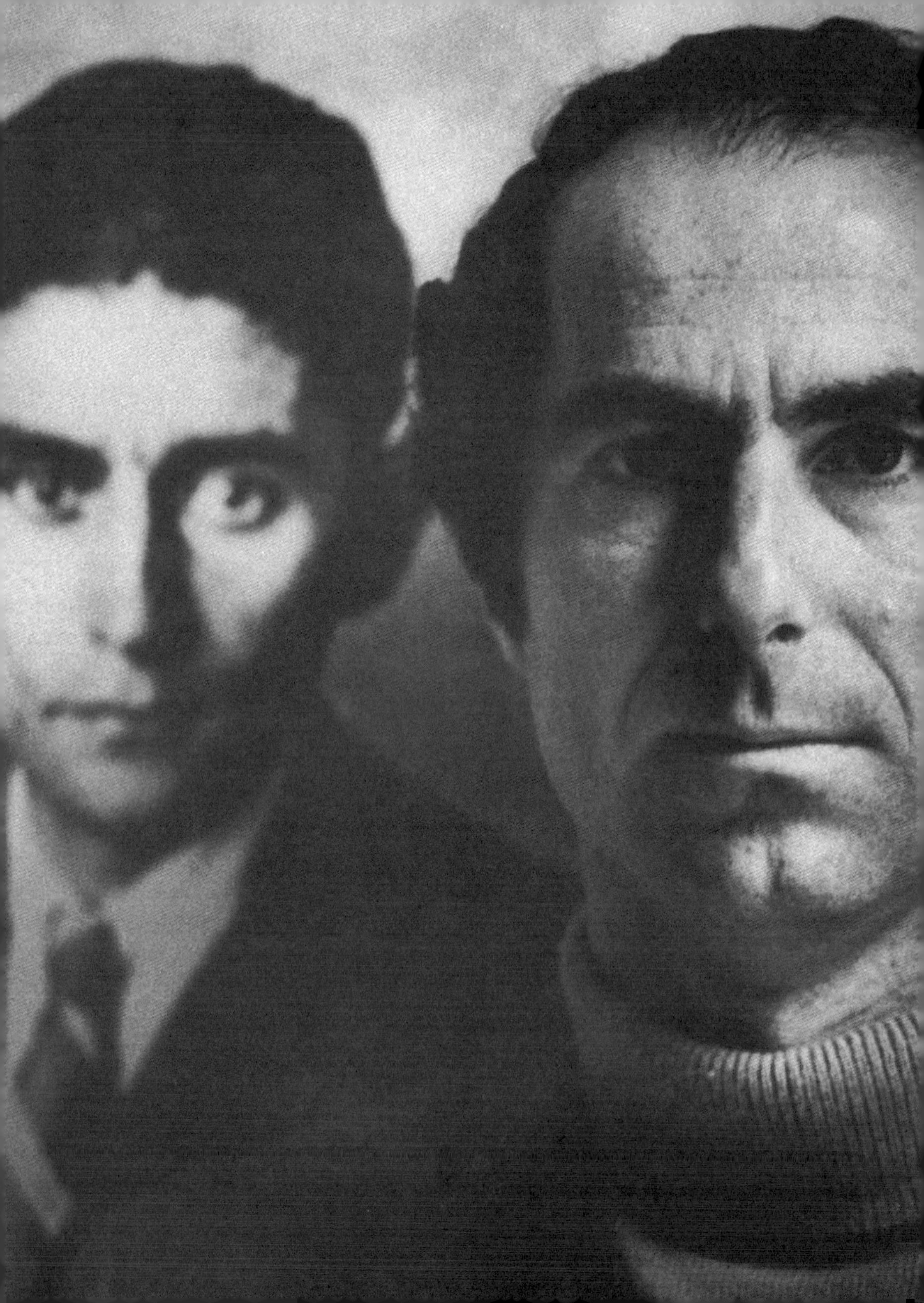

波特诺伊的怨诉 Portnoy's Complaint

菲利普·罗斯（Philip Roth）

作者生平：1933年生于美国，2018年卒
作者全名：Philip Milton Roth
首次出版：1969年，Random House（纽约）
原著语言：英语

    1969年，《波特诺伊的怨诉》首度出版便掀起了轩然大波，部分原因是其中直白且独具匠心的大篇幅的性描写，同时也因为书中描述了美国男性当时的状况。波特诺伊面临的问题有：对母亲的依恋、与异性交往时的困难和偶尔的自怨自艾。作者将这些问题称为综合征。罗斯的众多（男性）读者对这些情况都相当熟悉。除此以外，波特诺伊还是个犹太人，一个被正统思想压抑的犹太人。小说本身及书中的波特诺伊都试图批评这些被夸大的正统观念，但他却无能为力。从某种意义上看，这本书并不是要讲述故事，而是要描绘一段境遇。波特诺伊被困在一个无法满足他怪诞的、极端的梦想的世界里。读者并不会为此责怪波特诺伊。如果不是因为其他事件，他至少偶尔洞见自己境遇的症结所在。在描写这些内容时，罗斯选取了幽默而华丽的文风。

    20世纪60年代后，作者增加了直白的性爱内容。《波特诺伊的怨诉》或许正是因此才并未像当年那样极端。尽管它并未取得令人震惊的效果，但仍足以使人困窘不安。如今，这种效果依然丝毫未减。这本书真正的长处就在于波特诺伊这个人物以及他身上普遍的复杂性与羞耻感。**DP**

说谎者雅各布 Jakob der Lügner

尤雷克·贝克尔（Jurek Becker）

作者生平：1937年生于波兰，1997年卒于德国
首次出版：1969年，Aufbau-Verlag（柏林）
原著语言：德语
英译书名：*Jacob the Liar*

    《说谎者雅各布》旨在完成一桩"不可能的任务"，即以幽默的方式讲述关于大屠杀的故事。小说主要以尤雷克·贝克尔在犹太贫民区的幼年生活为基础。它采用回忆录的形式，由书中唯一的幸存者讲述。叙述故事并非由于朋友与亲人被放逐，当时正值悲剧发生前的平静时刻。

    小说叙事以雅各布·海姆为中心。为了鼓舞朋友们，雅各布宣称自己有一台可以私下收听盟军新闻的收音机。谎言变得越发不可收拾，雅各布甚至不得不编造温斯顿·丘吉尔的讲话。贝克尔向读者展示了希望在人们身上产生的效果。即便是传闻或虚构的谎言，它们带来的希望也足以维系人们的生活。有了希望，恋人相亲相爱，家人和睦相处，朋友也持续交往。这些希望构建了一张交际的网络。读者都清楚，贝克尔的这部小说必然会以悲剧结尾。当空荡荡的火车车厢等待城镇居民登车的时候，人与人彼此的联系提供了力量，并削弱了当时的恐怖氛围。

    《说谎者雅各布》原为电影剧本。作者文风轻快明晰，在谈论美好事物时还经常带着几分幽默。读过贝克尔这部关于大屠杀的小说之后，读者仍能保持理智的思绪。同时，读者还会发现，人类即便是在最恶劣的环境下也依然可以心存欢乐。**AB**

◀ 罗斯同卡夫卡的合影。罗斯表示，自己的创作灵感主要来自同为犹太裔作家的卡夫卡。

法国中尉的女人 The French Lieutenant's Woman

约翰·福尔斯（John Fowles）

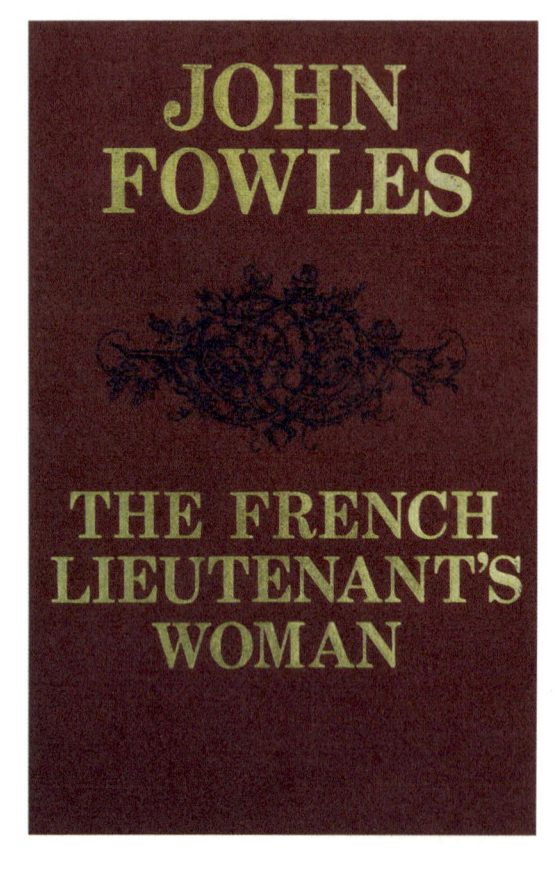

作者生平：1926年生于英国，2005年卒
首次出版：1969年，Jonathan Cape（伦敦）
原著语言：英语
史密斯奖：1969年

在《法国中尉的女人》中，约翰·福尔斯以完成不可能的任务为己任。他力图在作品中融合维多利亚时期的现实主义视角与愤世嫉俗的反思实验叙事手法。福尔斯在这部小说中实现了自己的志向，他完美地将故事与历史合为一体。文学评论界肯定了他的写作技巧以及他在人文主义上的抱负。这部小说对维多利亚时期的现实主义进行效仿，它用一种恰当且难以形容的叙事手法取代了现实主义所倡导的详尽而真实的手法。同时，它也认可19世纪现实主义的基础，它承认人类现实可以被描述，同意小说具有阐释的功能并在道德上具有尽可能反映现实的义务。

在故事中，19世纪的绅士查尔斯·斯密森爱上了一位神秘女郎——被人遗弃的情妇萨拉·伍德拉夫。置身20世纪的叙述者吊足了读者的胃口，他蔑视叙事者全知全能的幻觉，并认同阐释中的无限可能。他同时还使用了狄更斯的叙述手法，用亲昵的语气称呼读者。"亲爱的读者"这一称呼也确保了其余创作手法被读者所接受。脚注中的内容仿佛由学者和绅士所写，其中既有离题且冗长的历史背景，也有引自维多利亚时期经典作品的语句，对20世纪的自满情绪不乏挖苦之意。正像狄更斯与乔治·爱略特的读者一样，他们不但有兴趣而且也有能力理解他人。福尔斯的作品可以让人们看到维系彼此的纽带。**PMcM**

▲ 本书封面设计艺术家弗莱彻·锡布索普后来以大幅写实舞蹈绘画而知名。

▶ 1981年，梅丽尔·斯特里普在由卡雷尔·赖兹执导的电影中扮演了女主角。剧本由哈罗德·品特改编。

五号屠场
Slaughterhouse Five

库尔特·冯内古特（Kurt Vonnegut Jr.）

作者生平：1922年生于美国，2007年卒
首次出版：1969年，Delacourte Press（纽约）
其他书名：*The Children's Crusade: A Duty-Dance with Death*

库尔特·冯内古特的《五号屠场》是文学史上不可或缺的作品，它代表了20世纪文学的辉煌成就。小说集广泛的主题与复杂的结构于一身，还综合了自传与源自科幻小说的外星人时空穿梭题材。舒缓的文风将二者完美地融合。

这是一部荒诞的经典之作。德裔美国人比利·皮尔格林曾在第二次世界大战时期当步兵。在被外星人绑架后，他便可以"无视时间的存在"。读者不禁好奇，这个能解决全宇宙中一切问题、用他的作品为我们平添烦恼的人究竟是谁？本书的核心内容包括时间、记忆、以文学的形式将发明与经验融合。此外，冯内古特还拒绝使用任何虚假、不当的语言进行写作。

在比利·皮尔格林眼中，战争同穿越时间的外星人一样荒谬。在这部拒绝信奉任何权威的小说中，我们会随他经历他人生的不同阶段。冯内古特参与过第二次世界大战，他被监禁过，目睹了千万人的死亡，也经历过盟军对德累斯顿的大轰炸（译注：1945年2月13日至15日，由英国皇家空军和美国陆军航空队联合发动的针对德国东部城市德累斯顿的大规模空袭行动）。他将自己的人生经历写成文字，以蔑视一切权威。**SF**

时间就是这样。它不会改变，也不会给出警告或解释。它就是这样。用片刻衡量时间，你就会发现，我们不过都是……琥珀里的小虫。

▲ 同书中的主人公一样，冯内古特1969年"正在科德角过着安逸的日子"。这张照片便摄于此地。

持枪的盲人
Blind Man with a Pistol

切斯特·海姆斯（Chester Himes）

作者生平：1909年生于美国，1984年卒于西班牙
首次出版：1969年，Morrow（纽约）
其他书名：Hot Day, Hot Night
原著语言：英语

《持枪的盲人》以两位黑人警探——棺材主埃德与掘墓者琼斯为主人公。本书是系列小说的完结篇，它充分发挥了侦探小说这一文学类型的特色。在此前的作品里，海姆斯成功地将自己对美国无休止的种族歧视与社会不公的愤怒同这类文学体裁融为一体。小说写于巴黎，其中的故事则发生在纽约，作品因集超现实的暴力、政治抗议与警探小说于一身而魅力十足。在写作《持枪的盲人》时，海姆斯对这种繁杂的把戏已毫无兴趣。棺材主埃德与掘墓者琼斯生活在这个种族主义思想盛行并且由白人掌控的世界之中，这对他们起到了消极影响。他们同黑人社区对抗，同自己被迫屈从的白人司法体系斗争，因此已无法全力履行警探的职责。

起初，埃德与琼斯都是隐形的无名者。到最后，他们已变得心灰意冷、无能为力。他们毕生都在由白人掌控的警察局里任职，并被人歧视排挤。本书的罪犯——持枪的盲人也是个黑人，他曾向拥挤的地铁车厢肆意射击。在小说尾声，埃德与琼斯来到哈莱姆区荒废的工地里，开枪向老鼠射击。对于人们寄托着渴望与向往的民权运动而言，《持枪的盲人》称得上是一剂满怀绝望的解药。**AP**

魔杖
Pricksongs and Descants

罗伯特·库弗（Robert Coover）

作者生平：1932年生于美国
首次出版：1969年，E. P. Dutton（纽约）
原著语言：英语
直译书名：《对位旋律与分支旋律》

罗伯特·库弗以大众创作的神话、寓言、童话、电视节目及令人在夜晚难以入睡的莫名焦虑感为创作素材。他是运用这种创作手法的大师。他将人们熟知的题材玩弄于股掌，将故事变得邪恶而复杂，连最恐怖的童话都甘拜下风。故事中既有迪士尼风格的树林，也有撒满面包屑的小径。小鸟用儿童歌曲歌颂上帝的爱情。孩子们为什么歌唱？是因为他们都幼稚、愚蠢？还是为了安抚那位老人？老人凝视的目光中为什么满怀悲伤？是对往事感到后悔？或是因为他的人生已接近终点？零碎的细节与稚嫩的性爱能量一同燃烧。狂欢节的杂耍成了独立奔放的宇宙。肥胖的女士在这里变得瘦小，孱弱的男人则体重增长。人们以虚荣的方式，为彼此的爱情营造出一种声音交杂、荒诞且毫无秩序的混乱。

《对位旋律与分支旋律》（中文选译本为《魔杖》）中的语言透过棱镜发生折射。其中的短语既似曾相识，又像是新的词语。一切都视库弗展示给我们的侧面而定。意义、年谱成了根本元素。它们像电影中的快速淡入淡出一样迅速合并，有时是色彩的蒙太奇，有时则是在空白框架中插入的声响。库弗将原型变得真实，又将尘世变成了原型。睡前故事中充满了真实的阴暗，深深的恐惧开始浮现，连《圣经》中的人物也感到迷茫。上帝就是这个宇宙的主宰；在深层睡眠时，阴郁与沉闷的逻辑思维均由这个宇宙操控。
GT

奇迹之篷

Tenda dos milagres

若热·亚马多（Jorge Amado）

作者生平：1912年生于巴西，2001年卒
首次出版：1969年，Livaria Martins Editora（里约热内卢）
英译书名：*Tent of Miracles*

  若热·亚马多是20世纪巴西最伟大的小说家。这部作品是他最具政治讽刺性的小说，其中充满了对复杂的非裔巴西文化的描述。故事的主要场景是即将分崩离析的殖民迷宫佩鲁利诺，这条黑人聚居的街道就位于萨尔瓦多巴伊亚的中心。亚马多笔下最具魅力且众说纷纭的人物——佩德罗·阿尔尚若也在小说中登场。他是个自学成才的混血儿，身兼多职，包括烹饪书作者、诗人、兼职的人种志学者、狂欢节上的国王、黑人人权活动家、崇拜者、女性的大众情人等。在巴西白人文化名流的眼中，阿尔尚若还是个醉鬼、玩弄女性的人、浪荡子、无赖以及精明的江湖骗子。

  在小说开篇，阿尔尚若在凌晨因醉酒死在排水沟里。第二次世界大战此时正打得如火如荼。五十年后，东海岸美国研究院的诺贝尔奖得主詹姆斯·列文森发现了阿尔尚若已被世人遗忘的著作。于是他前往巴伊亚，靠自己发掘的这座文化金矿大赚了一笔。在本书出版后，人们开始对巴西黑人的地位进行探究，而在北美和欧洲，始终都是以成见、戏仿与恩赐的视角看待这些问题。亚马多用宽容的态度对不同的文化与种族间的通婚现象进行了赞扬。黑人和白人"将持续来到世上，他们会长大、交往，生下更多的孩子。无论哪个浑蛋都阻止不了他们"！这简直是一定的。**MW**

社工

A látogató

康拉德·哲尔吉（Konrád György）

作者生平：1933年生于匈牙利，2019年卒
首次出版：1969年，Magveto（布达佩斯）
原著语言：匈牙利语
英译书名：*The Case Worker*

  《社工》记录了一位社会工作者忙碌的一天。其间出现的各种问题包括：忠诚该不该有人情味、面对他人的巨大痛苦时的无能为力等。本书是康拉德·哲尔吉的首部小说，它在出版后便因其尖锐的现实主义手法以及对当代匈牙利社会阴暗面的披露而遭到匈牙利政府的批评。

  作者曾做过七年社工，小说主要取材于他的个人经历。故事的叙述者同时也是小说的主人公，他在国家福利组织照顾儿童，同时还要撰写工作报告。报告中的儿童均曾被人忽略、虐待或遗弃，他们有的是少年犯，有的智力迟钝，有些孩子的父母以自杀了此一生。对于从事这种工作的人，保持人性已成枉然。随着叙述不断深入，小说用有力的笔触描绘了社会底层的恐怖。故事不只发生在布达佩斯，也发生在所有的大都市。

  小说融合了社会学与文学视角，作者用抒情的语言、鲜明的现实主义手法记录了城市中肉体、灵魂与思想的堕落。由于拥护个人自由，康拉德的作品在20世纪70年代至80年代的大多数时间被禁。1989年之后，他的书才得以在布达佩斯露面。尽管如此，这部杰作在很久以前便已奠定了作者在世界文坛的重要地位。**AGu**

从莫斯科到佩图什基
Москва - Петушки

韦涅季克特·叶罗费耶夫（Венедикт Ерофеев）

作者生平：	1938年生于苏联，1990年卒
首次出版：	1969年，Samizdat
原著语言：	俄语
英译书名：	Moscow Stations

美酒佳酿在苏联相当难找，但韦涅季克特·叶罗费耶夫备受欢迎的中篇小说却为人们提供了解决方法。书中包含了烈性酒的配方、关于工作日平均饮酒量的表格（依据苏联计划经济政策制定）、情诗般的文字（"最初的恋爱或最后的悲伤，二者之间有何不同？"）、共青团书记之间的天定姻缘、诚实女工的故事，还有针对苏联文学、同性恋及其他苏联日常敏感话题的评论。《从莫斯科到佩图什基》是一本可以饮用的小说，韦涅季克特·叶罗费耶夫则是该文学类型的唯一创始人。

小说同"公路电影"如出一辙，故事中的旅途与人物忧郁沉思的内心之旅同步进行。在最初，这段旅行就不会抵达任何地方。叙述者"在路上"遇到了众多乐于谈论自己荒诞的人生经历的苏联百姓，这显然与政府推崇的理想生活格格不入。韦涅季克特·叶罗费耶夫曾因"意识形态问题"被五家大学开除，他用这篇有趣却以悲伤收尾的故事同自称能解答一切疑问的意识形态对抗。叙述者对真相的追寻只能以不断提出问题的方式进行。最后，想解释众多事件只能依靠神学，叙述者也只得像耶稣一样经受苦难。**IJ**

红唇
Boquitas pintadas

曼努埃尔·普伊格（Manuel Puig）

作者生平：	1932年生于阿根廷，1990年卒于墨西哥
首次出版：	1969年，Sudamericana（布宜诺斯艾利斯）
原著语言：	西班牙语
英译书名：	Heartbreak Tango

小说以胡安·卡洛斯·埃切帕雷在1947年离世的消息开篇，以嫉妒和卑鄙为主题的大戏即将上演。故事的主线剧情发生在20世纪30年代末的虚构城镇科罗内尔巴赫霍斯。作者精心为《红唇》设计了三角恋情节：内莉达与玛贝尔共同争夺胡安·卡洛斯·埃切帕雷，当她们发现他不仅穷困而且还身染肺结核之后便抛弃了他。胡安·卡洛斯的好友潘乔爱上了女佣拉瓦，但为了争夺玛贝尔的芳心，他不惜献出生命，于是他离开了怀有身孕的拉瓦。胡安·卡洛斯·埃切帕雷的母亲、他极具叛逆精神的姐姐赛莉娜、性欲强得足以令体虚的情圣唐璜丧命的寡妇也都被卷入了三角恋情。1968年，内莉达离世，种种关联都随她而去，小说也就此完结。

曼努埃尔·普伊格以连环漫画及探戈歌词等通俗素材开创了大众文学的新形式。各种声音（尤其是女性的声音）在小说中交汇，令人叹为观止，其中包括书信、日记、病历、刑事档案、广告口号、收音机广告、悔过书、具有双重含义的对话、电话聊天，以及为了追求客观而使用第三人称的内心独白。普伊格利用了读者的猎奇心态，他知道虚伪、恶毒的批评可以将人类社会摧毁，但这些话语通常都最接近真相。**DMG**

移居北方的时节

موسم الهجرة إلى الشمال

塔依卜·萨利赫（الطيب صالح）

作者生平：1929年生于苏丹，2009年卒于英国
首次出版：1969年，Heinemann（伦敦）
原著语言：阿拉伯语
英译书名：Seasons of Migrations to the North

    穆斯塔法·萨义德旅居英国，学有所成。同时，他也因多位英国性伴侣的死亡而进过监狱。回到苏丹后，他新婚不久便骤然离世。他的死显然是自寻短见。叙述者用片段重构了萨义德的生活，将他刻画成了一个错位的人。诉诸暴力的欲望在殖民者中代代相传，传到了曾经殖民地上的孩子手中。作者在叙述中隐藏了这种暴力倾向。

    与萨义德一样，叙述者也是个从北方归来的成功人士，或许他也在不经意间刻意淡化了暴力事件。之后书中又进一步给出了暗示：当萨义德的遗孀杀死自己和第二任丈夫时，叙述者本可以避免一切，但最终叙述者却被卷入暴力纷争，并且被迫成为同谋，因而只得尝试打破暴力循环的怪圈。

    小说用当地的性暴力事件描述殖民暴力，给读者一种毫不妥协的感觉。性暴力与殖民暴力的关联表明，不同的暴力可以在后殖民国家汇聚，读后令人倍感不安。1989年，苏丹政府将这本小说列为禁书。尽管如此，它仍然被叙利亚阿拉伯文学院评选为"20世纪最重要的阿拉伯小说"。 **ABi**

我的赫苏斯，直到不再见你为止

Hasta no verte, Jesús mío

埃莱娜·波尼亚托夫斯卡（Elena Poniatowska）

作者生平：1932年生于法国
首次出版：1969年，Ediciones Era（墨西哥城）
原著语言：西班牙语
英译书名：Here's to You, Jesusa!

    波尼亚托夫斯卡根据真实访谈塑造了赫苏斯·帕兰卡蕾斯这一人物。她是20世纪墨西哥历史的缩影，还代表了经历过苦难岁月并向往幸福生活的女性。作者本人以沉默的方式参与了访谈，并倾听了赫苏斯的独白。赫苏斯讲述了如何掌控命运的故事。小时候，她是个被母亲遗弃的孤儿，随父亲旅行，最后加入了革命军。她在战争中幸存，之后在乡下和首都从事过多种职业。她做过酒吧女招待、服务员、洗衣工，还制造过家具。她卷入了多起历史事件，包括基督战争（译注：1926年至1929年对抗墨西哥政府反天主教主义的大规模战争）和20世纪40年代的土地征用等。

    赫苏斯为人不屈不挠，她从不向男人或敌对势力低头。现实的阴暗也在她身上得到了体现。之后，赫苏斯加入了能令人感知超然世界的奥夫拉（译注：埃及神话中夜晚的太阳神）神秘教派。从此她变得听天由命、桀骜不驯。一切都不能阻止她，只有岁月和疲惫能终止她的生活方式，并结束她的谈话。作者对口语词汇精挑细选，还对非线性事件的顺序别出心裁地进行了编排。本书反映了现代墨西哥的崛起，同时它也是个人口述传记的典范。**DMG**

第五项业务
Fifth Business

罗伯逊·戴维斯（Robertson Davies）

作者生平：1913年生于加拿大，1995年卒
首次出版：1970年，Macmillan（多伦多）
三部曲：The Deptford Trilogy: Fifth Business（1970），
The Manticore（1972），World of Wonders（1975）

　　《第五项业务》是罗伯逊·戴维斯备受好评的"戴普特津三部曲"的第一部。这部小说让他赢得了国际声望，作者因灵活运用卡尔·荣格的精神及心理学说而闻名。荣格认为，我们用自己对原型的认识去理解世界，我们心中都存在各自的恶人和善人，这些关联会帮助我们了解自己。

　　小说的主人公邓斯坦·拉姆齐把自己理解为"第五项业务"。他"既不是书中的英雄，也并非刁民恶棍或红颜知己"，但他却对故事的展开至关重要。十岁那年，邓斯坦躲过了向自己袭来的雪球，结果雪球击中了浸信会牧师的妻子，使她早产生子，从此变得智力低下。之后，她在镇上引发丑闻，败坏了其家族的名声。扔雪球的斯汤顿是个好吹牛的男孩，他将秘密与愧疚感藏在心底，直到多年后，他也最终被愧疚埋葬。人到中年的邓斯坦仍承担着这份负罪感，但同时，他还从多种渠道得到了智慧，其中包括圣人的幽灵、耶稣会的享乐主义者和魔术师助手。由此我们可以看到荣格对上帝的认识，他将上帝视为基本的心理学概念，认为上帝连接了潜意识中的善恶两面。为了维系合乎道德的生活，人类需要发现并面对这两个方面。**MaM**

顺其自然
Play It As It Lays

琼·狄迪恩（Joan Didion）

作者生平：1934年生于美国，2021年卒
首次出版：1970年，Farrar, Straus & Giroux（纽约）
原著语言：英语
改编电影：1972年

　　琼·狄迪恩的小说以20世纪60年代的终结为主题。本书以女演员玛利亚·怀斯为主人公。她过着随心所欲的生活，在自己的声名中沉迷。狄迪恩效仿了海明威等美国现代派作家的风格，她拒绝使用抽象的语言，通过对半成形便利社交网络的边缘进行描述，进而开始关注玛利亚的世界。

　　全书弥漫着流行虚无主义（pop-nihilism）的思想。"顺其自然"是已终结的世界给玛利亚的建议，是犹如被夷为平地以兴建导弹靶场的故乡一样的老迈父母对她的忠告。玛利亚不羁而无助，没有感情的婚姻、朋友自杀身亡以及痛苦的流产体验都加速了她的灭亡。这些事件也是本书的要点。最终，玛利亚与她的女儿——她同这个由纯粹情感构成的世界唯一的联系共同被精神病院监禁。

　　狄迪恩的祖先自19世纪50年代起就在萨克拉门托河谷定居，玛利亚毫无方向的游荡因此才充满开拓精神，这在她驾车行驶在高速公路上时体现得尤为明显。这部摒弃20世纪60年代的作品创作于20世纪60年代末期。狄迪恩推崇纯粹的表现手法，她避免使用说教或表决心类的文字。她用极具个人风格的句子对人物进行塑造，本书的成功与此不无关联。**DTu**

周年纪念日 Jahrestage: Aus dem Leben von Gesine Cresspahl

乌韦·约翰逊（Uwe Johnson）

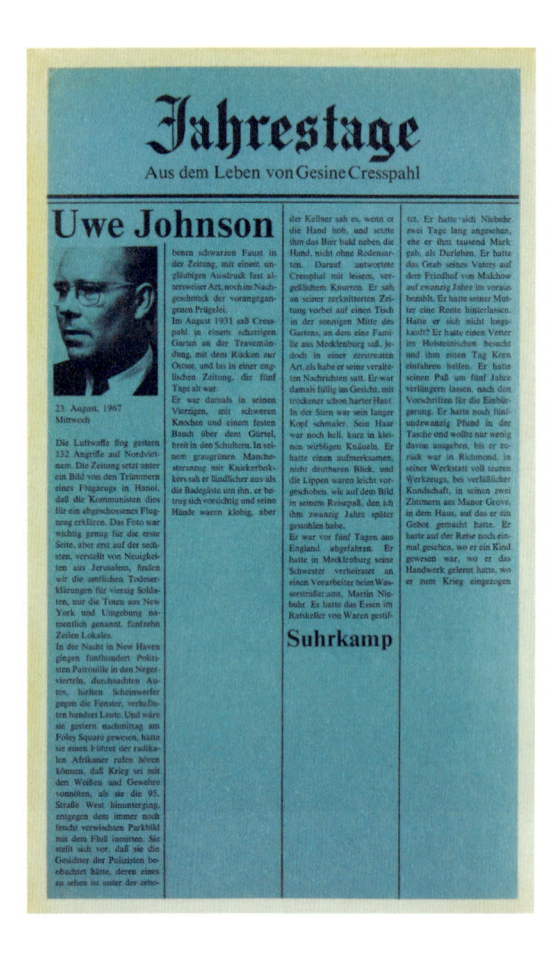

作者生平：1934年生于德国，1984年卒于英国
首次出版：1970年，Suhrkamp（法兰克福）
原著语言：德语
英译书名：*Anniversaries: From the Life of Gesine Cresspahl*

《周年纪念日》是乌韦·约翰逊的代表作，本书自德国帝王时代开始，至20世纪60年代的纽约结束，对这段时期的历史进行了分析。约翰逊在波兰出生，那里当时还是民主德国的领土。之后他从民主德国前往联邦德国，最终在英格兰肯特郡定居。在英国，他发现妻子是德意志民主共和国派来监视自己的间谍，因而精神崩溃。他正是在这段时期完成了《周年纪念日》一书。

《周年纪念日》分四卷出版，它描述了格西内·克雷斯帕尔在三百六十五天内的生活。格西内与玛丽同在纽约居住，玛丽是她之前与雅各布·阿布斯（约翰逊的早期小说《对雅各布的种种揣测》的主人公）的女儿。格西内同十岁大的玛丽谈起了自己的过去。在随后的叙述中，格西内开始用自己一年来在纽约的经历评述德国历史。之后，格西内搬回德国，与她在梅克伦堡小村庄的家人一同生活。故事同第三帝国的兴衰交织，同威廉二世与魏玛共和国的时代紧密相连。之后，故事又回到了当时正被分裂的德国。在玛丽心中，这些信息都不过是耳边风。而格西内则发现身在美国的自己始终都是个陌生人，为此她宁愿放逐自己，重返德国。

在《周年纪念日》中，作者将复杂的时间层次重叠，并借此构建了整个故事，这一创作技巧相当高明。然而，小说宏大的篇幅却令众多读者望而却步。2000年，玛格雷特·冯·特洛塔将小说改编为电影，并借此重新确立了约翰逊在文坛的地位。如今在战后德国，他的地位已同君特·格拉斯和海因里希·伯尔不相上下。**MM**

历史可以拆毁人的房子。
——乌韦·约翰逊

● 在民主德国与联邦德国的生活令约翰逊难以忍受，他情愿放逐自己，选择去英国和美国过动荡的生活。

胡里乌斯的世界 Un mundo para Julius

阿尔弗雷多·布里斯·埃切尼克（Alfredo Bryce Echenique）

作者生平：1939年生于秘鲁
首次出版：1970年，Barral Editores（巴塞罗那）
原著语言：西班牙语
英译书名：*A World for Julius*

小说《胡里乌斯的世界》主要以教育、成长、解惑为主题。主人公来自秘鲁首都利马的上流社会，是家中最小的孩子。在他出生后，父亲便离开了这个世界。在五岁到十二岁时，他开始对这个世界进行探索，明白了人们的行为如何受环境影响。阿尔弗雷多·布里斯·埃切尼克对年轻的胡里乌斯在多个社交圈子里的活动都进行了描述。他出入众多场合，包括总督子孙破败的官邸、由终日沉迷于晚会与高尔夫球赛的投机商修建的新式豪宅，以及教授音乐的乐趣、对学生关怀备至并且学费不菲的学校（但那里也有伤痛与屈辱），还有用人的茅屋与破落子弟居住的公寓。这些经历让孩子领悟到了死亡（亡者中既有他未曾谋面的父亲，也有他最要好的姐姐、对他如同母亲般呵护有加的女佣），并体会到了友谊与爱情的真谛（他的母亲、继父与兄弟姐妹都一贫如洗；他对女佣以诚相待，时而还被她们的经历所打动）。

小说的结局模棱两可，作者并未透露哪个世界会是胡里乌斯的最终归宿、少年究竟会被送往哪个世界以及他是否能独自承担一切。作者的文风极具个人特色，他对口语进行了灵活运用，自由变换叙事角度，并使用了兼具讽刺与感伤的自传式语气。这些特点为他的作品指明了新的方向，奠定了他在拉美文学爆炸时期的作家中的地位。

DMG

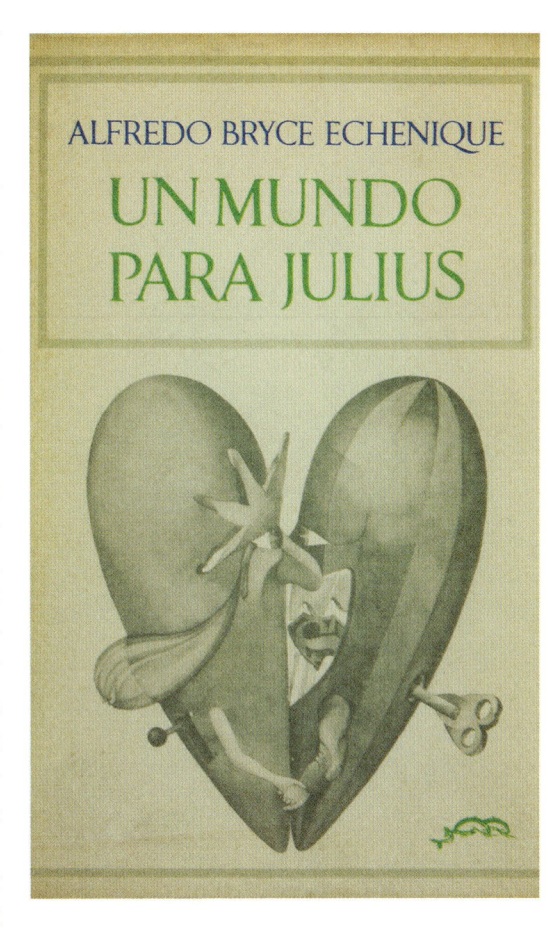

> 作家是种能令人惊叹的生物。
> ——阿尔弗雷多·布里斯·埃切尼克

▲ 秘鲁作家布里斯·埃切尼克以讽刺的视角看待南美富人家庭中的成长经历。

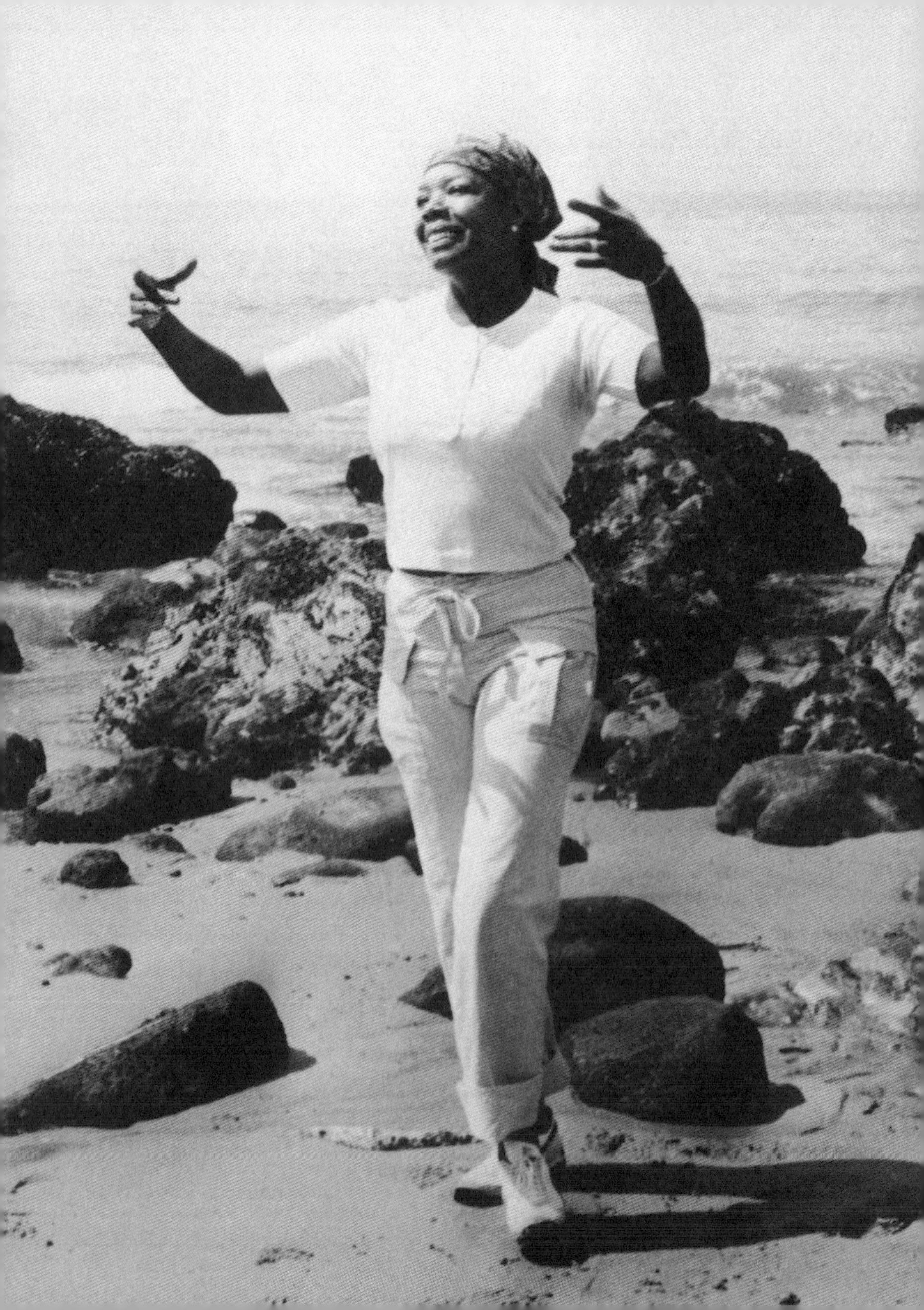

我知道笼中鸟为何歌唱 I Know Why the Caged Bird Sings

玛雅·安吉洛（Maya Angelou）

《我知道笼中鸟为何歌唱》是集歌手、诗人、演员与作家等身份于一身的玛雅·安吉洛五卷本自传的首部作品，也是美国黑人文学的一座里程碑。安吉洛用独特的抒情文风回忆了自己生命最初的十七个年头。她叙述了自己20世纪30年代在美国居无定所的童年生活与几经变更的感情世界。在父母离婚后，玛雅与哥哥贝利从加利福尼亚被送到了仍然实行种族隔离制度的美国南方，与他们在阿肯色州乡下的奶奶一同生活，当时两人分别只有三岁和四岁。他们把奶奶叫作妈咪。妈咪为他们确立了严格的道德标准。在玛雅八岁时，她搬到圣路易斯与自己的母亲生活。在这段日子里，和母亲同居的男人对她进行了性骚扰并且强奸了她。之后，她与哥哥回到了妈咪身边，后来又再度与母亲及她的丈夫在加州居住。本书在玛雅的第一个孩子盖伊出生后结束。

玛雅·安吉洛是美国民权运动中的重要人物。她曾在20世纪60年代为美国黑人的权益而斗争。她还是马尔科姆·艾克斯的密友，之后又结识了马丁·路德·金。1968年，马丁·路德·金被暗杀，安吉洛在同詹姆斯·鲍德温与漫画家朱尔斯·费弗交谈后得到了灵感，她决心用这部《我知道笼中鸟为何歌唱》来悼念自己离世的朋友，同时也向人们宣扬她同种族歧视进行的斗争。在种族矛盾依旧尖锐的南方，玛雅·安吉洛回忆了儿时的苦痛，并探索了自己作为黑人女性的成长历程。她对文学的热爱不仅鼓舞人心，而且还可以弥合个人同文化情感间的差异。**JW**

作者生平：1928年生于美国，2014年卒
作者教名：Marguerite Ann Johnson
首次出版：1970年，Random House（纽约）
原著语言：英语

▲ 在精心布置的火堆旁边，玛雅·安吉洛大秀身材，拍摄了音乐专辑《卡里普索小姐》的封面照片。

◀ 热情奔放的玛雅·安吉洛发现了自己对文学的热爱。她在旧金山的海滩上欢乐地迎接人生。

丰饶之海 豊饒の海

三岛由纪夫（三島由紀夫）

作者生平：	1925年生于日本，1970年卒
首次出版：	1965—1970年，新潮社（东京）
原著语言：	日语
英译书名：	*The Sea of Fertility*

　　《丰饶之海》是三岛由纪夫的遗作，由四卷组成。小说最初以连载的形式发表于日本文学杂志《新潮》。第一卷《春雪》中的故事发生在1910年前后，地点位于与世隔绝的日本东京皇宫。作者描述了青年贵族松枝清显与情人聪子之间的绝望之恋。在聪子同王子订婚前，清显始终同她保持着距离。订婚之后，不可能的爱情变得格外真实，他们开始绝望而狂热地恋爱。清显的密友本多繁邦目睹了一切。在清显死后，本多便开始寻找转世后的清显。

　　在之后的第二、三卷《丰饶之海》（即《奔马》与《晓寺》）里，主人公分别是20世纪30年代的政治狂热分子与"二战"前后的泰国王子，这些人物身上都具有清显的影子。到第四卷《天人五衰》，主人公则成了生于20世纪60年代的邪恶孤儿。在这一卷中，本多仍在寻找涅槃后的清显。小说的结局说明，人类的生命不可挽回，生命的终结也不可避免。到了精彩的尾声部分，本多幡然领悟，他懂得了重温过去或是令亡者复生都不可能实现。有人将这部小说看作日本的《追忆似水年华》（见本书第325页）。本书就如何看待生命与回忆提供了诸多启示。**KK**

最蓝的眼睛 The Bluest Eye

托妮·莫里森（Toni Morrison）

作者生平：	1931年生于美国，2019年卒
首次出版：	1970年，Holt, Rinehart & Winston（纽约）
原著语言：	英语
诺贝尔文学奖：	1993年

　　托妮·莫里森在自己的首部小说里讲述了布里德洛夫一家的故事。他们从乡下搬到了俄亥俄州的洛雷恩定居（那里也是作者本人的出生地），这家人颠沛流离的生活与女儿佩克拉的疯癫象征了黑人在确立个人身份的过程中遭遇的坎坷，这个过程已同种族歧视无关。

　　性别、种族与经济状况导致十一岁的女主人公陷入了她的悲剧命运。佩克拉执意拥有最蓝的眼睛，这说明黑人女性的身体已被白人男性的文化操控。莫里森尖锐地指出，即便是在商品文化背景下，黑人的观念仍会受到压抑。小说复杂的时间结构与不断变化的观点在某种程度上为他们的观念确立了不固定的模式，从而使其得以同占统治地位的白人文化相抗衡。参与叙述的少年姐妹克劳迪娅与弗雷达·麦克蒂尔则行使了自己的权利，树立了自己的威信，因而同备受压抑的布里德洛夫一家构成了对比。

　　在这部早期的小说中，莫里森发掘了隐藏在话语中的韵律，她以敏锐的洞察力驾驭了多变的文字。这首诗歌中还蕴含了她对人类生活的愿望。**VA**

> 在托妮·莫里森之前，非洲裔美国人并没有成熟的文学传统，而她创造了历史。

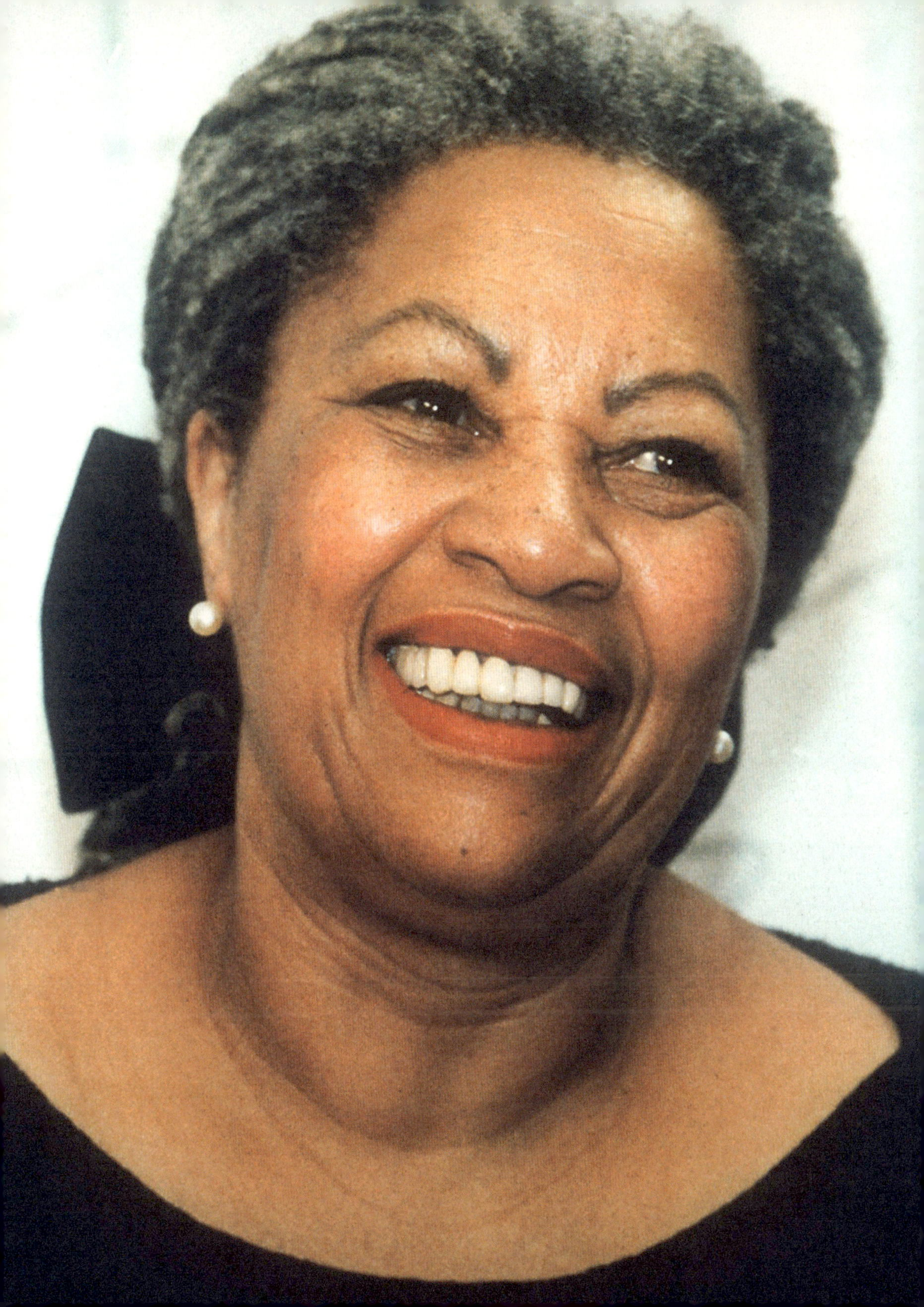

兔子归来 Rabbit Redux

约翰·厄普代克（John Updike）

作者生平：1932年生于美国，2009年卒
首次出版：1971年，Alfred Knopf（纽约）
原著语言：英语
普利策奖：1982年，1991年

　　《兔子归来》是约翰·厄普代克的"兔子四部曲"系列小说的第二部。故事发生在1969年，距离《兔子，跑吧》（见本书第545页）的故事结束已有十年之久，地点则位于宾夕法尼亚州的布鲁尔市。兔子是哈里·安斯特洛姆的昵称，"兔子四部曲"讲述的就是他的故事。他从高中时的篮球明星变成了年轻的丈夫和父亲，人到中年后，退休回家。

　　厄普代克笔下的这位寻常百姓此时已到而立之年，即将来临的中年生活令他心生不安。《兔子归来》以"阿波罗11号"登月为背景，极具超现实主义特色。在兔子混乱不堪的一生里，传统价值观与等级制度发生冲突，反主流文化运动也不可挽回地在20世纪60年代爆发，一切都为这座美国小城带来了众多积极或毁灭性的变化。兔子这段守旧的婚姻已经破裂，他只得承认，更多的事情正在他周围发生，迫使他开始同自己的出身——美国中西部工人阶级相抗衡。兔子的人生已不再确定，这也威胁到了他同家人及同事的关系。然而，兔子的内心突然成熟，他的人生也因此被改变。

　　《兔子归来》不仅对20世纪60年代进行了描绘，而且还重现了这一时期的情感。读者进入了一个肉欲和政治都混乱不堪的世界，但同时他们也看到了感人且辽阔的未来。**AB**

白内障 Більмо

米哈伊洛·奥萨德齐
（Осадчий Михайло Григорович）

作者生平：1936年生于苏联，1994年卒于乌克兰
首次出版：1971年，Smoloskyp（巴黎/巴尔的摩）
原著语言：乌克兰语
英译书名：*Cataract*

　　本书是一部发挥过巨大影响的20世纪60年代苏联地下文学作品。本书作者——乌克兰记者及诗人米哈伊洛·奥萨德齐在书中对自己遭到逮捕与监禁的经历进行了记录。他被指控犯下反对苏联以及参与乌克兰独立活动等多项罪行。在被捕入狱前，他本人对这些"罪行"都一无所知。

　　一般而言，乌克兰地下文学作品的国际影响力不及苏联的同类作品。部分原因在于运送作品出境有着更高的难度。同时，世界人权团体与多数苏联政策研究专家也认为，分析苏联问题的关键应该是它的"核心"区域——莫斯科与列宁格勒。非俄罗斯共和国的文学作品尽管具有某些优势，如民族自我认同感、对文化自主与政治独立的要求等，但这些作品仍然会被人们忽略。

　　《白内障》（在这里指的是一种视物模糊的疾病）不仅是作者对审判与逮捕经历的记录，同时也反映了他在监狱中的梦想与幻想。有读者认为，这些幻梦是由轻度精神错乱所导致的，但这些梦境更能反映苏联制度对个人心灵的摧残和打击。无论是在日常生活中，还是在监狱或劳改营里，这种伤害都同样巨大。《白内障》由一位思想具有深度的作家所写，它不仅记录了一段特定的历史时期，而且也是一份关于人类精神在逆境中的永恒宣言。**VR**

女士及众生相 Gruppenbild mit Dame

海因里希·伯尔（Heinrich Böll）

作者生平：1917年生于德国，1985年卒
首次出版：1971年，Kiepenheuer & Witsch（科隆）
原著语言：德语
英译书名：*Group Portrait With Lady*

  海因里希·伯尔在这部为他赢得诺贝尔奖的小说里为众生勾画了一幅群像。小说记录了1890年至1970年的德国历史，作者对多位人物的心理描述千差万别，同时又极具说服力。书中的人物包括青年学者、犹太修女、女性自由斗士、臭名昭著的暴发户、政治投机分子以及呆若木鸡的纳粹党人等。然而，莱尼·法伊弗始终都是人们竞相猜测的对象。她是这幅画作中的核心人物，众多访谈、信件与个人逸事全都因她而起。叙述者从自己的视角观察莱尼，赋予了这个天真无邪、金发碧眼的女主角几分神秘色彩。尽管如此，她仍是个超凡脱俗的人物。她坚持超越种族与社会的界限，是集叛逆与智慧于一身的角色。

  伯尔的作家生涯同"四七社"的目标密切相关。这一文学社由阿尔弗雷德·安德施（Alfred Andersch）和瓦尔特·里希特（Walter Richter）在1947年创立于联邦德国。这些作家喜欢关注自己同逃离纳粹统治的德国知识分子之间的差异。"四七社"作家起初便呼吁少量使用现实主义风格，以便清除纳粹的宣传式语言。《女士及众生相》中的自然主义叙事手法暗示了现实生活的复杂性。这在小说结尾表现得尤其明显，叙述者开始通过积极参与事件表达自己的喜好。**MC**

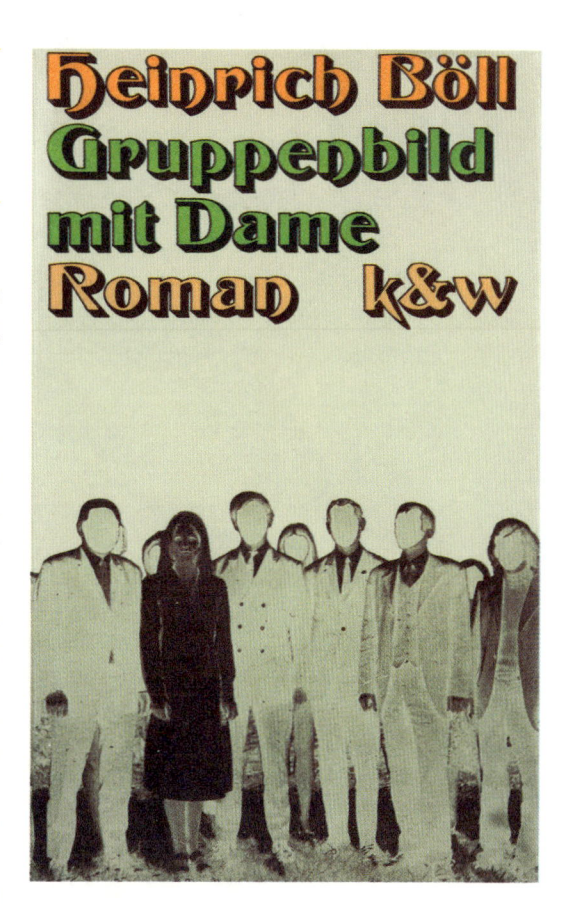

作者并不清楚莱尼生活的方方面面，他的全部努力不过是想使关于莱尼的信息看起来像事实一样。

▲ 德文版封面用一群没有脸的人来突出黑色的莱尼形象。

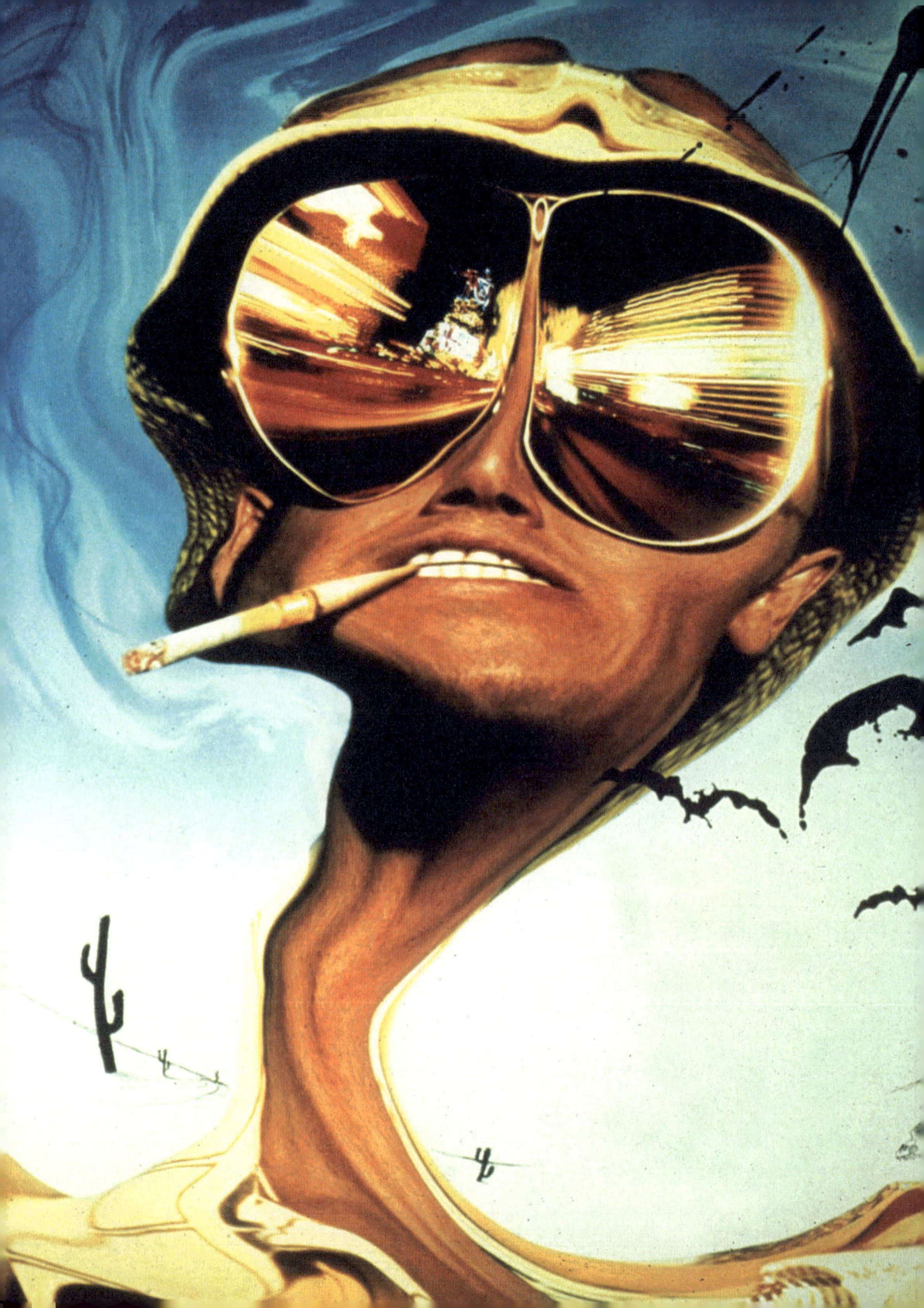

惧恨拉斯维加斯 Fear and Loathing in Las Vegas

亨特·汤普森（Hunter S. Thompson）

作者生平：1937年生于美国，2005年卒
首次出版：1971年，Random House（纽约）
完整书名：*Fear and Loathing in Las Vegas: A Savage Journey to the Heart of the American Dream*

　　"我们位于沙漠的边缘，地点就在巴斯托附近，毒品此时开始发挥效力。"与其他现代小说的开篇相比，汤普森的作品显得别具一格。在小说中，叙述者在好友——一位萨摩耶律师的陪伴下携带了大量毒品前往拉斯维加斯一带，目的则是采访纽约体育杂志举办的沙漠用越野汽车及摩托车拉力赛。预先服用过一箱违禁毒品之后，二人将一切责任感都抛在脑后，于是便开始了他们的疯狂历险。抵达拉斯维加斯市区后，越发狂热的他们做出了多个值得商榷的决定，其中之一便是前往正在召开全国地方检察官协会关于麻醉剂与危险药品会议的宾馆躲藏。

　　两位主人公用自我放纵体现了美国的过度消费，这是对轻率的消费主义的效仿。同时，这场旅途还对传统的美国自由观念进行大力颂扬。在尼克松总统的首个任期内，美国正在同越南开战，烧毁兵役证或吸食大麻都会被捕。《惧恨拉斯维加斯》需要用感觉去体验，它扭曲的情节令读者分不清哪些事刚发生过、哪些事正在发生、哪些事可能会发生。本书以充满活力的、欢愉的方式摧毁了这座终极的后现代都市。作者表明，想抗拒拉斯维加斯贪婪的要求，最好的办法就是预先鼓起自己的勇气，这样你才无法听从城市的号令。**RP**

来点乙醚怎么样？

- 2003年，汤普森正在享用雪茄。两年后，他自杀身亡。在葬礼上，人们将他的骨灰装进大炮射了出去。
- 1998年，汤普森的好友约翰尼·德普在特瑞·吉列姆执导的电影《惧恨拉斯维加斯》中饰演了这位作家。

20世纪 | 645

但以理之书
The Book of Daniel

E. L. 多克托罗（E. L. Doctorow）

作者生平：1931年生于美国，2015年卒
作者全名：Edgar Lawrence Doctorow
首次出版：1971年，Random House（纽约）
原著语言：英语

《但以理之书》对美国不同形式的政治抗争的本质及有效性进行了梳理，并论述了从20世纪40年代与50年代的老左派到20世纪60年代新左派的转变。叙述者丹尼尔·艾萨克森在书中描述了继承父母的政治理念与家族遗产的艰辛。他的父母——埃塞尔与朱利叶斯·罗森堡因向苏联传递核武器机密而被国家在1953年处以死刑。

小说就政治权力如何在个人与机构手中得到体现提出疑问。同时，它还探讨了如何避免政府与社团集中并滥用权力。丹尼尔的父亲曾在"积极与消极"的激进主义之间做出抉择；软弱而自大的阿蒂·施德利西特也发表过反文化宣言，号称要"用概念颠覆美国"。而在丹尼尔眼中，他只看到了幻灭和僵局。前者天真幼稚，轻易便被国家毁灭。后者则通过迪士尼乐园得到了完美体现，它用主题乐园的世界为大众提供了"简约的速记文化"。为了调解父母的激进主义政治遗产与自己幻灭的世界观，丹尼尔必须面对自己破碎的人生。这份关于抗争与家庭的记录既不支持个人斗争会征服一切的乐观信念，也不会屈从于"一切政治斗争都徒劳无功"的悲观观点。**AP**

很少有关于《旧约圣经》的书能像《但以理之书》一样充满谜题。

1973年，潘出版社在伦敦发行了本书的平装版。封面融合了共产主义的红色与象征犹太人的黄星。

女孩和女人们的生活
Lives of Girls & Women

艾丽丝·门罗（Alice Munro）

作者生平：1931年生于加拿大，2024年卒
首次出版：1971年，McGraw-Hill Ryerson（纽约）
原著语言：英语
电视剧：1994年

《女孩和女人们的生活》是艾丽丝·门罗继夺奖短篇小说集《快乐影子之舞》之后的首部作品。本书的多个版本当时都未经作者本人许可。小说内容极具自传色彩，德尔·乔丹所处的环境与门罗幼年生活过的安大略乡下十分类似。青春少女德尔既信奉传统，又满心期待肉欲之爱，这使她陷入了两难。她母亲认为性爱自由代表了妇女解放，但她对此并不认同。

本书由多个独立章节组成，其形式介于传统小说与短篇合集之间。片段的形式十分适合本书内容，门罗把那些改变我们或他人生活的冲动融入了故事，使其中既包含我们的自我形象与幻想，又符合我们的期望。"尾声：摄影师"指的是德尔着手创作的一部小说，其中讲述了邻居们的恐怖故事。同小说人物在现实生活中的原型相遇使德尔开始以崭新的姿态面对人生。她发现，平凡的生活兼具"枯燥、简约、绝妙与莫测的特点，像是表面铺着油毡的深洞一样"。这句话也成为门罗本人的艺术宣言。书中的德尔开始学习体恤他人，而并非仅将别人视为创作素材。当她理解了日常生活中的矛盾之后，小镇街道、自然风光与瓦瓦纳什河的两岸看起来都充满了生机。**ACo**

女主人
House Mother Normal

B. S. 约翰逊（B. S. Johnson）

作者生平：1933年生于英国，1973年卒
首次出版：1971年，Collins（伦敦）
原著语言：英语
完整书名：*House Mother Normal: A Geriatric Comedy*

B. S. 约翰逊用锐利的笔触重建了老年福利院的世界。由于赞助费用相当微薄，虐待病人在老人院已司空见惯。《女主人》的结构按心理与道德问题划分。小说由独白开篇，首个登场的人物是心智健全的萨拉·拉姆森，她因风湿病导致行动不便。之后出场的是九十四岁的罗塞塔·斯坦顿，她身体和精神上的疾病已多得难以列举。在老人院里，罗塞塔无关紧要，她也不值得怜悯，因为"她并不比别人少些什么"。她的话语零碎地散落在纸上，毫无目的，也毫无关联。

对于读者，阅读本书令人不安，着实是种挑战。约翰逊为我们提供特权，使我们可以直接进入众多叙述者的思想。在这家毫无秩序的老人院里，一切纷争本可避免。病人对他们一生中的悲欢进行回忆，只有女护士恐怖的击鼓传花游戏可以打断他们。她安排这个游戏完全是为了从虐待中体会满足感。作为旁观者，我们可以随时继续思考或揣测，我们有选择不接受老人院虐待的自由。约翰逊迫使我们体会到了这份自由，而每位叙述者却依然深陷在痛苦与麻木之中。**DJ**

自由国度 In a Free State

V. S. 奈保尔（V. S. Naipaul）

作者生平：1932年生于特立尼达和多巴哥，2018年卒于英国
首次出版：1971年，Deutsch（伦敦）
布克奖：1971年

《自由国度》曾在1971年夺得布克奖。这部小说由两则短篇故事与一部中篇小说构成，序言与尾声都采用了日记的形式。本书是奈保尔最为驰名的作品之一，它对错位及自由在错位环境下的意义与局限性进行了探讨。

在第一篇故事中，一名印度仆人跟随主人外交官一行来到华盛顿。在被政府视为非法移民后，他最终通过婚姻取得了合法身份。在第二篇故事中，一位来自西印度群岛的印第安人同兄弟来到英国，最后他被留在当地自谋生计。从这两则故事中我们可以看出，只有当一个人失去在故乡曾为他提供意义与保障的依赖感之后，他才会获得自由。

书中篇幅最长的故事"自由国度"发生在非洲新近独立的无名国家。同性恋者鲍比在殖民地担任公务员，平日素以勾引黑人男青年为乐。琳达的丈夫在殖民地电台做主持人，她内心对非洲人无比厌恶。鲍比与琳达开车到了仍由国王所统治的科莱克特勒特南部。他们在旅途中同当地居民爆发了多起冲突——从言语侮辱到蓄意毁坏物品，最终还引发了暴力事件。旅途开始时他们对旧殖民地的自信正逐渐消失，新生的自由国度用残酷的现实表明，流放者的国度即将诞生。**ABi**

浮现 Surfacing

玛格丽特·阿特伍德（Margaret Atwood）

作者生平：1939年生于加拿大
首次出版：1972年，McClelland & Stewart（多伦多）
原著语言：英语
改编电影：1981年

《浮现》是玛格丽特·阿特伍德的第二部小说。它集中了惊悚小说、鬼故事、游记与先锋叙事作品的诸多特点，并在故事的悬念与真知灼见之间建立了完美的平衡。在小说中，无名叙事者的父亲神秘失踪，于是她返回了位于偏远的出生地——魁北克的小岛。她的同伴——男友乔伊及令人生厌的安娜与大卫夫妇都是首次离开都市生活。抵达小岛后，秘密犹如沉溺在环岛湖水中的杂物一样"浮现"。孤独缓缓地将众人心中的虚弱、虚荣与成见释放。过去和现在的压力持续增长，叙事者终于成为兽性大发的妄想狂。最终，她幻想自己发现了满是北美原住民图案的水下洞穴，而她后来则像萨满巫师一样与自然结盟。

小说《浮现》中满是对界限的质疑，其中包括语言的界限、国家认同的界限、"家"的界限、性别的界限以及身体的界限。小说所刻画的这位被商业化及旅游业所改变的加拿大乡下人是一大亮点。本书说明，除难民或部队以外，庞大的资本及大众传媒都需要跨越边界。作者用简明扼要的语言讲述了一个关于归属与错位的故事。
SamT

G.

约翰·伯格（John Berger）

作者生平：1926年生于英国，2017年卒于法国
首次出版：1972年，Weidenfeld & Nicolson（伦敦）
原著语言：英语
布克奖：1972年

《G.》记录了无名主人公在世纪之交时的性行为（为帮助读者理解，书中还特地将这个人物称作"主人公"）。故事发生在1898年，加里波第此时还颇有影响力，米兰工人革命刚刚失败。小说用亲昵的语气叙述了这位当代唐璜的数次欢愉时光。他对卧室以外发生的灾难似乎不以为意。《G.》探索了个人经历最终转变为社会关系的历程。

极具实验性的叙事风格是小说最显著的特点。小说主要由叙事者与被他引诱的女人讲述。关于小说"主人公"的看法不断累积，他已不再是小说起初的确定人物。小说的成功不仅在于其性爱内容，而且同使用主体间性（译注：人对他人意图的推测与判定）的叙事手法也不无关联。小说人物首先利用他们关于意识的经验，在对经验有所了解后才具体付诸实施。小说的情色意味也正是以这种方式得到了体现。作者通过刻画感官进行叙事，而并非将主人公同外界隔离。这种叙事方法更能唤醒主人公的意识，使他关注周围的压迫与不公。**VA**

夏日书 Sommarboken

托芙·扬松（Tove Jansson）

作者生平：1914年生于芬兰，2001年卒
首次出版：1972年，A. Bonnier（斯德哥尔摩）
原著语言：瑞典语
英译书名：*The Summer Book*

作家、艺术家托芙·扬松因备受读者喜爱的"姆咪谷"系列童书而享有盛名。《夏日书》是她为成年人所写的十本小说之一，如今已被人们视为斯堪的纳维亚半岛的当代经典。这本书在当地十分畅销，而且从未绝版过。

《夏日书》大体取材于作家的个人经历。小说描述了老年艺术家与她六岁的孙女索菲亚在芬兰湾的一座小岛上共度的夏日时光。这是一本充满魔力的书，其中既有忧伤，又有淡淡的幽默。读者会渐渐被母亲刚刚离世不久的索菲亚、她的祖母以及总是不能陪伴她的"爸爸"等人的生活所吸引。鲜明而极具深度的人物将叙事向前推进，尽管人物之间实际上并未发生过多的事情。在这个夏日时节里，老妇人与小女孩在小岛上过着安然恬静的生活，她们收集浮木，探讨死亡，种植新草坪，还相互惹恼对方。她们用笔将被踩过三次的苔藓等内容记录下来，这种悠然间写出的文字格外细腻。读者可以借此理解祖母同孙女之间特殊的关系。而作者托芙·扬松的文字却并非满含深情。整个夏天缓缓地从人物的身边经过，她们了解了彼此的弱点与个性。这份深厚而质朴的爱超越了家庭的界限，并扩展到了整座岛屿、整个季节。**LE**

恍惚的人
恍惚の人

有吉佐和子（有吉佐和子）

作者生平：1931年生于日本，1984年卒
首次出版：1972年，新潮社（东京）
原著语言：日语
英译书名：*The Twilight Years*

随着人类的平均寿命不断延长，老人对家庭的影响越发重要。这一社会问题已变得越来越尖锐。在这部小说中，有吉佐和子用锋利而满怀慈悲的笔触表达了她对该问题的关注。作家用娴熟的技巧将读者引入20世纪70年代的日本职业女性昭子的生活。婆婆的骤然离世将她繁忙的生活撕成了碎片，而原本傲慢、暴躁、自私的公公茂造此时却患上了早期阿尔茨海默病。由于昭子是个女人，照顾老人的工作便落到了她的头上。

有吉佐和子着重刻画了不同性别的两代人如何在飞速变化的日本维系彼此的关系。不过，小说的重点始终都是老年人如何在精神与身体机能衰退时承受难以忍受的痛苦。有吉佐和子用中立、坚定的文字描述了衰老的恐怖，但她的作品里同时也充满积极的精神。昭子履行了自己的承诺，尽管老人已经成为"废人"，但她仍要延续他的生命，这令她体会到了骄傲和自豪。同时，当茂造在死亡的门前徘徊时，头脑空白的他似乎也感受到了先前自私、暴躁的人生从未有过的宁静。《恍惚的人》直面惨淡的人生，一切都并非无缘无故，所有体验都有其意义。本书的价值也正在于此。**RegG**

> 如果没有职业女性，人们就会更加看重饭菜的味道，而不是烹饪速度与营养价值。

▲ 对于日本学生，有吉佐和子的小说已经是关于老龄化社会弊端的指定范文。

乐观者的女儿
The Optimist's Daughter

尤多拉·韦尔蒂（Eudora Welty）

作者生平：1909年生于美国，2001年卒
首次出版：1972年，Random House（纽约）
原著语言：英语
普利策奖：1973年

　　七十一岁的法官麦凯尔瓦在做了眼科手术后离开人世。尤多拉·韦尔蒂以轻描淡写的方式记录了一系列相关事件。小说首先概述了多起逐渐恶化的敌对事件，但法官——小说标题中的"乐观者"已无法承担调解工作。法官年轻的第二任妻子费伊煞费苦心，终于维护了自己作为麦凯尔瓦太太的尊严。法官业已成年的女儿劳雷尔竭力安排葬礼事宜，同时还回忆了家族的历史。前来吊唁的众多同乡女人在仓促间的谈话令人浮想联翩。为了争夺家族地位，原本就不和的劳雷尔与费伊开始互相敌视。由于劳雷尔很久前便离开故乡，她对自己的父亲已不再了解。她不知道父亲是什么样的人，也不清楚父亲是如何度过退休后的日子的。

　　劳雷尔象征了温柔的南方女人，而费伊则被塑造成贪婪、粗俗的人物。到小说尾声，两位女人都成了年轻的寡妇。在丈夫离世后，劳雷尔决定继续留在芝加哥。乡下的女人认为，劳雷尔的选择同费伊的自私不无关联。最后，女人们对法官同费伊再婚的决定表示质疑，故事至此也告一段落，这似乎说明双方的差异并非像彼此想象的那样巨大。**AF**

看不见的城市
Le città invisibili

伊塔洛·卡尔维诺（Italo Calvino）

作者生平：1923年生于古巴，1985年卒于意大利
首次出版：1972年，G. Einaudi（都灵）
原著语言：意大利语
英译书名：*Invisible Cities*

　　《看不见的城市》是威尼斯探险家马可·波罗向鞑靼人的皇帝忽必烈汗（译注：在真实历史中，成吉思汗的后裔忽必烈是蒙古人的皇帝，由于马可·波罗在他的书中将他称为鞑靼人的大汗，因此这在文学传统中被保留了下来）所作的一系列旅行汇报。小说由五十五篇短文构成，每篇都描述了一座传说中的城市，每篇也都包含一个概念、哲学奥秘或谜题。以能够随人心情变化的城市泽姆茹德为例，那里分为上下两层世界，窗台和喷泉位于上层，下水道与废纸则在下层。居住在下层世界的人们会回忆上层世界，因而使上层世界广为人知。在狄欧米拉，人们羡慕造访的游客，城市则将忧伤逐渐注入游客的心中。在微小的城市佐伊，各类活动无处不在，将城市变得朦胧、模糊。"那么，这样一座城市为什么仍然存在呢？"

　　作者在某些对城市的描述之间加入了简短而生动的插曲，并借此建立起谈话双方的联系。忽必烈从威尼斯人讲述的故事中体会到了超越世俗帝国的思想。他感到，"墙壁与塔楼终会倒塌，但某些精美的图案却可以免于白蚁的啮咬"。为了感化皇帝，马可·波罗创作出一座座城市的故事。他说："其他可能存在的城市消失了，腾出了位置。我正在做的则是收集城市遗留的灰烬。这些城市不会被重建，也不会有人记得它们。"**DH**

万有引力之虹 Gravity's Rainbow

托马斯·品钦（Thomas Pynchon）

作者生平：1937年生于美国
首次出版：1973年，Viking Press（纽约）
原著语言：英语
美国国家图书奖：1974年

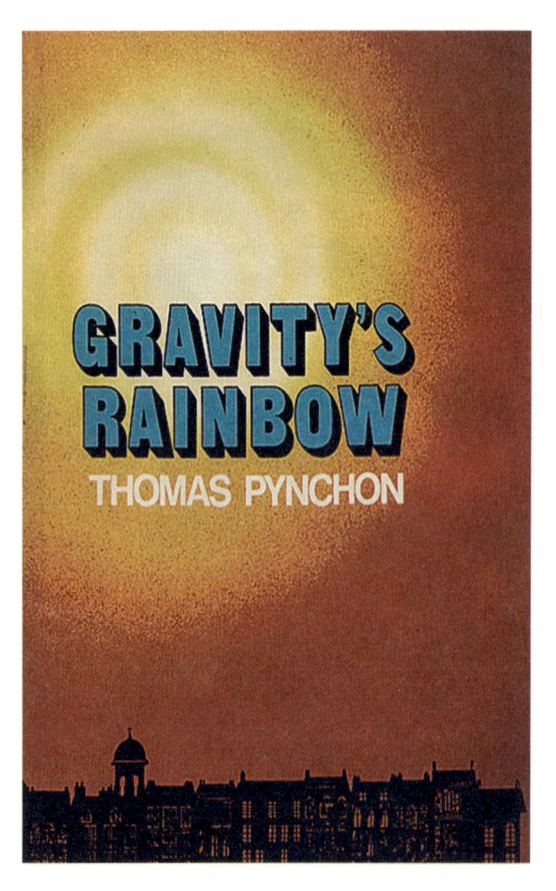

总结《万有引力之虹》的情节显然就像将《尤利西斯》（见本书第291页）概括成两名男子在都柏林的一天一样毫无意义。这部精彩绝伦的小说早已因实验性的语言、深奥的知识体系及对时空观念的破坏而闻名遐迩（也可能是臭名昭著）。小说的多数情节都发生在第二次世界大战结束前后那段脆弱的和平年代。德国V-2火箭（一种在击中目标后才会听到爆炸声响的武器，因为火箭的速度比声音还要快）是全书的核心主题。V-2火箭成了一种神秘的物体、像卡巴拉教（译注：神秘的犹太教，信徒需坚持艰苦的冥想过程和严格的苦行生活方式）教义一样诡秘的文本、启示录般的阴茎以及"世界自裁"的象征。阴影般（却又真实存在）的法本公司与壳牌石油公司在幕后形成了另一股势力，这场大战的目的似乎就是为了应用他们的技术及扩展市场。

用短短几个字概括品钦的作品特色几乎不可能。《万有引力之虹》是一部拥有多个开始和结尾的、百科全书般的巨著。书中包含上千条典故与谜题，涉及连环漫画、二流影片、流行与古典音乐、毒品、魔法与玄学、工程学、物理学、巴甫洛夫心理学、经济理论等众多领域（这一清单还可以列得更长），足以令读者在其中迷失自我。它始终都是美国小说的里程碑。它是一部目标远大、犹如狂欢般欢乐的史诗。它用战争重新编排了全球的力量。在品钦笔下，被湮灭及未被记录的声音、正义及团体精神都像阳光般穿越了这部复杂、阴郁的作品。**SamT**

▲ 在品钦这部巨著的开篇，第二次世界大战已到尾声，伦敦刚刚遭遇V-2火箭的袭击。

名誉领事 The Honorary Consul

格雷厄姆·格林（Graham Greene）

嗜酒如命的查理·福特纳姆是阿根廷北部偏远地区的英国领事。潜伏在巴拉圭边境的暴乱分子原计划绑架美国大使，却误捉了这位英国名誉领事。福特纳姆本不是他们的目标，而如今却成了人质。倘若巴拉圭当局在四天内不释放多名政治犯，福特纳姆就会被杀掉。绑匪之所以要绑架美国大使，是因为统治者阿尔弗雷多·斯特罗斯纳将军（曾在1954年至1989年统治巴拉圭）是在美国的支持下才掌握了当地政权。而在英国政府眼中，人质福特纳姆只是个会添麻烦的废物。此外，英国在当地的影响也微乎其微。

爱德华多·普拉尔医生是福特纳姆唯一的朋友。二十年前，少年普拉尔和他的巴拉圭母亲以难民身份抵达阿根廷，丢下了他来自英国的父亲。普拉尔与两个绑匪小时候是同学。绑匪给福特纳姆服用了镇定剂，这种药物与他体内的酒精发生了反应，于是绑匪便向普拉尔医生寻求帮助。可普拉尔却别有所图，他的父亲是暴乱分子要求释放的一名犯人，而且他还与福特纳姆的老婆有染。

与格林的多部小说一样，《名誉领事》融合了政治、宗教与性爱主题。然而，与前作不同的是，天主教徒的罪恶感这次并非由主角承受，而是由绑匪头目——一名被免职的神父肩负。从三十多岁的普拉尔身上，我们还体会到了一种不同寻常的厌世情结。他的愤世嫉俗不仅源自作者本人（格林在创作小说时已年近七旬），也来自作者生活的整个时代。《名誉领事》出版当年，皮诺切特将军与中央情报局便推翻了智利的阿连德政权。**TEJ**

作者生平：1904年生于英国，1991年卒于瑞士
作者全名：Henry Graham Greene
首次出版：1973年，Bodley Head（伦敦）
原著语言：英语

▲ 这部小说的标题颇具反讽意味，"名誉"一词似乎在世界上失去了它应有的意义。

撞车 Crash

J. G. 巴拉德（J.G. Ballard）

作者生平：1930年生于中国，2009年卒于英国
首次出版：1973年，Jonathan Cape（伦敦）
原著语言：英语
改编电影：1996年

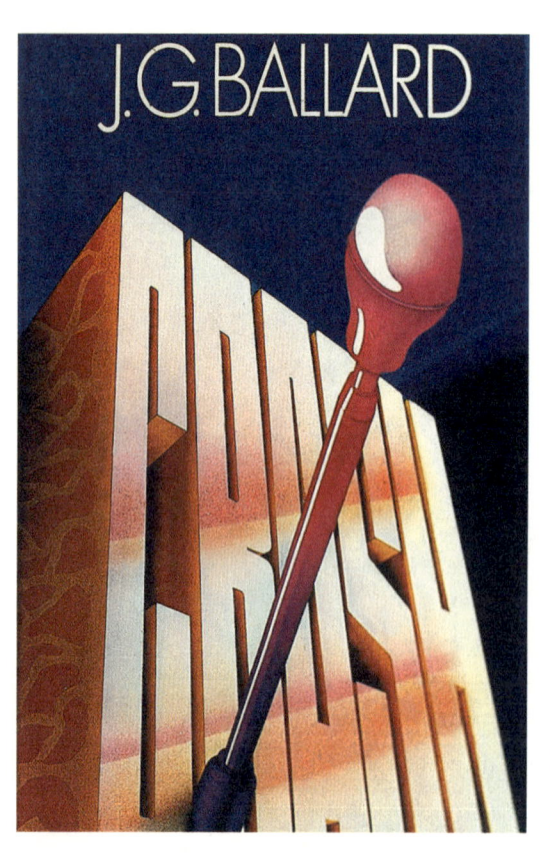

J. G. 巴拉德的小说《撞车》介绍了叙述者同沃恩的联系以及沃恩对影星伊丽莎白·泰勒的迷恋。当代欲望与暴力场景通过汽车这一新形式得到了体现。尸体遍布四处，来自我们白日梦境的性爱场景与汽车底盘、金属与皮肤在小说中纷纷登场。照片、无线电广播、照相机、汽车展览会都在我们的梦境中出现。奇怪的是，小说中的人物始终都没有袒露内心；而在传统小说中，多余的内容都在胶片上曝光，或最终被人为曝光。亲昵举动意在搜寻新的伤口，屏障已被摧毁，伤害开始受到推崇。

马克西姆·贾库包斯基（Maxim Jakubowski）将巴拉德的这部小说称作"首部被20世纪科技掌控的淫书"。《撞车》是一部不同凡响的杰作。它并不包含作者早期作品中的直接陈述或是世界性灾难。对于这次崩溃，我们并不陌生，它早已在我们的头脑中上演过数次。作者令这部作品跨越了重重屏障，与他之后较少具有小说特点的《仁慈的女人》(*The Kindness of Women*) 等自传作品产生了联系。作者将小说叙述者命名为吉姆·巴拉德。同时，《撞车》中的某些人物还会在后续作品中出现。

这部小说始终都是巴拉德的经典之作。作者的洞察力准确无误；曲折的情节合情合理且极具个人特色。可怕的是，书中的一切都在情理之中。不过，这一观点并未得到广泛认同。某位编辑在审稿后评论道："就连精神病医生也帮不了作者。"他无意中的话语引发了新的问题：作者最后究竟会落得何等下场？巴拉德则将这句评语看作对他"最高的褒奖"。**JS**

⌃ 巴拉德这部小说的首版封面给人留下了深刻印象，阴茎般的加速杆令人眼前一亮。

⌄ 1970年，巴拉德在伦敦举办了"暴行展览"。这辆撞毁的庞蒂亚克汽车也是展品之一。

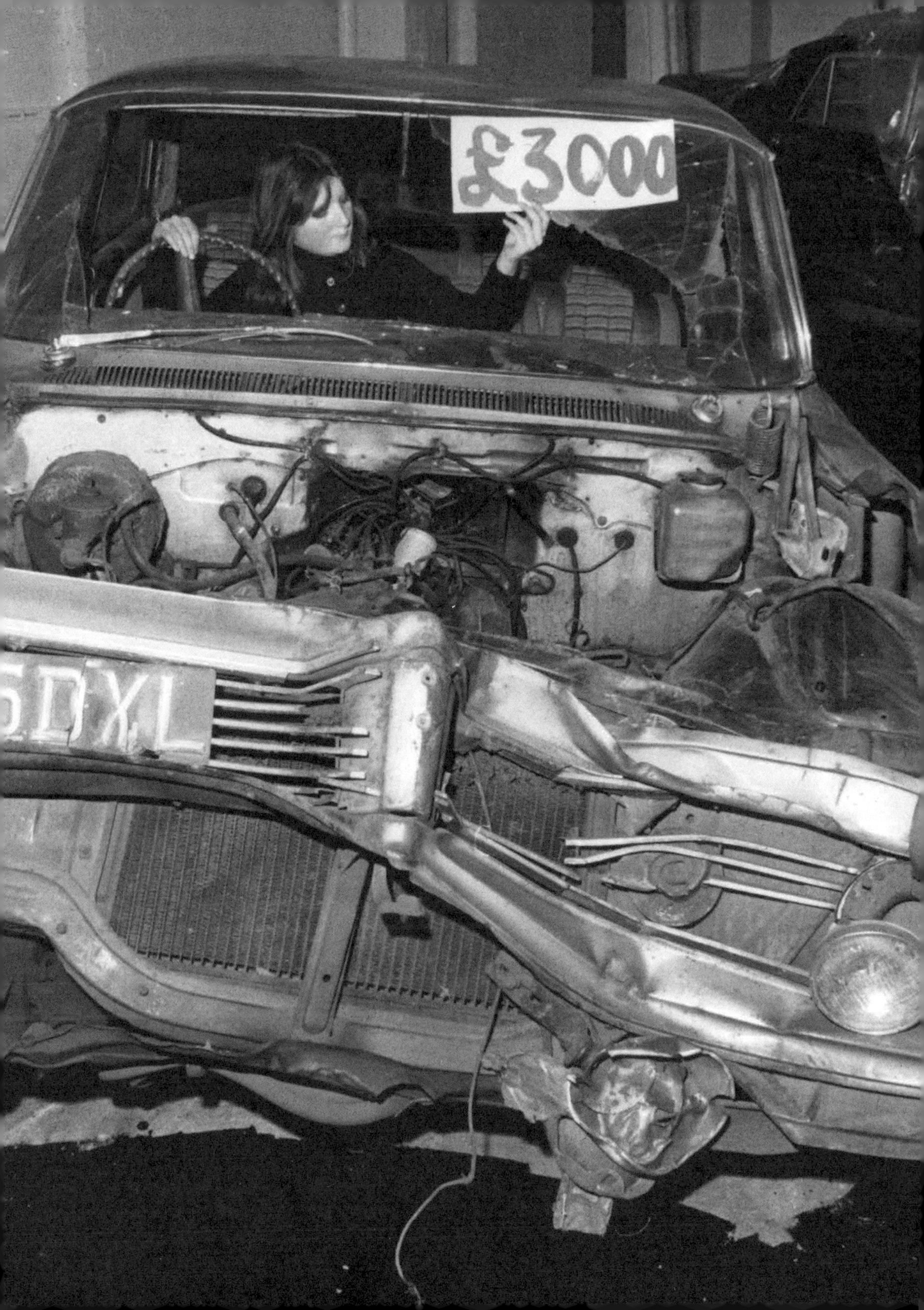
£3000

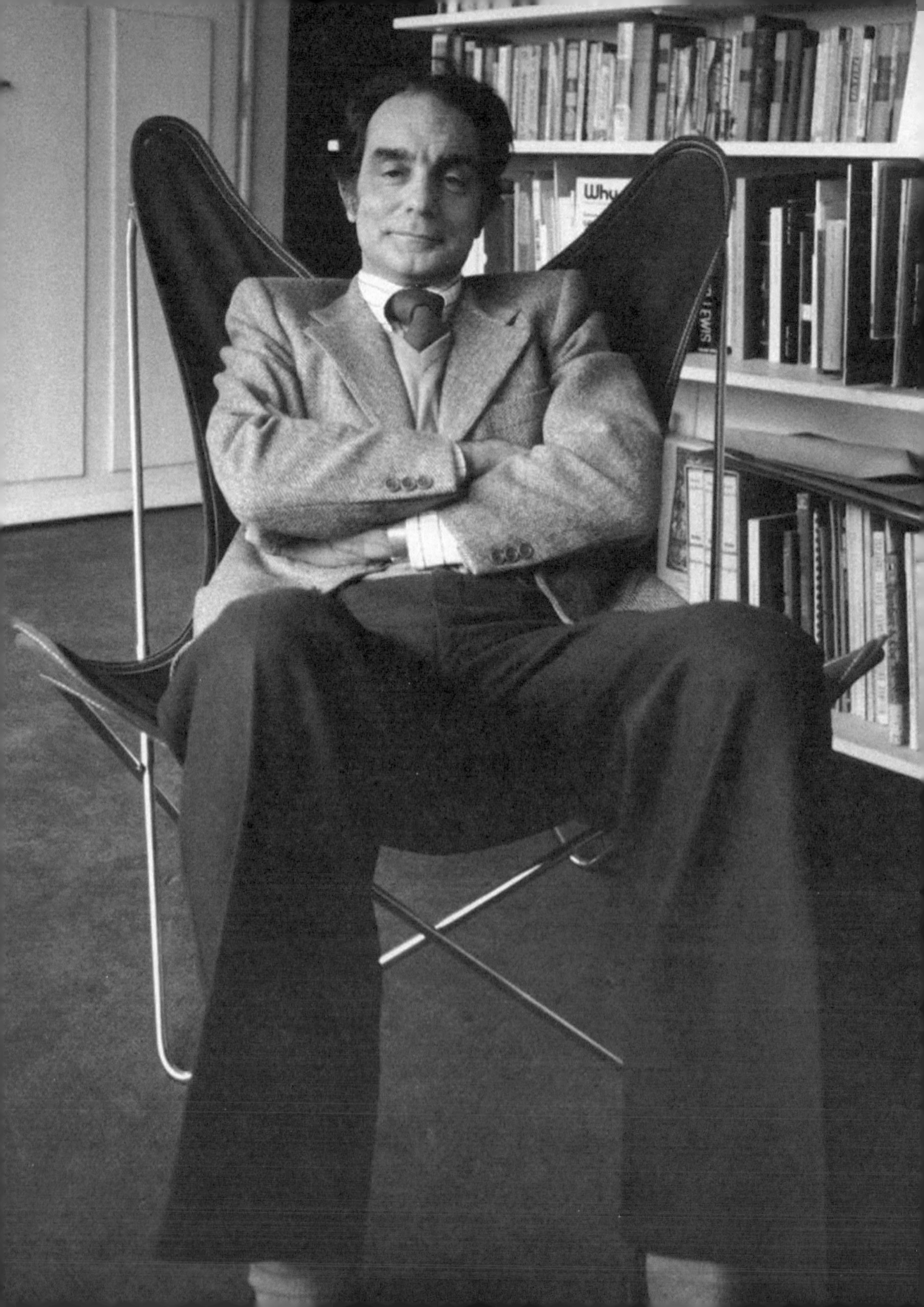
LEWIS

命运交叉的城堡
Il castello dei destini incrociati

伊塔洛·卡尔维诺（Italo Calvino）

作者生平：1923年生于古巴，1985年卒于意大利
首次出版：1973年，G. Einaudi（都灵）
原著语言：意大利语
英译书名：The Castle of Crossed Destinies

在散文集《新千年文学备忘录》中，伊塔洛·卡尔维诺建议后辈重视文学的五个特点：轻、快、精确、形象和繁复。《命运交叉的城堡》集上述特点于一身，尤以形象为甚。正如卡尔维诺所说："这本书首先是塔罗牌图案，然后才有文字。"

《命运交叉的城堡》由两本同一模式的小书构成：一位游客抵达目的地（一本书中是城堡，另一本书中则是饭馆），之后发现包括自己在内的所有人都成了哑巴。旅客之间只能用塔罗牌讲故事。于是，这些故事便成了有史以来所有故事中的精华，其中包括：出卖灵魂的炼金术士、因爱而发疯的奥尔兰多，以及圣乔治、圣哲罗姆、浮士德、俄狄浦斯、哈姆雷特的故事等。"犹豫不决者的故事"由卡尔维诺本人创作。在故事中，一个犹豫不决的人在世间持续被自己的选择所折磨。卡尔维诺从波尼法乔·本波（译注：绘制塔罗牌图案的艺术家）与马赛塔罗牌（译注：历史上一款十分经典的塔罗牌系，也是一套经典的塔罗模型标准）之中找到或者说重新发现了讲述故事的古老方式。PT

克里希纳普之围
The Siege of Krishnapur

J. G. 法雷尔（J. G. Farrell）

作者生平：1935年生于英国，1979年卒于爱尔兰
首次出版：1973年，Weidenfeld & Nicolson（伦敦）
原著语言：英语
布克奖：1973年

《克里希纳普之围》的故事发生在1857年的印度反英暴动时期，书中涉及了多位人物，堪称19世纪的集大成之作，精妙而幽默。除包围克里希纳普事件以外，1851年的世界博览会是小说的主线。维多利亚时期的全部新技术都汇聚一堂，在伦敦展出。来自克里希纳普的收税员霍普金斯先生爱好新技术，并将其带到了印度。不过，多数设备最终都被英军中的印度雇佣兵摧毁。

即便是帮忙开炮时，随军神父也从不忘记强调上帝的存在。战争为神父和深信颅相学与理性的地方官提供了辩论的良机。他们关于医学研究的观点也大相径庭。麦克纳布医生找到了治疗霍乱的办法，但他的竞争对手却拒绝治疗，并最终死去。小说中汇集了维多利亚中期的种种纷争。信念、理性怀疑主义、蹩脚的诗歌代表了新（与旧）的观念。围困使女性变得新潮并获得解放。被困克里希纳普的露西成了制作弹药的专家。当围攻停止，弹药已毫无用处时，露西还流下了眼泪。反帝国主义的暴动引发了关于占领国家问题的讨论。与过去一样，有些国家当下也仍被他国占领。AMu

---

◀ 1974年，法国摄影师索菲·巴苏尔在伊塔洛·卡尔维诺家中为他拍下了这张满怀自信的照片。

权力问题 A Question of Power

贝西·黑德（Bessie Head）

作者生平：1937年生于南非，1986年卒于博茨瓦纳
首次出版：1973年，Davis-Poynter（伦敦）
平装本：Heinemann非洲作家系列
原著语言：英语

《权力问题》就小说与自传的关系提出了有趣的问题。小说主人公伊丽莎白与作者贝西·黑德本人一样，都从实行种族隔离制度的南非逃到了博茨瓦纳。她的父亲是黑人，母亲是因发疯被囚禁的白人。伊丽莎白由继母养大。直到青春期前，她始终将继母当成生母。在博茨瓦纳，伊丽莎白与黑德一样，都体验到了精神之旅或感受过精神崩溃。

小说的视角在两位叙事者之间不断切换。一边是伊丽莎白在博茨瓦纳村庄中的生活，另一边则是伊丽莎白幻觉中宛如僧侣般的塞洛与玩弄女性的虐待狂丹。这两个人物究竟是古代的幽灵还是人在精神错乱时的臆想？黑德从未对读者表明。这种鬼魅般的存在也许就象征了南非。或许正如黑德所说，《权力问题》关注的就是"罪恶问题"。伊丽莎白同幻想的抗争也包含了她对邪恶本质的思考。通过这段旅途，她懂得了生命的神圣。阅读这本书可以让人感受到些许疯狂，并打乱读者心中关于小说与自传、现实与虚幻、疯狂与镇静的界限，也许这才是这部杰作最伟大的成就。**VM**

怕飞 Fear of Flying

埃丽卡·容（Erica Jong）

作者生平：1942年生于美国
作者全名：Erica Mann Jong
首次出版：1973年，Holt, Rinehart & Winston（纽约）
原著语言：英语

《怕飞》讲述了一个放纵不羁的故事，它以性解放和发现自我为主题，自然地流露出女性主义特色。在故事中，女作家伊莎多拉·温经历过两次婚姻，她以玛丽·沃斯通克拉夫特与弗吉尼亚·伍尔夫等为榜样，并接受了过多的精神分析治疗。她的丈夫是位精神病医生。在她陪同丈夫参加国际心理大会时，她离他而去，选择了一位并不适合自己的恋人。醉酒之后，她同恋人茫然地周游欧洲，他们带着负罪感做爱。之后，恋人抛弃了伊莎多拉。伊莎多拉回到了丈夫身旁。二十四小时的孤寂生活使她学会了独立自主。

伊莎多拉是位善于交际的人物，她的缺点使她无法亲身体验女性主义。逃脱的乐趣被她在想象中强调，这也与她作为女人的经历息息相关。小说包含了对性爱记忆的生动回叙及女性主义思想，完美结合二者并非易事。埃丽卡·容试图将性背叛刻画为思想的解放，但伊莎多拉在情感上对男人的依赖却颠覆了这一形象。《怕飞》打破了众多禁忌，但小说中的婚姻制度最终却仍被保留。正是这种对女性主义的矛盾心理使本书成为女性主义文学中的重要作品。**HM**

▶ 年轻活泼的埃丽卡·容认为，女人应有权尽情享受异性恋爱中的欢乐，这就是她眼中的女性主义。

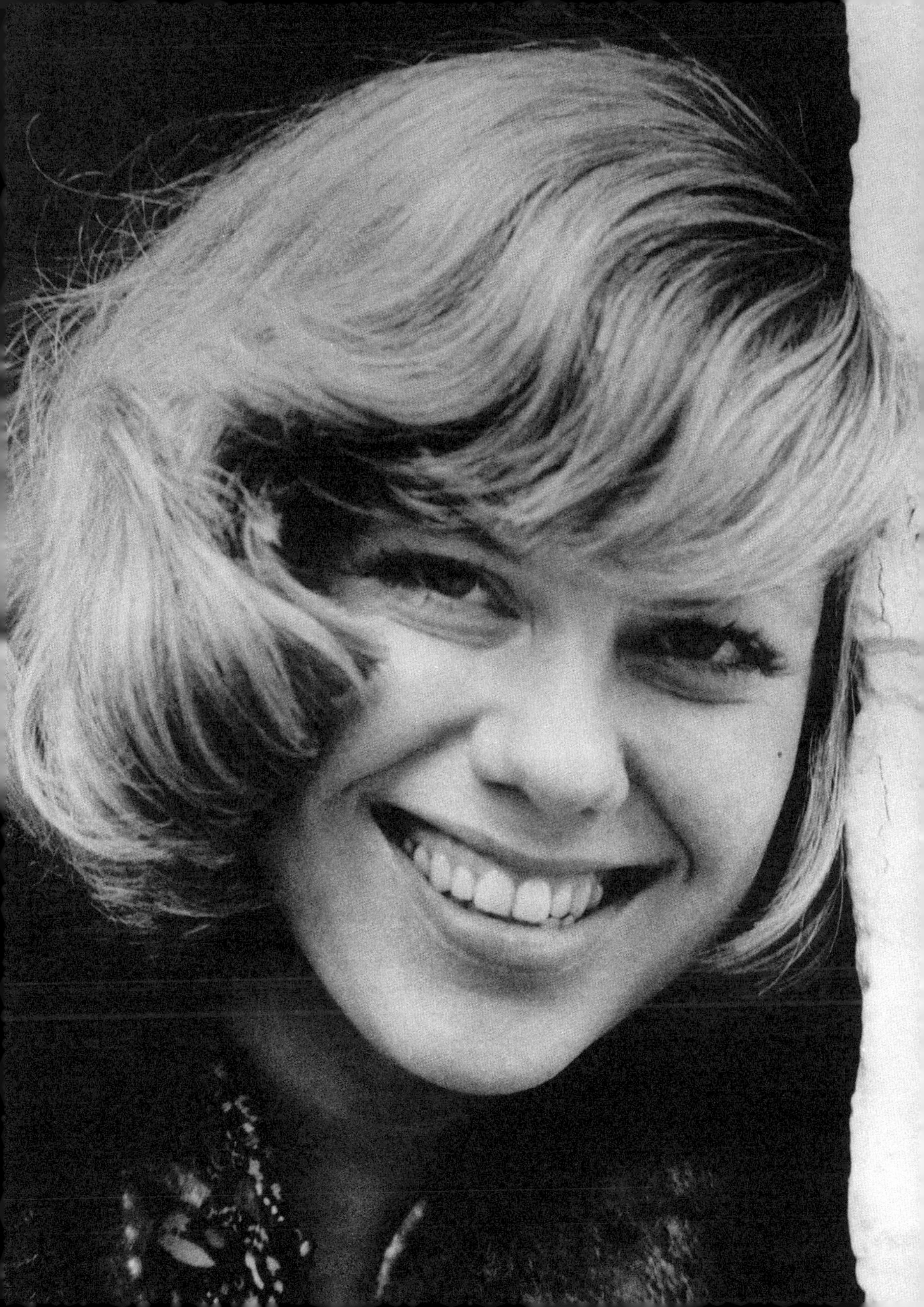

失去一切的人 The Dispossessed

厄休拉·勒古恩（Ursula K. Le Guin）

作者生平：1929年生于美国，2018年卒
首次出版：1974年，Harper & Row（纽约）
原著语言：英语
完整书名：The Dispossessed: An Ambiguous Utopia

　　《失去一切的人》是勒古恩"伊库盟"系列小说的第五部，作者在书中也叙述了前作中的故事。表面看来，《失去一切的人》似乎是一部科幻小说，但它却并未沿用同类作品中的光速旅行或太空大战模式。作者采用了更"现实"的方法，即采用复杂的时间观对主题与情节同时进行描述。小说以不同章节介绍了物理学家谢维克在两个星球上的生活。他经历过两种存在缺陷的体制，首先是社会自由但限制科学研究的阿纳瑞斯星球，之后他来到了施行资本主义制度的乌拉斯星球，他自由地工作，并将研究结论发展为"一般时间理论"。

　　勒古恩笔下的两个星球明显暗指冷战。两个星球各有利弊，这颠覆了小说复杂的时间观。《失去一切的人》既是一部复杂的科幻小说，同时也是一篇政治文章。对于谢维克试图带来变革的两个国度，小说并未简单评判孰优孰劣。相反，勒古恩在书中以对比时间概念表明了两个星球的区别。两种体制的优缺点被分别指明，从而强调了小说结论以外的评价部分。**SF**

占卜者 The Diviners

玛格丽特·劳伦斯（Margaret Laurence）

作者生平：1926年生于加拿大，1987年卒
作者教名：Jean Margaret Wemyss
首次出版：1974年，McClelland & Stewart（多伦多）
原著语言：英语

　　《占卜者》在出版当年便获得了加拿大文学艺术的最高奖项——"总督奖"。然而，就在当年及之后的十年内，它却被教堂与学校列为禁书，理由是小说亵渎神明，有伤风化，并为神圣的婚姻编排了阴险的战斗。

　　这本书是玛格丽特·劳伦斯的最后一部小说，也是以马尼托巴省乡下为背景的第五部马纳瓦卡系列小说，如今它已成为加拿大学校的指定书目。小说主人公莫拉格·甘是一位勇敢、独立的杰出女性。同时，她还敢于向当时的种族及性观念发起挑战。《占卜者》对"身份"的意义进行了初步探讨，整整一代人的身份都借此得到了体现。莫拉格是个孤儿，她试图将对父母的回忆片段以及养父关于苏格兰祖先的传奇故事融为一体，并借此发掘传统。在这个过程中，她对其他相识的移民也萌生了兴趣。一位混血男孩激发了她的兴趣，一种奇怪的爱意也在她心中油然而生。但正是莫拉格的祖先赶走了他的印第安人祖先。多年来，他们的人生汇聚又分离，之后又再度汇合。莫拉格成了作家，男孩则成了歌手，二人都用归属感占卜过去。最后，他们有了孩子，孩子又以同样痛苦的方式去探求自己的身份。《占卜者》质朴的文风以及对小镇生活的忠实描述会进入读者的记忆，令人终生难忘。**MaM**

丧失了名誉的卡塔琳娜·勃罗姆 Die Verlorene Ehre der Katharina Blum

海因里希·伯尔（Heinrich Böll）

作者生平：1917年生于德国，1985年卒
首次出版：1974年，Kiepenheuer & Witsch（科隆）
原著语言：德语
英译书名：The Lost Honor of Katharina Blum

如今，提到《丧失了名誉的卡塔琳娜·勃罗姆》，人们或许首先会想到由沃尔克·施隆多夫与玛格雷特·冯·特洛塔执导，在1975年上映的那部备受好评的同名影片（译注：电影又译《肉体的代价》）。表面上看，小说关注的似乎是道德问题，它抨击了为追求轰动效应便不择手段的、令人可憎的大众传媒。实际上，创作小说却另有缘由。海因里希·伯尔首先在自由派周刊《明镜》上批评了流行的右翼小报《画报》，随后他便遭到了《画报》的记恨，还成为报社复仇的对象。

年轻的女人卡塔琳娜·勃罗姆是个离群索居的家庭主妇。在晚会上，她邂逅了某个案件的通缉犯路德维希·戈滕。二人坠入爱河，还在卡塔琳娜家共度良宵。到了早上，警察搜查了卡塔琳娜的房子，可路德维希却消失得无影无踪。之后的四天里，警察摧毁了卡塔琳娜的生活，一家以《画报》为原型的大型报刊也对她极尽诽谤。她决定单独接受报社负责此案的记者采访，就在记者对她调情的时候，她开枪打死了他。伯尔的小说绝不仅是针对某家报刊的愤怒回应。作者发现了语言强大而危险的力量。他警告世人，如果尊重事实的同时缺少对当事人的尊重，即便是看似客观的文字也能引发暴力。**DG**

……她按响了警务专员默丁家的门铃……她对目瞪口呆的默丁承认，大约在当天中午十二点十五分，是自己开枪打死了维尔纳·托格斯……

▲ 1975年，施隆多夫与冯·特洛塔将《丧失了名誉的卡塔琳娜·勃罗姆》改编成了备受好评的电影。

幽暗之地 Dusklands

J. M. 库切（J. M. Coetzee）

作者生平：1940年生于南非
首次出版：1974年，Ravan Press（约翰内斯堡）
原著语言：英语
诺贝尔文学奖：2003年

《幽暗之地》由两则短篇故事组成。第一个故事介绍了尤金·道恩挖空心思设计的"越南项目"心理战系统，其目的是使美国在越战中维护自己的立场，并瓦解越共的抵抗力量。第二个故事由"首个敢于进入南非腹地"的勇士雅各布斯·库切本人讲述，"由于他当时带回的消息，才有了我们今天的生活"。

两段既平行又交叉的故事给人以唐突不安的感觉。小说对殖民统治下物质、精神与文化情况的介绍含混不清，而对帝国主义者的心理描述却格外直白。隐藏在这次探索背后的则是构成历史的方式。尽管作者以浓重的笔墨描写了理论典故和探索情况，但小说却毫不枯燥。J. M. 库切的语言直白而生动，文风简约的段落描绘了恐怖、共鸣、虚伪及真实的画面。从道恩在午餐盒中携带的二十四张越战图片，到雅各布斯·库切恐怖的"复仇"，《幽暗之地》不愧是一部扣人心弦的作品。小说深刻地批判了抨击的对象，提醒人们关注犹如触角般的层层关联，并将我们从其他故事中无法获悉的事件真相公之于众。**DR**

狂热者 The Fan Man

威廉·科兹文克（William Kotzwinkle）

作者生平：1938年生于美国
首次出版：1974年，Avon（纽约）
英国首版：A. Ellis（泰晤士河畔亨利镇）
原著语言：英语

很多书籍都能带读者踏上去往异乡的奇幻之旅，但像《狂热者》的主角霍斯·伯多蒂斯一样既怪异又高尚的却并不多。威廉·科兹文克带领我们走进了因吸毒而堕落的霍斯脑中，登上了他脑海里的迷幻飞车。我们随霍斯一道，在他位于下东城（译注：纽约市曼哈顿区沿东河南端一带，犹太移民聚居地）那座"厌恶污垢"的公寓里漫游。公寓里垃圾堆得很高，蟑螂遍地，他准备在同一层再租间房子。"房租可能不低，但如果你不付钱的话，那就没什么问题了。"

一个段落尚未结束，霍斯猛然间又有了新的计划。我们在这股喷涌的激流中漂荡，虽然疲惫不堪，但却未曾迷失方向。霍斯脚穿乌克兰纸板拖鞋，头戴中国红军帽，带领我们继续旅行。很快他便又有了新的想法。他要招募离家出走的"小妞"，组建一个"爱情合唱团"。对时代广场热狗的疯狂迷恋、在废品收购站里拉响空袭警报、要不然就过个傻帽的一天（"傻帽的一天"是霍斯令头脑清醒的方法，他曾在小说的一个章节内反复将"傻帽"这个词说了1382遍），他的思路不时地被打断。这首充满大麻韵味的狂想曲结合了东方的哲学思想，以嬉皮士的方式对一切具有嬉皮士特色的事物进行颂扬。在当时，"嬉皮士"一词尚无怀旧意味，它代表了肮脏、懒惰、受骗（但嬉皮士的特点令霍斯满心喜悦）。在霍斯·伯多蒂斯头脑里度过的一个星期会相当欢乐。你的头脑会与此前截然不同，至少对法律的看法会不太一样。**GT**

港口 Luka

安通·索尔扬（Antun Šoljan）

作者生平：1932年生于南斯拉夫，1993年卒于克罗地亚
首次出版：1974年，Znanje（萨格勒布）
英译书名：*The Port*

  安通·索尔扬将政治写进了小说《港口》之中。作品以政府与个人的关系为主题，讲述了政府如何控制个人的梦想，并在不知不觉间将梦想毁灭。每当政府感到有利可图，一切就都无法阻止它达到目的（小说中的政府以石油为目标）。相反，如果政府没能获利，它就会变得冷酷无情。

  故事发生在位于克罗地亚亚得里亚海岸的穆尔韦斯小镇。主人公是一位名叫斯洛博丹·德斯波特的工程师。他父亲在镇上出生，这是他同小镇的唯一联系，但他希望将来能在港口度过他退休后的日子。作为工程师，他负责一项名为"港口"的政府工程。修建港口是他的理想。最终，他将建造一座伟大的建筑，并为整个地区谋利，至少他是这样想的。

  德斯波特是个平凡而无趣的人，随着故事发展，他的生活将被逐步毁灭。他的梦想并未得到妻子的支持，政府官员利用他从事不法的勾当，压力也开始从内心瓦解他。工程远非建造跨国大桥这样简单，他在幻想中迷失了自我，开始终日酗酒，寻花问柳。最后，垮塌的大桥坠入水中，政府取消了这项工程，可怜的工程师变得精神失常。《港口》传递了阴郁的信息，但它同时也极具戏剧性，还向读者介绍了南斯拉夫的生活状况。**MCI**

拉格泰姆时代 Ragtime

E. L. 多克托罗（E. L. Doctorow）

作者生平：1931年生于美国，2015年卒
首次出版：1975年，Random House（纽约）
原著语言：英语
歌舞剧：1998年

  《拉格泰姆时代》的第一个段落足有两页长，其中的句子都被胡乱堆砌。仔细阅读后，你会发现许多句子是短小的陈述句，几乎都包含用英文"to be"表示过去的结构，例如"It was""There were""He was""She had been"，等等。这样可以令描述的事件不可逆转地回到过去。句子像马赛克一样被拼凑，宛如一张20世纪初的美国照片。多克托罗似乎认为那一时期如今已属于历史。随着小说沿开篇的线索逐步发展，亨利·福特、西奥多·罗斯福、埃玛·戈尔德曼、弗洛伊德、胡迪尼等众多真实历史人物同虚构人物——一户美国白人中产阶级家庭与一户典型的犹太移民家庭的命运交织在了一起。白人家庭的成员包括妈妈、爸爸、妈妈的弟弟等人，犹太家庭则由妈妈、爸爸和小女孩构成。科尔豪斯·沃克的故事在这个时代格外突出。他是个以演奏拉格泰姆（译注：美国流行音乐形式之一，产生于19世纪末，是一种采用黑人旋律，依切分音法循环主题与变形乐句等法则结合而成的早期爵士乐）曲风见长的钢琴手，歧视黑人的消防队员蓄意毁坏了他驾驶的新福特T型汽车，于是科尔豪斯·沃克在一怒之下将车扔在了路上。他的抗议举措逐步引发了强烈的反响，最终导致了美国最有钱的人皮尔庞特·摩根家门前的枪战。故事生动形象，引人入胜。多克托罗回旋爵士乐般的文字会给读者留下深刻的印象。**PMy**

指挥官 The Commandant

杰西卡·安德森（Jessica Anderson）

作者生平：1916年生于澳大利亚，2010年卒
首次出版：1975年，Macmillan（伦敦）
原著语言：英语
迈尔斯·弗兰克林奖：1978年，1980年

　　纪律严明的指挥官帕特里克·洛根以严酷的刑罚管理驻于摩顿湾（如今的布里斯班）的罪犯流放地。在1830年的几个月内，一家自由运作的出版社使社会与政治变革蓄势待发，洛根也开始质疑自己的价值观。由于罪犯流放地只能坐船前往，因而消息比较闭塞。当消息传到岛上，洛根的噩运也随之降临。逃脱的罪犯抵达了悉尼，并将洛根残暴的统治手段在报纸上公之于众。但在洛根眼中，媒体、州长和英国殖民者统统都与他无关。然而，随着访客克卢尼上尉（代表州长前来调查情况）与他更具解放思想的嫂子弗朗西斯·欧布里恩（故事主要通过她的视角讲述）抵达流放地后，故事变得越发紧迫，争执也开始频繁发生。

　　杰西卡·安德森认为，书中的两位主人公其实都是"局外人"。弗朗西斯温和的激进思想并不符合殖民地上流社会人士的意愿，而指挥官又远离伦敦与悉尼的政治环境。错误的人在错误的时间和地点出现，洛根无能为力，只能等待死亡最终降临。在作者安德森的笔下，一切都复杂万分。在这块读者并不了解的土地上，小说主题与道德观念都值得思考。**JHa**

遇见野兔的那一年 Jäniksen vuosi

阿托·帕西林纳（Arto Paasilinna）

作者生平：1942年生于芬兰，2018年卒
首次出版：1975年，Weilin & Göös（赫尔辛基）
原著语言：芬兰语
英译书名：The Year of the Hare

　　报社编辑卡罗·瓦特宁对人生感到厌烦，每天的无聊生活令他麻木。步入中年后，他变得愤世嫉俗，闷闷不乐。在一次完成采访任务后的回家路上，他和摄影师开车撞伤了一只野兔。瓦特宁跟随野兔进入森林，发现它的后腿已经骨折。心生恻隐的瓦特宁决定照顾这只可怜的小动物。瓦特宁与野兔这对奇怪的组合由此便开始了他们奇妙的自然探险之旅。

　　旅行与森林中的质朴生活令瓦特宁感到自由，痛苦也渐渐远去。阿托·帕西林纳的文字给人以轻松的感觉，似乎帮瓦特宁扫清了一切潜在的困难。穿越芬兰为他的生活注入了生机，给他带来了一段无须语言赘述的友谊以及互相依存的感觉。乡村帮他摆脱了充满愚昧与官僚作风的城市生活。他在这个避难所里重新做人。帕西林纳时常描述社会准则在调节怪异现象时取得的荒诞效果，借此为他的文章增添了喜剧色彩。

　　帕西林纳用诙谐幽默的文字探讨死亡、精神疾病、自杀、失业、反叛与酗酒等敏感话题。即便如此，他的文章却毫不乏味。这种写作手法使他成为芬兰乃至全世界备受欢迎的作家。**TSe**

▶ 帕西林纳在拉普兰的森林中长大，他将自己对芬兰乡村的了解写进了作品。照片摄于1965年。

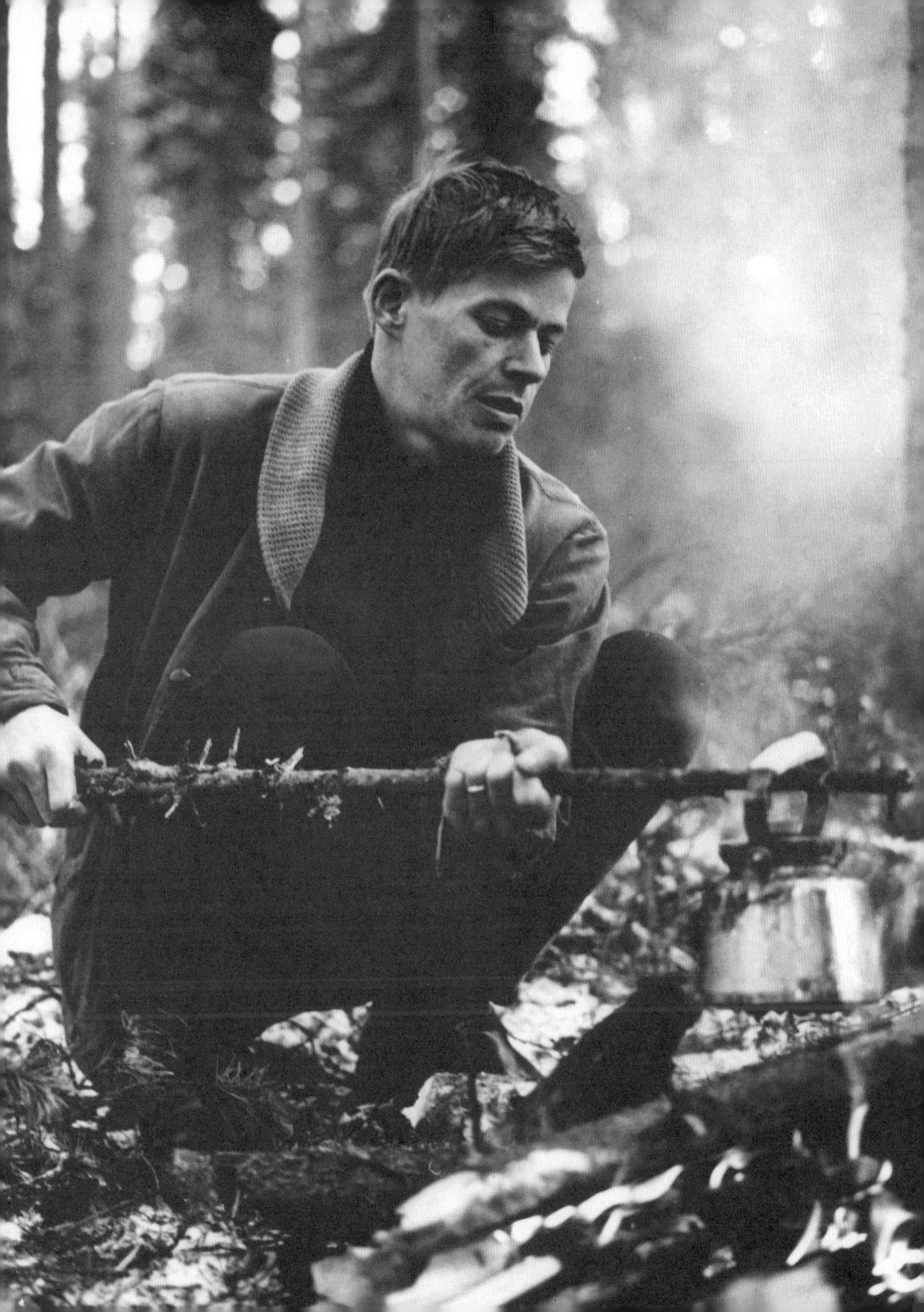

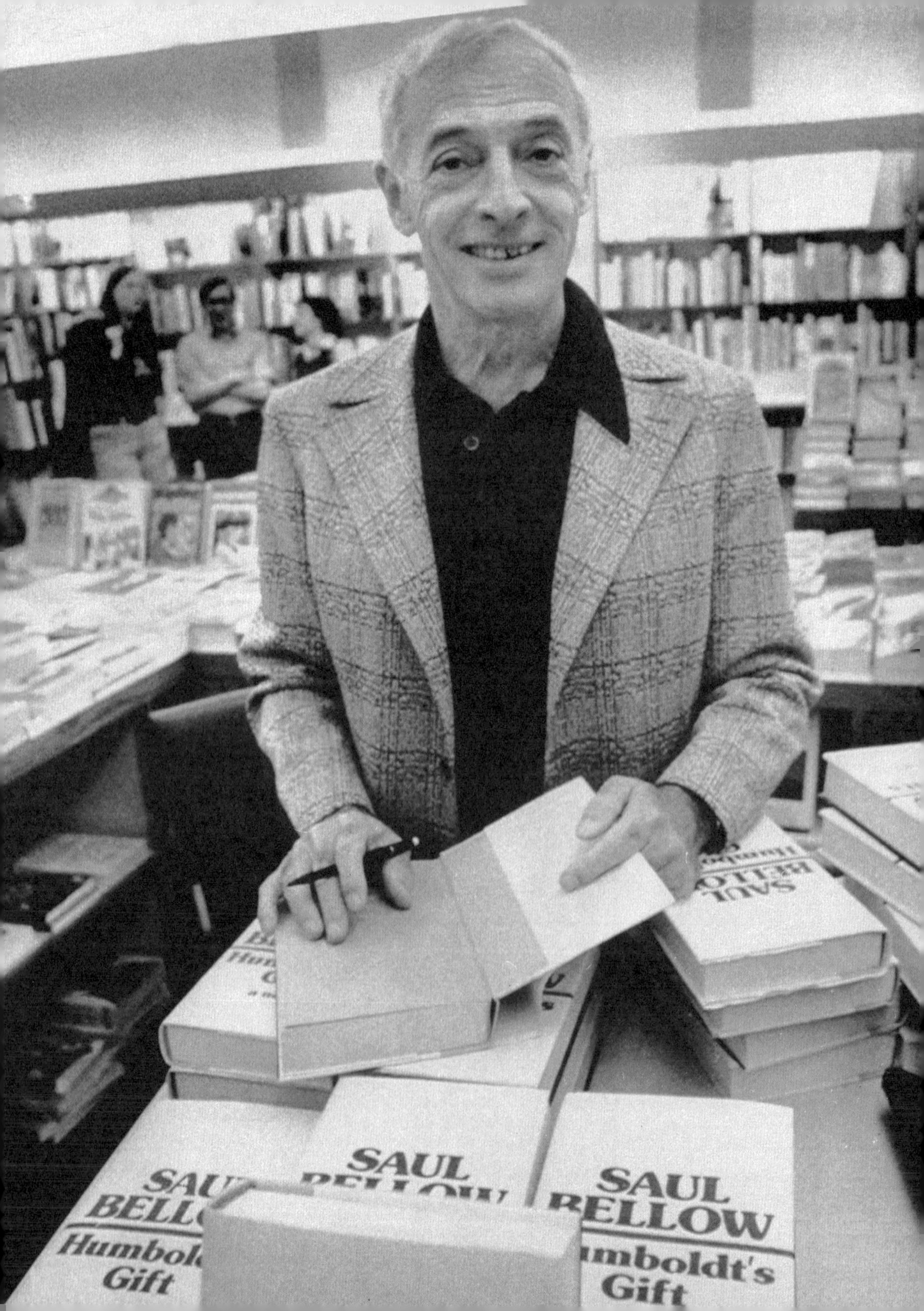
SAUL
BELLOW
Humboldt's
Gift

洪堡的礼物
Humboldt's Gift

索尔·贝娄（Saul Bellow）

作者生平：1915年生于加拿大，2005年卒于美国
首次出版：1975年，Viking Press（纽约）
原著语言：英语
普利策奖：1976年

  这部以第一人称视角叙述的小说曾获得1976年的普利策奖。小说主要讲述了成功作家查理·西特林的故事。好友洪堡的死令西特林百感交集，而同时，他自己的灵感已经枯竭。小说以插叙而并非连贯的方式记录了西特林的人生。他被芝加哥流氓威胁，被离婚压垮，最终又被情妇抛弃。

  索尔·贝娄借西特林对洪堡的崇拜表达了自己对物欲横流、自我膨胀的美国社会的惋惜之情。西特林在逐步领悟后发现，正是诸多因素塑造了自己的性格。或许不可思议，这位颓废的作家还受到了性学大师金赛、公司资本主义、毫无理性的哲学论述与新兴女性主义的共同影响。

  贝娄希望这部小说可以"反映城市生活，展示其中的喧嚣、疑虑、危机、绝望与快乐的标准"。贝娄的作品集绚丽的文风与针砭时弊的讽刺手法于一身。他用坚定的信念与敏锐的才思实现了自己的愿望。**VA**

零点女人
امرأة عند نقطة الصفر

纳瓦勒·萨达维（نوال السعداوي）

作者生平：1931年生于埃及，2021年卒
首次出版：1975年，Dar al-Adab（贝鲁特）
原著语言：阿拉伯语
英译书名：Woman at Point Zero

  《零点女人》是一部构思精巧的小说。作者就埃及妇女的地位进行了愤怒的控诉。小说回顾了菲尔道斯的一生：她的童年在乡下度过，曾被叔叔强暴，并被迫卷入婚姻暴力，之后又沦为娼妓。最后，她因谋杀妓院老板被捕，被判处死刑。

  小说用不足一百页的篇幅成功营造了残忍与绝望的氛围，给读者以共鸣。讲述故事时，菲尔道斯已身陷囹圄。相比牢房与犯罪的经历，童年时光更令她感到拘束和痛苦。给她造成痛苦的环境或许已经改变，但她却依然处在封闭的制度之中，她本人也无非就是一个可退可换的性爱商品。小说的主要段落多次重复，只有人物被替换，这也同样强调了菲尔道斯的可替代性。在小说结尾，死亡令她得到了解脱，这种讽刺手法读后令人倍感不安。

  在整篇小说中，萨达维对眼睛的关注给人以幽闭恐怖的感觉。菲尔道斯的存在感必须屈从于他人威胁性的目光。正是那些人用目光、用性爱对她进行了剥削。当然，小说也暗示了正当的性爱关系，但这份爱情却如此遥远，它转瞬即逝，仿佛来自遥不可及的过去。**ABi**

◀ 时年六十一岁的贝娄满心欢喜地在故乡芝加哥签售图书。对于作家来说，签售也属于他们的日常工作。

威拉德和他的保龄球奖杯 Willard and His Bowling Trophies: A Perverse Mystery

理查德·布劳提根（Richard Brautigan）

作者生平：1935年生于美国，1984年卒
首次出版：1975年，Simon & Schuster（纽约）
原著语言：英语

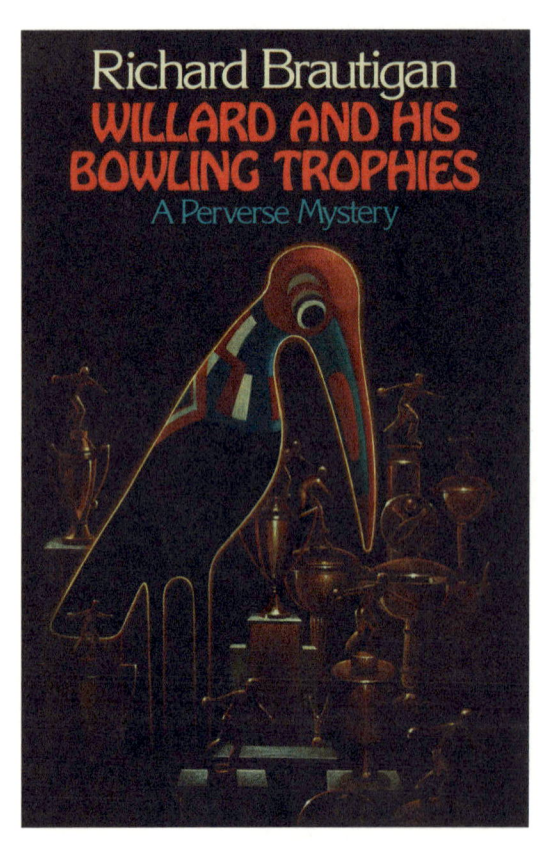

自《威拉德和他的保龄球奖杯》起，来自旧金山海特-黑什伯里区的诗人理查德·布劳提根开始大胆尝试小说体裁。作者将小说副标题命名为"一桩离奇的谜案"。作为谜案，它或许勉强够格。若论及离奇，它可就无可匹敌了。

鲍勃患上了难以治愈的性病湿疣，病痛毁了他的人生，也打击了他的精神（当时毕竟是20世纪70年代的旧金山）。为了维系同妻子康斯坦茨的关系，他开始尝试性虐待。将性病传染给鲍勃的康斯坦茨也为失去曾经的鲍勃而难过。看到丈夫已成为颓废的空壳，康斯坦茨沮丧不已。威拉德是只用纸浆制成的大鸟，它的外形极具异国风情。大鸟站在保龄球奖杯上面（奖杯其实是偷来的），位于性生活和谐的夫妻——帕特与约翰——在楼下的房间里。与此同时，恶魔般的洛根兄弟正在疯狂地搜寻被盗的保龄球奖杯，暴力犯罪的大网正在美国张开，几对夫妇对此却全然不知。洛根兄弟曾是美国中年男子的典范，他们健康守法，还是保龄球高手。如今，愤怒已冲昏了他们的头脑，他们从小偷小摸发展成武装抢劫，最后还犯下了杀人案。他们用了三年时间才锁定栗子街的这座房子。"美国毕竟是个很大的地方。相比之下，保龄球奖杯实在是太小了。"

小说描述了肆意破坏的恶行。20世纪70年代是美国的低谷，小说的意义与目的都在此时土崩瓦解。布劳提根独特的文风给人以舒缓的感觉。他的句子短小精练，阐释力十足，同时又毫无生气。质朴的文字宛如孩童的语言，其节奏令读者窒息、着迷，并捧腹大笑。**GT**

- 布劳提根的小说表达了美国西海岸反主流文化运动中的焦虑、理想与幽默。
- 布劳提根将废弃的草稿扔进纸篓。1981年，罗杰·赖斯迈耶在作家位于旧金山北滩的办公室里抓拍了这张照片。

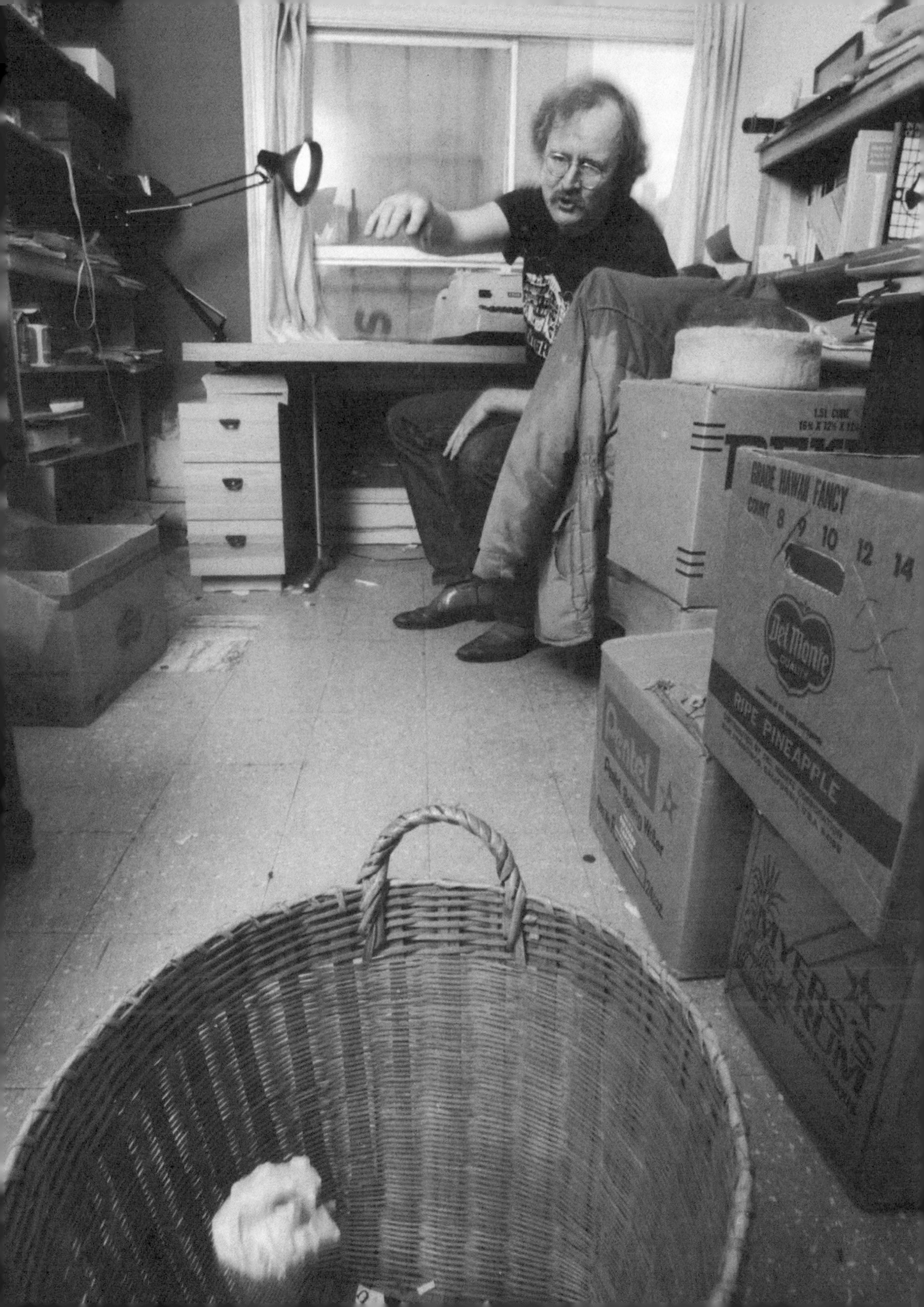
COUNT 8 9 10 12 14
Del Monte
RIPE PINEAPPLE

无命运的人生 Sorstalanság

凯尔泰斯·伊姆雷（Kertész Imre）

作者生平：1929年生于匈牙利，2016年卒
首次出版：1975年，Szépirodalmi Könyvkiadó
原著语言：匈牙利语
英译书名：Fateless

《无命运的人生》起初曾被出版社拒绝。1975年，小说最终在匈牙利出版，还曾参评2002年的诺贝尔文学奖。小说讲述了个人同残暴且毫无人性的历史间的斗争。十五岁的犹太少年克韦什·哲尔吉被抓进了集中营，又从奥斯威辛被送到了布痕瓦尔德。抵达集中营后，克韦什隐瞒了自己的年龄，因此才没有被送进毒气室。小说采用第一人称的叙述视角，对恶劣条件下的生存途径进行了描述。

凯尔泰斯是大屠杀的幸存者。小说虽采用自传的形式，但它又并非作者的自传。线性的叙事手法、频繁使用的现在时态令读者仿佛置身集中营，得以体会生活中的乏味、痛苦与"幸福"（战后，当克韦什重返匈牙利的时候，他认为自己是"幸福的"）。《无命运的人生》避免了客观性及基本的道德评判。

凯尔泰斯认为，记录大屠杀不能使用过去时态。奥斯威辛虽已成为过去，但凯尔泰斯却用《无命运的人生》提出了众多当下需要回答的问题。成为犹太人意味着什么？我们是怎样获得自由的？奥斯威辛代表了欧洲文化的原点，它象征了上帝之死、孤寂的开端以及实现自由承诺的可能性。**IJ**

> 我发现，就连幻想也并非全然无拘无束。或者说，它的自由仅仅在特定范围内存在。

▲ 2005年，大屠杀幸存者凯尔泰斯前往柏林。这座城市如今开展了众多关于死亡集中营的纪念活动。

亡父 The Dead Father

唐纳德·巴塞尔姆（Donald Barthelme）

作者生平：1931年生于美国，1989年卒
首次出版：1975年，Farrar, Straus & Giroux（纽约）
原著语言：英语
杰西·琼斯奖：1976年

　　《亡父》是一部重要的后现代小说。书中讲述了一位死去的父亲（"仅仅是某种意义上的死亡"）在乡下寻找金羊毛的历程。父亲的体形庞大雄壮，高达荒诞的三千二百腕尺，要由十九个人抬着前进。金羊毛可以让他恢复青春，还能帮他重享往日尊严，成为一切文化之父。死去的父亲脾气古怪，性格残暴，他诱惑女人，怀念已逝的青春。他还喜欢滥杀无辜，常常弯腰杀死临近的人群。很快作者便透露，父亲即将前往的并非复活之所，而是埋骨之地。

　　唐纳德·巴塞尔姆对"权威"无情地进行抨击。他逐步将神圣不可侵犯的西方文化摧毁。弗洛伊德学说被他讽刺挖苦，T. S. 艾略特和詹姆斯·乔伊斯等现代主义大师被他嘲弄、模仿，任何客观"真理"都被他抛弃。他采用随心所欲的叙事方式，看似无关紧要的闲话都围绕特定情节被临时拼凑到了一起。小说完全脱离了理性，摒弃了自然主义风格，并强调了文本本身的特点。作者成功融合了各种风格。如果读者想知道为什么后现代小说存在争议，那就应该读一下这本活力四射且极具挑战性的作品。**VA**

改正 Korrektur

托马斯·伯恩哈德（Thomas Bernhard）

作者生平：1931年生于荷兰，1989年卒于奥地利
首次出版：1975年，Suhrkamp（法兰克福）
原著语言：德语
英译书名：Correction

　　托马斯·伯恩哈德在这部杰作中叙述了科学怪杰罗伊塔莫自我毁灭的过程。罗伊塔莫要为妹妹设计建造一座巨大的锥形房子。他对工作力求完美，并全力投入其中。小说共包括两部分：第一部分由罗伊塔莫的数学家好友叙述，听到罗伊塔莫自杀身亡的消息后，为了整理罗伊塔莫留下的论文，他特地从奥地利返回英国；第二部分是罗伊塔莫的论文选。作者不仅介绍了工作的进展，对罗伊塔莫的唯我论虚无主义思想进行了剖析，而且还介绍了他的文化放逐生涯以及对奥地利发自内心的爱与恨。

　　伯恩哈德在《改正》中表达了自己对维特根斯坦的崇拜。罗伊塔莫的生活经历与维特根斯坦十分相似，尤其是维特根斯坦对社会文化背景及传统的抛弃、作为苦行者的天赋、思想及哲学方法的纯正与活力。尽管罗伊塔莫深爱着自己的妹妹，但正是他对妹妹的胁迫导致了她的死亡。杀死妹妹的同时，他也杀死了自己。与极具智慧的罗伊塔莫相比，他的妹妹具有更完整的情感与艺术性。

　　小说苦痛的语言中蕴含着能量，这是它的一大亮点。本书叙述了痴迷于知识的危险，它节奏完美，形式复杂，是伯恩哈德整个创作生涯中最为严肃的作品。**AL**

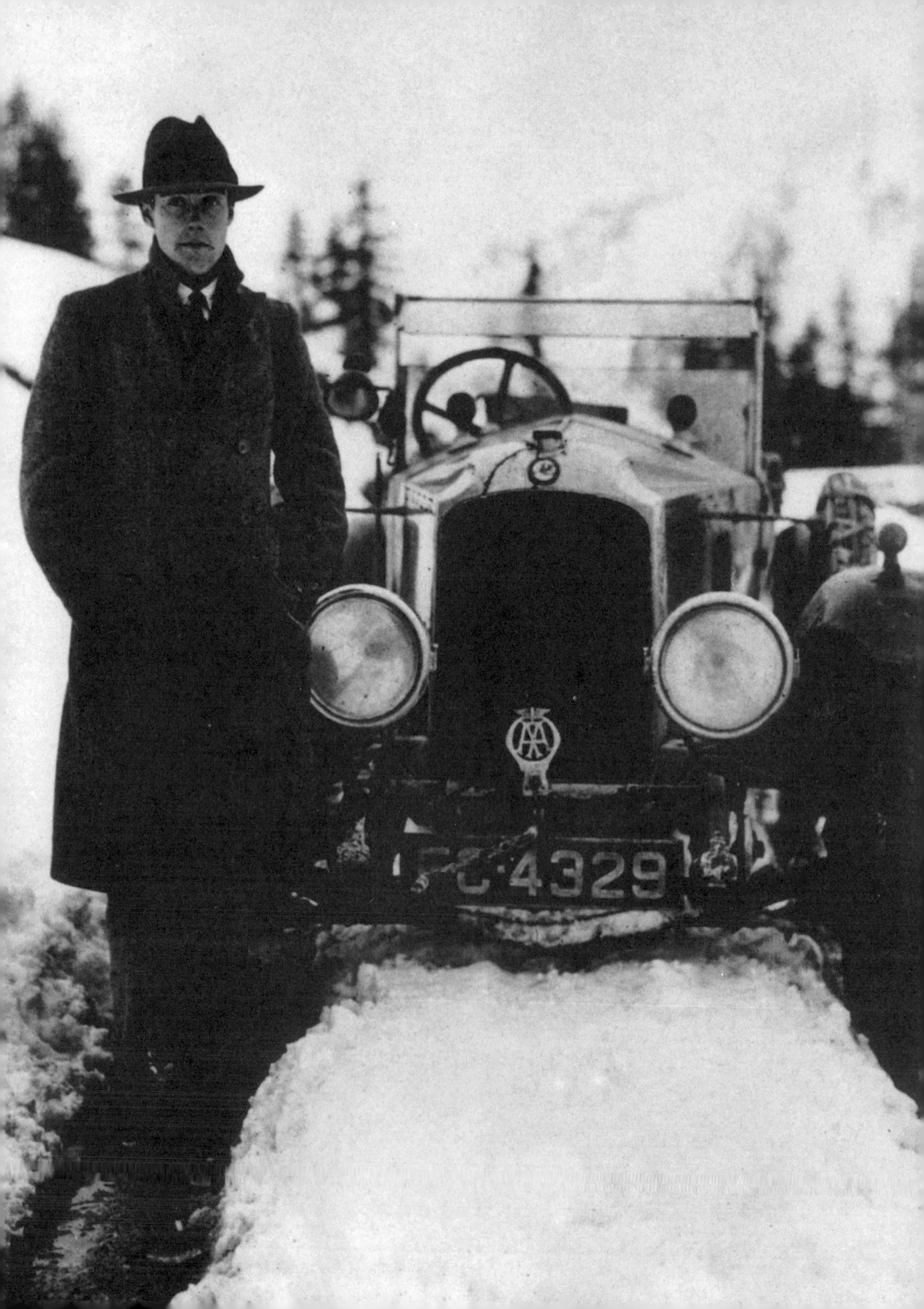
4329

伴随时光之曲而舞 A Dance to the Music of Time

安东尼·鲍威尔（Anthony Powell）

小说《伴随时光之曲而舞》共分十二卷，每卷的篇幅都不长，一天便可读完，而且可以分别阅读。这套英文小说是安东尼·鲍威尔对普鲁斯特的《追忆似水年华》（见本书第325页）的回应。与普鲁斯特的作品一样，本书也是主人公对所处时代幽默滑稽事件的记录。小说叙述者尼克·詹金斯性格和善，故事自他20世纪20年代在伊顿读书的经历开始，到他在20世纪70年代步入老年结束。前三卷（有时会结集为春季卷出版）介绍了尼克·詹金斯在学校的日子以及他在伦敦的早年生活。之后的三卷（夏季卷）讲述了战争岁月与爱情故事。第三部分（秋季卷）以初级官员的个人视角介绍了1939年至1945年滑稽可笑的事件。最后三卷（冬季卷）中的詹金斯已步入中年和老年，其中还包括他在威尼斯参加文学会议及英国乡村生活的经历。

与普鲁斯特的小说类似，阅读这部吸引力十足的小说也会给人带来欢乐，但这种乐趣并不在于情节或是叙事手法（例如书中对英国上流社会半个世纪内的生活缩影进行的描述）。作品的喜剧色彩、人物塑造以及文体风格帮助鲍威尔获得了成功，其中的前两种特色还与第三种密切相关。作者用美妙的文字对主人公的私生活进行品评，不但令我们感到愉悦，而且还纠正了我们的世界观。在这部平和而优美的作品里，一切都成了喜剧与谜题的素材。在作者塑造的人物中，最为成功的当数魔鬼般的自我主义者肯尼斯·威德默普尔。这个越发丑恶的角色曾在每个分卷中出现，他也在小说最终卷里得到了应有的惩罚。威德默普尔象征了这个疯狂的世纪，面对困难默默前进的尼克·詹金斯则肩负着维系平衡的任务。**PM**

作者生平：1905年生于英国，2000年卒
首次出版：1951—1975年，Heinemann（伦敦）
全系列：十二卷
原著语言：英语

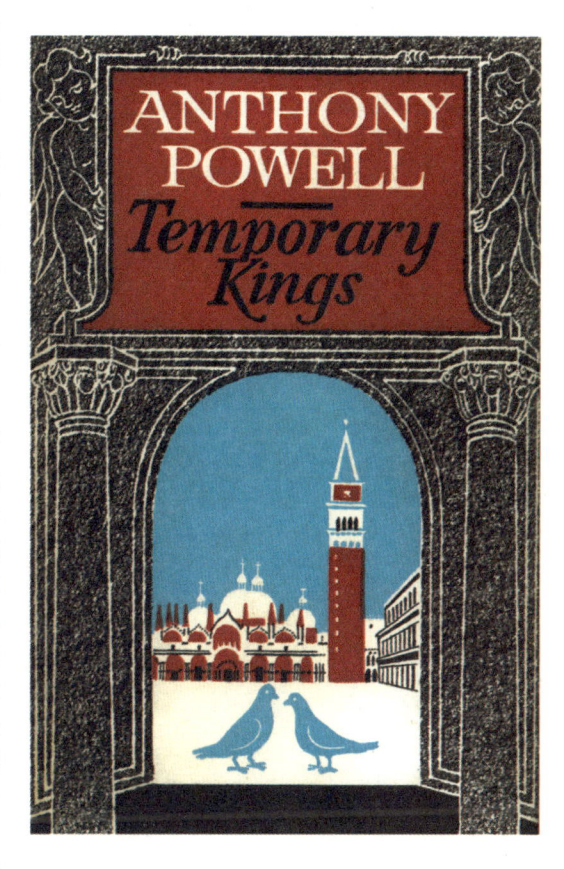

◂ 《伴随时光之曲而舞》（第十一卷）的英国精装版封面。

◂ 鲍威尔深受两次世界大战之间的现代主义与英国社会喜剧传统的影响。这张照片摄于20世纪30年代。

W或童年回忆
W, ou le souvenir d'enfance

乔治·佩雷克（Georges Perec）

作者生平：1936年生于法国，1982年卒
首次出版：1975年，Éditions Denoël（巴黎）
原著语言：法语
英译书名：*W, or the Memory of Childhood*

  这部引人入胜的自传式小说由两个截然不同且毫无关联的故事组成。在第一部分中，叙述者讲述了一个怪异的故事。小男孩在海上迷失，来到一座名叫W的奇怪岛屿，故事中的社会就建立在那里。第二个故事则极具自传色彩，由1936年在波兰犹太家庭中出生的佩雷克以第一人称讲述。佩雷克介绍了自己幼年以及在法国南部寄宿学校的经历。他将想象中奥林匹亚城的生活习俗与组织结构描述得细致入微。同时，他也在小说中对自己的经历进行了改写。佩雷克曾一度声称他早已忘记了童年往事，这份回忆不仅经过了改编，而且已疑虑重重、混乱不堪。然而，即便是精确的日期、尺寸、数据、证明及各种官方材料也难以形容奥斯威辛集中营的恐怖。佩雷克的母亲在1943年被送进了集中营，W岛上的虚构人生为我们在某种程度上填补了想象的空白。岛上的人们可以通过缝在衬衫上的标记分辨出哪些人是运动员。挨饿是没能完成任务的惩罚。乌托邦就这样逐步变成了纳粹集中营。佩雷克用《W或童年回忆》对20世纪的自传文学进行了彻底改造。**KB**

族长的秋天
El otoño del patriarca

加西亚·马尔克斯（Gabriel García Márquez）

作者生平：1927年生于哥伦比亚，2014年卒于墨西哥
首次出版：1975年，Plaza & Janés（巴塞罗那）
原著语言：西班牙语
英译书名：*Autumn of the Patriarch*

  《族长的秋天》是加西亚·马尔克斯最受欢迎的小说之一，同时也是他最具实验性的作品。这也是一部被世人低估的小说。它的影响力并不及其他畅销作品，即便是评论家也对它看法不一。马尔克斯本人认为，本书是"一首描写独裁者孤独状态的诗歌"。小说的主人公是南美洲的一个无名独裁者。孤独与偏执摧毁了族长的政治天赋，在他身上集中了20世纪众多独裁者与狂人的特点。他天性残忍，内心充满绝望；他为自己营造了神秘、光鲜的形象，治下人民却贫苦不堪。当革命者在穷奢极欲的居所里发现了族长腐烂的尸体之后，马尔克斯开始以浓重的笔墨讲述大众如何在死亡暴君遗留的废墟上重建公共与个人生活。

  小说由六个段落构成。马尔克斯很少使用标点，让人不禁联想起乔伊斯在《尤利西斯》（见本书第291页）最后一章中为布鲁姆创作的独白。随着小说叙事在真实历史事件与人物的狂想中出人意料地交替往返，时间与空间都陷入了混乱。本书不愧是一部探讨领袖魅力、腐败、暴力与政治权力机构的杰作。**SamT**

童年典范
Kindheitsmuster

克里斯塔·沃尔夫（Christa Wolf）

作者生平：1929年生于德国，2011年卒
首次出版：1976年，Aufbau Verlag（柏林）
原著语言：德语
英译书名：*Patterns of Childhood*

　　《童年典范》叙述了成人与往昔孩提时代之间的复杂关联。人是否真的能将另一个自己遗忘？一个在纳粹德国环境里长大的孩子是否真的能够摆脱那段回忆？

　　内利·乔丹是自传式小说《童年典范》的叙述者。当她再度造访自己的故乡L城——如今的波兰G城时，开始对上述问题进行思考。内利上次离开L城时正值"二战"高峰，她与行进中的苏联士兵擦肩，匆忙逃离了这里。故地重游激起了她心中痛苦的回忆。如今，她身为民主德国居民，当她以成年人的视角再次回想在纳粹治下的童年经历，深藏心底的画面再度涌现。内利得出了惊人的结论，她发现法西斯的根源就在家人与百姓的日常生活中。创作本书时，控制政权的德意志民主共和国懦弱而虚伪，它并未将这一根源斩除。一个纳粹分子的国度并不能一夜就变成社会主义的英雄之国。就算有任何改变，它也应逐步进行。《童年典范》的伟大在于，作者提出应诚实地看待德国历史，包括其中令人不安的部分。克里斯塔·沃尔夫对民主德国的意识形态发起挑战，这为她在德国乃至全世界赢得了崇敬与尊重。**MM**

想象一下，这是一个沉睡者的国度。人们的大脑都在做梦，只会服从命令——清除、清除、清除。

▲ 克里斯塔·沃尔夫因在民主德国公开批评政府而扬名。拍摄照片时，她已搬到柏林生活。

责备
Blaming

伊丽莎白·泰勒（Elizabeth Taylor）

作者生平：1912年生于英国，1975年卒
首次出版：1976年，Chatto & Windus（伦敦）
原著语言：英语

《责备》是伊丽莎白·泰勒的最后一部小说。作者以中立的视角描述了一段刚正不阿的感情，并记录了上层中产阶级的生活，其笔调既满怀同情，又略显苛刻。小说开篇，艾米的丈夫在地中海巡航期间遇难。她在萍水相逢的好友、美国年轻小说家玛莎的陪伴下回到了伦敦。拘谨的英国女性与感性的美国人之间存在着众多差异。不过，泰勒也提醒读者，除文化定式因素以外，即便是最善良的人也会有心胸狭隘的一面。狭隘思想通常通过吝啬得到体现，比如因花钱坐出租车或忘记关灯而心生不满。泰勒表明，无心之举有时也会造成毁灭性后果。在她的引领下，读者会进入人物满怀羞愧、尴尬与悔恨的内心世界。

对于这部基于平凡生活的作品，"悲剧"一词似乎过于宏大。小说最终以大团圆结局收场，但它却是一部真正的悲剧，意外的结局会将读者深深吸引。对喜剧人物的刻画，如艾米思想保守的儿子詹姆斯、她精明的孙女伊泽贝尔和多拉，也丰富了小说的内容。虽然小说叙述的是20世纪70年代初期的社会习俗，但它已超越了时间与特定环境的束缚。**ACo**

刀与骨
Cutter and Bone

牛顿·索恩伯格（Newton Thornburg）

作者生平：1929年生于美国，2011年卒
作者全名：Newton Kendall Thornburg
首次出版：1976年，Little, Brown & Co.（波士顿）
原著语言：英语

牛顿·索恩伯格的《刀与骨》是越战时期被人们遗忘的一部作品。本书对美国国内的负面因素进行了分析。抗争似乎预示着社会及政治变革，但最终却黯然收场。酗酒成性、幻想破灭的跛脚越战老兵亚历克斯·卡特与自私自利的小白脸博恩是本书的主要人物。小说以二人的关联为主线。博恩发现有人在垃圾堆里扔了一具女尸，他认出杀人凶手是商业大亨J. J. 沃尔夫。于是，为了获利并伸张正义，两人决定纠缠沃尔夫。

在索恩伯格的作品中，读者掌握的任何信息都并不明朗。卡特是否真的那么自私？他对沃尔夫的厌恶是否隐藏了某些政治目的？造成他妻子与孩子死亡的火灾是由于卡特的疏忽，还是与他卷入沃尔夫一案有关？卡特的国家已将灵魂出售给商业公司并已在东南亚失势，自己与国家的境遇令卡特心酸。扳倒沃尔夫是卡特的英勇之举，这同时也反映了他精神上的迷茫。这部小说就是卡特的遗书，他最终从幻梦中醒悟，发现世界正如同想象中一样让人失落。**AP**

▶ 1981年，伊凡·帕瑟将索恩伯格的小说改编为电影《终极手段》。约翰·赫德在该片中饰演了因越战致残的老兵亚历克斯·卡特。

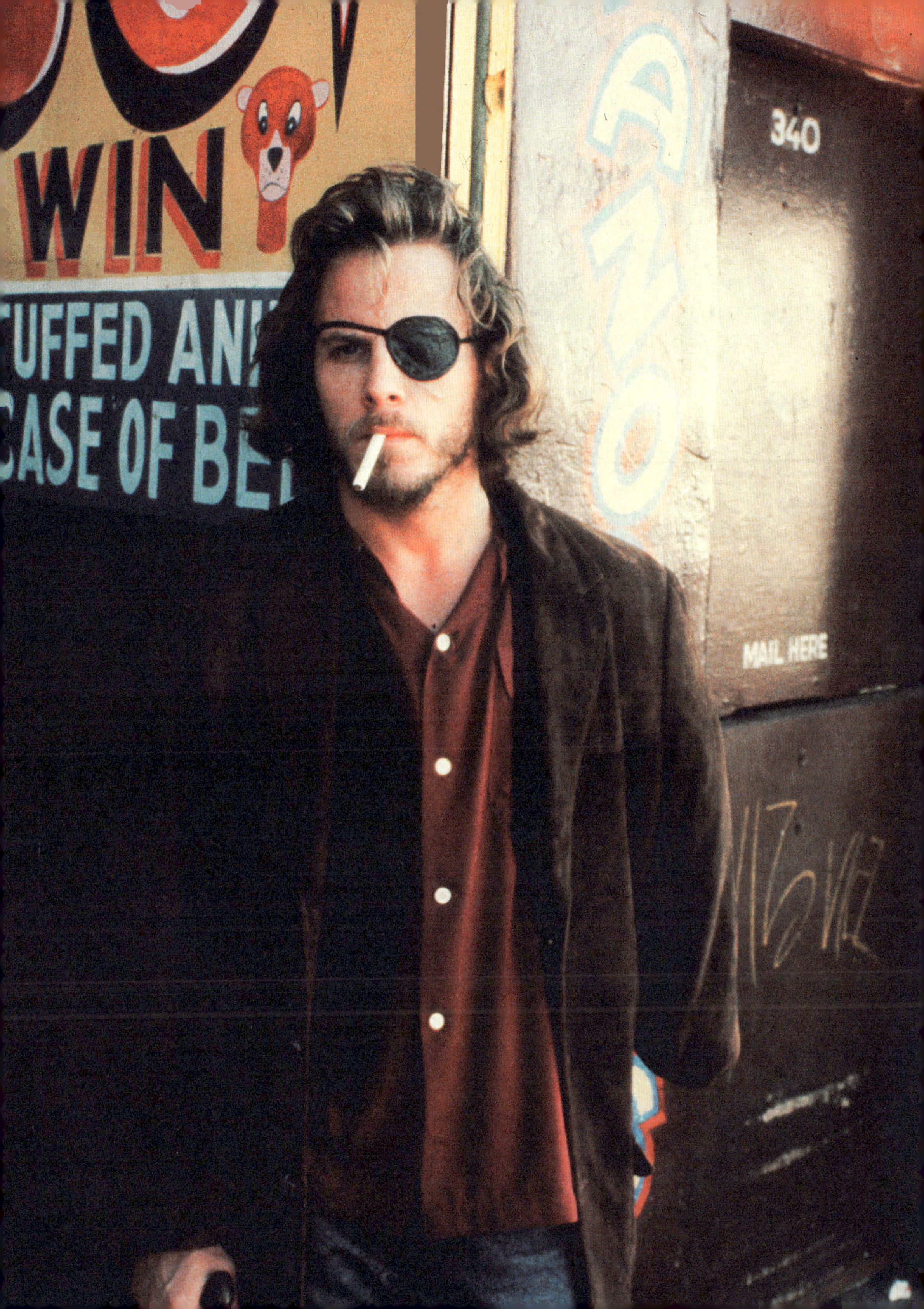
WIN
UFFED AN
CASE OF BE
340
MAIL HERE

DRINK FROM ME AND LIVE FOREVER
TOM CRUISE
INTERVIEW WITH THE VAMPIRE
THE VAMPIRE CHRONICLES
BRAD PITT
STEPHEN REA
ANTONIO BANDERAS
AND
CHRISTIAN SLATER
GEFFEN PICTURES PRESENTS
A FILM BY NEIL JORDAN • TOM CRUISE • BRAD PITT • STEPHEN REA • ANTONIO BANDERAS AND CHRISTIAN SLATER
"INTERVIEW WITH THE VAMPIRE" KIRSTEN DUNST VAMPIRE MAKEUP AND EFFECTS BY STAN WINSTON EDITOR MICK AUDSLEY PRODUCTION DESIGNER DANTE FERRETTI
DIRECTOR OF PHOTOGRAPHY PHILIPPE ROUSSELOT MUSIC COMPOSED BY ELLIOT GOLDENTHAL CO-PRODUCER REDMOND MORRIS SCREENPLAY BY ANNE RICE BASED ON HER NOVEL
PRODUCED BY STEPHEN WOOLLEY AND DAVID GEFFEN DIRECTED BY NEIL JORDAN
A GEFFEN PICTURES RELEASE
DISTRIBUTED BY WARNER BROS.
A TIME WARNER ENTERTAINMENT COMPANY
© 1994 GEFFEN PICTURES. ALL RIGHTS RESERVED.
SOUNDTRACK ALBUM ON GEFFEN RECORDS

夜访吸血鬼 Interview With the Vampire

安妮·赖斯（Anne Rice）

作者生平：1941年生于美国，2021年卒
作者教名：Howard Allen O'Brien
首次出版：1976年，Alfred A. Knopf（纽约）
原著语言：英语

　　安妮·赖斯用一系列作品将古老的吸血鬼传说逐步移植到了现代世界。她的吸血鬼吸收了德拉库拉的众多特点。不过，她笔下的世界却比布拉姆·斯托克书中刻画的更具性欲，也更加狂暴。故事发生的时间就在当代，地点则以她的故乡新奥尔良为原型。

　　《夜访吸血鬼》的主人公路易斯是个二百岁的吸血鬼。永恒的生命对他是恩赐也是诅咒。只有听过他的故事，我们才会了解吸血鬼的生活。吸血鬼用不同的感官去感受世界，他们的世界比人类的更残忍，也更鲜活，凡人都无法体验。然而，路易斯心中却充满疑惑，他想知道自己是怎样变成了吸血鬼，令他陷入当前境遇的究竟是神灵还是恶魔。此外，他还是个有良知的吸血鬼。他不愿以人类为食，因此他试图用其他方式满足自己难以控制的胃口。荒谬的故事并未令读者感到平淡或感伤，这也是本书的一大亮点。读者还可以从人类及吸血鬼的角度体会这群放逐者的恐怖或魅力。

　　透过重重困境，我们看到了新奥尔良的光亮与阴影。这是一座古老而现代的城市，那里异教思想盛行，同时也颇具当代的华丽风尚。《夜访吸血鬼》中的明暗对比相当强烈，我们沉浸在噩梦般的世界里，其中的某些负面内容即便是凭我们有限的感官也体会得到。**DP**

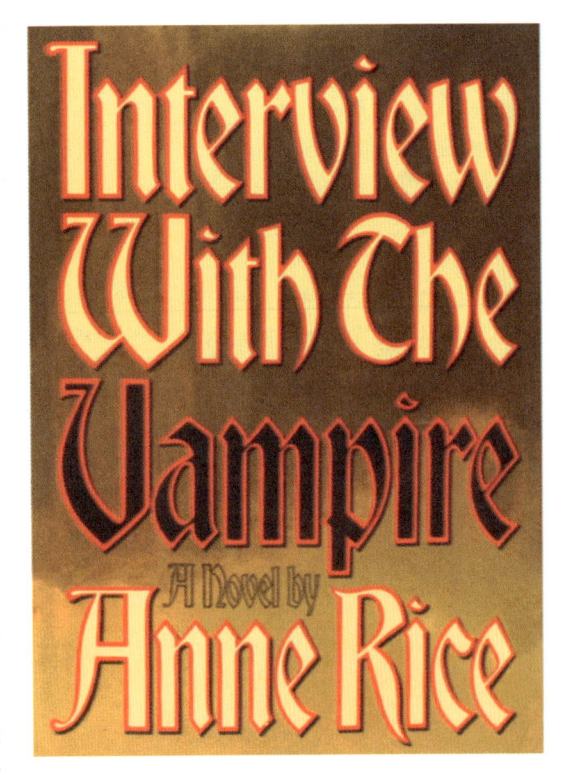

吸血鬼笑了。

▲ 安妮·赖斯是创作情色幻想小说的流行作家。书中的故事大多发生在她的故乡新奥尔良。

◀ 1994年，赖斯亲自为小说的电影版创作了剧本。该片由风格奢华颓废的导演尼尔·乔丹执导。

左撇子女人
Die linkshändige Frau

彼得·汉德克（Peter Handke）

作者生平：1942年生于奥地利
首次出版：1976年，Suhrkamp（法兰克福）
原著语言：德语
英译书名：*The Left-Handed Woman*

在20世纪60年代末与70年代的奥地利文坛，彼得·汉德克是个让人头疼的天才。他的作品题材广泛，涵盖了政治、美学、心理学与哲学问题，能给人一种坚定甚至放肆的感觉。在这部小说中，作者用质朴而冷淡的文字讲述了关于生存危机的故事，并实践了他的现代主义风格。故事中的家庭主妇玛丽安娜受够了曾经的生活，她幡然醒悟，决定与丈夫——八岁儿子的父亲——离婚。几天的独居生活后，她开始尝试寻找妻子和母亲身份以外的独立与自我意识。

汉德克用小说中的人物否定了世人对身份的主观看法。以玛丽安娜为例，叙述者称她为"那个女人"，她的儿子斯蒂芬则成了"那个孩子"。叙述者避免描述细节与内心独白，将人物内心的困惑转换成了纷杂的对话与尴尬的沉默。由此说明个人身份脆弱不堪且难以维持，即便是日常生活中的命名或描述也会对它构成威胁。"左撇子"象征着独立的欲望及与众不同的权利。小说以保守乐观的文字结尾，玛丽安娜最终说道："你并没有背叛你自己，再也没有谁会侮辱你了。" **JH**

蜘蛛女之吻
El beso de la mujer araña

曼努埃尔·普伊格（Manuel Puig）

作者生平：1932年生于阿根廷，1990年卒于墨西哥
首次出版：1976年，Seix-Barral（巴塞罗那）
原著语言：西班牙语
英译书名：*Kiss of the Spider Woman*

《蜘蛛女之吻》是曼努埃尔·普伊格最受好评的小说。尽管作品中并未使用复杂手法，但它却极具原创意味。故事发生在军事独裁时期的阿根廷，两名囚犯在同一间牢房里相遇。同性恋者莫利纳是个橱窗设计师，他为人轻浮，以自我为中心，因教唆未成年人罪入狱。瓦伦丁因"颠覆政权"而入狱，他内心始终对投身革命时抛弃的女人念念不忘。由于政法警察会定期拷打罪犯，为了转移注意力，莫利纳开始对瓦伦丁讲述他钟爱的古老爱情电影里的故事。瓦伦丁起初毫无兴趣，但很快他便进入了莫利纳光鲜、深情的世界，并满心期待着新的故事。而莫利纳也迷恋上了瓦伦丁。

莫利纳的电影人物开始变得与现实生活中的他们相似，电影成了强有力的隐喻。他们的关系从陌生过渡到了朋友，感情也从怜悯转变为爱情。小说同时也涉及了"妥协问题"（曾是20世纪70年代的辩论焦点）以及发挥想象力的天性。**SR**

▶ 1985年，海科特·巴班克将普伊格的小说搬上了银幕。威廉·赫特还凭借扮演同性恋者路易斯·莫利纳赢得了奥斯卡金像奖最佳男主角。

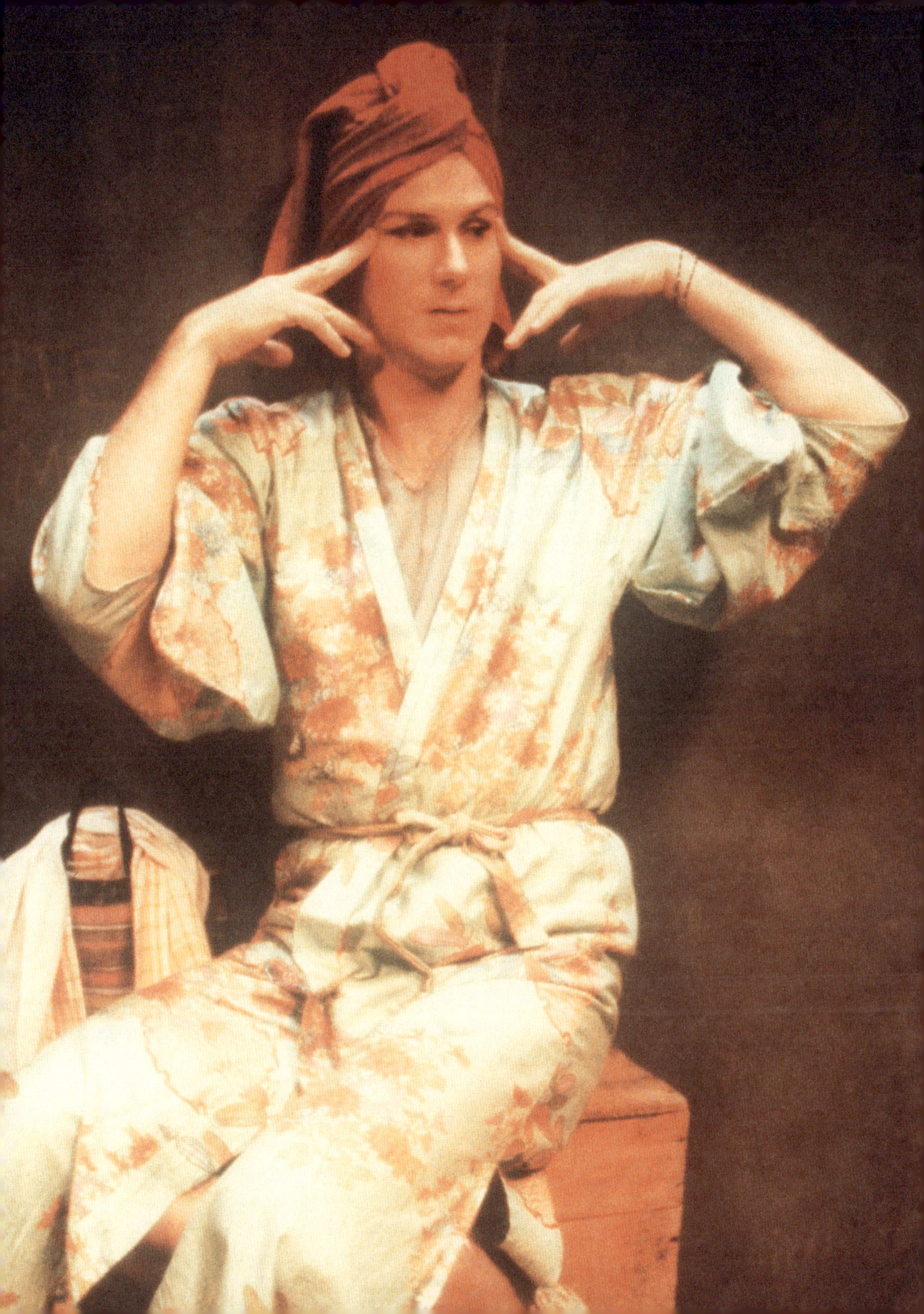

无限近似于透明的蓝
限りなく透明に近いブルー

村上龙（村上龍）

作者生平：1952年生于日本
首次出版：1976年，讲谈社（东京）
原著语言：日语
英译书名：*Almost Transparent Blue*

《无限近似于透明的蓝》的故事发生在日本的无名海港城市。一群青年居住在美军基地附近，作者用极其细致的笔触描写了他们虚无主义般的日常生活。叙述者阿龙和朋友们拒绝传统的"正统"生活方式，例如稳定的工作、家庭及道德约束（也是其中最重要的内容）等。他们终日沉溺于吸毒、滥交和音乐之中。小说看似毫无情节，但却勾勒出了一代人的生活。这些人毫无目标，过着无聊、疏离、堕落的日子。

创作《无限近似于透明的蓝》时，村上龙只有二十三岁。他在书中将性暴力与吸毒后的狂热描述得细致入微。读者被迫参与其中，难免心生不快。因此，阅读本书也是对读者感官的一种考验。荒诞细节的背后则是普遍存在的孤独，与加缪或卡夫卡的作品如出一辙。村上龙并未追随战后文学的内省创作潮流。他用这部标新立异的日本文学作品彻底摧毁了皑皑的雪山与绽放的樱花这类日本形象，揭示了变化不断的文化要素。读者和评论家都曾对这部小说莫衷一是。1976年，《无限近似于透明的蓝》获得了颇具盛名的芥川奖，随即便成为畅销书。**BJ**

内陆深处
In the Heart of the Country

J. M. 库切（J. M. Coetzee）

作者生平：1940年生于南非
首次出版：1977年，Secker & Warburg（伦敦）
原著语言：英语
诺贝尔文学奖：2003年

《内陆深处》是J. M. 库切的第二部小说。故事发生在南非内陆的大草原上，主题同疯狂、欲望与梦幻有关。故事中的老处女玛格达同父亲住在偏远地区的农庄上。她的父亲是个丧偶的白人农民，并且与年轻的非洲女佣亨德里克有染。在发现真相之后，玛格达的内心感到嫉妒和孤独，她既盼望得到爱情，渴望尝试未曾经历过的性爱，又感到矛盾。如今的玛格达已老态龙钟，她的生活中缺少性爱。她认为，自己孤独的生活都是由冷漠、暴躁的父亲导致的。由于父亲的"溺爱"，她开始幻想自己被他强奸。

库切质朴、晦涩的文风宛如阴郁的诗歌，仿佛是玛格达正奋力用文字填满她空虚的生活。玛格达的生活与历史绝缘，过去和未来对她都失去了意义，任何事都不会发生。她开始不停地编造故事，努力使自己当下的生活具有某种意义。当语言也毫无用处时，她就失去了理智。在《内陆深处》中，我们看到了一位被历史抛弃的女人。不过，这本书并没有在追寻内心世界的过程中抛弃历史。小说极具挑战性，读后令人感到震惊和不安。从这部作品起，库切开始探索殖民统治的历史给南非带来的性压迫与种族歧视。**VM**

人类灵魂工程师
Príbeh inzenyra lidskych dusí

乔瑟夫·什克沃雷茨基（Josef Škvorecký）

作者生平：1924年生于捷克斯洛伐克，2012年卒于加拿大
首次出版：1977年，Sixty-Eight（多伦多）
英译书名：The Engineer of Human Souls

　　流亡加拿大的捷克作家丹尼·斯米里基是《人类灵魂工程师》的主人公。他经历过纳粹时期，也体验过共产主义生活。捷克斯洛伐克政府认为丹尼是个颇具争议并且容易引起纷争的作家，因此他总是被秘密警察跟踪。丹尼不断回忆纳粹德国统治时期的捷克斯洛伐克，使故事在过去与现实之间交错。为避免遭到迫害，一次幽默的冒险之旅过后，他乔装改扮，以避难的方式逃离了这个国家。

　　小说中的黑色幽默颇具讽刺意味，令人忍俊不禁。同时，它还以阴郁的笔触描述了捷克斯洛伐克移民在战后加拿大的生活。丹尼当时在多伦多的大学里教授文学课程，其中涉及的多位作家都会在小说的七个章节中出现，例如爱伦·坡、霍桑、马克·吐温、哈特·克兰、菲茨杰拉德、康拉德、洛夫克拉夫特等，他们的经历已贯穿整部小说。

　　乔瑟夫·什克沃雷茨基的首部小说《懦夫》（Zbabělci）创作于1958年，曾一度被捷克斯洛伐克政府批判。1968年，在苏联出兵捷克斯洛伐克之后，什克沃雷茨基就和妻子去了加拿大。他以教书谋生，还创立了"六十八出版社"，专门出版捷克斯洛伐克的禁书。什克沃雷茨基获得过多个奖项。1992年，他被授予加拿大勋章。**RA**

秋天四重奏
Quartet in Autumn

芭芭拉·皮姆（Barbara Pym）

作者生平：1913年生于英国，1980年卒
首次出版：1977年，Macmillan（伦敦）
原著语言：英语
布克奖提名：1977年

　　芭芭拉·皮姆曾是20世纪50年代的知名作家。到了60年代，她细腻且适度幽默的小说与新兴的浮躁文化氛围格格不入，小说因此滞销，她也被出版社放弃。1977年，在诗人菲利普·拉金等崇拜者的努力下，这位沉寂的作家再度赢得了关注。在完稿十六年后，《秋天四重奏》终于出版，并被评论界一致称赞。

　　《秋天四重奏》刻画了四位即将退休的独身上班族——玛西亚、莱蒂、诺曼与埃德温的生活。玛西亚是个时而神志不清、疯疯癫癫的女人。她迷上了为她做乳房切除手术的医生。她买罐头，却从来不吃。罐头一天天增多，她却越发营养不良。莱蒂理智而感性，却被身边所有人孤立、侮辱和轻视。脾气暴躁的诺曼"像只臭脾气的小狗"，终日对着人群和车辆狂吠。自鸣得意的埃德温格外虔诚，参加教堂礼拜就能让他心满意足。

　　本书情节错综复杂，理解时可以从玛西亚对诺曼转瞬即逝的激情这一感情线索入手。《秋天四重奏》中充满了孤独与死亡的意味。阅读时，读者将面对人生中最为阴暗的事实真相。**RegG**

星辰时刻 A Hora da estrela

克拉丽丝·李斯佩克朵（Clarice Lispector）

作者生平：1920年生于乌克兰，1977年卒于巴西
首次出版：1977年，Livraria José Olympio Editora
原著语言：葡萄牙语
英译书名：The Hour of the Star

  克拉丽丝·李斯佩克朵因创作短篇故事誉满全球。她的作品描写细腻，情节在瞬间幻灭，并且还有种持之以恒的张力，同更具延续性的小说叙事模式形成了反差。在最后一部小说《星辰时刻》中，她克服了此前的缺陷。书中的故事发生在李斯佩克朵熟悉的地点，作者对巴西黑人女孩玛卡贝娅悲剧的一生与突然而至的死亡进行了描述。玛卡贝娅从阿拉戈斯的偏远地区来到里约热内卢，凭借做秘书勉强度日，过着朝不保夕的生活。李斯佩克朵以精湛的技艺揭示了女人的内心世界，她们受尽压迫、未曾受过教育而且不善言辞。幽默贯穿了整部作品，她的文风时而简练，时而饱含绝望，让无声的人们以这种方式发出了声音。

  李斯佩克朵用敏锐的视角记录了一场生与死的游戏。令笔下的人物被读者铭记是作者神圣的责任，她用脆弱与激情成功履行了这一职责。谈起她同玛卡贝娅的关系，叙事者李斯佩克朵说道："作为作者，我很爱她。我为她忍受着痛苦。我想对她说：'既然你要我哭泣，那我也不要你歌唱。'"李斯佩克朵将这本书献给多位作曲家，她认为，这部作品如同美妙的音乐一样难以翻译。李斯佩克朵的作品是要靠阅读去体会的，而非靠评论。**MW**

所罗门之歌 Song of Solomon

托妮·莫里森（Toni Morrison）

作者生平：1931年生于美国，2019年卒
作者教名：Chloë Anthony Wofford
首次出版：1977年，Alfred A. Knopf（纽约）
原著语言：英语

  在《所罗门之歌》开篇，绝望而孤独的男人试图飞翔，刚刚开始分娩的女人仰面观望。之后，小说便开始讲述孩子的故事，他是第一个在非医生街慈爱医院出生的黑人小孩。他的母亲之所以可以在医院中生下他，有两方面原因：第一，刚刚在医院屋顶上的失败飞行试验引发了骚乱；第二，他的父亲是镇上的第一位医生。孩子出生时，四周洋溢着欲望、失望与驱逐。长大后，他便开始着手解决这些问题。

  孩子名叫梅肯·戴德，他来自这座中西部城镇上最富有的黑人家庭。在他特别的童年时光里，他从未体会过爱。他的父母很久以前便开始分居。梅肯从姑姑家得知，自己的家族有着丰富的历史，众多秘密和故事都等待他发掘。对成长的渴望使他迈出家门。他来到南方，开始体验世俗生活。梅肯弄清楚了家族的历史，并最终继承了自己的名字。回家后，他体会到了散漫生活方式的弊端，肩负起了自己在知情后需要承担的责任。**NM**

▶ 作为作家，托妮·莫里森始终都关注政治。她曾说："没有哪位真正的艺术家可以不谈政治。"

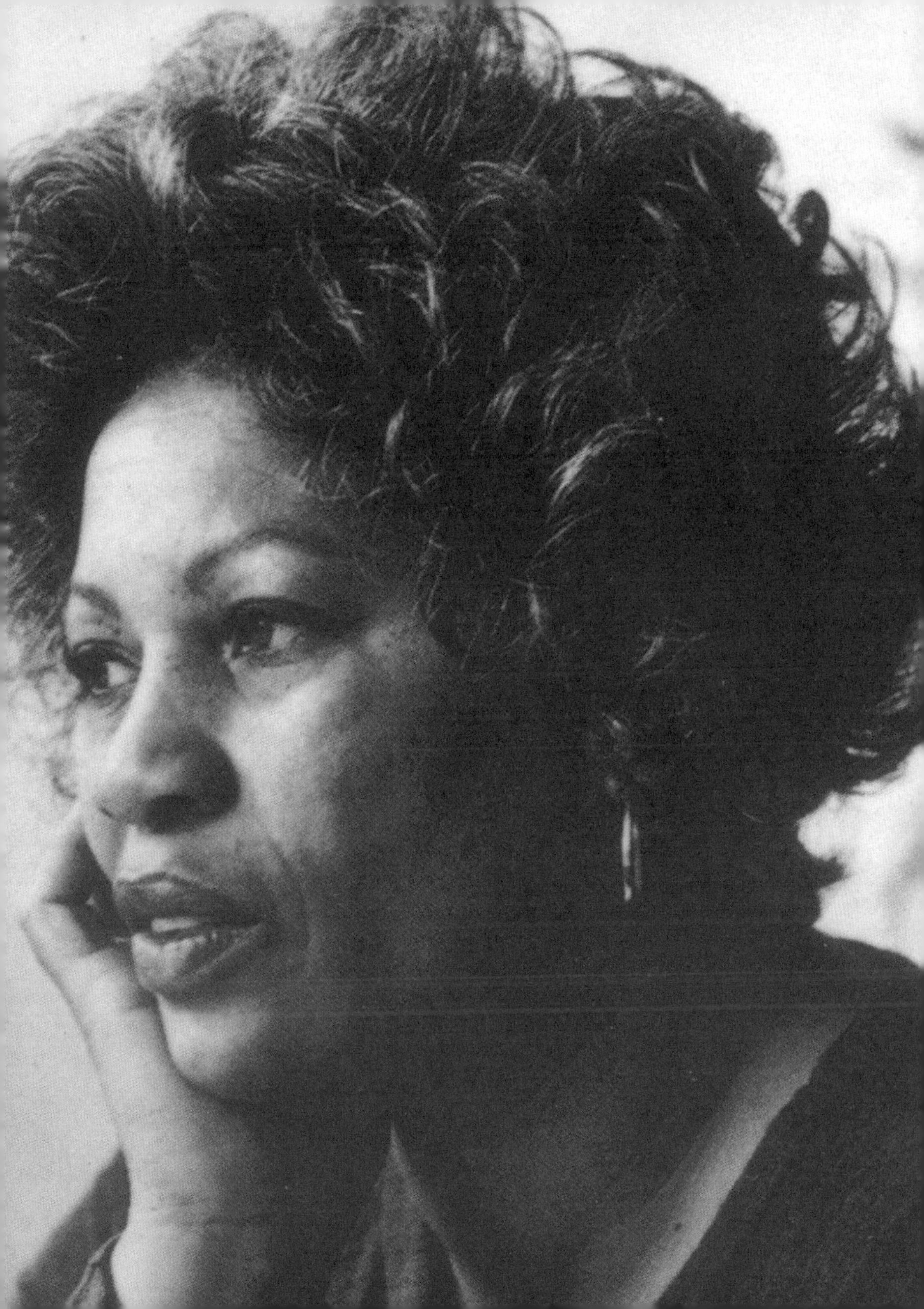

战争 The Wars

蒂莫西·芬德利（Timothy Findley）

作者生平：1930年生于加拿大，2002年卒于法国
首次出版：1977年，Clarke, Irwin & Co（多伦多）
原著语言：英语
加拿大总督奖：1977年

畅销书《战争》是十一卷系列作品中的第三卷。在作者蒂莫西·芬德利的青少年时光中，家庭纷争不断，第二次世界大战爆发，他还过早地知道了自己的同性恋性取向。由于这些生活经历，他的作品始终都以精神疾病、性行为、战争以及弱者经受的苦痛为主题。

《战争》采用后现代叙事手法，由证词、信件与日记拼凑而成，其间还穿插了负责拼贴工作的研究者的观点。他试图以连贯的形式叙述十九岁的加拿大"一战"军官罗伯特·罗斯的历史，于是便有了这部极具说服力的纪实作品。

芬德利描述了这位敏感的中产阶级男孩所受到的伤害。一系列伤痛残忍地剥夺了他的纯真。爱情在战场上生长，他既爱自己的军官朋友，也爱远在家乡的美丽女孩，但他最爱的则是那些动物——那些无辜的牺牲品。罗伯特被同伴强奸象征了人性沦丧这一战争本质。四周的疯狂最终压垮了罗伯特。随着故事飞速向前发展，罗伯特在绝望、恍惚中完成了自己最后的任务。这是懦夫的疯狂之举，还是冷静的壮举？这是对生命的拒绝，还是生命给出的美好回应？**GMi**

战地快讯 Dispatches

迈克尔·赫尔（Michael Herr）

作者生平：1940年生于美国，2016年卒
首次出版：1977年，Alfred A. Knopf（纽约）
英国首版：1978年，Pan Books（伦敦）
原著语言：英语

新闻报道风格的《战地快讯》是一部伟大的文学作品。迈克尔·赫尔记录了自己一年内（1967年到1968年）在越南的经历，他曾亲历春节攻势、溪山战役等残忍战事及重大事件。这是一部结构精巧的作品，它时而给人以回忆录的感觉，但同时又兼具纪实报道的效果与深度。书中传统新闻报道的痕迹并不多，但这种直截了当的自然文风还是会给人以报道的感觉。

描写普通步兵时，赫尔不动感情，而同时又满怀同情心。他出色地捕捉了士兵俚语的活力与幽默，形象地刻画出越战中的恐惧、烦闷与毒品带来的疯狂。小说令读者在惊讶之余一睹士兵的玩世不恭。"伙计，这就是个行当。我们到这儿就是来杀东方佬的。就是这样。"生动的描述令人仿佛置身丛林："抽那边的烟卷感觉就像是把肿胀的虫子卷起来，然后趁虫子活着就点着一样，噼啪直响，还潮乎乎的。"小说描述了人类追求刺激的欲望，展示了战争这种终极手段的可怕。对于战争的恐惧，它毫不避讳。它要告诉读者，没有什么比活着更好。书中的图片会将一切说明。事实也许令人不安，但本书绝对是一部引人入胜的作品。**AL**

> 1968年5月，记者迈克尔·赫尔和摄影师拉里·巴罗斯在西贡（现胡志明市）报道越南战争。

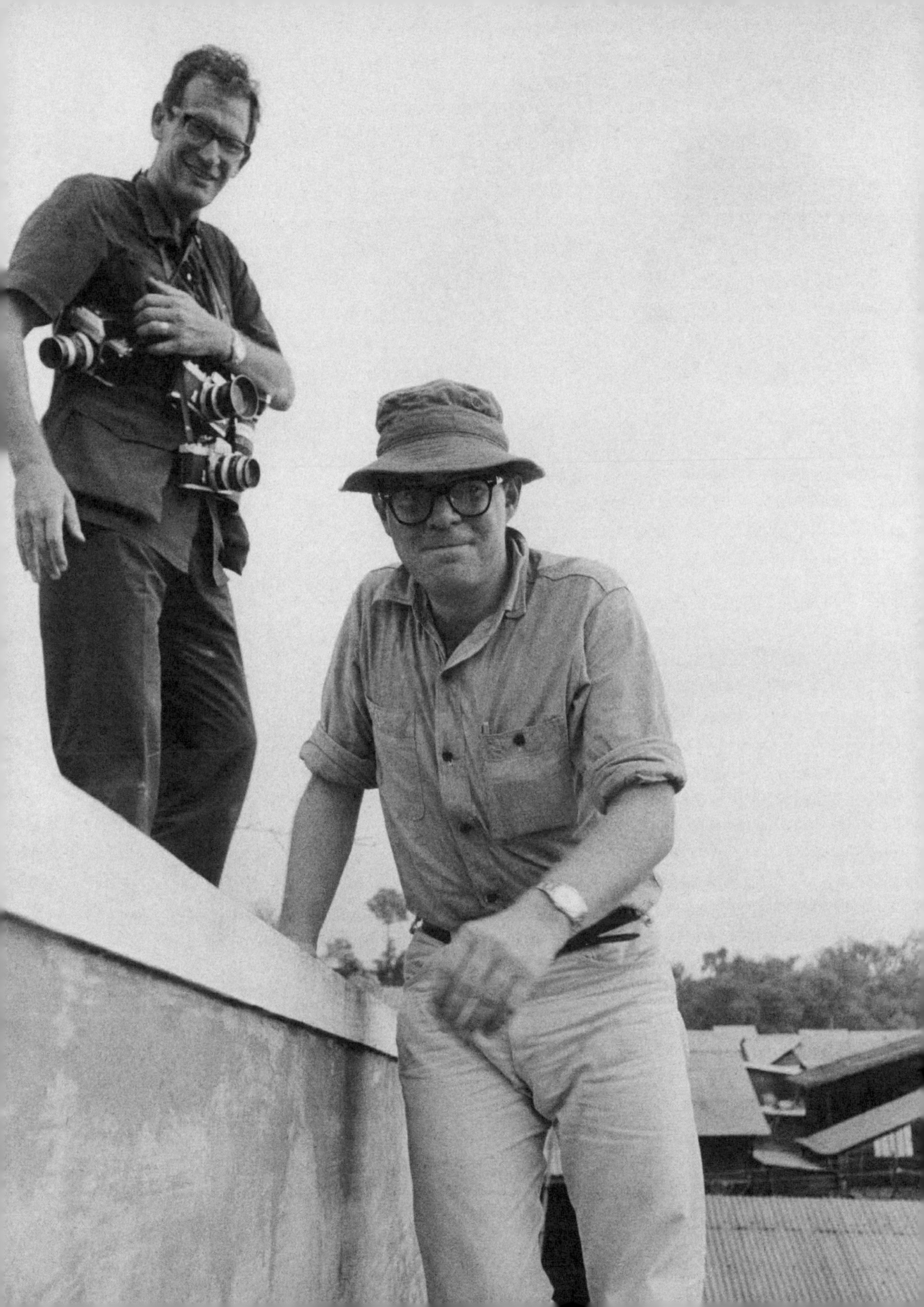

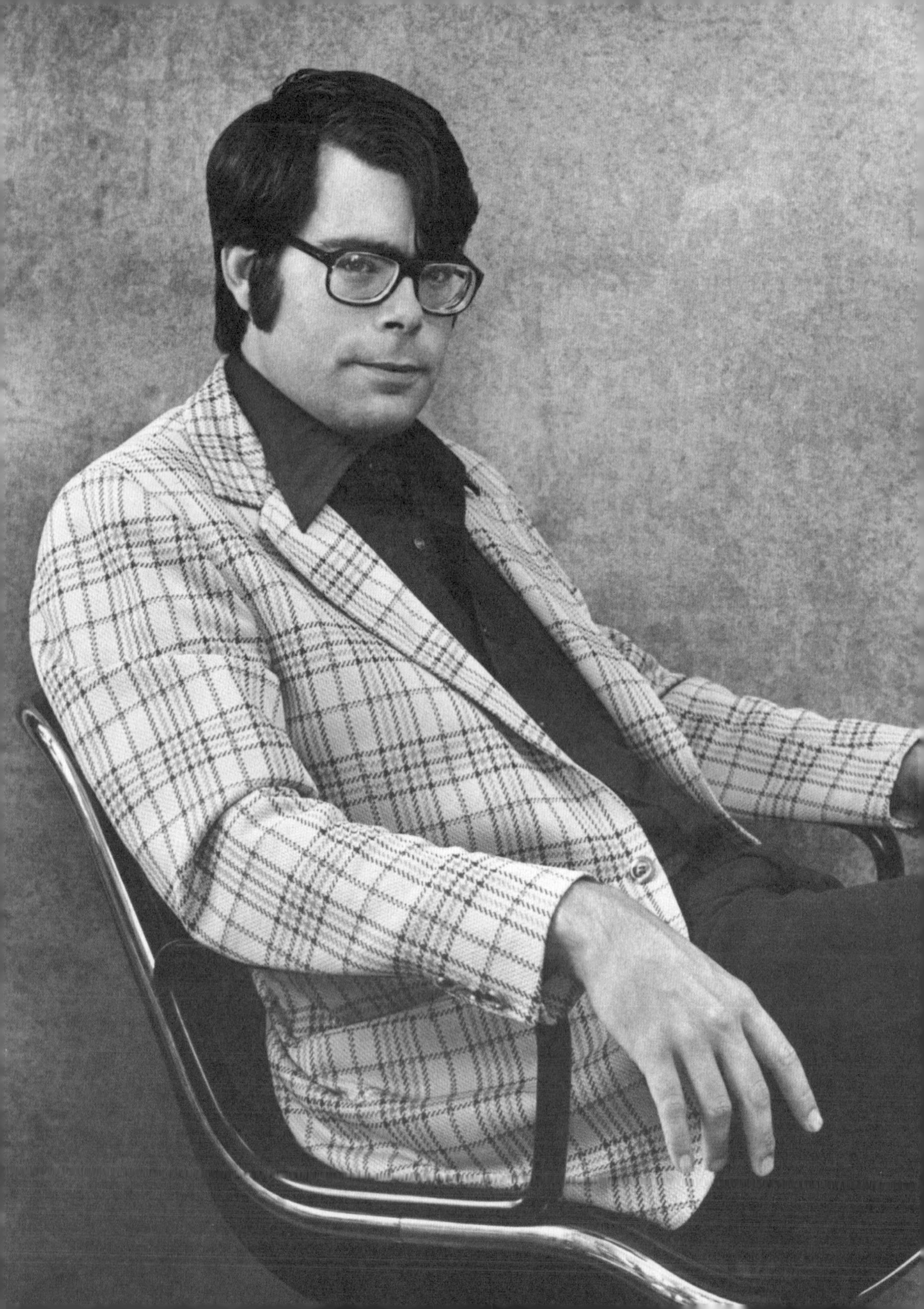

闪灵 The Shining

斯蒂芬·金（Stephen King）

由斯坦利·库布里克改编、杰克·尼克尔森主演的电影《闪灵》已成为经典之作。影片的巨大成功或许使其影响力超越了斯蒂芬·金无与伦比的惊悚小说原著。剧情中，杰克·托伦斯得到了一份在冬天照看偏远地区的"好望"宾馆的差事，他认为这段日子会弥合他与妻子温迪、儿子丹尼之间的感情，同时也能帮他完成一部写了许久的戏剧。斯蒂芬·金的版本体现了婚后的紧张感、酗酒问题、罪恶感的毁灭、作家的文思枯竭及心灵感应（还有关于黄蜂窝的描写）等。事实就是事实。他笔下的杰克·托伦斯比库布里克在银幕上展现的人物更精妙，也更令人不安。小说中的五岁男孩具有心灵感应的特异功能，他可以直接感受父亲的日益疯狂，书中的这部分内容或许会给人们留下最为深刻的印象。在作者笔下，男孩丹尼是个既不沉浮又不夸张的人物。

《闪灵》平衡了内心与外在世界，它提出了疯狂是来自内心还是外界的问题，这也是小说的一大亮点。本书还是一部关于声音的小说，其中既有丹尼感应到的灵异声音，也有以历史面貌显现的声音，例如温迪与杰克的婚姻史、他们的私人历史、杰克在"好望"宾馆地下室剪报簿中发现的宾馆历史。《闪灵》中的历史暗藏危险并具有毁灭的力量。毫无疑问，本书是斯蒂芬·金最为复杂的作品之一，他刻画的最为恐怖、有趣的人物都在其中登场。**PM**

作者生平：1947年生于美国
首次出版：1977年，Doubleday（纽约）
原著语言：英语
改编电影：1980年

> 我不认为你很在乎我，托伦斯先生。这对我无所谓。我觉得这工作不适合你。当然，我的看法并没有受感情影响。

▲ 1980年，库布里克执导的电影《闪灵》首度上映，当时反响平平，如今已成为恐怖影片的经典之作。

◀ 亚历克斯·戈特弗莱德在20世纪70年代为斯蒂芬·金拍摄的照片让他看起来颇具学者风范，不像恐怖小说作家。

情迷维纳斯 Delta of Venus

阿娜伊丝·宁（Anaïs Nin）

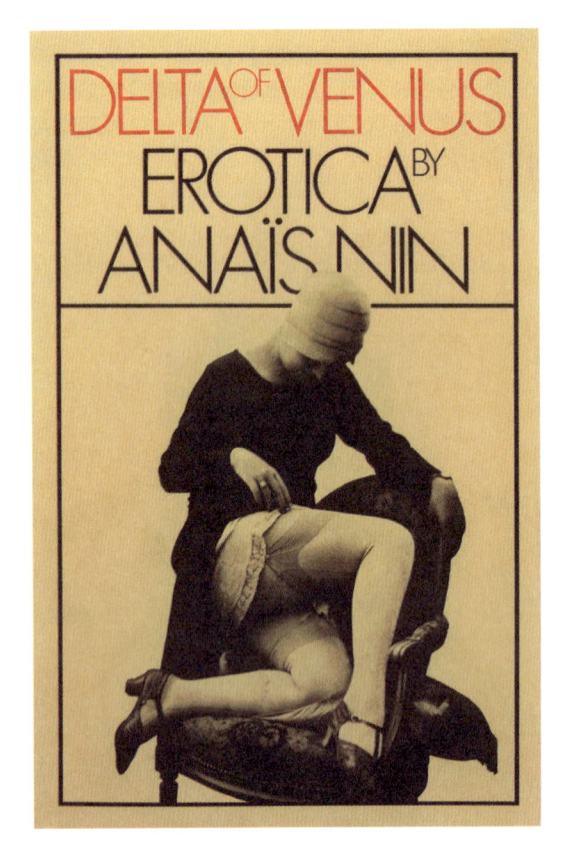

作者生平：1903年生于法国，1977年卒于美国
首次出版：1977年，Harcourt Brace Jovanovich（纽约）
原著语言：英语

富有的老收藏家愿意以每页一美元的价钱收购色情小说，于是便有了这部弗洛伊德式的情色作品。其中的故事既可独立成篇，又可看作系列故事。而妓女比茹等人物的反复出现则使全书有了小说的印记。故事发生在独特而多变的巴黎市区及市郊，同波德莱尔在《巴黎的忧郁》中描写的城市如出一辙。书中描写了穷困的艺术家在寒冷的工作室里熬夜、毒品的烟气、廉价的音乐、水沟里的雨水——阿娜伊丝·宁的艳遇故事集宛如她的散文诗集一般，我们不妨将其称为《巴黎的臀部》。

阿娜伊丝·宁的作品并未遵从主流情色小说的模式，她不仅描写了同性恋、乱伦的畸形人、族内通婚、恋物癖与恋童癖，对异性恋的刻画也格外出色。对于每个陷入紧张与释放这一情色怪圈的人以及每个试图离开怪圈的保守人士，他们要么即将成为病人，要么本来就是病人。这些无助的人被迷恋、压抑与憎恨所束缚，只有性高潮可以赐给他们片刻的遗忘。比茹是阿娜伊丝·宁笔下最为成功的人物。她是个香艳而神秘的女郎，她的身体是永久的展品，从未完全归她所有。世人无论男女都会被她的外表迷惑。她沉溺于性爱，毫无内心世界可言。"真"比茹的缺失同她的性爱能力构成了反差，从而使她比本书中其他以反思与动机等传统方式刻画的人物更具吸引力。**RP**

- 阿娜伊丝·宁因她的日记而闻名，她在其中记录了自己同亨利·米勒等多名恋人的关系。
- 1995年，奥黛·英格兰出演了由扎尔曼·金执导的影片《情迷维纳斯》。该片情色意味十足，而艺术性则模棱两可。

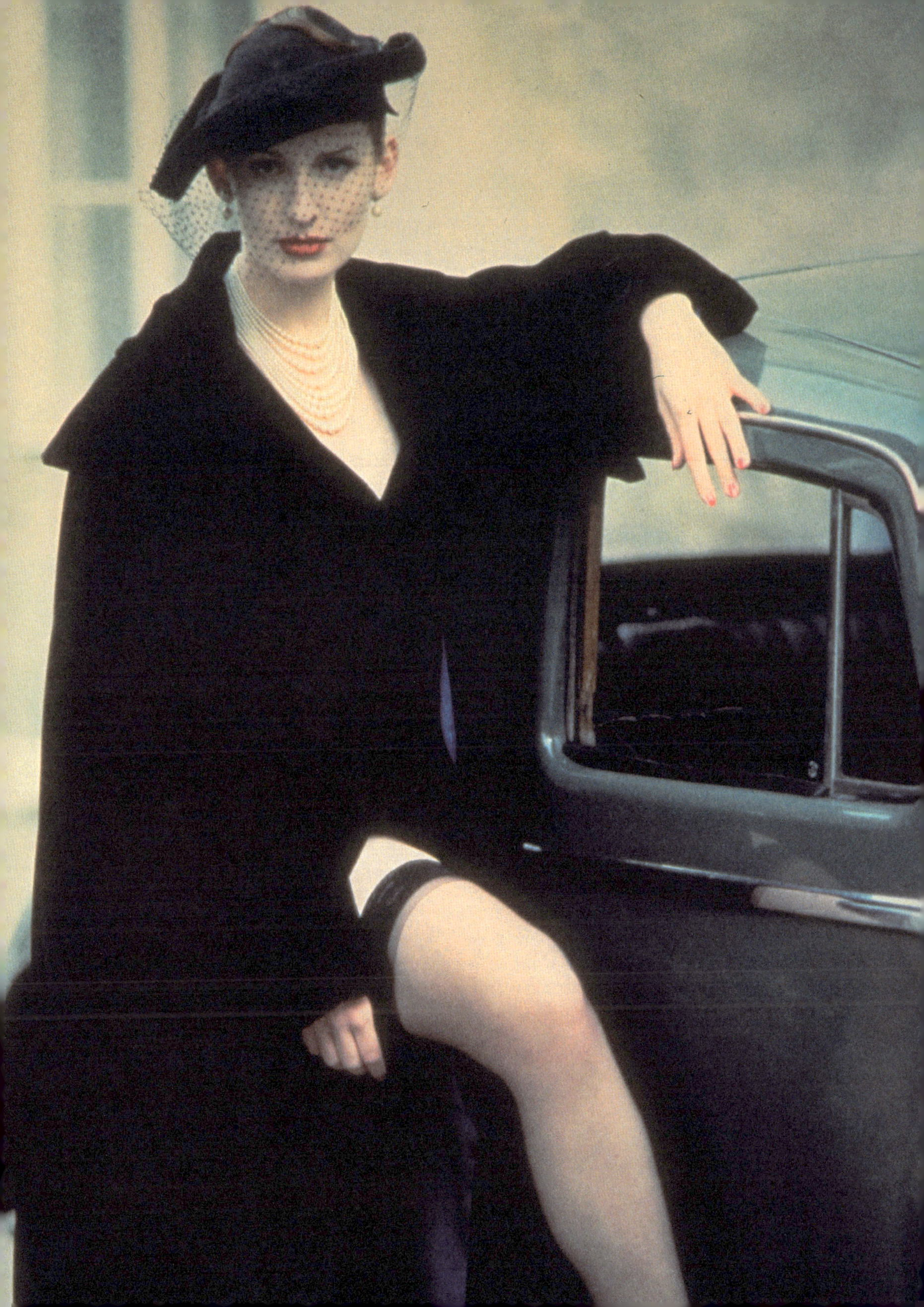

你以为你是谁？
Who Do You Think You Are?

艾丽丝·门罗（Alice Munro）

作者生平：1931年生于加拿大，2024年卒
首次出版：1978年，Macmillan of Canada（多伦多）
原著语言：英语
其他书名：*The Beggar Maid*

　　罗斯在穷困中由继母弗洛带大，因而从未接受过所属阶级的教育。富人子弟帕特里克对罗斯展开追求，并赢得了她的芳心。在婚后的新家里，由于长相酷似拉斐尔前派画作中的乞丐女孩，罗斯受到了众人的喜爱。一方面，她忠于自己在温哥华郊区的婚后家庭；另一方面，她仍对远在家乡的困苦生活保持忠诚，这份感情已被她深藏心底，令她难以忘怀。

　　艾丽丝·门罗以创作短篇小说驰名。《你以为你是谁？》构思期间，门罗刚刚打入国际市场，出版社希望她创作长篇小说，双方为此还激化了矛盾。最终，她在作品中成功融合了两种形式，采用依次排列的故事代表罗斯的人生阶段。故事之间既连续，又间断。在婚姻破裂后，罗斯做过演员和老师，过上了漂泊的生活。对此门罗认为，我们每个人都要扮演多个角色，罗斯对职业的选择也体现了这一观点。

　　在之后的《西蒙的运气》等短篇小说中，门罗揭示了由20世纪60年代的性革命导致的苦痛折磨。压抑性爱的观点被抛弃，取而代之的却是更委婉、更模糊的行为准则。没有人能像门罗一样将欲望或失望引发的羞耻感描写得如此到位。在这部细腻的作品中，她既未给出简单的答案，也没有刻画英雄或恶棍式的人物，字里行间只有她对无常命运的理解。**ACo**

梦之安魂曲
Requiem for a Dream

小胡伯特·塞尔比（Hubert Selby Jr.）

作者生平：1928年生于美国，2004年卒
首次出版：1978年，Playboy Press（芝加哥）
原著语言：英语

　　在小胡伯特·塞尔比的《梦之安魂曲》中，人物的覆灭更具悲剧色彩，因为这都是由他们自己一手造成的。小说的四位主人公一心想摆脱平庸的生活，哈利、蒂龙与马里恩想通过贩毒的方式，而哈利的母亲萨拉则希望登上电视游戏节目。无论哪种方式，其根源都是对事物的着迷。年轻的主人公沉溺于吸食、贩卖海洛因。萨拉为减肥药而痴迷，以期登上梦寐以求的电视舞台。主人公对电视和梦想的着迷也起了关键的作用。

　　《梦之安魂曲》最恐怖的地方在于，为了向心中的梦想前进，小说人物可以忽略自己的一切感受，例如萨拉由于服用减肥药和安非他命引发了精神与身体机能的衰退，哈利对贩卖海洛因的危险置若罔闻，严重感染还令他失去了双臂。塞尔比笔下的人物将自己和彼此麻醉，因此他们已无法脱离自己设定的轨迹。随着小说展开，我们会发现，其中的故事并非人物内心的空想，而是由社会所强加的——在这种社会里，不惜任何代价的逐梦之举始终都能得到鼓励。**SF**

新加坡掌控
The Singapore Grip

J. G. 法雷尔（J. G. Farrell）

作者生平：1935年生于英国，1979年卒于爱尔兰
作者全名：James Gordon Farrell
首次出版：1978年，Weidenfeld & Nicolson（伦敦）
原著语言：英语

　　《新加坡掌控》以第二次世界大战时期日本侵略前的新加坡为背景，是法雷尔"帝国三部曲"的最后一部，前两部分别是《忧患重重》和《克里希纳普之围》（见本书第657页）。在每一本书里，法雷尔都以批判的视角看待大英帝国，通过众多人物来描绘大英帝国的衰亡，这些人物既有杜撰出来的，又有实有其人的历史人物。由不得他们掌控的种种事件，无可避免地改变了他们的生活。

　　《克里希纳普之围》获得布克奖，法雷尔用奖金在1975年去了一趟新加坡。他决定写一写那里的历史和人民，由此开始进行一丝不苟的研究。对布莱克特一家来说，1939年的新加坡是由网球和鸡尾酒派对组成的一片天地。但就在新加坡历史最悠久、实力最强大的橡胶公司——布莱克特与韦布公司——的老总沃尔特·布莱克特竭力遏制工人罢工时，情势发生了变化。

　　布莱克特竭力破坏罢工，阻止不合适的纨绔子弟接近自己的女儿，与此同时，不同阶级和不同国家之间原本牢固的界线开始崩溃。日本攻陷了新加坡，英国在这一地区的优势地位随之终结。法雷尔的叙述生动描绘出新加坡在重要历史关头的面貌。这本大部头小说节奏从容，充满悬念和幽默。法雷尔不动声色、不无诙谐地批判了帝国的风习和意识形态，预示了后殖民写作风格的出现，蒂莫西·莫（Timothy Mo）和萨曼·鲁西迪等作家正是这种写作风格的典型代表。LE

新加坡这座城市不像多数城市那样，是缓缓建成的……它是在19世纪初的一天早上，由某个看地图的人一下子发明出来的。

▲ 书名是俚语，意思是妓女有时会使用的一种性技巧。

大海，大海
The Sea, The Sea

艾丽丝·默多克（Iris Murdoch）

作者生平：1919年生于爱尔兰，1999年卒于英国
首次出版：1978年，Chatto & Windus（伦敦）
原著语言：英语
布克奖：1978年

　　查尔斯·阿罗比是个退休演员，他避居海滨的旧屋，撰写回忆录。以前的同事和情人到他的海滨寓所做客，勾起了他一些不快的回忆，然而直到玛丽·哈特利出场——查尔斯多年前与她有过一段无果的恋情——故事才开始了更为悲戚的转折。阿罗比沉浸在自我之中，这份沉浸时而可悲，时而荒唐，叙述者在诸多喜剧场面中对他嘲弄有加。但他回避过去的努力注定要失败，阿罗比成为令我们同情的对象这一过程，势必要伴随着痛切的自我理解。

　　小说题目中的大海，并不仅仅是支配性的意象之源；大海本身就是一个重要角色。作为一股变化不定的力量，它在叙事中充当了参照物，反衬出阿罗比企图将往昔定格在他自己创造的神话图景中这一努力的自欺和自恋。阿罗比自命不凡，想要支配闯入岛上的来客的生活，这一点像极了莎士比亚的《暴风雨》里的普洛斯彼罗。到最后，这种自负的专横同样非放弃不可。

　　艾丽丝·默多克将看似最为平凡的事件，提升为永恒的哲学与伦理之思的焦点，她的这一天赋在这部巅峰之作中，体现得最为令人信服。**VA**

人生拼图版
La Vie, mode d'emploi

乔治·佩雷克（Georges Perec）

作者生平：1936年生于法国，1982年卒
首次出版：1978年，Hachette（巴黎）
原著语言：法语
英译书名：*Life: A User's Manual*

　　一位评论家指出，乔治·佩雷克令同时代的作家们相形见绌，简直就像"一座蓬皮杜中心矗立在众多车站遮雨棚里"。1978年，乔治·佩雷克的这部巨作赢得了声望卓著的美第奇奖。这部小说写出了日常生活的丰富细节，同时包含引人入胜的故事，还作出了令人惊讶的形式演练。它描绘了巴黎一栋公寓楼的面貌。我们在楼内四处走动，每个章节都被分配给了一户人家。佩雷克一直爱好谜题和游戏，他用数学公式推算出九十九章里的每一章应当包含清单中的哪些物品，决定叙述路线的是一盘纷繁复杂的棋局。

　　核心构思同样复杂。一个名叫珀西瓦尔·巴特尔布思的英国富人决定围绕一个长达五十年的项目安排自己的人生："一个限制性严格得近乎武断的项目，这个项目除了自身的完成，别无任何目的。"他在美学方面的努力，需要绘制完成和销毁许多画作，最终一无所得。这种徒劳无益反映出的似乎是佩雷克本人的美学姿态，但我们必须明白，他的写作是实验性的，而不是经验性的。作为乌力波这一团体的一名成员，佩雷克恪守乌力波的格言，试图将文学与同它分离开来的学科，比如数学或博弈论，重新整合到一起。**DH**

▸ 为人和气、才华出众的乔治·佩雷克有这样的天分：他能把实验性写作变成愉悦的阅读体验。

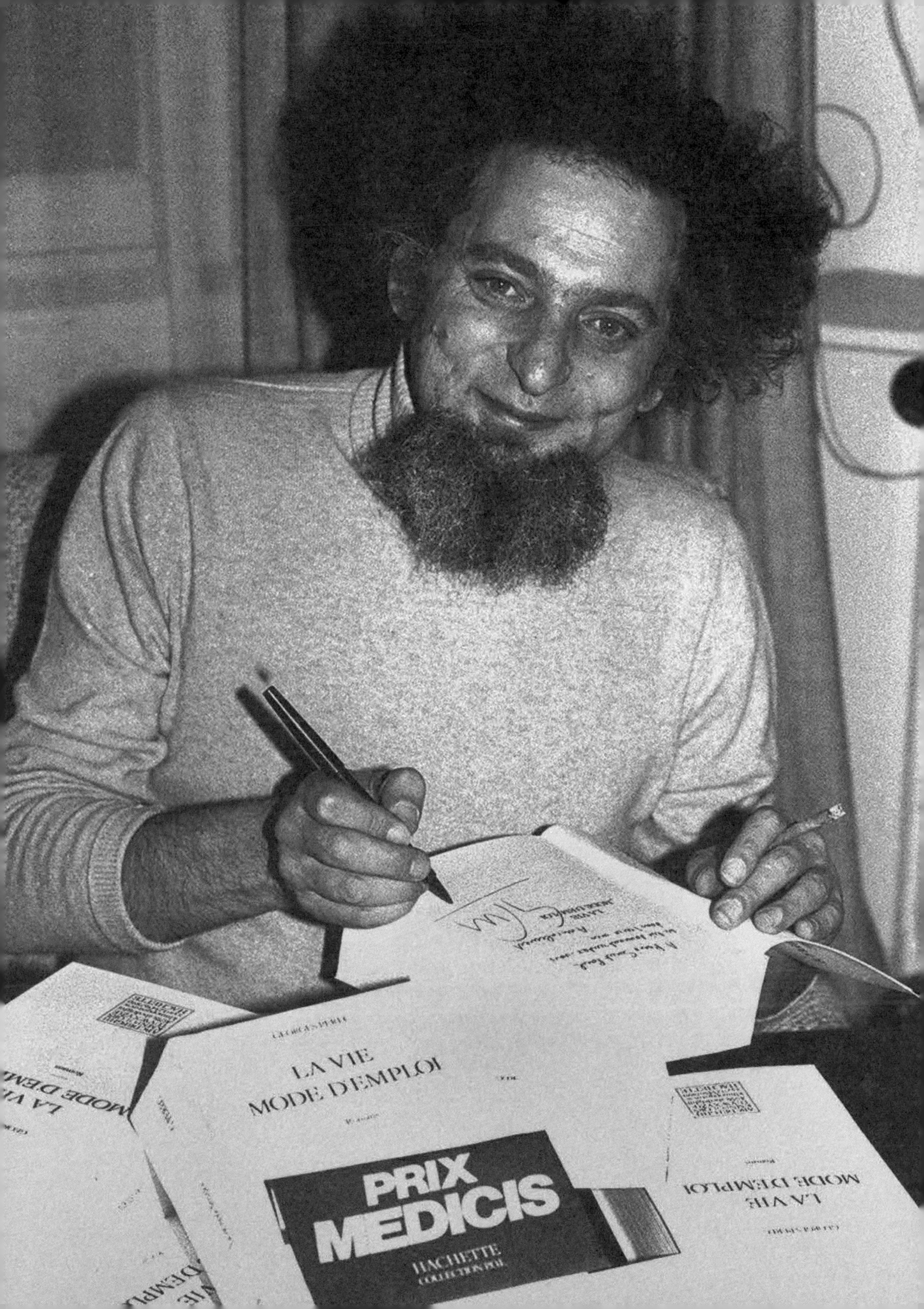
LA VIE
MODE D'EMPLOI
PRIX
MEDICIS
HACHETTE

里屋 El cuarto de atrás

卡门·马丁·盖特（Carmen Martín Gaite）

作者生平：1925年生于西班牙，2000年卒
首次出版：1978年，Destino（巴塞罗那）
原著语言：西班牙语
英译书名：The Back Room

  这部小说赢得了1978年的西班牙国家文学奖，马丁·盖特的作品自此开始带有私密的自传性要素。这部作品跟她更早的小说并非毫无关系，而是较之更进一步。虚构与真实的混合，半美好半邪恶的人物（"黑衣人"）与私人回忆的并存，以及含有大量对话、形式化强烈的故事结构，最终获得了新颖而富有想象力的成果。这部小说用第一人称写成，题献给刘易斯·卡罗尔，开篇就歌颂了"梦的世界"。但神秘人在作家严重失眠的夜晚造访（当时她正在试着写一部小说），作家与他谈论回忆、写作、恐惧、爱情和文学，这究竟是现实，还是作家的想象，这一点并未得到明确。

  马丁·盖特在多个故事中，原原本本地再现了日常生活中并不合理的含混不清，时常令人感到费解，在这些故事之间，存在着令人惊讶的关联性。早上，困惑的作家被女儿的到来吵醒；她并不在沙发上，而是躺在床上。是谁打来了电话，发生了什么事？屋里有个镀金的小盒子，是造访者带来的，还有一大摞纸，纸上写着标题《里屋》，这是已经写完的小说。绕了一圈之后，这部小说开头部分的文字，跟我们刚刚读到的故事内容如出一辙。这是纯粹的想象，还是梦中的生活？这是一部任由谜题悬而未决的奇特作品。**M-DAB**

花园中的处子 The Virgin in the Garden

A. S. 拜厄特（A. S. Byatt）

作者生平：1936年生于英国，2023年卒
作者教名：Antonia Susan Drabble
首次出版：1978年，Chatto & Windus（伦敦）
原著语言：英语

  《花园中的处子》是完成于2002年的四部曲（后来名为"弗雷德丽卡四部曲"）中的第一部。这四部小说以20世纪50年代到70年代为背景，围绕弗雷德丽卡·波特的生活、家庭和朋友展开。

  《花园中的处子》从1953年的约克郡开始写起，伊丽莎白二世在这一年举行了加冕礼。它讲述了弗雷德丽卡长大成人的过程。小说的核心是一部有关童贞女王阿斯特利亚的诗剧的上演，剧作者是亚历山大·韦德伯恩，上演该剧是为了庆贺加冕礼的举行。弗雷德丽卡争强好胜的性格，使她想在韦德伯恩的剧作中扮演主角。弗雷德丽卡的姐姐斯蒂芬妮尽管跟她一样聪明，却选择了家庭生活，嫁给了本地的教区牧师。弗雷德丽卡努力让自己失去童贞的喜剧既老练又逗趣，A. S. 拜厄特唤起时间和空间感的手法同样如此。弗雷德丽卡的故事中，世态喜剧的轻松感，被颇为阴郁的次要情节所抵消，这段情节讲述的是弗雷德丽卡的弟弟马库斯的精神衰颓。

  许多评论家注意到，弗雷德丽卡与斯蒂芬妮之间的关系，很像拜厄特与妹妹——作家玛格丽特·德拉布尔之间的关系。随着四部曲的情节展开，拜厄特削弱了小说的史实性和喜剧性（第三部《巴别塔》读起来不像世态喜剧，更像惊悚小说）。后来她还写了一部更加复杂精妙的历史小说典范之作——《占有》（1990，见本书第982页）。**VC-R**

696 | 20世纪

水泥花园 The Cement Garden

伊恩·麦克尤恩（Ian McEwan）

作者生平：1948年生于英国
首次出版：1978年，Jonathan Cape（伦敦）
美国首版：Simon & Schuster（纽约）
原著语言：英语

就像伊恩·麦克尤恩的许多小说一样，《水泥花园》是由他最早的两部短篇小说集——《最初的爱情，最后的仪式》（1975）和《床笫之间》（1978）——中的短篇扩展而成的。他的短篇和长篇关注的都是性成熟、性启蒙、乱伦和强暴，但这些表面上的延续性，远不如它们在形式和结构上的深层相似来得重要。《水泥花园》像短篇小说一样，笔墨简练，有着标准化的预设前提、压力重重的故事情节和沉郁幽深的文笔。

这部小说以"二战"后某个没有点明年份的炎夏为背景，描绘了四个孩子在父母死后令人费解但无可避免的活动。在令人不安的亲密氛围中，孩子们开始了对青春期性行为的探索，既有自慰，也有互动。麦克尤恩的写法是摆明事实，不加辩护，也不作解释，只是简简单单地将事情和它们引发的反应摆了出来，二者之间横亘着一道令人困惑的鸿沟，原本理应在那个位置的，是解释给人带来的安心感。在这片天地中，道德光被预先制止了，它还像一种方言土语，跟这个故事采用的语言格格不入。事情按照自身的逻辑向前发展，我们作为外人，所能做的唯有尽力理解而已。结果，最后作为高潮的、近亲乱伦的性结合，变成了一场乖戾的庆典，促成的不光是孩子们的共同记忆的重生，也是他们这个家庭的重生。**DT**

我之所以提到他死的这点小事儿，不过是想说说我跟姐姐和妹妹是怎么弄到这么一大堆水泥的。

▲ 麦克尤恩是马尔科姆·布拉德伯里的东英吉利大学创意写作班的首批毕业生之一。

20世纪 | 697

TIGRA
the Feline Fury
HULK
MOON KNIGHT
MAN-WOLF
THE INCREDIBLE HULK
MS. MARVEL
THE HANDS OF SHANG-CHI
MASTER OF KUNG FU
MARVEL TALES
SPIDER-MAN
THE ASTONISHING ANT-MAN
MARVEL COMICS GROUP
THE MAN CALLED NOVA
DON'T PANIC

银河系搭车客指南
Hitchhikers' Guide to the Galaxy

道格拉斯·亚当斯（Douglas Adams）

作者生平：1952年生于英国，2001年卒于美国
首次出版：1979年，Pan（伦敦）
原著语言：英语
系列出版：1980—1992年

  道格拉斯这套"分为四部分的三部曲"最早是英国广播公司1978年的一部广播剧。第一卷将科幻体裁和简洁有力、半真半假的幽默，以及针对官僚主义、政治、烂诗、所有圆珠笔的命运而引发的一些狡黠的讽刺，结合到了一起……为给一条星系间高速公路让路，地球行将毁灭，运气不佳的普通人阿瑟·邓特发现自己跟朋友福特·长官在银河系里漫游，原来后者并非来自吉尔福德，而是来自参宿四星系五号星。福特的工作是给书名中的《银河系搭车客指南》撰稿，这本书是旅行书和电子指南的出色结合。这本指南里的种种洞见，在故事中不时地穿插出现，它们对宇宙的运作方式给出了令人发噱的解释。描绘得细致入微的一干古怪人物，再加上一个不知所措得恰到好处的阿瑟，在这部构思奇特、节奏得当、复杂精妙得令人惊讶的虚构作品里，促成了一种罕见的化学反应。

  道格拉斯将非凡的创造力和对科学的理解力结合到了一起，他用讥诮的机智，对科学表示了露骨的轻蔑。他用亲切的态度，将这个星球挖苦了一番，同时又将它安放回了宇宙的中心。**AC**

如果在冬夜，一个旅人
Se una notte d'inverno un viaggiatore

伊塔洛·卡尔维诺（Italo Calvino）

作者生平：1923年生于古巴，1985年卒于意大利
首次出版：1979年，G. Einaudi（都灵）
原著语言：意大利语
英译书名：*If on a Winter's Night a Traveler*

  《如果在冬夜，一个旅人》这部小说所讲述的，是与小说阅读实践紧密相关的急切、欲望和挫折。伊塔洛·卡尔维诺构思出了一个机智的故事，它包括许多部不完整的小说——它们是一些杜撰作品的诱人片段，因装订错误或缺页等意外情况，而粗鲁地中断，没了下文。这部小说所讲述的，也是介于作者和坐下阅读小说的读者之间的那趟危险的旅程中，有可能出现的各种问题。读者是我——也可能是你，但也是一个被称作"读者"的人物，他最初的愿望是弄到一本完好无缺的、伊塔洛·卡尔维诺的最新作品（恰好题为"如果在冬夜，一个旅人"），很快，他对另一位读者柳德米拉产生了欲望，这份欲望让他感到迷惑。他们的故事充当了框架，将他们读过的其他小说片段拼接在一起——每个片段都号称是他们（还有我们）刚刚读过的那个片段的后续内容。这种复杂的组织结构让卡尔维诺为十部不同的小说撰写了十篇精彩的内容提要，这趟阅读之旅带我们领略了不同时期的文学体裁、语言和文化。

  这部小说首先是对独自阅读所体验到的喜悦和惊险的声明，同时也是对两名读者发现他们读过并喜爱着同一本书时的那份相知相契的惊喜所作的礼赞。**KB**

◀ 道格拉斯（左）和漫画出版人尼克·朗道拿着道格拉斯的一本书和广播剧的录音唱片。

一封如此长的信
Une si longue lettre

玛利亚玛·芭（Mariama Bâ）

作者生平：1929年生于塞内加尔，1981年卒
首次出版：1979年，Les Nouvelles Editions Africaines（达喀尔）
英译书名：*So Long a Letter*

不忠在西方小说中颇为常见，但《一封如此长的信》并非常见的西方小说。在这本书里，背叛不只是私人的悲剧，还是一种公众认可的、构建家庭生活的方式。《一封如此长的信》充满激情，笔调忧郁，又有着温和的嘲讽，它既是一份爱情宣言，也是对一夫多妻制的谴责。小说以一封长信的形式写成，写信者是塞内加尔的一名穆斯林妇女拉玛图拉耶，收信人是她的一位密友。小说不仅描述了她对婚姻——遭到遗弃和随后的死亡粉碎了这场幸福长久的婚姻——的回忆，还描述了她对变革的社会——后殖民时代的塞内加尔——所作的思考，该国的教育和女权状况，与文化传统和宗教传统存在着激烈的摩擦。

玛利亚玛·芭是一位政界人士的女儿，尽管她的外祖父母满怀顾虑，父亲还是坚持让她修完了学业。在母亲去世后，外祖父母将她抚养长大。因此，在芭的童年时代，现代与传统的斗争就有所体现，这一斗争是她终生不渝的主题。她致力于从事教育、写作，以及塞内加尔的女权运动工作。

《一封如此长的信》无疑是非洲文学中对女性状况最具活力的描述之一，对那些想要了解在急剧变革的后殖民时代非洲背景下女权状况的人来说，这部作品也是必读书。1980年，这部小说荣获了第一届野间奖。**RMa**

伯格的女儿
Burger's Daughter

纳丁·戈迪默（Nadine Gordimer）

作者生平：1923年生于南非，2014年卒
首次出版：1979年，Jonathan Cape（伦敦）
原著语言：英语
诺贝尔文学奖：1991年

纳丁·戈迪默的《伯格的女儿》是一部探讨私生活之不可能和必要性的小说。在20世纪60年代末和70年代的南非，私生活是种奢侈品，属于那些对此视而不见的白人：他们的"常态"是建立在其他人的痛苦之上的。对罗莎·伯格来说，私生活同样必不可少，私生活是父亲在牢狱中丧命之后，她所采取的生存策略。她通过这种手段，不让父亲的名声和南非将自己同化。

罗莎的双亲都是信仰马克思主义的南非白人——自由斗士，对他们来说，政治并不看重那条标明神圣私人领域的细细界线。到小说结尾，罗莎·伯格也进了监狱。她为开创自己的生活，做出了痛苦的努力，尽管这些努力最终以失败收场，却有一种奇妙的解脱感。

通过深陷在过去（而这场过去并非她一手造成的）一名白人女性的痛苦经历，戈迪默对被人误当成"自由"的东西，作了明确有力的批判。与她努力奋斗的故事相互穿插的无数往事，是移民矿工、工厂工人、失去庇护的用人和失地农民的经历。这部作品捕获了读者的同情心，让读者别无选择，只能继续读下去，在为作家写出这部小说感到高兴的同时，也为这样一部小说所呈现的现实感到遗憾。**PMcM**

▶ 1981年摄于戈迪默在约翰内斯堡的家中。她表达了在种族分裂的国家中白人女性所处的两难困境。

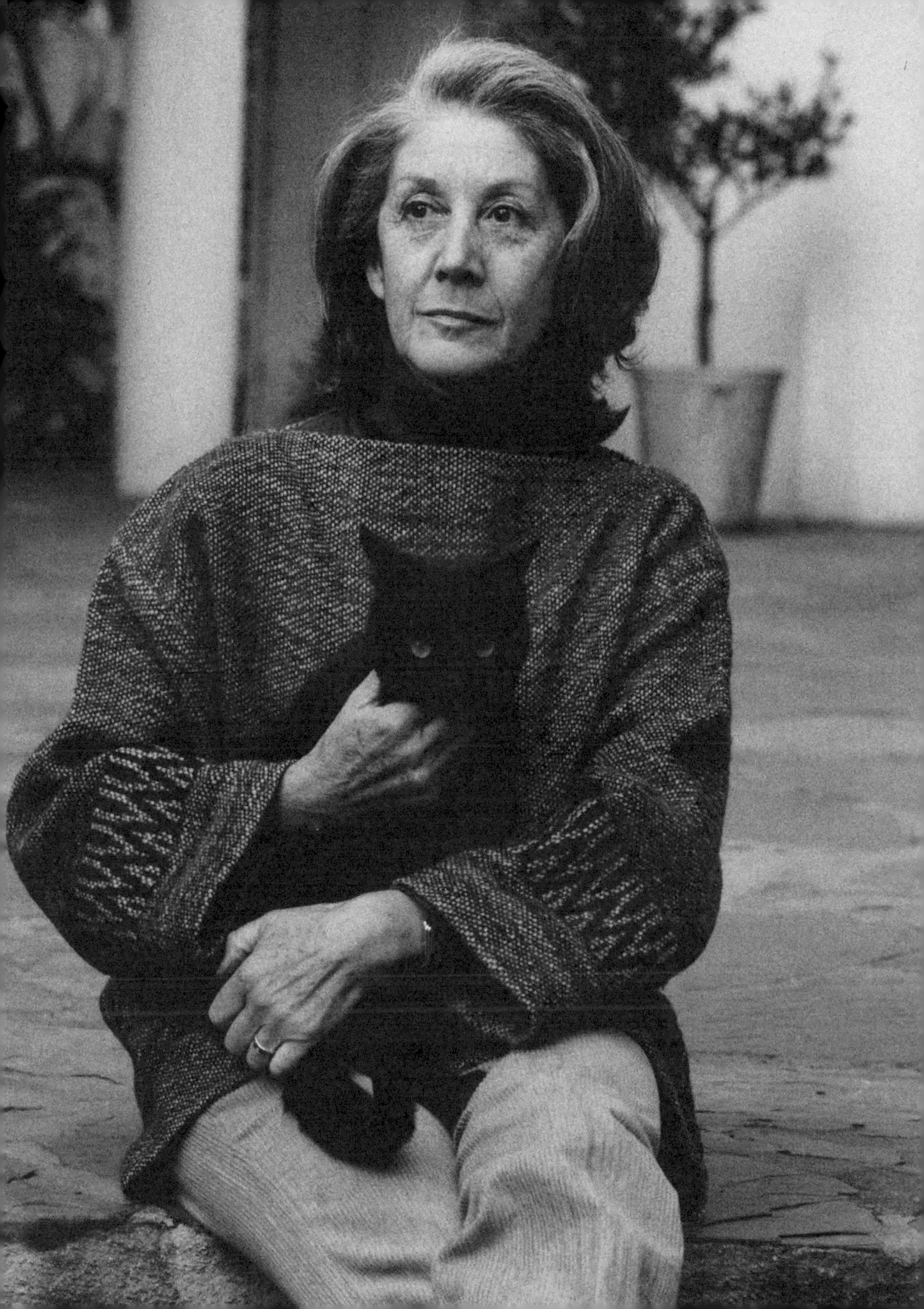

大河湾 A Bend in the River

V. S. 奈保尔（V. S. Naipaul）

作者生平：1932年生于特立尼达和多巴哥，2018年卒于英国
首次出版：1979年，Deutsch（伦敦）
诺贝尔文学奖：2001年

V. S. 奈保尔的《大河湾》入围了1979年的布克奖决选名单，小说的背景是一个没有确切指明的中非国家，其原型是蒙博托治下的扎伊尔。叙述者萨林姆是印度裔穆斯林，他从东非海岸别祖移居，来到"大河湾"附近一座破败的小城，开了家杂货店。欧洲人大多已经离开，这里是一片危机四伏的新土地。

萨林姆被形形色色的人包围着：一个光顾他的商店，贩卖符咒和药剂的部落女人；一个收集非洲面具和雕刻的比利时老牧师；力争上游的企业家——其中就有一名印度人，他在城里创办了一家大汉堡连锁店。萨林姆庇护着一个名叫费尔迪南的非洲青年；萨林姆送他去上学，眼看着他从一个默默无闻的农村青年，成长为一个投身于政治的政府官员。在这个寻找身份的国度，不乏骚乱事件——游击队起义、腐败、杀戮——读者总能感觉得到，但这些事从未在故事的突出位置出现。总统——书中提到他时，总是称他为大人物——在一个白人历史学者的帮助下，打造了属于他自己的、黑暗的非洲化神话。萨林姆与历史学者的妻子发生了一场激烈的恋情。

每个人的生活都互有关联，他们面临的麻烦是更强大的力量带来的：不同文化的冲突、历史的重负。《大河湾》像奈保尔的其他小说一样，对非欧洲文明的发展方向抱有深刻的怀疑态度，他也没有赞扬这些国家以前的殖民政府。奈保尔的作品对这些新近独立的国家的宏大政治斗争并未多作关注，其真正引起读者共鸣的，是个人的故事，以及他们的不幸和成功的喜悦。**DSoa**

河流林莽犹如鬼魂一般，你觉得自己像个未作防范的闯入者。

▲ 这是英国版的封面图。在一片广阔的土地上，一艘小船正在穿越一条"大河"的未知水域。

白色旱季 A Dry White Season

安德烈·布林克（André Brink）

作者生平：1935年生于南非，2015年卒
首次出版：1979年，W. H. Allen（伦敦）
原著语言：英语
改编电影：1989年

　　教师本·杜图瓦是那种"正派"的、不装腔作势的中产阶级南非白人，享受着20世纪70年代南非种族隔离政策向白人提供的、有用人和游泳池的特权生活。可当他不假思索地接受园丁的请托，帮助寻找园丁的儿子之后，他的世界开始崩溃。园丁的儿子是跟索韦托市的其他黑人学生一道，举行抗议活动后失踪的。

　　在越来越令人心痛的调查过程中，本被卷入一个充斥着腐败、遮遮掩掩、偏见和杀戮的世界，这些罪恶可以深入追查到权力高层。在探寻真相的过程中，本只得接受这一事实：因为他不肯"适可而止"，社区里的很多人，甚至他的家人，都开始疏远他，与此同时，他试图帮助的那些黑人也不信任他。这场调查并非一帆风顺，安德烈·布林克从人性和个人的层面，揭露了政府的压迫之轮何以永不停止，最终将主人公碾在了轮下。最后，他抨击了南非种族隔离政策的不公。

　　安德烈写这部小说时，对遭受争议并不陌生。他在此之前用母语——南非荷兰语写成的作品（如1977年的《凝视黑暗》），就已经开始探讨种族隔离的不公所造成的人性价值的崩溃。他的见解并未让他受到其他南非白人和政府的青睐。政府按照审查制度，查禁了他的作品。布林克不得不将作品从南非荷兰语译成英语，以便让自己的政治吁求被更多的人看到。《白色旱季》无疑实现了这一初衷，部分原因在于，1989年它被拍成了一部国际合拍片，由唐纳德·萨瑟兰、南非裔演员珍妮特·苏斯曼，以及重量级影星马龙·白兰度主演。**JHa**

其实整件事始于……戈登·恩古比恩之死。

▲ 安德烈·布林克用南非荷兰语——南非种族隔离政权的语言——批判白人的种族偏见和国家施加的压迫。

笑忘录 Kniha smíchu a zapomnění

米兰·昆德拉（Milan Kundera）

作者生平：1929年生于捷克斯洛伐克，2023年卒于法国
首次出版：1979年，Gallimard（巴黎）
原著语言：捷克语
英译书名：*The Book of Laughter and Forgetting*

　　米兰·昆德拉将这部小说的结构比作音乐主题的变异。这一类比是贴切的，因为这部小说颠覆了我们对形式的期待。它分为七个部分，无法被纳入线性叙事或内聚叙事的传统，其间还散布着历史信息和昆德拉本人的自传性回忆。

　　小说的主角塔米娜与丈夫离开捷克斯洛伐克。不久后，丈夫去世了，她生怕自己会将他淡忘，竭力抵御着这种致命的焦虑。小说十分重视记忆的重要性，这也是昆德拉的多数作品所看重的。他确信，清除和遗忘是一些国家的政治工具。这里所说的清除和遗忘，有时就是字面意义上的，比如党内异议分子会被从宣传照上抹掉。小说中的事件发生在战后的捷克斯洛伐克。在亚历山大·杜布切克的领导下，这个国家致力于让社会主义变得更"人性化"。1968年的苏联出兵摧毁了这一雄心，导致了人们对政治进步的幻灭感。

　　《笑忘录》有着典型的昆德拉作品的特色，不过这部作品与他的其他作品相比，更为突出地弥漫着一种难以言说的陌生感，这份陌生感既撩人，又令人畏惧。像他的其他作品一样，这部小说对女性人物的刻画引起了质疑，人们指责作品中暗含着厌女倾向。不论是将这部小说视为历史文献，还是实验性虚构作品，这些不无道理的反对意见，或许都将激发出成果丰硕的思考。**JW**

● 昆德拉于1975年离开祖国捷克斯洛伐克，逃往法国。这部小说就是在法国出版的。

● 1981年，昆德拉成为法国公民。此后，跟捷克斯洛伐克官方不睦的往日经历渐渐淡出了他的作品。

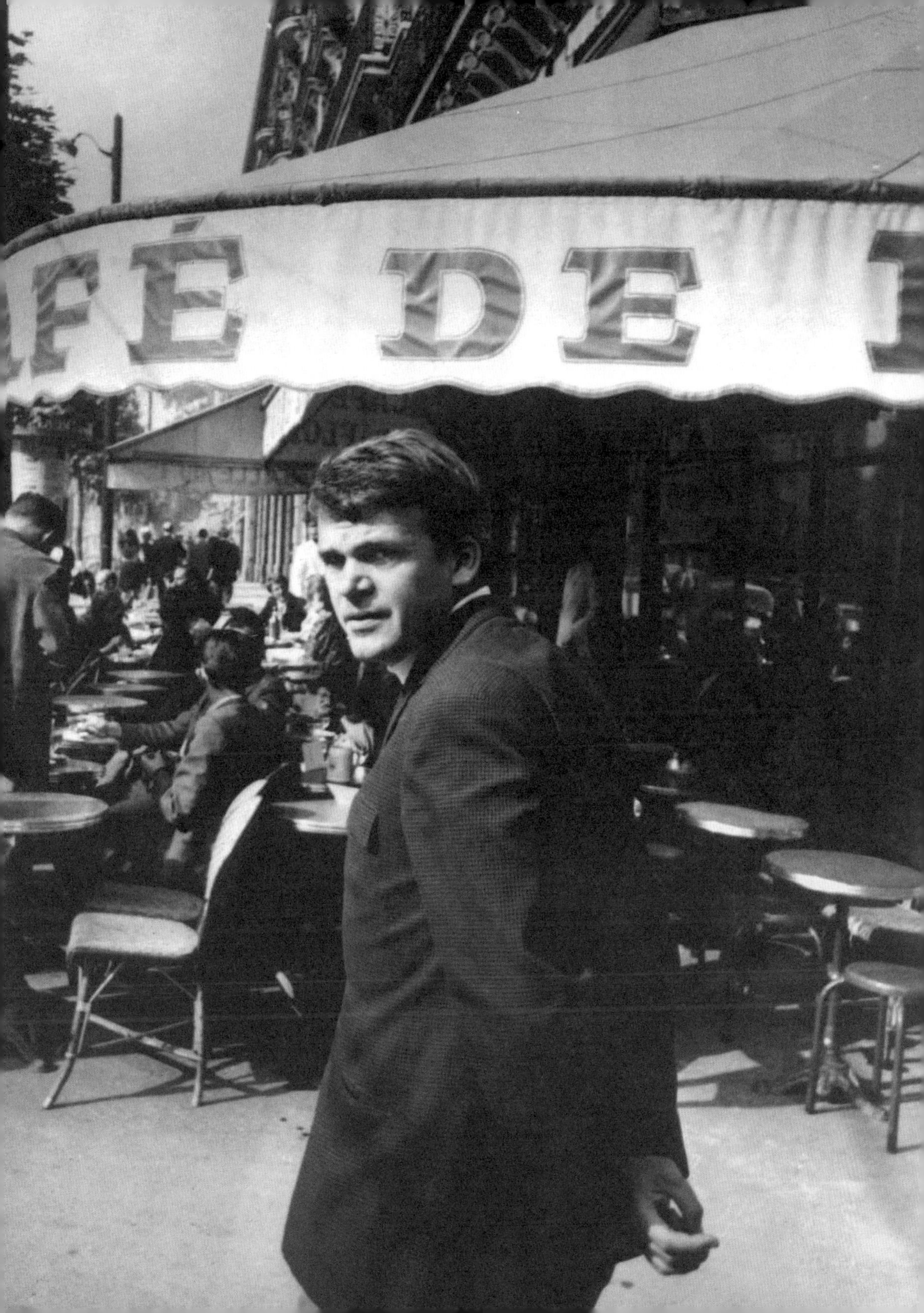
FÉ DE

傻瓜的金子 Η αρχαία σκουριά

马罗·杜卡（Μάρω Δούκα）

作者生平：1947年生于希腊
首次出版：1979年，Kedros（雅典）
原著语言：希腊语
英译书名：Fool's Gold

马罗·杜卡的第一部小说《傻瓜的金子》以1967年希腊政变作为开篇，以声名狼藉的军事独裁政府的统治为背景，并从中汲取了创作的灵感。雅典女孩迈尔希妮·帕纳约托即将进入大学就读，她渐渐了解了独裁政府的真面目，跟地下抵抗组织走得越来越近。杜卡用这样的情节，带领我们认识了形形色色的人物，他们的社会背景都不同于迈尔希妮。迈尔希妮的家人是老于世故的资产阶级人士，风流韵事不断，总是在款待要人，同时又醉心于时尚，紧跟最新的潮流。

杜卡的小说有着高度的政治性，这一点不难预料，作家的嘲讽既投向了装腔作势的左翼、追名逐利的中产阶级，也投向了独裁政府。她从迈尔希妮的视角写起，但她也敏锐地切入主人公周围的人物心中，让他们用第一人称发言，让这些配角在迈尔希妮的想象中，道出自己的内心独白。作者略有点笨拙地向读者呈现出一幅希腊阶级体系和代表人物的图景。

但《傻瓜的金子》不仅是一部有关阶级和政治的小说，它还是一部教育小说，因为它还讲述了迈尔希妮在精神方面和政治领域获得成长的历程。最后，正是她对未婚夫的爱，令她难以将人性本能与理想化的思想观念协调一致。**OR**

史迈利的人马 Smiley's People

约翰·勒卡雷（John Le Carré）

作者生平：1931年生于英国，2020年卒
作者教名：David John Moore Cornwell
首次出版：1979年，Alfred A. Knopf（纽约）
原著语言：英语

《史迈利的人马》把握住了冷战末期间谍界的那种阴郁的、并不迷人的气氛。约翰·勒卡雷保持着绝佳的情节安排和节奏感，这是水准高超的惊悚小说特有的标志。已经退役的英国情报人员乔治·史迈利被找来调查一名苏联变节者被杀的原因。小说描绘了为打垮卡拉——冷酷无情、难以对付的苏联间谍活动头目，是《锅匠，裁缝，士兵，间谍》（见本书第981页）里的重要人物——而采取的缉查活动。史迈利渐渐发现了一个错综复杂的网络，他顺藤摸瓜，发现了卡拉的一个弱点：她关爱着自己患有精神疾病的女儿。就许多方面而言，这部小说可以说是勒卡雷笔调最阴郁的作品，它所描绘的，是一个似乎已经失去了理想的世界。书中不再有丝毫东西方意识形态之争的痕迹，间谍活动也是为了私人目的而进行的。与此同时，小说也描绘了因为政治原因遭到流放的人，他们忍辱负重，寻求公义。这本书有力地表达出，正直的人在道德混乱的世界，可以洁身自好，不同流合污。

令勒卡雷着迷的，是为冷战而付出的人性的代价：双方阵营都产生了一种让人不知何去何从的氛围。史迈利之所以令人信服，是因为他几乎不希望自己成功：他觉得在勒索卡拉的做法中，有些可憎之处，他必须降低自己的道德标准行事，而自己的做法，正是西方价值本应反对的。**TH**

南方的海 Los mares del sur

马努埃尔·巴斯克斯·蒙塔尔万（Manuel Vásquez Montalbán）

作者生平：1939年生于西班牙，2003年卒于泰国
首次出版：1979年，Planeta（巴塞罗那）
原著语言：西班牙语
英译书名：*Southern Seas*

　　地点是巴塞罗那，时间是首次民主市政选举的前一天。资产阶级上流社会恢复了自己的傲慢。正如一名商人所说，曾经经商似乎是件可耻的事。侦探佩佩·卡瓦略是个多愁善感的自由主义者、彻头彻尾的享乐主义者、欲罢不能的美食家、永不满足的读书人，背负着良心的重担（他把读过的书一烧了之），他说："咱们私家侦探是社会道德的晴雨表。"他还说："这个社会什么都不信，简直烂透了。"但他正在调查的那个遇害的商人卡洛斯·斯图阿特·佩德尔似乎还相信着某些东西：他想销声匿迹，去南方的海，追随画家高更的脚步，去往塔希提岛。

　　卡瓦略追查着佩德尔的死因，他的调查不光让他见识了迷人、世故的巴塞罗那资产阶级上流社会，还让他见识了无产阶级移民的世界。因为佩德尔的死亡之谜就发生在移民居住的一片郊外住宅区——圣玛欣区，其承建商正是死者掌管的企业之一，真可谓世事难料。在马努埃尔·巴斯克斯·蒙塔尔万的卡瓦略系列中，这部小说是最优秀的作品之一（或许是最好的一本），书中数次向好莱坞黑色电影的优秀传统致敬，还为那个时代的巴塞罗那描绘了一幅难以逾越的画像。

JCM

有那么一瞬间，警察往边上看了看，黑仔用右手狠狠地给了他一下。夜色中，他看到一条小路……

▲ 巴斯克斯·蒙塔尔万让自己笔下的私家侦探佩佩·卡瓦略沿着腐败的踪迹，走过后佛朗哥时代巴塞罗那的穷街陋巷。

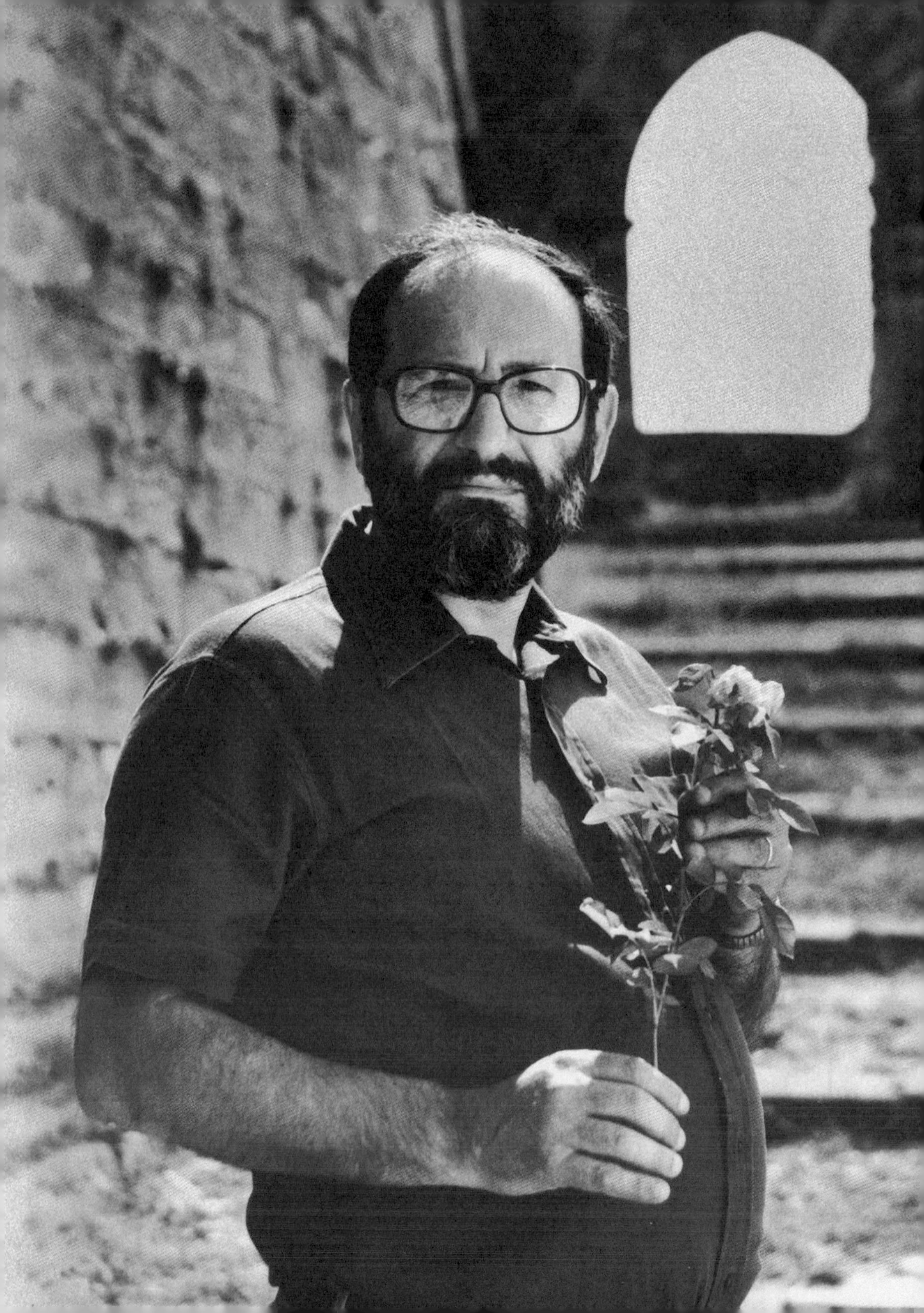

玫瑰的名字 Il nome della rosa

翁贝托·埃科（Umberto Eco）

作者生平：1932年生于意大利，2016年卒
首次出版：1980年，Bompiani（米兰）
英译书名：*The Name of the Rose*
改编电影：1986年

  翁贝托·埃科的《玫瑰的名字》叙事手法既复杂又美妙，它带给读者的，既是为符号学而作的清晰的辩护，又是错综复杂的侦探故事。这两方面都被安排在那个没有讲完的故事框架中。那是一场前叙事，内容是一位学者在许多手稿中找到了一个值得讲述的故事。或许是因为与后续的复杂内容相比，作者为这段前叙事安排的篇幅太少，或许是那种学者的腔调使然，当文本回溯到14世纪初那些手稿的起源时，开头的篇章依然留在读者的心里。

  梅尔克的阿德索是一名年轻的、新加入本笃会的修士，他讲述了自己与巴斯克维尔的一位博学的圣方济各会修士威廉前往一家忧患重重的本笃会修道院的旅程。这家修道院犹如冲突和秘密的残酷围场，由书所统辖。住在这家修道院的本笃会修士们，都是为书而活。因为他们当中的六位逐一遇害，巴斯克维尔的威廉通过寻找和解读流露出嫉妒、欲望和恐惧的符号，探寻着发生在这些人当中的、岑寂无声的战争的真相。

  《玫瑰的名字》请求读者分担威廉的诠释任务，尊重符号的多重含义，不急于认定含义，对任何许诺能一劳永逸地终结对意义的寻求的东西，都抱怀疑态度。埃科通过这样做，展现了"诠释"这一奇迹本身。**PMcM**

白日悠光 Clear Light of Day

安妮塔·德赛（Anita Desai）

作者生平：1937年生于印度
作者教名：Anita Mazumdar
首次出版：1980年，Heinemann（伦敦）
原著语言：英语

  安妮塔·德赛的父亲是印度人，母亲是德国人，她说，尽管自己"感受起印度来像个印度人，但思考起印度来却像个局外人"。她在这部迷人的、以旧德里的一座摇摇欲坠的大厦为背景的小说里，细腻地描述了一个有着深刻分歧的家庭中，家庭成员之间那种紧张而乖戾的关系，并让轰动性的历史事件为之充当背景：印度的分裂、甘地之死，以及其后的政治斗争。

  两个核心人物是彼此并不亲近的姐妹：比姆和塔拉。姐姐比姆留在家中，照顾患有孤独症的弟弟和酗酒的老姨妈。塔拉嫁给了一名外交官，移居海外，逃离了家庭和统辖家庭的传统。在外甥女的婚礼上，两人再度重逢。两个女人回想起她们的童年生活，尝试达成某种程度的和解，尽管她们走的是截然不同的人生道路。但塔拉发现比姆心怀怨恨，心生戒备，她认定塔拉背叛了家庭，因此不肯原谅她。

  安妮塔·德赛曾说历史是"一种毁灭力量"，在她的许多小说里，主人公被历史和社会的力量所裹挟，他们想要掌控这些力量，却徒劳无功。在《白日悠光》中，她研究了一段复杂而动荡的历史给当代印度社会造成的后果，尤其是这段历史以何种方式，影响了两名女性的生活和她们截然不同的人生追求。**TS**

◂ 埃科努力不让自己显得荒唐可笑，他以中世纪建筑为背景，手持书名中的玫瑰。让他摆出这副姿势的是摄影师戴维·利斯。

笨蛋联盟 Confederacy of Dunces

约翰·肯尼迪·图尔（John Kennedy Toole）

作者生平：1937年生于美国，1969年卒
首次出版：1980年，Louisiana State University Press
原著语言：英语
普利策奖：1981年（死后授予）

"真正的天才出现在世上时，可以由这一迹象辨认出来：笨蛋们全都会成帮结伙地反对他。"此话出自讽刺作家乔纳森·斯威夫特之口。在约翰·肯尼迪·图尔这部怪诞的喜剧小说里，处于中心位置的那位名不副实的"天才"，是肥胖的伊格内修斯·雷利，他是个很能吃又极为博学的人。他把时间都用在自己的卧室里，暴饮暴食、大喊大叫，把他的思考记录在一堆乱七八糟的书写纸上。因为境遇不妙，他被迫鼓起勇气，闯荡职场。在他竭力与现代生活的恐怖周旋时，他被卷入一连串的误会和灾难。围绕在他周围的笨蛋们，是新奥尔良社会底层的古怪居民，书中对他们作了出色的描写。衰败的气氛给喜剧增添了不和谐的调子，书中还有一些令人不安的洞见，看穿了潜伏在这座城市咧嘴大笑的狂欢节面具背后的伪善和歧视。

约翰·肯尼迪·图尔历经多年努力，想为这部小说找到出版商。他自杀身亡之后，没过几年，他母亲就说服小说家沃克·珀西通读手稿，正是沃克·珀西的热忱促成了本书的问世。随后，它成为畅销书。这是一部始终像问世之初一样好笑、情节紧凑的小说，它沿着迂回的路线，游历了一个以独特的方式陷入精神错乱的世界，据伊格内修斯说，在这个世界上，"司掌混乱、愚蠢和坏品位的众神"已经赢得了对人类的支配地位。**TS**

▲ 《笨蛋联盟》兼具漫画的讽刺和喜剧片的荒诞，用黑色幽默的笔调呈现当代社会的孤独与绝望。

仪式 Rituelen

塞斯·诺特博姆（Cees Nooteboom）

作者生平：1933年生于荷兰
首次出版：1980年，Arbeiderspers（阿姆斯特丹）
原著语言：荷兰语
英译书名：*Rituals*

塞斯·诺特博姆被称作荷兰的纳博科夫或博尔赫斯。《仪式》既不是有着露骨的后现代倾向的作品，也不是魔幻现实主义作品，当然，它也不是浅显易读或平淡无奇之作。

这部小说的主人公伊尼·温特罗普是个耽于思考的人，他享受着富足的生活，拥有太多的空闲时间。这部小说让一幅印象派的文学景观跃然纸上，其间，人与事交相辉映，但从未给出充分的解释。或许是因为温特罗普自己也承认的业余玩票，让他无力求得答案，只能提出无穷无尽、无休无止的诘问而已，但处于小说核心地位的，并非他的生活，而是塔兹家的两个男人的故事：他们是父亲阿诺德和儿子菲利普。两人最后都自杀身亡。诺特博姆用他们生与死的不同境遇，来探讨不同时代的人，何以会面临着相似的、知性和宗教信仰的危机。

塞斯·诺特博姆的写作手法并没有哲学或人类学的沉重感，有关上帝和存在的性质的漫谈，被包皮环切术这一异想天开的可怕念头，或对艺术界的嘲讽所濡染。不论是表达存在主义的疑问，还是对阿姆斯特丹引人入胜的城市风光表达敬意，作家所用的精确的语言，往往也是明晰而富有诗意的。《仪式》是诺特博姆在英语世界获得的第一项巨大成功，或许这正是一部体现"欧洲"小说的独特气质的作品。**ABI**

🔺《仪式》是一部关于秩序与混沌、生命与虚无的小说，一个敏锐而充满智慧的寓言。

20世纪 | 711

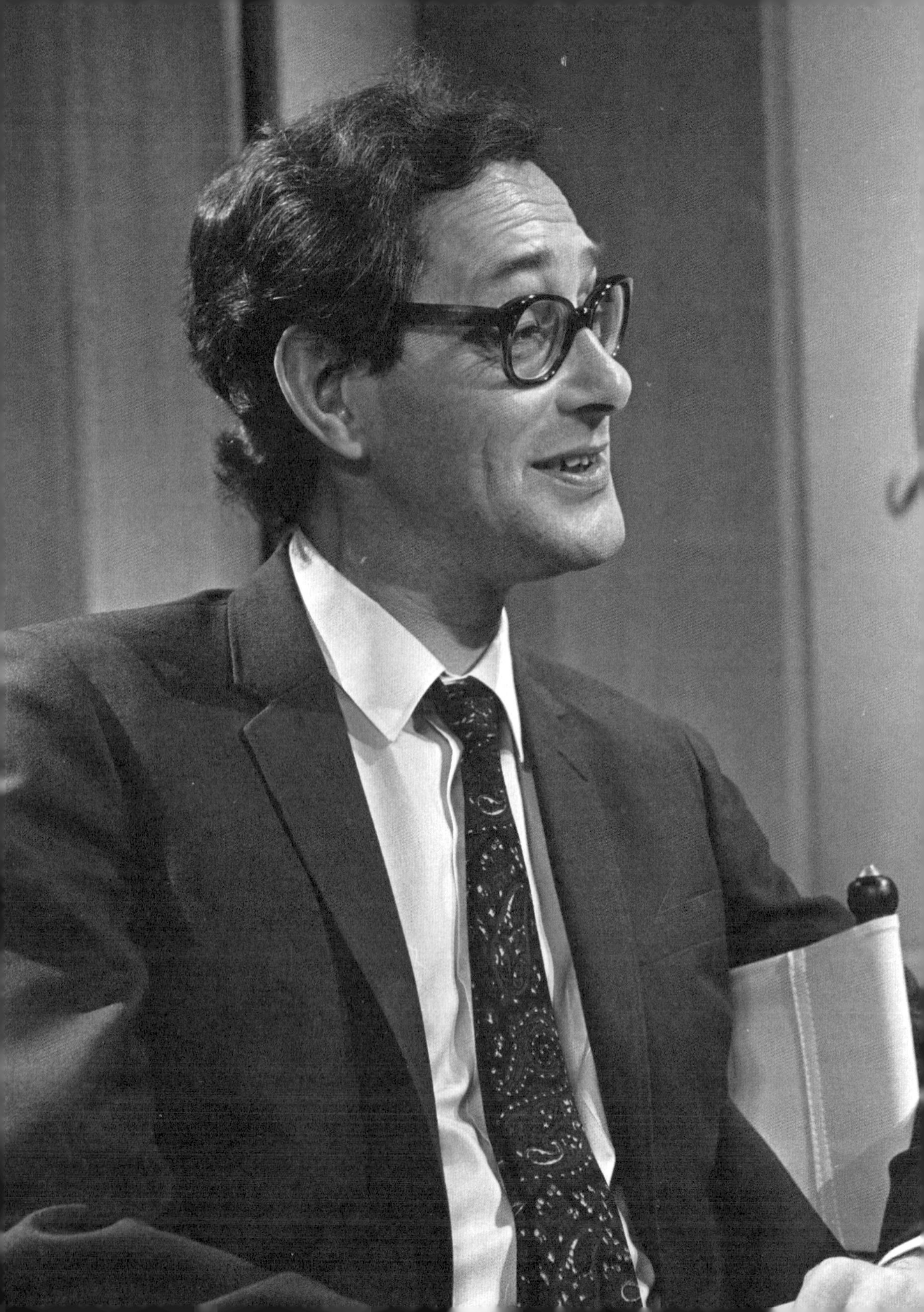

悲伤的气息 Geur der droefenis

阿尔弗雷德·科斯曼（Alfred Kossmann）

作者生平：1922年生于荷兰，1998年卒
首次出版：1980年，Querido（阿姆斯特丹）
原著语言：荷兰语
英译书名：Smell of Sadness

《悲伤的气息》是荷兰小说家阿尔弗雷德·科斯曼的杰作，在对文学界和新闻界的边界做过不少探索之后，他完成了这部作品。科斯曼很早就沉迷于观察自己和他人的生活，他的人生态度在多种多样的文学表达形式中都有所体现。1946年，他发表了处女作——诗歌《焰火》（Het vuurwerk），之后他在小说和新闻领域都有所建树。科斯曼还发表了很多游记，它们融合了第一手的观察资料和自传性的反思。

《悲伤的气息》是科斯曼的集大成之作，包含许多自传性要素。这部小说描绘了作家托马斯·罗森达尔四十年的生活，他在少年时代宣称人生"并不艰难，只是无聊至极"。几十年后，他被迫承认，生存是没有意义的。徒劳感和绝望感随之萌生：一个人物自尽身亡，另一个发疯了，第三个被卡车碾过。托马斯呢？他抱着迷惑的恭顺态度，任由生命流逝，仍然无法充分地体验人生。所有的人物都在战争期间长大成人，因为一系列不可思议的际遇离合，大多过着悲惨的生活。科斯曼借由相互交织的回忆、事实、谎言和梦境，讲述了他的故事。在作家笔下，现实因各种文学成分的混合而扭曲，后者令人印象深刻，散发着"悲伤的气息"。**JaM**

破碎的四月 Prilli i thyer

伊斯梅尔·卡达莱（Ismail Kadare）

作者生平：1936年生于阿尔巴尼亚，2024年卒
首次刊载：1980年，Gjakftohtësia
出版社：Naim Frashëri（地拉那）
英译书名：Broken April

《破碎的四月》以两次世界大战之间的阿尔巴尼亚为背景，当时这个国家正处于欧洲现代化的边缘。这部作品集中讲述了乔戈·贝里沙被卷入家族血仇的故事，这种复仇行为受到《卡努法典》的严格掌控，这部古老的荣誉法典对阿尔巴尼亚文化的统治已经延续了许多世代。乔戈一家与邻居科瑞克切一家陷入了一场七十年之久的血仇。小说开篇，乔戈杀死了科瑞克切家的一名成员，给自己遇害的哥哥报仇。这一仇杀不可避免地让乔戈本人成为冤冤相报、血腥仇杀的下一名受害人。

《卡努法典》规定，杀戮发生后，有三十天的休战期，休战期过后，才可以复仇。这部小说的时间跨度正是这段时期，从乔戈在三月中旬杀死仇家的那一刻，写到乔戈在四月中旬受到《卡努法典》制裁的那一刻。在这段空洞的时间里，乔戈过的是浑浑噩噩、半死不活的生活。

这个令人难忘、充满焦虑的故事，是用一种非凡的、朴实而优雅的笔调写成。这部小说描绘的生死之间的距离，被赋予了一种梦幻般的表达，其中注入了荷马、但丁和卡夫卡的精神。卡达莱的创造力也极为惊人，他发明出一种富有新意的古老语言，用它来传达当代东欧生活的悖谬。**PB**

◀ 这幅阿尔弗雷德·科斯曼的肖像照由荷兰摄影师本·梅克拍摄于1967年10月18日。

等待野蛮人
Waiting for the Barbarians

J. M. 库切（J. M. Coetzee）

作者生平：1940年生于南非
首次出版：1980年，Secker & Warburg（伦敦）
原著语言：英语
诺贝尔文学奖：2003年

  批评家们常常试图将J. M. 库切晦涩、言简意赅的叙事，曲解为对种族隔离期间及其后的南非状况的寓言。当然，《等待野蛮人》确有让人如此解释的余地。

  这部小说以无名帝国未曾点明的地点和不特定的时间为背景，讲述了一个地方治安官的故事。他跟一个野蛮国家的机构发生了冲突，起因是他以微不足道的方式，对高深莫测的乔尔上校拷打过的一名"野蛮人"姑娘作出了补偿。这位地方治安官收集着从沙漠里取回的木简，其中蕴含着一份古老而又难以辨读的手稿。他断定，这些文字片段合在一起，就是一篇寓言，仅从木简本身，是无法将这个寓言读取出来的，还需要注意阅读的顺序和方式。这样一来，《等待野蛮人》更像是对写作这一行为，以及写作在传达含义方面可能发生的失败，所作的更为普遍的思考。书中的"野蛮人"，似乎象征着对无法言说的痛苦所作的证言。地方治安官救下的那个女人少言寡语，她的许多想法都是他推测出来的，他试图从她的伤痕中，读出帝国的故事来。库切以相似的方式，通过地方治安官的卑微无力，描绘了一幅政治献身的肖像，他将政治献身描绘成既完全出于意识形态，又全无意识形态的样子。**LC**

巴登夏日
Лето в Бадене

列昂尼德·茨普金（Леонид Борисович Цыпкин）

作者生平：1926年生于苏联，1982年卒
首次刊载：1981年，Novyy Amerikanets（纽约）
英译书名：Summer in Baden-Baden
英国首版：1987年，Quartet（伦敦）

  这部非凡的小说最初出版于1981年，没过多久，作家就辞世了。近年来，是批评家苏珊·桑塔格让大众注意到了这本书，很快，苏珊·桑塔格也去世了。

  这部小说戏剧化地描述了陀思妥耶夫斯基和安娜之间的关系，集中讲述了这对夫妇在1867年夏天前往巴登巴登的旅程。安娜和陀思妥耶夫斯基的故事，被并入列昂尼德·茨普金本人的自传性旅行记录里，还被再度并入陀思妥耶夫斯基的作品中的场景和重要的瞬间当中，以及更为广博的俄国文学遗产里。

  读者在这部多层次的小说里，迷失在真实与虚构、美与丑之中时，茨普金那狂乱的、不可掌控的散文开始接管读者的心神，自行营造出一种迷乱的现实。茨普金的散文与众不同，是一种富有活力的全新创造。他想象着陀思妥耶夫斯基对安娜怀抱的狂乱的爱，在作品的韵律中捕捉到了陀思妥耶夫斯基思考、多疑症发作、陷入绝望、才华横溢的时刻。

  《巴登夏日》以一种新颖的方式，向我们呈现了陀思妥耶夫斯基这个人，在这样做的过程中，它作出了重新绘制当代小说地图的许诺。这部作品被一个女人在人生末路，从黑暗中拯救出来——这一拯救之举本身就证明了对文学虚构所抱的热爱——这件事几乎有种冥冥之中的契合感。**PB**

装了磨砂玻璃窗的房子
Huset med den blinde glassveranda

赫尔比约格·瓦斯莫（Herbjørg Wassmo）

作者生平：1942年生于挪威
首次出版：1981年，Gyldendal（奥斯陆）
原著语言：挪威语
英译书名：The House with the Blind Glass Windows

　　《装了磨砂玻璃窗的房子》以仍在德国纳粹占领带来的恶果中挣扎的挪威小渔村为背景，讲述了十一岁的图拉的故事。图拉是死去的德国士兵的私生女，她跟母亲和酗酒的继父亨里克一起，住在破旧的廉价公寓里。因为出身问题，图拉在社交方面遭到排斥，母亲出门上班时，继父还经常对她进行性侵犯和精神虐待。

　　图拉竭力忍受着糟糕的处境，瓦斯莫碎片化的散文传达出了她那日渐深重的绝望感。尽管十分需要保护，但图拉不敢让母亲知道真相，怕给她增添负担。她常常逃避到一个安全舒适的幻想世界，想象着父亲来搭救自己。瓦斯莫用文雅、优美动人的行文，点亮了这段令人心痛的叙述和如画般的内容。

　　《装了磨砂玻璃窗的房子》是瓦斯莫的图拉三部曲中的第一部。这部小说不只是个悲戚的故事；在几名邻家妇女的友善相待和支持下，图拉找到了活下去的勇气。小说就其核心内容而言，讲述的是女性的牺牲，不过它也赞扬了图拉取得的胜利。这是个讲述女性团结、富有感染力的故事，她们团结起来，与性别不平等、贫困和战后的萧条进行抗争。**RA**

沉重的翅膀

张洁

作者生平：1937年生于中国，2022年卒
首次出版：1981年，人民文学出版社（北京）
原著语言：汉语
英译书名：Leaden Wings

　　张洁的这部小说，讲述了与中国一家大型工业企业——曙光汽车制造厂——有关的一群人的故事。核心主题是现代化带来的激进改革，以及改革给中国社会带来的影响。张洁对当代中国日常生活细致入微的观察，披露了文化和政治变革给产业界的普通人带来的影响，颇为难得地向读者呈现了工厂工人和妻子儿女的生活。

　　这部作品用许多篇幅短小、留有开放式结局的故事，以及大量对话和留有悬念、不作定论的叙述，管窥了改革时期的文化。尽管近代有所发展，但根植于封建残余的偏见依然支配着人们；改革家们面临着巨大阻碍，人们在陈旧的体制下建立着事业，而女性的生存困境依然存在。最后，我们会对形形色色的人物的结局感到好奇，但我们对他们日常生活的艰辛，有了更加广泛的了解。

　　20世纪六七十年代，张洁按照上级安排，在北京的一家特殊学校接受再教育。后来，她在机械工业部工作了近二十年，直至20世纪70年代末才开始写作。这部小说是那个时代被译介到西方的首批作品之一。**RA**

20世纪 | 715

世界末日之战
La guerra del fin del mundo

马里奥·巴尔加斯·略萨（Mario Vargas Llosa）

作者生平：1936年生于秘鲁
首次出版：1981年，Seix-Barral（巴塞罗那）
原著语言：西班牙语
英译书名：The War at the End of the World

  马里奥·巴尔加斯·略萨在他的第八部小说中，依然关注着邪恶的方方面面。他带来了一个引人注目、启示录般的故事，同时在作品中，确立了一个转折点。这位秘鲁作家首次离开自己出生的国度和所处的时代，叙述了19世纪末，在巴西发生的真实历史事件。这部作品讲述了安东尼奥·贡塞也罗以救世主自居的经历，他是个空想家般的圣人，传播的是反对共和政体和现代化的教义，为巴西东北部无依无靠的人仗义执言，对共和国政府形成了威胁。不可避免地，巴西军队摧毁了卡奴杜斯市，而贡塞也罗和支持者们原本还计划着在这座城市建立一个千年王国。

  巴尔加斯·略萨创作了一部令人瞩目的纪实性小说，其灵感源于他心目中的一部重要作品——欧克利德斯·达·库尼亚（Euclides da Cunha）的《腹地》（Os Sertões）。他将故事情节按照一种交叉并行的精确结构组织起来。其成果便是一份极其注重细节的记录，它记录了一个令人着迷的可怕之人的崛起和毁灭。巴尔加斯·略萨在这部作品中，对盲信和乌托邦主义作了激烈的批判，恢复了他在20世纪60年代对小说抱有的雄心。这部作品极大地推进了历史小说崭新的写作方式，这一方式正在赢得西语世界的认可。

DMG

兰纳克：人生四部曲
Lanark: A Life in Four Books

阿拉斯代尔·格雷（Alasdair Gray）

作者生平：1934年生于英国，2019年卒
首次出版：1981年，Canongate（爱丁堡）
原著语言：英语
圣安德鲁十字协会年度选书：1981年

  阿拉斯代尔·格雷凭借《兰纳克》登场亮相时，似乎更新了苏格兰小说的基本水准。格雷承袭了两种遗产：既继承了源于乔纳森·斯威夫特和乔伊斯进行版式革新的冲动，同时对掩藏在格拉斯哥日常生活肌理下种种激进的社会可能性，沿袭了布莱克式的想象力。故事往返于昂散克和格拉斯哥之间，横跨两座城市的下层社会，描绘了兰纳克和邓肯·索为抵御日常生活的苦闷所做的努力。

  在阅读《兰纳克》的过程中，读者的注意力始终都会被颇具质感的版面编排所吸引。在一个又一个章节里，格雷描绘的幻想之地的绚丽版画，抵消了他对苏格兰青年的苦恼所作的愤世嫉俗的文字记录。本书对都市不满情绪的文字描绘，带出了一幅幅展望苏格兰复兴的插图。两座城市都被描绘成长期发展变化的区域，在停滞与复苏之间来回摇摆，（随着作者笔下的主人公在自我发现的旅程中成熟起来）格雷也鼓励读者与他作的排版设计展开互动。正是这种互动性，证实了纸质书的不可或缺。**DJ**

▶ 由作者亲自绘制的这幅罕见的插图，颇为典型地代表了格雷在作品中对幻想元素和印刷术的机智运用。

20世纪 | 717

兔子富了 Rabbit is Rich

约翰·厄普代克（John Updike）

作者生平：1932年生于美国，2009年卒
首次出版：1981年，Alfred A. Knopf（纽约）
原著语言：英语
普利策奖：1982年

  约翰·厄普代克备受称赞的"兔子四部曲"之三《兔子富了》又向后跨越了十年，来到了1979年。它以宾夕法尼亚州的虚构小城布鲁尔为背景，再次讲述了绰号"兔子"的哈里·安斯特洛姆的故事，如今他年过四旬，成了二手车经销商，享受着事业成功的同时跟妻子幸福地安顿了下来，重新处理棘手的两性关系，儿子也长大成人，结了婚；兔子似乎变成了在《巴比特》（见本书第292页）里被辛克莱·刘易斯嘲讽过的"可靠的公民"，《巴比特》里的话还充当了这本书的引言。

  这部小说以20世纪70年代末世界性的石油危机为背景，其故事情节具有讽刺意味：兔子的职业从工人阶级的排字工，变成了向上爬的二手车商。向刚刚意识到节油重要性的中产车主出售丰田车，变成了兔子跻身由乡村俱乐部和鸡尾酒组成的中产世界的入场券。书名中暗示的他赚取财富的乐趣，被书中对美国工人阶级纷纷失业的细腻描绘所中和。《兔子富了》以20世纪80年代可怕的焦虑初显苗头时的美国为背景，描绘了兔子私生活的情感变动。厄普代克抒情的行文和深思熟虑的人物塑造，像以往一样富有感染力。随着兔子年纪渐长，厄普代克对支撑日常生活的情感联系的敏锐描绘，有了一种新的痛切之感。**AB**

男女，路人 Paare, Passanten

博托·施特劳斯（Botho Strauß）

作者生平：1944年生于德国
首次出版：1981年，Hanser Verlag（慕尼黑）
原著语言：德语
英译书名：*Couples, Passerby*

  在德国作家兼剧作家博托·施特劳斯这部包含六则短篇的短篇集中，成对男女既有长期相伴的，也有短暂邂逅的，他们无休无止却徒劳无功地寻觅着意义和情感联系，相互依偎，却只感到更加深重的孤独和绝望。

  在历史和技术压力下的人性丧失、自我中心主义和固有的自私自利，是施特劳斯作品中经常出现的主题。他是个敏锐的社会保守主义者，对他目睹的德国文化趋势大为不满，对新的德国生活方式丝毫不感兴趣。在施特劳斯笔下，疏离的个人可能会发生短暂的、毫无意义的或剧烈的碰撞。

  这部短篇集描绘了一群在现代和往昔的压力下失去仁慈品性的人和他们如同机器人一般空洞的心灵，以及他们在精神空虚和知性荒芜的环境中完成着日常生活的各项活动——工作、交谈、犯罪。通过刻画现代德国的死气沉沉，施特劳斯尝试着指出一种更加真实可靠的生活和表达方式。他在20世纪德国历史的阴影下写作，这一点为他的作品增添了一份明显的深刻，将感兴趣的读者的注意力引向了他的审美眼光。他的小画像和简短镜头从面目模糊的第三帝国负罪国民，移向了冷战时代和其中的个体。**LB**

七月的人民 July's People

纳丁·戈迪默（Nadine Gordimer）

作者生平：1923年生于南非，2014年卒
首次出版：1981年，Jonathan Cape（伦敦）
原著语言：英语
诺贝尔文学奖：1991年

  这部启示录式的小说以一场虚构的内战为背景，这场内战发生在莫桑比克于1980年入侵南非之后。城市火光冲天，房屋被烧，莫琳和巴姆·斯迈尔斯带着孩子，与他们的仆人"七月"一起，乘着小卡车"黄皮卡"，到七月遥远的乡下老家避难。

  面对乡村生活的粗粝现实，莫琳如鱼得水，而巴姆丢了枪，失魂落魄，萎靡不振。在这种新的、依赖他人的处境中，巴姆与七月变得越来越难以相处，同时这对白人夫妇渐渐失去了与白人文化的联系：莫琳像车模一样在皮卡车上摆出了姿势，但七月没有明白这一刻意味着什么。现在，欲望和责任在很大程度上是由经济因素决定的，白人的自由主义假定——人性是相通的——受到了质疑。纳丁·戈迪默复杂的行文以非凡的影射和暗示技巧，将过去确定无疑的事与当下可疑的事并列在一起，几乎没有哪个段落的背景是平安无事的现实。这些深奥的问题几乎是不可解答的。当一辆直升机在村里着陆时，莫琳朝它冲了过去，她并不知道它属于军方，还是革命者。小说至此戛然而止，留下悬念。尽管有悖于南非变革的真实历史时机，但《七月的人民》仍然对白人自由主义的脆弱性进行了真切的剖析。**AMu**

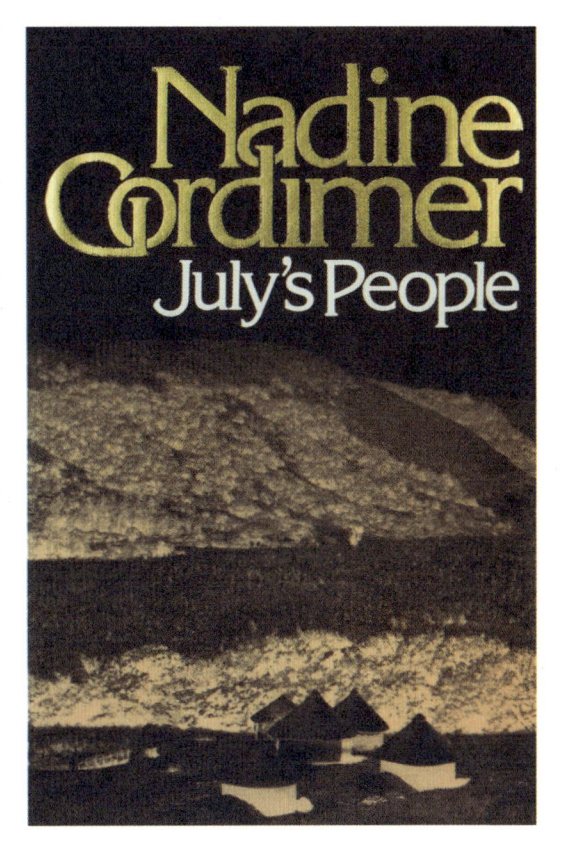

黑人往那边看了看，三个孩子躺在从车里搬来的车座上，睡得正熟。他笑着确认："他们很好。"

▲ 纳丁·戈迪默的长篇和短篇小说常常着眼于祖国南非的种族关系。

黑山之上 On the Black Hill

布鲁斯·查特文（Bruce Chatwin）

作者生平：1940年生于英国，1989年卒于法国
首次出版：1982年，Jonathan Cape（伦敦）
原著语言：英语
惠特布莱德文学奖：1982年

对一位将短暂人生的许多时光花费在旅行和书写旅行上的作家来说，《黑山之上》可以说是他写的一部奇书。这部作品讲述的是威尔士边境乡间的同卵双胞胎本杰明和刘易斯八年的生活，他们在这段时间里，要么留在一家与世隔绝的农场，要么待在农场附近，先是在这里生活，后来又在这里工作。他们有一小段时间待在军队（本杰明很不光彩地被军队开除），逃过了第一次世界大战的征兵，一直没有结婚，父母过世后，他们在父母的床上睡了四十多年。

这部小说用一种风格独特的写实性文字回顾了这对双胞胎的生活。布鲁斯·查特文喜欢单一从句的总结性短句胜过复杂的长句。他还降低了情节的复杂程度，以进行细致的人物刻画，避免了粗糙的简化或感情用事的过度渲染。

在某种程度上，这部小说有着传统乡村剧富有吸引力的全部戏码：脾气暴躁的父亲虐待受过教育的妻子，对她教育孩子的努力横加阻挠；包括暴力、自杀在内的乡村家族仇恨；军队的暴行，以及一个贵族家庭因堕落而毁灭。但这本书也是对如下内容的研究：长久留守本地之人；运动和飞行；还有刘易斯对飞机和异性的兴趣，在传统生活方式里带来的紧张冲突，以及这对双胞胎短暂而难熬的分别期。**ABi**

幽灵之家 La casa de los espíritus

伊莎贝尔·阿连德（Isabel Allende）

作者生平：1942年生于秘鲁
首次出版：1982年，Plaza & Janés（巴塞罗那）
原著语言：西班牙语
英译书名：The House of the Spirits

伊莎贝尔·阿连德的《幽灵之家》通篇闪耀着想象力，其轻快迷人只能用"魔幻"来形容。这部小说风趣地跨越了现实和不可思议的事物之间的界限，同时始终牢牢扎根于智利的历史和政治现实。

《幽灵之家》是一部十分私人化的小说。开篇是写给阿连德弥留的祖父的一封信，讲述了特鲁埃瓦家族的故事，还将书中的"候选人"——阿连德的伯父萨尔瓦多·阿连德获得权势后在1973年的政变中死去一事，作为悲剧性的背景。小说将在智利历史上这一血腥时刻前后发生的暴行，描绘得动人心魄，原本看似迷人的童话内容，在这一刻也变成了阴郁而有力的叙事。对这些事件的记叙，也许是全书令人印象最深刻的部分，这部作品备受赞赏（它当之无愧），与这部分内容有很大关系，但其情感内核在于对特鲁埃瓦家族成员生机勃勃的描绘之中。阿连德对她生活中的真实人物只作了少许的遮掩，她对他们所作的温柔而感伤、动情而入木三分的评判，让他们的形象跃然纸上，栩栩如生。这个非凡的家族的故事，唤起的代入感令人欲罢不能，阿连德的笔法唤起的深深的关切，让那个悲戚、可怕的结局显得尤为动人。**DR**

> 伊莎贝尔·阿连德是智利总统萨尔瓦多·阿连德的侄女，后者在政变中遇害，皮诺切特将军经由这场政变，于1973年上台掌权。

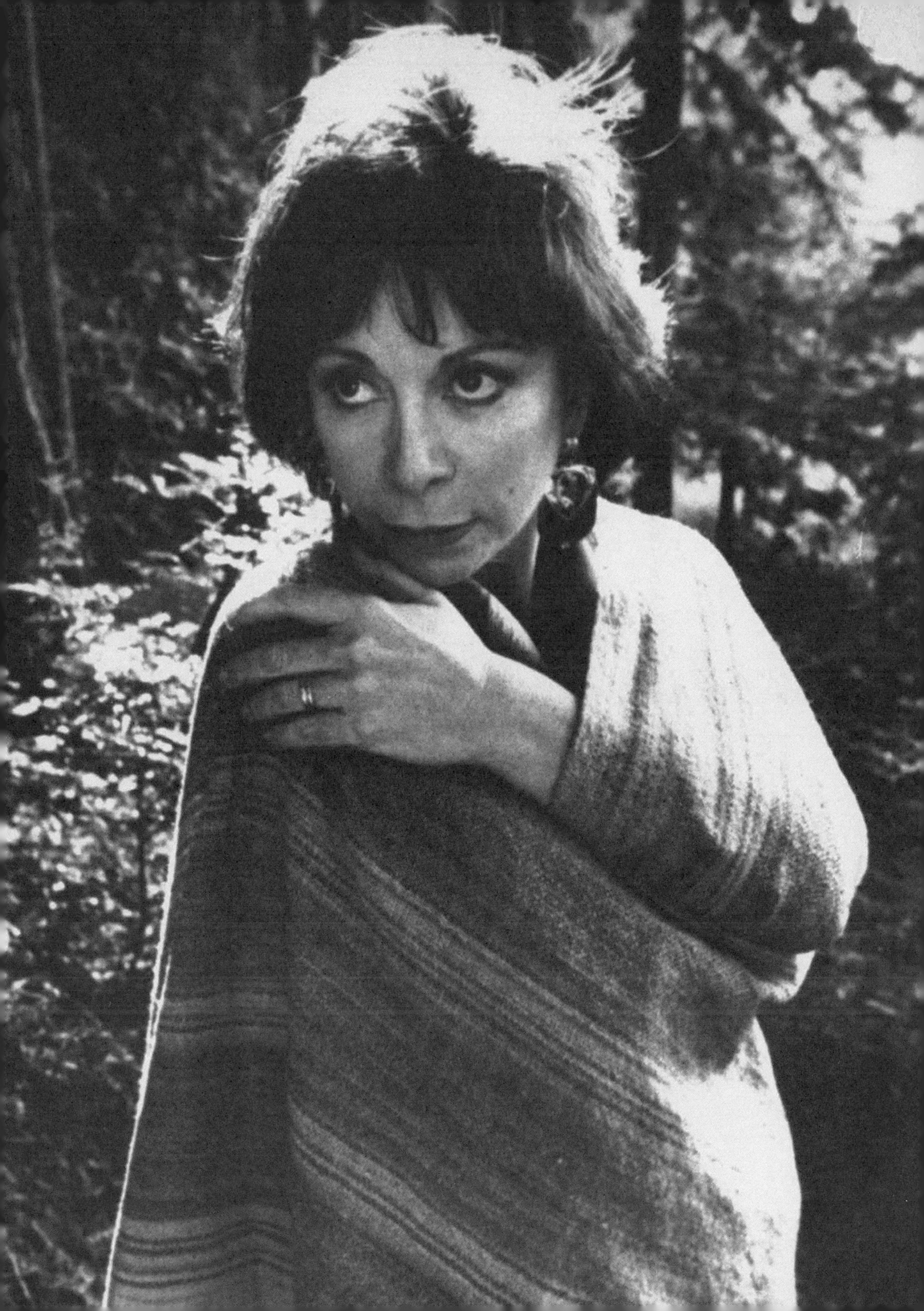

KL Groß - Rosen - AL Brünnlitz / Häftl.-Liste (Männer) 18.4.45-Blatt 7

Lfd Nr.	H.Art u.Nam.	H.Nr.	Name und Vorname	Geburtsdatum	Beruf
361	Ju.Po.	69208	Hahn Dawid	20.10.97	Werkzeugschlos
362	" "	9	Immerglück Zygmunt	13.6.24	Stanzer
363	" "	10	Katz Isaak Josef	3.12.08	Klempnergehilf
364	" "	1	Wiener Samuel	11.5.07	Tischlergehilf
365	" "	2	Rosner Leopold	26.6.08	Maler
366	" "	3	Gewelbe Jakob	22.9.97	Photografmeist
367	" "	4	Korn Edmund	7.4.12	Metallarbeiter
368	" "	5	Penner Jonas	2.2.15	Stanzer
369	" "	6	Wachtel Roman	5.11.05	Industriediamar
370	" "	7	Immerglück Mendel	24.9.03	Eisendrehergese
371	" "	8	Wichter Feiwel	25.7.26	ang. Metallverar
372	" "	9	Landschaft Aron	7.7.09	" "
373	" "	69220	Wandersmann Markus	14.9.06	Stanzer
374	" "	1	Rosenthal Izrael	24.10.09	Schreibkraft
375	" "	2	Silberschlag Hersch	7.4.12	Ang.Metallverar
376	" "	3	Liban Jan	29.4.24	Wasserinst.Gehi
377	" "	4	Kohane Chiel	15.9.25	Zimmerer
378	" "	5	Senftmann Dawid	6.9.09	Ang.Metallverar
379	" "	6	Kupferberg Izrael	4.9.98	Schlossermeiste
380	" "	7	Buchführer Norbert	12.6.22	Lackierer Gesel
381	" "	8	Horowitz Schachne	3.12.88	Schriftsetzerme
382	" "	9	Segal Richard	9.11.23	Steinbruchmineu
383	" "	69230	Jakubowicz Dawid	15.4.26	"
384	" "	1	Sommer Josef	21.12.14	ang.Metallverarl
385	" "	2	Smolarz Szymon	15.4.04	"
386	" "	3	Rechem Ryszard	30.5.21	Automechank.Gs.
387	" "	4	Szlamowicz Chaim	16.5.24	Stanzer
388	" "	5	Kleinberg Szaija	1.4.20	Steinbruchmineu
389	" "	6	Miedziuch Michael	3.11.16	Fleischergesell
390	+ "	7	Millmann Bernhard	24.12.15	Stanzer
391	" "	8	Königl Marek	2.11.11.	Ang.Mettallvera
392	" "	9	Jakubowicz Chaim	10.1.19	Steinbruchmineu
393	" "	69240	Domb Izrael	23.1.08	Schreibkraft
394	" "	1	Klimburt Abram	1.11.13	Koch
395	" "	2	Wisniak Abram	30	Lehrling
396	" "	3	Schreiber Leopold	15.10.25	Schlossergeselle
397	" "	4	Silberstein Kacob	1.1.00	Galvaniseurmeist
398	" "	5	Eidner Pinkus	20.12.14	Dampfkesselheize
399	" "	6	Goldberg Perisch	17.5.13	ang.Metallverarb
400	" "	7	Feiner Josef	16.5.15	Automechanikcer
401	" "	8	Feiner Wilhelm	21.10.17	Stanzer
402	" "	9	Löw Zcycze	28.6.97	Kesselschmied M
403	" "	69250	Löw Jacob	3.3.00	
404	" "	1	Pozniak Szloma	15.9.16	Bäcker
405	" "	2	Ratz Wolf	20.6.09	Metallverarb.
406	" "	3	Lewkowicz Ferdinand	12.3.09	Arzt Chirug
407	" "	4	Lax Ryszard	9.7.24	Automechaniker
408	" "	5	Semmel Berek	5.1.05	Tischler Gehilf
409	" "	6	Horowitz Isidor	25.9.95	ang.Installateu
410	" "	7	Meisels Szlama	2.2.16	Fleischergesell
411	" "	8	Kormann Abraham	15.1.09	Buchhalter
412	" "	9	Joachimsmann Abraham	19.12.95	Stanzer
413	" "	69260	Sawicki Samuel	9.4.17	Koch
414	" "	1	Rosner Wilhelm	14.9.25	Schlossergehilf
415	" "	2	Hirschberg Symon	23.7.08	Stanzer
416	" "	3	Goldberg Bernhard	10.10.16	Koch

辛德勒名单 Schindler's List

托马斯·基尼利（Thomas Keneally）

《辛德勒名单》开篇是托马斯·基尼利的一段"按语"，讲述他与一名"辛德勒幸存者"利奥波德·普费弗伯格的偶遇，这次偶遇促使他写起了奥斯卡·辛德勒的故事，后者是个投机商，锦衣玉食、魅力四射。辛德勒这名实业家、纳粹党员冒着生命危险，保护了处于纳粹占领下的波兰的犹太人。

《辛德勒名单》于1982年发表后，赢得了布克奖，这是一部深深嵌入现代欧洲历史创伤的"小说"，基尼利强调，这个故事着力避免一切虚构成分。为理解辛德勒"拯救的冲动"，探索时常萦绕在"辛德勒的犹太人"心头的谜，这本书融合了历史研究和富有想象力的还原重构，描绘出奥斯卡·辛德勒复杂而富有感染力的个性。在这一过程中，基尼利将读者带入了犹太人的世界，纳粹将他们斥为某种"不配生存的生命"。他探讨了政治暴力和性虐待这一不稳定的组合，进而提出全书最令人不安的问题之一："有什么能令党卫军感到难堪？"与此同时，在描绘大屠杀时，基尼利的作品引来了很多争议：这部作品对辛德勒的描绘有多"忠实"？还有，谁有资格为大屠杀作见证？什么样的文艺形式可以将那些事件的真实性保存下来？1993年，史蒂文·斯皮尔伯格的获奖影片《辛德勒名单》上映，致使争论愈演愈烈。尤其值得一提的是，斯皮尔伯格的影片作为所谓"大屠杀热"的一部分，在一位批评家看来，反映出了基尼利的叙事中泰然自若却让人大为不安的感情用事之处：他通过一个人的生平，对历史作了小说化的演绎。**VL**

作者生平：1935年生于澳大利亚
首次出版：1982年，Hodder & Stoughton（伦敦）
其他书名：*Schindler's Ark*
布克奖：1982年

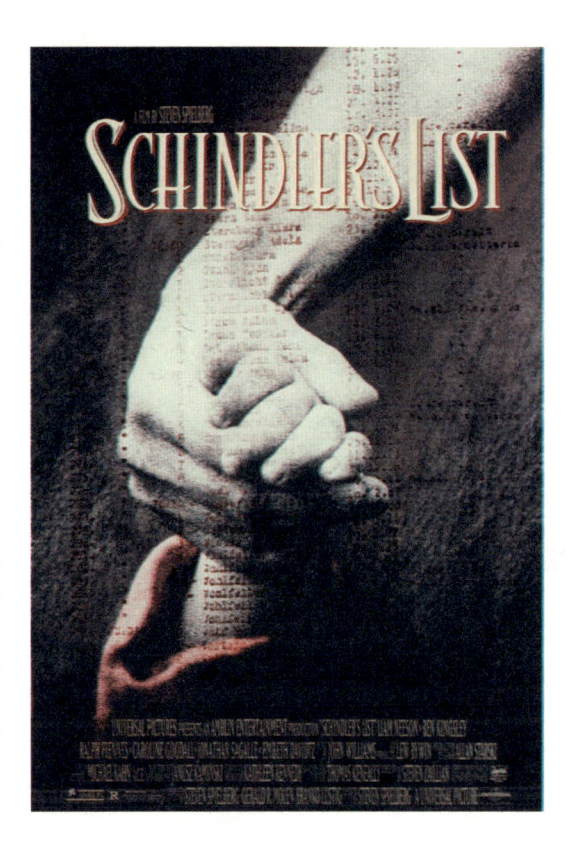

▲ 斯皮尔伯格根据辛德勒的故事拍摄的影片，难免遮掩了托马斯·基尼利的作品的光彩。

◀ 奥斯卡·辛德勒的原始名单副本，上面的一千二百名波兰裔犹太人逃过了大屠杀。

20世纪 | 723

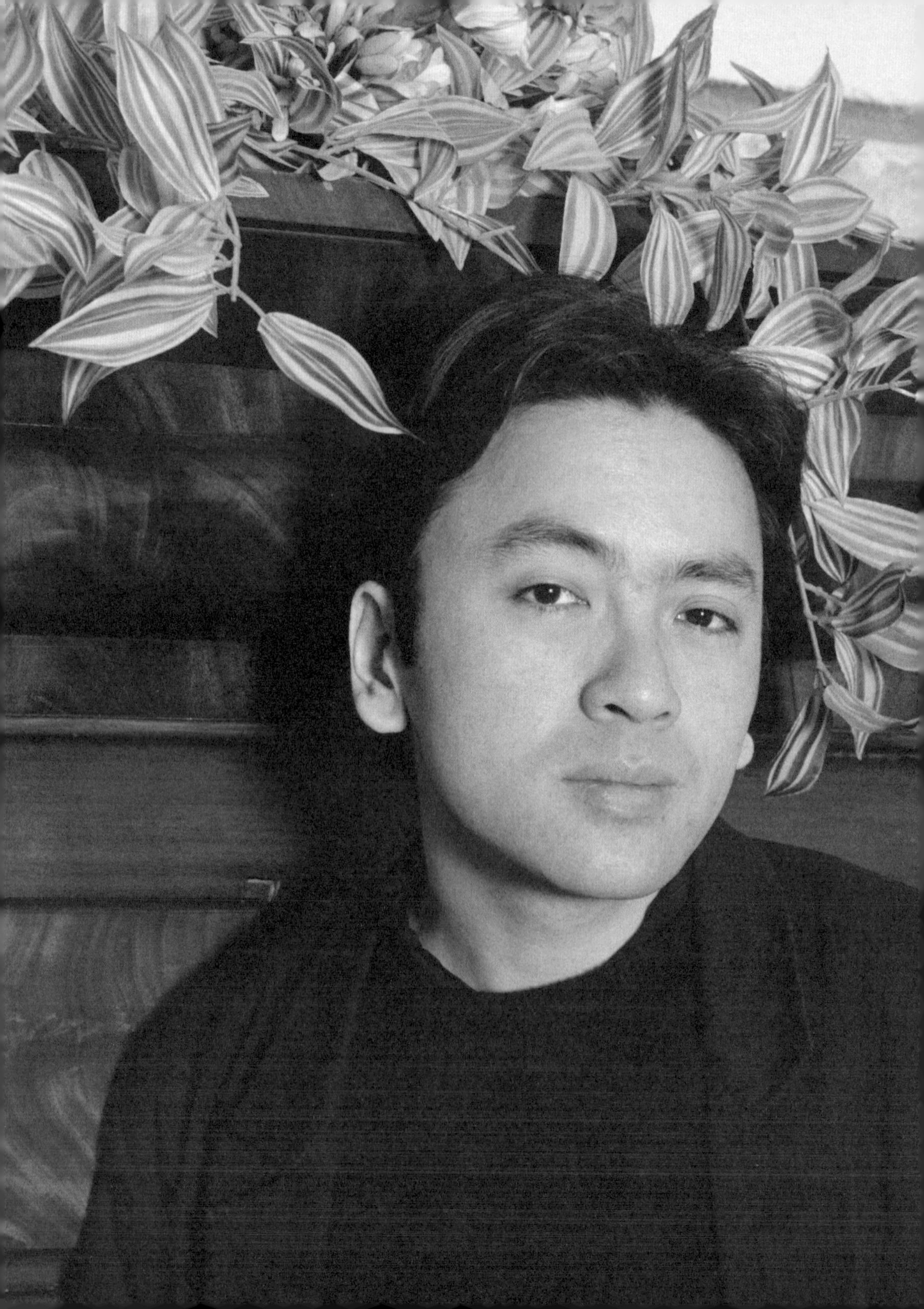

远山淡影
A Pale View of Hills

石黑一雄（Kazuo Ishiguro）

作者生平：1954年生于日本
首次出版：1982年，Faber & Faber（伦敦）
原著语言：英语

《远山淡影》中的叙述人悦子，是个经历过战争磨难的寡妇，她出生于长崎，客居英国。她的次女妮基来到英国，勾起了她对往事和自尽身亡的长女景子的回忆。悦子对女儿的死，未能成功地作出有意义的回应，读者对她多次提到的、在长崎的炎热夏季发生的事，也同样无法完全肯定。石黑一雄感兴趣的，并非对定义人物身份的内心创伤作一番记录，而是表明，为何叙事从来都不是直来直去的。

由于过去和现实以越发神秘的方式交织在一起，这部小说引出的问题跟它回答的问题一样多。石黑一雄的叙事风格要求读者思考：同时具有临时性和即兴性的主观性是如何达成的；身份，而非我们所要讲述的自身的往事，何以总是变动不定的。故事中从未直接提到长崎的恐怖，但这份恐怖却始终萦绕不散，这部令人难忘的处女作长篇小说中的记忆、身份和创伤的相互影响同样如此，它对这样单纯的语言观——语言犹如一扇透亮的窗户，从中可以看到客观真实的世界——提出了质疑。**VA**

◀ 石黑一雄出生于长崎，五岁时被带到英国，儿时的他是家里唯一能讲一口流利英语的成员。

维特根斯坦的侄子
Wittgensteins Neffe: eine Freundschaft

托马斯·伯恩哈德（Thomas Bernhard）

作者生平：1931年生于荷兰，1989年卒于奥地利
首次出版：1982年，Suhrkamp（法兰克福）
原著语言：德语
英译书名：*Wittgenstein's Nephew*

在《维特根斯坦的侄子》中，一位疾病缠身、备受困扰的知识分子，回忆了密友的悲惨生活和不幸死亡，后者同样是疾病缠身、备受困扰的知识分子。叙述者是托马斯·伯恩哈德本人，在他这部最为私人化的小说中，他流露出了一种仁爱之情，这种品质在他的作品中难得一见。

伯恩哈德写出这部小说，作为他与保罗·维特根斯坦的友情的颂词，后者是著名的奥地利哲学家的侄子。小说开篇写道，维特根斯坦和伯恩哈德住在维也纳的同一所医院不同的病房里。维特根斯坦患有周期性精神病，伯恩哈德患有反复发作的肺病。伯恩哈德由此写起，创作出一份真实、感人的记录，记下了维特根斯坦的生活、慢性死亡，以及伯恩哈德对此事的反应。他思考着疾病、知性的和艺术的激情，以及两人对自鸣得意的奥地利上流社会的憎恨。伯恩哈德把维特根斯坦看作贵族家庭令人窒息的服从主义和奥地利社会狭隘的地方主义的牺牲品。他认为维特根斯坦是跟他叔叔一样出色的知识分子，他相信，如果他叔叔没逃到英国，也会遭遇同样的命运。

《维特根斯坦的侄子》是一份饱含深情的记录，它记录下了友谊的价值，对知性的活力和疯狂之间的危险联系作了一番思考，它提出了孤独、疾病和死亡等问题，而没有流于感伤或忧郁。**AL**

紫颜色 The Color Purple

艾丽斯·沃克（Alice Walker）

作者生平：1944年生于美国
首次出版：1982年，Harcourt Brace Jovanovich（纽约）
普利策奖：1983年

《紫颜色》记录了西丽受到的伤害和渐渐获得的胜利，这个年轻的美国黑人姑娘在佐治亚州的偏远乡村长大，她开始反抗那些能够欺凌她的人强加给她的、令人意志麻痹的自我观念。西丽多次遭到父亲的奸污，两次生下孩子，不过她父亲把孩子悄悄处理掉了，她以为孩子是被弄死了。一个男人向西丽的妹妹耐蒂求婚，她们的父亲逼着这个人娶了西丽，结果西丽还像以前在家一样，遭受虐待。耐蒂很快从家里逃了出去，先是逃到了西丽和她丈夫家，后来逃到了广阔的大千世界。当她与西丽在近三十年后重逢时，耐蒂已经认识了一对美国黑人传教士夫妇，跟着他们去了非洲，她发现，是他们收养了西丽的孩子。在非洲，耐蒂生活在奥林卡人中间，他们的父权制社会，以及对非洲人在奴隶贸易中发挥的作用不闻不问的态度，强调了剥削行为的普遍存在。

西丽通过写给上帝的信，讲述自己的人生。她这样做，是因为她十四岁再度被父亲奸污怀上孩子时，父亲警告她"除了上帝，别告诉任何人"。她给上帝写信时，有种认为无人倾听之人自然流露的坦诚。但随着她与其他黑人妇女——尤其是那些激烈反抗压迫的妇女——建立联系，西丽从她们的观点中汲取了力量和知识，培养出了自己的权利意识，用它来理解自己和自身所处的世界。随着她直接和间接接触世界的范围不断扩大，她也越来越独立，最后她终于能够了解自身的价值，与他人进行交往了。**AF**

你最好永远也别告诉……

▲ 沃克既是女权主义者，也是民权运动家。她一直遭受批评，据说是因为她对美国黑人男子作了负面的描绘。

▶ 斯皮尔伯格1985年的影片《紫色》中的一幕。改编而成的电影带给观众的冲击无法与原著相提并论。

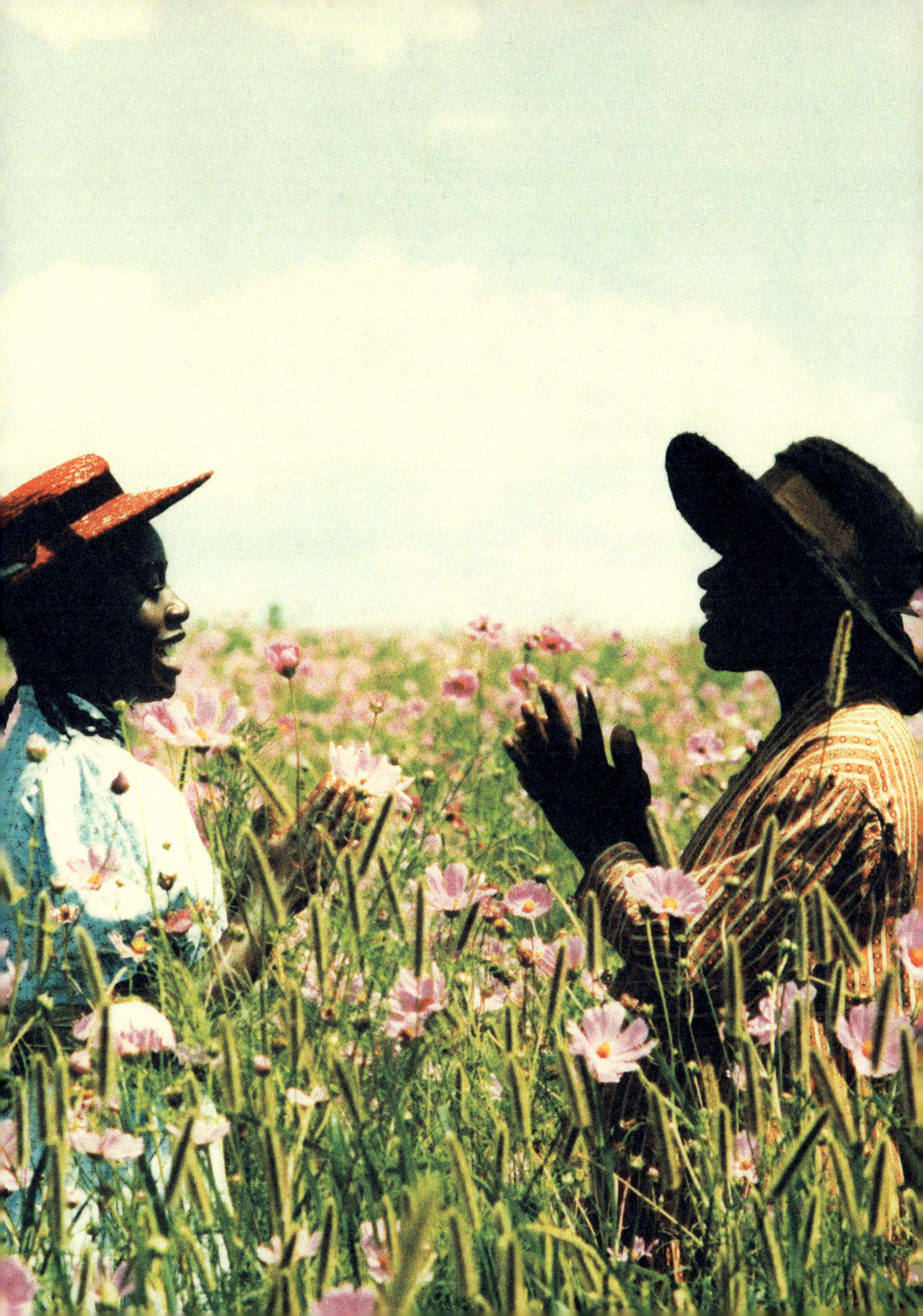

阿斯特拉德妮
Αστραδενή

欧金尼娅·法基努（Ευγενία Φακίνου）

作者生平：1945年生于埃及
首次出版：1982年，Κέδρος（雅典）
英文首版：1992年，Κέδρος（雅典）
英译书名：Astradeni

《阿斯特拉德妮》不同于许多希腊当代作品，它并非一部政治小说。小说的时间背景是1978年，写的是大批外地人口涌入雅典，给这个国家和民众带来的影响。

十一岁的女学生阿斯特拉德妮一家，从多德卡尼斯群岛中的小岛锡米搬到雅典。他们没有融入这座城市，他们是穷人，说一口方言，害怕车辆。他们在雅典的生活尽是挫折：她的父亲找不到体面的工作，她的母亲独自在家里哭泣，阿斯特拉德妮在学校也没有朋友，甚至不能出去玩，哪里都没有空地——雅典"没有足够的空间"。整本书里，阿斯特拉德妮取得的唯一胜利，与她的名字有关。在雅典教她的老师不认得这个名字，就说它不是基督徒的名字，武断地用"乌拉尼娅"来称呼她。但"阿斯特拉德妮"的意思是"连接群星的女人"，最后女孩设法说服校长，让他强迫老师用她的本名称呼她。

欧金尼娅·法基努笔下的阿斯特拉德妮是个天真幼稚、让人毫不设防的诚实叙述者，她讲述的大批贫困农民涌向雅典，激烈抗拒同化的故事，令人满怀同情。书中人说："他们为什么叫我们农民？我们是岛民。"阿斯特拉德妮很好地传达出了这种不公，表达出了这样一个洒脱的女孩的绝望：她被困在无法玩耍的公寓和人们不肯按她本来的名字称呼她的学校里。**CSe**

若非此时，何时？
Se non ora, quando?

普里莫·莱维（Primo Levi）

作者生平：1919年生于意大利，1987年卒
首次出版：1982年，G. Einaudi（都灵）
原著语言：意大利语
英译书名：If Not Now, When?

普里莫·莱维1987年去世时，已经奠定了自己作为大屠杀作家的声誉，这名幸存者见证了奥斯威辛的恐怖。其实他的写作题材远为宽泛（有科幻小说、诗歌、戏剧），但长期以来，他写的其他类型的作品一直受到某种程度的忽视，或许这也是难免的事。

《若非此时，何时？》被形容为莱维最传统的小说，它讲述了一伙犹太游击队员的故事，以及他们在1943年至1945年穿越东欧前往意大利期间，抵抗德军的壮举。莱维说："我描写的事件中，绝大部分确有其事……犹太游击队员抗击德国人，真有这么回事。"莱维继续着他的见证，但这次是以小说的形式：虚构的人物、全知全能的叙述者、对历史时期的重现、风景描写。莱维把它看成是"讲述希望的故事"，尽管它是以大屠杀作为背景的。

实际上，在紧要关头，莱维拒绝讲述死亡和灭绝的故事：人物会消失（"他们顿时被雪幕遮住了身形，从这个故事里消失了"），有些事略过不提（"但诺沃肖尔基修道院的院子里发生的事，在此不会述及"）。

菲利普·罗斯说，与莱维的其他作品相比，这部作品的写作手法缺乏想象力，莱维却为这部作品辩护，说它是对德系犹太文化的记录。"我很看重这一宏伟目标，"他有一次承认，"成为描绘意第绪世界的第一位（或许也是唯一一位）意大利作家。" **VL**

惶然录
Livro do Desassossego

费尔南多·佩索阿（Fernando Pessoa）

作者生平：1888年生于葡萄牙，1935年卒
作者笔名：Bernardo Soares
首次出版：1982年，Ática（里斯本）
英译书名：The Book of Disquiet

　　《惶然录》被呈现为伯纳多·索阿雷斯"不实的自传"，此人是费尔南多·佩索阿在里斯本的一家餐馆结识的一名孤独的助理会计。在由几百篇短文——有的篇目有着《形而上的心灵行之有效的做梦术》这样的标题——组成的碎片化文本中，索阿雷斯思考着艺术、生活、梦境，观察着天气的变化和里斯本市中心的街景，思索着存在的徒劳无益，还推荐了一些度过毫无意义的人生的方法。

　　费尔南多·佩索阿也是著名的现代派诗人，他用"异名"发表诗作——这些异名是些代表不同人格的笔名，每个异名都有杜撰的生平简历和截然不同的写作风格。其中，索阿雷斯是跟作家本人最为相似的。他和佩索阿都觉得自己像是"空空的舞台，形形色色的演员在上面演出各种各样的剧目"。出版成书的内容由许多文字片段组合而成，它们潦草地写在纸片上、信封背面。这些文字片段是人们在佩索阿死后，从一个行李箱里发现的。目前该书有好几种版本，是根据不同的篇目遴选、排序编成的。大体上，读者可以按照自己的意愿通读，自行编排决定这本书的面貌。由于作家的核心立场拒斥"真实生活"和行动，醉心于梦境和感官，因此书中没有多少外部事件发生。但它赞扬了精神生活，其文字是华美有力的格言体，同时也是矛盾悖谬的。**RegG**

修道院纪事
Memorial do Convento

若泽·萨拉马戈（José Saramago）

作者生平：1922年生于葡萄牙，2010年卒于西班牙
首次出版：1982年，Caminho（里斯本）
英译书名：Baltasar and Blimunda
诺贝尔文学奖：1998年

　　许多贴有"魔幻现实主义"标签的小说，在"魔幻"和"现实主义"方面都不够格，但若泽·萨拉马戈的《修道院纪事》成功地营造了一个想象的世界，其中，最狂野不羁的幻想拥有了日常现实的客观性，而真实的历史事件则有童话或噩梦般的夸张的品格。

　　这部小说以18世纪初的葡萄牙为背景。一个君主专制国家无情地剥削着贫困的民众，宗教法庭用恐怖手段压制着民众。巴尔塔萨尔是一名士兵，在战争中失去了一只手。布里蒙达是个有魔力的女人，她那快活、独立的生活与皇室女性备受束缚的生活形成了鲜明的对比。书中对这对情侣活色生香的情爱也作了精妙的刻画。

　　历史上的两大著名建筑项目决定了小说的结构。其一是按国王的命令建造的、巨大的马芙拉修道院——如今是一大旅游景点。萨拉马戈将修道院的建造描述成大规模的压迫，数千名苦力在近乎奴役的状况下劳动。

　　另外一个项目则是耶稣会牧师巴尔托洛梅乌·洛伦索·德古斯芒尝试发明的载人飞行器——这在历史上也确有其事。对每一个重要人物来说，史实终究无可回避。这对情侣注定要被环境所毁灭。但左翼人道主义者萨拉马戈让我们毫不怀疑：即便以失败收场，他们的生活也一直是有价值的。**RegG**

钢琴教师 Die Klavierspielerin

埃尔夫丽德·耶利内克（Elfriede Jelinek）

作者生平：1946年生于奥地利
首次出版：1983年，Rowohlt（.柏林）
英译书名：*The Piano Teacher*
诺贝尔文学奖：2004年

埃尔夫丽德·耶利内克的所有作品，都与她对资本主义和父权制社会的批判、对人的性行为的诠释紧密相关。其散文在描写女性行使男性权利——观淫——时，对观淫癖这一了无生气的性行为，进行了不留情面的探讨。

这部作品以令人不安的痛切笔法，描绘了女性的性行为，女主人公埃里卡·科胡特耽溺于观看这一不可靠的愉悦——她透过小孔观看色情影片，在维也纳普拉特游乐园的草坪上偷窥情侣。耶利内克还把观淫与最极端的异性虐恋体验联系在一起："埃里卡寻求着能够致死的痛楚。"在埃里卡试着与她的学生情人瓦尔特·克雷默尔达成虐恋协议时，耶利内克将女主人公的性欲与她和母亲令人不安的关系，以及一种首先要求女儿臣服的母爱，紧密地联系在一起："她（埃里卡）在向母亲臣服了这么多年之后，永远也无法向一个男人臣服。"

耶利内克对致力于探讨性异态的文学贡献良多，她还让读者直面在女权主义对女性虐恋心理的回应中时常出现的那股焦虑。耶利内克既没有谴责，也没有褒扬埃里卡的欲望，她保持着批判性的目光，甚至连阅读和写作的惯常愉悦也不放过——"我狂轰滥炸，"她这样说过，"好让我笔下的人物待过的地方变成不毛之地。" **VL**

一个人感到被提高了价值，因为另一个人先向我们提出请求。这是爱情的基本前提。

▲ 《钢琴教师》是一部大胆的女性美学和女性话语的宣言书，讲述女钢琴教师如何挣脱社会桎梏，探索自我。

迈克尔·K的生活和时代 The Life and Times of Michael K

J. M. 库切（J. M. Coetzee）

作者生平：1940年生于南非
首次出版：1983年，Secker & Warburg（伦敦）
原著语言：英语
布克奖：1983年

这部小说用南非悠久的田园牧歌式的理想，对维系种族隔离制度的迷思提出疑问。迈克尔·K，一个长着兔唇的非白种人，在南非种族隔离时代的一个不幸的儿童之家长大，后来在开普敦市海角区做园丁，他母亲在那里做帮佣。在母亲生命垂危之际，他想把她送回干旱台地地区的农场，那儿是她出生的地方，但她在半路上就死去了。迈克尔孤身继续上路，把母亲的骨灰撒在了废弃的农场里。他留了下来，种起了南瓜，过上了以种地为生的俭朴生活。与此同时，内战打得正酣。迈克尔被控帮助叛军，被捕后囚禁在苦役营里，他在那儿闹起了绝食。逃跑之后，他回到海角区，过起了流浪生活。

小说的第二部分是拘留营军医写的日记，这名军医记录了自己为了让迈克尔吐露重要内容，而做出的种种努力。但迈克尔形状不佳的嘴巴闭得很严：不怎么吃饭，也很少讲话。迈克尔拒绝成为任何体制的一部分，这份决绝动摇了军医对等级世界怀有的所有坚定信念。

这是一个有关单纯男人的非凡故事。这部小说的丰富性，源于迈克尔向当局和读者摆出的高深莫测的抗拒姿态。J. M. 库切通过回避一切总体性的诠释结构，小心地保持着迈克尔·K不为他人所了解的品性。**ABi**

他是个呆子，甚至是个算不上有趣的呆子。他是个无助的可怜人，获准在……人生的……战场上游荡。

◉ 库切曾说自己是这样一个作家，他描绘的是"从锁链中逃脱，转脸迎向光亮的人"。

水之乡 Waterland

格雷厄姆·斯威夫特（Graham Swift）

作者生平：1949年生于英国
首次出版：1983年，Heinemann（伦敦）
原著语言：英语
卫报小说奖：1983年

叙述者是高中历史教师汤姆·克里克，他的妻子玛丽从当地超市带走了一个孩子，引起轩然大波。这导致克里克的执教生涯行将结束，他回顾了自己的童年和往事，试图弄清事情是如何发展到如此田地的。他回忆起他那少言寡语、让人捉摸不透、有精神障碍、最终自尽身亡的兄长；邻居男孩的死给他带来的负罪感；他和玛丽在十几岁初尝禁果之后，尝试堕胎时面临的危险。他们去找女权威玛莎·克雷，很多人都觉得她是个巫婆，她做了一场类似宗教仪式的可怕法事，令玛丽终生不育，留下了持久的精神创伤。就连克里克的父母的浪漫恋情这一抒情的故事，也未能逃过一桩秘而不宣的罪行及其悲惨结果投下的邪恶阴影。

在克里克对讲故事和历史叙事的安慰效应的认识中，人工填造土地这一隐喻发挥着重要作用。克里克认为，历史并非稳步前进的进步过程，更像是与英国东英吉利低地的水患无休无止、周而复始的斗争。克里克在与一名不依不饶的学生争辩历史的价值时，提出了这样的看法：叙事的价值不在于它能得出多少有利结果，而在于它有多少抵御虚无的力量——它是人对抗绝望的唯一手段。**AF**

拉布拉瓦 La Brava

埃尔默·伦纳德（Elmore Leonard）

作者生平：1925年生于美国，2013年卒
作者全名：Elmore John Leonard, Jr.
首次出版：1983年，Arbor House（纽约）
原著语言：英语

埃尔默·伦纳德对美国都市生活之缺陷的犀利描绘，为他赢得了这样的名声：最敏锐、最滑稽、最棒、最有洞察力的美国作家之一。《拉布拉瓦》无疑是伦纳德最拿手的小说形式的典型范例：有推理，有悬疑，有罪案，有惊悚，有都市故事。

恩特尔·乔·拉布拉瓦是前特勤局特工、摄影师，他的风格，就像伦纳德本人的风格一样，就是没有风格，或者确切地说，他的作品没有那份艺术的矫饰感。拉布拉瓦对琼·肖颇为亲切，后者是一名上了年纪的女电影演员，以其在20世纪50年代扮演的蛇蝎女郎角色而闻名。她跟一个爱笑的南方变态白人里奇·诺布尔斯一起，计划着从她的朋友莫里斯那里骗取六十万美元。而诺布尔斯又爱上了一名古巴裔艳舞女郎康多·雷，她对豹纹内裤的偏爱暴露出诺布尔斯对金钱的贪婪。《拉布拉瓦》讨人喜欢的地方在于伦纳德对人物对白的捕捉聆听，以及让人物彼此产生冲突，切换视角生成悬念的巧妙手法。在一干人物使出浑身解数，左右形势，实现自己的野心的同时，他们的生活也随之失去了控制。尽管这部小说有着自我指涉的致敬（琼·肖拍摄的电影借此渗透到了故事情节里的"现实"中来），伦纳德还是断然回避了后现代的花招。归根结底，这不是一篇论述文学技巧的论文，而是一本绝佳的读物。**AP**

圣诞神曲 Juloratoriet

约兰·通斯特伦（Göran Tunström）

作者生平：1937年生于瑞典，2000年卒
首次出版：1983年，Bonniers（斯德哥尔摩）
原著语言：瑞典语
英译书名：*The Christmas Oratorio*

《圣诞神曲》在瑞典备受瞩目，1996年，由谢尔-奥克·安德松执导、根据本书改编的电影上映后，它变得越发引人注目。它是一位才华横溢的作家精心编制的、包罗万象的戏剧性作品。像他的其他小说，尤其是《贼》（*Tjuven*，1986）一样，约兰·通斯特伦用抒情而简约的文风，探讨了失却的童年、在大家庭中寻找身份等主题。

《圣诞神曲》实际上是横跨三大洲，降临到诺登森一家三代身上的一连串悲剧——通斯特伦把它们编排成了哀悼主题的变奏。一场悲剧事件缓缓扩散的余波影响了所有人的生活。"就像冻结的音乐，需要多年的时间才能融化。"

这件事要追溯到20世纪30年代，核心人物西德纳告诉儿子，自己如何看到母亲瑟尔韦格在一场离奇的事故中，被牛群踩踏至死。此前她一直骑车去一座偏僻的乡下教堂，唱巴赫的《圣诞神曲》。这部分故事情节就像作者的其他作品一样，发生在田园牧歌的韦姆兰省，那里是通斯特伦出生的地方。西德纳的父亲阿龙撇下他，跑到了新西兰（通斯特伦本人在这里住过一段时间），开始了一场新的恋情，但却总是想起过世的妻子，而西德纳最后跟一名年长的女性在一起了。作家对这些凄惨、动人、令人困惑的爱情故事和父子关系作出了优美的描述，他的作品值得更多读者阅读。**JHa**

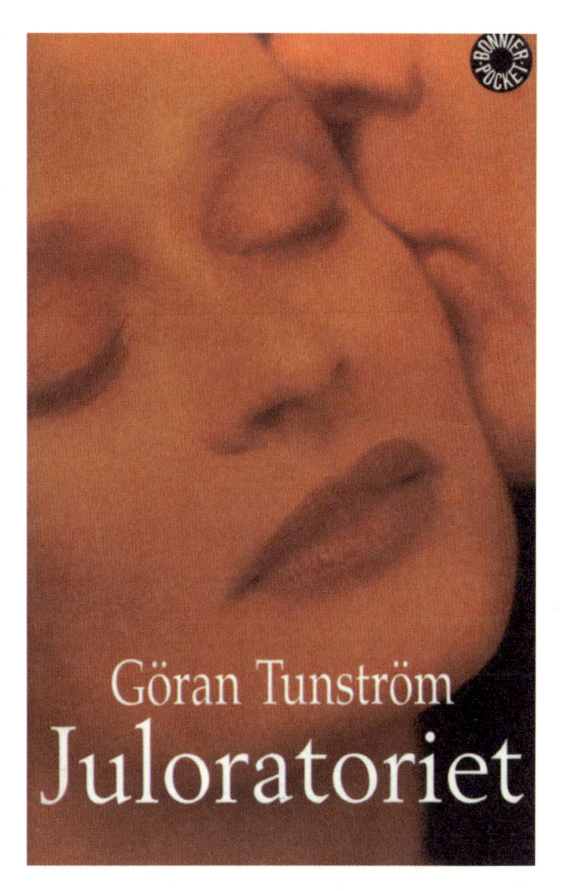

过去的每一个举动，都会催生出一千种其他可能，它们全都向着自己的未来缓缓移行着。

▲ 约兰·通斯特伦的《圣诞神曲》瑞典版封面，它试图暗示读者：这部小说有以下重大主题——爱、失落和回忆。

亚历山德里诺的命运 Fado Alexandrino

安东尼奥·洛博·安图内斯（António Lobo Antunes）

作者生平：1942年生于葡萄牙
首次出版：1983年，Publicações D. Quixote（里斯本）
原著语言：葡萄牙语
耶路撒冷文学奖：2005年

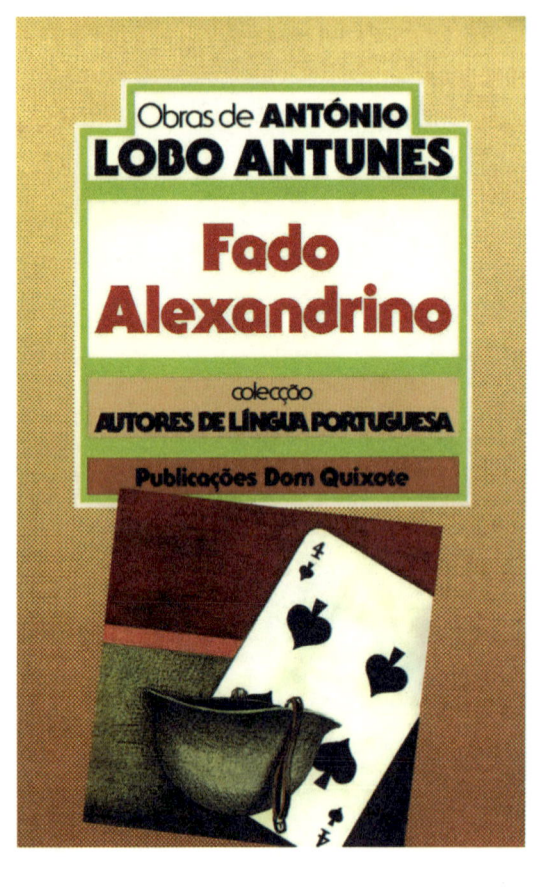

在葡萄牙语中，"fado"既有传统歌曲的意思，又有命运的意思。《亚历山德里诺的命运》由三个部分组成，每个部分包含十二个章节，它用三十六篇文字体现了这个词的双重含义，这些文字与安哥拉在1974年4月25日革命之前、期间和其后的命运有关。

安东尼奥·洛博·安图内斯原本是精神病医生，1971年被派往安哥拉作战。他在那里担任中尉和军医的两年时间里，不但理解了战争的真相，还熟悉了同僚对战争的观感。在他的散文中，战争变成了这样一个过程：尽管它无处不在，却从直接参与者自身和他人的角色中，唤起了一种疏离感。每个人都不断尝试着重新获得在最世俗、最普通的层面上丧失的东西，以此为共同的体验赋予意义。

《亚历山德里诺的命运》无情地描述了一种阳痿的反乌托邦景象——所谓阳痿，既是性爱方面的，又是政治方面的——读者若想了解得更多，就得在情感方面具备一定的敏感度才行。为什么这样说？因为洛博·安图内斯在富有想象力、构筑优美的语言中，带领我们观看了一个国家在世俗层面最意味深长的事，这个国家努力在最重要的一场历史事件发生之前、期间、之后，与自身的身份达成妥协。表面看来，这部小说讲述的是五名昔日的战友共进晚餐，谈论他们在1972年至1982年的职业、社交和个人生活。但在交错的时空中——常常是在一段对话中——洛博·安图内斯编织出复杂的结构，将种族、阶级和金钱问题涵括在内，但最重要的是，他通过叙述个体的生活经历，道出了为战争而努力没有荣耀可言。**ML**

▲ 洛博·安图内斯对葡萄牙的描写，以他对殖民战争和革命剧变的切身体验为基础。

见证人 El entenado

胡安·何塞·赛尔（Juan José Saer）

作者生平：1937年生于阿根廷，2005年卒于法国
首次出版：1983年，Folios（布宜诺斯艾利斯）
原著语言：西班牙语
英译书名：*The Witness*

《见证人》表面上看是一部历史小说，其实是与生命意识有关的存在主义寓言。这是一名普通的、父母双亡的船上侍者的故事，他在16世纪初，从西班牙来到新世界。他和旅伴们刚一抵达，就被印第安人包围了，他是这场奇袭唯一的幸存者。他在食人部落被囚禁了十年，获释之后，他把这段经历当成了生活的核心。这是一则和人与生俱来的陌生性，以及个人对世界所负责任有关的寓言。吃人行为不再是异化的怪诞标志，反而变成了对原住民背负的这一义务的隐喻：他们必须维护世界的平衡。这篇看似真实的报告结尾像是一篇人类学论文，恐怖让位于理解：人的本质是有问题的，只有主观的良知才能为存在赋予意义。

这位无名叙述者的主要责任，就是记住这些印第安人。尽管他们跟他截然不同，但他们很像孤儿时期的他，不知道自己的出身，只能随遇而安，通过切身体验来认识自己。小说结尾处对那场月食的回忆，也象征着这种彻底的蒙昧无知。在客观主义和抒情风格之间达成的平衡，对语言真实性和个人视角之间的自由处理，以及叙事节奏的变换，让这本书成为以崭新的方式处理历史小说这类作品的典范。**DMG**

真实未必是虚构的反面。
——胡安·何塞·赛尔

赛尔被认为是近年来阿根廷最优秀的小说家之一，他生命的最后二十七年是在法国度过的。

比利时的哀愁 Het Verdriet van België

雨果·克劳斯（Hugo Claus）

作者生平：1929年生于比利时，2008年卒
首次出版：1983年，De Bezige Bij（阿姆斯特丹）
原著语言：荷兰语
英译书名：The Sorrow of Belgium

这部既紧张刺激又颇为生动的小说以1939年到1947年反犹的佛兰德斯西部为背景，年轻的路易斯·塞纳伊在这里，在第二次世界大战带来的困顿和道德冲突中度过了童年和青春期。

故事始于修道院学校，路易斯和朋友们结成了一个秘密团体，抵制修女们的严格纪律，他迫切地想要认识和理解这个世界，他的想象力和他的蒙昧竟相满足着这一迫切需求——这个世界有被瓦解的忠诚、战争的谣言，还有迫在眉睫的德军入侵。第一部分《哀愁》用孩子困惑的视角，不同寻常地呈现了无心促成的喜剧。第二部分《比利时》，续写了塞纳伊家族在纳粹占领时期的传奇。朋友和亲戚们与新政权沆瀣一气，路易斯的父母积极地投身其中——他父亲做了宣传材料的出版商，他母亲给一名军官当秘书兼情妇。作为战时纪事，这部华丽而绵密的小说因其古怪的人物和生动的对话，以及对一名艺术家的描绘，而变得与众不同——路易斯出色的创造力使他在该书结尾，成为一名小说家。

雨果·克劳斯是比利时为数不多的单靠成果丰硕的作品维持生计的作家之一，其作品包括诗作、戏剧、电影剧本、短篇小说、长篇小说、随笔、翻译作品和一部歌剧剧本。**ES**

▲《比利时的哀愁》书写了一个人在特定年代的成长与一个国家在特定时代的整体命运。

金钱：绝命书 Money: A Suicide Note

马丁·艾米斯（Martin Amis）

《金钱：绝命书》中空虚的普通人约翰·塞尔夫是马丁·艾米斯塑造的相当富有感染力、令人难忘的人物之一。这部小说以1981年夏天为背景，开篇写到塞尔夫乘飞机去了纽约，逃避国民对皇室婚礼的迷恋，逃避他的失败和狂暴的恋情。他在纽约靠公司赚钱，把钱花在并未带来多少乐趣的毒品、酒精、暴力与性上。

这部小说对里根治下的美国和与之相对应的、撒切尔治下的英国不知餍足但不失正当的贪婪，进行了黑色幽默风格的赞扬。《金钱：绝命书》还请我们认同约翰·塞尔夫，这名主人公一点也不亲切，却让人奇怪地抱有好感。在好莱坞闯出名堂的前景，让塞尔夫放弃了成功的20世纪80年代最典型的产业——广告事业，从英国来到美国，他在小说里满不在乎地挥霍的，正是电影投资人砸到他身上的钱。但读者很快意识到，塞尔夫的失控让他可鄙地自我膨胀起来。随着小说情节的展开，我们意识到，塞尔夫一直是一个极其复杂的企业骗局的受害者，这场骗局最终让他陷入了经济困境。到小说末尾，我们看到，他不但失去了雄心、生计、父亲、朋友，更让人心酸的是，他还失去了那位与他不太般配、愿意补偿他的情人提供的帮助。这部小说最大的讽刺是，他无意间挫败了将他毁掉的那场骗局，但这件事并未给塞尔夫带来多少安慰。那部注定永远不会拍摄的电影，他并未多作参与，不过他为那部电影聘用了一名普普通通的英国小说家——马丁·艾米斯本人——此人重写了滑稽可笑、无法拍摄的剧本，引出了一连串的事件，最终导致了情节的解体。**NM**

作者生平：1949年生于英国，2023年卒于美国
首次出版：1984年，Jonathan Cape（伦敦）
美国首版：1985年，Viking（纽约）
原著语言：英语

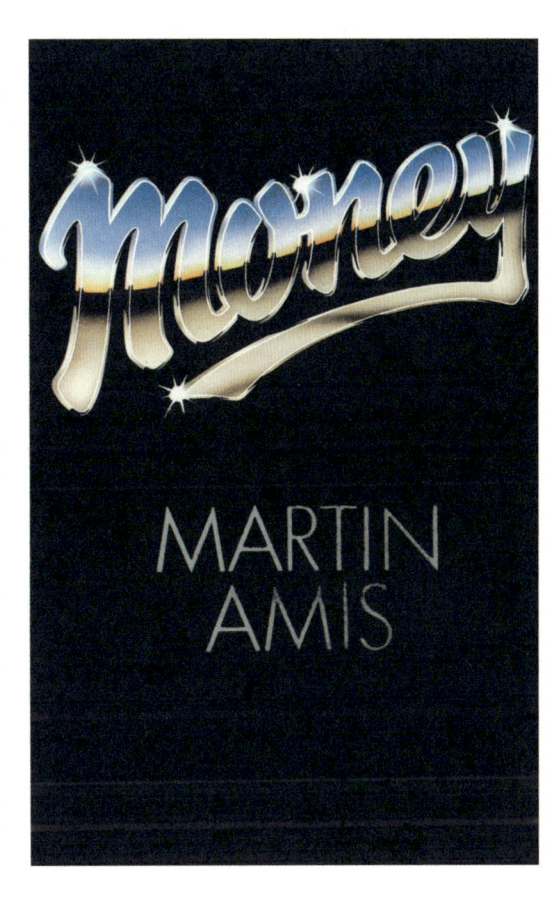

▲ 该书第一版的封面，由蒙·莫汉和迪克·琼斯设计，令人想起20世纪80年代的物质富裕。

福楼拜的鹦鹉 Flaubert's Parrot

朱利安·巴恩斯（Julian Barnes）

作者生平：1946年生于英国
作者笔名：Dan Kavanagh
首次出版：1984年，Jonathan Cape（伦敦）
原著语言：英语

这部小说既好笑又渊博，讲的是低调内敛的激情和文学名声的虚妄。这是一个与爱有关的故事，这里的爱是令人印象深刻的、不求回报的爱，付出爱的是孤独的业余学者，他爱恋的对象是居斯塔夫·福楼拜。这也是一个侦探故事——不过钱德勒的味道淡一些，博尔赫斯的味道更浓一些。

杰弗里·布拉斯韦特为一桩悬而未决的文学疑案感到困惑，在他看来，这是个大问题：那两只鹦鹉标本，究竟哪一只才是福楼拜案头上的《一颗简单的心》中的那只鹦鹉？到最后，依然毫无头绪，这部作品是对学术徒劳无功和专业化分工过细的玄妙谬误的滑稽模仿。它探讨了创造力和批评的性质，以及创作者的性情。美可能是脆弱的：我们是通过详细的剖析毁掉它好，还是让这种魔法保持部分的神秘好？小说的重点并不在于福楼拜（更不在于那只鹦鹉），而在于布拉斯韦特和这样一种危险——一个人与自己的偶像靠得太近，就会与自我靠得太近，让自己感到不适。"所有的艺术都是自传性的。"卢西恩·弗洛伊德宣称，传记艺术也不例外。布拉斯韦特是一个悲剧人物：他对生活麻木不仁，对自己的回忆和感受漠然置之，他的精神如此空虚，以致不能把自己的精力投入另一个人身上，只能投入某种更加安全的东西上。

一个无聊的退休医生痴迷一位死去的法国作家，这一题材似乎写不出多少幽默的内容，然而这部小说充满了诙谐和洞见。书中有丰富的细节，有三篇福楼拜小传（一篇不可信，一篇挑剔，一篇客观），有真有其人的福楼拜专家伊尼德·斯塔基（Enid Starkie）的出场，还有一份戏仿的大学试题。它还包含一些异想天开的素材，如布拉斯韦特戏仿的《庸见词典》。这本书就像迷人的拼图游戏。**GT**

▶ 这部小说进入了1984年布克奖总决选，由此时再往前推算三年，正是作家在诺曼底看到两只鹦鹉标本，开始写作这部小说的时间。

▶ 这幅照片拍摄于1990年。巴恩斯十五岁时，首次读到《包法利夫人》，变成了福楼拜的仰慕者。

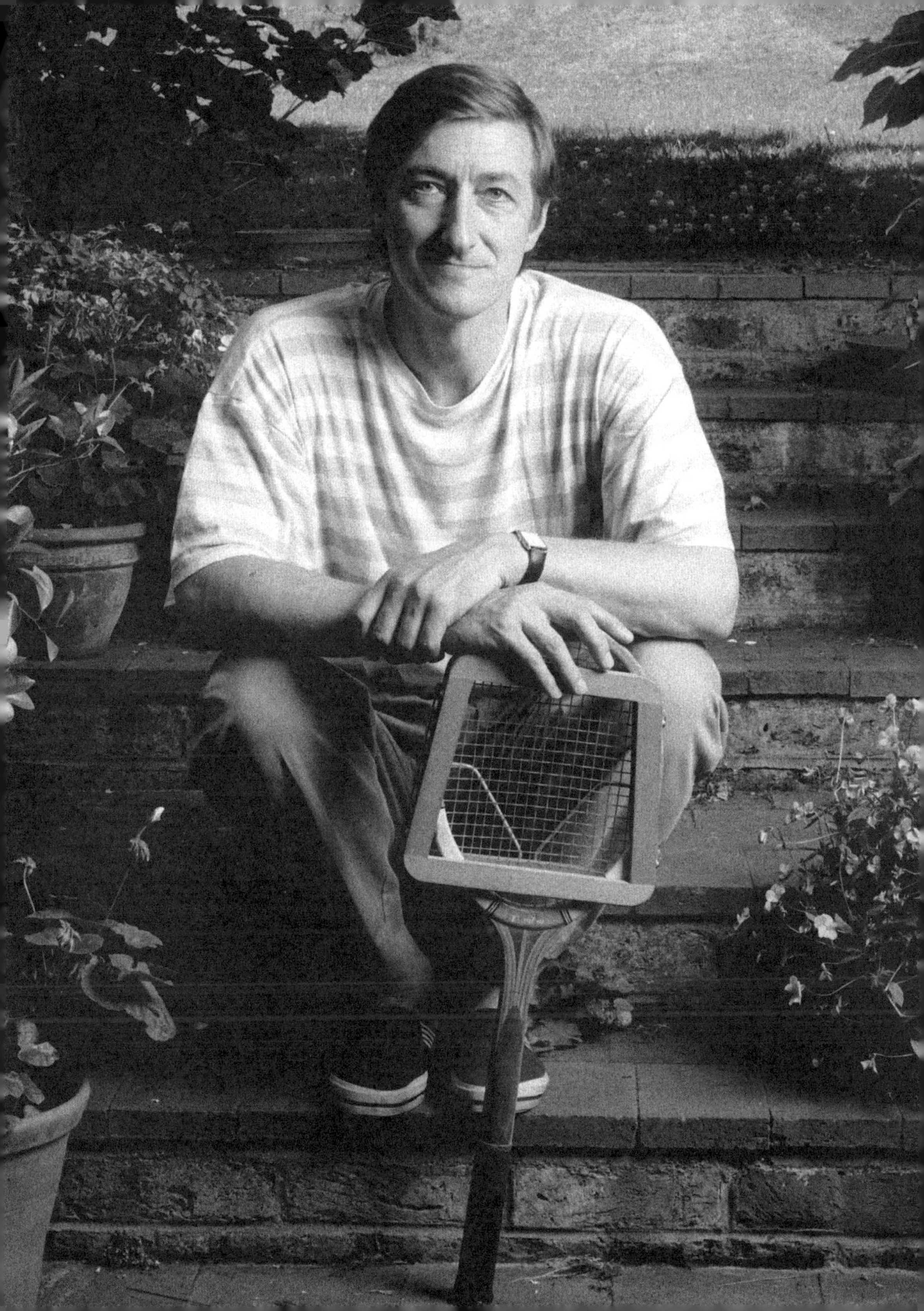

马顿斯教授的起程
Professor Martensi ärasõit

扬·克罗斯（Jaan Kross）

作者生平：1920年生于爱沙尼亚，2007年卒
首次出版：1984年，Eesti Raamat（塔林）
原著语言：爱沙尼亚语
英译书名：Professor Martens' Departure

1907年，国际法教授兼俄国外交官马顿斯从故乡爱沙尼亚的消夏屋出发，回圣彼得堡。一路上，马顿斯的人生轨迹从他的回忆、白日梦，以及他与或真实或虚幻的旅伴的对话中显现出来：他从外省的一名孤儿，成长为一名蜚声国际的名人。他的人生与另一位马顿斯奇特地纠缠在一起，后者是著名律师，德国人，生活的时代差不多要早一个世纪。这是一场由学识、雄心、受损的自尊心所主宰的人生，他在那些始终不肯接纳他的人中间，通过自强自立取得了成功。

扬·克罗斯用不着编造马顿斯性格中的苦闷、受挫的虚荣和耻辱感，或者他对自己荣获"诺贝尔和平奖"作何反应——这些都可以在马顿斯的日记中找到。但正是克罗斯构想出，让马顿斯在人生末路，与妻子达成想象中的"诚实契约"，他长期不懈地反省自己的虚荣和自负——还让我们看到，自知之明并未带来丝毫不同；虚荣心、野心和理想的妥协可以并存，甚至可以让一个人看透自己的自欺欺人。正是这种洞察力，赋予了这本书普世的吸引力。**DG**

高中暴行录
Blood and Guts in High School

凯西·阿克（Kathy Acker）

作者生平：1947年生于美国，1997年卒于墨西哥
首次出版：1984年，Grove Press（纽约）
英国首版：Pan Books（伦敦）
原著语言：英语

凯西·阿克的《高中暴行录》以新的方式，演绎了常见的青少年走向成熟的小说。故事叙述了珍妮（一名厌学的美国少女，兼职工作让她感到厌烦，她还招惹过警察）混乱不堪的生活，并结合了对亵渎神灵的情节、惹人憎恶的行为和超现实的场景的描写。故事的开场是平淡乏味的家庭日常对话，珍妮和父亲像两个成年人一样讨论着一段性关系的失败和随之而来的过错与责任。读者无法判定珍妮的年龄，无法区分什么是对性别政治所作的隐喻式评论，什么是对乱伦所作的真实的、令人心烦的常态化描述。整本书所披露的生活经历是何等的令人不安，由此可见一斑。

随着小说情节的展开，对珍妮生活的描写变得越发荒谬、可怕和好笑。在她放浪不羁和随后被人奴役的故事中，加入了手绘插画：画的是她的梦境、作业、对基础阿拉伯语所作的孩子气的译文。这种任性而又不无争议的文本，是对这一预设前提的冒犯：文本应当做到整洁、完整和某种程度的纯粹。尽管如此，阿克还是用一个年轻姑娘的性爱活力和无政府主义，与令人窒息的父权制秩序相抗衡，用漫画的方式对这种秩序进行了描绘。**NM**

幼虫：仲夏夜的嘈杂声
Larva: Babel de una noche de San Juan

胡立安·里奥斯（Julián Ríos）

作者生平：1941年生于西班牙
首次出版：1984年，Libres del Mall（巴塞罗那）
原著语言：西班牙语
英译书名：*Larva: Midsummer Night's Babel*

受法国结构主义和反正统文化运动启发而开展的20世纪70年代新先锋派运动，所结出的最丰硕的果实，就是《幼虫》这部小说，同时这项运动也在这部小说中臻于极限。小说里有一场迷乱、晦涩的语言庆典，只有少数读者才能享受个中乐趣。这种失真的效果既影响了文字内容，也影响了文本的页面布局，以致读者透过多种语言的文字游戏和接连不断的邪典典故组成的一团乱麻，看不出多少故事情节来。

胡立安·里奥斯参照的样板是詹姆斯·乔伊斯的《芬尼根的守灵夜》（见本书第411页），就像那部小说一样，基本的技巧就是将一个或几个单词与另一个单词捏合到一起，通常会带来诙谐的效果：叙述者阁下（Herr Narrator）就成了"ventrilocuelo"——这个词由"ventriloquist"（腹语师）变造而成，主人公米拉里阿斯和巴韦利在伦敦的一个仲夏夜"escrivirven"（这个词的意思是"写和经历"）了醉意十足的色情冒险活动。除了狂欢式的变形和错杂交织的文字，层出不穷的隐晦含义和塞万提斯式的叙述人交替轮换，必须提及的还有文本的奇特划分——偶数页是对事实冷嘲热讽、含混不清的叙述；奇数页是对偶数页的注释和解说，最后还有《枕边记事》，是巴韦利对米拉里阿斯的故事所作的评论。这部作品是对科塔萨尔的《跳房子》中的结构革新的致敬。**DRM**

马戏团之夜
Nights at the Circus

安吉拉·卡特（Angela Carter）

作者生平：1940年生于英国，1992年卒
作者教名：Angela Olive Stalker
首次出版：1984年，Chatto & Windus（伦敦）
原著语言：英语

安吉拉·卡特笔下令人目眩的女空中飞人——生有翅膀、强壮而迷人的飞飞，不受地心引力和性意识形态的影响，在这部探索异常的性别界限和地理界限的小说里，处于备受瞩目的核心位置。故事中的远行分为三个部分：先是从伦敦到圣彼得堡，最后来到了西伯利亚的广阔天地，我们与记者杰克·华尔斯一路同行，他给纵情狂欢的马戏团成员的命运投下了阴影。作为评论者，他既善于活跃气氛，又善于冷嘲热讽。

这部小说洋溢着滑稽剧的奔放热情，充满了各种声音、方言和故事，有如狂欢，卡特以敏锐的判断力，通过这些内容，对这场永不停歇的化装舞会的真实性进行了探讨。每天晚上，马戏艺人们不修边幅地登台亮相，对他们被迫呈现的外在自我感到厌倦。卡特将某种程度的理性和微妙的缄默带到了叙事当中，从而使她发挥出了魔幻现实主义自我戏仿的活力。但她在描述自我转变时，描绘飞飞"硬是从一个女人转变成一种理念"这一不平坦的旅程时，并未放弃实用性原则。卡特的作品孜孜不倦地反抗着作品类型的一致性，它们邀请我们享受不设防的安详愉悦，这种愉悦摇摆于共谋和超脱之间，同时又一再打破我们的先入之见。**DJ**

神经漫游者 Neuromancer

威廉·吉布森（William Gibson）

作者生平：1948年生于美国
首次出版：1984年，Ace Books（纽约）
原著语言：英语
电子游戏：1988年

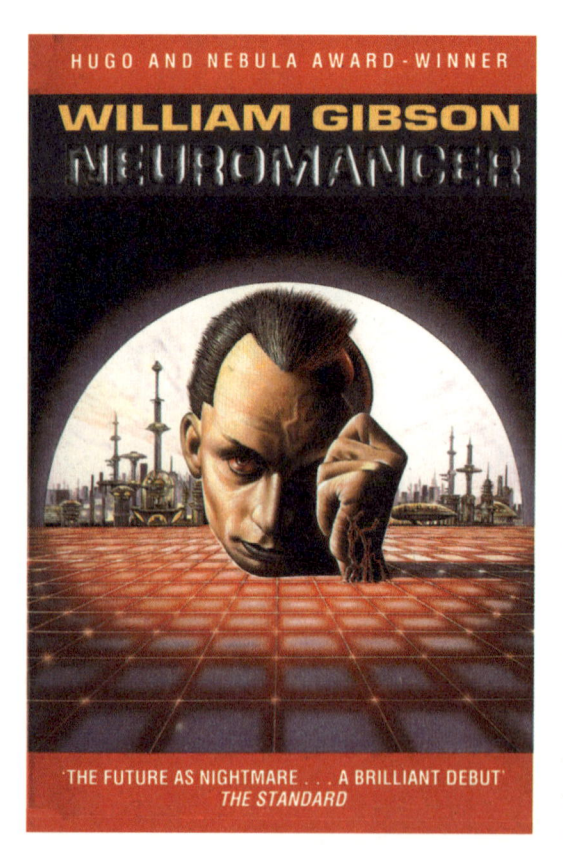

《神经漫游者》是一部里程碑式的作品，不光是在科幻小说这一类型中是这样，在当代社会的整体想象之中也同样如此。威廉·吉布森以非凡的先见之明，发明出了"赛博空间"这一基本概念（以三维形式呈现的计算机数据，用户借助这些数据进行沟通、完成事务，从事诸多可疑活动），又过了好多年，互联网和其他虚拟技术才融入日常生活。这本书给一代科技爱好者带来了鼓励。

故事情节围绕着"计算机牛仔"凯斯展开——他通过"接入"虚拟世界窃取数据，直至一名被他欺骗的客户将他的神经系统严重破坏为止。无法接驳"平台"的他，在日本千叶市的不法地带，靠冒险勉强维持生计。不过神秘的阿米蒂奇给了凯斯东山再起的机会。直到最后那个令人振奋的结局，这名商人的动机也是暧昧不明的。吉布森创造了一个有着电视微光和光纤冲击的世界，细节丰赡，一切都是用一种有趣的、时而令人摸不着头脑的行话俚语来叙述的。这个世界由技术高手、瘾君子、古怪的亚文化、身体经过外科手术强化的刺客，以及邪恶的"超大型企业"组成——它与我们这个世界的某些部分越来越相似。《神经漫游者》是一部经得起时间考验的作品，因为它将最优秀的惊险小说中的节奏和紧迫感，与奥威尔或赫胥黎的视野、创造才能和知性的严峻结合在了一起。也许，最引人入胜和令人不安之处在于，吉布森拒绝在虚拟的和有机体的生活——在人与电子人、程序与现实——之间，进行一目了然的道德划分。**SamT**

⌃ 第一部赛博朋克小说，在全世界售出逾六百五十万册，赢得了三项科幻小说大奖。

⌄ 这张照片拍摄于1991年，威廉·吉布森正步行穿过纽约唐人街，他对计算机从来就没有特殊的好感。

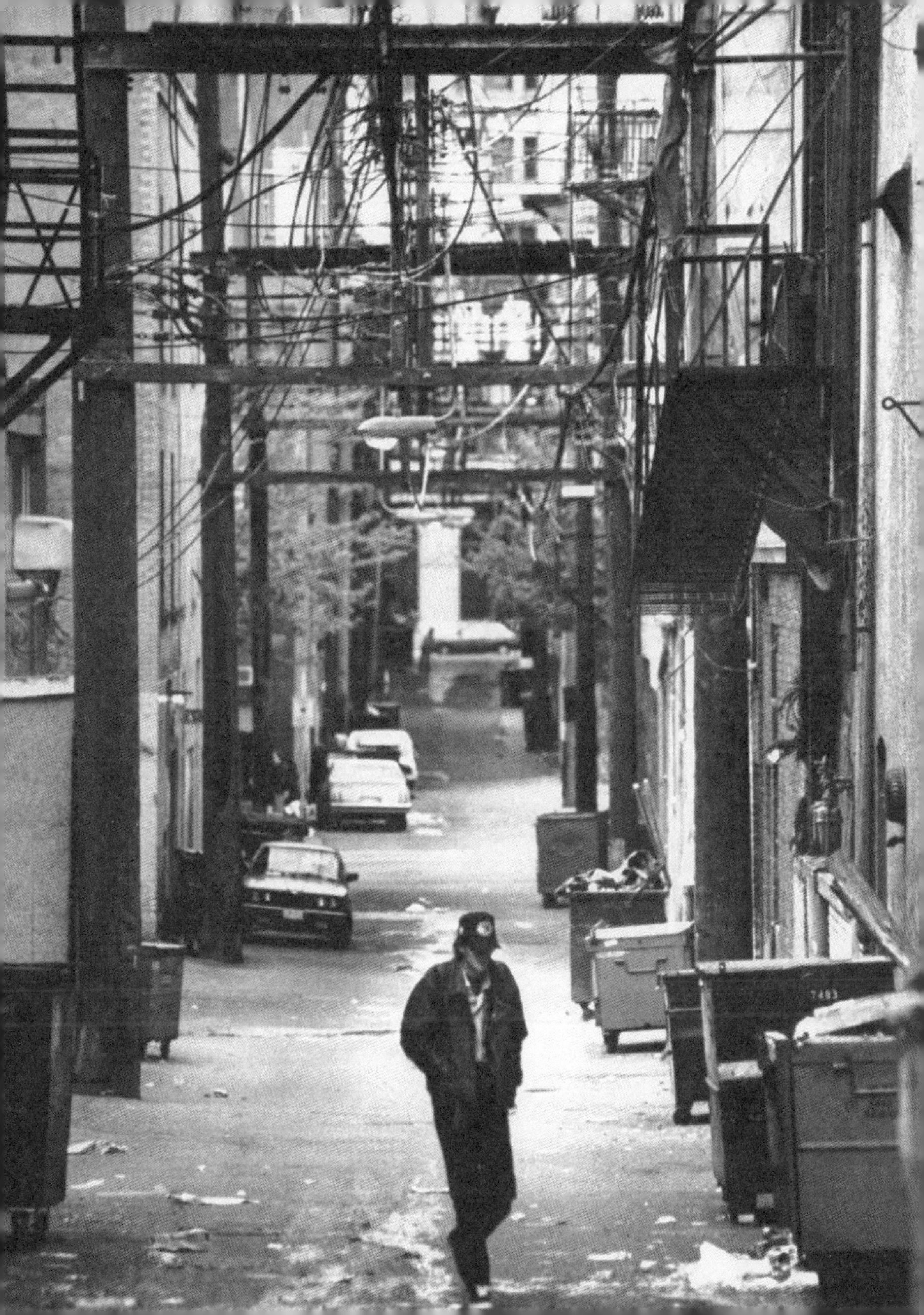
7483

捕蜂器 The Wasp Factory

伊恩·班克斯（Iain Banks）

作者生平：1954年生于英国，2013年卒
作者全名：Iain Menzies Banks
首次出版：1984年，Macmillan（伦敦）
原著语言：英语

就像伊恩·班克斯的许多小说一样，《捕蜂器》的冲击力在很大程度上来源于结局的出人意料和内容的夸张性。这是一个讲述动物和人遭到残忍对待的故事。

叙述者弗兰克·考尔德黑姆斯（Frank Cauldhames，"冰冷的家"——这个名字不失为恰当的隐喻）把时间用在举办奇特的仪式上：蓄意杀死动物，莫名地害死自己的弟弟妹妹和表亲。弗兰克似乎是被家里的狗咬掉了阳具，这一点一直令他深感不安，他的生活体现出一种怪诞的、经过夸张渲染的男子汉气概。弗兰克把自己幻想成完美无瑕的人，一个高大、黝黑、瘦削的猎人；他鄙视女人，回避性爱，但孩子气地沉迷于他朋友杰米发明的少年人喝酒和撒尿的游戏。弗兰克的父亲是个古怪的自由论者，他在弗兰克出生时，没有去做出生登记，对弗兰克的所作所为几乎不闻不问。直到小说结尾，读者才意识到，弗兰克和他的同父异母兄长埃里克，都是他们的父亲进行非人的残酷实验的产物。这一令人惊讶的内情，是在小说的不祥结局中披露出来的：发疯的埃里克回了家，把羊群点燃，赶了出来。

作为一个整体，这部小说根据一系列展现男子汉气概的陈词滥调——体液的潜能；人对万物的优势，这一点在对动物施加的暴虐中得到了体现；还有动物尸体的图腾效用——编造出一种富有深度的神话。尽管有些想法偶尔失之夸张，但《捕蜂器》的真正价值，在于班克斯既美妙又引人入胜的文字水准和风格。他对弗兰克的性格刻画和描写所展现出来的技巧，既癫狂又寻常得令人信服。**LC**

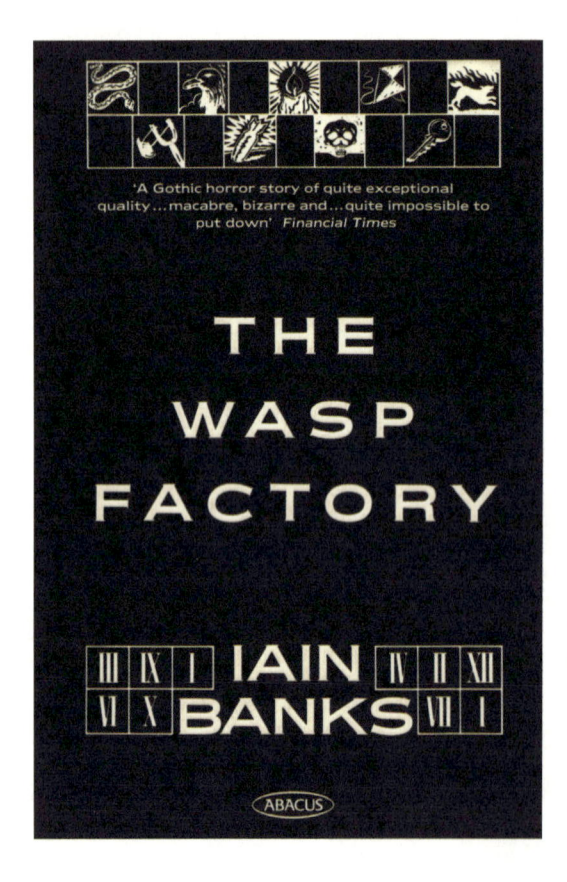

▲ 撒切尔的政策给英国社会带来的破坏性影响遍布于这部具有高度政治性的小说之中。

▶ 2001年，苏格兰阿伯丁市举办的一场展览请求伊恩·班克斯展示一下自己，他提交了这幅自画像。

744 | 20世纪

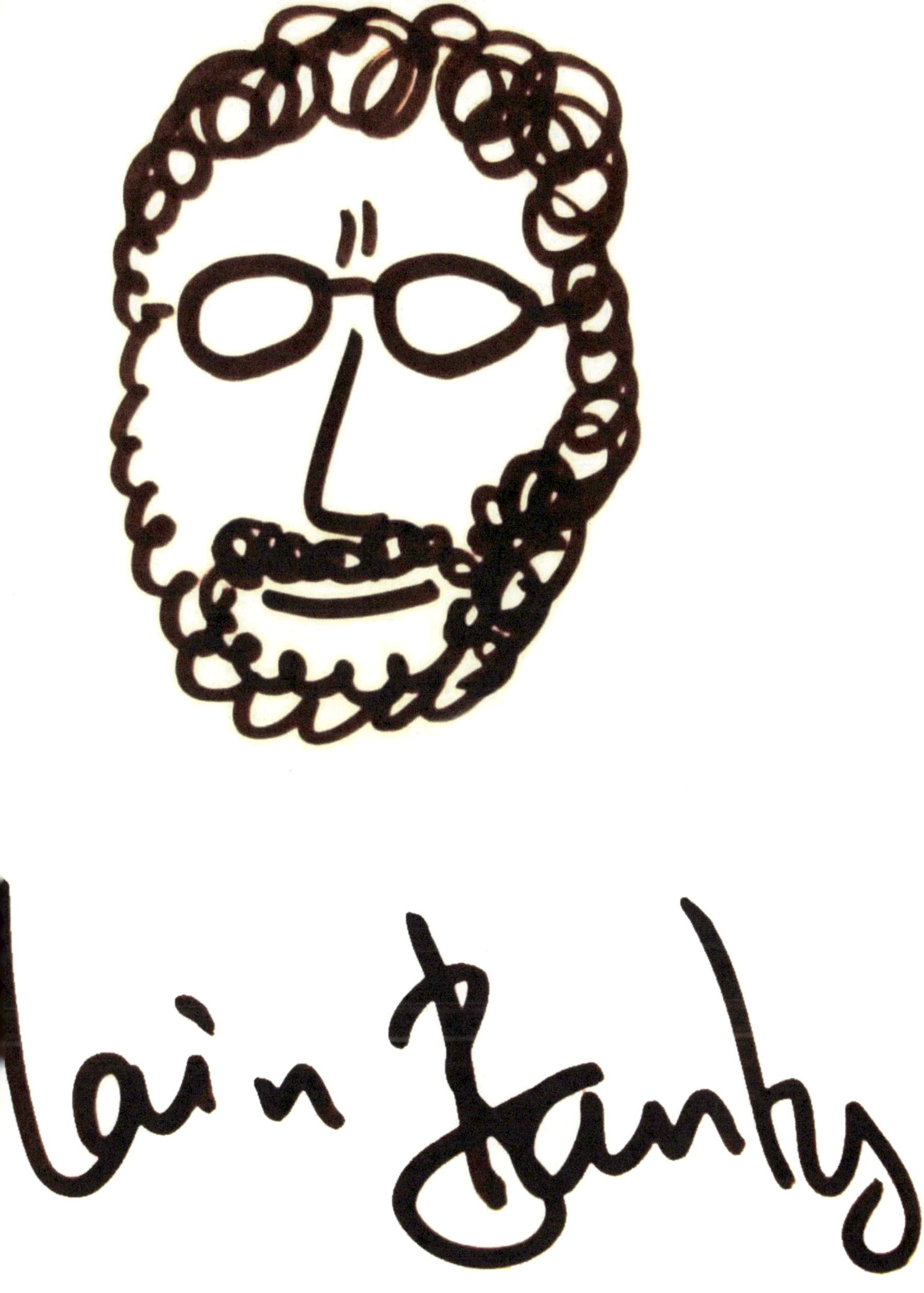
Iain Banks

民主 Democracy

琼·狄迪恩（Joan Didion）

作者生平：1934年生于美国，2021年卒
首次出版：1984年，Simon & Schuster（纽约）
原著语言：英语

《民主》以太平洋的一次核武器试验为开篇，以美国从越南撤军为结局。在地缘政治的两极之间，上演的是伊内兹·维克多个人的故事，她是有望当选总统的哈里·维克多之妻。伊内兹背负着政治声誉的光环，要面对的是父亲痛苦的指责和后来的残忍倾向、女儿吸食海洛因这一中产阶级恶习，以及自己与中情局特工杰克·洛维特的私情。

这些事都是通过零敲碎打的叙述披露出来的，这部小说可以作为夸张新闻这一亚类来读。风格化的重复通过揭示这部小说可能的发展轨道，拓展了故事情节。琼·狄迪恩以讽刺的态度，描述了在文学课讲堂上，有可能会如何讨论这部小说的风格，还给出了创作的建议。这些不同的现实碎片，在再现不光彩的幕后政治伎俩所使用的语汇时，常常最具感染力，这种语汇模糊了公开人格和私下人格之间的界限，伊内兹用这样的语汇，来回顾她的多重生活。尽管不乏隐秘的游戏感，但狄迪恩还是通过对伊内兹的塑造，为这部小说的核心注入了温情。作为一名与加害人串通一气的受害人，她宣称，要过公共生活，受损最为严重的，就是"记忆"。

《民主》是一部毫不含糊的实验小说，狄迪恩通过对不同文学类型和文学技法的混用，对她的创作和美国竞选政治的内幕，都作了富有魅力的深入省察。**DTu**

情人 L'Amant

玛格丽特·杜拉斯（Marguerite Duras）

作者生平：1914年生于越南，1996年卒于法国
首次出版：1984年，Éditions de Minuit（巴黎）
英译书名：*The Lover*
龚古尔奖：1984年

这部貌似自传体的小说，以20世纪30年代法国殖民地越南的沙沥镇为背景，详细讲述了十五岁的法国姑娘海伦·拉戈奈尔与比她大十二岁的富有的中国男人之间的恋情。为这场禁忌性关系充当背景的，是她那不稳定、悒郁不快的家庭生活。海伦与忧郁的母亲和两个兄长生活在一起，大哥的毒瘾和赌瘾导致家境贫困。他对她的虐待，以及他从她母亲那里继承来的、以虐待她为乐这一令人不安的乐趣，赋予了小说一种阴郁的氛围，而这种氛围或许又被叙述者长大成人之后的叙述口吻淡化了。尽管她的家人不赞成这场异族之恋，但他们还是从中得到了金钱方面的好处，而他们与她的情人之间尴尬的会面，凸显了法国殖民政府和他们在身份地位、文化背景方面的差异导致的紧张关系。海伦对性爱的陈规提出了挑战，挑起了这样一场风流韵事，她是能将肉欲与情感分离开来的性伙伴，尽管她还只是一个孩子，手里也没什么钱，但在这场风流韵事中，最终占据上风的还是她。

第一人称和第三人称的相互转换，闪回的运用，以及印象派的、碎片化的风格，让杜拉斯的文笔带有强烈的影像感，她也深受20世纪50年代法国新小说派的影响。1993年，这部小说被拍成了电影，由让-雅克·阿诺执导。**JW**

里卡尔多·雷耶斯离世那年 O ano da morte de Ricardo Reis

若泽·萨拉马戈（José Saramago）

作者生平：1922年生于葡萄牙，2010年卒于西班牙
首次出版：1984年，Editorial Caminho（里斯本）
原著语言：葡萄牙语
英译书名：The Year of the Death of Ricardo Reis

里卡尔多·雷耶斯是著名葡萄牙诗人费尔南多·佩索阿（1888—1935）采用的一个异名，佩索阿把这个异名用在了诗集《里卡尔多·雷耶斯的诗》（Odes de Ricardo Reis，1946）里。在若泽·萨拉马戈的小说中，雷耶斯这位医生、未曾发表过作品的诗人，在滞留巴西多年之后回到了里斯本。佩索阿辞世的次年，雷耶斯遇到了佩索阿的亡灵，他们就大大小小的问题，谈了很多。

萨拉马戈以法西斯在欧洲的崛起和萨拉查的暴政在葡萄牙的崛起为背景，技艺娴熟地运用各种文学手法，考察了种种问题。其中最重要的是身份的问题：里卡尔多·雷耶斯究竟是什么人，他跟佩索阿是什么关系？小说先是温和地暗示，最后令人难以抗拒地表明：雷耶斯的君主制、社会保守主义和斯多葛哲学信仰，跟萨拉查的成功崛起之间，仅有一线之隔。

尽管主题颇为沉重，但这仍然是一部可读性很强的小说。叙事的口吻是亲密的，像聊天一般。故事情节含有传统的元素：雷耶斯跟宾馆女服务生之间的风流韵事，以及他对可因布拉的一名女贵族的爱。这部小说的不少内容，是在里斯本街头漫步时发生的，这赋予了它葡萄牙的《尤利西斯》（见本书第291页）般的风味。就像乔伊斯的杰作一样，读者对这部内容广博的小说投入的精力越多，它的内容就越丰富。**ABi**

Lisboa、Lisbon、Lisbonne、Lissabon（里斯本），它有四种不同的叫法……这样一来，孩子们就会知道他们先前并不知道的东西，而这东西又是他们早已知道的：它就是乌有……

▲ 萨拉马戈的这张照片是霍斯特·塔佩在1998年拍摄的。同年，萨拉马戈获得诺贝尔文学奖。

20世纪 | 747

太阳帝国
Empire of the Sun

J. G. 巴拉德（J. G. Ballard）

作者生平：1930年生于中国，2009年卒于英国
首次出版：1984年，V. Gollancz（伦敦）
原著语言：英语
改编电影：1987年

  在近五十年的创作生涯中，J. G. 巴拉德发表了许多科幻小说和描写未来的小说。但他通过《太阳帝国》，对一个看似截然不同的话题进行了探讨——即"二战"期间，年幼的他被囚禁在日控集中营的经历。这个故事详细描述了上海落入日本占领军手中的过程，主人公吉姆的被俘，还有他为了在龙华集中营生存下去，而采取的种种复杂手段。尽管多数内容是从吉姆的视角叙述的，但也有些可怕的时刻，我们看到了吉姆在其他集中营囚犯眼中的样子，意识到了他心中的疯狂。这本书至此达到了高潮：第一颗原子弹掉落在日本时，照得天光大亮，后来吉姆逃走了。

  这本书的一大长处在于，我们被拉到与吉姆的内心十分贴近的可怕位置，这个男孩长期处于恶劣的环境当中，被迫提前成熟起来。或许正因为他年纪小，所以他比别人更加乐观，但囚禁的经历无疑也给他带来了精神创伤，对此我们确定不疑。这本书的许多主题——突如其来的核爆、飞行员孤寂的生与死、严重损毁的尸体——在巴拉德的作品中一直出现。《太阳帝国》这部别具一格的成功之作，也是理解巴拉德其他小说作品关注对象的一把钥匙。**DP**

巴士售票员海因斯
The Busconductor Hines

詹姆斯·凯尔曼（James Kelman）

作者生平：1946年生于英国
首次出版：1984年，Polygon（爱丁堡）
原著语言：英语

  詹姆斯·凯尔曼的第一部长篇小说《巴士售票员海因斯》是由他的一篇短篇小说——起初，他正是靠短篇赢得了声誉——扩写而成的，这是他最有趣、最讨人喜欢的作品。书名中的主人公罗伯特·海因斯是个巴士售票员，他的生活濒临崩溃。这部小说松散的故事情节，是通过成语和口语饶有新意的混用来叙述的，细腻地反映出格拉斯哥人的语言特色，同时在以海因斯为核心的第一人称叙事和第三人称描写之间转换自如。它有一种标志性的固定风格，那就是在词语中间引入强调的字眼，比如"营养他妈的不良"（malnufuckingtrition）、"广他妈告"（exploifuckingtation）或"英国工业杂种联合会"（C. B. bastarn I.）。

  海因斯的生活被家庭琐事所包围：拮据的家庭生活、麻烦不断的工作、偶尔冒出来的白日梦，这些白日梦呈现出的，是与他的现实处境相符的知性想象，而没有丝毫民粹派意识形态。海因斯很快就摒弃了合乎资本主义常识的典型策略，他对自己可能过上的种种生活，抱着怀疑的态度，作了一番诙谐的审视。尤其值得注意的是，这部小说没有提到传媒界和所谓的通俗文化。书里的确提到了花费在看电视上的时间，不过电视似乎只是一件家具而已，看电视也只是一种浑浑噩噩的精神状态。公交系统的工作者一定会特别喜欢这部小说。**DM**

哈扎尔辞典
Хазарски речник, Hazarski rečnik

米洛拉德·帕维奇（Милорад Павић）

作者生平：	1929年生于南斯拉夫，2009年卒
首次出版：	1984年，Prosveta（贝尔格莱德）
原著语言：	塞尔维亚–克罗地亚语
英译书名：	*Dictionary of the Khazars*

　　《哈扎尔辞典》部分是百科全书，部分是智力谜题，部分是解构（或对解构的戏仿），部分是神话，部分是大杂烩，它不是一部遵循开头、中间、末尾这一常规的传统小说。除了种种奇异之处，这本书在印行时，还有阴本和阳本之分，两者只有十七行文字有所不同。作家本人鼓励读者撇开时间顺序，按自己的心意理解这部作品。

　　这部非叙事作品的内容是何等的丰富，简直难以言表，不过勉强可以说，这部作品是有故事情节的。这段情节讲的是：三名当代学者试图探明一部辞典剩余副本的下落，其余副本则在宗教审判期间被人毁掉了。这部辞典由截然不同但相互交织、交叉指涉的三种版本组成，它们分别是基督徒、穆斯林和犹太教徒对湮灭已久的哈扎尔人的命运所作的不同阐释。哈扎尔人是曾在巴尔干地区生活的一个土耳其民族，在有关这个民族的记录中，提到了所谓的大辩论。

　　不过给这本书带来阅读乐趣的，是辞典的那些词条本身。享受稀奇古怪的构思、富有创造力的意象、超现实的复杂性，以及对语言富有想象力的运用带来的愉悦吧！没有谁能说米洛拉德·帕维奇不够慷慨。**ES**

不论是谁打开这本书，很快都会目瞪口呆……

▲ 这是哈米什·汉密尔顿出版社出版的该书封面，它以丽塔·米尔鲍尔设计的原版封面为底本。

20世纪 | 749

不能承受的生命之轻 Nesnesitelná lehkost bytí

米兰·昆德拉（Milan Kundera）

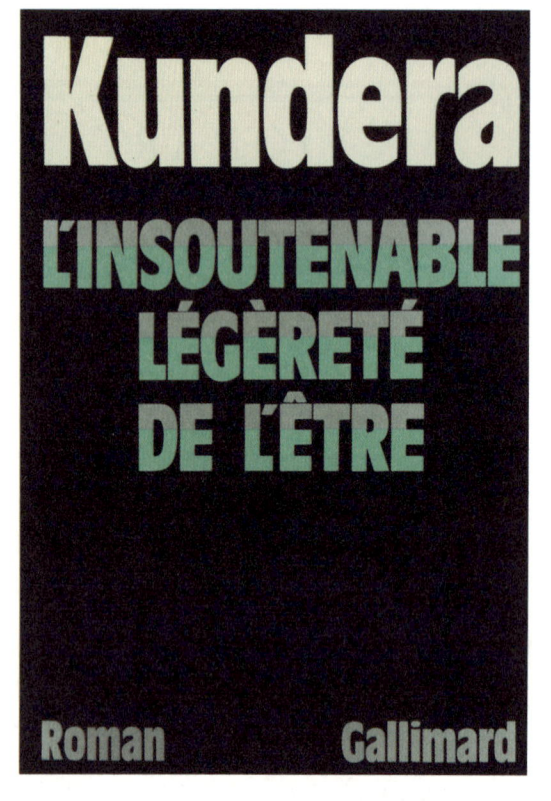

作者生平：1929年生于捷克斯洛伐克，2023年卒于法国
首次出版：1984年，Gallimard（巴黎）
原著语言：捷克语
英译书名：The Unbearable Lightness of Being

这是一部与捷克斯洛伐克的流亡和迫害有关的小说，作者对其颇为了解。这部小说对"轻"这一特质——在这种情境下，一切都无关紧要——和构成尼采永劫回归这一理念的"重"，进行了思考。

时值1968年这一危险的年份，地点是布拉格。托马斯是个热切接受"轻"的外科医生。他愿意摆脱一切沉重，回避标签和理念。萨宾娜是"轻"的典型体现，她是个艺术家，像托马斯一样，信奉无拘无束的自由主义。特蕾莎象征着"重"。她从偏狭的生活中逃了出来，相信托马斯的浪漫理念。她的爱情是一种束缚——算不上糟糕，只是颇为沉重。她还抱有热忱的政治理念，而托马斯则不受任何理念束缚。随着他们的生活发生碰撞，"轻"的可行性受到了质疑。我们对自己，对他人，究竟抱有何种责任？

当苏联的坦克隆隆驶入，将布拉格之春完全粉碎时，托马斯和特蕾莎逃到了瑞士。但特蕾莎决定回去，让托马斯自行决定去留。他接受了"重"，跟着她回到了令人不安的状况之中，既不愿被共产党人利用，也不愿被反对派利用。让人难以忍受的是，每次我们只能作出一种选择，得到一种可能的结果，我们永远也不知道，如果选择了其他选项，会有何种后果。这部小说的政治性，不如对个人自由至上的强调来得突出，它是对个人苦乐参半的赞颂，这种赞颂既迫切，又必不可少。**GT**

> 如果永劫回归是最沉重的负担，那么我们的生活就能以其全部辉煌的轻松来与之抗衡。可是，沉重便真的悲惨，而轻松便真的辉煌吗？

▲ 昆德拉最负盛名的这部小说表达出了他的这一意图：他不愿再与祖国的政治问题有什么瓜葛。这是法文版封面。

传奇 Legend
大卫·盖梅尔（David Gemmell）

作者生平：1948年生于英国，2006年卒
首次出版：1984年，Century（伦敦）
美国版书名：*Against the Horde*
原著语言：英语

    大卫·盖梅尔笔下的传奇人物——年迈的卓斯代表着奇幻文学中的权威人物之一。盖梅尔的这部作品以一个垂暮之人作为主人公，既是对一位盛年已过的武士所作的研究，又是充满活力的幻想故事。尽管故事情节或许一望即知，但交替轮换的视角和复杂的分述——在这个故事中，卓斯的形象在很大程度上，是由决定追随卓斯，与他并肩进行最后一战的众人确立的——使它成为一部卓尔不群的经典奇幻文学作品。

    盖梅尔的"德若莱的故事"系列的第一部《传奇》，始终体现出前辈作家的影响，罗伯特·霍华德和埃德加·华莱士的风格清晰可见，但它也是一部富有20世纪80年代风味的小说，在叙述事件时，总是尽可能采用更为现实的口吻。这部作品是用极简的文字进行小说叙事的典范。卓斯是个时常态度冷淡的人，但他始终英勇无畏，他的人情味给人以深深的共鸣。卓斯细致展现了这样一种复杂性：他成为一名武士，是环境使然，而非意志的决断。与此同时，他毕生遵循的、不言而喻的法则，令他成为一个常常体现出家长风范的强者，担当起了"不情愿的英雄"这一传统角色，他的英雄身份并非他刻意追求的结果。总之，《传奇》不是凭借无法解释的英勇壮举，而是通过凸显英雄平凡的一面，给这类作品带来了让人耳目一新的视角。**EMcCS**

年轻人 Der junge Mann
博托·施特劳斯（Botho Strauß）

作者生平：1944年生于德国
首次出版：1984年，Hanser Verlag（慕尼黑）
原著语言：德语
英译书名：*The Young Man*

    在历史和科技的重压下丧失人性，是博托·施特劳斯的小说中经常出现的主题。这位敏感的社会保守派，对他所目睹的德国文化趋势深感不满，对新德国的生活方式殊无兴趣。因此，这部作品标题中的那个离开剧院、从事写作的年轻人莱昂·普拉赫特，是个耽于沉思默想的人，他对社会整体和他理应亲近的人，都抱持疏离的态度。普拉赫特麻木不仁地经历了一连串的邂逅，他邂逅的对象清醒过来之后，发现时代的法则总是在改变，而他们变成了欲望畸变的受害者，或是他们那被压抑的历史的旁观者。

    这部小说在文体方面有种非凡的敏锐，还体现出了先锋派的野心，被同时看作一部教育小说、寓言小说和幻想爱情故事。主人公是人群中的一名窥探者，他对日常生活和幻想成分的精确观察，因其与日俱增的超脱而变得越发引人注目。他的思考和反应，对当代社会和力求在其中（其外）寻找位置的个人，作出了引人入胜的描绘。《年轻人》被公认为德国为数不多的后现代小说之一，施特劳斯在这部作品中，揭示了背负科技和历史重担的社会隐匿的真相和潜在的不幸。**LB**

爱药 Love Medicine

路易丝·厄德里克（Louise Erdrich）

作者生平：1954年生于美国
首次出版：1984年，Holt, Rinehart and Winston
原著语言：英语
美国书评人协会奖：1984年

路易丝·厄德里克笔下的这个错综复杂的故事，发生在南达科他州的一块保留地内部和外围，跨越了五十载光阴。故事始于20世纪30年代，当时齐佩瓦族深受长年的高失业率和贫困之苦，竭力维持着他们的社会和文化习俗。这部小说讲述的是两大家族成员的生活，一直讲到了20世纪80年代。小说描绘了人物之间纠缠难解的复杂生活，包括婚姻、不忠、强大的血缘纽带，以及面对艰难困境而产生并几乎同样持久的非同寻常的结盟。

尽管《爱药》被视为描写同一群人物的短篇小说集，但这样看的话，就误解了它的本质属性——作为元小说叙事，它把叙事本身当作结构和主题。在厄德里克对独特而强有力的多种声音的细腻呈现中，她参考了一种富有活力的口头文化，让读者对再现的政治给予关注。

厄德里克并未直接批判美国原住民与联邦政府之间的紧张关系，而是用多种叙述声音，对塑造齐佩瓦人经历的二元文化的种种影响，给出了多重观点。她对天主教信仰赋予的身份作了特别的探讨，对白人修女和原住民天主教徒的经历作了对比，巧妙地凸显了两者对自己的信仰所作的不同投入。**JW**

白噪音 White Noise

唐·德里罗（Don DeLillo）

作者生平：1936年生于美国
首次出版：1985年，Viking Press（纽约）
原著语言：英语
美国国家图书奖：1985年

在唐·德里罗的这部里程碑式作品中，（后）现代美国消费文化强有力地从中流贯而过，犹如致命的高血糖血液。这本书描绘了一个细节极其丰富，被大众传媒彻底覆盖的世界。在这个世界里，人的皮肤有种"我愿意称作肉色的颜色"，电视机是一名家庭成员，人会在睡梦中虔诚地低语"丰田赛利卡"。然而书中的人物并不是容易被体制糊弄的傻瓜；他们是对体制进行分析的专业人士。故事背景是中西部的一座大学城，主要人物是"山上学院"希特勒研究专业的教授杰克·格拉德尼、与他是同事的妻子芭贝特，还有他们在之前的婚姻（就像电视剧《布莱迪一家》里的婚姻一样）里生下的孩子。正如德里罗指出的，对于现代文化，孩子们比大人更明白，更适应，也更加不抱希望。例如，十四岁的海因里希通过邮件，跟一个关在监狱里的杀人狂下棋。

这部小说的不少篇幅是从杰克的视角叙述的，写的是家庭生活，它细致描写了片段化的信息和对话，其写法既疏离，又让人感到安心。我们并不清楚，德里罗是否认定，人有能力从最没有希望的素材中，创造出有意义的亲密关系，以及德里罗是否为"真实性"的全然丧失感到痛惜。《白噪音》向超真实注入了诙谐和温情，但它也写到了一重更为险恶的现实，后一种现实闯入了本书的后半部分，它就像一片阴影，再多的购物和闲聊也无法将它抹去。**DH**

男人的一半是女人

张贤亮

作者生平：1936年生于中国，2014年卒
首次出版：1985年，中国文联出版公司（北京）
原著语言：汉语
英译书名：*Half of Man Is Woman*

　　《男人的一半是女人》在很大程度上是一部自传体小说，也是20世纪80年代在中国之外，既赢得评论界关注，又获得商业成功的少数中国小说之一。这部小说继前作《绿化树》之后，继续讲述了被囚禁的知识分子章永璘的故事。

　　像作者本人一样，主人公是1955年"反右"运动的受害者，被囚禁在劳改农场里。章永璘被派去看守稻田，一天，他在那里看到女子劳改农场的一名年轻狱友在稻田里沐浴。他躲在堤坝上的芦苇后面，紧盯着那个女人的胴体。八年后，他在一家国营农场工作，两人再度相逢。他们结婚了，但在新婚之夜，章永璘发现自己经过多年的压抑，已经阳痿。他对自己的性无能深感苦恼，眼看着妻子跟公社书记走到了一起。在一场洪灾来袭时，他单枪匹马堵住了堤坝的窟窿，因其勇敢表现获得了表彰。在妻子向他重新表白爱意之后，他恢复了雄风。

　　本书发表于20世纪80年代中期，当时政治气候已经趋于缓和。主人公与哲人、神话人物甚至动物的对话，表现出某些拉美作家的魔幻现实主义的影响，也表明了作家们重新接续中华文明源头的愿望。**FG**

活下去的理由 Reasons to Live

埃米·亨普尔（Amy Hempel）

作者生平：1951年生于美国
首次出版：1985年，Knopf（纽约）
原著语言：英语

　　在这部短篇集里，悲剧发生在幕后。一如在生活中，悲剧很少是致命的，生活还要继续下去。这些小说讲的都是继续过活，讲的都是恩慈。在《纳什维尔化成了灰》里，一个寡妇在当兽医的丈夫过世后，照料着不少宠物，包括她丈夫心爱的萨路基犬——就是埃及神庙里画的那种狗——的骨灰，这只狗本应取个埃及名字。窝里最好的狗原本名叫孟菲斯，但他们弄错了，管它叫纳什维尔。叙述者被日常生活的细节所包围，她睡在丈夫床上，这样一来，她看到的那张空床就是她自己的了。

　　在《今晚是给霍利帮忙》里，叙述者在等待相亲对象出现。相亲还没开始，这部短篇就结束了，因为它讲的其实是叙述者和她的朋友霍利之间脆弱的情感联系，她们漫无目的地游荡在洛杉矶海滩地区这个阳光明媚的灵薄狱里，在这儿，"你不再往下沉，不代表你已经不在水里了"。

　　这些短篇写的都是这样的人：他们用自己了解的琐碎方式应付着困境，他们让自己忙于温情而荒唐的生活琐事。正如一个人物所说："我们付出我们能够付出的，我们的心只能做到这一步。"这些短篇细致描绘了由琐事组成的复杂烟幕，而掩盖在烟幕之下的，是我们一旦知晓，便会将我们吞噬的悲伤洪流。它们就像水的表面张力一样脆弱，如此迷人而又如此诙谐，读者几乎注意不到强烈的悲伤。**GT**

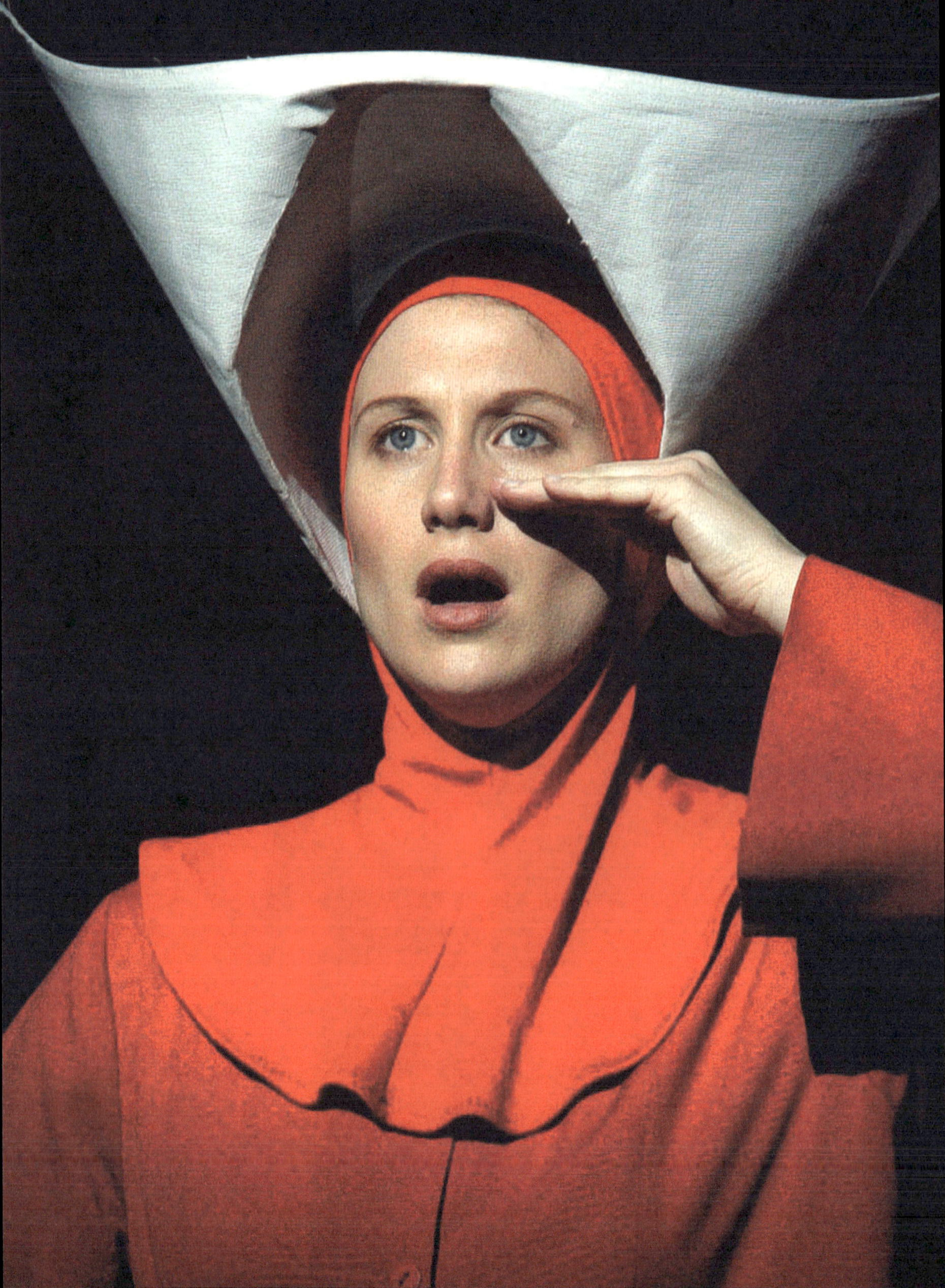

使女的故事 The Handmaid's Tale

玛格丽特·阿特伍德（Margaret Atwood）

在《使女的故事》中，阿特伍德创造出一个错位的未来，那时人口十分稀少，女性被贬低到仅能行使生育能力的地步。父权制社会制度呈现出新的极端形象：这套制度借保护之名，行压迫之实，通过宣示物主身份和物化描述的语言，滥施暴力。在这个噩梦般的社会里，不允许女性工作和持有钱财，她们还被划分为几种不同的阶层：贞洁、没有子嗣的夫人；操持家务的马大；生儿育女的使女，后者要把生下的孩子交给夫人。故事主人公奥芙弗雷德（Offred，英文"of Fred"意为"弗雷德的"）——起这样的名字，是为了表明她的主人是谁——讲述了她的生活现状，在提及自己的身体时，她总是使用不带感情色彩的口吻，如今这副躯体只是用来繁育后代的一件器具而已。与之相对的，则是对她往昔生活的动人回顾：对逝去的家人所怀抱的世俗之爱。

阿特伍德以未来的马萨诸塞州坎布里奇市为背景，在一定程度上受新英格兰的清教徒美国社区启发，阿特伍德把一片为人熟知的地方的习俗和建筑，变成了一个名为"基列"的共和国。阿特伍德的散文生动得令人心寒，她将从前的那种肉体的愉悦全部简化成了机械的反应，从而彰显了欲望的价值。她透过想象出来的世界，表明性压迫远不如这一做法来得极端——将性欲从渴望的肉体中全然抹杀；这一做法跟性暴力一样粗暴。阿特伍德在描述肉体的直接需要，与我们无视欲望、展望更为宏伟的政治目标的能力之间永恒的矛盾时，对权力在使女的情感困境中所能呈现的不同形式，作了技艺娴熟的处理。**AC**

作者生平：1939年生于加拿大
首次出版：1985年，McClelland & Stewart（多伦多）
原著语言：英语
加拿大总督奖：1986年

- 封面上的那些女人所穿的，是阿特伍德虚构的极权社会逼迫使女们穿着的制式服装。
- 斯蒂芬妮·马歇尔在波尔·鲁德改编的戏剧中，扮演奥芙弗雷德一角，该剧于2003年在英国国家歌剧院上映。

霍克斯默 Hawksmoor

彼得·阿克罗伊德（Peter Ackroyd）

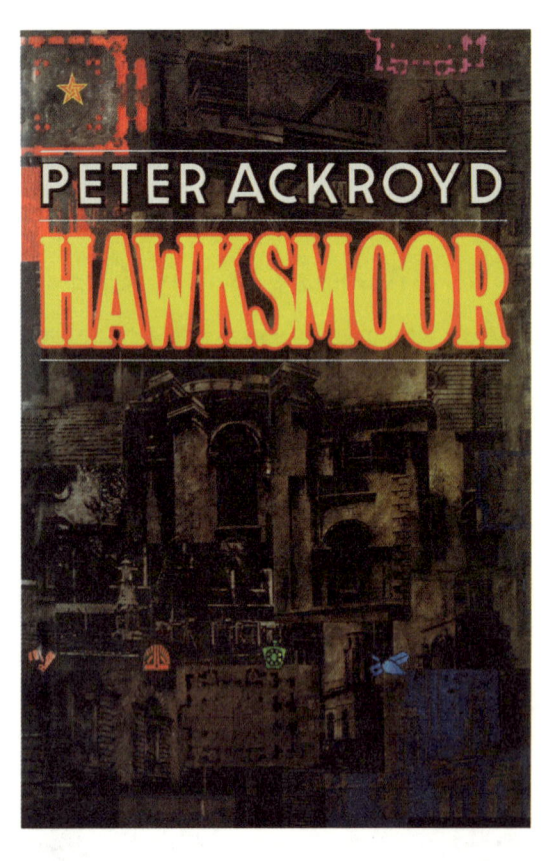

作者生平：1949年生于英国
首次出版：1985年，Hamish Hamilton（伦敦）
原著语言：英语
惠特布莱德文学奖：1985年

彼得·阿克罗伊德作为小说家的突破性作品《霍克斯默》以两个不同时代——18世纪初和20世纪末——的伦敦为背景。这部侦探小说有意颠覆读者对侦探或历史小说的清晰认识。

在20世纪的故事里，人们从散布于城市周边的七座教堂中，发现了流浪汉和男童的尸体，探员尼古拉斯·霍克斯默受命前往调查这一系列谋杀案。在现实中，尼古拉斯·霍克斯默是18世纪的一名建筑师，他设计了伦敦的六座教堂。而在小说世界里，这些伦敦教堂的建筑师被命名为尼古拉斯·戴尔。阿克罗伊德在《霍克斯默》中取得的一大成就，就是他在重现历史时代时采用的类似腹语的技巧。他叙述了这些建筑的设计和建造，以及戴尔实施的系列谋杀行为，我们从中得知，戴尔在设计教堂时，悄悄采用了玄秘的图案和基调。

本书并未将历史描绘成直线发展的，而是呈现出历史十分立体的一面。在两个小说人物的叙述中，时间和历史事件被拉拢到一起；每一章都对前一章的结语加以重复，用这样的方式连接成整体。的确，重复对这部小说至关重要，反过来，重复又将这部小说推向了最为精彩独特的结局之一。**VC-R**

> 那咱们开始吧。当这座建筑在你眼前渐渐成形时，你要把它的整体结构始终牢记在心里。

霍克斯默深入研究伦敦的历史，阿克罗伊德将在他的《伦敦传》中进一步探讨这一主题。

香水 Das Parfum

帕特里克·聚斯金德（Patrick Süskind）

作者生平：	1949年生于德国
首次出版：	1985年，Diogenes（苏黎世）
原著语言：	德语
英译书名：	Perfume: The Story of a Murderer

　　帕特里克·聚斯金德的这部小说，以18世纪的法国为背景，讲述了让-巴蒂斯特·格雷诺耶的故事，他生来就有超常的嗅觉，自身却没有任何体味。《香水》的独特风格在于对气味的强调，书里的每一个场景都透过格雷诺耶的鼻子，以及层次分明的复杂嗅觉细节，作了细致的描述。聚斯金德用细腻的笔调，描绘了一系列常见物品的气味（比如木头散发的种种浓淡不一的香气），以及18世纪香水业对气味的加工手法。

　　这部作品原本有可能沦为噱头之作，而对人物心理的密切关注，使它免于沦落到如此地步。格雷诺耶这个名副其实的变态，确信灵敏的嗅觉让自己变得超凡脱俗。在他向痴迷的事情屈服之前，他把自己幻想成任性的人类统治者，将最精妙的香味赐予大众。但在一个由气味组成的世界里，格雷诺耶为自己没有气味而倍感困扰，因为这一点仿佛是在向他暗示：尽管他能分辨出一切事物的本质，他本人却不具备任何本质。格雷诺耶决心为自己制造一种气味，他开始行凶杀人，采集最美妙的人类体香——那些"成熟的"年轻女子的体香。可即便是最美妙的芳香，也只能是在这个芬芳馥郁的世界中，将他与生俱来的无味和必然的无足轻重掩盖起来而已。**LC**

血色子午线 Blood Meridian

科马克·麦卡锡（Cormac McCarthy）

作者生平：	1933年生于美国，2023年卒
首次出版：	1985年，Random House（纽约）
完整书名：	Blood Meridian, or the Evening Redness in the West

　　"看看这个孩子。"叙述者在《血色子午线》的开头命令道。书里对这个人物没有多作交代，只说他是"孩子"，先是对他稍加关注，随后写到1846年美墨战争之后的一趟穿越得克萨斯州和墨西哥的旅程。这孩子的旅程是一场冒险之旅，后来被超乎想象的暴力所扼制——这种暴力无法无天，不以任何特定的种族为对象，对白人、原住民、墨西哥人和北美人一视同仁。

　　科马克·麦卡锡为写这部小说，学习了西班牙语，以帮助自己构思与这孩子共事的、在沙漠的地平线上神出鬼没的那帮没有道德感的剥头皮猎手之间肮脏的交易。这部小说的各个章节都有题头简介，就像从前的旅行文学，会对发生的系列事件介绍一二。但《血色子午线》很快就不只是一部普通的历史小说了。麦卡锡的成就在于其行文，他的文字一直被拿来与梅尔维尔和福克纳的作品中近乎《圣经》的风格相提并论。麦卡锡在《血色子午线》中，推出了一个恶魔化身般的人物——无名的、恶毒的法官。此人的智慧和邪恶都无可限量，有如堕落的拉尔夫·沃尔多·爱默生，他冷静地道出一连串的格言警句，比如："你内心的欲望会知晓一桩神秘的事，这桩神秘的事就是没有什么神秘可言。"说这话时，他手里还拿着"某种长存不死的畜生"的大腿骨。颇为不祥的是，法官这个人物是无法消灭的，这个邪恶的提醒者总会让人想起美国天定命运叙事的反面。**MPB**

接触 Contact

卡尔·萨根（Carl Sagan）

作者生平：1934年生于美国，1996年卒
首次出版：1985年，Simon & Schuster（纽约）
原著语言：英语
轨迹奖：1986年

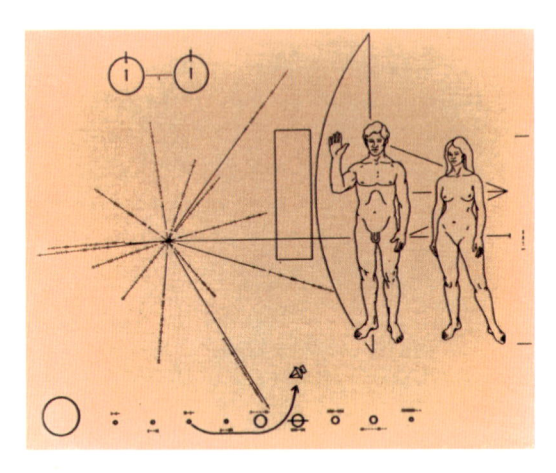

执迷于搜寻外星智慧生命（外星智慧生命寻觅计划）的天文学家卡尔·萨根，是20世纪名气最大、最受欢迎的科学家之一，专家同人们对他的敬重与他的公众威望不相上下。萨根是寻找外星生命活动的一位有力支持者，他给美国国家航空航天局（NASA）航天器的外壳设计了一块特殊的铭牌。上面记载着供太阳系之外的航天器观看的宇宙讯息，任何有可能发现它的外星智慧生命，都能理解个中含义。他和弗兰克·德雷克也是头一批使用射电望远镜，寻觅邻近星系有意发出的信号的科学家。据他估计，我们的星系里有不下一百万种文明。

大获成功的小说《接触》，在萨根去世一年之后，被改编成了电影，它是萨根尝试小说创作写出的最著名的作品，这部作品把科学原理带入了主流娱乐。理所当然的是，其首要主题正是与外星生命的接触。主人公——宇航员埃莉·阿罗威，探测到附近某个星球上发来的信号，其内容是由前二百六十一个质数组成的重复数列，据她推测，发出信号的一定是某种智慧文明。结果，收到的讯息要比预想的复杂得多；其中包含着一份制造高级太空旅行器的设计图。对于是否应该制造这台设备，宗教激进主义者们、科学家们、政客们意见不一，最后，成立了一个跨国小组，来进行这场星际旅行。在整个故事中，萨根让复杂的数学与虚构的内容交织在一起，通过故事情节中的难题，暗示出作家对宗教、灵性、人性和社会意识的意义所持的深刻怀疑态度。**EF**

你说得没错，科幻小说嘛，是挺疯狂……想不想听一件真正疯狂的事？我听说有两个家伙想要制造一样东西，那东西叫飞机……

▲ 萨根为"先锋号"太空探测器设计的铭牌，旨在让任何外星智慧生命都能理解它的含义。

▶ 1972年，萨根展示着他设计的太空探测器铭牌，这一设计也未能免除那个时代的男性至上主义——男性主动，女性被动。

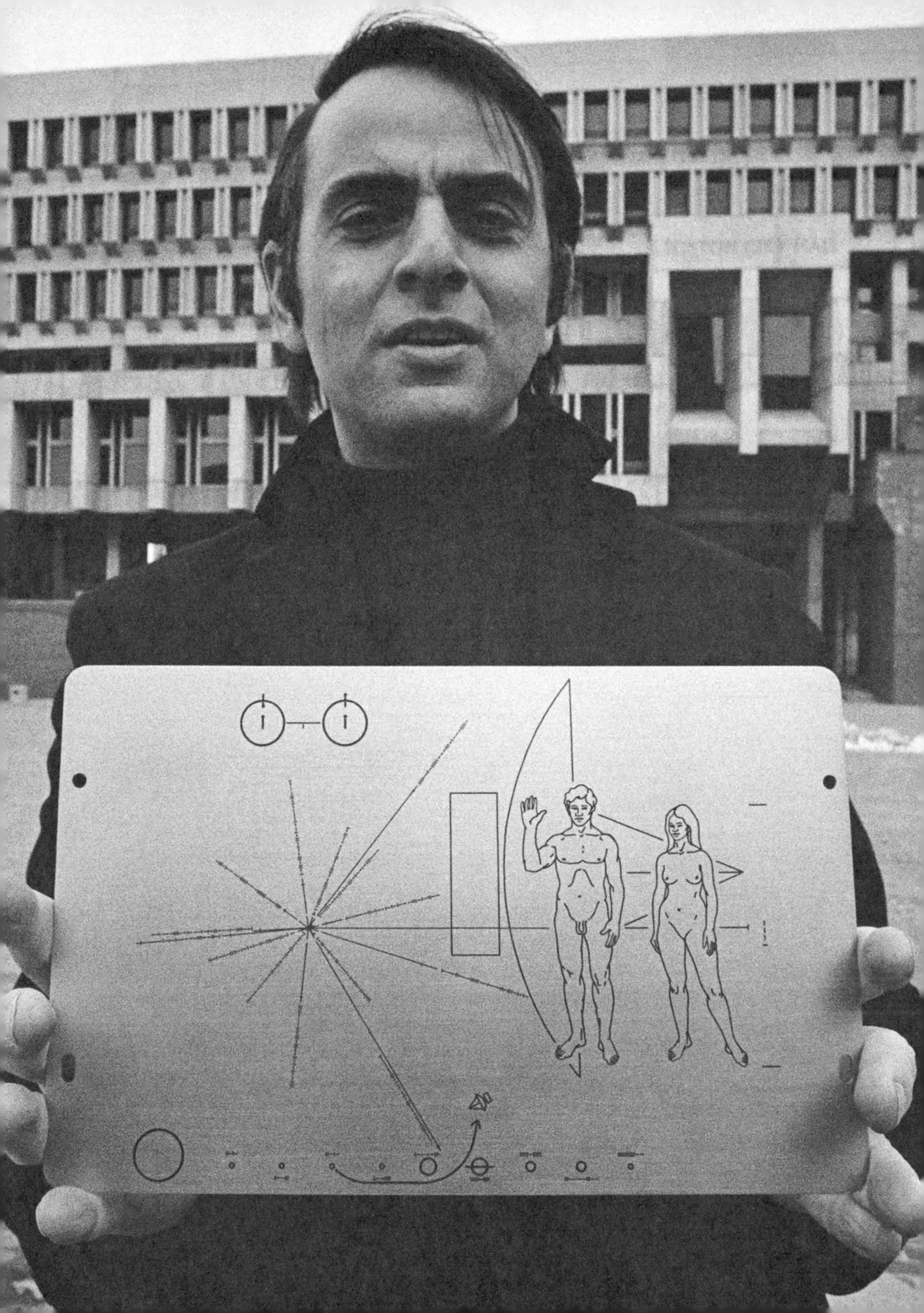

西蒙和橡树 Simon och ekarna

玛丽安娜·弗雷德里克松（Marianne Fredriksson）

作者生平：1927年生于瑞典，2007年卒
首次出版：1985年，Wahlström & Widstrand
原著语言：瑞典语
英译书名：*Simon and the Oaks*

　　故事开始时，西蒙·拉松已经十一岁了，他出生后三天，母亲就把他送人了。他有一半犹太血统，父亲身份不明，把他带大的是卡琳和埃里克·拉松，他们一起生活在瑞典的工人阶级家庭中。当时，欧洲正面临着战争的威胁，他跟伊萨克交上了朋友，后者是个犹太男孩，是被躲避纳粹的父亲带到瑞典来的。伊萨克开始回想他那伤痛的过去，西蒙把他从深深的沮丧中拯救了出来。西蒙和伊萨克常常躲到橡树丛里；只有在那儿，他们才能消化掉他们的愤懑和忧虑。西蒙发现卡琳和埃里克并非自己的生身父母，而是他的姨妈和姨父，读者看到，他在这一天长大了，不再只是个孩子。

　　弗雷德里克松笔下的人物有着非凡的深度，他们体验着悖谬的感受：与善行相伴的内疚、有人陪伴的孤独，和难于寻找的简单答案。在这本书里，她将母子关系作为核心主题，对他们的情感动因和行为动因作了分析。她的看法趋近于精神分析和宗教信仰，但与神明无涉；她揭示出了隐藏在普通人的生活和拼搏之中的神秘。

　　玛丽安娜·弗雷德里克松是一名成功的记者和主编，五十三岁时完成了她的文学处女作，成为瑞典最受欢迎的作家之一。其作品凭借现实主义风格和精细的笔触，赢得了比斯特林堡的作品更高的知名度，已被翻译成五十种语言。**TSe**

苹果酒屋的规则 The Cider House Rules

约翰·欧文（John Irving）

作者生平：1942年生于美国
首次出版：1985年，W. Morrow（纽约）
原著语言：英语
改编电影：1999年

　　《苹果酒屋的规则》是欧文政治性最强的小说之一，探讨了堕胎、瘾癖、种族歧视和抛弃婴儿等争议性话题。

　　20世纪20年代，威尔伯·拉奇医生经营着缅因州圣克劳兹孤儿院，他无儿无女，吸乙醚成瘾。拉奇医生多年目睹婴儿被人丢弃，做母亲的在陋巷接受堕胎手术而送命，于是在孤儿院里开了一家不合法但安全有保障的堕胎诊所。荷马·威尔斯就是孤儿中的一员，他是个聪明而又有上进心的孩子，因为说不清道不明的原因，一直没有人家收留他，收养家庭几次三番地把他送回孤儿院。

　　拉奇意识到，也许荷马一生都会留在孤儿院里，于是决定把他培养成自己的接班人，在圣克劳兹孤儿院做不法堕胎手术医生。

　　但荷马不认同堕胎，他决定跟一对年轻夫妇走，从此一去不回。因为荷马既不愿意继承拉奇医生的衣钵，又不愿意回圣克劳兹孤儿院，拉奇医生只得妥协。与此同时，荷马的生活也因为爱情和"二战"的干扰，变得复杂起来。这部小说写到了那个时代的种族歧视问题，书名源于荷马贴在苹果酒屋里的一张清单（译注：此处有误，清单并非荷马所贴）。清单上所列事项，旨在维持秩序，确保前来采摘苹果的黑人流动劳工的人身安全，但荷马并不知道工人们讨厌这些规则。我们与荷马都体会到：苹果酒屋的真正规则，还有人生的真正规则，从未被人们写下来。**EF**

安妮·约翰 Annie John

牙买加·琴凯德（Jamaica Kincaid）

作者生平：1949年生于安提瓜和巴布达
作者教名：Elaine Cynthia Potter Richardson
首次出版：1985年，New American Library（纽约）
原著语言：英语

　　《安妮·约翰》充满青春期的活力与矛盾，是个讲述青少年走向成熟的故事，故事背景是美妙的加勒比海岛——安提瓜岛。安妮聪慧机灵，有着不知餍足的好奇心，她对海滨小社区里邻居们的活动很感兴趣。安妮的童年是在母亲的爱意和温柔呵护下度过的，既幸福又安宁——直到她上高中之前，不和谐的音符潜入她的生活为止。琴凯德用冷静、朴素的文字，描绘了急转直下的母女关系的可怕之处、安妮对高尚的消遣和友谊萌生的幻灭感，以及滑向少年犯罪和身心危机的过程。

　　《安妮·约翰》像琴凯德的许多作品一样，写的都是作家本人在安提瓜岛上度过的童年。作家亲身体验过加勒比人的生活方式，这种生活对传统医学保持着尊敬，依然相信死者并未安息，相信梦境的力量。同样地，琴凯德也曾与这些束缚作过抗争：帝国、偏狭的性别角色，以及被传统所拖累的教育体制。

　　《安妮·约翰》洋溢着加勒比魔幻现实主义奇特而纯粹的色彩。它是加勒比女性文学的杰出典范，以惊人的清晰性描摹出了其他作家孜孜以求，并且成功程度各不相同的主题——忧患重重的母女关系，从中折射出的是母国和殖民地问题，受支配的女性的精神痛苦，以及通过移民逃离樊笼的渴望。**RM**

盲人寓言 Der Blindensturz

格特·霍夫曼（Gert Hofmann）

作者生平：1931年生于德国，1993年卒
首次出版：1985年，Luchterhand（达姆施塔特）
原著语言：德语
英译书名：The Parable of the Blind

　　彼得·勃鲁盖尔的画作《盲人寓言》描绘了六个盲人，一个挨一个排队前行的场景。让人不安的是，领头的那位踉跄着跌进了池塘，四脚朝天，其他盲人朝他走了过去。霍夫曼的这部小说在叙述时，采用的是第一人称复数形式"我们"，这些盲人思考起问题来，用的同样是"我们"这一集体称呼。小说重述了那个重要日子的情景：他们去拜访那位著名画家，好让画家把他们画下来。路上，他们遭到村民的讥笑，在牲口棚里昏睡过去，几次迷失方向。最后，伤痕累累、稀里糊涂的盲人们终于找到了路，朝著名画家寓所旁边的池塘走去。

　　读者从这些脆弱的、得不到庇护、容易遭受伤害的盲人身上，看到了生活的本来面目。这个故事让人心酸的一点，就是尽管盲人们对他们与画家的会面寄予厚望，可实际上，他们并未见到画家本人。更糟的是，他们不得不一次又一次地走进那个池塘，好让人家把他们的处境画下来，而这种处境也进一步夸大了他们的无助。

　　在霍夫曼技艺精湛的笔下，勃鲁盖尔的画作不再只是盲人的寓言——在这本书里，这些盲人代表着每一个人——它还寓指画家与模特们之间含混不清的权力关系。霍夫曼通过想象这些不幸之人被画的经过，将盲人们所面对的那个奇特的、变幻不定的世界永久地固定下来，固定在这个视觉至关重要的世界上。**PT**

霍乱时期的爱情
El amor en los tiempos del cólera

加西亚·马尔克斯（Gabriel García Márquez）

作者生平：1927年生于哥伦比亚，2014年卒于墨西哥
首次出版：1985，Bruquera（巴塞罗那）
英译书名：Love in the Time of Cholera
诺贝尔文学奖：1982年

费尔比纳·达萨的丈夫下葬当天，她的前未婚夫费诺伦蒂纳·阿里萨——诗人、多情浪子、加勒比海内河航运公司的经理——重新向她表白了不变的爱。费尔比纳大吃一惊，拒绝了他：此时距离她上次随意回绝他的爱情，已经过了五十一年九个月又四天。那时她命令他，永远不要再出现在她的面前。小说正文将读者带回到五十多年前，费诺伦蒂纳和费尔比纳相爱之初，还有他们后来的生活，中间穿插了不少别人的故事。最后一章回到了当前，讲述了费诺伦蒂纳无比成功的第二次爱情告白。

《霍乱时期的爱情》是一个规模宏大的爱情故事。同时，它丝毫没有流于廉价的感伤，与其说它让读者见识到了爱情恒久不变的浪漫，不如说是让读者见识到了排除万难的耐心和决心那惊人的力量。这本书里有幽灵的幻影、被诅咒的娃娃、邪恶的鹦鹉，它有那么多令人愉悦的日常幻想，足以巩固加西亚·马尔克斯在最杰出的魔幻现实主义作家中的地位。与伟大的前作《百年孤独》（见本书第607页）相比，这部作品对历史的沉重、城市生活的灾祸有着更为清晰的认识，它更加阴郁，但不如前者迷人。**SD**

祖先的声音
Toorberg

艾蒂安·范·希尔登（Etienne van Heerden）

作者生平：1954年生于南非
首次出版：1986年，Tafelberg（开普敦）
原著语言：南非语
英译书名：Ancestral Voices

在这部当代南非经典小说里，在干旱高原区的贫瘠风景中，死者在篇页间自由地行走，父辈的罪孽报应在子孙后代的身上。《祖先的声音》部分是惊悚故事，部分是肥皂剧，它十分引人入胜，记录了莫尔曼家族的没落。这个拓荒的南非白人家庭，百年来一直在图尔山（Toorberg，意为"魔山"，原版书名）耕耘着肥沃的土地。族长唯一的私生孙子，在一个没有出水的打井孔内神秘死亡，一位治安官来到此地，进行调查。

他发现自己不光要对生者，还要对死者作出评判。这一悲剧的根源，在于莫尔曼家族的男人身上的支配欲。在每一代中，他们都会摒弃那个选择不同道路的人。最先遭殃的是弗洛里斯，他犯下了不可饶恕的罪行：他跨越了种族的界线，留下了可耻的血脉。讽刺的是，这条血脉中出现了真正继承家族元老阿贝尔的开拓精神的人——翁代·里耶牧师，他成了贫苦黑人的领袖。

莫尔曼家族遭受的诅咒，代表了整个种族的状况，作家用富有感染力、耐人寻味的象征手法对其进行了描绘。家族不肖子孙遭受的不公对待，带来了谁也无法摆脱的耻辱。艾蒂安·范·希尔登将过去和现在编织到一起，让读者清楚地看到了南非白人在种族隔离制度后期的家族变迁。**LD**

美丽的塞登曼太太
Poczatek

安杰伊·什奇皮奥尔斯基（Andrzej Szczypiorski）

作者生平：1928年生于波兰，2000年卒
首次出版：1986年，Instytut Literacki（巴黎）
原著语言：波兰语
英译书名：The Beautiful Mrs. Seidenman

　　纳粹占领下的华沙，是一个人们突然死去和意外获得救赎的地方，犹太人要么就像隔离区的瓮中之鳖，要么颠沛流离，逃亡在外。人人都有一重新的身份，它与从前的身份往往相互抵触。逃亡的犹太青年海尼欧，不顾自身安危，回到了隔离区的乡亲们中间。韦罗尼卡修女给获救的犹太儿童施洗，让他们皈依天主教。与此同时，美丽的伊尔玛·塞登曼，犹太医生的遗孀，持有伪造的公文，在城里的雅利安人区过着平静的生活，直到一名告密者向盖世太保告发了她。她能否保住性命，完全取决于陌生人的忠诚。

　　在《美丽的塞登曼太太》中，安杰伊·什奇皮奥尔斯基研究了人的归属之谜：谁能决定我们成为什么样的人呢？由韦罗尼卡修女施洗的一些孩子在以色列安顿了下来，另一些孩子则变成了波兰的爱国主义者，疯狂地反犹。塞登曼太太为了平安度过战争时期，放弃了自己的犹太身份，但在1968年的反犹浪潮中，她还是遭到驱逐，流落他乡。尽管她宁愿作为一个波兰人，在波兰生活，但她的波兰人身份还是不够稳固，她并不能高枕无忧。或许自愿死在隔离区的海尼欧，作出的才是更好的选择？

　　"二战"结束二十年后，犹太士兵在巴勒斯坦的阿拉伯人居留地，重启了杀戮与仇恨的循环。或许，什奇皮奥尔斯基在这部动人的、煽情的小说里提醒人们：暴力的面具才是人唯一不变的身份。**MuM**

被淹没与被拯救的
I Sommersi a i salvati

普里莫·莱维（Primo Levi）

作者生平：1919年生于意大利，1987年卒
首次出版：1986年，G. Einaudi（都灵）
原著语言：意大利语
英译书名：The Drowned and the Saved

　　《被淹没与被拯救的》在普里莫·莱维去世前一年发表，是作家最后一次回到这一令人痛苦的问题上来：在奥斯威辛——我们极愿忘记的"邪恶深渊"——的经历，应当如何书写。而且，他还回到了他在《这是不是个人》（1947，见本书第443页）中探讨过的问题上来：在"真正的见证者"——那些已经遇害的人——已经被抹杀的情况下，应该怎样为死亡营的情形作见证。莱维在《羞耻》这一章里反思道，幸存者是"反常的少数"，"我们是些依靠谎言、能力或好运气，才没有触底的人"。

　　莱维在全书中运用了多种手法：有回忆，有逸闻，还有对生存、交流和评判问题的反思，这些反思是死亡营留下的部分遗产。"几乎每个人，"莱维坚称，"都会因为没有帮忙而心怀愧疚。"这一说法将读者带入了责备与自责的戏码中，责备与自责使集中营带来的痛苦延续终生。莱维表明，这种内疚的情感负担对于极权制度必不可少；其最极端的例子便是灭绝营里的特遣队，特遣队是被选中照看焚尸炉的囚犯小组。集中营里的可怕暴行比比皆是，对想要了解个中寓意的读者来说，莱维的作品会让他们的判断力陷于瘫痪。**VL**

守望者 Watchmen

阿兰·摩尔（Alan Moore）
戴夫·吉本斯（Dave Gibbons）

作者生平：1953年生于英国；1949年生于英国
首次出版：1986年，DC Comics（纽约）/ Titan Books（伦敦）
雨果奖：1987年

  这部作品是对尼采哲学中的"超人"所作的沉思，也是一出凶案推理剧，一部异世科幻史诗，对权力和堕落的心理研究，还是一本连环画。

  1986年是图像小说的重要转折点。弗兰克·米勒重新创作了《蝙蝠侠》，阿兰·摩尔推出了这套十二部的传奇大作，讲述超级英雄和他们的困境。故事以1985年的美国为背景，尼克松得以再度蝉联总统，1977年颁行的《基涅法案》将身穿奇装异服的冒险者宣布为不法之徒。只有两个人还可以像从前一样活动：一个是喜剧演员，他是一名强悍、凶猛的士兵，有着黑暗的过去；另一个是曼哈顿博士，他是一场核事故的受害者，其非凡的力量在冷战中，赋予了美国决定性的优势。其他超级英雄则被迫退休，貌似活得比从前开心。只有反社会的罗夏例外，他对《基涅法案》的反应，是将一名强奸累犯的尸体送到纽约警察局，留下一张字条，上面写着"绝不"。但紧接着，喜剧演员遇害身亡。有人在策划着某事。冷战并未结束，反而愈演愈烈。谁能不受冷战的影响？如果不受冷战影响，又要付出何种代价？

  《守望者》以众多的人物，展现了人类面临末日的情景。摩尔熟知连环画的魅力和缺陷，他不属于创作有关英雄和恶棍的简单故事。除了摩尔的文字，戴夫·吉本斯的画作也令人感动不已。如今，"图像小说"一词被人过度使用，其定义也不够清晰。但《守望者》依然是图像小说的标准，以及对图像小说提出的挑战。**JS**

衰竭 Auslöschung: ein Zerfall

托马斯·伯恩哈德（Thomas Bernhard）

作者生平：1931年生于荷兰，1989年卒于奥地利
首次出版：1986年，Suhrkamp（法兰克福）
原著语言：德语
英译书名：*Extinction*

  托马斯·伯恩哈德的最后一部小说《衰竭》是一场有力的独白，其中谈到了家庭、奥地利、纳粹主义的创伤，以及文化传承的无可避免。这部作品对伯恩哈德毕生关注的形式和主题问题，做了一场最终清算。

  弗朗茨—约瑟夫·米劳是个住在罗马的奥地利知识分子，他在这个文学和艺术的"无边乐园"里寻求庇护，避开奥地利和他的家庭。小说开头写道，米劳接到一封电报，告知其父母和兄长已经在车祸中丧生，他成了家庭财产的继承人，他们家在沃尔夫塞格有一片地产。他准备启程参加葬礼时，回想起了自己的家人，还有自己对他们的憎恨，他感到，自己对他们的突然死亡，并没有多少遗憾之情。小说的后半部分发生在沃尔夫塞格，他不得不在此面对个人和集体的往事带来的情感负担。米劳谴责家人，谴责奥地利社会的大部分人，认为他们是纳粹罪行的共犯，怒斥他们在对待过去时的那副自鸣得意和伪善的态度。米劳慷慨陈词，却从不自以为是，他经常意识到自身的失败，那些痛苦的激烈言说也从未沦为浅薄的道德说教。如此咄咄逼人的抨击，不啻是一种富有煽动性的尝试，企图将奥地利从历史健忘症中唤醒。他对奥地利气势汹汹的控诉，并没有狭隘的地域色彩。小说所针砭的是所有压迫性的教条，它是促使文化保持开放，让人对其价值不断重估的诱因。**AL**

浮世画家 An Artist of the Floating World

石黑一雄（Kazuo Ishiguro）

作者生平：1954年生于日本
首次出版：1986年，Faber & Faber（伦敦）
原著语言：英语
惠特布莱德文学奖：1986年

　　石黑一雄在第二部小说中，对战后日本的"浮世"作了研究，同时也努力与社会剧变和变迁的文化价值达成妥协。这部小说透过小野增二的私人经历娓娓道来，他是画家，在"二战"期间曾为日本军国主义做过宣传。小说研究了日本战前的历史，以及这个国家在与过去的错误妥协时所面临的困境。

　　故事始于日本战败三年之后。小野增二的妻儿已经遇害身亡，撇下了他，他反省着自己在军国主义运动中扮演的角色，正是这场运动将日本引向了灾难。小女儿到了婚龄，他费心张罗着相亲事宜。一年前，男方家突然取消了与他另一个女儿的婚礼（译注：此处有误，应为同一个女儿，即小女儿）。小野增二开始怀疑，他当年以美术家的身份，对日本帝国主义提供的支持，是否正是女儿未来堪忧的原因所在。尽管他对自己的过去秘而不宣，但他并不愿意拿自己战前的价值观，换取可疑的当代价值观。

　　石黑一雄五岁时离开长崎，移居英国，他将战后日本的时空描绘得栩栩如生。他的文风效法了日本文学经典作品的风格，以刻板的行文反映出老艺术家的固执。就像在下一部小说《长日将尽》（见本书第796页）中一样，石黑一雄塑造了一个原本善于表达的人物，迫于情势，不得不压抑自己的感受。石黑一雄的行文就像书名中的那位画家，描绘出了一幅人物被安置在复杂精细的细节之中的画作。**LE**

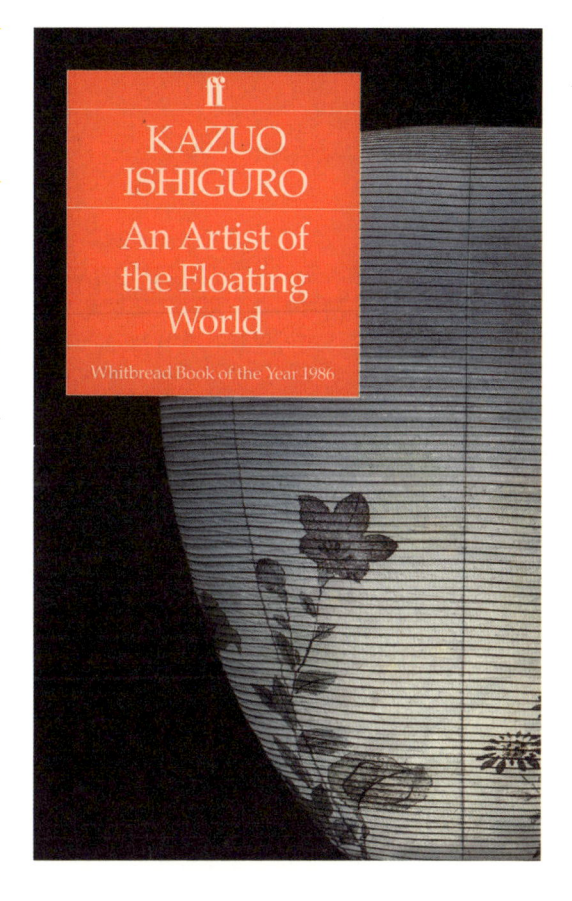

当然，情势所迫，我们也不得不考虑金钱方面的问题，但这绝对是第二位的。

▲ 《浮世画家》以石黑一雄的出生地——原子弹爆炸之后的长崎为背景。

20世纪 | 765

火的记忆 Memoria del fuego

爱德华多·加莱亚诺（Eduardo Galeano）

作者生平：1940年生于乌拉圭，2015年卒
首次出版：1982—1986年，Siglo XXI（墨西哥城）
原著语言：西班牙语
英译书名：*Memory of Fire*

  乌拉圭随笔作家兼记者爱德华多·加莱亚诺用九年时间，创作出三部曲《火的记忆》，它包括《创世纪》《面孔与面具》和《风的世纪》。这部作品难以界定，因为它既不是诗歌，也不是编年史，更不是散文、作品选或小说，它像是一部从多种文体中汲取灵感而写的作品。作为对两块美洲大陆既十分私人化又非常尖锐的历史叙事，它独具一格。

  美国的故事在短小、刺激的章节中得以再现。大批事件和政治阴谋一个接一个，让人既感到兴奋，又肃然起敬。每件事都给包罗万象、跨越数个世纪的历史镶嵌画增添了更多生动的细节。哥伦布、蒙特祖马、查理五世、西蒙·玻利瓦尔、拿破仑、达尔文、华盛顿、伏尔泰、列宁、阿连德、洛克菲勒、里戈韦塔·门楚、弗里达·卡洛、卓别林和艾薇塔等截然不同的历史人物都被赋予了独特的声音，从而令他们的形象跃然纸上。

  这部作品没有什么不偏不倚或客观可言。所有场面，无论重要与否，都写得酣畅淋漓。加莱亚诺与被征服者站在一边，他对此无怨无悔。他成功地让读者记住了现代美国建立的根基，这个国家辉煌的过去是用不公、压迫、贫困和落后换来的。1989年，加莱亚诺凭借这套三部曲荣获美国国家图书奖，人们也将这部作品奉为杰作。**AK**

老恶魔 The Old Devils

金斯利·艾米斯（Kingsley Amis）

作者生平：1922年生于英国，1995年卒
首次出版：1986年，Hutchinson（伦敦）
原著语言：英语
布克奖：1986年

  《老恶魔》被视为金斯利·艾米斯的最佳小说之一，它是唯一一部受欢迎程度堪与1954年的《幸运的吉姆》（见本书第485页）相媲美的作品。这一次，艾米斯讽刺的对象是彼得、查理和马尔科姆，即"老魔们"，他们是一群上了年纪、关系密切的威尔士人，他们带着妻子，一起喝酒闲聊，打发时间。

  当阿伦·韦弗，一个"专业的威尔士人"与他那迷人的妻子里安农出现时，老魔们不得不重新评价自己的生活方式，直面令人难以接受的真相——他们的社会地位究竟如何。像往常一样，艾米斯用轻描淡写的现实主义，以及善于发现中产阶级生活荒唐琐事的敏锐眼光，写出了一部有时令人不安的小说，书中各种各样的自吹自擂马上就会穿帮，遭到嘲笑。尽管如此，作家还是支持读者对《老恶魔》里脾气不佳的小丑们给予少许同情，艾米斯的高超才能就体现在这种复合性上。不过这部残酷的喜剧小说还是不乏温情，因为读者会不由自主地喜欢上这些丑角式的人物。

  艾米斯在作家生涯后期的写作，常常因为著名的厌世倾向和经常令人不快的保守主义遭人诟病。在《老恶魔》中，他曝光了这种指责的荒谬性，他将优雅的镇定自若、对早期讽刺的节制，与一种亲切和诚恳的博爱精神结合在一起，让这部小说读起来令人颇为愉快。**AB**

马提加里 Matigari ma Njirũũngi

恩古吉·瓦·提安哥（Ngũgĩ wa Thiong'o）

作者生平：1938年生于肯尼亚
首次出版：1986年，Heinemann（内罗毕）
原著语言：基库尤语
英译书名：*Matigari*

马提加里在与殖民者斗争多年之后，从大山里归来，发现自己的国家和家乡被他战胜的对手的后代所继承。他也没有胜利归来的自豪感，他发现，这里建立起了压抑而腐败的新殖民秩序，而大众只是默默承受。寻求正义的斗争必须重新开始，马提加里开始着手调查诸多事件，这些事在口耳相传的过程中，具有了神话般的力量。马提加里唤醒了穷人们传播小道消息的癖好，人们不再噤若寒蝉。真相和政治策略已经变得难以分辨，总统在广播里不断宣讲的"真实的声音"，已经无法再让人信服。

恩古吉·瓦·提安哥以"从前，某个无名的国度"为背景，没有确切指明时间和地点。不过这部小说在将肯尼亚近代史上的典故，与肯尼亚独立之前、基库尤人口头传统中的理念编织在一起的过程中，营造出了一种失落感和历史责任感，还对独立之后的肯尼亚提出了尖锐的批评。小说第一版推出几个月后，肯尼亚情报部门的报告声称，有个叫作马提加里的人正在周游全国，宣扬和平与正义。政府下令马上将此人逮捕。这一情形与小说最后一部分内容有着奇妙的呼应，在这部分内容里，马提加里难以捉摸，无迹可寻，根本无法将他逮捕和同化。**ABi**

字谜游戏 Anagrams

洛丽·摩尔（Lorrie Moore）

作者生平：1957年生于美国
作者教名：Marie Lorena Moore
首次出版：1986年，Knopf（纽约）
原著语言：英语

这部长篇处女作的作者，是美国一流短篇小说作家之一，这部作品将其早期短篇小说中的全部才华展现无遗，只是令人欣喜地延长了篇幅。这是一则有关平凡人物的平凡寓言，这些人为自己并不特别而倍感困惑。小说开篇便是一则恶作剧式的文学字谜。我们接连看到的，是第一章内容的多个不同版本，每个版本都稍有不同，仿佛经过重新洗牌。种种细节分散、重组，直到洛丽·摩尔给出一种正确安排为止。这种叙述策略并不只是自我指涉的把戏，它把握住了故事的主题——人们试图通过重新安排各自的生活细节、外表和配偶，创造出合情合理的秩序来。本娜的身份依次是夜总会歌手、失业的有氧健身教练、艺术史教授。在充当某一化身时，她曾这样想过："也许，全世界只有几百个人而已，他们全都像别人一样，有不为人知的职业。"杰拉德是她的朋友、她的邻居、她的前情人、她的学生。人们如何适应他们的生活？他们该如何适应，才能达到最佳效果？我们如何塑造自身，塑造我们的生活，以实现成功？

《字谜游戏》以优美细致但轻松易读的行文，讲述了友情、人际关系、几乎错失的关系、爱情和孤独。书里的人物想要参与到某些事情当中，却没有破釜沉舟的勇气。书中并没有严重的罪恶，只有日常生活中的无心冒犯和简简单单的悲伤，只要耸一耸肩就能应付过去，不必大喊大叫。摩尔那犀利的幽默与同情，是这部作品的核心。**GT**

鹤遗失的语言 The Lost Language of Cranes

戴维·莱维特（David Leavitt）

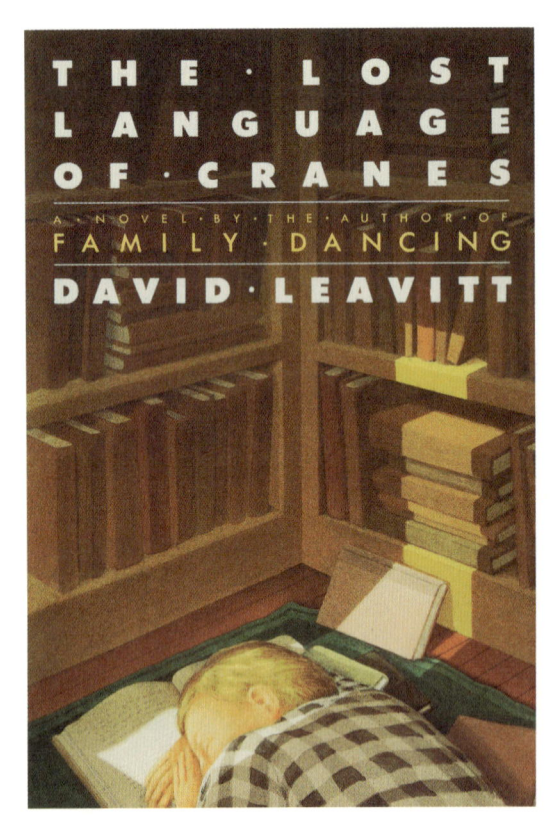

作者生平：1961年生于美国
首次出版：1986年，Knopf（纽约）
英国首版：1987年，Viking（伦敦）
原著语言：英语

戴维·莱维特的第一部长篇小说是一部引人注目的作品，它探讨了家庭成员彼此隐瞒的可怕秘密，以及披露这些秘密的后果。这部小说以20世纪80年代纽约艾滋病流行的恐怖气氛为背景，讲述了菲利普·本杰明向父亲欧文和母亲露丝坦白同性恋身份的故事。他挑明的这一情况，立刻给他们那安稳舒适的生活带来了冲击。他母亲感到一种震惊的"悲痛"，担心儿子身为同性恋，所要面对的性爱风险。对父亲来说，"这简直是世界末日"。听到菲利普的"消息"，欧文沮丧不已，他对家里突如其来的变化感到迷惑。他本人也是同性恋，却从未承认过，他无法面对自己的这一身份，只能在星期天下午，偷偷去播放同性恋色情片的电影院，纾解自己的欲望。

这部小说通过菲利普在他与情人艾略特的关系中，在性爱和情感方面所取得的进展，来推动情节发展。艾略特因为菲利普的欲望太女性化而感到挫败。他们的关系与菲利普父母之间的关系形成对照。这部小说最有技巧的一点，体现在露丝发现他们过去三十年的生活都是谎言时，莱维特对欧文和露丝婚姻变化的描写上。莱维特没有像其他作家那样落入俗套，他用严谨细致的风格，描绘出了在不同代际、在家庭成员之间极易出现的裂痕。**VC-R**

不论他伪装成什么样子，他都知道，他会去他要去的地方。

戴维·莱维特毕业于耶鲁大学，他是佛罗里达大学的英语教授，教授创意写作课程。

太白山脉
太白山脈

赵廷来（조정래）

作者生平：	1943年生于韩国
首次出版：	1986年，Hangilsa（首尔）
原著语言：	韩语
英译书名：	The Taebek Mountains

《太白山脉》是十卷本的小说史诗，作者是韩国最令人钦佩、作品最畅销的作家之一。这部作品的时间跨度是1948年韩国政府成立后，左右翼爆发意识形态激烈冲突的历史时期——这些冲突一直延续至朝鲜战争结束。

小说围绕着1948年至1950年韩国西南部的小镇筏桥镇的命运展开。对普通人来说，这是一个喧嚣混乱的时代，小镇的控制权在不同派系之间易手。暴力冲突时有发生：每次权力的平衡发生变化，小镇居民都要遭殃。

这部大作有近五百个人物，讲到了许多主要人物的故事，其中包括：作风强悍、带头搜捕左翼人士的督查将领延尚久；他的兄弟、左翼军事团体领袖廉山真；走中间路线的反共人士金范宇；决定将自家土地与佃户分享的地主徐民龙；还有代表传统朝鲜价值的萨满巫师小花。小说将怀疑与恐惧气氛中上演的个人戏剧，技艺娴熟地呈现在读者眼前。

《太白山脉》售出逾六百万册。赵廷来表示，常有人问他，他的小说中哪一部分是虚构，哪一部分是事实，"我笑着回答，在优秀小说里，这两者没有分别"。**HO**

献给格奥尔格·黑尼希的歌
Балада за Георг Хених

维克托·帕什科夫（Виктор Пасков）

作者生平：	1949年生于保加利亚，2009年卒于瑞士
首次出版：	1987年，Bŭlgarski pisatel（索非亚）
原著语言：	保加利亚语
英译书名：	A Ballad for Georg Henig

维克托·帕什科夫的《献给格奥尔格·黑尼希的歌》是一则苦乐参半的寓言，它与爱、爱的失败和音乐的迷人魅力有关。小说以20世纪50年代的保加利亚为背景，透过十岁的维克托的观察叙述出来，他是个不成熟的天才儿童，最让他自豪的，是他有一把八分之一比例的小提琴。这把琴是向格奥尔格·黑尼希定制的，黑尼希是捷克裔制琴师，如今命不久矣，既孤独又穷困，从前的学生和客户对他不闻不问。

维克托的父母是因爱情而结合的，但乐手的工资太过微薄，扼杀了他们的美好幻想。维克托的母亲憎恨他们的贫穷，幻想着能拥有一个餐具柜，在她眼里，餐具柜是家庭生活幸福的象征。

维克托的父亲，音乐剧院的小号手，是个为音乐而活着的人，他不理解妻子对财富的渴望。为了挽救他们的婚姻，为了不让妻子发疯，他决定到黑尼希的作坊里做一个餐具柜。小维克托喜欢上了这个老人，他学会了问一些新问题：上帝是谁？贫穷的真正含义是什么？这个新的餐具柜会让父母之间的裂痕变大吗？

帕什科夫对平庸之恶所作的描绘，让这部小说没有落入滥情的俗套。书里有拿斧头威胁孩子的酒鬼，和豢养恶犬攻击黑尼希的恶邻。帕什科夫对这一问题进行了深思：在这个粗俗到骨子里的社会，艺术家的品格和道义要如何保存下去？维克托最后提出了小说的核心谜题：如果像黑尼希这样技艺高超的匠人，都无法在六天内做出一把好琴，上帝又怎能指望这个世界是一件成功之作呢？**MuM**

抵达之谜 Enigma of Arrival
V. S. 奈保尔（V. S. Naipaul）

作者生平：1932年生于特立尼达和多巴哥，2018年卒于英国
首次出版：1987年，Viking（伦敦）
诺贝尔文学奖：2001年

巨石阵附近的威尔特郡山谷，地处托马斯·哈代所杜撰的"威塞克斯"中心地带，是深深铭刻在英国文学想象中的典型风景。在小说开头，这一派田园风光，被连绵不断的落雨和叙述者对英国的浪漫想象弄得模糊不清，这种浪漫想象是他在特立尼达进行文学研究的过程中，点滴汇集而成的。透过时空交错的五个片段，英国的形象缓缓地浮现出来，这一形象与叙述者原先的想象——一种未经扰乱的文化——大相径庭。在每个关键环节，英国古代那种纯粹的面貌都受到了变革的影响，给人以不协调的持久印象。原来，就连小说第一部分关注的对象——房东杰克，也不是自始就在这片古老的土地上牢牢扎根的住客，他跟叙述者一样，也是后来者。

《抵达之谜》是介乎自传和小说之间的作品，与普鲁斯特的《追忆似水年华》（见本书第325页）和乔伊斯的《一个青年艺术家的画像》（见本书第280页）属于同一种小说传统。它讲述了叙述者在英国定居，并透过自己的殖民地经验，理解了英国，最终写出这部小说的故事。从这部作品中，我们发现：后来者所促成的英国面貌和生活方式的转变，在本质上与叙述者为了自己的文学目的，重新确立英国风格的做法并无不同——殖民地早已在移居殖民地的人心中扎下了根。**ABi**

天涯海角 World's End
T. C. 博伊尔（T. Coraghessan Boyle）

作者生平：1948年生于美国
首次出版：1987年，Viking Press（纽约）
原著语言：英语
国际笔会福克纳奖：1988年

《天涯海角》是T. C. 博伊尔的一部巨著，宛如一支有着多个主题、多重基调和多种变奏的交响乐。以哈得孙谷作为故事背景，在这里，人与土地、人与祖先的古老联系，依然遏制着当下。这本书讲的是范·布朗特家族的故事，这个命途多舛的家族始于一位远祖哈曼努斯·范·布朗特，此人被幻景所蒙骗，以为自己能过上更好的生活，于是漂洋过海，前往新阿姆斯特丹。但他并未找到应许之地，反倒遭遇了种种困苦和挫折，这些困苦和挫折足以让《旧约》中的上帝感到为难。诅咒和厄运由此开始，有些家族成员变成了残废，但范·布朗特家族的这些成员并非无可指摘。他们背叛自己的儿子、父亲、妻子、表亲和姻亲，屈从于激情和反复无常的性情。他们是人，他们是美国人。过去预示着未来，过去愚弄着未来。他们成了输家，自然就有赢家，赢家就是范·沃特家族。他们是17世纪的大庄园主——让范·布朗特家族受苦的人，两家人的祖先有着千丝万缕的联系。他们始终都是统治者。但结尾不无希望——至少不排除这样的可能：损害有望结束。

在《天涯海角》中，博伊尔以语言的戏法和戏谑的颠覆智慧，书写了美国三百年来的历史和迷思，是一部令人屏息的散文大作。**GT**

> 博伊尔坐在自家寓所的台阶上，这座房子位于加州圣巴巴拉，由弗兰克·劳埃德·赖特设计。

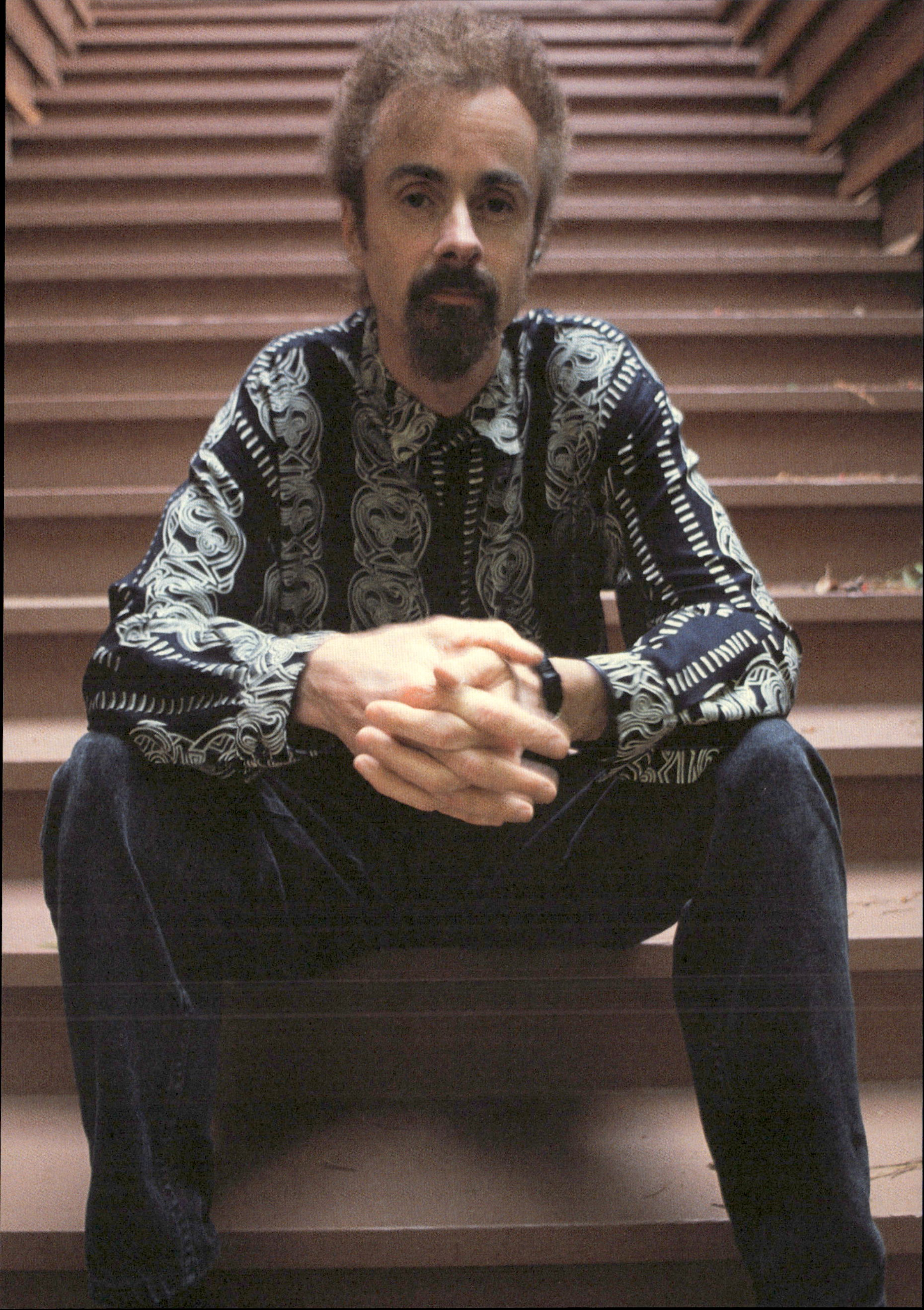

鸽子 Die Taube

帕特里克·聚斯金德（Patrick Süskind）

作者生平：1949年生于德国
首次出版：1987年，Diogenes（苏黎世）
原著语言：德语
英译书名：*The Pigeon*

    这部篇幅不长、文字细密的中篇小说，通篇弥漫着阴郁的张力。帕特里克·聚斯金德以其对心理主题的探索而备受称赞，他有细致描绘社会畸零人及其怪癖的本领。约纳丹·内尔是个有点古怪的普通人，他是五十多岁的银行保安，过着一种单调乏味、几乎称得上机械刻板的生活。他尽可能地不与别人来往，对于躲不掉的社会交往，他也只是敷衍过去。他不指望那些在他年轻时总让他失望或消失不见的人，而是依靠太平无事的淳朴生活，以及熟悉的环境和常规带来的安全感，来求得安稳。

    这部中篇小说里的故事，发生在二十四小时之内，始于清晨。他在住了三十多年的小型公寓外面，看到一只鸽子。看着这只鸽子似乎了无生气的眼睛，内尔突然陷入了人们常说的中年危机。这件事不但大大扰乱了他的生活常规，还扰乱了他小心维持的内心平衡。他有生以来第一次发现，自己工作时心不在焉，无法回家；有生以来第一次，他怀疑自己安排的生活是否有意义。这个篇幅不长的故事有着普遍的感染力，它还令人信服地探讨了一件看似不起眼、可能不同寻常的小事，何以会迫使人萌生新的看法。**JC**

爱情与阴影 De amor y de sombra

伊莎贝尔·阿连德（Isabel Allende）

作者生平：1942年生于秘鲁
首次出版：1987年，Plaza & Janés（巴塞罗那）
原著语言：西班牙语
英译书名：*Of Love and Shadows*

    伊莎贝尔·阿连德出生于秘鲁，后来父母分居，她移居智利。1973年，皮诺切特将军害死了她的伯父——时任总统的萨尔瓦多·阿连德，开始施行军事独裁，一万一千名智利人在牢狱中被折磨致死。她继承了家族的政治遗产。尽管家人大多逃离或入狱，伊莎贝尔还是投身人道主义工作，对曾遭该政权迫害的幸存者进行采访，将采访内容记录下来。她还声明："有朝一日，我们会恢复民主政治，我们的证据有助于制裁那些杀人犯和施虐者。"

    阿连德的第二部小说《爱情与阴影》，写的是1978年在一个竖井里发现失踪者尸体的真实事件。小说的情节——一名年轻的时尚记者爱上了一名摄影师，两人一起发现了遇害者尸体，向这些人下毒手的是皮诺切特的安全部队——与阿连德本人的转变颇为相似，她原先从事的是无足轻重的新闻工作，后来她肩负起重任，成为小说家和政治活动家。

    如果说，处于小说核心的爱情故事，与它表达的政治观念同样重要，那是因为它套用了"红粉小说"这一适合表达女性情感的文学类型，这种文学类型在很大程度上被文学评论界所忽视，然而大众对其喜闻乐见。政治与平民主义立场的结合，有力地帮助阿连德实现了这一使命：弄清教科书未予记载的一段历史，兑现小说末尾说的那句，"我们会回来的"。**JSD**

宠儿 Beloved

托妮·莫里森（Toni Morrison）

作者生平：1931年生于美国，2019年卒
首次出版：1987年，Knopf（纽约）
原著语言：英语
普利策奖：1988年

《宠儿》已经成为一股影响深远的道德力量，它明确地道出了奴隶制在美国文化中遗留的深重恐怖。小说未曾写明的核心，是塞丝的行为引发的种种后果，这个做母亲的宁肯将自己的幼女杀死，也不愿让孩子重蹈覆辙，回到自己刚刚摆脱的奴隶制里。故事开始时，塞丝和她剩下的一个孩子生活在她犯下上述罪行的房子里，如今这座房子闹鬼，那个死去的孩子发疯般地渴求关爱。保罗·D像塞丝一样，在名字颇为讽刺的"甜蜜之家"农场做奴隶，奴隶制也给他留下了精神创伤，他赶走了鬼魂，结果鬼魂化身为女人，重新出现。倘若她当初没有死，如今就该是这个女人的模样。她不怀好意地用肉身把保罗·D从家里逼走，开始惩罚塞丝。到小说结尾，曾为塞丝的杀婴行为充当同谋的社区，围绕着这个家庭进行了重组，最后，它允许塞丝获得自由，允许她的情人回来。

小说因其找到恰当的形式，让人回想起奴隶制非人的暴行，博得了评论界的赞扬。塞丝做奴隶时，曾遭受屈辱对待，身心备受摧残，她对这段经历的沉缓而零散的回忆，让她做出了杀婴这一防备之举，小说最终让她从创伤中恢复过来，那些回忆对她的恢复至关重要。莫里森既未流于伤感，也未博取读者同情的笔法，令这部作品成为20世纪美国文学中力度最为惊人的作品之一。**NM**

万灵 Todas las almas

哈维尔·马里亚斯（Javier Marías）

作者生平：1951年生于西班牙，2022年卒
首次出版：1987年，Anagrama（巴塞罗那）
原著语言：西班牙语
英译书名：*All Souls*

凭借《多情的男子》（*El hombre sentimental*）荣获艾拉尔德小说奖三年后，哈维尔·马里亚斯发表了这部富有原创性和感染力的小说。它富于变化和内省，耽于沉思，同时又用多少带有自传性的真实吸引着读者。

小说从一开始，就对这一设定作了交代：讲故事的叙述者和生活在故事中的"我"，是截然不同的两个人。这本书是题献给前辈作家的（包括维森特·莫利纳·富瓦和费利克斯·德·阿苏亚），而且马里亚斯还公然将他在牛津大学当老师的经历作为素材，再现了一个近乎私人化的世界，其中有将秘密深藏不露、对自身经历含糊其词的人，有小团体，还有往往衣着华美的投机分子（这也许是因为，"在牛津，谁都不会把任何事说得一清二楚"）。其中有些元素日后又以别样的形式，出现在其他作品中，不过它们在这部小说中，已经充当了围绕虚构的身份、言语的分量和用于构建身份的回忆，构建故事的有效规则。作家用容易理解、可塑性强的语言，呈现出各种知识碎片，与此同时，还毫不困难地将在二手书店找书、内省的谈话、有关诗歌或绘画的理论争辩等内容写进了小说。这本书有着难以把握的情感密度，还是一部难以捉摸的作品。**JGG**

纽约三部曲 The New York Trilogy

保罗·奥斯特（Paul Auster）

作者生平：1947年生于美国，2024年卒
首次出版：1987年，Faber & Faber（伦敦）
三部曲：*City of Glass*（1985）、*Ghosts*（1986）、*The Locked Room*（1986）

《纽约三部曲》包含三则中篇小说，它们通过侦探小说的传统手法和普通人对其神秘世界的调查，探讨了这一可能性：巧合、必然和意外可能是有意义的。《玻璃城》的主人公是一名推理小说作家丹尼尔·奎恩，他对这种文学类型和它的矫揉造作钟爱不已。在接到两通错误打来、要找保罗·奥斯特侦探社的电话之后，他决定装扮成奥斯特，接手调查这件案子。但他很快便投身于流浪汉的废墟，对一个人展开了狂热的调查，此人曾试图让年幼的儿子舍弃后天的、"人的"语言，从而召唤出一种神圣的语言。然而随着奎恩的世界急剧地坍缩，他除了无可避免地陷入绝望和困境，似乎还产生了一种不无禅意的清晰认识。《幽灵》中的人物置身于一场高度风格化的、超现实主义的游戏当中，说不清是谁在监视谁，这些人物的名字是用颜色来命名的，这为故事情节平添了一层寓言般的气氛。布莱克的无所作为刺激着被雇来监视他的布鲁，布鲁贪婪地读书，几乎失去理智。《锁闭的屋子》这个名字本身就是侦探小说的一种类型，这篇小说讲的是一个无名的第一人称叙述人渐渐地接管了失踪的儿时好友的生活。他娶了好友的妻子，安排好友那原先无人问津的文学杰作的出版事宜，结果先前那位好友却与他取得联系，告诉他整件事都是他提前安排好的。

《纽约三部曲》充满了与零点的可怕接触，所谓零点，就是人物身份的成形和崩溃之处。缺失的效果为这三个故事带来了有趣的潜台词，这与它们采用的稀稀落落的语言和简洁的表达大有关系，因为这些中篇小说中的世界全都向着虚无缓缓游移，蹒跚而去。**AF**

▲ 《纽约三部曲》中的第一则中篇小说《玻璃城》，最初以侦探小说的形式发表于1985年。

▲ 这张保罗·奥斯特的照片摄于1990年的法国巴黎，他从哥伦比亚大学毕业后，在法国生活了四年。

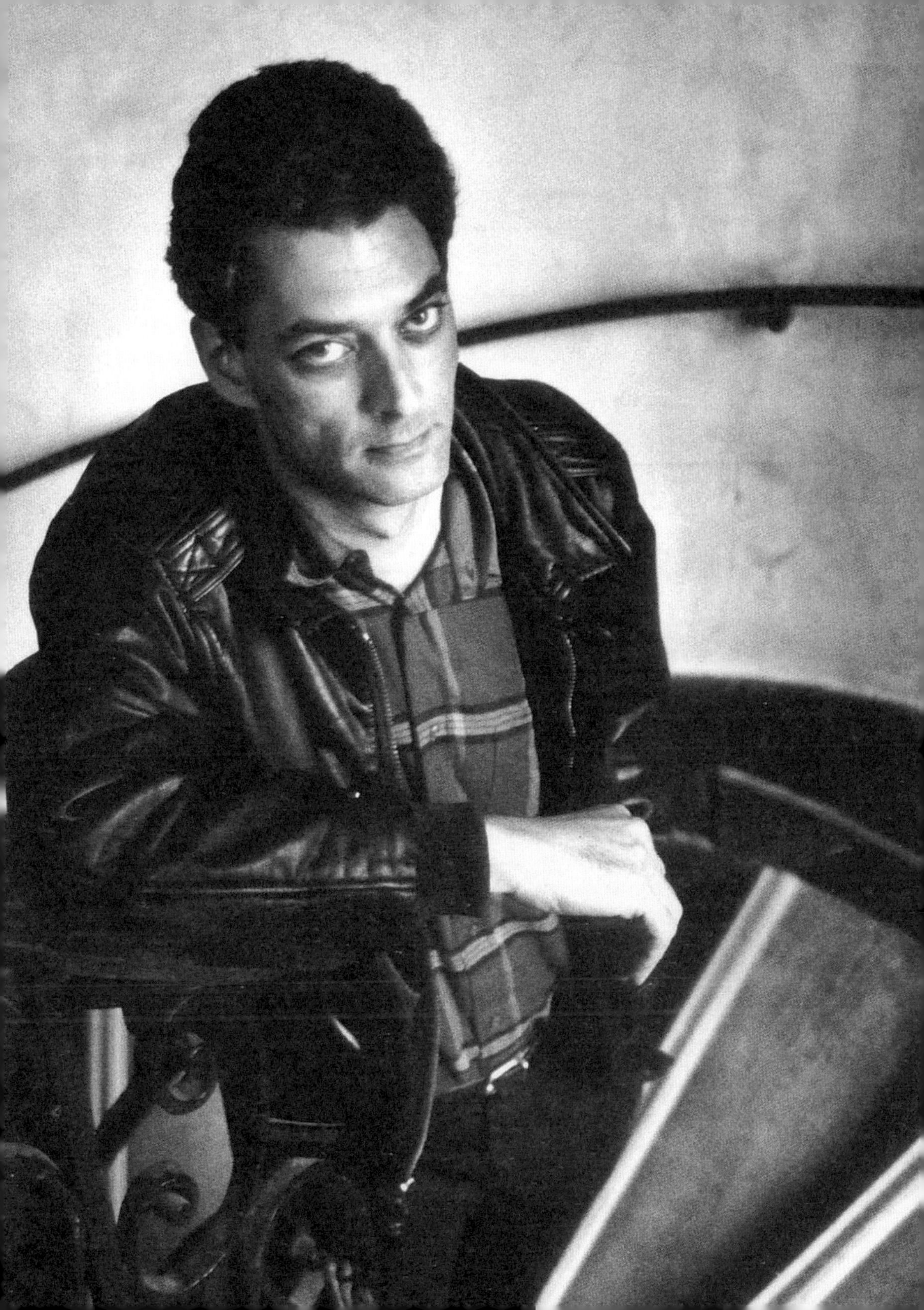

黑匣子 קופסה שחורה

阿摩司·奥兹（עמוס עוז）

作者生平：1939年生于耶路撒冷，2018年卒于以色列
首次出版：1987年，Am Oved（特拉维夫）
原著语言：希伯来语
英译书名：*Black Box*

一系列的信件、短笺和电报，成为如实描绘一场婚姻走向崩溃的记录；从某种意义上讲，这些素材成了婚姻"黑匣子"里的数据。伊兰娜和阿利克斯的婚姻在以色列趋于瓦解，他们还要努力解决桀骜不驯的儿子布阿兹带来的种种问题，个中滋味有待读者破译解读。伊兰娜的第二任丈夫米歇尔，一个有时好笑、有时可悲、有时狂热的犹太人，还有其他人，都被卷入了人际关系的一团乱麻。一个因婚姻或职业而联系在一起的、无法正常发挥各自功能的群体得到了充分的展现。书信体这一形式，让阿摩司·奥兹得以用不同的声调和口吻，准确描绘人在宗教、政治、社会领域都处于紧张状态的环境下，生活中的脆弱、性欲、荒唐和矛盾。这本书的调子有时绝望，有时疲惫，但也常常是喜剧性和抒情的。

就像奥兹描写现代犹太人生活的其他故事——其中最有名的要数1968年的《我的米歇尔》（英译本出版于1972年）——一样，奥兹用人物的互动——人际关系中根深蒂固的复杂性、内疚，以及困扰的感受——来讲述他的国家在当代历史、政治和宗教领域的种种分裂。奥兹没有为这些辩解，而是让人物现身说法，讲述自己在当代以色列生活中令人啼笑皆非的片段。这部作品（像其他作品一样）用希伯来语写成，奥兹对身为以色列人与生俱来的种种悖谬，作了时常辛辣的忠实记录。就像许多同辈人一样，奥兹对建国者的乐观信念持怀疑态度。他曾先后在以色列部队服役，做过兼职教师，在基布兹农场生活，在牛津和美国求学，他在处理种种问题时，无疑展现出了异乎寻常的宽广眼界。**JHa**

激进主义是一种生活方式。

▲ 奥兹的《黑匣子》希伯来文原版封面；"奥兹"是寄名，这个希伯来语单词的意思是"力量"。

名利场大火 The Bonfire of the Vanities

汤姆·沃尔夫（Tom Wolfe）

汤姆·沃尔夫首次远离新闻领域，步入小说的创作园地，写出了这样一部雄心勃勃的大部头，它是对20世纪80年代华尔街资本主义肆意妄为的无情控诉。谢尔曼·麦科伊是个富有的、事业蒸蒸日上的证券交易员，在一家声誉卓著的交易所工作。他卷入了南布朗克斯区的一场车祸，在这场事故中，他的情妇玛丽亚·罗斯金开车从一个黑人青年亨利·兰姆身上碾过，后者受了致命伤。小说细致描绘了一度风光的谢尔曼的垮台，以及让他公然蒙受耻辱、遭到控告和审判的既得利益者们。尽管有些人物在这部小说描绘的事件中以胜利者的姿态出现，但在道德上，没有谁是赢家。沃尔夫玩世不恭地暗示——他本人的右翼观点在此表露无遗——这座城市的政治和司法体系，还有媒体，在他描写的阶级和种族战争中，全部沆瀣一气。比如，兰姆死后竟然被人改头换面，塑造成一名理想化的"优等生"，而这是声名狼藉的记者彼得·法洛出于事业方面的野心所作的安排。此人通过报道这场车祸，名利双收，荣获"普利策奖"。

不论读者如何看待沃尔夫的政治观念，都会对他的文笔赞赏有加。他对派克大街公寓、布朗克斯区犹如迷宫的街道（惊慌失措的谢尔曼在里面迷了路）、玛丽亚作为南方人那种慢悠悠的吐字方式、以哈莱姆区为根据地的黑人民权激进分子热情洋溢的口音、培根牧师所作的细致缜密的记叙，将纽约的多姿多彩展现得淋漓尽致。这座城市因为种族敌意和阶级妒意而骚动不安，想要一夜暴富的心理驱使着人们，几乎每个人都被性爱、金钱和权力所主宰。沃尔夫号称要写出一部足以与维多利亚时代狄更斯和萨克雷的流行大作相媲美的20世纪作品，他成功地做到了。**CC**

作者生平：1930年生于美国，2018年卒
首次出版：1987年，Farrar, Straus & Giroux（纽约）
英国首版：1988，Jonathan Cape（伦敦）
原著语言：英语

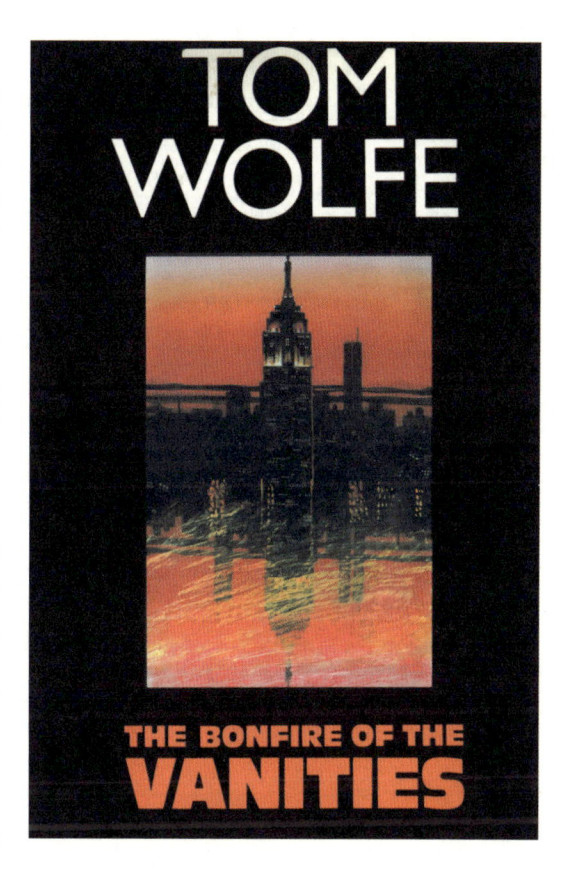

他们会来看你的！

▲ 这是英国版封面，由马克·霍姆斯设计。这部小说最早曾在《滚石》杂志上连载。

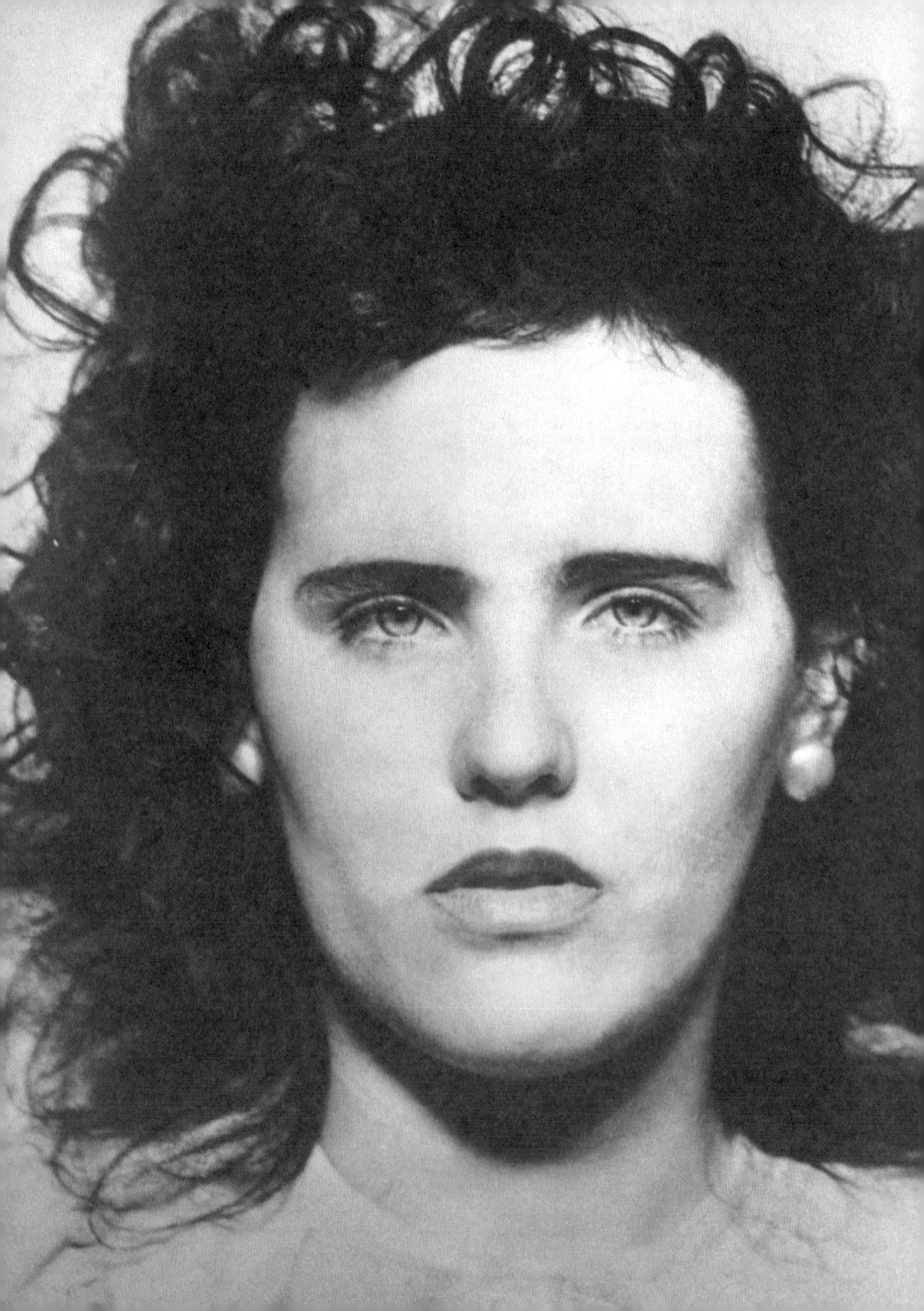

黑色大丽花 The Black Dahlia

詹姆斯·艾尔罗伊（James Ellroy）

作者生平：1948年生于美国
作者教名：Lee Earle Ellroy
首次出版：1987年，Mysterious Press（纽约）
原著语言：英语

詹姆斯·艾尔罗伊的《黑色大丽花》是小说四部曲之一，这四部小说揭开了20世纪40年代末到50年代中期洛杉矶黑暗地带的疮疤。这部作品既是警察办案小说，又是对观淫癖和性执迷所作的复杂而令人不安的思考。故事情节的核心是绰号"黑色大丽花"的伊丽莎白·肖特惨遭杀害。这个年轻的女人来到好莱坞，寻找成为明星的前途和爱情，结果找到的只有卖淫、拍色情影片和死亡。为了追查凶手，警探巴奇·布雷切特必须拼凑出她生命中最后几天的情况，为还原真相，他不光要面对执法部门和商界的大人物，还要面对他自己勉强压制住的心魔。

后来，布雷切特在一栋楼里发现了谋杀"现场"，这栋楼是支撑著名的好莱坞标志的楼座之一。由此，小说所关注的几大基本领域——色情、壮丽的景观和建筑业——被带到了一起。正如"二战"后的洛杉矶重建需要毁坏原有的风光，从中捞取利润，伊丽莎白·肖特所遭到的惊人残虐，也与一名性变态的地产大亨的商业野心有关。在整个办案过程中，与雷蒙德·钱德勒笔下原型化的侦探不同的是，布雷切特没能把感情和性爱分开：他对被害女子的痴迷，毁掉了他的婚姻和大有前途的事业。他把一名妓女引诱到一家汽车旅店房间里，房间里撒满凶案照片，照片上是伊丽莎白·肖特遭到骇人毁损的尸体，他逼迫惊恐的妓女装扮成黑色大丽花的样子。这一幕既让人不安，又令人印象深刻。尽管凶手的身份最终水落石出，但过度饱和的暴力、性糜烂和堕落，令人意气难平。**AP**

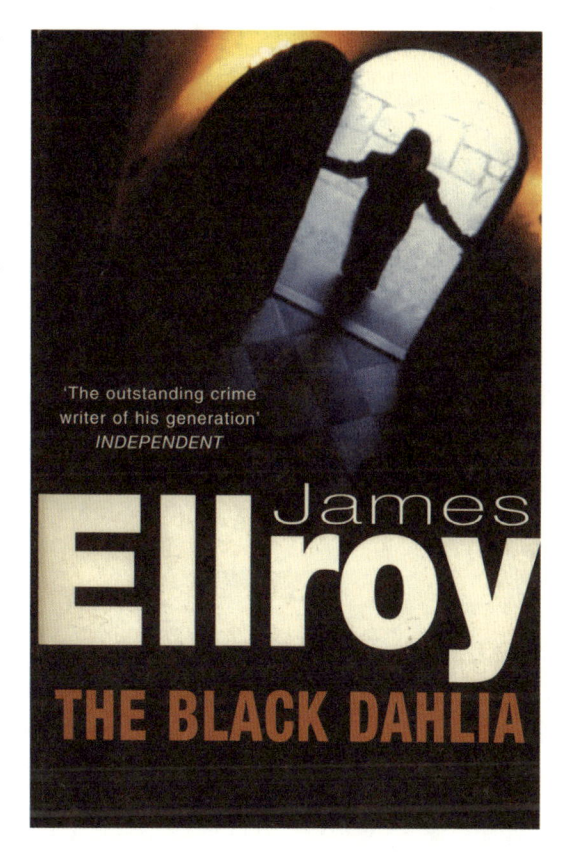

▲ 1958年，艾尔罗伊的母亲热纳瓦在洛杉矶被人杀害，这桩始终没有破获的凶案改变了艾尔罗伊的人生，使他写起了罪案小说。

◀ 1947年，人们在洛杉矶的一个停车场里，发现了二十二岁的伊丽莎白·肖特遭到毁损的尸体。

一个作家的午后 Nachmittag eines Schriftstellers

彼得·汉德克（Peter Handke）

作者生平：1942年生于奥地利
首次出版：1987年，Residenz Verlag（萨尔茨堡）
原著语言：德语
英译书名：*The Afternoon of a Writer*

在彼得·汉德克的《一个作家的午后》中，"午后"一方面是确切的时间：作家完成了白天的工作，他那座房子充满了冬日午后灰暗、阴郁的阳光。但另一方面，"午后"也意味着空间和感官的场所，意味着身体在惯常空间里的活动，此时驱使身体活动的，是它自身的需要，而非有目的的工作计划。从这层意义上来讲，"午后"就是劳动之后，这段时间和感受有种自由自在的特点，但也有种疲惫，把那份自由感变得不十分真切，把它变成一种难得的，但令人难以忍受的回归自我，这个自我褪去了外在的目的或动机。

在《一个作家的午后》中，汉德克笔下的作家是个独自生活、工作、吃饭、散步的人，但这种物理隔离，却很难保护他珍视和维持的独处状态。充斥着一条城区街道的闲言碎语和画面既吸引着他，又令他感到抗拒，作家外出散步，犹犹豫豫，投身其间，沉湎其中。

他对自己的作家身份感到焦虑不安，对他来说，艺术只是一种日常的辛苦活动，一个包罗万象的辉煌目标。与作家孤独的深度，以及他与语言和观察缔结的丰富关系相比，"外部"世界未免有些相形失色。汉德克没有道出作家散步的那座城市的名字，他通过这样做，有意凸显了这样一种对比关系：这座城市的街道没有什么特色，描写这些街道的语言也是模糊不清的。但这一对比并非无法逾越的分歧，这本小书的美妙会让作家和读者对世间万物萌生出渴望。**PMcM**

彼得·汉德克既是小说家，又是剧作家，还参与撰写了维姆·文德斯的《柏林苍穹下》的电影剧本，这部影片同样于1987年上映。

光辉灿烂的道路 The Radiant Way

玛格丽特·德拉布尔（Margaret Drabble）

作者生平：1939年生于英国
首次出版：1987年，Weidenfeld & Nicolson（伦敦）
美国首版：Alfred A. Knopf（纽约）
原著语言：英语

玛格丽特·德拉布尔的这部小说大获好评，它是备受欢迎的三部曲之一，这套三部曲描述了三名女性的生活，她们就像德拉布尔本人一样，在20世纪80年代，发现自己置身于剑桥大学之中。《光辉灿烂的道路》由1979年的新年聚会写起，开始考察丽兹·黑德兰的生活，她在家庭、事业和伦敦的社交生活方面都一帆风顺，这让她度过了二十年风平浪静的愉快时光。但进入80年代后，丽兹对生活的确信，开始以一种戏剧性的方式发生崩溃。她发现自己又开始回想自己在英国北部偏远地区度过的童年和青春期，那是剑桥向她发放通行证，让她来到伦敦令人愉悦的复杂环境之前的事。丽兹的两个朋友的故事穿插在她的故事里：她们是阿利克斯和埃丝特，前者天真的政治信念和欢快的浪漫情感，让她很容易在成人生活多变的情感和金钱问题中，遭到可怕的伤害。埃丝特那份神秘的保留，还有她拿剑桥逗乐的做法，变得日渐明显，让朋友们为她感到担心。她们三个都是自信、快乐的女人，但80年代那些改变生活的事（以她们舒适的生活中原先根本不可想象的少许暴力为极致），让她们不得不重新衡量自己在生活上取得的成功，从她们长期的友情中重新找到价值。

像往常一样，德拉布尔在这本书里探讨了自由、抱负和爱情等问题，职业女性要以一种微妙的、时常滑稽可笑的方式面对这些问题。这些人物的生活细节，若不是与处于令人振奋的文化变革和政治不确定性之中的伦敦这一超现实的背景交织在一起，就会显得平淡无奇。这部作品既是一部富有讽刺意味的女性教育小说，又是一部绝佳的英国国情小说，它始终是德拉布尔最精彩、最令人着迷的作品之一。**AB**

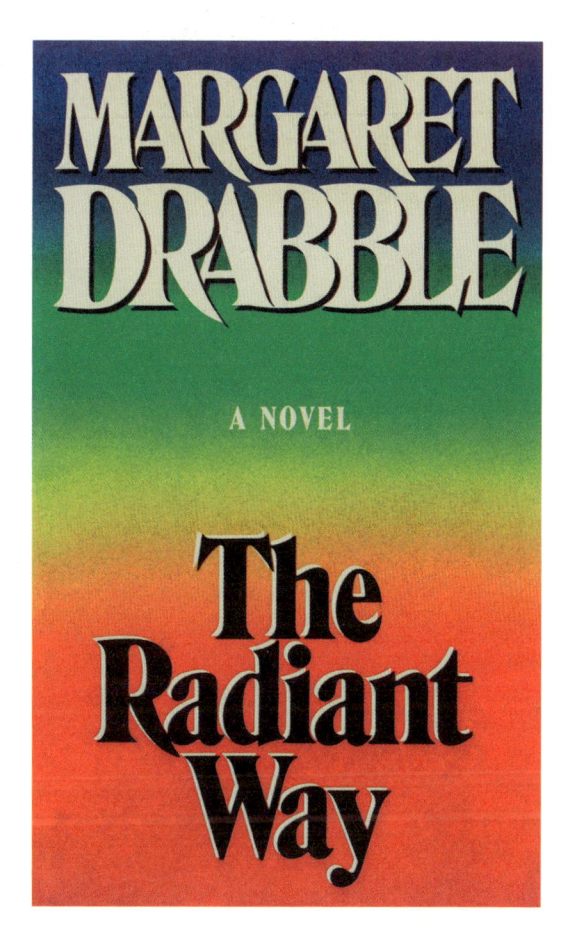

▲ 1980年的女王生日庆典上，玛格丽特·德拉布尔获得大英帝国司令勋章。她后来又在2008年的女王生日庆典上晋升为爵级司令勋章。

厨房 キッチン

吉本芭娜娜（吉本ばなな）

作者生平：1964年生于日本
首次出版：1987年，福武书店（东京）
作者本名：吉本真秀子
英译书名：*Kitchen*

在《厨房》包含的两则中篇小说里，日本作家吉本芭娜娜（吉本真秀子的笔名）探讨了渴望与悲伤之间难分难解的联系。同名中篇小说《厨房》中的樱井美影，因祖母去世成了孤儿，她接受了大学同学田边雄一和他的母亲或父亲惠理子（一名做过手术的变性人）的提议，暂时搬到他们家住。在一片由同性恋俱乐部、变性手术和烹饪试验组成的奇特天地里，这三个人尝试组建了一个另类的小家庭。但一场悲惨的谋杀险些毁掉樱井美影和田边雄一刚刚找回的平静，让他们一起陷入了无望、悲伤，最终坠入爱河。

第二篇《月影》也对死亡与欲望之间的脆弱界线作了细腻的分析。因为恋人猝然离世，早月悲伤不已，她开始慢跑，不让自己接受爱人的离去。但当她在桥上遇到一个神秘女人，后者给她一个平复悲伤的机会时，她却发现，自己无法拒绝。《月影》用平实、哀婉的文字写就，像《厨房》一样，描绘了这样一些人物——他们突然发现自己在一个冰冷、陌生的世界上漂泊——以及他们随后对意义的探寻。

吉本芭娜娜的父亲是20世纪60年代著名的新左派哲学家龙明（吉本隆明），她姐姐是人气漫画家春野宵子。日本和海外的评论界都对她赞赏有加。尽管写这部作品时，她只有二十三岁，还在东京做服务生，但这部处女作荣获了日本最具声望的两项文学奖，此后被译介为二十多种语言。**BJ**

> 剩下了我和厨房。这总略胜于认为天地间只剩下我孤单一人。

▲ 《厨房》最初在日本出版时，采用的就是这一淡雅的封面。它极富冲击力，在年轻人中引发了"芭娜娜热"。

全能侦探社 Dirk Gently's Holistic Detective Agency

道格拉斯·亚当斯（Douglas Adams）

作者生平：1952年生于英国，2001年卒于美国
首次出版：1987年，Heinemann（伦敦）
美国首版：Simon & Schuster（纽约）
原著语言：英语

在《全能侦探社》中，道格拉斯·亚当斯用一个极不寻常的侦探故事，回归了地球。作家经手处理的，都是此前的系列作品《银河系搭车客指南》（见本书第699页）中出现过的重大问题。像往常一样，对亚当斯来说，事情绝非表面看起来的那么简单：科幻小说、鬼故事、侦探小说等类型顽皮而戏谑地混合，掩饰着一系列更阴暗也更迷人的主题。

一个有着百万身家的计算机王国缔造者被人杀害，私家侦探德克·简特利着手追查凶手。这位最不同寻常的侦探，采用了他的招牌式整体论方法，来调查这起案件。他一直相信，万事万物都有着潜在的联系，这一信念令他颇有斩获。侦探小说的常规被颠覆了：一条条线索追寻着简特利，一个接一个地呈现在他的面前。但他还有好多事情要做，因为德克·简特利所要解决的核心谜题，不是别的，正是弄清地球生命的源头，揭示历史进程背后的作用力。尽管简特利被描绘成一个荒唐的、略有几分悲惨的人物，但亚当斯正是通过他，得以接近某些在1980年广为传播的深刻的思想潮流。这是少有的探讨混沌理论或复杂理论的小说之一。通过将小说背景从跨星系的《银河系搭车客指南》缩减为《全能侦探社》中的地球，亚当斯反映出了人们对这个全球化的世界上各种事物之间的联系，所产生的一种新兴的、普遍的认识。当他笔下的人物与邪恶的敌人作战时，他们意识到，他们的选择，哪怕是那些用意最良善的选择，都会给相互连接的生命之网带来无心却深远的影响。**AC**

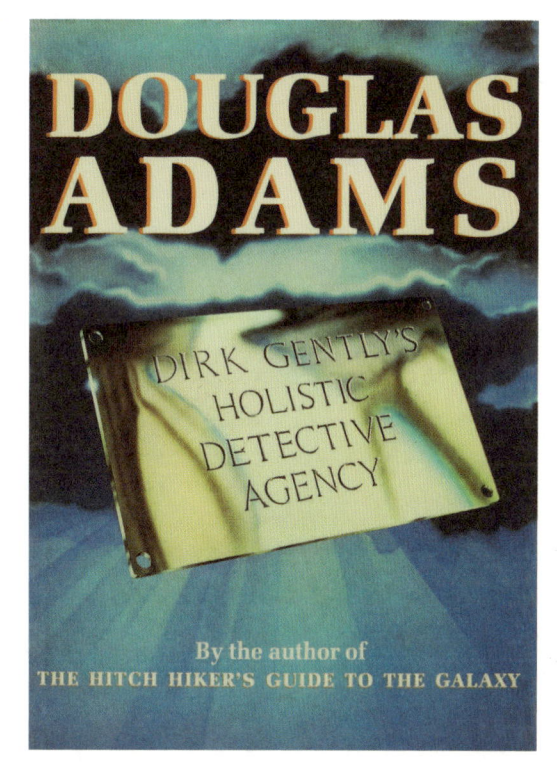

咱们来做不可能实现的事吧。咱们准备与不可言说之物较量一番吧，看咱们到底能不能把它给干了。

▲ 亚当斯把他的小说描述为一部"极其好的侦探/鬼怪/恐怖/凶杀/时间旅行/浪漫/音乐/喜剧/史诗"。

20世纪 | 783

红高粱家族

莫言

作者生平：1955年生于中国
首次出版：1987年，解放军文艺出版社（北京）
首次刊载：《人民文学》，1986年第3期
英译书名：*Red Sorghum*

莫言，2012年获得诺贝尔文学奖。"莫言"是管谟业的笔名，意思是"不要说话"。诺贝尔文学奖评委、汉学家马悦然曾评价莫言的创作："我感觉他写得太多了，他的书有现在的一半厚就更好了。"莫言幽默地回应："我知道，但是因为我非常会讲故事，只要开始了就讲不完。"

《红高粱家族》并非篇幅巨大的长篇小说，而是由具有连续性的五则中篇小说组成，它们分别是《红高粱》《高粱酒》《狗道》《高粱殡》《奇死》。这些故事以第一人称叙述了"我爷爷"余占鳌和"我奶奶"九儿之间的传奇爱情故事，以及发生在莫言故乡"高密东北乡"的抗日故事。

余占鳌既是"土匪"也是"英雄"，正义又野蛮。他杀了一个和尚，因为自己守寡多年的母亲与其通奸；为了女人杀人放火，霸占后来成为他妻子的九儿；为了报仇雪耻，苦练枪法，将曾非礼过他妻子的土匪花脖子一伙一网打尽；为了还村姑玲子的清白，将酒后施奸的亲叔枪毙；为了九儿的丫鬟恋儿不惜和妻子闹翻；为了民族大义，毅然抗日，最终全军覆没……

在对血肉横飞的战争场面进行描写的同时，作者也描绘了一片红如鲜血的红高粱。"无边无际的红高粱红成汪洋的血海。高粱高密辉煌，高粱凄婉可人，高粱爱情激荡。"高粱是酿造中国烈性白酒的原料，"红高粱"象征着强悍的生命力，《红高粱家族》是一曲对生命的赞歌。

莫言将现实和幻想、历史和社会角度结合在一起，以自由不羁的想象，汪洋恣肆的语言，创造出一个辉煌瑰丽的小说世界。他的作品让人联想起福克纳和马尔克斯作品的融合，同时又在中国传统文学和口头文学中寻找到一个出发点。**EF**

莫言亲自担任编剧的电影《红高粱》（1987）由张艺谋执导，于翌年获得柏林国际电影节金熊奖。

香烟 Cigarettes

哈里·马修斯（Harry Mathews）

作者生平：1930年生于美国，2017年卒
首次出版：1987年，Weidenfeld & Nicolson（纽约）
英国首版：1988年，Carcanet（曼彻斯特）
原著语言：英语

哈里·马修斯是写作团体"乌力波"中唯一一名美国成员，这个以巴黎为大本营的作家群体用文字组合中的发明创造进行实验，将源于数学的规则应用到句子、诗歌和整部长篇小说里。马修斯为这个团体所做的最著名的贡献，就是马修斯算法：将任意情节要素进行重新合并，以发现意料之外的序列。

这种算法也许就是《香烟》的组织原则，也许不是。这部小说横跨三十年，写的是纽约大多无所事事的富裕闲人——马修斯就是在这样的人中间长大的。每一章都是对前后章节的细微变更，类似的事件经由不同的视角加以观察，每一章都专门描述一对人物之间的紧张冲突——欧文正要勒索艾伦，艾伦的女儿普丽西拉与沃尔特有染，沃尔特是菲比的导师，菲比伪造了一张伊丽莎白的画像，人人都爱伊丽莎白。其中有不少误解和欺骗——情人间的、生意伙伴间的、父母间的、孩子们之间的——带有魔力的物件在文本间移动着，从一个人那儿转到另一个人那儿，将他们全部联系到一起。读者难免会感到，表面之下还有某种错综复杂的事正在发生，但表面已经足够丰富多彩，它呈现出多种多样的形式和排列，其设计全部精准无误——这是马修斯的作品带给读者的典型感受。**DSoa**

神经症 Nervous Conditions

吉吉·丹格兰伯加（Tsitsi Dangarembga）

作者生平：1959年生于津巴布韦
首次出版：1988年，Women's Press（伦敦）
原著语言：英语
英联邦作家奖（非洲）：1988年

《神经症》是一部多姿多彩的私人回忆录，也是为20世纪60年代殖民统治下的罗得西亚拍摄的一张富有见地的快照。坦布所属的家族支系都是粮农，她早年在家生活，辛勤劳动，对世道的不公深有体会。她对修纳人实行的父权制度作了精明的观察，但她不愿像母亲一样，对"一方面是黑人的贫困，另一方面是女性的本分"逆来顺受。

她父亲认为，没必要送坦布去上学，她又不能靠"烹煮书本"养活丈夫。但她早早地意识到，接受教育才是她的出路；尽管她显然是个天分颇高的学生，但她还是靠运气和彻底的决心，才获得了成功。

小说的名字取自它的卷首引语，这句引语出自让—保罗·萨特为弗朗茨·法农的《全世界受苦的人》题写的序言："天真病是种神经症。"来到教会学校之后，坦布马上进入了一片不同的天地——她那位每个家庭成员都在英国待过的成功的姨父一家的天地。坦布从表姊妹尼娅莎的进食失调中，从姨父的神经质和过剩的控制欲中，亲眼见识了因为殖民状况，因为夹在两个世界之间而带来的紧张感。这是坦布必须在她的正规教育中跨越的雷区。坦布通过一个引人入胜的故事讲述了四名女性的独特经历，对黑人女性的身份问题作了清晰的表述。这是个更加重大的问题，也让情势更加恶化。**ST**

奥斯卡与露辛达 Oscar and Lucinda

彼得·凯里（Peter Carey）

作者生平：1943年生于澳大利亚
首次出版：1988年，University of Queenstown Press
原著语言：英语
布克奖：1988年

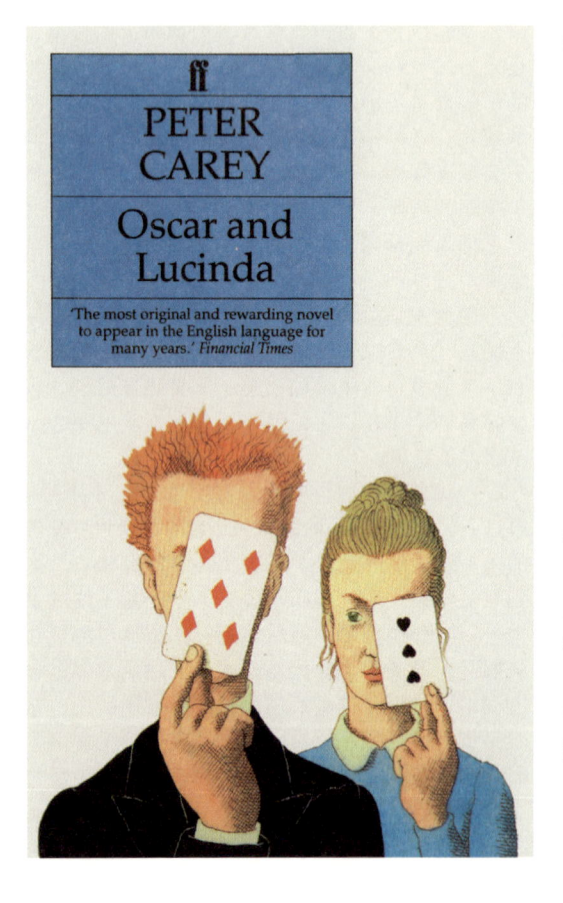

彼得·凯里或许是澳大利亚最著名的后殖民作家。《奥斯卡与露辛达》以19世纪中叶的英国和澳大利亚为背景。奥斯卡·霍普金斯是牧师的儿子，一个患有恐水症、不够阳刚的英国人。露辛达·莱珀拉斯特里尔是澳大利亚的一个女继承人，她反抗着社会对女性的限制和期许，用自己继承的遗产买下了一家玻璃厂。两人的童年都遭受过精神创伤，奥斯卡的创伤来自他那位控制欲强、笃信宗教的父亲，露辛达的创伤与一个娃娃有关，那是母亲送给她的礼物。长大成人后，两位主人公都喜欢上了赌博，当他们终于在开往新南威尔士的一艘船上相遇时，对冒险的喜爱让两人走到了一起。两人之间萌生了心神不宁、难以言表的情愫。最后，两人穿过荒凉地带，运送一座玻璃教堂，两人之间的爱意也变得越发浓厚，但这份爱情并未开花结果，两人将爱情各自藏在了心底。

几大重要主题贯穿全书，下述这一想法是颇为重要的主题之一——爱情是终极的赌博，是高风险的赌局。讽刺的是，奥斯卡与露辛达都不敢投身其中。凯里探讨了这一历史时空下的性别局限观念，那时社会最中意的，是经过明确界定的角色。露辛达一次又一次地发现，如果她逾越了社会强加给她的界限，就会遭到排斥。最后，在写到这对男女将玻璃教堂运往原住民地盘的另一侧时，这部小说对殖民主义作了尖刻的批评。玻璃（很像奥斯卡害怕的水）尽管给露辛达带来了财富，却促成了悲惨的结局，以及澳大利亚内地的最终毁灭。**EF**

▲《奥斯卡与露辛达》荣获了1988年的布克奖。这里展示的是苹国版封面。同名影片于1997年摄制完成。

游泳池更衣室 The Swimming-Pool Library

阿兰·霍林赫斯特（Alan Hollinghurst）

阿兰·霍林赫斯特发表《游泳池更衣室》时，已经在文学舞台上忙碌许久了，他出版了两本诗集，在《泰晤士报文学副刊》供职。这部作品是他的第一部长篇小说，是对1983年同志生活生机勃勃的记叙，描绘了"再也不会到来的最后一个夏天"里的享乐，那时艾滋病危机尚未爆发。这部小说时而沉浸在当下的狂喜中，时而沉浸在怀旧中，醉心于男性的陪伴和无处不在的同性关系，同时指引着读者走向精心设定的结局。

本书对两种生活进行了对比，一种是非洲前殖民地的行政官员南特维奇勋爵的生活，另一种是威廉·贝克维兹的生活，他是个年轻的男同性恋，不用为生计发愁。威廉在救了年长者一命后，经过劝说，同意为南特维奇撰写传记，拿到了南特维奇的日记。这些日记为小说提供了平行的叙事，显然，尽管两人不是同辈，但他们的生活有着令人不安的相似之处。种族歧视和对同志的非难始终如一，甚至在同性恋合法化十五年之后，同性恋男子的烦恼仍在，比如威廉最好的朋友被一名本身是同志的卧底警察逮捕，这似乎是南特维奇在20世纪50年代入狱服刑一事的奇特再现。尽管可以为所欲为，但在这部小说里，压迫机构从未远离。此外，对诱人的不法性爱的怀念，凸显了欲望潜在的复杂性。以不法同性恋生活的危险，给当代同性恋解放运动投下了阴影，这样做是为了提醒我们，免得我们自鸣得意，以为我们与过去的联系和我们欠过去的债，已经随着眼下的胜利而一笔勾销了。**CJ**

作者生平：1954年生于英国
首次出版：1988年，Chatto & Windus（伦敦）
原著语言：英语
毛姆文学奖：1989年

▲ 这部小说出版后，埃德蒙·怀特给予盛赞，说它是"描写同志生活的最佳作品，况且还是出自一位英国作家之手"。

维特根斯坦的情妇
Wittgenstein's Mistress

戴维·马克森（David Markson）

作者生平：1927年生于美国，2010年卒
首次出版：1988年，Dalkey Archive Press（伊利诺伊）
英国首版：1989年，Jonathan Cape（伦敦）

倘若这不是我们所有人都曾有过的幻想，也一定是绝大多数人有过的幻想：你成了留在世上的最后一个人。凯特遇到的就是此种情形，她是戴维·马克森的小说《维特根斯坦的情妇》的主人公。果真如此吗？"起初，我有时会在街上留下讯息。"这是作品的开头，但读者始终无法确切了解此后发生的任何事情，只能听取凯特的内心独白。故事情节有两种基本的可能：凯特值得信任，倘若如此，那她的一个儿子在一场火灾中丧生，或许她对那场火灾负有责任，现在，出于某种不得而知的理由，她成了世界上最后一个人；或者她不值得信任，倘若如此，那她的一个儿子在一场火灾中丧生，或许她对那场火灾负有责任，后来她发了疯，现在自以为是世上的最后一个人。

这一主题——信任（信任他人和自己），以及信任与语言的关系——充分证实了书名的正当性。其实，这部作品正是对维特根斯坦的思想所作的小说化阐释，凯特话里的混乱和痛苦，读起来就像维特根斯坦的哲学文本中某种暗含之意的神秘回音。随着她对过去的认识和她私人的回忆变得越发不可靠，我们意识到，当下的面貌是不可能认清的，而若是无法认清当下，就不可能认清自我。这位被低估的作家的高明之处，在于他让怀疑巧妙地悄悄潜入，最终将读者也一并吞噬。**DS**

盲人的天堂
Những thiên đường mù

杨秋香（Dương Thu Hương）

作者生平：1947年生于越南
首次出版：1988年，Phu nu（河内）
原著语言：越南语
英译书名：Paradise of the Blind

这部诉诸感官、真切可感的小说，犹如一趟深入越南残破核心的旅程。杨秋香的这部作品因为富有说服力而在她的故国至今仍未解禁。故事是以航的视角进行叙述的，她是一家俄国纺织厂的年轻流动工人。她穿越俄国，去看望身为共产党员的伯父，后者的行为给她爱的人带来了几乎不可原谅的无尽痛苦，然而由于家庭纽带的文化力量，这位伯父仍是一家人的主心骨。

《盲人的天堂》以亲切的细腻笔触和痛切的诚挚，以及强烈的感官感受，再现了越南农村的日常生活和城市边缘地带惯常的疾苦——读者简直能嗅到家中祭台上供品的气味，尝到鸭血冻的表皮，或者摸到长满村中水塘的浮萍分泌的黏液。航寡居的母亲、未婚的姨妈，还有身为党员的伯父，都以各自不同的方式，竭尽所能，按照一个义无反顾地投入文化革命的小农社会那些冲突的规则生活，付出了巨大的代价。

杨秋香对风光明信片上的画面——稻田、竹子、水牛、锥形的帽子和自行车——背后的东西进行了深刻的发掘，深入这个有古老的宗教、年深日久的仇恨和巨大的变迁的国度内部。这部小说具有奇妙、忧伤的感染力，对变革之中的越南给出了有力的洞见。**TSu**

第一座花园
Le premier jardin

安娜·埃贝尔（Anne Hébert）

作者生平：1916年生于加拿大，2000年卒
首次出版：1988年，Éditions du Seuil（巴黎）
原著语言：法语
英译书名：*The First Garden*

《第一座花园》在卷首引用了威廉·莎士比亚的话"整个世界是个舞台"，主人公——日渐没落的女演员弗洛拉·法朗斯——把这句话当成座右铭，她用自己扮演的一系列戏剧角色，来解释自己的人生。在法国生活多年之后，弗洛拉获得了一个戏剧角色，回到了自己的出生地魁北克，尽管她在这里取得了表面上的成功，但对烦恼的过去的回忆，还有她与疏远的女儿问题重重的关系，都令她心绪不宁。在排戏期间，她与比她年轻许多的拉斐尔一起度过了越来越多的时间，这场恋情引发了一连串事件，将她带回到童年的可怕经历之中。

埃贝尔用短促、梦幻般的场景，将弗洛拉错综复杂的意识传达给读者，其直截了当简直令人不安。这部小说在时空中跳跃，于是我们就像弗洛拉一样，通过心理联想和幻想，渐渐找回了回忆。《第一座花园》细致描写了失败的家庭生活的细枝末节——弗洛拉与女儿莫德失败的关系，反映出的是她与养父母之间麻烦重重的关系，他们那中产阶级的光鲜外表下，隐藏着与年幼时的她有关的一个可怕真相。

《第一座花园》这部篇幅不长、风格粗犷的小说，对人是怎样只顾自己、置他人的利益于不顾，作了不留情面的审视，还清楚讲明了这样的行为会带来怎样的后果。**AB**

最后的世界
Die letzte Welt

克里斯托夫·兰斯迈耶（Christoph Ransmayr）

作者生平：1954年生于奥地利
首次出版：1988年，Fischer（法兰克福）
原著语言：德语
英译书名：*The Last World*

兰斯迈耶的小说从奥维德被逐出罗马，他的青年朋友科塔到遥远的黑海港口托密（位于现保加利亚境内）寻找他开始写起。故事很快就变成了一段幻想的平行历史，奥维德绝迹的诗作《变形记》在此上演。科塔遇见或听说了托密居民的种种事迹，他们正是与诗中神话人物相对应的当代化身。那名重复别人话语的村妓名叫艾科；阴间的神灵狄斯和普罗塞耳皮娜，如今则是逃难的德国掘墓工蒂斯和他那爱吵架的未婚妻；阿拉克尼是聋哑织工，法玛是当地开办商店的长舌妇。这些遭遇和其他事件，犹如一块拼图板的诸多碎片，科塔将它们拼凑成一个生动迷人的故事。

《最后的世界》被誉为当代杰作，其密集的魔幻画面尤为令人称道，它也因此被人与加西亚·马尔克斯的魔幻现实主义相提并论。但这篇有着生动画面和令人不安的感染力的寓言，超越了这样的断言——伟大的作家是不可能被噤声的，神话在我们的生活中无处不在。兰斯迈耶笔下的世界不只是《变形记》的变形，还是一个永恒的诗意世界，是一则政治寓言，作者借此巧妙、间接地对普世的、当代人关注的主题——如流亡、审查制度、独裁、生态灾难的威胁——进行了处理。**LB**

傅科摆 Il pendolo di Foucault

翁贝托·埃科（Umberto Eco）

作者生平：1932年生于意大利，2016年卒
首次出版：1988年，Bompiani（米兰）
原著语言：意大利语
英译书名：*Foucault's Pendulum*

这部小说里的一切都有可供阐释的余地，因此我们不应忽略这一事实：叙述者与《米德尔马契》（见本书第172页）中多萝西娅的那位学者丈夫同名。翁贝托·埃科笔下的卡苏朋也想把乱七八糟的世界史重新写过，写成一个统一、连贯的故事，但与爱略特笔下对自己的项目深信不疑的卡苏朋不同的是，埃科笔下的这个人物，深知自己的故事也只是诸多版本之一而已。

《傅科摆》是一部庞杂的小说，讲的是人对意义的欲望。卡苏朋、贝尔勃和狄欧塔列弗在加拉蒙出版社共事，他们研究着一本有关秘密社团史的书。他们本打算制造一个复杂的笑话，把所能找到的解释说明都输入贝尔勃的电脑里，最后编造出《圣殿骑士计划》。这一计划是终极的阴谋论：每个看似无关的历史事件，在一个高度综合化的故事里，呈现出崭新的重要意义。在这个故事里，每件事都能说明其他一切。这是一个危险的游戏，最终会给这个游戏的玩家带来恶果。《傅科摆》这部小说具备侦探小说的所有要素，只是没有最终的（解谜）结论。在这个轮番让人欲罢不能与灰心沮丧的故事中，每件事都意味着自身之外的更大真相——只不过，这一真相是杜撰出来的。**KB**

> 她头顶上方是宇宙中唯一固定不动的位置……她觉得那是摆的事，不关她的事。

▲ "二战"爆发后，埃科随母亲搬到了皮埃蒙特山区的一个小村庄，在那儿，年轻的埃科带着复杂的心情目睹了法西斯和游击队间的枪战。这段经历后来成了他的半自传性小说《傅科摆》的主要框架。

噱头！ Gimmick!

约斯特·茨瓦格曼（Joost Zwagerman）

作者生平：1963年生于荷兰，2015年卒
作者教名：Johannes Jacobus Zwagerman
首次出版：1989年，De Arbeiderspers（阿姆斯特丹）
原著语言：荷兰语

在二十三岁凭借一部备受好评的散文处女作登场亮相后，《噱头！》在三年后问世，约斯特·茨瓦格曼凭借该书，取得了决定性的突破。在这部以1989年的阿姆斯特丹为背景的小说里，作家让主人公"拉姆"瓦尔特·范·拉姆斯东克向我们讲述了为期七个月的当代消费社会的颓废生活。拉姆和朋友格伦、埃克哈特是年轻的荷兰艺术精英。格伦和埃克哈特在"噱头"夜总会打发夜晚的时光，靠绘画来赚钱购买性爱、毒品和摇滚乐——既然所有事都是前人做过的，那又有何不可？而拉姆则相反，自从被女友甩掉，他就再也画不出画来。拉姆努力让自己留在受宠的艺术界，结果却崩溃了。

茨瓦格曼用讽刺的议论，展现了雅痞文化，并努力揭示雅痞文化之下的原生态生活。茨瓦格曼自发地将精练的文字与他备受称赞的、对细微之处的把握结合在一起，让笔下的人物自行现身说法。拉姆的那个由可卡因、金钱、破碎的心和失败的恋情组成的世界，与后现代世界中的个体真实性问题密切相关，人害怕在对某人或某物的迷恋中失去自我，害怕不可避免地失去纯真。绝佳的编造比不上真实的体验，还是二者并无分别？你是什么人，你想要什么？在小说结尾，拉姆跟一个女人躺在床上，他流着鼻血，说："我要出租车。" **MvdV**

> 等我死了，你怎样处置我的书都行，把它们从店里撤掉，付之一炬，都行——死了就是死了。
>
> ——约斯特·茨瓦格曼

▲ 约斯特·茨瓦格曼的这张照片由马蒂尔·吉尔斯摄于2005年。他是一位随笔作家、诗人，也写过几部小说。

为欧文·米尼祈祷 A Prayer for Owen Meany

约翰·欧文（John Irving）

作者生平：1942年生于美国
作者全名：John Winslow Irving
首次出版：1989年，W. Morrow（纽约）
原著语言：英语

约翰·欧文的小说总是围绕错综复杂的情节和令人难忘的喜剧人物展开，从而使他的作品能在文学和通俗小说之间取得平衡。《为欧文·米尼祈祷》被广泛认为是他的最佳作品。

这部小说是对信仰、怀疑和回忆所作的华丽而富有喜剧性的记录，也是对美国文化的反映，或许还是欧文自传性最强的作品。1987年，在多伦多，苦恼而怀旧的约翰·惠尔莱特讲述了自己年轻时的故事，回想起自己与朋友欧文·米尼在20世纪中后期度过的时光。他记得欧文是个古怪、皮肤发亮的矮子，他的声带没发育好，说起话来瓮声瓮气，怪怪的（他的话在书中用大写字母表示），这让他成为不少残酷恶作剧的捉弄对象。他还记得，自己的母亲是欧文意外杀死的。

约翰在第一页就提到，欧文·米尼是自己成为基督徒的原因，剩余篇幅讲述了何以如此，以及约翰是如何发现自己的精神信仰的。这本书的主题是：在并没有上帝存在的明显证据的世界——或者在约翰看来，世界正是如此这般——信仰与怀疑之间的关系。最重要的象征就是欧文本人，他体现了自然与超自然之间的关系，这是这部小说的核心。尽管有些古怪，但欧文代表了人类的精神状况；欧文与其他多数人之间的区别，就是欧文知道自己是上帝的工具。欧文宿命论式的信仰核心，就是他知道自己会英勇地死去，他毕生都在准备迎接这一刻的到来。**EF**

我注定要记得一个破锣嗓子的男孩……

就像小说中叙述者的母亲一样，约翰·欧文的母亲也总是拒绝透露他的父亲是谁。

恰似水于巧克力 Como agua para chocolate

劳拉·埃斯基韦尔（Laura Esquivel）

作者生平：1950年生于墨西哥
首次出版：1989年，Editorial Planeta Mexicana
原著语言：西班牙语
英译书名：*Like Water for Chocolate*

劳拉·埃斯基韦尔这篇令人愉悦的爱情故事以墨西哥为背景，总共十二章，每章的标题都是一个月份，每章打头的正文内容是一份食谱。各种烹饪材料的迷人组合，让这本书就像它描述的烹饪一样，既世俗，又充满滋味。就这样，那些菜谱变成了《恰似水于巧克力》中不可或缺的一部分，正如食物是我们日常生活不可或缺的部分一样。这是蒂塔的故事，她是全部成员均为女性的德拉·加尔扎家族的小女儿，身为一家之长的妈妈艾莱娜不许她嫁人，因为墨西哥有这样一项传统：小女儿必须服侍母亲，直至母亲终老。

不可避免地，蒂塔与佩德罗相爱了，后者决定娶蒂塔长相难看的姐姐罗绍拉为妻，这样起码还能离心上人近一些。这场婚姻是一场长达二十二年之久的冲突的开端，这场冲突充满激情、欺骗、愤怒和爱情，其间，两名恋人只能若即若离，他们的感情始终不渝。作为家中的大厨，蒂塔做的饭菜中饱含着她对爱情的感觉和渴望——这些饭菜既影响了每个人，也影响了故事的结局。

给这对恋人的故事充当背景的、令人垂涎的美味佳肴，有婚礼蛋糕、玫瑰花瓣鹌鹑和核桃酱辣椒，它们既让人胃口大开，又对各个人物作出了隐喻式的评价。这些食谱与爱情故事的美妙组合，成就了一部滋味独特、非同凡响的小说，它既充满活力，又给人带来感官的享受，既风趣又激情洋溢，既有苦有甜，又美味可口。就像蒂塔做的巧克力和面包一样，这部富有原创性、引人入胜的小说同样令人无法抗拒。**LE**

从那天起，厨房就成了蒂塔的活动场所……

▲ 劳拉·埃斯基韦尔的这张照片，是2001年在她的纽约寓所拍摄的。她的第一部小说被拍成了电影，于1993年上映。

里斯本围城史
História do Cerco de Lisboa

若泽·萨拉马戈（José Saramago）

作者生平：1922年生于葡萄牙，2010年卒于西班牙
首次出版：1989年，Editorial Caminho（里斯本）
英译书名：*The History of the Siege of Lisbon*
诺贝尔文学奖：1998年

像他所有非凡的小说一样，若泽·萨拉马戈在这本书里也极少使用标点符号。这样做的结果，与阿诺尔德·勋伯格的序列音乐有些相似，那就是重新发明了我们所知道的那种历史小说，让许多人在这方面的努力相形见绌。萨拉马戈用魔术师一般的巧妙手法，将读者径直带到了另一个世界的中心。

雷蒙多·席尔瓦是里斯本一家出版社的校对员，他一时冲动，往一本历史书里添加了一个否定词，改写了葡萄牙的过去：在12世纪，里斯本被围困期间，十字军不曾帮助葡萄牙国王抗击撒拉逊人。席尔瓦并未因此失业，他的叛逆行径引起了新上司玛丽亚·萨拉博士的注意，她比他小十五岁。她说服他写一写这段新的历史，他开始创作这个修订版的故事，两人也坠入了爱河。颇为典型地，萨拉马戈通过窥见尴尬、幽默和温情的时刻，让我们了解了他们的爱情。

在整个20世纪文学中，不可能找到比这部作品更纯净、更风趣的范例，小说家克里斯丁·布鲁克-罗斯（Christine Brooke-Rose）将这部作品形容为"重写本的历史"——意思是说，这部小说向我们展现的是改头换面的历史，与此同时，也重新塑造了我们的世界。**PT**

诀窍在于保持呼吸
The Trick is to Keep Breathing

贾尼丝·加洛韦（Janice Galloway）

作者生平：1955年生于英国
首次出版：1989年，Polygon（爱丁堡）
原著语言：英语
MIND / 艾伦·雷恩年度选书：1990年

《诀窍在于保持呼吸》是对女性心理危机的坦率记录，它时而让人难以承受，时而点缀着阴郁的幽默。乔伊·斯通（Joy Stone，这个名字有点讽刺，意为"快乐石头"）的情人意外身亡，此后她从无处不在的香气中感受到了他的灵魂，直到她在床下，发现那瓶倾洒的须后水为止。这自欺欺人的一幕，给出了展现已经程式化的女性特质的绝佳范例：她一方面极度渴求爱情和亲密感，一方面又自我压抑。死去的不只是迈克尔，似乎乔伊也跟他一起死掉了。作为有妇之夫的情妇，在社交方面，就好像没有她这号人，她也无法参加悼念仪式。在继之而来的痛苦中，乔伊开始厌食，还险些失踪。她的身体仿佛远在别处，已经与心灵一起，变得支离破碎，她在精神科度过的那段时间，越发强化了这种感受。

为体现乔伊的崩溃，这部小说也随之呈现碎片化，用无数种不同的形式，将自身重新组织起来：杂志摘录、食谱、星运占卜、信件和自助书籍——这些都是缺乏安全感的女性配备的部件。在欣赏这片随意的文本景观时，我们看出乔伊的处境之恶劣，还看出女性在世间的地位莫名地缺乏稳定。最后，当乔伊意识到生活就像游泳一样，需要掌握窍门时，她恢复了健全的自我。**CJ**

伟大的印度小说
The Great Indian Novel

沙希·塔鲁尔（Shashi Tharoor）

作者生平：1956年生于英国
首次出版：1989年，Arcade Publishing（纽约）
原著语言：英语
英联邦作家奖：1991年

《伟大的印度小说》在书名里就特意表明了宏伟的志向，它给自己设定了令人望而生畏的任务，正如书中的一个人物所说，它要讲述的是"整个国家的故事"。为完成这一任务，沙希·塔鲁尔借鉴了史诗《摩诃婆罗多》中的印度故事，以古代神话与当代印度政治和史实的互动作为这部小说的基础。其结果便是一场精彩纷呈、内容敏感、时常令人乐不可支、穿越半虚构的20世纪印度的旅程，这个印度是对真实印度满怀深情的戏仿。

小说以毗耶娑向文书加纳帕蒂口授回忆录这一形式娓娓道来，讲述了一个家族复杂的政治图谋。这个家族似乎是由最著名的印度政治领导人和神话人物组成的，其成员有尼赫鲁、英迪拉·甘地和黑天等，像这样的名单可以列出好几页。这部小说还机灵地特意写到与印度有关的英语小说留下的文化遗产，《印度之行》（见本书第302页）和吉卜林的更名为《拙劣之书》（The Bungle Book，译注：吉卜林原作为《丛林之书》[The Jungle Book]）中的人物在小说里来来往往。尽管这部小说有着讽刺性的幽默，那份政治忠诚也不尽可靠，但它怀着敬意，用挑剔的眼光处理其主题，从而在大面积的讽刺中，既强调了这个讲述国家诞生的故事的重要性，又强调了以下认识的重要性，正如塔鲁尔所说："在我们国家，世俗之事与神秘之事同样重要。" **AB**

反抗的忧郁
Az ellenállás menakóliája

克拉斯诺霍尔卡伊·拉斯洛（Krasznahorkai László）

作者生平：1954年生于匈牙利
首次出版：1989年，Magveto Kiadó（布达佩斯）
原著语言：匈牙利语
英译书名：The Melancholy of Resistance

《反抗的忧郁》是低调的匈牙利小说家克拉斯诺霍尔卡伊·拉斯洛第一部被译为英文的作品。一个冬日的夜晚，一个巡回马戏团带着一头巨大的鲸鱼干尸，来到匈牙利一座无名的贫困小镇，促使后者发生了彻底的变化。

马戏团在中央广场安顿下来之后，一拨可疑的谣言和偏执的妄想横扫小镇，最终酿成了骚动和暴乱，但鲸鱼只是一只特洛伊木马。在幕后，一个严重畸形、人称"亲王"的侏儒下令毁掉整座小镇，他颇有技巧地操纵着小镇居民，让他们陷入了恐惧和混乱。抵挡这一拨无理进犯的，是纯真的青年沃卢斯卡和他的导师埃斯特先生。本地人把前者视为傻子，而后者是个怪人，总想用数学层面上的纯音程，使一架钢琴恢复"原有的"和谐。

这是一部十分奇特、令人不安、细节丰富，并且极具艺术氛围的作品。这部小说里有长长的阴影、刺骨的寒冷和邪恶的低语——一切都是以蜜糖般的文字呈现的。也许这部小说可以解读为东欧剧变的寓言；也许它是对民俗文化和社会意识的形成所作的省思；也许它是将哥特小说从庸俗艺术中拯救出来的尝试；也许除了这些，它还有更丰富的意义。**SamT**

长日将尽 The Remains of the Day

石黑一雄（Kazuo Ishiguro）

作者生平：1954年生于日本
首次出版：1989年，Faber & Faber（伦敦）
原著语言：英语
布克奖：1989年

史蒂文斯在达林顿府做了三十四年管家，这一府邸恰好处于英国阶级制度濒临消亡的核心。他严谨、古板，从不让自己的感情外露。他的父亲也是一名管家，教导他说，要想伟大，关键是要有尊严。他拒绝一切亲近的表示，阻止任何人疏忽懈怠，以冰冷的严谨操持着府里的事务。在达林顿去世四年之后，史蒂文斯外出劝说从前的女管家肯顿小姐回来为新主人效力。新主人是个富有的美国人，名叫法拉戴。史蒂文斯有多么持重和冷淡，法拉戴就有多么鲁莽和随便。史蒂文斯听不惯"玩笑话"。肯顿小姐一直以来像史蒂文斯一样勤勉，但她的热情与他的刻板刚好相反。他们的拌嘴既无足轻重又惹人怜爱，洋溢着让心灵升华的爱意。当她表示如果她当初嫁给史蒂文斯会过得更好时，他尽管没说什么，内心却大为动摇。对于这一错失的可能性，他们不但没有挽回，甚至没有再作讨论。

史蒂文斯去拜访肯顿小姐的旅程，给了他一个回顾自己生活和工作的机会。他向往浮华和体面的时代，为那样的时代一去不复返而感到忧伤，那是他了解自己所处的位置的时代。如今他成了老古董，成了过时的传统。最后，他承认了这一事实：尽管达林顿勋爵是个完美的绅士，但他是一名纳粹支持者。史蒂文斯始终忠心耿耿，对一些事视而不见，但迟来的清醒令他感到大为失落。他承认，自己的一生信错了人，也没能收获爱。最后，他在肯顿小姐的诚实中——原先他轻视了这一点——找到了尊严，然而为时已晚。这部作品以轮番令人发噱和心痛的风格，成就了令人振奋的佳作。石黑一雄对英国社会作了不留情面的审视，然而其中绝无残酷，而是始终怀着爱意。**GT**

真是个可怕的错误⋯⋯

▲ 这里收录的是初版封面，画面上，史蒂文斯和大英帝国都已时日无多。

伦敦场地 London Fields

马丁·艾米斯（Martin Amis）

马丁·艾米斯的《伦敦场地》是对侦探小说故事情节的黑色幽默式颠覆：主人公妮科拉·西科斯与叙述者共谋，制造了两名潜在的"被谋杀者"。这部乖戾、机智的小说用这种悬疑感，对世界末日这一可能性进行了探讨。

妮科拉·西科斯为这场可能发生的灾难充当了杠杆。她利用与自己并不般配的情人——心术不正、品行不端、工人阶级的基斯和温和、单纯、上层阶级的盖伊——的弱点，将自己卷入一场女性化版本的核灾难事件。她让盖伊徒劳地寻找着她的孤儿朋友"恩诺拉·盖和小男孩"，还一边用只穿了比基尼的胴体嘲弄着迷惑的基斯，一边给他讲解"比基尼"一词的语源。故事发生在20世纪的最后几个星期，不祥的阴云预示着环境灾变的发生，美国总统的夫人"费思"（意为"信仰"）挣扎求存。这些对世界末日的文字召唤，其背景是对文化自身的消亡所抱的矛盾化的恐惧心理。这部小说高度自觉的形式本身，进一步强化了这种恐惧。基斯对贫乏的大众文化奴隶般的依赖，与对高雅文化的嘲讽式引用——其中包括对D. H. 劳伦斯的《虹》（见本书第275页）的一个段落的冗长戏仿——形成对照。在整本小说里，叙述者萨姆森·杨都在缓缓地死去，到小说结束时，他死掉了。这部小说在提到比萨姆森更成功的同行（马克·阿斯普雷或"M. A."）时，口吻既亲切又不安，令整本小说的作者身份变得难以确定。其实，这种不确定性似乎遍布于整部小说，因为它毫不畏缩地深入挖掘了都市生活的阴暗面，而没有给出任何明显的批判。**NM**

作者生平：1949年生于英国，2023年卒于美国
首次出版：1989年，Jonathan Cape（伦敦）
美国首版：1990年，Harmony（纽约）
原著语言：英语

基斯·泰伦特是个坏蛋。

▲ 这部小说是关联松散的三部曲之第二部，第一部是1984年的《金钱：绝命书》（见本书第737页），最后一部是1995年的《情报》。

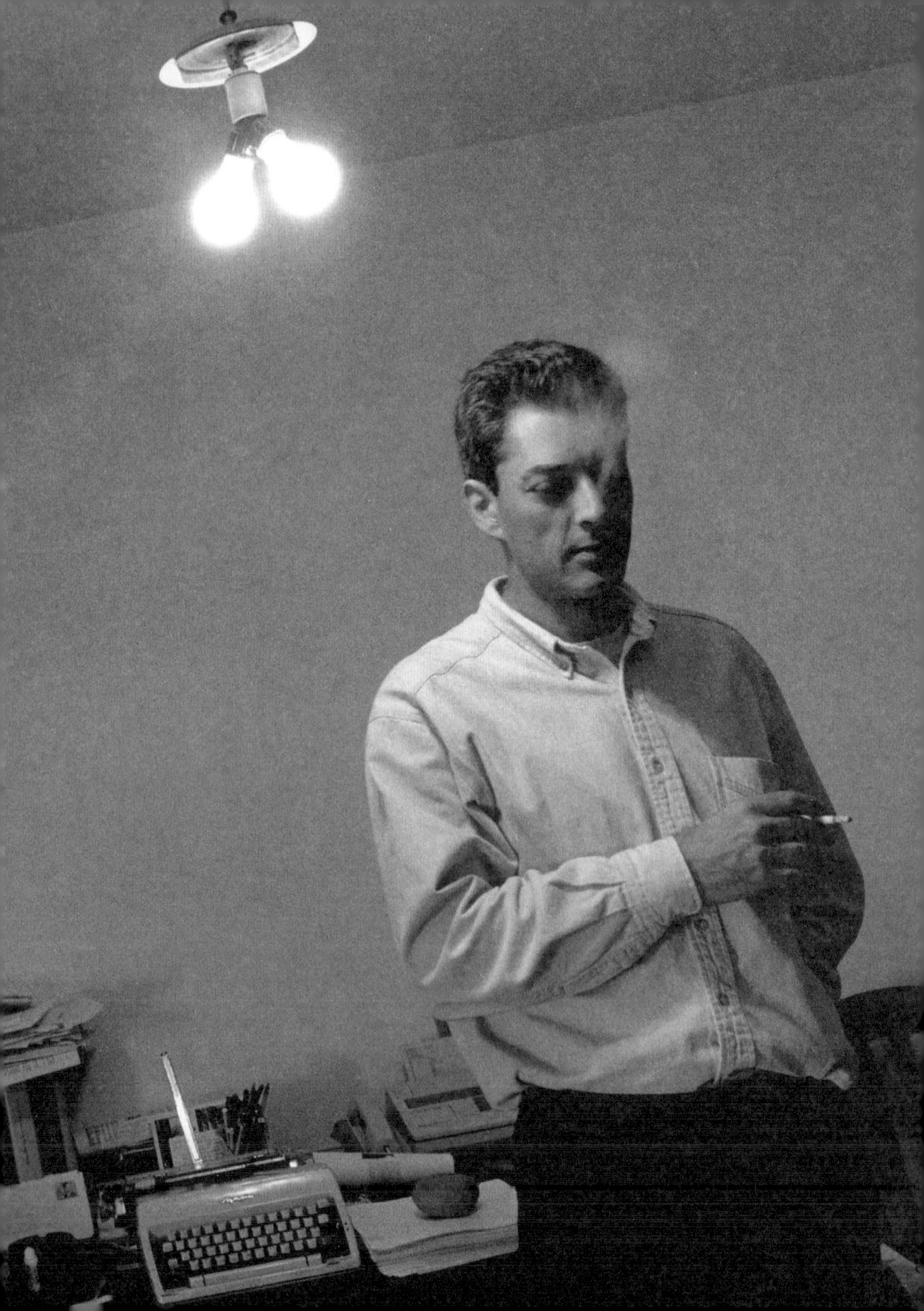

月宫 Moon Palace

保罗·奥斯特（Paul Auster）

作者生平：1947年生于美国，2024年卒
作者全名：Paul Benjamin Auster
首次出版：1989年，Viking Press（纽约）
原著语言：英语

《月宫》对能够阻挠和中断父道的障碍进行了思考。这部小说里尽是些对自己可能或者已经身为人父并不知晓、心怀渴望或抱有矛盾心理的男人。主人公马可·史丹利·佛格始终不知道自己的父亲是谁，母亲把他抚养到十一岁便撒手人寰了。后来，他跟舅舅维克多一起生活，家庭生活还算舒适，只是情感上有些疏离。维克多死后，佛格继承了大批藏书，他将它们逐本变卖，以免流落街头。吴凯蒂有一个多妻的父亲，她救了佛格，并与他坠入爱河。佛格找了份给托马斯·埃奉记录生平经历的工作，此人是个古怪、隐居的画家，但这段风平浪静的生活很快就过去了。佛格与埃奉建立了密切的联系，埃奉成了佛格的精神导师，佛格后来发现，原来埃奉是自己的祖父。按照埃奉的意愿，佛格终于跟父亲团聚了，两人之间有了短暂而深刻的接触。对佛格来说，吴凯蒂的怀孕具有象征性的意义，他从中看到了给自己那让人沮丧的经历提供补赎的机会，但因为他一意孤行，两人都有被背叛的感觉，他们的爱情没能持久。最后佛格成了孤家寡人，但也许，他的内心比以前更明晰了。**AF**

给樱桃以性别 Sexing the Cherry

珍妮特·温特森（Jeanette Winterson）

作者生平：1959年生于英国
首次出版：1989年，Jonathan Cape（伦敦）
美国首版：Atlantic（纽约）
原著语言：英语

《给樱桃以性别》以17世纪的伦敦为背景，活灵活现地描绘了一个喧嚣的时代，那时有帝国的探险，有革命，还有对一种形状不同寻常的热带水果的发现。道格与一群嘈杂的邻居、几十只家犬和养子乔丹生活在一起。乔丹是她在泰晤士河捡到的，她把他视若己出，抚养长大。道格身形异常魁梧，她借助庞大的体格和坚定的道德信念，成为那个无法无天、喧嚣混乱的世界上至高无上的惩戒力量，凡是无法靠争论或说服解决问题的场合，她就动用其他手段。她为自己依据一条河的名字给乔丹命名而感到懊悔，而乔丹看到探险家特拉德斯坎特展示的香蕉后，爱上了未知世界。后来乔丹也动身去探险，这场探险既是形而上的，也是切实发生在地理空间里的。小说最后一部分发生在"若干年后"，乔丹和道格转世为皇家海军士兵和环保活动家，两人重续前缘。

温特森的招牌式风格在这本书里展现得淋漓尽致。其中提到了十二个跳舞的公主的故事，还提到了"文字清洁工"，他们被派去清洁各个城市的空气，消除胡言乱语的市民造成的污染，这个故事让现实和幻想的观念相互交融，不分彼此。神话、寓言、童话和历史合一，形成了一种新的文学类型。**AF**

◀ 保罗·奥斯特从1980年起就在纽约布鲁克林生活，较之曼哈顿，他更喜欢这个区。照片上，他在家中打字机旁。

20世纪 | 799

欧巴巴夸克 Obabakoak

贝纳尔多·阿特萨卡（Bernardo Atxaga）

作者生平：1951年生于西班牙
首次出版：1989年，Erein（圣塞瓦斯蒂安）
原著语言：巴斯克语
作者教名：Joseba Irazu Garmendia

贝纳尔多·阿特萨卡的这部小说——作家将其书名大致翻译为"欧巴巴的故事"——在首先以巴斯克语出版一年之后，荣膺西班牙国家文学奖。这部作品由许多篇幅短小的故事构成，它们全部出自欧巴巴居民的回忆和想象——欧巴巴是巴斯克神话中的一个地方。

这些富有同情心、好笑、往往感人的精妙故事，引领读者走过一段了解世界和人心的想象之旅。由巴伐利亚来到巴格达，一路上会遇到亚马孙河上游的原住民部落、一伙瑞士登山客、一名狂热的杀人犯，还会体验到各位叙述者和主人公儿时的回忆。

《欧巴巴夸克》的吸引力不仅在于其叙事的多样性，还在于它兼具私人的和普世的主题：作家个人的困境和文学史；巴斯克及其使用并不广泛的语言，与世界其他地方及其多种多样的、古老而应用广泛的语言。巴斯克的民族主义和分离主义长期处于争议的核心，而此时，阿特萨卡对自己的故乡作了去政治化的描绘，令人耳目一新，他将关注重点放在个人与土地和社会的关系上，同时又保留了借由各位主人公的不羁想象带来的普世性。**LBi**

内地 Inland

杰拉尔德·默南（Gerald Murnane）

作者生平：1939年生于澳大利亚
首次出版：1989年，Heinemann（墨尔本）
原著语言：英语
帕特里克·怀特文学奖：1999年

《内地》属于元小说这一类型，元小说这种文学手法由劳伦斯·斯特恩初创于18世纪，在20世纪末，被约翰·巴斯、罗伯特·库弗和约翰·福尔斯等作家所采用。元小说本质上是一种关注写作本身的写作方式，敢于将其"真实"无可避免的不稳定性，以及对使其得以存在的外部书写的依赖，披露给作者和读者。

这部小说并没有由一名可靠的叙述人叙述的直线型情节主线，而是充当了一扇窗，向好几片变化的天地敞开，这些地方的地理位置有时隐约可以辨别出，是在美国、澳大利亚和匈牙利。叙述者从隐居的马扎尔民族的作家到澳大利亚青少年那里，借来各不相同的人格面貌，探讨了诸如生、死、性冲动、大自然、人类给大自然带来的印记，以及用文字记录自然的重要性等人性化的主题。

《内地》在空间方面具有高度的自传性，袒露了作家的艺术才能的内在运作，示范了作家的想象和记忆如何合二为一，为小说赋予形式。这部小说的内容与杰拉尔德·默南的真实人生经历相符，他几乎一直在澳大利亚"内地"生活。小说展现了通过写作，跨越国境和海洋的可能性。《内地》以其细节和留白，给出了一种另类的人生哲学，凸显了通过调度有方的想象力，创造平行人生的文学才能。**LK**

午夜检查员 The Midnight Examiner

威廉·考茨温克尔（William Kotzwinkle）

作者生平：1938年生于美国
首次出版：1990年，Houghton Mifflin（波士顿）
英国首版：1990年，Black Swan（伦敦）
原著语言：英语

霍华德·哈利迪是变色龙出版社的编辑，这家出版社出版了《臀部》《乳房》《新娘全情披露》和《午夜检查员》。凭着薄荷咖啡因片和他对美女编辑安博尔·亚当斯的爱，霍华德带领同事们疯狂地从事着这种不正当的出版工作。

霍华德渴望拥有一份正经工作，他那些古怪的手下也是一样。这些人包括容易紧张的版面设计师费尔南多，他痴迷于在霍华德家的厨房墙上绘制自己的杰作《大块头女人》。内森·法因戈尔德用喷射筒发射蘸过辣酱的飞镖，既打鸽子，也打同事。福里斯特·克伦帕克被强行雇来统筹新的宗教杂志，被强行指派充当邮购主教。哈蒂·弗莱尔被他们的报纸贩卖的美容产品给毁了容。嗜酒的希普·欧霍普原先是真正的报社记者，如今想找个中国女人结婚，免得自己孤零零地醉死街头。白天，他们把一切都变成耸人听闻的头条新闻（《在女孩的子宫内发现UFO》《我原先是妓女，直到我遇到耶稣》）。晚上，他们喝酒。从前是模特的米姬·茂斯在拍摄一部色情片时，"偶然"拍到了一个犯罪头目，于是变色龙出版社的人马上赶去救援。他们用回旋飞镖、内森的喷射筒和一根由韦罗妮克夫人可贵的巫毒魔法加持过的钓鱼竿武装起来，奔赴战场。这是一部令人倍感亲切的闹剧，让人难以释卷。**GT**

士兵的重负 The Things They Carried

蒂姆·奥布莱恩（Tim O'Brien）

作者生平：1946年生于美国
首次出版：1990年，Houghton Mifflin（波士顿）
英国首版：Collins（伦敦）
原著语言：英语

尽管这部描写越战的作品号称是小说，但蒂姆·奥布莱恩和他笔下的第一人称叙述者"蒂姆·奥布莱恩"，不停地玩弄着读者想当然的想法——通过细致的描述，就有可能获得真实。奥布莱恩早先写过一本越战回忆录（《如果我在战区阵亡》，1973），但在这本书里，他有意探究着我们通常据以分辨小说和回忆录、非虚构和讲故事、事实和解释的成规。版权页声称，本书所写的"……事件、姓名和人物均属虚构"，可它正对着奥布莱恩（真的是"奥布莱恩"吗？）"深情"题献给"阿尔法连队的队员们"的献词。一旦我们意识到，这些队员正是本书的人物原型，就会对两者的并列放置感到惊讶。这种令人不安的悬念遍布全书，"蒂姆·奥布莱恩"苦苦思索着，怎样才能将他在越南的经历传达得最为真实可信：战争故事是否必须真实无误，才算是"真实的战争故事"？如果某种叙事模式无法将某个事件再现得令人满意，是否应当另行启用一种叙事模式？

奥布莱恩的叙述由深沉的悲哀，转入自嘲，再转入黑色幽默，周而复始。这种叙事的不确定感，营造出一种惶惑不安的感受，奥布莱恩表明，这正是士兵们的精神状态。他用各种言不由衷的描述难为着读者，读者或许会发现，自己就像"奥布莱恩"和战友们渴望回家那样，渴望着不作评判的叙事中带有欺骗性的舒适和轻松的慰藉。**AF**

就像生活 Like Life

洛丽·摩尔（Lorrie Moore）

作者生平：1957年生于美国
作者教名：Marie Lorena Moore
首次出版：1990年，Alfred A. Knopf（纽约）
原著语言：英语

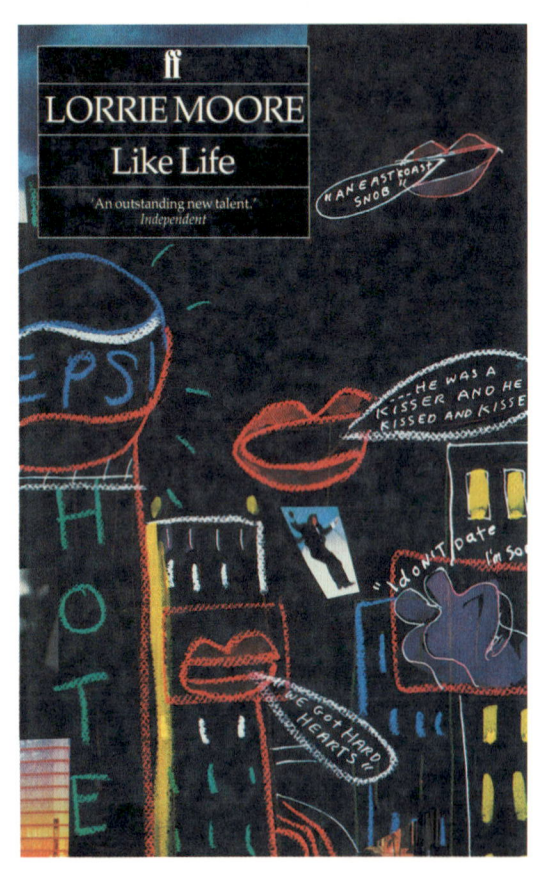

这是电视节目吗？

● 摩尔的短篇小说以美国中西部为背景，用作家的话来说，这里"有体育馆，但没有反话"。

洛丽·摩尔的《就像生活》出版后大获好评，她雕琢自己的短篇，就像雕琢宝石一样，这已经不是秘密。在这部由八则短篇组成的集子里，多数故事发生在中西部，这是美国一片引人注目的纯真地带，这里的人不热衷于自我审视，而是更热衷于，比方说，开雪地车和猎鹿。"有体育馆，但没有反话……人们不用吸毒，就听到什么信什么。"

这些短篇写的都是那些观望、迷惑的人，因为对别人来说，生活似乎不是什么难事。"有时她觉得，自己只是在努力活得开心点儿，别的时候，她意识到，自己准是大为困惑。"玛丽在跟两个男人约会。这样做看起来既大胆又时髦。当然，这是她在明信片上给羡慕的朋友们留下的印象。其实她正渐渐地崩溃，她只穿白衣服，坐在公园里读"《圣经》里的诗"。哈里是个剧作者，他出于天真的热情和对成功的渴望，在饮酒时，把自己最重要的作品交给了一个贪婪的电视节目制作人。佐伊在一家规模不大的高校当老师，这所学校坐落在伊利诺伊州农村，这里的人都是一头金发，而她因为长了一头黑发，别人就以为她是从西班牙来的。她像别人一样，努力营造一个家庭，买了一张东方情调的地毯。女售货员告诉她，上面的象形符号意思是"宁静"和"永生"。真的是这样吗？她怎么知道这些符号不是意味着——比如"布鲁斯·斯普林斯汀"呢？因为无法确定而痛苦的她别无选择，只得将地毯退货。

这是一些脆弱的、好笑的、令人心碎的人，他们让人倍感亲切。摩尔的这部小说集的名字——《就像生活》——简直再合适不过。它会让我们笑得喘不过气，不过这笑是出于认同，而绝非嘲弄。**GT**

郊区佛陀 The Buddha of Suburbia

哈尼夫·库雷西（Hanif Kureishi）

《郊区佛陀》里的喜剧常常拿政治的正确性当靶子，讲述了十七岁的叙述者克里姆·阿米尔在20世纪70年代的伦敦郊区成长的经历。他父亲哈龙是个公务员，在情人伊娃的支持下，追求他那并不怎么符合传统的兴趣爱好，冒充起了新时代的宗师，郊区的"佛陀"。这一恋情给哈龙的妻子、克里姆的母亲玛格丽特的生活带来了毁灭性的影响，她遭到忽视，并由此变得萎靡不振。玛格丽特从妹妹那儿获得了无比宝贵的支持，她妹夫的关心则没有什么帮助，但他们的态度透出一种高人一等的感觉。在父母的婚姻瓦解之际，克里姆得到了朋友们的支持。杰米拉，一个意志坚定、自信的年轻人，对自己在成长中接受的许多亚洲传统提出质疑，甚至在她跟另一个男人订婚之后，还与克里姆保持着试验性的性关系。伊娃的儿子查理也是个重要人物。他和克里姆的性关系打开了克里姆的眼界，让他见识了放纵不羁的时代精神，但两人最终也只是朋友而已。

这部小说探讨了少年在长大成人的过程中，其身份中许多含混不清的方面。克里姆试过毒品，探索着自己的双性恋，思考着自己与两段历史的相互关系，这两段历史对他认识英国人的特性不无帮助。这本书在很大程度上记录了克里姆由郊区进入城市，摆脱保守的社会、政治和性爱观念的努力。从这层意义上来说，这是一部有关克里姆的成长，有关他在家庭之外寻求独立身份的小说。这部小说被改编成了一部成功的英国广播公司（BBC）剧集。**JW**

作者生平：1954年生于英国
首次出版：1990年，Faber & Faber（伦敦）
原著语言：英语
惠特布莱德处女作奖：1990年

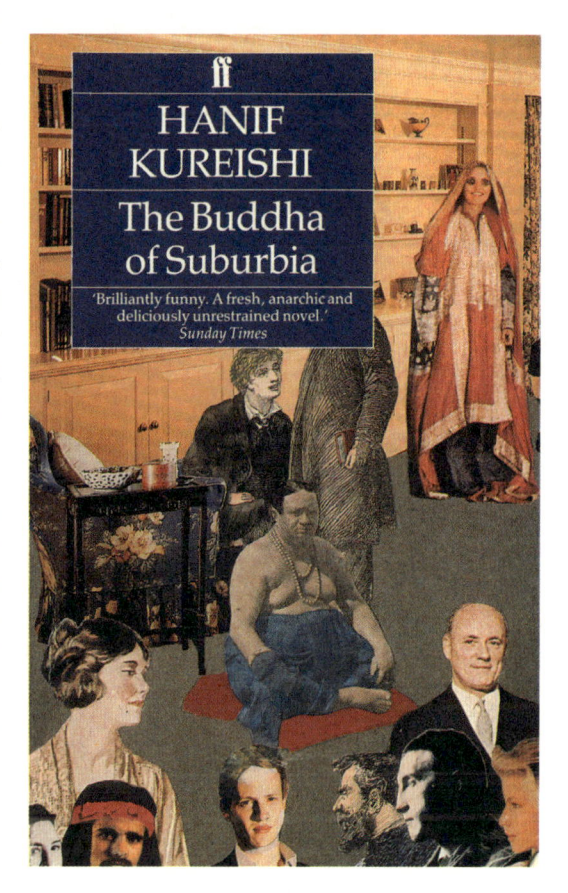

我是个英国人……

▲ 哈尼夫·库雷西常常引发争议，他鄙视传统的道德姿态和对政治正确的恭顺。

宝石接驳点 Stone Junction

吉姆·道奇（Jim Dodge）

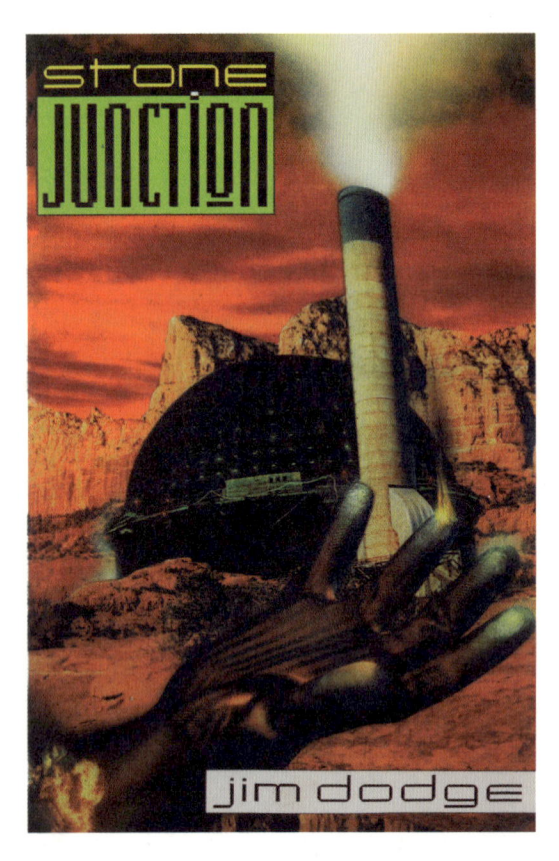

作者生平：1945年生于美国
首次出版：1990年，Atlantic Monthly Press（纽约）
原著语言：英语
完整书名：Stone Junction: An Alchemical Potboiler

《宝石接驳点》叙述了丹尼尔·皮尔斯的生活和时代，他生于1966年，母亲阿纳利是个离家出走的十六岁少女。吉姆·道奇的这部小说是充满活力、反权威的成功之作，他把令人欲罢不能的紧迫感，与对美国社会边缘地带的严肃探索结合到了一起。丹尼尔和阿纳利在荒野地带一座人迹罕至的小屋，遇到一个名为AMO（"魔法师和不法之徒联盟"的英文缩写）的组织。随着丹尼尔长大成人，他被置于许多古怪师父的管教之下，他们对他进行了非正统的教育。他学会了冥想、户外生存、性爱、吸毒、撬保险柜、假扮他人和玩牌。

不过还有一条故事情节主线以侦探小说的形式出现，打断了丹尼尔的学习进程。他十四岁那年，母亲在为AMO执行任务时，蹊跷遇害。当丹尼尔从伟大的沃尔塔（杀害阿纳利的主要嫌疑人之一）那儿学会隐身术时，两个故事合二为一。在小说的高潮部分，丹尼尔被派往一个戒备森严的大院，窃取一枚六磅重的神秘钻石。不过正如所有最出色的推理小说情节一样，事情并不像看起来的那么简单。用道奇本人的话来说，《宝石接驳点》是一部"有关炼金术的粗糙作品"，是对边缘地带的生活和交流日渐困难的时代里的魔法和犯罪传统，所作的叛逆性评述。**SamT**

姐姐，我把一半的生命都献给了生存，因为我发现生活很艰难……

▲ 《宝石接驳点》是吉姆·道奇的第三部小说。

偶然的音乐 The Music of Chance

保罗·奥斯特（Paul Auster）

作者生平：1947年生于美国，2024年卒
首次出版：1990年，Viking Press（纽约）
原著语言：英语
改编电影：1993年

  吉姆·纳什从多年不在身边的父亲那里继承了一大笔遗产，这让他有了玩失踪的本钱。他把女儿丢给姐姐照看，辞去了消防员的职务，驾驶着一辆崭新的萨博，在全国漫无目的地游荡。尽管他幻想着过自由自在、无牵无挂的生活，但纳什对这种生活的体验让他陷入了麻木不仁的奇特状态。当纳什看到一个遭人痛殴的孩子在路边游荡时，他做了个违反直觉的决定，提出载他一程。杰克·波齐是个玩扑克的老千，要去一对百万富翁夫妇的府邸，希望能把对方的赌本都赚到手。结果出人预料——通过学习、运气或耍诈，百万富翁夫妇赢了，纳什和波齐为了偿债，失去了自由之身。

  通过纳什和波齐对同样的命运截然不同的反应，奥斯特对自由这一观念本身，以及自决对获得自由是否必要，是否充分，进行了探讨。尽管纳什在享受完全不负责任的特权时感到空虚，但被人囚禁和做苦工的经历，让他重新认识了谨慎行事的重要性。体力劳动并未令他陷于绝望，反而让他重新变得沉着镇定。纳什的自我实现不是在州际公路上自欺欺人地追求到的，而是他自己创造出来的。但波齐满怀愤恨，招来了一连串的惩罚，最终毁掉了他们两人的世界。**AF**

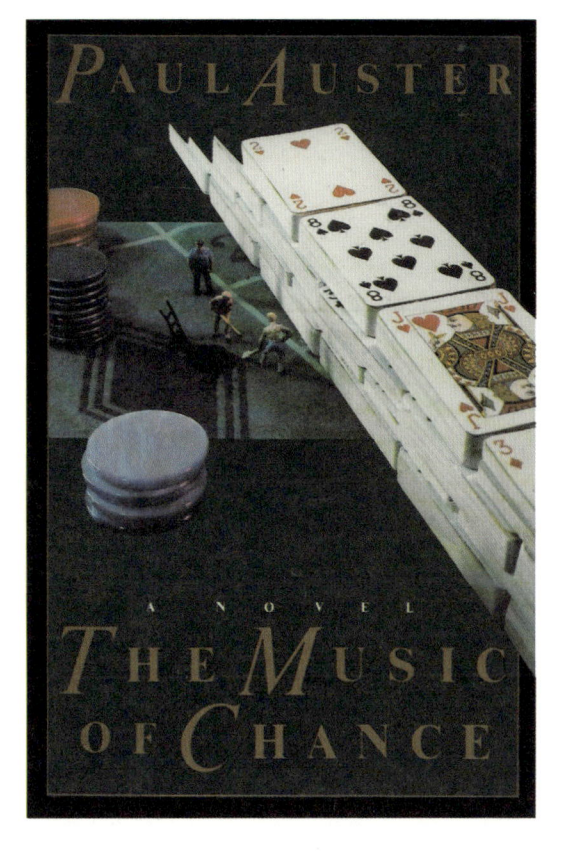

他想再次体验那份孤独，想整宿地驰骋在无人的旷野，让公路在耳边掠过，发出低沉的呼啸。

▲ 1991年，《偶然的音乐》获福克纳文学奖提名。

裙钗间 Amongst Women

约翰·麦加恩（John McGahern）

作者生平：1934年生于爱尔兰，2006年卒
首次出版：1990年，Faber & Faber（伦敦）
原著语言：英语
爱尔兰时报文学奖：1991年

  约翰·麦加恩的这部作品，对爱尔兰的乡村生活作了感情丰富、引人共鸣的敏锐思考，这部作品经过漫长、深情的酝酿构思，这些构思每过十年或十二年，就会回到作家心头。《裙钗间》讲述了一个爱尔兰农村家庭的权力关系，其历史背景是爱尔兰独立建国前景堪忧的时期。

  迈克尔·莫兰原先是爱尔兰共和军战士，参加过爱尔兰独立战争，他在自己参与促成独立的爱尔兰，有种不合群的孤立感。他不屑参与新的政治秩序和社会秩序，身为一家之长，他管理着自家"大牧场"农庄的事务。长子卢克去了英国，逃离了莫兰专断的家长式作风。他的其他孩子，三个女儿和另一个儿子，轮流回到大牧场来。女儿们和第二任妻子露丝深爱着莫兰，但他的情绪时好时坏，极为脆弱的自尊心长期妨碍着她们，使她们无法实现自己的抱负。他压制着女儿们，以维护令人窒息的家庭团结。随着莫兰身体变差，他在家中的地位也随之下降，作品将妻子、女儿们和一家之长之间的斗争刻画得引人入胜。尽管专横霸道、难以取悦，但莫兰是个痛苦、复杂、脆弱、处于存在性危机中的人。本书诗意盎然的语言和对人的弱点富有同情的描写，为这个故事增色不少。同时，它还展现了信奉天主教的爱尔兰乡村的后殖民状况、世代变迁和有所转变的性别关系。**RM**

矮子当道 Get Shorty

埃尔默·伦纳德（Elmore Leonard）

作者生平：1925年生于美国，2013年卒
首次出版：1990年，Delacorte Press（纽约）
原著语言：英语
改编电影：1995年

  一直以来，好莱坞对伦纳德的写作有着不小的影响。他是以西部片编剧开始其写作生涯的，他后来写的不少小说都被改编成了不怎么成功的影片。尽管他的小说中常提到电影，但这种影响也不该以此衡量；早在塔伦蒂诺还没出道时，伦纳德笔下的人物就热情风趣地聊起电影了。电影充斥于伦纳德小说的字里行间，以至他笔下的人物都以电影角色自居——杀手、情人、劫匪、警察——他们与这些角色的关系，也受到他们对这些影片的观感影响。

  收债人奇利·帕尔默是伦纳德笔下"不闲扯"的众多主人公之一，他在追踪一名假装死于空难、逃到好莱坞的干洗工时，答应讨回另一笔欠债，这回的欠债人是一个好莱坞制片人。奇利很快意识到，每个人都在扮演某种角色，于是他伪装成一名制片人，将小说里截至目前发生的事情，向欠债的制片人作了一番推销。最重要的是，这场骗局——毒品贩子、豪华轿车司机和电影演员都参与其中——最终却以好笑而稳妥的方式得以成真。对伦纳德本人来说，讽刺的是，电影版《矮子当道》——一个讲述好莱坞电影制作人愚蠢和空虚的故事，竟然成了伦纳德电影改编作品中最出色、最成功的一部。**AP**

▶ 伦纳德这部骗局题材的小说被巴里·索南费尔德拍成了电影，大获好评，约翰·特拉沃尔塔在片中扮演冒牌制片人奇利·帕尔默。

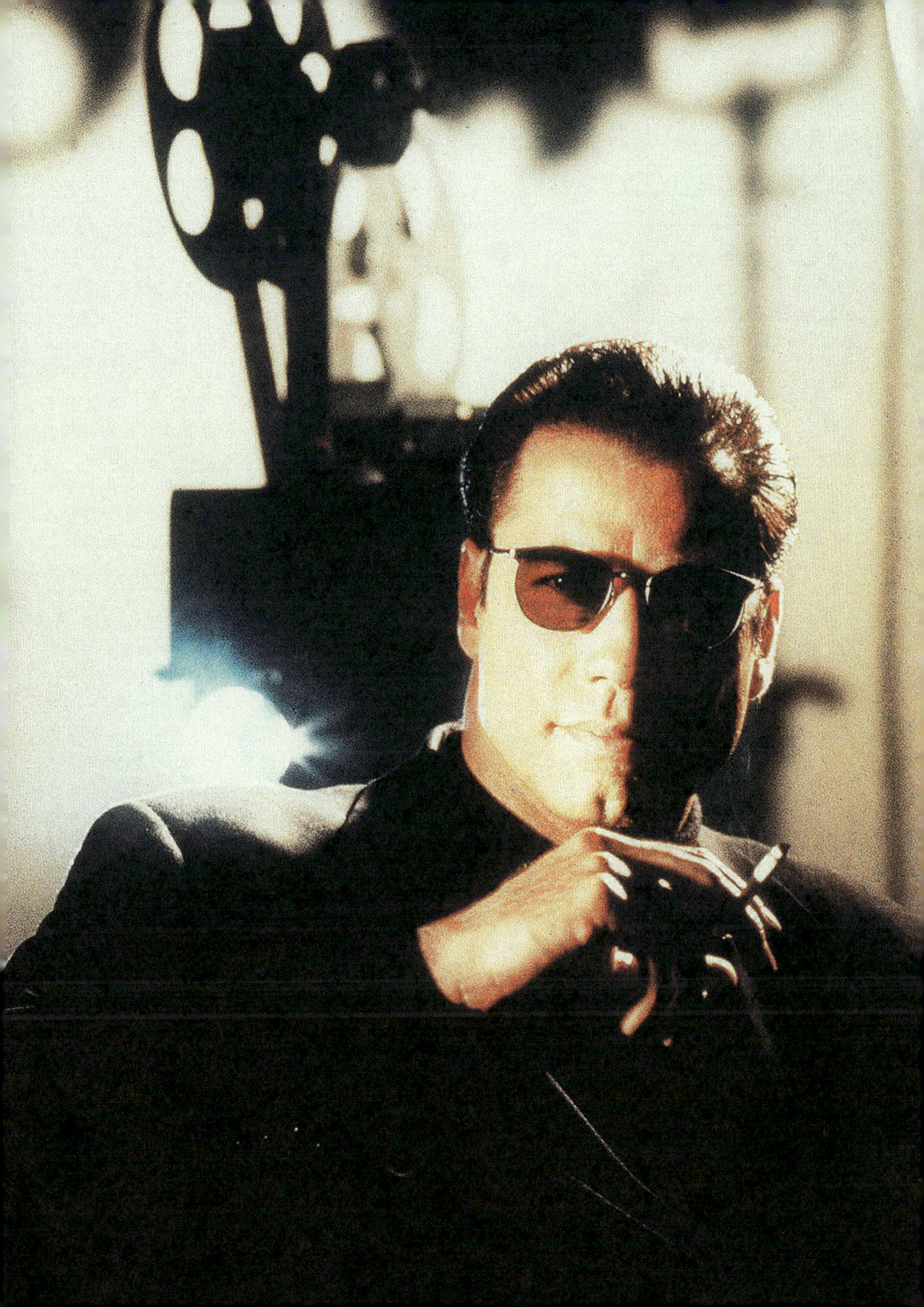

女儿 Η μητέρα του σκύλου

帕夫洛斯·玛德西斯（Παύλος Μάτεσις）

作者生平：1933年生于希腊，2013年卒
首次出版：1990年，Kastaniotis Editions（雅典）
原著语言：希腊语
英译书名：*The Daughter*

当代希腊历史不太为人熟知："二战"、饥馑，后来是政局不稳、内战。《女儿》讲述了两个女人在如此时局下的生活。叙述者拉乌，一个患有妄想症，并且时常发作的女演员，讲述了她的家庭在德国占领希腊的战争时期的故事。那时，她的母亲与一名意大利军官睡觉，以免孩子忍饥挨饿。后来，在所谓的"解放"之后，这些女人（"通敌者"）被当众惩罚、羞辱，她的母亲再也没有说过话。拉乌带她去了雅典，一开始，她们成了乞丐。拉乌并不介意乞讨，她想当演员，乞讨有助于让她适应舞台。后来她成功地当上了临时演员，在希腊各地巡演的许多戏剧中登台。最后，她声称自己很幸福。

《女儿》是一本独特的书，因为它敢于以亵渎和不爱国的方式来写希腊。上帝在书中几度遭到否定："我的孩子快要饿死时，他在哪儿？"希腊也一样，它被说成是"这个所谓的国家"。拉乌是个疯狂的、不可靠的叙述者，但有句希腊谚语说得不错："从孩子和疯子的口中，能听到真话。"她用一种令人不设防的天真，给我们讲述了她的国家的事情，向我们介绍了纷繁的人与事，后者简直就像一幅超现实的镶嵌画。玛德西斯认为没必要美化自己的国家，也没必要美化主人公：只要像他一样爱她们，就足够真诚了。**CSe**

眩晕 Schwindel, Gefühle

温弗里德·塞巴尔德（W. G. Sebald）

作者生平：1944年生于德国，2001年卒于英国
首次出版：1990年，Eichborn（法兰克福）
原著语言：德语
英译书名：*Vertigo*

《眩晕》是如今备受赞誉的作家温弗里德·塞巴尔德发表的第一部长篇小说。它打破了文学类型的成规，融合了小说、报告文学、游记、自传和摄影文章，创造出了一种别具一格、前所未见的文学形式。这部小说分为四个部分，叙述了叙述者在意大利和德国南部的游历经历。我们伴随着叙述者进行精神朝圣之旅，他想让死者还魂复生，好让生者向其讨教人生的意义。

尽管内容相当纷杂、曲折，但在叙述者描述玛利–亨利·贝尔（即司汤达）、贾科莫·卡萨诺瓦和卡夫卡等人的生活、爱情和伤痛的过程中，还是可以看出几大重要主题。在这些主题中，最主要的有：记忆的荒唐与不可靠，以及记忆凭空杜撰，甚至在回忆时将往事变得模糊不清的倾向。《眩晕》的精妙之处在于：它使多条叙事线索相互交织，令人兴奋地揭示出，将截然不同的生活和时空衔接在一起的神秘巧合和交叉点。尽管叙述者那些幻觉重重的旅程，让人明显感受到不祥的氛围，但也有些显而易见的嬉戏和风趣时刻，塞巴尔德文风的这一面尚未得到充分的欣赏。全书有不少图片，油画、图表、素描和文档照片，这给《眩晕》增色不少。**CG-G**

阴影线 The Shadow Lines

阿米塔夫·高希（Amitav Ghosh）

作者生平：1956年生于印度
首次出版：1990年，Ravi Dayal（新德里）
原著语言：英语
萨希亚·阿卡德米奖：1989年

《阴影线》是印度最具声望的印度文学促进会萨希亚·阿卡德米文学奖获奖作品，写的是祖孙三代的经历，横跨加尔各答到开罗，伦敦到达卡。无名的叙述者在时空中来回跳跃着，探索着他的孟加拉家族和英国普赖斯家族彼此交织的生活，这两个家族在英国对印度实行主权统治时期就知道彼此。尽管小说的核心是1964年（孟加拉分裂当天），叙述者的远房表兄（兼良师益友）特里迪布在达卡市遭遇的厄运，但其悲剧的细节和后果延续了二十多年，给小说中所有人物的生活都造成了影响。《阴影线》将形形色色的人物的回忆和经历精心编织到一起，充当了一个被政治撕裂的国度的缩影，揭示出边境（即阴影线，这里的边境既是有形的，也是隐喻的）会将人们彼此分隔开来。

阿米塔夫·高希于1956年出生于加尔各答，是当今最受推崇的、用英语写作的印度作家之一。他曾获得阿瑟·克拉克奖、手推车奖和法国的美第奇奖外国图书奖等诸多奖项。尽管他之前的作品同样以流亡、移民和文化错置为核心，但《阴影线》对这些主题进行了精细、深入的探索，用强有力而又细腻的散文加以呈现。高希还著有许多小说、随笔和游记。**BJ**

不过……如今我觉得这事挺神秘的，他们为何要容忍他呢？他压根儿就不是他们的一分子……

▲ 尽管高希的小说大多以故国印度为背景，但他在纽约生活。这张照片拍摄于1996年的哥伦比亚大学。

规则 De wetten

柯妮·帕尔曼（Connie Palmen）

作者生平：1955年生于荷兰
首次出版：1991年，Prometheus（阿姆斯特丹）
原著语言：荷兰语
英译书名：The Laws

玛丽·德尼特是个天主教国家的姑娘，她失去了信仰，代之以对语言和思想的崇拜，她以生命中七个重要的男人为对象，制作了一份讲述自己恋情的故事清单。他们每个人都给她讲了一个故事，这些故事对她定义自我不无帮助。此外，这些故事也定义了这些男子本人，他们分别是占星家、癫痫患者、哲学家、神父、物理学家、艺术家和精神病学家。凭借自己对文字的力量所抱的信心，玛丽开始着手整顿生活秩序，驱逐对失去天堂的世界构成威胁的、无意义的混乱。隐藏在一个男人爱情背后的那些复杂因素，中断了她依靠人类理性和智慧了解世界的过程，而且证明她这种做法纯属幻想。同样的事——带来有意义的爱情——从她青春期时代开始，就一再发生。通过与雕刻家卢卡斯·阿斯比克相爱这一美梦的破碎，玛丽了解到，故事与现实并不相符，语言并不能取代她失去的上帝，在预先确定的故事情节之外的生活，才有力量和独立性。

在这样一个时代——欺骗性策略似乎给出了一张网，而我们每个人都在这张网上，编织着属于自己的小小现实——质疑艺术和语言的可能性，无异于质疑生活的意义本身；营造一种新的现实，就等于创作出一件艺术品。玛丽没有彻底屈从于通过语言来认定现实的诱惑。最后，她从那些反复创作她的故事的男人所制定的规则中痛苦撤离，这与她的这一领悟是一致的——语言只有在充当与他人交流的工具时，才能带来意义，因为"孤零零的个体没有意义可言"。**MWd**

> 怀着懊悔与自责，我看到他的脸阴云密布，他的兴奋消退了……

▲ 帕尔曼的第一部小说《规则》使她成为畅销书作者，蜚声国际。

无面杀手 Mannen utan ansikte

亨宁·曼凯尔（Henning Mankell）

一对夫妇被残忍杀害。犯人没有留下痕迹，作案动机无从查找，也没有目击者。线索寥寥无几，从中也理不出头绪，但库尔特·瓦兰德认为应当继续追查下去……

这部作品是日后为人熟知的瓦兰德系列小说的第一部，在这本书里，我们受邀来到瑞典南部一座小镇的幕后，这座小镇表面看起来是一派田园风光，然而若是仔细审视，就会发现情况并不尽然。缉凶工作以激烈的节奏向前推进，很快，瓦兰德发现自己的调查围绕着种族歧视和排外倾向打转。

《无面杀手》写于1991年，反映出瑞典社会在面临经济危机、高失业率、政治民粹主义等问题时的面貌，以及曾在瑞典议会短暂宣扬排外倾向、因而引人注目的一伙人的面目。对凄凉、阴雨绵绵的小镇，以及士气低迷的警察队伍、普遍心态消极的居民所作的描绘，反映出整个社会更为阴暗的底色。不信任情绪不但充斥于凶案的调查活动中，更遍布整个社会，两极分化的意见造就着大环境，瓦兰德不得不在这样的环境下工作。尽管《无面杀手》表面上并非政治小说，但它表明自己对与日俱增的不宽容持反对态度，技艺非凡的讲故事高手将道德要素融入了精彩的故事情节。

《无面杀手》是全套九本瓦兰德小说中的第一本，它为亨宁·曼凯尔赢得了国际声誉。这本书是必读之作，我们还应该注意到，它是当代犯罪小说在20世纪末的斯堪的纳维亚强势崛起的代表作。在某种程度上可以说，引领这股犯罪小说浪潮的就是曼凯尔，以及紧随其后的挪威作家卡琳·福苏姆（Karin Fossum）。**GW**

作者生平：1948年生于瑞典，2015年卒
首次出版：1991年，Ordfront（斯德哥尔摩）
原著语言：瑞典语
英译书名：*Faceless Killers*

当然，我是说，下手的肯定是个穷凶极恶的人……

▲ 因库尔特·瓦兰德系列侦探小说而扬名的曼凯尔，很多时间在莫桑比克度过，这张照片即拍摄于此。

典型 Typical

帕吉特·鲍威尔（Padgett Powell）

作者生平：1952年生于美国
首次出版：1991年，Farrar, Straus & Giroux（纽约）
原著语言：英语

最富创造力的新南方作家之一帕吉特·鲍威尔以《典型》一书，让读者领略了精妙的风格，包括唐纳德·巴塞尔姆、索尔·贝娄在内的同行也对他给予了盛赞。

美国的声音，尤其是南方的语言，是这些短篇的真正主题。在小说里的南方，透过皮卡车的后车窗，可以看到长颈瓶装的百威啤酒和猎枪；在死气沉沉的拖车公园这一失败的场地，也有独特的欢愉。鲍威尔捕捉到了语言中的音乐，其绚丽多彩达到了如诗一般的境界。

从《典型》中连番自责的叙述者（他已经默认了自己是"一个废物……一个浑蛋"），到《一名斗狗者已故姨妈的来信》中的汉佩姨妈（她在死后还给差劲的家人纠正语法），鲍威尔对南方的灵魂进行了探索，这个南方因为太过自鸣得意，已经无法重振声威了。在《佛罗里达》和《得克萨斯》里，他用列举的方式描述了全部的情感风景。在《反话先生》里，作家在反话先生——"一位治疗自我贬低的治疗师"——的指导下，寻找着自己的声音。"用谦卑的态度来描述事情。"反话先生鼓吹道。叙述者——作家——最终未能掌握反讽，从故事里溜走了。《平凡博士》的每句话开头都是"他发现……"，《全面腐坏》的每句话开头都是"他跑……"，这是两篇炫技之作。如此绝技超越了单纯的新奇，成为对自我认知不留遗憾的卓越探索，这种技巧也证明了鲍威尔的天才写作能力。

GT

重生 Regeneration

派特·巴克（Pat Barker）

作者生平：1943年生于英国
首次出版：1991年，Viking（伦敦）
美国首版：1992年，E. P. Dutton（纽约）
原著语言：英语

派特·巴克用"重生三部曲"拓展了当代历史小说形式和主题的边界。这本书是三部曲的第一部，是一部具有心理穿透力的作品，它修正了对1917年发生在爱丁堡克雷格洛克哈特军医院的事件的记录，当事人中有神经科的W. H. R. 里弗斯医生，以及内心受创的士兵兼诗人西格弗里德·萨松。

在"作者按语"中，巴克告诫道："事实与虚构在这本书中结合得如此紧密，或许对读者了解哪些是史实哪些是虚构有所帮助。"但正是事实与戏剧化的交融，让读者始终给予高度关注。作家用这部小说，记录下了萨松从事的、不易为人理解的两项活动：一是反战，二是对制度化的精神病疗法残酷性的调查。刘易斯·耶南医生对所谓歇斯底里型失调的恐怖治疗方式，正是残酷疗法的典型代表。在再现那种残酷景象时，巴克始终保持着客观、简洁的风格。读过精简的对白和内心思绪之后，读者会对里弗斯生出一股不自在的同情感。读者也会站在他这一边，认同他对改革"战斗疲劳症"临床疗法所做的努力。但我们从萨松等患者回到后方之后，眼中所见的荒凉社会景观看出，这种失调症时强时弱的影响深深铭刻在每一个地方。《重生》揭示了第一次世界大战遗留下来的无法磨灭的、多种多样的影响，并迫使我们重新思考公权力和个人记忆之间的关系。**DJ**

美国精神病 American Psycho

B. E. 埃利斯（Bret Easton Ellis）

作者生平：1964年生于美国
首次出版：1991年，Vintage（纽约）
英国首版：Picador（伦敦）
原著语言：英语

　　《美国精神病》首先是一本丑陋之书。它对可憎的暴行作了绘声绘色的描述，那些暴行还与对菲尔·柯林斯和惠特尼·休斯顿音乐的评论、对20世纪80年代街头时尚没完没了的反复描述衔接在一起。小说的主人公帕特里克·贝特曼是个精神变态者，在华尔街上班。他召集商业会议，去高档餐厅用餐，实施强奸和杀人行为。小说对这些活动作了一视同仁的记录。它暗示出，邪恶已经被雅致地编织进当代生活中，已经无法再看清、描述了，资本主义到哪里为止，兽行从哪里开始，已经无从分辨了。

　　本书无意于采取一种道德姿态评判贝特曼，或者他所属的那种文化。但极度的暴力，再加上描述暴力时一成不变的方式，给这部作品带来了一种奇特的精神维度，在小说允许的范围内，这种精神维度十分接近一种伦理观或审美观。在贝特曼努力理解为什么接到召唤、接受如此惩罚的竟然是自己时，他并不能讲清自己的不幸和迷惑。结果，这部小说促使读者萌生出对道德确定性的渴望，萌生出了解一种既无从理解，也无从思考的文化该如何被明确看待的渴望。尽管身处邪恶之中，但这种渴望还是道出了某种纯真，正因如此，《美国精神病》这本书，今后一定还会有人阅读。**PB**

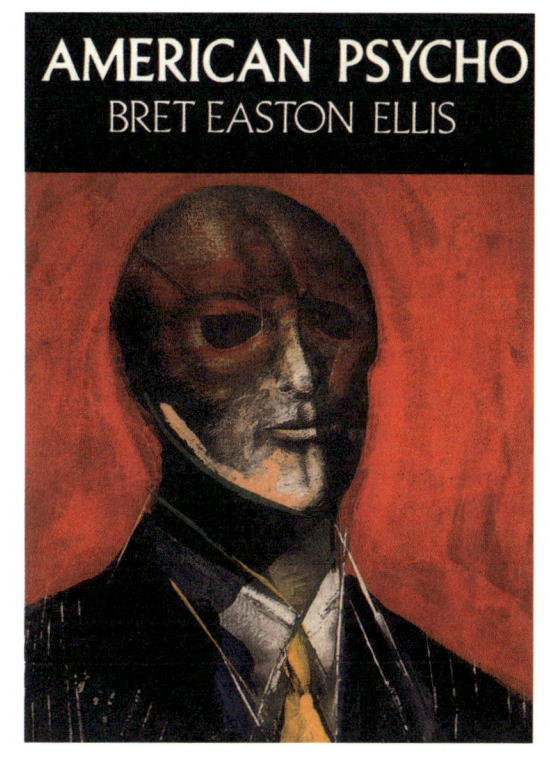

"入此门者，须放弃一切希望。"这句话是用血红色的字母，潦草地涂写在第十一大道和第一大道岔路口旁的化学银行边上的……

▲ 小说封面上，华尔街西装上的这副非人的面孔，体现出这是个连环杀手。

20世纪 | 813

生活如同一家旅店 Leben ist eine

Karawanserai hat zwei Türen aus einer kam ich rein aus der anderen ging ich raus

埃米内・塞夫吉・厄兹达马尔（Emine Sevgi Özdamar）

作者生平：1946年生于土耳其
首次出版：1992年，Kiepenheuer & Witsch
英译书名：*Life is a Caravanserai*

    这本名字不同寻常的书（原著完整书名为《生活如同一家旅店它有两扇门我从一扇门进一扇门出》）从头到尾都有悖常规。这一串不加标点的短语还只是开始。第一个句子紧接着写道："我首先看到的是士兵们，当时我站在母亲的肚子里，置身于冰棒中间……"显然，《生活如同一家旅店》并非那种常见的自传：在描写主人公在土耳其动荡的20世纪50年代和60年代度过的童年时光时，我们可以在待在母亲子宫里的主人公，与这位被士兵们簇拥着的母亲置身的火车车厢之间，轻而易举地来回切换，一如这本书轻而易举地不断变换着措辞、语体和视角一般。

    本书的风格和主题有着完美的契合：故事与女性如何在负担沉重的政治和社会环境下重新构建身份有关，而风格方面的实验起初让人摸不着头脑，但随后建立起一种诗意盎然、富于挑战性的独特逻辑。书里对不同语言范畴之间的界线作了调整，将它们顺其自然地重新构建为个人的语言和民族的语言，还就性别角色进行了反思。这本书的混乱堪称美妙：这种混乱既体现在那些打乱自身叙事结构的文字奇观（从满篇皆是的、祈求保佑和宽恕的阿拉伯语祈祷文，到用乔伊斯的表达方式将咬苹果的声音模拟出来）上，也体现在它那毫不避讳、直截了当的生理描写上，书里充斥着几十个屁、各种体液和各种生动逼真的气味。**MS**

夜幕降临前 Antes que anochezca

雷纳多・阿里纳斯（Reinaldo Arenas）

作者生平：1943年生于古巴，1990年卒于美国
首次出版：1992年，Tusquets（巴塞罗那）
原著语言：西班牙语
英译书名：*Before Night Falls*

    阿里纳斯的自传是作家争分夺秒地写成，在其身故后出版的，它对古巴卡斯特罗政权进行了强烈谴责，但它首先描写了给一名同性恋知识分子的生活带来影响的环境，那个世界的最大特点就是压抑。性爱、政治和写作，与一个呈直线发展的故事联系在一起，这个故事有着毫无保留的坦率和令人惊讶的活力。从阿里纳斯在古巴度过童年，到他乘飞机前往纽约（他知道自己会在纽约死去），与同性相恋的经历是他人生的底色。几乎在革命带来幻想破灭的同时，主人公发现自己是同性恋；它被看成是集体造反的手段；它是主人公被投入监狱的托词；讽刺的是，它打开了（作为一个"不受欢迎的人"）经由马列尔港离开祖国的自由之路。

    阿里纳斯讲述了他遭到扣留、他的逃离、他在公园里度过的梦幻般的秘密生活，他那糟糕的牢狱生活、他的溃败、他对自己作品的批判、他遭到的进一步监视，以及他最终乘飞机离开的经过。这一切颇为糟糕，因为对阿里纳斯来说，写作就是他的全部生命。这一段隐秘的经历始于爱读书的童年，但那时他对国际会议一无所知。后来，他在革命氛围中，取得了早期的成功，书中还交代了他与比尔希略・皮涅拉、莱萨玛・利马，以及与他同属"失落的一代"的伙伴们的交往，还有他在大限来临之前，为拯救自己的作品而不断付出的努力。**DMG**

雪中第六感 Frøken Smillas fornemmelse for sne

彼得·霍格（Peter Høeg）

作者生平：1957年生于丹麦
首次出版：1992年，Rosinante（哥本哈根）
原著语言：丹麦语
英译书名：*Smilla's Sense of Snow*

六岁的以赛亚被人发现时，脸朝下，趴在丹麦哥本哈根一座公寓楼旁的雪地里。当局认定，他是意外死亡，但以赛亚的邻居兼保姆斯米拉·雅斯柏森确信这出悲剧背后还有更邪恶的东西。作为善于查看冰雪的专家，斯米拉从以赛亚的脚印推断出，他是有意跳下来的，如果有人追他，他只能那么做。随后的调查让她来到了北极的冰帽，这里是一艘巡航邮轮的藏匿地点，她发现了一个阴谋集团，其中有很多成员是打算不惜一切代价捍卫秘密的丹麦科学精英。

《雪中第六感》是用第一人称叙述的，我们通过一名心计过人的女性的视角来进行观察，她的勇气和恼人的幽默感起初掩盖了以赛亚的死给她带来的巨大伤痛。随着故事情节的推进，我们对斯米拉与以赛亚的关系有了更多的了解，他们都是背井离乡的格陵兰岛人，被迫在居民成分单一的丹麦生活，两人之间存在着非比寻常的情感纽带。这部小说令人振奋地批判了丹麦对格陵兰岛的殖民统治，以及许多丹麦人一直对格陵兰岛本土民众所抱的偏见。

将这个故事升华为一部伟大小说的，是彼得·霍格借以将侦探小说的故事情节，与动人的人物形象和哲学沉思编织在一起的修辞技艺。"冰与生活在许多方面息息相关。"斯米拉在故事开头告诉我们，小说的剩余篇幅对两者的关系作了巧妙的阐释，还写到了公海上的冒险经历，以及对爱与丧亲之痛的精妙思考。**CG-G**

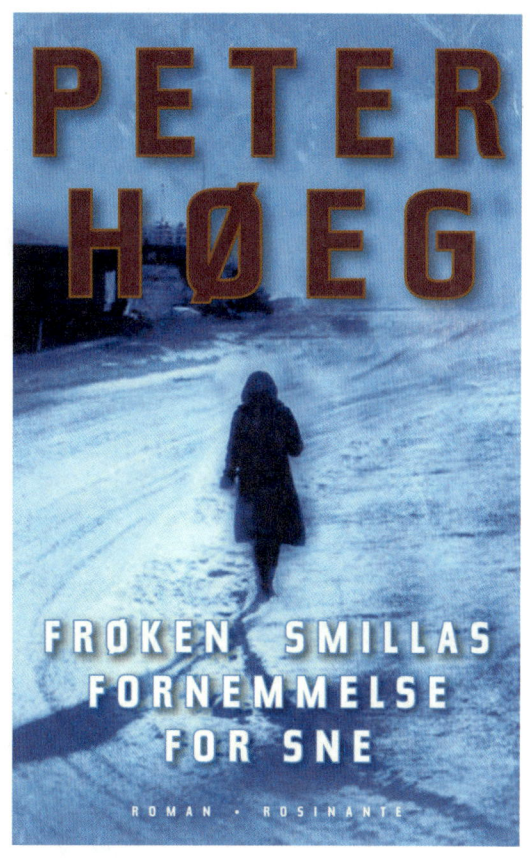

今年冬天，我一直能看到冰结冻的过程。

▲ 彼得·霍格写过六部小说，在丹麦全部由瘦马出版社出版。这部小说由比利·奥古斯特拍成了电影。

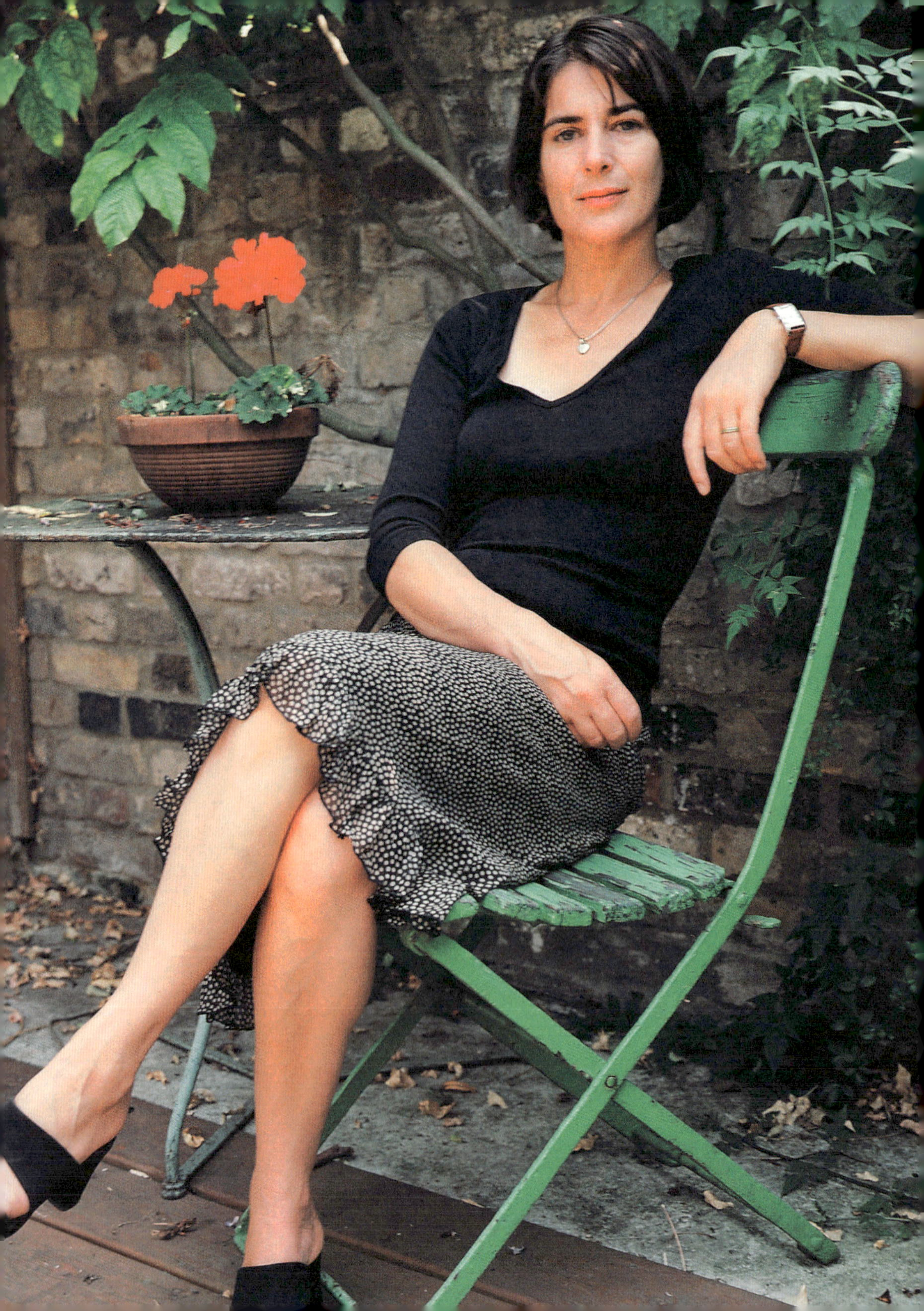

北非情人 Hideous Kinky

埃丝特·弗洛伊德（Esther Freud）

这部小说是半自传式的，根据作家本人在四岁到六岁之间，与母亲伯纳迪恩·科弗利在南非旅行的亲身经历写成。与对颠沛的生活、沙漠、众多异国人物的生动描写交织在一起的，是对作为孩子，生活在一个不同寻常的家庭里是何种滋味所作的十分动人的叙述。对画家卢西恩之女，著名的西格蒙德的曾孙女埃丝特·弗洛伊德本人来说，童年从来没有正常的可能。这部小说优美地再现了她和姐姐——时装设计师贝拉·弗洛伊德的幼年，在渴望更稳定的家庭生活的同时，不经意间目睹的波希米亚生活。

《北非情人》写的是嬉皮士母亲茱莉亚与女儿露西娅和贝娅去摩洛哥旅行的故事。旅途之初，女孩们认定，她们看到的许多光景，用书名里的词来形容最为贴切。种种事件是由五岁的露西娅叙述的，她观察着周围奇特的异国环境，心情复杂。前一刻，她还被沙漠的广阔天空、多彩的街头集市的魅力所吸引，但下一刻，她就对正常的英国生活，对童年该有的一切，比如固定的学校和固定的就寝时间，萌生出了渴望之情。她们的母亲醉心于苏菲派，以及寻求个人圆满和精神开悟，女孩们置身沙漠，越发渴望稳定的生活。弗洛伊德在她的这部处女作里，不但生动地描绘了这样一个国家——它是20世纪70年代嬉皮士运动的圣地——还讲述了一个令人同情的童年故事，其天真而轻盈的笔触无比迷人。**LE**

作者生平：1963年生于英国
首次出版：1992年，Hamish Hamilton（伦敦）
原著语言：英语
改编电影：1998年

◐ 收录于此的企鹅版封面画，由作家的父亲卢西恩·弗洛伊德所绘。

◐ 埃丝特·弗洛伊德的这张照片拍摄于2004年。1993年，她被《格兰塔》杂志评选为英国最佳年轻小说家之一。

20世纪 | 817

雨的回忆录 Memoirs of Rain

苏纳特拉·古普塔（Sunetra Gupta）

作者生平：1965年生于印度
首次出版：1992年，Grove Press（纽约）
原著语言：英语
萨希亚·阿卡德米奖：1996年

苏纳特拉·古普塔的长篇处女作发表后，赢得了评论界的喝彩，他们将她那曲折动人的文笔与弗吉尼亚·伍尔夫的文字相提并论。《雨的回忆录》中的事件发生在一个周末，一名英国作家的孟加拉裔妻子莫尼，准备逃离不幸的婚姻带来的压抑之苦，带女儿回印度去。

像伍尔夫的《达洛维夫人》（见本书第313页）一样，莫尼表面上忙于筹备宴会，但她经常走神，回想起她与丈夫安东尼最初试探性的接触，还有她对伦敦生活艰难的适应过程。青年时的激情与安东尼日渐减少的迷恋，还有后来心存愧疚的冷漠形成了令人痛苦的对比，他几乎不加掩饰的出轨行为，是让莫尼绝望的缘由。尽管多数内容是从莫尼的视角叙述的，但意识流手法（同样令人想起伍尔夫）把妻子和情妇、过去和当下、真实和想象融合在一起，使之难以分辨。同时，那些描写的段落情感奔放的节奏，由作者选取并翻译的孟加拉诗人泰戈尔的诗文，得到了进一步强化。

对褪色恋情的彻底审视，以及对一种十分女性化的自我表现的探讨，在两种文化的并置中，紧密地联系在了一起。印度移民作家在文学上的重要性日渐增强，而古普塔的这部优美的、发人深省的处女作始终令人难忘。**VB**

水仙花 Asphodel

希尔达·杜利特尔（H.D.）

作者生平：1886年生于美国，1961年卒于瑞士
作者教名：Hilda Doolittle
首次出版：1992年，Duke University Press
原著语言：英语

《水仙花》是现代派小说中一部极为复杂、新颖，并且被严重低估的作品。它讲述了年轻的美国女子赫迈尔妮·加特的欧洲之旅，她在第一次世界大战来临之前的那些年里，经历了艺术和性意识的觉醒。婚姻、不忠、私生的题材，都把这部小说与詹姆斯开创的文学传统联系到一起。但更为激进的是，这部小说还探讨了一段失败和一段有望成功的女同性恋关系。希尔达·杜利特尔曾尝试阻止这部自传式小说发表——它完成于1922年，七十年来都没有发表——她在手稿的扉页上，用铅笔写下了"销毁"的字样；据推测，作者之所以如此做，是因为《水仙花》有着同性恋的主题。或许也是因为心灵创伤，赫迈尔妮生下的第一个孩子是死胎，这件事与家庭的关系太紧密了。

作为一部女性小说，它讲述的是女性移居国外的故事，这一经历迥异于青年男子的流亡。作为一部让人重新记起战争带来的心灵体验的小说，它描绘了内在空间和外部空间都遭到毁坏的境况。如果说对现代派来说，内心世界是唯一安全的避难所，那么当内在空间遭受战争这一共同的创伤，或者因为产下死胎，而经历了私人创伤时，人又该何去何从？**VC-R**

> 希尔达·杜利特尔的这张照片拍摄于20世纪初，她最为人熟知的还是她名字的首字母缩写H. D.。

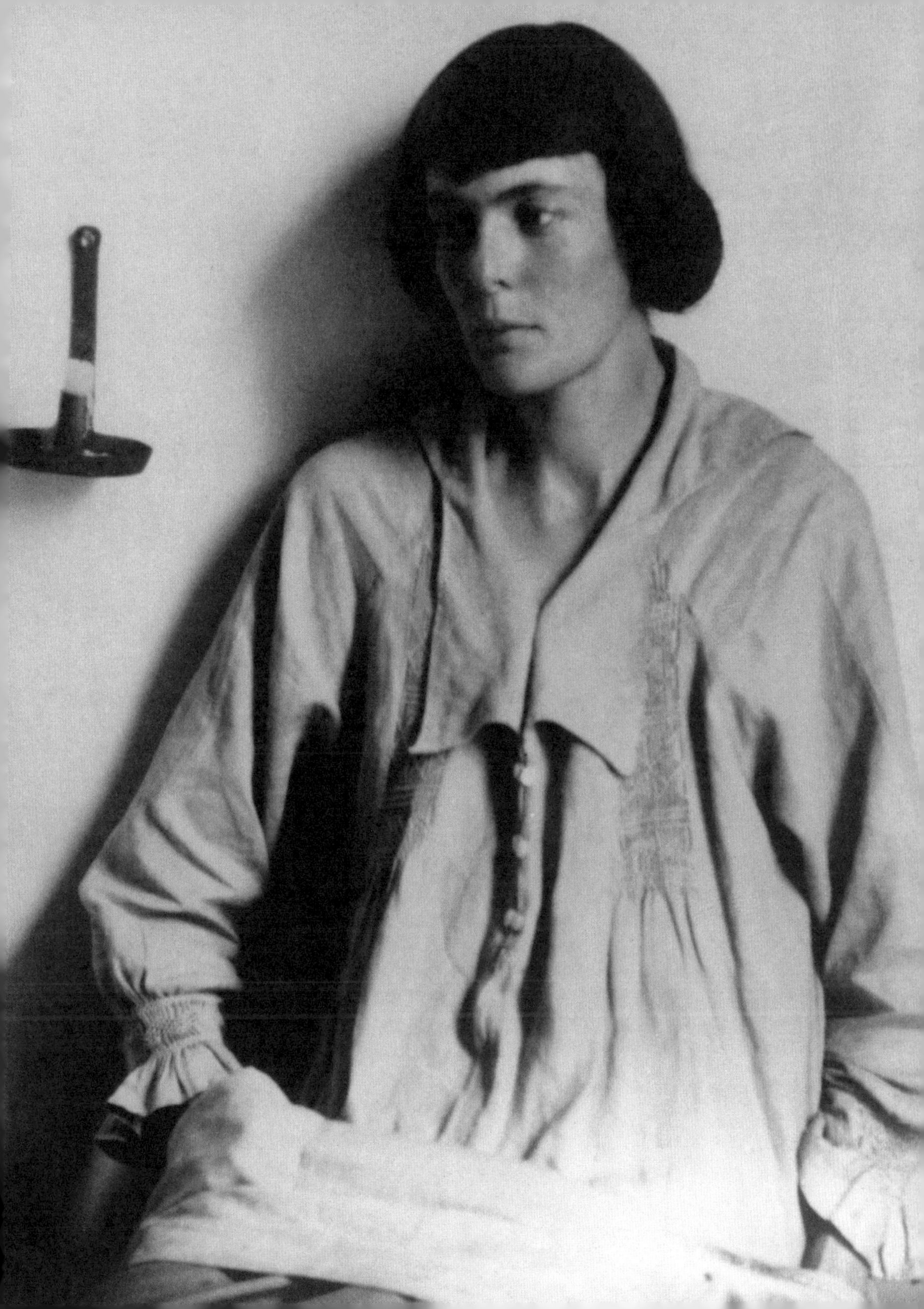

屠夫男孩 The Butcher Boy

帕特里克·麦凯布（Patrick McCabe）

作者生平：1955年生于爱尔兰
首次出版：1992年，Picador（伦敦）
原著语言：英语
爱尔兰文学奖：1992年

《屠夫男孩》既令人兴奋又令人恐惧，既好笑又令人不安。故事情节是通过闪回来叙述的：弗朗西·布雷迪躲藏在林木繁茂的藏身之地，我们由此得知，因为他对纽金特夫人的所作所为，全镇的人都在抓他。

故事背景是20世纪60年代初的爱尔兰共和国，弗朗西是家中的独子，父亲酗酒，母亲自杀身亡，没有人照顾他。他那麻烦重重的家庭，与纽金特夫人和她那无病呻吟的儿子菲利普的小康家庭大不相同。弗朗西的想象力深受漫画书和美国影视剧，以及他与唯一的朋友乔·珀塞尔策划的恶作剧的影响。弗朗西生活的那个令人窒息的小镇，还有令人苦恼的家庭，让他渴求关爱，但他在情感方面未能得到正常发育，终致精神错乱。尽管乔已成长为青少年，但弗朗西还是个长不大的孩子，他早早地离开了学校，找了份屠宰场的工作。他是从事这一职业的恰当人选，因为纽金特夫人把他们一家都比作"猪"。

这个故事用儿童爱学人家说话这一倾向，把成人的陈词滥调，通过一个内心困扰的男孩的心思，重新叙述了出来。弗朗西掌握、用活了一座爱尔兰小镇陈腐的方言土语，给它注入了活力和气势。第一人称叙事节奏轻快，使用的是流畅、口语化的语言。尽管弗朗西的家庭生活糟糕透顶，但他内心幻想的生活却是生机勃勃、激情洋溢的。外部世界越是排斥他，无法满足他的需求，他对这个幻想的世界就越发依赖，所以他才陷入了疯狂和杀戮，不管这有多么令人震骇，但其中自有一套孩子气的逻辑。这是富有新意的声音，作家用娴熟的技艺，把它编织进了一部讲述被毁掉的童年、令人信服、使人震撼、趣味盎然的小说。**RM**

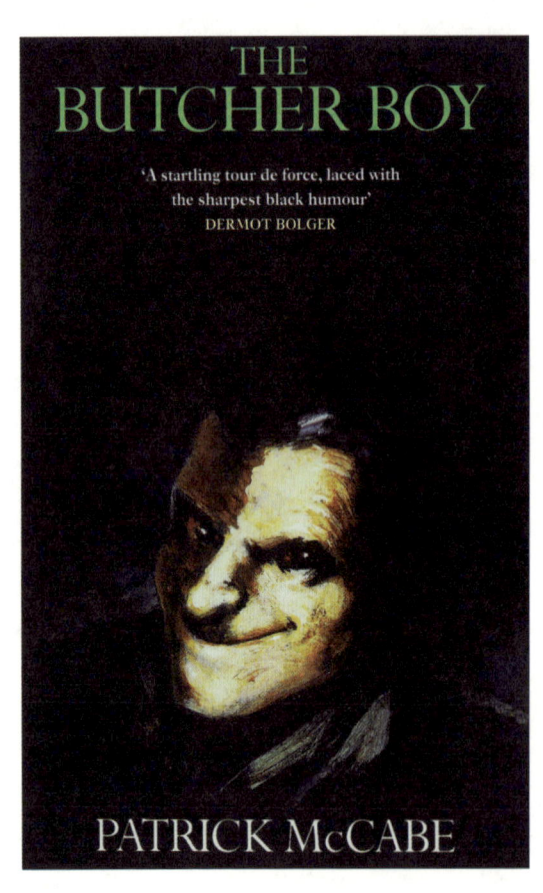

我在想着站在那儿哭泣的纽金特夫人。

▲ 除了长篇小说，帕特里克·麦凯布还写广播剧和童书。

阿卡迪亚 Arcadia

吉姆·克雷斯（Jim Crace）

作者生平：1946年生于英国
首次出版：1992年，Jonathan Cape（伦敦）
原著语言：英语
E. M. 福斯特奖：1992年

吉姆·克雷斯笔下的老百万富翁，沉迷于对花园城市的想象，想在一片现代商业中心的核心区域保留一处田园风光。维克多在八十岁生日那天，决心凭借一己财力，给市中心富有活力但有碍观瞻的水果市场做些贡献，修建一片拱形玻璃围场作为纪念馆，将目前的水果商贩取而代之。维克多实现这一建筑野心的过程，被一名记者看在眼里，他怀着同情，讲述了维克多的田园风情纪念馆尽管对商界作了浪漫化的演绎，最终还是被商界否决的经过，以及由此导致的恶劣后果。克雷斯对维克多在怀旧的限制前提下，只靠改变外表，来改善一座城市的环境这一一厢情愿的努力，作了精明而不失敏锐的评论。

如果说克雷斯是有意拿由来已久的田园牧歌传统开玩笑，那他这样做，也是为了让人想起人类文明最古老的争议之一。这一争议让保护自然界的强烈愿望，与永远存在的再开发需求相互冲突，让保护田园风光的重要性与商业现代化相互冲突。《阿卡迪亚》中的见闻，是以一种纯朴的风格加以呈现的，其中既有感官的愉悦，又有慷慨激昂之风；它将我们带入"令人感到亲切的街头拥堵，它将车流与行人分隔开来"。克雷斯寥寥几笔，便让读者恍若置身于熙熙攘攘的市场，随后他对市场的美化提出了质疑。

就像他的其他作品一样，克雷斯设定了一个没有多少特色可言的背景，其特色仅仅体现在地形上，仿佛这个虚构的地点本身，也作为小说中诸多事件的参与者之一，在小说开头参与试镜。在经历了一连串多变的事件之后，市场最终得以留存下来，但它并非完好无损。**DJ**

最高的楼宇投下的阴影最长……

在《阿卡迪亚》发表同年，美国艺术文学院向克雷斯颁发了E. M. 福斯特奖。

大仲马俱乐部 El club Dumas

阿图罗·佩雷斯–雷维特（Arturo Pérez-Reverte）

作者生平：1951年生于西班牙
首次出版：1992年，Alfaguara（马德里）
原著语言：西班牙语
英译书名：*The Dumas Club*

《大仲马俱乐部》在阿图罗·佩雷斯–雷维特的作品中，是最受评论家推崇的，或许是因为，在他的全部作品中，这部作品最有元文学的特色，又或许只是因为，它选取的是古书界题材。

不管怎样，这部向大仲马致敬的作品，与大仲马的小说有着同等分量、缺一不可的成分，它们把一个讲述阴谋、谜案和打斗的故事，变成了一部符合当代读者口味的杰作。这些成分有：一名可信的主人公（没有多少英雄气概的古书商人卢卡斯·科尔索，也是传统侦探小说中猜疑性格的忠实继承者）；有待破解的谜题（验证一份《三个火枪手》[见本书第119页]的章节手稿是否为赝品、调查中世纪作品《第九道门》是否仍然留存于世——这本书在1667年面世时，就与排印工人一起，被付之一炬）；协助者（决定帮助科尔索的年轻美女艾琳·艾德勒）；以及反派人物（邪恶的元文学的巴肯/黎塞留、罗史伏尔和米莱荻/莲娜），他们全部卷入了在异国情调的背景下展开的调查；故事情节巧妙地分割成小段，以增强悬念、增加线索与假线索交会的留白和暗示；最后，还有对（来源于大胆的古书界的）广博的知识同样富于技巧的包罗。以上种种通过先给出难题，然后再抽丝剥茧地解决难题，令读者感到心满意足。**JCA**

写在身体上 Written on the Body

珍妮特·温特森（Jeanette Winterson）

作者生平：1959年生于英国
首次出版：1992年，Jonathan Cape（伦敦）
美国首版：1993年，Knopf（纽约）
原著语言：英语

《写在身体上》以叙述者之前有趣的风流韵事为背景，讲述了叙述者与有夫之妇露易丝十分认真的恋情。尽管珍妮特·温特森在这本书里，回避了对性爱政治和性别政治直言不讳的热切投入，而这种投入正是她享有盛名的第一部小说《橘子不是唯一的水果》（1985，见本书第981页）的特色所在。她有意让《写在身体上》的叙述者性别暧昧不明，这一决定引出了不少争议。书本中有各种线索——包括叙述者对双性恋的泰然自若，露易丝的丈夫痛快地答应她们在丈夫的家中交往——表明叙述者是女性。或许因此，可以把这部小说当作对女性性爱的敏锐反映来读，但叙述者的性别之谜，还指明了一种更为极端的可能，打破了我们对性别与性爱的成见。

小说始于、终于对爱情更为抽象的诗意思考，证明了温特森作为当代少有的散文作家的技艺，她既能就爱与性的变化无常写出引人入胜的故事，也能构造出带有诗歌的精准与美的句子。这个故事像安吉拉·卡特的《新夏娃的激情》（见本书第981页）和萨曼·鲁西迪的《午夜之子》（见本书第981页）等当代小说一样，有着魔幻现实主义的风格，它是对身体富含诗意和哲理的反思——身体就像一部错综复杂、可以反复改写的手稿，它记录下了我们是什么样的人。**SD**

乌鸦公路 The Crow Road

伊恩·班克斯（Iain Banks）

作者生平：1954年生于英国，2013年卒
首次出版：1992年，Scribner（伦敦）
原著语言：英语
广播剧：1996年（BBC）

　　伊恩·班克斯的《乌鸦公路》的开头，是当代文学最令人难忘的段落之一："那是我祖母火化那天。我坐在火葬场里，听着哈米什伯父和着巴赫的小调弥撒轻轻打鼾，不由得想起，把我重新召回加拉纳克的，似乎总是死亡。"说话者是普伦蒂斯·麦克霍恩，一个富有的苏格兰家庭的二儿子，他的叙述占据了全书的大半内容，剩余部分是用第三人称叙述的，有点像是写麦克霍恩、瓦特和厄维尔三大家族的家世小说。

　　在外就读大学期间，普伦蒂斯回到了祖居（确切地说，他在与父亲就宗教信仰问题吵过一架之后，去了哈米什伯父）。另一位伯父罗里已经失踪八年之久。随着罗里的命运之谜在书中变得越发重要，普伦蒂斯扮演起容易犯错的侦探角色，一心想要弄清长辈们究竟有过何种遭遇，他想把碎片拼凑到一起，还原出单一的真相。

　　《乌鸦公路》是一部与死亡有关的小说。它书写的是欲望和它与死亡的关系，人在世时与死后的身体，还有对埋藏的秘密的发掘。小说末尾，尽管那一派苏格兰风光分外阴郁荒凉，但真实的地图已经印在了普伦蒂斯的脑海之中，他在心里发现了一代人失落的真相，以及记忆的脆弱。**EF**

靛蓝 Indigo

玛丽娜·沃纳（Marina Warner）

作者生平：1946年生于英国
首次出版：1992年，Chatto & Windus（伦敦）
美国首版：Simon & Schuster（纽约）
原著语言：英语

　　小说家、文学评论家、历史学家玛丽娜·沃纳是个文字多面手，就像变色龙一般，《靛蓝》一书即源于她的这些兴趣爱好。《靛蓝》的情节在15世纪英国对某个杜撰的加勒比海岛的强占（有多处对莎士比亚的《暴风雨》的指涉），与20世纪开拓者家族后人的故事之间跳转，它将英国历史的某些方面运用到了小说当中。

　　沃纳描绘出普洛斯彼罗在对爱丽儿和凯列班的奴役中，更加邪恶的殖民意味，她重新启用了女巫西考拉克斯这个人物，《暴风雨》中曾简要提到过她，说她是凯列班的母亲。她是岛上的女智者兼草药医生，善于提取靛蓝染料，给布料染色。英国人误解了原住民，几乎把他们全部杀光，西考拉克斯的女儿侥幸未死，但村落遭到了征服者的洗劫。与这一殖民暴行并行推进的，是出生在伦敦的米兰达的故事，她是该岛殖民长官的后代，她最后找到了这座加勒比海岛，她的家族令海岛的面貌发生了戏剧性的变化。沃纳还对米兰达为理解她的亲人，与之达成和解而付出的努力，作了动人的描绘。尽管这个故事只是发生在一个家族内部，但其中的寓意显然更为深远：殖民主义的余孽和殖民罪行并未消失，它们已经成为我们文化肌理和文化史的组成部分，以及那些受其影响的文化的组成部分，这是千真万确的现实。**JC**

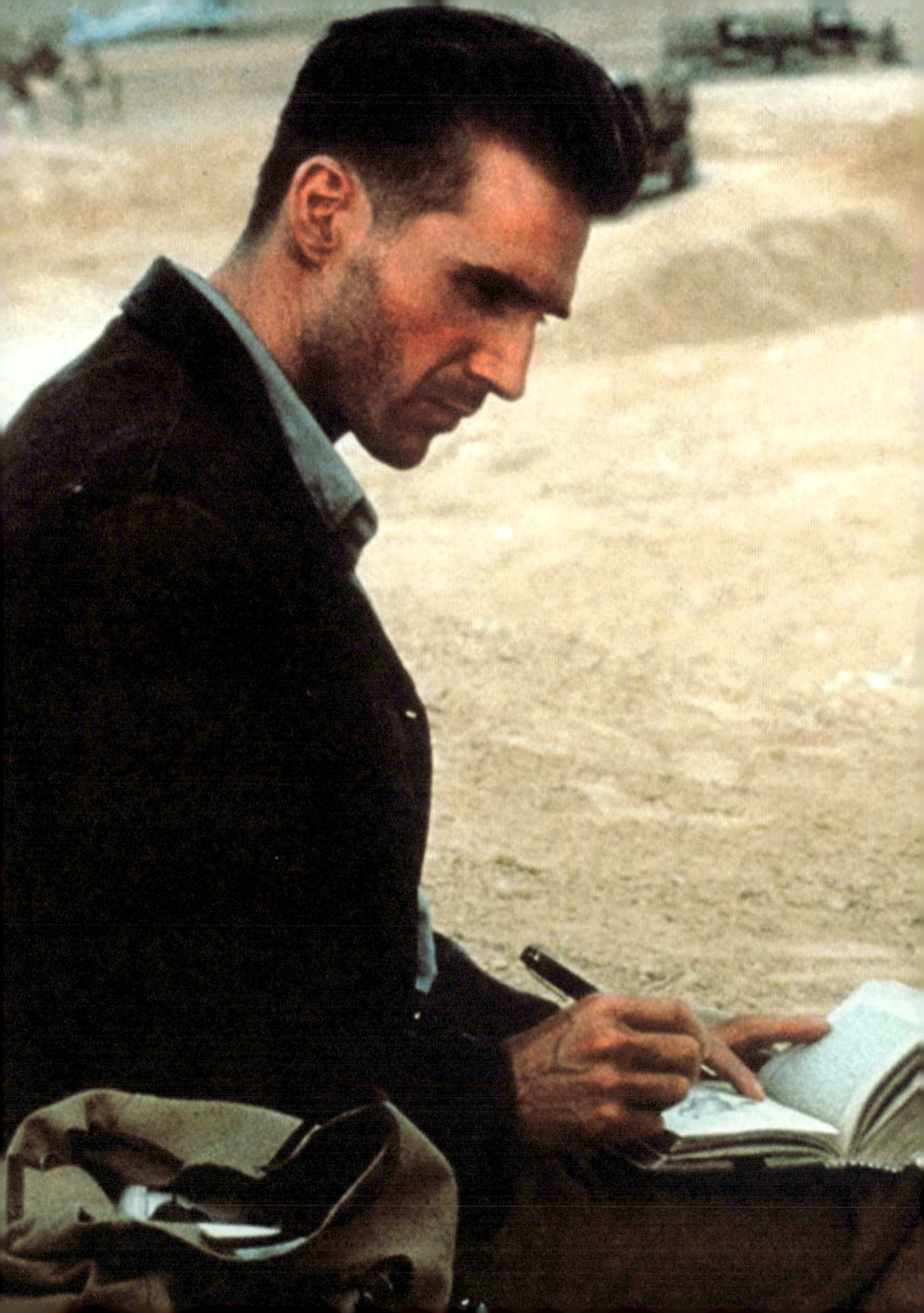

英国病人 The English Patient

迈克尔·翁达杰（Michael Ondaatje）

迈克尔·翁达杰写的是最出色的散文。美妙的句子在他的作品中毫不费力地流淌，它们的完美令人迷醉。《英国病人》是一部引人入胜的小说，既是因为无比华丽的语言，也是因为充满了忧伤和悲情的故事本身。

小说以"二战"末期为背景，游移于遭到战争蹂躏的意大利与拉迪斯劳斯·德·奥尔马希记忆中战前的非洲沙漠之间，此人就是书名中那位严重烧伤的"英国病人"。他烧得面目模糊，生命垂危，一名年轻护士哈娜留在一个部分被毁、被人遗弃的村庄照料他。一名年轻的印度裔英军工兵基普，走进了这对奇特男女和迷人的意大利裔加拿大籍小偷卡拉瓦焦的生活，战争的经历给后者带来了巨大的伤害。奥尔马希与一名已婚女人无望的爱情，及其悲惨的结局，围绕着哈娜、卡拉瓦焦和基普的生活展开，从"英国病人"变成的这具奇怪的活尸嘴里一点一点地披露出来。战争的恐怖远在别处，但当哈娜和基普开始试探着恋爱时，战争的恐怖又成了中心。这些人物为人热情、有人情味、讨人喜欢，但在道德上不无瑕疵，他们受过伤害，意向暧昧不明。

在小说最精彩的一幕里，基普听说了广岛被炸的消息，他震惊又愤怒地离开了别墅，打破了令人不适的宁静。这一幕呈现出了每个人物的心灵创伤，它既是整部小说的缩影，又是整部小说的完美结局。分裂与团结，盟友与敌人，种种界限变得模糊不清，彼此交融，难以分辨，就像英国病人记忆中的沙地一般。这部小说展现了翁达杰的大师技艺，同时也是一本乐趣无穷的读物。

DR

作者生平：1943年生于斯里兰卡
首次出版：1992年，McClelland & Stewart
原著语言：英语
布克奖：1993年

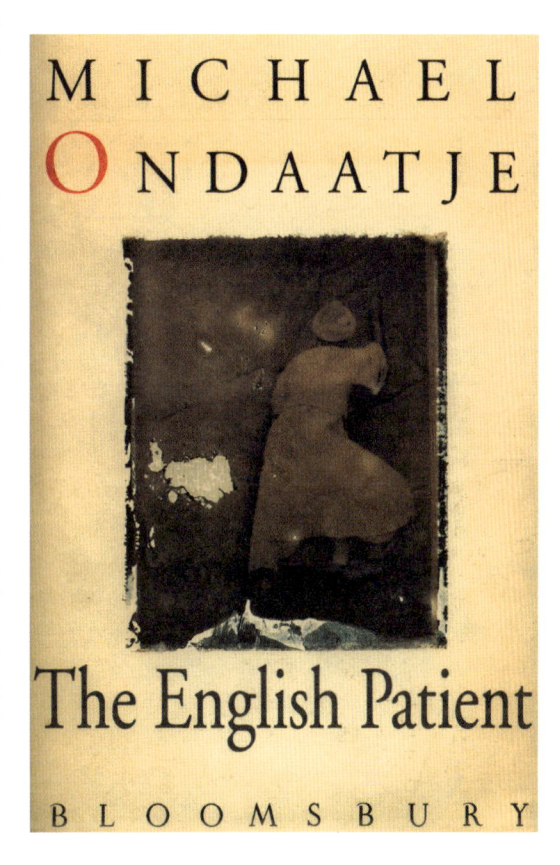

▲ 英国版封面上的印度工兵基普，很容易让人想起吉卜林笔下的基姆。

◀ 拉尔夫·费因斯在1996年的影片里饰演希罗多德的追随者——拉迪斯劳斯·德·奥尔马希伯爵，该片由安东尼·明盖拉执导。

拥有快乐的秘诀
Possessing the Secret of Joy

艾丽斯·沃克（Alice Walker）

作者生平：1944年生于美国
首次出版：1992年，Harcourt Brace Jovanovich（纽约）/ Jonathan Cape（伦敦）
原著语言：英语

《拥有快乐的秘诀》是针对女性割礼这一恐怖的暴力行径，为女性气质和女性身体而作的愤怒的、激情洋溢的辩护。小说以塔希的故事为核心，她是沃克虚构出来的黑人——奥林卡人中已经被美国化的一名成员。

塔希长大后决定给自己行割礼，或按照她的说法，是"沐浴"。对奥林卡人来说，"沐浴"不光指切除阴蒂，还包括切除阴唇、缝合阴道。

塔希是在证明自己忠于奥林卡传统，以及自己对一种备受威胁的文化的热爱。但随着小说故事情节的推进，她开始相信，她所行的割礼，是男性对女性施加的一种普遍化、跨文化压迫的表征。在戏剧化地呈现塔希在民族与性爱之间的抉择时，沃克构筑了一种极端困难和棘手的对立情境：忠于非洲民族主义的有力主张，与同样有力的女权主义主张，二者无法调和。这部小说尝试着理解女性处于父权制文化掌控下的痛苦，以及对这种致人痛苦的仪式的普遍厌恨。原来，反抗父权制压迫的可能性，才是真正的快乐秘诀。尽管这部小说并不易读，但它就像一首反抗非洲和西方厌女症文化暴行的诗，令人难以忘怀。**PB**

天下骏马
All the Pretty Horses

科马克·麦卡锡（Cormac McCarthy）

作者生平：1933年生于美国，2023年卒
首次出版：1992年，Alfred A. Knopf（纽约）
原著语言：英语
美国国家图书奖：1992年

科马克·麦卡锡的"边境三部曲"之一《天下骏马》，核心人物是十六岁的牛仔约翰·格雷迪·科尔，他已经足够成熟，可以选择自己的人生道路了，但他又太过稚嫩，无法冲破家庭和制度的阻力，实现这一选择。约翰的母亲把家里的牧场变卖后，约翰和最好的朋友莱西·罗林斯一起去了墨西哥。一路上，他们遇到了年龄更小的布莱文斯——这场相逢以各不相同的方式，使每个孩子的生活发生了戏剧性的变化。

这部小说里的文化景观正处于变化之中，得克萨斯州的开阔空地已经遭到电篱笆的侵蚀，这些电篱笆把土地分割成越来越小的地块。人们觉得，已将这个国家其他地方统统占据的、快餐化的同质化，正在角落里伺机而动。约翰和莱西刚刚上路时，墨西哥在这一幕中扮演着类似的角色：年轻人背井离乡，幻想着一片崎岖艰险的土地，会给他们对牛仔生活的幻想，充当一片适宜的背景。但当他们成为大庄园的雇工时，他们发现，自己成了墨西哥一名有势力的精英的手下。在这个富裕的孤岛周围，尽是做苦工的穷人，这座大庄园并不能保护约翰和莱西免遭不轨图谋的伤害，这一图谋源于他们与布莱文斯的交往，而约翰对庄园主女儿的爱，则预示着不妙的前景。

AF

自我的三重镜
The Triple Mirror of the Self

佐勒菲卡尔·高斯（Zulfikar Ghose）

作者生平：1935年生于巴基斯坦，2022年卒于美国
首次出版：1992年，Bloomsbury（伦敦）
原著语言：英语

    民族出身和身份的问题，在佐勒菲卡尔·高斯的作品里，从来不是简简单单的事。在他最成熟的小说《自我的三重镜》里，流亡、移民和身份丧失的主题，被编织成一场复杂的、神话般的时空之旅。小说分为三个部分，开篇是一片南美洲丛林，一群奇怪的人凑到一起，组建了一个伪原始的公社，其成员是流亡者和无法适应生活环境的人。随着南美洲大山的淡出，兴都库什山脉进入画面，小说调转了方向，写起一艘驶往欧洲的轮船、美国的一所大学，最后写到了1947年之前的印度，一个少年正在跟朋友们一起学习有关穆斯林身份的复杂课程，这些朋友很快就会被印度的分裂分隔开来。

    《自我的三重镜》探讨了民族不复存在时，我们如何看待自己的民族身份。读者始终无法确定真正的核心人物是谁，在故事中，他的身份总在变换。小说通过如梦似幻、栩栩如生的行文，以及有意模糊不清的时代背景，鼓励读者透过一场非同寻常的人生，看出那些界限的模糊性。《自我的三重镜》暗示出：连贯的身份是一连串无穷无尽的反射；但对高斯来说，这些反射的互动，构成了最美妙、最珍贵的人类经验。**AB**

遇见哥德巴赫猜想
Ο ΘΕΙΟΣ ΠΕΤΡΟΣ ΚΑΙ Η ΕΙΚΑΣΙΑ ΤΟΥ ΓΚΟΛΝΤΜΠΑΧ

阿波斯托洛斯·佐克西亚季斯
（Απόστολος Κ. Δοξιάδης）

作者生平：1953年生于澳大利亚
首次出版：1992年，ΚΑΣΤΑΝΙΩΤΗΣ（雅典）
原著语言：希腊语
英译书名：Uncle Petros and Goldbach's Conjecture

    在小说里，叙述者的伯父，一位颇有天赋的希腊数学家——彼德罗斯·帕帕克里斯托，沉迷于解决最难攻克的数学难题之一——哥德巴赫猜想。为了证明这一猜想，彼德罗斯伯父舍弃了大有前途的理论数学职业，直至小说结尾，读者也不清楚他是否解决了这一问题。年轻的叙述者继承了伯父对哥德巴赫猜想的痴迷，但只是拿它当作构筑小说的引子。同时，他以别具魅力的方式，描述了所有人终其一生至少会遭遇一次的事情——与存在之谜劈面相逢。故事情节就像数学谜题一样，一点一点地展开，将读者带入了一个讲述人生、爱情和牺牲的故事里，彼德罗斯伯父与人的非理性、孤独和胸无大志进行着斗争。

    佐克西亚季斯是一名富有才华的讲故事高手、富有天赋的数学家，他懂得如何将数学以轻松迷人的方式展现出来。他的书将同等分量的虚构和写实融合在一起，出人意料的事件、绚丽多彩的语言、巧妙的情节设计和反讽的意味为之增色不少。佐克西亚季斯的成功之处在于，他甚至向那些常常被数学和科学所困扰的人，呈现出数学和科学世界的面貌，表明每个人都能找到有趣的挑战，哪怕是在最出人意料的领域。**PMy**

校园秘史 The Secret History

唐娜·塔特（Donna Tartt）

作者生平：1963年生于美国
首次出版：1992年，Alfred A. Knopf（纽约）
英国首版：Viking（伦敦）
原著语言：英语

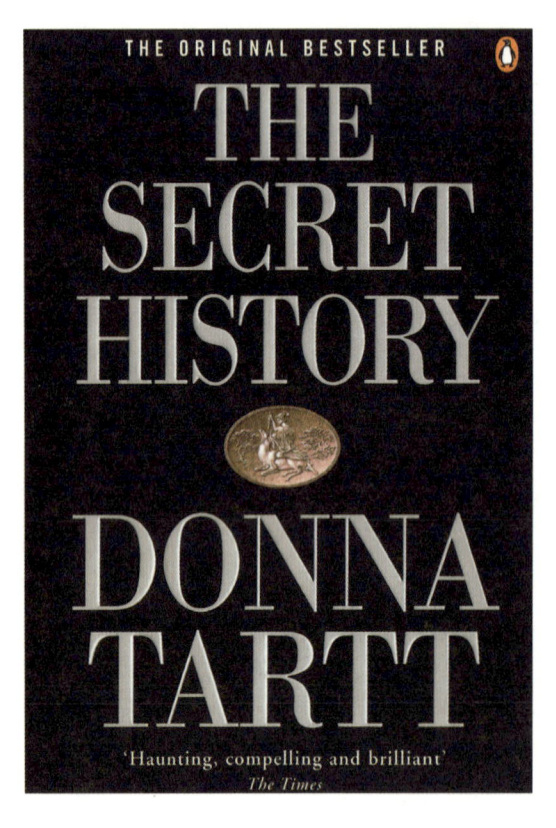

……我小时候真想当一个孤儿！

- 塔特的第一部小说《校园秘史》就取得了巨大的成功。
- 《校园秘史》出版后，塔特确定自己要做"作家，而不是电视名人"。

好宣传也会给一本书带来坏名声。唐娜·塔特从上大学时起，就开始撰写第一部小说，这本书在经过一番激烈竞价后，出版权由克瑙夫出版社以四十五万美元购得，它很快就成为畅销书，让作者得非所愿地成了明星。评论家们不为所动：他们觉得这本书枯燥、做作、人物单薄。在某些方面，他们过于认真严肃了；或许在另一些方面，认真严肃的程度还有所不够。

当然，《校园秘史》很容易读，不过这本小说除了故事情节，还有些别的东西。叙述者讲起他的故事，就好像他的故事仍在继续进行一般，然而实际上，他是在多年之后回首往事。叙述者理查德·帕蓬，告别了自己在加州普莱诺市度过的闷闷不乐的少年时光，到佛蒙特州的一所小型高等学府——汉普登大学就读。他很快被五名富有而又超凡脱俗的古典文学学生和他们睿智的导师朱利安·莫罗所吸引，渐渐成为这个小团体的一分子。他得知这个小团体——亨利、弗朗西斯、邦尼、双胞胎查尔斯和卡米拉——一直在尝试再现真实的酒神祭，这一活动最终以邦尼的死告终。小说的剩余部分讲述了小团体成员在恐惧、自责和令人作呕的自知带来的压力下，友情缓缓解体的过程。

《校园秘史》是对毁灭的研究，青少年的狂妄自大给他们的人生留下了永久的伤害。这本书也与魅力有关：读者与理查德一道，被迷人而放纵的弗朗西斯所吸引，被朱利安卓越的鉴赏力所吸引，被双胞胎轻灵的自制所吸引，尤其会被亨利所吸引，亨利有时乐善好施、为人热情，有时冷漠疏离、令人生畏，始终让人捉摸不透。塔特的这部精致的、令人悲伤的凶案推理小说，是适合文化修养较高的读者阅读的优质消遣作品：它令人欲罢不能，甚至在读完之后，也让人难以忘怀。**PMy**

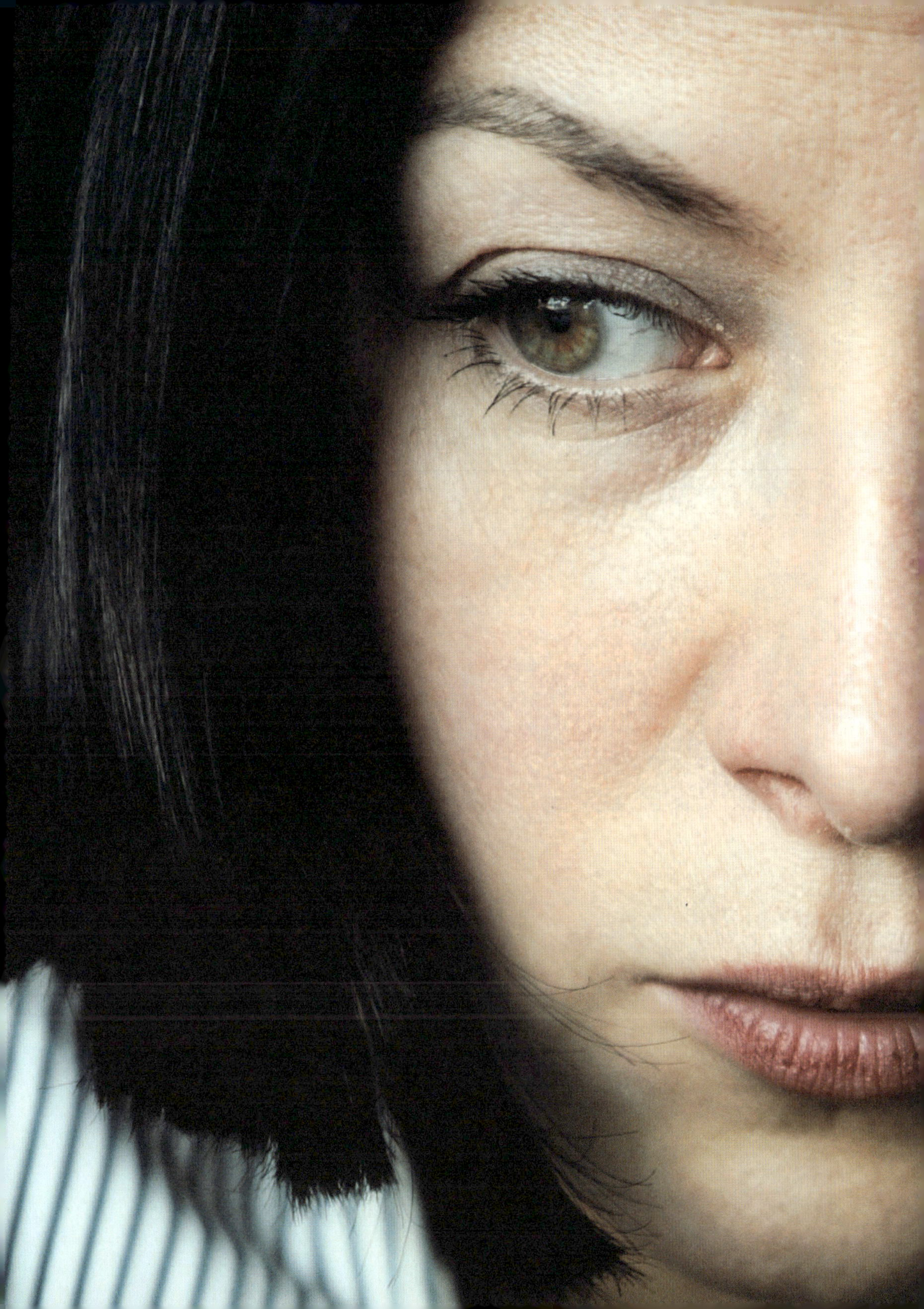

发现天堂 De Ontdekking van de Hemel

哈里·穆里施（Harry Mulisch）

作者生平：1927年生于荷兰，2010年卒
首次出版：1992年，De Bezige Bij（阿姆斯特丹）
改编电影：2001年
英译书名：The Discovery of Heaven

尽管哈里·穆里施在英语世界名气没那么大，但他在20世纪荷兰文学界，是一位多产的作家和杰出人物。哪怕仅就《发现天堂》这一部作品来讲，它也是一部不容小觑的力作，其主题是人与上帝之盟约的失败。这部小说的一大前提是：科学方法是魔鬼的把戏，一个成功得出奇的把戏。随着故事情节逐步展开，两个极具天赋的男人——天文学家马克斯·德利乌斯和语言学家翁诺·奎斯特在一个漆黑的夜晚偶遇，结为朋友。后来，在去古巴旅行期间，两人多次与名叫阿达·布伦斯的年轻大提琴手发生关系，之前她与两人都曾有过风流韵事。她在一场严重的事故中丧生，但她的孩子活了下来。这孩子名叫昆滕·奎斯特，他的使命就是取回《十诫》，将其归还天国，因为人类完全没有能力实现上帝在尘世的意志。与此同时，德利乌斯有了惊人的天文发现，随即被一颗陨石击杀。如果说故事情节听起来像是预先安排好的，那是因为天使们，或者更确切地说，是造物主的插手干预，是他们制订了这一计划：创造一个人类，回收《圣经》中提到的石板。

这一意义重大、不乏争议的力作，其视野之恢宏，是宇宙级的，其调子是喜剧性的，它赢得了全世界的赞誉，被视为创造当代神话的实例之一。**ES**

午夜钟声敲响时，我制造了一次短路。任何人从旁边走过……都会看到，这个独栋楼座的所有灯光突然熄灭……

▲ 哈里·穆里施的这张照片拍摄于1993年，他于1995年凭借全部作品，荣获荷兰文学奖。

马克洛尔的奇遇与厄运 Empresas y tribulaciones de Maqroll el Gaviero

阿尔瓦罗·穆蒂斯（Álvaro Mutis）

作者生平：1923年生于哥伦比亚，2013年卒于墨西哥
首次出版：1993年，Siruela（马德里）
原著语言：西班牙语
英译书名：The Adventures and Misadventures of Maqroll

  本书是由七篇小说组成的一部英雄传奇，在这个总的题目下，围绕着一个谜一般的人物，将故事情节缓缓铺开，这些小说最初发表于1986年到1993年之间。马克洛尔是纵横于陆地和海洋的英雄，他符合康拉德或雨果·布拉特创立的传统，不依循常规，不受时空的羁绊。他有多重命运：运输木料，或在山里开酒吧（《阿尔米兰特之雪》）；与人合伙开妓院（《伊洛娜随雨而至》），或者修理一艘旧汽船（《货船最后一站》）；参与走私军火（《绝美之死》），或者努力让一家陈年矿场起死回生（《阿米尔巴尔》）。书里还提到了更多的冒险活动，马克洛尔在旅途中，还遇到不计其数的人物，其中最引人注目的要数的里雅斯特姑娘伊洛娜和黎巴嫩人阿卜杜勒·巴苏尔。

  在这趟哀婉而又近乎魔幻的旅途中，每一次会面总是别后重逢，也预示着分离在即，一切都无可避免，一切（除了死亡）又都是可以避免的。马克洛尔是一位哲人，旅程有时令他感到绝望，有时又令他兴高采烈，他还是一个不知疲倦的读书人、一个出了名的爱记日记和写书信的人、一名向神灵祈求灵感的诗人，最重要的是，他是一名文学英雄。他留下了带有讽刺意味、零散而不完整的书面记录，一个小说化的穆蒂斯化身将它们统一成一个整体。这组作品犹如一套令人眼花缭乱的文字连环画，其内容似乎可以随时继续扩充。**DMG**

他总是半醉半醒，他通过接连不断地喝酒，颇有技巧地保持着这一状态……

▲ 穆蒂斯鸿篇巨制而又平易近人的小说，反映出他对航海的着迷和对政治问题的毫无兴趣。

等待黑暗，等待光明

Čekání na tmu, čekání na světlo

伊凡·克里玛（Ivan Klíma）

作者生平：1931年生于捷克斯洛伐克
首次出版：1993年，Cesky spisovatel（布拉格）
原著语言：捷克语
英译书名：Waiting for the Dark, Waiting for the Light

　　自由意味着什么？我们要如何面对一个过去的限制统统消失的世界？我们过着各种各样的生活，作出种种决定，采用的种种身份，是我们真实的自我吗？克里玛的作品在冷战期间曾遭到大规模的审查。他以悖谬的权威性、给人以确定感的风格和有力的洞察力，对这些重大问题进行了探讨，但拒绝作出结论或说教。小说超现实主义的、几乎称得上魔幻现实主义的想象力，与巧妙的讽刺和黑色幽默融合在一起。尽管克里玛笔下的那段往事——1989年的天鹅绒革命——显然是捷克人的经历，但其背景是超越国界的，其寓意是普世性的。

　　小说讲述了帕维尔的故事，他是一名对工作并不认真的摄影师，为条条框框颇多的腐败政权工作。他每天歪曲着真相，幻想着能获得这样一种自由，让他的天分和真实的自我得到自由不羁的发挥。当他获得这样一种"不可能的"自由时，小说对他变成了什么样的人，以及理念和行动之间总是错综复杂的错位，进行了探讨。帕维尔的故事中，穿插着多个故事：一位总统因年迈而神志昏聩，帕维尔希望自己有朝一日能够撰写抽象的电影剧本，一个与早已逝去的爱情有关的故事，甚至还有一段挟持人质的戏码。但小说的核心是帕维尔本人：他爱妥协、平庸、没有目标、不无缺点，但归根结底依然富于人性。**TSu**

咖喱香肠的诞生

Die Entdeckung der Currywurst

乌韦·提姆（Uwe Timm）

作者生平：1940年生于德国
首次出版：1993年，Kiepenheuer & Witsch（科隆）
原著语言：德语
英译书名：The Invention of Curried Sausage

　　成功的多产作家乌韦·提姆往《咖喱香肠的诞生》中，放入了足以写出四倍篇幅的素材。它从发人深思的题材——"二战"、通奸和纳粹主义的完结中，提炼出了令人动容的精华，它看似无足轻重，然而却是战后德国文化融合的有力象征，它就是——无处不在的咖喱香肠。

　　提姆之所以要对这一精美食品的诞生进行调查，是因为他有过在莲娜·布绿克的快餐摊子旁吃香肠的童年记忆。布绿克断言自己是真正的发明人，但在披露这一烹饪发明的细节之前，她得发掘自己的过去，找回促成这一发明的那些往事。叙述者提姆佯称，他采访布绿克的唯一动机，就是弄清香肠之谜，而事实上，这场采访更像是澄清战争、责任和爱情之谜的手段。我们在见识妙手偶得的烹饪窍门之前，会先了解到布绿克与布列门的风流韵事，他是个隐匿行迹、躲避纳粹当局的逃兵。她违背了不成文的爱情规则，欺骗了他，以维持两人的关系。

　　咖喱香肠成了民间故事里的"汤中宝石"在20世纪的对应物。经过巧妙处理的私人和文化议题，赋予了这则中篇小说令人难以抗拒的滋味，而香肠则给它增添了香辣的佐料。**ABI**

回忆巴比伦
Remembering Babylon

戴维·马洛夫（David Malouf）

作者生平：1934年生于澳大利亚
首次出版：1993年，Chatto & Windus（悉尼）
原著语言：英语
新南威尔士总督文学奖：1993年

《回忆巴比伦》以19世纪中叶的昆士兰为背景，讲述了一个英国婴儿的故事，一艘船将他从英国带到了澳大利亚，他被人从船上丢了下来。这个弃儿吉米由一群原住民养育了十六年，之后他通过一个小村庄——村民都是从苏格兰移民过来的农民——回到了文明世界。

吉米在小说中首次亮相时，被挥舞着棍棒的十一岁苏格兰孩子拉克伦·贝蒂和表兄弟逼到了篱笆上。马洛夫对他的初次登场作了精心设计，他把吉米安排在欧洲殖民者和原住民的地盘之间。的确，吉米充当的是"中间人"的角色，他说自己是个理解和认同原住民生活的"英—英—英国移民"，这一角色凸显了小说对身份问题的高度关注，对体现殖民的主题大有帮助。

吉米在这座小村庄的出现深具威胁性，他将自己对"那些人"的了解和盘托出，以至殖民者不得不对自己与生俱来的优越感提出疑问。与吉米交好的殖民者很快便遭到村里人的疏远。吉米最后被迫离开了村子，这一际遇会让读者想起文明的摇篮巴比伦，正是文明为殖民计划提供了动机和理由，而正是这一殖民计划造就了吉米，给吉米的故事提供了背景。**JSD**

坐拥世界
The Holder of the World

巴拉蒂·慕克吉（Bharati Mukherjee）

作者生平：1940年生于印度，2017年卒于美国
首次出版：1993年，Alfred A. Knopf（纽约）
原著语言：英语

本书是印度裔美国作家巴拉蒂·慕克吉的第六部小说，书中故事的叙述者贝·马斯特斯是20世纪的一名寻宝者，她正在努力追查传说中的一颗钻石的下落，这颗钻石是印度莫卧尔王朝时期的产物。贝发现了一位印度王公的美国情人汉娜·伊斯顿的故事。汉娜于1670年出生在新英格兰的蛮荒地带，她幼年在塞勒姆生活，成长过程中受的是刻板的清教徒式教育，后来她来到英国，成了水手的妻子，过的是整日在岸边守候的生活。在寻求奇遇时，她发现自己在莫卧儿王朝时期的印度，被隔离在白镇的墙外，后来一位印度王公掳走了她。汉娜发现，自己走不出任何一种文化的樊笼，但又不被任何一种文化所承认。在成为王公的情人之后，汉娜才终于获得了自行其是的自由，不必再遵从社会的要求。

在给汉娜的故事充当背景的外层故事中，贝通过物品、日记和图画，对汉娜生平进行的调查，与她的搭档维恩用现代设备进行的计算机模拟，形成了对照。结果，前者对过去的再现，内容更丰富，也更生动，当贝通过计算机模拟，走进汉娜的世界时，这一点体现得格外明显。《坐拥世界》是对移民和孤立所作的富有活力的叙述，超越了时间和文化的界限。**CIW**

折翼天使 The Virgin Suicides

杰弗里·尤金尼德斯（Jeffrey Eugenides）

作者生平：1960年生于美国
首次出版：1993年，Farrar, Straus & Giroux（纽约）
原著语言：英语
改编电影：1999年

部分是侦探故事，部分是教育小说，部分是悲剧，《折翼天使》始于一个如此震撼、简直不可思议（尽管看似写实）的前提。杰弗里·尤金尼德斯笔下的成年叙述者回顾了那个"自杀的年头"，在这一年里，李斯本家的五个女儿相继自杀身亡。小说将女孩们的日记和便条、叙述者和朋友们的回忆、事发前后的面谈等"证据"拼凑到了一起，但小说依然笼罩着浓重的疑云。

李斯本家姑娘生活的方方面面，似乎也加重了神秘的气氛。邻家男孩们总把她们浪漫化，把她们看作一个可望而不可即的巨大的金色绮梦，而邻居们则给这些反常的家事，充当了窃窃私语的背景。在第一起自杀事件发生后，剩下的四个姑娘在学校里遭到孤立，因为同学和老师拙于表达他们的遗憾之情。尽管叙述者执意寻求多起自杀背后的"真相"，但他始终未能弄清，笼罩在姑娘们和她们自我强加的长久沉默之上的是何种谜题。叙述者从未试着将目光放远一些，不局限于他本人对姑娘们的精神状态所作的解释，他只能间接提到自己对她们的死起到了何种作用。这一看法——这些自杀事件只是自然法则发挥作用的结果，是环境抹杀了她们的存在——在她们的母亲李斯本夫人对女儿的内心是否规矩，是否受到不良影响的猜忌中，得到了印证。荷兰榆树病引发的歇斯底里，隐喻着对流行病的癔症式恐惧，这种癔症式恐惧处于美国郊区文化的核心，这种文化认为：若是担心可能出现污染扩散，那么将某种健康的活物杀死，不失为一种可取的解决方法。**AF**

🔺 杰弗里·尤金尼德斯生于密歇根州底特律市，有希腊和爱尔兰血统。这张照片拍摄于1993年，拍摄者是罗伯特·马斯。

斯通家史 The Stone Diaries

卡罗尔·希尔兹（Carol Shields）

《斯通家史》是一部全景式小说，是一场精巧的探索之旅，探索了世纪老人黛西·古德威尔一生中经历的考验、小小欢乐和倦怠。这个故事始于她那悲惨的出生（1905年，她在马尼托巴省的乡下出生），终于她的死亡（她死于佛罗里达）。这个故事有多个章节，各个章节之间有着十年的间隔，分别写到了她的童年、婚姻、再婚、身为人母、独立、悲痛，最后是暮年和死亡。我们透过这些窗口，遥望着黛西的人生与20世纪变幻不定的面貌。我们还看到，女性的社会地位有了极大改善。

但这只是一部女性之书吗？它与一名女性，以及身为女性的世俗危机有关，但更重要的是，它与人生有关。这是一个复杂的故事——让它变得更加复杂的，是它伪装成一部第一人称的"自传"，但途中每走一步，它都会提醒我们注意它的不可靠性。众多人物向我们讲述了黛西生活的多个版本——有些是她出生之前的说法，有些是她身故之后的说法。但透过这些各不相同的主观视角，以及由信函和谈论园艺的报纸专刊组成的全部篇章，我们会发现，奇怪的是，那个常常缺席的，正是黛西本人的视角。这部小说讲述的是：身份是多么难于寻求，女性的身份往往是由他人定义的。

在几十年间，两大意象反映出了小小的胜利和常见的荒芜：石头的肖然不动与植物的疯长，然而获胜的是植物。在其他人笔下的女主人公陷入失落、悲痛欲绝或衰老，无法自拔之际，卡罗尔·希尔兹总是给我们以新的希望。她向我们表明，生命力总会令人惊讶地找到一种方式，迸发出来。高贵寓于平凡之中，希望亦然。**GT**

作者生平：1935年生于美国，2003年卒于加拿大
首次出版：1993年，Random House（纽约）
原著语言：英语
普利策奖：1995年

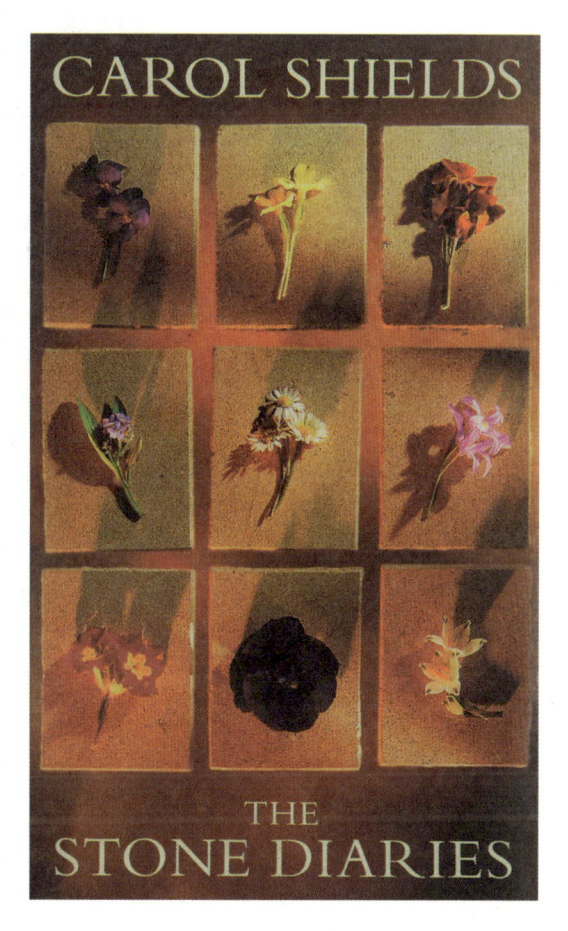

卡罗尔·希尔兹直到四十岁才发表第一部长篇小说，在六十八岁时因癌症过世。

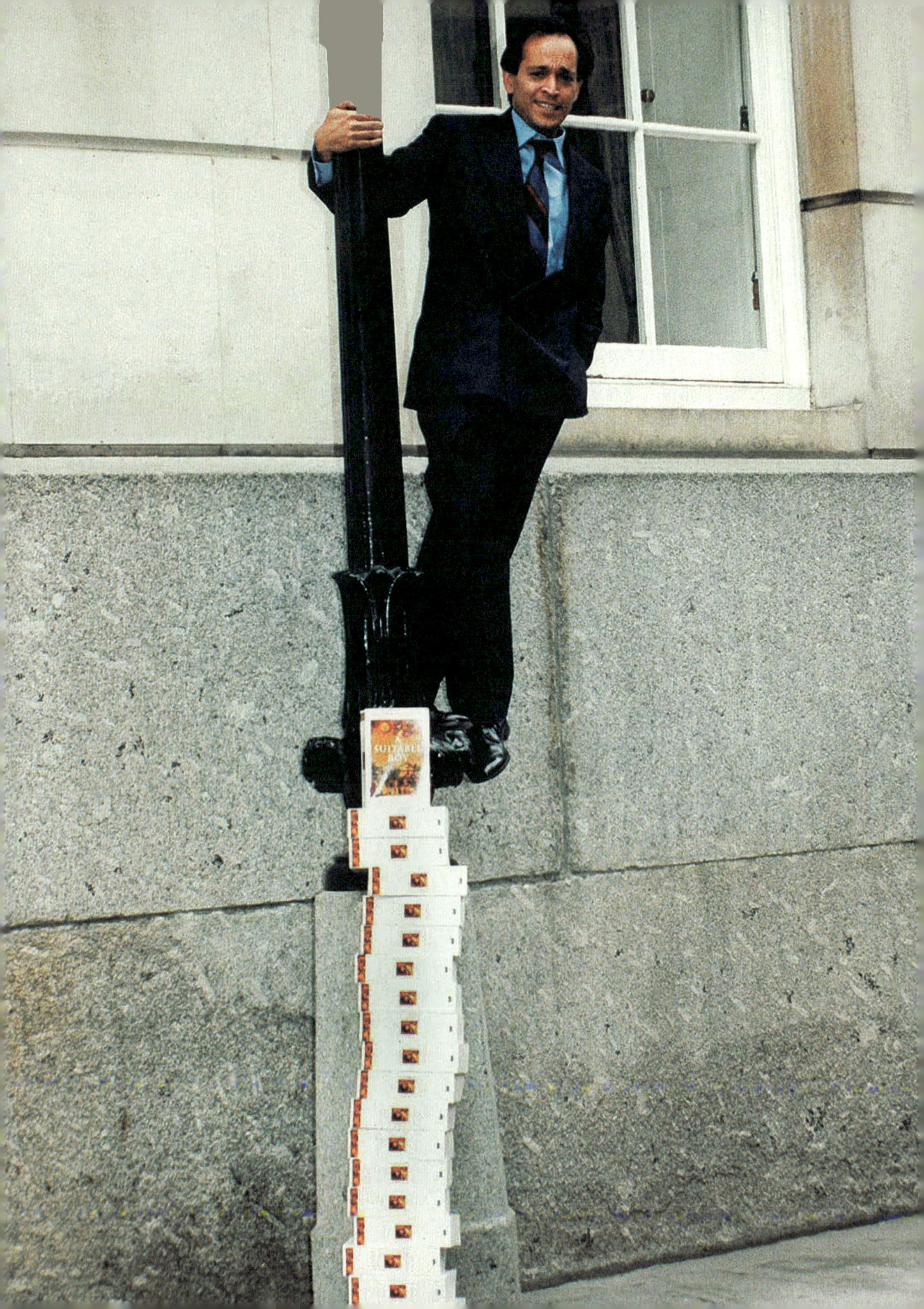
A SUITABLE BOY

如意郎君 A Suitable Boy

维克拉姆·塞思（Vikram Seth）

作者生平：1952年生于印度
首次出版：1993年，Phoenix House（伦敦）
原著语言：英语
英联邦作家奖：1994年

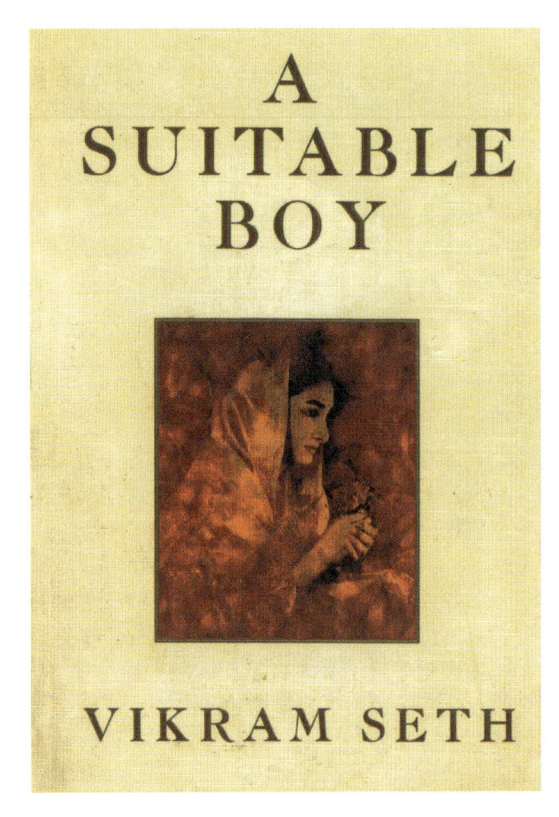

在维克拉姆·塞思的这部小说开头，鲁帕·梅赫拉夫人向小女儿拉塔宣布："你也得嫁给我选中的男子。"但拉塔没有被说服，小说的核心就是她必须做出的决定。她会遵从母亲的意愿，嫁给三个男人中跟她最"般配"、向她大献殷勤的哈里什·康纳吗？此人是一家鞋厂的经理，对工作抱有极大的热情，是家人的好友介绍的。她会嫁给嫂子的兄弟、诗人阿米特吗？此人在拉塔的大学假期里，跟她交上了朋友，并向她求婚。或者，她会违背母命，嫁给三人当中跟她最不般配的穆斯林卡比尔吗？此人是她的大学同学，她爱上了他。这个选择夫婿的故事讲述了四户人家在1951年的命运，此时印度已经独立四年了。故事背景是土地改革立法的通过、"Pul Mela"（译注：此为作者虚构的宗教节日，暗指"大壶节"）等宗教节日，以及印度教徒与穆斯林之间看似平静无事、暗中剑拔弩张的关系。

为什么要读这样一本厚书呢？它只比《战争与和平》少五十页。在塞思的小说里，既没有托尔斯泰的沉重思考，其背后也没有写出史诗巨作的创作意图。相反，其文字笔触轻盈，在众多人物之间游刃有余，先后写到了英国化的精英琐碎无聊的世界、学界与政界的紧张关系，以及村庄和贫民区令人难以忍受的贫困。令人惊讶的是，这部小说在叙事方面，是克制和适度的绝佳范例。尽管篇幅宏大，但它并未失之恣肆，对人物和细节也给予了尊重，这一点在当代作家中并不多见。**ABi**

▲ 塞思的这部巨著以他的生身国度——印度为背景，不过他从十几岁开始，主要还是在英美两国生活。

◄ 塞思在他的书籍上方兴高采烈地摆出姿势，这看起来与他的身份非常般配——一名严肃的作家，但作品并非过分沉重。

好一场瓜分！ What a Carve Up!

乔纳森·科（Jonathan Coe）

作者生平：1961年生于英国
首次出版：1993年，Viking（伦敦）
原著语言：英语
约翰·卢威连·莱斯文学奖：1994年

    这部作品是乔纳森·科的第四部小说，也是最成功的一部。迈克尔·欧文是个不幸的传记作家，要给温肖一家作传，这户人家是一帮怪物，他们仗着自己的贪婪和无耻，从英国20世纪80年代撒切尔治下的社会风气中牟利，也让这种社会风气变成了现实。当我们从令迈克尔的生活逐步发展成形的片段，读到他对温肖一家攫取权势的记录时，我们与他一道发现，这户人家给他的人生带来的影响深远得令人难以想象。最后，伤心的迈克尔被人送到温肖家里，他们上演了一出疯狂的话剧，犹如对电影《好一场瓜分！》的滑稽模仿，迈克尔的愿望得以实现，温肖一家逐一受到了应有的惩罚。

    评论家们称，科的这部令人眼花缭乱的小说是"后现代"的，他们或许是考虑到了它的元文本游戏——不可靠的叙述者、多种文学形式的混合，以及人物和故事情节显然随心所欲的搭配。但它也同样合乎维多利亚时代的社会现实主义，在这类作品中，故事情节会慢慢揭示出，个人命运与社会政治背景之间存在着什么样的纠缠。科的许多小说都披着侦探故事的外衣，开场时有很多松散的线头，它们会渐渐衔接到一起，系成漂亮的结。就本书而言，故事结局令人心满意足，那些文字游戏也让人喜欢，不过你可别被它骗了：这部小说在骨子里，是一出激愤的社会讽刺剧。**PMy**

深河 深い河

远藤周作（遠藤周作）

作者生平：1923年生于日本，1996年卒
首次出版：1993年，讲谈社（东京）
原著语言：日语
英译书名：*Deep River*

    这部小说是日本天主教小说家远藤周作暮年的作品，此时他已经成为日本文化名人，被一些人誉为日本的道德和宗教良心。《深河》集结了他毕生的个人思想斗争和公共反思。书名中的那条河，是印度北方的恒河，一队日本游客前去观光游览，他们经历着各不相同的人生危机。一名"二战"老兵对当年在缅甸作战的骇人记忆念念不忘，另一名满怀愧疚的商人，寻找着患癌身亡的妻子转世后的化身。远藤周作的宗教思想在大津身上得到了表达，这个日本天主教徒遭到欧洲教会官方的排斥，他追寻着个人的信仰，来到了印度。还有美津子，这个女人曾为了破坏大津的信仰引诱过他，如今她想要赎罪。

    在以日本人的视角对印度和印度的信仰进行观察的同时，远藤周作始终都在思考他毕生关注的问题：日本与天主教。他对日本社会的功利主义和缺乏灵性作了严厉的批判，但他对欧洲天主教教团对基督教信仰自恃不凡的界定和控制，也不吝批评。远藤周作提出了一种兼容并包、宽容、普世的宗教观，他笔下的所有主要人物都找到了某种和解、自我肯定或圆满。1995年，日本导演熊井启将《深河》拍成了电影。**RegG**

孪生姐妹 De tweeling

苔丝·德·罗（Tessa de Loo）

作者生平：1946年生于荷兰
首次出版：1993年，De Arbeiderspers（阿姆斯特丹）
原著语言：荷兰语
英译书名：*The Twins*

  双胞胎安娜和萝特从小就分开了，先是父母在短时间内相继辞世，后来是生病、家族仇恨，最后是"二战"，分开了她们。她们七十四岁时，在疗养胜地偶然相遇。两个女人对这次意外邂逅的反应截然相反：留在德国的姐姐安娜，儿时遭到收养家庭虐待，从此便因为战争和各种境遇，失去了依靠和归属感。她满心欢喜地迎接刚刚找到的妹妹。萝特由荷兰的远亲收养，一直对故国怀恨在心，她对姐姐的满心欢喜，心存怀疑和蔑视。

  数百万德国人因为对大屠杀持被动默许的态度，从而被历史定罪，苔丝·德·罗赋予了他们话语权。我们从安娜身上，看到了普通民众的群像，它与历史认定的面貌大相径庭。与这一主题相对的，是深远的伦理问题：我们可以将多少精力和财力用在自己身上，将多少留给他人，哪怕面临着迫切的个人需求和不幸？经过半个多世纪的忽视和误解，爱意能否重新燃起，童年的旧情能否恢复？小说没有给出清晰的答案，但它提出的种种问题，在读完小说之后许久，依然萦绕在我们心头。**MWd**

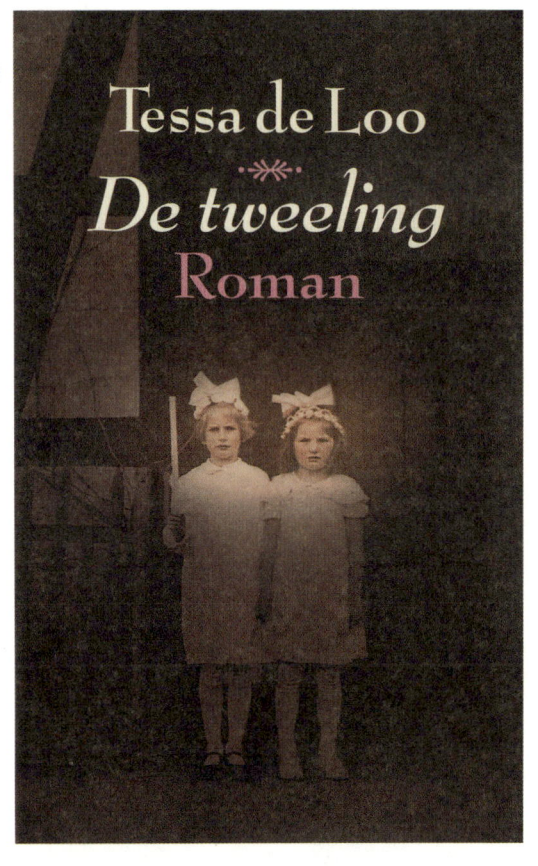

> 德国人在这个温泉疗养地做什么？这儿的每个广场……都有一座纪念碑，上面刻着两次世界大战的阵亡人员名单。

▲ 这是小说的首版封面。故事中的两段人生，让我们看清了欧洲历史上的一段黑暗时期。

寻找可能之舞 Looking for the Possible Dance

A. L. 肯尼迪（A. L. Kennedy）

作者生平：1965年生于英国
首次出版：1993年，Secker & Warburg（伦敦）
原著语言：英语
毛姆文学奖：1993年

《寻找可能之舞》是一个近乎平凡的故事，讲述了男女关系这一令人烦恼的世界中的生活、爱情和牺牲。

迷人的玛格丽特不愿意充当女儿、妻子、情妇这些狭隘的女性角色，小说以此展现了男性的脆弱，以及他们在生活中，对女性既迫切又心怀愤恨的依赖，这一依赖同时滋育着爱与恨。

玛格丽特由格拉斯哥乘火车前往伦敦，在途中讲述了自己的往事。她那挚爱的、占有欲颇强的父亲过世了，她失去了社区中心的工作，因为她的老板自作多情地爱上了她，却没有得到她的回应，就设局陷害她。她的恋人科林遭到黑社会袭击，被人用可怕的钉刑钉在仓库的地上，落下了严重的残疾，这是因为他曝光了社区里的放高利贷者，所以遭到了报复。玛格丽特之前曾拒绝过他的求婚，现在她必须决定，是否按照他的意愿报答这份情意，用她个人的牺牲来回报他为公众作出的牺牲。书的结尾像肯尼迪的其他作品一样暧昧不明，肯尼迪让女主人公回到了自己家中，结束了这趟发现之旅，回到了自己出发的起点。玛格丽特心中既有满怀渴望的爱，也有不安的恐惧，这令她在这个有关义务和欲望、有着微妙平衡的故事中，左右为难。只有舞蹈能让人稍稍看到交际和谐的图景，但就连这一建立新的交往关系的可能性，最终也没有得到证实。暴力令现实始终处于令人沮丧的状况之中：男性之间公然的暴力行径，还有男女关系中私下的压制。在这部小说里，人生之舞并未带来多少逃离常规的机会，而这种常规以同等的分量制造着爱与恨。

CJ

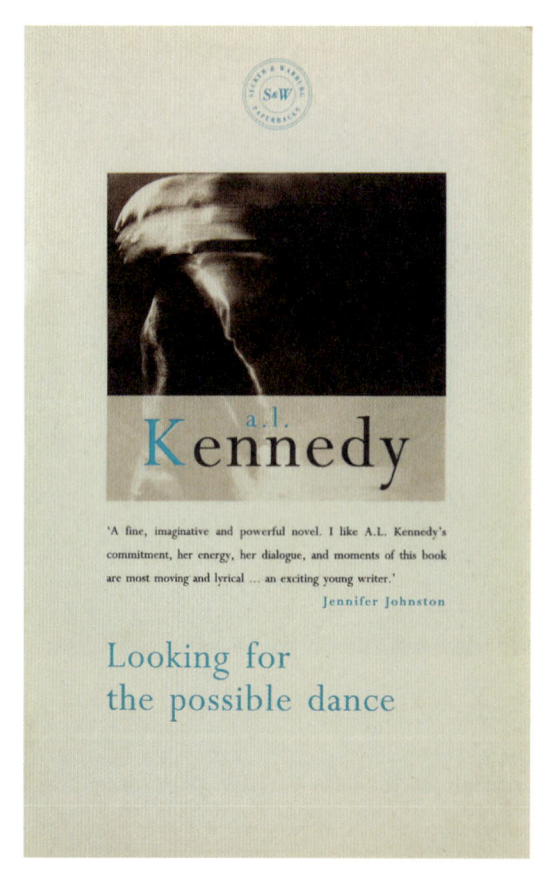

……赞美他人牙齿的恭维话。

▲ A. L. 肯尼迪是基督徒，她曾参与反战和反核的抗议活动，在政治领域表达自己的信仰。

鸟鸣 Birdsong

塞巴斯蒂安·福克斯（Sebastian Faulks）

《鸟鸣》是"一个有关爱情与战争的故事"。这本书融合了事实与虚构，催生这部作品的是这样一种担忧：第一次世界大战正在淡出人们的集体意识。从某种层面来看，它兑现了这一承诺："我们会记住他们的。"福克斯杜撰出来的士兵们，为战争中的"逝者"赋予了身份——这些人中既有阵亡者，也有失踪者。通过巧妙的煽情，福克斯令读者满怀悲戚与同情。他通过展现人物的英勇，重新定义了英雄主义，英雄主义并非贸然逞能，而是心怀畏惧，并能坚强地忍受毫无意义的痛苦。

1978年，斯蒂芬·瑞斯弗德的外孙女伊丽莎白找到了他的笔记本，里面有他写的战时日记。在阅读斯蒂芬笔下的往事的过程中，伊丽莎白仿佛重新经历了外公的过去，弄清了自己的身份——"对自己有了更多的了解"。斯蒂芬对情妇伊莎贝尔怀有露骨的性爱激情，这等于是替那些尚未体验过性爱就已阵亡的战士——比如斯蒂芬的朋友韦尔——享受了性爱。比利时战壕中历历在目的恐怖光景，深深印在读者心中，给从未经历过战斗的一代人，间接赋予了民族身份。通过窥看唯有民族危机才能唤起的极端处境下，我们可能会有何种反应，《鸟鸣》让读者对自身有了更深的了解，正如伊丽莎白对自己有了更深的了解一样。但这部小说并未宣扬民族主义，因为斯蒂芬的命是一名德国士兵救下的，两人一起为"人生令人痛苦的奇异"而落泪。最后，小说承认，语言不足以道出战争的实情，因为这一实情太过丑恶，既无法诉诸言语，也无法让人理解。书名"鸟鸣"代表着失落的一代人的声音，也代表着艺术之声，艺术总是试图捕捉这种声音，又难免失败。**AR**

作者生平：1953年生于英国
首次出版：1993年，Hutchinson（伦敦）
美国首版：1994年，Vintage（纽约）
原著语言：英语

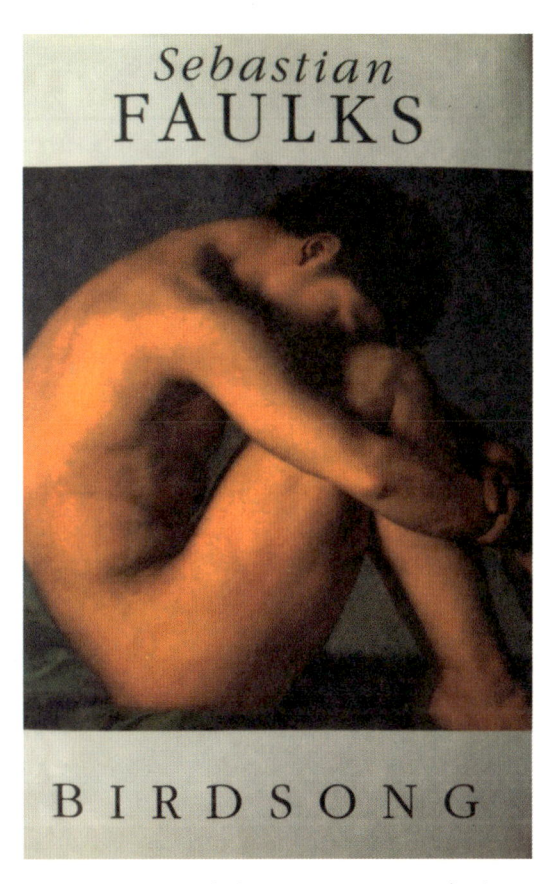

阿塞尔夫人并未完全吸引斯蒂芬的目光。

▲ 塞巴斯蒂安·福克斯是一位广受欢迎的作家，他尝试着用历史题材，激发当代读者的情感。

船讯
The Shipping News

安妮·普鲁（E. Annie Proulx）

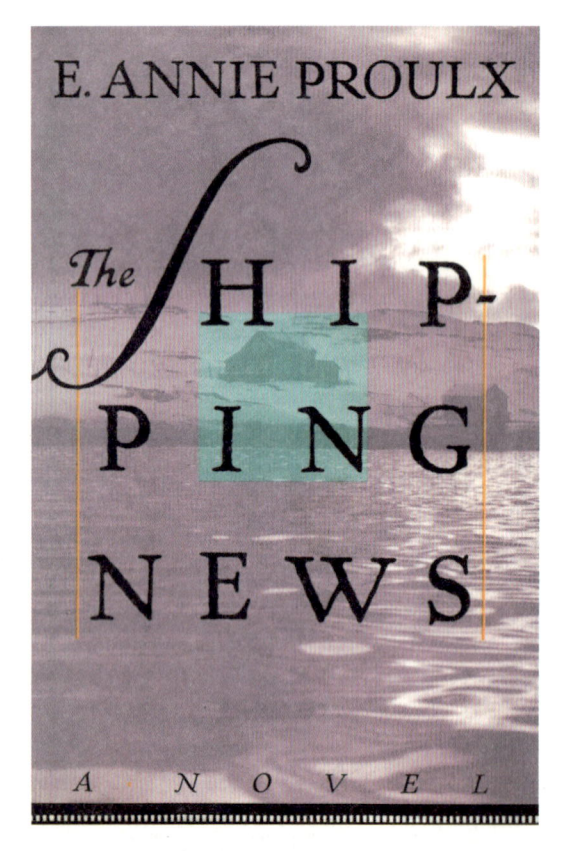

作者生平：1935年生于美国
首次出版：1993年，Scribner（纽约）
原著语言：英语
普利策奖：1994年

奎尔是一名三十六岁的记者，来自纽约，从前压力重重的生活给他留下了心灵创伤——父母自杀身亡，妻子跟另一个男人在一起时，在车祸中丧生。他的姑妈总想让他回她以前待过的地方，她说服奎尔带上女儿们，与她一起移居纽芬兰。他克服了自己对水的恐惧，给一家当地报社做报道船讯的记者。很快，一系列怪事包围了奎尔。他在城里注意到一个优雅的女人，她的孩子患有唐氏综合征，他们之间建立起了近乎亲密的关系。奎尔的祖辈曾在附近生活，他们都是海盗和暴徒。他去看过他们的葬身之地，在回家的路上，他捡到一个手提箱，里面装着一颗头颅。让奎尔的担忧大过困扰的是，他经常在住所周围找到一段绳结。

最后，奎尔经历了一场船难，但他战胜死亡，活了下来。《船讯》有这样的名声——它是作者创作结局圆满的小说的一场试验，之前普鲁曾收到这样的反馈：她的第一部小说似乎有些阴暗。但这一圆满结局来得并不轻松愉快——似乎普鲁能给予笔下人物唯一的一种幸福，就是使他们免受创伤和痛苦的困扰，这部奇特的、令人不安的小说，结尾也并不平静。**EF**

他思绪翻腾，就像……古代水手称作海肺的那种没有固定形状的东西——一摊细碎的浮冰，在雾的下面起起伏伏，那儿的空气溶入水中，液体变得坚硬……

▲ 故事的展开和人物的成长就发生在封面中这片纽芬兰的风景中。

爱情笔记 On Love

阿兰·德波顿（Alain de Botton）

作者生平：1969年生于瑞士
首次出版：1993年，Macmillan（伦敦）
其他书名：*Essays in Love*
原著语言：英语

　　正如书名所表明的，阿兰·德波顿的《爱情笔记》秉承了哲理散文的传统，这种传统在米歇尔·德·蒙田的作品中得以发扬光大。

　　但它也是一个极为现代的爱情故事。智力和情感、哲理和小说富有技巧的结合，使《爱情笔记》成为一部令人愉悦、富有原创性的作品。《爱情笔记》中提到了王尔德、海德格尔、黑格尔、马克思、尼采、康德、维特根斯坦、柏拉图、穆勒、赫拉克利特、弗洛伊德和福楼拜等人，毫不掩饰其知性的一面。叙述者用旁征博引来反映对人陷入爱情和走出爱情这类普遍经验的智慧和洞察：首次相爱时，认定彼此注定要在一起的那种感受；如何将所爱之人理想化；诱惑的潜台词；想成为你所爱之人要你成为的样子和这一想法的虚妄性；做爱时的身心分离；当被爱之人终于对他们的爱给予回报时，恋人的不安全感；为什么说成为一个恋人，是对自我的全盘重新确认，就像从镜子中看到自己一般。这部小说的哲理思考与叙述者的爱情故事交织在一起，叙述者爱上了一个名叫克洛伊的女人，两人是在一架从巴黎到伦敦的航班上邂逅的。这不是一部浪漫得无可救药的小说，而是对爱情所作的尖锐的、经得住考验的哲理剖析，同时也有精心讲述的爱情故事那不可抗拒的吸引力。**SD**

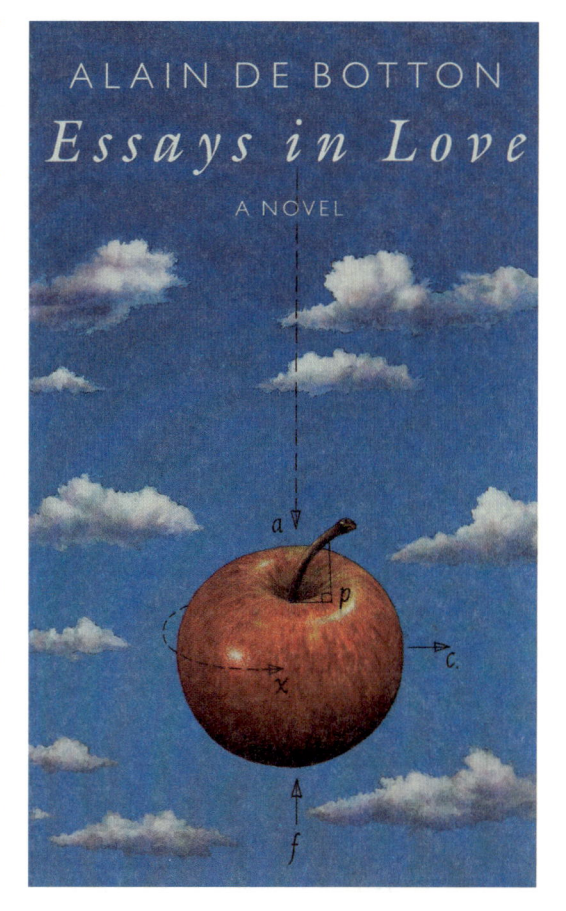

爱情的一个反讽之处在于，你越不喜欢一个人，就越能够信心百倍、轻而易举地吸引他。

● 阿兰·德波顿的这部哲思小说有两个书名，美国版是"论爱情"，英国版是"爱情随笔"。

消散 Disappearance

戴维·达比丁（David Dabydeen）

作者生平：1955年生于圭亚那
首次出版：1993年，Secker & Warburg（伦敦）
原著语言：英语

小说的叙述者是一名年轻的圭亚那工程师，他被派到肯特海岸的邓斯米尔崖，监督一堵防护墙的施工，这堵墙的作用是防止村庄滑入海里。他是个严肃的、爱沉思默想的人，在一个喜欢非洲、在非洲待了很多年的脾气暴躁的英国老妇人家里吃饭。当老妇人问起叙述者的非洲出身时，小说的核心问题——人能否"摆脱过去"——开始令叙述者感到困扰。他开始了解村民们的性情，发现在表面的英国风情下面，潜藏着与帝制时代的过去相关联的暴力。其结果是对英国状况的有力思考，书中将英国视为一片遍地历史遗址和民族叙事的土地，它们最终也只是表明，哪些东西已经消失了，或者哪些东西从未真正被人正确认识：帝国之间的对抗、促使巨型城市建筑得以建成的暴力，以及奴隶们的死亡。

这部小说的卷首引语既有哲学家雅克·德里达的话，也有前首相玛格丽特·撒切尔的话，或许只凭这一点，这部小说就值得读者注意。但正是达比丁将这一理论观点——缺失比存在透露出的内容还要多——编入近代英国民族情感肌理的方式，为这部篇幅较短的长篇小说，赋予了超越其轻盈笔触的严肃性和共鸣。**ABi**

> 我觉得人们抱有这样一种信念：只要你去英国工作，就会发财。
>
> ——戴维·达比丁

▲ 克里斯·沙姆瓦约为达比丁的小说设计的封面，反映出了他作为圭亚那人在英国生活的经历。

费利西娅的旅程 Felicia's Journey

威廉·特雷弗（William Trevor）

作者生平：1928年生于爱尔兰，2016年卒于英国
首次出版：1994年，Viking（伦敦）
原著语言：英语
惠特布莱德年度小说：1994年

  威廉·特雷弗在《费利西娅的旅程》中，将一种新的文学形式运用到他的小说里最为常见的一个主题上来——他的生身母国爱尔兰与他的养育之国英国之间令人忧虑的历史关系。特雷弗将天真的爱尔兰姑娘费利西娅安排在心理惊悚小说的背景中，她在英国中部地区，落入了英国的中年单身汉希尔迪奇先生手中，此人对现实只有肤浅的见解。怀有身孕的费利西娅从爱尔兰外省的专横家庭（家人是拥护共和政体的天主教徒）逃了出来，到伯明翰寻找孩子的父亲。希尔迪奇先生向寻人无果的费利西娅提供了帮助和庇护。希尔迪奇的动机似乎难以确定，他与其他一干女性之间的关系，以及他们最终的命运，同样不得而知。变态、邪恶、善于操纵别人的英国人，与他瞄上的受害者——年轻、单纯的爱尔兰姑娘之间的对比，显然带有政治和历史方面的弦外之音。随着读者的不祥感不断加深，两名主角玩起了猫鼠游戏，费利西娅在躲避希尔迪奇先生时，无意中得到了热心肠的西印度传教士卡利加里小姐的长期帮助。随着小说的核心转向希尔迪奇的内心崩溃，费利西娅作为一名依赖他人善心的普通漂泊者，被社会所接纳。她展现出了修女的气质，成为无私奉献的化身，她的善良，令特雷弗始终为之着迷。**UD**

无所谓 Extension du domaine de la lutte

米歇尔·维勒贝克（Michel Houellebecq）

作者生平：1958年生于法属留尼汪岛
首次出版：1994年，M. Nadeau（巴黎）
原著语言：法语
英译书名：Whatever

  《无所谓》探讨了当代人的疏离。第一人称叙事以直言不讳、几乎像新闻报道般的笔触，记录了一名电脑工程师孤独的生活。他收入颇丰，但自己的工作和可以用薪水购买的产品，都不能让他感到心满意足。他努力装得像正常人一样，但对人或事都无法产生感情。

  本书法语原名，翻译过来就是"斗争领域的延伸"，我们可以从中窥见小说的主题。资本主义价值观的暗中推进，已经渗透到我们生活的方方面面。就连爱情与性爱领域，也像市场一样，服膺于竞争和交换的法则。由此造就了性爱领域的下层阶级，在小说里，叙述者和他那容貌丑陋的同事蒂斯朗就是这一阶级的代表，后者尽管跃跃欲试，但直到二十八岁还是处男。叙述者在醉酒、厌倦、濒临崩溃之际，半真半假地建议蒂斯朗杀掉曾拒绝与他交往的一长串女人中的最后一名，以扭转他在性爱经济方面发现的失衡状况。

  米歇尔·维勒贝克的写法，采取了一种宿命论意味极强的观点：人只是遗传基因优劣和个人社会、经济地位高低的总和而已。对欧洲社会的此种观感，令维勒贝克成为当代文学中最受欢迎、最具影响力的小说家之一。**SS**

科莱利上尉的曼陀铃 Captain Corelli's Mandolin

路易·德·伯尔尼埃（Louis de Bernières）

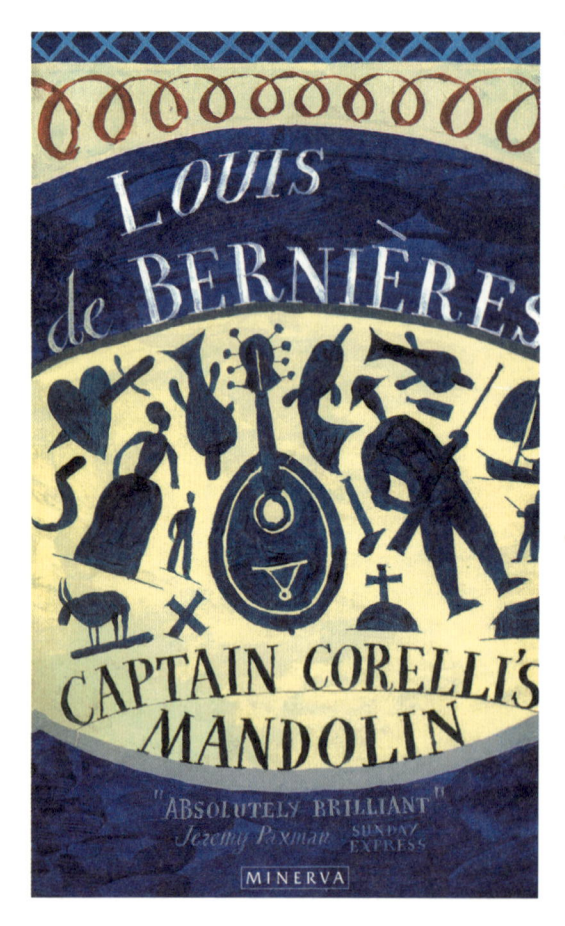

作者生平：1954年生于英国
首次出版：1994年，Secker & Warburg（伦敦）
原著语言：英语
英联邦作家奖：1995年

路易·德·伯尔尼埃的写作符合加西亚·马尔克斯的伟大传统——枝蔓横生的宏大叙事，这种叙事写的是一个完整的世界，活灵活现地描绘了一个村落及其居民之间的相互联系，从最年长的成员的出生写到他们的死亡。以如此技艺创作出来的小说，具有非凡的深度、广度和幽默感。

《科莱利上尉的曼陀铃》的主线故事情节，围绕着佩勒姬娅和她的父亲伊安尼斯医生展开，他们是美丽的希腊岛屿凯法利尼亚岛上的两名居民。故事背景是"二战"时期，意大利与德国占领该岛，小说记录了佩勒姬娅与一名富有音乐天赋的意大利士兵——科莱利上尉之间的爱情。小说中有形形色色的人物，七十三个章节是以多重视角叙述的，其中既有全知全能的叙述，也有机密信件，既有出自伊安尼斯之手的历史著作，也有虚构出来的、墨索里尼狂妄自大的胡言乱语。所有叙事合并到一起，既美妙、风趣、悲戚、恐怖，又富有人情味，后者是最重要的——让这部小说乍看之下，似乎有点不连贯，让人不大适应。但随着小说向前发展的势头不断递增，这一多面的叙事会令读者欲罢不能，它以洞察力和幽默感，表明截然不同的人生何以能够在毫不相干的同时，又紧密相连。尽管有大量历史描写，但这部小说无意于充当教科书，把给私人事件充当背景的世界要闻讲解一番。其实，这部小说从未佯称要忠于正史的客观性，而是比任何教科书都更有效地重现了恐怖、痛苦，以及在战争期间，发生在"陷入其中的极少数人"身上的奇迹。**SD**

● 《科莱利上尉的曼陀铃》极具可读性，这一消息流传开来之后，它渐渐获得了一流畅销书的地位。

为时已晚 How Late It Was, How Late

詹姆斯·凯尔曼（James Kelman）

作者生平：1946年生于英国
首次出版：1994年，Secker & Warburg（伦敦）
原著语言：英语
布克奖：1994年

　　《为时已晚》这部小说充满存在主义的疏离，在其荣获1994年布克奖之后，公众大感错愕，《泰晤士报》编辑甚至指控它是"文学暴行"。因此，这部小说的"糟糕"语言，变得比它在形式和风格上引人注目的创新还要出名。

　　这个故事是以一名失业的格拉斯哥人的视角叙述的，故事主人公萨米·塞缪尔斯被警察打昏，醒来后，发现自己看不见东西了。之后，他跌跌撞撞地穿行于这个迷宫般的城市和福利国家，努力为自己的"机能障碍"讨回公道，并且思考着自己的困境。本书卡夫卡式的感受性，让人想起一个黑暗的体制，专断地行使着压迫性的权威。但对凯尔曼来说，这一可怕的手段正是语言本身，他在小说中摒弃了传统化的英国叙事结构，让萨米用格拉斯哥方言道出自己的心声。文本在第一人称和第三人称叙事之间来回滑动，消弭了叙述者和人物之间的界限，摒弃了传统的语言学成规，这一做法赋予了作品更大的自由度。萨米既是叙述者又是被叙述的对象，既是主体又是客体，这一不稳定的身份，标志着萨米自我体认的危机，一种因言语、行为和事件的重复而得以强化的疏离感。萨米因此被困在了当下一刻之中——这是被剥离了意义、方向和行动机会的一刻。在后工业时代的苏格兰背景中，这一困境意味着男性气质的危机。这部作品用巨大的情感复杂度、知性洞见和令人毫不设防的幽默，对泯灭人性的社会力量进行了抵抗。**CJ**

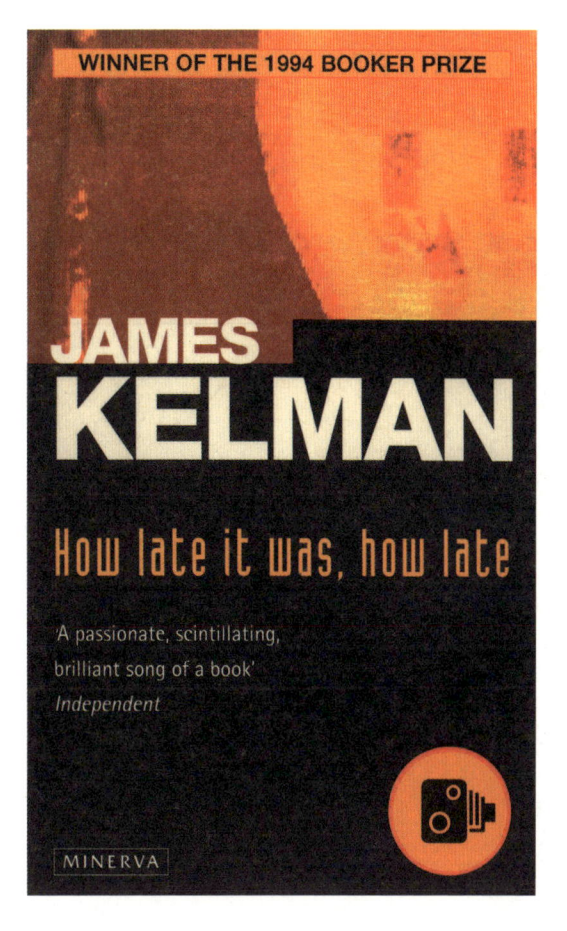

▲ 尽管有着幽默且富有想象力的特点，凯尔曼却因为坚持运用"糟糕的"语言，而与主流读者拉开了距离。

姐妹 Sestra

雅辛·托波尔（Jáchym Topol）

作者生平：1962年生于捷克斯洛伐克
首次出版：1994年，Atlantis（布尔诺）
原著语言：捷克语
英译书名：*City Sister Silver*

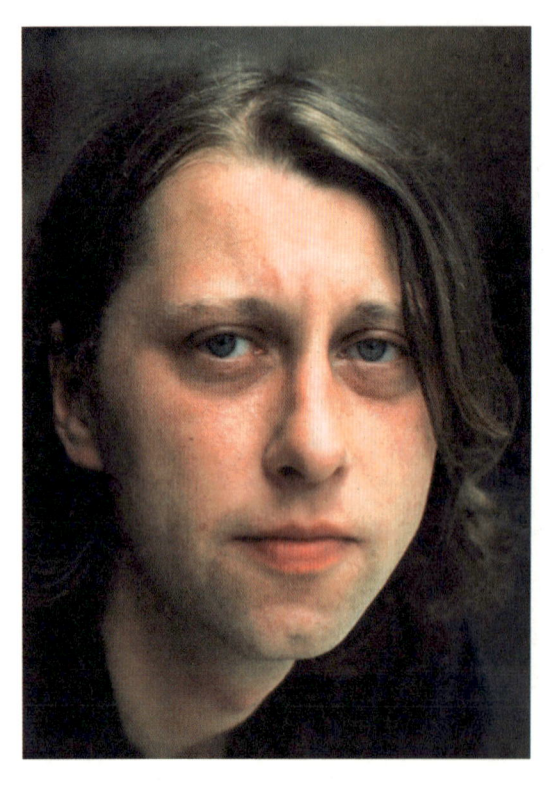

雅辛·托波尔无疑是1989年天鹅绒革命以来，捷克出现的最勇敢、最有活力的声音之一。他是剧作家约瑟夫·托波尔之子、菲利普（摇滚乐队"狗士兵"的主唱）的兄弟，也是在异见分子发起的《七七宪章》上最年轻的签名者，成年后，他一直参与地下的艺术与政治活动。《姐妹》或许是唯一一部对后革命时代一视同仁的文学作品。它也是首批对捷克口语的文学潜力进行探索的作品之一——它纵情于在几十年占领期内，这门时时常遭遇压制的语言的俚语和亵渎语之中。在许多方面，《姐妹》都可以作为当代捷克想象力的独立宣言来读。

小说由革命初期开始写起，民主德国流亡者纷纷从布拉格逃往联邦德国。小说确立了主要的叙述者——一个名叫波托克的疏离、浪漫的人，他跟一帮亦正亦邪的人厮混到一起，这些人在新时代的混乱活力中寻觅着商机。不过由这一刻起，时间发生了"爆炸"。《姐妹》犹如穿越欧洲历史的迷人旅程，萦回于清晰明了的社会现实主义、新闻事件、迷乱的连串梦境和难懂的神话之间。对不熟悉捷克文化的读者来说，这是一场并不轻松的体验，但它反映出革命之后，遍及道德、社会、政治、经济、语言、宗教等各个领域的强烈的不确定性。不过，与漂泊和游荡的经历并行推进的，是一个动人的爱情故事——波托克寻找着他的"姐妹"，或者说，灵魂伴侣，最终他找到了意中人。这是一部优美的、令人困惑的、自始至终都饶有新意的作品。**SamT**

我们是躲在暗处的人。我们在等待。

▲ 托波尔是一名具有颠覆性的诗人和词作者，如今他被视为富有吸引力的年轻捷克小说家。

佩雷拉的证词 Sostiene Pereira: una testimonianza

安东尼奥·塔布齐（Antonio Tabucchi）

这个故事是由《里斯本报》的文化版编辑佩雷拉讲给叙述者听的——如同仪式一般，每一章的开头都有"佩雷拉坚称"的字样，提醒着我们。塔布齐对葡萄牙的爱简直有若实质，触手可及，就在阳光下熠熠闪光，或在海风的吹拂下飘动。1938年夏，当时欧洲其他各国的独裁政权已经稳固建立，而葡萄牙仍在目睹萨拉查政权的初步崛起。《佩雷拉的证词》这个故事与文字的力量有关，与文字何以能够让人在政治和伦理层面担负起责任有关。小说开篇，佩雷拉是个体形笨重、只考虑自己的鳏夫，萎靡不振地对着亡妻的照片说话。佩雷拉对萨拉查独裁政权统治下，民主的销蚀和对于抗议活动的暴力镇压无动于衷，心里只惦记着自己的心脏病和对死亡的知性思考。死亡的气息从一开始就弥漫在小说里。当佩雷拉发现年轻的革命者蒙泰罗·罗西就这个题目写过一篇哲理散文时，佩雷拉意识到了犹太人遭到屠杀和工人们遭到打击引起的回响。蒙泰罗被萨拉查的警察残害致死，这件事促使佩雷拉树立了政治立场。

死亡是缺乏自由的政治隐喻。在象征意义上，出离生死才能获得生命，佩雷拉决定用战斗来赢得生命。小说结束时，佩雷拉已经脱胎换骨，他感到自己更年轻、身躯更轻盈了，他致力于用文字与政治压迫进行斗争。在逃离葡萄牙之前，他在里斯本写下的最后一篇作品不再是胆怯的书评，而是一篇无畏的檄文，控诉政府应当为他的朋友蒙泰罗之死负责。**RPi**

作者生平：1943年生于意大利，2012年卒于葡萄牙
首次出版：1994年，Feltrinelli（米兰）
英译书名：*Pereira Declares: A Testimony*
坎皮耶洛奖：1994年

> 但他，佩雷拉，正在思考着死亡的问题。

▲ 意大利作家塔布齐是葡萄牙语文学教授，曾在里斯本度过多年时光，这部小说就是以里斯本为背景而创作的。

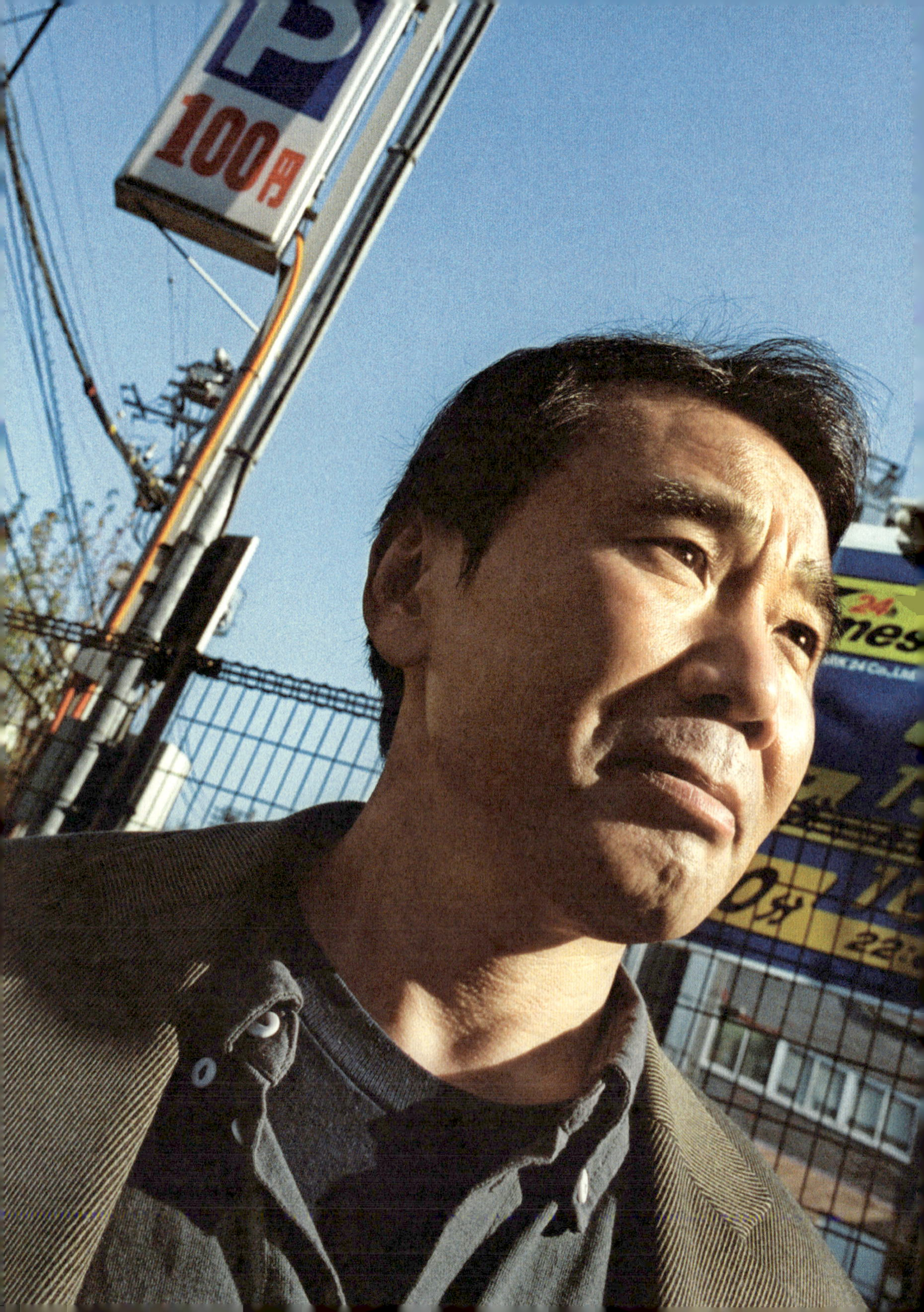
P
100円

奇鸟行状录
ねじまき鳥クロニクル

村上春树（村上春樹）

作者生平：1949年生于日本
首次出版：1994年，新潮社（东京）
原著语言：日语
英译书名：The Wind-Up Bird Chronicle

村上春树的《奇鸟行状录》是一部篇幅很长的小说。叙述者冈田亨刚刚辞掉了工作，在东京郊区的家中度日，他的妻子外出上班。后来，一系列怪事扰乱了他的生活：猫走失了，他接到了不祥的色情电话，打来电话的是不认识的女人。他从一位老卜师那里接受了一只空盒子。后来有一天，他的妻子没有回家。

小说描述了一场暧昧的调查，这场调查不乏有趣的线索。冈田亨遇到一名十几岁的少女，后者像他一样，整日无所事事。两人发展出一段柏拉图式的友谊。她把花园里的一口枯井指给他看。一名老兵向他讲述，自己当年在战争时期，如何在蒙古的一口井底待了数日。冈田亨开始在花园的井底沉思默想，另类现实之间的边界开始变得纤薄脆弱。

"多数日本小说家，"村上春树曾表示，"醉心于语言的优美。我想改变这种状况……语言是……交流的手段。"他那平淡的风格在日语里体现得更为鲜明，因为平淡本身就更引人注目，这种风格也很适合翻译。**TEJ**

◁ 村上春树笔下的日本是日常化的、当下的都市世界，然而却奇特地浸透着神秘和历史反思。

杀手圣母
La virgen de los sicarios

费尔南多·巴列霍（Fernando Vallejo）

作者生平：1942年生于哥伦比亚
首次出版：1994年，Alfaguara（波哥大）
原著语言：西班牙语
英译书名：Our Lady of the Assassins

在国外漂泊了三十年之后，作家兼文法学家费尔南多回到了麦德林市，这座城市已经被暴力所侵蚀。他在那里爱上了年轻杀手亚历克西斯，后者混迹于玩世不恭的有钱人的派对，是个危险的性玩物。疲惫、厌世的皮格马利翁从这个嗜杀的孩子身上，找到了既可怕又迷人的纯洁。他跟这孩子一起在城里游荡，他发现，他们的散步路线上尽是死人——因为每遇上一起争端，亚历克西斯都用子弹解决。

费尔南多·巴列霍写过一些当代最有才气的散文，风格多种多样，有天主教祈祷文，也有最野蛮的毒品犯罪分子的黑话和怪诞、非理性的可怕文章。但射杀一只受伤的狗，是他愿意承认的唯一一件罪行，也是唯一的虔诚之举。最后，亚历克西斯为保护费尔南多而死，费尔南多大为伤心。但他很快用维尔玛尔取代了自己的情人，并不知道亚历克西斯正是被维尔玛尔杀死的。当他发现这一点时，还没等他弄清这会给他们的关系带来何种影响，维尔玛尔也死在了某人枪下。

这场有关爱情、死亡和蔑视世界的独白，明白无误地瞄准了一处参差多态的目的地和一名身处地狱的无知外国人，这种必要的反差为叙述者含讥带讽的说教赋予了正当性。这本书展现了当代西班牙语美洲小说最有力的声音之一。**DMG**

默文·卡拉 Morvern Callar

艾伦·沃纳（Alan Warner）

作者生平：1964年生于英国
首次出版：1995年，Jonathan Cape（伦敦）
美国首版：1997年，Anchor（纽约）
原著语言：英语

  圣诞节即将到来，厨房地板上有样东西，默文·卡拉一直没有收拾——男友的尸体。她的第一反应是叫救护车，这还好理解，不过她抽了一支时运牌雪茄（后来还抽了好多根），别过脸去不看"他的"尸体，出去纵情玩耍了一夜：喝酒、吸毒、放纵情欲。原来，这正是女主人公所期待的。这起自杀事件带来的附带后果，以及默文对这件事的复杂反应吸引着读者，我们邂逅了一大批古怪的西高地人，这些不能适应生活的人冷漠地放纵着自己，我们还会领略到"港市"的风貌，这是个梦幻般的海滨小镇，是他们的自我放逐之地。

  就像琳恩·拉姆塞前不久改编的电影一样，小说也彻底属于默文的世界——她那平淡的调子和兼收并蓄的音乐品味令人折服。沃纳并未佯装要洞悉默文的灵魂深处，但默文服从于她独有的道德感。实际上，正是这一点，令她与旅途中邂逅的瘾君子、小镇居民、不抱希望的人有所不同。她只是如实地接受了种种境遇；利用周围的环境，从中捞取好处；最后她对自己的人生，对周围的那些人，有了一种截然不同的观感。这本书写到了20世纪90年代初锐舞文化中义无反顾的享乐主义、地中海俱乐部安排的度假游和英国旅游业，它是给一代人下定义的文本。这个有力的、富有原创性的声音如今依然至关重要，这并不让人意外。**MD**

无可慰藉 The Unconsoled

石黑一雄（Kazuo Ishiguro）

作者生平：1954年生于日本
首次出版：1995年，Faber & Faber（伦敦）
原著语言：英语

  很少有读者知道哪本书能像石黑一雄非凡的《无可慰藉》一样令人难忘。这部作品的核心（如果可以这样说的话）是这样一种怪诞的感受：我们作为读者，就像叙述者赖德一样，对它有种莫名的似曾相识之感。在小说的开篇，赖德来到一座无名的中欧城市，下榻一家宾馆，他要在这里的市音乐厅举行演出，这也许是他毕生最重要的一场音乐会。赖德确信自己是同辈当中最伟大的钢琴家，但他患有严重的健忘症，发作起来常令他不知所措。

  他发现自己所在的这座醉心于音乐的城市既是一座心智之城，也是一片物理空间：他漫步街头时，会邂逅熟人，这些人好像也认识他。他过去的经历不断地闯入当下一刻，石黑一雄用巧妙的超现实主义技法，让小说中的虚构世界溢出了边界。空间被压缩和扩张，时间失去了意义，赖德发现自己陷入了这样一种处境：他只知道自己掌握着答案，但对答案的内容，却并不知晓。叙事与赖德和读者玩着把戏。小说将赖德对自己过去的有限了解和他周围发生的事件，用富有预见性的第三人称叙事结合在一起，这种叙事能让他得出貌似不可能的顿悟。这部令人振奋的名家之作，要求读者在阅读时倾心投入，作为回报，它也会给读者带来丰富的阅读体验。**MD**

烦人的爱 L'amore molesto

埃莱娜·费兰特（Elena Ferrante）

作者生平：生于意大利，生年不详
首次出版：1995年，Edizioni e/o（罗马）
原著语言：意大利语
英译书名：*Troubling Love*

这个故事是用观察深刻、率直到让人难以承受的风格叙述的，故事背景是令人沉醉但常常不怀好意的那不勒斯，它那混乱、拥塞的街道是本书的核心题材之一。在母亲不合时宜地莫名死去之后，在波洛尼亚生活多年的达利亚回到了故乡那不勒斯市。达利亚不敢相信自己的母亲竟会自杀，她记得母亲是个开朗而又富有活力的女人。了解与母亲有关的真相，不可避免地变成了探索与家族和自身有关的真相，以及将这些真相维系在一起的谎言与情感之结。

对母亲生命最后几天的还原，让达利亚回想起了自己有意忘掉的一些往事，让她不得不重新解释自己的过去。在激烈、痛苦的叙述中，她回想起自己那爱挑起事端、占有欲强的父亲指责母亲有婚外情之后，自己与母亲的关系是如何恶化的。但达利亚还没准备好面对有关母亲和自己的全部真相。因此，当母亲去世之前的谜题即将解开时，达利亚决定回波洛尼亚，将那不勒斯——它的街道、让人无法承受的谎言与真相之结——撇在身后。

费兰特的这部小说将朴素的语言在心理层面作了微妙而卓有成效的运用，富有洞察力的行文、对当代意大利社会母女关系的透彻分析，为它赢得了广泛赞誉。**LB**

深夜新闻 Νυχτερινό Δελτίο

彼得罗斯·马卡里斯（Πέτρος Μάρκαρης）

作者生平：1937年生于土耳其
首次出版：1995年，ΓΑΒΡΙΗΛΙΔΗΣ（雅典）
原著语言：希腊语
英译书名：*The Late-Night News*

《深夜新闻》是彼得罗斯·马卡里斯以雅典警务督察科斯塔斯·哈里托斯为主人公的系列推理小说中的第一部。雅典的阿尔巴尼亚移民社区里，发生了一起看似简单的激情犯罪案件，该案因为著名电视新闻记者扬娜·卡拉约奥伊的关注，变得引人注目。结果在公开播出这起案件的真相之前，扬娜被人杀害，哈里托斯着手展开复杂的调查，最终查获了一个跨国贩卖儿童的犯罪网络。

尽管身为叙述者的哈里托斯并非讨喜的人物，读者还是会理解他那固执己见的悲观看法。他已经年过半百，世事的戏剧性变化令他感到不快，让他变得玩世不恭。希腊还是军事独裁国家时，他很清楚自己的位置，如今在民主化的希腊这个复杂的世界，他不知道该如何行事，从而错过了晋升的机会。后来他的女儿离开了家，在家里，他与妻子关系不和。如今家里只剩下他们两个，他们不知该怎样相处才好。

在这个曲折迂回、有时过于复杂的故事里，马卡里斯向读者展现了当代希腊社会的广阔图景，既有哈里托斯与妻女关系中的性别政治，也有雅典的交通拥堵；既有希腊政治由来已久和新出现的腐败，也有政权更迭后遗留的影响。**CIW**

故事的终结 The End of the Story

莉迪亚·戴维斯（Lydia Davis）

作者生平：1947年生于美国
首次出版：1995年，Farrar, Straus & Giroux（纽约）
英国首版：1996年，High Risk（伦敦）
原著语言：英语

《故事的终结》名副其实，开篇就写到了作为故事情节核心的那场恋情的结局。时间快进到一年之后，无名叙述者——作家兼大学教员——告诉我们，她没能在一座陌生的城市找到"他"（同样是无名氏）。她追随着他的踪迹，来到她所知道的、他最后待过的地方，结果在门铃上方找到的是陌生的名字。书中有多处向普鲁斯特（戴维斯是其作品的出色译者）致敬的地方，叙述者用整本小说的篇幅按响过去的门铃，徒劳地希望找出门另一侧的真相。因为她正在写一部有关这场恋情的小说，就是我们正在读的这部（也可能不是），所以她怀抱的这一希望更为急迫。

像许多当代小说一样，《故事的终结》在很大程度上与它自身有关，与它艰苦的创作过程有关。但它也是一部试图从某种自觉、出色的讽刺视角出发，颠覆传统叙事模式的小说。确切地说，这部小说写的是所有作家（和非作家）在辛苦劳作时，都要背负的那种奇特的悖谬——我们竭力澄清自己的经验，最后却可能弄得模糊不清。因此，叙述者开始怀疑她本人的记忆表面上的可靠性——她当真是在烛光旁坠入爱河的吗？这真是她当时的感受吗？

戴维斯的行文那水晶般的明澈和清晰，越发让人感到生活和爱情的难以捉摸。这部小说煞费苦心地向我们表明，我们只能在事情发生之后，才能把故事讲出来——只有在失去故事之后，才有可能讲述。**JC**

爱的劳作 Love's Work

吉莉恩·罗斯（Gillian Rose）

作者生平：1947年生于英国，1995年卒
首次出版：1995年，Chatto & Windus（伦敦）
完整书名：*Love's Work: A Reckoning With Life*
原著语言：英语

西格蒙德·弗洛伊德把爱和劳作说成是人类幸福的基础。哲学家兼社会理论家吉莉恩·罗斯的自传式作品《爱的劳作》，将两者结合到了一起，探讨对劳作（思想的劳作、哲学的劳作）的爱和爱的劳作、爱的劳作方式。本书开篇写到罗斯与埃德娜的第一次相遇，埃德娜是个年过九旬的纽约老妇人，从十六岁起就带癌生存。《爱的劳作》就这样，从对幸存的意义和"抱着怀疑的态度"生活的必要性的探索开始写起。矛盾、差异，以及我们如何应对它们，是这本书的核心内容。罗斯通过新教和犹太教（其家族的信仰）之间的关系，通过诉诸"灵性"与诉诸一种强迫人服从而非相信的规则之间的关系，对这些核心内容作了有力的描绘。这是一个有关"教育"的故事，不过在这个故事里，这个字眼的含义在不断地经受着考验。

直到读过书中的几章内容之后，罗斯才向读者披露，她已是癌症晚期。此时她已经描述了一场不幸的恋情带来的毁灭，她不得不投身于这场恋情，这样"我才有一线生机……我听到了咆哮声和嘲笑声，我知道，这就是我"。对这一病症抱有先入为主之见的读者，会以新的方式，来思考生与死，生活的喜剧和哲学的悲剧，以及两者最终的殊途同归。**LM**

854 | 20世纪

大地之上 A Fine Balance

罗欣顿·米斯特里（Rohinton Mistry）

作者生平：1952年生于印度
首次出版：1995年，McClelland & Stewart（多伦多）
原著语言：英语
英联邦作家奖：1996年

　　罗欣顿·米斯特里的《大地之上》以20世纪70年代中期的印度为背景。两名裁缝——伊什瓦和侄子翁普拉卡什因为境况不佳，离开他们的小村庄，进城务工。他们的老板是寡妇迪娜·达拉尔，她还给朋友的儿子——学生马内克提供膳宿。在1975年宣布的紧急状态下，在印度生活的混乱中，四个人的生活交织在一起，他们满怀不安地结下了友谊。

　　这部小说以宏大的篇幅，直面阶级和种姓制度的残酷无情，主人公们一再因为贫困和歧视而受苦。这是一部历史小说，它细致地再现了英迪拉·甘地治下的印度，作者运用这一背景，对不人道行径作了悖谬的人道主义描绘。

　　《大地之上》丝毫不流于感伤，充满黑色幽默，它带领读者领略了一个贫穷而无力的世界，那里充满凶险，却时而呈现出荒诞的狂欢。小说的结局让人震惊和痛苦的程度，不亚于任何20世纪的文学作品。或许米斯特里最大的成就，就在于他对无情、非人的残酷行径，作了敏锐的描绘。我们读到的是一个令人心碎的故事，故事中的人物之所以生活被毁，不是因为个体的脆弱，而是制度的不公和权力腐败的骇人状况使然。这是一部优美的、令人震撼的小说，其天才之处在于，它不让读者在同情和愤世嫉俗中寻求逃避。

PMcM

你知道吗，马内克，人的脸上的空间是有限的。我母亲常说，如果你的脸上满是笑容，就腾不出地方流泪了。

▲ 罗欣顿·米斯特里从1975年起就在加拿大生活，但他的长篇和短篇小说一直以他的出生地印度为背景。

朗读者 Der Vorleser

本哈德·施林克（Bernhard Schlink）

作者生平：1944年生于德国
首次出版：1995年，Diogenes（苏黎世）
原著语言：德语
英译书名：*The Reader*

十五岁的米歇尔·贝格在放学回家的路上觉得不舒服，年龄比他大一倍的电车售票员汉娜·施密茨向他提供了帮助。事后他去向她道谢，两人开始了一段充满激情、不算稳定的关系。米歇尔为自己的年轻和对汉娜的欲望感到不安，但她神秘消失之后，他依然不知如何是好。这段恋情尽管十分短暂，但对他的自我塑造产生了重要影响。多年后，米歇尔在纳粹战犯的审判中重新见到了汉娜，他的自我认识随之崩溃了。他看到她拒绝为自己辩白，渐渐意识到她在隐瞒一个秘密，她觉得这个秘密比谋杀还要让人无地自容。米歇尔作为一名学习法律的学生，同时也作为她以前的情人，必须努力将她被控犯下的可怕罪行，与他对自己所爱的这个女人的回忆协调起来。与米歇尔重新相认数年之后，汉娜死了，他去拜访汉娜在战时看守过的一名犹太老妇人。汉娜请米歇尔把自己的全部积蓄转交给这个女人。但她不肯接受，她不愿将自己的宽恕"卖"给汉娜。

本哈德·施林克本人是法学教授兼执业法官，他设法处理的，是大屠杀这一恐怖行径发生之后，难免会出现的复杂伦理问题。但施林克并未将焦点对准受害者，而是将它对准了纳粹余孽的继承者。《朗读者》要求读者思考：在何种程度上，我们可以要求战后的世代，为他们父辈犯下的罪行承担责任？那样的残酷行径能否补赎？将纳粹妖魔化，是否有助于惩处他们的行为？或者这只是一种在他们和我们之间，作出虚假划分的自私手段而已？**BJ**

那女人一把抓住我的胳膊，拽着我穿过黑乎乎的走道……

▲ 在发表《朗读者》之前，施林克是一位流行犯罪小说作家，在德国已经广为人知。

圣埃维塔 Santa Evita

托马斯·埃洛伊·马丁内斯（Tomás Eloy Martínez）

作者生平：1934年生于阿根廷，2010年卒
首次出版：1995年，Planeta（布宜诺斯艾利斯）
原著语言：西班牙语
美国首版：1996年，Alfred A. Knopf（纽约）

《圣埃维塔》这个故事，是对阿根廷第一夫人爱娃·庇隆（1919—1952）这位传奇人物死后，其遗体的遭遇所作的调查。她死后（时年三十三岁，死因是宫颈癌，这一死因后来才予以披露），遗体便马上做了防腐处理。1955年，丧偶的领导人流亡国外，这具遗体也离开了阿根廷。如何处置遗体，变成了新政权的一件尴尬的事。有人将它劫走，做了几件惟妙惟肖的蜡像复制品，送往欧洲，后来有人将它寻获，返送回国。遗体的经历既混乱，又让人难以捉摸。这具遗体的旅程渐渐变成了传奇故事，叙述者将它的一段段经历拼凑到了一起。这位叙述者的身份与作者相同，他是这具遗体的最后一名守护者，受困于这个死去的女人发出的同一魔咒。

这部小说将纪实小说、冒险故事和异端圣徒传集于一身，也是一部作家想要用来驱除心魔的作品。托马斯·埃洛伊·马丁内斯就像给遗体作防腐处理的人一样，想阻止遗体腐坏，阻止它的故事归于湮灭。这个故事批评阿根廷，说它是个有恋尸癖的国家，它（有时通过揭示虚构与现实之间的脆弱界线）在前几页就表明了讽喻的射程范围。它的文风并未试图掩饰：访谈录，或对虚构和纪实资料的引用和评介，难免失之偏颇，并不客观。这个故事试验着各种文本表达方式（比如剧本、对话和书信），留出了重写、创作一个不可能的结局的余地，描绘了爱娃未来的形象，这个形象不会腐朽，历久弥新。**DMG**

她跟1935年来到布宜诺斯艾利斯的那位，看起来不像是同一个人……

▲ 马丁内斯是记者、大学教师兼小说家，对强权政治和阿根廷的近代史很感兴趣。

漂泊手记 Fugitive Pieces

安妮·麦珂尔斯（Anne Michaels）

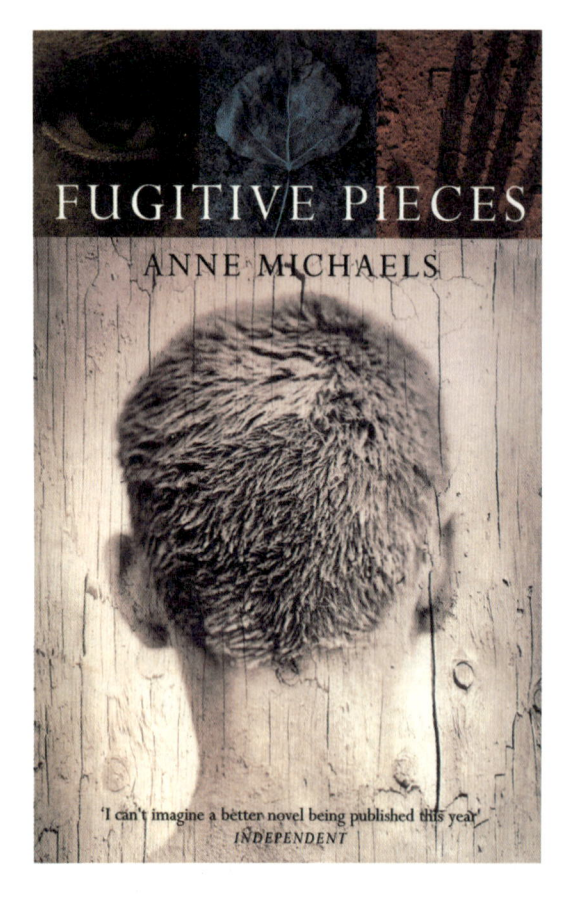

作者生平：1958年生于加拿大
首次出版：1996年，McClelland & Stewart（多伦多）
原著语言：英语
柑橘奖：1997年

《漂泊手记》荣获了几个颇具声望的奖项，博得了评论界的好评，它讲述了犹太男孩雅各布的人生。大屠杀期间，希腊学者阿索斯从一座波兰城市救出了他，把他带到了希腊扎金索斯岛。在山顶的庇护所，雅各布被植物群、典型地质现象和古典诗歌所包围，他汲取着知识，同时为父母的遇害和姐姐的失踪而悲伤难过。

这部小说从一开始便与众不同。它出自一位成功诗人的手笔，行文富有质感、韵律，给人以共鸣。我们看到，雅各布与他的救命恩人变得日渐亲近，与此同时，麦珂尔斯用考古学、地质学和文学的语汇，来构建独特的个人史和政治史意识。我们随同阿索斯和雅各布一起来到加拿大，这里的人对移民抱有新的观感。雅各布仍为家人的死而感到难过，他继续从事着阿索斯鼓励他从事的文学事业。雅各布获得救赎的关键，来自他的诗作和姗姗来迟的感官觉醒。在小说最后一部分，雅各布毕生经受的情感创伤带来的影响，通过其诗作给一名读者带来的治愈效果，得到了展现。麦珂尔斯通过带有治愈力量的书面知识的传递，展现了不同文化背景下息息相关的人生。她并未止步于这一复杂的观念：美既作用于毁灭，也作用于爱。**AC**

悲伤需要时间。如果一块石头释放自身，释放它的呼吸，都要这么久，灵魂又该有多么顽强呢。

▲ 布卢姆斯伯里版的《漂泊手记》封面，凸显了这本书富有想象力的特质，它是一位诗人写就的第一部小说。

别名格雷斯 Alias Grace

玛格丽特·阿特伍德（Margaret Atwood）

作者生平：1939年生于加拿大
首次出版：1996年，McClelland & Stewart（多伦多）
原著语言：英语
吉勒文学奖：1996年

《别名格雷斯》是一部抒情意味浓厚的历史小说作品，根据女仆格雷斯·马克斯的经历写成，她是加拿大恶名昭彰的女犯人之一。格雷斯用一种生动的、痛苦的调子，讲述了自己的故事，从她在爱尔兰度过的童年，讲到她在维多利亚时代的殖民地加拿大作为底层阶级的生活，讲到在1843年，她十六岁时被控谋杀她的雇主。这个故事是讲给西蒙·乔丹医生听的，这位精神病学家受雇于一伙改革家和唯灵论者，他们想让这个年轻女人获得赦免。他把格雷斯的记忆渐渐带回到她记不起来的那个日子，在此过程中，他了解到她的雇主詹姆斯·金尼尔与他的女管家兼情妇南希之间紧张的关系，以及与格雷斯同为仆人的詹姆斯·麦克德莫特的骇人行径。

像往常一样，玛格丽特·阿特伍德将社会评论和女权主义评论等要素纳入作品，探讨了性爱、暴力与备受压抑的旧时代社会之间的关系。作者还用人们对格雷斯的态度，反映出那个时代对女性本质的含糊认识。有些社会团体认为，女性是柔弱的，因此格雷斯准是受害者，是迫于无奈才做出了绝望的行为。其他人相信，女性在本质上要比男性邪恶。这种恶女和可怜女的二分法，在格雷斯这个人物身上得到了微妙的反映，她住过疯人院，声称自己对杀人行为已经毫无记忆。**EF**

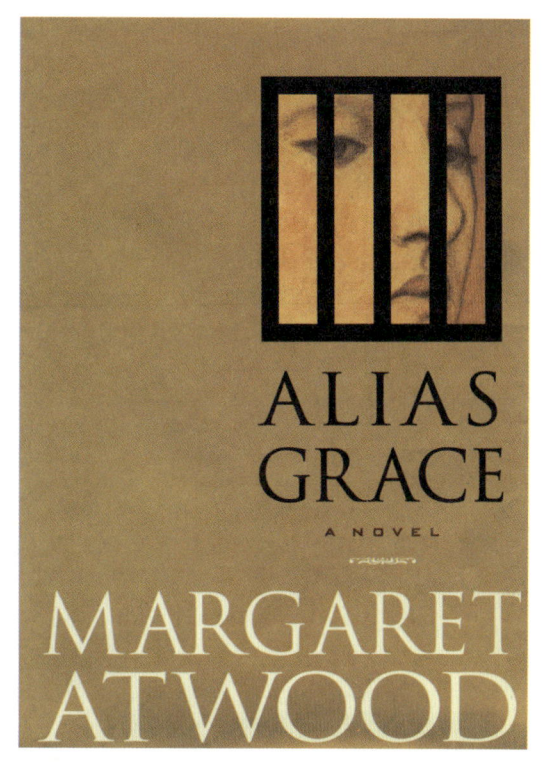

现在是1851年。下次过生日，我就二十四岁了。从十六岁起，我就一直被关在这里。我是个模范犯人，不惹麻烦。

▲ 阿特伍德这本小说的封面设计，恰如其分地反映出人的动机之神秘和监禁这两项主题。

夏伯阳与虚空 Чапаев и Пустота

维克多·佩列文（Виктор Олéгович Пелéвин）

作者生平：1962年生于苏联
首次出版：1996年，Vagrius（莫斯科）
原著语言：俄语
英译书名：The Clay Machine-Gun

  这部小说的主要人物是夏伯阳的同志彼得，夏伯阳是苏维埃国内战争的英雄人物，20世纪30年代的一部宣传片让他出了名，这部影片催生出了不少讽刺性的"夏伯阳笑话"。在混乱的20年代初，彼得酗酒，日子过得很艰苦，他在酒精和可卡因的作用下，经常做重复的梦，这些梦与普通的闪回手法相反，将他和故事情节带到了一座苏联解体之后的疯人院，三名被收容者在此接受治疗，他们的故事也在此作了交代。凌驾于一切之上的，是以夏伯阳变成的灵修导师为核心的佛教观，它探讨了现实的意义和现实的消解。

  《夏伯阳与虚空》将各种情节和人物编织到一起，其手法堪称随心所欲。其语言和主题，分别采撷自苏联解体之后的日常生活、过时的意识形态、历史、文学、禅宗哲学和流行文化，它们看似互不相容，但都成了故事情节的组成部分。这个故事情节是以儿戏般的荒唐说服力构筑起来的，其中没有任何松散的线头，每种元素都被编入了一张由离奇、夸张、妄想之事组成的织锦，让人从中领略到某种更为重大的意义。维克多·佩列文这本书的魅力，就在于它以游戏的态度，否定意义，同时又享受意义，享受它充溢着的、纯粹的创造乐趣。它有点像是一个很长、很复杂，最重要的是，很好笑的笑话；而且就像所有好笑的笑话一样，它对"现实世界"有许多的话要说。**DG**

无尽的玩笑 Infinite Jest

大卫·福斯特·华莱士（David Foster Wallace）

作者生平：1962年生于美国，2008年卒
首次出版：1996年，Little, Brown & Co.（波士顿）
英国首版：1997年，Abacus（伦敦）
原著语言：英语

  这本千余页的、最后九十六页里有三百八十八个细节翔实（也非常有趣）的脚注的书，该从何说起呢？只可惜，要做情节概述的话，注定会缺头少尾。《无尽的玩笑》的背景是近未来，它是先锋派独立导演詹姆斯·因坎登扎所拍摄的电影的片名，这部影片显然太过滑稽，看过的人会笑不可抑。影片和导演双双失踪，各路恶人、政府机构、外国政府纷纷追查他们的下落，在恩内特会馆（波士顿的一家戒毒诊所）接受康复治疗的病患和恩菲尔德网球学院也卷入了后来的混乱局面。后两处地点给作品提供了两个彼此相对的焦点：一个让华莱士得以探讨消费文化瘾癖的向心性，以及麻醉品在消费文化中的地位；另一处是温室化的体育学校的胜景，这所学校为一项产业培养儿童，而这项产业将对其中的多数儿童全然无视。

  《无尽的玩笑》以讽刺的笔调，对当代美国文化的愚蠢癖好作了无情的抨击，同时又毫不掩饰地沉迷其中。这部作品极富创意，语言新颖，细节翔实，又幽默风趣，它是会被你带到荒岛上去看的那种书。**MD**

▶ 华莱士那滑稽的讽刺和对阴谋的着迷，令他与德里罗和品钦身处相同的当代美国文学传统之中。

860 | 20世纪

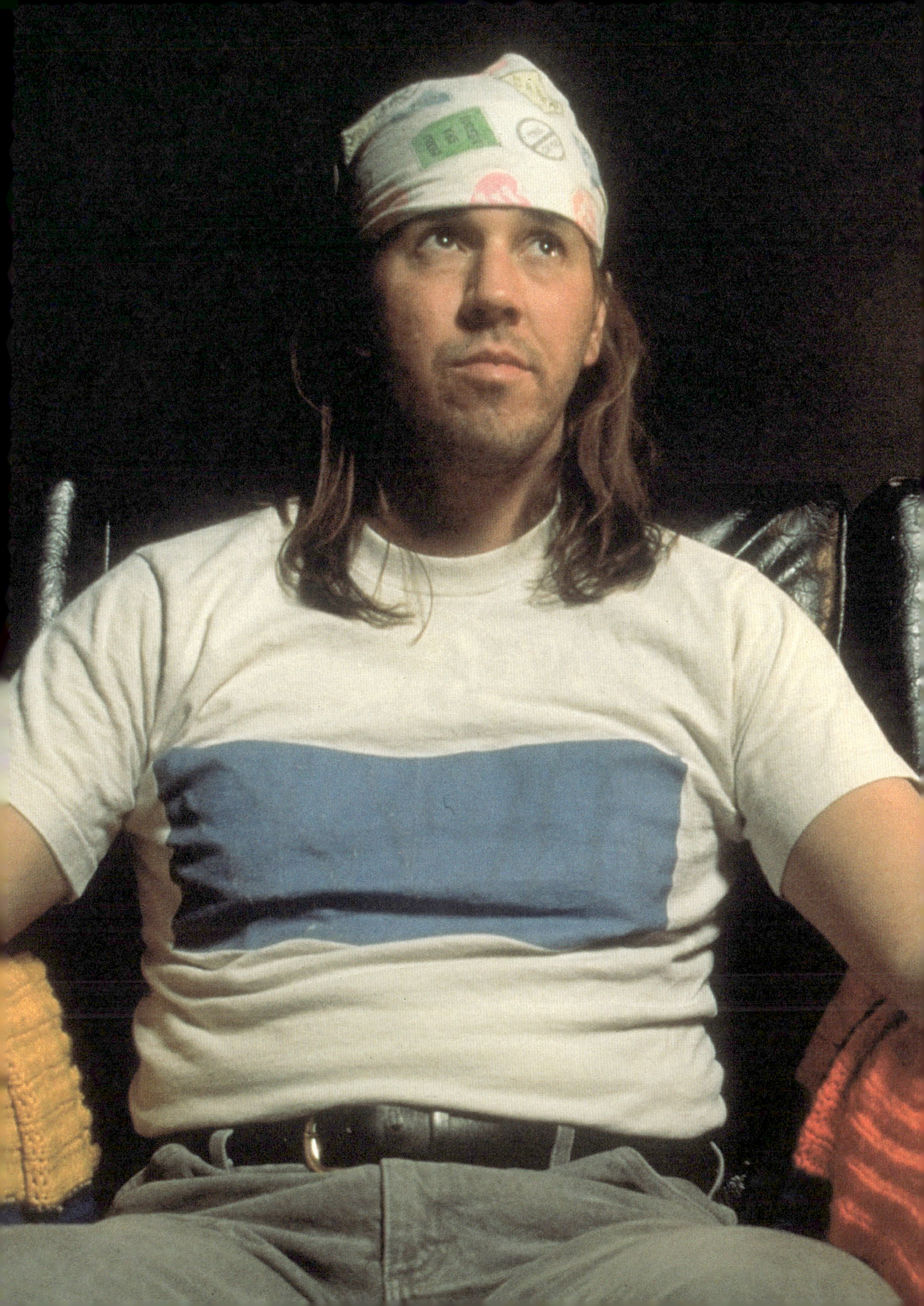

致幻的福柯 Hallucinating Foucault

帕特里夏·东克尔（Patricia Duncker）

作者生平：1951年生于牙买加
首次出版：1996年，Serpent's Tail（伦敦）
美国首版：Ecco Press（霍普韦尔）
原著语言：英语

《致幻的福柯》是一部阴郁、悲惨的小说，同时也很优美、浪漫、风趣。就像书中的人物一样，它也是一部别具一格的作品，既令人不安，又让人着迷。尽管小说涉及了死亡、性爱、犯罪和疯狂等主题，可实际上，这部小说讲的主要还是爱——既有对书的爱，也有对人的爱。它讲述了作家与作品奇特的脱节，还有读者的疯狂，他同时爱书和作者，但对两者的爱又有所不同。

小说以第一人称的口吻回忆往事，叙述了一个年轻学生写博士论文的故事，他的论文写的是（虚构的）法国同性恋小说家保罗·米歇尔的作品。在研究之初，叙述者被一位迷人的、研究德国文化的学者所吸引，与他产生了一段感情，这名学者要求叙述者去法国找小说家；米歇尔·福柯于1984年6月逝世后，保罗便发了疯，一直被关在精神病院。在这趟旅途中，叙述者开始了一场恋情，它将永远地改变他的生活（倘若不是他的作品的话）。

《致幻的福柯》是一个精心叙述的故事，读者读完最后一行，从那个俘获他们心神的世界走出来时，会深感失落。这是东克尔的第一部小说，一个讲述存在于读者与作者之间的爱的故事，读者会情不自禁地爱上她的作品。**SD**

"Ominous, classical, dark and romantic..."
Louis de Bernières

作家和读者之间的爱从来都不值得赞美。它永远无法被证明存在。

帕特里夏·东克尔的处女作讲述了一位法国小说家的故事，他因福柯之死而悲痛欲绝，精神失常。

丝绸 Seta

亚历山德罗·巴里科（Alessandro Baricco）

作者生平：1958年生于意大利
首次出版：1996年，Rizzoli（米兰）
原著语言：意大利语
英译书名：*Silk*

一天，埃尔维·荣库尔像往常一样，离开小城拉维尔迪厄，前往日本寻找蚕卵带回欧洲，那时欧洲的丝织品行业方兴未艾。那是1861年，作者告诉我们，福楼拜正在写《萨朗波》，电力应用还只是未来的规划，在大洋彼岸，林肯正忙于南北战争。

埃尔维的日本之行因为总是千篇一律，经常要会见拿蚕卵跟法国人换取金币的陌生人，因而有了一种仪式感。反复施礼，无须交谈，每年在同样的日子出现在同样的地点。埃尔维越来越习惯于与他见到的人保持长久的沉默，他目睹了欧洲多国向日本发动战争，企图打开边境，进行丝绸贸易，并用简练的笔调描述了战争的后果。

但就像丝一般难以捉摸，埃尔维迎来了爱情，他与一名容貌有着西方人特征的神秘亚洲女子暗送秋波，她总是在同一个月的同一天，给他一封示爱的密信，他会把它跟珍贵的货物一起，带回拉维尔迪厄。当埃尔维的日本之行结束时，爱情变成了梦幻和追根究底的冲动。对这场精神之恋的回忆，以及破译密信（东方留给他的唯一一样珍贵的纪念品）的愿望，抚慰了丧妻的埃尔维的心灵。**RPi**

轻喜剧 Una comedia ligera

爱德华多·门多萨（Eduardo Mendoza）

作者生平：1943年生于西班牙
首次出版：1996年，Seix-Barral（巴塞罗那）
原著语言：西班牙语
英译书名：*A Light Comedy*

在完成《奇迹之城》十年之后，爱德华多·门多萨以他典型的、成熟、轻松、不露痕迹的讽刺笔触，再度创作出一部规模宏大、人物众多的长篇。门多萨与他笔下的人物一起行动、思考、受苦，就好像他生活在一场戏剧化的混乱之中，或许是生活在一场最终被一名杀人犯毁掉的轻喜剧之中。惊悚小说式的侦探故事是次要的，因为引入这样一个故事，主要是为了让确定性发生动摇，传达一个时代行将结束的氛围。故事情节在巴塞罗那市兜来转去，粗俗的环境与资产阶级的老成圆滑这对组合，从容地营造出对20世纪中叶巴塞罗那社会的华丽戏仿，其间有警方、长枪党领导人、黑市商贩和好人家的傻瓜。

主人公卡洛斯·普鲁拉斯的那些优美的喜剧，连同它们的文字游戏和种种夸张的设计，看起来是为另一批观众和另一个时代准备的，而新时代要求——正如他的好朋友高德特所说——不同的、"社会现实主义和先锋派"戏剧。戏剧界对此浑然不觉，但能够确定未来面貌的剧变已经迫在眉睫。由此揭示出，一个时代行将结束，而新的局面，普鲁拉斯不可能适应得了："社会万象都做好了激烈变革的准备。"他生命中一项无可挽回的改变，即将给他那夏日的安逸享乐，投下忧郁的暗影。**JGG**

跪下你的双膝 Fall on Your Knees

安–玛丽·麦克唐纳（Ann-Marie MacDonald）

作者生平：1958年生于联邦德国
首次出版：1996年，Knopf（多伦多）
原著语言：英语
联邦作家奖：1997年

    加拿大现代派诗歌先驱厄尔·伯尼（Earl Birney）曾作出这样的著名论断，加拿大的问题在于明显缺少幽灵："令我们苦恼的，是我们缺少幽灵。"加拿大剧作家、女演员安–玛丽·麦克唐纳在她的第一部小说《跪下你的双膝》里，为平衡这一状况下了不少功夫。

    故事背景是新斯科舍省的布雷顿角岛，主要人物是派珀一家。这个家族的先祖是贫穷的钢琴调音师詹姆斯·派珀，他的祖上是盖尔人。他跟黎巴嫩裔的富家小姐玛泰莉雅·马哈茂德私奔了。这个家族就像居住在这座岛上的四十个民族一样血统驳杂，跟加拿大一样孤立。

    派珀家的四个女儿勾勒出了故事的中轴线——家族之爱。大女儿凯瑟琳想成为歌剧女主角，登上世界舞台，她向我们展现了家族之爱和谋杀这一对比鲜明的组合。她的妹妹梅赛德斯是这个故事里的圣人，生来就有舍己为人的心肠。家中以坏女孩自居的弗朗西斯，生怕家人不爱自己。莉莉，她的故事早在她出生之前就开始了，她是这个家庭阴暗秘密的产物，这个秘密令小说里充满了幽灵。

    这个令人不安的故事讲述了家族之爱、罪孽、内疚和赎罪。不过它也通过明显带有弗洛伊德色彩的、对熟悉与陌生事物之间的关系所作的考察，通过地理和身份不断的重新协调，直面加拿大所承袭的空白文化空间。**JSD**

人虫变 Жизнь насекомых

维克多·佩列文（Ви́ктор Оле́гович Пеле́вин）

作者生平：1962年生于苏联
首次出版：1997年，Vagrius（莫斯科）
首次刊载：1994年，Znamya（莫斯科）
英译书名：The Life of Insects

    这是一部怪诞的、互有关联的短篇合集，描写了一处状况不佳的克里米亚黑海景区的生活，那里的人会变成虫豸，再变回去，这像是一种没有规律可循的突变。其实，这种人与虫之间的变来变去，并非故事的组成部分，而是叙述者视觉器官的变化。有时，读者需要稍加思考，才能明白自己在某一刻，是透过何种视觉器官向外观察，由此也带来了一种令人不安的有趣效果。

    佩列文通过运用和颠覆寓言这一文学类型，向我们展现了当代俄罗斯社会的画卷。其中既有直截了当的讽刺，比如俄罗斯蚊子和美国蚊子为了赚钱，协商合作事宜；也有为蜣螂编织的一整套神话和世界观，还有对一群普通雌蚁内心生活的动人描绘。书中有很多迷人的影射、双关语，以及虽不协调，但经过精心构筑的象征和隐喻。不过这部小说不仅仅是纯粹的知性游戏，更是对人类状况真切而忧郁的记录。不知何故，读者读完这部小说时，会确信自己对苏联解体之后的俄罗斯生活多了一些真实的了解。荒诞获得了逼真感，这或许是由于，在描绘这个世界时，需要用荒诞来打破语言的含混性。**DG**

烈焰焚币 Plata quemada

里卡多·皮格利亚（Ricardo Piglia）

作者生平：1940年生于阿根廷，2017年卒
首次出版：1997年，Planeta（布宜诺斯艾利斯）
原著语言：西班牙语
英译书名：Money to Burn

《烈焰焚币》的卷首引文，是布莱希特提出、里卡多·皮格利亚喜欢重复的那个令人困扰的问题："跟开银行比起来，抢银行算得了什么？"随后，这部作品让读者见识了最肮脏的金钱。这部小说根据当年震惊阿根廷社会的真实事件写成，是一场纪实小说或报告文学式的演练。这起事件就是1965年9月的布宜诺斯艾利斯银行抢劫案，对于这起劫案，不法分子、政客和警方都有责任。这个有关暴力、堕落和背叛的故事，在蒙得维的亚的一场激烈、血腥的围攻中宣告终结，这场围攻摧毁了罪犯、那笔钱和全部真相。

皮格利亚在事发之后就开始撰写这部小说，但直到三十年后，本书才付梓出版，这段时光令事实与虚构之间的界线变得模糊不清。劫案细节的再现、男人们（女性只是附带提及）之间的关系，以及促成这一事件发生的社会背景，以一种经得住考验的风格呈现了出来。书里的事件几乎都是从皮格利亚的小说中反复出现的人物埃米利奥·伦齐的视角叙述的，这一次，这名年轻记者根据文件记录和目击者证词中最琐碎的细节，确认了灰飞烟灭的最终结局。这个故事远非对事件冷冰冰的记录，它让人看清了一段在暴力和堕落中渐渐沉沦的凄凉岁月。**DMG**

艺伎回忆录 Memoirs of a Geisha

阿瑟·戈登（Arthur Golden）

作者生平：1956年生于美国
首次出版：1997年，Knopf（纽约）
原著语言：英语
改编电影：2005年

阿瑟·戈登的《艺伎回忆录》以第一人称写就，描述了新田小百合的虚构故事，还有她是如何克服自己卑微的渔村出身，成为日本最著名的艺伎之一。千代是个叫人惊艳的孩子，她的父母很穷，她在九岁时被人带走，卖到京都祗园区的一家艺伎馆为奴。她被改名为小百合，经受了残酷的训练，把自己变成了令人向往的艺伎，精通斟酒、歌舞和取悦男人的技艺。

透过小百合的眼睛，一个隐秘、恶毒、竞争激烈的世界得以揭示，在这个世界里，女人的价值以男人注意力的多寡来衡量，贞操被拍卖给出价最高的人，在这个世界里没有所谓的信任和爱。但随着第二次世界大战的爆发，人们意识到，日本古老的生活方式行将消失。此时小百合已是著名艺伎，为了生存下去，她不得不重塑自己的形象。

本书的重要性在于，它管窥了一种几近消亡的生活方式。它还就女性在日本社会和文化中的地位，提出了令人不安的观点。小百合受到尊重，是作为一名艺伎，而不是作为一名女性，全凭机智和美貌，她才得以跨越其地位的局限。阿瑟·戈登的小说同时也是讲一个年轻女孩以牺牲自己的梦想为代价来求得生存的故事，以及社会的期望是如何扼杀爱情的。**EF**

微物之神 The God of Small Things

阿兰达蒂·洛伊（Arundhati Roy）

作者生平：1961年生于印度
首次出版：1997年，India Ink（新德里）
原著语言：英语
布克奖：1997年

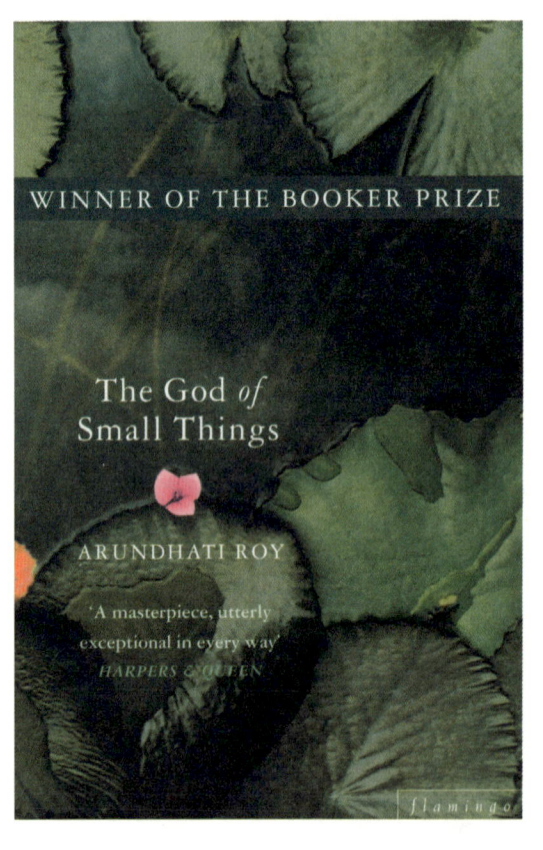

这部布克奖获奖之作以20世纪60年代的喀拉拉邦为背景，讲述了阿慕一家的平凡小事和悲惨事件，核心人物是她生下的、让人难以忘怀的异卵双胞胎艾斯沙和瑞海尔。一位来访的英国表姐意外溺水身亡，这件事给他们的童年生活带来了不小的影响。小说并未按照线性的时间进程推进，种种生动的冲突和描写犹如拼图一般，是用精妙细致的文字叙述的。读者会拼凑出一个童年世界，它会被成人的悲剧和它们给维鲁沙带来的影响所搅扰，维鲁沙是双胞胎的船夫朋友，他属于印度"不可接触"的贱民种姓。有人将阿兰达蒂·洛伊的风格与萨曼·鲁西迪的风格相提并论，但她的文笔有着别样的韵律和诗意，总体感官效果别具一格。拿E. M. 福斯特的《印度之行》（见本书第302页）来作比较，或许更恰当一些，两部作品都将奇特、不羁的自然之美，描述成人类秩序的对应物和成因，以及有时严酷无情的演绎。洛伊的高明之处，体现在她传达儿童心思的那种奇异的澄澈，以及她塑造各种人物关系的情感力度。

小说的政治考量以这一观念作为核心：由谁来决定"应该爱谁，爱得多深"。洛伊超出常规的想象力，与其说是为了震撼读者，不如说是为了感动读者。她是一位捍卫被压迫者权益的政治人物，曾因在2002年反对印度法院的权威，而一度入狱。洛伊的政治关注点是人类的微小力量，这些力量所具有的救赎和毁灭能力是惊人的。她在传达自己的信念时，并未牺牲文章的结构、复杂性，或优美的行文。这本书对那些企图告诉我们爱的意义的人，是一项挑战。**AC**

- 洛伊这部小说的关键，是一起悲惨的溺水事件，这一点在美丽但令人莫名不安的封面上，作了隐晦的暗示。
- 这张照片是1997年在德里拍摄的，阿兰达蒂·洛伊如今放弃了小说写作，投身于政治激进活动之中。

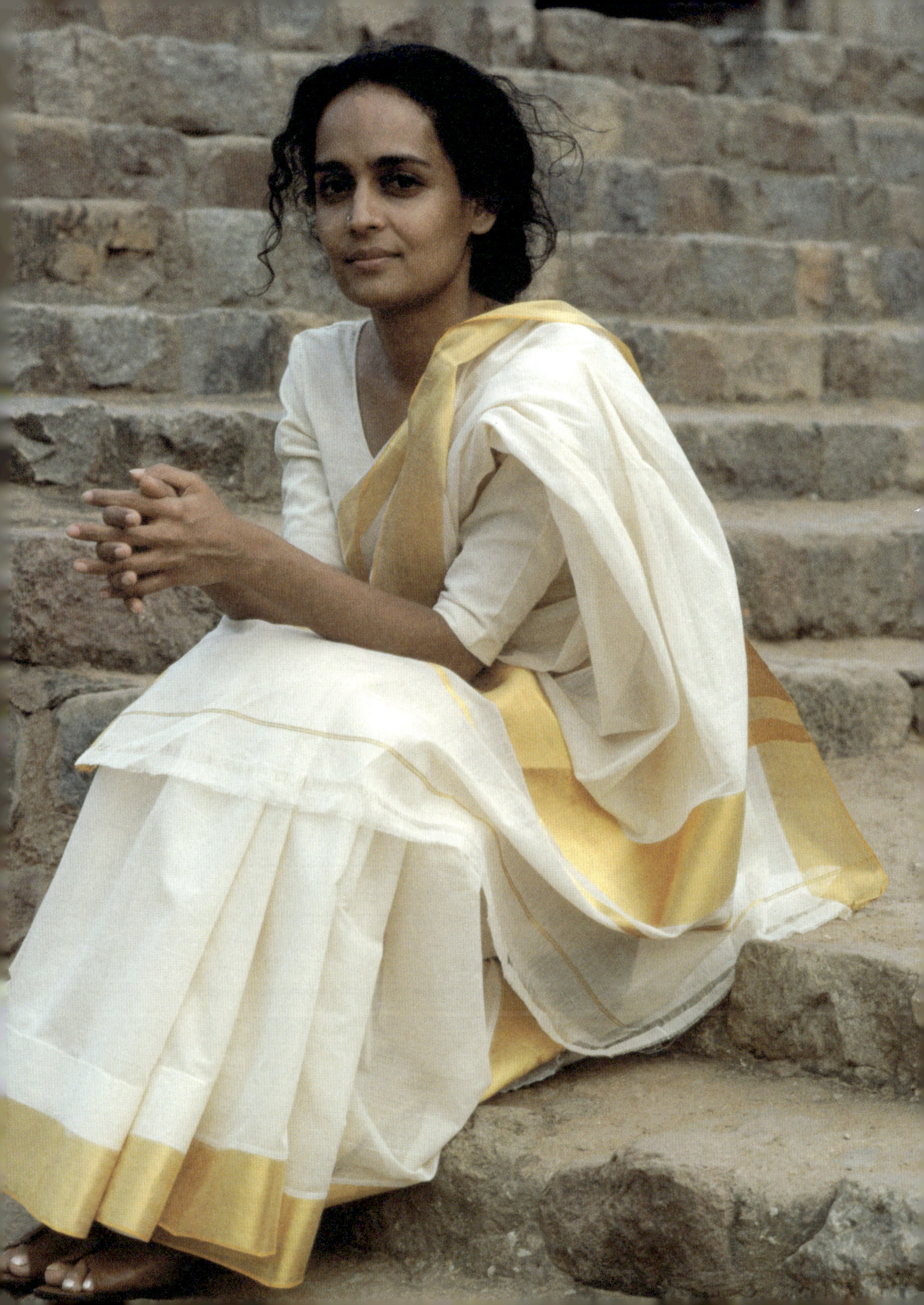

玛戈和天使们 Margot en de engelen

克里斯蒂恩·赫梅莱茨（Kristien Hemmerechts）

作者生平：1955年生于比利时
首次出版：1997年，Atlas（阿姆斯特丹）
原著语言：荷兰语
英译书名：Margot and the Angels

在这个时代，许多男作家无力抵御魔幻现实主义和游戏性的后现代主义的诱惑，而天赋过人的女作家们依然提醒我们，小说在平凡的当代现实背景下，探索人际关系和情感生活的力度。克里斯蒂恩·赫梅莱茨的作品显示了这样一种貌似传统的手法，究竟可以带领我们在崭新的领域走出多远。

《玛戈和天使们》的故事情节十分简单。玛戈是个离家出走的少女。她未作解释，就离开了荷兰的家，让父母别联系她，最后来到了英国港口城市赫尔。赫梅莱茨描绘了玛戈的这一决定给她的父母带来的不同影响，他们最终决定寻找她的下落。玛戈后来参与了一个宗教派别，就是书名中所说的天使们，故事情节也开始向冷酷无情的结局推进。

赫梅莱茨用一种极为简洁的风格写作，从而暴露出她笔下人物的浪漫思想和自欺欺人。比如，玛戈的父亲总爱宣讲，人要随心所欲地生活，可当女儿宣布要独立时，他又倍感煎熬。书中对女性角色的性欲，还有对摆脱肉体强烈需求的渴望，作了毫不掩饰、令人震惊的描写。

赫梅莱茨的行文展现了平衡、节制、清晰等传统优点，其情节架构也经过精心设计，令人满意。但她对人生的看法完全没有自以为是之处，她的洞察力总是出人意表，不断重塑着我们对"普通"人如何思考、感受和行事的想象。**RegG**

- 赫梅莱茨这部小说某一版的封面，强调了她写的这个逃家少女的故事，在情感层面有着阴暗的一面。
- 马可·奥惠岑2004年为赫梅莱茨拍摄的照片，这位作家怀着富有人情味的怜悯，对人的欲望进行了探索。

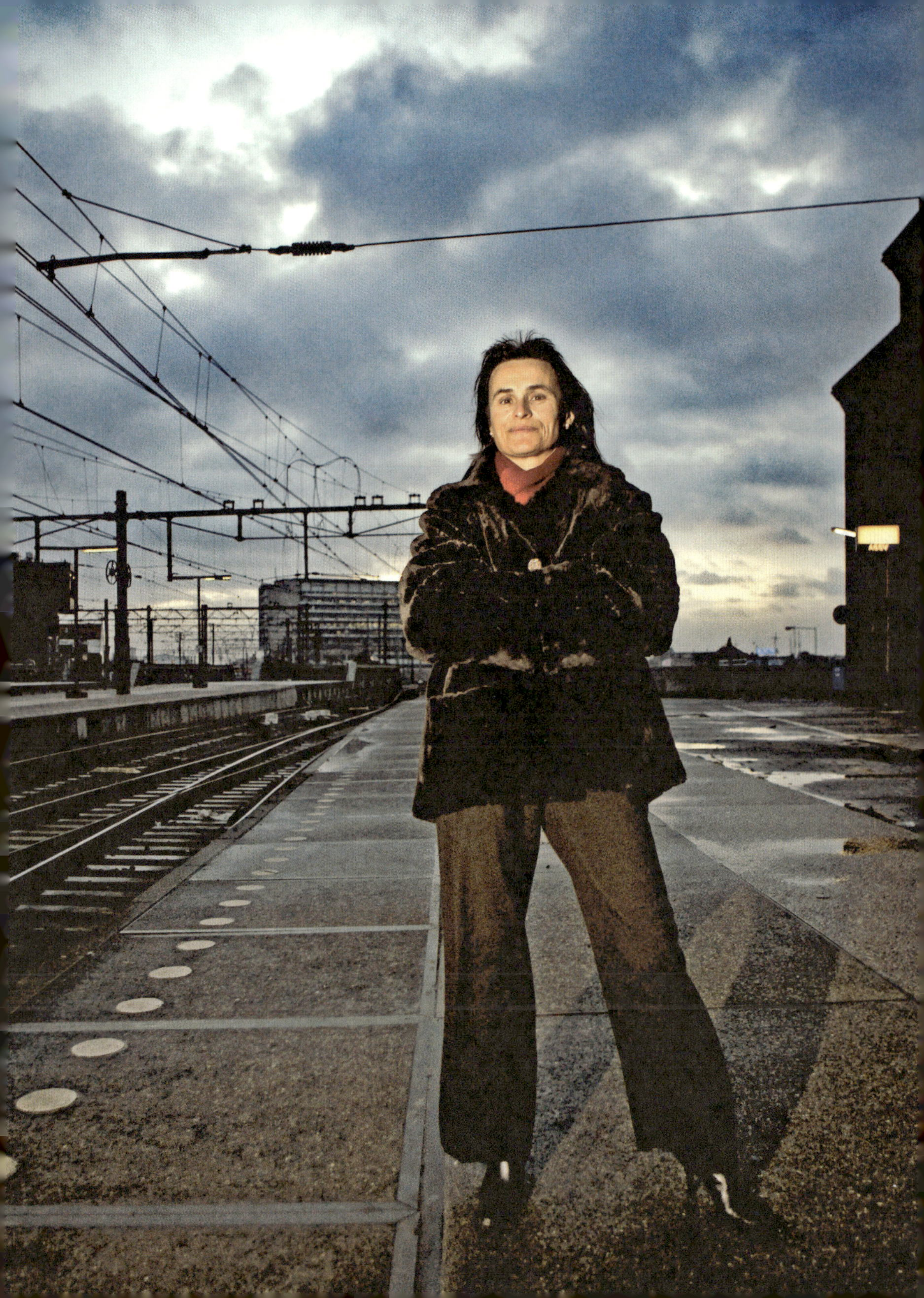

地下世界
Underworld

唐·德里罗（Don DeLillo）

作者生平：1936年生于美国
首次出版：1997年，Scribner（纽约）
英国首版：1998年，Picador（伦敦）
原著语言：英语

《地下世界》是一部规模宏大的百科全书式小说，它从21世纪初，一直回溯到20世纪50年代初和冷战之初。它叙述了核心人物尼克·谢伊的私人故事，以及冷战这一公共故事。它将推动20世纪后半叶形势发展的那些隐秘背景，呈现在我们面前。这个故事以流畅、富于变化、完美无瑕的文笔，回顾了过去数十年间的情况，既发掘了尼克隐藏个人秘密的隐蔽空间，也发掘了战后历史从中浮现的种种无意识、被人轻视的空间。这部揭发性的小说最引人注目的一点，就是它对一种普适的、可以用来揭示历史秘密的声音的寻求，这种寻求将它一再引向那些无法言说的、历史的、政治的和私人的重要时刻和那些无法披露的秘密。

《地下世界》写于世纪末和千禧年完结之际，为我们提供了一种理解集体经历的往昔的方式。它对我们的文化如何神秘地运作进行了发掘，清晰地道出了国家权力公开与机制隐秘之间的联系。与此同时，它对那些看不见的力量（它们继续推动历史前进，迎向救赎或毁灭）令人敬畏的直觉把握，也迎向了新的千年。**PB**

如果你知道自己毫无价值，那么只有用死亡来赌博才能满足你的虚荣心。

● 《地下世界》以摄像机般极富画面感的语言，捕捉现代社会的荒诞和痛楚。

荒野侦探
Los detectives salvajes

罗贝托·波拉尼奥（Roberto Bolaño）

作者生平：1953年生于智利，2003年卒于西班牙
首次出版：1998年，Anagrama（巴塞罗那）
原著语言：西班牙语
英译书名：*Savage Detectives*

《荒野侦探》甫一问世，便震撼了国际文学界。这部小说被人拿来与20世纪最伟大的拉美小说相提并论，赢得了广泛赞誉。罗贝托·波拉尼奥的这本书讲述了一场漫长的旅行，一场带有荷马史诗要素的探险，一场一代人的放逐，一场垮掉派的癫狂。

这部小说始于墨西哥城。1976年，一名青少年在日记里谈道，当他怀着文学热情，加入一个奇妙的先锋派团体之后，他的生活便发生了变化。阿图罗·贝拉诺和乌里塞斯·利马是这个团体的创始人，也是在1976年除夕夜开始孤注一掷的旅程的荒野侦探，他们去寻找一名在大革命之后，很快便杳无音信的神秘的墨西哥女作家。一场长达二十年、横跨五大洲的旅行由此开始。尽管叙事始终是第一人称，但视角还是几度变换。在这一过程中，我们见识了形形色色的人物，这一点也是为小说增光添彩的重要方面。

在这部小说出版之前，波拉尼奥是一位受小众追捧的偶像人物。这部作品推出后，其作品销量激增。波拉尼奥身患重病，对此他也心中有数。他在生命最后五年里，疯狂写作，留下了大笔文学遗产。《荒野侦探》是步入其文学天地的最佳门径。**CA**

阅读是永无止境的，哪怕你读完了你所有的书，正如生命是无止境的，哪怕死亡确定无疑。

——罗贝托·波拉尼奥

▲《荒野侦探》让罗贝托·波拉尼奥毫无争议地成为众人垂涎的1999年罗慕洛·加列戈斯国际小说奖得主。

十字火焰 クロスファイア

宫部美雪（宫部みゆき）

作者生平：1960年生于日本
首次出版：1998年，光文社（东京）
原著语言：日语
英译书名：Crossfire

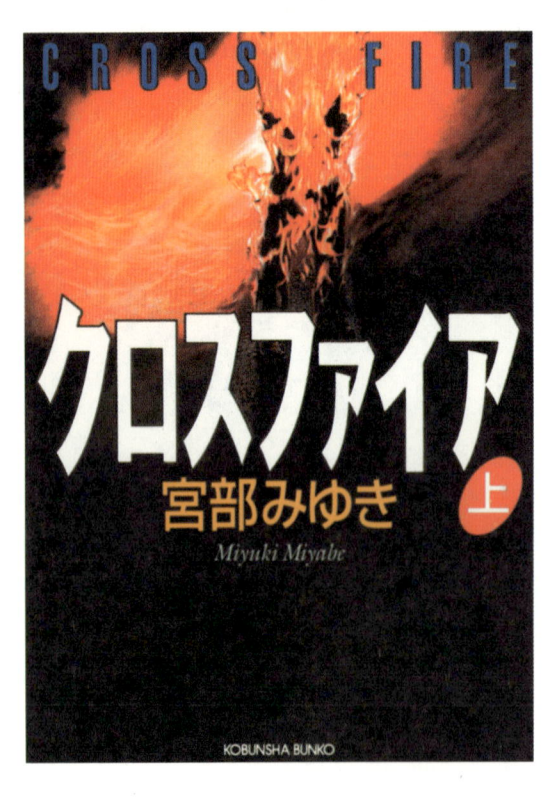

伸手一摸，水很凉，而且乌黑如夜。

宫部美雪是最受欢迎的日本作家之一，《十字火焰》是她第三部被译介的小说。这部作品暴露了人们复杂的内心世界和一座黑暗、无情的都市——这里的东京，既是前未来社会的，又是超未来社会的。《十字火焰》用侦探故事的结构和语言，展现了一个价值观并不确定、理性没有用处、人们摩肩接踵却彼此无视的空间。

在这个令人心碎的故事里，主人公青木淳子是一名半自愿的侠客，她天生就有驭火的超能力。与她的故事相对的，是另一名主人公石津知佳子的故事，她是已届中年的警员，负责调查纵火案，并在案子上陷得越来越深。当这两个女人和她们身心受创的男伴，在当代东京这个都市荒漠来回奔走之际，宫部美雪温和地探索着对与错、正义与不公、惩罚与报复。她揭露了这座国际化大都市在20世纪末刻骨的空虚与孤独，还预言日本文明会从"二战"之后的晦暗不明，步入黑暗、犯罪猖獗的境地，国民原本坚定不移的道德信念在不断地滑坡。

在这本十分轻松易读的书里，作者将技巧的发挥，严格控制在讲故事这个层面。书里没有语言和文体方面的卖弄，只有控制得当的情节安排和有力的叙事。不过对青木淳子造火的本领构思精妙，富于想象力，她的孤寂令人心酸——就连缉捕她的传统妇女石津知佳子每天的辛苦工作，也同样让人感到心酸。这是一本风格优美的书，朴素而富有深度，令读者难以抗拒地一直读到苦涩的结局。**TSu**

● 宫部美雪笔力强劲的都市犯罪小说，将超能力编织到谋杀和侦查的习惯模式之中。

毒木圣经 The Poisonwood Bible

芭芭拉·金索沃（Barbara Kingsolver）

这部小说以刚果为背景，叙述者是奥莱拉娜·普赖斯和她的四个女儿，小说讲述了她的丈夫——过于热忱的浸信会牧师内森·普赖斯的故事。芭芭拉·金索沃小时候，曾与担任医务人员的父母一起在刚果生活，长大后，她才了解到自己在刚果生活期间，刚果所面临的政治局势，那时美国暗中作梗，阻挠该国独立。她写下这部小说，将这些事公之于众。

传教士的四个孩子——雷切尔、鲁斯·梅、利娅和跛脚的哑巴埃达——对父亲的工作反应不一，当村子里的宗教领袖把毒蛇放进她们家时，她们竭力劝说父亲让她们离开。他拒绝了，鲁斯·梅遇害身亡，这件事促使她的母亲带着另外三个女儿离开了村子。雷切尔后来结了三次婚，继承了刚果的一家旅馆；利娅嫁给了村里的老师，致力于非洲独立；埃达把科学作为自己的信仰，成为一名流行病学家。母亲满怀愧疚地度过了余生。

这部小说是对西方殖民主义和后殖民主义，以及西方文化自负和愚蠢的贪婪，所作的有力控诉。每个叙述者都要努力面对自己对鲁斯·梅的死怀有的愧疚，不过她们还要面对这一层愧疚：她们跟一个国家的毁灭有牵连。其实，这也是西方人对从前的殖民活动怀有的愧疚。小说的名字源于毒漆树，有人告诫内森·普赖斯别摸这种树，他对这一告诫置若罔闻，结果皮肤又肿又痛。金索沃用这个再简单不过的讽喻，表明自己对普赖斯的传教热忱持何种态度。**EF**

作者生平：1955年生于美国
首次出版：1998年，HarperFlamingo（纽约）
原著语言：英语
普利策奖入围：1998年

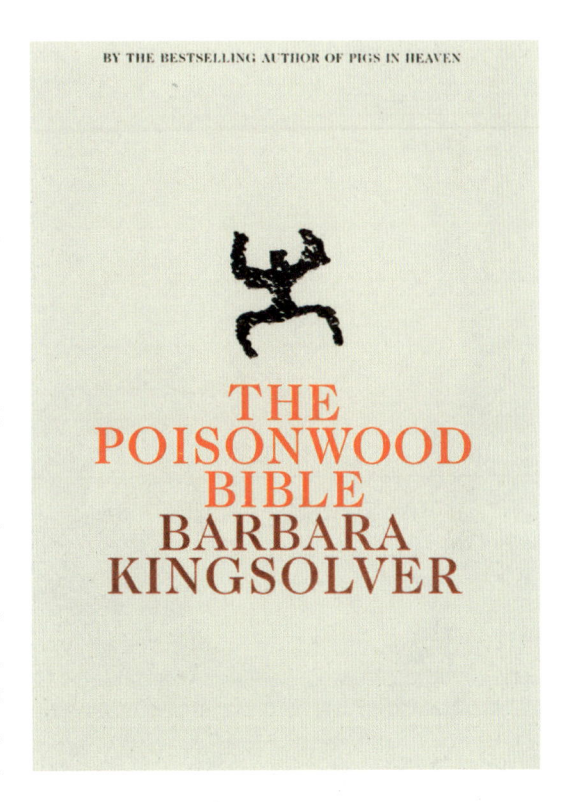

蚂蚁。我们走在蚂蚁上面，被蚂蚁所包围，被蚂蚁所吞噬。

▲《毒木圣经》的反殖民主题，反映出作家对促进社会进步的事物的深切关注。

维罗妮卡决定去死 Veronika decide morrer

保罗·柯艾略（Paulo Coelho）

作者生平：1947年生于巴西
首次出版：1998年，Objetiva（里约热内卢）
原著语言：葡萄牙语
英译书名：Veronika Decides to Die

维罗妮卡是个过着平凡生活的普通年轻女子，有一些关系稳定的男友，一份稳定的图书馆工作，一个被她称作家的房间，还有关心她的朋友和家人。但她决定自杀，留下了一封绝命书，谴责人们全都弄不清斯洛文尼亚在哪里。当她在卢布尔维那市的维莱特精神病院醒来时，她得知自己还有一个星期可活，因为她的心脏显然受了损伤。小说写到维罗妮卡从一心求死，转而意识到，这个世界上还有很多美好的地方，值得继续活下去。在维莱特，她变得快活起来。因为疯子不需要循规蹈矩，所以她随心所欲地生活着。这种新的自主权让她揍了一个惹她生气的男人，当着一名禁欲的精神分裂症患者的面手淫，重拾弹钢琴的热情，最后发现自己爱上了爱德华，一个被父母送来住院的男人，因为他想做艺术家。

爱德华这个人物是将柯艾略本人与小说中的虚构世界联系起来的几大要素之一。柯艾略当真出现在故事的第三章里，披露自己曾在巴西精神病院待过，是父母把他送去的，就因为他有艺术倾向。正是这一坦诚披露的私人情况，让这部文字简洁的小说显得如此严酷。患者接受的电休克疗法、胰岛素休克和其他治疗手段的细节，会让我们重新思考，精神健全意味着什么。

在这个日益整齐划一的、孤独的世界上，这部小说反映出20世纪末的世界宗教情怀和自强自立的观点，以及它对这一点的拥护：只要我们不听命于扼杀人们精神的社会习俗，生活就会有意义。**CK**

▲ 保罗·柯艾略作品中的很多内容是根据他在一个压抑的世界上，寻找宗教道路的个人努力写成的。

▶ 柯艾略的那些让人们心灵升华的作品，已售出七千万册，差不多已被翻译成所有重要语种。

The Alchemist
PAULO COELHO
O ALQUIMISTA
PAULO COELHO
O maior fenômeno editorial do Brasil.
Dos seus três livros:
UM MILHÃO DE EXEMPLARES
O ALQUIMISTA
L'ALQUIMISTA
L'ALCHIMISTA
Paulo Coelho
Paulo Coelho
a fable about following your dream
THE ALCHEMIST
Paulo Coelho
Paulo Coelho
Le Pèlerin
Compostelle

时时刻刻 The Hours

迈克尔·坎宁安（Michael Cunningham）

作者生平：1952年生于美国
首次出版：1998年，Farrar, Straus & Giroux（纽约）
原著语言：英语
普利策奖：1999年

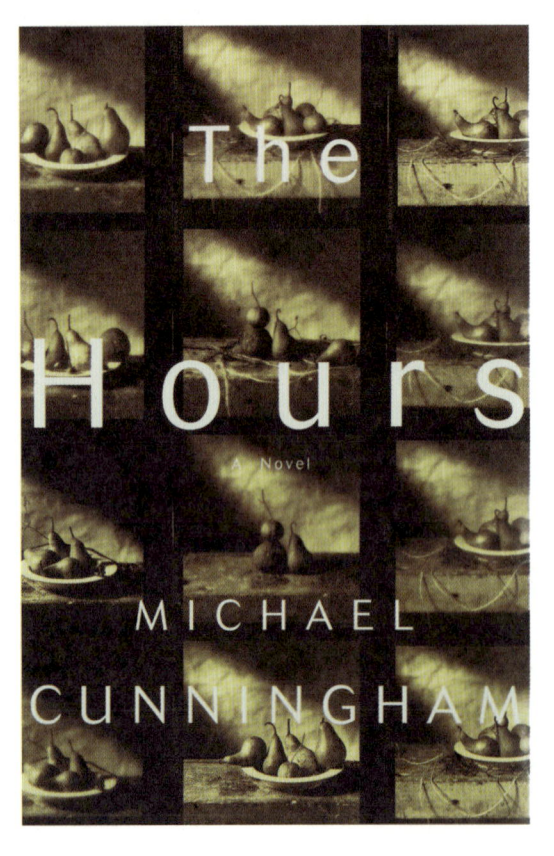

迈克尔·坎宁安的《时时刻刻》是对弗吉尼亚·伍尔夫1925年的经典意识流小说《达洛维夫人》（见本书第313页）精雕细琢的再创作，后者描述了一名筹办宴会的伦敦上流社会女性一天的生活，而这部作品将克拉丽莎·达洛维的内心独白，分割成了三个女人的第三人称叙事。克拉丽莎·沃恩是已届中年的女同性恋，在当代纽约生活。为将她与伍尔夫笔下的那位"前身"联系起来，身为男同性恋的杰出诗人理查德给她取了个"达洛维夫人"的绰号，两人之间有种暧昧的友谊。在另一重时空里，洛杉矶的家庭主妇劳拉·布朗靠阅读《达洛维夫人》等小说，对抗在20世纪40年代末做郊区主妇的空虚，当她发现自己有同性恋的倾向时，不由得大为震惊。同时，小说中的弗吉尼亚·伍尔夫正在为《达洛维夫人》的创作而苦恼。克拉丽莎筹办了一场派对，庆贺理查德荣获某著名文学奖，劳拉努力专心地照顾着幼子，伍尔夫竭力排除疾病的干扰，完成那部作品，坎宁安的这部小说正是围绕着伍尔夫的《达洛维夫人》构筑的。

坎宁安再现了伍尔夫对痛失的可能性所作的剖析——她笔下的女主人公克拉丽莎·达洛维总会想起自己无缘建立的同性恋情。克拉丽莎·沃恩成功的长期恋情和都市化的社交自由，充当了寻常的背景，在这一背景的衬托下，她与理查德年轻时代的恋情和一个欣喜的吻，显得格外令人瞩目。在小说就人的气质与经历相互影响，从而造就了我们的世界这一犹如炼金术的过程展开思考时，它充斥着一种重大事件（自杀、吻）与平淡生活相辅相成的不确定感。**AF**

我开始听到声音……

▲ 坎宁安于1999年赢得了普利策奖、福克纳文学奖和"男同性恋、女同性恋、双性恋与跨性别者图书奖"。

万灵节 Allerzielen

塞斯·诺特博姆（Cees Nooteboom）

阿瑟·唐恩是塞斯·诺特博姆的《万灵节》里的核心人物，他有大把的空闲时间；其实，这正是他刻意安排的结果。白天，他在柏林墙倒塌后的柏林闲逛，一边沉思和反省，一边回顾着一座城市的过去，还有他本人的过去。

十年前，他的妻子和年幼的儿子在一起坠机事故中遇难，从那时起，阿瑟就一直忍受着自由这一负担，同时又精心安排着生活，不让自己的自由受到妨碍。作为一名纪录片导演，他习惯于做一名观察者；但当他遇到一个脸上带有伤疤的年轻女子时，生活向他发出了召唤，让他更直接地投入其中。爱情——最后，还有另一起偶然发生的暴力事件——将他从无为的状态中猛然唤醒，驱策他前行。这个故事是以一种漫步闲谈的节奏叙述的，种种场景读起来，有如语言的快照，其间穿插着阿瑟和几个朋友的大段讨论，他们像他一样，喜欢知性的交谈。

诺特博姆的这部观念小说既是一个爱情故事，也是与行将结束的20世纪进行的一场对话，它就近代史带来的种种恐怖、伤亡和毁灭进行了思考——当代读者在就付诸笔墨之后，已经消弭于无形的一切进行思考时，会从中获得教益。其实，这本书开篇就写道，阿瑟在思考"历史"一词在德语和荷兰语里的发音时，发现两者存在着关联，他由此意识到，词语本身并未暗示出它所代表的事件的性质。书里偶尔会有一些已经不受时间限制的灵魂，给出更加意味深长的叙述。《万灵节》是对人生意义、艺术和历史事件（既有私人事件，也有公共事件）所作的清醒探索。**ES**

作者生平：1933年生于荷兰
首次出版：1998年，Atlas（阿姆斯特丹）
原著语言：荷兰语
英译书名：*All Souls Day*

阿瑟见过这种光。

▲ 诺特博姆曾几度获得诺贝尔文学奖提名，有一次还进入了总决选。

异端 El hereje

米格尔·德利韦斯（Miguel Delibes）

作者生平：1920年生于西班牙，2010年卒
首次出版：1998年，Destino（巴塞罗那）
原著语言：西班牙语
英译书名：The Heretic

米格尔·德利韦斯的这部小说从1517年10月31日开始写起——在这一天，马丁·路德把《九十五条论纲》钉在德国维滕堡市一家教堂门上，抨击罗马天主教会的弊端和教会神职人员贩卖赎罪券牟利。同日，西普里亚诺·萨尔塞多在西班牙的巴利阿多利德出生。卡斯蒂利亚地区路德宗的觉醒，以及由此引发的巴利阿多利德（德利韦斯的出生地）的罗马天主教镇压异己的活动，奠定了这部历史小说的基调。

这个令人震惊的故事，核心人物是萨尔塞多，这名资产阶级出身的天主教徒感到良心不安。他的宗教信条和负责教导他的神父们，对他提出的神学问题，都没能给出令人信服的回答。他不知道这些问题意味着宗教改革运动：为什么他，萨尔塞多，要在忏悔时，向一名神父诉说自己过？为什么弥撒让他注意力涣散，而不是让他精神振奋？为什么他一定要在炼狱里赎罪，难道基督为全人类受的苦还不够？他想要厘清自己与上帝的关系，这一要求在很大程度上，被日益狂热的社会所忽略。他感到孤立，后来找到了一群志同道合的新信徒，他们给他带来了归属感，但结局是毁灭性的。

《异端》雄辩地阐明，我们应当享有宗教自由和宗教宽容的权利，这层寓意放在今天尤为贴切。1999年，它赢得了西班牙国家叙事文学奖。**AK**

基本粒子 Les Particules élémentaires

米歇尔·维勒贝克（Michel Houellebecq）

作者生平：1958年生于法属留尼汪岛
首次出版：1998年，Flammarion（巴黎）
原著语言：法语
英译书名：Elementary Particles

这就是那部首次将米歇尔·维勒贝克阴郁的世界观展现给全世界读者的小说。西方文明已经在很大程度上归于失败，人类活得既悲惨又孤独，几乎丧失了交流或表达情感的能力。维勒贝克用富有说服力的文化分析，对现代闲暇社会的发展轨迹进行阐释，得出了这样的结论：让个人追求享乐和幸福的谕令，本身就是令人压抑和痛苦的。

这本书的主要人物米歇尔和布鲁诺，是一对被人分开的兄弟，两人直到中年才重新聚首。米歇尔是个才华横溢但情感孤独的科学家，布鲁诺是个不抱任何希望的放荡者。性爱是这部小说故事情节的演出场地。米歇尔无法缔结性关系——他谢绝了青梅竹马的爱人安娜贝尔的爱意，而布鲁诺在新世纪度假营的换妻俱乐部纵情声色，偶尔还有暴露狂行为，他的种种行径为维勒贝克对性行为欢乐易逝、让人含垢忍辱的论述，提供了一片喜剧舞台。由至高无上的生物学规则，可以推导出有关男人和女人的一系列结论。女人甘愿自我牺牲，是死亡的象征，男人则注定为肉欲所驱策。这并非人类的挽歌——维勒贝克迫不及待地想让我们完蛋。但问题在于，他是认真的吗？
DH

肮脏哈瓦那三部曲 Trilogía sucia de La Habana

佩德罗·胡安·古铁雷斯（Pedro Juan Gutiérrez）

作者生平：1950年生于古巴
首次出版：1998年，Anagrama（巴塞罗那）
原著语言：西班牙语
英译书名：*Dirty Havana Trilogy*

　　这六十个故事写的都是穷人的生活，它们组成了一幅连贯的、描绘20世纪90年代初哈瓦那风貌的末世壁画。几乎所有事情都是由一名叙述人——玩世不恭的前记者兼作家佩德罗·胡安讲述的。作为一个目光如炬、学识渊博的闲人，或者更确切地说，一个心如止水的禁欲者，他从有利的地形——哈瓦那市中心的一座阁楼上——放眼望去，什么都逃不过他的眼睛。不论是步行、骑自行车、搭乘巴士还是破旧的火车，他会寻找参与任何事的机会，或者竭力抵御这样的机会。但一切都沦为痛苦和不幸，一切也都与性爱有关。性爱是身体能得到的唯一滋养，也是这个悲伤之都的唯一精神信仰。在这里，如果说"节制"是一种美德，那也是因为它将肉体和心灵的紊乱降到了最低限度。

　　但在这套三部曲中，存在着道德观念日渐增强的醒目迹象：紧跟在各种荒凉破败的极致之后，是新的希望——也许希望是这个世界上唯一没有被拖垮的东西。着眼于长远的本领（看似无用的物件的好处，或者享受特权的海外乌托邦），以及在极端环境下挣扎求存的意志，让这些人物显得超乎常人。古铁雷斯以一种据说是反文学的风格（但它那简洁的语言、大胆使用的行话隐语和奇妙的幻想，又十分风格化），构建并描绘出西班牙语美洲文学中，一片不为人知的都市风景。**DMG**

> 我在训练自己不要把任何事情当回事……这是避免痛苦的唯一方法。

● 古铁雷斯的半自传体三部曲为他奠定了"肮脏现实主义"大师的声誉。

耻 Disgrace

J. M. 库切（J. M. Coetzee）

作者生平：1940年生于南非
首次出版：1999年，Secker & Warburg（伦敦）
原著语言：英语
布克奖：1999年

种族隔离制度结束之后的南非，原本看似恒久不变的社会和政治结构崩溃了，许多一度风光的白人被迫作出艰难的调整。五十二岁的教授戴维·卢里，任教于开普敦市一所虚构的大学。得到制度认可的种族歧视的消亡，倒并不怎么令他担心，更让他担心的，是这个国家融入了一种全球文化，这种文化贬低了他对文学，尤其是浪漫派文学的毕生热爱。他轻率地引诱了一名学生，结果校方要举行一场惩戒性的听证会，他得公开表示悔过才行，但他做不到，于是他放弃教职，投身于前途未卜的未来。

J. M. 库切的这部小说，开篇是校园讽刺文学的风格，后来卢里去东开普省的小农场探望女儿露茜，这部作品由此变得更加阴郁。三个黑人袭击了他们，露茜遭到强奸，卢里被烧伤；卢里对世道的剧变感到震惊。女儿不肯将自己受侵犯一事公开，也不愿去堕胎，卢里感到越发震骇。他把自己的时间投入一家动物收容所，收容所负责把当地人不想要的狗杀死；他还开始创作歌剧，这部歌剧越往下写，演出的可能性就越小。尽管与女儿的关系疏远了，但他还是希望能有一种新的"探视"关系。

《耻》对新的社会秩序和政治秩序的描绘，在南非引发了激烈争论。但这部小说的伦理立场，比起用痛切的现实主义笔触描述这个国家的某些问题，更值得思考。卢里原本过着以自我为中心的性掠夺生活，他后来对动物保护和音乐创作的投入，是否代表了某种赎罪？ **DA**

随性而为吧。

- 库切来自南非，2006年成为澳大利亚公民。他获得了2003年的诺贝尔文学奖。
- 库切对后种族隔离时代的南非状况，显然感到悲观失望，这部作品引起了不少争议。

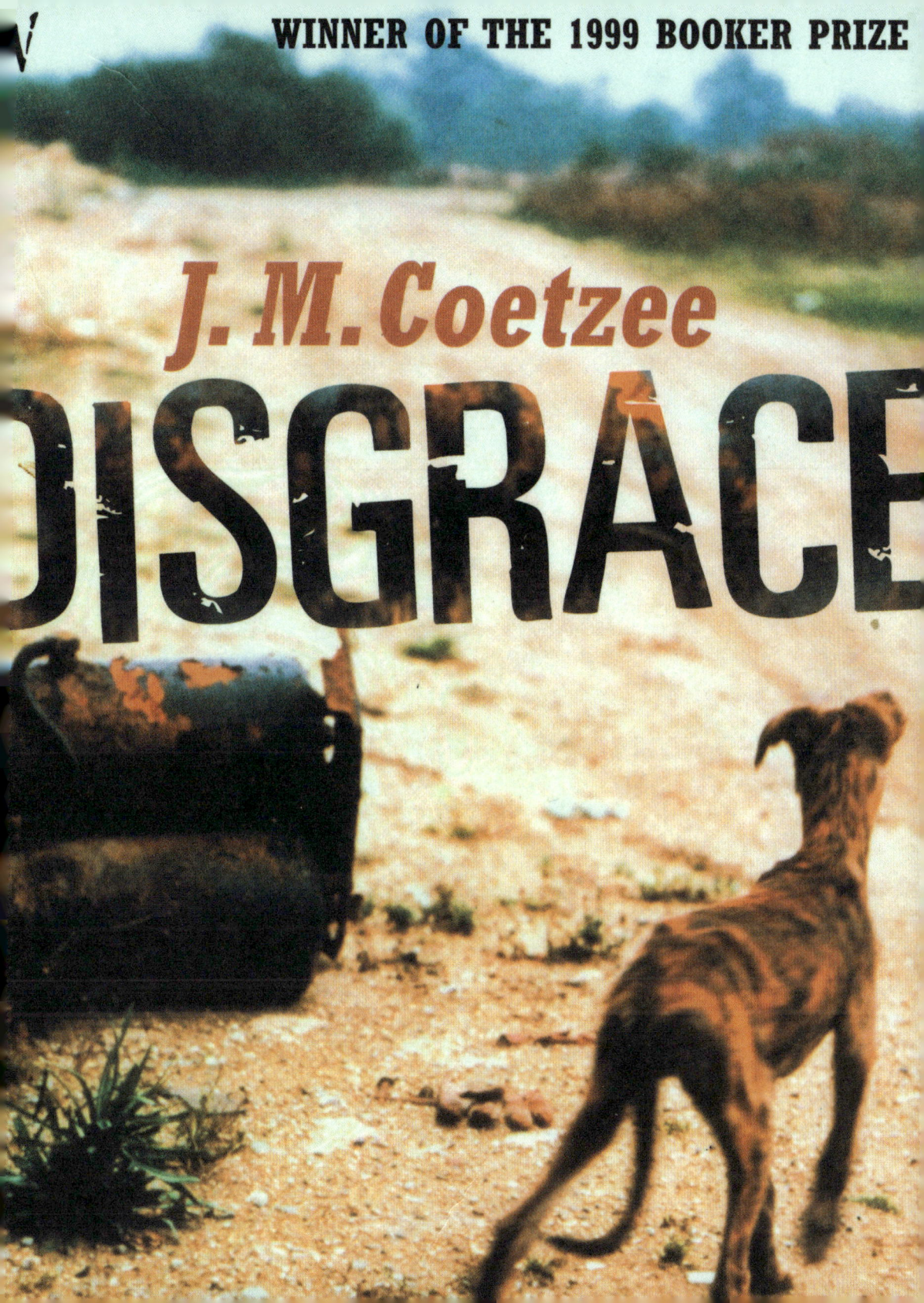

WINNER OF THE 1999 BOOKER PRIZE

J. M. Coetzee
DISGRACE

就好像我并不在场 Као да ме нема

斯拉文卡·德拉库利奇（Славенка Дракулић）

作者生平：1949年生于南斯拉夫
首次出版：1999年，Feral Tribune（斯普利特）
原著语言：塞尔维亚-克罗地亚语
英译书名：*As If I Am Not There*

克罗地亚记者斯拉文卡·德拉库利奇是最具洞察力、立场最公允的巴尔干近代历史观察家之一。她的小说《就好像我并不在场》的背景是1992年和1993年的波斯尼亚。这个故事讲述了S在塞尔维亚部队进驻村庄后的可怕遭遇。S是一名教师，兼有塞尔维亚和波斯尼亚血统。她在一个只关押女性的塞尔维亚集中营大院里待了好几个月，其间，她不断遭受性侵和殴打。小说结尾是她到斯堪的纳维亚避难——此时她怀有身孕、无家可归，对自己即将生下儿子一事心情复杂，这个孩子是她在集中营被集体轮奸时怀上的。更可怕的是，S找不到什么个人或组织，愿意不带偏见地听她讲述自己的经历。

这部小说令人难以忘怀，它是用少有的、无畏的细节来叙述的，并未借助文学技巧。《就好像我并不在场》文字简洁，但在道德层面上并不简单，它在战争、男性气质、性暴力以及女性身体之间，建立起了某种有力的联系，但并未给出简单化的结论。更值得注意的是，这部小说并未借描写战争之机，将塞尔维亚妖魔化，它用首字母来代表人物，表明作者对国籍和宗教信仰问题处理得十分微妙。实际上，这些首字母要求我们用人物自身的眼光，来看待每个人物，把他们看成是一个个媒介和演员，看成是具有变通的理性，但也有可能陷入可怕的非理性境地的人。

SamT

帕维尔的信 Pawels Briefe

莫妮卡·马龙（Monika Maron）

作者生平：1941年生于德国
首次出版：1999年，S. Fischer Verlag（法兰克福）
原著语言：德语
英译书名：*Pavel's Letters*

在这部重现的家史中，莫妮卡·马龙对父母和外祖父母在魏玛共和国、纳粹主义和德意志民主共和国政权下的生活进行了探索。在某种程度上，这部作品可以归入"透过家史考察20世纪德国历史"这一更为宽泛的类别。叙事最初聚焦于马龙的犹太裔外祖父帕维尔的悲惨经历上，1942年，纳粹害死了他。马龙在民主德国的成长经历，以及母亲的价值观，影响了她对外祖父的认识。马龙移居联邦德国，获得了文学上的成功，她的母亲对此无法谅解。马龙通过整理自己与母亲的对话、家里的老照片，亲身前往波兰，来尝试以新的角度，看待外祖父母在1939年之前，在波兰和西柏林度过的生活。

马龙重建家史的目标既坦诚又艰巨："并不想弄清某件事，只想到那儿去，想象他们的生活是怎样的，寻找将我的生活与他们的生活连接在一起的线索。"这本书的背景是柏林墙倒塌后不久，因此既是对民主德国的清算，也是对纳粹余孽的清算。《帕维尔的信》用一种朴素、松散的风格写成，既是一部私密的家史，也是一个以20世纪欧洲史为背景的、适合所有人阅读的动人故事。**KKr**

追寻克林索尔 En busca de Klingsor

豪尔赫·博尔皮（Jorge Volpi）

作者生平：1968年生于墨西哥
首次出版：1999年，Seix-Barral（巴塞罗那）
原著语言：西班牙语
英译书名：*In Search of Klingsor*

"二战"刚刚结束，弗朗西斯·培根原先是美国物理学家，后成为军方特工，上级派他去调查克林索尔的身份，据说此人掌控着纳粹德国科学研究的方向和性质。培根得到了德国数学家古斯塔夫·林克斯和神秘的艾琳的帮助，他很快就爱上了后者。林克斯是故事的叙述者，这个故事还回顾了他和培根在战前和战时各自的生活。

博尔皮带领读者从这些基本前提出发，领略了20世纪30年代和40年代的科学和政治气候。培根和林克斯在追查克林索尔的过程中，会见了那个时代的一些顶尖物理学家：薛定谔、玻尔和头号嫌疑人维尔纳·海森伯。博尔皮将间谍惊险小说的情节移植到了强有力的故事高潮，与此同时，还就相对论、确定性和或然性等重大问题进行了思考，重新想象了努力研发第一枚原子弹的物理学家的个性和奋斗经历。

与许多视野恢宏的小说不同，《追寻克林索尔》始终没有显得过于正经、死板。确切地说，它以一种既可以让悬疑情节不断发展，又能让读者领略那个时代物理学思想的节奏，向前推进。博尔皮曾说，他写惊险小说是为了放松。但在探讨博弈论、或然性和战争狂的过程中，显然，他的野心远不只是放松而已。OR

我应该声明：我，古斯塔夫·林克斯——一个像你一样有血有肉的人——是这些文字的作者。但我究竟是什么人呢？

▲ 这部讲求风格、科学气息浓郁、追查纳粹题材的惊险小说，像典型的墨西哥小说一样，难以归类。

无条件投降博物馆 Muzej bezuvjetne predaje

杜布拉夫卡·乌格雷西奇（Dubravka Ugrešić）

作者生平：1949年生于南斯拉夫，2023年卒于荷兰
首次出版：1999年，Fabrika knjiga（贝尔格莱德）
原著语言：塞尔维亚-克罗地亚语
英译书名：The Museum of Unconditional Surrender

海象罗兰死于1961年8月21日，它胃里那些古怪的东西摆在柏林动物园展出。叙述者阅读着胃内物品清单，发现自己（我们也是一样）试图从它们的杂乱无章中，找到某种体系，某种内在的逻辑。这一幕成为这部非凡的小说的核心隐喻之一，这部小说讲述的是流亡、回忆和失落。柏林的跳蚤市场、一只旧手提包内的物品、相册、一系列看似杂乱无章的事件，都以带有朴素之美、透出忧郁的文笔描述出来。

通过互相关联的故事，以及与形形色色的艺术家和友人的邂逅，杜布拉夫卡·乌格雷西奇营造出一种富有层次感和内在联系的、拼贴画般的效果。她描绘的人物——有的确有其人，有的是虚构出来的——让她得以就记忆与身份的关系，以及（尤其是）解决记忆与身份之匮乏的各种不同方法展开探讨。乌格雷西奇于1993年开始流亡，离开了分裂的国家。后来的战争和流血令朋友反目，在旧恨之上又添新仇，迫使数千人离开了祖国。

小说试图捕捉流亡和失去家园带来的那种沉缓、常有的失落和错位感。它那零散化、后现代的叙事方法，游移于魔幻现实主义、日记、小品文，甚至葛缕子汤的烹饪方法之间。这让作者将自己，将所有家园不复存在的背井离乡者，看作某种博物馆展览。她多次提到两种不同的流亡，有照片（照片就是人与过去的联系）的流亡和没有照片的流亡，这部小说就是乌格雷西奇创造、探索自己与过去之联系的尝试。**JM**

我吸收着人们的不幸。

● 乌格雷西奇离开了祖国克罗地亚，流亡在外，她用复杂的文学技巧，探索予人深刻感触的个人经历。

诚惶诚恐 Stupeur et tremblements

阿梅丽·诺冬（Amélie Nothomb）

谁也不会说，架设沟通东西方的桥梁是件容易事。在这部有关一家日本公司（这家公司经销各类商品，从加拿大光纤到新加坡苏打，无所不包）的一名比利时裔雇员的小说里，因为要把人们对地球村寄予的崭新信念，与传统、狭隘的社会规范调和起来而产生的诸多问题，得到了幽默讽刺的传达。

《诚惶诚恐》讲述了阿梅丽与一家日本大公司签订一年的合约，在公司底层工作的经历。她在成长时期曾在日本待过一段时间，因此她既是本国人，又是外国人，但她的天真和外国人身份（她因为懂日语，而遭到粗鲁对待）都令她遭人排斥。小说描述了西方背景令她陷入不利境地的过程，她发现自己一再遭到侮辱性的公开贬低，这种贬低的目的在于，强调她不可能真正融入这家公司的企业文化：她先是做不用动脑子的复印工作，后来被调去做洗手间的全职保洁员，使用这个洗手间的只有她本人和直属上司——傲慢的美女毛利吹雪，阿梅丽对她萌生出一种对自己并无好处的迷恋。书名概括了这家公司对阿梅丽的态度。显然，日本人期望外国人在觐见天皇时，就拿出这样一副"诚惶诚恐"的传统姿态。

阿梅丽·诺冬对一家日本大公司内部蔚然成风的劳务关系的描绘中，也不尽是指责——对那些忠于其幽默感和传统感的人，她流露出了同情。在这部富有讽刺性、发人深省的小说里，东方和西方都受到了嘲笑，同时对每个人的缺点，又有一份能让人感觉得到的喜爱。**JuS**

作者生平：1967年生于日本
首次出版：1999年，A. Michel（巴黎）
原著语言：法语
英译书名：*Fear and Trembling*

我的地位不比任何人高。

▲ 诺冬是比利时大使的女儿，她很早便获得了文化名流的身份，热衷于在媒体上亮相。

Two days later Richard Brinsley Sheridan entered the little book

Ireland, having been alerted by a scrawled message an

him. "My dear sir. An honour." Sheridan bowed. "V

"Where is the young man of the hour?" Sherid

found it difficult to turn as William descended the stair

"I am William Ireland, sir."

"May I shake your hand, sir? You have done ser

announced
~~pronounced~~ each word as if he were addressing others

believe, who recommended Vortigern as a great subjec

n Holborn Passage. Samuel

efore, was waiting to greet

immensely

ll ~~very~~ proud."

s a large figure, and he

"Is it you?"

a great purpose"

a ~~great service~~.' Sheridan

n. "It was Mr Dryden, I

drama."

21世纪

彼得·阿克罗伊德《伦敦羔羊》（2004）

巴托比症候群 Bartleby y compañía

恩里克·比拉—马塔斯（Enrique Vila-Matas）

作者生平：1948年生于西班牙
首次出版：2000年，Anagrama（巴塞罗那）
原著语言：西班牙语
英译书名：*Bartleby and Co.*

在凭借《便携式文学简史》（1985）成为当红作家之后，恩里克·比拉—马塔斯凭借这部小说赢得了更为广泛的赞誉，这部小说还作为2000年最佳散文作品，荣获了一项法国文学奖。他用赫尔曼·梅尔维尔笔下那位令人难以理解的人物——缮写员巴托比，来代表那些在某一刻宁愿放弃发表作品、具有敢于说"不"的力量的作家。为了探讨这种令人费解的"巴托比症状"，作者杜撰出自己的一个化身——马塞洛，他是一名孤独的办公室职员，这一形象是受了卡夫卡和佩索阿等人的启发。1999年夏天，马塞洛开始写这样一本日记，其中记录了许多"被沉默之恶所蛊惑的作家们"的事例，以"注解的形式评说无形的文本"。

这部小说由马塞洛的八十六篇"脚注"组成，其中提到众多令人着迷的创作者，他们低调自守、韬光养晦，宁肯放弃写作，或者不让自己的作品问世，这些作家包括苏格拉底、兰波、胡安·鲁尔福、J. D. 塞林格、托马斯·品钦、B. 特拉文、罗伯特·瓦尔泽等人，最后一位作家在比拉—马塔斯的后一部作品中充当了重要人物。由于传统文学类别的消解正是作者的美学主张之一，甚至有可能是他最为重要的主张，因此在他笔下，现实与虚构之间不再泾渭分明，文笔与脚注之间，叙述与评论之间同样如此。这种系统性的颠覆所取得的结果，便是将想象、写作和阅读令人着迷地共冶一炉，它要求读者也积极地参与其中。**DRM**

和谐的天堂 Harmonia Cælestis

艾斯特哈兹·彼得（Esterházy Péter）

作者生平：1950年生于匈牙利，2016年卒
首次出版：2000年，Magveto（布达佩斯）
原著语言：匈牙利语
英译书名：*Celestial Harmonies*

艾斯特哈兹家族是匈牙利门第最显赫的家族之一。艾斯特哈兹·彼得改变了匈牙利小说写作的面貌。在中欧实行共产主义时，艾斯特哈兹家族境况不佳，《和谐的天堂》一书尝试在中欧共产主义结束十年之后，重新谱写家族的编年史，其重要程度，以及在逸闻趣事、褒贬判断和洞见方面的深广程度，都不容小觑。甚至在本书有意闪烁其词之处，在艾斯特哈兹·彼得滔滔不绝地描写海顿、贝洛·巴尔托克、温斯顿·丘吉尔和拿破仑三世等重要人物时，读者也会震惊地发现，私人生活与公共领域重大事件在何等程度上纠缠难解。

《和谐的天堂》一书分为截然不同的两大部分。"第二部"以作者多位直系先祖的叙述，向读者道出了"艾斯特哈兹家族的自白"，而"第一部"则是一份戏谑、善变，还有点疯狂的"录自艾斯特哈兹家族成员生平的、排有编号的语句"一览表，其中的唯一一位主人公呈现出无数个历史身份，千变万化，经历了数百年光阴。毋庸置疑，这是一本非同一般的奇书；能够与之匹敌的英语作品，也许要数《尤利西斯》中的那些更加谵妄的章节了。如果说，《和谐的天堂》有时显得过于古色古香、妄自尊大、纵情随意、等级意识强烈，那它在想象力方面展现出来的无拘无束的才华，则对此做了弥补。**MS**

> 作为匈牙利门第最显赫的家族的后裔，艾斯特哈兹·彼得改变了匈牙利小说写作的面貌。

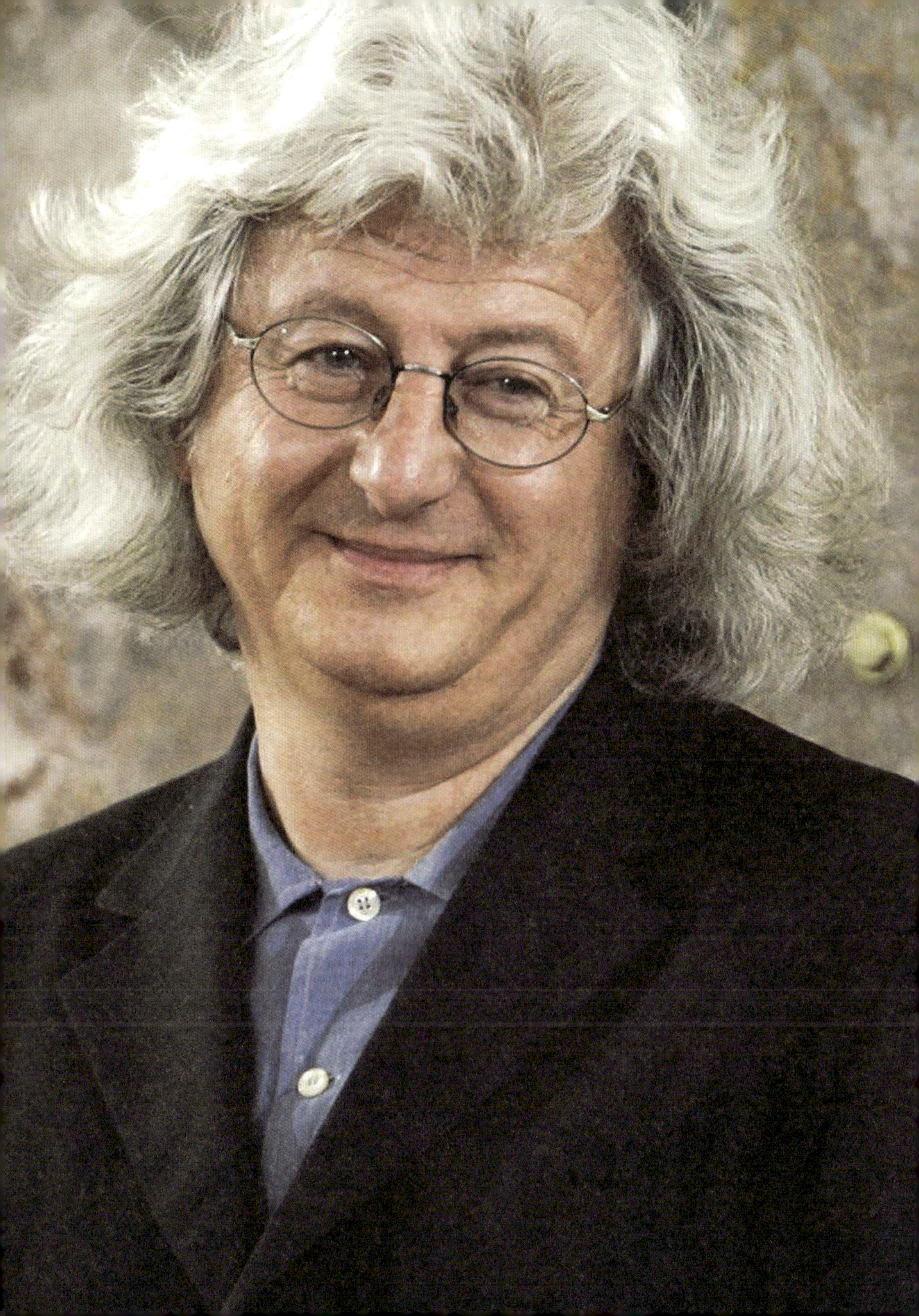

皮囊之下 Under the Skin

米歇尔·法柏（Michel Faber）

作者生平：1960年生于荷兰
首次出版：2000年，Canongate Press（爱丁堡）
美国首版：Harcourt（纽约）
原著语言：英语

  《皮囊之下》是米歇尔·法柏的第一部长篇小说，集中展现了女主人公伊瑟莉的生活和工作，她驾驶着一辆陈旧的丰田卡罗拉游览苏格兰高地，寻觅肌肉发达、体格健壮的搭车男子。倘若披露她这样做的目的何在，就会毁了这部小说的阅读乐趣，这部小说的震撼力主要源自它对优美的描写、巧妙的欺瞒、悬疑和揭示可怕真相的完美安排。这样说就足够了：阅读这本小说，会迫使你正面思考，人与动物的划分是何等的武断，还有人类文化中，以工业化规模屠宰动物食用肉类时常常忽视的伦理道德。但这部小说是通过一个富有说服力和原创性、难以简单归类的故事做到这一点的——它既是一部惊悚小说、科幻小说，又以抒情的笔调，刻画了一个人如何竭力理解这个世界。

  这部小说饱含着富有力度、跃然纸上的景物描写。对伊瑟莉来说，大自然那令人屏息的美，是对她那艰辛生活和工作的补偿，不过为了欣赏大自然的美，她经历了巨大的个人牺牲和痛苦。小说体现了法柏对自然之乐的哀婉渴求，以及对人有权在大自然中生活所作的肯定。读者能体会出，作家觉得，面对都市化、消费、废弃物和当代全球资本主义的破坏作用，这些想法也许是无济于事、无望实现的。**SD**

人性的污秽 The Human Stain

菲利普·罗斯（Philip Roth）

作者生平：1933年生于美国，2018年卒
首次出版：2000年，Houghton Mifflin（纽约）
原著语言：英语
福克纳文学奖：2000年

  《人性的污秽》将两项吸引眼球的寻常内容——一个身怀秘密的主人公，以及年长男子与年轻女子之间的风流韵事——集中到了科尔曼·西尔克这个人物身上，他原先是拳击手，后来做了教授，他的故事是由邻居内森·朱克曼讲述的。西尔克所在的大学错误听信了无端指控，污蔑他有种族歧视的言行。他退职回家，发现了伟哥，开始与福妮雅私通。福妮雅是一个没多少文化的女佣，还在为自己死去的孩子而感到难过，她的前夫是个参加过"越战"的暴戾老兵，对她纠缠不休。

  通过童年的闪回片段，我们发现，西尔克隐瞒着一个巨大的秘密——其实他是个排斥种族歧视的黑人，他本人就曾遭受过白人和黑人的歧视。西尔克在与福妮雅私通之后，在个人生活和性爱方面都得到了惊人的解脱。内森起初只是一个好奇的观察者，后来开始与西尔克有了进一步的交往。

  尽管《人性的污秽》对这个情绪化的世界是否可能客观公正提出了质疑，但这本书主要还是与内疚的秘密、想当然的假定和洞察力有关。但这部小说绝非简单的寓言故事。它是投向充满偏见、耻辱和伪善的美国社会政治的会意一瞥，这一瞥也同样投向了人性本身给生活带来的污点。最后，尽管本书表面上看，讲述的是事物黑白截然分明的品性，它的内里却包含着上千种浓淡不一的灰色。**EF**

白牙 White Teeth

扎迪·史密斯（Zadie Smith）

作者生平：1975年生于伦敦
首次出版：2000年，Hamish Hamilton（伦敦）
原著语言：英语
惠特布莱德处女作奖：2000年

《白牙》开篇就写到阿吉·琼斯试图自杀。阿吉是一名参战的老兵，要做任何决定，都得抛硬币，他几乎对什么都无动于衷。自杀未遂的他信步走进一场新年派对，见到了"黑人天使"——一个名叫克拉拉的牙买加女神。她是上帝存在的证据，是阿吉走向新生的起点。他们生下了艾丽，这个被别人利用的混血姑娘是个典型的新式英国人：有多个民族的背景，没有自己的根，内心不抱幻想。

萨马德·伊克巴尔是孟加拉裔，他在一家印度餐馆当侍者。他是在战争中认识阿吉的，他也有一个充满活力的年轻妻子。作为一个遵循传统的人，他也在努力与战后的英国达成妥协。他那两个双胞胎儿子给他带来了不少麻烦。他不得不把其中一个孩子强行带到孟加拉，以免他变得太英国化。《白牙》紧扣阿吉和萨马德两个人的人生经历，像一幅规模宏大的西洋景，横跨了后殖民时代英国数十年的时光。这个故事充满了意外、灾祸和失望，它关乎移民与混血、宗教与政治，以及在一片越来越没有人情味的土地上做英国人，意味着什么。

《白牙》是一位二十四岁的作家颇具名家风范的登场亮相，它充满了富有活力的人物，他们每一个都个性鲜明，令人信服。史密斯写起少年人的恋情和"二战"的堑壕来，同样流畅自如；她了解笔下人物的内心，笔触满怀幽默与同情。她的才能所展现出来的成熟与宽广的眼界，简直不可思议。**GT**

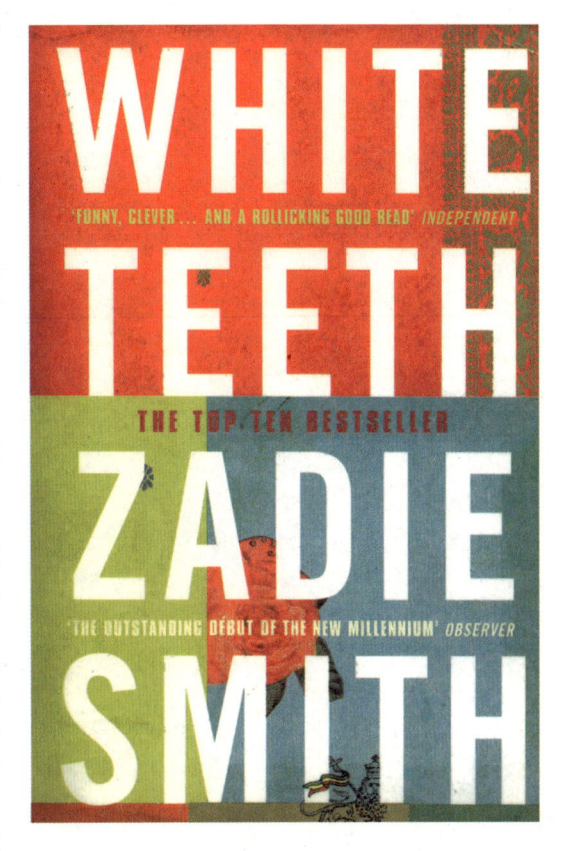

他抛过多次硬币，决定按照结果执行。他已经下定了自尽的决心。实际上，这就是他的新年计划。

▲ 扎迪·史密斯英国裔的父亲与牙买加裔的母亲在一场派对上结识，就像小说里的阿吉·琼斯和克拉拉一样。

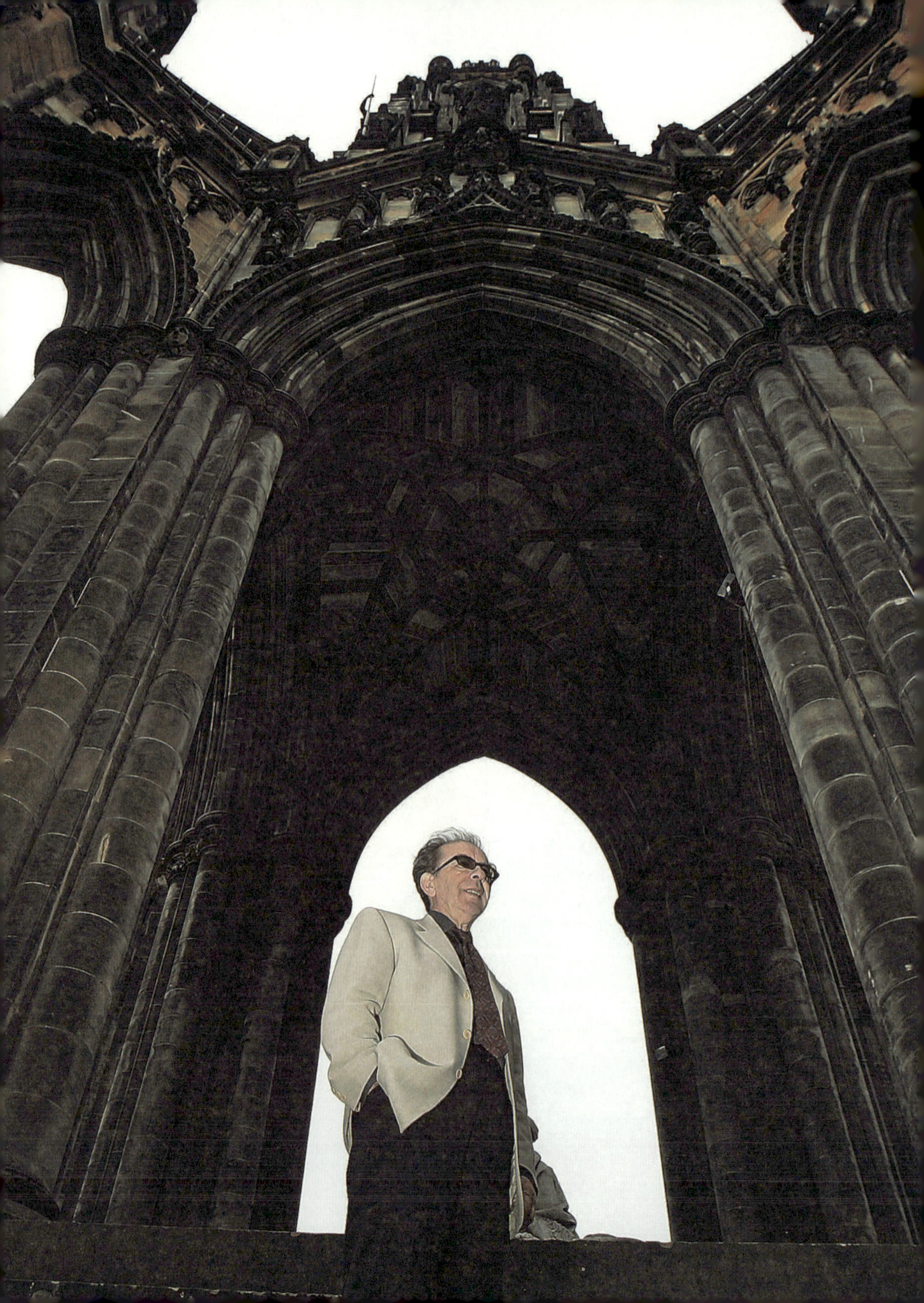

三月冷花
Lulet e ftohta të marsit

伊斯梅尔·卡达莱（Ismail Kadare）

作者生平：1936年生于阿尔巴尼亚，2024年卒
首次出版：2000年，Onufri（地拉那）
原著语言：阿尔巴尼亚语
英译书名：*Spring Flowers, Spring Frost*

《三月冷花》以当代阿尔巴尼亚为背景，讲述了马克·古拉巴蒂的故事，这位艺术家在1991年之后，在生活和工作中备尝艰辛。伊斯梅尔·卡达莱的小说是在平衡的两极——运动与静止、沉睡与清醒——之间精心构筑而成的。小说中，重生的征兆随处可见，而这些征兆又被邪异的死亡征兆所平衡，最能体现这一点的就是"血之书"或《卡努法典》的再度盛行，从中世纪起，后者就是规范阿尔巴尼亚杀戮习俗的法则。这些矛盾对立营造出了一种极不协调的效果。当代欧洲的元素与源自阿尔巴尼亚人记忆深处的故事和习俗同时并存。

这些矛盾对立带来了绝境和僵局，一边是已然破灭的虚幻历史，另一边是同样困顿的当下。不论是在阿尔巴尼亚的往昔，还是在被全球化资本所主宰的当下，马克都体会不到家的感觉。小说生动地描绘了这种噩梦般的僵局。但在卡达莱的散文那暗含诗意的乐章中，我们可以瞥见一系列无法用语言形容的崭新的可能：一种新的艺术，一个新的阿尔巴尼亚。**PB**

◁ 伊斯梅尔·卡达莱凭借其对恩维尔·霍查政权直言不讳的批评，赢得了国际声誉。

魔鬼与普里姆小姐
O demônio e a Senhorita Prym

保罗·柯艾略（Paulo Coelho）

作者生平：1947年生于巴西
首次出版：2000年，Objetiva（里约热内卢）
原著语言：葡萄牙语
英译书名：*The Devil and Miss Prym*

《魔鬼与普里姆小姐》是保罗·柯艾略的"在第七天……"三部曲完结篇。这三本书中，每一本都关注一名普通人在一周之内的生活际遇，他们发现自己陡然面临爱情、死亡和权力，被迫直面内心的冲突，作出影响深远的抉择。

在《魔鬼与普里姆小姐》中，一个陌生人突然来到法国小镇维斯科斯，这里被同时描述成人间天堂和前景黯淡、了无生气的地方。这种矛盾表明了作者的信念：我们对生活所抱的态度，是我们自己选择的；要么改善现实，让我们更好过一些，要么就找不到幸福，哪怕在最完美的条件下也是一样。陌生人——就是书名中的那个魔鬼——来到村里，要在一星期之内弄清一个问题：人本质上是善还是恶？他找到了自己的夏娃——当地酒吧女招待尚塔尔·普里姆，并引诱她作恶。全村人都对这位神秘的外乡人表示欢迎，为他那精心设计的诡计充当了同谋。这部小说阐明，一时之举何以能够影响我们的整个人生，还让我们反思，在这些事后难以挽回的紧要关头，我们应当如何应对。在一个我们会轻易谴责杀人政权和"邪恶轴心"的世界上，这本书提醒我们：所有人都难免犯错，我们每一个人也都有行善或为恶的能力。**LE**

公羊的节日 La Fiesta del Chivo

马里奥·巴尔加斯·略萨（Mario Vargas Llosa）

作者生平：1936年生于秘鲁
首次出版：2000年，Alfaguara（马德里）
原著语言：西班牙语
英译书名：The Feast of the Goat

在拉美文学中，描写南美洲独裁者盛衰和个人生活的小说算不上什么新鲜事物。写作"反独裁"小说的名作家们——其中最著名的要数《族长的秋天》（见本书第674页）和《迷宫中的将军》的作者加西亚·马尔克斯——使用的典型写作手法，就是运用神话传说和讽喻。但在《公羊的节日》里，马里奥·巴尔加斯·略萨通过对独裁者的专制统治——他统治多米尼加共和国长达三十一年之久——末日的考察，将反叛分子的私人世界呈现在读者面前，他将读者邀请到受害者们的餐桌旁，还嘲笑着臭名昭著、年逾七旬的拉斐尔·特鲁希略将军尿迹斑斑的裤子。

这部小说有三条情节主线，它们相互交织，形成了小说的总体结构。乌拉尼娅·卡布拉尔的故事——她是特鲁希略的前国务卿之女，在美国接受教育后返回了祖国——体现了多米尼加共和国与外部世界的政治关系，也描绘出多米尼加公民的苦难，以及他们对剥削政权的盲目信赖和共谋关系。第二条情节主线是反叛分子的故事，他们当年也曾是特鲁希略的忠诚拥护者。最后一条情节主线是特鲁希略本人的故事。他在公众面前摆出一副刚强威武、充满男子汉气概的形象，可膀胱的问题却给这一形象带来了威胁，还有卫生问题也令他饱受困扰。就连特鲁希略也是个在妥协中受苦的人。

略萨说过，通过对这位独裁者的描写，他有效地反映出了所有独裁者的面貌，不论他们身在何处，还反映出了他们掌握的那种权力的本质属性。略萨在多米尼加共和国街头进行的一丝不苟的调查研究，以及为创作这部小说对真实人物进行的采访，成就了一场令人紧张、惶恐，并且坦率得令人尴尬的阅读体验。**JSD**

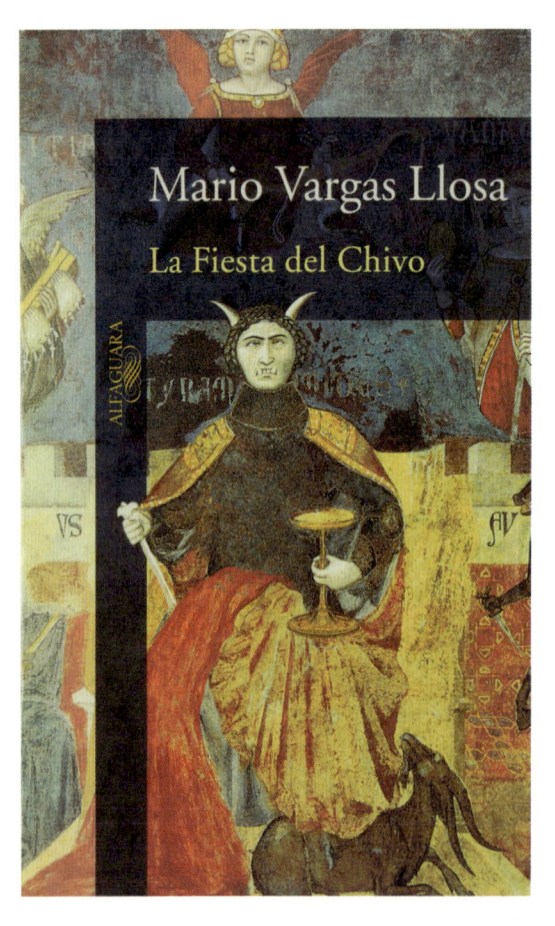

▲ 马里奥·巴尔加斯·略萨曾作为保守党候选人，参与1990年秘鲁总统选举——对于一位小说家来说，这是一个异常雄心勃勃的目标。

有你我不怕 Io non ho paura

尼克洛·阿曼尼提（Niccolò Ammaniti）

尼克洛·阿曼尼提的《有你我不怕》以1978年酷热难当的意大利南部为背景。如今已是成人的叙述者米歇尔·阿米特拉诺回想自己九岁时的往事，那时他住在横渡村，一个只有四座简陋房屋的荒凉乡村。

夏天，溽暑难挨，只有一群男孩能经受得住，他们把大部分时间消磨在骑自行车四处游逛上，还互相比试较量。像阿曼尼提小说里的几乎所有主人公一样，米歇尔过度敏感，既天真又懂事，与小气和轻率的其他孩子大不一样。尽管"骷髅头"硬让其他孩子把自己奉为头领，强迫团伙里的其他人接受各种惩罚，但这种惩罚变得越来越像少年人的专横暴行，米歇尔没有参与其中。事实上，他代人受过，同意去一座废弃的农舍探险。在那里，米歇尔有所发现，他的生活天地由此发生了改变，这一转折将小说从相对单纯的孩童世界带入了邪恶而复杂的成人世界。

《有你我不怕》是最出类拔萃的成长小说——书中既没有将儿童到成人的转变，刻画成增加成熟的经验而"舍弃幼稚事物"的过程，也没有单纯地运用大人的残酷作对比，颂扬孩子们的天真。阿曼尼提表明，孩子和大人有很多共同之处，其相似度远远超过大多数人的认识。这部小说轻巧地表达了这一见解，但只是附带为之，就其根本而言，它首先是一个动人心魄的故事。

FF

作者生平：1966年生于意大利
首次出版：2001年，Einaudi（都灵）
原著语言：意大利语
英译书名：*I'm Not Scared*

《有你我不怕》是根据一个遭到绑架的男孩的真实经历写成的。2003年，这部作品被改编成电影，由加布里埃莱·萨尔瓦托雷斯执导。

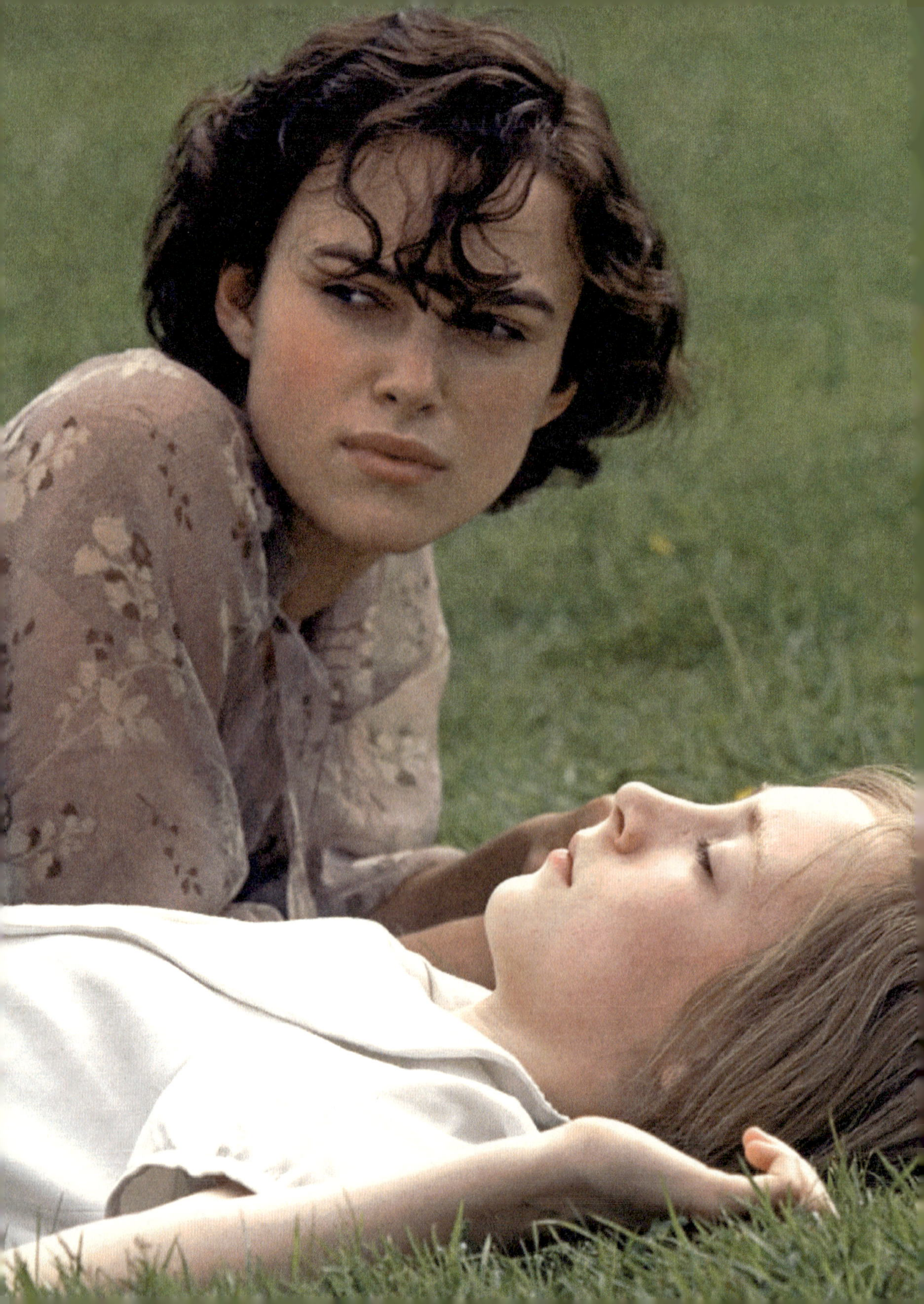

赎罪 Atonement

伊恩·麦克尤恩（Ian McEwan）

小说的第一部分始于1935年夏天，十三岁的布里奥妮·塔利斯试着指挥三名表弟表妹演出自己创作的剧本，以此庆祝她爱慕的兄长利昂回家。在两次世界大战之间，这些中产偏上阶层的孩子本应过着无忧无虑的生活，但现实生活中的事件，很快就比布里奥妮的剧本更令她欣喜不已。她目睹了姐姐塞西莉娅与管家的儿子罗比·特纳的激情一刻，后者的学费还是由塞西莉娅的父亲资助的。布里奥妮想当然地以为，是罗比强迫塞西莉娅与之欢爱，后来布里奥妮看到罗比写给塞西莉娅的一封信，信中挑明了他的欲望，便认定罗比是个邪恶的家伙。当她的表妹罗拉神秘遇袭时，布里奥妮的手指错误地指向了罗比，后者锒铛入狱。塞西莉娅为情人的入狱而感到心碎，她始终坚信罗比是无辜的，于是她离开了家，在伦敦做了一名护士，再也不肯跟布里奥妮说话。

小说的第二部分讲述了罗比五年后的情况，如今他已经参军，经历了敦刻尔克撤退的恐怖与痛苦。在小说的第三部分，也是最后一部分里，布里奥妮变成了伦敦的一名战事护士，开始与她伤害过的罗比和塞西莉娅和解，如今他们终于团聚了。

在尾声部分，麦克尤恩写道，布里奥妮已经是一位老作家了，她在事实和虚构的层面上回首往昔，对自己讲述的故事是否真实提出疑问，由此引出对作家这一努力的诘问：作家是否应该放弃控制读者的反应？这部小说不仅与爱、信任和战争有关，还讲述了写作的欢娱、痛苦与挑战、内疚的负担，最重要的，还有妄加解释的危险。

EF

作者生平：1948年生于英国
首次出版：2001年，Jonathan Cape（伦敦）
原著语言：英语
美国书评人协会奖：2001年

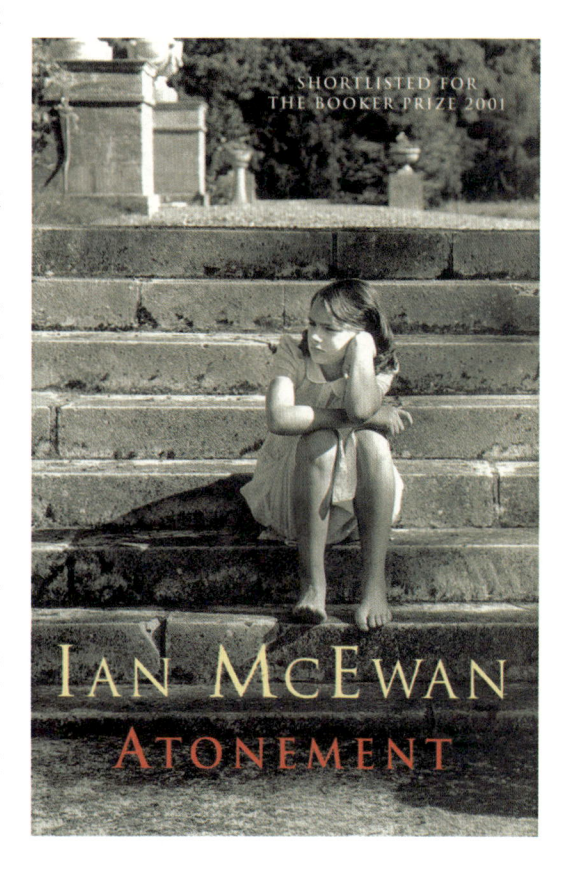

▲ 克里斯·弗雷泽·史密斯拍摄的《赎罪》封面照，捕捉到了麦克尤恩笔下的主人公布里奥妮狂热的心智活动。

◀ 在2007年改编的电影《赎罪》中，凯拉·奈特利饰演塞西莉娅，西尔莎·罗南饰演十三岁的布里奥妮。

萨拉米斯的士兵 Soldados de Salamina

哈维尔·塞尔卡斯（Javier Cercas）

作者生平：1962年生于西班牙
首次出版：2001年，Tusquets（巴塞罗那）
原著语言：西班牙语
英译书名：*Soldiers of Salamis*

一部小说既能广受欢迎，大获成功，又能博得马里奥·巴尔加斯·略萨、阿尔贝托·曼古埃尔和乔治·斯坦纳等深具文化修养的作家和批评家的击节赞赏，要想确切指明个中原因何在，并非易事。但哈维尔·塞尔卡斯的《萨拉米斯的士兵》明澈的风格，无疑是它吸引了众多拥趸的原因之一。这部小说看似单纯地审视了西班牙内战的双方，将战时和当代同时作为背景。

叙述者着手调查一位西班牙长枪党领导人拉斐尔·桑切斯·马萨斯的生平，但这部作品到最后却变成了一个道德寓言。战争中，一位民兵发现了马萨斯，在善良本能的驱使下，放了后者一条生路（后来，马萨斯继续战斗到1945年，随同解放军的坦克一起进入了巴黎），这部作品对这种善良本能进行了反思。一方面，叙述者尝试不带先入之见地理解这两个男人之间的互动；另一方面，作品还叙述了另一场更加隐秘的经历：叙述者本人在人格和道德上的成熟。叙述者像作者一样，名叫哈维尔·塞尔卡斯，是个西班牙记者，在调查双方为何作战的过程中，他不但更好地理解了这个世界，也更加清楚地认识了自己。故事情节的张力不断地积累，最终迎来了爆炸性的伤感结局。起初他秘而不宣，后来他也不能确定，自己是否终于找到了那名饶过拉斐尔·桑切斯·马萨斯性命的民兵，他暗暗感到，自己领会了某种基本的东西：与个人政治立场全然无关的道德本能，是人们能够给予他人的一份恩惠，不过在这件事上，那位民兵给出了道德和政治两方面的理由。**JGG**

那是在1994年夏天……

▲ 凭借《萨拉米斯的士兵》，一份惊心动魄的、对法西斯分子过往的调查，塞尔卡斯在西班牙大众和批评界赢得了巨大成功。

奥斯特利茨 Austerlitz

温弗里德·塞巴尔德（W. G. Sebald）

温弗里德·塞巴尔德的小说《奥斯特利茨》以此开篇：书中的无名叙述者与书名中的奥斯特利茨，在安特卫普火车站邂逅，奥斯特利茨是在发现自己是布拉格犹太人的后代之后，动身前往欧洲寻根的。将奥斯特利茨抚养长大的，是一位严厉的威尔士牧师和他的妻子，他们给他取名叫达菲德·伊莱亚斯，完全没有向他透露他的真实姓名，以及他小时候与亲生父母在布拉格的生活经历。原来，他是在"二战"爆发前疏散到威尔士的，从此他作为达菲德·伊莱亚斯，过起了忘怀过去的脱节生活。接下来，两人在火车站探讨起建筑和历史时代之间的关系，一谈就是好几个小时，此后的多年间，两人多次在火车站偶遇。他们的关系一直冷淡而疏远，直到奥斯特利茨决定将自己的人生经历和盘托出，对于这一经历，他还在不断地回想追忆。

这部小说记录了奥斯特利茨深入探寻自己记忆的努力，就像他一样，这部小说试图重现消失在"二战"阴影中的一段失落的时光，纳粹犯下的恶行让这段时光变得难以企及。当奥斯特利茨信步走进伦敦利物浦街火车站的一个弃置不用的房间时，他隐隐觉得自己以前似乎来过，他的记忆随之开始恢复。他意识到，在日常生活中困扰着他的那种笼统的悲凉感，也许就是因为自己与自己的出身断绝了关系；除非他能找回自己的过去，要不然，他的人生就不可能圆满。在呈现回忆往昔，潜入个体和文化记忆幽深之处的过程时，小说的叙事风格中有种可怕的逼真感。阅读这本小说，可以领略光阴失而复得的心境。**PB**

作者生平：1944年生于德国，2001年卒于英国
首次出版：2001年，C. Hanser（慕尼黑）
原著语言：德语

我们在安特卫普的那些交谈。

▲ 这张塞巴尔德的照片是在他去世前不久拍摄的。一种可怕的念头——人类"不知餍足的毁灭冲动"——时常困扰着他。

21世纪 | 899

少年Pi的奇幻漂流 Life of Pi

扬·马特尔（Yann Martel）

作者生平：1963年生于西班牙
首次出版：2001年，Knopf Canada（多伦多）
原著语言：英语
休·迈克伦南小说奖：2001年

本书荣获2002年布克奖，讲述了十六岁的少年Pi的经历，他父亲是印度本地治里市的动物园管理员。Pi是个十分虔诚的信徒——问题在于，他不确定自己应该虔诚信仰哪门宗教，他"就像招引苍蝇"那样招引宗教信仰，结果他同时做起了热忱的基督徒、穆斯林和印度教徒。Pi的父亲计划去加拿大过新生活，他们把财产和动物们都装上船，一家人乘坐货船出发了。在遭遇可怕的海难之后，Pi发现自己成了唯一的幸存者，困在二十六英尺长的救生艇上，在太平洋里漂流着，救生艇上还有一只受伤的斑马、一只斑点鬣狗、一只晕船的猩猩和一头名叫理查德·帕克的孟加拉虎。在理查德·帕克吃完其他动物之后，Pi必须运用自己全部的动物学知识、智慧和信仰，才能活下去。他们在海上漂流着，饥肠辘辘地暴露在自然环境中，就这样度过了二百二十七天。Pi讲述了这一痛苦的经历，但他的叙述中，暗含着这样一些推敲诘问：宗教与写作的强弱，以及真实与虚构之间的本质差别何在。Pi意识到，他必须成为老虎的主人。他们两者之间的种种互动，构成了灵性与信仰层面的丰富隐喻——在某种程度上，每种（可能是臆想出来的）动物可能都代表着产生种种幻觉的Pi的一个不同的侧面。这本书暗含的意思是，Pi必须控制住自己的精神阴暗面，控制住他对自身处境和家人罹难的恐惧、无助和绝望。结尾部分，出现了富有哲理性的转折，在理查德·帕克消失，Pi获救之后，他用更为可信的求生经历版本纾解了官员们的疑虑。他确信官员们更愿意听到这样一个版本，而读者会再次感到真假难辨。

EF

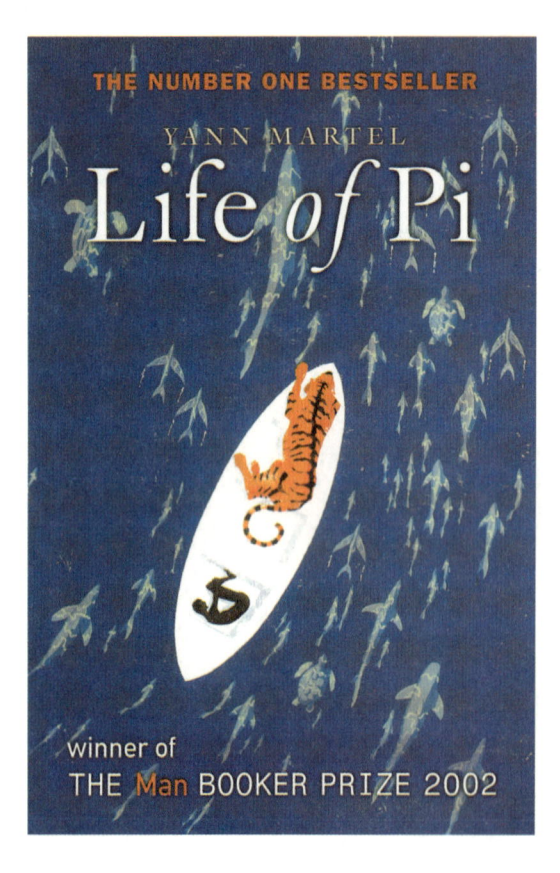

痛苦令我忧伤……

▲《少年Pi的奇幻漂流》的封面清楚地表明了Pi的严酷处境：要么控制住那头老虎，要么就得面对水里的那些动物。

纠正 The Corrections

乔纳森·弗兰岑（Jonathan Franzen）

作者生平：1959年生于美国
首次出版：2001年，Farrar, Straus & Giroux（纽约）
原著语言：英语
美国国家图书奖：2001年

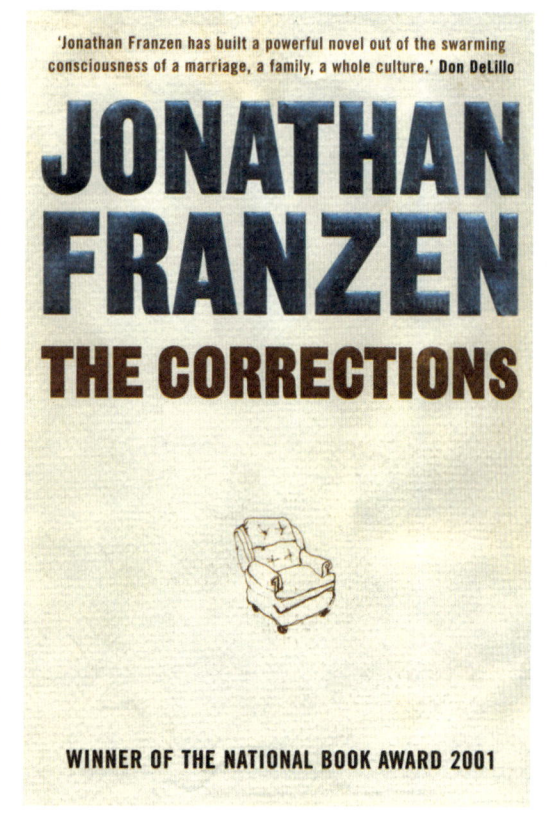

是雄心将乔纳森·弗兰岑的第三部长篇小说《纠正》变成了一部意义重大的小说。它笃定要变得意义重大，它理直气壮并且时常气势汹汹地宣告，这部极尽文学微妙之美的小说意义重大。

对于弗兰岑来说，小说这一体裁的重要性，并不在于它能讲述的那些故事，而在于这一事实：小说能讲述任何故事，小说这种形式，能够让构成生活的一连串联系和协调变得显而易见；而生活本身则在烦心事和遗忘的作用下变得虚弱无力，把创造和维系生活的那些努力中的九成或更多隐匿了起来。

《纠正》既向读者提出了问题，也向自身提出了问题。在那份雄心的驱使下，它将美国中西部的一个中产阶级、由中老年人组成的家庭相互关联的利害关系、职业和疯狂尽数消化吸收。倘若读者想要读通那些同时令人亢奋和轻度晕眩的篇页，他们自己也得拿出这样一份雄心来才行。

《纠正》的节奏不无狂乱，原因是它非这样不可：这是一部百科全书式的作品，它细致地审视、刻画了美国生活的各个领域。这些领域五花八门，其重要性各不相同却又不容置辩，使得这部小说创造出了历史本身的多彩复调。

这部小说于"9·11"暴行发生一周前在美国出版，小说中有大量内容可以佐证这样一种观点：美国执意要与死神共舞。但《纠正》对这个世界所抱的广泛而旺盛的兴趣，把它变成了一部格外积极，甚至令人愉悦的小说。**PMcM**

优惠券带来的焦虑……

🔴 第一版的朴素封面与该书平装版鲜明惹眼的封面截然不同。

情色度假村 Plateforme

米歇尔·维勒贝克（Michel Houellebecq）

作者生平：1958年生于法属留尼汪岛
首次出版：2001年，Flammarion（巴黎）
原著语言：法语
英译书名：Platform

本书以斯威夫特式的笔调，分析了西方的没落及其给全球带来的冲击，其中还夹杂着波德里亚和康德的思想，主人公米歇尔的叙述体现了作者的标志性风格。维勒贝克提出一个观点，他用市场的力量来为第三世界的卖春活动辩白。卷首引语引用了巴尔扎克的话："人的生活越是卑贱，人就越是舍不得放手。"这本书还写到了米歇尔从爱情中寻求救赎的经历。

在小说开头，中年单身汉米歇尔发现自己的父亲被人谋害了，这件事远没有给故事情节带来什么心理层面的影响，只是促使他辞去了文化部的枯燥工作，沉迷于出国旅游。在巴黎时，他已经体验过窥视秀和妓女们的滋味，到了国外，他尝试了泰国妓女的滋味，却被令他反感、相对传统体面的游客败坏了兴致。他结识了瓦莱丽，与她一起回到巴黎之后，两人发展出一段恋情。瓦莱丽是一家大旅行社的管理人员，她和米歇尔，还有她的老板让–伊夫一起开发出了书名中所说的"情色度假村"——一家专做性爱旅游项目的旅行社。

维勒贝克提出了这样的论点：当代欧洲人已经不再是帝国建设者或"文明人"了，已经不配继续生存下去了。他们唯一的用处，就是把他们勤劳的祖先赚来的钱重新散播出去。在没有更切实的原则的情况下，理性地看，性爱应该用金钱来交换："在这一点上，种族、体貌、年龄、智商或身份统统无关紧要。"这部小说的讽刺是尖酸刻薄的，它的粗鲁是盛气凌人的，它的危险性是彻头彻尾的。正如小说的毁灭性结局所表明的那样，它是向自由主义正统观念和宗教道德观念发出的适时挑衅。**DH**

其实，没有什么事让我不安。

▲ 本书英文精装版的封面影射的是泰国卖春活动。

纠正 The Corrections

乔纳森·弗兰岑（Jonathan Franzen）

作者生平：1959年生于美国
首次出版：2001年，Farrar, Straus & Giroux（纽约）
原著语言：英语
美国国家图书奖：2001年

是雄心将乔纳森·弗兰岑的第三部长篇小说《纠正》变成了一部意义重大的小说。它笃定要变得意义重大，它理直气壮并且时常气势汹汹地宣告，这部极尽文学微妙之美的小说意义重大。

对于弗兰岑来说，小说这一体裁的重要性，并不在于它能讲述的那些故事，而在于这一事实：小说能讲述任何故事，小说这种形式，能够让构成生活的一连串联系和协调变得显而易见；而生活本身则在烦心事和遗忘的作用下变得虚弱无力，把创造和维系生活的那些努力中的九成或更多隐匿了起来。

《纠正》既向读者提出了问题，也向自身提出了问题。在那份雄心的驱使下，它将美国中西部的一个中产阶级、由中老年人组成的家庭相互关联的利害关系、职业和疯狂尽数消化吸收。倘若读者想要读通那些同时令人亢奋和轻度晕眩的篇页，他们自己也得拿出这样一份雄心来才行。

《纠正》的节奏不无狂乱，原因是它非这样不可：这是一部百科全书式的作品，它细致地审视、刻画了美国生活的各个领域。这些领域五花八门，其重要性各不相同却又不容置辩，使得这部小说创造出了历史本身的多彩复调。

这部小说于"9·11"暴行发生一周前在美国出版，小说中有大量内容可以佐证这样一种观点：美国执意要与死神共舞。但《纠正》对这个世界所抱的广泛而旺盛的兴趣，把它变成了一部格外积极，甚至令人愉悦的小说。**PMcM**

优惠券带来的焦虑……

第一版的朴素封面与该书平装版鲜明惹眼的封面截然不同。

情色度假村 Plateforme

米歇尔·维勒贝克（Michel Houellebecq）

作者生平：1958年生于法属留尼汪岛
首次出版：2001年，Flammarion（巴黎）
原著语言：法语
英译书名：*Platform*

其实，没有什么事让我不安。

● 本书英文精装版的封面影射的是泰国卖春活动。

本书以斯威夫特式的笔调，分析了西方的没落及其给全球带来的冲击，其中还夹杂着波德里亚和康德的思想，主人公米歇尔的叙述体现了作者的标志性风格。维勒贝克提出一个观点，他用市场的力量来为第三世界的卖春活动辩白。卷首引语引用了巴尔扎克的话："人的生活越是卑贱，人就越是舍不得放手。"这本书还写到了米歇尔从爱情中寻求救赎的经历。

在小说开头，中年单身汉米歇尔发现自己的父亲被人谋害了，这件事远没有给故事情节带来什么心理层面的影响，只是促使他辞去了文化部的枯燥工作，沉迷于出国旅游。在巴黎时，他已经体验过窥视秀和妓女们的滋味，到了国外，他尝试了泰国妓女的滋味，却被令他反感、相对传统体面的游客败坏了兴致。他结识了瓦莱丽，与她一起回到巴黎之后，两人发展出一段恋情。瓦莱丽是一家大旅行社的管理人员，她和米歇尔，还有她的老板让-伊夫一起开发出了书名中所说的"情色度假村"——一家专做性爱旅游项目的旅行社。

维勒贝克提出了这样的论点：当代欧洲人已经不再是帝国建设者或"文明人"了，已经不配继续生存下去了。他们唯一的用处，就是把他们勤劳的祖先赚来的钱重新散播出去。在没有更切实的原则的情况下，理性地看，性爱应该用金钱来交换："在这一点上，种族、体貌、年龄、智商或身份统统无关紧要。"这部小说的讽刺是尖酸刻薄的，它的粗鲁是盛气凌人的，它的危险性是彻头彻尾的。正如小说的毁灭性结局所表明的那样，它是向自由主义正统观念和宗教道德观念发出的适时挑衅。**DH**

雪 Kar

奥尔罕·帕慕克（Orhan Pamuk）

诗人卡结束多年政治流亡，从德国返回土耳其之后，作为记者，他被派往偏远的土耳其边境城市卡尔斯进行采访，他要报道当地的选举。在争取穆斯林头巾佩戴权利的年轻妇女中，突然爆发了多起自杀事件，他还要就此进行调查。随着一场暴风雪使这座城市变得与世隔绝，世俗主义者与基要主义者之间的紧张关系，在一场暴力政变中达到了千钧一发的地步。卡是一个由世俗化、西方化的土耳其家庭抚养长大，并在西方生活多年的人。在进入这座城市时，他准备聆听各方的意见，但对基要主义感到不以为然，他把这样的信仰看作退步的。但在深深地卷入周遭诸多事件之后，一旦暴风雪停止就要离城而去的卡，已经变成了一个心碎的、截然不同的人。

这是一部扣人心弦的政治惊悚小说，不时地有黑色喜剧的场面贯穿其间。随着卡与基要主义者、世俗主义者、作家、宗教领袖和"头巾姑娘们"见面，各式各样的观念会令读者应接不暇。这部作品不但注意到了土耳其不同的政治和文化群体之间的碰撞，还就东西方之间的距离、宗教信仰的本质，以及艺术创作进行了思考。

2006年诺贝尔文学奖得主、土耳其作家奥尔罕·帕慕克说《雪》是"我的第一部，也是最后一部政治小说"。2002年，《雪》在土耳其首次出版，在帕慕克的同胞当中引发了争议，有些批评家认为他过于西方化，未能如实描绘自己的国家。但这部作品以其对土耳其复杂的政治文化局面的忠实刻画，为帕慕克赢得了国际声誉。**CIW**

作者生平：1952年生于土耳其
首次出版：2002年，İletişim（伊斯坦布尔）
原著语言：土耳其语
诺贝尔文学奖：2006年

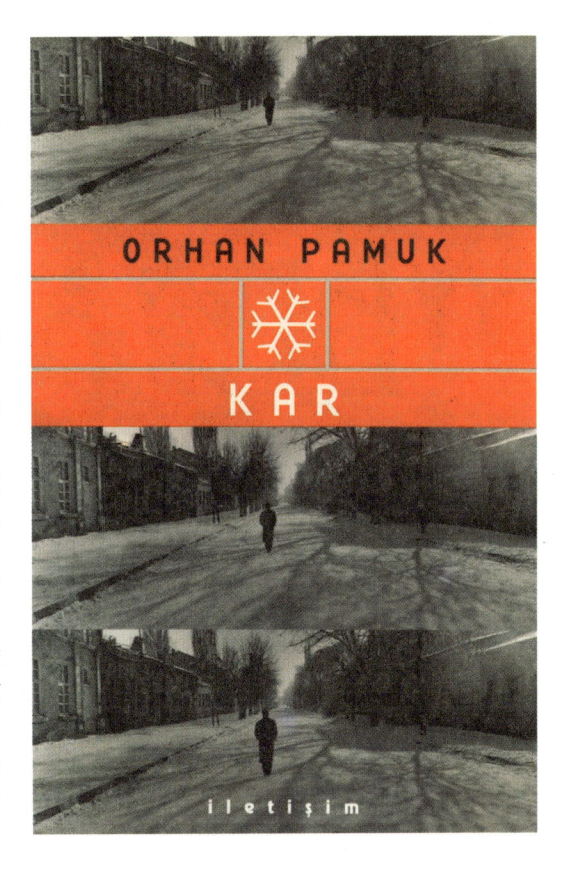

落雪的宁静……

▲ 2005年，帕慕克宣称，土耳其政府曾在1915年对亚美尼亚人实施种族屠杀，此后他面临刑事指控，如今指控已被撤销。

没有归属的男人 Nowhere Man

亚历山大·黑蒙（Aleksandar Hemon）

作者生平：1964年生于南斯拉夫
首次出版：2002年，Nan A. Talese（纽约）
原著语言：英语

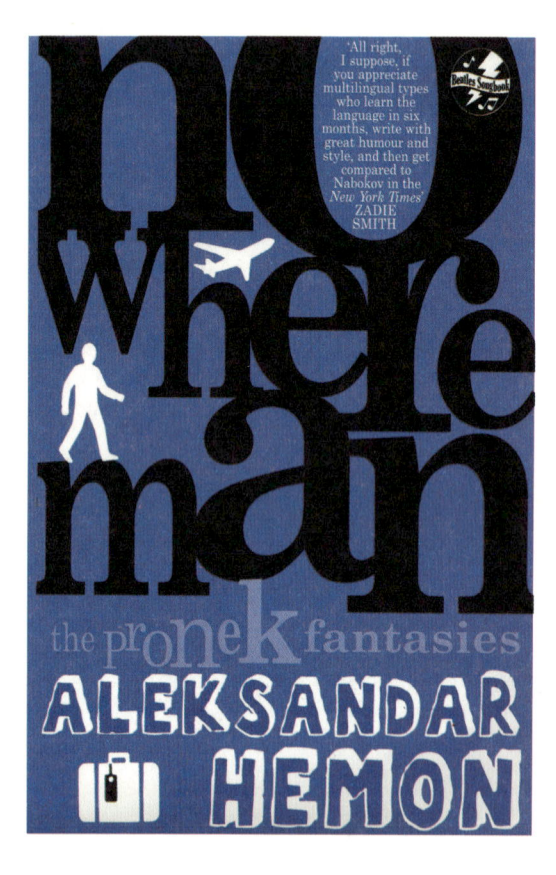

1992年，亚历山大·黑蒙从萨拉热窝来到美国，三年后，他开始使用英语这门第二语言写作。其作品最为鲜明的特征，就是对英语极具新意的运用。就像他那些后殖民时代的前辈一样，黑蒙的作品拓展了英语的范畴，对英语标准形式的文化权威提出了挑战。

黑蒙的第一部长篇小说《没有归属的男人》包含六个相互关联的故事，每一个都具有独特的风格。书中的叙述人用各不相同的腔调，讲述了约瑟夫·普罗涅克生活中的重要时刻，从他以前在萨拉热窝讲到南斯拉夫战争的爆发，以及他在乌克兰和芝加哥的经历。其中有胡乱引用莎士比亚的大学毕业生不自觉流露的学术腔，还有约瑟夫本人用第二门语言努力表达自己意思的、不无瑕疵的英语。萨曼·鲁西迪说过，翻译是从一个文化空间进入另一个文化空间的体力活动。黑蒙通过描述约瑟夫为了让人家弄懂自己的意思要费多少功夫，生动地描绘了这种体力活动要求人做出什么样的努力。约瑟夫把言语硬生生地拽出来，就像对思想进行粗糙的提炼一般。这部小说最引人注目的，要数作者通过把英文词汇的字面意思放入通常并不适用的语境中，从而迫使读者就英语进行重新思考的那些段落。比如，他提到一个电灯开关"在黑暗中悬而未决地等待（pending in the darkness）"，这话尽管符合"pending"一词的字面意思（有悬而未决和等待之意），但其新鲜和罕见程度，却让说标准英语的人倍感陌生。通过强迫我们注意他的斟词酌句，黑蒙的作品让我们不得不重新考虑语言本身的形态。**LC**

今天是面试的日子。

这部小说风格奇特的精装版封面上，反映出了约瑟夫·普罗涅克从萨拉热窝来到美国的旅程。

了了 Everything Is Illuminated

乔纳森·萨福兰·弗尔（Jonathan Safran Foer）

乔纳森·萨福兰·弗尔的《了了》是一部极具野心的处女作长篇小说，颇为难得地赢得了商业成功和评论界的赞许。故事情节围绕一名年轻的犹太裔美国作家（也叫乔纳森）展开，他仅凭一张褪色的照片，前往乌克兰寻找奥古斯蒂娜——一个救过他祖父的性命，使其免遭纳粹占领军迫害的女人。小说的大部分内容是年近二十的乌克兰小伙阿莱克斯·普乔夫写给乔纳森的一些回忆往事的信件，这个小伙子是乔纳森雇来做向导和翻译的。阿莱克斯对英语的掌握十分有限（"我的第二门语言质量不怎么高。"他承认），作者在描写他语病迭出时，展现了令人眼花缭乱的语言创造技巧。尽管阿莱克斯时常犯错、用词不当，令人捧腹，但他并不傻，随着小说情节的发展，他也变得更有尊严，更为敏锐。在这些信件中有魔幻现实主义风格的奇异插曲，这些插曲讲述了乔纳森祖先的村庄（或"犹太村落"）的历史，从19世纪初建村之日一直讲到"最终解决"（译注：纳粹对犹太人的肉体消灭政策）的悲剧。

《了了》有意将事实和幻想融合在一起——它是对大屠杀及其后果的无畏审视，是通过别扭的译文、琐碎的命运转折、依稀记起的对话、脆弱的友谊和齐头并进的叙述呈现出来的。这部小说对记忆的立场，对我们与过去的关系向当前需要所作的妥协，给予了深切的关注。这部小说关乎古老的秘密，以及无知与知情、天真与老练、赎罪与罪过。它既让人捧腹，又在不知不觉之间将读者征服，也许它充分表明，当代小说中出现了一位不容小觑的新秀。**SamT**

作者生平：1977年生于美国
首次出版：2002年，Houghton Mifflin（波士顿）
原著语言：英语
卫报处女作奖：2002年

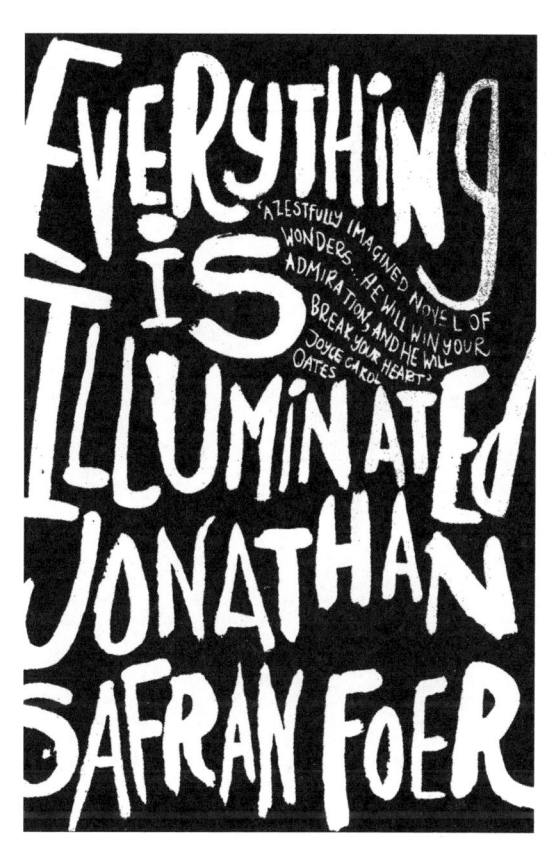

我长得毫不含糊地高。

▲ 《了了》的创作灵感来自乔纳森·萨福兰·弗尔本人在1999年拜访乌克兰，调查其祖父生平的经历。

维农少年 Vernon God Little

DBC·皮埃尔（DBC Pierre）

作者生平：1961年生于澳大利亚
作者原名：Peter Warren Finlay
首次出版：2003年，Faber & Faber（伦敦）
布克奖：2003年

2003年布克奖获奖作品《维农少年》是一部黑色喜剧，是用得克萨斯州的那种拖着长腔的发音写成的，读者会发现，为了弄懂频频出现的、读音特别的字眼，自己也会默默地诵读那些单词。这本书以马蒂里奥（西班牙语中的"烈士"一词）县为背景，这个县被形容为"得州首府的烧烤佐料"——一座普普通通的城镇，充满了鼠目寸光的平庸人物。我们的主人公——十五岁的少年维农，是一起高中大屠杀的幸存者，实施这场屠杀的是他最亲密的朋友耶稣。警方和媒体的注意力集中到了维农身上，他开始被人视为这场罪行的帮凶，而不是一位险些身受其害的人。

维农无能为力。他缺乏掌控自身处境的那份成熟。他必须按照周围的大人——老师、母亲、警察——说的做，他对这些人错误地寄予了幼稚的信任，他们一次又一次地让他失望。作者经常用维农的中间名格雷戈里做游戏，叫他"维农·下了地狱·利特尔"和"维农·冈萨雷斯·利特尔"，每次都反映出维农内心受到了什么样的影响。在全书的末尾，在等待执行死刑时，利斧杀人犯瓦萨莱告诉维农："你是上帝，肩负起责任吧。"到了这时，维农才开始对发生在自己身上的事负责，才有了影响自己人生进程的能力，才变成"维农少年"。

DBC·皮埃尔的小说把当代美国的各种常见问题——枪支、少年人的疏离、不和的家庭、司法系统、暴食——当作抨击的靶子，还暴露了媒体为追求一己之利而歪曲事实的可怕面目。因为靶子太多，这本书的黑色喜剧有时会迷失方向，变得幼稚或荒唐，但恰到好处的情节发展节奏和惊人的转折，让这一较小的瑕疵显得无关紧要。**CIW**

▲ "DBC·皮埃尔"是彼得·沃伦·芬利的笔名。"DBC"的意思是"肮脏而干净"，而"皮埃尔"是他儿时的昵称。

同名人 The Namesake

裘帕·拉希莉（Jhumpa Lahiri）

新婚宴尔的阿什玛和阿肖克·甘古利舍弃了在加尔各答市恪守传统的生活，移居马萨诸塞州波士顿市郊的一座城镇，追逐他们心目中的美国梦。他们不愿舍弃孟加拉文化，阿什玛竭力抵制西方的同化，努力与印度保持联系。但他们的儿子果戈理（他的名字是照着俄国作家果戈理取的）和女儿索尼娅（她起初在美国、后来在孟加拉长大）的出生，破坏了他们尊崇故国习俗的愿望。在他们奋力抓住过去不放的时候，他们的孩子感到，自己既置身于他们真正了解的唯一一个社会的内部，又游离在这个社会的边缘，他们努力克服着这种矛盾。拉希莉的《同名人》用坦率直白而又令人产生共鸣的散文，记录下了移民的经历，阐明了文化冲突何以能在一家两代人之间爆发，以及家何以能够变成自我的缩影。

《同名人》问世后很快便成了畅销书，被《纽约时报》和《纽约杂志》同时评为年度好书，它是拉希莉备受期待的第一部长篇小说。这部长篇小说写的是第二代在美印度移民的经历，以及夹在他们的出生国与他们父母的出生国之间的那种分裂的感受，而她的处女作——一部名为《解说疾病的人》（1999）的短篇小说集，则考察了抛别熟悉的故土，迎接完全陌生的文化带来的压力。这部小说集为她赢得了2000年普利策小说奖——这一奖项很少授予处女作或小说集，以及海明威奖，并被翻译成了二十九种语言。**BJ**

作者生平：1967年生于英国
首次出版：2003年，Houghton Mifflin（纽约）
原著语言：英语

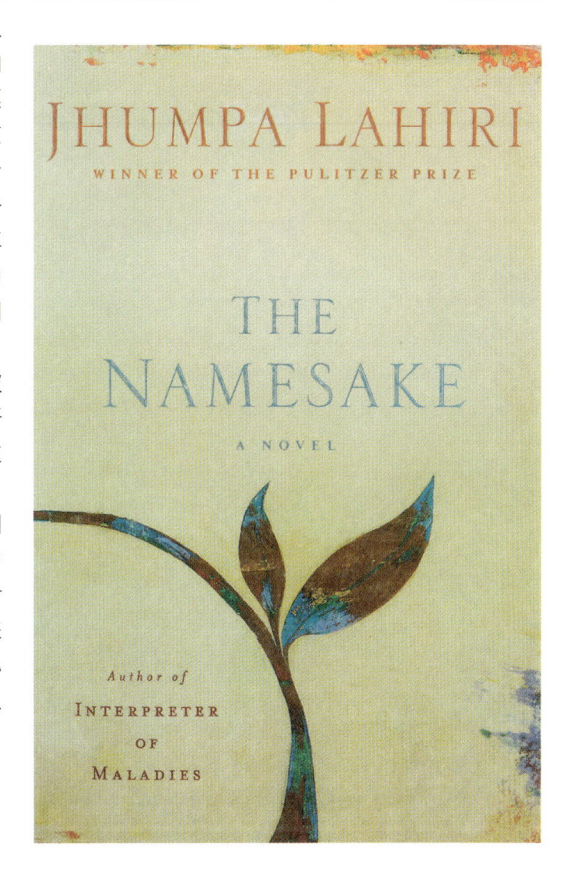

在异国他乡做母亲。

拉希莉出生于英国，在美国长大，她成功地保持了自己的孟加拉文化身份，这一文化身份贯穿了她的作品。

我爱过的 What I Loved

希莉·哈斯特维特（Siri Hustvedt）

作者生平：1955年生于美国
首次出版：2003年，H. Holt & Co.（纽约）
英国首版：Sceptre（伦敦）
原著语言：英语

《我爱过的》考察了年事已高的艺术史学者利奥·赫茨贝格与最亲密的朋友比尔·韦克斯勒在长达二十五年的交往中，如何变得亲密与疏远。比尔早年画的一幅年轻女郎画像让利奥深感着迷，促使他去寻找那位名不见经传的画家。两人在比尔的画室作了一番充满知性的探讨，谈到兴起之际，比尔"允许"利奥看出，画里的影子就是他本人的影子，两人由这一亲密的表示，开始了深挚的友谊。多年间，两人颇为难得地经历了相似的境遇。比尔和妻子露西尔搬进了利奥和妻子埃丽卡家的顶楼，后来比尔的模特兼第二任妻子维奥莱特也搬过来住了。两家人在几个星期之内先后生了男孩。他们也都经受了丧子之痛——早熟的马特·赫茨贝格在年幼乘船时罹难，马克·韦克斯勒陷入了一场令人费解而顽固的精神紊乱。在讲述这段经历时，利奥已是孤家寡人，昔日的生活和创作活力所剩无几了。他用平静的悲戚口吻，毫不妥协地描述了某些巨大的失败带来的后果。

希莉·哈斯特维特的小说世界里充满了画家、学者和诗人，尽管他们的家庭遭遇了种种不幸，但他们依然充满了实验的活力。比尔的绘画晦涩难懂，利奥对比尔的作品所作的耐心解读，让它的含义变得明晰易懂，同时也检验了对艺术的阐释、批评与我们的日常生活之间的界线。**AF**

十三号女士 La Dama número trece

何塞·卡洛斯·索莫萨（José Carlos Somoza）

作者生平：1959年生于古巴
首次出版：2003年，Mondadori（马德里）
原著语言：西班牙语
英译书名：*Lady Number Thirteen*

在何塞·卡洛斯·索莫萨的多部小说中，他隐隐涉及了多种截然不同的文学类型：从推理故事、色情小说到未来幻想和科学题材的惊悚小说。但对索莫萨来说，某一文类的传统手法，只是用来围绕哲学（《雅典谋杀案》）、艺术（《谋杀的技艺》）或诗歌（《十三号女士》）的力量等问题展开文学游戏的手段而已。《十三号女士》这部小说可以归入恐怖小说的范畴。

文学教授萨洛蒙·鲁尔福苦于总是做同一个噩梦，梦中，他发现自己在一座熟悉的房子里，那里是三重命案的现场，一个女人向他拼命求救。尽管医生尝试做了解释，但这个梦活灵活现的程度让人难以置信，鲁尔福相信，那个绝望的女人当真会被人杀害。鲁尔福决定悄悄潜入那座房子，重新体验一下梦中的场景。从那一刻起，他似乎步入了另一重现实，在这里"人的语言并非无关痛痒"，这里的人并未遭受什么单纯的不幸，却受制于一种诅咒，受制于"强有力的词语的结合"。

索莫萨在做小说家之前是心理医生，《十三号女士》里的神秘感就像他的其他小说一样，总是与心理的执迷有关。他的行文极为自信，在充满灵异之事的故事中，他说服读者暂且放下他们的怀疑，为他们展现出华丽的背景下令人目不暇接的一系列巫妖狂欢的场面，于是就诞生了这样一部既激动人心又聪颖睿智的小说。**SR**

爱与黑暗的故事 סיפור על אהבה וחושך

阿摩司·奥兹（עמוס oz עוז）

作者生平：1939年生于耶路撒冷，2018年卒于以色列
首次出版：2003年，Keter（耶路撒冷）
原著语言：希伯来语
英译书名：*A Tale of Love and Darkness*

《爱与黑暗的故事》是阿摩司·奥兹的第一部自传体小说，为他赢得了无数奖项，包括歌德奖和诺贝尔文学奖提名。开篇写奥兹出生，结尾写到奥兹的母亲在他迎来成人仪式三个月之前辞世，奥兹不按照年代顺序，将自己的童年和青春期故事、父母的生活、家人的思乡之情，用流畅的叙述娓娓道来。涵盖奥兹家族五代人的私人叙事，与更为宏大的历史——东欧犹太人从18世纪到20世纪的命运、犹太复国运动、巴勒斯坦的英国托管地、耶路撒冷之围、独立战争、以色列建国——巧妙地交织在一起。

将无数次要情节连接到一起的核心故事，是奥兹的母亲法尼亚的故事。书里反复提到她的自杀。奥兹的家人总是把种种情感憋在心里，默不作声，奥兹痛苦地反抗着这种与生俱来的强制："从母亲辞世那天，到二十年后父亲过世那天，我们一次也没有谈起过她，一句也没谈过，就好像她从未活过似的。"

直到回忆录的最后几页，奥兹终于成功地粉碎了"让每个人彼此疏离的、数千年的黑色岁月"，讲述了母亲生命最后几天的情景。行文至此，在这痛苦的一刻，奥兹的文学技巧尽显无遗。凭借回忆姨母和姨父的叙述，他瞥见了母亲死亡的情景："就像昔日的月亮映在一块窗玻璃上，又从那里映到了湖面上，记忆从湖面上描绘出的，已不再是映像本身，而是它那白色的骸骨。"由此（重新）构筑出栩栩如生的、感人的一幕。**IW**

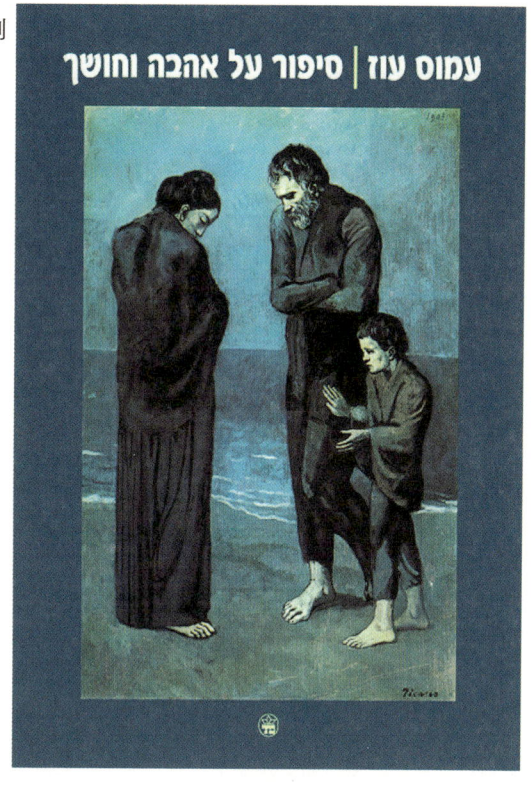

父亲能用十六七种语言阅读……

▲ 奥兹出生时原名叫阿摩司·克劳斯纳，他在十五岁时加入了胡尔达基布兹，此后，他选择了"奥兹"这个姓，在希伯来语中，这个词是"力量"的意思。

云图 Cloud Atlas

大卫·米切尔（David Mitchell）

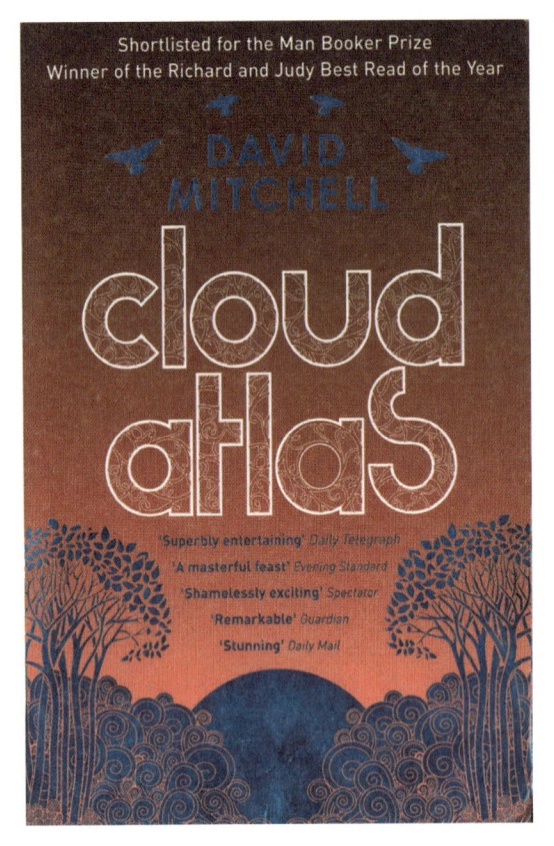

作者生平：1969年生于英国
首次出版：2004年，Sceptre（伦敦）
美国首版：Random House（纽约）
原著语言：英语

《云图》将相互交织的寓言令人目眩地编排到了一起。全书分为六段叙述，跨越了几个世纪，米切尔从19世纪探险家的日记，写到了后末日时代的牧民扎赫里的回忆录。每一篇自白都打破了时空的限制。在第二个故事中，陷入贫困的乐师罗伯特·弗罗比舍不经意间找到了探险家的日记，还在写给情人鲁弗斯·西克史密斯的信中提到了它。在第三个故事中，西克史密斯是一位技术顾问，她揭发了一个核聚变反应堆的问题；随后，一位躲避黑道勒索的出版商蒂莫西·卡文迪什遭到拘禁，他拿到了陪同西克史密斯的年轻记者所写的报道。卡文迪什在疗养院藏身之际，米切尔又把读者送入了未来，我们读到了克隆人"星美-451"的遗言，她在遭到处决之前，详细讲述了自己在国家控制之下像机器人一般的生活，以备存档。

米切尔回忆道："隐藏在《云图》原生性浓稠汁液下面的，是带有俄罗斯套娃结构的小说构思。"这一结构使他得以让多名叙述人层层嵌套在一起。他提到伊塔洛·卡尔维诺用这种手法堆砌出了十二层情节，且"从未'返回'叙述中断的位置，继续向下叙述"。但米切尔折返了回来，让《云图》得以"像回旋飞镖一样返回原处，顺势讲完故事"。这部小说的语言像它的结构一样富有活力，米切尔用差异鲜明的多种方言树立了本书的风格。**DJ**

倘若有哪座山上的小屋太过荒凉……以致连英国人也不曾大胆涉足，那它准是从未出现在我看过的任何一幅地图上。

▲ 卡伊和桑尼设计的风格迷幻的封面，暗示出在科学和文明没落之后的陌生世界。

910 | 21世纪

群 Der Schwarm

弗兰克·施茨廷（Frank Schätzing）

作者生平：1957年生于德国
首次出版：2004年，Kiepenheuer & Witsch（科隆）
原著语言：德语
金羽毛小说奖：2005年

弗兰克·施茨廷的生态惊悚小说开篇写道："距离秘鲁海岸不远处，一位渔民正在憧憬着，用拖网渔船船队在世界渔场大肆捕捞。没过多久，他就消失在海洋深处。"此后还发生了其他神秘莫测的凶兆：鲸鱼袭击，出现奇异的深海蠕虫，还有毁灭性的传染病横行。一切都是针对人类发动的袭击，旨在停止人类对这个星球生态系统的毁坏。在具有高等智商的单细胞海洋有机生物Yrr的策划下，大自然终于释放了一场巨大的海啸，将欧洲变成了荒凉之地。

《群》的出版适逢多场自然灾害的发生，美国也正在进行反恐战争，小说里对这场战争有所影射：在总统顾问李中校的领导下，美国派出一支探险队，试图与Yrr接触。尽管欧洲科学家们强烈要求李用外交手腕安抚Yrr，他却决心将其摧毁，以便实现人类对地球的绝对统治。在紧要关头，美国海军独立号战舰沉没，李和多名主角丢了性命，最后人类终于联系上了Yrr，敌意得以化解。尾声讲道，这场休战是人类避免灭亡的最后一次机会。

这部小说凭借其扎实的科学背景大获好评，但一直有科技网站指责这本书剽窃了它们的内容。2006年，好莱坞购得了本书的电影拍摄权。

FG

法兰西组曲 Suite Française

伊莱娜·内米洛夫斯基（Irène Némirovsky）

作者生平：1903年生于俄国，1942年卒于波兰
首次出版：2004年，Éditions Denoël（巴黎）
原著语言：法语
雷诺多文学奖：2004年

《法兰西组曲》的成功之处，也是所有伟大文学作品的成功之处——敏锐和精妙，这部作品凭此揭示出人类内心的脆弱、渴望和欢欣。"二战"初期的法国溃败为作品提供了一片动荡不宁的背景，伊莱娜·内米洛夫斯基将她塑造的那些迷人的、但品格不乏严重缺陷的人物放置其间，将他们的面貌展现得淋漓尽致。

内米洛夫斯基从外部和内心，细致描绘了几个人和几户家庭惶恐不安的生活。散开的线索不时汇聚到一起，随着众人惊恐万状、匆匆忙忙逃离巴黎的故事不断展开，随着中产阶级的优越感和自信慢慢消失，在遭受巨大压力的情况下，人性中最卑劣的一面开始显现。小说第二部分从巴黎转而写起占领期内一个村庄的生活。即便在这里，大批人逃亡的主题也依然在延续，在这种被不确定性打上烙印的生存状况里，有人主张继续照常生活，对此有人大力支持，有人竭力反对。

这本书令世人大为震撼，很大程度上是源于作者本人的流亡生涯，这位颇具才华的作者是富有的欧洲犹太人之女，她死于奥斯威辛集中营——半个世纪之后，随着《法兰西组曲》的手稿被人找到并出版，这位才女才被世人重新发现。对这本书的大肆宣传可能会让某些读者望而却步，但作为对诸多事件和情感的有力见证，它值得人们关注。**RMa**

大师 The Master

科尔姆·托宾（Colm Tóibín）

作者生平：1955年生于爱尔兰
首次出版：2004年，Picador（伦敦）
原著语言：英语
年度小说：2004年

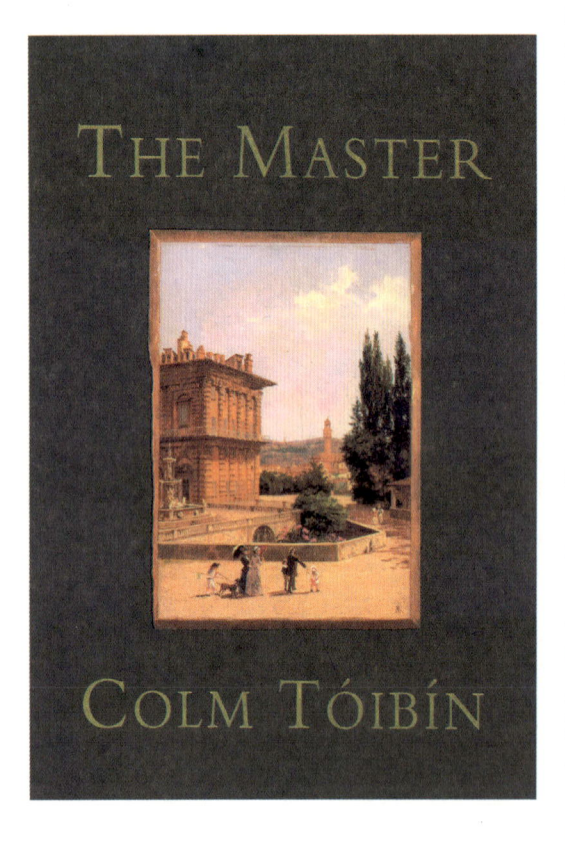

在《大师》中，科尔姆·托宾再现了小说家亨利·詹姆斯在1895年到1899年之间的人生阶段，前者是詹姆斯的剧作《盖·多姆维尔》蒙受失败的年份，后一年份以此收尾：兄长威廉偕家人前来英国南岸小渔港拉伊，到詹姆斯心爱的兰姆屋来探望他。在托宾的这部小说中，时间往往不如空间重要，更确切地说，不如房间和房屋内部的空间重要。这部小说营造出了詹姆斯式的意识世界，但不会让人有东施效颦之感，它的叙事受到"大师"的影响，但从未失手而沦为对詹姆斯的拙劣模仿。

《大师》是一部结构相当松散的作品，它生动逼真地描述了一系列自成一体的场景和事件：詹姆斯造访爱尔兰，他与不称职的仆人令人不快的交涉，他的密友、美国小说家康斯坦斯·费尼莫尔·伍尔森自尽身亡一事在非现实层面的余波。通过描绘詹姆斯的梦境和回忆，托宾设法进入了詹姆斯的意识，从而使这部小说可以回溯詹姆斯的童年和青年时代，展现出贯穿其一生的一系列悲惨死亡和丧亲之痛，给他带来了什么样的影响。托宾还试着呈现出，詹姆斯是如何将经验（或者偶尔背离经验）转化为小说素材的。这部小说以既细腻又有力的方式，探讨了作家披露与隐匿自我的问题，还有小说家的工作在何种程度上依赖于他们本人的生活经验，以及詹姆斯的欲望本质何在，这种欲望既不能撇开同性恋问题来单独看待，又不能单用同性恋来充分地解释。《大师》出版于一个许多小说家求助于传记资料的时期，它找到了一种让传记和小说相互交融、相互转化的崭新方式。**LM**

- 托宾的小说试图在不效法其风格的前提下，重现大师亨利·詹姆斯的意识。
- 托宾说，在写作时，他就变成了一个寻常人："我不再是同性恋，不再是秃头，不再是爱尔兰人……只是个讲故事的人而已。"

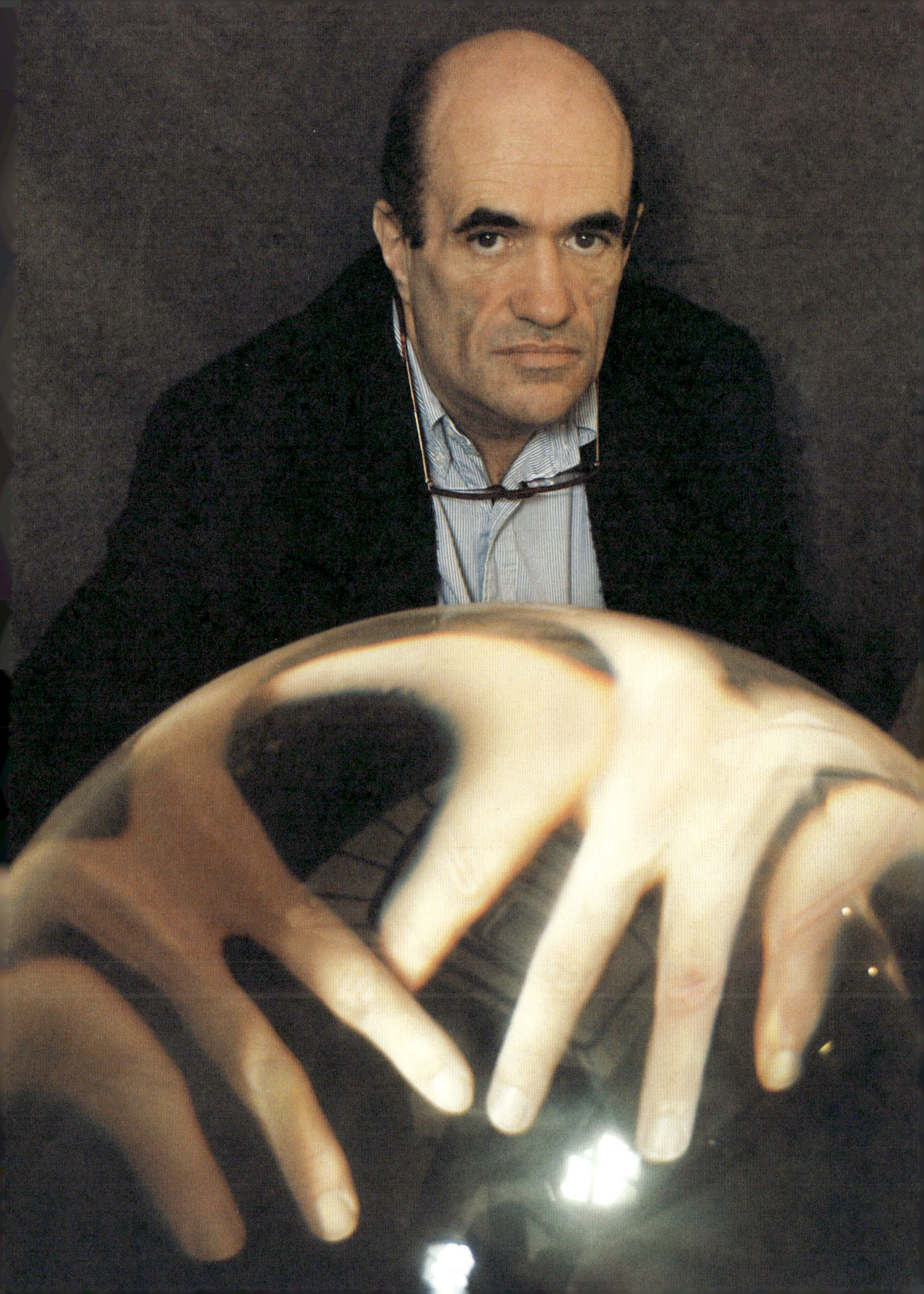

布朗谢和玛丽之书 Boken om Blanche och Marie

珀尔·奥洛夫·恩奎斯特（Per Olov Enquist）

作者生平：1934年生于瑞典，2020年卒
首次出版：2004年，Norstedts（斯德哥尔摩）
原著语言：瑞典语
英译书名：The Book about Blanche and Marie

《布朗谢和玛丽之书》描绘了两个女人的生活，她们分别是布朗谢·维特曼和玛丽·居里。前者在巴黎城外的萨佩翠耶医院被神经学家让-马丁·夏尔科作为癔症典型来治疗，后者是波兰裔科学家、诺贝尔奖得主、镭元素的发现人之一。布朗谢离开萨佩翠耶医院之后，成为玛丽的助手和同居伙伴。恩奎斯特从布朗谢离开医院那一刻起，关注着这两位重要公众人物的私生活，将侧重点放在了布朗谢与玛丽之间萌生的友情，以及布朗谢在多重截肢之后，如何应对生活上。由于被大量放射性物质辐射，布朗谢生前截去了一条胳膊和两条腿。她身故后，留下了三本笔记，其中提出了这样一个问题：爱是什么？

恩奎斯特既停留在人物的内心，又坚定地置身于她们之外；尽管允许人物通过他来发言，但他还是断然声称，自己作为文本的作者，是独立的存在。恩奎斯特以第一人称在小说中出现，谈论着他对手头的任务是多么着迷，他的灵感，以及他对资料的运用。他将镜头随意地对准某些细节和瞬间，然后又将镜头拉远。恩奎斯特用这样的手法，将他笔下的主人公私密的、零星的生活快照呈现在我们眼前。

它的文字既让人欲罢不能，又晦涩难懂，很难揣度哪些内容源于信史，哪些源于恩奎斯特本人的幻想。这部微妙而又令人困惑的小说标志着一种趋向：它摒弃了许多后现代派小说家处理历史题材时的暴力和狂欢式写法，就如何将历史事实纳入小说的领域，采取了更加冷静、温和，但同样豁达的理念。**LL**

它记得那种爱抚……

从20世纪60年代起，恩奎斯特就是瑞典文化中的重要人物，他的小说以翔实的历史研究为基础。

2666

罗贝托·波拉尼奥（Roberto Bolaño）

倘若书名"2666"代表年份的话，那么或许可以预料，它必然要在作者身故之后才会面世。2003年，罗贝托·波拉尼奥在因肝功能紊乱去世前不久，写完了这部长篇大作，其篇幅足有一千一百页，它有一个邪恶的开头，它的五个部分将这个开头转化成了作家本诺·冯·阿尔希姆波尔蒂难以捉摸的梦。在第一部分，四位文学批评家在文本中寻找着他，他们的生活也与他产生了联系，最后他们认为，这位作家就在圣特蕾莎市的街头，而圣特蕾莎市是经由墨西哥的华雷斯市改头换面而成的。在第二部分，哲人阿玛尔菲塔诺在同一座城市隐居，他在这里教学、读书，让妻子想起她离开了自己，还考虑着要如何逃离此地，去正值青春期的女儿罗莎那里。在第三部分，一位名叫菲特的体育记者来圣特蕾莎市报道一场拳击比赛，结果参与到当地伤害女性的犯罪调查当中。这条线索通向第四部分，也是这部小说真正黑暗的核心部分：一连串残忍、令人疲惫难当的谋杀案，以及犯案日期和琐碎无用的调查。在最后一部分的末尾，阿尔希姆波尔蒂再度现身，这是一位德国作家的笔名，他在20世纪行踪飘忽不定，似乎只是为了到圣特蕾莎市来。

对于草草翻阅的读者来说，《2666》是一项挑战。它给读者带来的，是恍惚的体验。在波拉尼奥的文学生涯中，除了1984年出版的一部小说，他那为数可观的其余作品差不多都是在他过世前十年间出版的。所以，倘若没有不幸英年早逝的话，《2666》既是波拉尼奥文学生涯的顶点，也是他原本有望继续实现的成就。**DMG**

作者生平：1953年生于智利，2003年卒于西班牙
首次出版：2004年，Anagrama（巴塞罗那）
原著语言：西班牙语

……一位另类英雄病逝……
——2003年8月9日《纽约时报·讣闻》

▲ 波拉尼奥辞世时，《2666》尚未修改润饰，它分为五部分，它们原本是要作为独立成篇的小说发表的。

美丽曲线 The Line of Beauty

阿兰·霍林赫斯特（Alan Hollinghurst）

作者生平：1954年生于英国
首次出版：2004年，Picador（伦敦）
原著语言：英语
布克奖：2004年

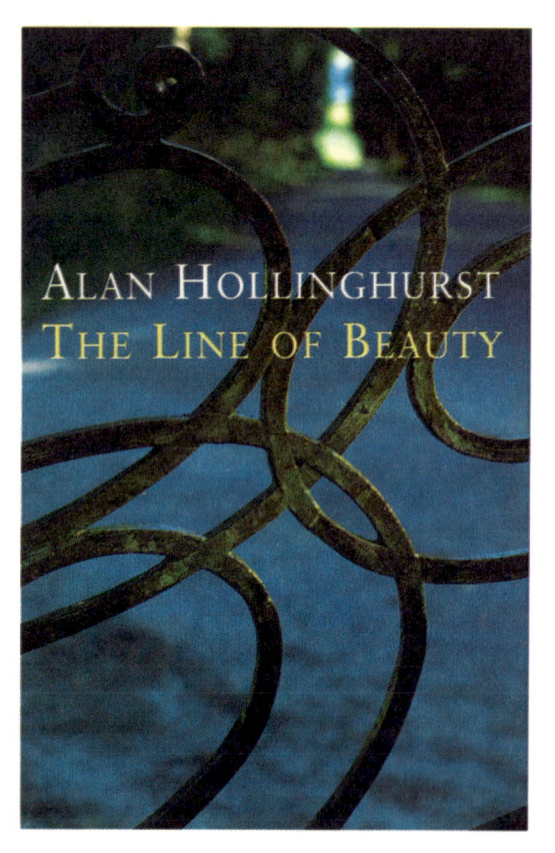

布克奖获奖作品《美丽曲线》是阿兰·霍林赫斯特的第四部长篇小说，用作者的话来说，它是"以对同性恋不加遮掩的叙事立场"写成的。尼克·格斯特是一位拥有稳定的中产背景的年轻人，毕业于牛津大学，他在现实和隐喻层面受到了双重诱惑，前者是对同性性行为的发现，后者是在玛格丽特·撒切尔时代的英国，生活在达官贵人之间的那种魅惑力。20世纪80年代的伦敦生活通过他那不作道德判断的目光呈现了出来。

作为寄居政治家家中的食客和黎巴嫩百万富翁之子的情人，尼克享受着轻易获得的金钱和性爱，以及随处可得的可卡因——后者是书名中"曲线"的多种可能含义之一。一系列支持撒切尔夫人的古怪人物登场亮相，撒切尔也在这部小说的一幕精彩的喜剧场面中露了一面。对同性性爱无拘无束的描写，在作者创作意图中占据了重要位置，尼克对亨利·詹姆斯的迷恋，进一步强调了作者的创作意图；只是这位"昔日的大师"不得不掩饰自己的性取向，而霍林赫斯特则可以大肆宣扬。艾滋病的发作给小说的后半部分蒙上了阴影，故事情节像布设的机关一样猛地弹动起来，将痛苦和背叛推向了前台。但书中的情绪远非悲戚的绝望，霍林赫斯特似乎认同尼克"对这个世界完全无条件的爱"。

除了性取向之外，《美丽曲线》是一部遵循英国文学传统、相对传统化的小说，用高妙、明晰的散文写就，有着对人物性格的精细观察和对各种社交预言的敏锐辨听。这部小说在美学层面上令人愉悦，具有黑色幽默和巧妙安排的情节。对于那些愿意跟随作者，对同性恋的各个方面不随意批判的读者来说，这部小说会将预期的愉悦带给他们。**RegG**

……八月的炎日令人神思恍惚。

● 对艺术家贺加斯而言，美丽曲线是极具美感的弧线；对霍林赫斯特而言，这个词指的是从可卡因到情人躯体之间的一切。

丈量世界 Die Vermessung der Welt

丹尼尔·凯曼（Daniel Kehlmann）

这是一部关于两位德国伟人的小说，他们是数学家卡尔·高斯（1777—1855）和探险家亚历山大·冯·洪堡（1769—1859），他们的生平有着惊人的相似和区别。高斯出身于贫困的环境，但自幼便显露出了才华；洪堡生于贵族之家，从一开始，家里人就想将他栽培成大人物。他们代表着那个时代两种截然不同的度量世界的方法。卡尔·高斯很少留意物质世界，但经常思考（他测量了地球看不见的磁场，这件事只有耐得住寂寞的人才能做到）；洪堡周游四方，尽最大的可能去看、去了解物质世界。

凯曼的风格几乎是速写式的，他给出了生动的细节，但留出了不小的想象空间。他并不是徐缓、有条不紊地铺叙传记性内容，而是在某些片段上低回（有些片段并不容易领会），将另一些片段略过不提，巧妙地描绘出名望给他的主人公带来了什么样的限制。两人都被视为"孤岛"式人物（凯曼的修饰让这一点更为突出），生活在他们自己的天地里，醉心于掌握大量的知识。

令凯曼感到着迷的是：两位主人公常有痴迷之举，还有，这两位大人物为了实现终极目标，甘愿付出巨大的牺牲。他们以各不相同的方式，闭锁在自己的世界里，高斯没有多少社交活动，而洪堡对他人毫不在意。《丈量世界》以鲜明、渊博、顽皮幽默的风格刻画了两位历史人物，笔触始终格外轻巧。**LB**

作者生平：1975年生于德国
首次出版：2005年，Rowohlt（赖恩贝克）
原著语言：德语
英译书名：Measuring the World

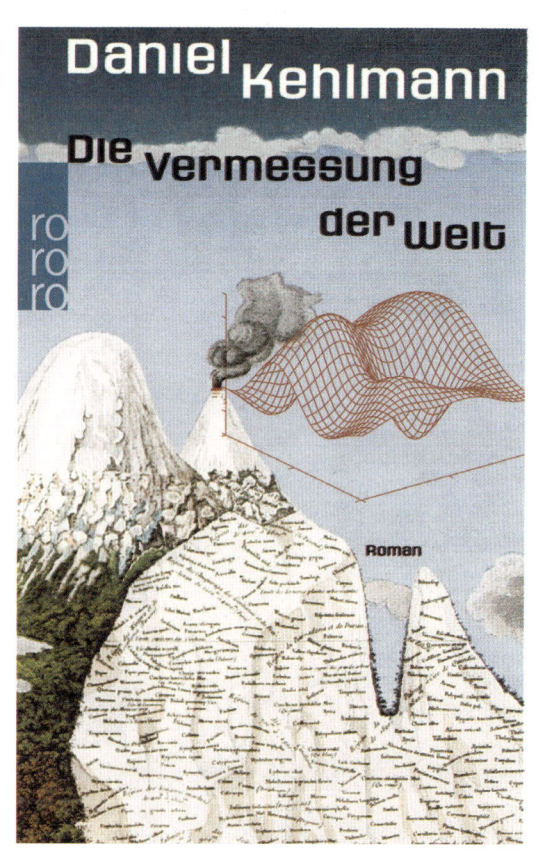

旅行是种折磨。

● 《丈量世界》出版时，凯曼才二十几岁，人们已经将他与纳博科夫和普鲁斯特相提并论了。

海 The Sea

约翰·班维尔（John Banville）

作者生平：1945年生于爱尔兰
首次出版：2005年，Picador（伦敦）
原著语言：英语
布克奖：2005年

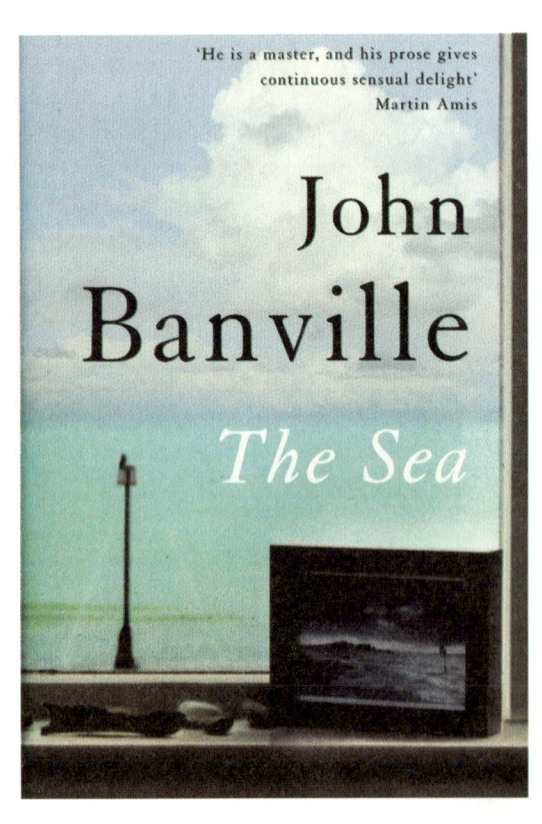

"记忆不喜欢运动，宁愿让事物静止不动。"在班维尔这部最新的小说里，这一深刻的领悟居于核心位置，这部作品赢得了2005年布克奖，这是多年来竞争最为激烈的一届，直到评委会主席给班维尔投下决定性的一票，《海》才险胜石黑一雄的《莫失莫忘》。

《海》讲述了马科斯·默顿经受丧妻之痛之后，来到儿时寄情的神秘地点。在这趟旅程中，艺术史学者默顿尝试将过去当作一件艺术品来回忆。丧亲之痛迫使他寻觅早年的爱与失落，某种依然能够抵挡时间浪潮侵蚀的、最初的激情。

班维尔的散文似乎拥有某种奇异的特质，这部小说堪称奇迹之处，就在于它用语言描绘出了栩栩如生的画面——在日常的连续活动之下，寻找一种似乎能够莫名地、突然呈现的心情、一瞥或情态。这部小说描述了死亡的丑陋和肉体的衰朽，同时以可怕的强度，让人体会丧亲之痛。尽管探讨了死亡和死之将至的长久耻辱，但它关注的更多的还是记忆和艺术的保存能力，以及捕捉某种不会衰亡的东西，某种免于死亡、仿佛对死亡一无所知的东西。这部作品充满了取材于其他艺术作品的画面和词句：如勃纳尔、惠斯勒和维米尔的画作，以及莎士比亚、普鲁斯特和贝克特的文字。默顿的童年之旅与这份对艺术的致敬精巧地交织在一起。阅读这部小说，既能体会到大限将至的心境，也能感受到从时间的急流中超脱出来，步入一幅静止画面的那份静谧。**PB**

儿时的欢乐是不一样的。

《海》于2005年荣获布克奖，该奖经常颁发给民粹派作品，这次颁奖被视为对文学性的回归。

刺猬的优雅 L'Élégance du hérisson

妙莉叶·芭贝里（Muriel Barbery）

勒妮·米歇尔是个不可貌相的人。对于格勒内勒街7号的富裕住户来说，这位已经工作多年的门房是个不错的女人：她貌不惊人，既能帮助别人，也有些粗鲁无礼。但在那稍有些暴躁的外表之下，五十四岁的勒妮隐瞒了一些惊人的嗜好。在门房小屋的后面，她沉溺于对俄国文学（她的猫取名为列夫，以此向《安娜·卡列尼娜》［见本书第185页］的作者致敬）、日本电影、荷兰油画的喜好，还思索着现象学的本质。她着迷于这样优美动人的纯粹瞬间：一切都尽善尽美，却又处于不稳定的平衡之中。

帕洛玛·若斯也隐瞒了自己的真实面目。她十二岁，跟父母一起住在这座楼上最精美的公寓之一。她是个极具天赋、性格叛逆的孩子，她计划在十三岁生日那天自杀，纵火烧毁自己的家。她用机智幽默的笔触，在日记里小心地记录下了最深沉的思绪，试图揭示"静止的运动"的秘密。对帕洛玛来说，成人生活就像一个金鱼缸，一个空洞、荒唐、由虚假的印象主导的地方。

这栋楼里的其他房间，住的大多是才智有限的中产阶级住户，他们抱定了自己的偏见。但一位富有的、久经世故而优雅的日本鳏夫的到来，扰乱了这个装模作样的世界。这部小说从两位主角的另类视角展开叙述，它是一段哲学之旅，是对人生意义的反思，会给读者带来多重意想不到的感受。这部小说用文雅、生动的风格写就，将我们兴冲冲地带进了一个丰富、微妙和风趣的世界。**SL**

作者生平：1969年生于摩洛哥
首次出版：2006年，Gallimard（巴黎）
原著语言：法语
英译书名：*The Elegance of the Hedgehog*

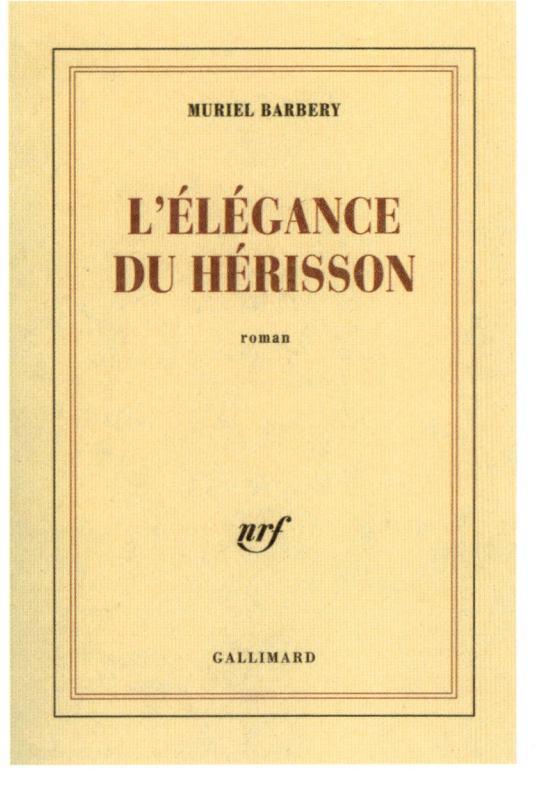

门房不会读什么《德意志意识形态》……

▲ 妙莉叶·芭贝里的小说俘获了法国读者的心，第一年的销量就超过了一百万册。

放我下去 Carry Me Down

M. J. 海兰（M. J. Hyland）

作者生平：1968年生于英国
首次出版：2006年，Canongate（爱丁堡）
原著语言：英语
布克奖入围：2008年

《放我下去》是由十一岁的约翰·伊根用现在时态叙述的，他生活在20世纪70年代初的爱尔兰。这一日渐流行的叙述方式迫使M. J. 海兰使用有限的词汇写作，语调更加清晰纯粹，避免了过度的风格化。海兰捕捉到了这个小男孩在破碎的家庭，以及在青春期之前笨拙的自我发现过程中的各种困扰、好奇和担忧。

这部小说的一大先声夺人之处，就是分量十足的主题——真实，这里的真实是爱好自学、行动隐秘的约翰眼中的真实，他相信自己拥有测谎的"天赋"，为此花费了很多时间和精力，竭力证明这一点。为实现这一目标，他制作了谎言记录本，记下错误的指引和妥协，他常常要借助这本记录找到出路。他记录下自己被人欺骗之后的生理症状，把别人逼迫到耐心和善意的极限，表面上看，他这样做是为了考验他们是否诚实。

但在面对家人的欺骗时，约翰抽象的分类法和侦察活动乱了阵脚。约翰对于谎言背后的情感背景并不了解，他逼迫周围的人坦白真相，还对他们施加报复。他从未发现，自己的动机和行为并不一致，也没发现他或许跟自己批评的那些人一样自欺欺人。

海兰把约翰描述成一个能力有限、内向、即将步入别扭的青春期的男孩，但慢慢地，这个人物变成了作者探索种种超出自己理解范围的力量的工具。就其内核而言，《放我下去》还与情感的成长有关，它让纯真与欺骗相互角力，找到了充满利益的、黑暗的中间地带。**DTu**

现在我生她的气了……

▲ 海兰原计划把约翰写成一个回首童年往事的中年人，后来意识到，还是把他写成个孩子更好一些。

抵抗白昼 Against the Day

托马斯·品钦（Thomas Pynchon）

作者生平：1937年生于美国
首次出版：2006年，Penguin（纽约）
原著语言：英语
美国国家图书奖：1974年

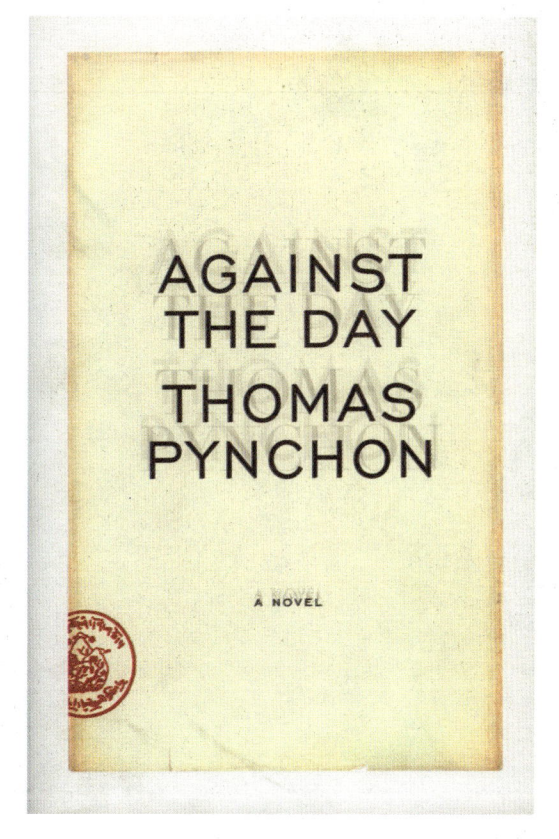

继《梅森与迪克逊》（Mason & Dixon）中别开生面、将事实与幻想融为一体的错杂交织之后，《抵抗白昼》呈现出某种或许可以称为品钦"最新风格"的特点。它尽管复杂，但不难读懂，避免了《万有引力之虹》（见本书第652页）中刻板的实验手法。这是一部鸿篇巨制，结构复杂，主要以引发第一次世界大战的二十年地缘政治动荡为背景。就小说的一条主线情节分支而言，"动荡"（译注：此为双关语，turbulence亦有"大气紊流"之意）不失为恰当的隐喻，这条情节分支就是"机缘兄弟会"的各种儒勒·凡尔纳式不顾后果的壮举，水准各异的环球探险家们搭乘不屈不挠的伦道夫·圣科斯莫指挥的飞艇，飞越各地的天空。在这种松散的架构中，品钦带领我们展开了前往默片时代好莱坞、冰岛、巴尔干半岛、哥廷根、西伯利亚冰原、维多利亚时代晚期伦敦的招魂师密室的奇妙迂回之旅。

从许多方面来说，《抵抗白昼》展现出品钦早期写作的许多特质：对那些哪怕"大象穿的长睡衣要两美分"也"买不起给小鬼戴的童帽"的人的道德关切；对奇特宇宙观、脆弱的民族文化、歹徒（不法）传统的着迷；对公司欺诈的鄙视；"历史"时间与"叙事"时间之间复杂的关系；对谈论动物和猥亵歌曲的不同寻常的喜爱。但也有很多新发展出来的内容，尤其是品钦对世纪末无政府主义和政治暴力的再现——这场道德清算涉及的范围与我们当代的处境有着深切的共鸣。难以总结归纳的《抵抗白昼》别具一格，无疑出自美国最伟大、最神秘的文学家的手笔。

SamT

他们向着神的恩典飞去。

关于《抵抗白昼》，品钦曾说："也许书里写的并非这个世界，而是对这个世界作了一两处微调，是世界有可能成为的样子。"

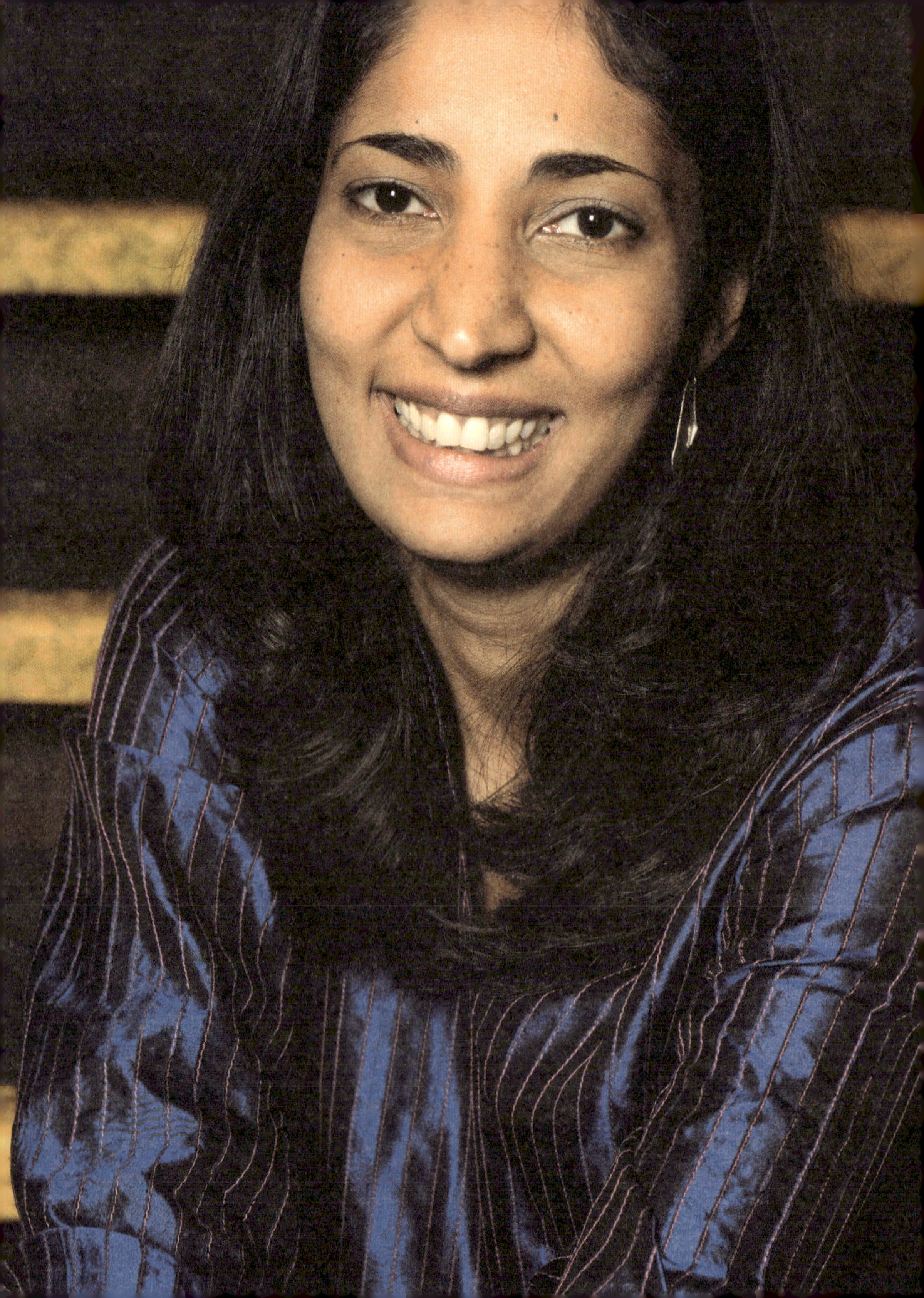

继承失落的人 The Inheritance of Loss

基兰·德赛（Kiran Desai）

这个涉及几代人的故事以印度和纽约为背景，英国作为殖民往昔的幽灵，在当今的纽约和印度投下了长长的阴影。在卡林蓬，失去父母的少女赛伊与在剑桥受过教育的祖父住在一起，后者是一位退休的法官。尽管赛伊没有得到悉心照料，但厨师对她颇为关爱，厨师的儿子比居，作为一名移民在纽约苦苦生存。情节在这两个地方展开，将富有人情味的故事与中产阶级新殖民主义、全球化、多元文化主义和恐怖分子叛乱等政治因素交织在一起。

法官和比居从阶级、历史、地理位置的角度，为不同的移民经历提供了洞见。但两人都被灌输了西方的优越与生俱来这一坚定信念。法官的内心流亡感源于他在殖民时期受辱的遭遇，这令他对自己所属的文化愤恨不已。比居在纽约社会底层的文化错位的体验，同样具有毁灭性。通过赛伊与教师基恩——后者参与了尼泊尔叛乱——无望的爱情，本地紧张的种族关系得到了戏剧化的反映。

不过这部小说对多元文化未来的悲观看法，因为透彻的幽默感而变得生动起来。德赛通过喜剧对白的直接性，对殖民的历史和后殖民的紧张状态进行了探索。通过简·奥斯丁读书会成员的可笑优越感——她们欣赏英国广播公司，瞧不起美国有线电视新闻网，看不上果酱上贴有"盛美家"（Smuckers）标签而不是"经女王陛下御准"标签的国家——现代性那变幻不定的敏感得到了明确有力的表达。

就其本质而言，这是一部关于渴望和归属的小说，德赛用怀着柔情和爱意的笔触，把握住了她笔下不无瑕疵的人物的细微心理。**KDS**

作者生平：1971年生于印度
首次出版：2006年，Hamish Hamilton（伦敦）
原著语言：英语
布克奖：2006年

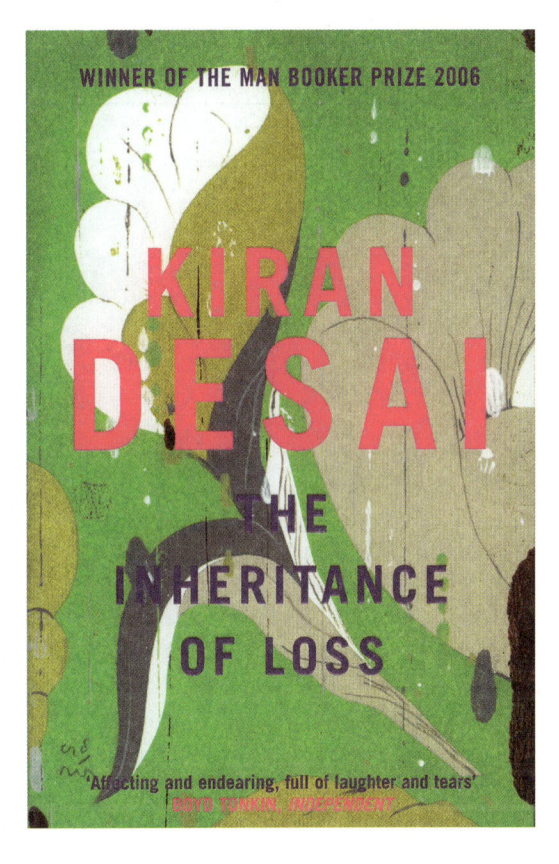

- 《继承失落的人》是德赛的第二部小说，她的第一部小说《番石榴园的喧闹》荣获1998年的贝蒂特拉斯克奖。

- 德赛是作家安妮塔·德赛之女，后者曾三度入围布克奖总决选，但从未折桂。

聚会 The Gathering

安·恩莱特（Anne Enright）

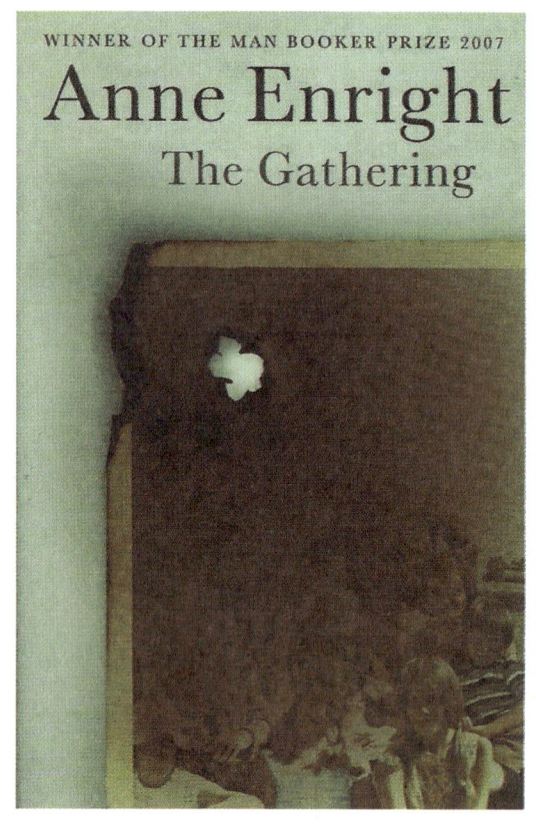

作者生平：1962年生于爱尔兰
首次出版：2007年，Jonathan Cape（伦敦）
原著语言：英语
布克奖：2007年

出生于都柏林的作家安·恩莱特在写《聚会》之前，曾写过三部长篇小说：《我父亲戴的假发》（1995）、《你是什么样？》（2000）和《林奇的欢愉》（2002）。2007年，小说《聚会》赢得了声望卓著的布克奖。

海格迪家是个大家族。这部小说的故事情节围绕三十九岁左右的维罗妮卡·海格迪展开，她已经是两个孩子的母亲了，哥哥黎安的死令她感到震惊。在酗酒中挣扎了两年之后，黎安在布赖顿投海自尽，他把口袋填满石头，走进了大海。这部小说的大部分内容由闪回片段组成，维罗妮卡努力从回忆中寻找着兄长自杀的原因。

维罗妮卡是否找到了这个原因，这一点大可存疑。黎安自杀的根源也许同她与兄弟姐妹在外婆家度过的那年夏天发生的事有关，也许无关。那件事也许源于外婆卷入其中的一段三角恋，也许未必。恩莱特通过她的散文和转换叙述视角的手法，构筑出来的这种含混性——"变幻不定的故事和清醒的迷梦"的含混性——正是她身为优秀小说家的标志。

小说中的内心思绪与贯穿始终的、对肉体的粗野描述，形成了鲜明对比。就这样，维罗妮卡为黎安而悲伤的体验不但投射到了情感层面，也投射到了生理层面，譬如"……这是一种令人困惑的感受——有点像是介乎腹泻与性爱之间——这股悲痛几乎波及了生殖器"。爱与死亡的主题就此与身体形成交会，最终描绘出了爱留下的最后一道伤痕。当我们爱着的人逝去时，这股伤痛会继续萦绕在我们心头。**JSD**

我要见证……

● 恩莱特将她这部史诗般的家庭小说描述为"在知性方面堪比好莱坞催泪电影之作"。

奥斯卡·瓦奥短暂而奇妙的一生 The Brief Wondrous Life of Oscar Wao

朱诺·迪亚斯（Junot Díaz）

作者生平：1968年生于多米尼加
首次出版：2007年，Riverhead Books（纽约）
原著语言：英语
普利策奖：2008年

朱诺·迪亚斯令人期盼已久的第一部长篇小说，是由一则七年前发表在《纽约客》上关于奥斯卡·瓦奥——一个孤独的科幻迷，总是一厢情愿地陷入无望的爱情——的短篇扩充而成的。这部小说讲述了奥斯卡的姐姐、母亲和祖父因为违抗多米尼加的邪恶独裁者拉斐尔·特鲁希略，而给家族后代带来了可怕的苦难。

据叙述者尤尼尔讲，这种苦难是诅咒带来的结果，这种迷信就像欧洲人首次登陆伊斯帕尼奥拉岛一样古老，它能让美国人输球，也能让人生不出儿子。在奥斯卡·瓦奥（这个名字是把"奥斯卡·王尔德"听错了的结果）的故事中，诅咒导致奥斯卡的祖父阿韦拉德和三个美丽的女儿中的两个命丧黄泉，让最小的三女儿（奥斯卡的母亲）饱受折磨。也正是同一个诅咒让奥斯卡爱得发疯，结束了短暂而绝望的生命。

讲述奥斯卡家人的情节，尤其是以特鲁希略恐怖统治期间的多米尼加共和国为背景的那些分支情节是最为迷人的，迪亚斯那幽默的文笔为之注入了活力。书中还大量掺杂着西班牙语（尤其是多米尼加的）俚语和科幻内容，这种风格是从加西亚·马尔克斯的"马孔多"（Macondo）转变而来的"麦孔多"（McOndo）风格的典型代表，是当代离散犹太人的魔幻现实主义。**PC**

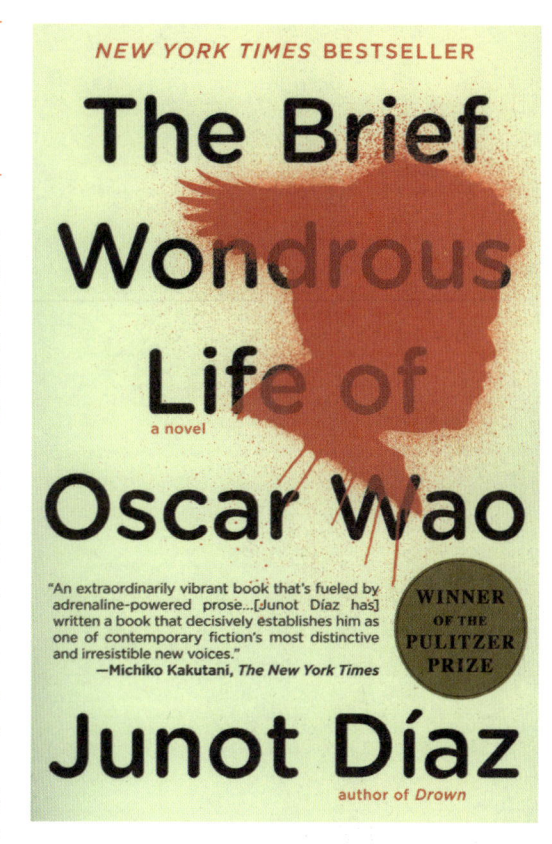

人们说它是从非洲传入的，它里面带有被奴役者的呐喊；它是泰诺人灭绝的原因……它是魔鬼……

▲ 朱诺·迪亚斯令人期待已久的第一部长篇小说讲述了奥斯卡无望的爱情生活及其家人的奋斗。

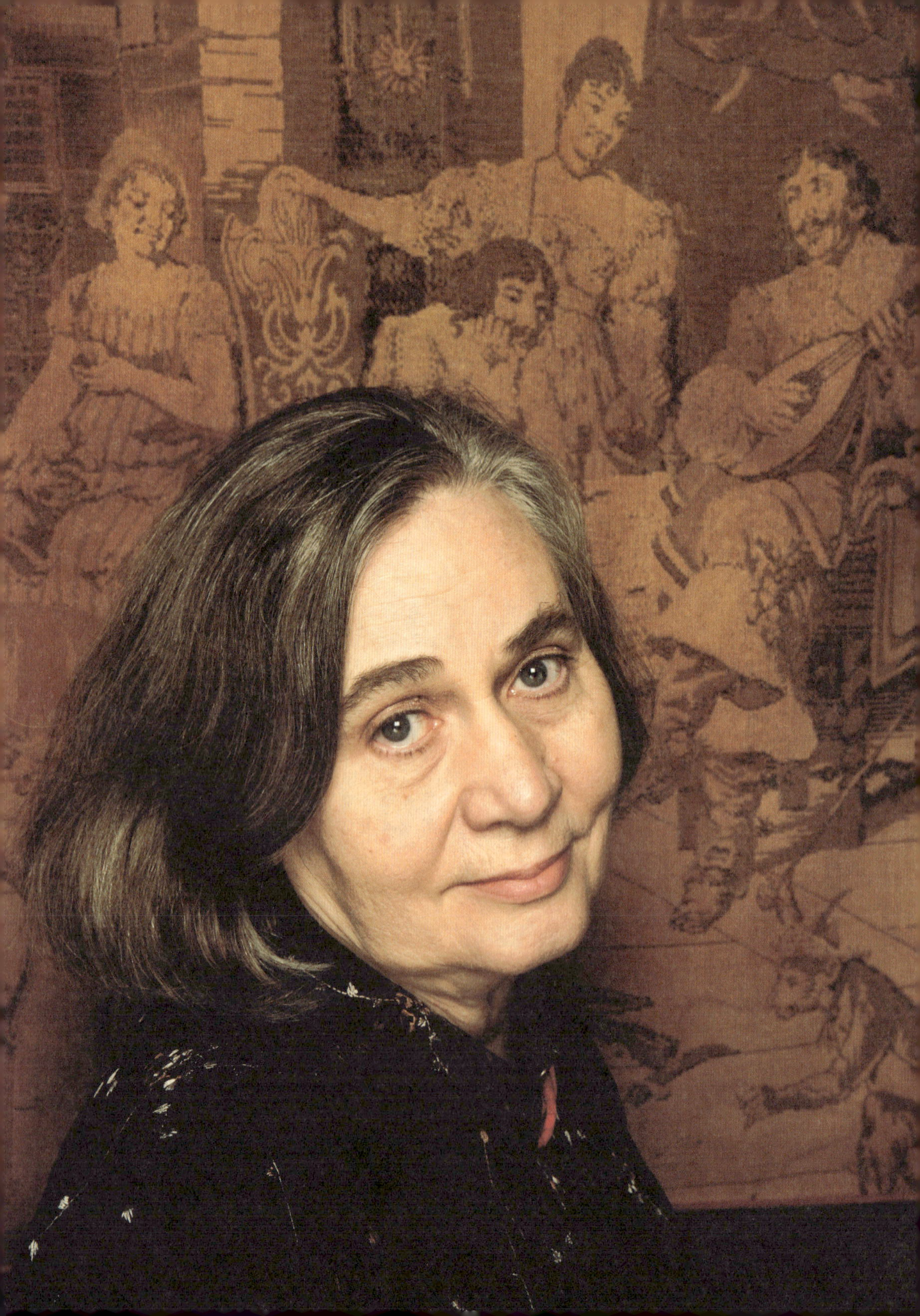

家园 Home

玛丽莲·罗宾逊（Marilynne Robinson）

《家园》从鲍顿一家的角度，重新讲述了罗宾逊的第二部小说《基列家书》里的事件。凭借这本书，她巩固了自己的这一声誉：最非凡的当代小说家之一，独到而有力地融合了知性的精确和对人类之脆弱的同情。

故事情节非常简单。三十八岁的格洛丽·鲍顿在解除婚约后，回到了疾病缠身的父亲鲍顿牧师的家。随后不久，她哥哥杰克，令家人喜爱和痛心的不肖子，传话说他也要回家。这个浪荡子的到来，给去日无多的父亲带来了巨大的喜悦，但杰克罪孽深重，让牧师无法原谅，他给这个他最疏远和最心爱的儿子，"他像在乎伤痕一样在乎的"儿子，留下了失望的遗言。杰克离开了，格洛丽成了这栋老屋的继承人，她继续打点着这栋老屋，等待着杰克那或许会到来的混血儿子。

《家园》以美国中西部小镇和20世纪50年代的民权运动为背景，对以下内容作了彻底而深刻的思考：信仰与宽恕的权利和局限，渴望与失落，以及不论走到哪里——尤其是在他们试图回家时——都只会发现自己不合群的那些人精神上的孤立感。罗宾逊朴素的文笔既简洁又富有诗意，她对那些竭力争取体面地位的人作了不留情面的剖析，但她用来在每个姿态和每次冲突中寻找神学和人性深意的严肃感，创造出了卓然不凡的可能。**JHu**

作者生平：1943年生于美国
首次出版：2008年，Farrar, Straus & Giroux（纽约）
原著语言：英语
柑橘奖：2009年

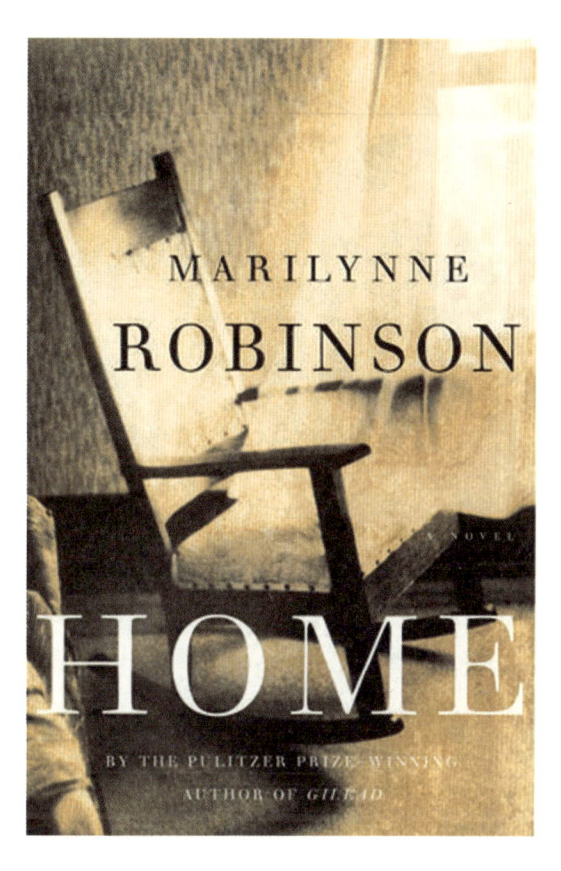

◐ 《家园》是二十八年来罗宾逊的第三部小说，它巩固了罗宾逊作为最重要的在世作家之一这一地位。

◐ 2007年10月，玛丽莲·罗宾逊在巴黎，她的第三部小说完成在即。

21世纪 | 927

白虎 The White Tiger

阿拉文德·阿迪加（Aravind Adiga）

作者生平：1974年生于印度
首次出版：2008年，Atlantic Books（伦敦）
原著语言：英语
布克奖：2008年

阿拉文德·阿迪加的处女作长篇小说《白虎》出版后，反响热烈，赢得无数赞扬，让阿迪加成为赢得布克奖的第二年轻的作家。

这部作品赢得如此赞誉，凭借的是它所叙述的故事、主人公的独特性格和叙事的腔调。巴尔拉姆·哈尔维，照他的名字和种姓来看，他应该在自己的生身之地——印度小乡村（书中将它称作黑暗之地，与德里、孟买和班加罗尔等光明的大城市形成了对比）做一个卖糖果的小贩。但巴尔拉姆并非平庸之辈。他是个企业家，随着故事情节的推进——故事是通过巴尔拉姆在班加罗尔的那间装有枝形吊灯的小办公室，用七个晚上构思出来写给中国总理的长信叙述出来的——我们意识到，在印度做一名新型企业家意味着什么。

这本书里所写的，并不是萨曼·鲁西迪笔下那个美丽的、富有异国情调和魔幻现实主义色彩，经常被西方读者理想化的印度。相反，这本书里讲述的是黑暗、肮脏、破败的印度，在西方发展陷于停滞之际，它正与中国一道走向繁荣。这是个揭示印度真实面貌的故事，一个男人努力摆脱困境的故事。巴尔拉姆认为，印度绝大多数人都深陷在困境里。在他看来，人们被同乡所欺骗，被卖身做苦役，要对抗他们的残酷无情，就得比他们更加残酷无情。如其所说："只有做好准备，不惜家破人亡的人……才能冲破鸡笼般的狭小天地。"

《白虎》揭示了让印度社会保持运转的陈腐心态和根深蒂固的不公，但它向我们揭示出，在如此高压之下，有些东西即将爆发出来。这是一本饱含愤怒的书，但它也成功地做到了风趣幽默，这一点令人瞩目。**PC**

▲ 阿拉文德·阿迪加一炮而红的第一部长篇小说，描述了一个迥异于西方通常所见的印度。

▶ 2008年4月牛津文学节期间，阿迪加在基督教堂。

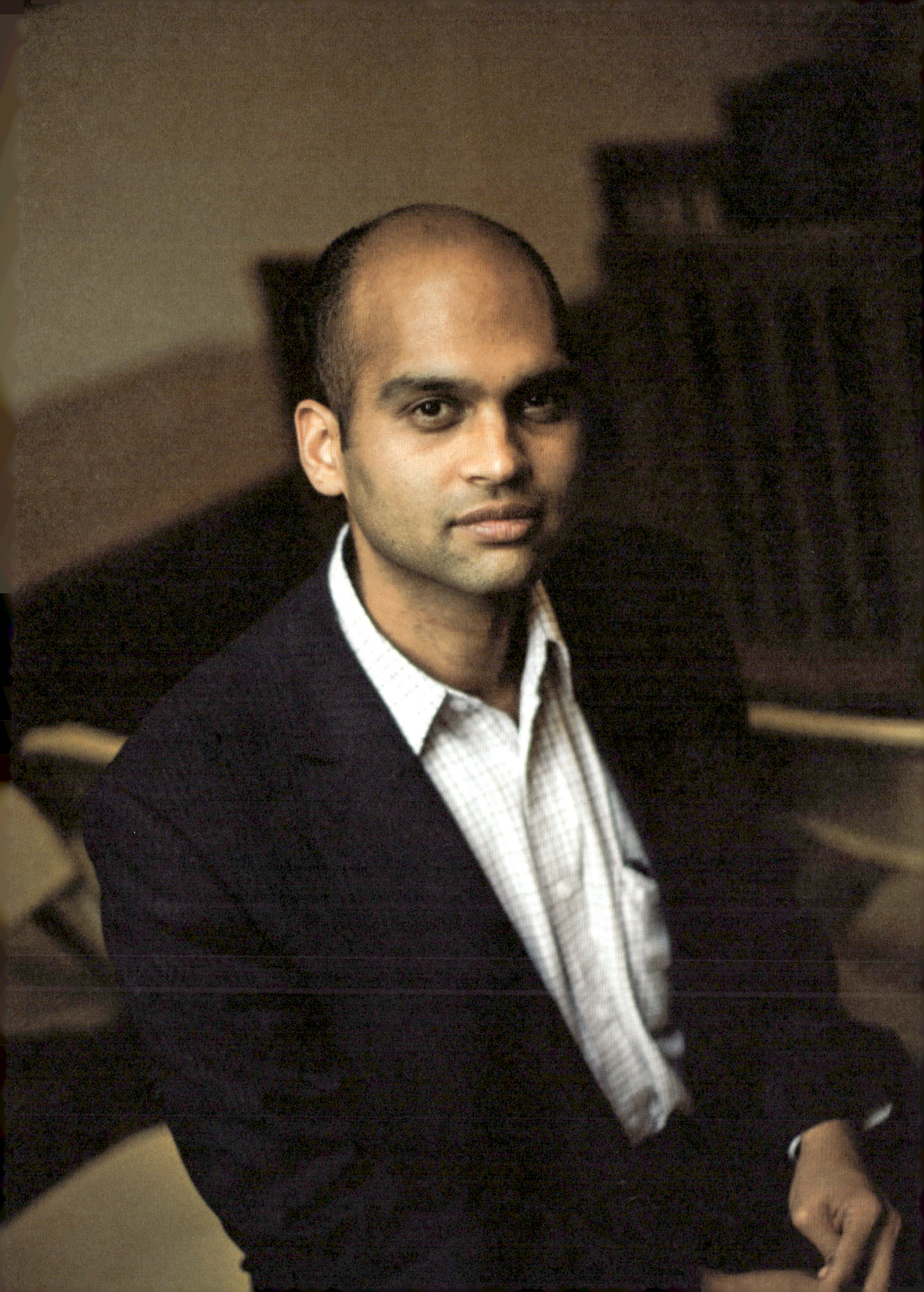

代价 Cost

罗克萨娜·罗宾逊（Roxana Robinson）

作者生平：1946年生于美国
首次出版：2008年，Sarah Crichton Books（纽约）
原著语言：英语

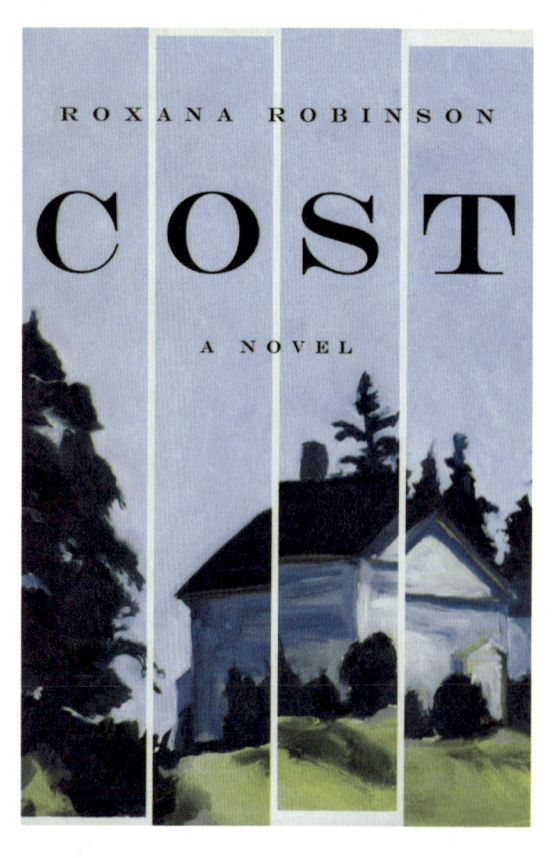

她的记忆消失了。

> 罗克萨娜·罗宾逊的第四部长篇小说，写的是一个年轻人染上毒瘾所带来的影响深远的后果。

在动笔撰写《代价》之前，罗克萨娜·罗宾逊已经写了三部长篇小说，《甜水》（*Sweetwater*, 2003）、《这是我女儿》（*This Is My Daughter*, 1998）和《夏光》（*Summer Light*, 1988），以及三部短篇小说集和一部传记《乔治亚·奥基夫的一生》（*Georgia O'Keeffe: A Life*, 1989）。《代价》这个有关毒瘾的故事对家庭关系和亲情作了出色的探索。

主人公茱莉亚是纽约市哥伦比亚大学的一名美术教授。她有两个已经成年的儿子，史蒂文和杰克，家中还有年迈的双亲爱德华和凯瑟琳。在《代价》开篇时，茱莉亚在缅因州的避暑别墅里招待父母。她对自己对待两位老人的幼稚做法感到十分沮丧。这时史蒂文登场，他也来到了这座充满烦恼的避暑别墅。史蒂文刚刚见过自己的弟弟杰克，发现他染上了毒瘾。这一发现，以及随后的家庭干预，构成了全书的故事情节。我们看到，代际不同的两人周旋于自己的苦恼中，迎来了杰克的死亡。

尽管推动小说情节发展的是杰克的毒瘾，但几位人物也为情节发展提供了冲突和助力。罗宾逊曾说，她在动笔写作之前，会为每个人物规划好生平履历，这一点在《代价》中体现得颇为明显。正是用十分考究的文字和细致的语言描述出的人物的内心思绪，为《代价》赋予了不俗的水准。罗宾逊常常被人贴上这样的标签：记录保守的白人新教徒生活的编年史家，而《代价》无疑会被当作关于沾染毒瘾的书来宣传。两种看法都是误导，它们没有看出，这部小说讲述的是人们深深的忧虑，以及这一发现——失去亲人的代价可能会激励我们振作起来。**JSD**

美国锈 American Rust

菲利普·迈耶（Philipp Meyer）

菲利普·迈耶的自信满满的第一部长篇小说，用众多第一人称自述，描绘出宾夕法尼亚州钢铁城镇的残酷生活。艾萨克·英格利希是个奇怪而聪明的二十岁小伙，他的朋友比利·坡是高中的足球明星，两人在高中毕业后，尽管有离开的机会，但都留在了宾夕法尼亚州的布埃尔市。这时他们梦想着用艾萨克从残疾的父亲那里偷来的四千美元坐火车，送艾萨克去加州学习天体物理学。但在出城的路上，他们遇到了三个流浪汉；坡忍不住动了手，结果有一个陌生人送了命。读者不光会从艾萨克和坡的角度继续跟进这件事，还会看到坡的母亲格蕾丝、警察局长、格蕾丝的老情人巴德·哈里斯、艾萨克的姐姐莉的视角，它们将读者越来越深地带入这样一个世界：在那里，经济灾害将自由意志变成了泡影。

在主人公生活过的二十年里，蒙谷地区减少了十五万个工作职位。虽说《美国锈》的情节设计颇为生动，但其真正的力度在于，它描写了这场灾难给各个层面的蓝领中产阶级造成的严重后果：从因为残疾，无法如愿工作而情绪低落的男人，到许多家庭只能一代又一代地住在没有取暖设施的拖车里，靠打猎为生，再到没钱购买基本设施的一个个社区，与锈蚀的钢铁厂并存，而拆除钢铁厂的费用又谁都出不起。在美国削减几十万个报酬优厚的工业职位时，这部颇有先见之明的小说以实事求是的态度，传达了对晚近资本主义让人付出巨大代价的控诉。JHu

作者生平：1977年生于美国
首次出版：2009年，Spiegel & Grau（纽约）
原著语言：英语

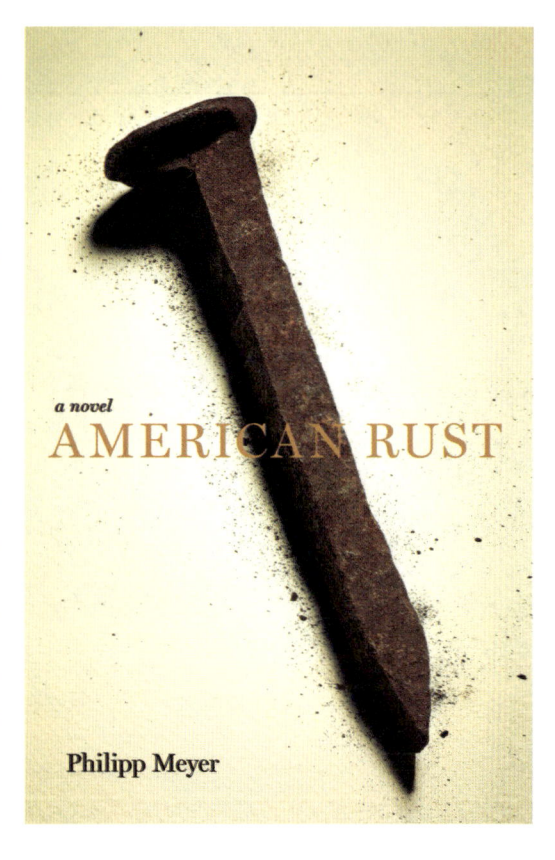

一个小瘦子……

在写《美国锈》之前，迈耶做过好几份工作，包括银行员工和医护人员。

门在楼梯口 A Gate at the Stairs

洛丽·摩尔（Lorrie Moore）

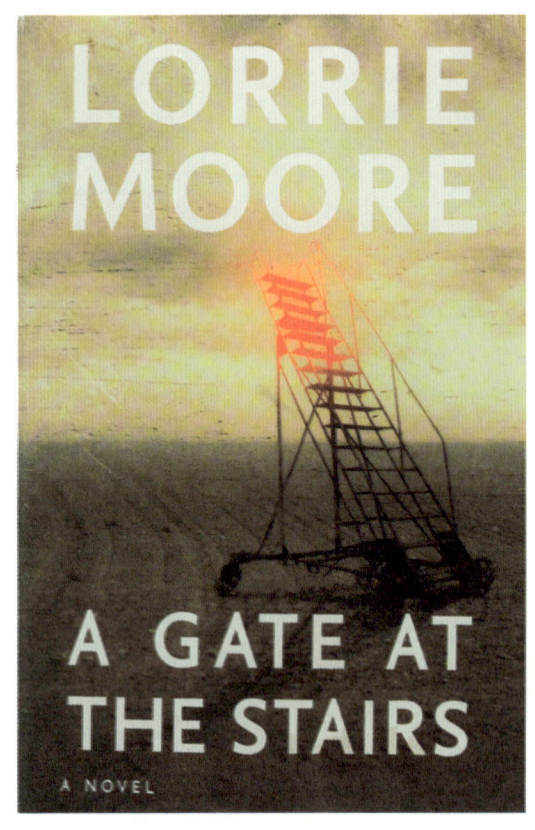

作者生平：1957年生于美国
首次出版：2009年，Alfred A. Knopf（纽约）
原著语言：英语
柑橘奖短名单提名：2010年

塔西是一座小小的大学城里的新生，是一个刚从她父亲创立的名牌块茎蔬菜帝国脱身的农家女孩。尝试在美国谋取一个身份向来都不怎么容易，但在这个最近深受"9·11"事件影响的国家，这件事变得更为棘手了。

塔西小心翼翼地生活着，"本着不给将来留下遗憾的精神"，懒洋洋地兼顾着地质学、苏菲主义、品尝美酒和欣赏战争片原声，一边应对着家人，一边抱怨着自己勃发的性欲。当她找到一份帮莎拉·布林克这位紧张兮兮的厨师带孩子的工作时，塔西意识到，身份可能会有多靠不住。从什么时候起，混血儿的养母不再是一名现代职业女性，而是变成了一个悲伤和无法治愈的人？从什么时候起，男朋友不再是巴西裔的摄影学生，而是变成了一名恐怖分子？从什么时候起，弟弟不再是弟弟，而是变成了一场说不清道不明的战争的士兵？尽管这本小说的故事情节不曾超出威斯康星州的边界，但美国的一切都在这本书里：紧张的种族关系、阶级、气候变化，还有孩子们——拥有孩子、身为孩子、不再是孩子，还有我们在面对孩子们时的一些莫名其妙的需求。

洛丽·摩尔也许是美国最优秀的短篇小说作者，在这本书里，她仅用只言片语就让人印象深刻的本领令人惊奇。她的声音充满了讽刺和乐趣，揭露了自由主义者的自鸣得意和中西部人的粗鄙，但是当事情变得不那么讽刺，不那么有趣的时候，她真正的技艺才开始熠熠生辉。**GT**

我发现，歌剧和生活之间的差别就是，在生活中，是由一个人包揽所有的角色。

▲ 洛丽·摩尔的第三部长篇小说，是对美国小镇居民的生活所作的机智、黑色幽默而又动人的观察。

时间里的痴人 A Visit from the Goon Squad

珍妮弗·伊根（Jennifer Egan）

作者生平：1962年生于美国
首次出版：2010年，Alfred A. Knopf（纽约）
原著语言：英语
普利策奖：2011年

　　珍妮弗·伊根这部荣获普利策奖的小说，是实验性美学形式和引人注目的故事的完美结合。这部小说以一系列自成一体的情节单元来呈现，可以当作一系列的短篇小说来阅读，每个故事都有自己独特的叙述声音和基调，但将这些故事联系在一起的根基，营造出了复杂的形式和叙述的连贯性，它们直抵伊根想象力世界的核心。

　　小说大致以美国音乐界和音乐制作人本尼·萨拉查的生活为中心。小说中的每个故事都以某种方式与本尼有所联系，不过这些联系往往并不起眼。一支朋克乐队的青少年成员们、一个心怀不满的好莱坞小明星、一名有自杀倾向的乐队成员、一个强奸未遂者、一个偷窃成癖者；这些人的生活交织在一个复杂的时空网络中，暗示着人们之间的联系既靠近又疏离。在这部真正以时间（原书名中的"恶棍"）和记忆为主题的小说中，人们的生活有些发生了致命的碰撞，有些令人心痒难耐地擦肩而过。

　　《时间里的痴人》（又译《恶棍来访》）给你留下的感觉是，这个世界远比你想象的还要广阔，但也更为紧密、更为真实。在这个复杂的宇宙里，伊根能把一切都提炼成一个暂停的瞬间，一个男孩抛弃掉童年的自我，在一个非洲夜晚的燠热中学习跳舞，这个瞬间激起的涟漪精巧地荡漾到了小说的更深处。**HJ**

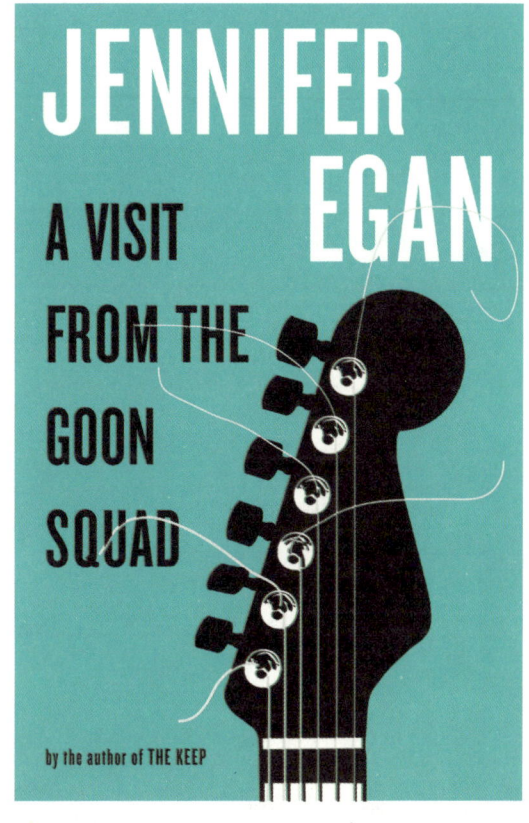

> 每个人听起来都像吸多了大麻，是因为他们在跟你交谈期间，一直在给别人发电子邮件……

▲《时间里的痴人》荣获普利策奖、美国书评人协会奖，以及《洛杉矶时报》图书奖。

自由 Freedom

乔纳森·弗兰岑（Jonathan Franzen）

作者生平：1959年生于美国
首次出版：2010年，Farrar, Straus & Giroux（纽约）
原著语言：英语

《自由》是《纠正》（2001，见本书第901页）之后，一直备受期待的乔纳森·弗兰岑的第四部小说，讲述了伯格伦德一家的故事——沃尔特和帕蒂夫妇，他们的孩子乔伊和杰西卡，以及他们与酷酷的摇滚歌手理查德·卡茨之间复杂的友谊。小说详细叙述了他们作为朋友、父母、孩子、恋人的并非无瑕的忠实与忠贞，并以惊人的细节描写了这种状态所带来的丰富快乐、对更多快乐的需求、对不断重塑和扩展自我的渴望之间的平衡。

因此，这是一部关于自由和围绕追求自由所产生的矛盾的小说。自由既是我们的目标，是我们文明的宝贵财富，也是一种孤独感或空虚感，正如帕蒂认识的那样，"为拥有如此多的自由而同情自己"。虽然小说是在美国的环境下对自由的欲望进行了入木三分的分析，但是在全球的政治背景下，它依然有效。21世纪初以自由的名义所进行的战争一直影响着人们对自由的体验。

阅读《自由》是一种非常轻松的体验，犹如呼吸空气一样简单。弗兰岑对人物奋斗历程的描述非常清晰易懂、引人入胜，读者很容易完全进入故事的情境中。尽管小说如此易读，读者却会在读完之后很久仍然思考它的影响。作为一个讲故事的人，弗兰岑拥有一种巨大的天赋。他叙述我们的生活，同时也让我们意识到，我们最私人化的想法存在于公共网络和社会矩阵中。

《自由》有助于我们理解，在新世纪创造世界政治格局的力场如何重新塑造我们最私人的体验，包括我们的个人自由和对爱的承诺。**PB**

- 乔纳森·弗兰岑的《自由》是对美国中产阶级生活的剖析，书中提到了托尔斯泰的经典小说《战争与和平》。
- 2010年8月23日的《时代》杂志称乔纳森·弗兰岑为"伟大的美国小说家"，并让他登上了封面。

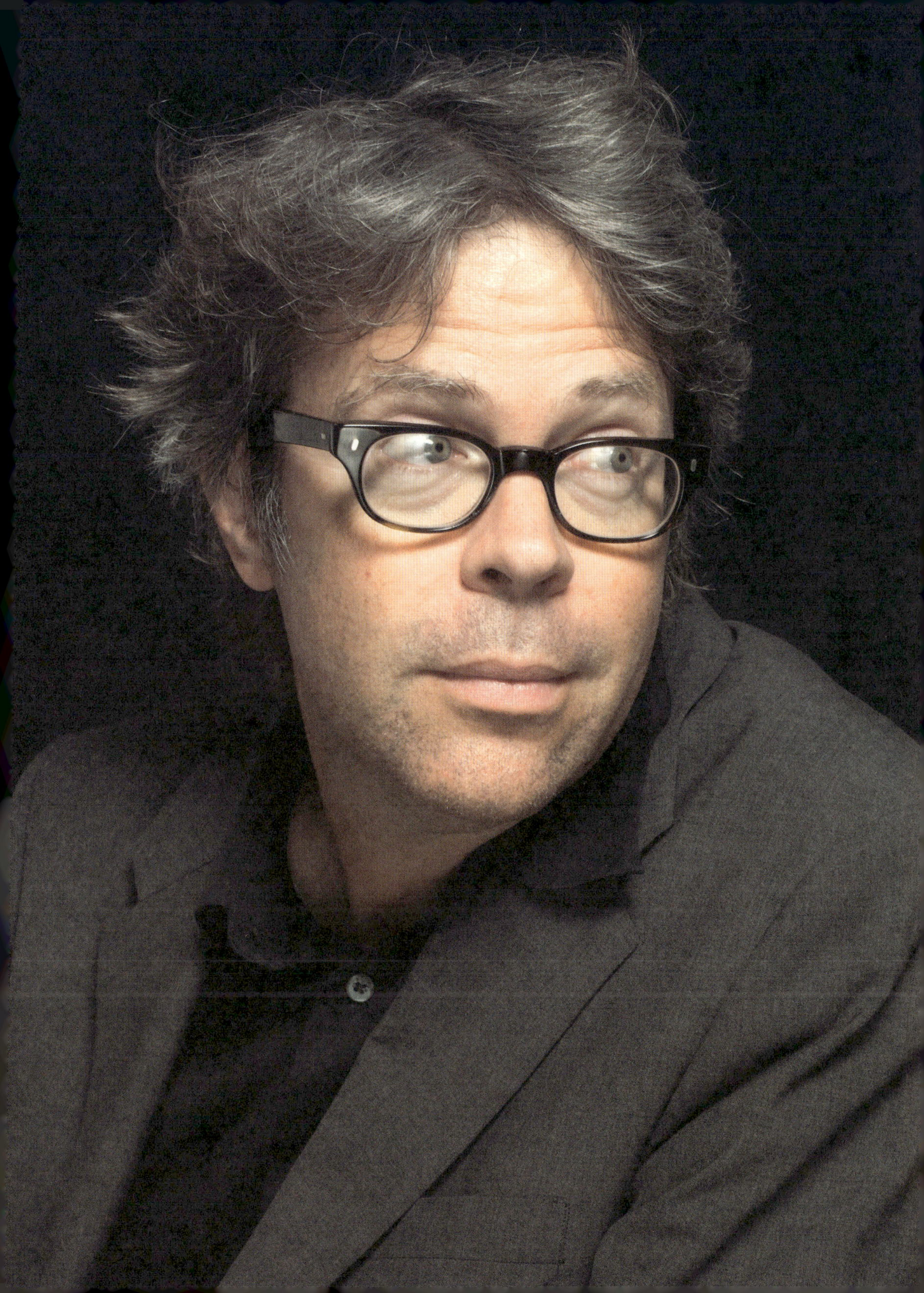

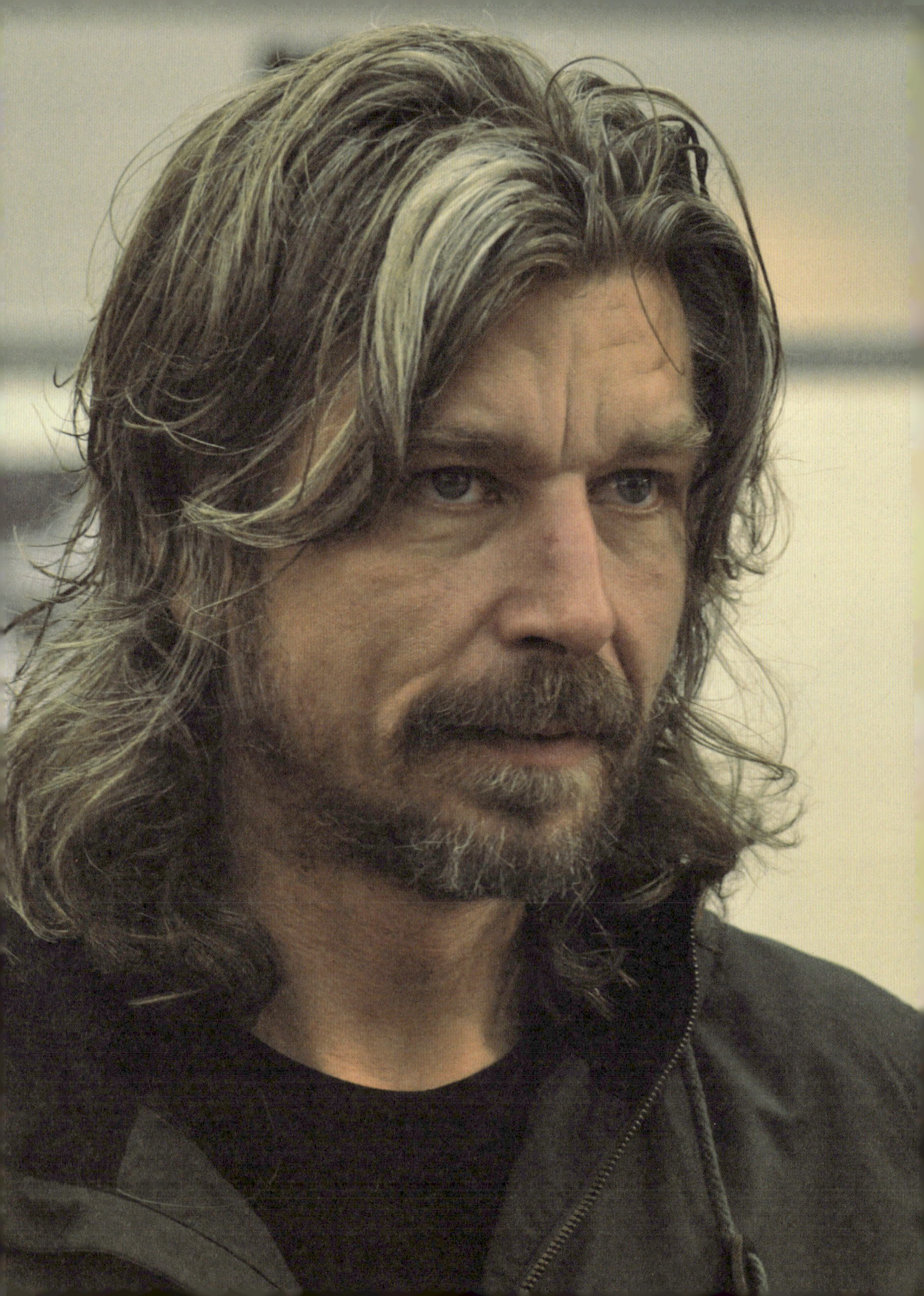

我的奋斗4：在黑暗中舞蹈 Min kamp 4

卡尔·奥韦·克瑙斯高（Karl Ove Knausgård）

作者生平：1968年生于挪威
首次出版：2010年，Forlaget Oktober（奥斯陆）
原著语言：挪威语
英译书名：*Dancing in the Dark*

《在黑暗中舞蹈》是《我的奋斗》的第四卷，也是最容易阅读的一卷。《我的奋斗》是人称"挪威普鲁斯特"的作者的六部曲小说，犹如长河，总共有三千五百多页。

这部作品之所以有争议，部分原因是它的书名跟阿道夫·希特勒的自传相同，部分原因是它对作者亲朋好友的隐私披露过多。克瑙斯高将这一点描述为他的浮士德式的交易：他想取得文学上的成功，但他发现，只有通过疏远他的亲友才能实现。

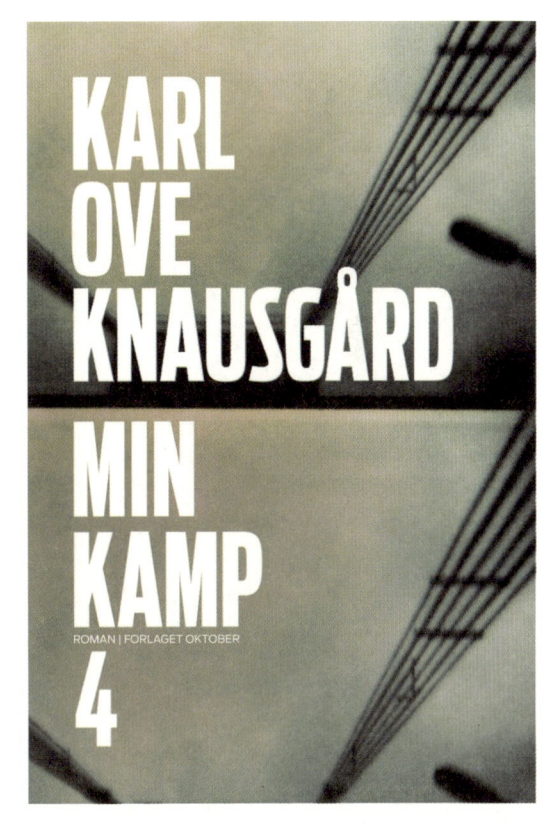

但《在黑暗中舞蹈》与其说是煽动性的，毋宁说是忏悔性的，它可以孤立阅读，而无须阅读前作。它描述了克瑙斯高在挪威北部一所学校任教的一年。书中有一段长达二百页的离题内容，涉及他自己的求学、父母离婚以及他不断变化的饮酒习惯，但此后的叙述又回到了主线上，即作者为实现一些野心所做的努力，在当时，这些野心甚至要比他成为伟大作家的首要愿望还要迫切。"那时我只想要三样东西，"他告诉我们，"第一就是一个女朋友，第二就是跟一个女孩睡觉，第三就是喝醉……不，等我真正付诸实践时，只有一样：我想跟一个女孩睡觉。这是我唯一想要的东西。"《在黑暗中舞蹈》痛苦而诚实地记录了他为了实现目标，必须克服的那些障碍。**JPr**

所有人都把东西排在前面。所有人都想要新衣服、新鞋子、新车子、新房子和新船。可我不。我买书，买唱片，是因为它们说出了所以然，说出了人生在世有什么意义。你明白吗？

▲ 挪威版书名就是《我的奋斗》，与希特勒那部臭名昭著的自传相同，《在黑暗中舞蹈》是英译版书名。

◀ 卡尔·奥韦·克瑙斯高在参加2011年的芬兰图尔库国际图书博览会。

21世纪 | 937

报应 Nemesis

菲利普·罗斯（Philip Roth）

作者生平：1933年生于美国，2018年卒
首次出版：2010年，Houghton Mifflin Harcourt（纽约）
维康信托图书奖短名单提名：2011年

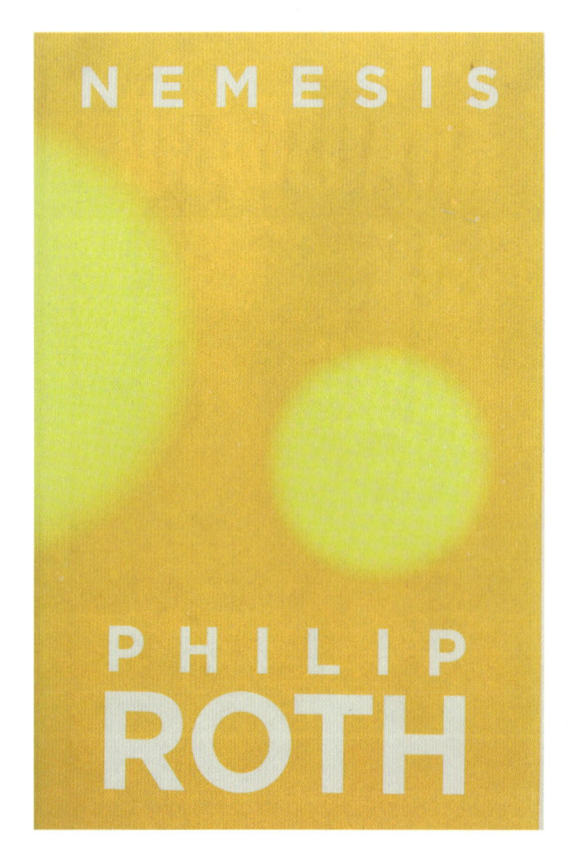

二十三岁的尤金·坎特（也称巴基·坎特）在身心都很坚强的祖父培养下，敢于面对任何邪恶，当美国加入第二次世界大战时，他志愿参军却遭到拒绝，这令他备感沮丧。巴基在大学里是一名出色的举重和标枪运动员，他的体格就像海军战士，但由于视力欠佳，他被告知要留在新泽西州纽瓦克，完成他作为体育教师的培训。

但是，在脊髓灰质炎大流行病席卷整座城市时，巴基看到了抗击邪恶和重整旗鼓的机会。在对抗疾病的这场私人战争中，他发现了他在战场前线的朋友们所不曾面临的困难：你要如何跟你几乎一无所知、也看不见的敌人作战？

在炎热的夏季里，他被迫袖手旁观，眼看着他监管的操场上的男孩们一个个地死于脊髓灰质炎，同时尽其所能地减轻男孩们的恐惧以及他们父母的恐慌和悲痛之情。这时，他得到一个工作机会，可以去他女朋友所在的山区夏令营工作，巴基由此面临着一个看似不可能的选择：是为了清新的空气和爱人离开纽瓦克，还是留下来与疾病作斗争，只是他赤手空拳，手无寸铁。

在这部讲述可怕传染病的、极具冲击性的晚期小说里，菲利普·罗斯用能够界定21世纪暴力特征的那种难以解读的野蛮，玷污了他年轻时的生活场景。在《报应》中，他把这个美国人带到了他以前的小说不曾涉足的深远层面：带进了他的生存政治当中，带到了对他而言各种可能性的极限。**MJo**

◆ 菲利普·罗斯用脊髓灰质炎在战时新泽西州的致命大暴发，来探讨人性在遭受侵袭时的转变。

婚变 The Marriage Plot

杰弗里·尤金尼德斯（Jeffrey Eugenides）

作者生平：1960年生于美国
首次出版：2011年，Farrar, Straus and Giroux（纽约）
原著语言：英语

与《折翼天使》（1993，见本书第834页）和普利策奖获奖作品《中性》（2002，见本书第982页）一样，尤金尼德斯的第三部小说也是一个成长故事。它的主题是三名大学生之间的三角恋，1982年，他们三个即将从布朗大学毕业。米切尔·格拉马迪克斯爱着玛德琳·汉娜；玛德琳爱着伦纳德·班克海德；而伦纳德，根据英语专业的玛德琳努力学习的后结构主义理论，对解构爱情这一概念本身更感兴趣，后来他伤了玛德琳的心，被送进了精神病院。

这是一部具有高度自觉的文学小说。它从玛德琳的书架写起，书架上摆放着奥斯丁、爱略特和勃朗特的作品，在这些作品的启发下，她写起了论文——《我还以为你永远都不会提：关于婚姻情节的一些想法》。尤金尼德斯始终把这些文学前辈放在心头，他的小说是对维多利亚时代经典叙事模式的后现代变体。故事的大部分内容都是从玛德琳的视角讲述的，她必须在她生活中的两个男人之间做出选择，但我们很快就会发现，就像作者同时代人的作品，比如大卫·福斯特·华莱士和乔纳森·弗兰岑的作品一样，尤金尼德斯对现代生活的描述，且不说婚姻了，并不总是"从此以后过上了幸福的生活"这种情况。

尽管尤金尼德斯从一开始就以天才作家的身份崭露头角，但《婚变》比之前的作品技艺更精湛。从《折翼天使》梦幻般的内心化，再到《中性》跨代和跨洲的宏大传奇，《婚变》的广度在于它的互文性和紧凑的情节结构，它坚实地奠定了尤金尼德斯作为美国最重要的当代作家之一的地位。**LSc**

▲ 杰弗里·尤金尼德斯将这部关于三角恋的小说背景安排在他那隶属常春藤联盟的母校——布朗大学。

终结的感觉 The Sense of an Ending

朱利安·巴恩斯（Julian Barnes）

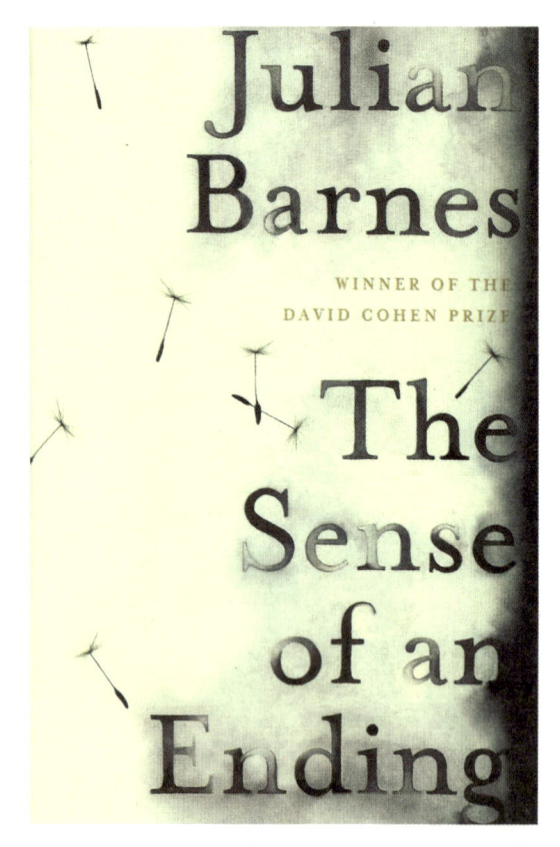

作者生平：1946年生于英国
首次出版：2011年，Jonathan Cape（伦敦）
原著语言：英语
布克奖：2011年

乍看之下，《终结的感觉》是一个老套的男孩冒险故事：在伦敦的一所文法学校里，一个伪知识分子小团体互相引用加缪和维特根斯坦的话，鄙夷他们认为是"植物人"的同学。新生阿德里安·芬恩加入这个小团体的生活中来，这一安排也是常见的俗套把戏；阿德里安在他们玩的游戏中胜过了他们，他认真对待文学和哲学，很少考虑自己的形象。"这是我们仨和我们的新朋友之间的一大区别，"小说的叙述者托尼写道，"我们基本是在闹着玩，除非我们认真起来。他基本是认真的，除非他在闹着玩。"在与历史老师就最近一名学生的自杀进行交流时，阿德里安声称："没有什么能弥补证词的缺失，先生。"在小说中，托尼作为一名退休老者讲述着阿德里安的事；他把自己界定为旁观者，为更有思想、更有勇气的人写下证词。

巴恩斯构建了这个传统化的预设前提，为的是打破其力度的均衡，最后托尼不仅对自己和阿德里安，甚至对传记的整个结构提出了质疑。这是一部讲述我们如何对待时间，还有我们认为自己变成了什么人的小说。它讲述了当我们说某人"将命运掌握在自己手中"时意味着什么。尽管有复杂的学术概念贯穿其间，但《终结的感觉》绝非枯燥乏味的读物；书里写到了我们据以把握生活方向的那些检验标准。**MJo**

历史之确定性产生于记忆之不可靠与文书之不完备交逢之处。

▲ 在法国，朱利安·巴恩斯是唯一一位荣获过梅迪西斯奖和费米娜奖的作家。

防守的艺术 The Art of Fielding

查德·哈巴克（Chad Harbach）

作者生平：1976年生于美国
首次出版：2011年，Little, Brown（纽约）
原著语言：英语

亨利·斯克里姆山德尔是一名瘦小的南达科他州少年，胸部有着"不可能的凹陷"，但他有一项天赋：作为游击手，他从不会漏接一个球，而且他每次都能又快又准地投向一垒。小说开篇时，亨利正处于高中棒球生涯的尾声，注定要成为默默无闻的人——大学教练只对块头和打击能力感兴趣。迈克·施瓦茨拯救了他，他是对方球队的一名球员，他被亨利的天赋所吸引，他把亲眼看到亨利获得成功当成了自己的使命。

亨利在维斯提什学院的前三年，在一段长长的蒙太奇画面中飞快掠过：他成为一名优秀球员，球探们开始出现在赛场，谈起六位数的签约奖金。但是当一次常规投球出了岔子，给亨利的朋友和室友欧文造成重伤时，由此引发了一连串的事件，让卷入其中的五个人物的生活变得痛苦地纠缠不清。当亨利陷入过度思考导致的衰弱麻痹状态，有可能毁掉他的比赛时，迈克在与他对朋友的成功感到的嫉妒作斗争。与此同时，欧文发现自己成了一场危险恋情的对象，对方是六十岁的大学校长居特·阿芬莱特——一名潇洒的、研究梅尔维尔的学者，也是一名终身的单身汉——后者也在努力理解这场恋情。

尽管有一些可以预测的——且不说未必现实的——情节走向，但哈巴克这本温情的处女作以其流畅迷人的文笔和悬疑的情节赢得了读者的青睐。**PC**

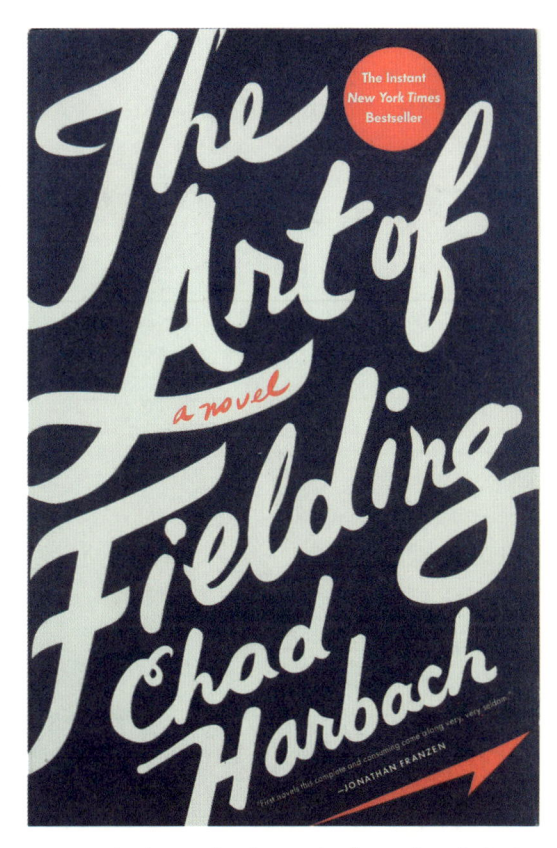

施瓦茨在比赛期间没有注意到这个孩子。更确切地说，他只注意到了其他人注意到的事——他是球场上个子最小的选手。

▲ 查德·哈巴克的小说探讨了爱、欲望和责任这些永恒的主题。

金翅雀 The Goldfinch

唐娜·塔特（Donna Tartt）

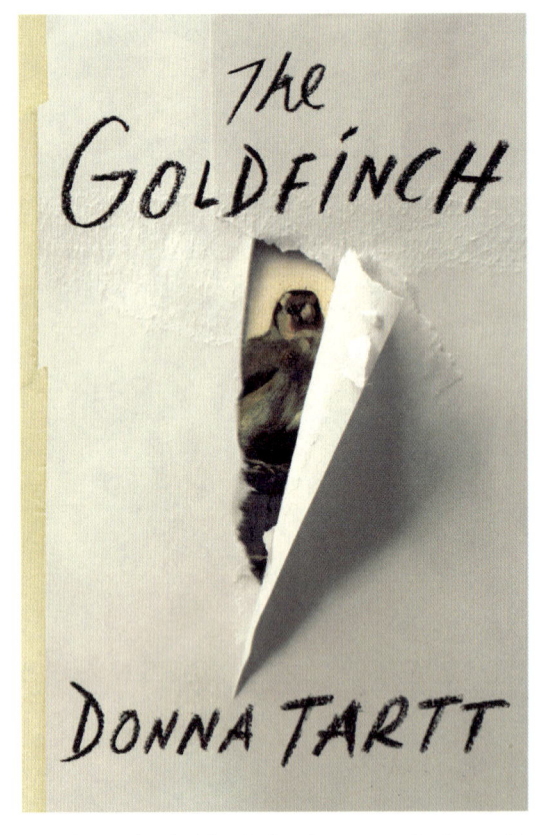

作者生平：1963年生于美国
首次出版：2013年，Little, Brown（纽约）
原著语言：英语
普利策奖：2014年

当恐怖分子的一枚炸弹在纽约的现代美术博物馆爆炸时，其中一名丧生者是一位单身母亲，之前她一直在向她十三岁的儿子西奥展示她最喜爱的一些杰作。在随之而来的烟雾和混乱中，男孩抓住并带走了其中一幅画——伦勃朗的学生卡雷尔·法布里蒂乌斯的《金翅雀》。

男孩从墙上取下这幅画时，他同时也抓住了一件纪念亡母的纪念品，并从火焰和飞溅的瓦砾中拯救了一幅伟大的作品。只是到了后来——当他得知这幅画据说已经毁于大火，并且决定不把作品送回博物馆之后——他才变成了小偷。

没了母亲的西奥随后尽其所能，避免被人当成孤儿照顾。他后来的青春期充满了冒险和不幸，其中许多是他和他的乌克兰朋友鲍里斯一起经历的。他曾一度与从前缺席的父亲重逢，后者与黑帮勾结，试图侵吞西奥母亲的财产。后来西奥通过将假古董当作真品出售来赚钱，而制作这些假古董的人——另一位朋友——只是为了自娱自乐才制作它们。

在漫长而复杂的叙述中——一些评论家将其与狄更斯的作品相提并论——贯穿着荷兰的细密画，它是爱、失落和罪恶的复杂象征。**JPr**

那是一个奇妙的夜晚——若是不考虑后来发生的事，可以说是我人生中最棒的夜晚。

◆ 唐娜·塔特被人们期待已久的第三部小说赢得了2014年普利策小说奖。

圆环 The Circle

戴夫·艾格斯（Dave Eggers）

作者生平：1970年生于美国
首次出版：2013年，McSweeney's（旧金山）
英国首版：Penguin（伦敦）
原著语言：英语

这部小说的书名是一家巨型的在线社交媒体公司的名字，该公司拥有逾十亿用户，是全球90%计算机用户首选的搜索引擎——在这部虚构作品中，它是谷歌和脸书的混合体，旨在记录每个人在所有时间里发生的一切。

"圆环"的口号很响亮，包括"秘密是谎言""分享是关爱"和"隐私是偷窃"。它由人称"三贤者"的三人组管理，他们每周都会招募数百名年轻的新员工。主人公梅是最新招收进来的实习员工，她非常感激能在这样激动人心的组织里找到一份工作，以至她对自己逐渐发现的侵扰性的、窥探一切的、无所不知的计算机技术的种种邪恶可能性视而不见。她被洗脑到了完全接受公司道德标准的程度。令她印象极为深刻的是公司的"真你"（TruYou）界面，每一次互联网互动和购物都可以通过该界面进行，它的宣传标语是："一个按钮，搞定你的网上余生。"到最后，她甚至向政府建议，为提高选举中的选民投票率，应强制要求所有公民使用"圆环"的账户。

这一幕与《一九八四》（见本书第452页）的情节如有任何明显的相似之处，都不是偶然；戴夫·艾格斯就是互联网时代的乔治·奥威尔。**JPr**

你每天坐在办公桌前十二个小时，除了一些一周内就会不复存在或被人遗忘的数字，你没有任何东西可以展示。

▲ 戴夫·艾格斯这部关于一家强大的技术公司的反乌托邦小说，已经被人拿来与乔治·奥威尔的《一九八四》相提并论了。

21世纪 | 943

美国佬 Americanah

奇玛曼达·恩戈兹·阿迪契（Chimamanda Ngozi Adichie）

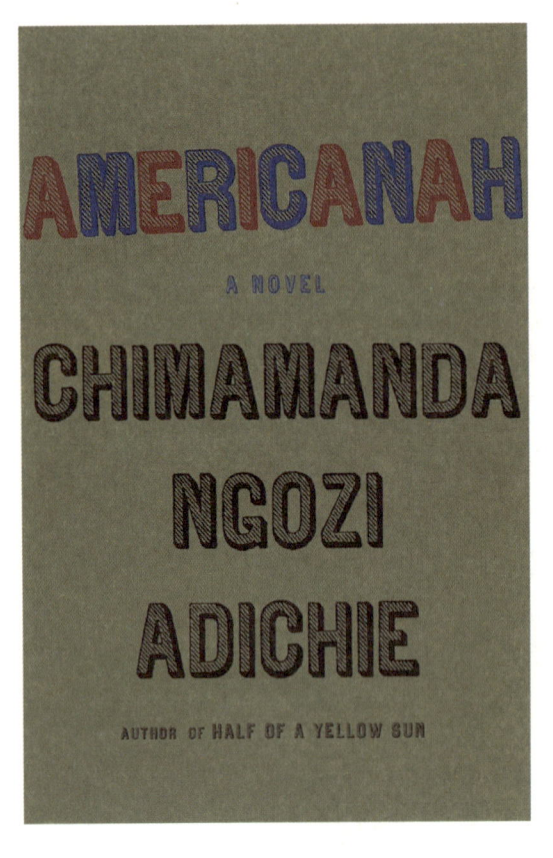

作者生平：1977年生于尼日利亚
首次出版：2013年，Alfred A. Knopf（纽约）
原著语言：英语
美国书评人协会奖：2013年

  阿迪契的第三部小说透过两名尼日利亚移民的眼睛，审视了美国和英国的种族偏见。《华盛顿邮报》评论员说这部小说是"伪装成浪漫喜剧的社会讽刺故事"。

  奥宾仔和伊菲麦露在读中学和大学期间是一对恋人，但他们本国的产业罢工潮威胁到他们的教育时，他们去了海外：他们计划先出国赚钱，然后回国结婚，但可以预见的是，命运对他们另有安排。

  奥宾仔去了伦敦，他在那儿能找到的最好的工作，就是厕所清洁工。他打算攒下足够的钱，来一场假结婚，借此弄到英国公民身份。同时，他对白人中产阶级的种族歧视深有体会，这种种族歧视倾向于否认差异，同时又想当然地认为发展中国家的穷人做的任何东西都是艺术品。

  伊菲麦露在费城大学拿到了部分奖学金；她也需要工作，但就连最卑微的工作也要费尽工夫才能找到，她还一度沦落到了卖淫的地步。当地人对她说话很慢，误以为她只会说粗浅的英语。她的白人女性朋友把她遇到的每个黑人都说成是"漂亮的"，以证明自己没有种族歧视。美国选出了一位非裔美国人做总统，但依然展现出内战以来几乎不曾更改的态度。

  奥宾仔被英国驱逐出境，他回到尼日利亚，通过不正当的地产交易赚到了钱，娶了一个令他厌烦的女人。伊菲麦露也回了国，她发现她在自己的祖国就像在美国一样，成了一个局外人。**JPr**

- 首版《美国佬》简洁的封面让人不免想起航空信封的设计。
- 奇玛曼达·恩戈兹·阿迪契在纽约的尚博格黑人文化研究中心朗读她的第三部长篇小说。

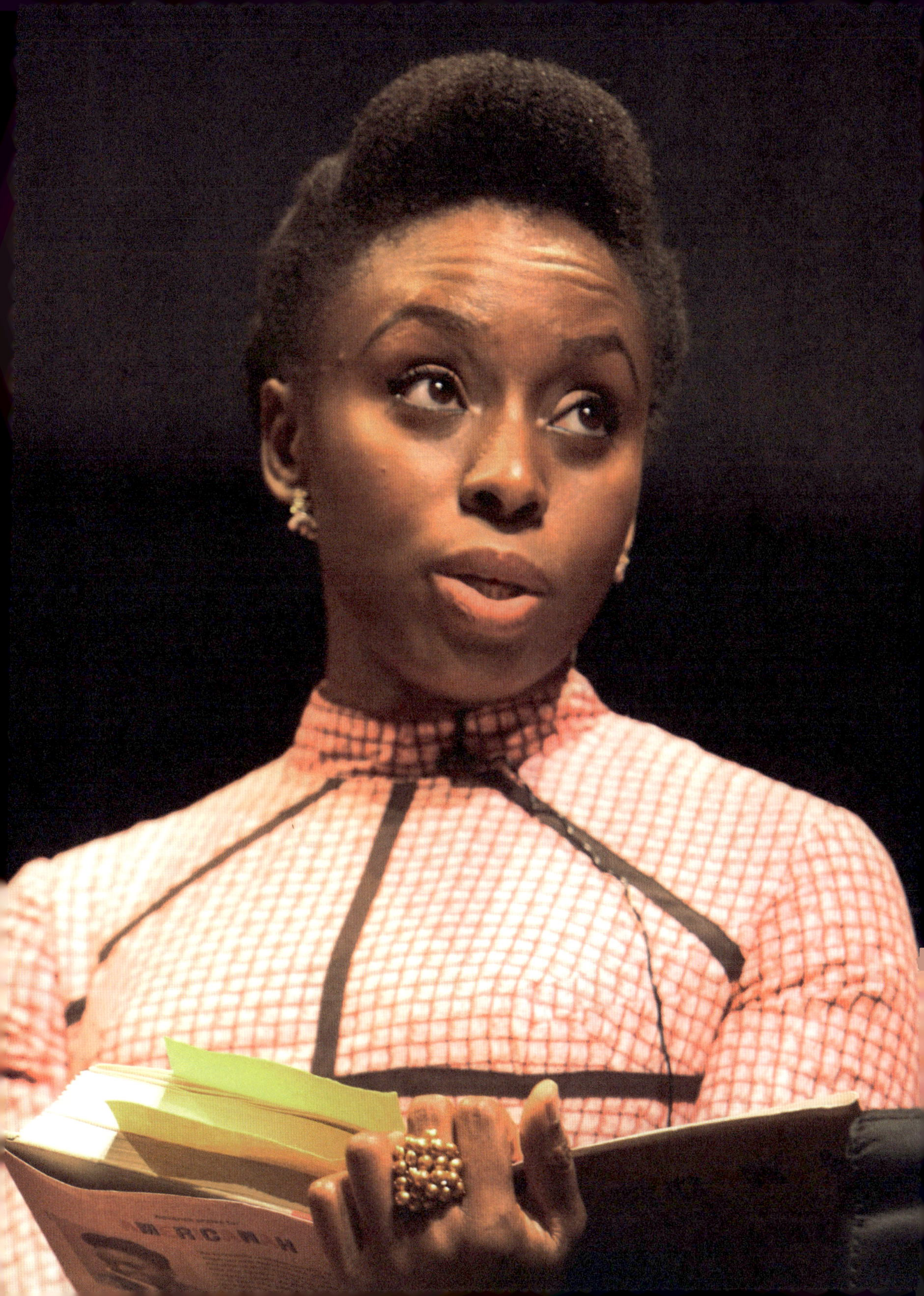

喷火器 The Flamethrowers

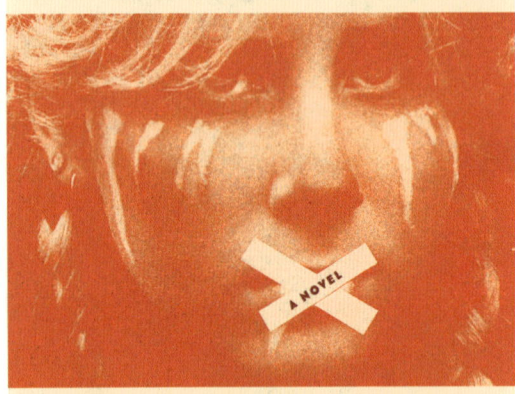

蕾切尔·库什纳（Rachel Kushner）

作者生平：1968年生于美国
首次出版：2013年，Scribner（纽约）
英国首版：Vintage（伦敦）
原著语言：英语

雷诺从她的家乡内华达州搬到了纽约市，原因有些讽刺，她认为纽约是唯一能承认她是"西部艺术家"的地方，她一直渴望得到这份认可。她在纽约遇到并爱上了桑德罗·瓦莱拉，一位年长的艺术家。桑德罗是意大利的一家大型摩托车制造商的继承人，但跟他的父亲，公司创始人关系疏远。

雷诺和桑德罗之间的关系，一部分是建立在对艺术的共同热爱（和创作欲）上。在另一个层面上，它是建立在速度上——雷诺是前高山滑雪运动员和越野摩托车手；尽管桑德罗并不喜欢摩托车行业，但他酷爱骑摩托车。最重要的是，他们因最终无法触及对方的灵魂而相互吸引。正如雷诺所说："迷恋意味着想要一些什么，同时心里也知道……你不可能得到它。"

库什纳的小说将曼哈顿的黑帮横行与20世纪70年代意大利的状况做了对比，那是政治绑架和黑帮杀戮盛行的十年。作者还描写了巴西农场对工人的盘剥，那里正是瓦莱拉摩托车轮胎的橡胶来源。

一些评论家认为，这对恋人并不完全可信，但他们一致赞扬库什纳对其他人物的刻画，最引人注目的是那位父亲，他在"一战"中荣获的战功启发作者想出了书名，也启发了她如何处理复杂地缘政治问题的技巧。**JPr**

艺术创作，其实关系到灵魂的问题，关系到丧失灵魂的问题。它是一门在世间栖居的技术，不会泯灭于世间的技术。

∧ 蕾切尔·库什纳令人目眩的第二部长篇小说混合了艺术、政治，以及风驰电掣的摩托车比赛。

女孩是半成品 A Girl is a Half-Formed Thing

艾米尔·麦克布莱德（Eimear McBride）

作者生平：1976年生于英国
首次出版：2013年，Galley Beggar Press（诺里奇）
原著语言：英语
百利女性小说奖：2014年

一个虔诚而粗暴的母亲；一个缺席的父亲；一个变态的叔父；一名爱管闲事的罗马天主教牧师；一场家中的丧事；许多没有得到回应的祈祷——要介绍这本小说的情节梗概，总得努力一番，才能避免让这部作品听起来像《卫报》评论员所说的"某种以沼泽为背景的哥特式爱尔兰小说"。而要对麦克布莱德的文风加以描述——这一文风旨在模仿一名从两岁成长到十八岁的女孩的真实言语——就免不了要跟詹姆斯·乔伊斯加以比较。就像《尤利西斯》（见本书第291页）的作者一样，麦克布莱德大量使用新词、倒装、幼儿语言，许多在博士论文中而不是在婴儿护栏中才更为常见的术语，还有读者只能逐渐体会出个中含义的私人说辞。以下是开篇的一段，从中可以品尝到些许滋味："为了你。你很快就会。你会给她取名字。她会把你的话穿在皮肤的缝合伤口里。"

这个"你"是叙述者的哥哥，他的大脑因为在婴儿时期切除肿瘤受到了损伤。她爱哥哥，并为自己不曾承受他所承受的痛苦而感到内疚。青春期给了她惩罚自己的力量，她通过一系列的性接触来惩罚自己，先是贬低性的、匿名的、漫无目的的，后来沦落到侮辱性的受虐行为。

麦克布莱德的行文晦涩难懂，她的某些主题也让人难以承受，但伟大的文学作品一向不是轻松易读的。**JPr**

> 麦克布莱德的小说最富有新意的地方不是风格，而是对这种风格的运用。

● 艾米尔·麦克布莱德的这部实验性处女作，首次出版于幽鬼出版社，这是一家小型的独立出版商。

二手时间 Время секонд хэнд

S. A. 阿列克谢耶维奇（Святлана Аляксандраўна Алексіевіч）

作者生平：1948年生于苏联
首次出版：2013年，Время（莫斯科）
原著语言：俄语
诺贝尔文学奖：2015年

本书记录了苏联公民在1991年苏联解体后所经历的变化。就像阿列克谢耶维奇的大部分前作——收集关于第二次世界大战、苏联在阿富汗的战役和切尔诺贝利核灾难的记忆一样，它由普通人对有关普通事物的问题的回答记录组成。

"我所询问的不是关于社会主义，而是关于爱情、嫉妒、童年、老年，"阿列克谢耶维奇在序言中写道，"音乐、舞蹈、发型。关于一种消失的生活方式的无数杂七杂八的细节。这是在世俗的框架下记录灾难，并尝试讲故事的唯一方法。我不停地感到惊讶，寻常的日常生活是多么有趣。"

阿列克谢耶维奇的写法，部分受她的白俄罗斯同胞阿列斯·阿达莫维奇（Алесь Адамовіч）启发，他支持一种名为"集体小说"或"小说清唱剧"的历史文学体裁，其中没有评论，每一段证词都被逐字逐句地再现，没有任何修饰。正如她所说："人类有无穷无尽的真相……历史只对事实感兴趣，情感被排除在其兴趣范围之外。将它们纳入历史，被认为是不妥当的。我是作为作家来观察世界，而不是严格意义上的历史学家。我对人很着迷。"正是通过这份迷恋，我们才得以了解到，那些让少数人富裕却使数百万人陷于贫困的事件带来的影响。**JPr**

我不是政治家，也不想弄清楚政治。我只是害怕。

▲ 德国媒体盛赞《二手时间》撷取的是最为细小的马赛克，却拼出了一幅完整的后苏联时代图景。

十点零四分 10:04

本·勒纳（Ben Lerner）

作者生平：1979年生于美国
首次出版：2014年，Granta（伦敦）
原著语言：英语
福里奥文学奖短名单提名：2015年

这部小说在纽约大都会博物馆，在一幅圣女贞德的画像前拉开序幕。两个朋友在谈论这幅作品，每个人都利用对方的批评性回应来调和和强调自己的看法。然后他们当中的一个人，即叙述者，把它比作电影《回到未来》里的一幕场景：落在大楼上的雷击产生的能量，使得主人公马蒂·麦克弗里得以回到1985年。这一幕发生时，钟表上的时间是十点零四分，书名正由此而来。

《十点零四分》的主题之一，就是人们使用熟悉的事物来比附陌生的事物这一方式。这种习惯是自然而然的，但它往往让人们囿于自我指涉，而不去真正地追根究底。对普通人来说是这样，对作家来说就更是如此，因为作家生怕文字冗赘。比如在书里，叙述者让一名"占领"活动的抗议示威者使用他家中的淋浴花洒时，他就不能只说这是一桩善举；他必须对他这么做的所有可能的动机都加以分析。

在这座讽刺性的镜厅里，每一个动机都是混杂的，甚至可能与行为人所设想的刚好相反，大多数事件都是滑稽的。但在这一观念中有一种潜在的严肃性：尽管所有的作家迟早都会像沃尔特·惠特曼一样唱出自我之歌，但即使是他们的唯我论，也是更为广阔的社会的一部分，也为这个社会作出了贡献。**JPr**

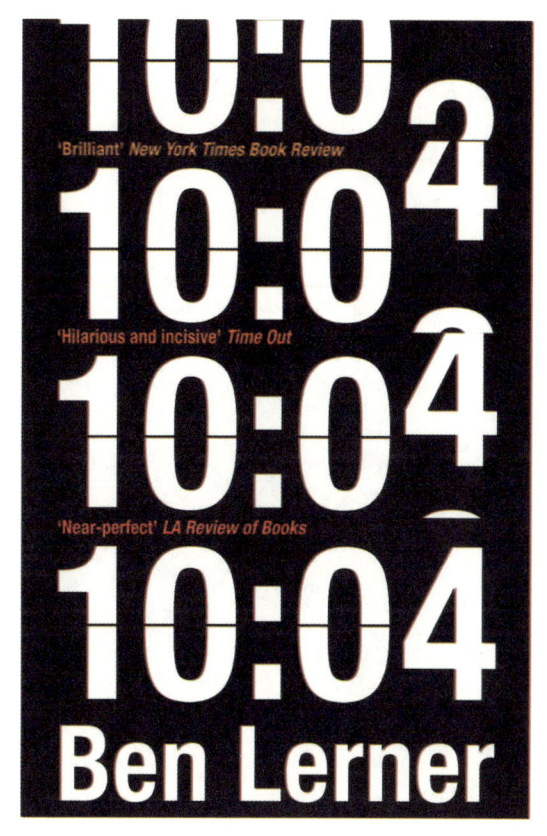

我想知道，我还得再做多少违背本性的事，这个世界才会重新围着我转？

▲ 本·勒纳的第二部小说以"处于虚构的边缘"自居，这是一部带有自传色彩的元小说作品。

失踪的孩子 Storia della bambina perduta

埃莱娜·费兰特（Elena Ferrante）

作者生平：	生于意大利，年份不明
首次出版：	2014年，Edizioni E/O（罗马）
原著语言：	意大利语
英译书名：	The Story of the Lost Child

"埃莱娜·费兰特"是一位意大利小说家的笔名，她回避宣传，人们对她几乎一无所知。她（人们普遍认为作者是女性）认为，作品本身已经足够，而作家的传记无关紧要。这既是智力上的挑战，也是商业上的精明：探寻费兰特的真实身份，已经变成一门小小的产业，而这个谜团对书的销量并无坏处。

《失踪的孩子》是费兰特所谓的"那不勒斯四部曲"的最后一部，前几部是《我的天才女友》《新名字的故事》和《离开的，留下的》。叙述的语流自始至终都很紧凑，中心人物基本没变。《纽约客》评论说，这些人物"走到街角就会碰到他们睡过或揍过的人"。

作品的核心是埃莱娜和莱拉之间的友谊和竞争，她们从小结识于那不勒斯的贫民窟。前者成为成功的作家，嫁入一个有影响力的家庭。后者同样富有才华，却性情疏离。莱拉年纪轻轻就结了婚，一直困在家乡；她获得了商业成功，但她的文学天赋却荒废了。

在这最后一卷里，埃莱娜在离开丈夫之后回到那不勒斯，发现自己又被卷入了莱拉及其家人的社区生活，她曾努力逃离那片社区。**JPr**

> 我很喜欢那些神秘的书册，既有古代的也有现代的，它们没有身份明晰的作者。

● 仅以笔名示人的作者埃莱娜·费兰特，回避宣传活动，拒绝公开自己的真实身份。

以鹰之名 H is for Hawk

海伦·麦克唐纳（Helen Macdonald）

作者生平：1970年生于英国
首次出版：2014年，Jonathan Cape（伦敦）
原著语言：英语
科斯塔年度图书奖：2014年

　　这是一位学者的回忆录，她从剑桥大学的工作中抽出时间悼念她的父亲——一位职业摄影师的去世。过世的父亲身上那股自由的精神，让她回想起她小时候一直感兴趣的猛禽。如今，在悲伤之余，她完成了一趟往返合计一千三百公里的苏格兰之旅，买回一只人工繁育的、十个星期大的苍鹰，之前她在网上看到了出售苍鹰的广告。

　　苍鹰素有桀骜不驯的坏名声，但麦克唐纳在这本书里表明，至少这一只样本是温顺的，但它并未失去猛禽本色。她给这只鸟取名梅布尔，出自拉丁文的"amabilis"，意思是"可爱的"或"亲爱的"。

　　随着叙述的展开，麦克唐纳生动地讲述了驯鸟的细节，还向读者介绍了相关的一些晦涩术语。其中有一个戏剧性的高光时刻，就是她第一次让梅布尔从她手中飞走——这只鸟儿还会回来，还是有去无回？还有一回，梅布尔抓回半死不活的兔子，作者扭断了兔子的脖子。麦克唐纳注意到，随着鸟儿变得驯顺，人变得更有野性。

　　《以鹰之名》也是对T. H. 怀特生平的研究。怀特以《石中剑》（见本书第523页）而闻名，但他也是《苍鹰》的作者。《苍鹰》讲述了他自己驯服同种鸟类的努力，但他显然不像麦克唐纳这么成功。**JPr**

> 亲人离世这种事……谁都会遇上。但你只能独自承受。亲人令人震惊的离世，这种事没法找人分担，不论你怎么努力尝试，结果都是一样。

▲ 海伦·麦克唐纳的回忆录荣获塞缪尔·约翰逊奖和2014年的科斯塔年度图书奖。

21世纪 | 951

冬 Winter

阿莉·史密斯（Ali Smith）

作者生平：1962年生于英国
首次出版：2017年，Hamish Hamilton（伦敦）
原著语言：英语
季节四部曲：《秋》《冬》《春》《夏》

《冬》是以2016年的《秋》开启的季节系列作品的第二部，其核心是一个圣诞故事。小说的背景是圣诞前夕的索菲亚·克利夫家中。她是一名退休商人，也是公认的牢骚满腹之人。这天晚上，索菲亚的家人陆续到来——有她的儿子阿特、阿特的女友勒克斯，还有跟索菲亚关系疏远的姊妹艾丽斯。艾丽斯和索菲亚再现了导致她们关系疏远的政治分歧；但在一个鬼鬼祟祟的圣诞精灵的影响下，姐妹俩发现了一份能让她们克服分歧的爱，索菲亚、艾丽斯和阿特之间破裂的关系开始得到修复。

在讲述这个救赎故事时，史密斯的小说在与狄更斯的《圣诞颂歌》（见本书第980页）不断进行对话。就像狄更斯一样，史密斯试图将过去、现在和未来的圣诞幽灵聚集在一起，融入这部旨在将时间的流逝调整为这个星球更为恢宏的生态节律的系列小说里。不过尽管史密斯将狄更斯视为导师，这仍是一部真正的当代小说。为《冬》和史密斯的季节系列赋予推动力的，主要是这样一种观念，即我们生活在这样一个时代：未来可能与过去不再有关联，我们被扔进了特朗普和脱欧之后的时代，我们再也无法认清我们与自己，或者彼此之间真正的关系。这部小说讲述了一家人重新发现他们彼此关爱这样一个温暖、有爱的故事，它以动人而富有哲学意味的感染力，重新发现了将我们民众联结在一起的纽带。**PB**

幸福 H(a)ppy

尼古拉·巴克（Nicola Barker）

作者生平：1966年生于英国
首次出版：2017年，William Heinemann（伦敦）
原著语言：英语
戈德史密斯文学奖：2017年

《幸福》讲述了一个实现了完美幸福的未来群体（"年轻人"）的故事。年轻人被塞进一片人为设计的片区，那里能满足他们的一切需求。在那里，他们"干干净净，没有负担"；他们"从历史的紧箍束缚中解放出来"；"一切都得以知晓"且"没有丝毫隐瞒"。

巴克对这种体制下的生活所作的描述，不免让人想起敌托邦和反乌托邦这一悠久的传统，从赫胥黎的《美丽新世界》（见本书第357页）到奥威尔的《一九八四》（见本书第452页）中的监控国家，再到近些年来的作品，比如玛格丽特·阿特伍德的《羚羊与秧鸡》和戴夫·艾格斯的《圆环》（见本书第943页）。

但如果说巴克的小说隶属于这一传统，那它也依旧是一部具有高度原创性的作品，它以富有活力和诗意的机敏，探讨了强制幸福的噩梦。巴克在《幸福》中最亲密的对话者不是奥威尔或赫胥黎，而是这一传统的鼻祖叶甫盖尼·扎米亚京，他的小说《我们》（见本书第302页）对强制幸福的暴政，以及政治希望与诗歌的非理性之间的关系做了最为出色的描述。巴克的小说首次将扎米亚京的小说精神延伸到了我们自己这个人为设计的时代。巴克暗示，诗歌、历史、欲望、音乐，这些使我们感到幸福，但它们也无法在强迫幸福的条件下得以留存。巴克的作品从这一认知中获得了生动的诗意：幸福还不属于我们，幸福是通过对"在语言当中推进的奇特空白"进行探索，才得以窥见。**PB**

提尔 Tyll

丹尼尔·克尔曼（Daniel Kehlmann）

作者生平：1975年生于德国
首次出版：2017年，Rowohlt（柏林）
原著语言：德语

提尔·乌兰斯皮格是德国中世纪民间传说里的一个典型角色，是一个调皮的小丑，也确实从事着小丑的工作。他对付的目标是不诚实的人、浮夸的人、有权势的人和自鸣得意的人，他以各种方式引诱他们——时而有趣，时而残酷。他那些惯常的受害者当中，有贵族、神职人员和市政要员。

这部小说的背景是"三十年战争"（1618—1648），这场冲突吞没了欧洲的德语区，然后蔓延到丹麦、瑞典、荷兰、法国、西班牙和葡萄牙。在这本书里，提尔的不道德和另类很快就得以确立：他亲爱的父亲被指控为异教徒，遭到宗教裁判所的杀害，没过多久，这位魔鬼般的主人公就伴着一首纪念其亡父的歌曲，开开心心地跳起舞来。

作者丹尼尔·克尔曼运用提尔传统的、相伴相生的两大超强能力——辨别出人的愚蠢行径并施加惩处，而自身毫发无损——作为批判专制体制的基础。小说发出诘问：罗马天主教徒们认为让他们有权拿起武器反抗宗教改革的信仰，是否跟天主教徒和新教徒都觉得野蛮的异教一样愚昧。这段关于17世纪道德观的描述，或许可以看作是对新千年里宗教确定性的隐喻。

克尔曼快速流畅的叙事，将真实的历史人物与魔幻现实主义的元素并置在一起，后者包括一头会说话的驴和一头奄奄一息的龙。**GL**

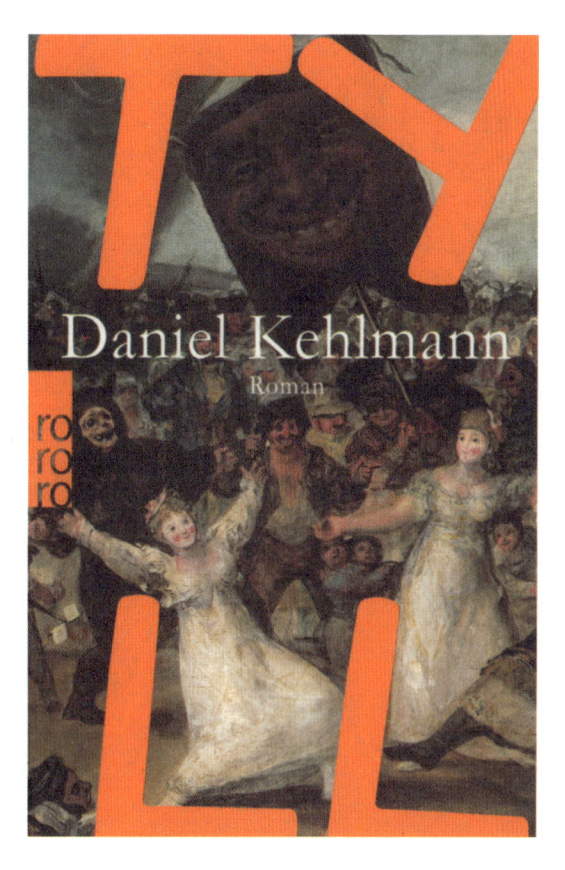

别觉得自己最惨了！即使到地狱边缘，也要微笑着活下去！

● 《提尔》是一部关于艺术力量与战争浩劫的杰作，一个荒墟世界的魔幻现实主义再现。

去丹吉尔的夜船 Night Boat to Tangier

凯文·巴里（Kevin Barry）

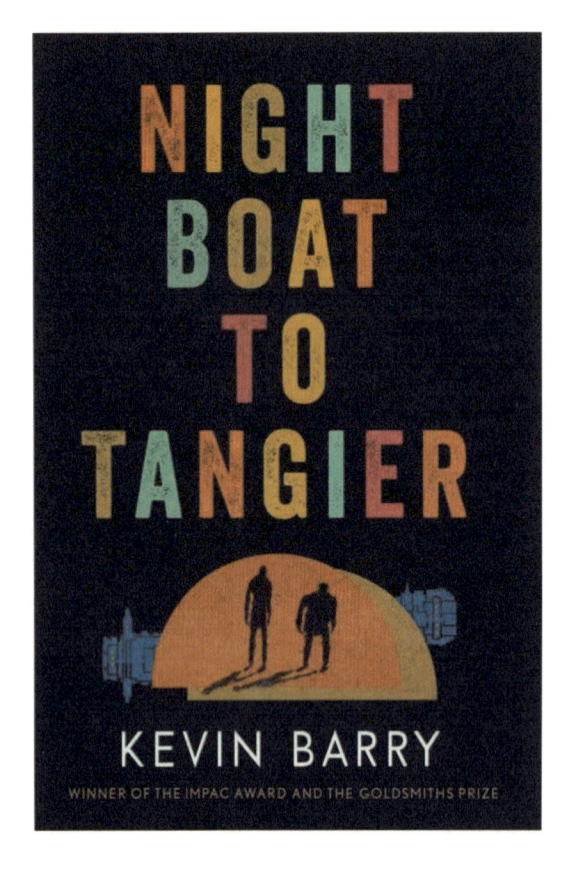

作者生平：1969年生于爱尔兰
首次出版：2019年，Canongate（伦敦）
原著语言：英语

在西班牙南部的阿尔赫西拉斯港，查理·雷德蒙和莫里斯·赫恩在收到消息——赫恩关系疏远的女儿迪莉即将通过渡口，前往摩洛哥丹吉尔，或者也可能是从那边出发——之后，在渡口大楼里徘徊停留。

这两个爱尔兰人在密切观察期间，有时候会询问他们认为有可能见过那名年轻女子的旅客，他们追忆着往事，读者从倒叙中了解到，他们是怎样走到今天这一步的。他们靠贩卖毒品发家致富，后来通过不明智的投资将其败光，他们那传统的走私和供货方法已经被家庭种植者和互联网所淘汰：他们仅剩的自豪感，源于"他们从未逮住我们——这才是最重要的"。

所以，这两个人是退休的罪犯，他们的回忆塑造着叙述的内容：使他们走到一起并将他们终生捆绑的共同经历；查理怎么瘸了腿、莫里斯怎么瞎了一只眼。等到迪莉出场的时候，她觉得自己需要离开家乡科克岛的原因也就不言自明了。

暴力和毒品的滥用是不加掩饰的，忧郁无处不在（"……这世界必然会提供的最深刻的体验……就是心碎"），但它们始终被人物丰富多彩的黑社会俚语和叙述者饶有诗意的想象力所浸染。作品的核心是对记忆之不可靠的察觉。"过去是不确定的。它在远方变幻不定，重新组合。" **GL**

塑造我们每个人的正是我们在夜深人静时的窃窃私语和所有那些被背叛的诺言。

▲ 《去丹吉尔的夜船》是一部驶向深渊之旅的黑暗喜剧。

拾遗篇

《有生之年一定要读的1001本书》自2006年的初版以来，历经多次修订，每次都对入选作品进行增删，尤其是2008年的第2版（主编称为"国际版"）更新了近三成的书目。2021年的中文版根据2012年的英文第6版翻译制作，本次中文版则依据2021年的英文第9版进行更新，并将被替换掉的25部作品作为"拾遗篇"收录于此。同时，编辑综合历次更新的数据，整理出曾经入选本书的其他作品292条，附录于后，供读者参考。

绅士偏爱金发女郎
Gentlemen Prefer Blondes

安妮塔·卢斯（Anita Loos）

作者生平：1889年生于美国，1981年卒
首次出版：1925年，Boni & Liveright（纽约）
初次连载：1924年，Harpers' Bazaar（纽约）
原著语言：英语

博奈与利夫莱特出版社在1925年出版《绅士偏爱金发女郎》时，并未料到这本书会大卖特卖。该故事一年前在《时尚芭莎》杂志做过连载，因此出版商觉得，首印一千五百册就不少了。结果首印在一夜之间全部售罄，光是在1925年这一年里，出版商就加印了三次。

卢斯的这本书一开篇，就取笑了她的朋友——评论家H.L.门肯，后者跟一连串傻傻的金发女郎之间的恋情，让作者觉得乐不可支。正文内容是阿肯色州小石城的洛尔莱·李的日记，这位掘金的女主角在日记中讲述了她跟富有男子之间的情意，以及他们送她的种种礼物。但卢斯笔下的金发女主人公可不是傻瓜。她受过教育，看重物质，但她也是个精明的操纵家，读者始终弄不清楚，她对周围人等虚伪做作的做派，是否心如明镜。洛尔莱把人们对她说的话原封不动地照录下来，仿佛全部信以为真，但她同时也注意到，他们的行为与他们的说辞并不相符。她看起来傻傻的，其实她本人也在玩着同样的把戏。

而且洛尔莱玩起这种把戏来，要比对手来得高明；她按自己的心意来行动，得到称心如意的结果，却让周围的每个人都对她抱有好感。这部小说的结局是，一位上流社会的夫人在洛尔莱的婚礼上（自然，她嫁的是追求者中最有钱的那一位），表达了她对洛尔莱品行的赞许，还谴责了上流社会来宾们失礼的行径。**HB**

永远是陌生人
Oeroeg

赫拉·哈瑟（Hella Haasse）

作者生平：1918年生于爪哇岛，2011年卒于荷兰
首次出版：1948年（荷兰）
英译书名：Forever a Stranger
英文版：1996年，Oxford University Press（牛津）

赫拉·哈瑟是最德高望重、最多产的荷兰作家之一，然而其作品的英译本一直推出得相当迟缓，个中缘由不得而知。《永远是陌生人》写于她三十岁那年，是她的第一部散文作品，令她名声大噪。当时，荷兰镇压印尼独立斗争的军事行动——这一军事行动颇有争议——刚刚开始，这则篇幅短小、内容尖锐、只有九十页的故事，描述了一个荷兰男孩与一个印尼男孩的友谊，它既是一个动人的故事、一则生动的历史寓言，也是一篇就"无可更改、令人费解的差异"而作的专题论述。

荷兰原版书的书名叫《乌卢戈》，这就是与（无名的）荷兰叙述者要好的那个印尼男孩的名字。这个故事写到了他们形影不离的童年和日渐疏远的少年时代，荷兰男孩心里始终有这样一个无可更改的判断："总有一天，乌卢戈会从你的生活中消失……你是欧洲人！"由这一差异，进而得出了这样的终极诘问："难道我在这片生身之地，永远都是个陌生人？"

《永远是陌生人》深深地意识到了语言、个人身份和国家命运的交错和龃龉。尽管这些优点未能在据此拍摄的电影《回家》（1993）中尽数体现，但哈瑟的故事对荷兰文化长盛不衰的影响力依然显而易见。**MS**

他们
them

乔伊斯·卡罗尔·欧茨（Joyce Carol Oates）

作者生平：1938年生于美国
首次出版：1969年，Vanguard Press（纽约）
原著语言：英语
美国国家图书奖：1970年

  《他们》是多产作家乔伊斯·卡罗尔·欧茨的早期小说，也是她最具创意且最受欢迎的作品。标题中的小写字母"t"是作者刻意所为。小说刻画了美国工人阶级的生活，围绕洛雷塔·温德尔与她的孩子们——莫琳和朱尔斯——从1937年到1967年在底特律市中心的生活展开。

  《他们》将自然主义小说的特点发挥到了极致，其效果引人深思。在小说开篇，欧茨便表示，故事改编自她在底特律大学所教学生的真事。这段文字已相当著名。一番陈述过后，作者开始使用自然主义手法描述温德尔一家的生活。同时，她还着重刻画了每个人物在日常生活中的心理状态。到小说中途，叙述却出人意料地被打断。作者在此处插入了多封莫琳写给"欧茨小姐"的信件。在信中，莫琳就文学的作用向自己的老师提出疑问，欧茨小姐则认为是文学为人生赋予了形式。沦为娼妓的莫琳被母亲的一位情人痛打，她想知道文学能否让她过上稳定有序的生活，言辞中满怀轻蔑之意。莫琳的来信慷慨激昂，她对只能供欧茨小姐等安逸的中产阶级享用的文学表达了难以抑制的愤怒。随着写作不断持续，欧茨小姐已不再属于她笔下的工人阶级，她已不再是其中一员。**SA**

一个男孩自己的故事
A Boy's Own Story

埃德蒙·怀特（Edmund White）

作者生平：1940年生于美国
首次出版：1982年，E. P. Dutton（纽约）
三部曲的另两部：*The Beautiful Room is Empty*（1988），*A Farewell Symphony*（1998）

  《一个男孩自己的故事》是一部讲述主人公刚开始接触社会的小说，它之所以重要，不光是因为发表的时机——它是最先问世的此类作品之一，还因为它坦率地描绘了一个在20世纪50年代的美国成为同性恋的少年忧虑不安的自我观念。这部作品在某种程度上，是根据埃德蒙·怀特本人的经历写成的，书中的叙述者是个古怪的、有点让人反感的孩子。但男孩的早熟，再加上生理方面的自我嫌恶和暧昧不明的性羞耻感，让这部小说成为少年疑惧不安和自我发现的典型叙事。

  男孩在步入成年的过程中，遮遮掩掩地进行了粗鄙的性爱探索，那时的社会风气颇为保守，认为同性恋是种病态。尽管男孩从未怀疑过自己的性取向，他还是作了心理分析，试图治愈自己"想爱男人又不想做同性恋这一不可能的欲望"。在小说的最后几页，这一不可能的欲望得到了实现，他令人震惊地背叛了受他引诱、与他发生关系的一名老师。这件事颇为醒目地表明，男孩进入了成年人的性爱和权利世界。

  怀特富有诗意地再现了对爱的强烈渴求，凸显了同性恋人群缺少浪漫叙事这一令人迷惑的情况。这部小说顽强地创造出、清晰地表达出种种幻想，同时又不动声色地将它们破坏掉，它实际上是一则与残酷压抑的欲望有关的后现代童话。这部作品发表时，正是艾滋病出现的危急关头，它对同性恋人群的过往，对他们的肉体和心灵，作出了断然的肯定。**CJ**

灵魂漫长而黑暗的茶点时间
The Long Dark Tea-Time of the Soul

道格拉斯·亚当斯（Douglas Adams）

作者生平：1952年生于英国，2001年卒于美国
首次出版：1988年，Heinemann（伦敦）
原著语言：英语
作者全名：Douglas Noël Adams

  非同寻常的侦探德克·简特利回来了。当德克饱受折磨的前任秘书在希思罗机场的一次神秘爆炸中失踪，而他的最新客户又在一个反锁的房间里身首异处时，弄清楚这两件事的关联只是一个时间问题。夏洛克·福尔摩斯在排除掉不可能的情况之后，倾向于认为剩下的可能性必定趋近真相。德克·简特利认为没有充分的理由排除不可能的事情，而他很快就被证明是对的。这是一部神在人群中行走的小说，圣潘克拉斯火车站的哥特式尖顶和塔楼影射了一个隐秘的瓦尔哈拉宫殿（译注：北欧神话中的天堂，亦意译作英灵神殿，掌管战争、艺术与死者的主神奥丁命令女武神"瓦尔基里"将阵亡的英灵战士带来此处服侍，享受永恒的幸福）。人类已经忘记了他们曾经崇拜的不朽神灵，但那些因人类对信仰的需要而产生的神灵仍在徘徊。

  虽然亚当斯的描写非常轻快，但这本书似乎比他以前的作品更加忧郁。同时，乔纳森·斯威夫特和刘易斯·卡罗尔对本书的影响最为显著。世俗和荒诞与更宏大的主题——科学和信仰形成了鲜明对比，而亚当斯再次揭示了他对当代物理学的浓厚兴趣——德克发现自己被迫溜到分子后面，冒险穿越他自己宇宙的边界。**AC**（本篇由陈萱翻译）

幽灵路
The Ghost Road

派特·巴克（Pat Barker）

作者生平：1943年生于英国
首次出版：1996年，Viking（伦敦）
原著语言：英语
布克奖：1995年

  《幽灵路》是巴克"重生三部曲"的最后一部，前两部分别是《重生》（1991，见本书第812页）和《门上的眼睛》（The Eye in the Door，1993），这组三部曲通过描述另类的战争景观——比如考察精神受创的病患，以及大后方的工人阶级妇女、同性恋、反战组织和政府官员——开始改变战争文学的面貌。

  她将虚构人物引入确有其人的历史人物——如战争诗人西格弗里德·萨松、威尔弗雷德·欧文和军队心理医生W. H. R. 里弗斯中间，这一做法招来了批评，也让历史变得真伪难辨。但巴克的三部曲尝试描绘出我们对一切争斗所抱的态度中，那种根深蒂固的复杂性。在《幽灵路》中，她把主人公送回了西线战场，用我们熟悉的战时日记，直接探讨战斗中的种种反应。与此同时，她还记录了W. H. R. 里弗斯心中的疑问和每况愈下的健康状况，他的工作是治愈士兵，让他们重返战场。这部作品显然将后来的社会价值观安放到了战时的环境中，这一点在对待精神创伤和同性恋的开明态度上，体现得尤为明显，不过巴克对战争中的人作了更为复杂（倘若不是现代的话）的刻画，她对此并不否认。这部作品也许在史实层面有失准确，但巴克的三部曲断然改变了战场就是污泥、鲜血和罂粟的刻板印象，将它扩展成了这样一个版本：它展现了可供后世战争文学进一步发掘的复杂性和潜力。**EMcCS**

▶ 摄影师贾斯汀·斯托达德为派特·巴克拍摄了这张照片。

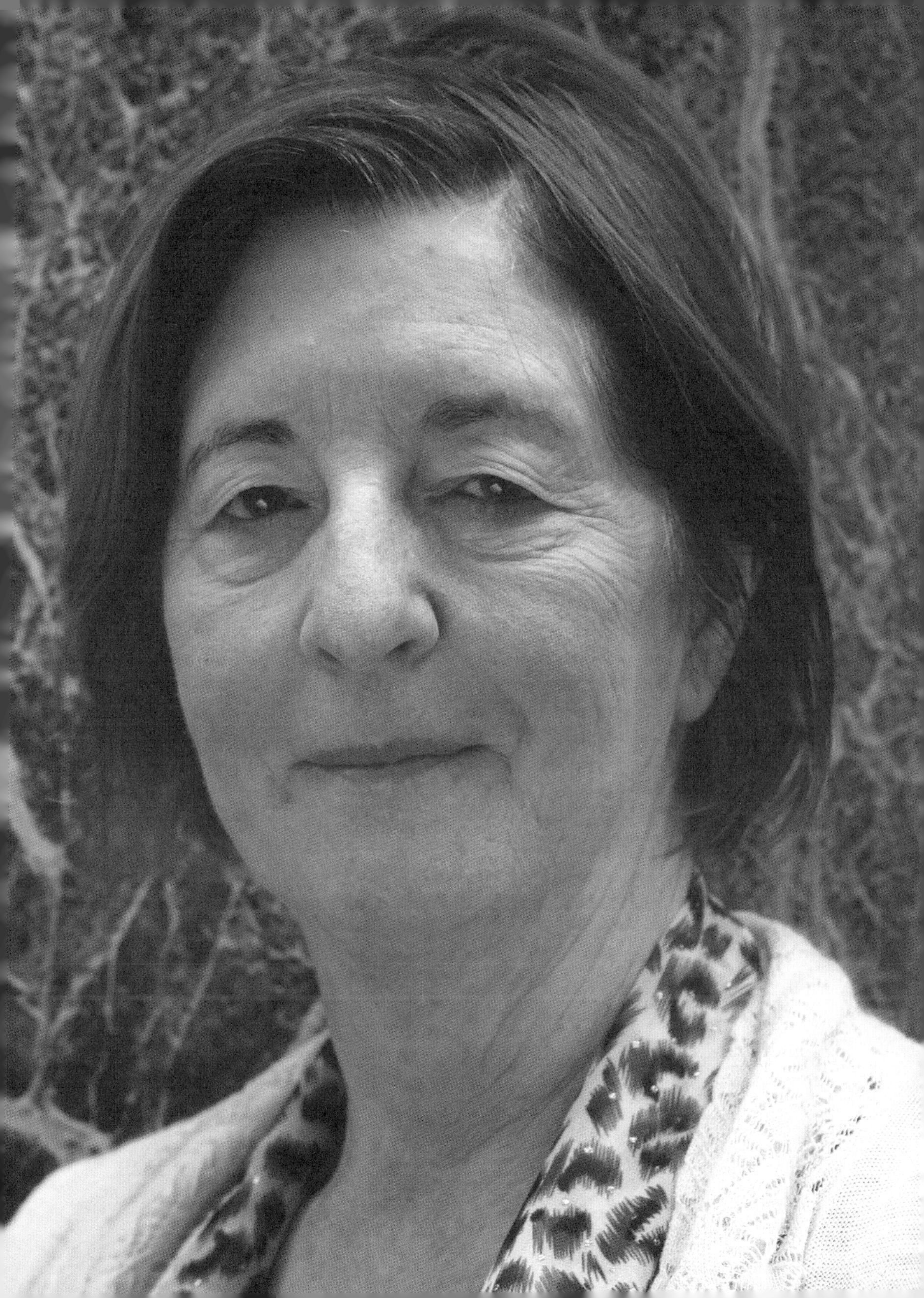

杰克·迈格斯 Jack Maggs

彼得·凯里（Peter Carey）

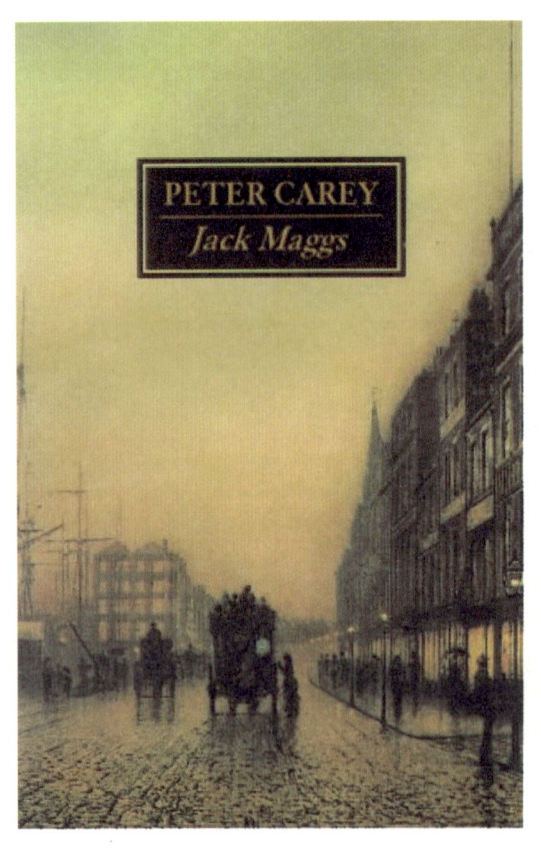

作者生平：1943年生于澳大利亚
首次出版：1997年，University of Queenstown Press（布里斯班）
迈尔斯·弗兰克林奖：1998年

　　《杰克·迈格斯》是一部复杂的历史小说，写的是文学、金钱和情感方面的亏欠问题。在1837年的伦敦——重要的是，这一年既是维多利亚女王登基的年份，也是查尔斯·狄更斯由新闻业转入小说创作的年份——遭到流放的罪犯杰克·迈格斯冒着被人发现、遭到处决的危险，从澳大利亚溜了回来。他乔装成仆人，追查一个年轻人的下落，多年前他曾帮助过这个年轻人。与此同时，他引起了雄心勃勃的年轻记者托拜厄斯·欧茨——令人不由得想起狄更斯——的注意，他发现了迈格斯的秘密，最后他把这些秘密当作素材，用在了小说创作中。

　　其实，《杰克·迈格斯》是对狄更斯的《远大前程》（见本书第148页）的核心主题富有新意的再创作。凯里的这部小说并非前传或仿作，相反，更像是狄更斯所用素材的一种变奏，在19世纪的平行宇宙中重新演绎出来。但它绝非维多利亚时代的文学"卡拉OK"这么简单，凯里摸索着原作与再创作之间的距离，对艺术的源头以及文学作品故事情节安排的决定论提出了问题——如果在原作里，事情是这样的，我们或许会问，那它们在新作里，注定会重蹈覆辙吗？正如欧茨的作品离不开迈格斯的生活，凯里的这部作品同样离不开狄更斯的生活。尽管读者从他的小说里享受到了乐趣，但他也要求读者体验一下获得这种乐趣的代价。**BT**

他用手帕仔细地拂去脸上的灰尘，一头扎进黑影里，仔细地看着街道的门牌号，但是什么也没有看到。

▲ 澳大利亚最成功的当代小说家彼得·凯里在纽约生活。

爱无可忍 Enduring Love

伊恩·麦克尤恩（Ian McEwan）

作者生平：1948年生于英国
首次出版：1997年，Jonathan Cape（伦敦）
原著语言：英语
改编电影：2004年

　　科技记者乔·罗斯计划与妻子克拉丽莎在英国乡间享受田园风情的野餐。在他们上空，一只热气球陷入了麻烦，他们惊恐地看到，飞行员的腿被缆绳缠缠住了，另一名乘客，一个男孩，因为恐惧而不敢跳下求生。麦克尤恩的故事由这个典型的、催化剂般的事件开始写起。乔和其他四人冲了上去，帮忙拽着吊篮，这时，一阵强风把他们中的四个吹到了空中。乔和另外两人松了手，平安落地，而第四个人一直没有松手，结果摔死在附近的地面上。

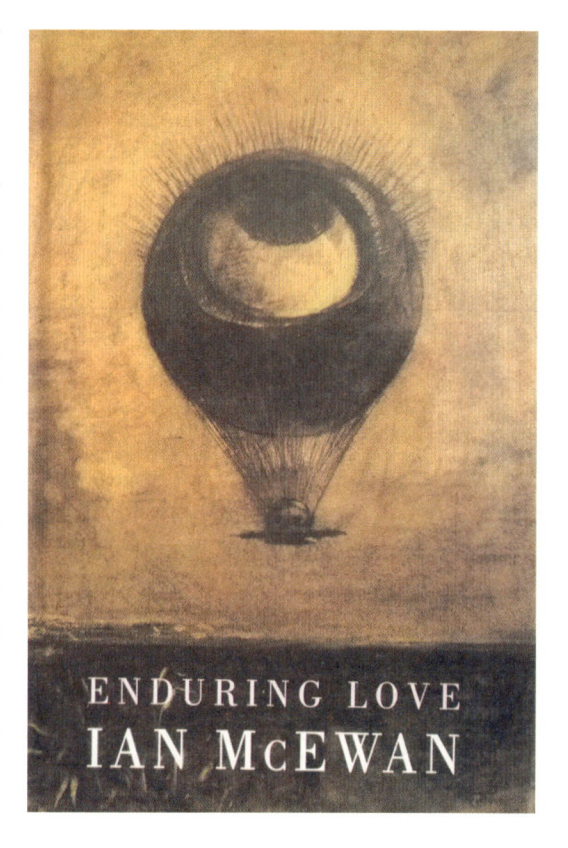

　　这件事给所有人的生活都带来了影响，我们看到，乔试图给自己的记忆理清头绪，那个陌生人的死（男孩平安落地）令他感到内疚。当杰德·帕里，一个像他一样有机会救人的人，迷恋上乔，开始用接二连三的信件、电话和碰面骚扰他时，他的感受变得越发复杂。气球事件的种种可能性，那些"如果如何"和"只要如何"让乔的科学精神濒临崩溃，给他那原本秩序井然的生活带来了挫折和混乱，危及了他与克拉丽莎的关系，乃至他的自信。核心主题是执迷，不光是杰德对乔的执迷，还有乔对于从混乱中找出意义的执迷。信任与怀疑也是核心主题，随着克拉丽莎对乔陈述的事件经过产生怀疑，读者再也弄不清究竟发生了什么事。**EF**

不论我们认为自己的科学知识有多么渊博，对死亡的恐惧和敬畏始终会让我们瞠目结舌。也许令我们感到惊奇的并非他物，而正是生命本身。

▲ 通过对一场精神危机、一种精神疾患的细致展现，麦克尤恩严肃而又深刻地探讨了人类的情绪、情感、意识乃至人性本身的无限可能及脆弱无依。

街谈巷议
The Talk of the Town

阿达尔·奥汉隆（Ardal O'Hanlon）

作者生平：1965年生于爱尔兰
首次出版：1998年，Sceptre（伦敦）
美国版书名：*Knick Knack Paddy Whack*
原著语言：英语

　　脱口秀演员阿达尔·奥汉隆，因为在电视喜剧《泰德神父》中扮演杜格尔神父而闻名。他的这部小说并非投机取巧的肤浅娱乐作品，也不是故作庄重、博取名声的作品。他的故事通过叙述者——十九岁的帕特里克·斯库利的经历，再现了20世纪80年代初爱尔兰小镇生活的氛围和风习。在小说开头，他在都柏林的一家珠宝行做着没有前途的保安工作，周末乘巴士回家。我们从斯库利那些曲折的、玩世不恭的、好笑的心事，开始了解到他对生活的不满。

　　有些戏剧性的时刻，展现出了作者的功力，比如，斯库利在"海市蜃楼"夜总会墙外失去童贞的过程中，跟在墙另一侧撒尿的一个家伙聊了一阵。但幽默中透出了阴郁的绝望。语言的流动是快节奏、口语化的，故事里有一些阴暗的、令人惊异的情节。小说叙事颇有技巧，采用了双重视角。女友弗朗西斯卡的日记，点缀在斯库利的第一人称叙事之间，削弱了他对事件理解的可信度，还特别提到了弗朗西斯卡对斯库利的朋友"卵蛋"泽维尔·奥赖利的感觉。斯库利闭塞的生活，他的内心充满的无法直面的不安，将他的故事带向了充满疯狂和暴力的无情结局。**RM**

轻舔丝绒
Tipping the Velvet

萨拉·沃特斯（Sarah Waters）

作者生平：1966年生于英国
首次出版：1998年，Virago（伦敦）
原著语言：英语
电视改编：2002年

　　《轻舔丝绒》是一个女扮男装的香艳历险故事，以维多利亚时代小说的风格、结构和篇幅重塑了那段女同性恋的情欲被压抑的历史。故事以19世纪90年代的伦敦为主要背景，再现了那个时期王尔德式的激情和纵欲。萨拉·沃特斯技艺精湛的仿写幽默而又浪漫，将读者引入了一段文化发现之旅。

　　小说记录了在惠斯特布尔卖牡蛎的女孩南希·阿斯特利作为女同性恋者的成长生涯——从音乐厅的男装丽人到出卖肉体的"男孩"、上流社会女同性恋者的玩物，到女权主义者、"新女性"弗洛伦斯的同性伴侣。作者对这个时期主流小说中关注的问题，例如社会阶层、女性气质、个体的发展和越界都做了充分的探索。此外，小说还致敬了文学繁盛时期层出不穷的其他维多利亚幻想小说、情色小说和色情文学。尽管作者故意加入了不少淫靡的双关语、维多利亚时代的俚语（"轻舔丝绒"就是指给女性口交），以及关于性玩具的知识，它终究还是一个爱情故事。

　　在《轻舔丝绒》中，沃特斯不断激发读者重新认识这个在我们的思维定式中"道德虔诚"的维多利亚时代，小说中对该时期在性方面如何表里不一的描述也让我们得以重新审视自己。**CJ**
（本篇由陈萱翻译）

▶ 萨拉·沃特斯小时候是个"假小子"，成为青少年后才逐渐女性化起来。

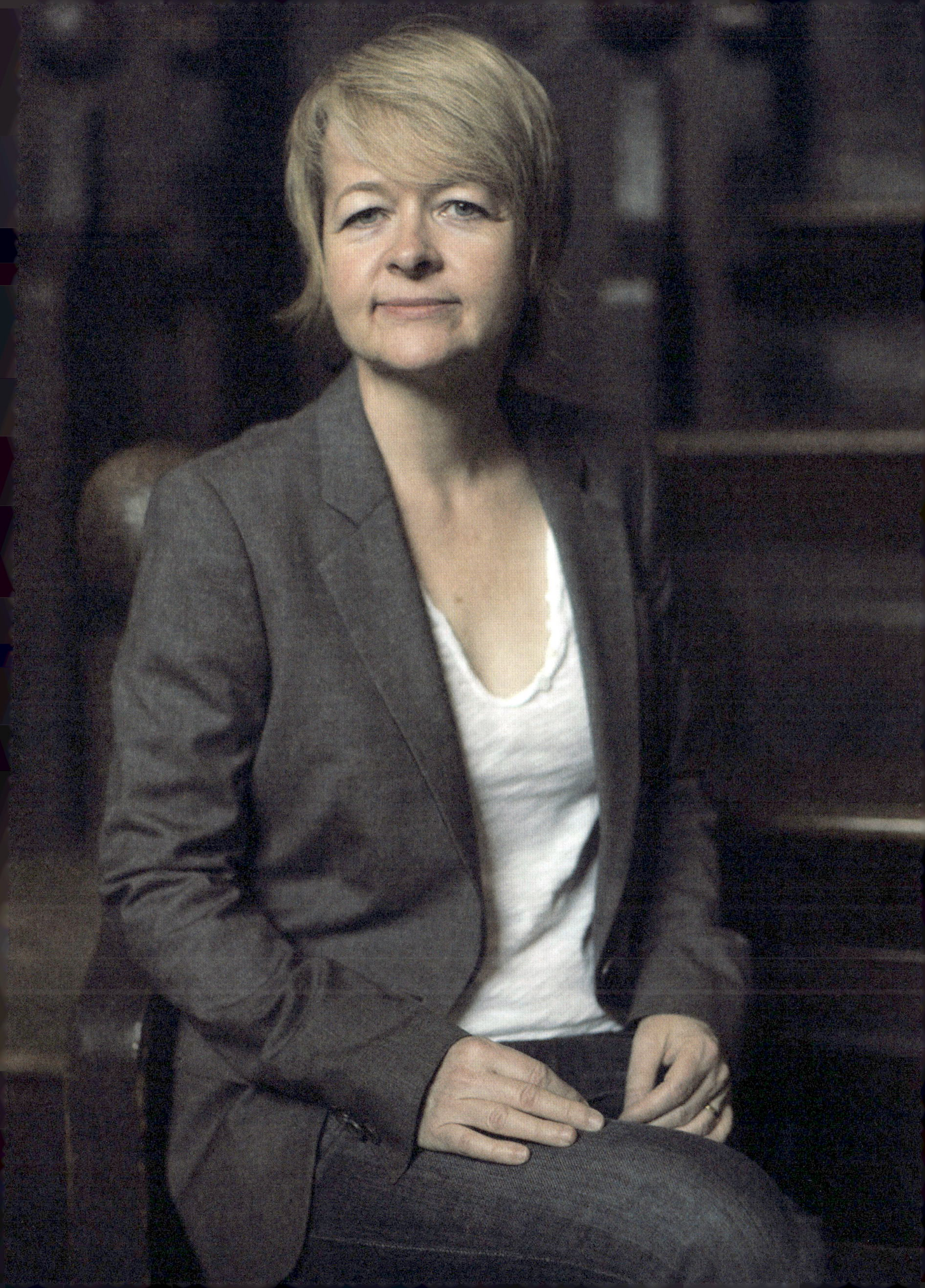

海边的卡夫卡 海辺のカフカ

村上春树（村上春樹）

作者生平：1949年生于日本
首次出版：2002年，新潮社（东京）
原著语言：日语
英译书名：*Kafka on the Shore*

村上春树生在京都，父亲是佛教徒，母亲是商人（译注：此处有误，村上春树的父母均为中学日文教师，其父是京都的僧人之子，母亲是船场商家的女儿）。他把大部分童年时光用在汲取父母讲授的日本文学上，但他真正感兴趣的是美国文学，他将彼此对立的东西方精神和谐统一地纳入许多作品。

《海边的卡夫卡》或许可以算是一部精神分析魔幻现实主义作品。田村卡夫卡是个十五岁的少年，他的父亲曾作出他会有恋母情结的预言。父亲告诉他，将来他会弑父淫母乱姐。卡夫卡从父亲身边逃走，既是为了避免让预言应验，也是为了找寻自己的母亲，后者在他小时候就带着他的姐姐离开了。与此齐头并进的一个故事，与一位上了年纪的笨伯中田有关，他的故事也萦绕于卡夫卡的世界。卡夫卡和中田素未谋面，但他们的人生旅程捆绑在一起，难分难解。

这部小说探讨了人生大事与时间褶皱之间的关系、幽灵与音乐的联系、宽恕的治愈效果、梦幻和现实、暴力、爱、记忆与失落。作者呈现给我们的世界充满了令人费解的事件，人可以与猫狗交流，鱼从天而降，像琼尼·沃克和桑德斯上校这样的非凡人物能够影响所有人的命运。

通过精妙的文风和对细节的关注，村上春树用禅宗式的冥思，将一个混乱的、超现实的宇宙引入了和谐的境界。《海边的卡夫卡》是一部细心构筑的作品，它尝试通过将东方和西方的思维编织到一起，探讨和提升我们对时间和生死之谜的态度，从而与现代世界达成和解。**PM**

> 我是一股观念，明白吗？

● 对某些读者来说，村上春树晚期作品中的奇妙想象，不像他早期的现实主义风格那样令人满意。

你明天的面容 Tu rostro mañana

哈维尔·马里亚斯（Javier Marías）

哪怕哈维尔·马里亚斯的《你明天的面容》没有计划之中的第三卷（编注：第三卷《毒药、阴影与永别》已于2007年出版），仅凭这鸿篇巨制的前两部《狂热与长矛》和《舞蹈与梦幻》，就足以确认这位与胡安·贝内特（Juan Benet）拥有同样威严气质的作家的文学才能了。马里亚斯强调说，《你明天的面容》不是三部曲，而是一部三卷本的小说，这样一来，人们难免将其与普鲁斯特的《追忆似水年华》（见本书第325页）相提并论。在不偏离小说中心主题——比如，不确定性在我们生活中的分量，或者知人知面不知心——的情况下，马里亚斯在他的小说中拓展了新的想象空间。尤其是，他如今的诘问与过去、记录过去的纪事的可信性，以及导致过去的事难有定论的诸多利益集团有关。

这部小说描写了对西班牙内战中的事件（例如安德鲁·尼恩被共产党人所杀）不无偏颇的历史重述，以及在"二战"期间充当英国间谍的一干人等的经历，他们都是英国高等学府培养的精英。内战期间，《狂热与长矛》的主人公雅克·德萨在伦敦工作，退休的牛津大学教授彼得·惠勒将他招募进了英国秘密情报局。"永远别告诉任何人任何事。"这部小说开篇令人难忘地写道，由此反映出主人公的这一看法：人不可能真正了解别人是否值得信赖。而试探那份或许可靠的真心，正是这位主人公的工作内容之一。这部小说将沉思作为一种叙事策略，风格错综复杂，就像一块由叙述者一面反思和寻觅确定性，一面编织成的薄纱。**JGG**

作者生平：1951年生于西班牙，2022年卒
首次出版：2002年，2004年，2007年，Alfaguara（马德里）
英译书名：*Your Face Tomorrow*

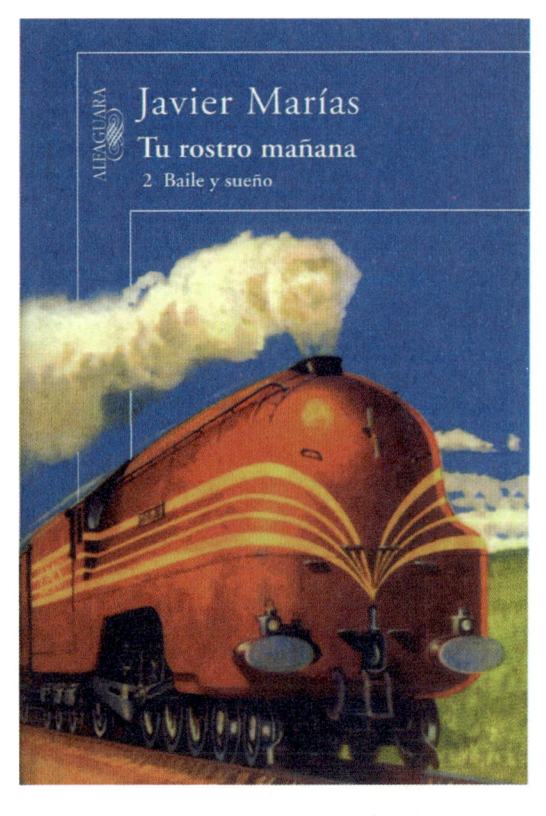

永远别告诉任何人任何事……

▲ 哈维尔·马里亚斯老练而从容不迫地放慢了小说情节推进的节奏，展现出大量的观察和思考。

接班人 Pasardhësi

伊斯梅尔·卡达莱（Ismail Kadare）

作者生平：1936年生于阿尔巴尼亚，2024年卒
首次出版：2003年，Onufri（地拉那）
原著语言：阿尔巴尼亚语
英译书名：The Successor

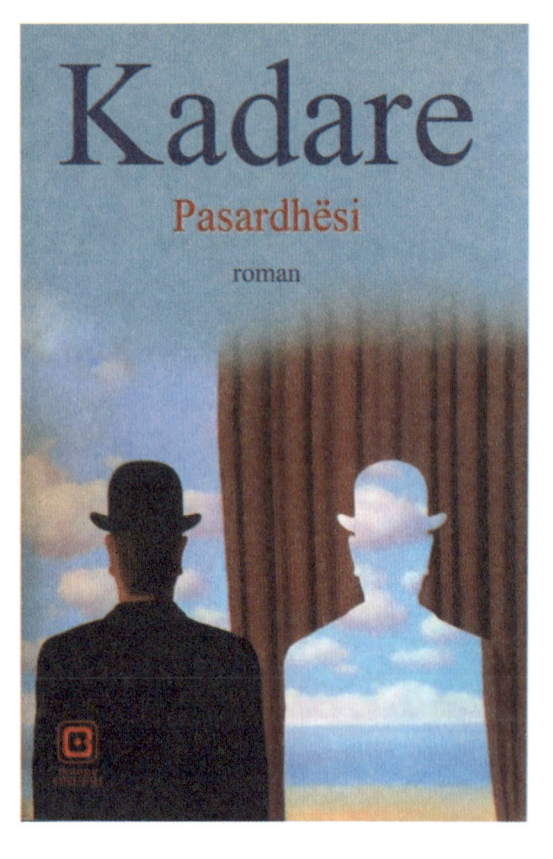

  2005年首届布克国际文学奖得主伊斯梅尔·卡达莱的这部小说，以阿尔巴尼亚首都地拉那为背景，是根据领袖恩维尔·霍查——"导师"——的"接班人"穆罕默德·谢胡之死写成的。霍查统治了阿尔巴尼亚五十年之久，1981年，他准备交出自己的权力。接班人一家要么被捕，要么被杀，人们至今弄不清接班人本人是自杀还是他杀。对大多数阿尔巴尼亚人来说，长期以来，他的死亡之谜为恐惧所萦绕。

  卡达莱用明晰、准确、并不感情用事的散文传达出的，正是这份恐惧，未曾得到澄清的谋杀加剧了紧张气氛。紧张和恐惧使他笔下的阿尔巴尼亚人陷入了偏执，这种偏执将他们带向了毁灭，接班人的女儿苏珊娜，她与根茨的婚约终止了，原因可能是男方与前政权存在盟友关系，这件事令她遭受了不小的精神创伤；还有忧心忡忡的病理学者，他担心替接班人验尸是自掘坟墓；以及给接班人建造大屋的建筑师，他发现自己修建的这座大屋比领袖的宅邸还要大。

  通过将政治恐惧与地理隔绝联系在一起，卡达莱将他的阿尔巴尼亚读者带到了前台。事情的经过是通过一位神秘的老阿姨传达给阿尔巴尼亚读者的，她不是密探就是幽灵，在接班人死后，她出现在接班人的家人面前。她所预见的未来就像他们必须了解的过去一样玄奥，他们只有了解了过去，才能脱下恐惧之袍。**JSD**

▲《接班人》对人物的内心世界进行形象而全面的剖析，使人物形象富有浓烈的历史印迹，整部作品神秘而厚重。

查无此女 The Accidental

阿莉·史密斯（Ali Smith）

史玛特一家正在英国诺福克地区安宁地度假，迷人的陌生人"琥珀"的到来，带来了一场震荡，震荡传遍了他们那相互隔绝的内心生活，揭示出他们遗忘已久的情感联系。起初，每个人物都面临着某种困境，只有通过琥珀，他们才能找到方法，开始讲述自己的故事。这部小说是由每一位家庭成员——还有一位神秘的他者——轮流叙述的，他们描述了活泼的琥珀是如何扰乱了家庭生活的微妙平衡，打破了重重界限，迫使他们用别样的眼光审视自己的处境。琥珀对十二岁的爱思翠十分友善，劝说她不要用有色眼镜看待这个世界。琥珀迷住了那位父亲——与人通奸的讲师麦可，却没有与他发生关系，而是揭示出了他的不自信。琥珀还给他的妻子——写作受阻的作家夏娃在自己周围竖起的保护性藩篱上投下了一束光亮。但琥珀施加影响最大的，要数备受困扰的少年麦格纳斯。他的家人不知道，麦格纳斯已经濒临自杀的边缘，直到琥珀引诱了他，才挽救了他的性命。

《查无此女》中的故事与电影的历史缠绕在一起，尽管在电影院里受胎的琥珀总是停留在焦点之外，但这个故事照亮了时光不知不觉间在最亲密的关系上留下的那些看不见的裂痕。这部小说的兴趣主旨在于隐秘的身份和隐秘的内心生活；或许还在于虚构本身的欺骗性。这是阿莉·史密斯的第三本书——也是她入围布克奖决选的第二部作品，它的节奏比前两部小说更舒缓，但人物塑造令人难忘，有关真实和价值的主题富有感染力。**EH**

作者生平：1962年生于英国
首次出版：2005年，Hamish Hamilton（伦敦）
原著语言：英语
惠特布莱德年度小说：2005年

▲ 阿莉将《查无此女》的创作归功于一个梦，这个梦以完完整整的语句形式降临，早上她把这个梦记录了下来。

母乳 Mother's Milk

爱德华·圣奥宾（Edward St. Aubyn）

作者生平：1960年生于英国
首次出版：2005年，Picador（伦敦）
原著语言：英语
布克奖入围：2006年

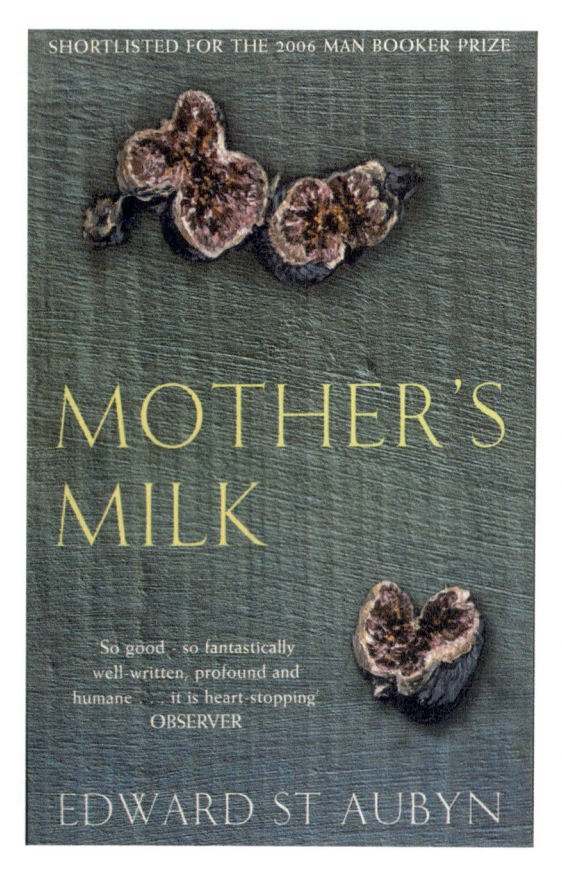

《母乳》在情节上，是对圣奥宾讽刺英国上流社会阴谋诡计的三部曲《希望》的延续。在这部小说里，帕特里克·梅尔罗斯那位虐待成性、诱人吸毒的父亲已经死了，留下了帕特里克的母亲埃莉诺，后者患上了阿尔茨海默病，神志日渐昏聩。沮丧的帕特里克竭力减少这件事带来的不良后果，与母亲明确表达出来的这一意愿进行抗争：她要剥夺孩子的继承权，把法国的度假屋留给一个装模作样的新世纪教主。度假屋的新房主谢默斯来接管房屋时，让帕特里克的几个年幼的儿子感到本能的反感。

携家前往美国之后，帕特里克与让他瞧不起的事情再次劈面相逢。在圣奥宾那冷嘲热讽的讲述中，乔治·布什治下的美国犹如一头怪兽，充满自我放纵之举和虚情假意的亲近，缺乏健康的怀疑主义。帕特里克又开始酗酒了，他把酗酒当作一种最佳的应对机制，以此来对抗那个趁他在中年困顿中挣扎时，既从他身边溜走，又对他迎头痛击的世界。

圣奥宾擅长将描写和叙述压缩成简洁有力的格言警句。在写到一个次要人物未能如愿以偿地养育一个继承香火的儿子时，他用精练的笔触写道："生了三个女儿之后，他撤回了书房。"他把"身陷危机的人"，还有那些聪慧过人、简直能洞察人心的孩子刻画得惟妙惟肖。圣奥宾写梅尔罗斯一家的篇章，显然透露出了他本人的家庭关系，他在访谈中对此直认不讳。他试图通过讽刺帕特里克的性格，在阶级和环境的束缚中，寻求一种接近个人解放的结果，其结果便是这位技艺娴熟的当代英国小说家写出了一部节奏适宜、令人愉悦的布克奖入围作品。**DTu**

▲ 帕特里克这个人物是根据圣奥宾本人的经历写成的，他曾遭到父亲的性虐待，十六岁就染上了海洛因毒瘾。

爱的历史 The History of Love

妮可·克劳斯（Nicole Krauss）

这本悲伤而又美得令人心痛的书，是对身边人亡故及其后果的巧妙探讨：书中逝去的有爱人、儿子、丈夫、父亲、朋友。透过不断变化的叙事声音，它将至少三个故事天衣无缝地编织到一起，三者还有令人惊讶的彼此交融，三者都有的要素就是"遗失"的手稿《爱的历史》六十年前由波兰移民莱奥·古尔斯基写就，那是对他唯一爱过的女人阿尔玛的颂歌。

如今莱奥年事已高，他在纽约的公寓里过着孤独的生活，不断缅怀过去，为自己创造出一个半是幻想的世界，在那里他可以少承受一些悲伤。他从写作当中找到了慰藉，这次是一本名为《诉说一切》的手稿，因为将他的生活诉诸笔墨，意味着他的故事会被人听到，意味着他还没有死去。他不知道的是，他的手稿《爱的历史》已经出版，它在一对年轻的以色列夫妇的爱情故事中扮演了重要角色，他们按照"书中女孩"的名字，给他们的第一个孩子取名阿尔玛。少女阿尔玛在深爱的父亲去世后，努力应对家中的悲伤和前方的道路，她开始走上解开这本书、她的同名人和作者生平之谜的道路。

妮可·克劳斯怀着饱满的柔情和出人意料的幽默，展现了人类的精神在遭遇看似无法承受的损失之后的生存能力，并在这一过程中赞颂和验证了写作本身的功效。**CN**

作者生平：1974年生于美国
首次出版：2005年，W. W. Norton & Co（纽约）
原著语言：英语
柑橘奖短名单提名：2006年

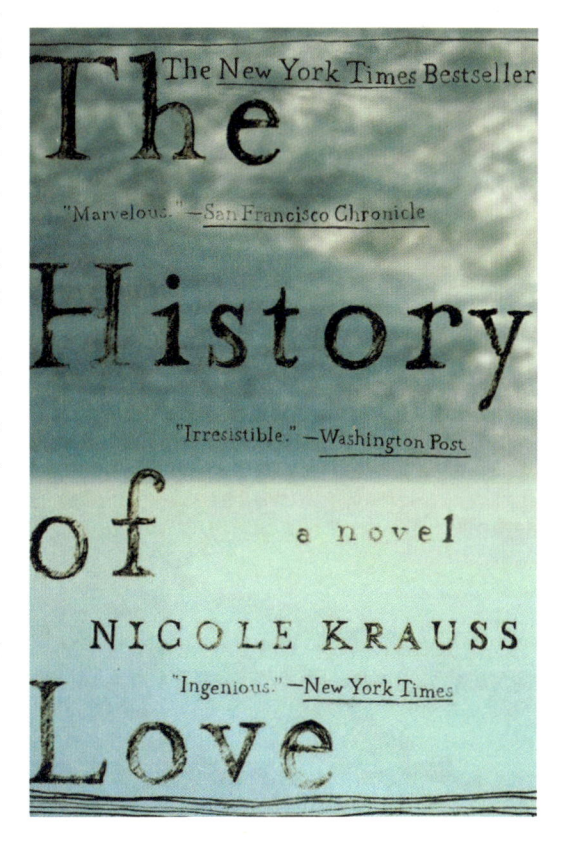

▲《爱的历史》面世后，立刻登上英美多种畅销书榜，各种语言译本也相继出版，为作者赢得了国际声誉。

半轮黄日 Half of a Yellow Sun

奇玛曼达·恩戈兹·阿迪契
（Chimamanda Ngozi Adichie）

作者生平：1977年生于尼日利亚
首次出版：2006年，Fourth Estate（伦敦）
原著语言：英语
柑橘奖：2007年

    1967年至1970年的尼日利亚-比夫拉战争——阿迪契第二部小说的主题——始自尼日利亚伊博人自立建国，以尼日利亚封锁，导致大批民众饿死告终。或许这场冲突如今早已被西方所淡忘，但在当年，此事非同小可，约翰·列侬出于对英国插手此事的反感，退还了英国勋爵爵位。

    阿迪契2003年的处女作《紫木槿》备受称赞，但由于第一人称叙事的限制，再加上主人公只有十五岁，其眼界未免不够开阔。在《半轮黄日》中，阿迪契展现了全景式视角，编织出一个包罗甚广的故事，故事的时间跨度接近十年，叙述者是三位截然不同的人物：男仆乌古，接受过英文教育的美女奥兰娜，还有笨拙但激进的英国人理查德，他深深地迷恋着与奥兰娜有些疏远的孪生姐姐。除此以外，还有一本书中之书，其内容是对本书故事的事后记录，其作者身份的披露，是本书故事情节的一个绝妙转折。

    阿迪契显然是在面向国际化市场写作，她在向不熟悉情况的读者介绍尼日利亚人的生活细节时，没有丝毫遗漏。她也没有流于说教，而是坦率地承认，遭受困境的伊博人中也有势利之辈。尽管她与同胞本·奥克里一样，都是受到许多相同事物的启发，但阿迪契没有采用他那魔幻现实主义的写法，而是采用了她心仪的英雄钦努阿·阿契贝更具自然主义风格的手法，后者曾直接参与过短命的比夫拉政府活动。**SE**

坠落的人 Falling Man

唐·德里罗（Don DeLillo）

作者生平：1936年生于美国
首次出版：2007年，Scribner（纽约）
原著语言：英语

    "坠落的人"指的是这样一幅照片：2001年9月11日，一名身着西装的男子头朝下，从世贸中心双子塔上坠落下来——这幅照片俨然已经成为"9·11"袭击的象征。处于德里罗的故事中心的那名坠落者，是一位表演艺术家，他用绳索把自己悬吊在纽约市内各个重要场所，模仿照片里的那个男人的姿势——一条腿伸直，一条腿弯曲，双臂摆在体侧，脑袋朝下，纵身投向死亡。

    这部小说讲述了两个故事，它们围绕着坠落者的形象达成了平衡。核心故事讲述了一户纽约人家在遭遇袭击之后的日子里缓慢的调整过程。这个创伤之后的恢复故事与更为简短的插曲拼接在一起，这些插曲戏剧化地呈现了恐怖袭击的准备过程，是从"9·11"恐怖分子的角度来叙述的。这两个故事在小说结尾处，在飞机撞向大楼引发灾难的瞬间，汇合在一起。

    小说精心描绘了立场对立的双方，坠落者这一定格的形象居于中间。这个不停坠落的人的困境暗示出，这场袭击总是萦绕在人们心头——仿佛2001年9月11日从未结束。如果说那个悬吊在空中的男人会让人想起"9·11"的持久恐怖，那么这部小说也从他那泰然的悬停中找到了某种美好。它正是从他那僵硬拘谨的姿势的诗意中，指明如何在袭击之前和之后，在"我们"和"他们"之间达成新的妥协。**PB**

    ▶ 德里罗对事情的阴暗面感兴趣，他写道："历史就是他们没告诉我们的所有事的总和。"

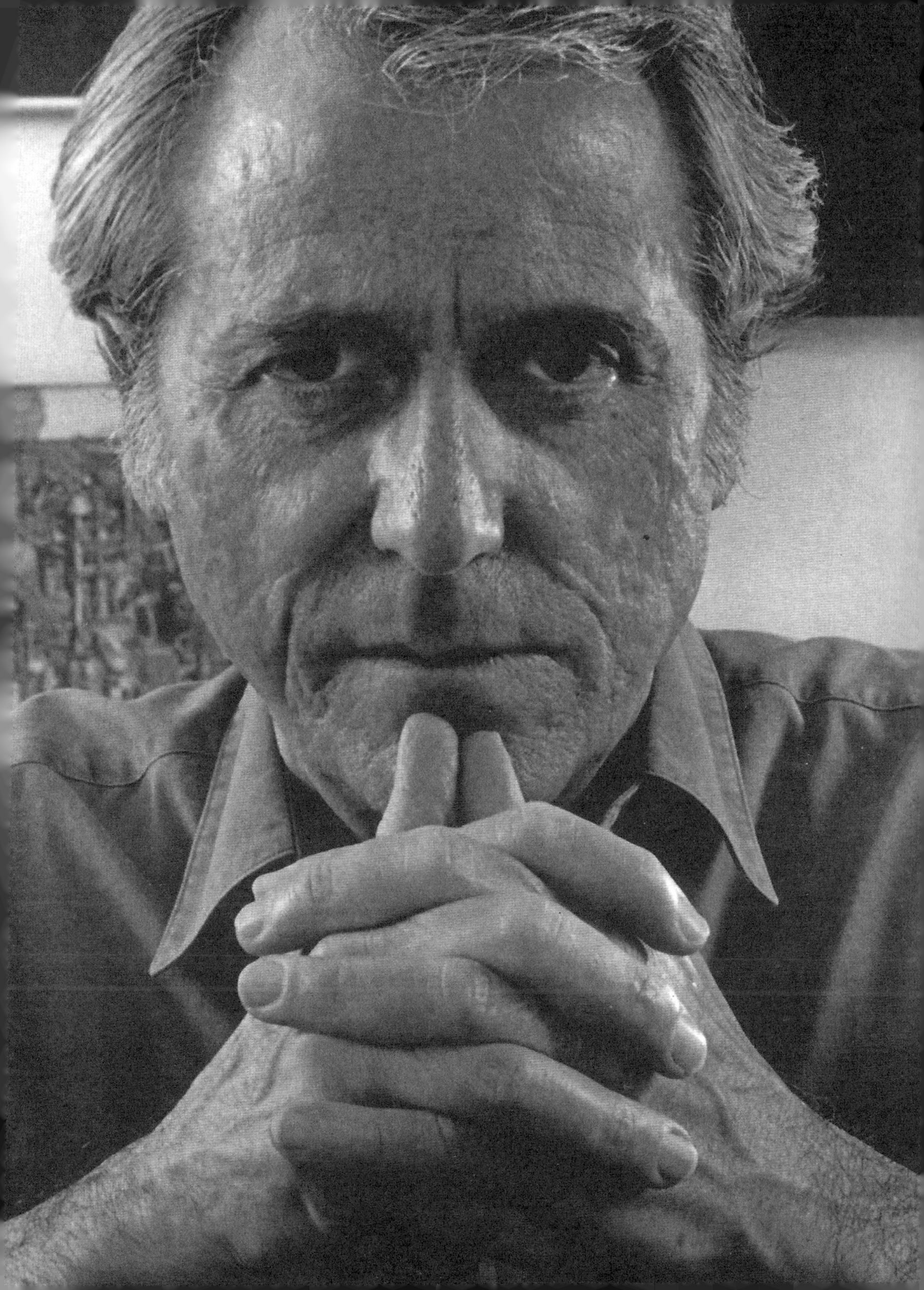

午间女人 Die Mittagsfrau

尤莉娅·弗兰克（Julia Franck）

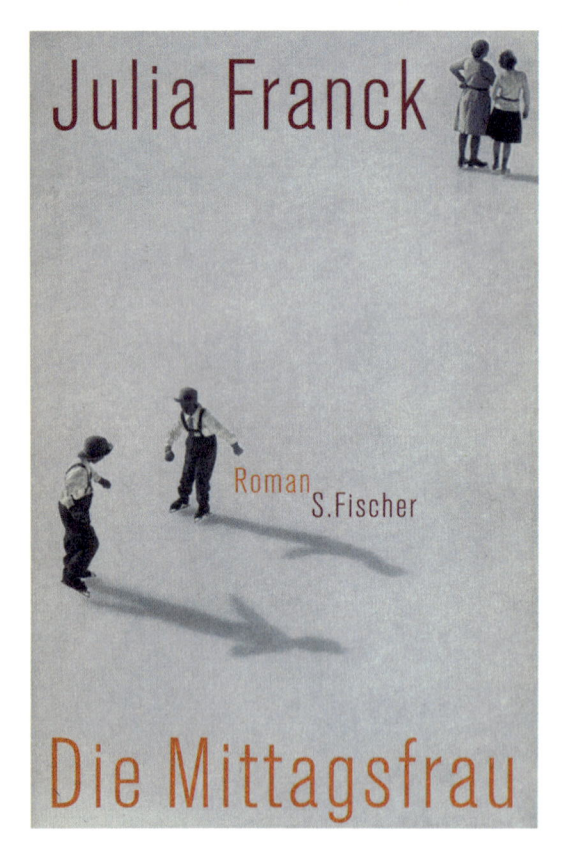

作者生平：1970年生于民主德国
首次出版：2007年，S. Fischer Verlag（法兰克福）
原著语言：德语
英译书名：The Blind Side of the Heart

《午间女人》为尤莉娅·弗兰克赢得了令人羡慕的2007年德国图书奖，它讲述了海伦娜的故事，这个女人的人生历程始于20世纪初撒克逊地区的包岑市，后来她先后到过20世纪喧嚣的柏林和"二战"临近尾声时被占领的波美拉尼亚。海伦娜的生平涵盖了20世纪德国史，跨越了两次世界大战、魏玛时代和纳粹的兴起。

这部小说的德文书名（"午间女人"，英译版书名意为"心的盲区"）指的是文德人的传说：有个女人会在收获时节，在一天当中最炎热的时候出现，诅咒那些遇到她的人死掉，除非他们能正确回答她提出的问题。弗兰克的小说英文书名"心的盲区"将生活作为叙事的中心主题，形象地表现出，由于对不无问题的个人经历绝口不提而导致的情感日益僵化。

与一位富有魅力的哲学系学生的恋情以悲剧告终，这让海伦娜投入护士工作，不再回想从前的事，也让她变得日渐冷漠。这一点反过来，又促使她与一位坚定的纳粹支持者草草成婚，后者伪造了海伦娜的档案，掩盖了她的犹太人出身，把她的名字改成了爱丽丝。充当整个故事框架的序幕和尾声部分，是从海伦娜的儿子彼得的视角叙述的，"二战"行将结束之际，在从波美拉尼亚前往柏林途中，这个孩子被母亲遗弃了。他是数以百万计德国人的代表，他们长年生活在纳粹时代投下的阴影之中——这位缺失的母亲充当了绝佳的比喻，她代表着难以接近、被压抑的过去。**KKr**

- 《午间女人》讲述了海伦娜的故事，她那悲惨的爱情生活最终让她遗弃了七岁的儿子。
- 尤莉娅·弗兰克在2007年的法兰克福书展上，同年，她获得了德国图书奖。

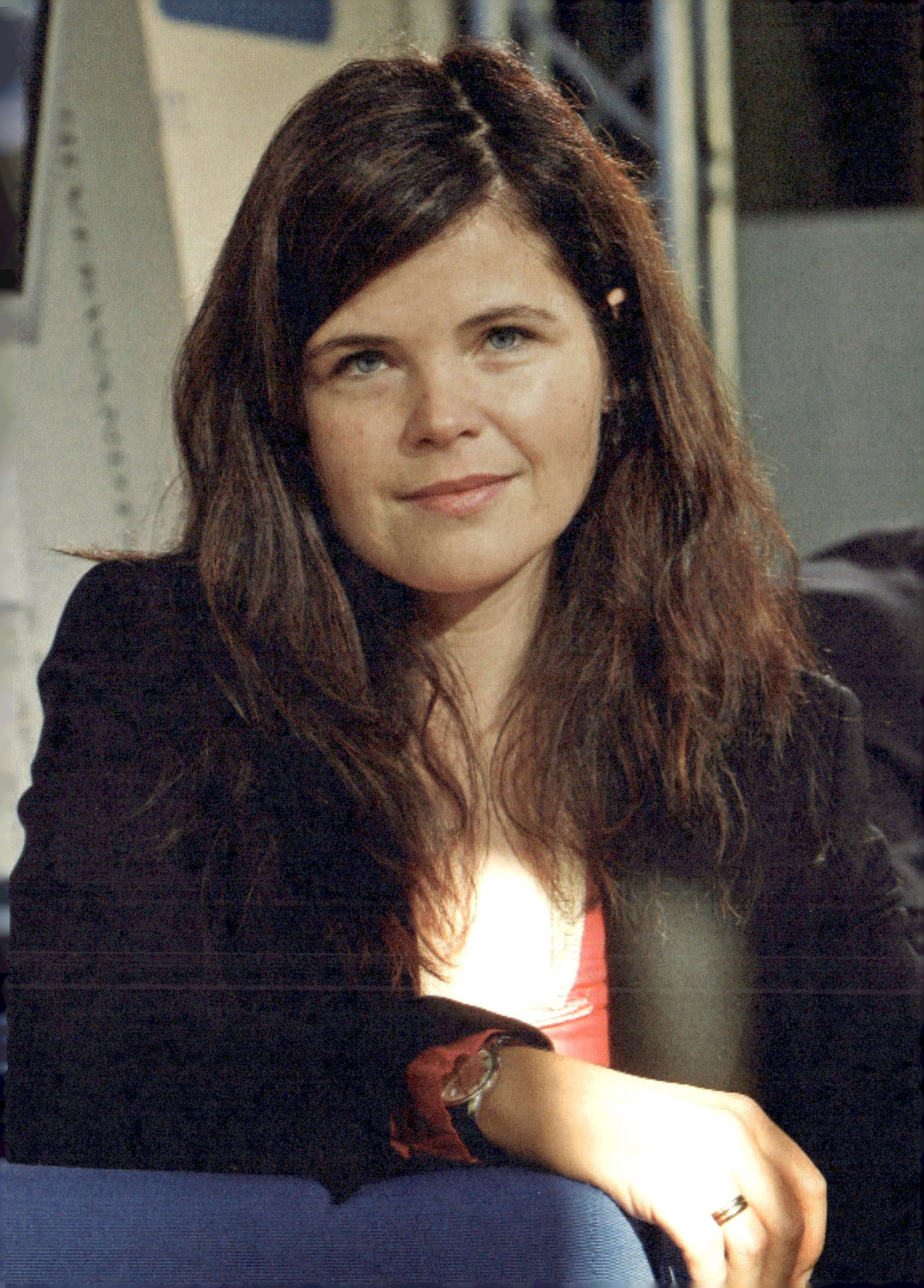

男孩，别哭 Kieron Smith, Boy

詹姆斯·凯尔曼（James Kelman）

作者生平：1946年生于英国
首次出版：2008年，Hamish Hamilton（伦敦）
原著语言：英语

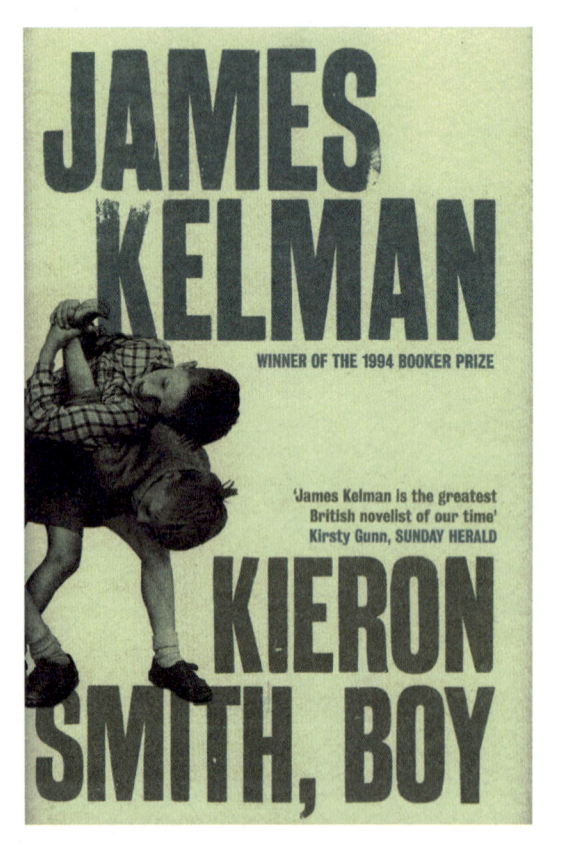

《男孩，别哭》（又译《不要绑架我的青春》）标志着詹姆斯·凯尔曼写作生涯的新阶段，它展现出当代写作的一种新的发展态势。这部小说与凯尔曼2004年的小说《在自由之邦你可得小心》（*You Have to be Careful in the Land of the Free*）不无相似，两部小说其实都没有什么故事情节，都局限于一位孤立的叙述者的意识内部。在《在自由之邦你可得小心》中，叙述者属于我们熟悉的、凯尔曼笔下的人物系谱：身为工人阶级的苏格兰人，发现自己跟不上周围的步伐（在这本书里他是个在美国生活，"未被同化、未能融入社会的移民"）。但在《男孩，别哭》中，凯尔曼从一个孩子的角度，讲述了一家人从格拉斯哥廉价公寓移居市郊小区的故事。

凯尔曼采用了儿童的口吻来进行叙述，这也许会让人将《男孩，别哭》归入"透过儿童的眼睛看世界"这一小说传统。但凯尔曼用这种叙述声音实现了前所未有的效果，简直可以说是重新发明了小说这一形式。凯尔曼通过散文为基隆·史密斯的思绪配上语言，用平凡少年天马行空的心理活动，唤起一种令人难以拒绝的极度亲密感。在阅读这本小说时，读者会禁不住自问：这孩子为什么要像这样与我们分享他的所思所想？让这场毫不滞涩的传心术奇迹发生的是什么呢？要回答这些问题，就得承认凯尔曼锤炼出了一种语言，它重新塑造了读者和叙述者之间的关系，这种语言以完美的诗意，展现出一种崭新的心理活动描写方式。**PB**

▲ 詹姆斯·凯尔曼以善于让评论家们的立场出现分歧而闻名，《男孩，别哭》即引发了热烈的争论。

该隐 Caim

若泽·萨拉马戈（José Saramago）

葡萄牙的诺贝尔奖得主若泽·萨拉马戈的最后一部作品，将弑兄的该隐奉为英雄，将《旧约》中的上帝视为恶人。在杀死兄弟亚伯之后，该隐被判处在时间和空间中流放，这一传统手法让作者得以将他带到一系列《圣经》故事的发生现场，从以撒的牺牲、巴别塔的建造到索多玛的毁灭和挪亚方舟。该隐时常游离于《圣经》之外，特别是与危险、噬人的莉莉丝有着火热的私情——此处对一个拥有力量和欲望的女人，作了惊人的正面描述。但本书的大部分内容，都是对熟悉的故事加以复述，通过该隐和作者对上帝残忍、易怒、自鸣得意和非理性的尖刻评论，给人以新鲜感。

尽管采用了非常规的排版方式——对话以实实在在的段落呈现，不加引号——但《该隐》是一本轻松有趣的读物，格言警句和口语化的旁白比比皆是。但在其清晰简单的故事叙述中，隐约可以看出，作者对人类的状况抱有复杂而苦涩的看法。对萨拉马戈这位终生的共产党员来说，上帝代表着人类的暴君，他让尘世的生活变成了一种折磨。该隐对上帝的反抗，是对世间所有不公的反叛。最终，该隐出于对上帝恶行的愤怒，重新开始杀人。尽管有着这样一个暗淡的结局，但作者对普通人所抱的明显善意平衡了作者对压迫者的憎恶。**RegG**

作者生平：1922年生于葡萄牙，2010年卒于西班牙
首次出版：2009年，Editorial Caminho（里斯本）
原著语言：葡萄牙语
英译书名：*Cain*

▲ 《该隐》是若泽·萨拉马戈的最后一部作品。

隐者 Invisible

保罗·奥斯特（Paul Auster）

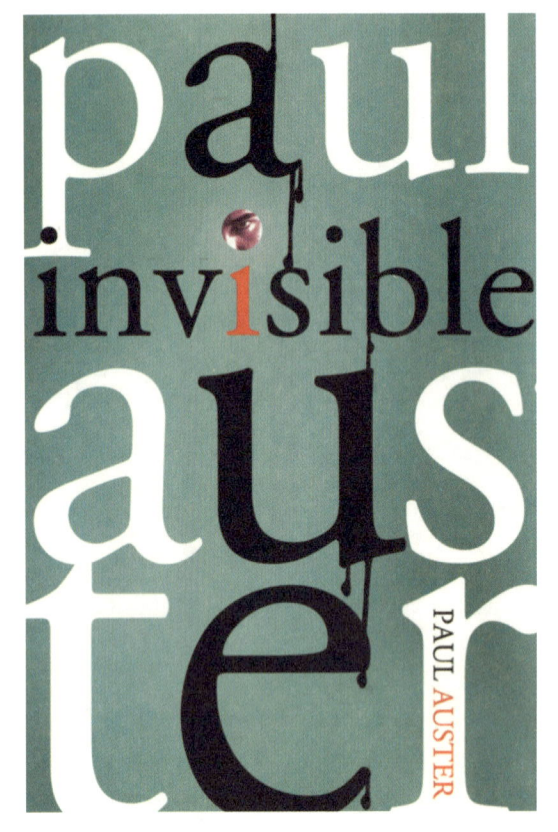

作者生平：1947年生于美国，2024年卒
首次出版：2009年，H. Holt & Co.（纽约）
原著语言：英语

在最新的一部小说里，保罗·奥斯特重新写起了他读大学的时光，他将焦点对准了一名胸怀大志的诗人亚当·沃克——1967年春，他在哥伦比亚大学读书，即将读完二年级。一天晚上，沃克在一个派对上邂逅了神秘的法国人鲁道夫·博恩和他漂亮的女友玛戈。尽管博恩的年龄几乎是沃克的两倍，还是这所大学国际事务学院的政治学客座教授，但他还是对沃克产生了兴趣，将沃克引入了一个既危险又激动人心、竞争激烈又富有男子汉气概的天地。故事情节乍看起来，仿佛脱胎于贝托鲁奇电影的文学幻想，可它戛然而止的方式永远改变了沃克的人生，迫使他面对自己性格中的另外一面，这一面会萦绕在他的心头，至死方休。

正当我们对沃克的故事深深着迷时，我们突然被带到小说的第二部分，原来我们方才读到的根本不是虚构作品，而是沃克追忆1967年春天的回忆录。四十年过去了，沃克仍然在努力理解那年发生的事，他要找一位老同学帮忙，以克服写作瓶颈，摆脱混乱的心绪，而这位老同学如今已是一位著名小说家。

奥斯特再次熟门熟路地将故事情节层层地堆叠起来，在不同的人物和视角之间来回切换，但这部小说用他的其他作品中少有的华丽和敏感，传达出一种深沉的情感。我们跟随沃克，从纽约前往巴黎，追忆1967年的夏秋季节时，小说与回忆录之间的界线变得模糊起来，我们不禁自问，究竟应该相信哪个故事呢？**PC**

......一个一无所知的男孩......

▲《隐者》以奥斯特二十岁出头时的纽约和巴黎为背景，但他说，这本书并非自传式作品。

孩子们的书 The Children's Book

A. S. 拜厄特（A. S. Byatt）

作者生平：1936年生于英国，2023年卒
作者教名：Antonia Susan Drabble
首次出版：2009年，Chatto & Windus（伦敦）
原著语言：英语

《孩子们的书》从维多利亚时代末期写到第一次世界大战结束，涵盖了二十五年的岁月，提及了上百个人物，是一部雄心勃勃的小说，它把对世纪之交各种各样的乌托邦思想（在此聊举几例：费边主义、贵格主义、选举权运动、无政府主义和新异教）尖锐的社会分析，与对儿童生活阴暗面的可信描述结合到了一起。拜厄特将少年人的强烈情感——从陶醉在大自然中物我两忘的梦幻感受，到对青涩性欲和恋母情结既令人莫名困扰，也极其深刻的体验——与世界大战前夕英国和德国的社会发展巧妙地联系到了一起。

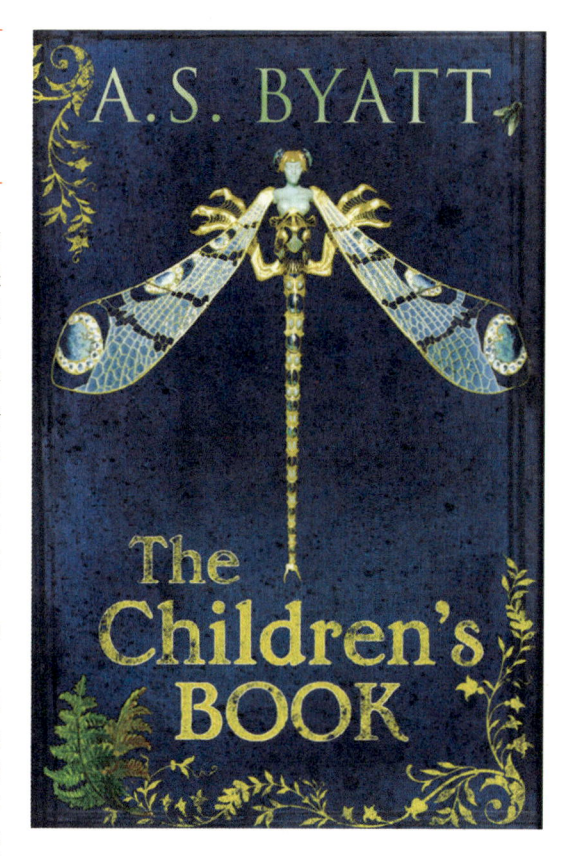

小说开篇写道，人们发现了一个野孩子菲利浦·沃伦，他从以制陶为业的村镇逃走之后，住在南肯辛顿博物馆的地下室里。一位前来参观的现代童话作家奥利芙·韦尔伍德带走了他，送他去跟手艺出众的制陶师傅本尼迪克特·弗拉德学手艺。韦尔伍德家是典型的费边式家庭：位于肯特郡的大农舍，按工艺美术运动的风格做了装潢，屋里满是各种门第出身的孩子，对造反分子、艺术家和金融家等人一概来者不拒。相反，弗拉德家的生活则是对家庭生活噩梦般的拙劣模仿，在这个家里，一名痛苦不已的天才家长砸碎了自己制作的全部陶器，对身染毒瘾的妻子不闻不问，还跟几个女儿乱伦。随着情节发展，一段段秘史浮出水面，读者清楚地看到，弗拉德家可怕的事在韦尔伍德家同样存在。 JHu

他的眼睛是蓝色的……

▲ 《孩子们的书》探索了维多利亚时代晚期儿童生活的阴暗面。

1Q84

村上春树（村上春樹）

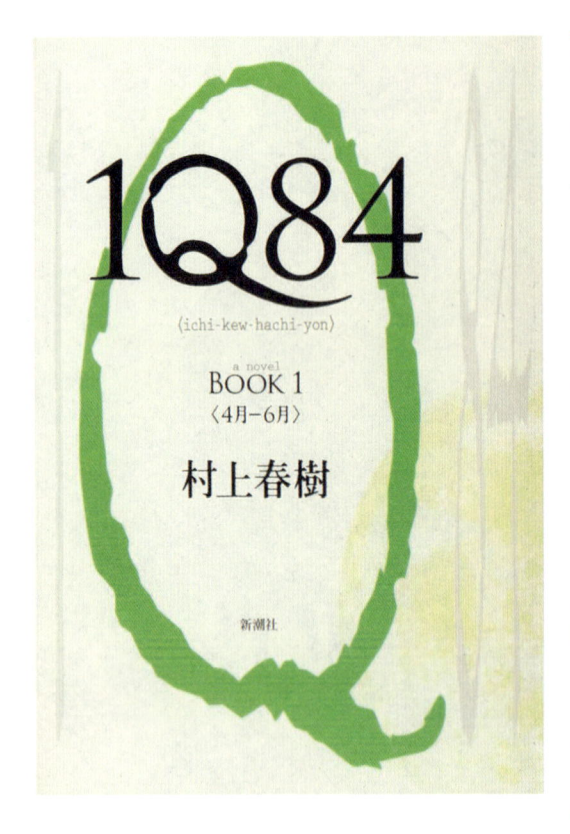

作者生平：1949年生于日本
首次出版：2009—2010年，新潮社（东京）
原著语言：日语
每日出版文化奖：2009年

村上春树的巨著——三卷本《1Q84》，同时包含一个爱情故事、一个平行世界的宇宙、一场对小说产生价值的能力所作的反思，以及通过过程而非结局来发挥效果的小说的典范。村上通过青豆、天吾以及最后一卷中阴险的牛河的交替叙述，描绘了这些人物相继进入一个与奥威尔的《一九八四》（见本书第452页）相平行的双月世界。在这个异世界，一股暧昧且有潜在恶意的力量透过"小小人"的形象彰显出来，"小小人"是隶属于先驱教的一个超自然种族。随着小说的发展，每一名角色的面纱被揭开，揭示出了他们隐秘的生活，以及1Q84世界对他们的野心构成了怎样的威胁。青豆是一名滥交无度、心地善良的杀手；天吾与一名年轻女孩合谋，打造一部获奖作品；牛河作为一名侦探，有着超乎寻常的能力。随着多重叙事的交汇，读者被卷入了与时间的赛跑，以逃离这个噩梦般的宇宙，反抗先驱教的神秘领袖作出的不祥预言。

尽管作品篇幅恢宏，但村上的风格引人入胜，晓畅易懂。不过，这部作品的结局不无问题。事实上，《1Q84》的成就和乐趣在它走过的道路里，而不在它的终点；它是一部瑕不掩瑜的杰作。**MPE**

大多数人并不相信真实，而是主动去相信自己希望是真实的东西。这样的人两只眼睛哪怕睁得再大，实际上什么都看不见。

▲ 村上春树谈道，《1Q84》写一对十岁时相遇后便各奔东西的三十岁男女，相互寻觅对方的故事，他将这个简单故事变成了复杂的长篇小说。

纵横交错的世界 There But For The

阿莉·史密斯（Ali Smith）

作者生平：1962年生于英国
首次出版：2011年，Hamish Hamilton（伦敦）
原著语言：英语

阿莉·史密斯的《纵横交错的世界》这一书名里的四个单词（There、But、For、The）充当了全书四个章节的标题。每个章节都由一个不同的人物担任主角：《There》篇讲了一个女人安娜，她刚刚辞去她在"高级联络"中的工作；《But》篇聚焦于马克，他去世的母亲爱用押韵的话数落他；《For》篇介绍了梅，养老院里的一名年长却充满活力的女性；最后的《The》篇以布鲁克为中心，这个早熟的九岁男孩总会突然道出实情。

这些篇章讲的都是不同的故事，乍看起来，它们互不相干。但渐渐可以看出，这些故事是彼此联系的。将它们联系在一起的就是迈尔斯，他是李家每年一度的另类晚餐（邀请与平日常来常往的亲友"不同"的人）的客人。席间——原来这场晚餐只是隐藏的敌意与矫揉造作的中产阶级礼节的温床——迈尔斯离席而去，来到楼上，将自己反锁在客房内，拒绝离开。李太太惊惧不安，心烦意乱。

这让读者不禁好奇：迈尔斯是什么人？他想表达什么观点？他何时才会离开？每个章节都给出了部分答案。但这本书远不只是要解答这些疑问。它在文字的力量和可能性里纵情狂欢，哪怕这些文字就像"There、But、For、The"一样毫不起眼。**LMcN**

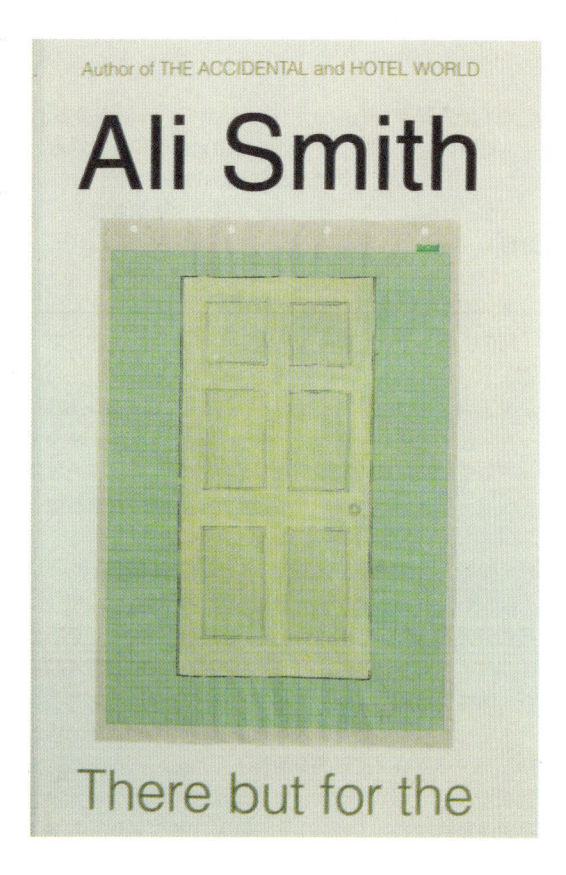

他是一个很普通的人，只不过他的眼睛和嘴巴看起来像是戴着信箱的盖子。

▲ 阿莉·史密斯对当代文化的讽刺，围绕一名将自己锁在客房拒绝离开的晚餐宾客展开。

曾经入选本书的其他作品

编辑已经尽力查找以下作品的译本，未查找到简体中文版的作品括注作品名原文。作者名原文可以在书后的"作家索引"中查看。按出版年份（早期作品为创作年代）排序。

伊索《**伊索寓言**》（约公元前3世纪成书）☆赫利奥多罗斯《**埃塞俄比亚传奇**》（Αἰθιοπικά，约创作于250年）☆奥维德《**变形记**》（1488）☆卡利通《**凯勒阿斯和卡利罗亚**》（Τῶν περὶ Χαιρέαν καὶ Καλλιρρόην，约创作于1世纪中叶，出版于1750年）☆约翰·黎里《**尤弗伊斯：才智之剖析**》（Euphues: The Anatomy of Wit, 1578）☆约翰·班扬《**天路历程**》（1678—1684）☆乔纳森·斯威夫特《**木桶的故事**》（1704）☆丹尼尔·笛福《**罗克珊娜**》（1724）☆斯末莱特《**蓝登传**》（1749）☆亨利·菲尔丁《**阿米莉亚**》（1751）☆范妮·伯尼《**塞西莉亚**》（Cecilia, 1782）☆玛丽亚·埃奇沃思《**缺席者**》（The Absentee, 1812）☆玛丽亚·埃奇沃思《**奥蒙德**》（Ormond, 1817）☆简·奥斯丁《**劝导**》（1818）☆简·奥斯丁《**诺桑觉寺**》（1818）☆沃尔特·司各特《**修道院**》（The Monastery, 1820）☆查尔斯·罗伯特·马图林《**阿尔比派**》（The Albigenses, 1824）☆查尔斯·狄更斯《**尼古拉斯·尼克尔贝**》（1839）☆查尔斯·狄更斯《**圣诞颂歌**》（1843）☆查尔斯·狄更斯《**马丁·瞿述伟**》（1844）☆埃德加·爱伦·坡《**失窃的信**》（1844）☆大仲马《**玛尔戈王后**》（1845）☆安妮·勃朗特《**艾格妮丝·格雷**》（1847）☆伊丽莎白·盖斯凯尔《**玛丽·巴顿**》（1848）☆夏洛蒂·勃朗特《**谢利**》（1849）☆纳撒尼尔·霍桑《**福谷传奇**》（1852）☆夏洛蒂·勃朗特《**维莱特**》（1853）☆查尔斯·狄更斯《**艰难时世**》（1854）☆查尔斯·狄更斯《**双城记**》（1859）☆安东尼·特罗洛普《**里契蒙城堡**》（Castle Richmond, 1860）☆纳撒尼尔·霍桑《**牧神雕像**》（The Marble Faun, 1860）☆屠格涅夫《**前夜**》（1860）☆查尔斯·狄更斯《**我们共同的朋友**》（1865）☆安东尼·特罗洛普《**因爱痴狂**》（He Knew He Was Right, 1869）☆居斯塔夫·福楼拜《**圣安东的诱惑**》（1874）☆托马斯·哈代《**贝妲的婚姻**》（1876）☆乔治·爱略特《**丹尼尔·德龙达**》（Daniel Deronda, 1876）☆屠格涅夫《**处女地**》（1877）☆托马斯·哈代《**还乡**》（1878）☆陀思妥耶夫斯基《**卡拉马佐夫兄弟**》（1879—1880）☆托马斯·哈代《**卡斯特桥市长**》（1886）☆罗伯特·路易斯·史蒂文森《**诱拐**》（1886）☆贝尼托·佩雷斯·加尔多斯《**福尔图娜塔和哈辛塔**》（1887）☆托马斯·哈代《**林地居民**》（1887）☆赖德·哈格德《**她**》（1887）☆罗伯特·路易斯·史蒂文森《**巴伦特雷少爷**》（The Master of Ballantrae, 1889）☆夏洛特·珀金斯·吉尔曼《**黄色墙纸**》（1892）☆乔治·吉辛《**在流亡中诞生**》（Born in Exile, 1892）☆伊迪丝·萨默维尔、马丁·罗斯《**真正的夏洛特**》（The Real Charlotte, 1894）☆H. G. 威尔斯《**隐身人**》（1897）☆亨利·詹姆斯《**螺丝在拧紧**》（1898）☆约瑟夫·康拉德《**吉姆爷**》（1900）☆亨利·詹姆斯《**金钵记**》（1904）☆E. M. 福斯特《**天使不敢涉足的地方**》（1905）☆H. G. 威尔斯《**托诺－邦盖**》（1908）☆杰克·伦敦《**铁蹄**》（1908）☆杰克·伦敦《**马丁·伊登**》（1909）☆格特鲁德·斯泰因《**三个女人**》（1909）☆弗吉尼亚·伍尔夫《**远航**》（1915）☆伊迪丝·华顿《**班纳姐妹**》（Bunner Sisters, 1916）☆约瑟夫·康拉德《**阴影线：一部自白**》（1917）☆伊迪丝·华顿《**夏天**》（Summer, 1917）☆弗吉尼亚·伍尔夫《**夜与日**》（1919）☆凯瑟琳·曼斯菲尔德《**园会**》（The Garden Party, 1922）☆弗吉尼亚·伍尔夫《**雅各的房间**》（1922）☆伊迪丝·华顿《**月色闪烁**》（The Glimpses of the Moon, 1922）☆卡尔·克劳斯《**人类的末日**》（Die letzten Tage der Menschheit, 1922）☆D. H. 劳伦斯《**阿伦的杖杆**》（1922）☆D. H. 劳伦斯《**狐**》（1923）☆吉恩·图默《**甘蔗**》（Cane, 1923）☆阿道司·赫胥黎《**滑稽的圆舞**》（Antic Hay, 1923）☆赫尔曼·梅尔维尔《**水手比利·巴德**》（1924）☆约翰·多斯·帕索斯《**曼哈顿中转站**》（1925）☆D. H. 劳伦斯《**羽蛇**》（1926）☆温德汉姆·刘易斯《**儿童弥撒**》（The Childermass, 1928）☆简·里斯《**巴黎风情四重奏**》（1928）☆乔治·德·契里柯《**赫布多米洛斯**》（Hebdomeros, 1929）☆达希尔·哈米特《**血腥的收获**》（1929）☆伊丽莎白·鲍恩《**最后的九月**》（The Last September, 1929）☆丽贝卡·韦斯特《**哈瑞特·休姆**》（Harriet Hume, 1929）☆威廉·福克纳《**喧哗与骚动**》（1929）☆威廉·萨默塞特·毛姆《**寻欢作乐**》（1930）☆伊夫林·沃《**邪恶的肉身**》（1930）☆达希尔·哈米特《**玻璃钥匙**》（1931）☆刘易斯·格拉西克·吉本《**苏格兰人的书**》（1932）☆乔治·奥威尔《**缅**

甸岁月》（1934）☆贝托尔特·布莱希特《**三便士小说**》（*Dreigroschenroman*, 1934）☆阿格耶夫《**可卡因传奇**》（*Роман с кокаином*, 1934）☆伊夫林·沃《**一抔尘土**》（1934）☆伊丽莎白·鲍恩《**巴黎的房子**》（*The House in Paris*, 1935）☆格雷厄姆·格林《**英格兰造就了我**》（*England Made Me*, 1935）☆伊恩·麦克弗森《**野港**》（*Wild Harbour*, 1936）☆温德汉姆·刘易斯《**为爱复仇**》（*The Revenge for Love*, 1937）☆欧内斯特·海明威《**有钱人和没钱人**》（1937）☆弗吉尼亚·伍尔夫《**岁月**》（1937）☆西尔维娅·汤森德·华纳《**唐璜死后**》（*After the Death of Don Juan*, 1938）☆亨利·格林《**结伴游乐**》（*Party Going*, 1939）☆乔治·奥威尔《**上来透口气**》（1939）☆亨利·米勒《**南回归线**》（1939）☆威廉·福克纳《**村子**》（1940）☆雷蒙德·钱德勒《**再见，吾爱**》（1940）☆弗兰·奥布莱恩《**装可怜**》（*An Béal Bocht*, 1941）☆帕特里克·汉密尔顿《**宿醉广场**》（*Hangover Square*, 1941）☆弗吉尼亚·伍尔夫《**幕间**》（1941）☆威廉·福克纳《**去吧，摩西**》（1942）☆亨利·格林《**困境**》（*Caught*, 1943）☆豪尔赫·路易斯·博尔赫斯《**虚构集**》（1944）☆约翰·斯坦贝克《**罐头厂街**》（1945）☆南希·米特福德《**天涯追爱**》（*The Pursuit of Love*, 1945）☆索尔·贝娄《**受害者**》（1947）☆格雷厄姆·格林《**命运的内核**》（1948）☆格雷厄姆·格林《**第三人**》（1950）☆吉姆·汤普森《**体内杀手**》（*The Killer Inside Me*, 1952）☆萨缪尔·贝克特《**瓦特**》（1953）☆萨缪尔·贝克特《**无法称呼的人**》（1953）☆索尔·贝娄《**奥吉·马奇历险记**》（1953）☆温德汉姆·刘易斯《**自责**》（*Self Condemned*, 1954）☆伊丽莎白·鲍恩《**爱的世界**》（1955）☆索尔·贝娄《**抓住时机**》（1956）☆詹姆斯·瑟伯《**神奇的O**》（1957）☆保罗·加利科《**阿里斯夫人去巴黎**》（*Mrs. 'Arris Goes to Paris*, 1958）☆约翰·巴斯《**路的尽头**》（1958）☆索尔·贝娄《**雨王亨德森**》（1959）☆缪丽尔·斯帕克《**与世长辞**》（*Memento Mori*, 1959）☆萨缪尔·贝克特《**是如何**》（1960）☆弗兰纳里·奥康纳《**暴力夺取**》（1960）☆伊塔洛·卡尔维诺《**我们的祖先**》（1960）☆J. G. 巴拉德《**淹没的世界**》（*The Drowned World*, 1962）☆约翰·福尔斯《**收藏家**》（1963）☆唐纳德·巴塞尔姆《**回来吧，卡里加利博士**》（*Come Back, Dr. Caligari*, 1964）☆B. S. 约翰逊《**阿尔伯特·安杰洛**》（*Albert Angelo*, 1964）☆艾德娜·奥布莱恩《**八月是一个邪恶的月份**》（*August is a Wicked Month*, 1965）☆库尔特·冯内古特《**祝你好运，钱先生**》（1965）☆丽贝卡·韦斯特《**跌落的鸟**》（*The Birds Fall Down*, 1966）☆B. S. 约翰逊《**拖网**》（*Trawl*, 1966）☆马里奥·巴尔加斯·略萨《**首领们**》（1967）☆米兰·昆德拉《**玩笑**》（1967）☆乔治·佩雷克《**沉睡的人**》（1967）☆艾丽丝·默多克《**美与善**》（*The Nice and the Good*, 1968）☆马尔科姆·劳瑞《**黑暗如埋葬我朋友的坟墓**》（*Dark as the Grave Wherein My Friend is Laid*, 1968）☆约翰·温德姆《**乔基**》（*Chocky*, 1968）☆金斯利·艾米斯《**绿人**》（*The Green Man*, 1969）☆萨缪尔·贝克特《**梅西埃与卡米耶**》（1970）☆J. G. 法雷尔《**冲突**》（*Troubles*, 1970）☆J. G. 巴拉德《**暴行展览**》（*The Atrocity Exhibition*, 1970）☆缪丽尔·斯帕克《**对不起，我在找陌生人**》（1970）☆米歇尔·图尼埃《**桤木王**》（1970）☆彼得·汉德克《**守门员面对罚点球时的焦虑**》（1970）☆威廉·巴勒斯《**野孩子**》（1971）☆菲利普·罗斯《**乳房**》（1972）☆库尔特·冯内古特《**冠军早餐**》（1973）☆艾丽丝·默多克《**黑王子**》（1973）☆托妮·莫里森《**秀拉**》（1973）☆约翰·勒卡雷《**锅匠，裁缝，士兵，间谍**》（1974）☆萨曼·鲁西迪《**格里姆斯**》（*Grimus*, 1975）☆J. G. 巴拉德《**摩天楼**》（1975）☆马丁·艾米斯《**死婴**》（1975）☆唐·德里罗《**拉特纳星**》（*Ratner's Star*, 1976）☆罗伯特·库弗《**公众的怒火**》（1976）☆唐纳德·巴塞尔姆《**外行们**》（*Amateurs*, 1976）☆安吉拉·卡特《**新夏娃的激情**》（1977）☆恩古吉·瓦·提安哥《**血色花瓣**》（1977）☆约翰·欧文《**盖普眼中的世界**》（1978）☆托马斯·伯恩哈德《**是**》（*Ja*, 1978）☆多丽丝·莱辛《**什卡斯塔**》（*Shikasta*, 1979）☆海因里希·伯尔《**保护网下**》（1979）☆威廉·戈尔丁《**启蒙之旅**》（1980）☆萨曼·鲁西迪《**午夜之子**》（1980）☆埃尔默·伦纳德《**原始城市**》（*City Primeval*, 1980）☆伊恩·麦克尤恩《**只爱陌生人**》（1981）☆约翰·班维尔《**牛顿书信**》（*The Newton Letter*, 1982）☆托马斯·伯恩哈德《**水泥地**》（*Beton*, 1982）☆唐·德里罗《**名字**》（1982）☆萨缪尔·贝克特《**向着更糟去呀**》（1983）☆威廉·特雷弗《**命运的傻瓜**》（*Fools of Fortune*, 1983）☆萨曼·鲁西迪《**羞耻**》（1983）☆多丽丝·莱辛《**简·萨默斯日记**》（1983）☆珍妮特·温特森《**橘子不是唯一的水果**》（1985）☆约翰·福尔斯《**幻象**》（*A Maggot*, 1985）☆B. E. 埃利斯《**比零还少**》（1985）☆威廉·巴勒斯《**酷儿**》（1985）☆托马斯·伯恩哈德《**历代大师**》（1985）☆J. M. 库切《**福**》（1986）☆乔伊斯·卡罗尔·欧茨《**玛丽亚娜和她的情人**》（*Marya: A Life*, 1986）☆珍妮特·温特森《**激情**》（1987）☆伊恩·麦克尤恩《**时间中的孩子**》（1987）☆玛格丽特·阿特伍德《**猫眼**》（1988）☆埃德蒙·怀特《**美丽的空屋**》（*The Beautiful Room is Empty*, 1988）☆唐·德里罗《**天秤星**

座》（1988）☆伊恩·班克斯《游戏玩家》（1988）☆约翰·班维尔《证词》（1989）☆詹姆斯·凯尔曼《不满》（A Disaffection, 1989）☆E. L. 多克托罗《比利·巴思格特》（1989）☆艾丽斯·沃克《殿堂》（The Temple of My Familiar, 1989）☆A. S. 拜厄特《占有》（1990）☆迈克尔·坎宁安《末世之家》（1990）☆托马斯·品钦《葡萄园》（1990）☆马丁·艾米斯《时间箭》（1991）☆伊恩·辛克莱《顺流而下》（Downriver, 1991）☆路易·德·伯尔尼埃《维沃先生与古柯大佬》（Señor Vivo and the Coca Lord, 1991）☆唐·德里罗《毛二世》（Mao II, 1991）☆安吉拉·卡特《明智的孩子》（1991）☆温弗里德·塞巴尔德《移民》（1992）☆哈维尔·马里亚斯《如此苍白的心》（1992）☆托妮·莫里森《爵士乐》（1992）☆乔伊斯·卡罗尔·欧茨《黑水》（1992）☆科尔姆·托宾《灿烂的石楠花》（The Heather Blazing, 1992）☆伊恩·麦克尤恩《黑犬》（1992）☆欧文·威尔士《猜火车》（1993）☆菲利普·罗斯《夏洛克行动》（1993）☆伊恩·班克斯《同谋》（Complicity, 1993）☆彼得·阿克罗伊德《狄博士的房屋》（The House of Doctor Dee, 1993）☆玛格丽特·阿特伍德《强盗新娘》（1993）☆保罗·奥斯特《昏头先生》（Mr. Vertigo, 1994）☆阿兰·霍林赫斯特《折叠的星星》（The Folding Star, 1994）☆J. M. 库切《彼得堡的大师》（1994）☆马丁·艾米斯《信息》（The Information, 1995）☆萨曼·鲁西迪《摩尔人的最后叹息》（1995）☆菲利普·罗斯《萨巴斯剧院》（1995）☆温弗里德·塞巴尔德《土星之环》（1995）☆J. G. 巴拉德《可卡因之夜》（Cocaine Nights, 1996）☆托马斯·品钦《梅森与迪克逊》（Mason & Dixon, 1997）☆威尔·塞尔夫《伟大的猩猩》（Great Apes, 1997）☆菲利普·罗斯《美国牧歌》（1997）☆约翰·班维尔《无法企及》（1997）☆哈尼夫·库雷西《亲密》（1998）☆伊恩·麦克尤恩《阿姆斯特丹》（1998）☆拉塞尔·班克斯《劈云》（Cloudsplitter, 1998）☆B. E. 埃利斯《格拉莫拉玛》（Glamorama, 1998）☆派特·巴克《另一个世界》（Another World, 1998）☆保罗·奥斯特《在地图结束的地方》（1999）☆潘卡吉·米什拉《浪漫主义者》（The Romantics, 1999）☆尼尔·斯蒂芬森《编码宝典》（1999）☆A. L. 肯尼迪《你需要的一切》（Everything You Need, 1999）☆萨曼·鲁西迪《她脚下的土地》（The Ground Beneath Her Feet, 1999）☆村上春树《斯普特尼克恋人》（1999）☆迈克尔·夏邦《卡瓦利与克雷的神奇冒险》（2000）☆阿克希尔·沙玛《顺从的父亲》（An Obedient Father, 2000）☆扎克斯·穆达《赤红的心》（The Heart of Redness, 2000）☆米兰·昆德拉《无知》（2000）☆大卫·皮斯《一九七七》（Nineteen Seventy Seven, 2000）☆E. L. 多克托罗《上帝之城》（2000）☆威尔·塞尔夫《死人的生活》（How the Dead Live, 2000）☆玛格丽特·阿特伍德《盲刺客》（2000）☆村上春树《神的孩子全跳舞》（2000）☆沙希·戴司潘德《小补救》（Small Remedies, 2000）☆J. G. 巴拉德《非常戛纳》（Super-Cannes, 2000）☆马克·丹尼尔夫斯基《叶屋》（House of Leaves, 2000）☆乔伊斯·卡罗尔·欧茨《浮生如梦》（2000）☆乔治·桑德斯《天堂主题公园》（2000）☆哈尼夫·库雷西《加百列的礼物》（2001）☆希瑟·麦高恩《学校教育》（Schooling, 2001）☆玛格丽特·玛赞蒂妮《别离开我》（2001）☆唐·德里罗《人体艺术家》（2001）☆萨曼·鲁西迪《愤怒》（Fury, 2001）☆杰米·奥尼尔《两个男孩在游泳》（At Swim, Two Boys, 2001）☆恰克·帕拉尼克《窒息》（2001）☆伊恩·辛克莱《环行伦敦》（London Orbital, 2002）☆罗欣顿·米斯特里《家事》（Family Matters, 2002）☆萨拉·沃特斯《指匠》（2002）☆若泽·萨拉马戈《双生》（2002）☆卡罗尔·希尔兹《除非》（2002）☆威廉·特雷弗《露西·高特的故事》（2002）☆约翰·麦加恩《他们可能会面对朝阳》（That They May Face the Rising Sun, 2002）☆艾德娜·奥布莱恩《森林里》（In the Forest, 2002）☆约翰·班维尔《裹尸布》（2002）☆杰弗里·尤金尼德斯《中性》（2002）☆J. M. 库切《青春》（2002）☆伊恩·班克斯《死空气》（Dead Air, 2002）☆保罗·奥斯特《幻影书》（2002）☆罗丝·特里梅因《色彩》（2003）☆J. M. 库切《伊丽莎白·科斯特洛》（2003）☆艾伦·加纳《瑟斯比奇谷》（Thursbitch, 2003）☆格雷厄姆·斯威夫特《日光》（The Light of Day, 2003）☆马克·哈登《深夜小狗神秘事件》（2003）☆丹·斯莱《群岛》（Eilande, 2003）☆安德烈娅·利维《小岛》（2004）☆玛格丽特·德拉布尔《红王妃》（2004）☆菲利普·罗斯《反美阴谋》（2004）☆戴维·马森《消失点》（Vanishing Point, 2004）☆彼得·阿克罗伊德《伦敦羔羊》（The Lambs of London, 2004）☆伊恩·辛克莱《在石头上用餐》（Dining on Stones, 2004）☆T. C. 博伊尔《空降城》（Drop City, 2004）☆J. M. 库切《慢人》（2005）☆玛琳娜·柳薇卡《乌克兰拖拉机简史》（2005）☆石黑一雄《别让我走》（2005）☆伊恩·麦克尤恩《星期六》（2005）☆彼得·曼森《杂乱无章的附件》（Adjunct: An Undigest, 2005）☆扎迪·史密斯《美》（2005）☆乔纳森·利特尔《善良的人》（2006）☆因德拉·辛哈《人们都叫我动物》（2007）☆莫欣·哈米德《回到故乡的陌生人》（2007）

中国篇

《有生之年一定要读的1001本书》英文版仅收录中国文学作品8部。中文版新增"中国篇",由南京师范大学文学院教授何平补充推荐24部中国作品,并撰写推荐语,以弥补原著之不足。

呐喊

鲁迅

作者生平：1881年生于浙江，1936年卒于上海
作者本名：周树人
首次出版：1923年
出版社：新潮社（北京）

《呐喊》是鲁迅的第一部小说集，收录创作于1918年至1922年的《狂人日记》《孔乙己》《药》《阿Q正传》《故乡》等14篇短篇小说。1923年8月初版还收录了《不周山》，1930年1月第13次印刷时删去。

小说集《呐喊》主要叙写辛亥革命前后至"五四"时期的城乡社会及生活其间的农民和知识分子。《狂人日记》的叙事内核是"狂人"因礼教吃人而产生的恐怖联想；《孔乙己》《白光》《端午节》讲述没落的传统知识分子的悲惨际遇与失意的现代知识分子的不一言行；《故乡》《明天》《一件小事》《兔和猫》映衬出作者对社会边缘群体的同情；《阿Q正传》《药》《头发的故事》《风波》关注的是封建思想如何根深蒂固地影响着普通民众，《鸭的喜剧》《社戏》则烙印着鲁迅本人的现实影子。通过小说集《呐喊》，鲁迅旨在勘探中国城乡社会魂灵深处的复杂内核，并对封建礼教与国民劣根性形成犀利的批判指向与深刻的启蒙指向。

《呐喊》是中国现代小说史上具有开端意义的一部小说集，同时也被视作中国现代小说走向成熟的重要标志。以《狂人日记》为典型，鲁迅的小说集《呐喊》体现了"表现的深切和格式的特别"（鲁迅：《〈中国新文学大系〉小说二集序》），具有高超的艺术水准与深邃的思想价值，由此奠定了鲁迅在中国现代文学史和思想史的崇高地位。

边城

沈从文

作者生平：1902年生于湖南，1988年卒于北京
作者本名：沈岳焕
首次刊载：《国闻周报》（天津），1934年
首次出版：生活书店（上海），1934年

《边城》问世于1934年，是沈从文"湘西文学世界"当中最具代表性的中篇小说，同时也是沈从文创作生涯中最负盛名的作品。1999年，《边城》被《亚洲周刊》评选为"20世纪中文小说100强"的第二位（仅次于鲁迅的《呐喊》）。

《边城》以川湘交界的茶峒为叙事背景，纯真善良的少女翠翠与她身为船夫的祖父相依为命，他们生活清苦，却又自在快活。由于机缘巧合，翠翠结识了茶峒城船总顺顺的两个儿子，大儿子天保和二儿子傩送。两位青年都对美丽的翠翠心生爱慕，而翠翠却独对傩送倾心。天保知晓实情后黯然离开，最终死于非命，而傩送因兄长之死心生愧疚，同样远走他乡，杳无音信。小说尾声，失去了祖父的翠翠在老军人杨马兵的陪伴下，等待着心上人傩送的归来。

沈从文在《边城》里借抒情的笔调与诗化的语言，写出了20世纪30年代湘西的淳朴民风与田园景象，以及少女翠翠极其动人而又不可预料的情感历程。《边城》的基底是湘西这方天地的自然美、人情美、人性美，但在美好人事之下隐伏的悲剧因子，恰使得作品呈现某种令人深思的张力结构，如李健吾就指出："作者的人物虽说全部良善，本身却含有悲剧的成分。唯其良善，我们才更易于感到悲凉的分量。"

呼兰河传

萧红

作者生平：1911年生于黑龙江，1942年卒于香港
作者本名：张廼莹
首次刊载：《星岛日报》（香港），1940年
首次出版：上海杂志公司（桂林），1941年

《呼兰河传》，1940年9—12月连载于香港《星岛日报》，1941年桂林上海杂志公司出版单行本，是萧红最具代表性的长篇小说。茅盾评价其为"一篇叙事诗，一幅多彩的风土画，一串凄婉的歌谣"。

《呼兰河传》以童年生活为线索，以第一人称"我"为叙事视角，写20世纪初期东北小城"呼兰河"的风土人情与小人物日常生活，是萧红生命最后的还乡之作。

北国边地故乡，苍凉中有萧红童年记忆纯真的快乐。小说写祖父和后花园，一切皆从孩童眼里出，是中国现代文学中难得一见的天真和动人场景。呼兰河地方志和风俗史的书写，则延续了废名和沈从文开创的抒情文学传统。而小说追忆有二伯、小团圆媳妇、冯歪嘴子，写小人物的爱与哀痛，则是在鲁迅国民性批判的文学传统上的。萧红深切地体验到呼兰河偏远闭塞的生存环境所造成的人们精神世界的愚昧麻木，揭露和鞭挞了中国社会几千年来固有的封建陋习及其对普通个体造成的深重压迫与伤害。

《呼兰河传》散文化的叙事与诗化的语言，成就了萧红的文学调性。《呼兰河传》是中国现代文学史上的重要收获，对中国后起作家的地方性写作带来深刻的启示。

传奇

张爱玲

作者生平：1920年生于上海，1995年卒于美国
作者笔名：梁京
首次出版：1944年
出版社：上海杂志社（上海）

《传奇》是张爱玲的首部中短篇小说集，1944年8月15日由上海杂志社结集出版。《传奇》初版本收录了《金锁记》《倾城之恋》《茉莉香片》《沉香屑：第一炉香》《沉香屑：第二炉香》《琉璃瓦》《心经》《年青的时候》《花凋》《封锁》共十篇中短篇小说，是张爱玲最具代表性的小说集。张爱玲尤为看重《传奇》初版本，亲自校对，并设计装帧，首页自题的两行短句"在传奇里寻找普通人，在普通人里寻找传奇"是这本小说集的"灵魂之眼"。

《传奇》聚焦社会转型期普通人的日常生活、情感关系和人性人情。张爱玲结合自己这一时期身处香港和上海两地的生活经历，以独有的历史感、自觉的主体意识和冷峻的笔触，精准剖析了这些普通人的生存状态。他们处于新旧两种价值观念的交汇点上，一面带有封建旧式思想的深刻痕迹，习惯囿于陈旧的传统规范；另一面则不可避免地受到新事物和新观念的冲击，意欲冲破牢笼，却时常感到无能为力。而战乱烽火进一步限制了他们肉身和精神的自由，强烈的不确定感和欲壑难平的煎熬迫使其只能苟且于当下。年轻的张爱玲用超越年龄的成熟眼光，熔铸中国古典小说和现代通俗小说的风格与手法，创造性地贯通新旧雅俗，终将一篇篇或关于家庭或有关家族的传奇故事连缀成一个华丽而苍凉的文学世界。其中《金锁记》《倾城之恋》《茉莉香片》《沉香屑：第一炉香》等已成为中国现代小说的经典名篇。

射雕英雄传

金庸

作者生平：1924年生于浙江，2018年卒于香港
作者本名：查良镛
首次刊载：《香港商报》（香港），1957年
英译书名：Legends of the Condor Heroes

《射雕英雄传》是金庸的经典武侠小说之一，和《神雕侠侣》《倚天屠龙记》一同构成"射雕三部曲"。在《射雕英雄传》中，金庸塑造了众多具备辨识度和立体感的人物，如拙讷纯良的郭靖、古灵精怪的黄蓉等，创造了金庸式的世界设定——门派势力交错、武功绝学纷呈的江湖世界。

小说时间放在南宋，以南宋和金对抗为背景。结义兄弟郭啸天和杨铁心听取丘处机的提议，给尚未出世的孩子分别取名为郭靖、杨康，意在告诫后人勿忘"靖康之耻"。可惜造化弄人，两位主人公呱呱坠地后却走向了截然不同的道路：自幼生长于蒙古的郭靖在江南七怪、马钰等人的指点下武艺日渐精进，并于赴约比武的途中与黄蓉相识，二人情投意合，一路行侠仗义；反观杨康，他在金国王府中耽溺于荣华富贵，虽武功高强，但品行不端、心术险恶、卖国害民，最终自食恶果——误中欧阳锋的怪蛇之毒而身亡。通过设置醉仙楼比武之约、争夺《武穆遗书》、两次华山论剑等场景，郭靖等人的人生轨迹和性格风度被清晰地勾勒出来。

《射雕英雄传》将故事植入南宋、金、蒙古的对峙和交战的历史，在此框架下诠释了侠客虽身在江湖，生逢乱世，却仍心怀家国，坚守侠义的精神品质，因此蕴有丰富的内涵。以小说的方式，对中国传统"侠"文化的重审、激活和赋义是金庸武侠小说的重要成就。不仅如此，武侠小说的艺术也在金庸笔下得以光大，并产生世界影响力。

台北人

白先勇

作者生平：1937年生于广西
首次出版：1971年
出版社：尔雅出版社（台北）
荣誉：《亚洲周刊》"20世纪中文小说100强"

《台北人》收录白先勇1965—1971年创作的《永远的尹雪艳》《一把青》《岁除》《金大班的最后一夜》《那片血一般红的杜鹃花》《思旧赋》《梁父吟》《孤恋花》《花桥荣记》《秋思》《满天里亮晶晶的星星》《游园惊梦》《冬夜》《国葬》等十四篇短篇小说。

1958年，读大学的白先勇在《文学杂志》发表第一篇短篇小说《金大奶奶》。随后，他与台湾大学的同学欧阳子、王文兴和陈若曦等共同创办《现代文学》。白先勇在《现代文学》发表多篇短篇小说，结集为《台北人》。

"台北人"因为白先勇的《台北人》获得第二次生命，而不至于被时间湮没。为失败者、无名者、边缘人和小人物立传是文学的可能和意义。白先勇也因为《台北人》在中国当代文学史留名。

《台北人》中的"台北人"尹雪艳、朱青、金大班、钱夫人……无论职业和阶层有多少不同，他们几乎都是1949年后随蒋介石撤退至台湾的民国遗民，有着共同的今与昔、台湾与大陆，以及繁华与零落。这样的人生命运滋生出字里行间的感伤气息，进而形成白先勇独特的苍凉与幽微的审美风格。

棋王

阿城

作者生平：1949年生于北京
作者本名：钟阿城
首次刊载：《上海文学》，1984年第7期
首次出版：作家出版社，1985年

"寻根文学"是20世纪80年代重要的文学思潮。阿城的《棋王》是"寻根文学"的代表作。小说首发于《上海文学》1984年第7期。1985年，作家出版社的同名小说集《棋王》收录了阿城的中篇小说《棋王》《树王》《孩子王》和短篇小说《会餐》《树桩》《周转》《卧铺》《傻子》《迷路》。同年7月，阿城在《文艺报》发表《文化制约着人类》，认为韩少功《文学的根》"显示出中国文学将建立在对中国文化的批判继承与发展之中的端倪"。《棋王》也可以视作这种"端倪"。

《棋王》的故事发生在"文革"，但"文革"在小说中只是一个背景。小说的核心情节以"我"和"棋呆子"王一生的交往写"棋"与"吃"。"吃"与"棋"在小说中不只是知青的世俗和精神生活，其中的真意是中国文化和民族精神寄生之所，是"文学的根"。王一生的守拙自足和道家文化有精神相通之处，但小说接通的文化根脉不只是道家，而是在广阔的民间社会活着的诸种传统文化的浑然，即便在动荡时代依然生生不息、绵延不绝。小说中，倪斌（脚卵）家传"乌木棋"代表精英文化，王一生母亲留给他的"无字棋"代表民间文化。小说最后的高潮是王一生"似乎把命放在棋里搏"与九位棋手的"车轮大战"，结局则是"我"体味到的"家破人亡，平了头每日荷锄，却自有真人生在里面，识到了，即是幸，即是福"。

活动变人形

王蒙

作者生平：1934年生于北京
首次刊载：《收获》，1985年第5期
首次出版：1987年
出版社：人民文学出版社

《活动变人形》可作为20世纪中国知识分子心灵史观之。小说从倪藻的视角，回顾父亲倪吾诚的一生，宏观地展示20世纪中国的历史变迁和社会转向。倪吾诚与妻子、母亲等人物之间的纠葛，不只是家庭内部的矛盾，而且是蕴含着复杂的文学冲突。倪吾诚是中国现代文学知识分子人物谱系上的重要人物形象。一方面，他是现代文明的向往者，是现代文明的一部分；另一方面，他的内心又暗藏旧时代的阴影，这使得他成为一个进退彷徨的矛盾者。"活动变人形"作为象征物，不只是玩具自身之"变"，也是社会之变、历史之变和人性之变。在中国现代性的延长线上，小说家王蒙重新审视20世纪不同历史阶段中国知识分子传统与现代之间的抉择，以及他们的游移与取舍。

《活动变人形》是王蒙最重要的长篇小说，在中国当代文学史中有着重要的不可替代的地位和影响力。2018年，《活动变人形》入选"改革开放40年最有影响力的40部小说"。王蒙自20世纪50年代"百花文学"成名，80年代复出，是"反思文学"思潮的代表作家，其个人文学史几乎可以作为一部中国当代文学简史。

古船

张炜

作者生平：1956年生于山东
首次刊载：《当代》，1986年第5期
首次出版：1987年
出版社：人民文学出版社

《古船》是张炜的第一部长篇小说，是他继《芦青河告诉我》《秋天的愤怒》《秋天的思索》后对乡村、历史和人性的深入探寻。作为"反思文学"和"寻根文学"的阶段性总结，张炜三十岁完成的这部小说"创造了中国小说的一座里程碑"（葛浩文语），如张炜自述中所言："我的第一部长篇曾让我深深地沉浸。溶解在其中的是一个年轻人的勇气和单纯——这些东西千金难买。"《古船》发表后受到广泛关注，获得"庄重文学奖""人民文学奖"等多个奖项，入选《亚洲周刊》"20世纪中文小说100强"。

小说中神秘"古船"之意象是亘古悠远的历史回响。张炜通过对芦青河两岸城镇四年的实地探访，积累了大量地方史志、档案资料及当事人访谈，为小说提供了厚重扎实的材料准备。《古船》写胶东芦青河畔的洼狸镇从土改到改革开放长达半个世纪的兴衰荣辱，以隋、赵、李三大家族为主线，以洼狸镇镇史为脉络，透视"害了一场大病而且以后还会继续病下去的那种生命"（郜元宝语）如何回应时代和社会的变迁，如何弥合自我与群体之间的裂隙。"病"在这些"病体"上被延展、放大和催化，使得整部小说的叙事沉郁厚重，但又有某种微妙而细小的生机藏匿在沉郁厚重中。

白鹿原

陈忠实

作者生平：1942年生于陕西，2016年卒
首次刊载：《当代》，1992年第6期、1993年第1期
首次出版：1993年，1997年（修订版）
出版社：人民文学出版社

《白鹿原》是陈忠实获得茅盾文学奖的长篇小说。小说主要讲述白姓、鹿姓两大家族在汹涌变幻的历史洪流当中的兴衰浮沉与恩怨情仇。晚清以来，白鹿原上发生了一系列大小事件，无论是饥荒瘟疫，还是"烙锅盔"式的革命，都使得小说中的每个人物无法独善其身，原上的人们衣食婚丧嫁娶的日常生活不可避免地卷入时代政治。由此，导致了社会阶层和群体的分化。小说抓取中国乡村的典型人物，既有"腰杆直硬"的族长、心怀天下的关中儒士和信仰坚定的革命者，也不乏谋求一己私利的投机分子，更多的则是饱受税、役剥削的黎民百姓。除了部分从家族中出走的反叛者，原上的大多数人在那个保有宗法惯性而又世风日下的古老乡村里或隐忍地生，或仓促地死。小说中，白嘉轩、朱先生、鹿子霖、黑娃和田小娥等丰富的人物形象构成了中国现代乡村人物图谱。

《白鹿原》的扉页上援引巴尔扎克的话，"小说被认为是一个民族的秘史"，这也被认为是《白鹿原》的主旨所在和陈忠实创作的驱动力。陈忠实从拉美作家卡彭铁尔处获得启发，意识到"立即了解我生活着的土地的昨天"的必要性。小说将家族史和国族史恰如其分地结合起来，从而赋予了《白鹿原》独特的文学魅力，有力地推动了中国当代现实主义文学的进步，是中国文学在20世纪90年代初的集大成之作。

活着

余华

作者生平：1960年生于浙江
首次刊载：《收获》，1992年第6期
出版社：长江文艺出版社，1993年
改编电影：1994年

  《活着》是余华创作的第二部长篇小说。它不仅是先锋作家余华进入20世纪90年代后转向写实的代表作，也是作家至今为止最畅销、传播面最广和影响力最大的小说。

  《活着》全景式地展现了主人公福贵在20世纪中国的不同历史时期充满坎坷与苦难的人生经历。福贵出身殷实富贵之家，却是一个沉迷赌博的纨绔子弟，最终败光家产，气死父亲。经历人生第一遭重大变故的福贵从浪荡不羁地活着开始转向朴素踏实地活着。之后，被抓壮丁又幸运地从战场死里逃生的福贵和家人重聚，然而厄运接踵而至，儿子、女儿、妻子、女婿和外孙等所有亲人因不同的原因相继离世。小说的结尾，已至暮年、独留人间的福贵买下了一只屠场待宰的老牛，并为其取了多个名字——都是已逝亲人的名字——并在劳作中时刻呼唤，老人、老牛相依为命，继续活着。小说聚焦苦难和死亡，主人公福贵也在不断与亲人死别的过程中变得平静和坦然。仅有十二万余字的长篇小说《活着》用厚实的肌理打破了人们对篇幅的偏见，成为中国当代一部思想厚重的小说佳作。余华在《我·小说·现实》中的自述可以作为《活着》的解释："对一切事物理解之后的超然，对善与恶一视同仁，用同情的目光看待世界。"

废都

贾平凹

作者生平：1952年生于陕西
首次刊载：《十月》，1993年第4期
首次出版：1993年
出版社：北京出版社

  《废都》不只是变动和转型期中国旧都的命名，也是20世纪八九十年代中国城市知识分子的精神象征。小说以一桩异事开头，分别写20世纪80年代西京城（以西安为原型）四大文化名人——作家庄之蝶、画家汪希眠、书法家龚靖元、秦腔演员阮知非——不同的人生际遇。庄之蝶是小说的灵魂人物，因为他，得以看取西京文艺界的声色犬马与无边风月。由庄之蝶的日常生活和他深藏城市细枝末节的社会交往，绘就废都风俗志和人物精神图景。庄之蝶的情欲与苦痛，是贾平凹深入人性内核的勘探。

  《废都》中庄之蝶和诸多女性交往，贾平凹以玩赏的态度写他们的情欲生活，引发文学界的批评。加之出版时对色情描写部分做了删除并加以说明，使得小说很快成为现象级文本。贾平凹的《废都》在20世纪90年代受到的关注与争议是转型期中国一个值得研究的文化样本。2009年，《废都》重新回到读者视野。时至今日，庄之蝶式的城市文化人仍然活在我们的世界。事实上，在一个涣散和紊乱的时代，谁又不是庄之蝶，谁又不曾有过庄之蝶的内心动荡？

长恨歌

王安忆

作者生平：1954年生于江苏
首次刊载：《钟山》，1995年第2、3、4期
首次出版：1996年
出版社：作家出版社

《长恨歌》书名出自白居易的名诗。《长恨歌》以一个人写一座城，在纸上复现20世纪40年代至90年代的上海。

小说开始于20世纪40年代中后期，上海繁华梦渐渐落幕之际，弄堂出身的中学生王琦瑶有着自己的少女梦，偶因机缘做了"上海小姐"。由此，王琦瑶的命运发生突变。王琦瑶成为国民党大员李主任的外室，在大变动的时代前夕，不自知地投身个人的繁华梦。上海解放后，王琦瑶隐身弄堂，回归平淡的家常日子。王琦瑶和康明逊、程先生、萨沙、老克腊等人的短暂情缘在时代剧变中渐次展开，直到小说最后，王琦瑶因为和长脚交往死于非命。

王琦瑶一生的情与爱充满传奇性，但这种传奇性，却体现在日常生活场景和细节中，借助场景和细节显影岁月淘洗城的肌理和人性的幽微。

《长恨歌》1999年获选《亚洲周刊》"20世纪中文小说100强"，2000年获得第五届茅盾文学奖。20世纪90年代中期，恰逢浦东开发和上海复兴，在"张爱玲热"和上海怀旧的助推下，《长恨歌》成为上海书写的典范。

务虚笔记

史铁生

作者生平：1951年生于北京，2010年卒
首次刊载：《收获》，1996年第1、2期
首次出版：1996年
出版社：上海文艺出版社

史铁生因为《我的遥远的清平湾》成为知青一代作家的代表，而《命若琴弦》则使得史铁生开启了他对生命存在的追问和哲学思辨。《务虚笔记》是史铁生创作的第一部长篇小说，是《命若琴弦》的延长线。

小说通过"我"对往事的回忆与反思，展现一批出生于20世纪50年代初、成长于"文革"时期的男女之间的爱情与悲欢。小说开篇由作家"我"的写作之夜，引出残疾人C与恋人X、画家Z、女教师O、诗人L、医生F、女导演N等人各自的故事。残疾人C与恋人X约定婚期，但他始终因为自身的残疾与外界的非议而深受煎熬，最终选择忽略外界的声音靠近爱情；因"家庭出身"问题在童年受到偏见的画家Z冷酷孤僻，终生都在画一根在富人家里看见的羽毛；女教师O爱上了Z并与前夫离婚，因为与Z的观念差异而自杀。

相较于一般意义上长篇小说注重人物塑造与情节结构的完整性，《务虚笔记》的长处在于蕴含哲学意味的场景与意象，如小说所写："我是我的印象的一部分，而我的全部印象才是我。"《务虚笔记》中，每个人物即是作者的一部分。史铁生借助符号化的人物形象、含混的语言和乱序的时空完成了有关残疾与爱情、人和历史、死亡与生命等主题的哲学思辨。

马桥词典

韩少功

作者生平：1953年生于湖南
首次刊载：《小说界》，1996年第2期
首次出版：1996年
出版社：作家出版社

20世纪80年代，韩少功以《爸爸爸》《女女女》等小说及随笔《文学的根》成为"寻根文学"和"新小说"的代表作家。及至90年代的《马桥词典》，韩少功又以"词典体"长篇小说的形式结构进行艺术探索。

知青生活是韩少功的重要文学源泉，"马桥"的原型是韩少功插队的地方，如果进行文化溯源则是在楚国大夫屈原流放和投河的汨罗江旁的古代罗国所在地。和一般的地方性书写和文学地标的创造不同，韩少功让他的"马桥"藏身于一部杜撰的"词典"。《马桥词典》的115个词条涉及"马桥"的传说、历史、地理、风物和乡民等。小说词条的撰写者，同时是对过往生命追忆的"知青"，因而小说的"词条"不只是事实的描述、说明和解释，还是记忆的打捞，是对逝去的时间的整理和再辨识。同样的，以词条组织结构的词典不但赋予小说形式意义，也建构地理、文化、心灵和审美意义的"马桥"王国。

韩少功是自觉思考语言问题的作家，体现在《马桥词典》，马桥语言体系和普通话语系之间的遭遇、冲突和征用不仅仅是语言现实，也是当代乡土中国的政治、文化和人性现实。因此，《马桥词典》的词条编撰，对小说家韩少功而言，是一次文化反思、人性探索和精神还乡之旅。

草房子

曹文轩

作者生平：1954年生于江苏
作者荣誉：国际安徒生奖
首次出版：1997年
出版社：江苏少年儿童出版社

曹文轩2016年获国际安徒生奖，是中国最具影响力的儿童文学作家之一。《草房子》是曹文轩继《古老的围墙》《山羊不吃天堂草》后创作的第三部长篇小说，曾获"第四届国家图书奖""第四届全国优秀儿童文学奖""第五届宋庆龄儿童文学奖"等奖项。

曹文轩曾经深情地回忆自己的童年生活："我家住在一条大河的河边上。"不只是"草房子"，小说中的"油麻地"的村庄、水汊、芦荡和小桥都是曹文轩童年记忆的一部分。还不仅仅是苏北故地的风景，《草房子》中的桑桑、秃鹤、细马、纸月、杜小康、蒋一轮、白雀等这些小说人物都来自曹文轩的童年记忆。

油麻地小学六年的学习生涯，桑桑体验了自己的病痛，也看到了不同的人生。曹文轩将自己的生命共情寄托给桑桑，让桑桑在成长中，理解生命的创痛、孤独、骄傲和庄严。

在《草房子》题为《追随永恒》的代跋中，曹文轩有这样一句话："只要你曾真诚地生活过，只要你又能真诚地写出来，总会感动人的。""油麻地的草房子美得精致、美得纯粹"，《草房子》的魅力，还不只是因为曹文轩传达出的每一个普通生命的爱与痛的动人，而且是小说对古典主义和东方美学的保有和呵护。

尘埃落定

阿来

作者生平：1959年生于四川
首次出版：1998年
出版社：人民文学出版社
荣誉：茅盾文学奖

　　《尘埃落定》是藏族作家阿来的首部长篇小说，1998年由人民文学出版社出版，2000年获得第五届茅盾文学奖。

　　康巴藏族土司的次子被常人视为"傻子"，却拥有超越常理的预感。这个傻子和聪明人集于一身的少爷成为《尘埃落定》的叙述者，来讲述土司家族衰败的故事，预示整个土司制度行将崩溃的命运。

　　在现代时间意义上，小说认同传统和现代、落后和进步的现代逻辑，但小说家阿来不只是一个获得现代时间，选择现代逻辑冷静和理性的见证者，处身本民族制度、文化和日常生活行将没落甚至消逝的历史时刻，阿来自然会饱含深情去书写本民族曾经的"美好时代"。阿来的文化处境，几乎每一个现代中国作家都经历过。在他者的视野，《尘埃落定》是隐秘的、魔幻的，这是文化的，也是小说风格的，但正如阿来说过："我更坚定地以感性的方式，进入西藏（我的故地），进入西藏的人群（我的同胞），然后反映出来一个真实的西藏……当我以双脚与内心丈量着故乡大地的时候，在我面前呈现出来的是一个真实的西藏，而非概念化的西藏。那么，我要记述的也该是一个明白的西藏，而非形容词的神秘的西藏。"（《西藏是形容词》）《尘埃落定》的藏地，对阿来而言，是一个真实的藏地。

城邦暴力团

张大春

作者生平：1957年生于中国台湾
首次出版：1999年
出版社：时报出版（台北）
简体中文版：上海人民出版社，2011年

　　陈思和认为："作者用这样一部'江湖即现实'的小说，来重新书写本世纪以来的中华民族风雨史。"《城邦暴力团》是一部多线索小说，主线是作家张大春和历史学家高阳数十年间探寻历史真相，其间穿插清末至抗战前"竹林七闲"的往事，由漕帮帮主万砚方暴毙引出的江湖帮派斗争，"江南八侠"的学派传承等。

　　香港作家倪匡说："《城邦暴力团》用很正宗的武侠小说方法，来写近代史上最隐秘的部分。"但《城邦暴力团》不是传统意义上的武侠小说。先锋小说家普遍征用的"元叙事""第一人称叙述策略""非道德化视角""解构历史""游戏化"及"语言策略"等技艺在《城邦暴力团》中被运用得娴熟老到。不仅仅是叙事策略，《城邦暴力团》不再按照传统和先锋、雅和俗、宏大和个人等来建立自己写作的精神谱系和边界，而是自由地调动诸种写作资源。

　　张大春说自己是一个以小说为终身志业，"一个说故事维持生计的人"。《城邦暴力团》的隐遁、逃亡、藏匿、流离是小说主题意义上的，同样也是小说结构意义上的。

花腔

李洱

作者生平：1966年生于河南
作者本名：李荣飞
首次刊载：《花城》，2001年第6期
首次出版：人民文学出版社，2002年

《花腔》以寻找革命者葛任为主线，写各色人等奔赴葛任现身的大荒山，除了意图不明的宗布，白圣韬、范继槐和赵耀庆等都带着各自的"模具"要将葛任重新回炉塑造为"葛任"。白圣韬、范继槐和赵耀庆，还有最早抵达的杨凤良和中途加入的川井，都不是和葛任无关的人。他们或多或少都和葛任的青埂镇、杭州、日本、苏联、大荒山、延安等生命阶段有交集，有的甚至和葛任有着深厚的个人友情。《花腔》的最后结局，葛任还是没有能够保全生命，实现成为"个人"的理想。

《花腔》的"@正文"加"&副本"的文本结构是一种"超文本"写作。《花腔》之正文和副本都可以理解为"文本数据单元"，经由小说家李洱人为设置的"数据丛或结点"，其实是小说的叙事单元。李洱的文学观里，"小说叙事的变革从来都是对社会变化的回应，对人物形象的刻画自然也应该作如是观"。在《花腔》里，存在操控正文和副本的"超级叙述者"，且预设了建构革命者葛任的"个人"形象的整体性叙事框架，从而有效地保证貌似杂乱的"多线性"与"非线性"获得有机性和结构感。小说中"花腔"迭出，当事人和引文"各说各话"，似是而非。一定意义上，"多线性"与"非线性"的"超文本"写作对小说家的建构能力是一种考验。《花腔》因为对中国革命的反思和形式的探索被誉为"先锋文学的正果"。

平原

毕飞宇

作者生平：1964年生于江苏
首次刊载：《收获》2005年第4、5期
首次出版：2005年
出版社：江苏文艺出版社

毕飞宇说过："我特别渴望写这样的一部小说，这个小说当中只有三样东西：天、地、人。"《平原》是充分满足了毕飞宇这种渴望的小说。《平原》的天地自然是生机沛然的"平原"，而人，无论是庄稼人，还是闯入的外来者，他们的生命都在平原上或恣意或局囿地展开，如同平原上漫天铺开的植物。

《平原》的小说时间是中国当代重要的历史时刻：1976年。《平原》的地理空间是毕飞宇小说不断复现的"王家庄"。这一年发生在王家庄的重要事件是下乡知青能返城的都返城了。剩下的是"热血青年"吴蔓玲和"落后分子"混世魔王。也正是这一年端方从学生成为回乡务农的农民。混世魔王强奸了吴蔓玲，吴蔓玲爱上端方，小说的张力不在情节的传奇性着力，而是写情境中的心理。精准地到达人的内心并以恰当的语言赋形是毕飞宇在中国当代作家中最为突出之处。

"王家庄"的历史和地域被毕飞宇设限，它是中国当代的"地方"，毕飞宇愿意读者将小说和他的个人生活联想在一起。毕飞宇小说的"王家庄"在文本时间与空间上的特殊限定，关乎写作者个人生命史与小说主题史之间的联系。《平原》的丰富性是写作者个体向外开拓、向内挖掘，对生命丰富性的自察与再造。

三体

刘慈欣

作者生平：1963年生于山西
首次刊载：《科幻世界》，2006年5月
首次出版：2008年
出版社：重庆出版社

  《三体》是刘慈欣获得雨果奖的长篇科幻小说。小说讲述了人类文明与三体文明之间的交锋对抗。小说时间设定在"文革"时期，军方探寻外星文明的绝密计划取得突破性的进展，发现了名为"三体"的外星文明。在红岸基地，对人性失望的科学家叶文洁向三体人暴露了地球的坐标，彻底改变了人类的命运，开启了人类与三体人长达多年的战争。三体文明是比人类文明更高级的文明，对人类的攻击是毁灭性的降维打击。正如"黑暗森林法则"，人类被三体人发现，三体人也害怕被更高维度的文明发现和攻击，因此"面壁者"罗辑才能以此震慑三体文明。但在新老执剑人交接的瞬间，黑暗森林震慑失败，程心的决定导致了灾难性的后果，人类文明近乎全部毁灭。在茫茫宇宙中，程心和恒星级战舰随舰研究员关一帆相爱，共同等待着宇宙重生。

  人类文明在面对危机时的局限性，提前预演了面对未来挑战时的无措与混乱，似在映射当下。《三体》架构宏大的"宇宙诗学"，探讨宇宙、文明、科学、历史和人性等方面议题，提升了中国当代科幻小说的世界影响力。

河岸

苏童

作者生平：1963年生于江苏
作者本名：童忠贵
首次刊载：《收获》，2009年第2期
首次出版：人民文学出版社，2009年

  《河岸》有两条线索。一条线索是对镇委书记、父亲库文轩烈士遗孤身份的调查和否定，由此引发库文轩人生命运的翻转和改写；另一条线索是家庭变故改变了儿子库东亮的命运，他跟随父亲从岸上到河上，小说描写了库东亮的青春成长故事。

  苏童自认为《河岸》是他"唯一一个将各种艺术表现手法都用上的小说"，小说以"我"观察到父亲逐渐变成鱼开篇，展开父亲库文轩从风光无限的库书记到自我阉割，再至与母亲邓少香的纪念碑回归河水的故事；同时铺展被岸上人称之为"空屁"的"我"作为父亲的儿子逐步适应河上生活并与慧仙因河而爱、因岸而离的成长故事。小说的"血统故事"对生命的戕害是特殊年代典型的中国故事。不仅如此，苏童对权力影响的人性与命运图景有敏锐的洞悉力。因而，《河岸》不只是局限在特定时代的中国往事，而且是一个世界共享的人类性的文学母题。

  王德威评价苏童的《河岸》："苏童的笔触是抒情的，而他笔下的世界是无情的。摆动在修辞叙事和历史经验的落差之间，《河岸》即使在写作的层次上，已经是一种河与岸、想象与现实的对话关系。"凭借《河岸》，苏童获第三届英仕曼亚洲文学奖和第八届华语文学传媒大奖年度杰出作家奖。

一句顶一万句

刘震云

作者生平：1958年生于河南
首次刊载：《人民文学》，2009年第2、3期
首次出版：2009年
出版社：长江文艺出版社

  刘震云的长篇小说《一句顶一万句》连续刊载于2009年的《人民文学》第2期和第3期，同年由长江文艺出版社出版，2011年获得第八届茅盾文学奖。"一句顶一万句"是特殊时代流行的政治语汇，小说挪用作书名，其意旨则在延续刘震云小说一贯的对"说话"的哲学命义的思考。

  刘震云自己将《一句顶一万句》的故事概括为"两个杀人犯以及偷汉子的女人和奸夫"。小说的上部"出延津记"讲述杨百顺的故事。从卖豆腐、学杀猪，再到改信天主教改名杨摩西，杨百顺的一生波澜起伏。入赘后他再次改名吴摩西，经历了婚姻变故，"说得上话"的养女巧玲又被人贩子拐走，最终为了寻找失散的女儿离开家乡延津。下部"回延津记"的主人公是巧玲的儿子牛爱国。友人疏远，婚姻受挫后，牛爱国遇到了章楚红，两人产生深厚感情。然而，为了维护伦理和家庭和谐，他选择了沉默和分离。在母亲去世后，他为寻找"说得上话"的人回到延津，意识到自己对章楚红的珍视，但却发现她已离去。

  刘震云"喜欢凝视人的宿命"（孙郁语），小说聚焦于"说话"和"寻找"的核心情节，"孤独""虚无"等现代性困境议题被刘震云安放到乡土中国。小说以精练而"反雅化的笔触"描摹乡村百姓庸常的生存状态。《一句顶一万句》不仅书写了中国底层农民的精神生存史诗，同时"开启了一个小说讲述的新时代"（孟繁华语）。

繁花

金宇澄

作者生平：1952年生于上海
作者本名：金舒舒
首次刊载：《收获》，长篇专号2012年秋冬卷
首次出版：上海文艺出版社，2013年

  2011年，金宇澄以网名"独上阁楼"在上海"弄堂论坛"发表《繁花》部分内容。2012年，《繁花》刊载于《收获》长篇专号秋冬卷。2013年3月，上海文艺出版社正式出版长篇小说《繁花》。2015年，《繁花》获第九届茅盾文学奖。2023年底，王家卫执导的三十集电视连续剧《繁花》播出。

  《繁花》写20世纪的上海，共三十一章，前二十八章的奇数章节写六七十年代，偶数章节写八九十年代。自第二十九章开始，奇数和偶数章节并轨汇合。小说写工人、资本家、进城的小干部以及他们后代的日常生活和个人命运。阿宝、阿毛和沪生，阶层不同，各有生命来路，他们勾连起或明或暗的上海城市史和风俗史。

  《繁花》展开1949年以来新上海城市史，在此背景上，思考人和城的关系。"繁花"是繁花生树，也是繁花落尽。《繁花》"爱以闲谈消永昼"的中国传统话本样式，"一条旧辙，今日之轮滑落进去，仍旧顺达，新异"（金宇澄），以"不响"写"响"，是一部有着强烈作者个人腔调和言说印记，发现并肯定日常经验和平凡物事"诗意"，而不仅仅是"史意"的小说。

作家索引

阿布斯诺（John Arbuthnot）
　《马蒂努斯·斯克里布勒鲁斯回忆录》47
阿城
　《棋王》987
阿迪加（Aravind Adiga）
　《白虎》928
阿迪契（Chimamanda Ngozi Adichie）
　《半轮黄日》970
　《美国佬》944
阿尔伦（Michael Arlen）
　《绿帽子》305
阿格达斯（José María Arguedas）
　《深沉的河流》531
阿格农（שמואל יוסף עגנון）
　《大海深处》450
阿格耶夫（M. Агеев）
　《可卡因传奇》981
阿克（Kathy Acker）
　《高中暴行录》740
阿克罗伊德（Peter Ackroyd）
　《霍克斯默》756
　《狄博士的房屋》982
　《伦敦羔羊》982
阿拉贡（Louis Aragon）
　《巴塞尔的钟声》372
阿米
　《尘埃落定》992
阿莱格里亚（Ciro Alegría）
　《广漠的世界》417
阿兰（Marcel Allain）
　《方托马斯》266
阿里纳斯（Reinaldo Arenas）
　《夜幕降临前》814
阿连德（Isabel Allende）
　《幽灵之家》720
　《爱情与阴影》772
阿列克谢耶维奇（Святлана Аляксандраўна Алексіевіч）
　《二手时间》948
阿曼尼提（Niccolò Ammaniti）
　《有你我不怕》895
阿普列乌斯（Lucius Apuleius）
　《金驴记》27
阿契贝（Chinua Achebe）
　《这个世界土崩瓦解了》529
　《神箭》585
阿特萨卡（Bernardo Atxaga）
　《欧巴巴奇克》800
阿特伍德（Margaret Atwood）
　《浮现》648
　《使女的故事》755
　《别名格雷斯》859
　《猫眼》981
　《强盗新娘》982
　《盲刺客》982
阿西莫夫（Isaac Asimov）
　《我，机器人》458
　《基地》471
阿苏埃拉（Mariano Azuela）
　《在底层的人们》281
埃贝尔（Anne Hébert）
　《第一座花园》789

埃尔南德斯（José Hernández）
　《马丁·菲耶罗》185
埃科（Umberto Eco）
　《玫瑰的名字》709
　《傅科摆》790
埃利斯（Bret Easton Ellis）
　《美国精神病》813
　《比零还少》981
　《格拉莫拉玛》982
埃奇沃思（Maria Edgeworth）
　《拉克伦特堡》84
　《缺席者》980
　《奥蒙德》980
埃切尼克（Alfredo Bryce Echenique）
　《胡里乌斯的世界》637
埃斯基韦尔（Laura Esquivel）
　《恰似水于巧克力》793
艾尔罗伊（James Ellroy）
　《黑色大丽花》779
艾格林（Nelson Algren）
　《金臂人》454
艾格斯（Dave Eggers）
　《圆环》943
艾理森（Ralph Ellison）
　《看不见的人》478
艾米斯（Kingsley Amis）
　《幸运的吉姆》485
　《老恶魔》766
　《绿人》981
艾米斯（Martin Amis）
　《金钱：绝命书》737
　《伦敦场地》797
　《死婴》981
　《时间箭》982
　《信息》982
艾斯霍特（Willem Elsschot）
　《奶酪》360
艾斯特哈兹（Esterházy Péter）
　《和谐的天堂》888
艾兴多夫（Joseph von Eichendorff）
　《一个无用人的生涯》97
爱略特（George Eliot）
　《亚当·贝德》143
　《弗洛斯河上的磨坊》147
　《织工马南》149
　《米德尔马契》172
　《丹尼尔·德龙达》980
爱伦·坡（Edgar Allan Poe）
　《厄舍府的崩塌》111
　《陷坑与钟摆》117
　《失窃的信》980
安布勒（Eric Ambler）
　《警报的原因》398
安德里奇（Иво Андрић）
　《德里纳河上的桥》432
　《特拉夫尼克纪事》435
安德森（Jessica Anderson）
　《指挥官》664
安吉洛（Maya Angelou）
　《我知道笼中鸟为何歌唱》639
安杰耶夫斯基（Jerzy Andrzejewski）
　《灰烬与钻石》417
安纳德（Mulk Raj Anand）
　《不可接触的贱民》377

安图内斯（António Lobo Antunes）
　《亚历山德里诺的命运》734
奥布莱恩（Edna O'Brien）
　《乡村姑娘》550
　《碧眼姑娘》569
　《八月是一个邪恶的月份》981
　《森林里》982
奥布莱恩（Flann O'Brien）
　《第三个警察》602
　《双鸟渡》411
　《装可怜》981
奥布莱恩（Tim O'Brien）
　《士兵的重负》801
奥尔科特（Louisa May Alcott）
　《小妇人》165
奥汉隆（Ardal O'Hanlon）
　《街谈巷议》962
奥康纳（Flannery O'Connor）
　《上升的一切必将汇合》591
　《智血》476
　《暴力夺取》981
奥内蒂（Juan Carlos Onetti）
　《造船厂》551
奥尼尔（Jamie O'Neill）
　《两个男孩在游泳》982
奥萨德齐（Осадчий Михайло Григорович）
　《白内障》642
奥斯丁（Jane Austen）
　《理智与情感》86
　《傲慢与偏见》88
　《曼斯菲尔德庄园》90
　《爱玛》90
　《劝导》980
　《诺桑觉寺》980
奥斯特（Paul Auster）
　《纽约三部曲》774
　《月宫》799
　《偶然的音乐》805
　《隐者》976
　《昏头先生》982
　《在地图结束的地方》982
　《幻影书》982
奥威尔（George Orwell）
　《让史兰继续飘扬》383
　《动物农庄》430
　《一九八四》452
　《缅甸岁月》980—981
　《上来透口气》981
奥维德（Ovid）
　《变形记》980
奥兹（עמוס עוז）
　《黑匣子》776
　《爱与黑暗的故事》909
巴比尼（Giovanni Papini）
　《基督传》289
巴比塞（Henri Barbusse）
　《地狱》260
　《火线》279
巴恩斯（Djuna Barnes）
　《夜林》378
巴恩斯（Julian Barnes）
　《福楼拜的鹦鹉》738

　《终结的感觉》940
巴尔扎克（Honoré de Balzac）
　《欧也妮·葛朗台》106
　《高老头》107
　《幻灭》114
巴克（Nicola Barker）
　《幸福》952
巴克（Pat Barker）
　《重生》812
　《幽灵路》958
　《另一个世界》982
巴肯（John Buchan）
　《三十九级台阶》275
巴拉德（J. G. Ballard）
　《撞车》654
　《太阳帝国》748
　《淹没的世界》981
　《暴行展览》981
　《摩天楼》981
　《可卡因之夜》982
　《非常夏纳》982
巴莱拉（Juan Valera）
　《佩比塔·希梅尼斯》180
巴勒斯（Edgar Rice Burroughs）
　《人猿泰山》271
巴勒斯（William Burroughs）
　《瘾君子》484
　《裸体午餐》540
　《野孩子》981
　《酷儿》981
巴里（Kevin Barry）
　《去丹吉尔的夜船》954
巴里科（Alessandro Baricco）
　《丝绸》863
巴列霍（Fernando Vallejo）
　《杀手圣母》851
巴萨尼（Giorgio Bassani）
　《芬奇-孔蒂尼花园》573
巴塞尔姆（Donald Barthelme）
　《亡父》671
　《回来吧，卡里加利博士》981
　《外行们》981
巴斯（John Barth）
　《漂浮的歌剧》510
　《羊孩贾尔斯》597
　《路的尽头》981
巴塔耶（Georges Bataille）
　《眼睛的故事》335
　《艾比C》465
　《天空之蓝》519
巴特勒（Samuel Butler）
　《埃里汪奇游记》174
　《众生之路》249
巴托尔（Vladimir Bartol）
　《鹰巢》398
芭（Mariama Bâ）
　《一封如此长的信》700
芭贝里（Muriel Barbery）
　《刺猬的优雅》919
白先勇
　《台北人》986
拜厄特（A. S. Byatt）
　《花园中的处子》696
　《孩子们的书》977

《占有》982
班克斯（Iain Banks）
　《捕蜂器》744
　《乌鸦公路》823
　《游戏玩家》982
　《同谋》982
　《死空气》982
班克斯（Russell Banks）
　《劈云》982
班维尔（John Banville）
　《海》918
　《牛顿书信》981
　《证词》981
　《无法企及》982
　《裹尸布》982
班扬（John Bunyan）
　《天路历程》980
鲍德温（James Baldwin）
　《向苍天呼吁》482
　《乔瓦尼的房间》510
鲍恩·Elizabeth Bowen）
　《向北方》350
　《炎炎日正午》455
　《伊娃·特洛特》611
　《最后的九月》980
　《巴黎的房子》981
　《爱的世界》981
鲍威尔（Anthony Powell）
　《伴随时光之曲而舞》673
鲍威尔（Padgett Powell）
　《典型》812
贝恩（Aphra Behn）
　《王奴奥鲁诺克》39
贝尔纳诺斯（Georges Bernanos）
　《在撒旦的阳光下》316
贝汉（Brendan Behan）
　《教养院男孩》524
贝克尔（Jurek Becker）
　《说谎者雅各布》627
贝克福特（William Beckford）
　《哈里发沉沦记》71
贝克特（Samuel Beckett）
　《莫菲》394
　《莫洛伊》468
　《马龙之死》473
　《无法称呼的人》981
　《瓦特》981
　《是如何》981
　《梅西埃与卡米耶》981
　《向着更糟去呀》981
贝娄（Saul Bellow）
　《晃来晃去的人》426
　《赫索格》583
　《洪堡的礼物》667
　《受害者》981
　《奥吉·马奇历险记》981
　《抓住时机》981
　《雨王亨德森》981
本涅特（Arnold Bennett）
　《老妇人的故事》258
比拉—塔斯（Enrique Vila-Matas）
　《巴托比症候群》888
比尼斯（Xosé Neira Vilas）
　《农家少年回忆录》561

毕飞宇
　《平原》993
波伏瓦（Simone de Beauvoir）
　《名士风流》494
波拉尼奥（Roberto Bolaño）
　《荒野侦探》871
　《2666》915
波尼亚托夫斯卡（Elena Poniatowska）
　《我的赫苏斯，直到不再见你为止》634
伯恩哈德（Thomas Bernhard）
　《改正》671
　《维特根斯坦的侄子》725
　《衰竭》764
　《是》981
　《水泥地》981
　《历代大师》981
伯尔（Heinrich Böll）
　《九点半钟的台球》534
　《女士及众生相》643
　《丧失了名誉的卡塔琳娜·勃鲁姆》661
　《保护网下》981
伯尔尼埃（Louis de Bernières）
　《科莱利上尉的曼陀铃》846
伯格（John Berger）
　《G.》649
伯吉斯（Anthony Burgess）
　《发条橙》567
　《恩德比先生的内在》575
伯尼（Fanny Burney）
　《伊芙琳娜》66
　《卡米拉》79
　《塞西莉亚》980
勃朗特（Anne Brontë）
　《女房客》126
　《艾格妮丝·格雷》980
勃朗特（Charlotte Brontë）
　《简·爱》122
　《谢利》980
　《维莱特》980
勃朗特（Emily Brontë）
　《呼啸山庄》126
博尔赫斯（Jorge Luis Borges）
　《迷宫》562
　《虚构集》981
博尔皮（Jorge Volpi）
　《追寻克林索尔》883
博罗夫斯基（Tadeusz Borowski）
　《告别玛丽亚》981
博伊尔（T. Coraghessan Boyle）
　《天涯海角》770
　《空降城》982
布尔加科夫（Михаил Афанасьевич Булгаков）
　《大师和玛格丽特》600
布莱希特（Bertolt Brecht）
　《三便士小说》981
布朗肖（Maurice Blanchot）
　《死刑判决》451
布劳提根（Richard Brautigan）
　《在西瓜糖里》613
　《威拉德和他的保龄球奖杯》668

布勒东（André Breton）
　《娜嘉》326
　《大阿卡那第17号牌》433
布里坦（Vera Brittain）
　《青春的证明》361
布林克（André Brink）
　《白色旱季》703
布洛赫（Hermann Broch）
　《维吉尔之死》437
　《无罪者》465
布扎第（Dino Buzzati）
　《鞑靼人沙漠》412
曹文轩
　《草房子》991
曹雪芹
　《红楼梦》74
查特文（Bruce Chatwin）
　《黑山之上》720
柴德斯（Erskine Childers）
　《沙岸之谜》246
陈忠实
　《白鹿原》988
川端康成（川端康成）
　《千只鹤》481
茨普金（Леонид Борисович Цыпкин）
　《巴登夏日》714
茨瓦格曼（Joost Zwagerman）
　《嚎头！》791
茨威格（Arnold Zweig）
　《格里沙中士》322
茨威格（Stefan Zweig）
　《马来狂人》299
　《象棋的故事》422
村上春树（村上春樹）
　《奇鸟行状录》851
　《海边的卡夫卡》964
　《1Q84》978
　《斯普特尼克恋人》982
　《神的孩子全跳舞》982
村上龙（村上龍）
　《无限近似于透明的蓝》682
达比丁（David Dabydeen）
　《消散》844
大江健三郎（大江健三郎）
　《揪芽打仔》534
大仲马（Alexandre Dumas）
　《三个火枪手》119
　《基督山伯爵》121
　《玛尔戈王后》980
戴司潘德（Shashi Deshpande）
　《小补救》982
戴维斯（Lydia Davis）
　《故事的终结》854
戴维斯（Robertson Davies）
　《第五项业务》635
丹格兰伯加（Tsitsi Dangarembga）
　《神经症》785
丹尼尔夫斯基（Mark Z. Danielewski）
　《叶屋》982
道奇（Jim Dodge）
　《宝石接驳点》804

德波顿（Alain de Botton）
　《爱情笔记》843
德·伯尔尼埃（Louis de Bernieres）
　《维沃先生与古柯大佬》982
德布林（Alfred Döblin）
　《柏林，亚历山大广场》338
德拉布尔（Margaret Drabble）
　《光辉灿烂的道路》781
　《红王妃》982
德拉库列奇（Славенка Дракулић）
　《就好像我并不在场》882
德莱塞（Theodore Dreiser）
　《嘉莉妹妹》237
德里罗（Don DeLillo）
　《白噪音》752
　《地下世界》870
　《坠落的人》970
　《拉特纳星》981
　《名字》981
　《天秤星座》981—982
　《毛二世》982
　《人体艺术家》982
德利韦斯（Miguel Delibes）
　《异端》878
德·罗（Tessa de Loo）
　《李生姐妹》839
德·罗伯托（Federico De Roberto）
　《总督》219
德洛尼（Thomas Deloney）
　《里丁的托马斯》34
德萨尼（G. V. Desani）
　《关于H.哈特尔的一切》449
德赛（Anita Desai）
　《白日悠光》709
德赛（Kiran Desai）
　《继承失落的人》923
邓南遮（Gabriele D'Annunzio）
　《欢乐》205
狄德罗（Denis Diderot）
　《宿命论者雅克和他的主人》79
　《修女》81
　《拉摩的侄儿》85
狄迪恩（Joan Didion）
　《顺其自然》635
　《民主》746
狄更斯（Charles Dickens）
　《雾都孤儿》109
　《大卫·科波菲尔》129
　《荒凉山庄》136
　《远大前程》148
　《尼古拉斯·尼克尔贝》980
　《圣诞颂歌》980
　《马丁·瞿述伟》980
　《艰难时世》980
　《双城记》980
　《我们共同的朋友》980
狄龙（Eilis Dillon）
　《尖锐的玻璃》529
迪克（Philip K. Dick）
　《仿生人会梦见电子羊吗？》616
迪伦马特（Friedrich Dürrenmatt）
　《法官和他的刽子手》480
迪内森（Isak Dinesen）
　《走出非洲》388

作家索引 | 997

迪亚斯（Junot Díaz）
《奥斯卡·瓦奥短暂而奇妙的一生》925
笛福（Daniel Defoe）
《鲁滨孙漂流记》41
《摩尔·弗兰德斯》42
《罗克珊娜》980
东克尔（Patricia Duncker）
《致幻的福柯》862
杜卡（Μάρω Δούκα）
《傻瓜的金子》706
杜拉斯（Marguerite Duras）
《劳儿之劫》584
《副领事》599
《情人》746
杜雷尔（Lawrence Durrell）
《查士丁》513
杜利特尔（H. D.）
《水仙花》818
杜穆里埃（Daphne du Maurier）
《蝴蝶梦》399
多克托罗（E. L. Doctorow）
《但以理之书》646
《拉格泰姆时代》663
《比利·巴思格特》982
《上帝之城》982

厄德里克（Louise Erdrich）
《爱药》752
厄普代克（John Updike）
《兔子，跑吧》545
《兔子归来》642
《兔子富了》718
厄兹达马尔（Emine Sevgi Özdamar）
《生活如同一家旅店》814
恩古吉（Ngũgĩ wa Thiong'o）
《大河两岸》589
《马提加里》767
《血色花瓣》981
恩奎斯特（Per Olov Enquist）
《布朗powering和玛丽之书》914
恩莱特（Anne Enright）
《聚会》924

伐佐夫（Иван Минчов Вазов）
《轭下》205
法柏（Michel Faber）
《皮囊之下》890
法基努（Ευγενία Φακίνου）
《阿斯特拉德妮》728
法朗士（Anatole France）
《苔依丝》209
法雷尔（J. G. Farrell）
《克里希纳普之围》657
《新加坡掌控》693
《冲突》981
凡·伊登（Frederik van Eeden）
《小约翰》199
凡尔纳（Jules Verne）
《地心游记》158
《八十天环游地球》177
范·希尔登（Etienne van Heerden）
《祖先的声音》762

菲茨杰拉德（F. Scott Fitzgerald）
《了不起的盖茨比》310
《夜色温柔》367
菲尔丁（Henry Fielding）
《约瑟夫·安德鲁斯》48
《弃儿汤姆·琼斯的历史》50
《阿米莉亚》980
费兰特（Elena Ferrante）
《烦人的爱》853
《失踪的孩子》950
费斯特代克（Simon Vestdijk）
《铜管乐队演奏的花园》457
芬德利（Timothy Findley）
《战争》686
冯内古特（Kurt Vonnegut Jr.）
《猫的摇篮》580
《五号屠场》630
《祝你好运，有钱先生》981
《冠军早餐》981
冯塔纳（Theodor Fontane）
《艾菲·布里斯特》220
《斯泰希林》231
弗尔（Jonathan Safran Foer）
《了了》905
弗莱明（Ian Fleming）
《皇家赌场》483
弗兰岑（Jonathan Franzen）
《纠正》901
《自由》934
弗兰克（Julia Franck）
《午间女人》972
弗雷德里克松（Marianne Fredriksson）
《西蒙和橡树》760
弗雷姆（Janet Frame）
《水中的面孔》560
弗里施（Max Frisch）
《施蒂勒》497
《能干的法贝尔》519
弗洛伊德（Esther Freud）
《北非情人》817
伏尔泰（Voltaire）
《老实人》54
福尔斯（John Fowles）
《巫术师》599
《法国中尉的女人》628
《收藏家》981
《幻象》981
福克纳（William Faulkner）
《押沙龙，押沙龙！》382
《村子》981
《去吧，摩西》981
《喧哗与骚动》980
福克斯（Sebastian Faulks）
《鸟鸣》841
福楼拜（Gustave Flaubert）
《包法利夫人》141
《情感教育》167
《布瓦尔和佩库歇》190
《圣安东的诱惑》980
福斯特（E. M. Forster）
《看得见风景的房间》261
《霍华德庄园》265
《印度之行》302
《天使不敢涉足的地方》980

福特（Ford Madox Ford）
《好兵》277
《队列之末》330
富恩特斯（Carlos Fuentes）
《阿尔特米奥·克罗斯之死》572
盖梅尔（David Gemmell）
《传奇》751
盖斯凯尔（Elizabeth Gaskell）
《克兰福镇》135
《南方与北方》138
《玛丽·巴顿》980
盖特（Carmen Martín Gaite）
《里屋》696
盖伊（John Gay）
《马蒂努斯·斯克里布勒鲁斯回忆录》47
《大教堂》611
冈察尔（Олесь Терентійович Гончар）
《母亲》257
《阿尔塔莫诺夫家的事业》307
高尔斯华绥（John Galsworthy）
《福尔赛世家》255
高斯（Zulfikar Ghose）
《自我的三重镜》827
高希（Amitav Ghosh）
《阴影线》809
戈德温（William Godwin）
《凯莱布·威廉斯传奇》74
戈登（Arthur Golden）
《艺伎回忆录》865
戈迪默（Nadine Gordimer）
《伯格的女儿》700
《七月的人民》719
戈尔丁（William Golding）
《蝇王》492
《启蒙之旅》981
戈伊蒂索洛（Juan Goytisolo）
《证明的标志》598
哥尔斯密（Oliver Goldsmith）
《威克菲牧师传》58
歌德（Johann Wolfgang von Goethe）
《少年维特的烦恼》64
《威廉·麦斯特的学习时代》76
《亲合力》85
格拉克（Julien Gracq）
《沙岸风云》471
格拉斯（Günter Grass）
《铁皮鼓》539
《猫与鼠》555
《狗年月》574
格雷（Alasdair Gray）
《兰纳克：人生四部曲》716
格里美尔斯豪森（Hans von Grimmelshausen）
《痴儿西木传》37
格林（Graham Greene）
《布赖顿硬糖》397
《权力与荣耀》414
《恋情的终结》466
《安静的美国人》500

《名誉领事》653
《英格兰造就了我》981
《命运的内核》981
《第三人》981
格林（Henry Green）
《失明》319
《活着》341
《相爱》430
《归来》439
《结伴游乐》981
《困境》981
格罗史密斯（George & Weedon Grossmith）
《小人物日记》218
格诺（Raymond Queneau）
《风格练习》444
宫部美雪（宮部みゆき）
《十字火焰》872
贡布罗维奇（Witold Gombrowicz）
《费尔迪杜凯》390
古铁雷斯（Pedro Juan Gutiérrez）
《肮脏哈瓦那三部曲》879
古普塔（Sunetra Gupta）
《雨的回忆录》818
谷崎润一郎（谷崎潤一郎）
《食蓼之虫》329
果戈理（Николай Гоголь）
《鼻子》107
《死魂灵》114
哈巴克（Chad Harbach）
《防守的艺术》941
哈代（Thomas Hardy）
《远离尘嚣》178
《德伯家的苔丝》212
《无名的裘德》219
《贝妲的婚姻》980
《还乡》980
《卡斯特桥市长》980
《林地居民》980
哈登（Mark Haddon）
《深夜小狗神秘事件》982
哈格德（H. Rider Haggard）
《所罗门王的宝藏》199
《她》980
哈米德（Mohsin Hamid）
《回到故乡的陌生人》982
哈米特（Dashiell Hammett）
《马耳他黑鹰》345
《瘦子》350
《血腥的收获》980
《玻璃钥匙》980
哈瑟（Hella Haasse）
《永远是陌生人》956
哈斯特维特（Siri Hustvedt）
《我爱过的》908
哈特利（L. P. Hartley）
《送信人》489
哈谢克（Jaroslav Hašek）
《好兵帅克历险记》316
海兰（M. J. Hyland）
《放我下去》920
海勒（Joseph Heller）
《第二十二条军规》553

海明威（Ernest Hemingway）
《太阳照常升起》321
《永别了，武器》343
《丧钟为谁而鸣》414
《老人与海》477
《有钱人和没钱人》981
海姆斯（Chester Himes）
《持枪的盲人》631
海史密斯（Patricia Highsmith）
《天才雷普利》506
海伍德（Eliza Haywood）
《过度的爱》42
海因莱因（Robert Heinlein）
《异乡异客》561
海因斯（Barry Hines）
《小孩与鹰》613
韩少功
《马桥词典》991
汉德克（Peter Handke）
《左撇子女人》680
《一个作家的午后》780
《守门员面对罚点球时的焦虑》981
汉姆生（Knut Hamsun）
《饥饿》207
《大地的成长》282
汉密尔顿（Patrick Hamilton）
《宿醉广场》981
荷尔德林（Friedrich Hölderlin）
《许佩里翁或希腊的隐士》81
赫达亚特（صادق هدایت）
《瞎猫头鹰》391
赫尔（Michael Herr）
《战地快讯》686
赫拉巴尔（Bohumil Hrabal）
《严密监视的列车》589
赫利奥多罗斯（Ἡλιόδωρος）
《埃塞俄比亚传奇》980
赫梅莱茨（Kristien Hemmerechts）
《玛戈和天使们》868
赫斯顿（Zora Neale Hurston）
《他们眼望上苍》392
赫胥黎（Aldous Huxley）
《克罗姆·耶娄》288
《美丽新世界》357
《加沙的盲人》387
《滑稽的圆舞》980
黑德（Bessie Head）
《权力问题》658
黑蒙（Aleksandar Hemon）
《没有归属的男人》904
黑塞（Hermann Hesse）
《悉达多》296
《荒原狼》326
《玻璃球游戏》423
亨普尔（Amy Hempel）
《活下去的理由》753
华顿（Edith Wharton）
《欢乐之家》251
《伊坦·弗洛美》266
《纯真年代》186
《班纳姐妹》980
《夏天》980
《月色闪烁》980

华尔浦尔（Horace Walpole）
《奥特兰多城堡》58
华莱士（David Foster Wallace）
《无尽的玩笑》860
华莱士（Lew Wallace）
《宾虚》186
华纳（Sylvia Townsend Warner）
《夏日将现》387
《唐璜死后》981
怀特（Edmund White）
《一个男孩自己的故事》957
《美丽的空屋》981
怀特（Patrick White）
《生者与死者》418
《人树》501
《探险家沃斯》521
怀特（T. H. White）
《永恒之王》523
霍尔（Radclyffe Hall）
《寂寞之井》330
霍夫曼（E. T. A. Hoffmann）
《雄猫穆尔的生活观暨乐队指挥克赖斯勒的传记片段》95
霍夫曼（Gert Hofmann）
《盲人寓言》761
霍格（James Hogg）
《罪人忏悔录》96
霍格（Peter Høeg）
《雪中第六感》815
霍林赫斯特（Alan Hollinghurst）
《游泳池更衣室》787
《美丽曲线》916
《折叠的星星》982
霍奇森（William Hope Hodgson）
《边陲鬼屋》258
霍桑（Nathaniel Hawthorne）
《红字》129
《七个尖角顶的宅第》132
《福谷传奇》980
《牧神雕像》980
吉本（Lewis Grassic Gibbon）
《苏格兰人的书》980
吉本芭娜娜（吉本ばなな）
《厨房》782
吉本斯（Dave Gibbons）
《守望者》764
吉本思（Stella Gibbons）
《令人难以宽慰的农庄》354
吉卜林（Rudyard Kipling）
《吉姆》238
吉布森（William Gibson）
《神经漫游者》742
吉尔曼（Charlotte Perkins Gilman）
《黄色墙纸》980
吉辛（George Gissing）
《新寒街》214
《在流亡中诞生》980
基尼利（Thomas Keneally）
《辛德勒名单》723
纪德（André Gide）
《人间食粮》226
《背德者》244
《窄门》261

《伪币制造者》310
加迪斯（William Gaddis）
《认可》499
加尔巴（Martí Joan de Galba）
《骑士蒂朗》28
加尔多斯（Benito Pérez Galdós）
《一颗慈善的心》224
《福尔图娜塔和哈辛塔》980
加莱亚诺（Eduardo Galeano）
《火的记忆》766
加里（Romain Gary）
《天根》509
《童年的许诺》544
加利科（Paul Gallico）
《阿里斯夫人去巴黎》981
加洛韦（Janice Galloway）
《诀窍在于保持呼吸》794
加缪（Albert Camus）
《局外人》420
《鼠疫》444
《反抗者》468
加纳（Alan Garner）
《瑟斯比奇谷》982
伽尔东尼（Gárdonyi Géza）
《爱盖亚之星》232
贾平凹
《废都》989
芥川龙之介（芥川龍之介）
《罗生门》279
金（Stephen King）
《闪灵》689
金斯利（Charles Kingsley）
《水孩子》152
金索沃（Barbara Kingsolver）
《毒木圣经》873
金庸
《射雕英雄传》986
金宇澄
《繁花》995
聚斯金德（Patrick Süskind）
《香水》757
《鸽子》772
卡波特（Truman Capote）
《蒂凡尼的早餐》532
《冷血》592
卡达莱（Ismail Kadare）
《破碎的四月》713
《三月冷花》893
《接班人》966
卡尔维诺（Italo Calvino）
《通向蜘蛛巢的小径》440
《看不见的城市》651
《命运交叉的城堡》657
《如果在冬夜，一个旅人》699
《我们的祖先》981
卡夫卡（Franz Kafka）
《审判》309
《城堡》318
《美国》321
卡利通（Χαρίτων）
《凯勒阿斯和卡利罗亚》980
卡罗尔（Lewis Carroll）
《爱丽丝漫游奇境》156

《爱丽丝镜中奇遇记》170
卡蒙斯（Luís Vaz de Camões）
《卢济塔尼亚人之歌》32
卡明斯（E. E. Cummings）
《巨大的房间》296
卡内蒂（Elias Canetti）
《迷惘》374
卡彭铁尔（Alejo Carpentier）
《人间王国》455
《消失了的足迹》486
卡蒂略（Bernal Díaz del Castillo）
《征服新西班牙信史》37
卡索拉（Carlo Cassola）
《布贝的未婚妻》550
卡泰尹（Victor Català）
《孤独》254
卡特（Angela Carter）
《马戏团之夜》741
《新夏娃的激情》981
《明智的孩子》982
卡赞扎基斯（Νίκος Καζαντζάκης）
《希腊人左巴》438
《基督的最后诱惑》503
凯恩（James M. Cain）
《邮差总按两次铃》371
凯尔曼（James Kelman）
《巴士售票员海因斯》748
《为时已晚》847
《男孩，别哭》974
《不满》982
凯勒（Gottfried Keller）
《绿衣亨利》138
凯里（Peter Carey）
《奥斯卡与露辛达》786
《杰克·迈格斯》960
凯鲁亚克（Jack Kerouac）
《在路上》516
凯曼（Daniel Kehlmann）
《丈量世界》917
凯瑟（Willa Cather）
《教授之屋》306
坎宁安（Michael Cunningham）
《时时刻刻》876
《末世之家》982
康拉德·哲尔吉（Konrád György）
《社工》632
康拉德（Joseph Conrad）
《黑暗的心》243
《诺斯特罗莫》251
《秘密间谍》256
《吉姆爷》980
《阴影线：一部自白》980
康西安斯（Hendrik Conscience）
《佛兰德斯的狮子》110
考茨温克尔（William Kotzwinkle）
《午夜检查员》801
考德威尔（Erskine Caldwell）
《高原世家》439
柯艾略（Paulo Coelho）
《维罗妮卡决定去死》874
《魔鬼与普里姆小姐》893
柯林斯（Wilkie Collins）
《白衣女人》144
《月亮宝石》163

作家索引 | 999

柯南·道尔（Arthur Conan Doyle）
　《福尔摩斯探案集》217
　《巴斯克维尔的猎犬》241
科（Jonathan Coe）
　《好一场瓜分！》838
科恩（Albert Cohen）
　《君主的美人》619
科克托（Jean Cocteau）
　《可怕的孩子》337
科莱特（Colette）
　《克罗蒂娜的家》292
科斯曼（Alfred Kossmann）
　《悲伤的气息》713
科兹文克（William Kotzwinkle）
　《狂热者》662
克尔扎（Miroslav Krleža）
　《菲利帕·拉蒂诺维奇归来》353
　《理性边缘》403
克尔曼（Daniel Kehlmann）
　《提亇》953
克拉克（Arthur C. Clarke）
　《2001：太空漫游》616
克拉林（Clarín）
　《庭长夫人》194
克拉斯诺霍尔卡伊（Krasznahorkai László）
　《反抗的忧郁》795
克莱兰（John Cleland）
　《芬妮·希尔》52
克莱斯特（Heinrich von Kleist）
　《米歇尔·科尔哈斯》86
克劳斯（Hugo Claus）
　《比利时的哀愁》736
克劳斯（Karl Kraus）
　《人类的末日》980
克劳斯（Nicole Krauss）
　《爱的历史》969
克雷斯（Jim Crace）
　《阿卡迪亚》821
克里玛（Ivan Klíma）
　《等待黑暗，等待光明》832
克里斯蒂（Agatha Christie）
　《罗杰疑案》315
克罗斯（Jaan Kross）
　《马顿斯教授的起程》740
克罗兹（José Maria Eça de Queirós）
　《阿马罗神父的罪恶》180
克瑙斯高（Karl Ove Knausgård）
　《我的奋斗4：在黑暗中舞蹈》937
克彭（Wolfgang Koeppen）
　《温室》486
　《死于罗马》496
科斯马奇（Ciril Kosmač）
　《春日》490
克西（Ken Kesey）
　《飞越疯人院》568
　《有时一个伟大的念头》586
肯尼迪（A. L. Kennedy）
　《寻找可能之舞》840
　《你需要的一切》982
库柏（James Fenimore Cooper）
　《最后的莫西干人》99

库弗（Robert Coover）
　《魔杖》631
　《公众的怒火》981
库雷西（Hanif Kureishi）
　《郊区佛陀》803
　《亲密》982
　《加百列的礼物》982
库佩勒斯（Louis Couperus）
　《埃利娜·维尔》206
库切（J. M. Coetzee）
　《幽暗之地》662
　《内陆深处》682
　《等待野蛮人》714
　《迈克尔·K的生活和时代》731
　《耻》880
　《福》982
　《彼得堡的大师》982
　《青春》982
　《伊丽莎白·科斯特洛》982
　《慢》953
库什纳（Rachel Kushner）
　《喷火器》946
昆德拉（Milan Kundera）
　《笑忘录》704
　《不能承受的生命之轻》750
　《玩笑》981
　《无知》982
拉伯雷（François Rabelais）
　《巨人传》31
拉德克利夫（Ann Radcliffe）
　《奥多芙的神秘》76
拉迪盖（Raymond Radiguet）
　《魔鬼附身》301
拉法耶特夫人（Comtesse de La Fayette）
　《克莱芙王妃》38
拉福雷特（Carmen Laforet）
　《空盼》436
拉格洛夫（Selma Lagerlöf）
　《尤斯塔·贝林的萨迦》213
拉格维斯（Pär Lagerkvist）
　《巴拉巴》466
拉洛（Pierre Choderlos de Laclos）
　《危险的关系》69
拉克司奈斯（Halldór Kiljan Laxness）
　《独立的人们》378
拉森（Nella Larsen）
　《流沙》328
　《过客》343
拉希莉（Jhumpa Lahiri）
　《同名人》907
莱蒙托夫（Михаил Юрьевич Лермонтов）
　《当代英雄》113
莱姆（Stanisław Lem）
　《索拉里斯星》554
莱维（Carlo Levi）
　《基督不到的地方》433
莱维（Primo Levi）
　《这是不是个人》443
　《若非此时，何时？》728
　《被淹没与被拯救的》763

莱维特（David Leavitt）
　《鹤遗失的语言》768
莱辛（Doris Lessing）
　《野草在歌唱》459
　《金色笔记》562
　《什卡斯塔》981
　《简·萨默斯日记》981
莱伊（Camara Laye）
　《黑孩子》489
赖斯（Anne Rice）
　《夜访吸血鬼》679
赖特（Richard Wright）
　《土生子》412
兰佩杜萨（Giuseppe Tomasi di Lampedusa）
　《豹》531
兰斯迈耶（Christoph Ransmayr）
　《最后的世界》789
劳伦斯（D. H. Lawrence）
　《儿子与情人》269
　《虹》275
　《恋爱中的女人》285
　《查泰莱夫人的情人》333
　《阿伦的杖杆》980
　《狐》980
　《羽蛇》980
劳伦斯（Margaret Laurence）
　《占卜者》660
劳瑞（Malcolm Lowry）
　《火山下》441
　《黑暗如埋葬我朋友的坟墓》981
老舍
　《骆驼祥子》388
勒布雷努（Liviu Rebreanu）
　《吊死鬼的森林》295
勒·法努（Sheridan Le Fanu）
　《塞拉斯叔叔》981
　《在模糊不清的镜子中》175
勒古恩（Ursula K. Le Guin）
　《失去一切的人》660
勒卡雷（John Le Carré）
　《柏林谍影》577
　《史迈利的人马》706
　《锅匠，裁缝，士兵，间谍》981
勒纳（Ben Lerner）
　《十点零四分》949
雷阿日（Pauline Réage）
　《O娘的故事》491
雷马克（Erich Maria Remarque）
　《西线无战事》339
黎里（John Lyly）
　《尤弗伊斯：才智之剖析》980
李（Harper Lee）
　《杀死一只知更鸟》546
李（Laurie Lee）
　《萝卜与苹果酒》536
李洱
　《花腔》993
李斯佩克朵（Clarice Lispector）
　《G. H. 受难曲》587
　《星辰时刻》684
里奥斯（Julián Ríos）
　《幼虫：仲夏夜的嘈杂声》741

里尔克（Rainer Maria Rilke）
　《马尔特手记》262
里斯（Jean Rhys）
　《早安，午夜》410
　《藻海无边》602
　《巴黎风情四重奏》980
理查森（Dorothy Richardson）
　《人生历程》605
理查森（Samuel Richardson）
　《帕梅拉》46
　《克拉丽莎》48
利特尔（Jonathan Littell）
　《善良的人》982
利维（Andrea Levy）
　《小岛》982
列斯科夫（Николай Лесков）
　《着魔的流浪人》177
林格伦（Astrid Lindgren）
　《长袜子皮皮》428
林纳（Väinö Linna）
　《普通士兵》497
刘慈欣
　《三体》994
刘易斯（M. G. Lewis）
　《僧侣》78
刘易斯（Saunders Lewis）
　《莫妮卡》348
刘易斯（Sinclair Lewis）
　《大街》286
　《巴比特》292
刘易斯（Wyndham Lewis）
　《塔尔》284
　《上帝的人猿》346
　《儿童弥撒》980
　《为爱复仇》981
　《自责》981
刘震云
　《一句顶一万句》995
柳斯林科（Ward Ruyslinck）
　《游手好闲》518
柳薇卡（Marina Lewycka）
　《乌克兰拖拉机简史》982
卢斯（Anita Loos）
　《绅士偏爱金发女郎》956
卢梭（Jean-Jacques Rousseau）
　《新爱洛伊丝》57
　《爱弥儿（论教育）》57
　《一个孤独漫步者的遐想》67
　《忏悔录》69
鲁尔福（Juan Rulfo）
　《燃烧的原野》500
鲁塞尔（Raymond Roussel）
　《非洲印象》265
　《独地》272
鲁瓦（Gabrielle Roy）
　《廉价的幸福》436
鲁西迪（Salman Rushdie）
　《午夜之子》981
　《羞耻》981
　《格里姆斯》981
　《摩尔人的最后叹息》982
　《她脚下的土地》982
　《愤怒》982

鲁迅
《呐喊》984
伦茨（Siegfried Lenz）
《德语课》614
伦敦（Jack London）
《野性的呼唤》246
《铁蹄》980
《马丁·伊登》980
伦纳德（Elmore Leonard）
《拉布拉瓦》732
《矮子当道》806
《原始城市》980
伦诺克斯（Charlotte Lennox）
《女吉诃德》54
罗宾逊（Marilynne Robinson）
《家园》927
罗宾逊（Roxana Robinson）
《代价》930
罗伯-格里耶（Alain Robbe-Grillet）
《嫉妒》522
罗尔夫（Frederick Rolfe）
《哈德良七世》249
罗贯中
《三国演义》25
罗哈斯（Fernando de Rojas）
《塞莱斯蒂娜》28
罗萨（João Guimarães Rosa）
《广阔的腹地：条条小路》503
罗思（Henry Roth）
《就说是睡着了》365
罗思（Gillian Rose）
《爱的劳作》854
罗斯（Martin Ross）
《一位爱尔兰海军陆战队军官的经历》232
《真正的夏洛特》980
罗斯（Philip Roth）
《波特诺伊的怨诉》627
《人性的污秽》890
《报应》938
《乳房》981
《夏洛克行动》982
《萨巴斯剧院》982
《美国牧歌》982
《反美阴谋》982
罗特（Joseph Roth）
《拉德茨基进行曲》353
洛夫克拉夫特（H. P. Lovecraft）
《疯狂山脉》381
洛特雷阿蒙（Comte de Lautréamont）
《马尔多罗之歌》166
洛伊（Arundhati Roy）
《微物之神》866
略萨（Mario Vargas Llosa）
《城市与狗》573
《世界末日之战》716
《公羊的节日》894
《首领们》981

马查多（Joaquim Maria Machado de Assis）
《布拉斯·库巴斯死后的回忆》189

《沉默先生》230
马丁内斯（Tomás Eloy Martínez）
《圣埃维塔》857
马丁-桑托斯（Luis Martín-Santos）
《沉默的时代》564
马尔克斯（Gabriel García Márquez）
《没有人给他写信的上校》560
《百年孤独》607
《族长的秋天》674
《霍乱时期的爱情》762
马尔罗（André Malraux）
《人的境遇》360
马哈福兹（نجيب محفوظ）
《梅达格胡同》446
《我们街区的孩子们》603
马卡里斯（Πέτρος Μάρκαρης）
《深夜新闻》853
马克森（David Markson）
《维特根斯坦的情妇》788
《消失点》982
马里亚斯（Javier Marías）
《万灵》773
《你明天的面容》965
《如此苍白的心》982
马龙（Monika Maron）
《帕维尔的信》882
马洛夫（David Malouf）
《回忆巴比伦》833
马特尔（Yann Martel）
《少年Pi的奇幻漂流》900
马图林（Charles Robert Maturin）
《流浪者梅尔默斯》94
《阿尔比派》980
马托雷尔（Joanot Martorell）
《骑士蒂朗》28
马修斯（Harry Mathews）
《香烟》785
玛德西斯（Πάυλος Μάτεσις）
《女儿》808
玛赞蒂妮（Margaret Mazzantini）
《别离开我》130
迈耶（Philipp Meyer）
《美国锈》931
麦高恩（Heather McGowan）
《学校教育》982
麦加恩（John McGahern）
《裙钗间》806
《他们可能会面对朝阳》982
麦金尼斯（Colin MacInnes）
《绝对的开启者》543
麦卡锡（Cormac McCarthy）
《血色子午线》757
《天下骏马》826
麦凯布（Patrick McCabe）
《屠夫男孩》820
麦考伊（Horace McCoy）
《孤注一掷》375
麦珂尔斯（Anne Michaels）
《漂泊手记》858
麦克布莱德（Eimear McBride）
《女孩是半成品》947
麦克弗森（Ian MacPherson）
《野港》981

麦克唐纳（Ann-Marie MacDonald）
《跪下你的双膝》864
麦克唐纳（Helen Macdonald）
《以鹰之名》951
麦克尤恩（Ian McEwan）
《水泥花园》697
《赎罪》897
《爱无可忍》961
《只爱陌生人》981
《时间中的孩子》981
《黑犬》982
《阿姆斯特丹》982
《星期六》982
麦肯齐（Henry Mackenzie）
《多愁善感的男人》62
曼（Heinrich Mann）
《垃圾教授》252
曼（Thomas Mann）
《布登勃洛克一家》240
《死于威尼斯》268
《魔山》304
《约瑟和他的兄弟们》424
《浮士德博士》445
曼凯尔（Henning Mankell）
《无面杀手》811
曼宁（Frederic Manning）
《我们，她的列兵》345
曼森（Peter Manson）
《杂乱无章的附件》982
曼斯菲尔德（Katherine Mansfield）
《园会》980
曼佐尼（Alessandro Manzoni）
《约婚夫妇》99
毛姆（William Somerset Maugham）
《人性的枷锁》276
《刀锋》982
《寻欢作乐》980
梅尔勒（Robert Merle）
《有理性的动物》608
梅尔维尔（Herman Melville）
《白鲸》130
《水手比利·巴德》980
梅利（Veijo Meri）
《马尼拉绳》518
门多萨（Eduardo Mendoza）
《轻喜剧》863
门罗（Alice Munro）
《女孩与女人们的生活》647
《你以为你是谁？》692
蒙塔尔万（Manuel Vásquez Montalbán）
《南方的海》707
蒙塔尔沃（Garci Rodríguez de Montalvo）
《高卢的阿玛迪斯》29
米勒（Henry Miller）
《北回归线》368
《南回归线》981
米切尔（David Mitchell）
《云图》910
米切尔（Margaret Mitchell）
《飘》384
米什拉（Pankaj Mishra）
《浪漫主义者》982

米斯特里（Rohinton Mistry）
《大地之上》855
《家事》982
米特福德（Nancy Mitford）
《爱在寒冬》456
《天涯追爱》981
摩尔（Alan Moore）
《守望者》764
摩尔（Lorrie Moore）
《字谜游戏》767
《就像生活》802
《门在楼梯口》932
姆赫雷雷（Es'kia Mphahlele）
《沿着第二大街》536
莫泊桑（Guy de Maupassant）
《一生》192
《漂亮朋友》195
《皮埃尔与让》204
莫福洛（Thomas Mofolo）
《鲁乌利人沙卡》314
莫拉维亚（Alberto Moravia）
《冷漠的人》340
《违抗》449
《鄙视》490
莫里茨（Karl Philipp Moritz）
《安东·莱泽尔》70
莫里森（Toni Morrison）
《最蓝的眼睛》640
《所罗门之歌》684
《宠儿》773
《秀拉》981
《爵士乐》982
莫里斯（William Morris）
《乌有乡消息》214
莫利亚克（François Mauriac）
《蛇结》358
莫言
《红高粱家族》784
默多克（Iris Murdoch）
《在网下》491
《钟》524
《完美伴侣》559
《大海，大海》694
《美与善》981
《黑王子》982
默南（Gerald Murnane）
《内地》800
慕克吉（Bharati Mukherjee）
《坐拥世界》833
穆达（Zakes Mda）
《赤红之心》982
穆蒂斯（Álvaro Mutis）
《马克洛尔的奇遇与厄运》831
穆尔塔图里（Multatuli）
《马格斯·哈弗拉尔》147
穆里施（Harry Mulisch）
《发现天堂》830
穆齐尔（Robert Musil）
《学生托乐思的迷惘》254
《没有个性的人》359
纳博科夫（Vladimir Nabokov）
《洛丽塔》504
《普宁》516

作家索引 | 1001

《微暗的火》564
《爱达或爱欲》623
纳拉扬（R. K. Narayan）
《男向导的奇遇》530
纳什（Thomas Nashe）
《不幸的旅行者》34
奈保尔（V. S. Naipaul）
《自由国度》648
《大河湾》702
《抵达之谜》770
内米洛夫斯基（Irène Némirovsky）
《法兰西组曲》911
宁（Anaïs Nin）
《情迷维纳斯》690
诺冬（Amélie Nothomb）
《诚惶诚恐》885
诺特博姆（Cees Nooteboom）
《仪式》711
《万灵节》877
诺瓦利斯（Novalis）
《奥夫特丁根》84
欧文（John Irving）
《苹果酒屋的规则》760
《为欧文·米尼祈祷》792
《盖普眼中的世界》981
欧茨（Joyce Carol Oates）
《他们》957
《玛丽亚娜和她的情人》981
《黑水》982
《浮生如梦》982
帕顿（Alan Paton）
《哭吧，亲爱的祖国》450
帕尔多·巴桑（Emilia Pardo Bazán）
《侯爵府纪事》201
帕尔曼（Connie Palmen）
《规则》810
帕拉尼克（Chuck Palahniuk）
《窒息》982
帕慕克（Orhan Pamuk）
《雪》903
帕奈尔（Thomas Parnell）
《马蒂努斯·斯克里布勒鲁斯回忆录》47
帕尼奥尔（Marcel Pagnol）
《山泉：泉水玛侬》579
帕什科夫（Виктор Пасков）
《献给格奥尔格·亨尼希的歌》769
帕斯（Octavio Paz）
《孤独的迷宫》464
帕斯捷尔纳克（Борис Леонидович Пастернак）
《日瓦戈医生》515
帕索里尼（Pier Paolo Pasolini）
《求生男孩》982
帕索斯（John Dos Passos）
《美国三部曲》395
《曼哈顿中转站》980
帕韦泽（Cesare Pavese）
《收割者》419
《月亮与篝火》461

帕维奇（Милорад Павић）
《哈扎尔辞典》749
帕西林纳（Arto Paasilinna）
《遇见野兔的那一年》664
佩雷克（Georges Perec）
《物：六十年代纪事》592
《消失》622
《W或童年回忆》674
《人生拼图版》694
《沉睡的人》981
佩雷斯-雷维特（Arturo Pérez-Reverte）
《大仲马俱乐部》822
佩列文（Ви́ктор Оле́гович Пеле́вин）
《夏伯阳与虚空》860
《人虫变》864
佩索阿（Fernando Pessoa）
《惶然录》729
佩特（Walter Pater）
《享乐主义者马利乌斯》195
皮埃尔（DBC Pierre）
《维农少年》906
皮格利亚（Ricardo Piglia）
《烈焰焚书》865
皮克（Mervyn Peake）
《泰忒斯诞生》438
《歌门鬼城》462
皮兰德娄（Luigi Pirandello）
《一个人，不是任何人，又是千万人》315
皮姆（Barbara Pym）
《佳媛》481
《秋天四重奏》683
皮斯（David Peace）
《一九七七》982
朴景利（박경리）
《土地》623
品钦（Thomas Pynchon）
《V.》582
《拍卖第四十九批》596
《万有引力之虹》652
《抵抗白昼》921
《葡萄园》982
《梅森与迪克逊》982
蒲柏（Alexander Pope）
《马蒂努斯·斯克里布勒鲁斯回忆录》47
普拉斯（Sylvia Plath）
《钟形罩》575
普朗吉特（James Plunkett）
《信任者和瘫痪者》501
普鲁（E. Annie Proulx）
《船讯》842
普鲁斯（Bolesław Prus）
《法老》225
普鲁斯特（Marcel Proust）
《追忆似水年华》325
普希金（Алекса́ндр Серге́евич Пу́шкин）
《叶甫盖尼·奥涅金》105
普伊格（Manuel Puig）
《红唇》633
《蜘蛛女之吻》680

普佐（Mario Puzo）
《教父》624
齐奥朗（E. M. Cioran）
《在绝望之巅》371
契里柯（Giorgio de Chirico）
《赫布多米洛斯》980
契斯（Данило Киш）
《花园，灰烬》590
恰佩克（Karel Čapek）
《鲵鱼之乱》382
钱德勒（Raymond Chandler）
《长眠不醒》404
《漫长的告别》488
《再见，吾爱》981
乔伊斯（James Joyce）
《一个青年艺术家的画像》280
《尤利西斯》291
《芬尼根的守灵夜》411
琴凯德（Jamaica Kincaid）
《安妮·约翰》761
琼斯（David Jones）
《括号》390
容（Erica Jong）
《怕飞》658
容格尔（Ernst Jünger）
《钢铁风暴》285
《玻璃蜂》513
萨达维（نوال السعداوي）
《零点女人》667
萨德（Marquis de Sade）
《索多玛120天》70
《淑女的眼泪》72
萨冈（Françoise Sagan）
《你好，忧愁》494
萨根（Carl Sagan）
《接触》758
萨加里（Emilio Salgari）
《莫普拉切之虎》236
萨克雷（William Makepeace Thackeray）
《名利场》125
萨拉马戈（José Saramago）
《修道院纪事》729
《里卡尔多·雷耶斯离世那年》747
《里斯本围城史》794
《该隐》975
《双生》982
萨利赫（الطيب صالح）
《移居北方的时节》634
萨米恩托（Domingo Faustino Sarmiento）
《法昆多》119
萨默维尔（Edith Somerville）
《一位爱尔兰海军陆战队军官的经历》232
《真正的夏洛特》980
萨特（Jean-Paul Sartre）
《恶心》492
塞巴尔德（W. G. Sebald）
《眩晕》808

《奥斯特利茨》899
《移民》982
《土星之环》982
塞尔比（Hubert Selby Jr.）
《梦之安魂曲》692
塞尔夫（Will Self）
《伟大的猩猩》982
《死人的生活》982
塞尔吉（Victor Serge）
《图拉耶夫事件》457
塞尔卡斯（Javier Cercas）
《萨拉米斯的士兵》898
塞尔文（Sam Selvon）
《孤独的伦敦人》509
塞拉（Camilo José Cela）
《阿尔卡里亚之旅》447
《蜂巢》475
塞利莫维奇（Meša Selimović）
《死神与苦行僧》594
塞纳（Louis-Ferdinand Céline）
《茫茫黑夜漫游》352
塞林格（J. D. Salinger）
《麦田里的守望者》470
《弗兰妮与祖伊》559
塞思（Vikram Seth）
《如意郎君》837
塞万提斯（Miguel de Cervantes Saavedra）
《堂吉诃德》35
《贝雪莱斯和西吉斯蒙达历险记》36
塞耶斯（Dorothy L. Sayers）
《杀人广告》364
《丧钟九鸣》374
赛本尼（Ousmane Sembène）
《上帝的木屑》551
赛尔（Juan José Saer）
《见证人》735
三岛由纪夫（三島由紀夫）
《潮骚》496
《丰饶之海》640
桑（George Sand）
《魔沼》120
桑德尔（Cora Sandel）
《阿尔贝塔与雅各布》318
桑德斯（George Saunders）
《天堂主题公园》982
瑟伯（James Thurber）
《十三座钟》463
《神奇的O》981
沙玛（Akhil Sharma）
《顺从的父亲》982
沙诺尔（Շահան Շահնուր）
《无歌的撤退》335
山多尔（Márai Sándor）
《烛烬》422
沈从文
《边城》984
圣-埃克苏佩里（Antoine de Saint-Exupéry）
《小王子》424
圣奥宾（Edward St. Aubyn）
《母乳》968

圣约翰（Henry St John）
《马蒂努斯·斯克里布勒鲁斯回忆录》47
施茨廷（Frank Schätzing）
《群》911
施蒂弗特（Adalbert Stifter）
《小阳春》142
施林克（Bernhard Schlink）
《朗读者》856
施耐庵
《水浒传》25
施尼茨勒（Arthur Schnitzler）
《古斯特少尉》237
施特劳斯（Botho Strauß）
《男女，路人》718
《年轻人》751
什克沃雷茨基（Josef Škvorecký）
《人类灵魂工程师》683
什奇皮奥尔斯基（Andrzej Szczypiorski）
《美丽的塞登登太太》763
石黑一雄（Kazuo Ishiguro）
《远山淡影》725
《浮世画家》765
《长日将尽》796
《无可慰藉》852
《别让我走》982
史蒂文森（Robert Louis Stevenson）
《金银岛》190
《化身博士》201
《诱拐》980
《巴伦特雷少爷》980
史密斯（Ali Smith）
《冬》952
《查无此女》967
《纵横交错的世界》979
史密斯（Zadie Smith）
《白牙》891
《美》982
史铁生
《务虚笔记》990
舒尔茨（Bruno Schulz）
《鳄鱼街》365
舒特（Nevil Shute）
《像爱丽丝的小镇》461
司各特（Walter Scott）
《红酋罗伯》91
《艾凡赫》94
《修道院》980
司汤达（Stendhal）
《红与黑》100
《帕尔马修道院》110
斯蒂芬森（Neal Stephenson）
《编码宝典》982
斯蒂芬斯（James Stephens）
《玛丽玛丽》268
斯莱（Dan Sleigh）
《群岛》977
斯劳尔霍夫（J. J. Slauerhoff）
《禁地》354
斯末莱特（Tobias Smollett）
《皮克尔传》53
《汉弗莱·克林克历险记》63
《蓝登传》980

斯帕克（Muriel Spark）
《布罗迪小姐的青春》556
《财产微薄的姑娘们》576
《与世长辞》981
《对不起，我在找陌生人》981
斯台德（Christina Stead）
《爱孩子的男人》416
斯泰因（Gertrude Stein）
《美国人的成长》314
《艾丽斯自传》362
《三个女人》980
斯坦贝克（John Steinbeck）
《人鼠之间》393
《愤怒的葡萄》409
《罐头厂街》981
斯特恩（Laurence Sterne）
《项狄传》61
《多情客游记》62
斯特林堡（August Strindberg）
《红房间》186
《海姆素岛居民》202
《在遥远的礁石链上》208
斯托（Harriet Beecher Stowe）
《汤姆叔叔的小屋》132
斯托克（Bram Stoker）
《德拉库拉》222
斯威夫特（Graham Swift）
《水之乡》732
《日光》982
斯威夫特（Jonathan Swift）
《格列佛游记》45
《一个小小的建议》46
《马蒂努斯·斯克里布勒鲁斯回忆录》47
《木桶的故事》980
斯韦沃（Italo Svevo）
《当你老去》229
《泽诺的意识》301
苏童
《河岸》994
苏维德（Pierre Souvestre）
《方托马斯》266
梭罗（Henry David Thoreau）
《瓦尔登湖》137
索恩伯格（Newton Thornburg）
《刀与骨》676
索尔仁尼琴（Александр Исаевич Солженицын）
《伊凡·杰尼索维奇的一天》570
《癌症楼》619
《第一圈》621
索尔扬（Antun Šoljan）
《港口》663
索莫萨（José Carlos Somoza）
《十三号女士》908
塔布齐（Antonio Tabucchi）
《佩雷拉的证词》849
塔克斯（Κώστας Ταχτσής）
《第三场婚礼》574
塔鲁尔（Shashi Tharoor）
《伟大的印度小说》795
塔特（Donna Tartt）
《校园秘史》828

《金翅雀》942
泰戈尔（रबीन्द्रनाथ ठाकुर）
《家庭与世界》282
泰勒（Elizabeth Taylor）
《责备》676
汤普森（Hunter S. Thompson）
《惧恨拉斯维加斯》645
汤普森（Jim Thompson）
《体内杀手》981
特雷弗（William Trevor）
《费利西娅的旅程》845
《命运的傻瓜》981
《露西·高特的故事》982
特雷塞尔（Robert Tressell）
《穿破裤子的慈善家》269
特里梅因（Rose Tremain）
《色彩》982
特罗洛普（Anthony Trollope）
《巴赛特的最后纪事》161
《菲尼亚斯·芬》166
《里契蒙城堡》980
《因爱痴狂》980
提曼斯（Felix Timmermans）
《帕里耶特》281
提姆（Uwe Timm）
《咖喱香肠的诞生》832
通斯特伦（Göran Tunström）
《圣诞神曲》733
图尔（John Kennedy Toole）
《笨蛋联盟》710
图默（Jean Toomer）
《甘蔗》980
图尼埃（Michael Tournier）
《桤木王》981
涂鸦社（Scriblerus Club）
《马蒂努斯·斯克里布勒鲁斯回忆录》47
屠格涅夫（Иван Сергеевич Тургенев）
《父与子》149
《草原上的李尔王》170
《春潮》173
《前夜》980
《处女地》980
吐温（Mark Twain）
《哈克贝利·费恩历险记》197
托宾（Colm Tóibín）
《大师》912
《灿烂的石楠花》982
托波尔（Jáchym Topol）
《姐妹》848
托尔金（J. R. R. Tolkien）
《霍比特人》391
《魔戒》507
托尔斯泰（Лев Николаевич Толстой）
《战争与和平》168
《安娜·卡列尼娜》185
《伊凡·伊里奇之死》193
《克莱采奏鸣曲》210
陀思妥耶夫斯基（Фёдор Михайлович Достоевский）
《地下室手记》154
《罪与罚》161

《白痴》165
《群魔》175
《卡拉马佐夫兄弟》980
瓦尔达-塞拉斯（ᐊᓛᓴ ᔭᐅᕕᑲᓚᐅᒃ ᒥᐊᓕ）
《新世界》305
瓦尔泽（Martin Walser）
《中场休息》549
瓦西利科斯（Βασίλης Βασιλικός）
《Z》604
王安忆
《长恨歌》990
王尔德（Oscar Wilde）
《道连·格雷的画像》211
王蒙
《活动变人形》987
威伯（Charles Webb）
《毕业生》580
威尔士（Irvine Welsh）
《猜火车》982
威尔斯（H. G. Wells）
《时间机器》220
《莫罗博士的岛》221
《世界大战》229
《隐身人》980
《托诺-邦盖》980
威尔逊（Angus Wilson）
《并非笑料》608
威尔逊（Edmund Wilson）
《我想黛西》341
威廉姆森（Henry Williamson）
《水獭塔卡》323
韦尔蒂（Eudora Welty）
《乐观者的女儿》651
韦斯特（Nathanael West）
《寂寞芳心小姐》364
韦斯特（Rebecca West）
《士兵的归来》283
《思考的芦苇》386
《哈瑞林·休姆》980
《跌落的鸟》981
韦索斯（Tarjei Vesaas）
《群鸟》522
维昂（Boris Vian）
《岁月的泡沫》446
维达尔（Gore Vidal）
《米拉·布来金里治》620
维多里（Elio Vittorini）
《西西里谈话》419
维尔加（Giovanni Verga）
《马拉沃利亚一家》188
维勒贝克（Michel Houellebecq）
《无所谓》845
《基本粒子》878
《情色度假村》902
维特凯维奇（Stanisław Ignacy Witkiewicz）
《贪得无厌》348
温德姆（John Wyndham）
《三尖树时代》473
《米德威奇布谷鸟》520
《乔基》981

作家索引 | 1003

温塞特（Sigrid Undset）
《克里斯汀的一生》298
温特森（Jeanette Winterson）
《给樱桃以性别》799
《写在身体上》822
《橘子不是唯一的水果》981
《激情》981
翁达杰（Michael Ondaatje）
《英国病人》825
沃（Evelyn Waugh）
《衰落与瓦解》329
《故园风雨后》434
《邪恶的肉身》980
《一抔尘土》981
沃尔夫（Christa Wolf）
《追忆克里斯塔·T.》615
《童年典范》675
沃尔夫（Thomas Wolfe）
《天使，望故乡》344
沃尔夫（Tom Wolfe）
《插电酷爱迷药会》609
《名利场大火》777
沃克（Alice Walker）
《紫颜色》726
《拥有快乐的秘诀》826
《殿堂》982
沃克尔斯（Jan Wolkers）
《回到乌赫斯特海斯特》587
沃纳（Alan Warner）
《默文·卡拉》852
沃纳（Marina Warner）
《靛蓝》823
沃森（Winifred Watson）
《派蒂格鲁小姐的大日子》403
沃特豪斯（Keith Waterhouse）
《骗子比利》543
沃特斯（Sarah Waters）
《轻舔丝绒》962
《指匠》982
乌格雷西奇（Dubravka Ugrešić）
《无条件投降博物馆》884
吴承恩
《西游记》32
伍德豪斯（P. G. Wodehouse）
《谢谢你，吉夫斯》366
伍尔夫（Virginia Woolf）
《达洛维夫人》313
《到灯塔去》323
《奥兰多》334
《海浪》349
《远航》980
《夜与日》980
《雅各的房间》980
《岁月》981
《幕间》981
西格斯（Anna Seghers）
《过境》428
西利托（Alan Sillitoe）
《周六晚与周日晨》527
希尔德布兰德（Hildebrand）
《暗盒》113

希尔兹（Carol Shields）
《斯通家史》835
《除非》982
希梅内斯（Juan Ramón Jiménez）
《小毛驴与我》271
夏邦（Michael Chabon）
《卡瓦利与克雷的神奇冒险》982
夏目漱石（夏目漱石）
《心》272
夏侠（Leonardo Sciascia）
《各得其所》595
显克维奇（Henryk Sienkiewicz）
《你往何处去》221
肖邦（Kate Chopin）
《觉醒》230
萧红
《呼兰河传》985
辛格（יצחק באַשעוויס זינגער）
《卢布林的魔术师》548
《庄园》605
辛哈（Indra Sinha）
《人们都叫我动物》982
辛克莱（Iain Sinclair）
《顺流而下》982
《环行伦敦》982
《在石头上用餐》982
辛克莱（May Sinclair）
《哈里耶特·福利恩的生与死》295
辛克莱（Upton Sinclair）
《屠场》256
薛伯（Daniel Paul Schreber）
《一个神经症患者的回忆录》248
雪莱（Mary Wollstonecraft Shelley）
《弗兰肯斯坦》93
亚当斯（Douglas Adams）
《银河系搭车客指南》699
《全能侦探社》783
《灵魂漫长而黑暗的茶点时间》958
亚马多（Jorge Amado）
《味似丁香、色如肉桂的加布里埃拉》526
《奇迹之篷》632
扬松（Tove Jansson）
《夏日书》649
杨秋香（Dương Thu Hương）
《盲人的天堂》788
耶利内克（Elfriede Jelinek）
《钢琴教师》730
叶罗费耶夫（Венедикт Ерофеев）
《从莫斯科到佩图什基》633
伊根（Jennifer Egan）
《时间里的痴人》933
伊奎诺（Olaudah Equiano）
《非洲黑奴自传》75
伊姆雷（Kertész Imre）
《无命运的人生》670
伊舍伍德（Christopher Isherwood）
《诺里斯先生换火车》377
《别了，柏林》407

伊索（Aesopus）
《伊索寓言》980
因凡特（Guillermo Cabrera Infante）
《三只忧伤的老虎》586
尤金尼德斯（Jeffrey Eugenides）
《折翼天使》834
《婚变》939
《中性》982
尤瑟纳尔（Marguerite Yourcenar）
《哈德良回忆录》475
有吉佐和子（有吉佐和子）
《恍惚的人》650
于斯曼（Joris-Karl Huysmans）
《逆流》194
《在那儿》212
余华
《活着》989
雨果（Victor Hugo）
《巴黎圣母院》102
《悲惨世界》150
远藤周作（遠藤周作）
《沉默》594
《深河》838
约翰逊（B. S. Johnson）
《女主人》647
《阿尔伯特·安杰洛》981
《拖网》981
约翰逊（Samuel Johnson）
《王子出游记》56
约翰逊（Uwe Johnson）
《周年纪念日》636
扎米亚京（Евгений Иванович Замятин）
《我们》302
詹姆森（Storm Jameson）
《一天逝去》361
詹姆斯（Henry James）
《一位女士的画像》187
《梅西的世界》224
《鸽翼》244
《使节》245
《螺丝在拧紧》980
《金体记》980
张爱玲
《传奇》985
张大春
《城邦暴力团》992
张洁
《沉重的翅膀》715
张炜
《古船》988
张贤亮
《男人的一半是女人》753
赵廷来（조정래）
《太白山脉》769
瓦斯莫（Herbjørg Wassmo）
《装了磨砂玻璃窗的房子》715
紫式部（紫式部）
《源氏物语》24
左拉（Émile Zola）
《戴蕾斯·拉甘》163

《小酒店》183
《娜娜》187
《萌芽》198
《人鲁》208
佐克西亚季斯（Απόστολος Κ. Δοξιάδης）
《遇见哥德巴赫猜想》827

佚名
《一千零一夜》22
《竹取物语》24
《小癞子》31

撰稿人简介

AB = **Anna Bogen** 安娜·博根，萨塞克斯大学博士。
Abi = **Alvin Birdi** 阿尔文·伯迪，萨塞克斯大学博士。
ABl = **Andrew Blades** 安德鲁·布莱兹，博士，《舞台报》的戏剧评论员。
AC = **Abi Curtis** 阿比·柯蒂斯，萨塞克斯大学博士。
ACo = **Ailsa Cox** 艾尔萨·寇克斯
AF = **Anna Foca** 安娜·福卡
AG = **Andrzej Gasiorek** 安德烈·加西奥雷克，伯明翰大学准教授，著有《战后英国小说》(1995)、《温德姆·路易斯与现代主义》(2004) 和《J. G. 巴拉德》(2005)。
AGu = **Agnieszka Gutthy** 阿格涅斯卡·古蒂，路易斯安那东南大学外国语言文学系的西班牙语副教授。
AH = **Andrew Hadfield** 安德鲁·哈德菲尔德，萨塞克斯大学英语教授，《泰晤士报文学副刊》评论员，著有《莎士比亚与共和主义》。
AK = **Andrea Kowalski** 安德里亚·科瓦尔斯基，英国广播公司记者。
AL = **Anthony Leaker** 安东尼·利克尔
AM = **Andrew Maunder** 安德鲁·莫德
AMu = **Alan Munton** 艾伦·蒙顿，剑桥大学博士，普利茅斯大学讲师。
AP = **Andrew Pepper** 安德鲁·佩珀，贝尔法斯特女王大学英美文学讲师，著有《当代美国犯罪小说》(2000)、《美国历史和当代好莱坞电影》(2005)，还有小说《新门监狱的最后时光》。
AR = **Dr. Anne Rowe** 安妮·罗博士，金斯顿大学高级讲师，《虹膜默多克新闻快报》的欧洲编辑，著有《拯救艺术》。
AW = **Andreea Weisl** 安德烈·韦斯尔
BJ = **Bianca Jackson** 比安卡·杰克逊，牛津大学当代印度英语文学博士。
BR = **Dr. Ben Roberts** 本·罗伯茨博士，布拉德福德大学教员。
BT = **Bharat Tandon** 巴拉特·坦登，剑桥大学耶稣学院英语文学研究主任，教英美文学。教学之外，他定期为《泰晤士报文学副刊》和《每日电讯报》撰写当代英美小说与电影评论。
CA = **Carlos G. Aragón** 卡洛斯·阿拉贡，伯明翰大学的博士。
CC = **Clare Connors** 克莱尔·康纳斯，牛津大学王后学院英语讲师。
CG-G = **Christopher C. Gregory-Guider** 克里斯托弗·格雷戈里-伽德，萨塞克斯大学教员。
ClW = **Claire Watts** 克莱尔·瓦茨，作家、自由撰稿人。
CJ = **Carole Jones** 卡罗尔·琼斯，三一学院英语学院教员。
CK = **Christine Kerr** 克里斯汀·科尔，萨塞克斯大学博士。
CN = **Caroline Nunneley** 卡罗林·农尼利
CS = **Céline Surprenant** 塞琳·苏普南特，萨塞克斯大学英语系高级法语讲师，著有《弗洛伊德的大众心理学》(2003)。
CSe = **Christina Sevdali** 克里斯蒂娜·塞夫达利，剑桥大学语言学博士。
CW = **Cedric Watts** 塞德里克·瓦茨，萨塞克斯大学英国文学教授。
DA = **Derek Attridge** 德里克·阿特里奇，约克大学英语系教授。
DaleT = **Dale Townshend** 戴尔·汤森，斯特林大学英语系研究员，著有《哥特的秩序》，主编《哥特：文学与文化研究概念批评》(2004)。
DG = **Diana Gobel** 戴安娜·戈贝尔，牛津大学博士，专栏编辑和翻译。
DH = **Doug Haynes** 道格·海恩斯，萨塞克斯大学美国文学讲师。
DJ = **David James** 大卫·詹姆斯，萨塞克斯大学副导师。
DM = **Drew Milne** 德鲁·米尔恩，剑桥大学英语系戏剧与诗歌讲师，主编《马克思主义文艺理论》和《现代批评思想》。
DMG = **Daniel Mesa Gancedo** 丹尼尔·梅萨·甘塞多，萨拉戈萨大学拉美文学讲师，著有《相似的陌生人》(2002)。
DP = **David Punter** 大卫·庞特，布里斯托大学教授、艺术学院研究主任。
DR = **David Rush** 大卫·拉什
DRM = **Domingo Ródenas de Moya** 多明戈·罗德纳斯·德莫亚，庞培法布拉大学西班牙与欧洲文学教授，著有《小说家的镜子》。
DS = **David Steuer** 大卫·斯蒂尔
DSch = **Darrow Schecter** 达罗·谢克特，牛津大学博士，英国国家学术院博士后，萨塞克斯大学人文学院准教授。
DSoa = **Daniel Soar** 丹尼尔·索尔，《伦敦书评》编辑。
DT = **David Towsey** 大卫·托西，牛津大学赫特福德学院英国文学讲师，同时任教于牛津大学继续教育学院。
DTu = **David Tucker** 大卫·塔克
EG-G = **Eleanor Gregory-Guider** 埃莉诺·格雷戈里-伽德，得克萨斯大学英语和历史学士学位，约克大学18世纪文学和艺术史硕士学位。
EH = **Esme Floyd Hall** 埃斯梅·弗洛伊德·霍尔，作家，出版过三部非虚构类作品，是多家报刊的撰稿人。
EMcCS = **Esther MacCallum Stewart** 埃丝特·麦克卡勒姆·斯图尔特
ES = **Elaine Shatenstein** 伊莲·沙滕斯坦
FF = **Fabriano Fabbri** 法布里亚诺·法布里，博洛尼亚大学当代艺术讲师。
FG = **Frederik Green** 弗雷德里克·格林，耶鲁大学东亚语言与文学博士。
FH = **Friederike Hahn** 弗里德里克·哈恩，伦敦大学国王学院博士。
FP = **Fiona Plowman** 菲奥娜·普洛曼，自由编辑和作家，曾任《好书指南》杂志编辑与评论员。
GJ = **Gwenyth Jones** 格温妮丝·琼斯，匈牙利文学博士。
GM = **Graeme Macdonald** 格雷姆·麦克唐纳，华威大学英语文学讲师。
GMi = **Geoffrey Mills** 杰弗里·米尔斯
GT = **Garth Twa** 加思·特瓦，作家，著有短篇小说集《持久美》。
GW = **Gabriel Wernstedt** 加布里埃尔·温斯特德

撰稿人简介 | 1005

HH = Haewon Hwang 黄海元，俄罗斯文学研究人员。
HJ = Hannah Jordan 汉娜・乔丹，由撰稿人和评论家。
HM = Heidi Slettedahl Macpherson 海蒂・斯莱特达尔・麦克弗森，中央兰开夏大学北美文学准教授，《大西洋研究》和《英国与美洲》的主编，著有《妇女运动》(2000)。
Hoy = Hoyul Lee 李浩宇
IJ = Iva Jevtic 伊娃・耶夫蒂奇
IP = Irma Perttula 厄玛・珀图拉，在赫尔辛基大学教授芬兰文学。
IW = Ilana Wistinetzki 伊拉娜・威斯蒂内茨基，耶鲁大学中国古代文学研究哲学硕士，在耶鲁大学和北京大学教授现代希伯来语。
JA = Jordan Anderson 乔丹・安德森，毕业于伦敦大学、哈佛大学。
JaM = Jacob Moerman 雅各布・莫尔曼
JBT = Jenny Bourne Taylor 詹妮・伯恩・泰勒，萨塞克斯大学教授，著有《乔治・吉辛：无节制的声音》和《剑桥威尔基・柯林斯指南》。
JC = Jennifer Cooke 詹妮弗・库克
JCM = José-Carlos Mainer 何塞卡洛斯・梅纳，萨拉戈萨大学西班牙文学教授，著有《白银时代：1902—1939》(1975, 1987)、《历史、文学与社会》(1990)、《无节制的文学》(2000)、《炼狱中的语文》(2003)等。
JD = Jean Demerliac 让・德米利亚克，作家、编辑。
JGG = Jordi Gracia 乔迪・格雷西亚，巴塞罗那大学西班牙文学教授，其作品《无声的抵抗：西班牙的法西斯与文化》2004年获阿那格拉玛散文奖。
JH = Jon Hughes 乔恩・休斯，伦敦大学皇家霍洛威学院德语讲师。
JHa = James Harrison 詹姆斯・哈里森，作家、图书编辑。
JHu = Jessica Hurley 杰西卡・赫尔利，宾夕法尼亚大学博士。
JK = Joanna Kosty 乔安娜・科斯蒂
JLSJ = Jinan Joudeh 济纳恩・贾乌德，曾在杜克大学、萨塞克斯大学和耶鲁大学学习英美文学。
JM = Jonathan Morton 乔纳森・莫顿，在诺里奇的东英吉利大学学习历史、英国文学和创意写作，获得了欧洲现代史硕士学位。
JP = Julian Patrick 朱利安・帕特里克，加拿大多伦多大学比较文学教授。
JS = John Shire 约翰・夏尔，作家、摄影师。
JSD = Jenny Doubt 珍妮・道特，萨塞克斯大学硕士，《越轨行为》创始编辑之一。
JuS = Julie Sutherland 朱莉・萨瑟兰，杜汉姆大学博士，大西洋浸会大学早期现代戏剧教授。
JW = Juliet Wightman 朱丽叶・维特曼，曾任教于斯特林大学。
KB = Dr. Kate Briggs 凯特・布里格斯博士，都柏林大学圣三一学院现代语言与文学研究会研究员。
KDS = Karen D'Souza 凯伦・德苏扎
KK = Kumiko Kiuchi 菊池久美子，萨塞克斯大学英语系博士。
KKr = Katya Krylova 卡蒂娅・克雷洛娃，剑桥大学德语系博士。
KL = Karl Lampl 卡尔・兰普尔，毕业于康戈迪亚大学。
KS = Keston Sutherland 凯斯顿・萨瑟兰，萨塞克斯大学讲师，著有《防冻剂、扭曲的旗帜与中立》。
LB = Lorenzo Bellettini 洛伦佐・贝莱蒂，剑桥大学博士，剑桥大学创意写作俱乐部的主席。
LBi = Laura Birrell 劳拉・伯雷尔
LC = Liam Connell 利亚姆・康奈尔，赫特福德大学文学教员。
LD = Lucy Dixon 露西・狄克逊，在斯泰伯斯大学学习南非荷兰语。
LE = Lizzie Enfield 莉齐・恩菲尔德，在成为自由职业者之前曾在英国广播公司工作，已出版小说《你不知道的事》和《分手》。
LK = Lara Kavanagh 拉拉・卡瓦纳，伦敦大学国王学院20世纪文学硕士。
LL = Laura Lankester 劳拉・兰切斯特，伦敦大学英语文学硕士。
LM = Laura Marcus 劳拉・马库斯，萨塞克斯大学英语教授，《剑桥20世纪英语文学史》主编。
LMar = Louise Marshall 路易丝・马歇尔，威尔士大学讲师。
LMcN = Lisa McNally 丽莎・麦克奈利
LS = Luis Sundqvist 路易斯・桑德克维斯特
LSc = Lucy Scholes 露西・斯科尔斯
MaM = Martha Magor 玛莎・马戈
MAN = María Ángeles Naval 玛丽亚・安格尔・纳维尔，萨拉戈萨大学西班牙语言学系教授。
MC = Monika Class 莫尼卡・克拉斯，牛津大学贝利奥尔学院博士。
MCi = Marko Cindric 马科・辛德里克
MD = Margaret Anne Doody 玛格丽特・安妮・杜迪，圣母大学教授。
M-DAB = Maria-Dolores Albiac Blanco 玛丽亚-多洛雷斯・阿尔比亚克・布兰科，萨拉戈萨大学西班牙文学教授。
MJ = Dr. Meg Jensen 梅格・詹森博士，金斯顿大学创意写作系主任。
MJo = Michael Jones 迈克尔・琼斯
ML = Maria Lopes da Silva 玛丽亚・洛佩斯・达席尔瓦，剑桥大学博士。
MM = Maren Meinhardt 马伦・迈恩哈特，《泰晤士报文学副刊》科学与心理学编辑。
MPB = María del Pilar Blanco 玛丽亚・德皮拉尔・布兰科，纽约大学比较文学系美国文学和电影博士。
MPE = Martin Paul Eve 马丁・保罗・伊芙是萨塞克斯大学的研究员，主要研究托马斯・品钦的小说与欧洲哲学流派的关系。
MR = Martin Ryle 马丁・莱尔，萨塞克斯大学教员。
MS = Matthew Sperling 马修・斯珀林
MuM = Muireann Maguire 梅兰・马奎尔

MvdV = Miriam van der Valk 米里亚姆·范德瓦尔克，阿姆斯特丹大学哲学硕士。
MW = Marcus Wood 马库斯·伍德
MWd = Manuela Wedgwood 曼努埃拉·韦奇伍德
NM = Nicky Marsh 尼基·马什，南安普敦大学文化诗学中心主任。
NWor = Nicholas Royle 尼古拉斯·罗伊尔，萨塞克斯大学英语教授，《牛津文化评论》主编。
OR = Oscar Rickett 奥斯卡·里克特
PB = Dr. Peter Boxall 彼得·伯克赛尔博士，本书主编。
PC = Philip Contos 菲利普·康托斯，编辑。
PH = Philip Hall 菲利普·霍尔，新西兰人，英国文学学士，法律硕士。
PM = Peter Manson 彼得·曼森
PMB = Pauline Morgan 波琳·摩根，萨塞克斯大学博士。
PMcM = Dr. Patricia McManus 帕特里夏·麦克马纳斯博士
PMy = Paul Myerscough 保罗·麦耶斯考夫，《伦敦书评》编辑。
PT = Philip Terry 菲利普·特里
RA = Rhalou Allerhand 拉卢·阿勒汉德，记者，就读于西英格兰大学。
RegG = Reg Grant 雷吉·格兰特，自由撰稿人。
RG = Richard Godden 理查德·戈登，萨塞克斯大学美国研究系教员，著有《资本的小说：从詹姆斯到梅勒的美国小说》（1990）和《劳动的小说：威廉·福克纳与南方的漫长革命》（1997）。
RH = Rowland Hughes 罗兰·休斯，赫特福德大学英国文学讲师，主要兴趣在18、19世纪的美国文学和英美电影。
RM = Dr. Ronan McDonald 罗南·麦克唐纳博士，萨缪尔·贝克特国际基金会主任，雷丁大学英语学院讲师，著有《悲剧与爱尔兰文学》（2002）和《剑桥萨缪尔·贝克特导读》（2005）。
RMa = Rosalie Marshall 罗莎莉·马歇尔，伦敦加勒比文学博士。
RMu = Robin Musumeci 罗宾·穆苏梅奇
RP = Robin Purves 罗宾·珀夫斯，中央兰开夏大学英国文学讲师，《爱丁堡评论》主编。
RPi = Roberta Piazza 罗伯塔·皮萨，萨塞克斯大学现代语言讲师。
SA = Susanna Araujo 苏珊娜·阿劳乔
SamT = Samuel Thomas 塞缪尔·托马斯，萨塞克斯大学英语文学博士。
SB = Sally Bayley 莎莉·贝利
SD = Sarah Dillon 莎拉·狄龙
SF = Seb Franklin 塞布·富兰克林
SL = Sophie Lucas 索菲·卢卡斯
SMu = Salvatore Musumeci 萨尔瓦托尔·穆苏梅西，三一学院（哈特福德）历史硕士，伦敦玛丽王后大学博士。
SMy = Stratos C. Myrogiannis 斯特拉托斯·米罗吉安尼斯，希腊塞萨洛尼基大学硕士，剑桥大学博士。
SN = Stephanie Newell 斯蒂芬妮·纽厄尔，萨塞克斯大学后殖民文学讲师，著有《殖民地加纳的文学与文化》。
SR = Santiago del Rey 圣地亚哥·德雷，编辑、记者与评论员。
SS = Simon Stevenson 西蒙·史蒂文森，台湾东华大学的英语助理教授，教授文学和文学理论。
ST = Sophie Thomas 索菲·托马斯，萨塞克斯大学英语讲师。
TEJ = Thomas Jones 托马斯·琼斯，《伦敦书评》编辑。
TH = Thomas Healy 托马斯·希利，伦敦大学伯贝克学院教授。
TS = Tom Smith 汤姆·史密斯，德国富特旺根应用技术大学国际商务系讲师。他的短篇小说曾获得伊恩杰姆斯奖。
TSe = Tobias Selin 托比亚斯·塞林
TSu = Theodora Sutcliffe 西奥多拉·萨特克利夫，记者。
TW = Tara Woolnough 塔拉·伍尔诺
UD = Ulf Dantanus 乌尔夫·丹塔努斯，萨塞克斯大学的哥德堡研究项目主任。都柏林大学圣三一学院和哥德堡大学硕士。
VA = Vance Adair 万斯·阿代尔，斯特灵大学英语系教员。
VB = Vicki Blud 维姬·布鲁德，伦敦大学国王学院英语文学硕士。
VC-R = Vybarr Cregan-Reid 维巴尔·克雷根-里德
VL = Vicky Lebeau 维姬·勒博，萨塞克斯大学英语准教授，著有《失落的天使》（1995）和《精神分析与电影》（2001）。
VM = Victoria Margree 维多利亚·玛格丽，萨塞克斯大学英语博士，萨塞克斯大学和布莱顿大学教员。
VQ = Vincent Quinn 文森特·奎因
VR = Vera Rich 维拉·里奇，作家、翻译家，《乌克兰评论》副主编。

致谢

出版方向以下人员致以由衷的谢意！感谢他们在本书筹备期间所提供的帮助。Quintessence Editions would like to thank the following people for their help in the preparation of this book:

感谢马克·阿贝（Mark Abley）、比安卡·杰克逊（Bianca Jackson）和西蒙·道特（Simon Doubt）组织撰稿人团队，玛莎·马戈尔（Martha Magor）查找引语，雷吉·格兰特（Reg Grant）撰写图片说明，希尔兰德代理公司的索尼娅·兰德（Sonia Land）联络彼得·阿克罗伊德，利兹·怀斯（Liz Wyse）、凯西·梅乌斯（Cathy Meeus）和西沃恩·奥康纳（Siobhan O'Connor）进行文字编辑，维多利亚·威金斯（Victoria Wiggins）和海伦娜·巴塞尔（Helena Baser）协助编务，伊莱恩·沙滕斯坦（Elaine Shatenstein）和莉莎·莫里斯（Lisa Morris）校对，安·巴雷特（Ann Barrett）和凯·奥利伦肖（Kay Ollerenshaw）编制索引，玛丽亚·吉布（Maria Gibbs）查找图片和编写图片来源，西蒙·戈金斯（Simon Goggins）、尼克·琼斯（Nick Jones）和罗德·蒂斯代尔（Rod Teasdale）辅助设计，菲尔·威尔金斯（Phil Wilkins）和罗伯特·吉拉姆（Robert Gillam）拍照，艾琳·谢姆伯格（Irene Scheimberg）、马库斯·德耶斯（Marcus Deyes）、露西·霍利迪（Lucy Holliday）和伊丽莎白·德·兰西（Elisabeth de Lancey）借阅图书。

同时感谢以下人员与图片社！
Quintessence Editions would also like to thank the following people and picture libraries:

Elbie Lebrecht at Lebrecht, Teresa Riley and Paul Jennings at Getty, Tessa Ademolu and Simon Pearson at Corbis, Jenny Page at Bridgeman, Lucy Brock at AKG, Angela Minshull at Christie's, and Anna Barrett at Art Archive/Kobal.

图片来源

出版方已经尽了最大的努力寻找本书所使用图片的著作权所有者。如果仍有疏漏，出版方对此表示歉意，并将及时在新版中做出必要的调整。

Every effort has been made to credit the copyright holders of the images used in this book. We apologize in advance for any unintentional omissions or errors and will be pleased to insert the appropriate acknowledgment to any companies or individuals in any subsequent edition of the work.

4 Private Collection, Lauros/Giraudon/Bridgeman **22** TopFoto.co.uk **23** Lebrecht **26** TopFoto.co.uk **27** Charles Walker/TopFoto.co.uk **29** Private Collection/Archives Charmet/Bridgeman **30** PrivateCollection, Giraudon/Bridgeman **33** Mary Evans Picture Library/Alamy **35** Archivo Iconografico/Corbis **36** Real academia de la Historia, Madrid/Bridgeman **38** Roger-Viollet/TopFoto.co.uk **39** GettyImages **40** Bodleian Library Oxford/The Art Archive **41** Getty Images **43** Getty Images **44** Getty Images **45** Lebrecht **47** TopFoto.co.uk **49** Hermitage, St Petersburg/Bridgeman **50** Lebrecht **51** Victoria and Albert Museum London/Eileen Tweedy/The Art Archive **52** Sheryl Straight/www.eroticabibliophile.com **53** Bettmann/Corbis **55** Lebrecht **56** Mary Evans Picture Library/Alamy **59** Lebrecht **60** Getty Images **61** Getty Images **63** TopFoto.co.uk **64** Museo di Goethe Rome/Dagli Orti/ The Art Archive **65** Private Collection Paris/Dagli Orti/The Art Archive **66** Getty Images **67** Lebrecht **68** Private Collection, The Stapleton Collection/Bridgeman **71** Michael Nicholson/Corbis **72** AKG Images **73** AKG Images **75** The British Library/TopFoto.co.uk **77** Lebrecht **80** Lebrecht **87** The Art Archive **88** Time Life Pictures/Getty Images **91** Lebrecht **92** FIA RA/Lebrecht **93** Getty Images **95** Mary Evans Picture Library/Alamy **96** Getty Images **97** Getty Images **98** Burstein Collection/Corbis **100** Lebrecht **101** Getty Images **102** Lebrecht **103** Victor Hugo House Paris/Dagli Orti/The Art Archive **104** Lebrecht **105** Interfoto/Lebrecht **106** Leonard de Selva/Corbis **108** Lebrecht **109** British Museum/Eileen Tweedy/The Art Archive **111** Crawford Municipal Art Gallery, Cork/Bridgeman **112** Hollandse Hoogte/Lebrecht **115** Bibliothèque de l'Institut de France, Paris/Archives Charmet/Bridgeman **116** Getty Images **117** Getty Image **118** Stefano Bianchetti/Corbis **120** Lebrecht **121** Lebrecht **122** David Lyons/Alamy **123** Getty Images **124** Hulton-Deutsch Collection/Corbis **125** Getty Images **127** Brian Seed/Lebrecht **128** Getty Images **130** Bettmann/Corbis **131** The Art Archive **133** Culver Pictures/The Art Archive **134** The Art Archive **135** Lebrecht **136** TopFoto.co.uk **137** Culver Pictures/The Art Archive **139** TopFoto.co.uk **140** Bibliothèque des Arts Décoratifs Paris/Dagli Orti/The Art Archive **141** Lebrecht **142** Sammlung Rauch Interfoto/Lebrecht **143** TopFoto.co.uk **145** Getty Images **146** Getty Images **148** Getty Images **150** Getty Images **151** Bibliothèque des Arts Décoratifs Paris/Dagli Orti/The Art Archive **152** Lebrecht **153** TopFoto.co.uk **154** Getty Images **155** Hulton-Deutsch Collection/Corbis **156** Lebrecht **157** Lebrecht **158** Time Life Pictures/Getty Images **159** Roger-Viollet/TopFoto.co.uk **160** Rex Features **162** Private Collection, Archives Charmet/Bridgeman **164** Bettmann/Corbis **167** Popperfoto/Alamy **168** Lebrecht **169** The Art Archive **171** The Art Archive **172** Getty Images **173** Lebrecht **174** Getty Images **176** The Art Archive **178** Getty Images **179** Private Collection/Bridgeman **181** Classic Image/Alamy **182** The Art Archive/Harper Collins Publishers **183** Musée Carnavalet Paris/Dagli Orti/The Art Archive **184** Rex Features **188** The Art Archive/Biblioteca Comunale Palermo/Dagli Orti **189** The Art Archive/Biblioteca Nationale do Rio de Janeiro/Dagli Orti **191** The Art Archive **192** Lebrecht **193** Roger-Viollet/TopFoto.co.uk **196** Stapleton Collection/Corbis **197** Lebrecht **198** Archivo Iconografico/Corbis **200** Getty Images **202** The Art Archive/Strindberg Museum, Stockholm/Dagli Orti **204** Lebrecht **206** Hollandse Hoogte/Lebrecht **207** Lebrecht **209** Lebrecht **210** Lebrecht **211** Corbis **213** Bettmann/Corbis **215** Chris Hellier/Corbis **216** Eileen Tweedy/The Art Archive **217** Historical Picture Archive/Corbis **218** Lebrecht **222** The Art Archive **223** RA/Lebrecht **225** Artur Hojny Forum/Lebrecht **226** Lebrecht **227** AKG Images **228** Getty Images **231** Getty Images **233** Getty Images **236** Corbis **238** Private Collection/MD/The Art Archive **239** © Elizabeth Banks/The Art Archive **240** Private Collection/Marc Charmet/The Art Archive **241** Getty Images **242** Zoetrope/United Artists/The Kobal Collection **243** Getty Images **245** Getty Images **247** Getty Images **248** Lebrecht **250** Time Life Pictures/Getty Images **252** Getty Images **253** Getty Images **255** E.O. Hoppé/Corbis **257** Domenica del Corriere/Dagli Orti (A)/The Art Archive **259** Getty Images **260** Popperfoto/Alamy **262** PVDE RA/Lebrecht **263** Archiv Friedrich Interfoto/Lebrecht **264** Private Collection, The Bloomsbury Workshop, London/Bridgeman **267** Bettmann/Corbis **270** The Art Archive **273** Asian Art & Archaeology/Corbis **274** Rex Features **276** Asian Art and Archeology, Inc/Corbis **277** E.O. Hoppé/Corbis **278** Asian Art & Archaeology/Corbis **280** British Library/The Art Archive **283** TopFoto.co.uk **284** Getty Images **287** Condé Nast Archive/Corbis **288** Getty Images **289** David Lees/Corbis **290** Lorenzo Ciniglio/Corbis **291** Bettmann/Corbis **293** Private Collection/Archives Charmet/Bridgeman **294** Condé Nast Archive/Corbis **297** Getty Images **298** Mary Evans Picture Library/Alamy **299** Time Life Pictures/Getty Images **300** Burstein Collection/Corbis **303** Corbis **304** Lebrecht **306** Time Life Pictures/Getty Images **307** TopFoto.co.uk **308** Paris Europa/FICIT/HISA/The Kobal Collection **309** Getty Images **311** Getty Images **312** The British Library/HIP/TopFoto.co.uk **313** HIP/Ann Ronan Picture Library/TopFoto.co.uk **317** Lebrecht **319** Lebrecht **320** Getty Images **322** Lebrecht **324** Harlingue/Roger-Viollet/TopFoto.co.uk **325** Getty Images **327** Getty Images **328** Bettmann/Corbis **331** Getty Images **332** Getty Images **333** Getty Images; Penguin **334** E.O. Hoppé/Corbis **336** Bettmann/Corbis **337** Jean-Pierre Muller/AFP/Getty Images **338** Allianz/Capital/The Kobal Collection **339** Universal/The Kobal Collection **340** Condé Nast Archive/Corbis **342** Bettmann/Corbis **344** Bettmann/Corbis **346** Getty Images **347** Ferens Art Gallery, Hull City Museums and Art Galleries/Bridgeman **349** © 1961 Estate of Vanessa Bell, courtesy Henrietta Garnett/The Stapleton Collection/Bridgeman **351** John Springer Collection/Corbis **352** Biblioteca Nationale. Paris/Archives Charmet/Bridgeman **355** Hulton-Deutsch Collection/Corbis **356** Getty Images **357** Christie's Images **358** Lebrecht **359** Getty Images **362** Bettmann/Corbis **363** Andy Warhol Foundation for the Visual Arts/Corbis **366** Images.com/Corbis **367** Christie's Images **368** Getty Images **369** Content Mine International/Alamy **370** Time Life Pictures/Getty Images **372** Musée de Saint-Denis, France/Archives Charmet/Bridgeman **373** Ludwig Museum, Cologne, Giraudon/Bridgeman **375** Condé Nast Archive/Corbis **376** Bettmann/Corbis **379** Oscar White/Corbis **380** TopFoto.co.uk **381** TopFoto.co.uk **383** CSV Archiv, Everett/Rex Features **384** MGM/Album/ AKG Images **385** Getty Images **386** Time Life Pictures/Getty Images **389** Corbis **392** Corbis **393** Getty Images **394** AGIP RA/Lebrecht **395** Topfoto.co.uk **396** Associated British/The Kobal Collection **397** Bettmann/Corbis **399** Rex Features **400** Private Collection/Archives Charmet/Bridgeman **401** Condé Nast Archive/Corbis **402** Persephone Books **404** Rex Features **405** Warner Bros/The Kobal Collection **406** Viola Roehr v. Alvensleben, München/AKG Images **407** ABC/Allied Artists/The Kobal Collection **408** AKG Images **409** Time Life Pictures/Getty Images **410** TopFoto.co.uk **413** AKG Images **415** Bettmann/Corbis **416** Writer Pictures/Lebrecht **417** Ediciones Ercilla, Santiago **418** TopFoto.co.uk **420** Roger-Viollet **421** Collection Albert Camus/Archives Charmet/Bridgeman **423** Bettmann/Corbis **425** Condé Nast Archive/Corbis **426** Penguin/Christie's Images **427** Time Life Pictures/Getty Images **429** Patrik Sjöling IBL Bildbyra/Lebrecht **431** Random House/The British Library/HIP/TopFoto.co.uk **432** TopFoto.co.uk **434** Penguin/ Christie's Images **435** M. Peric/Lebrecht **437** Getty Images **440** Sophie Bassouls/Corbis **441** Harper Collins/Christie's Images **442** Getty Images **443** AGIP RA/Lebrecht **445** Random House/Lebrecht **448** Time Life Pictures/Getty Images **452** Random House/Christie's Images **453** Random House/AKG Images **454** Rex Features **456** The Illustrated London News Picture Library/Bridgeman **458** Random House; Christie's Images **459** Random House/Lebrecht **460** Getty Images **462** Getty Images **463** Time Life Pictures/Getty Images **464** Time Life Pictures/Getty Images **467** Getty Images **469** Time Life Pictures/Getty Images **470** TAL RA/Lebrecht **472** Private Collection/Bridgeman **474** Bernhard De Grendel **476** Harcourt/Christie's Images **477** Random House/Lebrecht **478** Time Life Pictures/Getty Images **479** Time Life Pictures/Getty Images **480** Lipnitzki/Roger-Viollet/TopFoto.co.uk **482** Bettmann/Corbis **483** Horst Tappe/Lebrecht **484** Time Life Pictures/Getty Images **485** Orion Publishing Group/Christie's Images **487** Underwood & Underwood/Corbis **488** Penguin/Christie's Images **492** Faber & Faber/Christie's Images **493** Two Arts/CD/The Kobal Collection **495** Time Life Pictures/Getty Images **498** Getty Images **502** The Kobal Collection **504** Hulton-Deutsch Collection/Corbis **505** MGM/The Kobal Collection **506** Random House/Christie's Images **507** Harper Collins/TopFoto.co.uk **508** Getty Images **511** Time Life Pictures/Getty Images **512** Time Life Pictures/Getty Images **514** MGM/The Kobal Collection **515** Harper Collins/ Lebrecht **517** Rex Features **520** Penguin/ Christie's Images **521** Penguin/Lebrecht **523** TopFoto.co.uk **525** Getty Images **526** Getty Images **527** Getty Images **528** Time Life Pictures/Getty Images **530** Dinodia Images/Corbis **532** Getty Images **533** Paramount/The Kobal Collection **535** Corbis **536** Getty Images **538** Seitz/Bioskop/ Hallelujah/The Kobal Collection **539** Random House/AKG Images **540** Harper Collins/Christie's Images **541** Loomis Dean/Time Life Pictures/Getty Images **542** VIC/Waterhall/The Kobal Collection **544** Darlene Hammond/Hulton Archive/Getty Images **545** Hulton Archive/Getty Images **546** Harper Collins/Christie's Images **547** Donald Uhrbrock/Time Life Pictures/Getty Images **548** Time Life Pictures/Getty Images **549** Lebrecht **552** Condé Nast Archive/Corbis **553** Christie's Images **554** Lebrecht **555** Bettmann/Corbis **556** 20th Century Fox/The Kobal Collection **557** Hulton-Deutsch Collection/Corbis **558** Time Life Pictures/Getty Images **563** AGIP RA/Lebrecht **565** Time Life Pictures/Getty Images **566** Time Life Pictures/Getty Images **567** Penguin **568** Getty Images **569** TopFoto.co.uk **570** Getty Images **571** TopFoto.co.uk **572** Sophie Bassouls/Corbis Sygma **576** Time Life Pictures/Getty Images **577** Time Life Pictures/Getty Images **578** RENN/A2/RAI-2/The Kobal Collection **579** TopFoto.co.uk **581** Time Life Pictures/Getty Images **582** Harper Collins/Christie's Images **583** Random House/Lebrecht **584** Roger Viollet/ Getty Images **585** Interfoto/Lebrecht **588** Miroslav Zajic/Corbis **590** Corbis **591** Getty Images **593** Getty Images **595** Lebrecht **596** Bettmann/Corbis **597** Oscar White/Corbis **598** Lebrecht **600** Margarita from Bulgakov's "Master and Margarita." Jerosimic, Gordana (Contemporary Artist)/Private Collection/Bridgeman **601** Novosti/TopFoto.co.uk **603** Lebrecht **604** Corbis **606** Colita/Corbis **607** Christie's Images **609** Getty Images **610** Crawford Municipal Art Gallery, Cork/Bridgeman **612** Woodfall/Kestrel/ Barnett, Michael/The Kobal Collection **614** Interfoto/Lebrecht **615** Interfoto/Lebrecht **617** MGM/The Kobal Collection **618** Getty Images **620** TopFoto.co.uk **621** Yury Pavlovich Annenkov **622** Editions Denoël **624** Paramount/The Kobal Collection **625** Getty Images **628** Time Life Pictures/Getty Images **629** United Artists/The Kobal Collection **630** Getty Images **636** Lebrecht **637** Corbis **638** Bettmann/Corbis **639** Getty Images **641** Picture-alliance/dpa **643** Corbis **644** Louis Monier/RA/ Lebrecht **645** Lynn Goldsmith/Corbis **646** Pan Macmillan/Lebrecht **650** Sophie Bassouls/Corbis **652** Penguin/Christie's Images **653** Random House/Lebrecht **654** Random House/Christie's Images **655** Getty Images **656** Sophie Bassouls/Corbis **659** Bettmann/Corbis **661** Bioskop/Paramount-Orion/WDR/The Kobal Collection **665** Lebrecht **666** Bettmann/ Corbis **668** Time Life Pictures/Getty Images **669** Roger Ressmeyer/Corbis **670** Micheline Pelletier/Corbis **672** TopFoto.co.uk **673** Random House **675** Getty Images **677** United Artists/The Kobal Collection **678** Warner Bros/Everett/Rex Features **679** Bettmann/Corbis **681** HB Filmes/Sugarloaf Films/The Kobal Collection **685** Rex Features **687** Christian Simonpietri/Corbis **688** Alex Gotfryd/Corbis **689** Everett Collection/Rex Features **690** Bettmann/Corbis **691** Corbis **693** TopFoto.co.uk **695** Michel Clement/AFP/Getty Images **697** Getty Images **698** Getty Images **701** William Campbell/Corbis **702** Sophie Bassouls/Corbis **703** Sophie Bassouls/Corbis **704** Gallimard/Lebrecht **705** Getty Images **707** Private Collection/Bridgeman **708** Time Life Pictures/Getty Images **710** Louisiana State University Press **711** Arbeiderspers **712** Ben Merk / Anefo **717** © 1981 Alisdair Gray. Reproduced by permission of the author c/o Rogers, Coleridge & White Ltd., 20 Powis Mews, London W11 1JN/Special Collections Dept, University of Glasgow **719** Sophie Bassouls/Corbis Sygma **721** Getty Images **722** Reuters/Corbis **723** Amblin/Universal/The Kobal Collection **724** Sophie Bassouls/Corbis **726** Getty Images **727** Warner Bros/The Kobal Collection **730** Rowohlt **731** Paul Hackett/Reuters/Corbis **733** Lebrecht **734** Lebrecht **735** Corbis **736** De Bezige Bij **737** Random House/Lebrecht **738** Random House **739** L. Birnbaum/Lebrecht **742** Harper Collins **743** Time Life Pictures/Getty Images **744** Time Warner Book Group UK **745** Rex Features **747** Horst Tappe/Lebrecht **749** Penguin/ Lebrecht **750** Louis Monier RA/ Lebrecht **754** Getty Images **754** TopFoto.co.uk **755** Virago **756** Sophie Bassouls/Corbis **758** Getty Images **759** Jeff Albertson/Corbis **765** Faber & Faber **768** Maria L Antonelli/Rex Features **771** Macduff Everton/Corbis **774** Faber & Faber/Christie's Images **775** Sophie Bassouls/Corbis **776** Lebrecht **777** Random House/Lebrecht **778** Bettmann/ Corbis **779** Random House **780** Arici Graziano/Corbis **781** Sophie Bassouls/Corbis **782** Lebrecht **783** Roger Ressmeyer/Corbis **784** New Yorker Films **786** Faber & Faber **787** Random House **790** AGIP/RA/Lebrecht **791** Maartje Geels Hollandse Hoogte/Lebrecht/Lebrecht **792** Bloomsbury **793** James Leynse/Corbis **796** Faber and Faber **797** Random House/Lebrecht **798** Arnold Newman/ Getty Images **802** Faber & Faber **803** Faber & Faber **805** Roger Ressmeyer/Corbiss **807** MGM/Jersey Films/The Kobal Collection **809** Time Life Pictures/Getty Image **810** Corbino Hollandse Hoogte/Lebrecht **811** Gideon Mendel/Corbis **813** Pan Macmillan **815** TopFoto.co.uk **816** Rex Features **817** Penguin/Lebrecht **819** Bettmann/Corbis **821** Sophie Bassouls/Corbis **820** Rex Features **824** Fotos International/Rex Features **825** Bloomsbury **828** Penguin **829** Polfoto/Miriam Dalsgaard/TopFoto.co.uk **830** Sophie Bassouls/ Corbis **831** Louis Monier RA/Lebrecht **834** Robert Maass/Corbis **835** Christopher J. Morris/Corbis **836** Times Newspapers/Rex Features **837** Orion Publishing Group **839** Hollandse Hoogte/Lebrecht **840** Rex Features **841** Rex Features **842** Eamonn McCabe/Lebrecht **843** Macmillan **844** Random House/Lebrecht **846** Random House **847** Random House **848** Getty Images **849** Sophie Bassouls/Corbis **850** Rex Features **855** McClelland & Stewart **856** Najlah Feanny/ Corbis **857** Sophie Bassouls/Corbis **858** Bloomsbury **859** Random House/Lebrecht **861** Steve Liss/Time Life Pictures/Getty Images **862** Serpent's Tail **866** "Book Cover", copyright © 1997, from *The God of Small Things* by Arundhati Roy. Used by permission of Random House, Inc. **867** Karan Kapoor/Corbis **868** Hollandse Hoogte/Lebrecht **869** Marco Okhuizen Hollandse Hoogte/Lebrecht **871** Marc Asnin/Corbis **872** Arnold Newman/Getty Images **874** Lebrecht **875** Faber & Faber **876** AFP/Getty Images **877** Paulo Fridman/Corbis **879** Anagrama **881** Getty Images **881** Random House/Lebrecht **883** Seix-Barral **884** Fabrika knjiga **885** AKG Images/Ullstein Bild **886** Eric Fougère/VIP Images/Corbis **889** AFP/Getty Images **891** Penguin **892** Christopher Furlong/Getty Images **894** Alfaguara. Cover: Ambrogio Lorenzetti. Alegoría del mal gobierno (fragmento) **895** Einaudi. Elaborazione grafica da foto Amit Bar/© Olympia **896** Focus/Everett /Rex Features **897** Random House **899** Horst Tappe/Lebrecht **900** Knopf Canada **901** Harper Collins **902** Random House/Lebrecht **903** Iletişim **904** Pan Macmillan/Lebrecht **905** Penguin **906** Faber & Faber **907** Houghton Mifflin. Jacket illustration © Philippe Lardy **909** Keter **910** Hodder Headline **912** AFP/Getty Images **913** Getty Images **914** Sophie Bassouls/Corbis **915** © Opale/Lebrecht Music & Arts **917** Rowohlt **916** Picador **918** Picador **919** Gallimard **920** Canongate **921** reproduced by permission of Penguin Books Ltd. **922** Nick Cunard/Rex Features **923** copyright © Kiran Desai, 2006; reproduced by permission of Penguin Books Ltd. **924** Jonathan Cape **925** copyright © Rodrigo Corral, 2007; reproduced by permission of Penguin Books Ltd. **926** Getty Images **927** Farrar, Straus & Giroux **928** Atlantic Books **929** Getty Images **930** Jacket design by Jennifer Carrow from COST by Roxana Robinson. Jacket design copyright © 2008 by Jennifer Carrow, jacket painting copyright © Roxana Alger Geffen. Reprinted by permission of Farrar, Straus and Giroux, LLC. **931** Random House **932** Alfred A. Knopf. Front-of-jacket photograph © Kamil Vojnar **933** Alfred A. Knopf **934** Farrar, Straus & Giroux. Jacket art: ceruean warbler © Dave Maslowski; landscape ©2009 Heikki Salmi/Getty Images **935** Getty Images **936** Soppakanuuna **937** Forlaget Oktober **938** Houghton Mifflin Harcourt. Cover design © Milton Glaser **939** Farrar, Straus and Giroux **940** Jonathan Cape **941** Little, Brown. Jacket © 2011 Hachette Book Group Inc **942** Hachette Book Group Inc **943** McSweeney's and Alfred A. Knopf **944** Alfred A. Knopf **945** Terrence Jennings/Retna Ltd/Corbis **946** Simon & Schuster, Inc **947** Coffee House Press **948** Время **949** Granta Books **950** E/O Edizioni **951** Penguin Random House UK **953** Rowohlt **954** Canongate **955** Isabel Eeles **959** © Justine Stoddard **960** University of Queenstown Press **961** Jonathan Cape **963** The Independent **964** Shinchosha **965** Alfaguara **966** Onufri **967** Hamish Hamilton **968** Picador **969** W. W. Norton & Co **971** Arnold Newman/Getty Images **972** S. Fischer Verlag **973** UPPA/Photoshot **974** Hamish Hamilton **975** Editorial Caminho **976** H. Holt & Co. **977** Chatto & Windus **978** Shinchosha **979** Hamish Hamilton **983** Susan Trigg / Getty Images